Historia de Iberoamérica

Tomo III

Historia contemporánea

HISTORIA DE IBEROAMÉRICA

TOMO III

HISTORIA CONTEMPORÁNEA

Manuel Lucena Salmoral
John Lynch
Nelson Martínez Díaz
Brian R. Hamnett
Hans-Joachim König
Adam Anderle
Marcello Carmagnani

SOCIEDAD ESTATAL PARA LA EJECUCION
DE PROGRAMAS DEL QUINTO CENTENARIO   CATEDRA

HISTORIA. SERIE MAYOR

Ilustración de cubierta:
*Detalle del mural «Historia de la independencia mexicana» de Juan O'Gorman,
en el Museo Nacional de México, Castillo de Chapultepec.*

© Manuel Lucena Salmoral, John Lynch, Nelson Martínez Díaz,
Brian R. Hamnett, Hans-Joachim König, Adam Anderle, Marcello Carmagnani
© Sociedad estatal para la ejecución de programas del Quinto Centenario
© Ediciones Cátedra, S. A., 1988
Josefa Valcárcel, 27. 28027 Madrid
Depósito legal: M. 9.031.—1988
ISBN: 84-376-0742-6
Printed in Spain
Artes Gráficas Benzal, S. A. - Virtudes, 7 - 28010 Madrid

Índice

PRESENTACIÓN

Más de ochocientos años de Historia, y en un área cada vez más definida política, social, económica y culturalmente como es Iberoamérica, ameritan suficientemente la realización de este manual universitario por un escogido grupo de profesores especializados que han tenido la vocación de volcar su experiencia docente e investigadora en esta obra de síntesis interpretativa.

Hemos dicho más de ochocientos años de Historia porque ésta comienza para nosotros, como para todos los historiadores, con los registros documentales del pasado, y los de Iberoamérica se conocen desde la centuria decimosegunda de nuestra era a través de los códices indígenas y de las tradiciones orales recogidas luego y escritas por los españoles. Algunos prefieren denominar Protohistoria a los aconteceres sucedidos entre las centurias decimosegunda y decimoquinta, reservando el calificativo de histórico para los hechos de los últimos quinientos años, pero nos parece un rigorismo excesivo y hasta quizá tendencioso. Sin entrar en comparaciones, es de sobra conocido que muchos países euroasiáticos tienen una historia inicial mucho más desdibujada que ésta de los iberoamericanos y recogida en fuentes documentales indirectas y ajenas, sin que nadie haya pretendido llamarlas protohistóricas, quizá porque sería minusvalorarlas.

En cuanto a Iberoamérica, el espacio que vamos a historiar es una realidad. Hace treinta o cuarenta años hubo grandes polémicas entre los historiadores por los justos títulos o nombres que debían etiquetar cada zona de América, sin embargo, están afortunadamente olvidadas, salvo casos excepcionales de reconocida reticencia. Iberoamérica es un ámbito perfectamente definido y encuadrado en otro mayor que es Latinoamérica —éste, a su vez, se halla inmerso en el de América— que se refiere al conjunto de naciones colonizadas por españoles y portugueses durante la Edad Media. Son unos países tan concretos que hasta tienen nombre propio: Argentina, Bolivia, Brasil, Colombia, Costa Rica, Cuba, Chile, Ecuador, El Salvador, Guatemala, Honduras, México, Nicaragua, Panamá, Paraguay, Perú, Puerto Rico, República Dominicana, Uruguay y Venezuela. Veinte exactamente, ni más, ni menos.

Como es obvio, no vamos a emprender el absurdo de justificar teóricamente la posibilidad de historiar esa parte del mundo que son los veinte países citados, por muy perfilados y nítidos que sean, pues compartimos el criterio de que sólo hay una Historia, la de la humanidad, universal en el tiempo y el espacio, pero si por razones investigativas y docentes recurrimos a menudo a los artificios de aislar partes de esa Historia única para su mejor estudio mediante cortes espaciales (Historias de España, Francia, Inglaterra, Europa, África, etc.), o temporales (Historias Antigua, Media, Moderna y Contemporánea) resulta evidente la factibilidad de emplear un criterio semejante con los países iberoamericanos, que comparten una historia común o paralela. El recurso es mucho más válido en nuestro caso al hacer un manual orientado a la formación universitaria, donde son comunes estas divisiones artificiales de la Historia como recurso metodológico. Se justifica así esta Historia de Iberoamérica no desde un punto de vista conceptual, sino solamente desde el pragmático de facilitar su estudio.

El contenido que se ha de historiar, ese pasado común o paralelo de los países iberoamericanos, está muy subjetivado por enfocarse comúnmente desde una perspectiva de presente. Las especiales circunstancias de explotación y dependencia por parte de algunas naciones europeas y de los Estados Unidos han inducido a dicha situación, agravada además por la persistencia de algunos mitos del romanticismo decimonónico. Como historiadores, rechazamos, desde luego, cualquier proyección coyuntural que distorsione la visión del pasado, pero tampoco podemos olvidar lo que decía Barraclough de que cualquier historia es siempre contemporánea y que el historiador la afronta siempre desde su circunstancia temporal. De aquí que el problema de la objetivación del contenido histórico se haya confiado totalmente a la profesionalidad de los especialistas que la han trabajado, a los que se ha respetado la libertad de cátedra. El resultado es altamente positivo, como puede comprobarse.

La coordinación de la obra ha manejado dos parámetros de subjetivación que debemos mencionar no obstante: el plan de trabajo y la selección de los autores. Los dos condicionan el resultado obtenido.

La idea inicial ha sido realizar el manual en tres volúmenes, cada uno de los cuales se ocupa de las tres partes en que comúnmente se divide la Historia de Iberoamérica, si bien sobre la hipótesis de que las tres son igualmente importantes. No hemos querido hacer una Historia Colonial y colocarle unos capítulos introductorios de época indígena —como algunas veces se hace, lamentablemente con cierta frecuencia— y otros de la época nacional, a modo de epílogo. Tampoco hemos querido hacer una Historia Contemporánea con los obligados prólogos indígena y colonial. Entendemos que cada una de las tres épocas tiene un indudable valor intrínseco, aparte del correlativo con la siguiente o anterior, y esto obliga a equilibrarlas dando un volumen y tratamiento semejante a cada una de ellas. En este sentido el de la época indígena es, por ejemplo, una verdadera historia de la misma y no antesala de la siguiente.

La denominación de cada una de las tres épocas ha suscitado, como es sabido, mucha controversia entre los historiadores por conllevar proyecciones de filosofía de la Historia. No queremos entrar en la polémica, cuyo resultado es que no existe ninguna denominación adecuada, lo que aceptamos, pero debemos y tenemos que explicar el porqué de las nuestras.

El primer volumen contiene lo que otros manuales llaman «Prehistoria y Protohistoria», «América Indígena», «América Prehispánica» o «América Precolombina» usualmente —porque aún hay más calificativos— y lo hemos llamado *Prehistoria e Historia Antigua de Iberoamérica* con objeto de enfatizar que, aparte de la Prehistoria, existe un verdadero periodo de Historia indígena anterior a la colonización peninsular y muy importante, además, ya que durante el mismo se desarrollaron las altas culturas de la América primigenia que tanto interés despiertan entre los universitarios. El término no es original, pues varios tratadistas lo utilizaron ya en el siglo XIX y referido precisamente a este periodo, pero no es usual en los manuales. Se

14

justifica plenamente al historiar el área iberoamericana, pues fue en ella concretamente donde florecieron tales culturas. Quizá pueda resultar absurdo hablar de Edad Antigua en una Historia de Angloamérica, pero no en la de Iberoamérica.

El segundo volumen recoge lo que se denomina normalmente época «Colonial», «Hispanoamericana», «De la colonización europea», «De la sociedad preindustrial», «capitalista», etc., y la hemos llamado *Historia Moderna de Iberoamérica*, recurriendo a una terminología muy usual en los programas de estudio de las universidades, por considerarla tan válida como cualquiera de las otras. Se nos objetará que en nuestro esquema Iberoamérica salta de la Edad Antigua a la Moderna, sin pasar por la Media, pero esto resulta para nosotros tan evidente como para los numerosos historiadores que han escrito auténticas monografías sobre dicho «salto», y a los que no podemos referirnos ahora. Ni siquiera Weckmann, en su conocida *Herencia medieval en México*, ha podido hacer otra cosa que encontrar «supervivencias» medievales en un mundo claramente moderno, y como verdaderas reliquias de un pasado en vías de extinción.

Por lo mismo titulamos el tercer volumen *Historia Contemporánea de Iberoamérica*, y ahora sin el problema del «salto», a lo que otros colegas llaman «Historia Nacional» o «De las naciones», sin que tampoco tengamos nada que objetar a estos títulos.

Problema mayor fue el de orientar los contenidos, pues nuestra idea inicial de una historia común o paralela para este conjunto de países nos obligó a rebanarla por periodos, subperiodos y etapas durante las cuales se analizan los fenómenos comunes, homólogos, parecidos y singulares en cada uno de ellos. Ya ha sido difícil en el primer volumen, donde se ve el choque de los elementos culturales universalizantes con los regionales, conformándose esa singularidad iberoamericana que es la tensión entre lo integrador y lo disociador, pero ha resultado mucho más evidente en el segundo, cuando hubo que proyectar una combinación de lo homogéneo y lo regional en las distintas épocas, además de los monarcas Austrias y Borbones. El árbol de lo heterogéneo se vuelve más frondoso en la copa, en la Historia Contemporánea, donde las etapas se estudian por procesos parecidos o semejantes en las diversas naciones. Este combinar la historia común o semejante con la particular ha sido nuestro empeño, lo cual evidencia que las naciones iberoamericanas, aunque con vida propia e independiente, tienen ese pasado común o semejante que las une y que las hace presentarse al resto del mundo como un bloque, aunque diferenciado en su interior.

Queda pendiente la explicación relativa al profesorado que hemos escogido cuidadosamente para hacer este manual. Usualmente este tipo de obras están hechas por un profesor o por multitud de ellos. En el primer caso se gana en claridad y coherencia expositiva lo que se pierde en profundidad, ya que no existe ningún docente capaz de dominar todos los temas que se tratan, especialmente en Historia de Iberoamérica, donde hay que abarcar desde la Prehistoria hasta nuestros días. De aquí que se enfaticen solamente los cuatro o cinco temas que el especialista ha podido estudiar en su vida, convirtiéndose el resto de la obra en antecedentes o consecuentes de los mismos. En el polo opuesto tenemos las obras hechas por verdaderos especialistas, cincuenta o sesenta a veces. Los trabajos ganan entonces en profundidad, pero pierden la coherencia y hasta el orden expositivo, resultando muy difíciles para el universitario que se siente abrumado por el rigor histórico. En este manual hemos intentado una fórmula mixta, como es la de escoger seis o siete especialistas para cada uno de los volúmenes, lo que les permite conjugar su conocimiento con la interpretación coherente que pueden abarcar además en auténtica síntesis. Para evitar posiciones doctrinarias o de escuela se ha abierto la gama de posibilidades, resultando así que los diecinueve especialistas que han elaborado este manual pertenecen a diez universidades distintas y de cinco países. Resulta obvio decir que los profesores manifiestan posturas ideológicas muy variadas e incluso contrapuestas, lo que no nos parece ningún defecto en una obra de formación universitaria. Para todos ellos nuestro sincero agradecimiento por haber querido colaborar en esta pequeña obra colectiva que acoge su experiencia universitaria.

MANUEL LUCENA SALMORAL
Coordinador

INTRODUCCIÓN

El volumen de Historia Contemporánea ha sido quizá el más difícil de programar de los tres que constituyen esta Historia de Iberoamérica. Difícil porque los hechos que estudia están vivos en la encarnadura de todos los iberoamericanos, y no nos referimos a los que sucedieron hace treinta o cincuenta años, sino a todos, porque las guerras civiles del siglo XIX y hasta la Independencia están presentes en Iberoamérica y siguen discutiéndose con apasionamiento sorprendente, como si hubieran sucedido ayer. Difícil también porque durante las dos centurias de que se ocupa pareciera que el jinete apocalíptico del nacionalismo hubiera acabado con la pretendida unidad iberoamericana. Pese a esto, no hemos querido hacer una Historia de las Naciones Iberoamericanas, sino una Historia Contemporánea de Iberoamérica, por considerar que la andadura independiente de las naciones tuvo también vínculos de solidaridad entre ellas. Mantener esta dualidad entre lo nacional y lo supranacional, entre lo singular (que a su vez es colectivo) y lo colectivo (que a su vez está singularizado por lo peculiar iberoamericano), entre lo que pasó en cada país y lo que ocurrió en toda Iberoamérica como región o área ha sido especial objeto de preocupación de los profesores universitarios que lo han elaborado, sobre un esquema quizá discutible, pero próximo a esta filosofía. De hecho, cualquier esquema lo es siempre, pues pretende acomodar aconteceres humanos a una lógica interpretativa. La que nos ha guiado ha sido la convicción de que Iberoamérica es una realidad histórica y como tal funciona con unos mecanismos que de alguna forma pueden percibirse por encima de los problemas peculiares de cada nación, que existen igualmente y deben ser explicitados. Este camino ha guiado la periodización de Independencia, Formación de los nuevos Estados, Federalismo, Regeneración, Intervencionismo norteamericano, Radicalismo, Populismo y Nacionalismo, generalizables de alguna forma a nivel iberoamericano. El resultado ha sido sorprendente, pues demuestra que tal estructura iberoamericana existe y se puede estudiar a dicho nivel sin más problemas que los subsistentes cuando analizamos lo que ocurre en las regiones desde un nivel de tipo nacional. La verdadera historia, el núcleo y cogollo de ella, es el estudio regional, sin embargo se pueden ir escalando unos niveles interpretativos superiores, siempre que en ellos se den los valores de interrelación entre las unidades que la integran y que demuestra, en definitiva, si la estructura es real o ilusoria. Hemos manejado, en síntesis, un tercer nivel estructural interpretativo que funciona superpuesto al primero o regional y al segundo o nacional.

Como en los dos volúmenes anteriores, hemos pretendido hacer una unidad histórica independiente de las precedentes, con las que, sin embargo, tiene una gran conexión. No hemos querido hacer una Historia Contemporánea que fuera el epílogo natural de la Moderna o Colonial, sino una verdadera Historia Contemporánea de Iberoamérica que puede manejarse con individualidad de la época predecesora. Sólo en su arranque, la Independencia, tiene unas claras conexiones con las potencias coloniales, que se explicitan además, pero una vez rotos los vínculos políticos de dependencia se inició un camino propio: el iberoamericano.

El objetivo de realizar un manual universitario ha impuesto el obligado camino de narrar y ordenar los hechos, lo cual ha dificultado la interpretación que, no obstante, encontrará presente en la obra el lector y que es consecuencia de la valía profesional de los autores que la han realizado, todos ellos con una larga experiencia investigadora y docente, y a quienes se les ha respetado la libertad de cátedra, único medio de enriquecer una obra de este carácter. A los profesores John Lynch, Nelson Martínez, Brian R. Hamnett, Hans Joachim König, Adam Anderle y Marcello Carmagnani quiero testimoniar aquí mi enorme agradecimiento por el gran trabajo que han realizado.

Manuel Lucena Salmoral
Coordinador

PRIMERA PARTE

EL SIGLO XIX:
LA UTOPÍA DE LIBERTAD,
ORDEN Y PROGRESO[1]

---

[1] Libertad, Orden y Progreso fueron las tres palabras mágicas que movieron el siglo XIX. Libertad fue la primera en el tiempo y la que tuvo mayores resonancias propias. Por lograrla se sacrificó una generación entera y su resultado fue la independencia. Orden fue la segunda, pues se puso de moda entre los años 1830 y 1850. Traía ecos coloniales y entró en conflicto con la primera. Por imponer el Orden se sacrificó la Libertad en no pocos lugares. Orden fue, además, una palabra ambigua, que servía para implantar el centralismo o el sistema federal, la constitución o el movimiento anticonstitucional, el autoritarismo o la tiranía.

Mediado el siglo la palabra que se impuso fue Progreso, que venía a ser sinónimo de ferrocarriles, líneas telegráficas, vapores y caminos. El Progreso era algo foráneo que hubo que pagar a un precio muy elevado y que sólo fue posible implantar donde había Orden y, a menudo, poca libertad. Los ideólogos iberoamericanos agotaron sus esfuerzos por hacer compatibles las tres palabras emblemáticas del siglo y al cabo comprendieron que la primera de ellas, Libertad, era casi imposible de hermanar con las otras dos.

CAPÍTULO PRIMERO

La independencia

Las características más singulares del movimiento independentista iberoamericano son su universalidad y su singularidad. Surgió casi coetáneamente en casi todas las colonias del mundo hispánico y concluyó tres lustros después, salvo en los casos particulares de Cuba y Puerto Rico. Por la libertad lucharon los venezolanos en Quito y Perú, los argentinos en Chile y Bolivia, etc., dando a Iberoamérica su mejor lección de solidaridad.

La independencia fue también un acontecimiento peculiar para cada uno de los territorios que aspiraron a convertirse en nación y, a menudo, en consonancia con el grado de resistencia que hicieron los realistas. De aquí que dejara huellas muy profundas en el ser nacional de algunos de los nuevos países.

La independencia fue asimismo una guerra interna entre las regiones de las naciones que se constituían. Las oligarquías locales y las postergaciones económicas coloniales afloraron a la hora de definir los nuevos centros de poder y dieron origen a verdaderos conflictos civiles.

I. UNA TEMÁTICA CONTROVERTIDA

La variedad de problemas internos contenidos en la temática independentista ha dado origen a muchas controversias e interpretaciones dependientes de las perspectivas en que se han situado los historiadores. Curiosamente, las más antiguas, formuladas en los años posteriores a la emancipación, son las que están más en consonancia con las corrientes actuales, como son las que consideran la independencia como una lucha del poder regional contra el centralista de los viejos núcleos urbanos coloniales, de los grupos urbanos dominantes contra los de libres, que llamaríamos hoy marginados, o de los caudillos provinciales (calificados entonces defensores de las pasiones individuales) contra quienes pretendían construir el Estado. En la época romántica se sublimó la independencia y se la redujo a un entramado de batallas y héroes para la formación patriótica de las nuevas generaciones. Los tópicos fueron útiles para el propósito y resultó que todos los patriotas eran jóvenes, guapos, ilustrados y buenos, mientras que los realistas eran viejos, feos, incultos y malos. Los historiadores españoles reaccionaron de una forma parecida, ofreciendo el estereotipo de unos americanos traidores y perversos que se levantaron contra la patria. Luego vinieron otras interpretaciones como el enfrentamiento de una burguesía mercantil americana contra la burocracia absolutista metropolitana y su secuela de transferencia hegemónica a los comerciantes librecambistas ingleses, o la consideración de que la Independencia fue una simple guerra civil entre los criollos y los peninsulares, movidos los primeros por el enorme resentimiento que les produjeron las reformas borbónicas. Finalmente se interpretó como parte de la teoría de la dependencia y en relación con la tutela de las potencias industrializadas o dentro del enfrentamiento Norte-Sur. Es difícil escoger entre una gama tan variada, sobre todo porque casi todas ellas tienen una parte de la verdad, pero no toda. El problema estriba por lo común en la perspectiva en que nos coloquemos. Nosotros tendremos que limitarla, por razones obvias, a una muy general de ámbito iberoamericano, con lo que perderemos los matices regionales.

1. ¿Existen causas para que se independicen los pueblos?

Todo estudio de la independencia comienza usualmente por el de sus causas, que incluso se dividen en internas y externas. Entre las primeras se citan usualmente la pésima administración metropolitana, la inmoralidad burocrática, el régimen monopolista mercantil, la relajación de costumbres, la postergación de los criollos y mestizos, la servidumbre indígena, la tiranía, las crueldades y las restricciones culturales. Entre las externas se señalan en enciclopedismo, la vinculación de los criollos a los centros políticos europeos, el papel de las sociedades secretas y culturales, la influencia de la independencia de los Estados Unidos, la propaganda realizada por los jesuitas expulsos y, hasta incluso, la influencia de la revolución francesa. La idea general que subyace en esto es que ninguna de las causas citadas sirve para explicar la razón de la independencia, y es preciso entonces acumular gran número de ellas para que resulten más convincentes: *cuantitas versus cualitas*.

Para nosotros resulta muy difícil encontrar la causa o las causas de la independencia, pues sería tanto como encontrarlas para la libertad humana. Nos parece un ejercicio intelectual semejante al de encontrar las razones por las cuales los esclavos querían ser libres. Desde nuestro punto de vista, se pueden encontrar razones para explicar que un pueblo o unos hombres no sean libres e independientes, pero no para lo contrario, que estimamos algo inherente en la condición humana y en las sociedades que el hombre construye.

Invertido así el problema, tendríamos que preguntarnos cuáles fueron las razones por las cuales Iberoamérica no se emancipó hasta 1810 y, evidentemente, éstas son sólo dos: no pudo o no lo necesitó. La primera nos enfrentaría a pensar en unas metrópolis con un enorme pie de fuerza militar, capaz de ahogar los levantamientos independentistas, y sabemos que tanto España como Portugal no lo tenían. Es más, la fuerza militar de Iberoamérica estaba sostenida, configurada y apoyada por los mismos iberoamericanos, siendo insignificante la presión militar metropolitana. No hubo ningún levantamiento americano que exigiera el desplazamiento de ejércitos peninsulares y sólo se enviaron algunos regimientos cuando ocurrieron las conmociones de los años 80 del siglo XVIII, muy vinculadas ya con nuestra coyuntura. La segunda razón no ha sido suficientemente valorada, pero es la real: Iberoamérica no necesitó independizarse hasta 1810 porque antes estuvo creciendo y configurándose. Un siglo antes, a comienzos del XVIII, tuvo una oportunidad semejante cuando se produjo el relevo de la dinastía austriaca por la de los Borbones, pero no quiso aprovecharla y todo quedó en algún precipitado alboroto por haberse jurado al Archiduque en vez de a Felipe V, como aconteció en Caracas. Iberoamérica era entonces incapaz de asumir su propio destino porque no tenía suficiente fuerza social ni económica para ello. Ni siquiera la tenían la mayor parte de los reinos que entonces la integraban. Pensemos en un Brasil sin la fiebre del oro ni la emigración portuguesa que ocasionó, o en un Uruguay sin Montevideo, en una Venezuela sin los desarrollos cacaotero y añilero, etc. Iberoamérica creció y se hizo adulta en el siglo XVIII, cuando se dispararon los crecimientos de su población y de su economía y entró a sustentar el desarrollo de la gran revolución industrial europea. A comienzos del siglo XIX tenía ya entidad propia y era consciente de su poder socioeconómico, que había llegado a un límite de crecimiento a causa del sistema colonial. Entonces, y sólo entonces, exigió su libertad, porque era cuando realmente la necesitaba.

2. IBEROAMÉRICA, UNA Y MÚLTIPLE

Aunque el fenómeno emancipador sacudió a toda Iberoamérica con increíble sincronía, caracterizando una vez más su unidad, sorprende la diversidad nacional que produjo. Brasil resultó un caso excepcional, pues se configuró como una nación única, si bien hay razones que explican la peculiaridad, pero Hispanoamérica saltó dividida en pedazos desde los primeros momentos y planteó su independencia por regiones. Muchos territorios anhelaban tanto separarse de España como del vecino y no pocos de ellos fueron fieles a la metrópoli porque su opositor americano se había levantado contra ella. En algunos lugares hubo auténtica xenofobia por las tropas libertadoras de la nación próxima, mientras se veía como propias a las realistas. Todo esto induce a pensar en la existencia de un fuerte sentimiento regional, previo a la formación de las nacionalidades, que fraguó a lo largo de la dominación española y estaba ya definido a finales de la misma, y verdaderamente sabemos que fue así porque durante todo el siglo XVIII abundaron los informes de los proyectistas chilenos, peruanos, neogranadinos, venezolanos, etc., sobre la riqueza de su «país» y la necesidad de mejorar determinados aspectos de la economía para la felicidad de sus conciudadanos.

Este regionalismo tiene una serie de grados o escalones muy curiosos. El primero y más general suele coincidir con las unidades administrativas españolas políticas o jurídicas, principalmente con las últimas. Las cabezas de audiencia tuvieron una enorme fuerza centrípeta de aglutinación, y sobre sus territorios dependientes de Caracas, Santa Fe, Quito, Lima, Charcas, Santiago, etc., fueron *apareciendo* luego *naciones*. En realidad, se trataba de unidades socioeconómicas trabadas por la administración secular que incluso competían entre sí por los mercados cercanos. Así el caso de Lima y Buenos Aires respecto al Alto Perú, o el de Lima y Panamá por el comercio del Pacífico, etc. El segundo escalón es mucho más nítido y nos ofrece una diferenciación subregional dentro de la gran unidad administrativa. Sus motivaciones fueron también económicas, como la disparidad entre Montevideo y Buenos Aires o la de Charcas y Lima. Los casos más significativos son quizá los de Tierra Firme: en Venezuela, Maracaibo fue realista porque Caracas se había vuelto republicana, y en el Nuevo Reino llegaron a existir simultáneamente tres centros de poder independientes, como los de Santa Fe, Tunja y Cartagena. Son viejos resabios de antiguas tensiones originadas por problemas de comercio comúnmente.

25

La fragmentación regional asombró a los mismos libertadores que la padecieron. El porteño Belgrano se llevó la gran sorpresa en Paraguay y los patriotas del Río de la Plata se estrellaron una y otra vez en Uruguay y en el Alto Perú. San Martín sufrió en Chile las consecuencias del nacionalismo porteño y chileno, y luego en Perú la de los dos y el mismo peruano. Bolívar vio frustrado su intento de formar la Federación Andina e incluso la creación de Colombia, que se desintegró antes de morir. La incomprensión de los libertadores hacia las fuerzas disociadoras de carácter regional y subregional procedió quizá de su extracción preeminentemente capitalina. No entendieron las oligarquías familiares de las regiones ni su postergación frente a las oligarquías capitalinas y menos aún la situación de las poblaciones nuevas y libres que habían surgido en bolsas marginadas a la influencia política, social y económica de los centros de poder coloniales. La interpretación de las palabras «libertad» e «igualdad» tuvo así una lectura diferente, según se hiciera desde los centros de poder político o desde los marginados, y de esta doble interpretación surgieron dos conflictos diferentes. Iberoamérica nos ofrece así desde los comienzos de su historia contemporánea esta imagen dual de región unitaria, que comparte el problema común de emanciparse de la dominación española, y región de regiones con problemas específicos y peculiares en cada una de éstas. Es la Iberoamérica una y múltiple, continental y regional que encontraremos constantemente durante los siglos XIX y XX.

3. ¿INDEPENDENCIA POLÍTICA, SOCIAL O ECONÓMICA?

¿Qué tipo de independencia se propusieron hacer los patriotas? Desde nuestra perspectiva histórica podemos afirmar que la política, pues fue indudablemente la única que se logró. La sociedad iberoamericana siguió estamentalizada a la usanza colonial hasta mediados del siglo XIX y dirigida por casi las mismas familias de la época española, salvo el pequeño grupo emergente de los militares afortunados en las campañas libertadoras. En cuanto a la independencia económica, fue una utopía, ya que las nuevas naciones cayeron en la más absoluta dependencia de ingleses y franceses, de la que no saldrían hasta la llegada del nuevo patrono norteamericano. A este logro único de la independencia política se refería Simón Bolívar en su mensaje al Congreso Constituyente de Colombia en 1830 cuando señalaba: «¡Conciudadanos! Me ruborizo al decirlo: la independencia es el único bien que hemos adquirido a costa de los demás.» Ahora bien, ¿era ésta la pretensión inicial de los patriotas que promovieron la revolución?

La realidad es que la transformación social no figuraba como problema prioritario de los patriotas, quizá porque pertenecían a la oligarquía criolla dominante que estaba muy conforme con el tipo de sociedad en que vivía. Antes de la independencia no encontramos grandes reclamos por la situación en que vivían los esclavos, los indios, ni los libres. La gran protesta de los criollos se hizo precisamente en dirección contraria cuando la Corona española otorgó las «gracias al sacar» que dispensaban a los pardos de una situación infamante a cambio de pagar determinadas contribuciones (1795). Los criollos caraqueños creyeron que aquello era el fin del mundo, pues suponía terminar con las clases existentes, y amenazaron a la Corona, a través de su Cabildo, asegurando que en el futuro «hormiguearán las clases de estudiantes mulatos; pretenderán entrar en el Seminario; remeterán y poseerán oficios concejiles;

servirán en las oficinas públicas y de Real Hacienda; tomarán conocimiento de todos los negocios públicos y privados; seguirán el desaliento y el retiro de las personas blancas y decentes...». Y *esto* —no lo olvidemos— se escribía en 1796, a sólo catorce años de distancia del movimiento de 1810. La despreocupación por los esclavos fue todavía mayor, y así se explica que a menudo prefirieran ingresar en las huestes realistas antes que en las patriotas (como en el caso de Boves), al menos hasta que los patriotas definieron claramente que los esclavos soldados que sobrevivieran a la campaña serían libres. La oligarquía criolla vivió una psicosis de revoluciones de esclavos después del caso de Haití. Tanto fue así, que llegaron a contagiársela a las autoridades españolas y éstas contrajeron la introducción de mano de obra esclava a finales del régimen colonial. En cuanto a los indios, fueron considerados como un peso muerto del cuerpo social activo y digno de figurar en las filas realistas por su carácter reaccionario. Grandes excepciones a este comportamiento fueron el Cura Hidalgo en México y Artigas en Uruguay.

La única verdadera preocupación social preindependentista fue lograr que los criollos tuvieran los mismos derechos que los españoles e incluso fueran preferidos a los peninsulares para ocupar los cargos públicos de sus países, tal y como lo expresó el Cabildo de México en 1771 y los comuneros neogranadinos diez años más tarde. Tal parece que la única reforma social consistía en suprimir la clase de españoles y dejar el resto tal y como estaba.

En cuanto a la independencia política, ya hemos indicado que fue un objetivo natural a la vista del crecimiento socioeconómico de Iberoamérica, y estaba planteada desde antes de 1810 por numerosos criollos, entre los que destacó Francisco de Miranda por su gran claridad de ideas. El problema consistió en esperar hasta que se produjo una oportunidad como la que se presenta a raíz de 1808.

La independencia económica era otra de las grandes pretensiones de los criollos americanos. Todos los fondos documentales de las audiencias indianas, y especialmente los relacionados con consulados, contienen un precioso material de reclamos y protestas formulados por agricultores y comerciantes, particularmente durante la segunda mitad del siglo XVIII, en donde denuncian el régimen de opresión económica impuesto por la metrópoli (Brasil no es ajeno a este aspecto). Solicitan la aminoración de los impuestos, permiso para cultivar determinadas especies prohibidas, exención de derechos de exportación para algunos artículos producidos en el país, agilización de los trámites aduaneros y, sobre todo, libertad de comercio auténtica. La Corona española había otorgado un Reglamento de Libre Comercio en 1778 que no tenía de libre más que el nombre, pues seguía obligando a las colonias a comerciar únicamente con la metrópoli. Este monopolio comercial, igual que el que Portugal mantenía en Brasil, eran perfectamente obsoletos a finales del siglo XVIII, porque Iberoamérica había entrado ya en el flujo comercial de la revolución industrial. Los territorios iberoamericanos solicitaron a sus metrópolis dicha libertad de comercio, pero sólo obtuvieron permisos temporales para que los puertos negociaran con los buques de las potencias amigas y neutrales en periodos de gran conflictividad bélica. La obsesión de las potencias ibéricas por mantener su régimen de monopolio concientizó a los grupos criollos de la necesidad de plantear de inmediato el tema de la independencia política como la única forma de lograr una independencia económica. Resultó así que el gran detonante de la independencia política fue la necesidad de romper urgentemente la dependencia económica, objetivo paradójico por cuanto el resultado obtenido fue precisamente el contrario.

II. LA CALMA QUE PRECEDIÓ A LA TORMENTA

No hubo grandes conmociones internas en Iberoamérica durante su último cuarto de siglo de vida colonial. Tras los grandes levantamientos que siguieron a las reformas absolutistas se produjo una calma chicha, perturbada generalmente por intervenciones producidas desde el exterior (toma de Trinidad, cesión de Santo Domingo a Francia, invasiones inglesas al Río de la Plata, intentos revolucionarios mirandinos) y algunos problemas aislados de poca relevancia (revolución de esclavos en Coro, rebelión de Gual y España, etc.). Las monarquías española y lusitana dejaron de presionar con nuevos cambios y aun levantaron la mano en la aplicación de los ya producidos ante el temor de despertar otra oleada de protestas. Hispanoamérica y Lusoamérica siguieron creciendo a su aire, agotando social y económicamente los corsés impuestos por el orden colonial hasta un punto de saturación que precipitaría el estallido independentista. Veamos una panorámica de la administración, la sociedad, la economía y la cultura iberoamericanas en vísperas de la emancipación.

1. LA ÚLTIMA ADMINISTRACIÓN COLONIAL

Iberoamérica se encontraba dividida en los dos bloques de Hispanoamérica y Lusoamérica, dependiendo cada uno de ellos de las monarquías española (los Borbones) y portuguesa (Branganzas). Desde 1640 se había roto el vínculo unitario entre ambos bloques, cuando se independizó Portugal, y habían tenido un desarrollo muy diferente, ya que el siglo XVIII es el que había configurado realmente Brasil a la par que había asentado las sociedades hispanoamericanas. En común tenían ser colonias de metrópolis peninsulares y soportar una administración dirigida casi exclusivamente por los europeos (gachupines o chapetones, los españoles, y marineros los portugueses). Se diferenciaban en que la estructura político-administrativa de Hispanoamérica tenía más solera y raigambre, pues arrancaba del siglo XVI, mientras que la lusoamericana se había montado más tarde, en el XVIII principalmente. Hispanoamérica arrastraba, además, todo un siglo XVIII de vinculación a Francia, mientras que Brasil había estado más relacionado con Inglaterra.

Durante los últimos años del siglo XVIII y principios del XIX Hispanoamérica soportó las consecuencias de una política española fluctuante respecto a Francia (variaba del Pacto de Familia a la Guerra de la Convención) y de constante agresividad contra Inglaterra. Esto le costó la cesión de Santo Domingo a Francia, la ocupación de Trinidad por los ingleses, dos invasiones al Río de la Plata y una amenaza constante de intervención británica en varios lugares, principalmente en Venezuela. Hispanoamérica llegaba a su independencia después de casi veinte años de guerra contra Inglaterra que habían sido desastrosos, ya que dicho país era la primera potencia marítima del mundo y dominaba el Atlántico. Brasil, en cambio, tuvo menos dificultades en este periodo, pues su unión a la política británica garantizó una mayor estabilidad en la navegación, y Francia no se planteó el problema de atacarlo.

Administrativamente, Hispanoamérica estaba dividida en cuatro virreinatos (México, Perú, Santa Fe y Río de la Plata) y cuatro capitanías generales (Guatemala, Cuba, Venezuela y Chile). Para el mejor funcionamiento de las rentas reales se habían creado las intendencias, que se ocupaban también de suministrar lo necesario al ejército mandado por el virrey o capitán general, lo que originaba un sin fin de conflictos entre las distintas autoridades españolas. La administración judicial y la religiosa seguían organizadas por el viejo modelo de audiencias y arzobispados (u obispados), si bien se habían creado algunas y se habían reajustado otras. En cuanto a los organismos especializados en la dirección de la política indiana, habían sido suprimidos, integrándose los ramos americanos junto con los españoles en las secretarías de Estado, Gracia y Justicia, Guerra y Marina y Hacienda. Todo este aparato administrativo estaba regido por peninsulares, accediendo sólo los criollos a los bajos cargos. En general, la planta administrativa de Hispanoamérica al surgir el movimiento de independencia era la que había organizado Godoy a principios del siglo XIX, por lo que quedó desacreditada al caer el ministro en 1807 y sin que diera tiempo a relevarla por la precipitación de los acontecimientos que se sucedieron en España.

La característica administrativa de los Borbones fue dividir Hispanoamérica en numerosas islas administrativas vinculadas a la metrópoli, lo que facilitaba la explotación económica y evitaba el peligro de una unificación de las Indias frente a la Península. Una revolución antiespañola en el virreinato del Perú durante el siglo XVII habría supuesto el enfrentamiento de toda Sudamérica con Madrid, pero en la centuria siguiente Lima no tenía absolutamente ninguna potestad sobre el Río de la Plata (donde se había creado otro virreinato) ni sobre el Nuevo Reino de Granada (donde había surgido otro).

El despotismo ilustrado portugués hizo exactamente lo contrario, planeando una reforma que acentuó los organismos centralizados de poder en la propia América. A principios del siglo XIX el virreinato (creado en 1762) estaba firmemente asentado en Río de Janeiro, que era ya su capital indiscutible (el traslado de la capital desde Bahía se realizó en 1763). Un solo virrey dirigía Lusoamérica entera y controlaba el gobierno, la justicia, las finanzas y la defensa territorial. De él dependían las capitanías que habían ido revertiendo a la Corona. El Real Erario era también un organismo centralizador y había sustituido a la vieja Casa dos Contos. La Justicia era administrada por un Tribunal de Relación presidido por el virrey, y contaba con una Casa de Suplicación. Existían, naturalmente, las audiencias para lo civil y lo criminal y las juntas de justicia. En 1806 se creó el Consejo de Justicia. Finalmente, se establecieron las Intendencias con funciones de hacienda y gobierno. Posiblemente esta política de unificación y concentración de poderes obedeció al peligro de secesión originado por el desarrollo minero en el siglo XVIII, que abrió la frontera del interior como un nuevo país, diferente al de plantación que hasta entonces había existido en el litoral; esto marcaría una impronta muy peculiar en Brasil en vísperas de su movimiento independentista.

2. La sociedad tricolor

La sociedad iberoamericana de principios del siglo XIX acusaba las consecuencias de un alto crecimiento demográfico vegetativo y de un grado creciente de urbanización. Estos aspectos son extraordinariamente difíciles de cuantificar, pero se suele admitir una tasa anual acumulativa en el crecimiento de hasta el 0,8 por 100. También hubo una apreciable migración, pues se calcula que en el periodo comprendido entre 1761 y 1810 llegaron 1.240.000 esclavos africanos. La migración peninsular fue notable, aunque de características muy diferentes; emigraron unos 300.000 portugueses al Brasil y sólo unos 100.000 españoles (durante el siglo XVIII) a Hispanoamérica. Curiosamente, estos emigrantes españoles venían de zonas muy diferentes a las que habían proporcionado la primera migración (Andalucía, Castilla y Extremadura), pues ahora procedían de la cornisa cantábrica (gallegos, asturianos y vascos) o de Cataluña.

La población global de Iberoamérica es difícil de determinar; sin embargo, en líneas referenciales, ascendería a unos 18.600.000 habitantes hacia el año 1810. De ellos 15.000.000 corresponderían a Hispanoamérica y el resto a Brasil. Esta población se dividía en los tres colores: blanco, amarillo y negro. El primero correspondía a los grupos dominantes peninsulares y criollos; el segundo, a los indios, y el tercero, a los esclavos y libres. Miranda, en un acto testimonial, puso el color amarillo del indio en su bandera precursora, de la que luego derivaron otras muchas. Nadie puso el color negro en ningún pabellón nacional. En cuanto al blanco, bueno es recordarlo, fue arrancado por los haitianos de la bandera francesa para formar la suya. Los dominicanos hicieron luego lo propio, colocando una cruz blanca sobre la haitiana. Blanco, negro y amarillo, tres colores que los iberoamericanos tenían a flor de piel y que les clasificaban desde el nacimiento.

La distribución étnica de la población era la siguiente:

Grupos	Total	%
Blancos	3.850.000	20,7
Mestizos	4.400.000	23,6
Indios	7.050.000	37,9
Negros	3.300.000	17,7
Total	18.600.000	

Casi el 38 por 100 eran indios (en realidad muchos más, pues no estaban contabilizados los indios marginados) y casi el 24 por 100 mestizos. La población blanca apenas sobrepasaba la quinta parte y los negros se acercaban al 18 por 100. Naturalmente, esta situación de reparto porcentual variaba enormemente de un territorio a otro, y aun dentro de un mismo virreinato o gobernación. La simple división en Hispanoamérica y Brasil ofrece ya particularidades interesantes:

Grupos	Pob. Hispanoamérica	%	Pob. Brasil	%
Blancos	3.000.000	20	850.000	23,6
Mestizos	3.750.000	25	650.000	18
Indios	6.750.000	45	300.000	8,3
Negros	1.500.000	10	1.800.000	50
Totales	15.000.000	80,6	600.000	19,4

Resulta así que mientras en Hispanoamérica la mayoría es india (45%), en Brasil es negra (50%). El mestizaje es mucho mayor en Hispanoamérica (cuarta parte de la población) que en Brasil (18%). Una primera apreciación no muy exacta, pero interesante, es que la producción se movía mayoritariamente en Brasil con mano de obra esclava, y en Hispanoamérica con la tributaria. Los grupos blancos son sensiblemente parecidos, aunque porcentualmente mayores, en Brasil. Varias zonas del Caribe hispánico tenían más semejanza con la distribución poblacional de Brasil que con la de Hispanoamérica.

2.1. *Las variedades de blancos*

Era tan importante ser blanco, que esta cualificación se obtenía más por oposición a los otros dos colores que por sí misma; *no ser negro ni indio*. De aquí que resultara utópico averiguar cuántos blancos había. En algunas zonas de predominio negro los mestizos de español (portugués) e india formaban parte de la misma población blanca y sólo el mulato tenía la categoría de mestizo, mientras que en determinadas zonas andinas los mestizos urbanos tenían categoría de criollos o blancos.

Los blancos estaban divididos a su vez en subgrupos. Además de los peninsulares y los criollos, existían los «blancos de orilla» o «plebeyos».

Los peninsulares eran una minoría que apenas representaba el 1 por 100 de la población hispanoamericana, aunque en Brasil llegaba hasta el 10 por 100. Monopolizaban los altos cargos de la administración civil y religiosa (virreyes, presidentes, arzobispos, obispos, etc.), lo cual les permitía rivalizar con los criollos en ostentación y preeminencias —verdadera obsesión de la época en Iberoamérica— y ocultar algunas veces su origen humilde peninsular. También eran europeos los comerciantes —exportadores e importadores— y gozaban de una situación de privilegio gracias al sistema de monopolio metropolitano, que naturalmente defendían. En la milicia controlaban asimismo los puestos de mayor responsabilidad. Muy pocos europeos llegaban a tener verdadera relevancia en la tenencia de tierras, aunque existían casos singulares. Las fortunas que lograban reunir trabajosamente durante su vida pasaban inexorablemente a engrosar el patrimonio de los criollos, pues tales eran sus descendientes. Hubo algunos casos excepcionales de peninsulares que gozaron de grandes posesiones por haber matrimoniado con acaudaladas criollas, como también los hubo de jornaleros del campo (emigrados canarios, principalmente) que se transformaban con el tiempo en pequeños propietarios.

Los criollos no era un grupo homogéneo contra lo que usualmente se cree. Una minoría de ellos integraba la oligarquía de su grupo y detentaba el poder económico de Iberoamérica, ya que eran propietarios de las tierras y las minas. Descendían de los conquistadores o de peninsulares que habían logrado hacer fortuna y tenían

Una tertulia colonial en 1790

enorme prestigio social, lo que les obligaba a vivir con ostentación (grandes mansiones, esclavos domésticos, etc.). Los estudios recientes demuestran que no poseían grandes fortunas en metálico y que su verdadera riqueza era el patrimonio más que las rentas. La oligarquía había comprado numerosos títulos aprovechando los apuros económicos de la Corona y mantenían con los administradores españoles una curiosa relación de admiración y desprecio. Los respetaban como peninsulares, pero los despreciaban porque muchos de ellos procedían de clases humildes.

La gran mayoría de los criollos eran gentes de escasos recursos, ya que carecían de fortuna. Esencialmente urbanos, ocupaban los puestos medios y bajos en el funcionariado (muchos eran recaudadores de la Real Hacienda), en la Iglesia y en la milicia. También eran comerciantes al minoreo (bodegueros, pulperos, etc.) o pequeños propietarios rurales. Durante los últimos años de la colonia existió una verdadera obsesión de estos criollos por obtener grados en leyes. Los criollos odiaban a los europeos por estimar que les quitaban las oportunidades que les correspondía como hijos del país y militaron desde muy pronto en el bando independentista, único que les ofrecía una alternativa de cambio vital.

«Blancos de orilla» o «plebeyos» era el grupo marginal de los blancos; comúnmente criollos de escasos recursos económicos y residentes en zonas rurales. Su presencia fue advertida por los viajeros ilustrados que visitaban Iberoamérica a finales del siglo XVIII o principios del XIX y señalaron que matrimoniaban con indios y mulatos y hacían incluso trabajos manuales.

2.2 *El peligro mestizo*

Es quizá el grupo más interesante y singular de Iberoamérica. Su enorme aumento, hasta llegar a constituir la cuarta parte de la población (en algunas zonas andinas sobrepasó el 30 por 100), lo transformó en un grupo desestabilizador de la sociedad colonial, pues las monarquías peninsulares no le habían asignado ningún papel en la producción, ni en el reparto de bienes. Los blancos poseían la riqueza y generaban nueva riqueza; los indios tributaban y subsistían en sus tierras comunales; los negros eran esclavos, no tenían nada y debían trabajar para sus amos, pero nadie legisló jamás qué tenían que hacer los mestizos ni de qué debían vivir, porque no se pensó en ellos. Aparecieron como por generación espontánea fuera de toda planificación de la Corona, en pequeña proporción tras la conquista y fueron luego creciendo desmesuradamente hasta convertirse en un verdadero peligro mediado el siglo XVIII. La monarquía española trató de darles algunas tierras que se quitaron a los indios con las reformas borbónicas (se concentraban varias parcialidades y se sacaban a remate las sobrantes), pero no se arregló el problema (las tierras fueron compradas por los blancos).

Aunque los mestizos eran propiamente la mezcla de blanco con indio, en lugares de predominio esclavista, el mulato, mezcla de blanco con negro, tenía una connotación similar y se le solía llamar pardo. Los mestizos eran un grupo muy heterogéneo en función de su grado de mestización. Existía una absurda «limpieza de sangre» para poder pertenecer a los batallones llamados precisamente de Pardos, impidiéndose ingresar en ellos a «tentes en el aire» o zambos (mezcla con indio). El disparatado sistema de una sociedad clasificada por colores se seguía así multiplicando hasta el infinito.

Los mestizos se convirtieron en la mano de obra asalariada por excelencia cuando el mecanismo de producción, basado en la dualidad tributario-esclavo, hizo aguas a principios del siglo XVII a causa del bajo rendimiento del trabajo indígena y la escasez de mano de obra esclava en zonas del interior. Fueron los jornaleros de las haciendas y los trabajadores de las artes mecánicas en los centros urbanos. Dominaron también el comercio en regiones rurales o en frontera con los indios, y no pocos de ellos fueron asimismo pequeños propietarios de la tierra que trabajaban con sus propias manos o con la ayuda de algunos indios. El trato discriminatorio que recibían les hizo poner su anhelo en un cambio revolucionario del cual podían esperar, al menos, la igualdad.

2.3 *Negros esclavos y negros libres*

La mitad de la población de Brasil era negra y cargaba a sus espaldas el peso de la producción agrícola y minera. No así en Hispanoamérica, donde apenas representaban el 10 por 100. Se dividían en los dos grupos principales de libres y esclavos. Los primeros habían aumentado extraordinariamente a finales del régimen colonial y suministraban mano de obra asalariada para los campos y las minas. Se les adjudicaban las labores más duras en el mercado de trabajo, como bogar en las embarcaciones de transporte, acarrear minerales, etc. En las ciudades controlaban los oficios mecánicos, como las herrerías, etc. Su ideal era ingresar en la milicia, lo cual les proporcionaba un pequeño sueldo con el que cubrían sobradamente sus necesidades y el uso de uniformes vistosos con los que se pavoneaban en las calles provocando la irritación de los oligarcas criollos.

Faltan todavía estudios profundos sobre las causas que produjeron la enorme proporción de población libre (en la provincia de Caracas eran más del 8 por 100 del total), pues los argumentos tradicionales parecen poco convincentes y se basan a menudo en la bondad de los dueños de esclavos. Posiblemente radica en el hecho de que la producción económica de Hispanoamérica a principios del siglo XIX se movía fundamentalmente con mano de obra asalariada, por haber perdido rentabilidad la esclava (alto precio de compra de la «pieza» y elevados gastos de sostenimiento). También existía una psicosis de levantamientos de esclavos a raíz de la revolución haitiana.

Los esclavos carecían de todo derecho, salvo el de la vida. Se dividían en las dos categorías de domésticos y trabajadores. Los primeros eran bastante más numerosos de lo que a menudo se cree, pues el prestigio de los amos se medía por la capacidad de sostener estos esclavos «holgazanes». Las señoritas de las grandes familias solían ir a la misa dominical de doce escoltadas por verdaderas cohortes de esclavas, y en los banquetes de las residencias criollas se hacía ostentación de esclavos domésticos como muestra de poder económico. La mama negra o ama de cría de las criollas distinguidas era la máxima distinción que podía lograrse en este oficio servil.

Los trabajadores eran principalmente agrícolas (el peonaje de la ganadería era asalariado en su mayoría) y estaban especializados en determinadas producciones (caña de azúcar, algodón, tabaco), en las que habían logrado un alto grado de destreza. Cultivaban, limpiaban, recolectaban y luego semitransformaban los productos para su comercialización. Ya hemos indicado que en Brasil eran los auténticos motores de su economía, pero en Hispanoamérica hubo un número insuficiente como lo reflejan los testimonios de los últimos gobernantes y de los reformadores ilustrados, muchos de los cuales expresaron su opinión a través de los Consulados. Inglaterra tuvo muchas dificultades para abastecer el mercado español de esclavos durante la segunda mitad del siglo XVIII a causa de su posición de enfrentamiento con España, y los negreros españoles, suecos, daneses y norteamericanos no fueron capaces de organizar bien el sistema de la trata. Para colmo de males, los ingleses se volvieron enemigos del tráfico a comienzos del siglo XIX, cuando Napoleón bloqueó los puertos europeos a la entrada de azúcar inglés. Gran Bretaña no tuvo otro remedio que prohibir el tráfico en 1807 ante el peligro de convertir sus puertos en almacenes de azúcares y melazas, dedicándose entonces a perseguir los buques negreros para que nadie tuviera la industria que ellos no podían sostener. A finales del periodo colonial los esclavos entraban con cuentagotas en Hispanoamérica, lo que elevó todavía más su precio.

Los enemigos naturales de los esclavos eran sus amos, criollos en su mayoría. De aquí que no manifestaran mucho entusiasmo por el cambio político que éstos propugnaban. Lucharon contra ellos en muchos escenarios y sólo se volvieron patriotas cuando comprendieron que los realistas tampoco estaban dispuestos a darles la libertad. La población negra, tanto libre como esclava (se les prometió la libertad si se enrolaban en determinadas banderas y lograban salir vivos de las guerras al cabo de unos años), fue una de las más masacradas en las guerras independentistas; fueron la carne de cañón de las batallas.

2.4 *Los indios tributarios*

Población dominante de Iberoamérica (37,9 por 100), tenía una distribución muy irregular, pues mientras en Hispanoamérica representaba el 45 por 100 de sus habitantes, en Lusoamérica no llegaba más que al 8,3 por 100. Hay que advertir siempre que estas aproximaciones porcentuales, aparte de inexactas, como ya dijimos, están referidas únicamente a los indios cristianos o sometidos. En Hispanoamérica había muchos indios insumisos en zonas de selva, llano y montaña a los que se llamaba bárbaros o salvajes, pero en Brasil su proporción portentual era todavía mayor, ya que el avance de la colonización al interior había sido muy reciente.

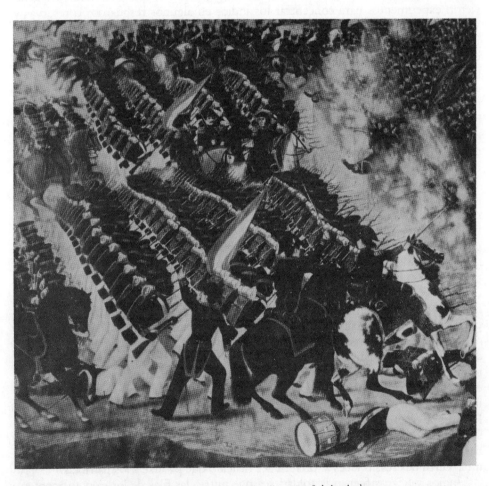

Batalla de Chacabuco. Detalle del batallón núm. 8 de los Andes,
compuesto en su totalidad por soldados de color

Los indios sometidos ocupaban grandes bolsas en las áreas colonizadas o vivían en frontera con los indios insumisos bajo la protección de la administración española o de la Iglesia. Tributaban a la monarquía y producían elementos de la economía de subsistencia que pasaban usualmente a los circuitos comerciales internos de virreinatos y capitanías. Sus tierras estaban amenazadas por la presión demográfica de los centros urbanos próximos y principalmente por los grupos mestizos que reivindicaban el derecho a ocuparlas para su integración a una economía activa. El gran problema era que mientras ellos carecían de tierras, los indios las tenían en exceso (no comprendían que el tipo de explotación realizado por los naturales era extensivo y no intensivo, necesitando por ello mayor superficie de suelo cultivable). La Corona española sostuvo su tradicional política de protección paternalista hacia el indio, pues estimaba que era incapaz de hacer frente a la usurpación de tierras y a la explotación de su mano de obra impuesta por los otros grupos étnicos. El despotismo ilustrado empezó a replantearse su política indigenista a partir de la revolución guaranítica surgida en el reinado de Fernando VI, y durante la época de Carlos III se hicieron experimentos para concentrar los indios en algunos resguardos o reservas y vender sus tierras sobrantes a los mestizos (que fueron a parar a las manos de los terratenientes criollos que las compraron), así como también para convertir a los indios en mercado de consumo de los excedentes comerciales. Los levantamientos indígenas de los años 80 terminaron con ambas políticas, y la Corona volvió a su tradicional paternalismo, convirtiéndolos de nuevo en permanentes ciudadanos marginados. Durante el reinado de Carlos IV se aceptó ya con resignación el problema indígena y se robustecieron sus instituciones comunales, como el Cabildo. El Estado encontró una nueva utilidad en los indios «cristianos», utilizándolos como almohada contra los ataques de los indios «bárbaros» en las nuevas fronteras que habían surgido en el norte como consecuencia de la expansión territorial.

No tenemos estudios notables sobre la situación indígena en vísperas de la independencia. Los etnólogos se han ocupado de los indios del siglo XX y los etnohistoriadores de los del XVI, y a lo sumo el XVII, pero nadie se ha interesado por conocer realmente a los indios de principios del siglo XIX que se vieron envueltos en una guerra incomprensible entre los blancos y en la que les obligaron a intervenir como tropa. Españoles y patriotas llegaban a sus comunidades y realizaban la leva correspondiente sin consultar a nadie. Los naturales se vieron movilizados y obligados a combatir en sitios muy lejanos a los que siempre conocieron. En líneas generales, los indios combatieron en favor de la causa realista y por dos razones fundamentales: porque la Corona había dado leyes en su favor para librarlos de la explotación de blancos, negros y mestizos, y porque los curas que dirigían sus comunidades les aconsejaron ponerse del lado del rey. La excepción más significativa es el movimiento de Dolores del cura Hidalgo, sin embargo también es aventurado señalar del lado de quién estaban los indios, quizá por lo prematuro y espontáneo de su rebelión. Los indios serían la verdadera tropa de los ejércitos realistas en México, Tierra Firme y Perú, motivo por el cual merecieron el desprecio de muchos patriotas. Los «pastusos» siguen arrastrando todavía la afrenta de haber resistido a las tropas de Bolívar hasta el último momento, y su caudillo, Agustín de Agualongo, es considerado un indio cerril de escasas luces al preferir ser fusilado que pasarse a los patriotas.

Indios y negros fueron la soldadesca que nutrió las filas de los ejércitos contendientes en la independencia y quienes verdaderamente la perdieron. Tras las campañas, los indios siguieron tributando en muchos países o perdieron sus tierras y los negros continuaròn siendo esclavos durante décadas.

3. Un mercado para la revolución industrial

Aún más difícil que generalizar en lo social resulta hacerlo en lo económico, donde a menudo hay más excepciones que reglas y los problemas son muy diferentes, según el entorno en que nos parcialicemos. No hay dos territorios con la misma economía, ni siquiera uno con una economía integrada. En términos globales, Iberoamérica representa, como ya dijimos, un mercado de consumo para los países que realizaron la primera revolución industrial, a la par que un productor de determinados artículos. Consumía manufacturas tales como tejidos de todas las clases (especialmente los livianos de algodón e hilo), alguna maquinaria, herramientas y utillaje y algunos alimentos (harina y frutos estacionales principalmente). Exportaba algodón, azúcar, añil, grana, cacao, tabaco, cueros y palos tintóreos, aparte de apreciables cantidades de metales preciosos con los que se engrasaba el rodaje del capitalismo europeo. La situación era, además, de mutua y recíproca dependencia, pues los mercados africano y asiático no podían aún sustituir a Iberoamérica como productor-consumidor de la industria europea, ni Iberoamérica podía prescindir de Europa para su desarrollo y abastecimiento. Las guerras que España sostuvo con Inglaterra originaron una contracción del tráfico y produjeron verdaderas catástrofes en las colonias: falta y encarecimiento de las manufacturas, caída de los precios de los frutos tropicales por falta de compradores, desabastecimiento de algunos alimentos importantes, etc. Como compensación, tuvieron un aumento de su numerario, ya que no podía exportarse, con lo cual se originó la ruina de no pocos comerciantes metropolitanos. Quizá por esto el desarrollo económico de Brasil durante los últimos años del siglo xviii y los primeros del xix fue mucho más acelerado, pues Portugal sostuvo su tradicional alianza con Inglaterra.

La economía iberoamericana se basaba en una buena producción agropecuaria, una minería notable, una industria muy deficitaria o nula y un comercio desfasado de su tiempo. La agricultura era quizá el mejor sector de la producción. Se había desarrollado enormemente durante el siglo xviii para cubrir la demanda impuesta por el crecimiento poblacional americano y por el mercado europeo. La hacienda, que se afianzó entonces, fue el instrumento más eficaz de esa producción, devorando tierras, absorbiendo mano de obra, captando inversión de capital y entregando unos artículos primarios para la subsistencia o para la industria. Entre los del primer sector destacaron el maíz y el trigo, alimentos básicos de los sectores agrícolas y urbanos de Hispanoamérica. Se ha señalado que su valor anual en México equivalía al de la producción de plata, y tuvo extraordinaria importancia en los países suramericanos del Pacífico, así como en el Río de la Plata. El área circuncaribe fue deficitaria de harina de trigo y tuvo que importarla a finales del siglo xviii de los Estados Unidos, de donde venía mejor envasada.

Los cultivos industriales demandados por Europa terminaron por especializar a los territorios americanos en determinados productos. El azúcar se desarrolló principalmente en Cuba, sobre todo a raíz del hundimiento de los cañaverales dominicanos. El algodón se producía principalmente en Nueva España, Perú y Tierra Firme

(Venezuela y Colombia); sin embargo, en vísperas de la independencia, los algodones hispanoamericanos empezaban ya a sufrir la competencia de los norteamericanos en calidad y precio por la utilización de las desmotadoras. El tabaco era la renta más saneada de la Corona y se cultivaba en varios lugares, destacando Cuba, Nueva España, Venezuela, Nueva Granada y Perú. El cacao era fundamentalmente venezolano y guayaquileño (el de Soconusco era de mejor calidad, pero de poco volumen de producción) y se consumía dentro del mundo hispánico, principalmente en España y México. Otras plantas importantes eran el añil (Guatemala, Venezuela), la yerba mate (zona platense) y el café (Cuba, Puerto Rico y Venezuela), así como las medicinales (Perú y Quito).

En términos generales, la agricultura había crecido desmesuradamente a principios del siglo XIX y había llegado al máximo de su capacidad de producción con la vieja estructura. Para aumentarla debía plantearse el reto de una nueva inversión de capital, introducción de herramientas y maquinaria (la que había era muy anticuada y la nueva era muy costosa por los impuestos que la gravaban al importarla), de nuevos cultivos y hasta de nuevos incentivos para los agricultores. El rendimiento de las haciendas difícilmente sobrepasaba el 1 por 100 del valor de la tierra (había muchas zonas improductivas) y los hacendados tenían escaso capital (aunque gran patrimonio y crédito) para hacer frente a una larga situación adversa. Tampoco existían bancos que sirvieran de soporte a la agricultura y las entidades crediticias solían cobrar unos intereses abusivos que impedían la posibilidad de beneficios futuros.

La ganadería había sufrido un retroceso durante el siglo XVIII respecto a centurias anteriores, hasta el punto de que en muchos lugares era un sector en crisis. La Corona española había propiciado una política de supresión de áreas ganaderas en zonas próximas a las costas para evitar el establecimiento de invasores extranjeros, y esta interiorización coadyuvó enormemente a su decaimiento, ya que las vías de comunicación eran comúnmente inapropiadas para movilizar el ganado, que disminuía de peso desde los pastizales de origen hasta los centros de consumo. A principios del siglo XIX se dio la paradoja de faltar carne en ciudades distantes apenas 150 kilómetros de los hatos. El ganado en pie se exportaba muy poco, tanto por la razón antes citada como por la falta de embarcaciones apropiadas, y se limitaba normalmente a mulas de las que había gran demanda en los centros azucareros o mineros. Tampoco fue demasiado notable la exportación de tasajos y cecinas, pues usualmente estaba rota la comunicación entre los centros de producción de sal y ganado. Los primeros estaban en las costas y los segundos en el interior. Resultó así que la producción cárnica sólo abastecía mercados próximos y en cantidad muy limitada, por lo que los ganaderos se dedicaron a vender los cueros al pelo, cosa que perjudicó enormemente la cabaña existente. Con frecuencia se mataba a las reses para utilizar sólo el cuero, desperdiciándose la carne. Añadamos a esto que los hatos estaban frecuentemente en lugares apartados donde los propietarios se negaban a vivir, dejando la explotación en manos de mayordomos y caporales que se despreocupaban del cuidado de las reses. En definitiva, era un renglón en el que apenas se invertía salvo lo necesario para comprar la tierra.

Pese a todo, la ganadería tuvo gran importancia en muchos lugares. En Nueva España destacó la provincia de Guadalajara, muy rica en producción vacuna. En los llanos existentes entre Venezuela y la Nueva Granada había también algunas importantes cabañas ganaderas vacunas y en el oriente venezolano existió una notable ga-

Manera de enlazar y faenar vacunos en el Río de la Plata, a finales del siglo XVIII

nadería mular que sustentaba en parte la producción azucarera antillana. El Río de la Plata era otra área de producción vacuna y mular. Este último ganado se necesitaba en los trabajos mineros del Alto Perú. Los centros de producción mular estaban en Córdoba, Tucumán, Santa Fe, Entre Ríos y Buenos Aires, y desde allí los animales se subían hasta los pastizales de Salta, donde invernaban antes de pasar al Alto Perú. En Perú la ganadería vacuna era apreciable, y la ganadería lanar, que también había entrado en crisis a principios del siglo XIX como consecuencia de la ruina de la industria obrajera, notable. Algo parecido ocurría en Quito.

La minería fue especial objeto de preocupación para la dinastía borbónica, que planteó una serie de medidas para mejorarla, tales como el envío de técnicos españoles y extranjeros a Hispanoamérica con objeto de planificar su modernización, el abaratamiento del precio del azogue hasta un 50 por 100 (bajó de 82 pesos a 41 pesos el quintal), la creación de los tribunales de minería, los bancos de rescate y los de avíos y la promulgación de nuevas ordenanzas. Todo esto produjo una activación del sector que a finales del siglo XVIII y principios del siguiente se encontraba en unas cotas excelentes de producción. México acuñaba más de 27 millones de pesos de plata en 1804, que suponían el 66 por 100 de la producción mundial. Perú producía casi 11 millones de pesos en 1790. Parece así que los cálculos de Humboldt sobre la producción hispanoamericana (37 millones de pesos a finales del siglo XVIII) eran bastante conservadores. Téngase en cuenta que el virreinato neogranadino producía a finales de la colonia un promedio anual de 1.351.272 pesos de oro. A comienzos del siglo XIX se empezó, además, a extraer el platino, mineral que antes era considerado sin valor, y se aumentaron las extracciones de cobre como consecuencia de la demanda de la industria de guerra. Frecuentemente este último metal fue utilizado como carga de los buques que volvían a Europa en lastre.

Mucho se ha discutido sobre el decaimiento de la minería peruana y el auge de la mexicana a finales del siglo XVIII, y aunque es indudable que ésta se encontraba en pleno esplendor, no parece ciertamente que la primera estuviera en franca recesión. Gran parte de la polémica utiliza una documentación tendenciosa del Perú, que pretendía resaltar la extraordinaria pobreza de las minas para justificar el uso de mano de obra mitaya (prohibida en 1720) en vez de asalariada y el sostenimiento del pago del décimo real en lugar del quinto. Esto no quiere decir en modo alguno que rechacemos la realidad de que Potosí afrontaba una crisis como consecuencia de la baja ley de la plata que producía, y que Huancavélica tuviera un rendimiento que era la mitad de la centuria anterior, sino simplemente que es necesario ponderar el verdadero valor de tal decaimiento de la minería. En el Perú hubo una confabulación de los mercaderes para hacer fracasar las reformas porque éstas tendían a liberar a los mineros de las ataduras que ellos les imponían. Lograron la abolición de los bancos de rescate, que no entrase en funcionamiento la escuela de metalurgia y que el Tribunal de Minería llevara una vida lánguida.

La industria hispanoamericana fue el pozo de todos los males. Aparte de la tradicional obsesión de la metrópoli por no favorecer, y ni siquiera permitir, la existencia de determinadas industrias que compitieran con las españolas, tuvo que afrontar los de trabajar con una mano de obra muy poco especializada, como era la indígena tributaria, la de falta de interés inversor por parte de los capitalistas, la carencia de vías de comunicación apropiadas, y el exceso de impuestos. Hispanoamérica fue diseñada como un mercado de absorción de las mercancías españolas primero, luego de las manufacturas europeas que pasaban por España (dejando el usufructo tributario) y finalmente como una síntesis de consumidor de mercancías europeas y españolas, pero jamás como un productor de manufacturas para Europa ni para la propia Hispanoamérica. Tuvo así una pequeña industria que abastecía el mercado local de artículos toscos y caros que difícilmente podían competir con los refinados y baratos del exterior. La Corona sólo se planteó coyunturalmente la protección de la industria hispanoamericana, dejándola, de esta forma, inerme frente al capitalismo industrial foráneo cuando vio que su sostenimiento implicaba grandes costos.

Sería muy difícil establecer los esquemas operativos de España respecto a sus colonias, pues indudablemente fueron cambiando. En vísperas de la independencia, desde luego, funcionaba la imagen de que España no podía suministrar las manufacturas que necesitaba Hispanoamérica, salvo en determinados renglones suntuarios, por lo que éstas debían comprarse a los países industrializados de Europa y venderse en Indias con el mayor beneficio en la transacción. Existió también la idea de que una industria indiana protegida por el Estado podría drenar muchos de los beneficios comerciales producidos por este intercambio, ya que nunca se pensó en Hispanoamérica como productora de artículos capaces de competir con los europeos. Hubo, con todo, un choque de intereses entre industria y comercio que se solventó apoyando al último contra la primera por razones de costo, rendimiento y comodidad. Costo, porque su montaje exigía inversión de capitales que drenarían el envío de metales preciosos a la metrópoli y porque su mantenimiento seguiría captando capital para competir en el mercado. Rendimiento, porque los beneficios comerciales sobrepasaban con mucho a cualquier otro que procediera de la industria, pues se operaba sobre impuestos que sobrepasaban el 50 por 100. Comodidad, porque la plataforma tributaria marchaba sola y de forma segura desde hacía siglos y podía reajustarse con facilidad cuando lo requerían las circunstancias.

Resultado de todo ello fue la práctica inexistencia de una industria hispanoamericana, no sobrepasando ésta el nivel de artesanado. En industrias de base existieron las tintóreas, las maderables y las salineras, que apuntalaron las de obrajes, construcción de barcos y salazón de carnes y pescados. La primera de ellas llegó a conformar un verdadero sector de bienes de consumo mediante la elaboración de paños burdos que se consumían principalmente en las regiones productoras (México, Quito, Perú).

Lo rudimentario de su tecnología —en gran parte la heredada del mundo indígena prehispánico—, su vinculación a una mano de obra poco especializada como era la tributaria y la falta de inversión de capital, entre otras causas, motivaron que fuera incapaz de afrontar el reto impuesto en el mercado por las manufacturas textiles europeas, cayendo en una gran crisis durante la segunda mitad del siglo XVIII. La industria de construcción naval se desarrolló sólidamente en La Habana, donde se hicieron 115 barcos para la flota real en los últimos tres cuartos del siglo XVIII. El astillero de Guayaquil, en cambio, tuvo un gran decaimiento a finales del periodo español. En cuanto a las salazones de carnes y pescados, fueron importantes, pero no llegaron a tener un nivel productivo considerable, acorde con la abundancia de las materias primas utilizables. Baste decir que los territorios hispanoamericanos importaban pescado salado de Estados Unidos por Semana Santa a principios del XIX.

Los bienes de consumo industrializados, aparte de los citados, eran loza y cerámica utilitaria, mobiliario, medicinas, joyería, bebidas alcohólicas y los derivados de los sectores alimentario, graso y curtidos. La gran producción azucarera sostuvo no sólo la industria de aguardientes y guarapos, sino también la de frutas en conserva, que se consumían mucho en el mundo americano. El maíz sostenía una enorme producción de chicha no comercializada (en muchos lugares estaba prohibida) en la región andina. Existió también una buena industria de elaboración de quesos que se consumían en mercados próximos a los puntos de fabricación, ya que difícilmente soportaban una conservación de más de dos semanas. Las grasas animales permitieron la fabricación de velas y jabones y los cueros sostuvieron la elaboración de cordobanes, zapatos, badanas, suelas, sillas de montar, cueros para empaque, etc. Con todo, los elaborados no podían competir con los extranjeros en calidad y precio, circulando por lo común en el continente americano y usualmente en las mismas demarcaciones donde se fabricaban.

El comercio hispanoamericano de comienzos del siglo XIX no tiene ninguna semejanza con el de épocas anteriores, salvo la pretensión española de seguir sosteniendo su régimen de monopolio. Normalmente los historiadores lo presentan como la culminación de un proceso bien conocido y siempre repetido que llega hasta 1778 (libre comercio); sin embargo, la realidad es que se trata de algo muy diferente, porque obedece a parámetros introducidos sólo a finales del siglo XVIII, tales como la revolución industrial, el enorme desarrollo productivo de América, el crecimiento demográfico y las guerras de España con Inglaterra. Todo esto produjo una extraña soldadura entre el mercado hispanoamericano y los centros de producción industrial que España no pudo evitar y que terminó por demostrar el fin de su protagonismo como intermediario comercial, máxime cuando este protagonismo pretendía ejercerlo con un sistema oneroso de impuestos que irritaba a productores y consumidores de ambos lados del Atlántico.

El punto de partida para la comprensión del problema es que Hispanoamérica y los centros industriales de producción (principalmente Inglaterra y Francia) se necesitaban funcionalmente. El aumento poblacional hispanoamericano había incrementado la demanda de manufacturas (que no se fabricaban en Indias) y la oferta de artículos comercializados (azúcar, añil, algodón, etc.) que consumían los centros industriales. Este intercambio debía efectuarse por medio de una poderosa marina mercante que Hispanoamérica no tenía, ni tampoco España. La primera contaba sólo con una flota mercante de cabotaje que apenas podía aproximar los productos coloniales a las grandes rutas comerciales internacionales, donde eran recogidos por buques europeos o norteamericanos. En cuanto a España, disponía de una pequeña flota comercial que podía conectar la metrópoli con los puertos indianos si el océano Atlántico no era un frente de guerra, ya que no contaba con una armada de apoyo y mucho menos después del desastre de Trafalgar. Por lo menos era evidente que la flota mercante española no podría operar con funcionalidad si la Península se enfrentaba a una potencia naval atlántica como la inglesa. Sin embargo, con una extraña miopía, España se embarcó en una serie casi continua de guerras desde 1779 hasta 1808. Tres conflictos armados contra Inglaterra —que dominaba el océano—, como los de 1779-1783, 1797-1802 y 1804-1808, y otro contra Francia en 1793-1795. Cada uno de ellos era un colapso comercial y un sufrimiento para las colonias, ya que los productos coloniales eran muy perecederos y se pudrían almacenados en los puertos mientras esperaban un sorpresivo navío español capaz de esquivar la flota enemiga en el Atlántico y regresar a la Península con la carga. Este navío debía también traer las manufacturas europeas que América no fabricaba y que teóricamente venían a través de España. De todo ello tenían conocimiento los marinos de la armada británica y los corsarios franceses que se dedicaron a perseguir con saña cuanto mercante español surcaba el mar en tiempos de guerra, resultando así que el comercio se convirtió en una auténtica aventura privada del capitán de cada barco, con lo cual perdió eficacia el sistema. También la Corona española tomó conciencia del problema, y para evitar la ruina total de sus colonias autorizó permisos temporales a los buques de las naciones neutrales. Éstos podían comerciar directamente con dichas colonias siempre y cuando regresasen a España, cosa que siempre incumplieron. El primer permiso se concedió en 1797 y funcionó bastante bien, pues los comerciantes norteamericanos, suecos, daneses y holandeses aguantaron el comercio americano mucho mejor que lo hacía la metrópoli, pero los conflictos napoleónicos fueron convirtiendo progresivamente a todos los neutrales europeos en beligerantes, y al cabo sólo quedaron los norteamericanos, que hicieron su gran negocio en esta época. Tras la Paz de Amiens sobrevino el último conflicto contra Inglaterra, que fue ya insufrible para Hispanoamérica, especialmente a partir de 1807, cuando el presidente Jefferson prohibió a los buques norteamericanos salir al exterior para no verse implicado en la guerra de bloqueos declarada entre Inglaterra y Francia. El año 1808 fue uno de los más trágicos de la historia comercial, ya que no llegaban a Hispanoamérica buques de ninguna nacionalidad. Faltaron hasta los artículos de subsistencia (trigo) y los productos coloniales bajaron a precio de saldo. Se aprendió con ello una sencilla lección: las colonias ultramarinas no podían vivir con un régimen de monopolio comercial vinculadas, en consecuencia, a una metrópoli sin flotas y además en guerra con la primera potencia marítima del mundo que era la Gran Bretaña. A finales de 1808 esta situación cambió, pues el levantamiento español contra Napoleón convirtió improvisadamente a los ingleses en aliados, y 1809 fue un año excelente para todos, pero 1810 se abrió con los presagios de otra situación similar a la de 1808, ya que España había sido ocupada totalmente por los franceses y vinculada al carro napoleónico y antibritánico. Hispanoamérica no podía soportar otra contracción comercial más y puso los medios oportunos para evitarlo jugando la carta del autogobierno.

Otra lectura de la misma situación podemos hacerla desde Inglaterra, país que necesitaba vitalmente el mercado americano no sólo por ser funcional para colocar

El puerto de La Guayra

sus manufactuas y extraer los productos coloniales, sino porque era el único existente, ya que Europa se cerró en bloque a su comercio a causa de los decretos napoleónicos. Se empezaron a cultivar algunas materias primas en otros lugares del mundo, principalmente Asia, pero los problemas de calidades y costes estaban aún en vía de experimentación hacia 1809 y las dificultades de organizar un nuevo circuito comercial de la solidez del hispanoamericano eran enormes. Además, las difíciles relaciones diplomáticas entre Inglaterra y Estados Unidos hacían entonces desaconsejable utilizar las materias primas de este país o los vehículos comerciales de dicha nacionalidad para surtir las fábricas británicas. Finalmente, el elevado costo de la guerra peninsular a partir de 1809 hizo que Inglaterra necesitara imperiosamente el mercado hispanoamericano e iberoamericano en general.

Desde el punto de vista español, la situación tiene otro enfoque. La metrópoli no podía obtener de sus colonias otro beneficio que el derivado de los impuestos, la mayor parte de los cuales procedían del comercio. Los permisos concedidos a los neutrales en circunstancias bélicas apremiantes habían demostrado que los beneficios comerciales se eclipsaban, pues España perdía su papel de intermediaria al poner en relación directa a los productores con los consumidores. Había que defender a ultranza el monopolio y dejar bien claro que los permisos de neutrales fueron solamente temporales y excepcionales. A partir de 1808 el país se embarcó en una guerra de alto costo contra Francia y derogó los permisos neutrales, ya que al ser Inglaterra aliada de España el Atlántico se convirtió de nuevo en un mar negociable. Revocó el permiso de comercio a los neutrales y restableció el monopolio. Un monopolio ridículo, pues pretendía que todo el comercio de Hispanoamérica se hiciera obligatoriamente con un solo puerto, Cádiz, ya que el resto estaba ocupado en 1810. Esta política cerril demostró a los hispanoamericanos que únicamente había un camino: la emancipación.

Visto desde el punto de vista de la infraestructura comercial, el panorama no era mucho más alentador. Hispanoamérica no contaba tampoco con una flota mercante adecuada para el comercio con Europa, pues la mayor parte de ella estaba compuesta por embarcaciones pequeñas, propias para un negocio de cabotaje con el que apenas podían movilizar los productos hasta los puntos donde eran recogidos por los buques extranjeros, que movían el flujo internacional. Sus comerciantes estaban acostumbrados al sistema de monopolio y eran incapaces de competir con los extranjeros en un régimen de libre mercado. Manejaban sistemas anticuados de compraventa sin apenas créditos, imponiendo a su arbitrio los precios, y embarcaban los frutos con fletes muy altos y sin casi seguros. Sostener aquella situación en un mercado vinculado a la revolución industrial era perfectamente utópico.

Brasil afrontaba problemas generales muy semejantes, aunque particularmente diferentes. La producción de oro que había llegado a 16.000 kilos anuales a mediados del siglo XVIII había bajado a una media de 5.000 kilos hacia 1790, y siguió descendiendo hasta situarse en los 4.000 kilos durante la primera década del siglo XIX. La agricultura se convirtió entonces en el único renglón compensatorio. Aumentó la producción azucarera y tabaquera y la exportación de nuevos productos como el arroz, el café y el índigo. Sin embargo, la bonanza azucarera surgida a raíz de la revolución haitiana se ensombreció pocos años después cuando Napoleón comenzó a bloquear los mercados europeos a los ingleses y sus aliados (los portugueses), y la demanda de algodón originada a finales del siglo XVIII por los manufactureros norteamericanos empezó a peligrar a raíz de las nuevas siembras de este producto en la Luisiana, recién comprada a Francia. Por otra parte, el aumento poblacional de Brasil demandaba mayor cantidad de manufacturas que los ingleses se aprestaban a cubrir. Igual que en el caso español, Portugal se aferraba anacrónicamente a su papel de intermediaria entre los productores y consumidores, sosteniendo un monopolio comercial que resultaba inoperante y que sólo hacía más difícil la correlación atlántica. El problema se acentuaba por momentos, pues si veinte años antes Portugal podía saldar los déficits producidos por las compras en Inglaterra con oro, en 1806 esto era una perfecta utopía, porque ni el oro brasileño ni los vinos lusitanos llegaban a cubrir el valor de las adquisiciones.

El monopolio lusitano sobre Brasil tuvo cierta justificación teórica en la transición intersecular, pues la «neutralidad» portuguesa permitió colocar algunos excedentes azucareros brasileños en los mercados europeos, pero quedó sin función alguna en 1807 cuando Napoleón presionó a la Corona lisboeta para alinearse junto a Francia en el bloqueo continental contra Inglaterra. Portugal se encontró en la disyuntiva de aceptar convertirse en satélite de Francia, lo que equivalía a enfrentarse a los ingleses que ocuparían de inmediato Brasil por ser su enemigo, u oponerse a Napoleón y seguir siendo aliado de Inglaterra, lo que suponía la invasión de su territorio peninsular y la misma independencia de Brasil bajo tutela británica.

Podemos concluir así que la economía iberoamericana, tanto la hispanoamericana como la lusoamericana, había llegado a una situación límite impuesta por el sistema de mercado atlántico internacional que exigía el libre comercio. Las metrópolis se negaron a concederlo por entender que éste violaba el pacto colonial y atentaba contra la unidad política de los imperios, de lo que resultó la ruptura de ese pacto y el autogobierno de los territorios iberoamericanos. El problema económico se transformó en político y la distinta forma de encararlo en Hispanoamérica y Brasil dio las particularidades de la independencia en Iberoamérica. La lucha por la libertad de comercio se transformó en lucha por la libertad política como único medio de conseguir la primera, y el proceso es por ello usualmente considerado como político.

Todo este panorama macroeconómico tiene un funcionamiento peculiar y a menudo diferente dentro de marcos regionales y subregionales, donde se habían incubado tensiones de producción y mercados desde épocas muy antiguas que rebrotaron con la independencia. Muchas de estas zonas no estaban apisonadas por el dispositivo centralista de la metrópoli, sino por las preeminencias económicas de las capitales virreinales o por los antiguos centros urbanos de poblamiento contra las cuales se levantaron a su vez. De aquí que hubiera dos guerras de independencia simultáneas y muy difíciles de entender: la externa contra los realistas y la interna contra los centros urbanos de prepotencia económica. Mucho se ha discutido si la guerra de Independencia fue tal o una guerra civil, y la verdad es que hubo las dos al mismo tiempo, y a veces la segunda tuvo prioridad sobre la primera. Sin esta consideración no podremos entender las actitudes de Maracaibo frente a Caracas, ni de Pasto y Cartagena frente a Bogotá, ni del sur de Chile frente a Santiago, ni de Tucumán frente a Buenos Aires, a lo que sigue un largo etcétera. La economía puso en marcha dos guerras simultáneas, y lo lamentable es que sólo se ganó una de ellas, dejando la otra como un problema larvado que afloró a lo largo del siglo XIX en las llamadas guerras civiles.

4. La cultura de los ilustrados

La cultura desempeñó un papel instrumental importante en el proceso independentista. Aunque la sociedad estamental estaba prácticamente ahogada por el sistema económico colonial y buscaba la ruptura del mismo, el cambio hacia la autodeterminación habría sido imposible de no existir un nutrido grupo de dirigentes capaces de arbitrarlo y de relevar a los peninsulares en la dirección político-administrativa. Pensemos, por ejemplo, en el esfuerzo realizado por algunas potencias coloniales europeas durante la segunda mitad del siglo XX para preparar élites en muchos países africanos con el objetivo de sustituir a los funcionarios metropolitanos. En Iberoamérica esto se dio de forma natural, y desde el comienzo del siglo XIX existía ya un grupo dirigente: el criollo. Lamentablemente, las guerras libertadoras exterminaron buena parte de esos extraordinarios recursos humanos, necesarios para las naciones que luego se constituyeron.

Mucho se ha discutido sobre la influencia de la Ilustración en la independencia de Iberoamérica, y frecuentemente desde puntos de vista dispares. Para algunos es causa motriz de todo el proceso emancipador, y para otros apenas tuvo trascendencia sobre el mismo. Desde luego, hay que descartar el principio de que la sociedad preindependentista era ilustrada en sentido estricto. Ni los indios, ni los mestizos, y ni siquiera la mayoría de los criollos lo eran. Pero esto mismo podría decirse de cualquier otra sociedad ilustrada de Europa. La Ilustración era un movimiento de élites y como tal llegó a Iberoamérica, impregnando sólo una delgadísima capa de criollos urbanos, muchos de los cuales militaron en el bando revolucionario.

La Ilustración no llegó directamente de Francia, sino de España. Venía por ello desteñida. Nada tenía del racionalismo inglés y muy poco del enciclopedismo, por lo que los criollos pudieron manejar sin dificultad dos fuentes de autoridad contrapuestas como Razón y Fe. De aquí que los más fervientes ilustrados fueran incondicionales católicos y a menudo clérigos. También compaginaba los principios sociales de igualdad humana y esclavitud o privilegio de clase. Muchos ilustrados defendían la necesidad de importar más esclavos para la «prosperidad» de las colonias o de poner freno a la ascensión de los pardos porque esto restaba mano de obra a la agricultura, verdadero bien de las naciones. Frecuentemente los marqueses y condes locales eran los mejores representantes de la Ilustración. En teoría política, eran más monárquicos que republicanos, pero detractores del absolutismo. Donde la razón se desbordaba sin diques era en el cultivo de las ciencias naturales, llamadas a producir mejoras económicas para la felicidad general. En este terreno se produjo el choque con los saberes tradicionales que fueron postergados por anacrónicos y causantes del estancamiento en que vivían las colonias.

La Ilustración tuvo un largo periodo de desarrollo y es difícil tipificar a sus seguidores criollos de 1770 con los de 1810. Los de principios del siglo XIX habían recibido el poso de las dos revoluciones norteamericana y francesa y estaban mucho más politizados. Propugnaban la ruptura del pacto social, la representación de las instituciones e incluso las ideas republicanas. En casi todas las capitales iberoamericanas había ya seguidores de las ideas jacobinas que se enfrentaron a los conservadores.

Los ilustrados, especialmente los de finales del régimen colonial, demostraron una verdadera vocación docente que produjo la expansión de su pensamiento a través de las universidades, las sociedades de amigos del país y la prensa. En las primeras se hicieron reformas en los planes de estudio para dar cabida a las ciencias naturales que desplazaron a las enseñanzas de filosofía, teología y latín. La de San Marcos de Lima inauguró una cátedra de botánica y en la de Córdoba de Tucumán se enseñaron matemáticas. La expulsión de los jesuitas replanteó toda la política universitaria por parte del Estado no sólo en Hispanoamérica, sino también en Brasil, donde los franciscanos crearon un centro de estudios superiores por disposición real de 1772. Las nuevas instituciones técnicas docentes, como los Colegios Metálicos de México y Lima promovidos por los Tribunales de Minería, fueron también otra ayuda eficaz, así como la de las expediciones botánicas.

Las sociedades económicas se convirtieron en verdaderos círculos de ilustrados progresistas y combinaron la cultura con la economía, preocupándose por el fomento de la agricultura, el comercio y la industria. Tomaban nombres muy diversos, como la Sociedad de los Amantes del País en Lima, de Bellas Artes de San Carlos en México, Patriótica Literaria de Buenos Aires, Patriótica de Amigos del País en Quito, Económica en La Habana, etc.

Mayor importancia tuvo el periodismo, que estaba perfectamente establecido en Hispanoamérica desde finales del siglo XVIII y fue el gran difusor y vulgarizador de las ideas ilustradas. Baste citar por estos años la *Gaceta de Literatura de México*, iniciada en 1788; la *Gaceta de México* que apareció en 1784 y el *Diario de México*, que se imprimió por vez primera en 1805, o los periódicos limeños *Diario de Lima* (1790), *El Mercurio Peruano* (1791) y la *Gaceta de Lima* (1793). En Bogotá se publicaron el *Papel Periódico*, el *Correo Curioso* (1801), la *Guía de Forasteros* (1793), el *Redactor Americano*

(1806), el *Alternativo del Redactor Americano* (1807), y finalmente el *Semanario del Nuevo Reino de Granada* (1808). En Quito tenemos *Primicias de la cultura de Quito*, fundado por Espejo en 1792, y en el Río de la Plata el *Telégrafo Mercantil* (1801) y el *Semanario de Agricultura, Industria y Comercio* (1802); en Venezuela la *Gazeta de Caracas* (1808).

Los suscriptores de los periódicos, los miembros de las sociedades y los alumnos regresados de las universidades se correlacionaban entre sí y formaban un cuadro de criollos ilustrados capaz de relevar a los peninsulares en la administración. La correspondencia de los precursores demuestra la existencia de estas complejas redes desde los primeros años del nuevo siglo. Sin el caldo de cultivo de la Ilustración, y sobre todo sin su prensa, habría sido imposible movilizar las masas para la revolución.

III. JAQUE A LOS REYES (1807-1809)

Todo empezó con un jaque de Napoleón Bonaparte a los reyes de Portugal y España. El emperador de Francia dejó momentáneamente su juego en Europa central el año 1807 y envió sus alfiles a la Península Ibérica para intentar una maniobra envolvente. Primero ordenó el jaque al rey Braganza que estaba en Lisboa; luego al rey Borbón que se encontraba en Madrid. Si su maniobra hubiera tenido el éxito que esperaba, habría asestado un golpe mortal a la Gran Bretaña, pues hubiera quedado reducida al ridículo papel de una potencia industrial sin mercados: ni el europeo, ni los americanos.

1. LA PENÍNSULA SIN BRAGANZAS NI BORBONES

La historia, lo que realmente sucedió en el pasado, envuelve a menudo en brumas los intentos fracasados, como este de Napoleón que estaba diseñado con enorme inteligencia. Ni Portugal ni España tenían monarquías poderosas, aunque mucho se haya ponderado su despotismo, ni fuerza suficiente para enfrentarse a los ejércitos que habían triunfado en toda Europa. Lo natural es que ambos países hubieran sucumbido fácilmente ante el empuje de los generales de la Grande Armée y que se hubieran convertido en satélites de Francia, como ya lo eran casi todos los países europeos, arrastrando a sus colonias en la dependencia. Pensemos por un momento la situación mundial si Napoleón sumaba a sus dominios los de la Península Ibérica con sus colonias. Habría sido el imperio más grande que vieron los siglos, y posiblemente el fin de Inglaterra. Tal era el propósito bonapartino. Las cosas, la historia, sucedieron, sin embargo, de otra forma.

1.1 *Cuando los reyes de Portugal emigraron a América*

El duelo de las revoluciones industriales inglesa y francesa empezó a adquirir su verdadera dimensión en lo que Godechot ha calificado acertadamente de «la guerra de los bloqueos». Cada una de las potencias necesitaba privar a su oponente de mercado para hundirla y el procedimiento era declarar que cualquier país que comerciara con el adversario sería considerado automáticamente enemigo. Los mutuos estados de bloqueos llegaron a su culminación en 1806 (21 de noviembre) cuando Napoleón dio en Berlín el famoso decreto que establecía el Bloqueo Continental en respuesta al decreto británico de 1804. A partir de entonces cualquier buque que hubiera tocado antes en Inglaterra (Francia) o sus aliados tenía prohibida la entrada en Francia (Inglaterra). Naturalmente, Portugal hizo caso omiso de los decretos, pues seguía admitiendo los navíos ingleses en sus puertos y seguía vendiendo en los de los países coaligados con Francia. Napoleón no podía permitir semejante desafío, y el 12 de agosto de 1807 conminó con ultimátum a la corte de Lisboa para que cerrase sus puertos a los navíos de la Gran Bretaña. El regente João (la reina madre doña María I estaba incapacitada por demente) se enfrentó a una situación dificilísima, pues comprendió que tanto si obedecía como si se enfrentaba a Napoleón, Brasil caminaría inexorablemente hacia su secesión de Portugal, ya que no podía permitirse el lujo de estar en contra de la primera potencia marítima del mundo y menos aún unida a una metrópoli ocupada por los franceses. Para salvar Brasil, el Regente pensó de inmediato en enviar a Río de Janeiro a su hijo don Pedro en categoría de Condestable.

Los hechos se precipitaron velozmente. El 1 de octubre siguiente los embajadores de Francia y España abandonaron Lisboa, presagio de la guerra inminente. El Regente empezó entonces a acariciar la idea de evacuar a Brasil toda la familia real, única solución posible para salvar verdaderamente el territorio americano. Su consulta con Londres encontró un eco favorable y se puso a su disposición una flota. El 18 del mismo mes el mariscal Junot, alfil del emperador, cruzó el Bidasoa y penetró en España para dirigirse hacia Portugal con la aquiescencia de Carlos IV y de su ministro Godoy. Nueve días después Francia y España firmaban el tratado de Fontainebleau por el que acordaban la invasión conjunta y el reparto de Portugal: una parte para los reyes de Etruria, despojados por Napoleón de sus posesiones, otra para el propio Godoy y la tercera quedaría en reserva, hasta que se llegase a la paz general.

Mientras las tropas de Junot cruzaban España a marchas forzadas para dirigirse a Lisboa, el regente João dispuso todo lo relativo a la salida. El 4 de noviembre anunció a su pueblo que toda la familia real embarcaría para América, y el 14 entró en la desembocadura del Tajo la flota británica. El 25 empezó el embarque, pero no sólo de la familia real, sino de toda la Corte. Se subieron a bordo cuadros, archivos, libros valiosos, etc. El 26, João dio una bella proclama a su pueblo explicándole que marchaba a Río de Janeiro para bien general de la nación y que dejaba abandonados a los portugueses a su suerte. Al día siguiente comenzaron a embarcar los nobles, los altos dignatarios de la Iglesia, los funcionarios distinguidos y hasta los criados. El 29 embarcó la familia real y la flota británica soltó amarras zarpando con dirección al Brasil. Unas horas después, 30 de noviembre ya, llegaron a Lisboa el mariscal Junot y sus tropas. Las lluvias torrenciales habían entorpecido su marcha y hecho fracasar el plan de apresar a toda la familia real portuguesa.

Las diez mil personas que integraban la corte itinerante hicieron la travesía atlántica sin problemas, y el 22 de enero de 1808 arribaron a Bahía. Brasil se convertiría a partir de entonces en sede de la monarquía, mientras que Portugal, la vieja metrópoli, pasaba a ser un satélite francés administrado por un general. Ya no había Braganzas en Lisboa.

El resto de la historia de Portugal tiene poco interés para nuestro objetivo prioritario de estudiar la independencia de Iberoamérica, ya que todo el aparato de poder lusitano se trasladó íntegramente a Brasil, donde seguiremos sus vicisitudes. Baste decir por ahora que el sur de Portugal fue también invadido por los «hermanos» españoles y se quedaron allí hasta 1808, cuando regresaron a Andalucía para combatir a los franceses. En 1808 el pueblo portugués se alzó contra las tropas de Napoleón, principalmente en Oporto, y el 1 de agosto arribó a la desembocadura del río Mondego una división británica de 9.000 hombres mandada por sir Arthur Wellesley, futuro duque de Wellington. Estos hombres habían sido preparados para invadir Venezuela y cambiaron de rumbo a última hora. Portugueses e ingleses se enfrentaron con éxito a los franceses, y el mariscal Junot se vio obligado a aceptar la honrosa capitulación de Cintra (30 de agosto de 1808). Los gabachos fueron evacuados en buques británicos y dejados en territorio francés con sus armas y bagaje intactos. Portugal vio terminar el año 1808 con esperanza, mientras que España vivía angustiada la ocupación.

1.2. *España, una sola monarquía y tres reyes verdaderos*

Siempre había tenido España un rey. En algún momento de su historia, como a comienzos del siglo XVIII, llegó a tener hasta dos (un Austria y un Borbón). Jamás había tenido tres, como vino a ocurrir en 1808. Quizá eran presagios de contemporaneidad. Veamos los pormenores de esta extraña circunstancia de la que vino a resultar una mayor facilidad para la secesión de Hispanoamérica.

1.2.1. Carlos IV y su favorito Godoy

Carlos IV era el rey de siempre. Tomó posesión del trono en 1788, cuando murió Carlos III, y va a tener la peculiaridad de inaugurar la larga lista de monarcas españoles exiliados, como anotó el historiador John E. Fagg: «Desde esta fecha (1788) ningún soberano español ha sido extraño al exilio.»

Carlos IV era un monarca gordinflón, bonachón e ingenuo, perfectamente incapaz de hacer frente a los azarosos problemas de su tiempo, que comenzaron con la revolución francesa al año siguiente de coronarse. Algunos libros de bachillerato hispanoamericano le presentan como representante típico de monarca déspota europeo. Basta ver un cuadro suyo pintado por Goya para comprender que no lo era. Lo que de verdad le gustaba era el deporte, que en su tiempo se canalizaba en dos actividades: cazar y hacer ejercicios físicos. También le gustaba reinar, pero no gobernar, como demuestran los hechos. A quien sí le debía gustar gobernar era a su mujer, doña María Luisa de Parma, madre de una numerosísima prole y probable amante de don Manuel de Godoy. Convertido en primer ministro en 1792, Godoy fue el verdadero artífice de la política española, si puede llamarse tal lo que hizo: guerra contra Francia (1793-1795), contra Inglaterra dos veces (1796-1802) y (1804-1808) y contra Portugal (1807-1808). Godoy era un oportunista en todo menos en política, muy venal y sobre todo un hombre incapaz de gobernar. Aparte de hacer una enorme fortuna en poquísimos años (única actividad lúcida) a costa de españoles y americanos, estableció la planta administrativa indiana que se enfrentaría al problema de la independencia echando mano de sus amigos y parientes, con lo cual logró que los americanos le odiaran tanto como los mismos españoles. Su mejor valor positivo fue despertar la capacidad de crítica contra su gobierno en todos los territorios de la monarquía. Contra la voluntad omnímoda de este Godoy, que jugaba a ser rey, sólo estaba la del príncipe de Asturias, que quería ser verdadero rey.

1.2.2. Fernando VII y su tutor Escoiquiz

Ningún otro país del mundo, salvo España, habría podido sobrevivir a un gobierno como el de Fernando VII. Ni siquiera las sufridas colonias americanas que se independizaron antes de soportarlo, y justificadamente por cierto. Napoleón, que odiaba profundamente a España, no pudo hacerle más daño que el de dejar en libertad a su rey para que la gobernara. Cuando lo vio todo perdido y comprendió que sus ejércitos no podían doblegar al recio pueblo español, le infrigió el mayor castigo que pudo imaginar: enviarles a Fernando VII. Lo curioso, lo increíble, es que España siguiera existiendo después de su reinado, prueba evidente de su temple para soportar cualquier posible gobierno imaginable.

En 1808 el príncipe de Asturias Fernando de Borbón tenía 23 años (cumplió los 24 el 14 de octubre de dicho año). Los historiadores han realizado en los últimos años un gigantesco esfuerzo por objetivizarnos la figura de este monarca, sin duda el más vilipendiado de la historia de España, y han conseguido explicarnos, y aun demostrar, que fueron injustos los calificativos de «soez», «traidor», «perjuro», «felón», «rastrero», «inicuo», «hipócrita», «sanguinario» y «sádico» que le adjudicaron muchos

Fernando VII pintado por Francisco de Goya

de sus contemporáneos, y algunos historiadores del siglo pasado, pero no han logrado limpiar su imagen de mediocridad, torpeza, recelo y prepotencia con que le pintó Goya. A los seis años supo que habían aguillotinado al rey de Francia, lo que le dejó una psicosis contra toda revolución posible. A los nueve se enteró de que Godoy era primer ministro, y algunas almas caritativas le hicieron llegar los bulos sobre los reales o imaginarios amores de su madre con el ministro. Llegó así a la adolescencia temeroso, retraído y huraño. Sin poderse confiar a sus padres y con una imagen agigantada del poder del Valido, lo cual le llevaría a desconfiar de todos los hombres y a no tener jamás un colaborador en el gobierno, lo que acrecentaría su absolutismo. Pronto, además, apareció su enfermedad de gota que le incomunicó todavía más.

Godoy sometió al príncipe a una educación rígida, vigilada por tutores que eran amigos suyos o hombres acuñados a su imagen y semejanza, salvo, quizás, el caso del canónigo Escoiquiz, que abandonó pronto las filas del primer ministro y acabó siendo el único confidente del príncipe en su adolescencia. Maniobrero, hipócrita e intrigante, enseñó al príncipe la táctica de la conspiración que ejerció éste repetidas veces para hacer caer a Godoy, y luego al propio rey Carlos IV.

El príncipe de Asturias, influido por Escoiquiz, llegó a los 23 años convencido de que debía ser rey para remedio de todos los males de España y conspiró contra su padre para arrebatarle la corona.

1.2.3. José I y su hermano Napoleón

Era el hermano mayor de los Bonaparte y había nacido en Córcega en 1768. Modesto funcionario y luego hombre de negocios, se vio catapultado a la política por los éxitos de su hermano Napoleón. Fue príncipe heredero al Imperio Francés si su hermano no tenía descendencia y luego rey de Nápoles durante un corto periodo de tiempo (1806-1808). No tenía ni la inteligencia, ni la audacia, ni la ambición de su hermano y fue lo suficientemente candoroso como para aceptar una corona que se sostenía con las puntas de las bayonetas francesas. El «rey intruso», como le denominaban benévolamente los españoles cuando no querían calificarle de borracho y de jugador, no era ciertamente mucho peor ni mejor que otros reyes de su tiempo. Estaba convencido de que su reinado sería muy positivo para España, pues la sacaría de su atraso cavernícola, y trató de formar un partido españolista e independiente, aunque bajo la tutela francesa. Su conciencia de que vivía en un país ocupado se refleja en el hecho de que durante los cinco años que vivió en España no trajo a ella a su mujer e hijos, que siguieron viviendo en Montefontaine. José I no fue ni borracho, ni jugador, aunque gustaba del buen beber y comer, y hasta del juego. Fue un simple pelele en manos de Napoleón y de sus generales.

1.3. *Las juntas de gobierno españolas*

Las piezas del rompecabezas empezaron a encajar en su sitio en 1807. El mismo 27 de octubre de aquel año en que se firmaba el Tratado de Fontainebleau se descubrió la llamada conspiración del Escorial. Se supo entonces que el príncipe de Asturias, en complicidad con varios personajes entre los que estaba Escoiquiz, había escrito a Napoleón solicitando contraer matrimonio con una princesa de su familia, lo que suponía atraerse al emperador a su bando en contra del de Carlos IV y Godoy. El rey mandó detener a su hijo e inició un proceso. Parece ser que Fernando tenía en su poder un papel comprometedor, según Godoy, en el que se hablaba de una acción directa contra la Reina y el Privado. Esta carta, también en opinión de Godoy, fue escondida por la Reina, llevada de su amor materno. También se descubrió que Escoiquiz había hecho algunas sugerencias sobre el modo de expulsar a Godoy del poder e incluso había escrito a Carlos IV pidiéndole que despidiera al Valido.

El príncipe de Asturias se arrepintió de todo y confesó los nombres de sus cómplices, que fueron desterrados. Su carta de confeso y contrito es muy conocida: «Mamá me arrepiento del horroroso crimen que he cometido contra mis padres y soberanos, y pido con la mayor humildad que se digne Vuestra Majestad interceder con papá para que permita a su hijo, agradecido, ir a besar sus reales pies.»

Carlos IV permitió que su hijo besara sus reales pies y se echaron pelillos a la mar, pero Napoleón tomó buena cuenta de todo lo ocurrido y pensó, lógicamente, que con semejante esperpento de familia real podía maniobrar para expulsarla del trono y añadir España a su colección de reinos conquistados y gobernados por sus familiares. A principios de 1808 pidió informaciones precisas de lo que ocurría en España y mandó incrementar el pie de fuerza francés hasta sumar unos 100.000 hombres. Los efectivos del ejército español sumaban otro tanto, pero la mitad de ellos estaban fuera del país, combatiendo en Dinamarca o en Portugal. Luego hizo llegar al ministro Godoy la propuesta de que estaba dispuesto a anexar la parte norte de España (por encima del Ebro) a Francia a cambio de entregar a España el centro y sur de Portugal. Godoy empezó a alarmarse y aconsejó a la familia real que trasladase su residencia a Aranjuez, desde donde podría alcanzar fácilmente Cádiz, pues preveía un exilio americano similar al portugués.

1.3.1. El Motín de Aranjuez

El traslado dio origen a nuevos rumores, como el de que se trasladaba al príncipe de Asturias al sur contra su voluntad para alejarlo de las tropas francesas, que estaban dispuestas a ayudarle a derrocar a su padre y al odiado Godoy. El 17 de marzo de 1808 estalló el famoso Motín de Aranjuez y Godoy fue depuesto y encarcelado. Carlos IV, temeroso, renunció a la corona, que pasó inmediatamente a su hijo Fernando VII. El 24 del mismo mes Fernando VII entró triunfante en Madrid y fue acogido con júbilo por la población, convencida del fin de la pesadilla godoísta. Era ya «el Deseado». El día anterior había entrado también en la capital de España un gran ejército francés bajo las órdenes de Joaquín Murat, gran duque de Berg y cuñado de Napoleón, que todos pensaban iba dispuesto a sostener al nuevo monarca español. La verdad es que el 27 de marzo Napoleón ofreció la corona española a su hermano Luis, rey de Holanda, quien la rechazó. Luego se la ofreció a su otro hermano, Jerónimo, que hizo lo mismo, y finalmente al candoroso José, que aceptó.

Fernando VII era rey, pero necesitaba el respaldo del emperador. Carlos IV era ex rey y pensaba que el emperador era el único que le ayudaría a recobrar su corona. José I era rey *in pectore* en espera de que su hermano se la diera. Eran tres reyes verdaderos y una sola monarquía pendientes del oráculo imperial. El oráculo habló y dijo que todos los reyes fueran a Francia, concretamente a Bayona, para solucionar el problema de la trinidad. Napoleón pensó que le sería muy fácil retener en Francia a los reyes españoles y colocar en Madrid a su hermano José. Era un plan tan simple que tuvo éxito.

Los reyes corrieron a Bayona, donde les esperaba Napoleón, quien mandó traer a Godoy, el cuarto hombre, para que no quedara ninguna carta en el aire. Fue sacado de la cárcel por Murat y reexpedido a Francia.

Todos fueron llegando a Bayona en la segunda mitad de abril de 1808. En los primeros días de mayo se presionó a Fernando y a Carlos para que presentaran su renuncia al trono. El primero se resistió hasta el 5 de mayo, cuando Napoleón, tras conocer la noticia del levantamiento de Madrid, amenazó a Fernando con pena de muerte si no renunciaba. Fernando hizo renuncia en su padre y éste en Napoleón, quien traspasó la corona a su hermano José.

Carlos IV y María Luisa fueron luego a Italia, Godoy siguió en Francia. Fernando, su hermano Carlos y su tío Antonio quedaron recluidos en las posesiones de Talleyrand en Valençay.

Napoleón no dejaba las cosas a medias y planeó el futuro de España. Su hermano José gobernaría a los españoles con una constitución que iba a elaborarse en Bayona con 150 representantes de la nobleza, clero y clase media. Al cabo sólo fue posible reunir a 91, casi todos de la alta nobleza, a quienes se les dio una Carta que poco tenía de española, ya que no contemplaba problemas tales como la Inquisición, ni los señoríos y recreaba unas cortes sin poder legislativo. La Constitución fue jurada por José I el 7 de julio de 1808. Después de esto se nombró su primer gabinete: Luis Mariano de Urquijo, Francisco Cabarrús, Gonzalo O'Farril y Pedro Cevallos. El día 9 de julio entró José I en Madrid y tuvo un recibimiento bastante frío.

1.3.2. Juntas Provinciales y Junta Central

España no tuvo la paciencia de esperar a que Napoleón organizara su futuro y se lanzó por un camino diferente. Al salir de Madrid los reyes con destino a Fontainebleau se formó una Junta de Gobierno en la capital que seguía fielmente los dictados de Murat. El general francés cumplió entonces las órdenes de enviar a Francia al resto de la familia real para evitar escenas desagradables al nuevo monarca José I Bonaparte, que estaba próximo a llegar. En realidad, los únicos Borbones que quedaban eran dos hermanos menores de Fernando: Francisco de Paula y María Luisa.

El traslado quedo fijado para el 2 de mayo de 1808, pero apenas iniciado surgió una insurrección entre el pueblo madrileño que se amotinó primero en Palacio y luego atacó a los franceses en diversos lugares como la Puerta del Sol y el Parque de Monteleón. Murat mandó reprimir duramente el movimiento y luego decretó el fusilamiento de la población civil que fuera encontrada con armas en la mano (tijeras y cuchillos). Goya vio asombrado cómo se asesinaba a un pueblo en la montaña del Príncipe Pío y lo pintó en un lienzo memorable.

La insurrección se extendió a otras ciudades y provincias, donde comenzaron a formarse Juntas de Gobierno para dirigir la resistencia contra los invasores franceses, ilegítimos depositarios del poder. Esta lección caló en Hispanoamérica, que buscará dos años después una fórmula similar ante una situación parecida.

España se dividió en dos. La primera era la ocupada por los franceses, pero en ella colaboraban muchos españoles progresistas, tildados de «afrancesados», que creyeron de buena fe en la necesidad de cambiar el país según el modelo que venía de Europa. En la segunda España estaba toda la reacción, pero también infinitos ilustrados que pensaban igualmente que el país necesitaba un nuevo modelo de gobierno, pero que éste debían hacerlo los españoles y no los franceses.

La guerra de independencia española fue larga y compleja. No vamos a ocuparnos de ella, pues no es nuestro propósito actual, sino sólo el de servir de marco de referencia para la mejor explicación del movimiento independentista hispanoamericano. Señalaremos, por consiguiente, algunos de sus aspectos más significativos.

El exilio de los monarcas y la ocupación de Madrid por tropas francesas dio origen a un movimiento eminentemente popular, sin cuadros dirigentes preestablecidos. Se levantó el pueblo español y eligió a sus propios jefes.

La falta de reconocimiento al gobierno central determinó una organización regional. Las provincias en rebeldía formaron Juntas de Gobierno autónomas, que en muchos casos se llamaron supremas, y que asumieron provisionalmente la autoridad en nombre del rey Fernando VII.

Especial importancia tuvo la Junta de Gobierno de Sevilla, que con la tradicional exageración andaluza pretendió erigirse en gobernadora de Hispanoamérica. Envió por ello emisarios a Indias para que reconocieran su autoridad y enviaran donativos que ayudaran a costear la guerra. Estos enviados sembrarían enorme desconcierto en las autoridades americanas que no sabían si debían o no reconocer a un junta provincial como gobierno metropolitano.

El desorden político de las juntas provinciales empezó a debilitar la resistencia española. Se decidió entonces convocar a los representantes de dichas juntas para establecer una Junta Central Suprema Gubernativa de España e Indias. La integraron primero 24 miembros, que se elevaron luego a 35. Esta Junta se estableció en Aranjuez el 25 de septiembre de 1808. El avance francés hizo que posteriormente la Junta Central se trasladara a Sevilla.

La Junta Central Suprema afrontó también el problema de su reconocimiento en Hispanoamérica, motivo por el cual envió unos comisionados que exigieron dicho reconocimiento y solicitaron igualmente ayuda económica para la guerra peninsular. De nuevo las autoridades indianas se encontraron desconcertadas ante estos emisarios de España.

El levantamiento español contó de inmediato con la ayuda inglesa que se ofreció desde Portugal. A lo largo del segundo semestre de 1808 los americanos se enteraron de que los ingleses, con quienes estaban en guerra desde hacía casi treinta años, se habían convertido de golpe en los mejores aliados de España. La noticia desconcertó también a las autoridades españolas, aunque fue celebrada con alegría por el pueblo.

La guerra peninsular originó varios triunfos españoles durante los primeros meses que hicieron concebir a los americanos la disparatada idea de que España podría enfrentarse con éxito a Napoleón. El primero fue la rendición de la escuadra francesa establecida en Cádiz, que claudicó ante el ataque combinado de españoles e ingleses (la flota británica bloqueó la salida al mar). Napoleón ordenó al general Dupont invadir Andalucía y tomar el puerto de Cádiz, pero el ejército francés fue rodeado el 19 de julio en Bailén y tuvo que rendirse tres días después. Ventidós mil soldados franceses capitularon ante un ejército español improvisado. El rey José I se retiró prudentemente a Miranda de Ebro y luego a Vitoria. Napoleón ordenó resistir en la línea del río Ebro y se puso al frente de 250.000 hombres de la Grande Armée para terminar con la rebeldía española. En noviembre del mismo 1808 penetró en la Península y comenzó un avance avasallador. Tras un breve asedio, rindió Madrid el 4 de diciembre. El 23 del mismo mes se juró a José I rey de España y Napoleón consideró vencida ya la principal resistencia, regresando poco después hacia el norte. Los problemas de Austria y las eternas conspiraciones de París le obligaron a ausentarse de España a donde no regresaría jamás.

La Junta Suprema sintió la amenaza y se trasladó de Aranjuez a Extremadura y luego a Sevilla. La guerra entró en una fase de estancamiento. Gerona siguió soportando cercos franceses y Zaragoza tuvo que rendirse. Desde enero de 1809, la Junta Central organizó mejor la administración, limitando el número de representantes de las juntas provinciales y pidiendo representantes americanos. Los donativos de los reinos indianos eran vitales para organizar la defensa y llegaron con generosidad: azúcar cubana, cacao venezolano, quina y plata peruanas, plata y cobre mexicanos, cueros platenses, etc.

En noviembre de 1809 la Junta Central había logrado organizar un ejército de 50.000 hombres que se enfrentó en Ocaña a las tropas francesas del mariscal Soult: 48.000 soldados. Vencieron los franceses y encontraron expedita la vía hacia Andalucía. La derrota sembró el pánico entre los patriotas. El duque de Albuquerque replegó sus 12.000 hombres desde Talavera hasta Trujillo y la tropa del duque del Parque, vencida en Alba de Tormes, se retiró hasta Ciudad Rodrigo. Los ingleses se plegaron también a Portugal en diciembre.

Al comenzar el año 1810 la situación de los franceses era inmejorable y se dispusieron a terminar con toda la resistencia española. Sesenta mil hombres emprendieron la marcha sobre Andalucía en el mismo mes de enero. Cruzaron la Sierra Morena y ocuparon Andújar, Écija y Carmona. Un pie de fuerza al mando del general Sebastiani recibió orden de conquistar Granada, mientras el resto prosiguió hacia Sevilla. En la capital andaluza cundió el pánico. La Junta Central abandonó la ciudad en la noche del 23 al 24 y se dirigió a Cádiz, donde decidió disolverse, nombrando un Consejo de Regencia de cinco miembros para que gobernase en su lugar. Era una Regencia que nadie había elegido y que pretendería también ser reconocida por los reinos de Indias.

El 1 de febrero de 1810 los franceses entraron en Sevilla y siguieron hacia Cádiz. En esta plaza, última de la resistencia española, había sólo 8.000 hombres que fueron reforzados el 4 de febrero con otros 12.000 del ejército de Extremadura. Cuando los franceses llegaron a sus proximidades al día siguiente, se encontraron 20.000 españoles dispuestos a defenderla. Lo increíble fue que lograron aguantar el cerco francés. Tan increíble que nadie lo creyó posible. Ni siquiera los hispanoamericanos que temieron ver unidos sus destinos a los de la nueva metrópoli francesa.

2. Iberoamérica con Braganzas y sin Borbones

Los acontecimientos de la Península repercutieron enormemente en Iberoamérica. En Brasil hubo gran preocupación por la suerte de Portugal en 1807, pero pronto se supo que la Corte partía para Río, lo que garantizaba su futuro, y disminuyó el interés por la metrópoli. En Hispanoamérica, en cambio, las noticias de los sucesos españoles tuvieron en tensión al continente durante más de tres años. Se publicaban en los semanarios y gacetas y se comentaban con ardor en las calles. Los más importantes fueron la Conjuración del Escorial, el Motín de Aranjuez, la prisión de Bayona, el 2 de mayo, la batalla de Bailén, la formación de la Junta Central y el llamamiento a Cortes, la batalla de Ocaña, la invasión francesa de Andalucía, y finalmente, la disolución de la Junta y la creación de la Regencia. Estas últimas llegaron muy tarde, bien avanzado el año 1810, y dieron paso a los levantamientos que veremos en la siguiente etapa.

2.1. *Brasil, la colonia que se transformó en metrópoli*

El 23 de enero de 1808 atracaron en Bahía los buques británicos que traían a bordo a la familia real. Brasil estalló en júbilo no sólo por convertirse en sede de la monarquía que gobernaba el Imperio portugués, sino también porque terminó la pesadilla de una posible invasión inglesa similar a las que había sufrido pocos años antes el Río de la Plata. Los criollos y las autoridades portuguesas sabían que ésta se habría producido inexorablemente si Napoleón lograba su propósito de convertir a Portugal en un satélite de Francia gobernado por alguno de sus familiares. Felizmente las cosas no sucedieron según lo imaginaba el Gran Corso, quien no pudo intuir una fórmula tan exótica como esta de la migración de una Corte a América.

Brasil inició su andadura como sede metropolitana con dos modelos superpuestos: el británico y el lusitano. El primero trataría de convertir al país en una importante colonia comercial del Reino Unido. El segundo intentaría formar un segundo Portugal en América; un Brasil lusitanizado.

La presión comercial británica estaba orientada a suprimir Lisboa como puerto intermedio entre los de Brasil y Londres, lo que se lograría fácilmente en la nueva coyuntura sin más que arrancar de João un decreto de apertura de los puertos de Brasil al comercio británico y un trato de comercio favorable con Gran Bretaña, pero la maniobra fracasó por la rapidez y sagacidad de los comerciantes brasileños que apenas desembarcado el Regente empezaron a pensar que ellos podrían asumir el mismo papel que los antiguos comerciantes portugueses. Bastaba convertir a Brasil en nueva metrópoli y abrir sus puertos al comercio libre con todos los países, obligando a los buques que negociaban con el Imperio portugués a dirigirse a este país. Cuatro días después de desembarcar el Regente, exactamente el 27 de enero de 1808, los comerciantes se dirigieron al capitán general conde da Ponte para que por su mediación se elevara un memorial al Príncipe solicitando la apertura de los puertos brasileños al comercio internacional. Al día siguiente, 28 de enero, el Regente dio la famosa Carta Regia accediendo a la pretensión. Los ingleses se quedaron bastante chasqueados, pues se convirtieron en un simple aliado, sin embargo pensaron que, a la larga, conseguirían una situación de privilegio.

En cuanto a la portuguesización de Brasil, fue considerada un hecho natural y consecuencia de albergar a la monarquía. Realmente la Corte desarrolló una completa falta de imaginación para conformar un sistema diferente del que habían tenido en la metrópoli, y en vez de americanizarse y conformar un nuevo sistema prefirieron calcar en el trópico el modelo lisboeta, lleno de los vicios del francés que tanto odiaban. «Não se mudou a côrte; mudou-se o Estado», como señaló el historiador Calmon.

La nueva metrópoli empezó a cambiar a ritmo agigantado. El Regente promulgó en Bahía el 1 de abril de 1808 un decreto que derogaba la prohibición de crear industrias. Luego, también en Bahía, se creó la Escuela de Cirugía y una compañía de seguros marítimos. Pero la gran transformación se hizo en Río de Janeiro, a donde llegó el Regente el 8 de marzo. Aunque la familia real se alojó provisionalmente en la antigua Casa de los Virreyes, se mandó construir un palacio adecuado que fue la quinta de Boa Vista. Se afincaron en la capital el Consejo de Estado, la Intendencia General de Policía, el Consejo de Hacienda, la Mesa de Conciencia y Órdenes y surgieron el Consejo Supremo Militar, la Junta General de Comercio y el Banco de Brasil. El ministro Antonio de Araujo mandó traer de Londres una tipografía con la que se fundó la Imprenta Regia.

La transformación prosiguió: creación de la Academia Militar, de la de Marina, de la fábrica de Pólvora, de la Academia de Ciencia, del teatro de San Juan, de la Biblioteca, de la biblioteca pública, etc. Para cuidar de la seguridad se fundó el Cuerpo de la Guardia Real de Policía de la Corte. También se hizo otra Escuela de Cirugía (se acababa de fundar la de Bahía), un laboratorio farmacéutico, un aula de comercio y un jardín botánico. Río hacía en meses lo que Hispanoamérica había construido en siglos.

Durante 1808 y 1809 la política brasileña se plegó a la británica. El ministro francófilo Araujo fue sustituido por Rodrigo de Souza Coutinho, amigo de lord Strangford. El 10 de junio de 1808 el Regente declaró la guerra a Francia y puso en marcha la invasión de Cayena, que se efectuó a finales del mismo año con ayuda de la armada inglesa. Brasil parecía ir triunfante de la mano de sus aliados ingleses y éstos se dispusieron entonces a convertirlo en su colonia comercial mediante los tratados de febrero de 1810 que veremos más adelante.

2.2. *Trío de reyes y una reina para Hispanoamérica*

No tuvo Hispanoamérica la suerte de Brasil de albergar a la monarquía de la metrópoli, pero tampoco estuvo olvidada por la realeza, pues nada menos que tres reyes y una reina pretendieron ser proclamados sus legítimos monarcas. Esto sembró enorme confusión durante el bienio de 1808-1809 y ayudó enormemente a que decidiera no escoger a ninguno de los cuatro, pero retomemos el hilo de la confusión hispanoamericana desde 1807 para seguir el orden lógico del desconcierto que preparó el movimiento independentista.

2.2.1. Los políticos godoístas cambian de casaca

La primera sorpresa de los hispanoamericanos fue comprobar que la caída del ministro Godoy, a quien se odiaba por haber acentuado la planta fiscal, no originó el relevo general de los virreyes y capitanes generales que él había nombrado como hombres de su confianza, con lo que todo quedó como estaba. Quizá la razón de este problema estriba en el hecho de que tras la caída del Príncipe de la Paz los acontecimientos españoles se precipitaron y no hubo tiempo de efectuar los oportunos relevos, pero esto no pasó desapercibido a los ojos de los criollos, que vieron perplejos cómo los mismos gobernantes del despotismo godoísta seguían en el poder tras la caída de su protector, con lo que se erosionó enormemente la imagen de autoridad.

La planta godoísta de virreyes la formaban José de Iturrigaray en México, Antonio Amar y Borbón en Santa Fe, José Fernando de Abascal en Perú y Rafael de Sobremonte en el Río de la Plata. El primero siguió gobernando hasta que fue depuesto por los mismos españoles de México en 1808, como veremos. El segundo continuó hasta 1810, cuando fue depuesto por los criollos. El tercero llegó también hasta 1810 y convirtió al Perú en el bastión de la reacción realista. En cuanto al virrey Sobremonte, fue sustituido por Santiago Liniers a causa de su ineficacia en el asalto inglés de 1807. Liniers, a su vez, fue relevado en 1809 por la Junta Central Suprema, que nombró en su lugar a Baltasar Hidalgo de Cisneros, a quien se daría el golpe de estado en mayo de 1810. Vemos así que los virreyes godoístas, salvo el caso de Sobremonte, sirvieron a los distintos gobiernos metropolitanos a pesar de su variedad. Una situación similar se produjo en las capitanías generales, donde tampoco se hicieron apenas relevos.

El Motín de Aranjuez fue explicado a las colonias como un movimiento para extirpar el absolutismo despótico del odiado ministro. Así, por ejemplo, en la *Gazeta de Caracas* se informó detalladamente en varios números, anotándose con satisfacción: «Huyó el tirano y opresor de la humanidad nacional.» Se ofrecieron todos los pormenores del saqueo al palacio del Príncipe de la Paz donde el pueblo encontró «las veneras y cruces que adornaban su persona, como que estaba condecorado con todas las de España y varias cortes extranjeras, las pusieron en una bandera y las llevaron a palacio», así como las vejaciones que le prodigó el pueblo cuando fue encontrado. Pues bien, los americanos se preguntaban con muchísima razón por qué no se cambiaban los virreyes y gobernantes que el «tirano» había colocado en las capitales americanas a su hechura y semejanza. ¿Qué inmunidad tenían los «tiranos» de las colonias? Pero los antiguos gobernantes godoístas se transformaron de la noche a la mañana en fervientes defensores de Fernando VII y todo prosiguió como si nada hubiese ocurrido.

2.2.2. Las reales ofertas

Mayor desconcierto produjo la amplia gama de ofertas que se ofrecían a los hispanoamericanos para elegir rey. Decimos bien en lo de «elegir», pues tan insólita facultad se les concedió por primera vez en su historia a través de los emisarios enviados por Fernando VII, Carlos IV, José I y la reina Carlota Joaquina.

La oferta de Fernando VII era la que tenía más fuerza y estaba sostenida y apadrinada por el movimiento peninsular antinapoleónico. Primero a través de las Juntas de Gobierno provinciales, y luego por la Junta Central Suprema a partir de su constitución en septiembre de 1808. La Junta de Sevilla fue la pionera en esto de autoadjudicarse la defensa de los intereses del rey deseado y mandó a los distintos virreinatos comisionados para solicitar el reconocimiento de Fernando VII como rey y la autoridad de la Junta que gobernaba en su nombre, así como un donativo para la guerra peninsular. Lo mismo hizo luego la Junta Suprema de España e Indias una vez constituida: pidió el reconocimiento de Fernando VII, la autoridad de la Junta en su nombre, y otro donativo para la misma guerra. La gestión fue bastante buena, pues mal que bien casi todos los reinos terminaron reconociendo a dicho monarca y dando los donativos que se les pedían.

José I Bonaparte hizo otra oferta similar, enviando emisarios a las colonias para que se reconociese su «legítima» autoridad de rey de España, nombrado por el emperador Napoleón I después de las renuncias de Fernando VII y Carlos IV en Bayona. Sus delegados fueron mal recibidos en Hispanoamérica y, generalmente, tuvieron que reembarcarse sin haber logrado su objetivo. Hay que advertir que las autoridades americanas habían sido alertadas por la Junta Central sobre estos comisionados del rey intruso, lo que motivó el rechazo y no pocos incidentes. El más señalado ocurrió quizá en Cuba, donde el capitán general marqués de Someruelos mandó ahorcar al comisionado bonapartista Rodrigo de Alemán.

Carlos IV fue el tercer rey en discordia. Obligado a renunciar en Aranjuez, tuvo que hacer lo mismo ante Napoleón I en Bayona. La Junta Central sospechó, y con razón, que Carlos IV estaba enviando a América unos comisionados para lograr el reconocimiento de su autoridad, por lo que alertó también a las autoridades españolas. Parece que Carlos IV envió, efectivamente, algunos delegados desde Italia, a donde pasó después de Francia.

La infanta Carlota se convirtió en una pesadilla para las colonias españolas. Casada con el regente João de Portugal (futuro João VI) y desde su cómoda residencia en Río de Janeiro, pretendió ser reconocida reina de España por las colonias, ya que era hija de Carlos IV y hermana de Fernando VII. Tras el levantamiento español, dirigió cartas y manifiestos a las autoridades políticas y religiosas comunicando que era la soberana legítima española, puesto que era la única representante de la familia real que no estaba presa en Francia, ni había abdicado de sus derechos. Anotaba además que la Ley Sálica de 1713, por la que se impedía el acceso al trono a las mujeres, había sido derogada en 1789. Doña Carlota Joaquina tenía a estas alturas de su vida treinta y tres años y una gran experiencia en intrigas, pues había conspirado con la nobleza portuguesa para declarar incapacitado a su marido don Juan (le acusaba de estar demente como su madre doña María) y obtener la regencia, pero su actuación en América no parecía perseguir un objetivo exclusivamente personalista. Su pretensión era ser coronada reina del Río de la Plata y de Charcas. En Buenos Aires logró el respaldo de un grupo de patriotas entre los que estaban Belgrano, Vieites, Castellí y Paso; sin embargo, cuando se dio cuenta de que los criollos pensaban utilizarla para sus fines independentistas, denunció el plan al virrey Liniers, asegurando que su propósito había sido conservar los dominios españoles para su hermano Fernando VII y no actuar en favor de quienes intentaban subvertir el orden monárquico para establecer una república.

La princesa
Carlota Joaquina

La persona de confianza de Carlota Joaquina en el Alto Perú fue el brigadier José Manuel Goyeneche, criollo de Perú que fue enviado por la Junta de Sevilla a Chuquisaca. Arribó en noviembre de 1808 y comenzó a preparar el reconocimiento de doña Carlota, contando con el respaldo del presidente don Ramón García Pizarro y el arzobispo Moxó, pero el plan fue descubierto por los patriotas, que denunciaron el intento de anexar el Alto Perú al Brasil, poniendo en marcha el movimiento de mayo de 1809 que veremos más adelante.

2.2.3. El preludio autonómico de 1808 y 1809

Hispanoamérica vivió una gran agitación política en el bienio 1808-1809 como preludio del estallido revolucionario de 1810. Durante el primero de dichos años la actividad principal fue desarrollada por los propios españoles que vivían en América bajo el temor de que las autoridades godoístas no relevadas se plegaran a los intereses franceses y aceptaran al rey José I, lo que produciría la secesión de las colonias. En 1809, en cambio, la acción corrió por cuenta de los criollos que empezaron a presionar para conseguir el predominio en los cabildos metropolitanos y para que se formasen juntas de gobierno provinciales similares a las de España, lo que les permitiría un régimen de gobierno autónomo. Resultado de todo ello fue una serie de tumultos y motines que conmocionaron Hispanoamérica desde México hasta los Andes altoperuanos.

a) Los golpes promovidos por los propios españoles

Se registraron en México, el Río de la Plata y Chuquisaca. En el primero de estos territorios gobernaba el virrey don José de Iturrigaray, que había sido uno de los hombres de Godoy. Al conocer la noticia de la destitución de su protector pensó, y con sobrada razón, que su cargo peligraba y que la única forma de asegurarlo era acercándose a los criollos, quienes tenían su fuerte en el Cabildo. Los oidores de la Real Audiencia, defensores a ultranza de los derechos de la monarquía española, empezaron a vigilar de cerca al virrey, anotando con preocupación que Iturrigaray demoró mucho la contestación en que se daba por enterado de la destitución de don Manuel de Godoy. Mayor alarma produjo la indiferencia con que mandó publicar la noticia de las abdicaciones de Bayona.

Llegó entonces a México correspondencia de la Junta de Sevilla en la que se pedía el reconocimiento del rey Fernando VII y de la Junta en su nombre como autoridad española. El partido españolista se puso de su parte, pero el partido criollo estimó que el asunto era extremadamente delicado y debía discutirse en una reunión convocada para tal efecto con representación de todos los estamentos. La anarquía peninsular ofrecía ciertas posibilidades para México y algunos criollos incluso halagaron los oídos de Iturrigaray con la posibilidad de reconocerle como rey en espera de que se aclarasen los asuntos europeos. El virrey se plegó a la petición del Cabildo y convocó la reunión para el 9 de agosto. Los 82 vocales elegidos para el efecto discutieron largamente el tema y al cabo decidieron reconocer a Fernando VII como rey, pero desconocer la autoridad de la Junta de Sevilla. La jugada fue muy hábil, pues mantenía la falta de autoridad peninsular sobre México, a la par que se aceptaba al Rey en el exilio. No satisfizo, sin embargo, ni a los gachupines ni a los criollos, que comentaron el asunto con gran calor en las calles.

Las cosas se complicaron todavía más el 16 de agosto, cuando arribaron a Veracruz dos buques franceses con correspondencia para Iturrigaray. En ella venía su confirmación como virrey de México de puño y letra del general Murat y en nombre del rey José I. El partido español no tuvo ya dudas de que Iturrigaray era un traidor a su Rey y estaba dispuesto a entregar México a los franceses.

Diez días más tarde, el 26 de agosto, llegó a Veracruz un buque español con los comisionados (Jáuregui y Jabat) de la Junta de Sevilla que debían lograr el reconocimiento de México y un donativo para la guerra. Los comisionados traían órdenes secretas que les facultaban para deponer al propio virrey en caso de negar su acatamiento. El 30 de agosto fueron recibidos en el palacio capitalino y expusieron su cometido. Iturrigaray convocó una junta en la que se aceptó la autoridad de la Junta sevillana. La alegría de los gachupines duró poco, pues vinieron también papeles de la Junta de Asturias —enviados vía Londres— pidiendo que los mexicanos la reconocieran como la Suprema de España. Todo volvía a quedar como antes. Iturrigaray tuvo al fin argumentos suficientes para decir que la pretensión de los sevillanos no era más fundada que la de los asturianos o la de cualquier otra junta provincial y pidió representantes de los cabildos de las ciudades para celebrar en México un congreso que estudiara una situación tan confusa. El orden lógico de los acontecimientos era que dicho congreso determinara el autogobierno de México bajo dirección del propio virrey. Los comisionados de la Junta de Sevilla, junto con los oidores y los españoles notables, promovieron un golpe de estado para evitarlo, que se proyectó para el 14 de septiembre, pero hubo que aplazarlo hasta el día siguiente por no haberse sumado al mismo el oficial de la guardia.

En la noche del 15 de septiembre el grupo de conspiradores gachupines (comerciantes, dependientes y cajeros de tiendas principalmente) dirigidos por el hacendado Gabriel Yermo entraron en palacio y se apoderaron de la persona del virrey. El arzobispo y los oidores que se presentaron luego en el mismo declararon a Iturrigaray separado del gobierno, nombrando en su lugar al mariscal de campo Pedro de Garibay. Iturrigaray fue enviado a Veracruz para remitirlo a España.

Yermo propuso al nuevo virrey interino una serie de medidas que le atraerían las simpatías populares. Todas ellas eran de carácter económico y demostraban el gran conocimiento que tenía de sus conciudadanos americanos: suspensión o aminoración de impuestos eclesiásticos, extinción de la nueva alcabala a los ganaderos y del nuevo impuesto al pulque, reducción de los derechos del aguardiente de caña y libertad de industrias y cultivos en Nueva España. La Junta Central Suprema ratificó el cuartelazo, nombrando nuevo virrey en 1809 al arzobispo Lizana.

También en Montevideo dieron los españoles un autogolpe para asegurar su continuidad en el poder. El gobernador Francisco Javier de Elío trató desde Montevideo de desacreditar al virrey de Buenos Aires Santiago Liniers, a quien acusó de afrancesado (era francés de nacimiento). Aprovechando la visita a Buenos Aires del emisario napoleónico, el marqués de Sassenay (agosto de 1808), intentó deponer a Liniers en septiembre de 1808, pero fracasó. Liniers respondió mandando deponer a Elío y colocando en su lugar a Michelena. Elío desobedeció al virrey y mandó reunir un Cabildo abierto que nombró una Junta de Gobierno para Montevideo, similar a las de España, presidida por el propio Elío. La Junta duró desde entonces (21 de septiembre) hasta julio de 1809, cuando fue disuelta por orden de la Junta Central. Elío y la Junta fueron el baluarte españolista en el Río de la Plata.

En Buenos Aires seguía gobernando el virrey Santiago Liniers, que contaba con el apoyo criollo como consecuencia de sus éxitos militares durante las invasiones británicas. El grupo españolista recelaba de su lealtad, no tanto por ser de origen francés cuanto por su amistad y entendimiento con los porteños. El alcalde bonaerense Martín Alzaga dirigía este grupo y estaba en conexión con el de Montevideo que vimos anteriormente. Las intrigas en la capital de los emisarios de José I y de doña Carlota Joaquina dieron pie para que el grupo español acusara al virrey de profrancés (como vimos) y procarlotino. Corría el rumor de que Liniers pensaba entregar el Río de la Plata a la reina portuguesa.

El Cabildo porteño, en combinación con Elío y con la aquiescencia de la Audiencia, promovió el cuartelazo para el 1 de enero de 1809, contando con el apoyo de los batallones de gallegos, vizcaínos y catalanes. Un grupo de españoles se dirigió al palacio gritando «¡Abajo el francés Liniers!», mientras una comisión trataba de entrevistarse con el virrey para exigirle su renuncia y proceder a formar una Junta de Gobierno similar a la de Montevideo. Apareció entonces lo inesperado: el regimiento de Patricios que dirigía Saavedra se puso incondicionalmente del lado de Liniers, abortando el movimiento. El virrey fue vitoreado por el pueblo y los españoles tuvieron que dar marcha atrás. Liniers gobernó hasta que la Junta Central Suprema decidió relevarle por don Baltasar Hidalgo de Cisneros.

El último de estos autogolpes de estado de los españoles vino desfasado en el tiempo, pues se hizo en mayo de 1809, quizá por la lejanía del territorio, ya que ocurrió en la Audiencia de Charcas y concretamente en la ciudad de Chuquisaca, que detentaba el poder regional, pues era la sede del Gobierno Presidencial de la Real Audiencia, del Arzobispado y hasta de la Universidad. Recelaba aquí el partido españolista dirigido por los oidores del presidente don Ramón García Pizarro, quien temían se inclinara a defender intereses foráneos. La situación se agravó con motivo de la llegada de don José Manuel de Goyeneche, comisionado de la Junta de Sevilla. Se rumoreó entonces que éste era portador de un plan secreto que consistía en reconocer como reina a doña Carlota Joaquina y anexar Charcas al Brasil. Ciertamente Goyeneche estuvo en Río de Janeiro, donde se había entrevistado con la Regente de Portugal antes de seguir su viaje a Montevideo y Chuquisaca, pero su complicidad con doña Carlota no pudo, ni ha podido probarse. La Audiencia temió un entendimiento entre el presidente y el comisionado y decidió curarse en salud denunciando que los poderes de Goyeneche no estaban extendidos legalmente, por lo que se negó a reconocerle. El presidente, en cambio, le concedió todo el crédito y contó además con el apoyo del arzobispo Benito Moxó de Francolí.

La tensión existente entre el presidente y el arzobispo por un lado y los oidores por otro llegó a su clímax el 25 de mayo de 1809, cuando García Pizarro mandó apresar al fiscal Zudáñez, lo que fue considerado una afrenta a la Audiencia y el principio de una represión. Una algarada callejera de los universitarios asustó a García Pizarro, quien dio contraorden de poner en libertad al fiscal, pero el tumulto fue creciendo y contó con apoyo popular, gracias a la instigación de los oidores. El pueblo se apoderó de las armas del Parque y apresó luego al presidente, que hizo renuncia de su cargo. La Audiencia asumió las funciones de Gobierno y nombró comandante de las fuerzas a Álvarez de Arenales. El golpe fue así un éxito, aunque luego tuvo unas implicaciones que nadie esperaba.

b) Los criollos intentan formar Juntas de Gobierno autónomas

A los autogolpes de estado promovidos por los españoles se sucedieron otros de los criollos para formar juntas de Gobierno autónomas, principalmente durante el año 1809. Algunos de ellos se frustraron por haber sido descubiertos a tiempo por las autoridades españolas, como los de Valladolid y Querétaro en México (igual ocurrió con otro de Caracas en 1808), pero triunfaron los de La Paz y Quito.

El de La Paz vino rodado sobre el autogolpe español de Chuquisaca. La Audiencia gobernadora envió a dicha ciudad a Mariano Michel para que se reconociera la autoridad de los oidores, pero en dicha ciudad reinaba un clima de agitación antiespañola que había intentado el 30 de marzo anterior crear una Junta de Gobierno para evitar una maniobra de los españoles similar a la de Alzaga en Buenos Aires. Los paceños sabían que lo realizado en Chuquisaca no era otra cosa sino la afirmación del poder español y se prepararon a resistir la propuesta de los oidores. Michel se plegó a los intereses de los criollos y capitaneó el alzamiento popular contra las autoridades españolas el 16 de julio. Se detuvo al gobernador y asumió el gobierno el Cabildo de la ciudad, que vio complacido cómo se quemaban los libros de deudas de la Real Hacienda el día 20. Se formó entonces una Junta de Gobierno denominada tuitiva (defensora o protectora de los derechos del pueblo). La presidía don Pedro Domingo Murillo y estaba formada por doctores y religiosos principalmente. El 22 de julio quedó aprobado un programa de gobierno redactado en diez artículos donde se explicaban los motivos de la revolución, el funcionamiento de la Junta tuitiva y se convocaba un congreso popular con representación indígena. La Audiencia de Charcas reconoció la legalidad de la Junta de Gobierno.

La represión no se hizo esperar y partió simultáneamente de Lima y Buenos Aires, las dos sedes virreinales más próximas. El nuevo virrey del Río de la Plata, don Baltasar Hidalgo de Cisneros, en cuya demarcación estaba el territorio insurrecto, tuvo muchas dificultades para enviar rápidamente fuerzas contra Charcas. Lo logró al fin despachando un contingente armado bajo las órdenes del mariscal Vicente Nieto, que llegó a mediados de diciembre de 1809. Mucho antes llegaron las fuerzas peruanas, pues el virrey Abascal ordenó a Goyeneche —nombrado ya presidente de la Audiencia de Cuzco— que marchara con sus tropas sobre La Paz, lo que hizo sin dificultad. En enero de 1810 fueron ejecutados los dirigentes del alzamiento, entre ellos el propio presidente de la Junta tuitiva don Pedro Domingo Murillo.

El movimiento quiteño tiene mucha similitud con el de Charcas. Comenzó antes, ya que desde finales de 1808 existía una conspiración de los criollos para instaurar una Junta de Gobierno en el Reino. La acaudillaba el marqués de Selva Alegre y participaban en la misma el doctor Antonio Ante, el doctor Juan de Dios Morales, el abogado Manuel Rodríguez de Quiroga y el coronel Juan de Salinas entre otros. El plan fue descubierto por las autoridades y los comprometidos fueron apresados el 1 de marzo de 1809, iniciándose un proceso. Un extraño asalto a la sede del tribunal hizo desaparecer los expedientes del juicio y los acusados fueron puestos en libertad.

Los conspiradores contaron luego con el apoyo de otros criollos y se reunieron en una casa cercana a la catedral la noche del 9 de agosto de 1809 para organizar el golpe revolucionario del día siguiente. Si triunfaba se formaría una Junta de Gobierno con representantes de los cabildos pertenecientes a la Presidencia de Quito que actuaría en nombre del rey Fernando VII. Hasta la constitución de ésta actuaría una Junta provisional presidida por el marqués de Selva Alegre, de la que sería vicepresidente el obispo José Cuero y Caicedo y secretarios Juan de Dios Morales, Manuel Quiroga y Juan Larrea.

El día 10 de agosto por la mañana, el doctor Antonio Ante se presentó ante el presidente Manuel Urríes y le entregó el comunicado de la Junta interina que solicitaba su dimisión, mientras en las calles la tropa de Salinas vitoreaba a la Junta Suprema de Quito. Urríes renunció y se constituyó la Junta con lo más selecto de la oligarquía local: cuatro marqueses y un conde. El presidente fue, efectivamente, el marqués de Selva Alegre y el vicepresidente el obispo Cuero, sin embargo como vocales fueron designados los marqueses de Villa Orellana, San José de Solanda y de Miraflores, además del conde de Selva Florida y los patricios Morales, Quiroga, Larrea,

Matheu, Zambrano, Benavides y Álvarez. Se repartieron las carteras de Secretaría del Interior, de Gracia y Justicia y de Hacienda, y se hizo un llamamiento a otras ciudades para que secundaran el movimiento. Finalmente, el 16 de agosto se trató de «legalizar» el golpe mediante un Cabildo realizado en la sala capitular del convento de San Agustín con representantes de los barrios quiteños, del Ayuntamiento, del clero, etc.

Los dos virreyes próximos de Santa Fe y Lima enviaron tropas contra Quito. Ante el avance realista por Popayán y Cuenca, la Junta decidió autodisolverse y devolver el gobierno al presidente Urríes el 28 de octubre del mismo año. Los españoles encarcelaron a 84 patriotas comprometidos con los sucesos y realizaron a continuación unos procesos que sembraron mayor descontento entre la población. La revolución de los marqueses había tenido poco respaldo popular, pero la persecución de sus promotores originó un verdadero estado de opinión general contra la autoridad.

Al terminar 1809 las noticias de los sucesos de Charcas y Quito corrían por toda Hispanoamérica como ejemplos del malestar criollo ante la dominación española; ésta necesitaba ya asentar su autoridad con escarmientos ejemplares. La experiencia adquirida en la formación de Juntas de Gobierno autónomas, aunque frustrada, parecía un mecanismo revolucionario utilizable como fórmula de la transición política. Una nueva coyuntura permitiría su mejor aprovechamiento.

IV. EL SEÍSMO REVOLUCIONARIO EN LA ÉPOCA DE LAS REGENCIAS (1810-1813)

Los cuatro años transcurridos entre 1810 y 1813 se caracterizan en Iberoamérica por los gobiernos de las regencias. La regencia de Portugal estuvo en manos del príncipe João, instalado en Río de Janeiro, quien asumió toda la autoridad real, ya que su anciana madre estaba incapacitada por demencia (murió el 17 de marzo de 1816 a los ochenta y un años). En España el avance de las tropas de Napoleón sobre Andalucía a finales de 1809 provocó la huida de la Junta Central Suprema a Cádiz, donde se autodisolvió y dio paso a una regencia que se instalaría (en dicha ciudad) a principios de 1810. Una regencia que se vio obligada a reemprender el penoso camino de ser reconocida como autoridad por los virreinatos y capitanías generales de América y en una coyuntura extraordinariamente difícil. Curiosamente, las dos regencias eran desconocidas en la Península donde la mayor parte de sus territorios estaban bajo dominación extranjera.

El reconocimiento de la regencia española puso en marcha el proceso revolucionario refrenado en años anteriores en México y en Sudamérica. En Buenos Aires y Paraguay se logró un estado de autonomía que evolucionó, sin la intromisión española, hacia la Independencia, pero en los restantes territorios hispanoamericanos se produjeron violentos procesos de reacción realista que pusieron en marcha una larga guerra de independencia.

1. La tutela británica en Brasil

El avance francés a finales de 1809 convenció a los británicos de que la guerra peninsular iba a ser larga y de un elevado costo que ellos deberían subvencionar en buena parte. Apretaron entonces las clavijas sobre América para obtener el dinero necesario. En Brasil se lanzó una ofensiva descarada que culminó en los tratados de 19 de febrero de 1810, firmados por el conde de Linhares (Rodrigo de Sousa) y su amigo lord Strangford. Venía a ser el pago de la cuenta que Portugal había contraído con la Gran Bretaña.

Los tratados establecieron que los artículos ingleses pagarían sólo el 15 por 100 del valor en concepto de impuesto aduanero, mientras los de otros países abonarían el 24 por 100. Incluso las mercancías procedentes de Portugal pagarían más impuestos que las británicas, pues se les exigía el 16 por 100. Causa verdadero asombro esta entrega del mercado brasileño a los británicos, pero más todavía que en los mismos tratados aceptaran el privilegio de los comerciantes ingleses de contar con un juez conservador británico que fallaría sus asuntos de negocios con independencia del sistema brasileño. Este juez conservador era elegido por los mismos comerciantes ingleses residentes en los principales núcleos comerciales y el soberano portugués se limitaba a confirmarlo. El privilegio era inconcebible, pues suponía descalificar la capacidad de la justicia brasileña para fallar pleitos en su propio territorio. Naturalmente, los británicos no preveían ninguna situación parecida para el comercio en su país, donde se consideraban soberanos para dilucidar los pleitos surgidos con los comerciantes portugueses.

Los tratados previeron, además, que Brasil debería eliminar progresivamente el tráfico de esclavos, lo que en definitiva era otra imposición onerosa. Sabido es que los británicos, antiguos traficantes de esclavos, se volvieron antiesclavistas cuando tuvieron que desmontar la máquina azucarera de las Antillas por falta de rentabilidad ante la competencia de los azucareros franceses y la posterior aparición de la remolacha azucarera. Los ingleses exigieron al Brasil plegarse a su política, aunque ello supusiera la ruina de la industria azucarera brasileña.

La sumisión a Inglaterra les restó también capacidad de intervención en el Río de la Plata, que constituía el eje de la política de la regencia en estos años. Doña Carlota Joaquina lanzó una ofensiva para ser proclamada soberana de Hispanoamérica y convocó una reunión de las Cortes en Buenos Aires, contando con apoyo del almirante inglés Sidney Smith (a quien se había ofrecido el ducado de Montevideo) y de numerosos patriotas rioplatenses anglófilos, pero lord Strangford se opuso a este proyecto que consideró peligroso para los intereses británicos. La infanta tuvo que desistir de su viaje a Buenos Aires y surgió luego el levantamiento de mayo que complicaría la situación.

La revolución de mayo en Buenos Aires dio paso a un intervencionismo brasileño en la región platense. Elío desde Montevideo y el gobernador Velasco desde Asunción pidieron la ayuda portuguesa para restablecer los derechos de Fernando VII. Don José de Abreu, enviado portugués a Asunción, no pudo hacer otra cosa que presenciar cómo los paraguayos deponían al gobernador español y se declaraban independientes, pero el general Diego de Sousa invadió la banda oriental con 4.000

hombres (17 de julio 1811) para apoyar a los realistas españoles. La Junta de Buenos Aires pactó entonces la retirada de su ejército de Montevideo y los portugueses hicieron lo propio con el suyo, que se acantonó en Río Grande. Había vuelto a triunfar la política inglesa que impulsaba lord Strangford; sin embargo, a los pocos meses (enero de 1812) murió el conde de Linhares, primer ministro portugués que secundaba la política de la Gran Bretaña, y el regente João nombró para dicho cargo (tras el paréntesis breve del conde de las Galveias) a Antonio de Araujo, conocido tanto por sus simpatías en favor de Francia (e incluso de Austria) como por sus antipatías hacia la Gran Bretaña. El Regente había iniciado el camino de la autonomía política brasileña, librándose de la tutela inglesa. Strangford señaló a João la conveniencia de volver a Lisboa, que estaba ya libre de enemigos franceses, e incluso se envió una flota británica a Río para el traslado del Regente, dirigida por el almirante Beresford, hermano del Mariscal, pero João rehusó volver a Portugal.

El enfrentamiento del regente con la potencia tutelar inglesa venía orientado por el deseo de João de intervenir en la banda oriental, donde la situación se había vuelto muy compleja. El nuevo ataque del ejército porteño de Rondeau a Montevideo, la alianza rota con Artigas y los orientales y, finalmente, la ocupación de Montevideo tras el combate de Buceo dejaron la banda oriental en manos de los bonaerenses, aunque enfrentados a los orientales artiguistas. Portugal tenía abiertas las puertas de la intervención. Era, además, un hecho que la reina madre estaba a punto de morir y que João sería coronado pronto como rey. Un rey que en Brasil podría hacer una política libre, mientras que en Lisboa tendría que plegarse a los intereses de Londres.

2. HISPANOAMÉRICA BUSCA SUS NACIONALIDADES

Los cuatro años transcurridos entre 1810 y 1813 son quizá los más interesantes desde el punto de vista político, pues fueron los verdaderamente revolucionarios. En 1810 se abrió la tapa de la olla donde se cocinaban las frustraciones socioeconómicas de la colonia que afloraron de inmediato con todo un sistema de reformas. Los criollos trataron de hacer una transición política incruenta y una revolución económica para desmontar el orden colonial. Ambos experimentos duraron muy poco, meses por lo común, ya que surgieron reacciones antirrevolucionarias que originaron el enfrentamiento de los bandos y el comienzo de una larga guerra. Los patriotas se olvidaron pronto de las reformas y se ocuparon de lo único importante, la guerra, porque sin ella no podrían obtener la libertad. Y la guerra por la libertad ahogó la revolución que quedó frustrada.

La riqueza del cuatrienio queda patente en el hecho de que, aparte de la revolución burguesa iniciada por las oligarquías criollas, hubo algunos movimientos verdaderamente populares como el del cura Hidalgo o el de las montoneras orientales. Surgieron tendencias tan opuestas como el centralismo y el federalismo y se debatieron sistemas monárquicos y republicanos para acomodarlos a las nacionalidades hispanoamericanas que se abrían paso a fuerza de experimentos fracasados. Crear las nuevas fronteras fue aún más difícil y algunas naciones tuvieron que conocer las suyas cosechando fracasos militares en los territorios vecinos que ellos consideraban propios. Estructurar las economías nacionales fue el gran reto de los patriotas que se encontraron con sus mercados tradicionales bloqueados en una coyuntura mundial especialmente compleja. Piénsese, por ejemplo, lo que supuso para algunas de ellas perder los situados de México y Perú, territorios que siguieron siendo realistas, o lo que representó para Venezuela y Quito perder el gran mercado de consumo de su cacao, España y México.

Aunque el cuatrienio fue prolijo en enfrentamientos armados, no llegó a desangrar humana ni económicamente a Hispanoamérica, que llegó todavía a 1813 con la casi totalidad de sus recursos. Si se hubiera llegado entonces a una fórmula de entendimiento para establecer una independencia pacífica, Hispanoamérica habría tenido un siglo XIX menos traumático. Lamentablemente, no fue posible y la guerra posterior seguiría devorando sus hombres y sus bienes hasta dejarla exhausta.

2.1. *El estallido revolucionario de 1810*

La panorámica de los acontecimientos españoles nos permite ahora situar con claridad los parámetros que manejaron los criollos durante los primeros meses de 1810, cuando fueron llegando las noticias alarmantes. El avance francés sobre Andalucía había sido un éxito y España entera estaba ocupada por Napoleón, a excepción de la ciudad de Cádiz que estaba próxima a caer en manos enemigas. La Junta Central Suprema se había disuelto y se había creado una regencia, instalada precisamente en Cádiz y que enviaba a Hispanoamérica comisionados con la eterna pretensión de ser reconocida como autoridad legítima metropolitana. Los americanos se plantearon el dilema de reconocer tal regencia, con el consiguiente peligro de que sus países se convirtieran en colonias de Francia enfrentadas con la Gran Bretaña, o promover un golpe de estado que les diera la autonomía, y quizá la misma independencia, para lo que indudablemente contarían con la ayuda británica. Las autoridades españolas se aferraron a la primera posición, argumentando que Cádiz no había sido ocupada aún y que podría resistir a los franceses —cosa que ni ellos mismos creían posible— y los criollos defendieron la segunda, única que podría preservar a sus países.

El estallido revolucionario se realizó con dos fórmulas muy diferentes, propias de los ámbitos urbano y rural. Una fue la de los cabildos de las sedes metropolitanas, la otra la rebelión indígena. La primera fue propiciada por los grupos blancos criollos y tuvo un carácter centrífugo: de la capital al medio rural. La segunda fue eminentemente indígena y fue centrípeta: del campo sobre la ciudad. La primera fue defendida jurídicamente por quienes la hicieron; la segunda se movió por la fe y fue una cruzada en defensa del rey y de la religión. La primera se localizó en Sudamérica y la segunda en Norteamérica, concretamente en México. No sabemos si la férrea represión indigenista impuesta en Perú durante el último cuarto del siglo XVIII impidió que aflorasen movimientos similares en la región andina.

2.1.1. La fórmula urbana: los cabildos revolucionarios

La transición política a través de los cabildos metropolitanos fue el procedimiento utilizado por los grupos de la oligarquía criolla, entre los que existía una verdadera veneración por el orden jurídico (la mayoría de los patricios eran abogados). Fue un método inteligente, pues evitaba derramamientos de sangre y establecía una evolución natural del estado colonial al autónomo y de éste al independiente. Ante el vacío de autoridad real existente (puesto que el Rey estaba preso en Francia) y con el peligro que entrañaba reconocer como representante suyo una regencia próxima a caer en manos de las tropas francesas, se proponía que los cabildos metropolitanos asumiesen la representación popular por el simple mecanismo de constituirse en cabildos abiertos (con representación de las fuerzas vivas de los vecinos) que elegirían Juntas de Gobierno formadas por criollos y españoles.

La instrumentalización de los cabildos como elementos representativos era obviamente formal, pues los criollos sabían mejor que nadie que no tenían la menor representación popular, ya que los cargos de los cabildantes tenían el estigma de ser comprados. Por otra parte, un cabildo metropolitano no tenía más jurisdicción que unos kilómetros en torno a su núcleo urbano y no podía pretender mandar en otras ciudades de los virreinatos o de las capitanías. Esto era sumamente peligroso, ya que se corría el peligro de formar varios autogobiernos dentro de un mismo territorio, como en efecto ocurrió, pero de momento se creyó poder solucionar el tema convocando unas asambleas o reuniones de todos los cabildos sujetos a la antigua autoridad colonial, lo que en cierto modo era un contrasentido, para que sus representantes eligieran un gobierno nacional. Se dio así la anomalía de que los cabildos metropolitanos se autoadjudicaron el poder de elegir las primeras juntas de gobierno y el de convocar luego a los demás a la asamblea territorial. En muchos lugares el propio cabildo de la capital, transformado en Junta de Gobierno, siguió gobernando todo el territorio, pues esto era más fácil que reunir a los representantes de las ciudades del antiguo reino.

Con todo, no deja de ser interesante la preocupación por hacer cosas dentro de un marco jurídico (incluso las revoluciones) y dar al ciudadano el derecho a opinar en la vida pública municipal, dos características que demuestran claramente la profundidad de la colonización hispánica.

El sistema criollo de los cabildos revolucionarios coincidió con otra fórmula española de transición política que fue la de las Juntas de Gobierno. Fue recomendada por la regencia a sus comisionados para su aplicación en casos extremos y consistía en promover la formación de dichas juntas a imagen y semejanza de la de Cádiz, integrando en ellas a representantes españoles y criollos bajo la autoridad del mando español en plaza (virreyes o capitanes generales). Se pretendía formar unos gobiernos semiautónomos en Hispanoamérica que podrían volver al seno metropolitano cuando se aclarase la situación de la Península o podrían funcionar como gobiernos paralelos ultramarinos en el caso de que toda España fuera finalmente ocupada por Napoleón. La imagen era bastante desdibujada, pero recordaba la de Brasil. Su mejor expresión fue la revolución quiteña. En el Nuevo Reino de Granada se emplearon las dos formas, criolla y gaditana. En Caracas y Buenos Aires únicamente la primera.

a) El modelo caraqueño

Abrió la tipología revolucionaria quizá porque Venezuela era uno de los territorios más vulnerables a una parálisis comercial como la que se avecinaba ante su posible incorporación a Francia. La Capitanía recibía del exterior el numerario (no tenía minas), todas sus manufacturas (no tenía industria obrajera) y hasta su alimento (importaba trigo) a cambio de lo que podía exportar (cacao, añil, algodón, café y cueros). Venezuela no podía estar enfrentada nuevamente a Inglaterra sin llegar a la pobreza más absoluta.

Los patriotas caraqueños, entre los que existían viejos lazos de solidaridad como consecuencia de un largo periodo de agitación prerrevolucionaria (Gual y España, levantamiento de esclavos de Coro, Miranda, intento de formación de una Junta en 1808), improvisaron un plan eficaz de actuación inmediata tan pronto como les llegaron las noticias de España. El plan consistía en obligar al capitán general don Vicente Emparan a convocar un cabildo abierto en el que se pediría la formación de una Junta de Gobierno.

Las noticias de los sucesos de España llegaron a Caracas el 18 de abril, y los patriotas improvisaron su golpe para el 19, jueves santo. Aunque era festivo, presionaron al cabildo de Caracas para que se reuniese con carácter extraordinario al objeto de estudiar la situación de Venezuela ante la ocupación francesa de España o «atender a la salud pública», como se decía entonces. Dado que Emparan y los cabildantes debían asistir a las diez de la mañana a los oficios en la catedral, se convocó la sesión a las ocho de la mañana.

Puntualmente se reunió el cabildo extraordinario bajo la presidencia del capitán general. Se discutieron los informes sobre la situación peninsular y el capitán general levantó la sesión para acudir a los oficios. Cuando Emparan cruzó la plaza mayor para dirigirse a la catedral estallaron los gritos del pueblo (comprometido por los patriotas) pidiendo «¡Cabildo abierto!». Don Vicente era un hombre bastante respetuoso con el pueblo por lo que no llegó a entrar en la catedral. Dio media vuelta y regresó al cabildo que empezó a sesionar como abierto, con varios diputados populares (José Cortés de Madariaga, Francisco José de Rivas, José Félix Sosa y Juan Germán Roscio), representantes de las religiones (a través de sus prelados) y de las entidades gubernamentales (Audiencia, Intendencia y Ejército), además del cabildo metropolitano ordinario. El pueblo quedó afuera, en la plaza, preguntando continuamente lo que se discutía.

En la sesión volvieron a repetirse los argumentos del peligro venezolano ante la situación creada en España, pero se añadió un nuevo elemento que fue acusar al capitán general de mal gobierno. Emparan cayó en la trampa que le tendieron y se dirigió al balcón del cabildo para preguntar directamente al pueblo si estaba conforme con su actuación. El pueblo, movido por los instigadores, afirmó que no, después de haber señalado inicialmente que estaba conforme. El capitán general renunció en el acto a su cargo, que depositó en el Ayuntamiento de Caracas, lo que también hicieron todos los altos funcionarios españoles. El Ayuntamiento traspasó luego sus poderes a una Junta de Gobierno constituida de inmediato.

A la una de la tarde ese mismo día 19 de abril llegaron a Caracas los comisionados regios Villavicencio, Montúfar y Cos de Iriberri que traían el otro proyecto de transición política, el de la regencia. Fueron conducidos ante la recién nombrada Junta de Gobierno de Caracas que obviamente no les dio ninguna importancia.

La nueva Junta Suprema de Caracas estaba presidida por José de las Llamozas y Martín Tovar Ponte, y se enfrentó de inmediato al gran problema de ser reconocida por las restantes ciudades de lo que antaño fue la Capitanía General de Venezuela.

b) Buenos Aires teme otra nueva invasión inglesa

La situación de Buenos Aires en 1810 era sumamente comprometida, pues las noticias sobre la ocupación francesa de la metrópoli perfilaban la amenaza de otro ataque de la Gran Bretaña, nación que ya había realizado dos intentos frustrados para apoderarse militarmente del Río de la Plata. Los venezolanos vivían con el temor de un ataque inglés, pero los bonaerenses tenían ya la experiencia de dos ocupaciones.

Las noticias de los sucesos de España arribaron a Buenos Aires el 14 de mayo de 1810 en unos buques ingleses. El virrey Hidalgo de Cisneros comprendió la gravedad de la situación y esbozó un plan que consistía en formar una especie de junta de virreyes en América para gobernarla, pero los criollos no le dieron tiempo de actuar. Los patriotas Saavedra y Belgrano presionaron sobre el alcalde de primer voto Juan José Lezica para que convocara urgentemente un cabildo abierto donde se exigiría la dimisión del virrey y la formación de una Junta de Gobierno, pero no lograron su pretensión. El día 20, Hidalgo de Cisneros tanteó el respaldo que tenía entre las fuerzas militares y comprendió que era muy pequeño. El 21 se presentaron ante él los criollos Castellí y Martín Rodríguez para pedirle la convocatoria de un cabildo abierto y el virrey no tuvo más remedio que acceder a ello, fijando la fecha del día siguiente.

El cabildo de Buenos Aires se reunió a las 9 de la mañana con sólo 251 asistentes. Los 199 ausentes eran principalmente vecinos (cabezas de familia) coaccionados por los jóvenes patriotas para que no entraran a formar parte del mismo.

Durante la sesión habló primero el obispo Lue en defensa de la autoridad de España. Le replicó Castellí puntualizando que ante la crisis de autoridad de poder, éste había revertido al pueblo. El fiscal Villota señaló que aquel cabildo no representaba más que a Buenos Aires y no le correspondía, por tanto, decidir los asuntos de la monarquía hispánica. El patriota Paso insistió en que el virrey no tenía ninguna autoridad por haberse autodisuelto la Junta Central que le nombró y que era precisa su renuncia para elegir una Junta de Gobierno. Sometido el asunto a votación, se aprobó el cese del virrey por 156 votos contra 69.

Al día siguiente los españoles dieron un viraje a la situación al intentar imponer la fórmula gaditana de la transición política. Propusieron que se crease una Junta de Gobierno presidida por el virrey Hidalgo de Cisneros con mayoría de vocales españoles. Los patriotas percibieron la maniobra y renunciaron a las vocalías que detentaban, obligando al virrey a hacer lo propio. El 25 de mayo se entregó al cabildo una nueva lista de integrantes de la Junta con criollos en su mayoría. La propuesta fue aceptada de inmediato y pasó a constituirse la Junta de Gobierno. La presidió don Cornelio de Saavedra y tuvo como secretarios a Mariano Moreno y a Juan J. Paso. Como vocales figuraban Belgrano, Castellí, Matheu, Alberti, Azcuénaga y Larrea.

A partir de ese momento Buenos Aires tuvo un gobierno propio. No rompió formalmente los vínculos con la metrópoli, sin embargo ninguna autoridad española volvió a asentarse en la antigua capital virreinal. La Junta inició el llamamiento a los territorios que antiguamente dependían de la capital virreinal para que aceptaran su autoridad como la legítimamente constituida.

c) Un florero conmociona a Santa Fe

En el Nuevo Reino de Granada confluyeron igualmente las dos fórmulas criolla y gaditana. La última llegó a imponerse en Cartagena, y en Santa Fe tuvo un triunfo efímero, pero terminó imponiéndose al cabo la primera.

El virreinato santafereño había sido conmocionado por el levantamiento quiteño de 1809. El envío de fuerzas desde Bogotá para reprimirlo despertó la animadversión de los criollos hacia su gobernante el virrey don Antonio Amar y Borbón que había sido nombrado por Godoy y a quien acusaron de actuar en forma despótica. Durante todo el año 1809 circularon rumores de posibles órdenes de encarcelamiento contra los patriotas que tenían encendidos los ánimos.

El estallido revolucionario empezó, sin embargo, por Cartagena, verdadero núcleo del comercio exterior del virreinato en el que existía una pequeña burguesía mercantil que se enfrentaba a unos problemas parecidos a los que vimos en Caracas. A principios de mayo de 1810 arribaron a dicho puerto los comisionados regios Villavicencio[1] y Montúfar con noticias de lo ocurrido en España y en Caracas, donde habían visto triunfar la revolución. Los criollos cartageneros cerraron filas en torno a Villavicencio, quien se enemistó pronto con las autoridades locales. El comisionado pensó que la situación era apropiada para ensayar la fórmula gaditana y contó con muchos adeptos. El 22 de mayo se convocó a cabildo y se decidió crear un cogobierno integrado por el gobernador Montes y los dos regidores del cabildo Narváez y Torres. El gobernador siguió actuando en solitario y el cabildo pidió el 14 de junio su dimisión. Se le depuso con el apoyo de una Compañía del Regimiento Fijo y se colocó en su lugar al teniente Blas de Soria.

Lo ocurrido en Cartagena se supo pronto en Santa Fe, a donde emprendió viaje el comisionado Villavicencio. El partido españolista, encabezado por el virrey, veía con gran preocupación su próxima llegada a la capital; mientras, los criollos se aprestaron a hacerle un gran recibimiento. Un grupo de patricios santafereños preparó un banquete como homenaje al comisionado y solicitó al comerciante español Llorente un florero para adornar la mesa. Se trataba obviamente de un pretexto, pues podían haber conseguido el florero de múltiples maneras y sin tener que recurrir a Llorente, hombre temperamental que decía a menudo improperios contra los criollos. Pero se buscó un altercado y el comerciante español era la persona idónea para ello.

El día 20 de julio por la mañana se presentaron los criollos en la tienda de Llorente, que estaba situada en un lugar muy céntrico: calle Real, junto a la plaza mayor. Al solicitar el florero, Llorente insultó a los criollos y se produjo un alboroto callejero que se extendió pronto a la plaza próxima, donde había mercado. El pueblo, insti-

---

[1] Antonio de Villavicencio nació en Quito en 1775 y era hijo del segundo conde del Real Agrado. Estudió en el colegio de El Rosario de Santa Fe de Bogotá (motivo por el cual tenía en esta ciudad muchos condiscípulos) y luego en Madrid. Ingresó como guardamarina de la Armada española en 1792 y fue destinado a las Antillas. En 1804 obtuvo el grado de teniente de fragata. La regencia le comisionó al Nuevo Reino de Granada para obtener su reconocimiento y una ayuda económica para la guerra. Villavicencio no participó en el movimiento de Caracas del 19 de abril, pues llegó a dicha ciudad después de la conmoción, pero instigó el movimiento de Cartagena. Participó intensamente en los sucesos posteriores neogranadinos y fue fusilado por Morillo en 1816.

Reyerta de Morales y González Llorente

gado por los conspiradores, comenzó a pedir cabildo abierto, que se reunió aquella misma tarde. Se trataba, en realidad, de un cabildo extraordinario convocado para estudiar los sucesos de la mañana, pero los criollos lograron que fuese abierto y con la presencia de un diputado del pueblo que fue don José de Acevedo.

El cabildo fue manejado con enorme habilidad. Se le amplió primero con nuevos diputados populares y se le purgó luego de los vocales españoles, llamados intrusos porque habían sido designados por el virrey. Finalmente, se procedió a formar una Junta de Gobierno que presidía el propio virrey Amat. El triunfo de la fórmula gaditana fue fugaz, pues a los pocos días se depuso al virrey y se le mandó a España. La Junta de Gobierno totalmente criolla asumió el poder político y empezó a convocar a las ciudades dependientes del antiguo virreinato para organizar un congreso nacional.

d) El conde de la Conquista preside la Junta santiagueña

El gobernador García Carrasco quedó muy desprestigiado por haber seguido los consejos de los carlotinos y haber actuado violentamente al descubrir la conspiración de los patriotas Rojas, Ovalle y Vera, mandando expatriar al Perú a los dos primeros. Los ánimos se exaltaron más aún a mediados de 1810 cuando llegaron las noticias del levantamiento de mayo en Buenos Aires, y Carrasco intentó contemporizar revocando la orden de destierro. Los patriotas siguieron actuando y prepararon un golpe para el 17 de julio que fue evitado astutamente por la Audiencia el día anterior al conseguir la renuncia del gobernador a causa de «su mala salud». Se entregó entonces el gobierno al anciano brigadier don Mateo de Toro y Zambrano (de ochenta y tres años), quien había comprado el título de conde de la Conquista y era uno de los hombres más adinerados del país.

Patriotas y españoles consideraron salvada la situación, ya que el conde de la Conquista se inclinaría fácilmente ante las presiones, pero en agosto se supo que la regencia enviaba por gobernador al temible Elío, y los patriotas decidieron actuar de inmediato. Lograron que el conde autorizara un cabildo abierto para el 18 de septiembre en el cual restringieron al máximo la participación de los europeos. El cabildo debatió la situación especial de Chile y concluyó que lo más adecuado era rechazar al gobernador Elío propuesto y elegir una Junta de Gobierno bajo la presidencia del propio conde de la Conquista. Como vicepresidente se nombró al obispo electo Martínez y como vocales a Juan Martínez de Rozas, Márquez de la Plata, Ignacio de la Carrera, Rosales y el coronel Reina. La Junta se debatía entre el extremismo de los exaltados y el conservadurismo de la aristocracia local, bajo la constante amenaza de una invasión de los realistas del Perú.

e) Quito se independiza por partida doble

Los juicios contra los patriotas implicados en el movimiento del 10 de agosto repercutieron mucho en la opinión pública quiteña, que supo entonces la próxima llegada del comisionado regio don Carlos Montúfar[2], hijo del marqués de Selva Alegre, que había presidido la Junta de Gobierno de 1809. El gobernador Ruiz de Castilla temió alguna insurrección y acentuó las medidas de seguridad ordenando nuevas detenciones que exaltaron más los ánimos.

El 2 de agosto de 1810 se originó la matanza de Quito. Unos patriotas intentaron asaltar los cuarteles para liberar a los presos y las tropas realistas aprovecharon la ocasión para hacer una tremenda matanza de prisioneros, así como un saqueo en los barrios. Algunos quiteños señalaron que el propio gobernador promovió la acción.

Un mes después, el 12 de septiembre, arribó a Quito el comisionado don Carlos Montúfar. Siete días más tarde logró reunir a las personalidades más relevantes en el Gobierno y les propuso la formación de una Junta de Gobierno que estaría integrada por el gobernador Ruiz de Castilla, el obispo, el comisionado, un representante del municipio, otro del cabildo eclesiástico, dos de la nobleza y cinco de los barrios quiteños. Era una fórmula transaccional en la que predominaba la imagen gaditana de

---

[2] Carlos Montúfar nació en Quito en 1776. Era hijo de don Juan Pío Montúfar, marqués de Selva Alegre. Se educó en el Colegio de Nobles de Madrid, ingresando luego en el Ejército, donde alcanzó el grado de teniente coronel. La Regencia española le envió a su patria americana en 1810 para obtener el reconocimiento de su autoridad y ayuda para la guerra peninsular. Montúfar acompañó a Villavicencio hasta Caracas, donde presenció la revolución del 19 de abril, y siguió con él hasta Cartagena, desde donde emprendió camino a Quito. Montúfar tuvo una intervención decisiva en los posteriores sucesos quiteños. Fue hecho prisionero por los españoles de 1813 y le trasladaron a una prisión en Panamá, de donde logró evadirse. Incorporado a las tropas neogranadinas de Bolívar, entró en Bogotá en 1814. Cayó nuevamente prisionero en la batalla de la cuchilla del Tambo y murió en Popayán.

la regencia. Una vez elegidos los representantes, se formó la Junta Superior el 22 del mismo mes. Ruiz de Castilla quedó como presidente y Carlos Montúfar como vicepresidente.

La Junta no fue reconocida ni en Guayaquil, ni en Cuenca, ni en Loja, donde los realistas, respaldados por el virrey Abascal de Lima, se dispusieron a la guerra. Acciones importantes de la Junta fueron la declaración de independencia respecto a Santa Fe de Bogotá (9 de octubre) y al Consejo de Regencia (11 de octubre). La publicación de esta última se pospuso hasta el año siguiente.

2.1.2. La fórmula rural: los indios por el Rey y la Virgen de Guadalupe

La revolución rural emergió debajo de una revolución urbana y criolla en el Bajío mexicano y sorprendió a todos por su fuerza de destrucción del orden colonial; incluso al mismo cura Hidalgo que la desató y que no llegó a comprender los ingredientes mágicos que estaban apresados en la caja de Pandora de Dolores: postergación del indio, hambre y miseria, crisis económica, religiosidad exaltada y cruzada de redención para los oprimidos.

Lo que se había preparado en el Bajío era verdaderamente una revolución urbana de los ilustrados criollos semejante a otras de Hispanoamérica y aprovechando las especiales circunstancias de 1810. Varios criollos notables, entre los que figuraban Aldama, Domínguez, Hidalgo y Allende, habían organizado desde julio un levantamiento que debía extenderse por las poblaciones de Valladolid, Guanajuato y Querétaro. Una gran población mestiza podría secundar fácilmente el levantamiento, ya

Miguel Hidalgo

que en la zona existía enorme descontento popular por el estanco de la producción minera y la crisis de la industria textil, a lo que vino a sumarse una gran sequía en 1809-1810 que terminó con la agricultura de subsistencia produciendo verdadera hambre. La conspiración fue descubierta por las autoridades a causa de la delación de uno de los comprometidos (Garrido), y el cura Hidalgo[3] decidió entonces precipitarla tocando la campana de la iglesia del pueblo de Dolores y reuniendo a la indiada de la que era cura párroco. Así surgió la revolución solapada, la no programada; la verdadera revolución.

Mucho se ha escrito sobre la formación «revolucionaria» del cura Hidalgo, que no es mayor de la de muchos ilustrados criollos. El éxito de su levantamiento no reside en ella, sino en las fuerzas que liberó y canalizó.

Convocada la indiada ante la iglesia aquel 16 de septiembre de 1810, fue alentada por el párroco de Dolores para levantarse en defensa del rey Fernando VII, de la Virgen de Guadalupe, de la religión y de la independencia. Todos los símbolos emblemáticos estaban reunidos y nadie preguntó de quién se iban a independizar. Lo decía el cura y eso bastaba.

El mismo día 16 unos trescientos indios encabezados por el estandarte de la Virgen de Guadalupe se pusieron en marcha hacia la cercana población de San Miguel el Grande. Era la cruzada indígena tan largamente aplazada. Los indios iban descalzos y armados con machetes, flechas y palos.

San Miguel cayó en manos de la turba y se saquearon las casas de los españoles. El propio Hidalgo tiraba las monedas a los pobres desde el balcón de una gran casa. Era como el redentor de los humildes. Los cruzados siguieron luego a Celaya, uniéndose campesinos del Bajío. Allí se saqueó por igual las casas de los españoles y las de los criollos. Para los indios eran lo mismo, ante la alarma de Allende, quien pronto comprendió que aquello difería substancialmente de la revolución planeada.

Peor fue el asalto a la ciudad minera de Guanajuato, donde los españoles y algunos criollos se defendieron en la alhóndiga con las milicias locales. Las gentes «decentes» se defendían de la «chusma» enfatizando aún más el carácter social de lucha de clases. La turba tomó la alhóndiga, asesinó a sus defensores (tanto españoles como criollos) y se dedicó al pillaje. Algunos indios querían arrancar los balcones de las casas, que simbolizaban para ellos algo distintivo de los blancos.

La muchedumbre rebelde siguió aumentando con grupos de mineros y mestizos proletarizados. Se llegaron a reunir 60.000 hombres entre los que apenas había un centenar de criollos. Otro grupo marginal de criollos, dirigidos por José Antonio Torres, tomó Guadalajara y se unió luego al grueso de las tropas indígenas. El 10 de octubre, Hidalgo cayó sobre Valladolid.

---

[3] Miguel Hidalgo y Costilla nació en Corralejo (Chihuahua) el año 1753. Era hijo de don Cristóbal de Hidalgo, administrador de una hacienda local, y de doña Ana María Gallaga. Estudió la carrera eclesiástica en el colegio de San Nicolás de Valladolid. Obtuvo luego una beca para la Real y Pontificia Universidad de México, donde fue bachiller en Teología el año 1773. Volvió a Valladolid donde ejerció como sacerdote a la par que enseñaba en el colegio de San Nicolás, de donde llegó a ser rector. El mal uso de los recursos económicos del colegio y un intento por implantar un plan liberal ocasionaron su destitución y envío a Michoacán. Allí descuidó algo su ejercicio parroquial y fue detenido por la Inquisición, que le acusó de los delitos más variados: desde jugar cartas hasta leer libros prohibidos, pasando por relacionarse con mujeres. Una vez retractado, fue enviado a Dolores en una especie de destierro, pero allí prosiguió en contacto con criollos ilustrados y animó a los indios a plantar morera, lo que estaba prohibido por la Corona. Los funcionarios españoles destruyeron las plantaciones de este árbol en 1808. Hidalgo simbolizará el carisma del dirigente político-religioso de honda raigambre en Hispanoamérica.

Los revolucionarios suprimieron el tributo indígena, abolieron la esclavitud y reclamaron la devolución de sus tierras. Los gritos de «¡Viva el Rey!» eran cada vez más escasos y los de «¡Independencia y libertad!» más frecuentes. La hueste revolucionaria se dirigió hacia la capital de México, encontrando ya pocos seguidores indios en la zona central, donde los habían alertado españoles y criollos. Hidalgo se sorprendió de que la capital mexicana no le acogiera como al libertador y no se atrevió a forzar su toma. Los españoles se rehicieron en el norte, donde terratenientes y propietarios de minas pusieron sus recursos a disposición del militar español Feliz María Calleja, que organizó un gran ejército combinando las fuerzas regulares con las milicias del centro. Hidalgo se vio encerrado en la zona de Guanajuato, Michoacán y Guadalajara, comenzando entonces las disensiones internas; finalmente, el 17 de enero de 1811 los realistas le derrotaron en Puente Calderón. Los rebeldes, desbaratados, huyeron al norte y cayeron en una emboscada el 21 de marzo del mismo año. Hidalgo fue entregado a la Inquisición, que le despojó de su carácter eclesiástico y firmó una retractación. Entregado de nuevo al brazo secular, fue fusilado el 31 de julio. Seis de los nueve jueces que integraron su tribunal condenatorio eran criollos. Los indios volvieron a su vida de miseria en espera del momento en que los criollos quisieran acaudillar la revolución, una revolución urbana que carecía de significado para ellos.

2.2. *Patrias viejas, patrias bobas*

Durante el resto de 1810 y hasta 1814 los inexpertos revolucionarios intentaron formar unas nacionalidades luchando contra las disensiones internas, la agresión de los realistas, la falta de respaldo internacional y la ausencia de medios. Fueron las patrias viejas o bobas fácilmente reconquistadas por los españoles, salvo el caso excepcional del Río de la Plata. Las causas del desastre suele decirse que fueron la reacción española y las divisiones internas, pero esto no es exacto. Los españoles no pudieron enviar contingentes armados hasta después de 1813, cuando su patria quedó libre de franceses, y las divisiones internas desaparecieron en casos de verdadero peligro. La causa verdadera fue que los criollos temieron hacer una auténtica revolución social, que los mestizos no se vieron identificados con el levantamiento y que los grandes grupos campesinos militaron, salvo casos excepcionales, en el bando realista, bien por inercia o por prevención. Las medidas revolucionarias de los republicanos fueron muy tímidas y no llegaron a configurar una ideología capaz de aglutinar a los desposeídos. Las potencias tutelares no prestaron, además, un apoyo decidido a la causa de los patriotas, pues Inglaterra era aliada de España en la guerra de Europa y no estaba interesada en debilitarla económicamente, y los Estados Unidos jugaron también una carta ambigua por no tener una idea muy clara del resultado de aquellos levantamientos hispanoamericanos (se jugaban su propio prestigio como nación independiente) y esperaban también que una política de amistad hacia España les produjera buenos beneficios (Cuba y las Floridas).

Veamos la sinopsis de los acontecimientos de este periodo comenzando por México, país al que acabamos de referirnos.

2.2.1. El primer Congreso ambulante de México

La bandera revolucionaria del cura Hidalgo fue recogida por el cura Morelos[4]. De Hidalgo recibió el símbolo emblemático de la Virgen de Guadalupe, la misión redentora del campesinado, el instrumento eficaz de la guerra a muerte y una serie de experiencias negativas que se propuso subsanar. En lugar de un enorme ejército desorganizado e indisciplinado, operó con una compacta partida de guerrilla de unos 3.000 hombres que le permitía enorme movilidad y eficacia. Una infraestructura campesina le apoyaba y le entregaba suministros, pero seguía apegada a los campos, laborándolos. En vez de defensor de Fernando VII se declaró republicano y partidario de formar la República del Anáhuac y en vez de defender los intereses de un grupo marginado (los indios) propugnó una fórmula nacionalista en la que se integrasen los distintos grupos sociales de la tierra; los únicos excluidos eran los peninsulares. Tampoco permitió el botín y saqueo que tanto terror causaron a las poblaciones civiles y lo sustituyó por una especie de impuesto revolucionario en las zonas que dominaba. El cura Morelos deshizo, en una palabra, la imagen terrorífica de la revolución india de Hidalgo y la cambió por la de un grupo político organizado que luchaba para implantar el orden republicano en México.

Morelos actuó en la zona sur de México y llegó a dominar gran parte de la costa. En noviembre de 1812 tomó Oaxaca, lo cual produjo gran conmoción entre los realistas. En 1813 concentró sus esfuerzos en tomar Acapulco, que le costó siete meses. Durante ese periodo los realistas, dirigidos por el general Calleja, fueron eliminando los focos de resistencia que existían en otras zonas, dejando a Morelos perfectamente localizado. En diciembre de 1813, Morelos tuvo una derrota al intentar tomar Valladolid. Fue el preludio de su final.

El ideal político de Morelos se empezó a configurar en la proclamación de Aguacatillo y se expresó nítidamente en el Congreso de Chilpancingo, reunido en 1813: independencia de México, abolición del tributo indígena y de la esclavitud, apoyo a la Iglesia católica, derogación de los privilegios y anulación de las diferencias de clase. Morelos sólo distinguía dos clases, la de los europeos o «gachupines» (explotadores, conquistadores, etc.) y la de los americanos. En esta última englobaba indistintamente indios, mestizos, esclavos, etc., con un sentido igualitario. Morelos fue en este aspecto uno de los revolucionarios más puros y radicales de Hispanoamérica. El 6 de noviembre de 1813 decretó formalmente la independencia de México.

Al terminar 1813 cambió la estrella de Morelos. El virrey Venegas fue sustituido por Calleja, quien poco después se vio respaldado por la política absolutista de Fernando VII. Las fuerzas de Morelos fueron perseguidas implacablemente y el Congreso se convirtió en itinerante, sesionando donde podía. Su último esfuerzo fue la Constitución de Apatzingán (22 de octubre de 1814), que tomó muchos elemen-

---

[4] José María Morelos y Pavón nació en Valladolid el año 1765. Era de origen muy humilde, hijo de una negra libre, y tuvo que trabajar desde su niñez, lo que le impidió estudiar hasta los veintinueve años, cuando ingresó en el colegio de San Nicolás, donde se hizo sacerdote. Allí conoció al cura Hidalgo que era entonces rector del centro. Morelos desempeñó su ministerio en Carácuaro, donde se encontraba cuando Hidalgo puso en marcha la revolución. Se unió inmediatamente a su maestro y militó en sus filas hasta el final, continuando luego la guerrilla en el sur como coronel de una partida patriota.

tos de la Constitución española de 1812, derogada en la Península, si bien republicanizada. México, según ésta, se constituiría como una república gobernada por un ejecutivo multipersonal.

En 1815 el Congreso se trasladó a Tehuacán y Morelos con él, escoltándolo. En la acción de Tesmalaca los realistas capturaron al caudillo rebelde (5 de noviembre de 1815). Llevado a México, fue entregado a la Inquisición, que no logró su retractación. El gobierno se hizo cargo entonces del rebelde a quien condenó por hereje y traidor. Fue fusilado el 22 de diciembre de 1815. La reacción realista, en la que participaban plenamente los criollos, dominó el país, salvo los pequeños grupos guerrilleros de Vicente Guerrero y Guadalupe Victoria.

2.2.2 Dos repúblicas para Venezuela

La Junta de Gobierno formada en Caracas en 1810 no fue reconocida por el occidente del país (Coro y Maracaibo), donde se mantuvo la fidelidad a la regencia española; tampoco en Guayana. Inició su actuación revolucionaria claramente orientada a la defensa de los intereses de clase oligárquica que continuaría luego durante la primera República. Decretó la libertad de comercio, rebajó los aranceles aduaneros para activar el juego comercial, fijó los precios de exportación de los frutos exportables (en los que tenía enorme interés dicha oligarquía), concedió una rebaja de derechos a los artículos ingleses y suprimió la alcabala para artículos de consumo popular tales como la harina de trigo. Por cierto que al día siguiente de esta última medida se incluyeron el maíz y las caraotas entre los alimentos exentos de alcabala, pues alguien informó a la Junta que eran los que de verdad consumía el pueblo y no el trigo. Medidas que, en fin, afectaban directamente a la clase dirigente exportadora. La Junta envió también una delegación a Londres para establecer relaciones diplomáticas con Gran Bretaña (Bolívar, Bello y López Méndez) a la que se prohibió entrar en contacto con Francisco Miranda[5], considerado un radical peligroso (Bolívar hizo

---

[5] Francisco de Miranda nació en Caracas el año 1750. Era hijo del comerciante canario Sebastián de Miranda y de la criolla Francisca Antonia Rodríguez Espinosa. Su padre prosperó en los negocios y tuvo el cargo de capitán de las milicias. Francisco estudió en el seminario de Santa Rosa y en la Universidad de Caracas. En 1771 embarcó para España donde ingresó en el Ejército como capitán del regimiento de la Princesa. Dotado de un espíritu inquieto, leía las materias más diversas y estudiaba lenguas para las que estaba especialmente dotado. Miranda logró ser uno de los militares más cultos de su época. Fue destinado a Melilla, participó en el ataque a Argel (1775) y visitó Gibraltar. Acuartelado en Cádiz y en Madrid, fue enviado a América el año 1780 con el regimiento de Aragón y participó en la toma de Panzacola (1781), ascendiendo a teniente coronel. Tras cumplir una comisión en Cuba ordenada por el gobernador Cagigal, estuvo en la toma de Providencia. Acusado de estar implicado en un asunto de contrabando por la intendencia cubana y de leer libros prohibidos por la Inquisición de Cartagena, huyó a los Estados Unidos en 1783, donde permaneció año y medio, conociendo a los personajes de dicho país (Washington, Hamilton, Saint Clair, Adam, Paine, etc.). Miranda había decidido dedicar su esfuerzo a lograr la emancipación de América y reafirmó su idea en los Estados Unidos. Viajó luego a Inglaterra y posteriormente por toda Europa durante cuatro años. En Rusia gozó de la protección de la zarina Catalina que le nombró coronel de su ejército. Volvió a Inglaterra en 1789 y desde entonces se consagró a su objetivo de independizar el Nuevo Mundo. Estableció contacto con los criollos notables de varios países y buscó ayuda en Europa. En 1792 pasó a Francia y sirvió a su república, participando en la campaña de Bélgica y en la toma de Amberes. En París fue del partido girondino y estableció una reunión de hispanoamericanos exiliados que participaban de sus ideas. Vuelto a Londres, trabajó por lograr apoyo anglonorteamericano para la independencia de Hispanoamérica, que constituiría un solo país llamado Colombia, con capital en el istmo de Panamá y regido por una monarquía de los incas. Convencido al fin de que los ingleses no le prestarían ayuda, partió para los Estados Unidos en 1805, donde logró apoyo para fletar un navío, el *Leander*, y enrolar una tripulación mercenaria, que reforzó luego en Haití. Su intento de liberar Venezuela en 1806 fue un fracaso, volviendo a Inglate-

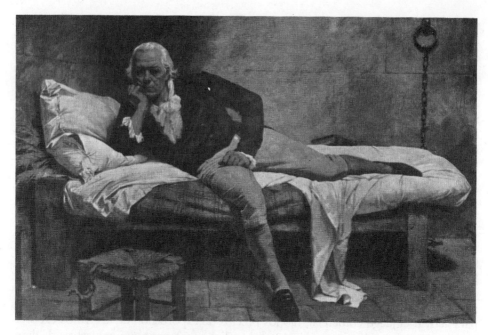

Francisco de Miranda en la cárcel de la Carraca de Cádiz, España

caso omiso de la orden). Finalmente, convocó un congreso en 1811 que, bajo la instigación de Miranda (había regresado a Caracas y dirigía el grupo jacobino de la Sociedad Patriótica), declaró la proclamación de la República (federal) de Venezuela el 5 de julio de 1811.

La Primera República (duraría un año) luchó contra las tropas realistas del occidente, que dirigía Monteverde, y sucumbió asfixiada por la economía del país. El principal renglón exportable venezolano era el cacao que consumían españoles y mexicanos, con quienes se interrumpieron las relaciones comerciales a raíz de la independencia. El comercio con la Gran Bretaña se convirtió en el más importante, pero producía a Caracas un déficit progresivo en la balanza que se compensaba con la salida de numerario, cada vez más escaso a causa de su aislamiento del mundo hispánico fiel a la metrópoli (México y Perú). El resultado fue una crisis de numerario que motivó la emisión de papel moneda sin respaldo, la cual, a su vez, produjo una inflación incontrolable que encareció los artículos de subsistencia, cada día más escasos, como consecuencia de la movilización de los trabajadores agrícolas para el ejército que se enfrentaba a los realistas. La caída de la Primera República suele historiarse como la victoria de las armas realistas sobre las republicanas después del espantoso terremoto del 26 de marzo, pero la verdad es que ni hubo grandes batallas realistas que explicaran el éxito, ni el terremoto acabó con la moral de los patriotas. La Primera República

***

rra, donde siguió alentando la causa de la independencia. Allí le conoció Bolívar en 1810 y le convenció de que debía volver a Venezuela, en donde desembarcó el 13 de diciembre del mismo año para participar decisivamente en la vida de la primera República que ayudó a crear.

pereció en el campo de la economía y devorada por una inflación galopante y una falta de mercados exteriores. Los españoles fueron avanzando hacia Caracas con la sorpresa de que sus tropas eran vistas con enorme aceptación por las poblaciones donde pasaban, ya que se veían libres de la pesadilla del hambre y la penuria. Fue la victoria del general «Numerario de Plata» contra el general «Papel Moneda». Miranda trató de canalizar todos los recursos para la guerra declarando la dictadura, pero todo fue inútil. Tras la toma de Puerto Cabello y la caída de La Guaira, los realistas de Monteverde entraron en Caracas, donde restablecieron la autoridad de España en julio de 1812. Miranda fue entregado a los españoles, que lo mandaron preso a Cádiz. Bolívar logró un pasaporte para Curaçao, desde donde se trasladó luego a Cartagena.

Monteverde declaró nulo el papel moneda republicano (arruinando a numerosos patriotas) y comenzó una campaña de represión contra quienes habían apoyado o favorecido la República. No pudo controlar todo el país, pues bandas de libres y esclavos asolaban los territorios marginales, principalmente los llanos.

Si la figura fulgurante de la Primera República fue Francisco de Miranda, la de la segunda sería Simón Bolívar[6]. En Cartagena, donde le dejamos, elaboró su primer documento importante, el Manifiesto, en que había una recapitulación de las causas que motivaron la caída de la Primera República. Comprendió que fundamentalmente se debieron a haber hecho una república oligárquica, sin respaldo del pueblo, y se propuso la misión de servirse de ese pueblo para liberarlo y someterlo a un orden nuevo de razón y progreso, libre de tiranías. Ilustrado hasta la médula, su gran reto fue compaginar «libertad» y «orden», dialéctica que no logró resolver en toda su vida.

Simón Bolívar

⁶ Simón Bolívar nació en Caracas el año 1783. Era hijo de don Juan Vicente de Bolívar y de doña Concepción Palacios. Los Bolívar eran una acreditada familia criolla con cinco generaciones de venezolanos y poseían un buen patrimonio en haciendas, casas y esclavos. Bolívar quedó huérfano de padre a los nueve años y su educación se confió a

Bolívar se dirigió a Tunja, donde entró en contacto con la Confederación neogranadina, se le confió el mando de unas tropas que debían operar en Barranca contra los realistas de Santa Marta, pero Bolívar abandonó el territorio neogranadino y pasó a Venezuela en 1813. Fue la denominada «Campaña admirable», en la que una serie de victorias (Mérida, Trujillo, Barquisimeto y Valencia) le abrieron las puertas de Caracas, donde entró el 6 de agosto. Durante la misma, Bolívar declaró la famosa «guerra a muerte» con la que intentaba convertir una guerra civil de criollos (estaban en ambos bandos) en una guerra internacional que nadie veía. El decreto de Trujillo (15 junio 1813) declaraba: «Españoles y canarios, contad con la muerte aun siendo indiferentes, si no obráis activamente en obsequio de la libertad de la América. Americanos, contad con la vida aun cuando seáis culpables.» Era una forma de radicalizar la guerra.

Bolívar suprimió la moneda española (arruinando con ello a otros venezolanos) y emprendió la represión contra los españoles. La Segunda República había aprendido algo de la primera, pero no lo suficiente.

Quien verdaderamente radicalizó la guerra fue el asturiano Tomás Boves[7], que se identificó con la forma de ser de los llaneros. El llano era una inmensa reserva ganadera con algunas haciendas de criollos (que nunca visitaban, pues estaban en Caracas) donde vivían gentes llamadas «libres», aventureros españoles, indios desarraigados, esclavos fugados de sus amos, mulatos y negros que no querían someterse a la vida urbana y mestizos levantiscos. Todos los intentos de los criollos mantuanos por someter a ley el llano fracasaron durante los cuarenta últimos años de régimen español, e incluso durante la I República, pero crearon en sus poblaciones un odio profundo hacia ellos que canalizaría Boves en 1813. Prometió libertad y botín a sus seguidores y formó un ejército, que más parecía una horda, para defender los intereses del rey por la sencilla razón de que los mantuanos defendían los de la República. La «legión del infierno», como se la llamó, cayó como una plaga de langosta sobre las

Andrés Bello, al padre Andújar y, sobre todo, a Simón Carreño Rodríguez, un pedagogo rousseauniano que influyó mucho en su discípulo. Sirvió luego en las milicias de blancos de su ciudad, donde fue subteniente, y marchó a España en 1799. En Madrid le acogió su tío Esteban Palacios. Tras un viaje a Francia, se casó en mayo de 1802 con doña María Teresa Rodríguez del Toro, madrileña de familia venezolana. El matrimonio se trasladó a Caracas, donde falleció doña María Teresa en enero de 1803. Al enviudar, Bolívar volvió a Europa. Estuvo en Roma con su maestro Carreño y juró en el monte Sacro (1805) liberar a su patria de la dominación española. En 1807 regresó a Caracas y se hizo cargo de la administración de sus haciendas cacaoteras, donde empezó también a cultivar café. En 1808 estuvo muy relacionado con el grupo criollo que intentó establecer una Junta de Gobierno en Venezuela, pero no se comprometió entonces políticamente, ni tampoco en el movimiento del 19 de abril de 1810, que le sorprendió fuera de Caracas, en una de sus haciendas. Los Bolívar se pusieron a las órdenes de la Junta de Gobierno. Juan Vicente, hermano mayor del futuro Libertador, fue enviado a los Estados Unidos para comprar armamento y murió en el viaje de regreso. Simón fue enviado a Londres junto con Bello y López Méndez para obtener ayuda inglesa al gobierno de Caracas. Allí conoció a Miranda, a quien indujo a regresar a su patria. De vuelta a Caracas, Bolívar estuvo muy vinculado a Miranda y colaboró con él en la Sociedad Patriótica que apoyó decididamente la declaración de independencia de Venezuela, realizada el 5 de julio de 1811. También estuvo con Miranda en la campaña contra Valencia, que se había sublevado. Más tarde fue nombrado comandante de Puerto Cabello, donde se produjo una sublevación de los prisioneros que le hizo perder la plaza el 6 de julio de 1812. Parece que participó luego en la entrega de Miranda a los españoles y obtuvo un pasaporte de Monteverde que le permitió huir a Curaçao desde donde se dirigió a Cartagena.

   [7] José Tomás Boves o Bobes nació en Oviedo el año 1782 y perteneció a una familia humilde. Huérfano de padre, estudió en el Instituto Asturiano de Gijón, donde obtuvo el título de piloto mercante. Mandó un bergantín dedicado al comercio, pero por algunos delitos abandonó su profesión y se estableció en Venezuela. En Calabozo se dedicó al negocio caballar, logrando gran popularidad entre los llaneros con los que se identificaba por lo común. Al sobrevenir la Primera República recibió vejaciones de algunos patriotas, lo que le indujo a tomar las armas contra ellos. Boves fue un guerrillero nato que vivió y actuó al margen de las ordenanzas militares y de las autoridades, a las que despreciaba tanto como a los mantuanos. Murió en la batalla de Urica el 5 de diciembre de 1814.

poblaciones republicanas, asesinando y robando, y causó, sin duda, la caída de la Segunda República. Sus grandes acciones se desarrollarían ya en 1814, cuando desde los llanos se lanzó hacia el norte para expulsar a Bolívar de Venezuela.

2.2.3. La Patria Boba neogranadina

La división interna se apoderó de los territorios que antaño formaron el Nuevo Reino de Granada destruyendo toda posibilidad de organización nacional. Los colombianos llaman a este periodo de su historia la «Patria Boba», porque las disensiones acabaron con el primer experimento de nación.

La Junta de Gobierno establecida en Santa Fe de Bogotá tras el 20 de julio de 1810 convocó un congreso en diciembre de este mismo año para formar una representación nacional. No concurrieron al mismo Quito, Venezuela y Panamá, tampoco las provincias realistas de Popayán, Pasto y Santa Marta. Cartagena se declaró independiente y soberana en 1811, rechazando la unión con las otras provincias neogranadinas emancipadas. El congreso representaba únicamente a Cundinamarca, Boyacá, Santander y algunas zonas del Magdalena, y aun así se dividió internamente al discutir el establecimiento de una fórmula federal para gobernar el territorio. Cundinamarca deseaba un estado centralizado y las restantes provincias el federal. Las últimas se retiraron a Tunja, donde crearon las Provincias Unidas de la Confederación de Nueva Granada, con Camilo Torres como su presidente. Cundinamarca quedó aislada y tuvo los presidentes Jorge Tadeo Lozano y Antonio Nariño[8].

La tensión existente entre Cundinamarca y la Confederación terminó en conflicto bélico. El presidente Nariño dirigió las fuerzas cundinamarquesas contra las confederadas, pero fue derrotado y tuvo que regresar a Bogotá, donde a su vez tuvo que sufrir el ataque y asedio de las tropas enemigas. En julio de 1813 Cundinamarca se declaró estado independiente, con lo que resultó que los patriotas neogranadinos —que ocupaban sólo la mitad del país— tenían tres gobiernos diferentes, uno en Cartagena, otro en Tunja y el tercero en Bogotá. Organizar a los criollos parecía una empresa más difícil que la de expulsar a los españoles.

Mientras los patriotas luchaban entre ellos, los realistas fueron dominando la costa atlántica desde Santa Marta. Cartagena quedó prácticamente incomunicada.

---

[8] Antonio Nariño nació en Santa Fe el año 1765. Hijo de un funcionario gallego, estudió en el colegio de San Bartolomé y logró una sólida formación intelectual con sus lecturas. A los veinticuatro años fue alcalde ordinario y luego alcalde mayor, cargo al que renunció. Desde 1789 definió su ideal político revolucionario en compañía de un grupo selecto de criollos ilustrados, que se reunían a menudo en su casa, como Francisco Antonio Zea, Jorge Tadeo Lozano, Francisco José de Caldas, los Azuolas, etc. Fue tesorero de diezmos desde 1789, realizando algunas operaciones audaces agrícolas y comerciales. En 1793 tradujo del francés los *Derechos del Hombre* y los imprimió en su propia prensa, repartiendo algunos ejemplares. Fue encausado por la Real Audiencia por la aparición de unos panfletos revolucionarios que se le atribuyeron y desterrado junto con otros patriotas comprometidos. Se le embargaron sus bienes y no pudo responder de las sumas de los diezmos que había invertido en las empresas antes citadas. En 1795 fue trasladado a la prisión de Cádiz, de donde se fugó al año siguiente. En Francia entró en contacto con Teresa Cabarrús, a quien presentó un plan para emancipar Hispanoamérica. Pasó luego a Londres para pedir ayuda británica a su proyecto y conoció allí a Miranda. Volvió a América en 1796 y a su patria al año siguiente, perdonado por el virrey Mendinueta. La Audiencia no mantuvo la palabra dada por el virrey y le encarceló seis años. En 1803 se le puso en libertad a causa de su pésimo estado de salud, pero en 1808 volvió a apresársele por estar implicado en la conspiración del canónigo Rosillo. Fue deportado a Cartagena, donde permaneció preso hasta que le puso en libertad el comisionado regio don Antonio de Villavicencio en 1810. En diciembre de este año volvió a Santa Fe y tomó parte activa en la política cundinamarquesa. El 19 de septiembre de 1811 fue nombrado presidente del estado de Cundinamarca.

Por el sur avanzaban también los realistas de Pasto y Popayán, y Nariño salió a detenerlos a finales de 1813. Su victoria de Juanambú fue un triunfo pasajero, pues a los pocos meses sería derrotado y preso en Pasto.

2.2.4. Un obispo dirige la sublevación quiteña

La Junta de Gobierno de Quito, presidida por el antiguo gobernador español Ruiz de Castilla y con el obispo Cuero como su vicepresidente, logró desconcertar a la regencia que la aprobó por creer que seguía la fórmula gaditana propuesta a las Américas. Pronto se convenció de su carácter separatista, pues los realistas de Cuenca y Guayaquil se negaron a reconocerla y el nuevo presidente don Joaquín Montes, enviado a Quito por el virrey Abascal del Perú, no pudo posesionarse de su cargo en la capital, siendo reconocido solamente en Guayaquil.

En octubre de 1811 el presidente Ruiz Castilla renunció o fue eliminado de su cargo que pasó a desempeñar el obispo Cuero, verdadero dirigente de la revolución quiteña. El hecho puede parecer insólito, pero bueno es recordar la frase atribuida al general Francisco de Paula Santander: «Venezuela es un cuartel, Colombia una escuela y Quito un convento.» Se convocó entonces un congreso presidido también por el obispo el 4 de diciembre del mismo año, en el cual se acordó proclamar la independencia del territorio. Era el segundo país hispanoamericano que lo hacía, tras Venezuela; también se preparó una Constitución que dio origen al enfrentamiento de los grupos conservador y monárquico por una parte (los aristócratas) y revolucionario y republicano (criollo) por otra, triunfando el último de ellos. La Constitución fue proclamada solemnemente el 15 de febrero de 1812 con el nombre de «Pacto solemne de Sociedad y Unión entre las provincias que forman el Estado de Quito» y establecía un Supremo Congreso de elección popular. Lamentablemente, esta Constitución no gobernaría a los quiteños más que un año.

La caída de Quito sobrevino como consecuencia del cerco realista y las disensiones internas. Los españoles atacaban desde Pasto, Cuenca y Guayaquil, aislando a los patriotas en el interior. Las disensiones surgieron entre los partidarios de Carlos Montúfar y del marqués de Villa Orellana. El primero fue destituido del mando de las tropas que atacaron Cuenca a cuyo frente se puso al cubano Francisco Calderón, que obtuvo un ruidoso fracaso. Montúfar abandonó Quito y fue a combatir a Nueva Granada.

La acción de Abascal no se hizo esperar. Sustituyó al inepto Molina por el gobernador Toribio Montes que derrotó en Mocha a las tropas patriotas dirigidas por el doctor Antonio Ante, lo que le permitió entrar en la capital (8 de noviembre de 1812). Poco después, Sámano venció en Ibarra a las tropas republicanas de Checa. En diciembre de 1812 los realistas volvían a dominar el reino de Quito al que se impuso otra Constitución en 1812: la española.

2.2.5. Los triunviros porteños

La Junta de Gobierno establecida en Buenos Aires en 1810 actuó independientemente de España, aunque no rompió su vínculo con Fernando VII. Tras deponer y expulsar a los funcionarios españoles, emprendió una auténtica caza de peninsulares que fueron detenidos e incluso ejecutados. Una reacción realista en Córdoba, encabezada por el antiguo virrey Liniers, el intendente y el obispo, fue aplastada por la fuerza de las armas, llegando a fusilar al propio Liniers (agosto de 1810). En 1811 se creó el Comité de Seguridad Pública, de corte revolucionario francés, cuya misión era denunciar y perseguir a quienes realizaban actividades contra la revolución. De esta forma el triunfo patriota quedó consolidado y los realistas se vieron imposibilitados de volver a dominar Buenos Aires.

La revolución bonaerense no se vio libre de divisiones internas. Antes al contrario, fueron tantas que quizá por ello se evitó un enfrentamiento entre dos o tres facciones, como en otros lugares de Hispanoamérica. La revolución se relevaba y regeneraba continuamente en un proceso ininterrumpido que la tuvo viva durante este periodo. Existía, además, una proyección expansionista sobre los territorios que antiguamente integraron el virreinato y esto canalizaba también buena parte de sus energías.

Entre los infinitos grupos de presión destacaron uno moderado, dirigido por Saavedra, presidente de la Junta, y otro exaltado, encabezado por Moreno[9]. Pero esto era sólo en Buenos Aires, pues en las provincias existían grupos conservadores enfrentados a los bonaerenses más exaltados que los de la capital. Toda la franja septentrional del país (Salta, Jujuy, Tucumán y Catamarca) e incluso la central de Córdoba y San Luis tenía una economía de apoyo (productos agrícolas y animales de tiro) a la minería del Alto Perú (en manos de los realistas) y veía con mucho recelo la política liberal de Buenos Aires, orientada al libre comercio y a una producción agropecuaria comercializable con Europa. En cuanto a la zona andina (Mendoza), tenía una economía de subsistencia y algunos renglones agrícolas orientados más bien al mercado chileno o peruano. Parecía muy difícil que Buenos Aires pudiera aglutinar todo aquel complejo socioeconómico bajo su bandera revolucionaria.

La Junta de Gobierno inició una política económica y social apropiada a los intereses bonaerenses que repercutió mucho en otras zonas del país. Se rebajaron los derechos de exportación e importación a casi la mitad, se abrieron al comercio exterior los puertos de Maldonado (en la banda oriental), Río Negro y Ensenada. Castelli otorgó el voto a los indios de las intendencias del Alto Perú y Belgrano suprimió el tributo a los indios del Paraguay.

Las disensiones entre los conservadores de Saavedra y los exaltados de Moreno fueron acentuándose a finales de 1810, cuando se convocó a los representantes de los gobiernos del interior. Saavedra deseaba que los diputados pasaran a formar parte de la misma junta de gobierno, engrosándola, mientras que Moreno opinaba que debían formar una junta aparte, pues en verdad representaban al país. Triunfó la opinión del primero, formándose entonces la denominada Junta Grande. Moreno presentó su renuncia y fue enviado a Londres como diplomático, falleciendo durante

---

[9] Mariano Moreno nació en Buenos Aires en 1778, donde estudió leyes y obtuvo el grado de doctor, abriendo bufete en 1805. En 1809 escribió su famosa *Representación de los Hacendados*, en la que conjugaba los derechos políticos y económicos de la colonia, lo que llevó al virrey Hidalgo de Cisneros a promulgar la apertura de comercio con los ingleses. Intervino luego en la revolución de mayo de 1810 y fue nombrado secretario de la Junta de Gobierno de Buenos Aires, donde destacó pronto por sus grandes cualidades intelectuales. Moreno fundó la *Gaceta*, organizó la biblioteca pública y reorganizó la Audiencia. Defendió la política jacobina y centralista, lo que le valió numerosos enemigos. En 1811 fue enviado a Londres como agente diplomático bonaerense y murió en la travesía.

el viaje. La Junta Grande llegó a tener 22 miembros. Protegió la formación de gobiernos provinciales e hizo una política atemperada, que despertó la hostilidad de los exaltados integrados en la Sociedad Patriótica (marzo de 1811). En abril de 1811 el grupo conservador promovió un motín en Buenos Aires para propiciar una especie de autogolpe, que eliminó a los exaltados, perseguidos a partir de entonces con la misma saña que los realistas. El desastre de Huaquí en junio de 1811 —del que hablaremos más adelante— originó la caída de Saavedra. Los patriotas «morenistas» pidieron la elección de diputados de Buenos Aires para el próximo congreso nacional y finalmente presionaron en el cabildo abierto (22 de septiembre de 1811) convocado a tal efecto para exigir un nuevo ejecutivo: un triunvirato formado por Juan José Paso, Manuel Sarratea y Feliciano Chiclana. La Junta pasó a ser cámara legislativa. Verdadero motor del triunvirato fue su secretario, Bernardino Rivadavia, un gran ideólogo liberal. Se suprimió el Comité de Seguridad Pública —que había perseguido a los liberales—, se reprimió duramente un motín ocurrido en el Regimiento núm. 1 (motín de las Trenzas) y se disolvieron las Juntas provinciales.

La actividad política fue enorme durante 1812, especialmente a partir de marzo, cuando llegaron a Buenos Aires varios patriotas procedentes de Europa, como José de San Martín y Carlos Alvear, que formaron la Logia Lautaro, conectada con la Sociedad Patriótica. El 8 de octubre de 1812 un grupo de liberales vinculados a la Logia, con el apoyo de los cuerpos militares (granaderos a caballo y Regimiento núm. 2 de Infantería), pidió al cabildo el cese del triunvirato y la convocatoria de una Asamblea General. El cabildo asumió la autoridad y nombró un nuevo triunvirato: Juan José Paso, Álvarez Jonte y Nicolás Rodríguez Peña.

El segundo triunvirato convocó la Asamblea General con representantes de las distintas intendencias. Se reunió el 31 de enero de 1813, empezando sus sesiones bajo el signo de la división. El proyecto de elaborar una Constitución se desestimó por la inestabilidad de la revolución en Sudamérica y el peligro de la restauración de Fernando VII en España. La Asamblea Constituyente de las Provincias Unidas del Río de la Plata actuó torpemente al rechazar los diputados orientales elegidos en abril en el Congreso Oriental de Tres Cruces, porque tales diputados representaban las ideas artiguistas al declarar la independencia inmediata de España y establecer un gobierno federal con Uruguay como estado autónomo. La ruptura con los diputados orientales fue un acto de miopía política, pues se hizo cuando los españoles reforzaban la guarnición de Montevideo. A los negros presagios sobre la recuperación española se sumó la noticia del desastre de Belgrano en el Alto Perú. Era necesario un ejecutivo centralizado para hacer frente a la nueva coyuntura, lo que determinó la formación de un Directorio unipersonal con concentración de poderes y para el cual fue elegido Gervasio Antonio Posadas en enero de 1814.

En política exterior se intentó unificar bajo el mando de Buenos Aires los antiguos territorios pertenecientes al virreinato porteño (Alto Perú, Paraguay y banda oriental o Montevideo), siendo esto imposible.

La acción en el Alto Perú se puso en marcha en julio de 1810 y afrontó en primer lugar la rebelión de Córdoba. La indecisión del jefe del ejército Ortiz de Ocampo para fusilar a los españoles implicados en la rebelión (el propio Liniers entre ellos) motivó su relevo por el lugarteniente Antonio González Balcarce, quien prosiguió hacia el Alto Perú, donde obtuvo la victoria de Suipacha (7 de noviembre de 1810). El virrey Abascal había concentrado sus fuerzas en Quito para terminar con aquel foco revolucionario, pero en 1811 mandó a Goyeneche contra los bonaerenses, infligiéndoles la derrota de Huaqui, que obligó a los porteños a replegarse a su territorio, perdiendo el Alto Perú.

El general Belgrano fue enviado como jefe de este ejército. Lo reorganizó en 1812 y rechazó una incursión realista. En 1813 lanzó otra ofensiva sobre el Alto Perú; sin embargo, fue igualmente derrotado en Vilcapugio y Ayohúma (14 de noviembre de 1813).

El intento por anexionar el Paraguay se realizó a finales de 1810. Don Manuel Belgrano, al frente de un ejército, fue enviado para liberar dicho territorio del poderío español. El gobernador español de Asunción, Bernardo de Velasco, se enfrentó a los porteños con las tropas indígenas y los derrotó en Paraguarí (19 de enero de 1811) y en Tacuarí (9 de marzo de 1811). Belgrano tuvo que capitular la evacuación de sus tropas y Paraguay quedó fuera de la tutela bonaerense. Más adelante veremos su movimiento emancipador.

En Montevideo la intervención porteña tuvo igualmente un saldo negativo y generó un largo conflicto. En 1811 los pueblos del interior de la banda oriental (Uruguay) se alzaron contra los españoles dirigidos por Artigas, mientras que Montevideo siguió siendo realista bajo el mando de Francisco Javier Elío, designado virrey desde España. Los bonaerenses enviaron un ejército contra Montevideo dirigido por Rondeau, a quien relevó luego Belgrano, pero no lograron entrar en la plaza pese a sitiarla durante largos meses. Montevideo era abastecida desde el mar por la flota española, la cual incluso se permitió bombardear Buenos Aires (15 y 17 de julio). Entraron, además, en la banda oriental tropas lusitanas, pretendiendo defender los derechos de Fernando VII, por lo que la Junta Grande de Buenos Aires decidió negociar un armisticio el 20 de octubre de 1811 que puso fin a la guerra en esta zona. Un año después, en octubre de 1812, las tropas porteñas dirigidas por Rondeau volvieron a sitiar Montevideo.

2.2.6. Paraguay empieza con la dictadura

El segundo país de Hispanoamérica que logró su independencia de España fue Paraguay. El hecho resulta extraño, ya que no poseía una burguesía criolla notable ni una economía particularmente perjudicada por la explotación colonial. Tenía una economía de subsistencia y otra de comercialización muy poco sólida basada principalmente en la exportación de yerba mate, que se enviaba a los territorios del cono sur, y algunas cantidades de azúcar, tabaco y miel. La oligarquía dominante era rural y el único núcleo urbano verdaderamente apreciable estaba en Asunción, donde vivían los españoles residentes en la gobernación.

Al producirse la revolución bonaerense de mayo, el gobernador de Paraguay, Bernardo Velasco, convocó por propia iniciativa un cabildo abierto (26 de junio de 1810) para estudiar la posición que debía tomarse frente a ella. Sabía perfectamente que Buenos Aires canalizaba las antipatías paraguayas por ser la sede virreinal e imponer una dominación económica sobre su intendencia. Controlaba las exportaciones paraguayas y les imponía todas las trabas aduaneras. Buenos Aires representaba para los paraguayos una especie de metrópoli mucho más asfixiante que la lejana España. El cabildo convocado por Velasco se reunió el 24 de julio y decidió, naturalmente, reconocer el Consejo de Regencia español, así como mantener unas relaciones cordiales, pero espectantes, con Buenos Aires (para lo que se consideró oportuno una movilización de tropas).

A finales de 1810 avanzó contra Paraguay el ejército porteño mandado por Manuel Belgrano. El nuevo militar bonaerense —había sido secretario del Consulado— marchaba firmemente convencido de ser recibido con entusiasmo por los paraguayos, que apoyarían su esfuerzo de liberarlos de los españoles. Su sorpresa fue mayúscula, pues 5.000 paraguayos se alzaron en armas para defender su país y le derrotaron en las batallas de Paraguarí (9 de enero de 1811) y Tacuarí (9 de marzo de 1811). Belgrano tuvo que capitular la evacuación de los restos de su ejército derrotado.

El enfrentamiento con los bonaerenses no significaba la sumisión incondicional a España, como pronto intuyó el propio gobernador Velasco, que trató de buscar apoyo portugués. Un movimiento criollo estalló el 14 de mayo siguiente y tres días después se declaró la independencia del Paraguay. Los patriotas depusieron a Velasco el 9 de junio y convocaron un Congreso nacional en Asunción para organizar el país. El Congreso aceptó integrarse con Buenos Aires en plan de igualdad y como parte de una Confederación Americana. El 17 del mismo mes (junio de 1811) eligió la primera Junta de Gobierno integrada por Fulgencio Yegros, José Gaspar de Francia, Pedro Juan Caballero, Francisco Javier Bogarín y Fernando de la Mora.

La Junta se enfrentó desde muy pronto al problema de manejar con cuidado las distintas fuerzas que confluían sobre el Plata y empezó a perfilar la que sería única salida política del Paraguay: el aislamiento. Los bonaerenses presionaron para que enviara un diputado al Congreso de las Provincias Unidas, pero simultáneamente Artigas propuso una alianza paraguayo-oriental frente a las pretensiones porteñas. Se rechazó esta última oferta, pues significaba enfrentarse a los porteños, con la consiguiente imposibilidad de comerciar por las bocas del Río de la Plata. También se rechazó la integración con Buenos Aires, aunque se firmó un tratado (12 de octubre de 1811) que permitía a los productos paraguayos su comercio exterior, libre de los impedimentos coloniales, a cambio de comprometerse en una alianza militar defensiva contra el ataque de una potencia exterior, en la que todos reconocieron a España. Sin embargo, no fue así, pues al invadir los portugueses la Banda Oriental desde Brasil, los porteños pidieron a sus aliados la ayuda pactada. La Junta asunceña se negó a otorgarla argumentando que no podía enfrentarse con Brasil porque era un país fronterizo. Era, como vemos, un juego de equilibrio inestable y peligroso que podía precipitar un conflicto al menor desliz con Buenos Aires, con la Banda Oriental o con Brasil.

Artífice de esta política de equilibrio fue el doctor Gaspar de Francia, el más preparado de la Junta, aunque se separó de ella dos veces —alegaba que algunos de su miembros estaban vendidos a Buenos Aires— para hacer su carrera profesional. En 1813 la Junta convocó un Congreso Nacional al que transfirió su autoridad. El Congreso decidió proclamar al Paraguay República soberana el 12 de octubre de dicho año y encargó a lo diputados Yegros y Francia la misión de redactar un Reglamento que sirviera como Constitución provisional del nuevo Estado. Influidos por la Revolución francesa, establecieron un ejecutivo denominado Consulado con dos cónsules a la cabeza. Cada uno de ellos ejercería durante un periodo de cuatro meses como primer cónsul, siendo luego relevado por el otro. El doctor Francia empezó el primer turno y aprovechó para afianzar su poder y demostrar que era capaz de manejar los intereses nacionales frente a las presiones porteña, oriental y brasileña. Al año siguiente, en octubre, convocó otro Congreso donde expuso las dificultades políticas que afrontaba Paraguay y pidió que se nombrara una dictadura para afrontarlas. El Congreso, entusiasmado, le proclamó dictador supremo de la República, cargo que ostentaría hasta su muerte en 1840.

2.2.7. Seis mil pesos por la cabeza de Artigas

El 12 de enero de 1811 arribó Elío a Montevideo, nombrado virrey del Río de la Plata. La banda oriental se había mantenido fiel a la regencia en 1810, desoyendo el llamamiento de la Junta de Buenos Aires. El único incidente en todo el año fue el

Artigas en el puente
de la Ciudadela

pronunciamiento de los comandantes Murguiondo y Balbín en favor de la Junta bonaerense, que fue dominado por el gobernador Soria.

Elío exigió a la Junta de Buenos Aires el reconocimiento de su autoridad, lo cual se le negó. El 12 de febrero del mismo año el virrey declaró la guerra a la Junta. Pocos días después se presentó ante la misma el oriental José Gervasio Artigas[10], antiguo capitán de la tropa española de Blandengues, quien obtuvo de inmediato el apoyo bonaerense, pues pensaron utilizarlo contra los españoles. Artigas fue nombrado teniente coronel y recibió hombres y dinero. Se trasladó al Uruguay burlando la vigilancia española y fue reconocido como jefe de los numerosos levantamientos que surgieron en el interior. Estableció su cuartel general en Mercedes, a donde llegaron los restos del ejército porteño que había invadido Paraguay mandado por Belgrano y Rondeau. El último se hizo cargo de las tropas y Artigas se plegó a los porteños ayudándoles en el asedio de Montevideo. Tras reunir diversas partidas patriotas, se enfrentó a los españoles en la primera batalla importante, que fue la de Las Piedras, donde obtuvo una victoria. Desde allí pasó al Cerrito, estableciendo el cerco a Buenos Aires. Llegaron luego los porteños, que completaron el cerco, y los portugueses en ayuda de los realistas, llamados por Elío. El 20 de octubre de 1811 se firmó el armisticio, retirándose portugueses y porteños. Los orientales quedaron solos frente a los españoles y Artigas emprendió el exilio hacia el norte con sus 3.000 soldados y unas 13.000 personas como acompañantes. Cruzó el Río Negro y luego el Uruguay hasta asentarse en la costa de Ayuí (Entre Ríos). Fue el famoso éxodo del pueblo oriental.

En 1812 Elío marchó a España, siendo sustituido por Vigodet. En Buenos Aires se eligió el primer Triunvirato que se dispuso a dominar la Banda Oriental. Éste envió a Sarratea al Ayuí para tratar de subordinar a Artigas y un ejército con Rondeau a sitiar nuevamente Montevideo. Artigas se unió al cerco con sus orientales en abril de 1813, convocando un congreso nacional que se celebró en Tres Cruces el 5 de abril. El congreso reconoció a la Asamblea Nacional Constituyente de Buenos Aires, pero definió que la Banda Oriental sería una provincia autónoma. Se nombró a Artigas gobernador militar y presidente de un gobierno que se afincó en la villa de Canelones. También se enviaron unos diputados a Buenos Aires con las condiciones de integración de los orientales. La Banda sería un estado independiente confederado.

El Triunvirato bonaerense rechazó la propuesta oriental y ordenó a Rondeau convocar otro congreso paralelo al de Artigas. Las tensiones entre los porteños y Artigas siguieron acentuándose a lo largo de 1813, y el 20 de enero de 1814 Artigas decidió abandonar el sitio de Montevideo, convencido de que los realistas estaban próximos a sucumbir y de que su persona sería la próxima víctima de Buenos Aires. Efectivamente, el 11 de febrero de 1814 el Directorio argentino le declaró traidor

---

[10] José Gervasio Artigas nació en Montevideo en 1764 en el seno de una familia acomodada. Se crió en un ambiente rural y estudió con los padres franciscanos, completando su educación con la lectura. Artigas gustaba de la vida del campo y se dedicó a negocios ganaderos en los que logró prosperar. Conoció bien al pueblo gaucho y llegó a tener gran popularidad dentro del mismo. Más tarde ingresó en el batallón de Blandengues, que era una guardia rural de lanceros organizada por el virrey. Como oficial de dicho batallón participó en la campañas contra los portugueses (1801), en la delimitación de la frontera, en la batalla contra los ingleses para reconquistar Buenos Aires en 1806 y en la defensa de Montevideo contra los mismos en 1807. Al comenzar la independencia era capitán de Blandengues. Abandonó la guarnición de Colonia donde prestaba servicio y se presentó ante la Junta bonaerense que le comisionó para sublevar la Banda Oriental.

a la patria y ofreció una recompensa de 6.000 pesos a quien le entregase vivo o muerto.

2.2.8. La patria vieja chilena

La primera Junta de Gobierno erigida el 18 de septiembre de 1810, que presidía el conde de la Conquista, tomó una serie de medidas importantes, como crear nuevos regimientos de línea y reorganizar las milicias para defender al país de una posible invasión desde Perú; establecer la libertad de comercio con el extranjero en los puertos de Valparaíso, Coquimbo, Talcahuano y Valdivia; convocar elecciones para formar un congreso nacional y enviar un destacamento de tropas veteranas para ayudar a los bonaerenses, que habían pedido auxilio ante la amenaza realista de la Banda Oriental y el Alto Perú. Esto último se atribuyó en gran parte a la influencia del vocal Juan Martínez de Rozas, quien dirigía la facción más radical y era de origen porteño. Asimismo abortó un intento de golpe realista dirigido por el coronel español Tomás de Figueroa con un cuerpo de ejército el 1 de abril de 1811. Figueroa fue ajusticiado, y la Audiencia, a cuya instigación se atribuyó el golpe, suprimida.

Pronto se manifestaron las corrientes encontradas de los moderados y los exaltados. Los primeros eran principalmente la aristocracia terrateniente que se mostraba partidaria de aplazar las reformas hasta la consolidación del gobierno. No deseaban romper los vínculos con el Perú, donde vendían su trigo, y veían con mucho recelo el autoritarismo de Rozas, que podía llevar a Chile a plegarse a los intereses porteños. Los exaltados estaban divididos entre los seguidores de Rozas y los Larraín, y buscaban reformas radicales. Los Larraín —Rosales, Pérez, Irisarri, Mackenna, fray Joaquín Larraín— dominaban Santiago y los rocistas Concepción.

El Congreso se inauguró el 4 de julio de 1811 y marcó el enfrentamiento de los grupos (24 diputados moderados contra 14 exaltados). Los exaltados se vieron en minoría y promovieron un golpe militar contando con los hermanos Carrera, dos de los cuales, Juan José y Luis, tenían mando de tropas. Expulsaron del Congreso a varios diputados moderados por Santiago y los sustituyeron por los suyos. También pusieron como vocales de la Junta a cinco de sus seguidores: Juan Mackenna, Rozas, Calvo de Encalada y Marín. Naturalmente, fue elegido presidente del Congreso Joaquín de Larraín (4 de septiembre de 1811).

Se hicieron entonces numerosos proyectos reformistas, la mayor parte de los cuales fueron irrealizables. Entre los que se llevaron a cabo destacan la creación de la tercera provincia de Coquimbo —además de las existentes de Santiago y Concepción—, la creación del Tribunal de Justicia —sustituyó a la anulada Audiencia—, la ley de «libertad de vientres» (todo hijo de esclava nacía libre), la supresión del tráfico de esclavos —que con la libertad de vientres limitó la esclavitud a sólo una generación—y algunas medidas de tipo eclesiástico (el gobierno asumió el Regio Patronato y puso sueldo a los párrocos).

Intervino entonces en la política chilena José Miguel de la Carrera, que había regresado de España (fue enviado por su padre a Cádiz para aprender comercio) después de haber intervenido en la guerra de Independencia. José Miguel quiso terminar con el poderío de los Larraín en Santiago y de Rozas en Concepción. De acuerdo con sus hermanos, dio un segundo golpe militar (15 de noviembre) e hizo reemplazar la Junta por tres miembros: el propio Carrera por Santiago, Rozas por Concepción y Marín por Coquimbo. Como Rozas estaba ausente, le sustituyó por Bernardo O'Higgins, entonces amigo suyo. Después Carrera cerró el Congreso y renunciaron O'Higgins y Marín, con lo cual quedó como el dueño de la situación. En 1812 sometió la provincia de Concepción gobernada por Rozas. Apresó a éste y le desterró a Mendoza, donde murió al año siguiente. Carrera impuso entonces una dictadura de apoyo popular y se enfrentó con la oligarquía. Se establecieron relaciones con los Estados Unidos a través de un agente llamado Poinsett (enviado por el presidente Madison) y se promulgó el Reglamento Constitucional (1812), que establecía tres órganos de autoridad —en nombre de Fernando VII—: una junta de tres miembros, un senado de siete vocales y los cabildos. Un artículo del Reglamento señalaba la nulidad de cualquier orden o decreto emanado fuera del territorio chileno, lo que, en la práctica, suponía la declaración de independencia.

En 1813 el virrey Abascal envió a Chile al brigadier Antonio Pareja con un pequeño cuadro de oficiales. Los realistas desembarcaron en Chiloé y con apoyo de las guarniciones y poblaciones de la isla de Valdivia formaron pronto una división de 2.000 hombres con la que se dirigieron hacia el norte. Tras el desembarco en Talcahuano se le sumaron las guarniciones de Concepción y Chillán, alcanzando el ejército realista un efectivo de 5.000 hombres.

El resurgimiento del poder español unió a moderados y exaltados. Carrera fue designado general en jefe y corrió a enfrentarse con Pareja. Éste no pudo rebasar la línea del río Maule porque los indios, que integraban gran parte de su ejército, se negaron a seguir hacia el norte. Se replegó a Chillán donde falleció. El mando pasó a un capitán llamado Juan Francisco Sánchez, que soportó el asedio de los patriotas y luego hostilizó a Carrera en su retirada. Ante este fracaso, la Junta exigió la dimisión de Carrera y O'Higgins fue nombrado para reemplazarlo.

En enero de 1814 llegó a la costa de Arauco un refuerzo de 800 soldados peruanos bajo el mando del brigadier Gabino Gaínza. Los realistas tomaron Talca y en Santiago cundió el pánico, nombrándose dictador supremo al coronel Francisco de la Lastra.

En mayo de 1814 se llegó a una tregua en la guerra entre españoles y patriotas (el Tratado de Lircay) negociada por el comodoro inglés Hillyar, que fue aprovechada por las dos facciones de carrerinos y o'higginistas para otra guerra civil. El virrey Abascal rechazó el Tratado de Lircay porque reconocía el derecho de los chilenos a autogobernarse —aunque bajo la autoridad de España— y mandó a Chile nuevos refuerzos, con el brigadier Mariano Osorio al frente, que iniciaron el ataque contra Santiago. Los patriotas dirigidos por O'Higgins se encerraron en Rancagua y fueron derrotados por los españoles el 2 de octubre de 1814. Allí terminó la Patria Vieja chilena. Los restos del ejército patriota pasaron a la cordillera y se refugiaron en Mendoza, donde San Martín estaba formando el ejército de los Andes. A finales de 1814 Chile volvía a estar en manos españolas.

V. LA INDEPENDENCIA ALETARGADA:
EL SEXENIO ABSOLUTISTA (1814-1819)

A las regencias sucedieron las monarquías absolutas de Fernando VII en España y de Juan VI en Portugal, durante las cuales se produjo un énfasis del aparato regresivo. El conservadurismo se instaló en el poder y emprendió la persecución del pensamiento liberal, porque liberales eran, a fin de cuentas, quienes luchaban por la independencia de Iberoamérica. El absolutismo fue especialmente significativo en Hispanoamérica, donde, como veremos, logró detener el proceso independentista hasta el punto de que sólo una nación, Chile, logró su libertad. En Lusoamérica ejerció menor presión, pues no en vano la corte estaba en Río de Janeiro, pero cuando surgió la sublevación pernambucana fue reprimida con la misma fuerza que las hispanoamericanas y ahogada también en sangre.

1. EL REINO BRASILEÑO INVADE LA CISPLATINA

No vamos a ocuparnos ahora de lo ocurrido en Portugal, ya que la Corte siguió establecida en Río de Janeiro durante este periodo y desde allí dictó su política. Ya dijimos que sólo nos ocuparíamos de los acontecimientos peninsulares cuando éstos tuvieran una incidencia directa en Iberoamérica. Brasil durante el sexenio funcionó con la regencia y luego con la monarquía de João VI sin apenas interferencias metropolitanas.

El nombramiento del francófilo Antonio de Araujo como ministro de Ultramar en 1814 supuso para la regencia el enfrentamiento con la política británica, o al menos la liberación de la tutela que ejercían los ingleses a través del embajador lord Strangford, quien fue llamado a Londres al año siguiente. El Regente deseaba intervenir en la banda oriental, donde los británicos le habían prohibido actuar, ya que perjudicaba sus intereses, y buscó entonces el apoyo francés y austriaco.

La alta política mundial se discutía entonces en el Congreso de Viena, convocado a raíz de la caída de Napoleón. El Regente de Portugal envió allí a sus delegados para tratar los asuntos importantes, tales como la devolución de la Guayana a Francia y la inconveniencia de regresar la Corte a Lisboa. Lo primero tuvo pocos problemas, pues se trataba de restituir a su metrópoli la colonia que los portugueses habían adquirido durante la época napoleónica. El ministro Talleyrand hacía alardes de generosidad y no tuvo inconveniente en correr la frontera de Brasil hasta el Oiapock. El otro tema era mucho más delicado, pues la familia real no podía quedarse eternamente en Río de Janeiro y los portugueses empezaban a reclamar su regreso. Es más, las potencias europeas no consideraban conveniente la ausencia de monarcas en Lisboa, ya que podía fraguarse algún movimiento republicano. Los delegados portugueses señalaron el peligro de que Brasil se independizara, tal como estaba ocurriendo con los otros países de Iberoamérica, si la familia real se trasladaba a la metrópoli. El delegado francés les comunicó entonces que las grandes potencias europeas habían llegado a una fórmula idónea para tal situación, como era la de elevar al Brasil a la categoría de reino, en paralelo con su metrópoli y unido a Portugal. El reino unido de Portugal y Brasil podría administrarse desde Río de Janeiro, bastando por el momento con mandar a Lisboa al primogénito de la familia real, don Pedro, que sería el futuro rey.

El Regente acogió bien la idea y un decreto del 16 de diciembre de 1815 creó el Reino Unido de Portugal y Brasil. Tres meses después (17 de marzo de 1816) falleció la reina madre doña María I, a los ochenta y un años, y el Regente fue proclamado rey del Reino Unido como João VI. La consolidación internacional de la monarquía brasileña se logró cuando el emperador Francisco II —y sobre todo su ministro Metternich— aceptaron enviar a la archiduquesa austriaca Leopoldina a Río para que se casara con don Pedro, heredero de los tronos de Portugal y Brasil. Fue otra negociación del francófilo Araujo, elevado al título de conde de Barca. Río se había distanciado definitivamente de Londres.

En el año 1816 se efectuó la invasión portuguesa a la banda oriental, que se había estado gestando en los meses precedentes. El director porteño Alvear envió a Río a su emisario Manuel José García para hacer comprender a la corona portuguesa que Buenos Aires no intervendría en el caso de que un «poder respetable» actuase en la banda oriental para terminar con la anarquía de las montoneras y la guerra civil. João VI se inclinó por la invasión y mandó venir de Portugal casi 5.000 hombres curtidos en las guerras napoleónicas a los que revistó en mayo de 1816 (fueron las mismas tropas que le aclamaron como rey del Reino Unido). Les ordenó partir hacia Uruguay bajo las órdenes del mariscal Lecor. La campaña portuguesa en la banda oriental prosiguió como sabemos hasta septiembre de 1820, cuando Artigas se exilió en Paraguay.

Cuando todo parecía ir maravillosamente para la monarquía instalada en Río, surgió de improviso la revolución pernambucana, que fue un jarro de agua fría para la política imperante. El incidente motriz tuvo escasa importancia: unos oficiales reales maltrataron a un soldado negro y esto despertó las iras de otros oficiales criollos. El gobernador ordenó al brigadier Manuel Joaquim Barbosa que pusiera en prisión preventiva a varios revolucionarios para evitar incidentes, pero fue asesinado por José de Barros Lima. Se sublevó el regimiento de artillería y detrás el pueblo. Surgieron entonces las frustraciones y humillaciones sociales que aparentemente nadie conocía: el desprecio de los portugueses por los negros, la rivalidad existente entre portugueses —llamados «marinheiros» despectivamente— y los criollos, el enfrentamiento entre los criollos pernambucanos y los capitalinos de Río, de los criollos nuevos contra los de las «viejas familias», de los republicanos contra la tiranía monárquica, etc. Entraron en ebullición las ideas revolucionarias que habían circulado solapadamente, las logias masónicas, etc. El 7 de marzo de 1817 se organizó un gobierno provisional de cinco miembros tras la expulsión del gobernador don Cayetano Pinto. La revolución se extendió rápidamente como una mancha de aceite, alcanzando Alagoas y Parahiba y amenazando toda la zona del noreste brasileño. Se mandaron emisarios a Estados Unidos e Inglaterra en busca de ayuda y respaldo. Se propugnó un gobierno social y se proyectó una república federal.

João VI obró con rapidez. Envió la flota a bloquear Arrecife bajo el mando del almirante Rodrigo Lobo y un ejército dirigido por el brigadier Luis do Rego Barreto, que se levantó con empréstito de medio millón de cruceiros. Se disolvieron las juntas de Alagoas y Río Grande. El 7 de mayo cayó Parahiba y el 18 Recife. Luego vino una dura represión en la que fueron fusilados los dirigentes de la revolución.

La victoria de las armas realistas fue anunciada con gran solemnidad en Río complementando los actos de coronación de João VI el 6 de febrero de 1818. La llegada de la archiduquesa Leopoldina dos días antes contribuyó también a la consolidación del poder monárquico que recibía el respaldo de Europa.

2. El absolutismo del rey deseado

Para estudiar el sexenio absolutista en Hispanoamérica es obligado referir los acontecimientos españoles, que tuvieron una incidencia directa en las colonias. El absolutismo hispánico está enmarcado entre dos periodos constitucionales de predominio liberal y supuso un coletazo del despotismo ilustrado del Antiguo Régimen, lo que radicalizó a la población española en los dos bandos, conservador y liberal, que seguirían enfrentados durante el resto del siglo xix.

El proceso se inició con el regreso de Fernando VII a España en marzo de 1814. Desde el otoño anterior Napoleón había decidido la liberación del monarca español detenido en Valencia y ante la inutilidad de persistir en el frente peninsular. Era conveniente cerrar la puerta a sus espaldas pirenaicas ante el avance de los aliados centroeuropeos. Fue quizá su última afrenta al pueblo español: devolverle un monarca que, bien lo sabía, iba a restaurar el absolutismo borbónico.

Fernando VII fue aclamado por el pueblo con auténtico júbilo tan pronto pisó tierra española. Seguía siendo el *Deseado,* un monarca sin estrenar. En los círculos intelectuales liberales existía enorme preocupación por saber si juraría la Constitución vigente de 1812, pero ellos no representaban al pueblo. Fernando VII fue midiendo sus fuerzas durante su recorrido hasta Valencia, donde Elío era capitán general, con cuyo respaldo publicó el 4 de mayo el denominado «Manifiesto de los Persas», por el cual reasumía el gobierno absoluto, desconociendo la Constitución. El nombre de «Manifiesto de los Persas» alude a una cita dieciochesca sobre un periodo de libertad o libertinaje, según se quiera, de cinco días que en la antigua Persia se concedía a la muerte de cada rey para que luego el pueblo fuese más fiel a su sucesor. Los paralelos con los seis años de ausencia de Fernando VII de España estaban obviamente traídos de los cabellos, tanto como la consideración de que el periodo constitucional había sido de libertad en exceso.

El rey entró en Madrid, suprimió las Cortes constitucionales y anunció que iba a convocar otras como las antiguas. Restableció la Inquisición, expulsó a los afrancesados, trajo a la Compañía de Jesús, suprimió el Ministerio de la Gobernación —sobraba, puesto que el propio rey iba a gobernar— y ordenó una caza de liberales que fueron detenidos o simplemente puestos bajo observación cuidadosa. No vamos a analizar aquí el sexenio absolutista español, pues no es el lugar apropiado para ello, pero conviene decir que entonces empezaron los «pronunciamientos» españoles realizados por los liberales descontentos. Hubo por lo menos nueve hasta el del general Riego de 1820 que puso fin a la etapa.

Por lo que a Hispanoamérica se refiere, el sexenio absolutista tuvo una importancia extraordinaria, ya que las políticas liberales de entendimiento con los «rebeldes» americanos fueron suprimidas, quedando únicamente abierto el camino de la guerra. La supresión de la Constitución del año 1812 fue bien recibida por los grupos conservadores americanos, que se sintieron respaldados en sus posesiones ultramontanas, y convenció a los patriotas liberales de que la metrópoli no estaba dispuesta a ceder un ápice en sus postulados colonialistas antiguos. Mayor importancia tuvo la reacción absolutista en el campo militar, pues se organizó la expedición de Morillo a Tierra Firme (Venezuela y Colombia), que originó un largo conflicto bélico y preparó otra nueva invasión al Río de la Plata, suscitando el levantamiento de Riego en 1820, como veremos.

3. Hispanoamérica se defiende del ataque realista

A principios de 1814 los realistas seguían controlando la mayor parte de Hispanoamérica: México (salvo alguna zona de guerrilla), Centroamérica en su totalidad, Venezuela en su mayor parte, más de la mitad de Colombia, Quito, Perú, el Alto Perú, Chile e incluso Montevideo —que caería pronto en manos de los porteños. Los patriotas habían triunfado en Argentina y Paraguay. Seis años después, a principios de 1820, los patriotas dominaban Argentina, Paraguay, Chile y Colombia. La banda oriental se había perdido para ambas partes y estaba ocupada por los portugueses. Puede decirse así que estos seis años representaron muy poco en el avance militar de la independencia, aunque fueron decisivos desde el punto de vista ideológico, ya que las poblaciones americanas tomaron conciencia de la necesidad de combatir por la libertad. Cerremos, por consiguiente, nuestro estudio a las áreas en las que se desarrollaron los acontecimientos de la guerra emancipadora, puesto que en las restantes prosiguió el viejo sistema español.

3.1. *El avance del ejécito expedicionario de Tierra Firme*

El ejécito expedicionario de Tierra Firme fue organizado en 1814, tras el regreso de Fernando VII. Estaba formado por un total de 10.006 soldados y 291 jefes bajo las órdenes del mariscal Pablo Morillo, nombrado el 14 de agosto. Morillo y la mayor parte de sus hombres se habían hecho militares durante la campaña de independencia de España. El Gobierno español pensó enviar esta tropa para dominar la sublevación del Río de la Plata, pero finalmente decidió cambiar de objetivo y dirigirlo a Tierra Firme. Esta tropa fue, junto con el primer batallón del Regimiento de Asturias mandado a Veracruz en 1811, la única que España envió a sus colonias durante todo el proceso independentista, lo que demuestra que la guerra de quince años se sostuvo con americanos fundamentalmente.

Mientras el absolutismo preparaba la máquina militar de aquel ejército expedicionario, los territorios venezolano y neogranadino veían sucumbir la resistencia patriota ante la reacción de los propios criollos. El año 1814, que precedió a la invasión de Morillo, fue uno de los más nefastos para la causa de la libertad.

En Venezuela cabalgó a sus anchas el fantasma de Boves. Español acriollado a los llanos, asimiló de sus compañeros el odio a los «mantuanos» caraqueños y la forma de vivir al margen de la ley. Boves aglutinó una fuerza llanera de hombres rudos de color y los lanzó contra la culta II República que había instalado Simón Bolívar en Caracas. Era una fuerza de caballería incontenible, capaz de atacar certeramente un objetivo distante con enorme velocidad y precisión, y retirarse luego a sus bases inexpugnables de los llanos, donde no podían entrar los republicanos sin peligro de perecer. La tropa de Boves vivía sobre el terreno, sin necesidad de intendencia, robaba, saqueaba e incendiaba sin que nadie ni nada pudiera detenerla. Los mantuanos la llamaron la «Legión del Infierno», y el título le cuadra ciertamente. Boves aprendió a manejar tropas sobre la marcha y supo también organizarlas eficazmente. Cuando fue comandante de los ejércitos españoles de Barlovento manejó un contingente de 20.000 hombres, lo que requería extraordinarias dotes militares. José Tomás Boves ha sido una de las figuras más denigradas de la independencia quizá por haber abatido la II República. Fue el único militar español que hizo huir a Bolívar y fue posiblemente también de quien Bolívar aprendió más: su táctica de combate que le serviría para su victoria de Boyacá y la instauración de la III República venezolana.

Empezó el año 1814 para Venezuela con la dictadura de Bolívar (Cabildo del 2 de enero). Mal presagio para la libertad, pero necesaria ante la proliferación de jefes patriotas y la imposibilidad de aplastar la resistencia realista. La ruina económica, la leva continua de hombres y las requisas desangraban la república. Una victoria de Boves en la Puerta el 3 de febrero motivó una enorme represión patriota contra los realistas ordenada por Bolívar en Caracas y La Guaira. Durante los meses siguientes las fuerzas de Bolívar y Mariño lograron detener a los españoles. El primero logró su último triunfo de esta etapa en Carabobo el 28 de abril al vencer a los famosos jefes realistas Cagigal y Cevallos. Boves limpió esta derrota a los militares de carrera con una gran victoria en La Puerta (15 de junio) sobre los máximos jefes republicanos, Bolívar y Mariño. Al mes siguiente tomó Valencia, y Bolívar tuvo que evacuar Caracas emprendiendo un terrible éxodo en el que le acompañaba incluso la población civil. Dos días después Caracas cayó en manos de los realistas y el 16 de julio entró en ella el temible Boves.

Boves persiguió a los patriotas durante su marcha hacia el este. Bolívar y Mariño, traicionados por Bianchi, fueron depuestos de su mando en Carúpano por Ribas, Piar y Bermúdez, que buscaban unos responsables a quienes culpar de las derrotas. Simón Bolívar abandonó su patria el 8 de septiembre y se embarcó para Cartagena. Boves tomó Cumaná el 16 de octubre y encontró la muerte en Urica a finales de aquel mismo año en que Venezuela —a excepción de la isla Margarita— volvía nuevamente a manos de los españoles.

En Colombia las cosas no fueron mucho mejor. La ineptitud del general Labatut en Santa Marta originó el levantamiento de los realistas en esta plaza que quedó en un permanente estado de guerra contra Cartagena. La hoya del río Magdalena fue la frontera entre ambos territorios. En el sur, las tropas realistas del brigadier Sámano avanzaron desde Pasto sobre Popayán, se apoderaron de Cali y Buga, amenazando con seguir hacia Santa Fe de Bogotá. El presidente de Cundinamarca, don Antonio Nariño, comprendió el peligro y organizó un ejército para detener a Sámano. En enero de 1814 tomó Popayán, donde se detuvo dos meses, y en marzo se movilizó hacia Pasto. El 10 de mayo atacó Pasto y fue derrotado. El ejército cundinamarqués se dispersó por los alrededores y Nariño fue encontrado en las montañas por un soldado y un indio que le entregaron al brigadier Aymerich. El jefe realista recibió órdenes del gobernador Montes de fusilar al prisionero, pero desobedeció y le encerró en un calabozo de Pasto. Posteriormente, fue enviado a la Península. Se le encarceló en Cádiz, de donde le libraron luego los constitucionalistas.

En ausencia de Nariño, Cundinamarca cayó bajo la dictadura de Manuel Bernardo Álvarez, investido de sus poderes por el mismo Colegio Electoral ante el desastre de la campaña del sur. Los realistas habían vuelto a ocupar Popayán. Álvarez intentó negociar con el Congreso Federal instalado en Tunja, pero no pudo llegar a ningún acuerdo.

A finales de septiembre de 1814 llegó a Cartagena Bolívar, tras el desastre de Venezuela. Se dirigió a Tunja, donde fue recibido calurosamente por el doctor Camilo Torres, presidente del Congreso. Inmediatamente se le concedió mando de tropa y se le dio la misión de someter Cundinamarca. Con el apoyo de 2.800 hombres penetró en la provincia rebelde y finalmente sitió y asaltó Santa Fe de Bogotá, que capituló el 12 de diciembre del mismo 1814. El Colegio Federal nombró gobernador interino de Cundinamarca a José Miguel Pey e invitó al Congreso Federal a instalarse en la capital, lo que hizo en enero siguiente.

Bolívar recibió entonces la comisión de liberar Santa Marta. Se dirigió a la costa y pidió ayuda militar a Cartagena, que se la negó. Irritado por la falta de colaboración, puso sitio a la plaza patriota durante un mes. Lo levantó cuando tuvo noticias de la llegada del ejército expedicionario español a Venezuela. Hizo entonces renuncia al mando y celebró un convenio de paz, embarcándose para Jamaica el 8 de mayo de 1815. Nuevamente volvía al exilio.

El ejército expedicionario salió de Cádiz el 17 de febrero de 1815 a bordo de 42 transportes escoltados por 18 buques de guerra. En alta mar se abrieron los pliegos sellados y se supo el objetivo al que se le destinaba: Tierra Firme. La noticia corrió de boca en boca y el descontento fue general, ya que esperaban ir a combatir al Río de la Plata y no a las selvas tropicales. Morillo temió una insurrección y ordenó que todos los barcos desfilasen delante de la popa del navío almirante en señal de acatamiento. Tras una travesía sin mayores contratiempos, llegó a la Margarita el 17 de abril acompañado de Morales, que se le había unido. El jefe patriota Arismendi entregó la isla y fue perdonado por haberse alzado contra el rey. El pacificador don Pablo Morillo hizo una proclama de olvido de las cosas ocurridas en el pasado, lo que hizo concebir esperanzas a muchos patriotas comprometidos con las dos repúblicas anteriores. Tras tocar en Cumaná, entró en Caracas, donde dio varias disposiciones militares que hicieron presagiar el fin del orden civil. Creó un Consejo de Guerra permanente contra los revolucionarios, sustituyó la Audiencia por un Tribunal de Apelaciones, erigió una Junta de Secuestros para confiscar los bienes de los patriotas que se habían comprometido en la lucha contra España, exigió un empréstito forzoso de 200.000 pesos y, finalmente, dio una proclama a los neogranadinos anunciándoles que sus tropas venían a restablecer el orden y la paz y no a verter sangre. Como Venezuela estaba ya pacificada, desde su punto de vista, la dejó al mando del general Salvador Moxó y partió hacia la Nueva Granada junto con Morales y 3.000 soldados venezolanos.

El ejército expedicionario desembarcó en las proximidades de Cartagena el 20 de agosto y puso sitio a la plaza durante más de cien días. Se rindió el 6 de diciembre de 1815. Era la primera vez que alguien lograba tomar dicha ciudad desde que fuera fortificada a comienzos del siglo XVII.

La represión española fue muy dura. Unos 400 cartageneros fueron fusilados y otros muchos sufrieron el calvario de los procesos realizados por el Consejo de Guerra permanente. Morillo dejó 3.000 hombres en la plaza a las órdenes del nuevo virrey Montalvo y dividió el resto de su ejército en cuatro columnas para ocupar el territorio neogranadino: una hacia Ocaña y El Socorro, otra hacia el Chocó, la tercera a Antioquia y la cuarta por el Magdalena con dirección a Bogotá. Las tropas de la Confederación fueron derrotadas y Camilo Torres renunció, nombrándose presidente a Fernández Madrid para que hiciera la capitulación. Los restos del ejército patriota huyeron hacia los llanos (Santander y Serviez) o hacia el sur y Santa Fe capituló ante los españoles el 6 de mayo de 1816. El último foco patriota sureño sucumbió en la batalla de la Cuchilla del Tambo (30 de junio), donde el coronel realista Sámano venció la fuerza que dirigía el nuevo presidente de la Confederación, un joven de veinticuatro años llamado Liborio Mejía a quien Madrid había traspasado el cargo. La Patria Boba había dejado de existir.

La represión española en Bogotá fue muy sangrienta. El Tribunal de Purificación creado por Morillo enjuició a numerosos patriotas que fueron fusilados, como Villavicencio, Carbonell, Miguel Pombo, Camilo Torres, Caldas, Rodríguez Totices, García Rovira, Liborio Mejía, etc. Noventa y cinco sacerdotes fueron desterrados por su complicidad con los patriotas.

Morillo dejó en Bogotá como gobernador a Sámano (ascendido luego a virrey cuando renunció Montalvo en 1818) y la tercera división, movilizándose hacia Venezuela con el resto del ejército, ya que comprendió la importancia militar del antemural atlántico para la defensa de Tierra Firme.

3.2. *La dictadura perpetua paraguaya*

Fue uno de los dos países hispanoamericanos (junto con Argentina) donde los españoles no lograron volver a asentarse. La recién inaugurada República del Paraguay —se creó el 12 de octubre de 1813— mantuvo una política de neutralidad en las guerras que sus vecinos argentinos mantuvieron con españoles y orientales. En 1814 se eligió dictador al doctor Gaspar de Francia, como dijimos, y este gobernante emprendió una campaña contra los españoles. Los mandó vigilar estrechamente, los prohibió casarse con paraguayas, los encarceló y los expulsó.

El dictador supremo —título que le dio el Congreso— la emprendió luego contra la pequeña oligarquía criolla local, que naturalmente militaba en su contra, y logró eliminarla. El resultado fue un Paraguay sin clases dirigentes. Sólo existía la masa popular india y el director supremo que mandaba y era obedecido. Todo el Paraguay parecía ahora una antigua misión jesuita. Francia, además, dirigía personalmente la instrucción de las tropas y asumió el Regio Patronato español, con lo que el parecido fue aún mayor.

El dictador gobernaba a su arbitrio, aunque con la incomodidad de tener que convocar una vez al año al Congreso que teóricamente representaba el poder legislativo, y de tramitar el funcionamiento del poder judicial. La angustiosa situación de Hispanoamérica a comienzos de 1816, cuando se supieron los éxitos del ejército de Morillo en Nueva Granada y Venezuela, y las noticias de que la monarquía se disponía a organizar otro ejército similar para el Río de la Plata le sirvieron admirablemente para resolver aquel problema. Argumentando que la patria estaba en peligro inminente y que era preciso robustecer la dictadura, convocó un congreso en junio de dicho año bajo la custodia y la amenaza del ejército. En el mismo surgió la moción del diputado Ibáñez pidiendo que se declarase a Francia dictador perpetuo del Paraguay. Los congresistas puestos en pie aclamaron y aplaudieron la moción y el dictador supremo se transformó en perpetuo. Esto le permitió olvidarse definitivamente del incómodo legislativo que no volvió a reunirse jamás en vida del doctor Francia. El dictador supremo rompió relaciones con Argentina cuando se celebró el Congreso de Tucumán, con lo cual completó su aislamiento ya que tampoco las tenía con ningún otro país. Ni siquiera con Roma. El Paraguay se había convertido en la gran reducción del doctor Gaspar de Francia.

3.3. *Artigas contra todos*

El Uruguay era lo contrario que el Paraguay, pues todos sus vecinos, a excepción de los paraguayos, intervenían en él. Los comienzos de 1814 vinieron significados por la retirada de Artigas y su ejército del cerco de Montevideo ante las diferencias existentes con los argentinos. El gobierno porteño declaró traidor al caudillo oriental y puso precio a su cabeza. Finalmente, declaró al territorio uruguayo provincia de Buenos Aires y le mandó un gobernador.

Los argentinos prosiguieron tenaces el cerco de Montevideo y el general Rondeau fue relevado por el joven Carlos María de Alvear que estaba haciendo una carrera fulgurante. El gobierno argentino formó una buena escuadra mandada por el irlandés William Brown que logró derrotar a la española y dejó a la plaza sin posibilidad de recibir refuerzos. El mariscal español Vigodet comprendió que era inútil seguir resistiendo y capituló Montevideo el 20 de junio de 1814. Se presentó entonces Ortogués, lugarteniente de Artigas, exigiendo la entrega de la plaza a los orientales, pero los argentinos se negaron a cederla, iniciándose entonces el periodo de dominación bonaerense que duraría un año.

Artigas prosiguió su obra de construcción de la liga federal antiporteña con las provincias de Corrientes, Entre Ríos, Santa Fe, Córdoba y Misiones, lo que le costó nuevos enfrentamientos con las tropas platenses de Dorrego. En 1815 los porteños habían acumulado un enorme descrédito en la banda oriental por la posesión de Montevideo. Las tres posibilidades que se les ofrecían eran devolverla a los españoles, entregársela a los portugueses o cedérsela a los orientales, y, naturalmente, se inclinaron por esto último. El 27 de febrero de 1815 evacuaron la plaza y al día siguiente entraron en ella los orientales de Ortogués. Empezó entonces la Patria Vieja Uruguaya que terminaba con la invasión portuguesa.

La Patria Vieja se identifica con el gobierno artiguista y puso los cimientos de la nacionalidad uruguaya. El caudillo oriental se encontró un país arruinado política, social y económicamente como consecuencia de las guerras realizadas por españoles, porteños, portugueses y orientales. En 1815 promovió la colonización de tierras baldías y confiscadas a los realistas mediante el «Reglamento provisorio» que preveía donarlas a las gentes humildes —indios, negros, zambos, blancos pobres— que quisieran trabajarlas con sus manos. El mismo año ordenó fundar una ciudad en Purificación, un penal que existía junto a su campamento del Hervidero. Allí se condujeron como pobladores a los españoles que vivían en Montevideo y a numerosas personas consideradas sospechosas para la causa patriota.

Hacia mediados de 1815, Artigas, proclamado ya protector, había configurado una unidad política bajo su mando que comprendía la provincia Oriental (de la que era jefe supremo), Entre Ríos, Corrientes, Santa Fe, Córdoba y Misiones (orientales y occidentales). Eran las seis provincias de la Liga Federal que concurrieron al Congreso de Concepción (julio de 1815), en el que se decidió inútilmente exigirle a Buenos Aires un pacto defensivo-ofensivo. Los porteños veían con enorme preocupación el federalismo de las montoneras orientales y aceptaron unas negociaciones con los portugueses de las que resultaría posteriormente la invasión.

El protector abrió en 1815 los puertos de Montevideo y Colonia al comercio inglés, y al año siguiente formuló un reglamento para la protección del comercio y la industria que tuvo alcances puramente teóricos. En 1816 creó los cuerpos de ejército de los Cívicos y de los Libertos, este último con esclavos exigidos a sus dueños.

El mismo año sobrevino la invasión portuguesa justificada por la Corte de Río para acabar con la anarquía de las montoneras de Artigas y, en realidad, por los deseos expansionistas del nuevo monarca João VI. Las primeras operaciones originaron victorias en ambos lados y los orientales trataron de conseguir inútilmente la ayuda de Buenos Aires. El 20 de enero de 1817 las tropas portuguesas del general Lecor entraron en Montevideo. Pese a esto, Artigas siguió dominando la mayor parte del territorio oriental. Todavía en agosto de dicho año negoció un tratado de libre comercio con los ingleses. En noviembre declaró la guerra al Directorio bonaerense ante las pruebas evidentes de su complicidad con los portugueses. El año 1818 fue desastroso para las armas orientales, pese a un nuevo intento de Artigas por invadir el territorio brasileño de Río Grande, y en 1819 los reveses fueron continuos. El 23 de septiembre, el protector, acompañado de 200 soldados, llegó a Candelaria, vadeó el río Paraná y se entregó al primer destacamento paraguayo. El doctor Francia acogió al oriental y tras alojarlo en un convento asunceño le envió a Curuguatí, donde viviría de su trabajo como agricultor. Artigas no quiso volver a su patria ni aun después de independizada y vivió en Paraguay hasta su muerte acaecida en 1850.

3.4. *El Directorio de las provincias unidas*

Las Provincias Unidas del Río de la Plata vivieron durante este sexenio una de sus etapas más tumultuosas luchando contra los antagonismos mayores de su historia: la expansión (al alto Perú, a la banda oriental y a Chile) y la división interna (Santa Fe, Corrientes, Entre Ríos, Mendoza), la sumisión a otra potencia extranjera (Portugal, Gran Bretaña) y la independencia (Tucumán), la república y la monarquía, el federalismo y el centralismo. Económicamente, el sexenio supuso un enriquecimiento de Buenos Aires que se benefició del libre comercio. Se robusteció la burguesía porteña de intermediarios y se arruinó la de las provincias internas que sufriría las consecuencias del descenso del precio de sus productos (textiles, azúcar y vinos), a la par que la subida del de los artículos importados (manufacturas).

El sexenio corresponde al periodo político del Directorio, nacido en enero de 1814 y enterrado en febrero de 1820. El Directorio estableció la concentración del poder ejecutivo en una sola persona (se terminó con el triunvirato) denominado director supremo de las Provincias Unidas que tenía el apoyo de un Consejo de Estado, formado por nueve miembros que asesoraba en asuntos de paz, guerra y comercio con las cortes extranjeras. El 22 de enero de 1814 fueron nombrados director

Gervasio Antonio Posadas, y presidente del Consejo de Estado Nicolás Rodríguez Peña.

El Directorio de Posadas se caracterizó por el intervencionismo en la banda oriental. El ejército porteño expulsó a los españoles de Montevideo (20 de junio de 1814), pero la ocupación de la plaza produjo el enfrentamiento con Artigas —que además fue proclamado protector de Entre Ríos, Santa Fe y Corrientes, impulsando un pacto federal rechazado por los porteños. En política internacional se temió una intervención española, y Posadas envió a Londres a Belgrano y Rivadavia, que se vieron relacionados con los planes del patriota Sarratea para colocar en Buenos Aires como rey a Francisco de Paula, hijo de Carlos IV. Waterloo acabó con el proyecto, ya que la Santa Alianza tenía otros planes muy diferentes. Con todo, la mayor dificultad de Posadas vino del propio Buenos Aires, donde la logia Lautaro, dirigida por su sobrino Alvear, le hizo una oposición constante que terminó por obligarle a renunciar el 9 de enero de 1815.

Carlos María Alvear fue elegido nuevo director. Intentó centralizar el ejército bajo su mando y tuvo que enfrentarse a los problemas artiguistas, que trató de solucionar inútilmente ordenando la evacuación de Montevideo. Ante el temor de una invasión española, envió un emisario a Río de Janeiro (Manuel José García) para que manifestase al Gobierno inglés, mediante lord Strangford, el deseo de las Provincias Unidas de integrarse como dominio británico. Afortunadamente, el proyecto fracasó por la intervención de Rivadavia y Belgrano que estaban todavía en Río.

El Directorio de Alvear no tuvo el respaldo del pueblo y reprimió a sus opositores (hubo espionaje y control de la correspondencia). Su interés por dominar el ejército de Cuyo le enfrentó con San Martín, quien solicitó un permiso temporal para separarse del mando. Esto produjo un sentimiento de solidaridad en Mendoza frente a Alvear y a favor de San Martín. Para combatir a Artigas envió una gran fuerza dirigida por Álvarez Thomas que se sublevó el 3 de abril de 1815 en Fontezuelas. Un motín en Buenos Aires el 15 del mismo mes precipitó la renuncia de Alvear y la disolución de la Asamblea Nacional Constituyente. El cabildo asumió el poder y procedió a elegir unos electores que nombraron director supremo al general del ejército del norte José Rondeau. Por ausencia de éste gobernaría con carácter interino el coronel Ignacio Álvarez Thomas.

Álvarez Thomas tuvo que actuar en defensa de los intereses bonaerenses cuando Artigas abrió los puertos de la Federación al libre comercio, pues aquello significaba el fin de la hegemonía porteña. Envió tropas a Santa Fe bajo las órdenes de Viamonte, pero todo fue inútil. La provincia quedó libre de la tutela bonaerense y unida a la federación artiguista.

El 24 de marzo de 1816 inició sus tareas el Congreso reunido en Tucumán. Se trataba de efectuar una integración nacional con una capital distinta de la porteña (donde seguía residiendo el ejecutivo) y definir la constitución del nuevo estado, formalizando además su independencia. En realidad, todo se movía a impulsos de la política bonaerense, pues no sólo eran de dicha ciudad la mayor parte de los diputados —siete contra cinco de Córdoba—, uno de La Rioja, San Juan, etc., sino que además los representantes de las otras provincias eran también porteños, aunque residentes en ellas. Fue fácil elegir director supremo a Juan Martín de Pueyrredón y proclamar la independencia el 9 de julio. La nueva nación soberana se llamaría Provincias Unidas de Sudamérica, por lo que seguía perseverando en su idea de integrar los territorios independizados del continente sur de América. Lo que originó mayores problemas fue lo relativo a la forma de gobernar tal nación. Belgrano, a quien apoyó San Martín, era partidario de establecer un gobierno monárquico constitucional con la dinastía de los incas. Pensaba que así podría atraerse a la indiada del Perú y estar en consonancia con la moda europea de entonces, que, según decía, eran las monarquías constitucionales de tipo inglés. Eran las monarquías «temperadas» que sucedían a las repúblicas. Se enfrentaron los republicanos seguidores de Moreno, aunque fueron pocos, y se evitó una definición peligrosa. La Constitución de 1819 siguió señalando que el ejecutivo era un «Director del Estado», elegido por las dos cámaras legislativas de representantes y senadores.

El Congreso tuvo que levantar sus sesiones y continuarlas en Buenos Aires en mayo de 1817 ante la amenaza del ejército realista del Alto Perú y la necesidad de reunir los dos poderes ejecutivo y legislativo para hacer frente a la desmembración política de la nación. En efecto, la decepción y el desencanto producidos por el Congreso fueron enormes, pues se volvía a la hegemonía unitaria porteña, contra la que se levantaron las provincias. En 1819 se proclamó la República Federal de Tucumán bajo la presidencia de Bernabé Araoz, englobando a Tucumán, Santiago del Estero y Catamarca. Estas últimas regiones lucharon a su vez contra Tucumán por ser independientes. En 1820 las provincias artiguistas de Entre Ríos y Córdoba decidieron igualmente proclamarse repúblicas independientes por la situación planteada en la banda oriental a causa de la invasión portuguesa y la amenaza hegemónica de Buenos Aires. En Santa Fe el caudillo Estanislao López luchaba también por proclamar una república independiente. Buenos Aires envió contra los montoneros secesionistas de Entre Ríos y Santa Fe el ejército dirigido por Rondeau, que fue derrotado el 1 de febrero de 1820 en la batalla de Cepeda. El subsiguiente Tratado de Pilar estableció la república federal y Buenos Aires se vio humillada por las tropas de sus antiguas provincias.

3.5. *Los alfiles se infiltran en la retaguardia española*

Los acontecimientos más importantes del sexenio absolutista fueron dos jugadas maestras de los generales José de San Martín y Simón Bolívar, que lograron infiltrarse en las espaldas del poderío realista y asestaron dos golpes certeros en Chile y Colombia, preparando el derrumbe español. Fueron dos acciones extremadamente audaces y con gran semejanza, como fue el acceso imprevisto a la cordillera andina desde el este, que dejó sin parapeto a los realistas. La primera de ellas se efectuó en 1817 y la segunda en 1819, a punto de terminar nuestra etapa. Con ellas las tropas libertadoras pudieron combatir en el Pacífico y canalizar sus esfuerzos contra el Perú, el gran fuerte de los españoles en Sudamérica.

3.5.1. El ejército de los Andes libera Chile

El general José de San Martín fue el libertador que vio con mayor claridad la necesidad de atacar el Perú desde el Pacífico como único procedimiento para conseguir la independencia de Hispanoamérica. Hora es ya de que nos ocupemos de este personaje al que hemos aludido en varias ocasiones.

José de San Martín fue hijo de españoles —padre y madre palentinos— y nació en Yapeyú (Misiones) en 1778. Su padre, militar de profesión —tuvo el grado de capitán—, regresó a España en 1784 con toda la familia. José estudió en Madrid, y a los once años sentó plaza en el ejército, tomando parte en las acciones de Melilla, Orán, Rosellón y Portugal. En la guerra de independencia española intervino en numerosas batallas como Arjonilla, Bailén y Tudela, obteniendo el grado de teniente coronel y comandante del regimiento de Dragones de Sagunto. Influido por el liberalismo, creyó su deber volver a su patria de nacimiento cuando supo del levantamiento de mayo. En 1811 marchó a Londres, donde se inició en la Gran Logia Americana de Miranda, y en 1812 llegó a Buenos Aires con Alvear y Zapiola. El triunvirato porteño le reconoció el grado de teniente coronel de caballería, confiándole la organización del regimiento de granaderos a caballo. San Martín lo convirtió en un modelo para las tropas porteñas. El enorme prestigio que consiguió en breve tiempo mereció que le destinaran al ejército del norte, donde los porteños habían obtenido las espantosas derrotas de Vilcapugio y Ayohúma bajo las órdenes de Belgrano. Al renunciar éste se hizo cargo de las tropas, aunque por breve tiempo, pues comprendió que los bonaerenses serían siempre derrotados por aquella vía. Pidió la separación del cargo alegando motivos de salud.

Al regresar a Buenos Aires participó intensamente en la política. Junto con Alvear, organizó la logia Lautaro, que dirigía la política porteña, y luego la de Chile y el mismo Perú. Organizó también el motín que derribó al primer triunvirato en octubre de 1812. En agosto de 1814 fue nombrado gobernador intendente de Cuyo. Pensó entonces pasar a Chile para atacar al Perú desde el Pacífico, pero la derrota chilena de Rancagua le obligó a posponer la empresa. Antes había que liberar a Chile. Recibió además muchos refuerzos chilenos que llegaron con José Miguel de la Carrera y Bernardo O'Higgins tras la derrota. Los chilenos se pusieron a sus órdenes y le ayudaron a organizar el plan de ataque. San Martín lo discutió con el director Posadas y luego con el nuevo director Pueyrredón, elegido en 1816. La logia Lautaro apoyó también la idea. Con esta ayuda se fue formando el famoso Ejército de los Andes, con sede en Mendoza, integrado por unos 5.000 hombres. Su última intervención política antes de la ofensiva sobre Chile la hizo en el Congreso de Tucumán, donde defendió la declaración de independencia de España y la formación de un estado monárquico constitucional regido por la dinastía de los incas.

Instalado en Mendoza, preparó la ofensiva difundiendo informaciones falsas sobre los puntos de ataque, lo que obligó a los realistas a dispersar sus fuerzas a lo largo de la cordillera chilena. Finalmente, se puso en marcha el 9 de enero de 1817. Distintas agrupaciones militares entraron por el norte —paso de Come Caballos y Guana— y por el sur —paso del Portillo—, mientras el grueso de su ejército cruzó el paso de los Patos con dirección a la capital chilena. Los realistas enfrentaron sus tropas en la batalla de Chacabuco (12 de febrero de 1817) y fueron derrotados. Dos días después el Ejército de los Andes entró en Santiago de Chile, donde San Martín convocó un Cabildo abierto para que eligiera tres electores —por Santiago, Coquimbo y Concepción— que designaran el director supremo de Chile. Éstos eligieron a San Martín para tal cargo el 15 de febrero, pero el general renunció a tal honor, aceptando únicamente el cargo de comandante en jefe del Ejército unido de los Andes (rioplatenses y chilenos). Una nueva Asamblea designó director a Bernardo O'Higgins.

El paso de los Andes

La liberación completa de Chile se demoró algunos años, pues los realistas se hicieron fuertes en el sur, contando con el apoyo de los indios. Una fuerza patriota enviada contra Ordóñez fue derrotada en diciembre y tuvo que replegarse. El virrey de la Pezuela envió desde Lima el ejército de Osorio que reforzó a Ordóñez consiguiendo vencer a los patriotas de O'Higgins en Cancha Rayada. Hubo pánico en Santiago, pero San Martín logró reorganizar el ejército con el que marchó a la victoriosa batalla de Maipo (5 de abril de 1818). Convencido de la inutilidad de poder reconquistar Santiago, el virrey dio orden de regresar al Perú a la fuerza realista de Osorio, quedando en el sur de Chile unas partidas guerrilleras que fueron aniquiladas fácilmente por los patriotas.

La liberación completa de Chile coincidió para San Martín con un enorme esfuerzo por preparar la invasión al Perú, obstaculizada por los recelos de los porteños al tener sus mejores fuerzas en el país hermano, mientras que el propio se veía amenazado por los portugueses en su misma frontera. Los chilenos partidarios de los hermanos Carrera opinaban que los intereses de Chile no eran los porteños ni tenían relación con la invasión proyectada al Perú. San Martín consiguió, sin embargo, algún apoyo económico y el envío de una flota al Pacífico, formada por buques porteños, otros capturados a los españoles y algunos comprados a Estados Unidos e Inglaterra. Con ellos formó la armada dirigida por lord Cochrane que serviría para transportar el ejécito libertador al Perú.

3.5.2. El ejército de los llanos libera Colombia

El otro alfil que se infiltró en las espaldas del poderío español fue Simón Bolívar, cuya trayectoria hemos seguido hasta su exilio en Jamaica. El fracaso de dos repúblicas venezolanas y otra en la Nueva Granada le obligaron a efectuar un reajuste operativo que fue decisivo para la independencia hispanoamericana. En Jamaica, Haití y Angostura comprendió que los patriotas habían sido derrotados porque su movimiento era impulsado únicamente por el grupo criollo dirigente, sin contar con el respaldo popular, que había estado de parte de los realistas. Los ejércitos criollos habían luchado contra pardos y esclavos dirigidos por españoles y ésa había sido precisamente la causa del desastre. Era preciso invertir la situación. El presidente Petión de Haití le exigió la promesa de liberar a los esclavos de Venezuela a cambio de la ayuda que le pedía, y Bolívar, en sus decretos del 2 de junio y 6 de julio de 1816, ofreció a los esclavos que se enrolasen en sus filas la libertad. Naturalmente, fueron muy pocos los que se le unieron, pero dejaron de pasarse a las filas realistas, ya que éstas no les ofrecían ni siquiera dicho incentivo. Aquella imagen de los esclavos militarizados de Boves no volvería a figurar en la historia de la emancipación.

El grueso del ejército realista estaba formado por los pardos, que odiaban a los mantuanos quizá más que los mismos esclavos. Eran excelentes soldados y amaban la vida militar, pues les daba prestigio, uniforme y una paga segura. La llegada del ejército español de Morillo fue una decepción para ellos, porque les restó posibilidades de ascenso y de distinción. Bolívar, en cambio, les ofreció toda clase de oportunidades en el ejército libertador. En Angostura conoció Bolívar al general pardo Piar, que intentó incluso conspirar contra él y ponerse al frente de la revolución, acaudillando las tropas de color. Bolívar le mandó fusilar e ingresó sus pardos en las filas republicanas.

El tercer contingente que llegó a acaudillar en aquellos años fue el de los llaneros, hombres libres formados por mezclas de todas las razas. Eran igualmente buenos soldados y seguían al caudillo venezolano Páez, que dominaba la zona del Apure. Bolívar no comprendía la forma de vivir de los llaneros, ni éstos la suya, pero los llaneros entendían y eran entendidos por su jefe Páez y éste se sometió a Bolívar en el Apure en enero de 1818. Páez exigió una condición que fue aceptada: las tierras de los hacendados y ganaderos realistas serían repartidas entre los llaneros del ejército libertador.

Resultado de todo esto fue que el ejército mulato, esclavo y mestizo de los realistas en 1813 se transformó en blanco y europeo en 1818, como consecuencia de la llegada de las tropas peninsulares de Morillo, mientras el ejército blanco y criollo de los republicanos de 1813 se transformó en el de pardos y llaneros de 1818. El cambio resultó decisivo, pues a partir de entonces el verdadero ejército popular fue el de los patriotas.

Bolívar pasó de Jamaica a Haití en diciembre de 1815. Con la ayuda de Petión consiguió reunir una fuerza de 300 hombres y se dirigió a Margarita, Carúpano y Ocumare, donde desembarcó ya con 800 soldados. La persecución de los españoles dirigidos por Morales le obligó a reembarcarse en Güiria, donde sus compañeros Mariño y Bermúdez le depusieron de su cargo de jefe. Regresó nuevamente a Haití y desembarcó en Barcelona con nuevos refuerzos a finales de 1816. Desde allí emprendió una larga marcha hacia el sur para colocar la selva como almohada defensiva frente a los ataques realistas. En abril de 1817 estableció su cuartel en Angostura, y a finales de dicho año se movilizó hacia el Apure para encontrarse con Páez, que aceptó ponerse a sus órdenes.

A principios de 1818 Bolívar movilizó su ejército hacia el norte, dispuesto a repetir un ataque sorpresa que le llevara hasta Caracas. Tras algún éxito inicial, la fuerza republicana fue derrotada por Morillo en la batalla de Semen (16 de marzo de 1818). Bolívar se retiró al sur con muchas pérdidas, y Páez tuvo un nuevo descalabro en Cojedes. Los patriotas comprendieron que no podían asaltar la plataforma atlántica realista y se replegaron a Angostura.

Bolívar convocó un Congreso en Angostura que se celebró el 15 de febrero de 1819 con una pobre representación nacional de 26 delegados. En su discurso de apertura esbozó un proyecto constitucional para la nueva república con cierta semejanza del inglés (tres poderes y un legislativo bicameral con una cámara de senadores hereditarios), salvo que el ejecutivo era quizá más fuerte. El Congreso eligió a Bolívar presidente de una república que comprendería ya los territorios conjuntos de Nueva Granada y Venezuela. En agosto se adoptó la nueva Constitución.

El presidente elaboró entonces uno de sus planes más audaces: invadir la Nueva Granada, donde Morillo había dejado muy pocos efectivos militares, pensando siempre que podría defenderse desde la cornisa atlántica. La operación tenía el riesgo de atravesar los llanos en invierno y ascender a los Andes, así como la incertidumbre de las primeras acciones, ya que si éstas eran favorables Morillo corría el peligro de un desastre total.

El 26 de mayo de 1819 se puso en marcha el ejército llanero desde Guausdualito. Estaba integrado por unos 2.000 hombres que siguieron la ruta de Pore, Tame, Setenta, Páramo de Pisba, Socha, Cerinza y Bonza, luego vencieron una pequeña vanguardia realista en el Pantano de Vargas. El 5 de agosto los patriotas entraron en Tunja, donde se le sumaron nuevos efectivos y dos días después se enfrentaron a la división de Barreiro en el Puente de Boyacá, obteniendo una resonante victoria. En Bogotá cundió el pánico entre los realistas, que abandonaron de inmediato la ciudad para huir hacia la costa; Bolívar se encontró con la mayor parte de Nueva Granada liberada como consecuencia de su acción (Pamplona, Antioquia, Chocó y Popayán, además de Cundinamarca y Tunja).

Bolívar dejó en Bogotá al general Santander y regresó a Angostura, presentándose ante el Congreso el 14 de diciembre. Allí fue aclamado como libertador. Presentó entonces su proyecto de formar una gran nación llamada Colombia que integraría los territorios de Venezuela y Nueva Granada y tendría su capital en Las Casas (un lugar entre ambos).

Próximo a terminar el periodo absolutista, el ejército de Morillo había perdido una gran parte de Nueva Granada, aunque seguía dominando la costa (Cartagena, Santa Marta y la cornisa venezolana). Sus efectivos estaban, sin embargo, extenuados de la larga lucha y esperaba con ansiedad un relevo que se había anunciado varias veces.

VI. LA GRAN CAMPAÑA EMANCIPADORA DEL TRIENIO LIBERAL
(1820-1822)

El trienio liberal de la Península Ibérica (1820-1822) resultó decisivo para la independencia de las colonias americanas que lograron o consolidaron su emancipación. La realidad no puede ser más elocuente. Antes del trienio, en diciembre de 1819, sólo habían logrado su independencia Las Provincias Unidas de Suramérica (Río de la Plata), Paraguay, Chile y la mayor parte de Colombia (así como una pequeña parte de Venezuela). Durante el trienio liberal lograron independizarse México, las Provincias Unidas de Centroamérica, Venezuela, Panamá —que escogió vincularse a Colombia—, Quito (Ecuador) y Brasil. Al terminar el trienio sólo quedaban por independizarse Perú, el Alto Perú (Bolivia) y Uruguay —ocupada por los portugueses—, así como, naturalmente, las colonias caribeñas que seguirían vinculadas a España hasta finales del siglo XIX. El trienio liberal fue, por consiguiente, la gran época de la independencia.

Muchas son las razones que explican el fenómeno histórico, y los antecedentes que hemos visto son lo suficientemente elocuentes; sin embargo, hubo otra causa importante, y fue que los liberales peninsulares creyeron ingenuamente que los iberoamericanos trataban de sacudirse la tiranía absolutista, y no la dependencia colonial. Pensaron que una constitución y un sistema de entendimiento lograrían convencer a los patriotas de lo conveniente que resultaba volver a la dependencia; no encontraron el menor apoyo. No lo encontraron, porque los liberales iberoamericanos tenían claramente definido su objetivo independentista y porque los conservadores iberoamericanos dejaron de apoyar la causa realista cuando vieron, alarmados, las innovaciones que trataban de implantar en sus colonias unos revolucionarios europeos. Los liberales españoles se quedaron sin más apoyo que el de los indios, quienes seguían obedeciendo al rey por inercia secular.

El trienio liberal, y especialmente el movimiento que lo inició en 1820, marca el punto final de la historia que compartieron los pueblos ibéricos e iberoamericanos. A partir de aquí se produjo el distanciamiento de ambos bloques. España y Portugal siguieron su destino de países europeos meridionales, y con enormes paralelos por cierto, mientras que las naciones iberoamericanas despegaron hacia su propia historia también con grandes semejanza entre sí y enfrentadas a otras nuevas metrópolis, las económicas. Habían concluido trescientos años de vida en común que dejaron una huella muy profunda en todas ellas. España y Portugal quedarían marcadas en el futuro por su vocación americana, como las americanas quedaban con el estigma de su ascendencia ibérica.

1. LOS TRIENIOS LIBERALES PENINSULARES

La caída del Antiguo Régimen llevaba en 1820 doce años de agonía; un sexenio liberal y otro absolutista. La dialéctica de la tesis absolutista y la antítesis liberal produjo entonces la síntesis constitucional, que no logró aglutinar las fuerzas encontradas y se descompensó hacia el conservatismo. Sólo tres años duraría aquel experimento político que siguió barriendo la Península de clase política, incapaz de soportar tantos virajes en tan poco tiempo. Lo único estable fue el ejército, que empezó a asumir las funciones civiles porque podía garantizar el orden.

1.1. *Fernando VII prepara otro ejército expedicionario para América*

Durante el sexenio absolutista, el liberalismo español se refugió en las logias y círculos secretos desde donde conspiraba contra el poder. Fracasó en todos los intentos por subvertir el sistema absoluto, hasta que los preparativos para enviar un gran ejército a las colonias americanas le brindó la ocasión en bandeja.

De los muchos pronunciamientos realizados conocemos sólo algunos, como la «conspiración de Cádiz», el golpe de Espoz, el pronunciamiento de Porlier, la «conspiración del Triángulo», la de Renovales, las de Torrijos y Van Halen, el pronunciamiento de Lacy y Miláns, el proyecto de Vidal, la conspiración de los «Compañeros de Polo» y, finalmente, la que triunfó: la revolución de Quiroja y Riego.

En 1818, Fernando VII proyectó el envío de un gran ejército español a las colonias americanas para extirpar de raíz todo movimiento autonomista. Esta vez no iba a ser un contingente de 10.000 hombres, como el de Morillo de 1815 —con el que se dominó a Venezuela y Nueva Granada—, sino de 22.000. El Consejo de Estado aprobó el proyecto el 6 de mayo. El duque del Infantado solicitó que dicho ejército fuera enviado a México, pero se rechazó la idea, ya que dicho virreinato estaba pacificado. La mayor parte se inclinó por mandarlo al Río de la Plata, donde estaban los brotes de Buenos Aires y Paraguay. Algunos aconsejaron enviarlo a la Mar del Sur para apoyar a los realistas peruanos y chilenos. Finalmente, se tomó la decisión por mayoría de votos, triunfando la de enviarlo al Río de la Plata.

Si el ejército hubiera salido en 1819, como estaba proyectado en principio, habría tenido consecuencias desastrosas para la independencia hispanoamericana, pero afortunadamente se fue demorando su salida. Para transportarlo hacía falta una gran flota que España no tenía. Ante la imposibilidad de construirla por su elevado costo, se decidió comprar una flotilla rusa de segunda mano que ofreció el zar a muy buen precio. El embajador Tattischeff hizo la negociación. La flotilla, cinco navíos y una fragata, ancló en Cádiz en 1818. Corrieron de inmediato bulos sobre su mal estado y el Gobierno nombró una comisión dirigida por Guruceta para revisarla, cuya conclusión fue que, efectivamente, se encontraba en mal estado y que muchos de sus buques no resistirían la travesía atlántica. Aquello produjo gran consternación entre los soldados del ejército de Ultramar. También hicieron su labor José Lecica y Andrés Argibel, enviados por el director bonaerense Pueyrredón para minar la moral de los expedicionarios. Para los argentinos era vital que estas tropas no salieran de España, y lograron conectar con algunos liberales españoles. La verdad es que los barcos de la flota rusa estuvieron a flote en el puerto de Cádiz hasta 1834, cuando se ordenó barrenarlos por inservibles.

Una epidemia de peste amarilla azotó luego Cádiz y obligó a dispersar las tropas para evitar mayores bajas. La salida se posponía y era aprovechada para regar entre los soldados noticias espantosas sobre la ferocidad de los patriotas americanos que, según se decía, difundían algunos soldados que regresaban de Indias.

Todo esto habría servido de poco de no ser por la idea de las logias gaditanas de aprovechar aquel gran ejército para realizar un pronunciamiento contra el absolutismo y en defensa de la monarquía constitucional.

La conspiración quedó lista para finales de 1819, pues el ejército debía partir para América a comienzos del año siguiente. La dirigían los dos coroneles Quiroga y López Baños y varios comandantes como Riego, Arco Aguero y San Miguel. Uno de sus primeros objetivos era apresar al jefe del ejército, pues el conde de La Bisbal (O'Donnell) fue sustituido por el general Calleja.

El pronunciamiento se inició el 1 de enero de 1810. El comandante Riego se alzó en Cabezas de San Juan y proclamó la Constitución de 1812. Inmediatamente se trasladó a Arcos, donde prendió al general Calleja. El coronel Quiroga, por su parte, salió de Alcalá de los Gazules y entró en San Fernando, pero fue detenido al intentar entrar en Cádiz. Los sublevados se encerraron en la isla de León, donde permanecieron mes y medio en espera de que otras guarniciones secundaran su acción. Las tropas fieles al monarca mantuvieron el cerco, pero sin acciones ofensivas.

El pronunciamiento parecía abocado al fracaso cuando el 21 de febrero se alzó el coronel Azevedo en La Coruña. Se apresó al capitán general y se proclamó la Constitución. El ejemplo cundió en Zaragoza, Barcelona, Pamplona y la propia Cádiz. El conde de La Bisbal se sublevó también en Ocaña con las tropas que debían dominar a los rebeldes. Atemorizado Fernando VII, el 6 de marzo anunció su propósito de convocar las Cortes, y el 9 decidió jurar la Constitución. El 10, la *Gazeta de Madrid* insertaba su manifiesto en el que figuraba la famosa frase: «Marchemos francamente, y yo el primero, por la senda constitucional.» Se nombró entonces una Junta Consultiva que intentó volver a España a la situación de 1814. España volvía siempre al pasado, lo que se convertiría en una costumbre inveterada. Bajaron los absolutistas y subieron los liberales, igual que antes bajaron los liberales y subieron los absolutistas. Afortunadamente, no hubo mayores represalias, aunque las fronteras españolas empezaron a acostumbrarse al desfile de los exiliados. Los que perdían se exiliaban y los que triunfaban volvían.

Los liberales moderados iniciaron un gobierno muy difícil, minado por las presiones de los exaltados y por las conspiraciones de los absolutistas, que llegaron a formar una Junta en Bayona y una Regencia en Seo de Urgel. No vamos a ocuparnos de sus pormenores, pues atañe sólo a la historia de España y no a la de Hispanoamérica.

El trienio tuvo así enorme importancia para Hispanoamérica, pues se inició evitando que un enorme ejército invadiese los países del Río de la Plata, cosa que habría alargado extraordinariamente el proceso de independencia. El liberalismo español ordenó además negociaciones con los patriotas, lo que permitió a éstos actuar con mayor oportunidad en los momentos que tenían fuerzas apropiadas. Ordenó jurar la Constitución de 1812, que sembró el descontento entre los conservadores americanos y, finalmente, mandó a Hispanoamérica unos nuevos gobernantes que comprendieron la inutilidad de postergar una guerra perdida.

1.2. *Los liberales portugueses piden el regreso del rey*

El proceso histórico portugués vuelve a tener trascendencia para Iberoamérica en esta etapa, pues Brasil se vio envuelta en el mismo. Lo eludimos durante el sexenio absolutista porque la Corte estuvo en Río de Janeiro, pero ahora vuelve a desempeñar un papel digno de mencionarse.

El constitucionalismo portugués corrió paralelo al español. El enorme descontento producido por la ausencia de la Corte, la disminución del comercio portugués y las medidas absolutistas dadas por João VI en Río canalizaron el golpe militar. El 20 de agosto de 1820 los regimientos de guarnición en Oporto se sublevaron y aclamaron una Junta Provisional del Gobierno Supremo del Reino. El 15 de septiembre el movimiento llegó a Lisboa. Se formó un gobierno interino que convocó unas Cortes Constituyentes para principios del año siguiente. El Gobierno solicitó su aprobación al rey y su regreso a Lisboa. Las guarniciones brasileñas recibieron también la invitación de solidarizarse con la revolución constitucional.

João VI intentó dar largas al problema, pero los movimientos de Pará y Bahía le convencieron de aceptar el sistema constitucional. El 7 de marzo de 1821 anunció su próxima marcha a Lisboa y su propósito de dejar a su primogénito don Pedro como regente en Río de Janeiro. Durante los días siguientes aumentó la agitación política. El 25 del mismo mes embarcó para Lisboa en compañía de toda la familia, excepto el príncipe. Le acompañaba su séquito (más de 3.000 personas) y un gran equipaje en el que figuraban 50 millones en moneda.

El rey fue recibido en Lisboa con entusiasmo y juró las bases constitucionales del país. Los diputados liberales manifestaron su preocupación por el hecho de que el príncipe don Pedro se hubiera quedado en Río, y pidieron que regresara a Europa, lo que puso en marcha el movimiento de independencia brasileño, consumado el 7 de septiembre de 1822 con el grito de Ypiranga.

João VI soportó mal la Constitución, pero todavía peor la sobrellevó su mujer, doña Carlota Joaquina, quien capitaneó la reacción absolutista y animó a su segundo hijo, don Miguel, a dar un golpe de estado para acabar con el constitucionalismo.

2. La independencia de Brasil y su mutación a imperio

Tras la euforia de la coronación (1818) y la campaña victoriosa en la banda oriental (1819), João VI de Portugal recibió la noticia del movimiento liberal portugués (1820). Su primera decisión fue desconocer la autoridad de las Cortes convocadas en Portugal y anunciar que pensaba regresar a Lisboa cuando se restaurara el orden; sin embargo, las noticias de que la capital portuguesa se unía al movimiento le hicieron cambiar de opinión. Cifró su última esperanza en evitar que la corriente constitucionalista alcanzara a Brasil; no pudo evitarlo. A principios de 1821 estallaron motines en Pará y Bahía con gritos de «¡Abajo el absolutismo!». Sentimientos antiportugueses y liberales se conjugaron bajo aquella bandera, a la que se adhirieron pronto los comerciantes, casi todos ellos lusitanos. El pronunciamiento del Regimiento de Artillería produjo algunos choques sangrientos que terminaron con el triunfo de la revolución. Se aclamó una junta gubernativa por portugueses y brasileños que reconoció a João VI y la Constitución que iban a elaborar las Cortes de Portugal, e interinamente a la Constitución de España (tal y como se hizo en Portugal).

João VI tuvo que ceder ante la presión, y el 26 de febrero juró respetar la futura Constitución. Cambió su gobierno por ministros liberales y ratificó su intención de marchar a Lisboa.

El rey realizó los preparativos para su viaje. El 24 de abril de 1821 se despidió de sus súbditos brasileños en un besamanos y advirtió a su hijo Pedro: «Pedro: si el Brasil se separa, antes sea para ti, que me has de respetar, que para uno de estos aventureros», y luego partió definitivamente a su patria.

El príncipe don Pedro quedó al frente de la regencia en Brasil. Había venido con nueve años de Lisboa y era, realmente, más brasileño que portugués. Su mujer, doña Leopoldina, secundaría fielmente todos sus planes de secesión y creación de un imperio en Brasil.

La regencia comenzó con una situación económica deplorable, consecuencia de la extracción de fondos realizada. El Banco de Brasil tuvo que suspender pagos en julio siguiente, pero todo empezó a mejorar con el transcurso de los meses. El regente se inclinó de parte de los «nativistas» o brasileños. Aminoró los impuestos, igualó las tarifas aduaneras de los puertos y extendió a los militares brasileños las prebendas que gozaban los portugueses. En junio de 1821 tuvo que jurar las Bases Constitucionales que le enviaron desde Lisboa.

Proliferaron entonces en Brasil las sociedades secretas y los círculos patrióticos que buscaban la secesión. El más importante fue el de São Paulo, que dirigía José Bonifacio de Andrada y que encontró la fórmula ideal de poner al príncipe al frente del movimiento emancipador. El 9 de diciembre arribó a Río correspondencia de Lisboa en la que llegaban dos decretos importantes: el primero ordenaba que el Príncipe regresara a Europa para hacer un viaje de estudios que, según se decía, «buena falta le hace». El segundo ordenaba un nuevo régimen administrativo en Brasil, pues se eligirían unas juntas provinciales que se entenderían directamente con la metrópoli (lo que venía a decir, en definitiva, que sobraba el regente). Estas noticias fueron recibidas con alarma por los nativistas, ya que las interpretaron como la vuelta al sistema colonial. El club de «la resistencia» promovió un movimiento en favor de que el príncipe continuase en Brasil y buscó apoyo en Minas Geraes y en São Paulo.

Llegó así el 9 de enero de 1822, o famoso día del «fico» (me quedo), en el cual el presidente del Senado, Pereira, al frente de varios concejales se dirigió al palacio para entrevistarse con don Pedro. En presencia suya pronunció un discurso advirtiéndole que existía en Brasil un movimiento republicano y que, para neutralizarlo, era absolutamente necesario que se quedara, lo cual también ayudaría a estrechar más los vínculos con Portugal. Don Pedro contestó que ante tal situación, y puesto que era para el bien de todos y felicidad general de la nación, «estoy dispuesto, diga al pueblo que me quedo [que fico]». Esta ruptura con las órdenes de Lisboa inició el proceso de emancipación de la metrópoli. En los días siguientes se destituyó del mando al general Avilez y se sublevaron los batallones portugueses. Don Pedro mandó al brigadier Carreti sojuzgar la rebelión y nombró al general Curado para el mando de los cuerpos brasileños. Mandó traer tropas fieles de Minas y São Paulo y destituyó a los ministros portugueses. El 17 de enero encomendó al patriota José Bonifacio las carteras de Interior y Negocios Extranjeros. Finalmente, ordenó a la División Auxiliar portuguesa que abandonara Brasil antes del 5 de febrero.

Libre el Brasil de tropas portuguesas, el distanciamiento de su metrópoli progresó a pasos agigantados. Don Pedro mandó regresar a Portugal una flotilla que venía a reforzar al batallón Auxiliar (ya había partido éste), dominó la junta autonomista de Minas Geraes, ordenó reprimir el movimiento portuguesista de Bahía (julio), prohibió cumplir cualquier mandato de Lisboa que no llevara su autorización, aceptó el título de Defensor Perpetuo del Brasil que le otorgó la masonería, vistió su guardia de honor con uniformes blancos a la usanza austriaca, y no a la portuguesa, y el 1 de agosto convocó un Congreso Soberano de Brasil.

El momento de la independencia llegó finalmente el 7 de septiembre con el famoso Grito de Ypiranga. El príncipe había emprendido un viaje a São Paulo a mediados de agosto con objeto de apaciguar los problemas internos de la región. Al terminar su cometido emprendió viaje de regreso desde São Paulo, y al pasar por la colina de Ypiranga el 7 de septiembre recibió el correo de Lisboa que le remitía doña Leopoldina, quien había quedado en Río de Janeiro. Entre esta correspondencia venían tres cartas del rey a su hijo. Dos de ellas eran oficiales, como una información sobre las causas por las cuales los diputados de Minas Geraes y de otras provincias de Brasil no habían asistido al Congreso de Lisboa y otra que declaraba nulo el decreto de don Pedro de 11 de febrero por el que convocaba un Consejo de Procuradores de las Provincias brasileñas. La tercera carta era personal y tenía fecha 3 de agosto. En ella el rey pedía a su hijo observancia y obediencia a las órdenes que recibía de Lisboa —de las Cortes— y le recordaba: «Cuando escribas recuerda que eres un príncipe y que tus escritos son vistos por todo el mundo y debes tener cautela, no sólo lo que dices, sino también del modo en que lo explicas.» Asimismo recibió don Pedro cartas de doña Leopoldina y de José Bonifacio incitándole a declarar la independencia.

João VI

113

Tras leer su correspondencia, don Pedro reunió a sus jefes, desenvainó la espada, se quitó la escarapela portuguesa y gritó «Independencia o muerte», que fue coreado. Tal fue el Grito de Ypiranga que selló la independencia de Brasil.

Don Pedro regresó a São Paulo, en cuyo teatro se cantó por primera vez el himno compuesto por Evaristo da Veiga *Brava gente brasileira* y se gritó «Viva o primero rei brasileiro». El 14 regresó a Río, y al día siguiente se presentó ya en el teatro con un brazalete donde se leía «Independencia o muerte». El 18 se instituyó el escudo y la bandera. El 12 de octubre se hizo la proclamación imperial. La ceremonia de coronación del emperador de Brasil tuvo lugar el 1 de diciembre y fue el primer gran carnaval de Río de Janeiro. Brasil había pasado de la dependencia de Portugal a ser un imperio, el único imperio que existía en el hemisferio austral. Lo más importante es que la independencia se había conseguido sin costo de sangre y con todos los recursos humanos, económicos e institucionales intactos. Era un país que debía reorganizarse para su papel de nación independiente, pero que no tenía que reconstruirse desde la ruina de una guerra cruenta de aniquilamiento.

3. La independencia de los estados plurinacionales hispanoamericanos

Un hecho que singulariza la independencia hispanoamericana de esta etapa es el deseo de formar grandes estados capaces de albergar en su seno a diversas nacionalidades. No se hizo a imitación de Brasil, pues el fenómeno antecedió a la emancipación de la colonia portuguesa, como ocurrió con la formación de la Gran Colombia. El caso mexicano con la anexión de las provincias centroamericanas fue además coetáneo del brasileño. Más bien parece un intento de enfrentar grandes estados al coloso norteamericano que ya se vislumbraba amenazador para la seguridad iberoamericana.

La independencia y construcción de esos estados plurinacionales, el intento sanmartiniano por liberar el Perú y el caso peculiar de Uruguay, que pasó de colonia portuguesa a provincia brasileña, constituyen los aspectos más notables de este trienio liberal en Hispanoamérica. Dejamos de lado el proceso histórico de formación de la nacionalidad en Argentina, Paraguay y Chile, países donde la independencia estaba consumada desde la etapa anterior y que serán estudiados más adelante en este mismo tomo.

3.1. *México, otra colonia que pasa a ser imperio*

La independencia de México es sumamente compleja, pues aparentemente este país pasa de una gran tranquilidad colonial en 1820 a una independencia súbita en 1821. Verdaderamente el sexenio de la restauración absolutista produjo una enorme actividad revolucionaria que explica el epílogo de 1821. La gran resistencia patriota acabó con la muerte de Morelos; sin embargo, supervivió en numerosos grupos guerrilleros inconexos y distribuidos por todo el país que fueron atacados sistemáticamente por el ejército español organizado por el virrey Calleja. Muchos jefes patriotas se acogieron al indulto del virrey ante la inutilidad de seguir luchando (Cos, Bayón, Terán, etc.). El enérgico Calleja fue sustituido en septiembre de 1816 por Juan Ruiz de Apodaca, que tenía fama de hombre moderado (había sido embajador en Londres y capitán general de Cuba durante la regencia). Apodaca tuvo que enfrentarse en 1817 al movimiento independentista acaudillado por el guerrillero español Francisco Javier Mina (famoso por sus acciones en la guerra de independencia española), quien para combatir el absolutismo de Fernando VII marchó a México y organizó un movimiento con ayuda inglesa y norteamericana. Mina fracasó en su objetivo de tomar Guanajuato y fue fusilado por los españoles en 1818. El mismo año las tropas virreinales tomaron el fuerte de la Jaujilla, donde existía un residuo de gobierno nacional, y fusilaron a su presidente Pagola. Después de esto sólo quedaron algunas partidas armadas en el sur dirigidas principalmente por Guerrero, Guadalupe Victoria, Pedro Asencio y otros.

El constitucionalismo liberal de 1820 vino a cambiar bruscamente la situación que reinaba en México. La oligarquía criolla mexicana recibió con preocupación las órdenes de jurar la Constitución de 1812 y nombrar diputados para unas Cortes que se reunirían pronto en Madrid. Varios personajes de ideas tradicionales, como el propio virrey, el regente Bataller, el canónigo Monteagudo y el exinquisidor Tirado proyectaron el Plan de la Profesa, que consistía en segregar a México de la autoridad de España hasta que el rey Fernando VII recobrara su poder absoluto. El plan no se llevó a cabo y Apodaca juró la Constitución.

Todo bullía en México, a medida que transcurría el año 1820, sin encontrar una válvula de escape, hasta que de pronto apareció el criollo Agustín Iturbide, un prestigioso jefe realista que había perseguido implacablemente a los insurgentes en el Bajío y que pedía ahora el mando de un gran efectivo (2.500 hombres) para acabar con los focos guerrilleros del sur de México. El virrey le ascendió a brigadier y accedió a su solicitud. Iturbide tuvo algunas acciones contra los guerrilleros y al cabo comprendió su papel de intentar una fórmula conciliatoria entre el orden colonial y el supuesto desorden revolucionario. Era la solución que todos esperaban y que todos abrazaron.

Iturbide se entrevistó con Vicente Guerrero en la población de Iguala, donde acordaron el llamado plan de las Tres Garantías o Trigarante. El Plan de Iguala estableció tres principios básicos:

1. Independizar México como reino gobernado por el propio Fernando VII o alguno de sus familiares cercanos.
2. Garantizar la importancia y el sostenimiento de la Iglesia en el reino.
3. Proclamar la igualdad entre los habitantes de México.

La fórmula fue milagrosa, y pronto se sumaron a Iturbide patriotas fervientes como Bravo, Mier y Terán, Guadalupe Victoria y otros, además de criollos defensores de la causa realista como Anastasio Bustamente, Santa Anna, etc. El propio virrey no se manifestó en contra del plan cuando supo la noticia, pues pensó en la posibilidad de que Fernando VII viniera a México huyendo de España, aunque luego, cuando se enteró de que se iba a dar una Constitución, desechó la idea. Iturbide emprendió una fácil campaña que le permitió entrar en Valladolid, Puebla y Oaxaca. El virrey empezó a fortificar la capital, pero los jefes españoles, descontentos por su actuación, le destituyeron el 5 de julio de 1821, entregando el gobierno al general Francisco Novella, que pidió refuerzos a Cuba.

El 30 de julio de 1821 llegó a Veracruz el nuevo jefe político superior O'Donojú (los liberales habían suprimido el título de virrey), a quien los constitucionalistas enviaban para afianzar el régimen liberal en México. Se encontró una situación totalmente distinta de la que había imaginado desde España. Apenas desembarcado dio varias proclamas enfatizando su espíritu liberal y el hecho de que venía sin fuerzas militares. Iturbide se vio en la disyuntiva de negociar con Novella, que se había hecho fuerte en la capital, o con O'Donojú en Veracruz, lo que era tanto como elegir entre el absolutismo o el liberalismo. Se decidió por lo último y se concertó la entrevista de ambos jefes en la ciudad de Córdoba para el 23 de agosto. Al día siguiente firmaron conjuntamente un tratado que ratificaba en la práctica el Plan de Iguala. El Tratado de Córdoba difería en señalar que hasta que llegara a México el rey Fernando VII, o la persona de su familia, el país sería administrado por una Junta Provisional Gubernativa de la que formaría parte el propio O'Donojú.

Las negociaciones de O'Donojú para que Novella abriera la capital a los patriotas fueron infructuosas, e Iturbide la cercó con 9.000 hombres. Unas conversaciones tripartitas de los jefes facilitó la entrada en la capital del ejército trigarante el 27 de septiembre de 1821. Al día siguiente se publicó el Acta de Independencia de México y se formó una regencia de cinco miembros presidida por Iturbide —y de la que formó parte O'Donojú hasta que murió el 8 de octubre. En febrero se inauguró el Congreso Constituyente. La noticia de que España rechazaba en Plan de Córdoba fue aprovechada por Iturbide para hacerse proclamar emperador en la noche del 18 de marzo de 1822. México había pasado en unos meses de ser colonia a imperio y los mexicanos de súbditos del rey Fernando VII a vasallos del emperador Agustín I. Sería un imperio fugaz, pues pronto vendría el triunfo republicano.

Coronación de Iturbide como Agustín I

3.2. *Centroamérica no quiere ser una nación*

La Capitanía General de Guatemala no pasó la tragedia de una guerra independentista. Los movimientos secesionistas (San Salvador, 1811; León, 1811; Granada, 1811; Belén, 1813, y San Salvador, 1814) fueron dominados fácilmente por los capitanes generales Antonio Saravia y José Bustamente. Este último administró el territorio desde 1811 hasta 1817 y consiguió ahogar los brotes revolucionarios mediante una eficaz policía más que con tropas. La Capitanía se adhirió así a la regencia y a las Cortes de Cádiz, a donde envió seis diputados, Larrazábal entre ellos. Bustamante aceptó luego encantado la restauración absolutista hasta que fue sustituido (1817) por el teniente general Carlos de Urrutia, bajo cuyo mandato empezó a aumentar la agitación política de los patriotas. Finalmente, el 10 de marzo de 1821 llegó el jefe político Gabino Gaínza, designado por los constitucionalistas españoles. Había participado en la guerra de independencia de Chile y tenía una idea bastante clara de la verdadera situación de Hispanoamérica. La proclamación de la independencia en México movió a los patriotas centroamericanos a solicitar de Gaínza que colaborase para un movimiento similar, poniéndose al frente del mismo, lo que evitaría derramientos de sangre inútiles. El capitán general comprendió la situación, máxime después de que Chiapas proclamara la independencia, y accedió a convocar una reunión de autoridades el 15 de septiembre de 1821 para analizar la situación. Así se hizo, en efecto, y tras un acalorado debate se acordó proclamar la independencia, cuya acta se redactó de inmediato. Se decidió también convocar un congreso para que estudiara la forma de gobierno más idónea, y que Gaínza continuara en tanto presidiendo la Junta provisional.

Los patriotas centroamericanos se dividieron entre los dos bandos de partidarios de la creación de un estado republicano local o de la adhesión al imperio mexicano, apoyando los españoles a estos últimos por creer que el Plan de Iguala les concedía al menos un teórico plano de igualdad con los criollos. Agustín I pidió colaboración a Gaínza, quien influyó sobre los ayuntamientos en favor de la causa mexicana. En la reunión del 5 de enero de 1822 la mayoría de los ayuntamientos (104) votaron en favor de la unión con el imperio. Los patriotas separatistas Delgado y Arce sublevaron El Salvador y derrotaron a las tropas de Gaínza, por lo que obligó a intervenir en el territorio al general mexicano Filísola, que sucedió a Gaínza y dominó a los sublevados. La unión con México duraría muy poco tiempo.

3.3. *Bolívar inventa la Gran Colombia*

En el norte de Sudamérica, Bolívar trabajó intensamente durante el trienio para forjar simultáneamente la independencia y la construcción de la Gran Colombia. En realidad, el estado que pretendía crear no era otro que Colombia, y así lo llamó siempre, en homenaje al descubridor de América, integrando dentro del mismo a Venezuela, Nueva Granada, Panamá y Quito. El intento fracasará, como veremos, y sólo quedó un país con el nombre de Colombia (la Nueva Granada). De aquí que se utilice usualmente el nombre de Gran Colombia para distinguir esta creación plurinacional de la posterior nación colombiana.

Bolívar comenzó con la república federal creada en diciembre de 1819 en Angostura —tres departamentos que eran Cundinamarca o la antigua Nueva Granada, Venezuela y Quito, cada uno de ellos gobernado por un vicepresidente— para crear una nación unitaria un año después, tan pronto como la independencia empezó a ser una realidad.

El golpe militar de Riego sorprendió al ejército expedicionario de Tierra Firme que estaba esperando refuerzos para recuperar el territorio perdido tras la batalla de Boyacá. Morillo recibió la orden de jurar la Constitución, libertar los presos políticos y concertar un armisticio con Bolívar. El primer mandato estuvo a punto de provocar un levantamiento del ejército, pero se logró serenar los ánimos y la Constitución fue jurada en los dominios españoles (incluida Cartagena). Los generales Sámano y Warleta se negaron a seguir luchando en aquellas condiciones y se embarcaron para Jamaica. Para lo segundo, Morillo dio instrucciones al Tribunal de Pacificación de Caracas y para el armisticio pidió una entrevista con Bolívar y una negociación con el Congreso de Angostura. El Libertador contestó que la única negociación posible era el reconocimiento de la independencia de Colombia, por lo que sólo se acordó una tregua de seis meses —a partir del 25 de noviembre de 1820— y una regularización de la guerra, para evitar matanzas inútiles, especialmente de prisioneros. El 27 de noviembre, Morillo y Bolívar se entrevistaron en Santa Ana y ratificaron el convenio. El general español se convenció de que seguir resistiendo no conducía a nada en aquellas circunstancias y decidió embarcarse para España en diciembre siguiente, dejando el mando del ejército a don Miguel de la Torre.

El Congreso Constituyente de Colombia fue convocado por Nariño —había sido puesto en libertad por los liberales y regresó de España— para el 6 de mayo de 1821. En él se decidió enterrar el estado federal ideado en Angostura y convertirlo en unitario, con un ejecutivo formado por un presidente (Bolívar) y un solo vicepresidente (Santander). Tendría un legislativo bicameral y un judicial con una Corte de Justicia y unos tribunales de apelación. La capital se estableció en Bogotá (antigua Santa Fe).

La victoria militar de los patriotas se impuso rápidamente. Bolívar rompió el armisticio y realizó una serie de acciones que culminaron con la batalla de Carabobo (24 de junio de 1821), en la que derrotó al ejército de La Torre. Los últimos efectivos realistas se encerraron entonces en Puerto Cabello, donde La Torre resistió hasta noviembre de 1823. Otro foco realista fue Maracaibo, que claudicó también el mismo año.

Tras Carabobo los patriotas se volcaron en la antigua Nueva Granada o Cundinamarca. En octubre de 1821 tomaron Cartagena. Bolívar dejó en la costa el baluarte realista de Santa Marta que tenía escasa importancia (resistió hasta 1823) y se dirigió a Popayán en diciembre de 1821 para acabar con la resistencia pastusa. Tras arduos combates logró entrar en Pasto en junio de 1822.

En Quito hubo que plantear dos batallas: una contra los realistas y otra contra los propios patriotas, que eran partidarios de la independencia, pero no de su integración en Colombia. En octubre de 1820 estalló un movimiento independentista en Guayaquil que instaló una Junta de Gobierno. Sucre fue enviado por Bolívar para convencer a los revolucionarios de la conveniencia de unirse a Colombia, lo que aceptaron al fin como una solución provisional. Sucre dirigió luego distintas operaciones contra los realistas para evitar que éstos concentraran sus fuerzas en el norte, donde estaba Bolívar empeñado en la batalla de Pasto. Finalmente, el 24 de mayo de 1822 marchó hacia Quito y dio la gran batalla de Pichincha, que fue un gran triunfo patriota y supuso la liberación del territorio que luego sería ecuatoriano. Quito aceptó integrarse en Colombia, pero Guayaquil siguió defendiendo su independencia, por lo que el Libertador tuvo que ir personalmente a dicha ciudad en julio de 1822 para convencer a los guayaquileños. La anexión de Guayaquil y la entrevista con San Martín fueron los grandes hechos de aquel julio de 1822.

En cuanto a Panamá, fue un regalo inesperado para la Gran Colombia. Bolívar había intentado inútilmente enviar tropas a esta zona realista con Urdaneta y Salom, pero la campaña pastusa y quiteña le hicieron desistir del propósito. En 1820 llegó a Panamá Juan de Sámano como virrey de la Nueva Granada y estableció un gobierno fuerte para impedir el progreso de la independencia. Su improvisada muerte libró a Panamá de convertirse en una segunda Lima. Arribó luego al istmo el mariscal de Campo Juan de la Cruz Murgeón, quien comprendió la importancia de la batalla que se estaba librando en Quito y recogió todos los efectivos militares panameños que encontró para enfrentarse con ellos a Bolívar y Sucre. Murgeón dejó en Panamá como jefe interino al coronel José de Fábrega, criollo del lugar, quien asumió el poder en unas circunstancias muy particulares: Centroamérica había abrazado la independencia y se habían completado las liberaciones de Venezuela y de Nueva Granada (toma de Cartagena). Panamá quedaba como una isla realista rodeada de países libres y los patriotas decidieron aprovechar la ocasión. Para evitar enfrentamientos con la tropa hicieron un fondo con el cual prometieron pagar a los desertores realistas, que empezaron a abandonar las guarniciones en masa. El 13 de noviembre de 1821 estalló un movimiento independentista en la villa de los Santos y le siguieron otras poblaciones como Pesé y Natá. El 28 de noviembre un tumulto popular pidió un cabildo, que se reunió efectivamente, y decidió proclamar de forma simultánea la independencia de Panamá y su incorporación a Colombia. El coronel Fábrega siguió al frente del gobierno con el título de jefe superior del Istmo y logró conjurar el peligro de la aparición de dos naves españolas en el puerto de Panamá, que aceptaron retirarse sin combatir. El 1 de diciembre Santiago de Veraguas se sumó a la independencia. Bolívar recibió las nuevas de los sucesos de Panamá a principios de enero de 1822 en su cuartel de Popayán y envió a los panameños a su edecan O'Leary felicitándoles por su acción. El 9 de febrero siguiente el ejecutivo colombiano decretó la creación del Departamento del Istmo integrado en Colombia. Sería gobernado por el venezolano José María Carreño.

3.4. *San Martín en el ojo del huracán realista*

El temor, bien justificado, de una invasión española al Río de la Plata y las disensiones políticas internas en las Provincias Unidas paralizaron durante dos años los planes de San Martín para invadir el Perú. La revolución de Riego en España y la derrota de Rondeau en Cepeda el 1 de febrero de 1820 despejaron los nubarrones, y el 6 de mayo de 1820 San Martín fue designado generalísimo de la expedición al Perú por el Senado chileno. Días después las fuerzas terrestres se concentraron en Quillota y la escuadra en Valparaíso. El 20 de mayo zarparon al fin las 13 naves con el ejército libertador, formado por unos 4.500 hombres. San Martín esperaba levantar en el Perú otro ejército de 15.000 patriotas.

El 7 de septiembre desembarcó en la bahía de Paracas, donde lanzó manifiestos a los patriotas invitándoles a proclamar la independencia. El virrey Pezuela había recibido las órdenes de los constitucionalistas y pidió entrevistarse con San Martín. La reunión se celebró en Miraflores, cerca de Lima, pero no pudieron llegar a otro acuerdo que el de suspender temporalmente las hostilidades. San Martín se mostró inflexible en el reconocimiento de la independencia y Pezuela se negó a aceptarla.

El militar argentino decretó la libertad de los esclavos que se le unieran; sin embargo, apenas logró incorporar unos 600. Esto volvió recelosos a los plantadores sureños del Perú, por lo cual San Martín trató de llevar la acción al norte, donde encontró un ambiente más propicio y pudo organizar algunas guerrillas. La sublevación del intendente de Trujillo, marqués de Torre-Tagle, fue decisiva para la causa en el norte. El general patriota Juan Antonio Álvarez de Arenales combatía en el sur y realizó una audaz penetración hacia la sierra derrotando a O'Reilly (Cerro de Pasco). Los militares españoles, descontentos por la tolerancia de Pezuela, le depusieron mediante un golpe (29 de enero de 1821), sustituyéndole por La Serna. El Gobierno confirmó a La Serna como virrey y mandó un comisionado que le obligaría a negociar con San Martín. Los contactos entre ambos jefes se iniciaron en Punchauca y se remataron el 2 de junio de 1821 con una entrevista. San Martín exigió proclamar la independencia del Perú que quedaría transformado en reino y gobernado por un monarca español. Mientras llegaba el monarca, La Serna quedaría como regente y al mando de los dos ejércitos. El virrey no pudo acceder a tal petición y se reanudaron las operaciones militares. El 12 de junio entró San Martín en Lima, que había evacuado La Serna, y convocó una junta de notables que proclamó la independencia (28 de julio) y le otorgó el título de Protector del Perú. San Martín promulgó un estatuto provisional, organizó un ministerio con personalidades peruanas y un Consejo de Estado. Finalmente, emprendió algunas reformas substanciales: decretó la libertad de vientres, suprimió el tributo indígena y promulgó garantías jurídicas. No fue excesivamente radical, pues quería obtener el apoyo de los conservadores peruanos. Mantuvo los títulos nobiliarios (incluso creó la Orden del Sol) y mandó una delegación a Europa para que buscase un posible monarca en Inglaterra o Francia.

Al llegar el año 1822, la situación distaba mucho de ser optimista. Los realistas mantenían casi intacto su gran ejército y dominaban el interior del Perú, que San Martín veía incapaz de invadir. Cochrane, además, se enemistó con el protector y abandonó la campaña. San Martín comprendió que necesitaba más efectivos militares y que éstos no podían venir ni de Chile, ni de Buenos Aires. La única solución era Bolívar, que había logrado liberar Quito, y por ello solicitó la entrevista de Guayaquil.

3.5. *La entrevista y el baile de los dos libertadores*

La entrevista de Guayaquil es uno de los episodios más controvertidos de la campaña libertadora. Numerosos historiadores la han tratado desde el punto de vista bolivariano o sanmartiniano, y muchos más han tratado de echar tierra al asunto, explicando que sus pormenores empañan las aureolas míticas de los libertadores y que el interés reside, en definitiva, no en los bandos, sino en la gloria de la independencia. Se impone, sin embargo, una breve anotación de lo acontecido, pues en modo alguno puede ser silenciado.

San Martín llegó a Guayaquil el 26 de junio de 1822 donde le esperaba el Libertador. Aquel día hablaron una hora y media sin testigos. Al siguiente conversaron durante cuatro horas también sin testigos. Luego hubo un baile para los dos libertadores del que salió San Martín para embarcarse de regreso al Callao. Lo tratado en Guayaquil lo conocemos a través de la correspondencia de los dos grandes generales y de algunas fuentes indirectas. San Martín le pidió a Bolívar ayuda militar y se ofreció a estar bajo sus órdenes en la campaña del Perú. Bolívar se negó a aceptarle como su subordinado y le dijo que sólo podía darle poco más de 1.000 hombres. San Martín interpretó entonces que su presencia era un obstáculo para la liberación del Perú —que pensó emprendería Bolívar en cuanto desapareciera— y decidió salir de la campaña.

Al regresar al Perú, San Martín convocó el Congreso para el 20 de septiembre. Presentó en el mismo su renuncia al mando y anunció su deseo de dejar la vida pública. Ese mismo día dirigió un mensaje de despedida en Pueblo Libre en el que manifestaba su satisfacción por haber presenciado la declaración de independencia de Chile y Perú, con lo que consideraba cumplidas sus promesas de hacer la indepen-

La entrevista de Guayaquil

dencia de los pueblos y dejar a su voluntad la elección de sus gobiernos. Una frase muy discutida de su alocución fue ésta: «La presencia de un militar afortunado (por más desprendimiento que tenga) es temible a los estados que de nuevo se constituyen.»

San Martín abandonó el Perú el mismo día y partió a Chile desde donde pasó a Mendoza. Luego, en febrero de 1824, partió hacia Europa donde se exilió voluntaria y casi ininterrumpidamente. Vivió en Bélgica y Francia, muriendo en este último país el año 1850.

Al partir San Martín, el gobierno lo asumió una junta presidia por La Mar, que quiso continuar sus planes militares, pero varias derrotas causaron su desprestigio. El 28 de febrero de 1823 fue nombrado presidente de la Repúblia del Perú don José de la Riva Agüero, impuesto por el ejército. Agüero intentó organizar las fuerzas, sin embargo comprendió que necesitaba la ayuda de Bolívar, sin la cual jamás podría liberar la nación.

3.6. *Uruguay pasa de colonia portuguesa a provincia brasileña*

Un caso verdaderamente peculiar fue el uruguayo, pues su territorio pasó por las visicitudes más extrañas como la de ser una provincia anexada al reino de Brasil, una colonia de Portugal y finalmente una provincia del imperio brasileño. Todo esto hizo que su proceso independentista fuera atípico respecto a las otras naciones hispanoamericanas y que su liberación se pospusiera hasta la etapa siguiente.

Ahuyentado José Gervasio Artigas de la banda oriental y retirado al Paraguay (septiembre de 1820), el general portugués Lecor completó fácilmente la dominación del territorio. Tuvo además el buen sentido de atraerse las simpatías de muchos orientales. Reconoció todos los grados de los militares que se pasaron a sus filas y dio al criollo Rivera el mando de los Dragones de la Unión. La situación fue difícil, pues el advenimiento de los liberales al gobierno de Lisboa incidió enormemente en Montevideo. La invasión portuguesa a la banda oriental fue vista con enorme recelo por las Cortes de Lisboa que estaban dispuestas a conceder la independencia al territorio. Después de regresar a Portugal en abril de 1821, João VI tuvo que ordenar a Lecor la reunión en Montevideo de un congreso para que decidiera entre la independencia del país o la anexión a Portugal o a cualquier otra nación. Lecor cumplió las ordenes, pero procuró que los diputados elegidos para el congreso fueran adictos a la causa portuguesa.

El Congreso Cisplatino se reunió el 18 de julio de 1821 con 16 diputados. Sometido a consideración del mismo el asunto de su futuro político, los congresistas se inclinaron por la anexión al Reino Unido de Portugal, Brasil y Algarbe bajo el nombre de Estado Cisplatino. El 5 de agosto siguiente se juró la Constitución de Portugal.

La unión con Portugal duró poco más de un año, pues el 7 de septiembre el infante don Pedro dio el grito de Ypiranga que independizó Brasil convirtiéndolo en imperio en diciembre de 1822.

Los portugueses de Uruguay se dividieron entonces en imperiales (partidarios de unirse a Brasil) y lusitanos (partidarios de seguir con Portugal), mientras que los orientales militaron en ambos bandos. Hubo también orientales que decidieron aprovechar aquella situación para manifestar su deseo de independencia absoluta y se reunieron en la sociedad secreta denominada Caballeros Orientales, a la que pertenecieron Oribe, Santiago Vázquez, Ventura Vázquez, etc. Lavalleja y Rivera fueron invitados a adherirse a ellos y el primero así lo hizo. Fue perseguido por ello y tuvo que huir a Entre Ríos; Oribe, en cambio, prefirió seguir siendo fiel a Lecor.

El general Lecor abrazó la causa de Brasil y abandonó la de Portugal. Tuvo lugar entonces un pronunciamiento de los jefes prolusitanos en Montevideo dirigidos por Álvaro da Costa, quien al mando de 2.000 hombres se declaró dispuesto a defender los derechos de João VI. Lecor tuvo que huir de Montevideo hasta Maldonado, donde estableció provisionalmente la capital del Estado Cisplatino. Luego en San José proclamó al emperador don Pedro I, a quien juró obediencia el ejército.

El 1 de enero de 1823 se eligió en Montevideo un cabildo representante que se opuso a la anexión con Brasil y pidió ayuda a Buenos Aires, y al mismo Bolívar, para defender la independencia de la banda oriental. Lecor declaró intruso al cabildo y nulas todas sus resoluciones. El mismo enero trasladó su cuartel general a Canelones y empezó el sitio de Montevideo, que duró casi todo el año. La ciudad se rindió el 18 de noviembre de 1823. La bandera brasileña fue izada en la capital del territorio oriental que, a partir de entonces, dejó de ser el Estado Cisplatino portugués para convertirse en la Provincia Cisplatina del Imperio de Brasil. El Uruguay seguía viendo frustrado su sueño de independencia.

VII. LAS INDEPENDENCIAS TARDÍAS (1823-1829)

Independizada casi toda Iberoamérica, quedaron sólo los baluartes realistas de Perú y el Alto Perú, liberados en los años inmediatos por las armas bolivarianas. La ocupación de El Callao en enero de 1826 concluyó la dominación ibérica en el continente americano. Iberoamérica —salvo las islas del Caribe— era al fin independiente, sin embargo, no lo eran aún todas las naciones iberoamericanas. No existían Uruguay, Guatemala, El Salvador, Honduras, Nicaragua ni Costa Rica, que habían estado vinculadas a los imperios forjados en la misma América. Seguiremos a la primera de estas naciones hasta el momento en que logró su verdadera independencia y el proceso centroamericano hasta 1829, cuando ya se perfilaba nítidamente la división en cinco repúblicas independientes. Nos quedan, por último, las dos naciones caribeñas de Cuba y Puerto Rico, que se independizaron de España en 1898 y en una coyuntura que será analizada en otra parte de estra obra. La última no ha logrado todavía que el imperio al que debió unirse le reconozca siquiera la categoría de nación.

1. Los Cien Mil Hijos de San Luis, la Santa Alianza y la Doctrina Monroe

Las potencias europeas de la Santa Alianza siguieron con enorme preocupación los progresos del liberalismo en la Península Ibérica y temieron que su influencia perniciosa contagiara a otros países de la convaleciente Europa postnapoleónica. En el Congreso de Verona acordaron poner fin a aquel estado de anarquía meridional mediante la intervención armada francesa, siempre dispuesta a remediar los males de

123

sus vecinas sureñas. En la primavera y el verano de 1823 entraron en España los llamados Cien Mil Hijos de San Luis, que eran sólo 90.000 franceses mandados por el duque de Angulema, a los que se unieron otros 35.000 españoles absolutistas. Los liberales retrocedieron ante los invasores, llevando prácticamente prisionero a su rey constitucional Fernando VII. Se replegaron a Sevilla y luego a Cádiz, plaza que volvieron a sitiar los franceses una vez más. El 1 de octubre de 1823 los liberales pusieron en libertad a su monarca, que se presentó de improviso en el Puerto de Santa María donde fue aclamado. Dos días después cayó Cádiz y los absolutistas iniciaron la represión acostumbrada contra los liberales.

Portugal siguió la misma tónica española. La reina Carlota Joaquina promovió una conspiración contra el régimen constitucional, coincidiendo con la invasión de los Cien Mil Hijos de San Luis a España. Don Miguel, segundo hijo suyo, fue cabeza de un golpe de estado que logró abolir la Constitución en 1823.

El retorno del absolutismo a la Península Ibérica alarmó a los patriotas americanos, y comenzaron a pensar en otra nueva invasión realista. Sus contactos en Londres intranquilizaron a Mr. Canning, quien consideró enormemente comprometido para el gobierno inglés una intervención abierta. El ministro buscó el apoyo norteamericano y sugirió al presidente Monroe una declaración conjunta británica y norteamericana contra tal intervención. El ejecutivo norteamericano estudió el asunto, conviniendo al fin en que cada una de las naciones debía hacer su propia declaración independiente. La norteamericana fue leída por el presidente al Congreso el 2 de diciembre de 1823 y precisaba: «declaramos que tendríamos por peligroso para nuestra paz y seguridad cualquier intento por su parte [las potencias de la Alianza] de querer extender su sistema a cualquier región de este hemisferio». Había nacido la doctrina de «América para los americanos [norteamericanos]» que tantas consecuencias traería. Estados Unidos acababan de comprar la Florida (1819) a España y ambicionaban convertirse en la gran potencia dominante de América, lo que podrían obstaculizar las potencia europeas de la Santa Alianza si desembarcaban sus tropas en el Caribe —Francia y España tenían allí colonias— o en Alaska, que pertenecía entonces a Rusia. Se abría así un paraguas protector contra el colonialismo europeo por un país —Estados Unidos— que había sufrido sus consecuencias. Nadie podía imaginar que la historia volviera a repetirse y con una potencia colonial en la propia América.

De momento la doctrina Monroe sirvió para que las naciones de la Santa Alianza pensaran que una intervención armada contra los revolucionarios iberoamericanos podría traer grandes consecuencias, lo que facilitó el proceso de independencia que culminaría en pocos años.

2. Argentinos, chilenos y colombianos en el Perú. De Junín a Ayacucho

Quedó para el final lo más difícil: la liberación del Perú. Allí estaban los realistas más realistas. Contra ellos se lanzaron los republicanos dirigidos por Simón Bolívar mediante una campaña aparentemente muy lenta. Hubo que hacerla así por dos razones. La primera porque hubo que volver republicanos a muchos criollos peruanos que eran realistas, y esto llevó su tiempo. La segunda porque Bolívar iba creando paralelamente a la liberación las bases de una gran nación andina con la que soñaba desde hacía tiempo: la Federación de los Andes. Para el Libertador, centralismo y federalismo no eran doctrinas políticas antagónicas, sino formas de unir a los pueblos. De aquí que fuera centralista en Colombia, donde presuponía que existía una nación compacta —no lo era en modo alguno— y federalista para integrar con Colombia al Perú y al Alto Perú. Esta idea de unidad andina también llevaba su tiempo y se corría el peligro de fracaso si se precipitaba demasiado la liberación de las naciones centroandinas.

Otro factor que también demoró la independencia peruana fue la diversidad de fuerzas que se reunieron para lograrla. Por el Perú lucharon no sólo los peruanos, sino también los argentinos, los chilenos y los colombianos, y recuérdese que bajo este gentilicio había soldados tan distintos como los venezolanos, los neogranadinos o cundinamarqueses y los quiteños. El Perú fue la torre de Babel donde se concentraron los mejores patriotas de Hispanoamérica y su libertad fue el mejor monumento que existe a la solidaridad de los pueblos hispanoamericanos.

El Perú que dejó el general José de San Martín en 1822 era un verdadero avispero, y quizá por ello se negó Bolívar a aceptar su propuesta de liberarlo conjuntamente. A las muchas facciones existentes podrían haberse sumado la de los patriotas sanmartinianos o bolivarianos, lo que habría sido un desastre. Ofreció, no obstante, su ayuda a la Junta presidida por La Mar, que la rechazó, y posteriormente al presidente Riva Agüero, que decidió aceptarla después de la derrota de las tropas peruanas de Alvarado por el español Valdés. El Libertador envió, en marzo de 1823, 6.000 soldados colombianos al Perú y al mes siguiente al general Sucre.

En junio de 1823 las tropas realistas entraron en Lima. Riva Agüero y el Congreso se retiraron a El Callao, donde los diputados depusieron a Riva y nombraron a Sucre como jefe de las tropas. Sucre presionó para que el Congreso nombrara presidente a Torre-Tagle. Riva Agüero se negó a abandonar su cargo y entró en negociaciones con los realistas. Instaló su gobierno en Trujillo, a donde le siguieron un grupo de congresistas. El Perú era un caos con dos gobiernos, el de Riva Agüero y el de Torre-Tagle, y dos congresos, uno en Trujillo y otro en Lima (evacuado ya por los realistas). El 1 de septiembre llegó Simón Bolívar a la capital con sus tropas venezolanas, neogranadinas y quiteñas, que se sumaron a las chilenas, argentinas y peruanas. La fuerza militar de los patriotas era una muestra de la unidad hispanoamericana, aunque internamente estaba dividida por los nacionalismos incipientes.

La presencia de Bolívar no hizo sino complicar más las cosas, pues despertó los recelos de muchos peruanos. El presidente Torre-Tagle vio con preocupación que el Libertador, nombrado general de las fuerzas patriotas, intentara negociar con su rival Riva Agüero, quien a su vez negociaba con los realistas. El Congreso de Lima declaró traidor a Riva por esto último y envió contra él al coronel Antonio de la Fuente, quien logró apresarle con ayuda de sus propias tropas en noviembre de 1823. El expresidente fue enviado a Europa.

Tagle convocó un congreso constituyente en noviembre de 1823 que le confirmó en la presidencia y dio una Constitución. El presidente peruano tuvo grandes divergencias con Bolívar por temor a su dictadura y a la unión de Perú con Colombia. Al terminar el año 1823 la causa patriota corría enorme peligro, mientras que la realista se afianzaba. Surgió entonces otro imprevisto histórico: la noticia de que Fernando VII había sido repuesto como monarca absoluto en España (1 de octubre de 1823). Los realistas se dividieron entonces, pues los españoles La Serna, Canterac y Valdés eran liberales y constitucionalistas, si bien Olañeta era un declarado absolutista. El último abandonó al virrey La Serna, a quien acusó de intruso, y se retiró al Alto Perú donde se autodeclaró virrey y empezó a gobernar despóticamente en nombre del rey y de la religión. Esto obligó a La Serna a enviar al general Valdés contra Olañeta, dispersando las fuerzas realistas. Valdés, por otra parte, no logró someter al general rebelde.

Una confusión enorme reinaba en el Perú a comienzos de 1824. El 7 de febrero las tropas argentinas y chilenas se amotinaron en El Callao por no recibir sus pagas atrasadas y entregaron el puerto a los realistas. El 12 del mismo mes los españoles entraron de nuevo en Lima, gracias a la complicidad de los mismos peruanos que entregaron la plaza. El presidente Torre-Tagle, varios jefes y más de 300 oficiales se pasaron de golpe a los realistas. Fue una gota que rebasó el vaso de la paciencia de Bolívar, quien ese mismo día exigió y obtuvo el nombramiento de dictador. El Libertador había permanecido enfermo en Pativilca desde enero de ese mismo año, contemplando asombrado cómo se destrozaban entre sí los patriotas, y tomó una serie de decisiones que explican sus posteriores actuaciones militares y políticas.

Bolívar inició la reorganización en Trujillo. Concentró y disciplinó las fuerzas que tenía y las reforzó con nuevas unidades colombianas. El ministro peruano José Sánchez Carrio fue un eficaz colaborador, pues le apoyó económicamente, requisando las propiedades realistas y gravando algunos artículos de consumo. En abril de 1824 el Libertador había logrado formar un verdadero ejército de unos 8.000 hombres, lo mejor del cual era la caballería de llaneros argentinos, chilenos, venezolanos y neogranadinos. En mayo se dirigió con sus tropas hacia Pasco en una de sus intrépidas marchas. En julio tenía ya en la sierra un ejército de 6.000 colombianos y 3.000 peruanos que enfrentó el 6 de agosto con el ejército de Canterac en la meseta de Junín, cerca del lago del mismo nombre. Los dos ejércitos acusaban el mal de montaña, pues estaban en las cimas andinas. Canterac ordenó una carga de caballería que fue sostenida y rechazada por la caballería patriota. No hubo un solo disparo, pues la infantería no pudo ser envuelta y la artillería estaba muy lejos. Fue una batalla de sables y lanzas que dio el triunfo al Libertador. Canterac tuvo que retirarse hacia Cuzco, y Bolívar lo hizo a Lima, dejando a Sucre al frente de las tropas victoriosas. Bolívar liberó Lima en diciembre, iniciando entonces la administración civil.

El virrey La Serna reaccionó pronto, pues no podía permitir que los patriotas dominaran la sierra, el gran fortín realista. Hacia finales de noviembre salieron de Cuzco la casi totalidad de las fuerzas realistas —faltaban las de Olañeta— con el virrey y Canterac. Eran unos 9.000 hombres, casi todos peruanos. En mitad del camino entre Cuzco y Lima estaba Ayacucho, donde hallaron al ejército de Sucre formado por unos 5.700 hombres. El 8 de diciembre tuvo lugar el combate. La táctica de Sucre y la falta de moral de los realistas se conjugaron en aquella decisiva victoria de los patriotas. El luego mariscal de Ayacucho aseguró que sólo tuvo 300 muertos, mientras que los españoles fueron 1.600. La Serna fue hecho prisionero y Canterac ofreció la rendición incondicional. En la capitulación los patriotas permitieron a los realistas la opción de quedarse en el Perú, transformados en ciudadanos de la nueva nación, o embarcarse a España. La mayor parte de la oficialidad optó por la última solución, afrontando luego en España la penosa situación de pasar con el estigma de «los ayacuchos».

La liberación del Alto Perú fue confiada a Sucre, quien después de entrar en

Cuzco cruzó el Desaguadero y avanzó cautelosamente por el territorio, enviando emisarios a Olañeta para que se uniera a las filas de los vencedores. El general realista asistió imperturbable a la deserción en sus filas y mantuvo su lealtad a un rey que nada iba a hacer por socorrerle. Acorralado y desasistido, presentó batalla en Tumusla (1 de abril de 1825), donde fue herido de muerte y sus tropas derrotadas. Fue la última resistencia realista en el Alto Perú. Tras ella, Sucre entró en Potosí y en La Paz. En esta ciudad proclamó la independencia del Alto Perú el 9 de febrero de 1825. Se abría entonces la enigmática página de qué hacer con su territorio: vincularlo al Perú, a las Provincias Unidas del Río de la Plata —parte de su territorio perteneció tardíamente al virreinato bonaerense— o hacer del mismo una nación independiente. Bolívar escogió la última solución y los habitantes altoperuanos, en agradecimiento, bautizaron su nuevo país con el nombre de su Libertador. Se llamaría Bolivia en el futuro.

En Perú los españoles siguieron resistiendo en el puerto de El Callao bajo las órdenes de José Ramón Rodil hasta el 22 de enero de 1826, cuando se convencieron de que no iban a recibir ningún refuerzo de su patria y aceptaron la rendición. Fue el final de aquella larga lucha española contra el curso de la Historia.

3. URUGUAY SE INDEPENDIZA AL FIN DE SUS VECINOS

Quedaba todavía en Iberoamérica una independencia pendiente, la del Uruguay. La Banda Oriental, estado almohada entre vecinos poderosos, no había logrado aún su ansiada libertad. Su incorporación al imperio de Brasil había dejado un enorme sentimiento de amargura en sus clases populares, aunque fue apoyada por los grupos privilegiados que vieron en el imperio un estado de orden que les defendía de los excesos de las montoneras. La larga lucha de Artigas por imponer una república federal en el Río de la Plata contra la hegemonía porteña había terminado por producir un sentimiento nacionalista en los orientales que sería difícil reprimir ya. Era un sentimiento confuso y desdibujado que afloró nuevamente entre los patriotas orientales exiliados en Buenos Aires cuando supieron las nuevas de la batalla de Ayacucho. Toda Hispanoamérica era ya independiente excepto Uruguay, que seguía unida a Brasil, país que miraban ahora como una potencia dominadora semejante a España. Los orientales expatriados comenzaron sus reuniones a principios de 1825. Eran Lavalleja, Oribe, Del Pino, Meléndez, Trápani y otros. Consiguieron la ayuda de algunos comerciantes argentinos y enviaron una avanzadilla —Manuel Lavalleja, Atanasio Sierra y Manuel Freire—, que recorrió en secreto el Uruguay tanteando el respaldo que podrían encontrar entre algunos estancieros y comprometiendo a uno de ellos —Tomás Gómez— para prestarles apoyo más adelante. Finalmente, el 19 de abril de 1825, 33 orientales cruzaron el río y desembarcaron en la playa de la Agraciada.

Los 33 orientales mandados por Lavalleja se apoderaron de la población de Soriano, que no opuso resistencia, y se dirigieron luego a San José. A orillas del río Monzón encontraron una columna de 200 hombres dirigida por el oriental Rivera, que enviaba el general Lecor contra ellos. Rivera se pasó a los rebeldes. Al llegar a San José ya era una fuerza apreciable. El movimiento se extendió rápidamente por el oriente y el 14 de julio del mismo año pudieron formar un gobierno en la Florida del que fue presidente Manuel Calleros, y comandante en jefe del Ejército, Lavalleja. Rivera fue nombrado inspector general del Ejército. También se acordó convocar una Asamblea Legislativa, para lo que se pidieron representantes.

El 20 de agosto se instaló en la Florida la Asamblea Legislativa que a los cinco días declaró nula la incorporación de la provincia oriental a Portugal y a Brasil e incorporó el territorio al Río de la Plata «por ser libre y espontánea voluntad de los pueblos que la componen». Las victorias de Rincón de las Gallinas por Rivera (24 de septiembre) y de Sarandá por Lavalleja y Rivera (12 de octubre) decidieron al Congreso Constituyente argentino a aceptar la reincorporación de los orientales (25 de octubre de 1825), lo que originó la declaración de guerra de Brasil a Argentina (1 de diciembre).

Los argentinos tomaron entonces la iniciativa de la guerra oriental. El general Las Heras, gobernador de Buenos Aires, llamó a argentinos y orientales a las armas, y el ejército de Entre Ríos, mandado por Martín Rodríguez, cruzó el río Uruguay estableciéndose en Durazno. El 7 de febrero fue elegido presidente de las Provincias Unidas del Río de la Plata Bernardino Rivadavia, que volvió a plantear la hegemonía de los centralistas o unitarios porteños frente a los federalistas. Rivadavia se volcó en la campaña oriental a donde envió la flota del almirante Brown y al general Alvear, pero el entusiasmo de los orientales disminuyó de inmediato. No tanto por estar subordinados a jefes argentinos, cuanto por ver defraudado de nuevo su ideal federalista, vieja reivindicación de Artigas. El ministro inglés Canning temió que la guerra oriental desequilibrara la zona donde los ingleses tenían muchos intereses comerciales y envió a Ponsonby para que tanteara con Río y Buenos Aires la posibilidad de formar una nación independiente en Uruguay, intermedia entre las dos potencias.

La ofensiva argentina de 1827, con algunos triunfos importantes como el naval del Juncal y el terrestre de Ituzaingó, empezó a debilitarse cuando Rivadavia se vio obligado a reclutar tropas para hacer frente a los federalistas argentinos. Mandó a Río de Janeiro a su emisario García para negociar un armisticio, pero éste se limitó a firmar un tratado que dejaba la provincia oriental bajo protección brasileña, lo que fue rechazado por Buenos Aires y aceleró la caída de Rivadavia. Le sustituyó el federal Dorrego, partidario de reanudar las conversaciones de armisticio iniciadas por Ponsonby. En 1828 se produjo la inesperada invasión de los orientales, mandados por Rivera, al territorio de Misiones, lo que alarmó al emperador Pedro I y le convenció de la urgencia de negociar, pues tenía el problema de los montoneros en su propio territorio. El 27 de agosto de 1828 se llegó a un acuerdo preliminar para reconocer la independencia del Uruguay, ratificado el 5 de septiembre siguiente. La Asamblea General Constituyente eligió gobernador provisorio, a finales de dicho año, a José Rondeau. Unos días después se produjo el desalojo de Montevideo por las tropas imperiales (18 de diciembre de 1828). El 1 de mayo de 1829 el Gobierno oriental hizo su entrada en Montevideo.

Uruguay tuvo una merma territorial, ya que la parte norte de Misiones quedó integrada en Brasil. El cabildo de Montevideo lo había cedido a dicho país en 1819 y, aunque luego fue liberado por Rivera, no pudo evitarse la pérdida de la zona existente entre el Ibicuy y el Cuareim.

4. Cuando Centroamérica quiso ser las Provincias Unidas

La unión con México duró lo que el efímero imperio y durante el mismo aparecieron ya enfrentados los dos bandos de liberales y conservadores, luego llamados fiebres y serviles. Al caer Iturbide, el gobernador Vicente Filisola convocó un congreso en la ciudad de Guatemala para decidir el destino centroamericano. Se reunió el 24 de junio con representación de las distintas provincias y debatió el problema, llegando a la solución de proclamar la independencia de México, toda vez que «la incorporación de estas provincias al extinto imperio mexicano, verificada sólo de hecho a finales de 821 y principios de 822, fue una expresión violenta, arrancada por medios viciosos e ilegales». Era el 1 de julio de 1823.

Centroamérica independiente pasó a formar una nueva nación que se denominó las Provincias Unidas de Centroamérica. Tendría un presidente y un vicepresidente federales y un legislativo bicameral. Surgió entonces el problema de Chiapas, territorio que siempre había formado parte de la Capitanía General de Guatemala y que México quería mantener ahora dentro de sus fronteras. Una votación de la Junta de Chiapas dilucidó el problema inclinándose por la unión con México.

El primer presidente elegido fue el salvadoreño Manuel José de Arce, pero como se encontraba ausente, fue sustituido provisionalmente por un ejecutivo colegiado de tres miembros. La presidencia de Arce (1824-1829) resultó extraordinariamente complicada, como tendremos ocasión de ver más adelante, y preparó la posterior ruptura de las Provincias Unidas de Centroamérica en las cinco repúblicas de Guatemala, Honduras, El Salvador, Nicaragua y Guatemala. Este proceso, así como el de la formación de las tres naciones venezolana, colombiana y ecuatoriana, que resultaron de la división de la Gran Colombia, serán tratados a continuación.

ORIENTACIÓN BIBLIOGRÁFICA

Biblioteca hispanoamericana, biografías de algunos personajes de la emancipación, Madrid, Anaya, 1988.

Causas y caracteres de la independencia hispanoamericana, Madrid, Cultura Hispánica, 1953.

Delgado Martín, Jaime, *La independencia hispanoamericana*, Madrid, Cultura Hispánica, 1960.

Donoso, Ricardo, *Fuentes documentales para la historia de la Independencia de América*, México, Instituto Panamericano de Geografía e Historia, 1960.

Emancipación Americana, vol. XXXI de *Gran Historia Universal*, Madrid, Club Internacional del Libro, 1986.

Eyzaguirre, Jaime, *Hispanoamérica del dolor*, Madrid, Instituto de Estudios Políticos, 1947.

Griffin, Charles C., *Los temas sociales y económicos en la época de la independencia*, Caracas, Fundación John Boulton, 1962.

Halperin Donghi, Tulio, *Historia de América Latina, 3. Reforma y disolución de los Imperios Ibéricos*, Madrid, Alianza América, 1985.

Hamill, Hugh M., *The Hidalgo revolt: prelude to Mexican independence*, Wesport, 1981.

Kenneth, Maxwell, *Conflicts and conspiracies: Brazil and Portugal 1750-1808*, Cambridge, 1973.

Las actas de independencia de América, edic. y nota preliminar de Javier Malagón, Washington, D. C., Unión Panamericana, 1955, reedit. en 1972.

LECUNA, Vicente, *Crónica razonada de las guerras de Bolívar,* Nueva York, 1950, 3 vols.

LYNCH, John: *Las revoluciones hispanoamericanas, 1808-1826,* Barcelona, Ariel, 1976.

MITRE, Bartolomé, *Historia de San Martín y de la emancipación americana,* Buenos Aires, 1907.

PIGRETTI, A., *Juntas de Gobierno en España durante la invasión napoleónica,* Buenos Aires, 1972.

PRIEGO, J., *La Guerra de la Independencia,* 1808-1814, Madrid, 1977.

Protagonistas de América, biografías de algunos personajes de la emancipación, Madrid, Historia 16, 1987.

RAMOS, Demetrio, «Los "motines de Aranjuez" americanos y los principios de la actividad emancipadora», *Boletín Americanista,* 5-6, Barcelona, 1960.

ROBERTSON, William S., *La vida de Miranda,* Caracas, 1967.

ROMERO, José Luis, y Luis Alberto Romero, edit., *Pensamiento político de la emancipación,* Caracas, 1977.

RUSSELL-WOOD, A.J.R., edit., *From colony to nation: essays in the independence of Brazil,* Baltimore, 1978.

STOETZER, O. Carlos, *El pensamiento político en la América española durante el periodo de la Emancipación (1789-1825),* Madrid, Instituto de Estudios Políticos, 1966, 2 vols.

VILLORO, Luis, *El proceso ideológico de la revolución de independencia,* México, 1967.

MANUEL LUCENA SALMORAL

CAPÍTULO II

La formación de los Estados nuevos

I. IBEROAMÉRICA DESPUÉS DE LA INDEPENDENCIA

1. LA ECONOMÍA DE HISPANOAMÉRICA

La independencia puso fin al monopolio español, eliminó a la antigua metrópoli y confirió a Hispanoamérica un acceso directo a la economía mundial. Los comerciantes e industriales británicos, o sus agentes, irrumpieron con presteza en los nuevos mercados en busca de ventas rápidas a bajo precio, vendiendo tanto a los sectores populares como a las élites. Gran Bretaña no era sólo el mayor exportador a Latinoamérica —seguido a cierta distancia por los Estados Unidos, Francia y Alemania—, sino también el principal mercado para la exportación latinoamericana. Existió, al principio, un desequilibrio comercial, dado que las exportaciones agrícolas y mineras hispanoamericanas se estancaron y el capital local se gastaba en importaciones en lugar de acumularlo para la inversión. Los principales poseedores de capital —la Iglesia y los comerciantes— tenían pocos estímulos para invertir en la industria a falta de un mercado fuerte y protegido. Resultaba más sencillo permitir que los productos manufacturados británicos invadieran el mercado, incluso a expensas de los productos locales. Además, la superioridad de los productos, del crédito y de los recursos navieros de los británicos hacía difícil la competencia para los comerciantes locales y expulsó a muchos de ellos del mundo de los negocios. ¿Obtuvo, pues, Latinoamérica algún beneficio de la independencia?

La apertura de Latinoamérica al comercio internacional se ha considerado tradicionalmente como uno de los grandes logros de la independencia. La entrada de navíos, empresarios y bienes manufacturados extranjeros, y la exportación directa de productos de estancia y hacienda a los mercados mundiales fueron considerados como constitutivos de una nueva etapa en la historia de Hispanoamérica, la precursora de la incorporación de la zona a la economía mundial. La historiografía moderna ha planteado algunas dudas a estas conclusiones. Se ha señalado que el mercado y el comercio del subcontinente eran de pequeñas dimensiones y que las perspectivas de crecimiento se hallaban severamente limitadas. La lenta facturación, las malas comunicaciones, las altas tarifas y comisiones, todo hacía dudar a los comerciantes extranjeros antes de invertir capital en el comercio sudamericano. Otros han afirmado que el comercio libre simplemente condujo a la sustitución de una metrópoli por otra, y que la dependencia de España fue reemplazada por una dependencia de Gran Bretaña.

Parece que la verdad es muy otra. Si bien Hispanoamérica puede haber estado en la periferia de los intereses británicos en el periodo de 1820-1850, ello no quiere decir que el comercio británico careciese de importancia o de consecuencias en Hispanoamérica. Desde el punto de vista de la mayoría de los países hispanoamericanos, el comercio británico ocupaba un lugar central en un mundo económico. Sin duda no cabe comparar estos cambios con la mucho más importante transformación que tuvo lugar a partir de la década de 1870; pero, con todo, sí fueron significativos. El comercio exterior en general, y el británico en particular, provocaron cambios específicos en, por poner un ejemplo, la economía argentina; a saber: la expansión de las estancias, el crecimiento comercial y el estancamiento industrial. Sería, sin embargo, un error interpretarlo en términos de dependencia. Hispanoamérica dependía de los productos manufacturados británicos, de los buques británicos y de los mercados británicos, pero no necesitaba aún —no era capaz de utilizarlos— ni el sistema bancario británico ni su tecnología; tomaba sus propias decisiones y no era en absoluto dependiente de Gran Bretaña. Además, se trata de años de un mayor crecimiento industrial en Gran Bretaña, con precios en descenso, que cayeron de modo más sustancial que los precios de las materias primas. Ello parece haber otorgado a Hispanoamérica condiciones comerciales favorables, al menos hasta la década de 1850. Mientras tanto, los comerciantes británicos disfrutaron de muy poco poder político en Hispanoamérica y de ninguna influencia sobre la política de tarifas de los nuevos estados; a diferencia de España, esta nueva metrópoli comercial no podía ser acusada de extorsión fiscal.

Sin embargo, las economías hispanoamericanas no reaccionaron inmediatamente a la emancipación. Las guerras de independencia destruyeron muchas vidas y propiedades; el terror y la inseguridad provocaron, además, la huida de mano de obra y capital, lo que dificultaba organizar la recuperación y hacía aún más difícil diversificar la economía. La carencia de acumulación de capital propio y la inexistencia, hasta entonces, de inversión extranjera subrayaban la dificultad del crecimiento económico. La minería sufrió especialmente los trastornos de la guerra y la subsiguiente escasez de capital. Otros sectores necesitaban menos capital y dependían de la existencia de tierras abundantes y de una mano de obra barata para poder tener éxito. La ganadería en Argentina y Venezuela podía rendir beneficios sin grandes inversiones; en este caso la liberalización del comercio y del acceso a mercados estables bastaron por sí mismos para estimular el crecimiento. La agricultura tropical vivía un momento menos boyante y se enfrentaba también a la competencia internacional, pero a pesar de todo encontró la forma de sobrevivir y crecer. Los diferentes sectores económicos competían por influencias, pero ya no había una metrópoli que hiciera de árbitro.

La política era diseñada por los nuevos líderes y los grupos de poder económico nacionales. Sus pretensiones consistían en convertir sus intereses particulares en una nueva metrópoli y reducir a las demás regiones o provincias a una especie de dependencia neocolonial. Las capitales o los puertos como Buenos Aires trataron, por consiguiente, de monopolizar los frutos de la independencia, interponiéndose como grupo de control en el comercio nacional y de ultramar. Las subregiones tenían que insistir en el logro de una autonomía económica con el fin de protegerse; Uruguay y Paraguay optaron por una completa independencia; las provincias del interior de Argentina eligieron la vía del federalismo. En Colombia, Venezuela y Ecuador se separaron con el objeto de proteger, entre otros elementos, sus propias y específicas economías. En México, la industria textil artesanal tuvo en un principio menos éxito en protegerse contra los comerciantes de la capital que preferían importar los productos manufacturados ingleses; en Nueva Granada la industria sufrió una suerte similar. Las economías nacionales se encontraban, por tanto, divididas desde un comienzo por rivalidades internas, por disputas entre el centro y las regiones, entre comercio libre y proteccionismo, entre agricultores que buscaban vías de exportación y los que apoyaban a la industria o a la minería, entre los partidarios de los productos importados baratos y los defensores de la producción nacional. En conjunto, la disputa fue ganada por los que promovían la exportación de materias primas y la importación de artículos baratos, y los británicos estaban a mano para aprovecharse de las ventajas derivadas de la decisión. Esa parece haber sido la lógica de los acontecimientos. Pero, ¿cómo reaccionaron los diferentes sectores de la economía a la nueva situación?

Durante el siglo XVIII la fuente más importante de crecimiento económico en Hispanoamérica habían sido las minas de plata. México especialmente experimentó un auge económico basado en la minería, los beneficios de la cual estimularon a la agricultura local y al comercio de ultramar, además de permitir la formación de una serie de fortunas familiares en México y en España. La independencia acabó con el auge de la minería. La revolución mexicana de 1810 constituyó un violento movimiento que tuvo un impacto inmediato en la economía. Al estar las poblaciones mineras rodeadas habitualmente por guerrillas, resultaba imposible que las minas recibieran suministros o efectuaran envíos sin la protección de una gran y costosa escolta. Los propietarios de minas y los empresarios abandonaron rápidamente las regiones mineras. Las minas fueron abandonadas y en muchos casos inundadas, la maquinaria se deterioró por dejadez y la plata obtenida pasó a ser un mero residuo de tiempos más prósperos. Pero el mayor desastre se derivó de la fuga de capital, retirado tan pronto como los insurgentes cortaron las comunicaciones entre la ciudad de México y las provincias. De modo que no fue tanto la destrucción material, que podía ser reparada, como la pérdida de confianza y consiguientemente de inversiones lo que provocó el derrumbamiento de la economía minera mexicana, y con ella la crisis agrícola y comercial, así como la dispersión de la mano de obra cualificada. Este fue uno de los problemas más urgentes con que se tuvo que enfrentar el gobierno nacional después de 1821.

La política minera se desarrolló bajo la influencia de Lucas Alamán, que procedía de una familia minera de éxito del Guanajato colonial. En un intento de reducir los costes de la industria, el gobierno abolió el monopolio sobre el mercurio y la acuñación de moneda que ostentaba la ciudad de México, y en 1821 se redujeron los impuestos sobre producción y exportación hasta sólo un 3 por 100 en el caso del oro y la plata. Para atraer a un capital esencial, una ley de 7 de octubre de 1823 permitía que los extranjeros se convirtieran en copropietarios con mexicanos en unas condiciones extremadamente favorables. Para 1827 había siete sociedades británicas, una alemana y dos americanas. El capital británico ascendía a tres millones de libras esterlinas, y en total se invirtieron unos doce millones de dólares. En poco tiempo tuvo lugar un antiguo y clásico proceso: optimismo, auge y derrumbamiento. Uno de los problemas consistió en los elevadísimos costes del mercurio bajo el monopolio otorgado a la Casa Rothschild. Otro fue la incapacidad del gobierno mexicano para establecer un régimen administrativo y financiero adecuado y equiparable a la infraestructura borbónica. Pero el fondo del problema radicaba en la relativa escasez del capital invertido, que ascendía a menos de un tercio de la inversión que habían hecho los españoles en su momento, y que fue cortada en seco por la crisis financiera de Londres en 1826. Los inversores ignoraban casi por completo las condiciones en que se encontraba México e incluso los lugares de las minas rentables. Los ingleses creían que las inundaciones y la mano de obra eran los únicos problemas y fácilmente superables, las primeras con maquinaria inglesa, la segunda con mineros de Cornualles. La maquinaria no funcionó y los mineros de Cornualles no se adaptaron, y la experiencia hizo que la mayoría de las sociedades reconocieran el desastre, dieran marcha atrás y comenzaran de nuevo desde cero, poniendo en juego esta vez una administración europea y mano de obra local. Pero la plata no conoció ningún auge en la década de 1820. En 1826, la producción de las minas mexicanas era de 7,5 millones de dólares. Las inversiones efectuadas no habían resultado rentables, aunque el capital empleado produjo resultados beneficiosos en las explotaciones agrícolas adyacentes, en el comercio y en el nivel de empleo. La producción de plata continuó siendo un componente importante de la economía mexicana, además de constituir el principal producto exportado por México. Pero dicha exportación se hacía en unas cantidades relativamente reducidas y ello significó que el capitalismo comercial mexicano perdió su estímulo principal.

La minería mexicana había utilizado tradicionalmente una mano de obra libre y a sueldo. En el Alto Perú las minas eran explotadas por una mano de obra que operaba en condiciones de trabajos forzados, la mita, que fue abolida con la independencia. Ello eliminó el sistema laboral tradicional y consiguientemente una de las principales fuentes de rentabilidad de las minas de Potosí. La industria minera boliviana nació, por tanto, tras el periodo colonial, en crisis. Precisaba de grandes inyecciones de capital para incrementar las operaciones, procurarse maquinaria y efectuar drenajes. Para ello recurrió al mercado financiero londinense. Por decreto, el 2 de agosto de 1825, Bolívar ordenó que todas las minas abandonadas y sin explotar revirtieran a manos del Estado para que éste las arrendara o subastara. El cónsul británico estimaba que las minas de un valor de hasta cinco millones de pesos pasaron así a ser de propiedad pública. La nueva ley, que operaba en condiciones de tiempo de paz, bastó para provocar un moderado incremento de la producción de plata a partir de 1825. Se confiaba en obtener resultados más espectaculares gracias a la inversión extranjera. En Londres, la Asociación Minera de Potosí, La Paz y Perú reunió algo de capital, pero no lo suficiente para financiar operaciones con éxito, y la sociedad se vio pronto en condiciones de liquidación. Se habían combinado múltiples factores para provocar el desastre: la brecha entre un capital inadecuado y los altos costes, la falta de una gerencia experta y de mano de obra cualificada, la maquinaria inútil, las deficientes técnicas de drenaje y funcionamiento, los suministros irregulares de mercurio y los altos impuestos. Hasta mediados de siglo la producción continuó siendo reducida, carente de los recursos necesarios para acometer explotaciones no superficiales. El censo nacional de 1846 estimaba que la falta de capital había provocado el cierre de unas 10.000 minas en Bolivia desde finales del periodo colonial, la mayoría de las cuales no habían sido agotadas, sino abandonadas e inundadas.

En el Bajo Perú las minas habían utilizado mayoritariamente mano de obra libre, pero, por lo demás, sufrían problemas similares a los del Alto Perú. La incapacidad para enfrentarse al constante problema de las inundaciones, la destrucción causada por la guerra y la caída de los suministros de mercurio fueron todos factores que indujeron a la crisis en la minería de la plata. Los comerciantes españoles se marcharon llevándose su capital y privaron así a la industria de su cordón umbilical financiero. La destrucción de las máquinas de vapor, vitales para el drenaje, en el Cerro de Pasco en el curso de operaciones militares en 1820-1824 supuso un nuevo golpe, aunque no mortal. La producción del Cerro de Pasco renació durante la década de 1830. De hecho, las minas de plata peruanas resurgieron como fuente principal de ingresos para el gobierno en el periodo de 1825-1842. Además, se establecieron siguiendo más o menos el mismo modelo que en la industria colonial: industrias pequeñas, tecnología rudimentaria, cantidades modestas de capital y dependencia financiera de otros sectores de la economía. Y, sin embargo, nunca alcanzaron el nivel de la producción colonial.

También Colombia tenía un sector minero. El foco principal de producción de oro se hallaba en Cauca, con la propiedad de las minas centrada en Popayán. Había también minas de oro en el Chocó, explotadas por esclavos, y en Antioquia, explotadas mayoritariamente por mano de obra libre. En Tolima había minas de plata. Todas vieron sus operaciones interrumpidas por la guerra y la emancipación de los esclavos, pero se las arreglaron para mantener su producción y contribuyeron con una cuota significativa a las exportaciones durante algunas décadas. Y, sin embargo, ni siquiera con el apoyo de inversiones extranjeras, Colombia tuvo más éxito que otros países en el intento de aumentar la producción minera.

El sector minero de mayor éxito en Sudamérica tras la independencia fue probablemente el de Chile, donde la industria, sita en el denominado Norte Chico, experimentó una gran expansión, atrayendo a un nuevo grupo de población trabajadora y produciendo gran parte de la riqueza del país en las décadas posteriores a 1820. La producción de plata aumentó sustancialmente. En 1832 se descubrieron los ricos depósitos argentíferos de Chañarcillo, que se convirtieron en la fuente de una producción prodigiosa y de numerosas fortunas. El cobre experimentó un crecimiento aún mayor. Tras una caída en la década de 1820, el cobre avanzó, no gracias a nuevos descubrimientos espectaculares, sino explotando filones preexistentes con un alto contenido de mineral. La mecanización, las máquinas de vapor y las modernas técnicas de fundición y refinado transformaron la industria gradualmente. Parte del capital y la ingeniería eran británicos, pero había también una serie de empresarios chilenos notables que invertían frecuentemente sus beneficios mineros en transporte, agricultura y en ulteriores operaciones mineras. El cobre llegó finalmente a dominar la economía y a demostrar que la minería no era necesariamente una industria en su ocaso, sino que tenía un futuro vivo. En términos generales, Chile no experimentó la fatal escasez de mano de obra y de capital características de otras economías mineras, y fue, por consiguiente, capaz de explotar los nuevos descubrimientos hechos tras la independencia. Todo ello parece demostrar que si bien no era posible restaurar la industria minera colonial hasta alcanzar los niveles de producción y prosperidad de esa época, sí había un lugar para las nuevas industrias de extracción en las economías regionales de Hispanoamérica, lo que conduciría a ciclos de producción de guano, nitratos, cobre, estaño y, en su momento, petróleo, permitiendo también la entrada de inyecciones de capital y tecnología extranjeros más efectivos.

Otros sectores de la economía eran menos dependientes de fuertes inversiones de capital. La agricultura había sufrido durante las guerras de independencia menos devastaciones que la minería, y fue capaz de mantener la producción sin necesidad de una costosa reconstrucción. En este sector, las restricciones principales eran la de mano de obra y la del nivel de la demanda. A la agricultura le fue más difícil beneficiarse de la liberalización del mercado que a la ganadería. Los cultivos de clima templado como los cereales, la vid y la aceituna tenían sólo posibilidades limitadas de crecimiento a causa de la falta de una demanda adicional en el mercado europeo y por los altos costes de transporte. Chile fue capaz de beneficiarse de la exportación de grano a nuevos mercados del Pacífico, California y Australia, pero se trataba de aumentos provisionales y excepcionales de la demanda. En otros países, como Argentina, la política del gobierno hacía discriminaciones en contra de la agricultura y a favor de la ganadería.

Los productos tropicales eran más propicios para la exportación, y, sin embargo, no mostraron señales de crecimiento significativo hasta bastante avanzado el siglo. El tabaco mantuvo su nivel de producción, pero no lo incrementó, salvo quizá en Colombia a partir de finales de la década de 1840. El cacao continuó siendo uno de los productos de exportación característicos de la Sudamérica tropical, aunque todavía dependiente del mercado español y, por consiguiente, con escasas posibilidades de experimentar un crecimiento espectacular. El Ecuador y Venezuela costeros siguieron compitiendo en busca de consumidores, aunque en el caso de Venezuela el cacao sufrió un declive relativo entre los artículos exportados.

La producción agrícola de Venezuela se fue diversificando en el periodo entre 1830-1850, y el café tomó la cabeza frente al cacao. En 1830-1831, el café suponía alrededor del 40 por 100 del valor total de las exportaciones, el cacao el 29 por 100, el índigo un 18 por 100, la industria ganadera un 5 por 100 y el algodón y el tabaco daban cuenta del resto. En 1873, el café suponía un 62 por 100 y el cacao menos de un 8 por 100. Pero el café precisaba tanto de capital como de mano de obra. Los terratenientes sin reservas propias de capital pidieron préstamos en el mercado monetario, mientras que los prestamistas se encontraban ahora apoyados por la ley de créditos del 10 de abril de 1834, que eliminaba las restricciones impuestas sobre los tipos de interés y sobre los topes de préstamo característicos del periodo colonial, creando así un mercado monetario más o menos libre. Las expectativas de expansión del café llevaron a los terratenientes a caer en la trampa de solicitar empréstitos con altísimos tipos de interés, y cuando el auge del café terminó en 1842, tras una caída de los precios mundiales de este producto, les resultó imposible pagar sus deudas. Siguió un conflicto entre los productores agrícolas, atrapados por sus deudas, y el sector financiero que exigía el pago de las mismas, una disputa que se convertiría en uno de los componentes de la política venezolana durante las décadas futuras. Pero la crisis de 1842 pasó y la exportación de café mantuvo su tendencia alcista, aumentando en aproximadamente un 40 por 100 en el quinquenio posterior a 1842 y manteniendo ese nivel hasta que dio comienzo un nuevo ciclo de expansión en 1870. El café no era frágil y resistía a los elementos, se podía almacenar durante largos periodos y se podía cultivar en pendientes y en terrenos marginales. Dichas ventajas naturales iban, sin embargo, acompañadas de problemas, no sólo de capital, sino también de mano de obra. Los productores de café venezolano solían emplear mano de obra libre, aunque no necesariamente a sueldo. Las restricciones financieras les obligaban a buscar fuentes alternativas de mano de obra; uno de los sistemas preferidos consistía en asignarles a los *conuqueros* una parcela, a cambio de cuya cesión trabajaban en las plantaciones. Pagar la tierra con trabajo se convirtió en una característica de la estructura agraria de las regiones cafeteras.

Sin embargo, el éxito del café en la Venezuela del siglo xix no podía ocultar las serias desventajas derivadas de ese modelo de monocultivo. Si los precios mundiales caían, el conjunto de la economía sufría, pues el café era el principal instrumento para la obtención de divisas. La economía agrícola sufría entonces serias distorsiones, y a menudo se hacía necesario importar alimentos básicos como la harina, aceites, azúcar y conservas. Y no se desarrolló ninguna industria de importancia; todos los productos manufacturados provenían del extranjero. Las exportaciones de café eran, por tanto, necesarias para importar artículos industriales, y los canales principales a través de los cuales tenía lugar este intercambio eran los comerciantes extranjeros que residían en Venezuela. De este modo, Venezuela no contempló el surgimiento de una clase media nativa, ni industrial, ni comercial, sino de una extranjera.

Venezuela ofrecía un ejemplo de economía de plantación que no empleaba mano de obra esclava. La caña de azúcar, por otra parte, era tradicionalmente trabajada por esclavos, no sólo en Brasil sino también en Hispanoamérica. En el Perú costero, la producción de azúcar continuó empleando mano de obra esclava tras la independencia, al igual que lo había hecho durante el periodo colonial. En esta época no fue un sector en crecimiento y tuvo que competir por la mano de obra con otras actividades económicas, pues no podía aumentar el número de esclavos o siquiera de mantenerlo una vez abolida la trata. Además, el azúcar peruano tenía que competir por los mercados con productores más dinámicos. Uno de ellos era Cuba, cuya producción de azúcar experimentó un fuerte índice de crecimiento en la primera mitad del siglo xix, beneficiándose del declive de Haití, de un buen suministro de capital español y de la connivencia de España con la trata de esclavos hasta la década de 1860. El capital comercial se empleó con éxito en la racionalización del proceso productivo y en el establecimiento de una infraestructura moderna de ferrocarriles y maquinaria de vapor.

No todos los sectores de la economía necesitaban grandes inversiones de capital. La ganadería daba buenos rendimientos con una inversión mínima. Las exigencias básicas eran tierras adecuadas y mercados exteriores. Los mercados se podían encontrar en las Américas y en Europa. Los recursos territoriales se extendían desde el norte de México hasta los llanos de Venezuela, el sur de Brasil y el Río de la Plata. Durante la primera mitad del siglo xix la tecnología necesaria era extremadamente baja y la tierra se podía usar en forma de explotación extensiva. En un momento de escasez de capital, en áreas de escasa población e inmovilidad de la mano de obra, lo razonable era incrementar la crianza de ganado aumentando las tierras disponibles. En dichas zonas, el libre comercio y el subsiguiente flujo de importaciones necesitaban de su correspondiente instrumento generador de divisas: el ganado. La liberalización del comercio le permitió a la industria ganadera latinoamericana el acceso al mercado de cueros europeo y a los mercados de esclavos americanos consumidores de carne de vaca en salazón. El ejemplo primordial de este modelo de crecimiento fue Argentina.

En Argentina, poco después de la independencia, era la gran estancia la que creaba riqueza y otorgaba categoría social. La combinación de la competencia británica y del declive del interior dejó al sector comercial de la economía en una situación de incapacidad para sostener a la élite comerciante local, que comenzó, consiguientemente, a buscar otras salidas para su capital. La salida principal fue la ganadería extensiva, que comenzó a desarrollarse a costa de la agricultura, y esto en tal medida que la provincia pronto llegó a depender de la importación de grano. La política agraria del gobierno apoyaba la formación de estancias y la inversión en tierras, ganado y saladeros. El gobierno arrendó primero tierras públicas, y luego, en la década de 1830, las vendió, o sencillamente las regaló como recompensa a soldados y oficiales. De este modo, el Estado favoreció el latifundismo y la concentración de tierras, y un reducido grupo de personas se convirtió en amo y señor de toda la provincia. La expansión de las estancias fue una respuesta a las oportunidades ofrecidas por el comercio internacional y las decisiones del gobierno. Pero constituía también un reflejo de las preferencias y las decisiones de los grupos fácticos. Los hacendados de Buenos Aires no adquirieron grandes fincas como meros símbolos de categoría social; compraban tierras con el objeto de exportar y beneficiarse de las oportunidades derivadas del comercio libre; y los terratenientes de mayor éxito eran hombres de origen urbano con poderosos instintos comerciales, como los Anchorena.

Ya en la década de 1840 las grandes llanuras de pastos de Buenos Aires estaban divididas en estancias bien abastecidas y contenían unos tres millones de cabezas de ganado. Eran la riqueza básica del puerto y de la provincia, y la base de la economía de exportación. Se trataba de animales de calidad inferior, alimentados por los pastos naturales de las pampas, criados en campo abierto al cuidado de un vaquero para al menos 3.000 cabezas, pero eran capaces de producir dos artículos vendibles, cueros y carne en salazón, procesados en los saladeros y exportados a través de Buenos Aires. Los cueros tenían un mercado en la Europa industrializada. El charqui (cecina) se exportaba a Brasil y Cuba para alimentar a los esclavos.

Buenos Aires vivía del comercio exterior, y sus estancias en expansión dependían de mercados exteriores. Durante los primeros años que siguieron a la independencia se dio un desequilibrio comercial de importancia al caer la exportación de metales preciosos y aumentar la importación de bienes de consumo; las exportaciones de ganado tardaron dos décadas en restablecer el equilibrio. En 1829 y 1832 las importaciones eran todavía muy superiores a las exportaciones, y la diferencia tenía que cubrirse en metálico. El resultado fue una escasez doméstica de dinero y el intento de suplirla haciendo emisiones de papel moneda cada vez en mayor cantidad. El instrumento del comercio internacional consistía en letras extendidas a favor de la Bolsa londinense, con lo que los comerciantes británicos acabaron dominando el mercado financiero de Buenos Aires. El vínculo esencial venía dado por el comercio de productos textiles procedentes de Gran Bretaña a cambio de cueros argentinos, un comercio que experimentó un crecimiento sostenido, si no brillante, en los treinta años siguientes. La causa fundamental del crecimiento de las exportaciones radicó en la incorporación de más tierras a la economía. El aumento vino acompañado por otro de importaciones en una época de caída de los precios de los productos manufacturados en Europa, y explicaba el crecimiento de los gastos conspicuos entre la élite rica. Había muy poco ahorro o acumulación de capital. Las importaciones de artículos de consumo y de lujo consumieron todo el superávit de capital que de otro modo podría haberse invertido.

El Estado favorecía a los ganaderos a costa de los pequeños agricultores, y Buenos Aires llegó finalmente a depender del grano importado de los Estados Unidos y

Sudáfrica. La agricultura estaba expuesta a una serie de obstáculos específicos y precisaba de un tratamiento especial: la mano de obra era escasa y cara, los métodos eran primitivos y el rendimiento bajo, y los agricultores sufrían siempre la competencia del grano extranjero. La agricultura necesitaba, por tanto, capital y protección. En ese momento los gobiernos vacilaban, temerosos de provocar una subida en el precio de los alimentos y con ello perder el apoyo popular. Desde la independencia hasta 1835 prevaleció una política de tarifas bajas que favorecía a los intereses del consumidor y de la exportación, y que se llevó a cabo a pesar de las quejas de los agricultores.

Los agricultores no eran el único sector crítico hacia el libre comercio. Las provincias del litoral y del interior exigían protección para las industrias nacionales contra artículos extranjeros de producción más barata; protección que Buenos Aires se negaba a otorgar por considerar las «industrias del interior», las vinícolas y textiles de las provincias occidentales, actividades marginales que no la merecían. Las exigencias de proteccionismo procedían también de los artesanos urbanos de Buenos Aires, propietarios o empleados de talleres, fabricantes de productos manufacturados para el mercado local. Había numerosos talleres esparcidos por la capital que fabricaban ropas, uniformes, zapatos, sombreros, espadas y orfebrería de plata. La calidad de los productos era habitualmente baja, el mercado limitado y la tecnología primitiva, pero sobrevivían. Los artesanos urbanos eran lo suficientemente numerosos, por ello, como para ostentar cierto peso político y, sin constituir un grupo de presión de los más importantes, para merecer ciertas consideraciones. La argumentación del libre comercio mantenía que el proteccionismo supondría una subida de precios para la masa de consumidores, así como una desviación hacia la industria de una mano de obra que estaría mejor empleada en el sector agropecuario. A pesar de todo, la preocupación por lo adverso de la balanza de pagos, si no ya por la mano de obra industrial, bastó para mantener vivo al grupo de presión proteccionista e inte-

J. Manuel de Rosas

resado al gobierno. En su momento, el gobernador de Buenos Aires, Juan Manuel de Rosas, aceptó los argumentos de los proteccionistas y, en la ley de aduanas de diciembre de 1835, introdujo impuestos de importación más elevados. Partiendo de unos impuestos básicos del 17 por 100, las tarifas comenzaron a subir, otorgando una protección mucho mayor a los productos más vulnerables, hasta alcanzar el punto de la prohibición de importar una larga serie de artículos, tales como los textiles, la fetería y, en ciertas condiciones, el trigo.

La política de protección a la agricultura y de las industrias manufactureras no constituyó un éxito. La producción nacional no respondió a la protección; las tarifas provocaron sencillamente escaseces y altos precios, y las víctimas principales fueron los consumidores y el tesoro público. Rosas perdió la fe en el proteccionismo, y no sin razón. El proteccionismo significaba en realidad hacerle la respiración artificial al sector más débil de la economía asfixiando al más fuerte. La tendencia hacia una economía basada en la exportación de ganado era un fiel reflejo tanto de la estructura social como de las condiciones económicas. Los grupos de clases altas preferían las manufacturas importadas, mientras que el resto de la población no alcanzaba a constituir un mercado de consumidores suficiente para las industrias nacionales.

Con todo, la Argentina de 1820-1850 demostró los límites y las ventajas de una economía de agroexportación. Se trataba de una economía primitiva. La crianza de ganado requería inversiones relativamente reducidas en tierras y tecnología y, si se practicaba de modo extensivo en grandes unidades capaces de enfrentarse a unos mercados de exportación fluctuantes, rendía beneficios muy elevados. Las inversiones se tenían que concentrar en el ganado; por consiguiente, se precisaba de tierras abundantes, baratas y seguras, y el gobierno se encargó de ello. Pero la crianza de ganado sólo permitía una limitada gama de productos exportados, fundamentalmente cueros y charqui, para los cuales no era probable que creciera la demanda internacional. El mercado de cueros no era nada dinámico, y la demanda de charqui, limitada a las economías esclavistas de Brasil y Cuba, tenía muchas más posibilidades de contraerse que de aumentar. Por la propia naturaleza de las cosas, la economía argentina se enfrentaba al estancamiento presente y al declive futuro.

La economía mexicana presentaba un cuadro distinto. Allí la industria experimentó un fuerte desarrollo en el periodo de 1837-1842, en una época en que el sector exterior se hallaba en plena depresión. El capital invertido en la industria procedía de los comerciantes que pretendían la diversificación para salirse de un sector exterior inestable. Al encontrar pocas oportunidades, tanto en la minería como en la agricultura comercial, dirigieron su atención a la manufactura urbana, en la ciudad de México, Puebla, Guadalajara y Querétaro, donde los artesanos en paro constituían un importante grupo de presión a favor del proteccionismo y amenazaban convertirse en un foco de agitación política. La coyuntura política era también apropiada. Tras el experimento extremista liberal y anticlerical de 1831-1834, los conservadores volvieron al poder en 1835, bajo Antonio López de Santa Anna, el cual, al abandonar la causa liberal y la constitución federal, inauguró dos décadas de dictado conservador, centralista y proteccionista. Los conservadores acabaron siendo asociados en la mente de los liberales con prohibiciones de importación e industrialización forzosa.

Una alianza de comerciantes, industriales y productores de materias primas para la industria (plantadores de algodón y criadores de ovejas) pidió con insistencia y obtuvo protecciones mediante tarifas y prohibiciones totales de importación. Los gobiernos conservadores de 1830-1850 fueron, sin embargo, mucho más allá de una mera protección a través de tarifas para industrias tales como las textiles de algodón y lana, las cerámicas y las papeleras, para comprometerse en un fomento activo de la producción industrial. Durante la década de 1830, el gubernamental banco central de desarrollo, el Banco de Avío para Fomento de la Industria Nacional, realizó contribuciones vitales a ciertas empresas clave y confirmó a los empresarios que el Estado estaba comprometido con la causa del proteccionismo y de la industrialización. Tras la desaparición del banco en 1840, el apoyo estatal siguió en pie encauzado a través de la Dirección General de Industria Mexicana, que se convirtió de hecho en un departamento gubernamental bajo la administración centralista restaurada por Santa Anna en 1842-1845.

Se establecieron nuevas industrias y las manufacturas artesanales tradicionales demostraron su resistencia. La tecnología del hilado fue transformada con la introducción de telares mecánicos y grandes hilanderías para la producción de artículos textiles de algodón y lana. El desarrollo tenía, sin embargo, un límite. La producción industrial mexicana se mostró incapaz de generar su propio capital, y la industria continuó dependiendo de los comerciantes dedicados a la importación para obtener fondos. La industria tampoco dio origen a una nueva clase media de empresarios dinámicos, sino que continuaba dependiendo de comerciantes y artesanos. Floreció cuando el sector exterior entró en declive, y decayó cuando el sector exterior resurgió, o sea, cuando aparecieron nuevas oportunidades para la inversión en la minería y la agricultura, alrededor de 1850. Para entonces el proteccionismo se encontraba ya desacreditado, en parte porque la industria no había respondido, en parte porque beneficiaba más a los plantadores de algodón que a los fabricantes. La hora de la industria no había llegado aún.

2. La sociedad en Hispanoamérica

Los dos grandes factores de cambio social a finales del siglo XIX —el incremento de la producción orientada hacia la exportación y el crecimiento demográfico— no operaban todavía durante las primeras décadas que siguieron a la independencia. La expansión del sector exportador, como se ha visto, fue relativamente modesta en este periodo, y las tendencias demográficas no eran aún lo suficientemente fuertes como para afectar a la estructura social. En los países en los que las guerras de independencia habían destruido muchas vidas, el primer problema consistía en recuperarse de las pérdidas. Venezuela perdió a más de 250.000 habitantes y hasta mediados de la década de 1830 no pudo volver a su nivel inicial para recomenzar un moderado crecimiento apoyado por una política gubernamental que estimulaba la inmigración, en especial la procedente de las Islas Canarias. La mayor parte de Hispanoamérica experimentó una tendencia demográfica alcista tras la independencia, si bien existían diferencias regionales no siempre fáciles de explicar. Cabe la posibilidad de distinguir entre zonas de colonización agrícola más reciente, como el Río de la Plata, Venezuela y partes de Nueva Granada, que experimentaron un crecimiento de población más rápido, y las economías mineras más antiguas que contaban con grandes sectores de población india, México, Perú y Bolivia, donde el crecimiento fue más lento. La expansión agrícola parece haber sido la clave de los incrementos de población y un sector que atraía a algunos inmigrantes según se iba poniendo en cultivo nuevas tierras en Nueva Granada, Venezuela y el Río de la Plata. Donde la expansión agrícola se combinaba con el declive de la esclavitud, como en Venezuela por ejemplo, la búsqueda de una nueva fuente de mano de obra se convirtió en una urgente prioridad y explica las nuevas leyes de inmigración que ofrecían condiciones favorables a los inmigrantes europeos, especialmente en el sector rural. Las ciudades más importantes, por otro lado, e incluso los puertos, tuvieron un crecimiento demográfico relativamente lento, quizá un nuevo signo de las consecuencias limitadas de la nueva relación entre Hispanoamérica y la economía mundial, aunque fue el sector urbano el que atrajo a los inmigrantes europeos más cultos y especializados, que se distinguían más por su talento que por su número.

Si bien la sociedad no fue afectada ni por el cambio económico ni por el demográfico, sí se vio afectada significativamente por el cambio político. La transición de colonia a nación tenía implicaciones sociales obvias. La destrucción de vidas y propiedades, el surgimiento de nuevos líderes, la militarización de la sociedad, fueron todos acontecimientos que dieron un vuelco al antiguo orden colonial y que afectaron a las relaciones entre los distintos grupos sociales. La sociedad no podía ser inmune a las nuevas ideas liberales e igualitarias, ni a las argumentaciones que rechazaban la discriminación y pretendían la armonía de todos los grupos sociales en interés de la construcción nacional. La diferenciación legal entre los grupos raciales fue abolida a partir de entonces y nuevas constituciones declaraban a todos los ciudadanos iguales ante la ley. Pero la ley no fue el único agente de cambios. Fue probablemente más importante la tendencia hacia la formación de una sociedad de clases, en cuanto que distinta de una de castas, en un proceso en el que la riqueza se convirtió en el criterio principal de diferenciación social, y la categoría social se derivaba de los ingresos y no de definiciones legales.

A pesar de todo, el cambio social que tuvo lugar en Hispanoamérica fue marginal, no revolucionario. La tierra fue un elemento esencial de las guerras de independencia, y a partir de entonces una fuente fundamental de riqueza y poder. Las economías mineras, como hemos visto, resultaron dañadas por la actividad bélica y por la consiguiente fuga de capital y mano de obra, y no suponían un objeto que despertara el interés de la nueva élite criolla. Los cargos gubernamentales sí eran, por supuesto, de gran interés para los criollos, y, en términos generales, ellos sustituyeron a los españoles en los puestos burocráticos de mayor importancia y descubrieron nuevas oportunidades en el gobierno y en la política. Pero la élite urbana no constituía una fuerza poderosa en las nuevas naciones. La marcha de los españoles de las ciudades, la dominación comercial de empresarios extranjeros y la importancia política de la nueva base de poder —la hacienda— se combinaban para reducir el poder y la riqueza de la élite urbana y la importancia del papel desempeñado por las ciudades. El poder político sería ejercido a partir de entonces por los que ostentaran el poder económico, y éste radicaba en la tierra. Se dio un vuelco en el equilibrio de poder pasando la hegemonía de la ciudad al campo, de los intelectuales a los grupos fácticos, de los políticos profesionales a los caudillos. La clave del poder se hallaba ahora en la tierra, y ésta se mantenía firmemente en manos de un grupo relativamente reducido de criollos que comenzaron a movilizar la mano de obra de un modo mucho más eficiente que el que les había sido permitido durante el periodo colonial.

En el curso de las guerras, bien es cierto, la composición de la élite criolla se vio modificada, pues hubo soldados, comerciantes y aventureros que se aprovecharon de las hostilidades y se las arreglaron para convertirse en terratenientes. Es algo que se puede comprobar en el centro de México y en el Perú costero. En Venezuela, donde la aristocracia colonial se vio reducida tanto en número como en importancia, las grandes haciendas pasaron a manos de una nueva oligarquía criolla y mestiza: los victoriosos caudillos de la guerra de independencia. Los cabecillas como Páez, que adquirieron propiedades que en muchos casos debieron haber sido distribuidas entre las tropas, frustraron así el intento de Bolívar de distribuir las tierras confiscadas y las públicas entre los soldados de a pie, a los que consideraba el pueblo en armas. Pero esta moderada movilidad no afectó a la estructura agraria; de hecho, se extendió a nuevas zonas. En los llanos, los nuevos líderes apoyaron los derechos a la propiedad privada de los grandes ganaderos, privando así a los llaneros nómadas de sus usos y costumbres comunitarios tradicionales, y reduciéndolos a la condición de trabajadores del campo. En las pampas de Argentina se podía contemplar un proceso similar. La oligarquía comercial de Buenos Aires, incapaz de resistirse al control británico en ascenso del comercio exterior argentino, recurrió a las tierras, adquirió vastas concesiones territoriales y las amplió ganándoles territorio a los indios en campañas dirigidas contra ellos. Los estancieros domesticaron implacablemente al gaucho y, a pesar de su obcecada oposición, lo redujeron a la condición de vaquero a jornal, atándolo a la estancia por medio de deudas calculadas y por la amenaza de reclutamiento militar, y sometiéndolo al control que ejercían los estancieros sobre los jueces, la policía y la milicia rural.

El control sobre la mano de obra era ahora prácticamente absoluto. La trata de esclavos, es cierto, fue abolida poco después de 1810 a lo largo y ancho de la Hispanoamérica independiente. Pero la emancipación de los esclavos y la abolición de la esclavitud eran procesos lentos y difíciles, excepto en los países en los que la esclavitud ya se había quedado obsoleta. En general, la cronología de la abolición estuvo determinada por el número de esclavos que había en un país dado y por su importancia para su economía. Chile, donde eran muy pocos y estaban empleados fundamentalmente en los servicios domésticos, abolió la esclavitud en 1823; América Central, en 1824; Bolivia, nominalmente, en 1825; México, en 1829. En el resto de los países se tardó casi medio siglo: en 1850 en Nueva Granada; en 1853 en Argentina; en 1854 en Venezuela. Y en Perú, donde los esclavos trabajaban en las plantaciones de la costa, no fue abolida la esclavitud hasta 1854.

El Congreso de Cúcuta aprobó una ley de manumisión (el 21 de julio de 1821), pero carecía de fuerza y dependía para su operatividad de compensaciones financiadas a partir de los impuestos obtenidos de los propios terratenientes. Por consiguiente, no se hizo mucho. En realidad, nuevas revueltas de los negros en Venezuela en 1824-1827 y en Ecuador en 1825-1826 no facilitaron la aparición de las circunstancias apropiadas para la emancipación. Un aumento de las oleadas de agitación y la revuelta frustrada del almirante pardo Padilla, llevó incluso a Bolívar a hablar de lo que calificó la enemistad natural de los colores. A la vista de los intereses de clase de los administradores de la manumisión y del rechazo extendido a pagar los impuestos necesarios para compensar a los propietarios de esclavos, la manumisión se vio reducida a un lento proceso parcial en el que cada año se liberaba, no a centenares, sino a decenas. Gradualmente, sin embargo, los propietarios de tierras venezolanos, al igual que los de Colombia y Perú, comenzaron a darse cuenta de que sin una trata de esclavos, la esclavitud no podría sobrevivir, que un esclavo era una mercancía muy cara y antieconómica y que se podía obtener una mano de obra más barata haciendo de los esclavos peones «libres» atados a las haciendas por algún arreglo agrario alternativo. En dichas condiciones, la única razón para el retraso en la emancipación consistía en la ansiedad de los propietarios por conseguir las mejores condiciones de compensación posibles.

No cabe separar la cuestión de la esclavitud en Hispanoamérica del régimen agrario al que estaba sometido el resto del campesinado, y al que el propio ex esclavo solía unirse. Había diversos medios para vincular a los peones a las haciendas, por los cuales suministraban mano de obra individualizada a su patrón a cambio de una franja de terreno y derechos de pastoreo en la misma.

Los indios fueron, en cierto sentido, emancipados porque ahora eran ciudadanos libres y en la mayoría de los países fueron liberados del pago del tributo. La tesis liberal blanca sobre los indios era que debían ser hispanizados y, a ser posible, que se debía legislar para que dejaran de existir como grupo declarándolos liberados del tributo y dotándolos de propiedad privada en tierras. El objeto era hacer a los indios individualistas e independientes, en lugar de súbditos protegidos por la corona, e integrarlos en el estado nacional. La legislación liberal de Perú, Colombia y México buscó destruir las entidades comunitarias y corporativas con el fin de movilizar las tierras y mano de obra india y sacar a este grupo de su condición especial forzándolos a integrarse en una economía de mercado y en una sociedad liberal. Pero darles a los indios tierras, sin capital, ni equipamiento ni protección, era invitarlos a convertirse en deudores de los grandes terratenientes, teniendo que entregar sus tierras como pago de las deudas. La legislación por sí sola, por supuesto, no podía acabar con las comunidades indias que tuvieron sus propios mecanismos de supervivencia en México, Centroamérica y los Andes. Y las tierras comunitarias resultaban a menudo protegidas de hecho por el estancamiento de la agricultura comercial y la falta de apetencia por las tierras durante las décadas inmediatamente posteriores a la independencia. Pero cuando hubieron aumentado las presiones demográficas y las del mercado, e Hispanoamérica se vinculó más estrechamente a la economía internacional, se descubriría que las comunidades indias habían sido despojadas de sus defensas y estaban abiertas a la usurpación por parte de la hacienda.

Si las expectativas de los negros y los indios no experimentaron prácticamente ninguna mejora con la independencia, las de los de razas mezcladas, los mestizos y los pardos, no eran mucho mejores. La independencia supuso ciertas ventajas a los pardos en su condición legal y en promociones militares, pero dichos beneficios fueron a parar a unos pocos solamente. En Perú la liberación fue una victoria sectorial, comportándole muchas ventajas a la élite y escasos beneficios a los no privilegiados. Los mestizos y los pardos libres de la costa se vieron confinados al sector de servicios y a los talleres locales, y sus perspectivas en la industria textil se vieron frenadas por la competencia extranjera. Y, sin embargo, eran éstos las personas interesadas en la movilidad social y los que pretendían mejorar, frente a la resistencia de los blancos, especialmente como profesionales cualificados. Fue un lento proceso.

En Venezuela, los pardos constituían el sector social más numeroso, aproximadamente la mitad de la población, y emergieron de la guerra relativamente más fuertes que otros sectores. Durante la guerra de Venezuela el crecimiento demográfico se invirtió, cayendo de 898.043 habitantes en vísperas de la independencia a 767.100 en 1822. La población blanca disminuyó a causa de las bajas y la emigración; y tras la guerra, el grupo de élite se encontraba en una desventaja demográfica aún mucho mayor. Los pardos exigían ahora la liberación de las restricciones tradicionales que la ley y la sociedad les imponía y comenzaron a aspirar a oportunidades hasta entonces reservadas a los criollos. La frustración era más aguda y la lucha por la igualdad más insistente entre los pardos mejor situados. Algunos tuvieron éxito y lograron el acceso a la educación, los cargos y la categoría social. Los pardos que se beneficiaron de la independencia lo consiguieron, de hecho, renegando de su grupo sociorracial y convirtiéndose en blancos culturalmente; ello significó que un nuevo y dinámico elemento social no operó para cambiar la estructura existente, sino para unirse a ella y beneficiarse.

Si bien existía cierto grado de movilidad social en Venezuela, la mayoría de los pardos no estaban en condiciones de aprovecharla. Sólo por su número ya eran indispensables para los criollos en la guerra de independencia, y en el ejército lograron promocionarse en cierta medida. Obtuvieron también la igualdad legal, pues las leyes republicanas abolieron todos los signos externos de discriminación y reconocían a una única clase de ciudadanos. Pero los nuevos dirigentes restringieron el derecho de voto y, por consiguiente, la plena ciudadanía a los propietarios, de modo que la desigualdad pasó a radicar, no en la ley, sino en la riqueza. Además, una serie de agentes de movilidad social continuaron cerrados para los pardos. Las reglas de admisión en la universidad seguían siendo restrictivas: se exigió un certificado de *limpieza de sangre* hasta 1822; después, pruebas de ser hijo legítimo, tasas bastante altas y una discriminación *de facto* que hacían, en conjunto, que el ingreso en la universidad estuviera fuera del alcance de las masas.

Muchos de los pardos urbanos trabajaban en ocupaciones artesanales. Se habían beneficiado del crecimiento económico experimentado por Venezuela bajo el dictado de los últimos Borbones y también del bloqueo británico al comercio español con América después de 1796. La independencia cambió todo eso. La política económica liberal de la república abandonó a la industria para que se las arreglara por sí misma, y el sector manufacturero no podía ofrecerle mucha resistencia a la competencia extranjera. En todo caso, el proteccionismo por sí mismo poco podía hacer por Venezuela, o por el resto de Colombia, sin el aumento de consumidores y el desarrollo de la mano de obra, el capital y la capacitación laboral. Mientras tanto, la industria local, salvo en regiones aisladas en las que servía a los mercados locales, continuaba su declive y el empeoramiento de las expectativas de sus trabajadores.

Otra parte sustancial de la población parda trabajaba en el sector rural. Algunos se habían incorporado ya a la producción en las plantaciones y tenían diversas formas de relaciones laborales con la hacienda. Pero muchos habían logrado de momento escapar a la peonada y no formaban parte de la mano de obra propia de las haciendas. Se dedicaban a la agricultura de subsistencia, más aún se ganaban el sustento en la economía ganadera de los llanos, y no pocos sobrevivían al margen del sector agrario, viviendo del bandidaje y de la delincuencia. La independencia le dio un nuevo ímpetu a la concentración de tierra al competir los caudillos victoriosos por haciendas en el centro-norte y pretender poderosos ganaderos el establecimiento de derechos aún mayores de propiedad privada en los llanos. Los terratenientes contemplaban a una gran masa de habitantes rurales libres y desempleados y decidieron que había llegado la hora de concentrarlos en las plantaciones y ranchos, movilizarlos para la producción y pagarles salarios mínimos. Páez decretó un nuevo «Reglamento para hacendados y criadores del Llano» (25 de agosto de 1828). Ello supuso la continuidad de la política de reclamación de propiedad privada que ya había anunciado la Primera República; prohibía el paso por las haciendas sin permiso del propietario o del administrador, y hacía que los derechos sobre el ganado libre dependieran de la propiedad de la tierra. De este modo, los llaneros fueron domesticados o integrados en la estructura agraria del resto del país.

Para la mayoría de los pardos la independencia supuso, si acaso algo, un retroceso. La movilización política concluyó con el final de la guerra. La movilidad social había sido un componente de la política española contra las protestas de los criollos. Ahora los criollos estaban en el poder, eran la nueva élite. A falta de modos legítimos para la mejora, por tanto, algunos pardos habían recurrido a la protesta y a la rebelión. Para el gobierno criollo era un peligro que los pardos fueran manipulados por caudillos o por descontentos o incluso por realistas de posguerra, y ya había núcleos de bandidos pardos listos para ser reclutados. En los años alrededor de 1830 la rebelión negra, aunque sólo a pequeña escala, fue una amenaza esporádica a la paz de Venezuela.

¿Con qué medios conseguía la élite criolla conservar el control y preservar el orden social? En primer lugar, definieron a la nación política del modo más restringido que les fue posible. Una vez obtenida la independencia, en la década de 1830, la población de Venezuela no alcanzaba los 900.000 habitantes, la mitad de los cuales aproximadamente eran pardos y negros libres, más de un cuarto eran blancos, mientras que los esclavos estaban entre los 40.000 y los 50.000. Entre los blancos había una superélite de unas 10.000 personas —terratenientes, ricos comerciantes y sus familias y afines— que constituían la clase privilegiada que monopolizaba el poder y las instituciones desde la presidencia hasta los cabildos. Cuando no poseían tierras, controlaban los cargos, y prolongaron el sistema de guerra de designación de los destinos militares de mayor importancia, que se convirtieron en meras sinecuras. La Constitución de 1830 era un fiel reflejo de su poder. Para ser elector un varón tenía que tener los veintiún años cumplidos, saber leer y escribir, poseer propiedades que rindieran unos ingresos anuales de doscientos pesos, o bien tenía que tener unos ingresos de alguna profesión u oficio o «industria hábil» que le rindiera trescientos pesos al año, o un salario anual de cuatrocientos pesos. El sistema descalificaba a la mayoría de los pardos.

Las constituciones no podían asegurar el orden y la estabilidad por sí solas; podían establecer las reglas de la vida política pero no imponerlas. La militancia parda y la insubordinación de las masas requería un estrecho control y supervisión por parte de los criollos, y exigía un poder más inmediato que el ofrecido por las instituciones. Era esta una de las funciones del caudillismo, como veremos, y uno de los principales medios con que contaban los criollos para preservar el orden social. En 1828, en un intento de hacer revivir a la economía venezolana y sacar al país de la depresión, Páez reunió una junta en Caracas, como nos cuenta en su *Autobiografía*: «Reuní con este objeto a los hacendados, empleados de hacienda, abogados y comerciantes.» Esa era la coalición política que encabezaba Páez; se trata también de una descripción perfecta de la clase dirigente venezolana.

Una tercera restricción para los pardos era su propia estructura social, que los distribuía en la nueva sociedad de clases y hacía improbable que se alinearan por principios exclusivamente raciales. Los pardos tendían a copiar la estructura social de los blancos y a dividirse en clase superior e inferior. Esta fue una de las razones por las que las rebeliones de los pardos no tuvieron éxito. Los pardos más ricos se negaban a participar en movimientos sociales que podrían amenazar a su propia categoría y expectativas, y preferían identificarse con los intereses y las instituciones de los blancos.

En el Río de la Plata, los pardos habían crecido rápidamente en número en el curso del siglo XVIII; en la provincia de Córdoba llegaron a constituir, junto con los esclavos, la mitad de la población. Su número en aumento provocó una reacción blanca. A pesar de las ideas de libertad e igualdad proclamadas por la Revolución de Mayo y la Asamblea de 1813, los criollos no estaban dispuestos a compartir los frutos de la independencia con las clases de color. Durante el periodo colonial, los pardos no estaban excluidos sólo de los cargos municipales, sino que ni siquiera tenían el derecho de votar a candidatos blancos. Dicha discriminación sobrevivió durante el periodo de la independencia, y a los pardos se les negó el derecho a votar para diputados de la Asamblea General Constituyente de diciembre de 1812. Y en la provincia de Córdoba, la gran mayoría de ellos se vio excluida de los derechos plenos de ciudadanía hasta la década de 1850. También la educación permaneció largo tiempo cerrada a los pardos. Hasta 1829 el gobierno provincial de Córdoba no decretaría la igualdad educativa en las escuelas primarias. Pero los pardos seguían estando excluidos de la educación superior, y hasta 1852 no decretó el gobierno provincial la igualdad de oportunidades en la Universidad de Córdoba, «sin distinción de linajes». Y en Argentina, al igual que en otros países, fue sólo en el ejército donde las razas mezcladas disfrutaron por primera vez de cierto grado de igualdad y pudieron ganarse los ascensos en el escalafón.

Los ejemplos de Venezuela y Argentina sugieren que los sectores populares no se beneficiaron de la independencia. En las ocupaciones rurales estaban ahora sometidos a presiones mucho mayores, a causa de la concentración de tierras, de las leyes liberales y del ataque en toda regla contra el vagabundeo. En el sector urbano, no cabe duda de que los sectores de minoristas y de servicios crecieron con la expansión del comercio internacional. Pero la industria local lo pasó mal, o no fue capaz de desarrollarse. En Venezuela y Colombia entró en declive, salvo en los mercados regionales. En los países andinos sobrevivió sólo orientada al consumo local. En el Río de la Plata era Gran Bretaña la que abastecía al mercado popular. Sólo en México —en Puebla— era el empleo industrial lo suficientemente fuerte como para permitir a los artesanos convertirse en una parte significativa de la estructura social. En el resto de Hispanoamérica, los artesanos estaban en paro o subempleados y eran considerados por el gobierno como parte integrante de las clases peligrosas.

3. POLÍTICA E IDEOLOGÍA

Los líderes de la independencia comenzaron reivindicando libertad y acabaron reivindicando autoridad. El pensamiento y la práctica políticos en el periodo posterior a la independencia tendían a favorecer un poder ejecutivo fuerte y la centralización. Durante las guerras, estas tendencias se justificaban por la necesidad de derrotar a España, defender los nuevos Estados y conseguir la confianza de las potencias extranjeras. Tras la guerra cambiaron las preocupaciones. El desorden político continuado y el empeoramiento de las expectativas económicas persuadieron a los líderes políticos de la necesidad de gobernar a los hispanoamericanos con mano dura si querían evitar la anarquía y la guerra civil, e imponer la ley y el orden.

¿Pero cómo imponer el orden? Los que defendían modelos constitucionales pretendieron establecer en un primer momento monarquías encabezadas por príncipes europeos. Surgieron así partidarios de la monarquía de diversas partes de Hispanoamérica, en Argentina, Chile y Perú, influidos en parte por la tradición y en parte por la anarquía resultante de la independencia. Pero la lucha por la independencia había creado su propia legitimidad, y la defensa de la monarquía ya había perdido su apoyo en la década de 1820, salvo en México, donde los conservadores mantuvieron viva la idea de la salvación, a través de un príncipe importado hasta la década de 1860, y donde se ensayó también, brevemente, un experimento de monarquía criolla en 1821-1822. Se intentó, pero fue un fracaso. El hecho básico era que ninguna élite criolla estaba dispuesta a tolerar a un monarca salido de sus propias filas: como líder de la independencia, el general Agustín Iturbide era aceptable; pero como emperador, se le consideró un dictador pretencioso. De todos modos, más importante que los defectos prácticos de los monarcas era el republicanismo universal que prevalecía en Hispanoamérica.

La segunda mitad del siglo XVIII fue una época de cambios revolucionarios en Europa y América, un tiempo de lucha entre la concepción aristocrática y la democrática de la sociedad, entre sistemas de gobierno monárquicos y republicanos, entre conservadurismo y liberalismo. Los pensadores políticos de Hispanoamérica se encontraban del lado de la Ilustración e invocaban los conceptos de soberanía del pueblo, los derechos naturales y la igualdad, defendiendo al mismo tiempo la «constitución», la «ley» y la «libertad», aunque lo que entendían por estos conceptos no era equivalente a una democracia convencional. La mayoría no apoyaba a la monarquía, estando convencidos como estaban de que la soberanía del pueblo y el derecho a la libertad y la igualdad sólo podían encontrar su expresión en una república. En conjunto, se trataba de un instinto más que de una argumentación intelectual. Sin duda, la Ilustración fue una importante fuente del pensamiento constitucional hispanoamericano, pero no la única fuente.

Los instintos políticos se hallaban polarizados, y en el periodo de 1820 surgieron dos modelos constitucionales: el del gobierno centralizado inspirado por la Constitución española de 1812, y el de un estado absolutista por el que abogaba Simón Bolívar. Las concepciones políticas no se veían abolutamente determinadas por la ocupación o profesión, pero, en general, el primer modelo era el preferido ampliamente por las élites civiles; el segundo, por los militares. La influencia de la Constitución de Cádiz es evidente en la mayoría de las primeras Constituciones hispanoamericanas: la de México (1824), excepto por su federalismo, la de Colombia (1821), Nueva Granada (1830 y 1832) y la de Venezuela (1830). También hay una influencia notable en las Constituciones de Perú (1823 y 1828), en la Constitución argentina de 1826, en la uruguaya de 1830 y en la de Chile de 1828. El efecto generalmente buscado por dichas constituciones consistía en crear una presidencia constitucional en lugar de la monarquía constitucional del modelo español. La mayoría establecía mecanismos para restringir el poder presidencial, tales como un consejo consultivo

Página del manuscrito de Monteagudo
«Constitución para las provincias
del Río de la Plata»

de estado, la limitación del veto y la responsabilidad ministerial. Y muchas imitaron al modelo de Cádiz en el fortalecimiento del poder legislativo mediante la creación de una comisión permanente del congreso que actuaría en lugar de éste durante los intervalos entre sesiones. Pero se creía importante mantener el control central sobre los gobiernos provinciales, de modo que la mayoría de dichas constituciones —México era una excepción— decretaban que el nombramiento de los administradores provinciales, llamados de diversas maneras: intendentes, prefectos o gobernadores, fuera realizado por el gobierno central, eligiéndolos el presidente a partir de listas elaboradas por las provincias.

Las élites criollas se sintieron atraídas hacia el modelo de Cádiz porque trataba problemas que les concernían directamente y que eran peculiares del mundo hispánico. Las doctrinas constitucionales recientes de ingleses y franceses no les podían decir mucho sobre los privilegios clericales y los fueros militares, pues se trataba de cuestiones que habían dejado de existir mucho antes en Europa. España, sin embargo, tenía una experiencia reciente que ofrecer, y los liberales españoles podían enseñarles algunas cosas a sus colegas hispanoamericanos. Al mismo tiempo, las ideas liberales inglesas y francesas que fueran pertinentes para las necesidades de Hispanoamérica se podían incorporar a la estructura centralista española tal y como se había efectuado en Cádiz, evitando así los peligros del federalismo sin desechar los principios liberales. Había una importante diferencia, por supuesto, entre los constitucio-

151

nalistas españoles y los hispanoamericanos. Estos últimos no pretendían ponerle restricciones a una monarquía absolutista, pues ya la habían abolido previamente. Su problema consistía más bien en sustituir la monarquía por una presidencia fuerte, unificar el país —no dividirlo—, y centralizar la autoridad política —no dispersarla. La mayoría de las constituciones hispanoamericanas fueron en la centralización incluso más allá que la de Cádiz y confirieron al presidente poderes extraordinarios de intervención en época de crisis o rebelión. Unos dirigentes así podrían ser descritos, no sin cierta exageración, como reyes con el nombre de presidentes.

Las antedichas eran restricciones significativas a las libertades individuales. Y había otras limitaciones a la expresión política. La mayoría de estas primeras constituciones definían a la nación política de un modo muy restrictivo y establecían condiciones en cuanto a propiedades y pruebas de lectura y escritura para permitir a alguien ser candidato e incluso votar. La élite criolla desconfiaba de las masas, y lejos de incorporarlas a la nación, tendía a excluirlas. Se trataba de una nación criolla, no de una popular.

Ningún miembro de las clases políticas mostraba un serio desacuerdo con este desarrollo ni polemizaba sobre la distribución social del poder en las nuevas naciones. Había, sin embargo, muchos desacuerdos en cuanto a la distribución regional del poder o en cuanto al equilibrio político entre el centro y la periferia. Algunos sectores de la élite política continuaban polemizando a favor de la organización federal. En México y Argentina, el sistema federal contó con el apoyo de importantes grupos de poder político a causa de los antagonismos regionales o la desconfianza provincial hacia la capital, pero también porque se consideraba que la estructura federal sería un obstáculo para la tiranía. El federalismo representaba también los intereses económicos de las regiones, que se consideraban perjudicados por la política fiscal, más específicamente por la política de libre comercio de la capital o puerto de la nación. Los centralistas, por su parte, afirmaban que el federalismo conducía a la anarquía, que el pueblo hispanoamericano no estaba preparado para la democracia pura, que las reformas, incluso las liberales, sólo se podrían imponer contra la resistencia de los intereses creados y por parte de un gobierno central fuerte. El federalismo se vio condenado por su historial tanto como por sus críticos. No se adecuaba ni a las tradiciones ni a las exigencias hispanoamericanas y en la práctica no sobrevivió más allá de la década de 1820. La Constitución mexicana no fue buena para el país; hubo que eliminar su aspecto federal en 1830-1832 y sustituirlo por un gobierno claramente centralizado a partir de 1836-1846. Aunque Argentina parecía evolucionar en dirección opuesta, de la Constitución centralista de 1826 al Pacto Federal de 1831, en realidad Juan Manuel de Rosas ejercía desde Buenos Aires una hegemonía informal pero real sobre los caudillos provinciales.

Mientras la élite civil se inspiraba en el constitucionalismo liberal como referencia para su pensamiento político, otros elementos de los grupos dominantes, en especial los militares, eran herederos de otra tradición política, la del absolutismo ilustrado. El representante más distinguido de esta tendencia era Simón Bolívar, cuyo ideario político se dirigía sin vacilaciones hacia el ideal de un gobierno más fuerte, que culminó en su constitución boliviana que establecía una presidencia vitalicia dotada de poderes para designar a su sucesor. Desde el punto de vista de Bolívar, ello serviría para evitar el inconveniente de elecciones demasiado frecuentes. Creía que el peligro de inestabilidad política no provenía sólo del populacho —si bien su ignorancia, inexperiencia y heterogeneidad racial ya los hacía bastantes peligrosos—, sino también de la élite, cuyo egoísmo y sectarismo la convertía en una fuerza extremadamente subversiva que sólo podría ser contenida por un régimen paternalista, un poder ejecutivo fuerte que no tuviera que enfrentarse a elecciones frecuentes.

En la práctica, el modelo de Bolívar no fue capaz de granjearse el suficiente apoyo para sobrevivir. La dificultad consistía en encontrar a un presidente cualificado y merecedor del cargo. Bolivia y Perú fueron persuadidos de adoptar la Constitución de Bolívar en 1826, pero el experimento no duró mucho más allá de su propia presencia en dichos países. Cuando trató de imponer sus ideas en Colombia, entre 1826 y 1830, se encontró con la oposición frontal venezolana y con tal resistencia entre la élite civil de Nueva Granada que se vio obligado a establecer una dictadura que llevó a cabo una política fuerte, pero no de consenso, y dimitió, desesperado, a comienzos de 1830. En 1837, el general Andrés Santa Cruz, tras haber unido temporalmente a Perú y Bolivia en una confederación, promulgó una Constitución en la que el poder ejecutivo estaba encabezado por un protector, con un mandato de diez años, y en la que un senado vitalicio era designado por dicho protector. En 1843 fue proclamada una Constitución similar en Ecuador por otro ex oficial de Bolívar, el general Juan José Flores, en este caso con un mandato presidencial de ocho años y el ya conocido senado vitalicio. Otra versión del mismo modelo constitucional fue establecida por los conservadores en México en 1836. Todas ellas, como la del propio Bolívar, fueron de corta vida. Excluían a demasiados intereses creados de la vida política y de la toma de decisiones como para que fueran toleradas por mucho tiempo.

Los intereses contaban más que las ideas. No hay duda de que el sector de intelectuales y universitarios de la élite estaba interesado en el pensamiento político y obtenía su inspiración de las tendencias europeas pasadas y contemporáneas. Las doctrinas de Montesquieu, Constant y Rousseau eran de interés para los revolucionarios de 1810; y en el periodo posterior a la revolución fueron el utilitarismo y otras doctrinas de Jeremy Bentham las que integraron la vanguardia de las ideas hispanoamericanas. Bentham ofrecía un nuevo marco filosófico una vez obtenida la independencia. El utilitarismo fue una de las fuentes del liberalismo en Hispanoamérica y contribuyó a dotar al republicanismo de una legitimidad moral tras el derrumbamiento del gobierno monárquico. En su búsqueda de una autoridad alternativa al absolutismo y la religión, los liberales se agarraron al utilitarismo en cuanto que filosofía moderna capaz de conferirles la credibilidad intelectual que necesitaban.

El utilitarismo fue sólo una entre las fuentes intelectuales del liberalismo latinoamericano, al que también influían, como hemos visto, el constitucionalismo español y el federalismo estadounidense. En cualquier caso, no todos los políticos estaban vinculados a sistemas intelectuales. La mayoría era pragmática y pensaba en términos de interés frente a lo ideológico. Los militares querían proteger sus privilegios y recibir su parte del presupuesto. Los caudillos regionales pretendían defender los intereses económicos locales, a menudo los de los terratenientes. Los comerciantes estaban más interesados en la política económica que en el pensamiento económico, y defendían el libre comercio en cuanto instrumento fiscal de utilidad más que como aspecto del liberalismo económico. Para los hispanoamericanos la política era cuestión de pragmatismo más que de doctrinas, y el propio constitucionalismo no era a menudo más que una fachada para ocultar un régimen autoritario. Incluso los liberales se veían enfrentados a su dilema característico: ¿Cómo obligar a la gente a ser libre? ¿Cómo imponer las libertades individuales si no es a través de un estado fuerte?

Las constituciones no podían por sí mismas forzar el respeto y la lealtad, ni eran tampoco el único foco de alianzas políticas. La gente recurría a líderes individuales, hombres fuertes, a los que se vinculaban por lazos personales de dependencia y afinidad, por virtud de sus cualidades carismáticas. Unos líderes con esas características podían gobernar bajo una constitución, paralelamente a la constitución o sin constitución. Eran los caudillos.

El caudillo era una criatura fruto del entorno en que vivía. En las sociedades hispanoamericanas había un gran abismo de separación entre el propietario de tierras y el peón sin ellas. Es cierto que la homogeneidad de la clase de propietarios no era absoluta y que existían marcadas diferencias de ingresos, cultura y estilo social. Pero los hacendados estaban unidos como en una piña si los comparamos con los peones de sus fincas, con los llaneros, con los gauchos o con los braceros. Existía una fuerte cohesión y solidaridad de grupo entre la clase de los propietarios. Un caudillo era habitualmente el centro de un vasto grupo de afines basado en la tierra. Estaba rodeado de una red política y económica que vinculaba muy estrechamente a administradores de justicia, funcionarios, militares y diputados, que solían ser al mismo tiempo propietarios de tierras y que se relacionaban entre sí o con su líder. Los caudillos como Páez o Rosas utilizaban su extenso padrinazgo para vincular a esta reducida oligarquía cada vez más estrechamente. En los años que siguieron a la independencia, sin embargo, los llaneros y los gauchos se vieron convertidos de nómadas libres en braceros y peones de hacienda. La teoría que subyacía en la legislación agraria de las nuevas repúblicas era que la ociosidad significaba vagabundeo, lo que equivalía a delincuencia. La explicación básica era, sin embargo, que la concentración de tierras evitaba que la mayoría tuviera acceso a ellas, mientras que la expansión de las haciendas aumentaba la demanda de mano de obra.

Una sociedad tan primitiva no reunía las condiciones para el gobierno constitucional ni para la participación política. La hacienda dominaba la vida económica y social y se convirtió en el modelo de gobierno. Los hacendados gobernaban sus dominios con su autoridad personal y exigían obediencia incondicional. Constituían una clase poderosa y cohesionada, sin rival. Venezuela y Argentina carecían aún de una clase media comercial o industrial de importancia, y no había grandes concentraciones de campesinos como en México o en Perú. Las clases populares, superiores en número, eran heterogéneas en su composición y estaban divididas en grupos dispares: los peones en las haciendas, los trabajadores a sueldo, los pequeños propietarios o los arrendatarios, los llaneros, gauchos y delincuentes marginales. La condición subordinada de los sectores más desfavorecidos, sus pobres expectativas y su aislamiento en las inmensas llanuras se combinaban para evitar la formación de un movimiento político autónomo que surgiera desde abajo. Por otra parte, constituían un material ideal para la movilización militar y eran fácilmente transformados en guerrilleros, bandoleros o montoneros. Las causas por las que luchaban no eran de conflictos de clases; se trataba de luchas sectarias en el seno de los grupos de clase alta: disputas entre terratenientes o entre familias que luchaban por la hegemonía, ataques al gobierno existente por parte de sus oponentes políticos, o combates entre provincias vecinas. En una situación de equilibrio entre las facciones, los líderes convocaban a los que de ellos dependían con el fin de reunir a sus reservas de soldados, y así inclinar el fiel de la balanza a su favor.

El uso de fuerzas populares no implicaba, sin embargo, objetivos populares. El hato y la hacienda podían movilizar a sus peones tanto para la guerra como para el trabajo, y un caudillo regional podía a su vez convocar a su clientela de hacendados. Estas luchas en el seno de la oligarquía tenían lugar, además, en condiciones demográficas peculiares: cuando una población relativamente reducida se hallaba extendida poco densamente por las llanuras. Si bien los vínculos de afinidad en la cumbre de la sociedad eran estrechos, las comunicaciones entre los miembros de las clases populares, especialmente en el campo, eran escasas, en parte debido a las grandes distancias que aislaban a las comunidades rurales, en parte porque los peones estaban atados a las fincas e inmovilizados por los que dirigían la hacienda. Las masas eran objeto, por tanto, de órdenes, reclutamientos y manipulaciones; pero no eran politizadas ni incorporadas a la nación. ¿Cómo se hacía?

La relación de clientelaje era la que establecía el vínculo esencial. El terrateniente quería mano de obra, lealtad y servicio en época de paz o de guerra. El peón quería su sustento y seguridad. El hacendado era, por tanto, un protector, el que poseía suficiente poder para defender a los que estaban a su cargo de las bandas de merodeadores de los sargentos de leva y de las hordas rivales. Era también el que los abastecía, el que desarrollaba y defendía los recursos locales y podía ofrecer empleo, comida y cobijo. Abasteciendo de lo necesario y explotando lo que se le ofrecía, el hacendado reclutaba a una peonada.

Esa estructura política primitiva, basada en el poder individual, construida sobre la lealtad personal, cimentada por la autoridad del patrón y la dependencia del peón, fue finalmente incorporada al Estado y se convirtió en el modelo del caudillismo. Las alianzas individuales se multiplicaban hasta formar una pirámide social al convertirse los patrones a su vez en clientes de hombres más poderosos, hasta que se alcanzaba la cumbre del poder y todos se convertían en clientes de un superpatrón. De ese modo, desde su base rural, un caudillo local, apoyado por sus hacendados clientes y por las personas a su cargo, podía conquistar el Estado para sí mismo, su familia y su región. Entonces, como representante de un grupo, o de una provincia, reproduciría el padrinazgo y el personalismo en el que había sido criado y que le había aupado al poder. El caudillismo era la imagen de la sociedad, y los caudillos eran sus frutos.

El caudillo era un jefe regional que derivaba su poder del control de recursos locales, especialmente los de las haciendas, que le daban acceso a hombres y suministros. El caudillismo clásico adoptó la forma de bandas armadas de patrones y clientes que se mantenían unidas por vínculos personales de dominación y sometimiento, así como por el deseo común de obtener riquezas por la fuerza de las armas. El dominio del caudillo podía pasar de ser de dimensiones locales a nacionales. También en ese caso, el poder supremo era personal, no institucional; la competencia por los cargos y los recursos era violenta y los logros eran rara vez permanentes.

El caudillo era un producto de las guerras de independencia; cuando el estado colonial se derrumbó, las instituciones fueron destruidas y los grupos sociales competían por llenar el vacío. A finales del periodo colonial los prototipos del caudillo ya habían hecho su aparición; cuando la concentración de tierras y la formación de las haciendas obligó a los llaneros a tomar medidas de autodefensa, muchos se agruparon en bandas bajo el mando de caciques para vivir de la violencia y el saqueo. Sin embargo, el caudillismo no fue característico de la sociedad colonial, pues el imperio español era gobernado por una burocracia anónima y se mantenía con el mínimo de apoyo militar. El caudillo fue un producto de las guerras de independencia, aunque a menudo nacía sin convicciones políticas. Tras 1810 hubo una progresión en la que el llanero o el gaucho pasaban a vagabundos, bandidos y finalmente guerrilleros, al tiempo que los propietarios locales o los nuevos líderes buscaban seguidores a los que reclutar. Si bien las bandas se podían alistar bajo una u otra causa política, los factores subyacentes eran las condiciones rurales y el liderazgo personal. El campo se vio pronto empobrecido por la destrucción, y la gente arruinada por los impuestos de guerra y los saqueos. Según la economía iba aproximándose a su punto de ruptura, más y más personas se veían obligadas a engrosar las bandas en busca de sustento bajo el mando de un caudillo que los pudiera conducir al botín. Así pues, el bandidaje fue producto de la miseria reinante en el campo al tiempo que una de sus causas, y durante los primeros años de la guerra el instinto de supervivencia fue más fuerte que la ideología. Gradualmente, sin embargo, el caudillo se convirtió en un líder de la guerra. Las fuerzas que encabezaban no eran ejércitos profesionales, ni tampoco eran los caudillos necesariamente soldados profesionales; los ejércitos se reunieron como sistemas informales de obediencia a partir de diversos intereses que representaban los caudillos o que eran capaces de vincular. En tiempo de guerra es normal buscar un poder ejecutivo fuerte. Es cierto que el caudillismo existió también sin una guerra de independencia violenta, como es el caso de Centroamérica. Pero en ese caso se deben tener en cuenta las condiciones de la posguerra. Al caudillismo lo perpetuaban, y en algunos casos lo creaban, los conflictos de posguerra, entre centralistas y federalistas en Argentina, entre caudillos rivales o agrupaciones de caudillos en Venezuela, entre facciones políticas en Nueva Granada, entre los grupos fácticos regionales en Centroamérica. Hispanoamérica era ahora el escenario de un doble proceso: una militarización y una ruralización del poder.

La militarización del poder sobrevivió a la guerra de independencia. En la mayoría de los países el ejército sobrevivió, con sus numerosos oficiales, sus tropas muchas veces sin pagar, y su fuero militar. A menudo operaba como ejército de ocupación en busca de recursos. Los políticos civiles tuvieron serios problemas para controlar a los militares o para sustituirlos por una milicia. Los militares se quejaban frecuentemente de los políticos civiles y afirmaban que el ejército no estaba recibiendo las recompensas que se había ganado durante la guerra. Criticaban también la debilidad del gobierno constitucional y las frecuentes rupturas de la ley y el orden. Los dirigentes civiles no podían ignorar estos desafíos a su autoridad. En Chile, los civiles impusieron un fuerte sistema presidencialista, eliminando así el pretexto de un gobierno débil invocado hasta entonces por los golpistas militares. En Venezuela, Páez y sus aliados militares mantuvieron reducidas las dimensiones de las fuerzas militares y movilizaron a sus propios partidarios para aplastar las rebeliones ocasionales de los descontentos. En Argentina, Rosas contaba con una base de poder militar y de milicia, aunque mandada por oficiales rosistas. En Nueva Granada, los militares fueron incorporados a la élite civil y recibieron estímulos para convertirse en pacíficos constitucionalistas. En todos estos países los militares no dependían completamente de su carrera militar, sino que a menudo contaban con tierras o con ocupaciones alternativas. Esa fue una de las razones por las que fue posible integrarlos junto al resto de la sociedad. En México, por otra parte, los oficiales eran militares profesionales criollos que habían sido reclutados en primer lugar por el ejército español y que después, tras cambiar de alianza, habían encabezado el movimiento de independencia con un ejército intacto. Los militares profesionales necesitaban al ejército y dependían de la carrera militar, pues era lo único que tenían; de este modo se identificaron con los militares en cuanto que grupo corporativo. Ello explica su feroz defensa de los fueros, pues el ejército no era enteramente equiparable a los otros dos grupos fácticos mexicanos; a diferencia de la Iglesia y los terratenientes, no poseía una fuente independiente de riqueza, se veía, por tanto, tentado a buscar atajos hacia la influencia y la opulencia, interviniendo periódicamente en la política. En estas circunstancias el ejército mexicano no podía permanecer en una postura independiente del Estado, pues tenían que confiar en gobiernos empobrecidos y a veces liberales para conseguir sus ingresos. Las circunstancias de Perú y Bolivia eran similares; allí también los militares carecían de recursos independientes y pretendían controlar el Estado para distribuir los recursos a su favor. De ese modo, tendían a existir dos formas de militarización: la de México y Perú, donde los caudillos tenían una base de apoyo en las unidades del ejército regular, y la de otros países, donde los caudillos locales no dependían de los ejércitos profesionales, sino que preferían utilizar a la milicia rural o a sus propios peones. Pero la dimensión militar del caudillismo no agota el carácter ni la tipología del caudillo.

El caudillo respondía también a grupos de presión civiles de diversos tipos. En algunos casos representaba a una amplia élite afín; éste fue el papel que desempeñó Martín Güemes, que fue el instrumento de un grupo de poderosos estancieros de Salta, noroeste de Argentina, y que fue creado y controlado por ellos, careciendo al comienzo de poder personal más allá de la estructura de afinidad. Normalmente los caudillos encontraban su base de poder entre los grandes terratenientes y actuaban en su nombre, pues era éste el grupo que poseía los recursos económicos y los peones que necesitaban aquéllos. Los terratenientes se convirtieron así en la élite de poder característica detrás de los caudillos, ya fuera como aliados, ya como clientes, y juntos les arrebataron el poder a los revolucionarios, los políticos y los intelectuales profesionales característicos del periodo de independencia. Esta ruralización del poder representaba una nueva etapa del desarrollo político durante las décadas posteriores a la independencia. Los hacendados mismos no solían estar involucrados en la política ni en todos los aspectos de la toma de decisiones. Pero estaban interesados en la política fiscal y económica, en las tierras y en la mano de obra, y en lo referente a estas cuestiones esperaban que el caudillo de su elección representara sus intereses. Si no lo hacía, ellos intervenían para sustituirlo. Los intereses de los hacendados tenían a menudo un carácter regional. Y lo característico era que, como en Argentina, el caudillo defendiera intereses económicos regionales frente a la política del centro. Una vez más, ya que el centro solía emplear la fuerza, las regiones encargaban su defensa a un guerrero local fuerte. Y muchos caudillos —tanto Venezuela como Argentina nos ofrecen ejemplos de ello— fueron locales sólo hasta que se hicieron nacionales, federalistas hasta que se hicieron centralistas. A escala nacional, un golpe coronado por el éxito podía conllevar espectaculares recompensas.

En este momento surgió otra imagen del caudillo —el caudillo como benefactor, como distribuidor de patronazgo. Los caudillos podían atraer a la clientela necesaria prometiéndoles a sus seguidores cargos y otras prebendas cuando alcanzaran el poder; y los clientes se vinculaban a un patrón prometedor con la esperanza del favoritismo cuando llegaran a la cumbre. Se consideraba mucho más seguro aceptar la promesa personal de un caudillo que un compromiso anónimo por parte de una institución, ya fuera ésta ejecutiva o legislativa. Así pues, las necesidades mutuas de patrón y cliente eran uno de los pilares del caudillismo en los nuevos estados. Pero la recompensa más preciada era la tierra, y un caudillo no era nadie si no era capaz de adquirir y distribuir tierras.

El caudillo como guerrero, cacique regional, hacendado y patrón, constituye una figura con unos papeles obvios que han tendido a oscurecer la función social que desempeñaba en calidad de «gendarme necesario» al servicio de las élites en el periodo que siguió a la independencia. Las constituciones por sí solas, como hemos visto, no podían garantizar ni las vidas ni las propiedades. Dada la historia institucional de Hispanoamérica durante los periodos colonial y de independencia, no era sorprendente que, como dijera Daniel F. O'Leary, los hombres lo eran todo, las instituciones, nada. La militancia de las clases peligrosas sólo podía ser contenida por un poder personal, más efectivo que cualquier constitución. Esa era la concepción que las élites tenían de los caudillos. La oligarquía hegemónica venezolana, por ejemplo, recurrió a Páez, un caudillo por educación y temperamento, un líder militar que tenía una base personal de poder en los llanos y que, sin embargo, no era un instrumento de los llaneros; pretendían que desempeñase el papel de hombre fuerte. La élite precisaba de Páez porque era uno de los pocos líderes al que los pardos otorgaban cierta confianza política, y prácticamente el único líder capaz de controlar a las clases populares. Páez gobernó con y para la élite, y aunque él mismo había ascendido socialmente, definió el gobierno de Venezuela de un modo tan estrecho y restrictivo como si se tratara del más tradicionalista de sus asociados.

En Argentina, Rosas también tenía una base política entre la élite y defendía sus intereses. El primer gobierno de Rosas (1829-1832) fue conservador: defendió a los propietarios, especialmente a los terratenientes, y garantizó la tranquilidad y la estabilidad. Fortaleció al ejército, protegió a la Iglesia, silenció a los críticos, amordazó a la prensa y buscó mejorar el crédito financiero del gobierno sin establecer impuestos para los propietarios. Rosas volvió al poder en 1835 por el historial de su primer gobierno. El desorden y el caos en el campo fue lo que le impresionaron a Rosas en primer lugar; y la conciencia de la anarquía incipiente, que experimentara antes entre las hordas de vagabundos y delincuentes en sus propias fincas, le llevó a tomar la firme determinación de eliminarla, primero en su propio entorno, después en el mundo político más allá. Afirmaba cultivar conscientemente la compañía «de las clases bajas» y que se había convertido en un gaucho para poder controlarlas: «me pareció muy importante conseguir una influencia grande sobre esa clase para contenerla o para dirigirla».

Cultivar relaciones con los sectores populares y contenerlos no era, por supuesto, lo mismo que promocionarlos; identificarse culturalmente con ellos no era lo mismo que movilizarlos socialmente. Los caudillos no eran líderes verdaderamente populares. Manipulaban a los sectores populares, y les hacían tener la ilusión de que participaban, sin alterar, en lo básico, su situación en las estructuras existentes. No les ofrecían ningún beneficio real a los sectores populares. No había tierras para el gaucho, ni propiedades para el peón. Los caudillos establecieron los límites del cambio social, y lo hicieron encabezando una coalición de las fuerzas de élite y representando a los que se oponían al cambio de las estructuras. Pero los caudillos no eran meros instrumentos de la élite: el hecho de que fueran indispensables les daba cierta ventaja y les permitía actuar con soberanía propia. En tanto que hacendados y patrones, tenían su propia base de poder inmediato, que solía ser de mayor peso específico que la de cualquier otro miembro de la coalición.

¿Quiénes eran los caudillos? En Venezuela muchos de ellos eran hacendados y procedían de la élite colonial; contaban ya con una base social y regional y podían movilizar sus propias fuerzas. Hombres como Santiago Mariño, José Tadeo Monagas, Manuel Valdés, Andrés Rojas y Pedro Zaraza, no eran bandidos sociales; pretendían movilizar fuerzas sociales, no cambiarlas. Los que treparon por la escala social partiendo de una posición baja constituían la excepción, de la que la más notable en Venezuela fue José Antonio Páez, el caudillo modelo, hijo de un funcionario de baja categoría, que conoció toda la dureza de la vida de los llanos en un rancho ganadero, y que llegó a capitán de caballería en el ejército de la Primera República, demostrando mayor fortuna que otros en el saqueo, la lucha y la matanza. Sus cualidades de líder atrajeron a sus primeros seguidores, y el saqueo los retuvieron.

Los orígenes y las carreras de los caudillos argentinos fueron más homogéneos que los de los prototipos venezolanos. Procedían en la mayoría de los casos de familias que habían sido ricas y poderosas desde la época colonial, la mayoría propietarios de tierras, y muchos de ellos titulares de destinos militares. Los propios caudillos preservaron la herencia: entre los dieciocho caudillos que gobernaron las diversas provincias de Argentina entre 1810 y 1870, trece eran grandes terratenientes, uno tenía propiedades medias de tierra y uno poseía un pequeño astillero. Todos tenían un destino militar, bien en el ejército, bien en la milicia; y de los doce que tenían edad suficiente para haber luchado en las guerras de independencia, nueve lo habían hecho. La riqueza era un mérito intrínseco: del grupo, quince eran extremadamente ricos, dos lo eran medianamente. Prácticamente todos tenían cierto nivel cultural, si bien las expectativas políticas no eran buenas: nueve murieron violentamente y tres en el exilio. Había poca evidencia de movilidad social en estas carreras. No hay duda de que la revolución de la independencia les permitió a los criollos un mayor acceso a la política, la burocracia y el comercio; pero la estructura social basada en la tierra, la riqueza, el prestigio y la educación, permaneció sin alterar en lo esencial. De acuerdo con el criterio de la riqueza, sólo dos de los dieciocho caudillos, Estanislao López y Félix Aldao, mostraron señales de ascenso, de una riqueza media a otra extrema. El resto siguió las tradiciones familiares de riqueza y prestigio, y sencillamente acumularon algo más a su patrimonio. La ruta de ocupaciones que seguían estaba jalonada de etapas conocidas: partiendo de hacendado hasta caudillo, vía militar.

El objetivo básico de los políticos, ya se tratara de constitucionalistas o de caudillos, consistía en hacerse con el control del Estado y de la distribución de sus recursos. Los medios para alcanzar el poder eran las agrupaciones, o facciones, o partidos políticos. No se trataba de partidos políticos en el sentido actual, esto es: organizaciones que expresan programas específicos que puedan suscitar la adhesión de gran número de personas y enfocados a ganar unas elecciones. Sólo una minoría estaba involucrada activamente en la política, y la movilización política no llegaba todavía a toda la nación ni penetraba en todos los niveles de la sociedad. Pero en algunos países como Chile, Nueva Granada y Uruguay la minoría que sí se había involucrado estuvo dividida en grupos identificables desde muy pronto, y los políticos buscaban su apoyo en las elecciones a través de periódicos o agentes políticos. ¿Qué distinguía a estas agrupaciones entre sí? ¿Por qué preferían los individuos una u otra? La política de patronazgo desempeñaba sin duda un papel importante en ello. Se seguía a un líder político por razones de lealtad individual con el fin de conseguir colocaciones una vez que alcanzara el poder. Pero esto no explica las divisiones ideológicas.

Las diferencias ideológicas se han solido interpretar en términos de intereses de clase o de grupo. Por un lado, los grandes terratenientes, la jerarquía eclesiástica y los militares; por el otro, los comerciantes, los profesionales liberales, los intelectuales y elementos con posibilidad de ascenso social. Estas alineaciones daban lugar a coaliciones de conservadores contra liberales. Había variaciones del modelo que mostraban una alineación de terratenientes contra burgueses, el campo contra la ciudad. Sin embargo, dichas explicaciones no se ajustaban con exactitud a los hechos. Existía una superposición considerable entre los diversos grupos económicos. Es bien sabido que muchos terratenientes tenían intereses urbanos, y que el capital urbano se invertía a menudo en tierras. Además, en la agricultura orientada hacia la exportación existía una estrecha vinculación entre productor y exportador, entre terrateniente y comerciante, campo y ciudad, que resultaba en la formación de una solidaridad de élite. De ese modo, podemos encontrar a los comerciantes, a los terratenientes y a los profesionales liberales en casi cualquiera de los grupos políticos.

Los conservadores de México, Nueva Granada y Perú tendían a proceder de lugares que eran centros sociales favorecidos, digamos que centros administrativos coloniales, de los cuales habían obtenido tradicionalmente ventajas políticas y económicas. Los liberales tendían a localizarse en la periferia social, a menudo ciudades provincianas, con menor acceso al centro de poder económico y político. La localización geográfica influía en las tendencias políticas. Los conservadores, fueran civiles o militares, procedían del corazón del país, y se inclinaban por la asunción de posturas centralistas y de apoyo a la Iglesia. Los liberales, vinculados a las provincias no privilegiadas, apoyaban a menudo el federalismo, la igualdad legal y la destrucción de los privilegios militares y eclesiásticos. Sin duda, había un componente de oportunismo en ello: los liberales podían ser centralistas si ocupaban el poder, mientras que los conservadores podían utilizar el federalismo para debilitar a un gobierno liberal. Pero los alineamientos por interés se disolvían con frecuencia, dejando tras de sí un residuo de ideas y convicciones como factor fundamental de división. ¿Cuáles eran esas ideas?

Las cuestiones políticas se expresaban de diversas maneras. Uno de los primeros conflictos se refería a la estructura del Estado. ¿Debería estar organizado al modo federalista o al centralista? La causa federalista era expresión de una mezcla de intereses económicos, autonomía regional, ideología liberal, o sencillamente de la posición política de los que carecían de poder y que lo desechaban rápidamente una vez que lo hubieran alcanzado. Para comienzos de 1830 el federalismo estaba desacreditado en la mayoría de los países en cuanto obstáculo para la construcción de un Estado nacional, si bien experimentaría un resurgimiento constitucional en México, Nueva Granada y Venezuela después de 1850. La mayoría de los componentes de la nación política preferían un Estado unitario y centralista, e incluso en las estructuras federalistas el presidente contaba con amplios poderes de intervención. Los liberales eran más cercanos al federalismo que los conservadores, pero en la práctica descubrieron que necesitaban un estado centralista para imponer las reformas liberales a toda la nación contra la oposición de intereses creados o regionales.

El objetivo básico de los liberales consistía en la reforma de las instituciones sociales, económicas y políticas con el fin de establecer la libertad individual, protegerla con la igualdad legal y garantizarla con la supremacía del estado laico. La libertad individual implicaba también libertad de pensamiento, la cual constituía normalmente un objetivo esencial del liberalismo de todos los países. Todas estas metas programáticas —la supremacía del Estado, la igualdad legal y la libertad de pensamiento— exigían reducir los privilegios corporativos característicos de la sociedad colonial hispánica, expresados especialmente en los fueros eclesiástico y militar. Se trataba de dos instituciones que desafiaban la supremacía de los nuevos estados y amenazaban con convertirse en una soberanía alternativa; sus privilegios eran además una afrenta a la igualdad legal y a los derechos de otros ciudadanos; y, desde el punto de vista de los liberales, el clero y los militares preferían controlar a la opinión en lugar de respetarla. Así pues, la destrucción de los privilegios corporativos constituía uno de los primeros objetivos políticos de los liberales hispanoamericanos.

El modelo liberal de la sociedad incluía también ideas económicas copiadas más o menos del liberalismo de Europa occidental, y que se resumían en una preferencia por el libre mercado. Por tanto, los liberales pretendían abolir los privilegios monopolísticos legados por el régimen colonial y que cabía encontrar en diversos niveles sociales, no sólo entre los sectores empresariales. La lógica del liberalismo les condujo a atacar a las tierras comunitarias de los indios, a disolver sus instituciones comunitarias y a obligarles a operar como productores individuales sometidos a los dictados de las fuerzas del mercado. El mismo razonamiento, reforzado por un anticlericalismo inherente, les llevaba a exigir la desamortización de los inmensos recursos de la Iglesia, y que las propiedades privadas fueran liberadas de las hipotecas eclesiásticas para que pudieran circular libremente en el mercado.

La mayor parte de la élite educada tendía a estar de acuerdo en la política económica, por lo que ésta no constituía un factor de división política. Ni siquiera los conservadores se mostraban enemigos de liberar las propiedades de hipotecas y otras cargas de la Iglesia. En cuanto al libre comercio, no era una cuestión hacia la que ningún partido tuviese un compromiso absoluto, y de hecho casi no se puede hablar del concepto propiamente dicho en Latinoamérica. Puesto que la mayoría de los estados hispanoamericanos derivaban la mayor parte de sus ingresos de los aranceles aduaneros, las tarifas eran habitualmente altas. Se trata de algo característico en sociedades en las que la élite de propietarios rechaza el impuesto sobre la renta y el territorial, y traslada la carga impositiva a los extranjeros, comerciantes y consumidores. El debate comenzaba realmente cuando surgía el interrogante de si debería haber además una tarifa proteccionista a favor de la producción nacional; la respuesta solía venir dada por razones empíricas más que doctrinales, y la tendencia consistía en evitar la protección y favorecer la exportación de materias primas y la importación de bienes manufacturados. Había excepciones, por supuesto. En México, existían unos intereses industriales reconocibles que no cabía ignorar. Argentina vivió también un prolongado debate sobre el libre comercio y el proteccionismo, y en este caso había un fuerte conflicto entre Buenos Aires, que insistía a favor del libre comercio, y las provincias, que exigían protección, un conflicto que perdió el interior. Y en Venezuela hubo un conflicto entre el liberalismo económico y los intereses de los plantadores de café. Estos últimos se endeudaron al incrementar la producción durante los años de precios altos en la década de 1830 y se vieron incapaces de pagarles a sus acreedores cuando el mercado decayó al final de la década. La legislación liberal de 1834 liberó los tipos de interés de las restricciones coloniales referentes a la usura y facilitaron subsiguientemente la venta de las propiedades del deudor, dos medidas que añadieron peso a los argumentos contra los plantadores, quienes exigían también la intervención del gobierno a favor del sector agrario. Pero Páez y sus aliados políticos se adhirieron al liberalismo económico en defensa de los intereses de los acreedores.

La élite política no sólo estaba generalmente de acuerdo en la política fiscal y económica, sino también en la social y en la referente al tratamiento de la mano de obra. La esclavitud debería haber sido una cuestión que provocara divisiones. En teoría, los liberales se oponían a la esclavitud, pero no organizaron ninguna campaña abolicionista, y sus intentos de legislar la abolición en la década de 1820 fueron débiles e incompletos, y da la impresión de que no deseaban poner en cuestión los derechos de propiedad de los que poseían esclavos ni provocar disturbios sociales tampoco. El apoyo conservador a la esclavitud fue, sin embargo, desafiado por una nueva generación de liberales alrededor de 1850 en Venezuela, Nueva Granada, Ecuador, Perú y Argentina, y esta vez los conservadores no se resistieron, convencidos de que la esclavitud era un anacronismo económico. La política hacia los indios era otro ejemplo de la división teórica y la convergencia práctica entre liberales y conservadores. La preferencia por la integración frente a la segregación, por la propiedad individual frente a los derechos comunitarios, eran sin duda características de la política liberal. Los liberales de México y de la mayoría de los países andinos estaban decididos a incorporar a los indios a la economía de mercado y a integrarlos en la nación política; pero los conservadores, con escasas excepciones, no defendían claramente a los indios ni en teoría ni en la práctica, ni sus gobiernos protegieron tampoco ni las propiedades ni la condición especial de éstos. Sólo gradualmente se fue comprobando el daño que esa política les estaba causando a los campesinos indios y a sus tierras.

De este modo, muchos aspectos del programa liberal formaron parte de un consenso de modernización en aquel periodo, y no provocaron la fragmentación de la nación política. Es otra indicación de que los partidos políticos de mediados del siglo XIX no se basaban en claras divisiones económicas y sociales. Existía, sin embargo, una cuestión que suscitaba una profunda y permanente escisión entre liberales y conservadores: se trataba, como veremos, de la Iglesia.

Los conservadores tenían tendencia a apoyar los valores hispánicos y a defender las estructuras existentes, aunque no eran totalmente homogéneos en su manera de pensar. En un extremo los había que miraban hacia atrás con nostalgia del régimen colonial y abogaban por la restauración de la monarquía; en otros casos, el conservadurismo suponía poco más que una defensa de los intereses creados y de los propietarios. En el periodo de 1830-1850, el conservadurismo era un proceder más que una doctrina. A lo largo y ancho de Hispanoamérica los conservadores estaban en el poder —Páez en Venezuela, Portales en Chile, Rosas en Argentina— y gobernaban sin ninguna justificación intelectual, sólo por virtud de la necesidad y de su apoyo. Rosas afirmaba que el poder absoluto era la única alternativa a la anarquía; representó el *Leviathan* de Thomas Hobbes sin nunca haber leído el libro. No todos los conservadores se ajustaban a un modelo tan primitivo. En México, Lucas Alamán afirmaba que la historia y la experiencia eran los fundamentos del pensamiento político, en tanto que diferenciable de la especulación teórica característica del liberalismo. Era seguidor de Burke más que de Rousseau al oponerse a que los principios abstractos fueran elevados a objetivos políticos y al mantener que la autoridad política debía basarse en la tradición y en los conocimientos acumulados. Alamán mostraba un profundo escepticismo hacia la perfectibilidad del ser humano; conservaba además un vívido recuerdo del terror y la anarquía del año 1810 en México, con la consiguiente creencia en la ley, el orden y el derecho a la propiedad. Los conservadores más jóvenes reaccionaron a otros acontecimientos, a las revoluciones europeas de 1848, de las que se creía que constituían un modelo alarmante de cambio político, o también a la posibilidad de insurrecciones urbanas en Nueva Granada, Perú, Chile y México, donde las denominadas clases peligrosas y una nueva generación de jóvenes radicales asustaban a las personas que ostentaban las propiedades y los privilegios.

Para defender al orden social de los ataques y la subversión, los conservadores no recurrieron sólo al Estado, sino también a la Iglesia, a la que consideraban un aliado indispensable de la autoridad política y un guardián de la ley moral de la sociedad. Puesto que los liberales pretendían, al mismo tiempo, reducir el poder y la influencia de la Iglesia, ésta se vio metida en el centro de la controversia política.

4. La religión y la Iglesia

La independencia le supuso una tremenda conmoción a la Iglesia. Para muchos fue el fin de una época, el derrumbamiento de todo un mundo, el triunfo de la razón sobre la revelación. El orden colonial había descansado sobre la unidad del altar y el trono. Si se quebraba el poder de España, ¿podría sobrevivir la Iglesia católica? La independencia puso al desnudo las raíces coloniales de la Iglesia y reveló sus orígenes foráneos. La independencia dividió también a la Iglesia. Aunque muchos —quizá la mayoría— de los clérigos eran monárquicos, algunos eran republicanos, unos pocos insurgentes y la mayoría influyentes a la hora de incitar a las masas a que apoyaran el nuevo orden una vez conseguida la independencia. Pero las nuevas repúblicas no eran hogares confortables para el clero. La defensa del fuero eclesiástico situaba al clero del lado de los privilegiados y lo ponía en conflicto con los gobiernos liberales. Por otra parte, un cierto número de sacerdotes eran liberales, defensores tanto de la razón como de la reforma, y a menudo partidarios de una Iglesia nacional que no estaba en armonía con la Iglesia universal.

La jerarquía se encontraba menos dividida por la independencia, pero su unidad no suponía apenas una fuente de fuerza para la Iglesia. Unos pocos obispos aceptaron la revolución; la mayoría la rechazó y permaneció fiel a la Corona. Podían justificarse con argumentos religiosos y defender la legitimidad política en términos teológicos, pero no podían ocultar el hecho de que eran españoles por nacimiento y simpatía. El episcopado se identificaba con España y de hecho abandonó la Iglesia americana. Roma no les ofreció una guía clara. El papado, acosado por España y la Santa Alianza, se negaba a reconocer la independencia latinoamericana. Fue un error político, fruto del juicio humano y no de la doctrina católica; pero fue un error costoso, y cuando lo irrevocable de la independencia y la necesidad de llenar las sedes vacantes obligó al papado, a partir de 1835, a reconocer a los nuevos gobiernos, la Iglesia había sufrido ya mucho daño. Los nuevos regímenes, por su parte, estaban ansiosos por establecer relaciones directas con la Santa Sede, un reconocimiento, sin duda, de que la labor de afirmar su propia legitimidad y gobernar a pueblos inherentemente católicos sería más fácil logrando un entendimiento con Roma. Era también un signo de su determinación de negociar importantes concesiones que deseaban de la Iglesia.

La Iglesia pasó de España a Roma en el siglo XIX, de la religión ibérica a la universal. Si bien ello evitó el surgimiento de iglesias nacionales, no eliminó la amenaza del control estatal sobre la Iglesia. El patronato, el derecho real a la presentación de los beneficios eclesiásticos, era reivindicado ahora por los gobiernos nacionales e iba a parar a manos de políticos liberales y agnósticos. La cuestión fue objeto de polémica durante muchos años. En México, tras un debate prolongado e improductivo, la cuestión decayó después de 1835, aunque el gobierno continuaba insistiendo en su reclamación. En Argentina, en la década de 1820, Bernardo Rivadavia estableció un control estatal casi absoluto sobre los miembros y propiedades de la Iglesia, una tradición a la que dio continuidad Juan Manuel Rosas y que les legó a los gobiernos subsiguientes. Sólo poco a poco llegaron los estados laicos a considerar el patronato como un anacronismo, momento en que pusieron fin a la cuestión, separando a la Iglesia del Estado.

En los años que siguieron a 1820 quedó claro que la independencia había debilitado algunas de las estructuras básicas de la Iglesia. Muchos obispos habían desertado de sus diócesis y vuelto a España; otros habían sido expulsados; otros, en fin, murieron y no fueron sustituidos. Las diócesis permanecieron vacías mientras Roma se negó a reconocer a los nuevos regímenes, y los gobiernos liberales no estuvieron dispuestos a reconocer a candidatos que no fueran los propios. En México, tras la muerte del obispo de Puebla, en abril de 1829, no quedó ni un solo obispo residente. La archidiócesis de México estuvo vacante entre 1822 y 1840. Honduras estuvo sin un obispo residente durante cuarenta y tres años, Cuenca —en Ecuador— durante cuarenta y uno. Bolivia, en el momento de la independencia, no tenía ni un solo obispo y dependía del lejano Perú, donde sólo había dos obispos, en Cuzco y en Arequipa.

Una vez ausente la jerarquía, no quedó nadie para hablar en nombre de la Iglesia. La ausencia de un obispo significaba la pérdida de una autoridad de las enseñanzas de la Iglesia en la diócesis, falta de gobierno y un descenso de las ordenaciones y confirmaciones. La escasez de obispos vino acompañada inevitablemente de otra escasez paralela de sacerdotes y religiosos. Para 1830 el número total de sacerdotes mexicanos se había visto reducido en un tercio a causa de la ejecución de los insurgentes, la expulsión de los sacerdotes españoles y la disminución paulatina del número de clérigos locales. Muchas parroquias quedaron sin atender, sin posibilidad de decir misa ni de recibir los sacramentos, y con los sermones y la catequesis interrumpidos. En Bolivia había ochenta parroquias vacantes en el momento de la independencia. En Venezuela, en 1837, había doscientos sacerdotes menos que en 1810.

Los bienes de la Iglesia estaban disminuyendo también. Los diezmos fueron reducidos durante las guerras de la independencia y eliminados progresivamente más tarde, en Argentina en 1821, en Perú en 1846. En 1833-1834 un gobierno liberal mexicano puso fin a la sanción gubernamental referente al cobro de los diezmos y trató de limitar la independencia fiscal de las instituciones eclesiásticas. Los gobiernos liberales de Centroamérica aplicaron medidas similares. Los nuevos dirigentes hispanoamericanos, conservadores y liberales por igual, aspiraban a apropiarse de las posesiones e ingresos de la Iglesia, no necesariamente para reinvertirlos en una mayor prosperidad y desarrollo, sino como legítimios ingresos del Estado. Y no aspiraban sólo a las propiedades diocesanas, sino también a las de las órdenes religiosas, que eran más vulnerables y comenzaron ahora a sufrir el acoso de Argentina (1824), Bolivia (1826) y Nicaragua (1830). Dichas medidas dieron comienzo a la erosión gradual de las propiedades de la Iglesia durante el siglo xix. Los obispos, sacerdotes y organizaciones religiosas acabaron por depender para sus ingresos no de una entrada propia de dinero de la Iglesia, sino de las contribuciones de los fieles o de un subsidio del Estado.

A pesar de todo, la Iglesia sobrevivió, con su misión defendida aunque inactiva, con unos recursos reales aunque disminuidos y unos cargos intactos aunque a menudo sin ocupar. A pesar de una estructura defectuosa, la Iglesia era esencialmente una institución popular y seguía siendo utilizada por las masas. La religión hispanoamericana era una religión del pueblo, y la Iglesia continuó recibiendo la adhesión y el respeto de los indios, los mestizos y otros sectores populares. No se trataba de una Iglesia en declive, y si estaba débil temporalmente, el Estado lo estaba aún más. Ello constituía una paradoja y un problema. Las secuelas de la guerra dejaron a una Iglesia más estable, popular y, aparentemente, más rica que el Estado. Éste reaccionó tratando de controlar y decretar impuestos a la Iglesia para restaurar así el equilibrio a su favor. Tras un periodo de gobierno relativamente conservador en Hispanoamérica, de 1830-1850, el advenimiento de un Estado liberal anunciaba una ruptura más radical con el pasado y con la Iglesia.

Iglesia de San Francisco en Quito

El principio que subyacía en la política liberal era el individualismo, la creencia de que los nuevos Estados latinoamericanos sólo podrían hacer progresos si se liberaba al individuo de los prejuicios del pasado, de las restricciones y privilegios corporativos, privilegios que en el caso de la Iglesia iban acompañados de riqueza en bienes raíces y en capital invertido. A ojos de los liberales, dichos recursos le conferían a la Iglesia poder político, retardaban el progreso de la economía y obstaculizaban el cambio social. Así, la Iglesia era considerada rival del Estado, un foco de soberanía que debería estar en manos únicamente de la nación. Dichas creencias no eran necesariamente ciertas, pero constituían las concepciones liberales del momento. Sin embargo, el liberalismo representaba intereses tanto como principios. En México, por ejemplo, donde los liberales típicos de mediados de siglo eran jóvenes profesionales con capacidad para ascender socialmente, consideraban a la Iglesia un obstáculo fundamental, no sólo a la construcción nacional, sino también a sus propias ambiciones sociales y económicas.

La Iglesia poscolonial tuvo, por tanto, que enfrentarse a una hostilidad procedente de grupos específicos que nunca había experimentado. Había nacido el anticlericalismo. Es cierto que no todos los liberales compartían estas convicciones. Algunos pretendían tan sólo reformar el Estado, establecer el gobierno de la ley para todos y modernizar la economía. Ninguno de estos objetivos era necesariamente una amenaza a la religión. Pero los liberales más radicales iban más allá de un intento de establecer la autonomía adecuada del Estado: defendían un ataque en toda regla contra la Iglesia, contra sus propiedades, privilegios e instituciones, con la creencia de que sin la destrucción del poder eclesiástico y la desaparición del dogma que lo acompañaba, un cambio fundamental sería imposible. De modo que la secularización del siglo xix adoptó formas diversas y sucitó respuestas variadas, algunas violentas. Se libraron batallas sobre el derecho a designar obispos, sobre la titularidad de las propiedades, sobre las sanciones legales y políticas a favor de la religión y sobre la educación. El laicismo tenía una base social, entre la élite o los que aspiraban a formar parte de ella; las masas, aparentemente, preferían sus antiguas creencias.

Como reacción, la Iglesia buscó aliados donde pudo. En toda Hispanoamérica el pensamiento político católico se volvió más conservador a mediados del siglo xix. Los obispos colombianos nos ofrecen un ejemplo: en su respuesta a la política liberal, los prelados reconocían su obligación a someterse a la autoridad laica, pero con una condición previa. En una pastoral de agosto de 1852 publicada la víspera de su salida hacia el exilio tras su oposición a leyes liberales, Manuel José Mosquera, arzobispo de Bogotá, les dijo a los fieles que la religión les ordenaba obedecer a las leyes civiles y respetar y amar a los magistrados; asimismo el Papa en su encíclica del 9 de noviembre de 1846 advirtió que los que se resistieran a la autoridad se resistían al Plan Divino y serían condenados, y por lo tanto el principio de obediencia a la autoridad no podía ser violado sin pecar a menos que se solicitara algo contrario a las leyes de Dios y de la Iglesia. Por consiguiente, existía el derecho a resistirse contra las medidas liberales cuando éstas atacaban a los derechos de origen divino que tenía la Iglesia. Los obispos colombianos, al igual que muchos de sus colegas mexicanos, afirmaban que la desamortización era contraria a los derechos inalienables de la Iglesia y a su capacidad legal para tener propiedades e ingresos.

En Perú, el sacerdote Bartolomé Herrera denunciaba la idea por la cual la autoridad emanaba del pueblo; sólo procedía de Dios, y rebelarse era hacerlo contra la voluntad de Dios. Sólo cuando el Estado se apartaba de la Voluntad Divina, tal como la interpretaba la Iglesia, era la revolución permisible. En un sermón en la catedral de Lima en 1842 atribuyó la reciente derrota peruana a manos del ejército boliviano y la continua inestabilidad política a la pérdida por parte de los ciudadanos del sentido de la obediencia: el que se resiste a la autoridad legítima se resiste al mandato de Dios.

Los miembros del clero se aliaban con los conservadores civiles en la creencia de que la Iglesia precisaba de una defensa política. A su vez, la ideología dominante en el conservadurismo era el catolicismo, una creencia por la que la supuesta irracionalidad humana creaba la necesidad de un gobierno fuerte apoyado por la Iglesia y con la sanción de la religión. La filosofía política conservadora no era necesariamente expresión de un catolicismo ortodoxo, ni era tampoco esencialmente religiosa. Se trataba más bien de interés mezclado con ideología. Los conservadores manipulaban la religión; creían que sin el freno impuesto por la religión el pueblo sería turbulento y anárquico; era, pues, una defensa de la religión basada, no en su veracidad, sino en su utilidad social. Los acontecimientos demostrarían que la alianza entre los conservadores y el catolicismo sería perjudicial para la Iglesia, porque la puso en el centro de un complejo de intereses que liberales y progresistas identificaban como obstáculos al cambio, y sufrió con las derrotas de sus aliados.

El conflicto entre la Iglesia y el Estado acabó por llevar a aquélla a la pérdida de su poder temporal y sus privilegios, y supuso el triunfo del Estado laico. El ritmo del cambio, y su alcance, difería según el país de que se tratase. ¿Cómo explicar los diferentes modelos de relaciones Iglesia-Estado en Latinoamérica?

Uno de los factores a tener en cuenta son las diferentes historias y tradiciones nacionales, así como el contraste de las experiencias de construcción nacional durante el siglo XIX. Otro era el carácter específico de los distintos gobiernos y caudillos, así como la naturaleza de sus creencias. Pero quizá el factor más importante era el poder y riqueza relativos de la Iglesia. Donde la Iglesia tenía numerosos miembros y grandes recursos, como en México y Colombia, era más probable que provocase el anticlericalismo y la envidia, tanto políticos como personales; estaba también en mejor posición para defenderse. El conflicto consiguiente sería probablemente agudo y violento, y su resultado más decisivo, en uno u otro sentido. Donde la Iglesia era pobre y débil, como en Argentina, Uruguay y Venezuela, no provocaba una hostilidad manifiesta, pero no se podía defender, y progresivamente, sin conflictos dramáticos, veía sus privilegios ir disminuyendo poco a poco. Y en algunos casos, como en Perú, Bolivia y Chile, existía un equilibrio de poder.

5. EL DESAFÍO LIBERAL

La cronología de la evolución política hispanoamericana a comienzos del periodo moderno se puede dividir en tres etapas. En la primera, los reformadores liberales inspirados por la Ilustración y por la Constitución española de 1812 establecieron los derechos civiles y las nuevas libertades y amenazaron, pero no llegaron a destruir, las estructuras profundamente enraizadas de la sociedad colonial. En los años en torno a 1830, el primer liberalismo dio paso a gobiernos conservadores, que detuvieron la reforma, pero que, al mismo tiempo, posibilitaron la existencia de condiciones relativamente estables en un periodo de prosperidad moderada. En los años anteriores a 1850 comenzó una tercera fase, en la que las luchas políticas hicieron más nítidas las divisiones y el conservadurismo se vio desafiado por un resurgimiento liberal. La sociedad estaba siendo testigo de la ruptura del consenso político característico de las primeras élites republicanas, así como de la aparición de nuevos políticos que no recordaban la lucha común por la independencia y cuyas ideas y tácticas eran más militantes que las de sus predecesores. ¿Cómo explicar esta coyuntura?

Los gobiernos conservadores se estaban haciendo viejos, o complacientes o inactivos; en cualquier caso, parecían carecer de la voluntad y la capacidad para defenderse. Las señales se veían claramente en medidas saldadas con el fracaso, divisiones en el seno de la propia élite política y, en algunos casos, en la derrota ante enemigos foráneos. El desafío procedía de un nuevo grupo generacional integrado en las clases altas. Pero el factor generacional no era la única explicación. Puede haber existido una diferenciación de clase en el conflicto. Los nuevos liberales eran jóvenes profesionales con posibilidades de ascenso social, procedentes a menudo de las provincias, los primeros frutos de las nuevas oportunidades educativas abiertas tras la independencia. Ese era el caso en México y Nueva Granada, donde los nuevos grupos sociales veían sus ambiciones profesionales y sus intereses económicos frustrados por los privilegios y la tradición establecidos, que se expresaban institucionalmente en el ejército, en la Iglesia y en otras estructuras coloniales. Las ideas de los políticos más jóvenes les debían algo a los movimientos políticos e intelectuales radicales de Europa, que culminaron en las revoluciones de 1848, que fueron saludadas como un nuevo triunfo de la democracia y una inspiración para las naciones jóvenes como Nueva Granada, Perú y Chile. En algunos casos, como en Chile y Nueva Granada, los artesanos urbanos comenzaron a aventurarse en la vida política, provocados por las consecuencias económicas del libre comercio y por la dominación de los bienes de consumo importados. ¿Existía ahora una oportunidad para nuevos alineamientos políticos, quizá una alianza entre los grupos de clase media que iban surgiendo y los sectores populares?

Las apariencias eran engañosas. Había muchas ambigüedades en la postura liberal, derivadas fundamentalmente del hecho de que no contaban con un capital electoral identificable, cosa que sí tenía el liberalismo europeo con su base entre la burguesía urbana. Los políticos liberales intentaron movilizar a los artesanos, pero éstos tenían unos intereses políticos y económicos distintos, muy alejados de la mentalidad de libre mercado del liberalismo clásico. En Argentina hubo una alianza espuria entre el conservador Rosas y los sectores populares, pero era algo que aborrecían liberales como Sarmiento y Alberdi, que creían que una alianza así sencillamente demostraba el peligro de hacer los derechos políticos extensivos a las masas, que sólo serían capaces de comprender la dictadura. En este caso el propio liberalismo era una forma de conservadurismo. En el resto de los países, sin embargo, los liberales recurrían a las reformas democráticas como medio para cambiar la sociedad y terminar con la ignorancia política.

La nueva generación de políticos liberales que surgió en la década de 1840 reactivó las creencias liberales en el individualismo, en la libertad e igualdad de todos los ciudadanos, en la libertad de pensamiento y de expresión y, por supuesto, en los derechos de conciencia. También trataban de aproximarse al ideal económico liberal.

Algo que se traducía en la abolición de los impuestos restantes del periodo colonial, que todavía suponía un freno para el comercio y la industria, impuestos tales como la alcabala, los diezmos y los monopolios gubernamentales. Teóricamente, también se oponía a la intervención gubernamental en la economía, pero en la práctica las economías de la zona no estaban preparadas para un liberalismo puro, y el gobierno tenía que intervenir para ofrecer protección o, al menos, tenía que recaudar los aranceles aduaneros, que poner impuestos a las exportaciones e incluso que conceder monopolios a la empresa privada, extranjera a menudo. El establecimiento de la igualdad legal significaba la eliminación de los fueros militar y eclesiástico, la abolición de la esclavitud y la incorporación de las comunidades indias, a menudo en contra de su voluntad, a la nación política y al libre mercado. La cuestión de la Iglesia fue llevada a primera línea de los ataques, porque los liberales creían que su poder y privilegios constituían los principales obstáculos al progreso y a la libertad.

Los liberales tuvieron éxito en la construcción del Estado, entendido como organización política y legal con poder para exigir obediencia y lealtad de sus ciudadanos. ¿Tuvieron éxito también en la construcción nacional?

Los nuevos Estados no eran necesariamente naciones. Aunque la independencia había sido el resultado de una victoria, el establecimiento de los nuevos Estados precedió a la formación de las naciones, pues el nacimiento de la conciencia nacional fue lento y parcial, y estuvo sujeto a muchos impedimentos. Con todo, las naciones estaban ya en proceso de formación. Sería antihistórico aplicar pruebas absolutas de nacionalidad a las nuevas repúblicas hispanoamericanas para sacar la conclusión de que las naciones no existían. La cronología es importante: hubo distintas fases de evolución: primero, cuando la nacionalidad existía en estado embrionario; luego, de modo incipiente o parcial, y finalmente, cuando desembocó en la condición de nación plena. La nacionalidad criolla precedió a la independencia y se podía descubrir en un sentido de lealtad a la patria, una creciente conciencia de identidad y la convicción de que los americanos no eran españoles. El individuo comenzó a identificarse con un grupo, y los grupos tenían algunas de las cualidades de una nación: ascendencia, lenguaje, religión, territorio, costumbres y tradiciones comunes. La conciencia nacional estaba, por supuesto, restringida a las élites criollas, pues las castas tenían sólo un confuso sentimiento de nacionalidad, y los indios y los negros carecían de ello por completo.

Las naciones no se podían crear en un día, ni siquiera en la vida de toda una generación. Tras las guerras de independencia hubo toda una serie de fuerzas hostiles a la aparición de Estados nacionales fuertes. La hacienda fue una de las muchas bases de poder y alianza rivales que desafiaban a las instituciones del Estado; los peones estaban vinculados por sus deberes a su patrón, cuyo poder era inmediato y cuya decisión era definitiva. Los privilegios corporativos reducían también la categoría del Estado. La existencia de los fueros militares y eclesiásticos, y la supervivencia de las comunidades indias como entidades corporativas, le escatimaba al Estado la jurisdicción directa sobre amplios sectores sociales. El separatismo o el deseo de autonomía regional, a menudo expresión de importantes intereses regionales, suponían también soberanías alternativas que debilitaban consiguientemente el desarrollo nacional. Finalmente, el caudillo, que normalmente era el representante de una base de poder regional, constituía uno de los más importantes obstáculos al desarrollo del Estado nacional. Y sin embargo, paradójicamente, los caudillos podían actuar también como defensores de los intereses nacionales contra presiones exteriores, promoviendo así la independencia y unidad de sus pueblos e incrementando su conciencia nacional.

La historia del nacionalismo nos ofrece ejemplos del proceso subsiguiente, posterior al logro de la independencia y la unidad. Se trata de un proceso de construcción nacional haciendo extensiva a las masas la creencia en la existencia de una nación, convicción sostenida hasta entonces sólo por la élite, e incorporando a la nación a todos los sectores de la población. Ese objetivo estaba ausente de las medidas de los políticos republicanos, conservadores y liberales por igual. La creación de los Estados nacionales fue un proceso lento y laborioso, durante todas las etapas del cual los criollos conservaron el control de los instrumentos del poder y se negaron a compartirlos con los sectores populares. Los nuevos dirigentes constituían una minoría reducida y dominante, y para ellos la nación era simplemente la estructura de poder existente. La clase hegemónica definió la nación de modo excluyente con el fin de preservar el orden económico y social que habían heredado del régimen colonial. De ese modo, la nación era de élite, no popular; las instituciones estaban diseñadas para salvaguardar los intereses de la élite, que acabaron por ser identificados con las repúblicas constitucionales que se formaron después de la independencia. La constitución, por supuesto, por medio de las exigencias de propiedades y del dominio de la escritura, escatimó el derecho de voto a las masas, y la defensa de la constitución se convirtió en un proceso caracterizado, no por la extensión de la participación, sino por su restricción y el establecimiento de barreras para evitar que otros grupos sociales se unieran a la nación política.

6. Economía y sociedad brasileñas

Abundante en tierras, Brasil era escaso en población. En el momento de la independencia contaba con unos 4 ó 5 millones de habitantes, la mayoría concentrada en el cinturón costero del Atlántico que va del noreste a Río de Janeiro, São Paulo y el sur. Minas Gerais era la única provincia del interior con una población significativa, que aumentó durante la fiebre del oro del siglo XVIII. La población brasileña era todavía mayoritariamente rural y las ciudades pequeñas. La ciudad más grande era Río de Janeiro, con unos 100.000 habitantes, seguida por Salvador con 60.000. La agricultura y el comercio dominaban la economía; la *fazenda* y el puerto eran los focos principales de la vida brasileña.

La mayoría de los brasileños eran negros o mulatos. Menos de un tercio eran blancos. Al menos un 30 por 100 eran esclavos, aproximadamente 1.147.515 en 1823, concentrados la mayoría en las provincias de Maranhão, Pernambuco, Bahía, Minas Gerais y Río de Janeiro. La población esclava no se reproducía y se mantenía, por tanto, mediante la trata de esclavos procedente de Africa. El comercio de esclavos se utilizaba también para abastecer las necesidades brasileñas adicionales de mano de obra en épocas de expansión económica. Los esclavos estaban distribuidos por todo Brasil, empleados en todo tipo de trabajos: en la agricultura —incluida la de exportación—, en ganadería, minería, servicio doméstico, transporte, industria artesanal y obras públicas. La combinación de tierras abundantes y escasez de mano de obra provocaba una continuada dependencia de la esclavitud en todos los campos de la vida económica y social. Muchos pobres y arrendatarios *(lavradores)* poseían uno o más esclavos, los alquilaban a su vez y dependían de los ingresos que obtenían por ellos. Pero la mayoría de los esclavos eran propiedad de ricos terratenientes y se concentraban en agricultura de plantación de monocultivo y orientada hacia la exportación.

En el momento de la independencia, el azúcar, producido fundamentalmente en el nordeste, dominaba aún la economía brasileña y era el responsable de un 40 por 100 de las ganancias brasileñas de exportación. Las plantaciones de caña de azúcar se concentraban en una estrecha franja de tierra, la *zona da mata* o zona boscosa, y a pesar de la severa competencia con que ahora se enfrentaba en el mercado mundial, estaba lejos de ser una industria en decadencia. El algodón se cultivaba en Maranhão y en Pernambuco y se llevaba el 20 por 100 de las ganancias de exportación; en parte hacia el mercado británico, aunque en disminución. Las exportaciones de café desde la provincia de Río de Janeiro sumaban casi el 20 por 100 del valor de las exportaciones brasileñas. El cultivo del café contribuyó a diversificar la agricultura brasileña, pero también reforzó la esclavitud. Desde principios del siglo XIX el café se convirtió en la cosecha más importante del interior de Río de Janeiro. La producción y las exportaciones crecieron de 1820 a 1850, y fue esta cosecha la que rindió los beneficios necesarios para comprar más esclavos. Así, los plantadores de café se convirtieron en otro grupo importante de presión con intereses en la supervivencia de la esclavitud.

El traslado de la corte portuguesa a Brasil en 1808 tuvo repercusiones comerciales inmediatas. Don João VI abrió los puertos brasileños al comercio internacional (Real Orden del 28 de enero de 1808) y desde ese momento el comercio exterior brasileño, tanto las exportaciones como las importaciones, cayó en manos de comerciantes extranjeros, fundamentalmente británicos, pero también franceses, alemanes y americanos, así como portugueses. Los británicos obtuvieron privilegios especiales en el tratado comercial de 1810, justificado por João VI en el principio del libre comercio, «muy superior al sistema mercantil».

El libre comercio, sin embargo, le permitió a Gran Bretaña convertirse en el socio comercial dominante de Brasil, embarcando los productos brasileños hacia los mercados mundiales, suministrando el grueso de los productos manufacturados, y disfrutando de privilegios fiscales mayores que los de cualquier otra nación. De este modo, la economía brasileña se vio dividida en dos sectores: el productivo, que estaba casi completamente en manos de los terratenientes brasileños, y el sector comercial, controlado por los extranjeros.

Las clases sociales estaban estratificadas. La educación se reservaba a unos pocos; la mayoría de los brasileños (más de cuatro quintos) eran analfabetos y no tenían acceso a las ideas. En las zonas de agricultura comercial, sin embargo, había oligarquías rurales bien establecidas que se basaban en plantaciones y en la mano de obra esclava; eran las élites del nordeste, Río de Janeiro y partes de São Paulo. Los terratenientes, como los plantadores de caña, los productores de algodón y los ganaderos formaban una «aristocracia rural» que a menudo invertía dinero tanto en los sectores urbanos como en los rurales de la economía. Muchos de ellos recibieron títulos nobiliarios, primero de don João VI y luego de don Pedro. Eran fervientes defensores de la libertad de comercio que acompañó a la independencia y estaban ansiosos por liberarse del control de la administración portuguesa. En ese sentido se les puede tildar de «liberales». Pero eran también la clase hegemónica en una sociedad de amos y esclavos, y no estaban dispuestos a renunciar a la tenencia de esclavos, que se defendía como parte del derecho de propiedad.

Fuera del sector de amos y esclavos y más allá de las zonas de plantación, la sociedad era más compleja y había muchos grupos intermedios. En el mismo nordeste, fuera de la *zona da mata*, en Río Grande do Sul, en las fronteras terrestres del sur y del oeste, y en la periferia de las grandes fincas, había numerosos grupos sociales, pequeños propietarios de tierras y ganaderos, arrendatarios, aparceros y ocupantes ilegales de varios tipos, algunos independientes de la clase propietaria, otros no tanto.

En el sector urbano, la diferenciación básica se establecía entre los burócratas y comerciantes de clase alta, por una parte y los esclavos, por la otra. Entre medias había una población libre bastante amplia que incluía a diversos tipos urbanos: detallistas, funcionarios y escribientes de poca monta, artesanos y trabajadores. El sector dominante de la burguesía estaba compuesto por comerciantes ricos y burócratas de alto rango, muchos de ellos portugueses y fervientes realistas, raramente imbuidos del tipo de ideas reformistas o liberales característico de las clases medias europeas. El desarrollo de una burguesía fuerte se vio retrasado en Brasil por la dominación de la economía agraria y esclavista y la insignificancia de los centros urbanos.

Brasil en 1822 no estaba integrado económicamente. El centro-sur (Minas Gerais, Río de Janeiro, São Paulo y Río Grande do Sul) tenía una cierta unidad económica basada en la complementariedad establecida primero durante el auge de la explotación del oro de la primera mitad del siglo XVIII. La expansión de la producción de azúcar y café en la zona en el periodo 1790-1820 y su exportación a través del puerto de Río había fortalecido aún más sus vínculos económicos con Minas Gerais y las provincias del sur. Había un mercado regional para la agricultura y una serie de rutas establecidas. Minas Gerais era el principal abastecedor de alimentos de Río. Río Grande do Sul exportaba trigo y carne salada para alimentar a los esclavos y a los pobres de Brasil y del Caribe. Pero el norte y el nordeste vivían en mundos económicos distintos del centro-sur. Cada zona tenía su propia economía integrada de exportación y de subsistencia, si bien existía cierto comercio costero entre ellas. Pero el transporte interior era difícil y caro, y el movimiento entre las provincias estaba restringido fundamentalmente a la navegación costera.

Había en Brasil una tendencia tradicional hacia el monocultivo y una economía orientada hacia la exportación. La producción predominante no era necesariamente una sola cosecha, ni era la cosecha puntera siempre la misma. En el periodo de 1830-1850 encabezaban las exportaciones brasileñas el azúcar, el algodón y el café, que daban cuenta del 75-80 por 100 de las exportaciones. Pero el equilibrio se estaba decantando a favor del café, que fue ahora el responsable de un periodo de marcado crecimiento económico. La primera fase de la producción cafetera tuvo lugar en las tierras altas del valle del río Paraíba, donde la tierra, la altitud y el clima eran ideales para el cultivo del café. Apareció la concentración de tierras; y el modelo de las grandes plantaciones *(fazendas)*, ya endémicas en otras partes del Brasil, especialmente en el nordeste, se repitió en la zona cafetera del sudeste. Los modelos de mano de obra se repitieron también, y el uso de esclavos se hizo característico del café tanto como de la producción de azúcar.

Durante el periodo de 1831-1835 el café sustituyó al azúcar como principal exportación del país, llegando a sumar el 40 por 100 del total de las ganancias brasileñas de exportación para finales de la década y casi la mitad para 1840-1850. En una

172

segunda fase de crecimiento, para finales de la década de 1840, el café se extendió más allá del valle del Paraíba hacia el oeste, en São Paulo, siguiendo de nuevo modelos conocidos en cuanto a la tierra y la mano de obra, y haciendo de São Paulo la base de la economía cafetera brasileña y de Santos su puerto más importante. Pronto correspondió a Brasil más del 40 por 100 de la producción mundial de café, y las exportaciones fueron especialmente importantes hacia los Estados Unidos y la Europa continental. El aumento de la producción compensó la caída de los precios internacionales del café y permitió a Brasil aumentar las ganancias derivadas del café de £21,5 millones en la década de 1830 a £22,6 millones en la década de 1840. Las ganancias totales derivadas de las exportaciones brasileñas aumentaron de una media de £3,8 millones por año en 1822 a £5,4 millones en el periodo de 1832-1840, £5,9 millones en 1842-1851, hasta unos impresionantes £10,9 millones en 1852-1861.

Estas ganancias, por supuesto, no se transformaron en niveles de vida más altos para las masas, ya que la población brasileña también creció durante este periodo, alcanzando los siete millones en 1850; ello significaba que los ingresos per cápita crecían, si acaso, sólo ligeramente. Sin embargo, en una época en la que México estaba atrapado por la recesión económica y la guerra civil, y cuando Argentina no había encontrado aún la senda de su verdadero futuro económico, Brasil era el pionero del primerísimo paradigma de nuevo crecimiento económico en Latinoamérica.

Mientras tanto, la industria tradicional del azúcar tenía problemas. Desde mediados de la década de 1820 hasta mediados de la de 1840, la producción de azúcar continuó aumentando, aunque lentamente. Pero la producción brasileña acusó el impacto de la caída de los precios en el mercado internacional y el incremento de producción fue insuficiente para mantener el nivel existente de ganancias derivadas de la exportación. En una época en la que crecían las exportaciones de café, la participación del azúcar en el total de la exportación cayó del 30,1 por 100 en 1821-1830 al 24 por 100 en 1831-1840. Además, en las décadas de mediados del siglo XIX había una mayor y más fuerte competencia en el mercado del azúcar: la caña de azúcar cubana y la remolacha azucarera europea eran dinámicas rivales del azúcar brasileño, que se mostraba lento para ajustarse al cambio. La industria brasileña se basaba en tierras y mano de obra baratas, y esta última se encontraba en proceso de transición de esclava a libre. Técnicamente, la industria brasileña carecía de capital suficiente y era lenta en el proceso de modernización, al tiempo que los costes del transporte de su azúcar, tanto dentro de Brasil como a través del Atlántico, eran relativamente altos. Sin embargo, la industria azucarera brasileña no estaba acabada ni mucho menos. En la década de 1850 había aún entre 3.000 y 4.000 plantaciones operando en la *zona da mata*.

La producción de algodón había florecido en el último cuarto del siglo XVIII, cuando había formado parte de la diversificación agrícola característica de la última etapa del Brasil colonial. El éxito no se mantuvo, y la producción y las exportaciones disminuyeron durante el periodo de 1830-1850, momento en el que perdió su puesto en el mercado británico frente al algodón, más barato, de los Estados Unidos. La participación del algodón en el total de las ganancias derivadas de las exportaciones brasileñas cayó del 20,6 por 100 en 1821-1830 al 10,8 por 100 en 1831-1840 y al 7,5 por 100 en 1841-1850.

El socio comercial brasileño más importante era Gran Bretaña, y sin embargo el mercado británico absorbía una parte relativamente pequeña de sus exportaciones. La verdadera importancia de Gran Bretaña para Brasil era como fuente de bienes manufacturados, suministrando, para 1850, casi la mitad de las importaciones brasileñas. Se trataba de toda una gama de productos manufacturados, principalmente textiles y maquinaria. El producto británico más vendido en Brasil era la tela de algodón, barata y de buena calidad. No era sorprendente que Brasil tuviera una balanza comercial adversa con Gran Bretaña, pero, al igual que sucedía en Argentina, fue reduciéndose gradualmente al tiempo que caía el precio de los productos manufacturados de modo aún más rápido que el de las materias primas de 1830 a 1850. Por consiguiente, el valor real de las exportaciones brasileñas creció frente a lo que importaba.

Gran Bretaña valoraba su comercio con Brasil y, a diferencia de su política hacia Hispanoamérica, insistía en obtener un trato fiscal más favorable que el de otros socios comerciales brasileños. El tratado comercial anglobrasileño de 1827 situaba la tarifa máxima a los bienes importados de Gran Bretaña en el 15 por 100 sobre su valor. Si esto era una causa o una consecuencia de la incapacidad brasileña para industrializarse, o al menos para desarrollar su propio sector industrial tras la independencia, es algo que está abierto a debate. En Brasil, al igual que en Hispanoamérica, había una industria artesanal floreciente que se ocupaba de muchas de las necesidades de los consumidores locales, y éstas no fueron destruidas por la competencia británica. Es cierto que las fábricas textiles y de tratamiento de los alimentos, que formarían la base del primer crecimiento industrial brasileño, no aparecieron hasta después de 1840, y no hubo ningún crecimiento significativo hasta la década de 1870. Pero había otros factores que impedían el desarrollo industrial brasileño, y el más importante era el reducido tamaño del mercado para bienes manufacturados en una sociedad en la que la mayoría eran o bien esclavos o bien pobres libres, con una capacidad adquisitiva limitada y sin posibilidades de constituir un mercado nacional. Además, la carencia de recursos carboníferos suponía un serio impedimento a la industrialización en esa etapa concreta de la tecnología industrial. Si añadimos a dichos obstáculos otros factores como las tremendas dificultades del transporte, la escasez de capital, y un mercado de mano de obra dominado por la esclavitud, entonces no es sorprendente que Brasil fuera incapaz de desarrollar un sector industrial antes de lo que lo hizo.

El estado brasileño, como otros en Latinoamérica, extraía el grueso de sus ingresos de los aranceles aduaneros, un 80 por 100 en el caso brasileño. Era el procedimiento habitual en sociedades dominadas por terratenientes y propietarios que se negaban a pagar el impuesto sobre la renta o el territorial. La tarifa máxima del 15 por 100 a los artículos británicos, entre otros, era demasiado baja como para rendir unos ingresos adecuados, y esa era una de las razones por las que los ingresos gubernamentales no cubrían los gastos. El déficit giraba en torno al 40 por 100, y se tenía que cubrir emitiendo papel moneda y pidiendo cada vez más empréstitos en Londres. El tratado comercial anglobrasileño de 1827, por tanto, fue cada vez más criticado en Brasil: se consideraba un signo de debilidad y dependencia; y se afirmaba que unas tarifas más elevadas le conferirían cierta protección a la industria nacional. Brasil le hizo ver ahora con claridad a Gran Bretaña que deseaba acabar con la tarifa preferencial y además una reducción de los impuestos a que estaban sujetos los productos brasileños en Gran Bretaña. Los británicos se negaron a aceptarlo, y Brasil invalidó el tratado en noviembre de 1844. Ese mismo año, el gobierno brasileño aumentó la mayoría de las tarifas de un 15 por 100 a un 20 ó a un 30 por 100, aunque el propósito principal era fiscal más que proteccionista, y consiguieron realmente un incremento sustancial de los ingresos gubernamentales. A pesar de toda la supuesta «dependencia» brasileña de Gran Bretaña, ésta nada pudo hacer por impedir dichas medidas. Gran Bretaña fue incapaz también de impedir la continuación de la trata de esclavos, a pesar de su fuerte compromiso con la abolición.

En 1826, tras varios años de intensa presión británica para que terminara la trata de esclavos desde África, Brasil se vio forzado a aceptar un tratado que ilegalizaba su participación en dicho comercio internacional a partir de tres años después de la fecha de ratificación del mismo. Por consiguiente, la trata de esclavos legal terminó para los brasileños el 13 de marzo de 1830, y el 7 de noviembre de 1831 un nuevo gobierno liberal confirmó la decisión en Río. Sin embargo, el comercio continuó, normalmente con la connivencia de las autoridades brasileñas. Según las estimaciones británicas, casi un millón de esclavos entraron ilegalmente en Brasil durante los años de 1831-1855. Los intereses en juego eran demasiado poderosos para resistirse, y ningún gobierno brasileño estaba en condiciones de cooperar con Gran Bretaña. Si bien los cultivadores de algodón y azúcar del nordeste ya no tenían el capital necesario para invertirlo en más esclavos, estaba surgiendo una nueva demanda. Las presiones británicas sobre Brasil para que pusiera fin a la trata de esclavos legal coincidió con la rápida expansión del café por el valle del Paraíba. Desde el principio las *fazendas* cafeteras utilizaron mano de obra esclava, en parte adquirida dentro del Brasil, pero mayoritariamente importada de África. Los esclavos tenían una alta tasa de mortalidad en Brasil y no se reproducían en el país. Por tanto, los esclavos del café tenían que ser constantemente importados de África para cubrir las bajas. La demanda subió, los precios se incrementaron y la trata de esclavos brasileña fue reavivada y reorganizada. Era ilegal, pero era rentable.

Los brasileños, por supuesto, no eran ciegos a los inconvenientes y los peligros de la trata y de la esclavitud. Tuvieron experiencias de revueltas de esclavos, efectuadas y reprimidas violentamente, y temían la africanización de la sociedad brasileña, por lo que estaban ansiosos de atraer a blancos de Europa. El gobierno era consciente también del futuro finito de la esclavitud, y como medida de previsión se preocupó de dar con fuentes alternativas de mano de obra y asignó parte del presupuesto de 1841 a la inmigración. Pero no era suficiente. El problema fundamental era cómo conservar a una mano de obra libre que pudiera ser persuadida a ir a Brasil para trabajar en unas plantaciones de café organizadas para mano de obra esclava. ¿Por qué iban europeos libres a trabajar codo con codo con esclavos africanos si, en primer lugar, existía un excedente de tierras públicas disponibles para la ocupación y la producción y, en segundo lugar, existía una competencia constante en las nuevas tierras cafeteras por conseguir parte de la escasa mano de obra? Las medidas del gobierno intentaron conseguir más, pero les resultaba difícil frente a la obstrucción derivada de intereses creados. Y la trata de esclavos misma fue muy tenaz, incluso experimentó un crecimiento durante el periodo de 1845-1850.

En marzo de 1845, el gobierno brasileño, en un acto de confirmación de la soberanía nacional, invalidó el tratado antiesclavista de 1817, por el cual la armada británica ejercía el derecho de registro. El gobierno británico también endureció su política. En agosto de 1845 autorizó a su armada a tratar a los barcos negreros brasileños como si de piratas se tratara y apresarlos para que fueran condenados en tribunales del vicealmirantazgo británico. La *Aberdeen Act,* tal como se la denominaba, dio comienzo a un periodo de acciones drásticas de la armada británica en contra de los negreros en aguas territoriales brasileñas, sin respetar la soberanía brasileña y con el objeto de obligar al gobierno a aprobar una ley eficaz contra la trata de esclavos. Pero no había ningún gobierno brasileño que tuviera la fuerza suficiente para hacerlo. Estaban en juego poderosos intereses comerciales. Los políticos brasileños apoyaban la trata de esclavos en el Consejo de Estado, en el Senado y en la Cámara, y en algunos casos, en tanto que plantadores y propietarios de esclavos ellos mismos, estaban directamente involucrados en ella. La cohesión política existente en torno a la trata era imposible de romper en ese momento.

El hecho era que la industria cafetera de la provincia de Río de Janeiro y de las zonas vecinas de Minas Gerais y São Paulo estaba creciendo y prosperando durante los años de mayor compromiso británico en contra del comercio de esclavos, y los elevados beneficios de los plantadores de café les permitían pagar por los esclavos que necesitaban. Una vez suprimida finalmente la trata, a mediados de siglo (estuvo prácticamente finalizada para 1852), la producción de café continuó absorbiendo la mayor parte de la población esclava, obteniendo los esclavos de las regiones menos prósperas del país para llevarlos a las áreas productoras de café. En este momento de la historia brasileña no existía un consenso para la abolición de la esclavitud, una medida que se creía que perjudicaría a la economía y subvertiría a la sociedad. A pesar de todo, el fin de la trata de esclavos supondría un paso de gigante en la transición de mano de obra esclava a libre en Brasil, una transición que se tardaría varias décadas en completar.

II. LA FORMACIÓN DE LOS NUEVOS ESTADOS, 1825-1850

1. MÉXICO

México estrenó su independencia con dos características peculiares. En primer lugar había sido una de las posesiones más «coloniales» y explotadas de España en América, y, al mismo tiempo, quizá la más distinguida entre las colonias españolas en virtud de su enorme riqueza. Así pues, México ingresó en el mundo de las naciones independientes con muchas estructuras coloniales intactas, así como con numerosas dudas en lo que respecta a su nueva identidad. En segundo lugar, los nuevos líderes mexicanos habían sido realistas hasta hacía poco, y su adhesión a España había estado entre las más decididas de Hispanoamérica. Políticamente, la élite mexicana en el momento de la independencia constituía un híbrido nacido de circunstancias diversas, dividido por muchos intereses y fragmentado entre numerosas lealtades.

La independencia de México no fue proclamada por un libertador, ni un republicano, ni por un líder guerrillero, sino por un comandante realista, Agustín de Iturbide. El instrumento de la independencia, el Plan de Iguala (24 de febrero de 1821), pretendía una nación católica y unida en la que españoles y mexicanos serían iguales, las distinciones de castas serían abolidas y los cargos estarían al alcance de todos los ciudadanos: «Todos los habitantes de Nueva España, sin distinción alguna de europeos, africanos, ni indios, son ciudadanos de esta monarquía con opción a todo empleo según su mérito y virtudes.» El nuevo régimen, sin embargo, fue pensado para ser aceptado por las masas, no para que las beneficiara. El plan garantizaba la estructura social existente. La forma de gobierno sería la monarquía constitucional. Las propiedades, privilegios y doctrinas de la Iglesia eran preservados. Las propiedades, derechos y cargos de todos aquellos que los tuvieran quedaban garantizados, con la excepción de los que se habían opuesto a la independencia. El Plan de Iguala creaba así las tres garantías: «La religión, la independencia, la unión.»

La estrategia política del Plan de Iguala consistía en incorporar a todos los partidos, hasta entonces divergentes, a la nación independiente. Poca auténtica unidad era posible. La mayoría de los mexicanos no estaban dispuestos a tolerar a los españoles; éstos descubrieron que una vez que hubieron roto los vínculos con la metrópoli, Iturbide no pudo protegerles. Así pues, los españoles fueron acosados y despojados de sus cargos, y los criollos asumieron el control absoluto del gobierno. Y sin embargo, ¿por qué iban las masas a apoyar a la élite criolla? En esta cuestión la influencia de la Iglesia fue decisiva. La adhesión absoluta de la Iglesia al gobierno de Iturbide fue la garantía esencial de su éxito, porque la Iglesia integró a las masas católicas, que podrían cuestionar los intereses, en forma de privilegios y propiedades, de los criollos, pero que no ponían en duda el mensaje recibido en los sermones y por boca de los sacerdotes, según el cual Iturbide era el salvador de la religión frente a una España impía.

El Congreso lo confirmó y nombró a Iturbide (19 de mayo de 1822) «emperador constitucional del imperio mexicano», recibiendo el nombre de Agustín I. Había quizá una cierta justificación en la idea de recrear el imperio mexicano, una entidad prehispánica; y cabía justificar la elección de Iturbide por su historial y experiencia. Pero incluso entre la élite dirigente no existía un consenso en torno a estos dramáticos y exagerados acontecimientos. Iturbide presidía una coalición de monárquicos, moderados y republicanos, cuyo único acuerdo de base era la independencia de España.

El Congreso se imaginaba que tenía ante sí a un monarca constitucional. En realidad su estilo de gobierno fue autoritario. Sus relaciones con el Congreso se fueron a pique por diversas cuestiones: el tratamiento otorgado a la oposición, el uso del veto y el control financiero. Para tranquilizar a los comerciantes y a los capitalistas redujo la alcabala del 16 al 6 por 100 y suprimió otros muchos impuestos. Cuando los ingresos cayeron inevitablemente comenzó a improvisar recurriendo a donativos, préstamos obligatorios, papel moneda, préstamos extranjeros; la consecuencia de todo ello fue la confusión financiera, un déficit fiscal sostenido y un gobierno débil. El emperador no cosechó mayores éxitos en el frente político; el 31 de octubre de 1822 disolvió el Congreso y lo sustituyó por una junta títere. Pero la oposición continuó. Los mexicanos que preferían una monarquía querían a un príncipe europeo, no a uno mexicano y espurio. Los republicanos rechazaban cualquier forma de monarquía o de privilegio, y este mismo era también el pensar de los revolucionarios más antiguos y de los más recientes grupos profesionales. Los militares se hallaban insatisfechos ante las promociones y la paga. Y los mexicanos en general se resentían de la presencia continuada de los militares españoles, muchos de los cuales eran provocadores y sediciosos, además de ser considerados incompatibles con la seguridad y la independencia.

El foco de los problemas se hallaba en Veracruz. La ciudad estaba en poder de los mexicanos, pero el fuerte de San Juan de Ulúa seguía ocupado por un grupo de realistas españoles, que así controlaban la entrada del puerto mexicano de mayor importancia. El comandante mexicano de Veracruz, Antonio López de Santa Anna, intentó por su cuenta subvertir a la fuerza realista. La insubordinación combinada con el fracaso atrajo la furia del emperador, que cesó a Santa Anna en noviembre de 1822 y le ordenó presentarse en la capital. Santa Anna se rebeló indignado por una orden humillante que, como escribió posteriormente, «me arrancó la venda de los ojos. Contemplé el absolutismo en todo su poder». Había sido uno de los primeros en apoyar a Agustín I. Ahora actuaba a favor de una república y contra un monarca al que consideraban un déspota, un dirigente que gobernaba mal y abusaba del Congreso. Junto al general republicano Guadalupe Victoria, diseñó el Plan de Veracruz (6 de diciembre de 1822) que exigía la deposición de Agustín I, la restauración del Congreso y las tres garantías.

El comandante imperial, general José Antonio Echavarri, fue el siguiente en desertar. También él elaboró un plan, el Plan de Casa Mata (1 de febrero de 1823); éste pretendía que un nuevo Congreso le arrebatara el poder a Agustín I, y en el ínterin confería la autoridad a los gobiernos provinciales. En febrero se alcanzó un acuerdo con los realistas de Veracruz para efectuar un esfuerzo conjunto contra el emperador. Así, republicanos, realistas y oportunistas se unieron en una campaña que pronto redujo el poder de Agustín I a la ciudad de México. El emperador perdió los nervios; escaso de aliados, ideas, y sobre todo de ingresos, abdicó el 19 de marzo de 1823. Tras una estancia en Europa regresó a México un año después, confiando en una vuelta al poder. Fue capturado y fusilado a los dos días de desembarcar.

Ahora que los republicanos habían conseguido una oportunidad, también ellos se vieron debilitados por las disputas. La división principal se daba entre centralistas y federalistas, conservadores y liberales. Las fuerzas centralistas y conservadoras de la sociedad mexicana estaban constituidas por las capas superiores del clero, los militares, los comerciantes y los terratenientes. Su líder más distinguido era Lucas Alamán, historiador y político, que provenía de una rica familia criolla dedicada a la minería en Guajanato, un hombre imbuido de valores hispánicos y con instintos empresariales que fue pionero de la industrialización mexicana. La oposición estaba compuesta por los federalistas, los liberales y los provincialistas, que defendían una mezcla de ideología e intereses, incluyendo los intereses de las industrias regionales, dañadas por la política económica del gobierno central.

A pesar de la independencia, el poder central era todavía absoluto y los privilegios corporativos continuaban intactos. Los federalistas liberales querían reducir el poder de la ciudad de México, sustituir las milicias locales por un ejército permanente, y restringir la soberanía del poder central por medio de derechos para los Estados. Tal y como se puede observar en el pensamiento de José María Luis Mora, un clérigo metido a reformador, la esencia del programa liberal era la oposición a los privilegios corporativos. Los liberales pretendían liberar a México de los fueros coloniales y crear una nueva sociedad inspirada en la filosofía del utilitarismo y modelada a partir de las instituciones de los Estados Unidos. El liberalismo mexicano no suponía un rechazo de los valores hispanos frente a los franceses, británicos y estadounidenses; al contrario, gran parte de su carácter venía derivado de la Ilustración española y de las Cortes de Cádiz. Y operaba dentro del marco social existente. En muchas de las cuestiones básicas con las que se enfrentaba México —estructura social, bienes raíces— la distancia que separaba a liberales de conservadores no era grande. De hecho, en lo referente al desarrollo económico y a la industrialización no existían divisiones ideológicas claras, aunque el mexicano más receptivo a los valores empresariales, primero como promotor de minas y luego como fundador del gubernamental Banco de Avío, en 1830, pensado para dotar de subsidios a la naciente industria y, finalmente, como activo industrial, fue Lucas Alemán, un conservador puro.

Las fuerzas que expulsaron a Iturbide convocaron una asamblea constituyente, que elaboró una Constitución republicana (octubre de 1824) que protegía a los grupos fácticos más importantes. Por una parte era federal: creaba diecinueve estados y les confería derechos sustanciales. Se ha afirmado que ello no constituyó un alejamiento de la tradición mexicana a favor de algo importado de los Estados Unidos, que respondía al regionalismo latente en México y a la desconfianza de las provincias hacia la ciudad de México, que suponía una continuidad del impulso dado al federalismo por la Constitución española y por las Cortes de 1812-1820, y que reflejaba los intereses económicos regionales, especialmente los de las industrias artesanales de las provincias, amenazados por la competencia de productos extranjeros. Pese a todo, este federalismo impuesto resultó una fuente de debilidad y división, a semejanza del federalismo amargamente criticado por Bolívar diez años antes en Colombia. La ventaja que suponía la ausencia de un gobierno central tras la caída de Iturbide no fue desaprovechada, y, al unirse para elaborarla, las provincias crearon una estructura federal previamente desconocida en México y, por supuesto, durante el proceso de elaboración incrementaron sus propios poderes.

Si la Constitución era federal, también era conservadora: establecía el catolicismo como religión oficial, abolía los decretos anticlericales más importantes de las Cortes de 1820 y, en el artículo 154, mantenía explícitamente los fueros de la Iglesia y el ejército. Como comentaría posteriormente Juárez, la Constitución de 1824 era un compromiso entre el progreso y la reacción. Guadalupe Victoria, un símbolo respetado de la resistencia al orden colonial, fue nombrado primer presidente constitucional con el apoyo de los liberales de la revolución. Él a su vez buscó establecer un gobierno de consenso que incluyó al conservador Lucas Alamán y al federalista liberal Miguel Ramos Arizpe. Con la ayuda de préstamos del mercado monetario londinense consiguió una cierta estabilidad hasta 1827.

México no estaba todavía preparado para la política pura. Los centralistas luchaban por el poder contra los federalistas en una contienda sectaria que carecía de marco político. A falta de partidos políticos, las distintas facciones adaptaron el movimiento masónico a sus tácticas y actividades. Los centralistas tendían a convertirse en masones del rito escocés, mientras que los federalistas, con la connivencia del ministro estadounidense, Joel R. Poinsett, se hacían miembros del rito de York. Este intolerante conflicto desestabilizó el gobierno del presidente Victoria e impidió un consenso ministerial. La situación empeoró con el temor a una restauración española. El factor español introdujo un nuevo elemento y permitió a los federalistas jugar la baza nacionalista contra unos centralistas mucho más apegados a las tradiciones. En estas circunstancias la sucesión presidencial de 1828 no fue decidida por medio de elecciones, sino con un golpe, que llevó al poder al general Vicente Guerrero, un héroe de la guerra contra España y un federalista apoyado por el reformista liberal de Mérida, Lorenzo Zavala, que se convirtió en su ministro de finanzas.

El nuevo régimen era al mismo tiempo nacionalista y radical. El gobierno de Guerrero ganó confianza por su oposición a España y los españoles. La expulsión definitiva de los españoles fue decretada en marzo de 1829. La invasión de tropas españolas en Tampico, en julio de 1829 fue derrotada por el general Santa Anna, y los federalistas pudieron afirmar que eran tan patriotas mexicanos como el que más. Pero en el frente doméstico su populismo no les granjeó tantos amigos. Zavala trató de combinar una subida de los ingresos con la imposición de la reforma. Ordenó la venta de ciertos tipos de propiedad eclesiástica, y decretó un impuesto progresivo sobre la renta; al mismo tiempo buscaba aplicar ciertas medidas de reforma social y de cambio agrario. Dichas medidas lo apartaron de una serie de grupos fácticos: el clero, las clases altas, e incluso las clases medias, entre los cuales debería haber buscado su apoyo natural. Estos grupos se unieron en apoyo de un movimiento conservador para expulsar a Zavala, y lo obligaron a dimitir el 2 de noviembre de 1829. El propio Guerrero no era tan vulnerable, pero también a él lo despojaron de su cargo al mes siguiente, cuando el vicepresidente Anastasio Bustamante encabezó un golpe conservador y se apoderó de la presidencia el 1 de enero de 1830.

El cambio del liberalismo al conservadurismo en México tuvo lugar siguiendo un modelo político que fue general a lo largo de Hispanoamérica en los años adyacentes a 1830. Los primeros diez a quince años tras la independencia contemplaron el dominio del político profesional, del burócrata y del intelectual; todos ellos vinculados al movimiento revolucionario y al programa posrevolucionario de reforma liberal. Dos factores llevaron ese programa a su fin. En primer lugar, el liberalismo se mostró incapaz de resolver los problemas económicos y financieros de los nuevos estados, y fracasó a la hora de elaborar nuevas ideas para tiempos nuevos. En segundo lugar, los políticos e intelectuales liberales de la década de 1820 no contaban ni con un electorado reconocible ni con una base de poder entre grupos específicos con poder fáctico. En este momento los que controlaban el gobierno carecían de poder económico, y los que poseían el poder económico no controlaban el gobierno. Llegó el momento en que los grupos que ostentaban el poder económico, atacados por los liberales, tomaron medidas para defenderse y apoderarse de un poder político proporcional a su posición económica. Ello llevó a los conservadores al poder, los cuales sincronizaron gobierno y sociedad.

México se ajustó al modelo continental. El gobierno encabezado por Bustamante era genuinamente conservador y representaba a grupos específicos: terratenientes, la Iglesia, los militares. Su miembro más distinguido fue Lucas Alamán, ministro de Gobernación y de Relaciones Exteriores, que inmediatamente comenzó a llevar a cabo un programa conservador. El gobierno central empezó a intervenir en los estados liberales y la oposición política era todo menos incitada, ni en el centro ni en las provincias. Los derechos de propiedad fueron salvaguardados, y los privilegios corporativos defendidos, y no en menor medida los de la Iglesia. Cualquier cosa que semejara subversión social era inmediatamente aplastada. El general Guerrero se rebeló en el sur y fue capturado y ejecutado. No era esta la forma en que México solía tratar a los rebeldes. Pero Guerrero era un mestizo, un jefe guerrillero que había luchado junto a Morelos y, más recientemente, que se había asociado con Zavala; constituía un peligro para la élite.

El gobierno conservador de Bustamante fue más positivo que los liberales en su pensamiento económico. Era este uno de los factores que llevó a los conservadores al poder y uno de los méritos que justificaban que lo retuvieran. México se hallaba gravado desde la época liberal con dos préstamos extranjeros contraídos en Londres; desde finales de 1827, cuando la inestabilidad política se hizo endémica, no se había pagado ningún interés sobre estos préstamos. El gobierno mexicano acordó ahora con los obligacionistas ingleses capitalizar los atrasos de la deuda, que sumaban más de 4 millones de pesos. Ello restauró la confianza, si bien a costa del incremento de la deuda en capital. Las condiciones económicas en México no eran propicias para el cambio. La agricultura estaba gravada con el diezmo, atrapada en una estructura social rígida, y casi absolutamente impermeable a la modernización; y los conservadores no se podían permitir enajenarse el apoyo de sus amigos políticos entre los hacendados y el clero. Las minas de plata, a pesar de ocasionales y breves periodos de bonanza, sufrían un rendimiento decreciente, baja rentabilidad, endeudamiento crónico y altos costes de refinamiento; existían escasas esperanzas de cambio en este sector. Pero la situación económica no era ni mucho menos desesperada. México contaba con una tradición de actividad industrial que no había desaparecido por completo y ofrecía ciertas esperanzas de rendimiento de las inversiones. Los conservadores estaban dispuestos a apoyar la intervención estatal y el proteccionismo en favor del crecimiento y el desarrollo.

Alamán estableció un banco de desarrollo dependiente del gobierno central, el Banco de Avío, cuya función consistía en financiar las máquinas de hilar y los telares para el algodón. Los fondos del banco procederían de las elevadas tarifas proteccionistas, y de dichos fondos se prestaba dinero a comerciantes y financieros mexicanos y extranjeros interesados en convertirse en fabricantes. Las máquinas eran adquiridas en el extranjero, y las primeras fábricas de hilados de algodón comenzaron a operar en 1833. El proceso de desarrollo industrial, una vez puesto en marcha, continuó creciendo incluso bajo los siguientes gobiernos, pues los empresarios estaban convencidos ahora del compromiso a largo plazo del Estado con el proteccionismo y la industrialización. En la década de 1840, México contaba con unas cincuenta fábricas que podían abastecer razonablemente a la población de tela barata de algodón. No se trataba ni mucho menos de una revolución industrial. El desarrollo se circunscribía a la industria textil, y había fallas de base en una industria incapaz de sobrevivir sin la protección del Estado. Entre otros artículos, Alamán prohibió la importación de algodones ingleses. Al mismo tiempo no proyectó —no los deseaba— cambios de mentalidad y de las estructuras sociales. Continuaba viendo a la sociedad mexicana esencialmente en términos de privilegios corporativos; sencillamente deseaba introducir a los industriales en los puestos de privilegio, codo con codo con los titulares de los fueros. La política de Alamán, si bien prometedora, no anunciaba el surgimiento de la clase media en México; al contrario, era parcial y favorecía a los sectores tradicionales.

El gobierno de Bustamante, al igual que el de Guerrero, introdujo una fuerte conciencia de clase y un elemento de conflicto social en la política mexicana. La propiedad estaba en juego, y los grupos de propietarios estaban alerta. Las propiedades de la Iglesia se encontraban en peligro, y ello llevó a la Iglesia a la confrontación, o a la alianza, con el Estado. Los alineamientos políticos, por tanto, eran ahora más definidos y excluyentes. Pero Bustamante y su gobierno no eran lo suficientemente fuertes como para imponer una república centralista permanente, y pronto emergieron grupos políticos rivales. Los liberales contaban aún con su coherencia ideológica, incluso aunque carecieran de una base fuerte en el país. Un senador liberal, Valentín Gómez Farías, organizó la oposición en torno a un programa reformista que propugnaba un ataque a las propiedades de la Iglesia con un doble objetivo: reducir el poder de ese rival del Estado y promover el cambio agrario. El intelectual del programa liberal era José María Luis Mora, profesor de teología y líder del pensamiento liberal, que polemizaba a favor del fin del fuero eclesiástico y de la desamortización de las propiedades de la Iglesia. El brazo armado del movimiento lo proporcionó el general Santa Ana, que llevaba alzado en armas contra Bustamante desde enero de 1832.

Santa Anna fue descrito por Mora como el «Atila de la civilización mexicana», y los historiadores han investigado en vano buscando indicadores de sus principios políticos. Aparentemente, era proteico y oportunista, un hombre que sólo sabía reaccionar a las circunstancias. Pero tenía cierta categoría en el país, así como un apoyo popular a partir de su vinculación a Guerrero y su derrota de la invasión española de 1829. En marzo de 1833, Santa Anna fue nombrado presidente y Gómez Farías vicepresidente. Santa Anna eligió representar el papel de un dios olímpico, permaneciendo en su hacienda de Veracruz y dejando la administración en manos de Gómez Farías y sus compañeros. Fue un error de cálculo.

El régimen representaba un anticlericalismo profesional, dispuesto a atacar las propiedades de la Iglesia y a fortalecer la propiedad privada en los escalones medios de la sociedad. La obligación legal de pagar los diezmos fue abolida y la Iglesia se vio así desprovista de la sanción del Estado en lo referente a este tradicional tipo de ingresos. Los liberales eran hostiles a las órdenes religiosas y consideraban que la vida contemplativa era socialmente inútil. Así pues, abolieron la coacción legal referente al cumplimiento de los votos monásticos, y se permitió que los monjes, frailes y monjas abandonaran sus órdenes si lo deseaban. Los liberales tenían también puestos los ojos en las propiedades monásticas y temían que las órdenes transfirieran sus propiedades a seglares católicos para así evitar la desamortización. Por consiguiente, todas las transferencias de propiedades hechas por las órdenes regulares desde la independencia fueron declaradas nulas e inválidas. Hubo también una ley que confiscaba las propiedades de las misiones californianas. Otra ley secularizó la educación pública. Otra más confería al gobierno el derecho a designar los beneficios eclesiásticos. Para algunos liberales estas medidas no iban lo suficientemente lejos. Los que pensaban igual que Zavala querían confiscar todas las propiedades de la Iglesia y venderlas en subasta pública. De momento iban por delante de los tiempos.

Gómez Farías y el Congreso liberal atacaban los privilegios corporativos dondequiera que los encontraban. Trataron, por consiguiente, de reducir las dimensiones del ejército, así como las de la Iglesia. Ese fue su fin. El ejército y la Iglesia comenzaron a tomar medidas para defenderse. Primero, los oficiales superiores y la jerarquía eclesiástica empezaron a presionar a Santa Anna para que interviniera. Luego, varias unidades militares se rebelaron en mayo de 1834. Así las cosas, Santa Anna dejó su hacienda y asumió su poder presidencial en la capital. Comenzó entonces a desmantelar el régimen liberal. Las medidas liberales fueron revocadas. En enero de 1835, Gómez Farías fue desprovisto de su cargo de vicepresidente. Santa Anna y sus compañeros, sin embargo, querían más cambios que los de medidas y personal. Pretendían salvaguardas institucionales contra el liberalismo y el federalismo. En marzo de 1835, un nuevo Congreso aprobó una moción para enmendar la Constitución de

1824 con vistas a introducir una república centralista. Pero primero tenían que derrotar a los defensores militares del federalismo, que tenían su base en Zacatecas. Santa Anna invadió el estado norteño, derrotó a su milicia y depuso al gobernador, Francisco García. Ahora los políticos tenían las manos libres para actuar. El 23 de octubre de 1835, el Congreso presentó una constitución centralista provisional que sustituía los estados por departamentos cuyos gobernadores serían desde entonces designados por el presidente de la república. Sin embargo, Santa Anna no revocó todas las medidas de los liberales. La excepción, de modo significativo, fueron los diezmos. El pago de éstos continuó siendo voluntario porque los hacendados conservadores se beneficiaban de ello en no menor medida que los demás.

Santa Anna era el líder supremo de México en 1835; sin embargo, su poder no perduró. Fue ahora cuando apareció por primera vez el talón de Aquiles de los conservadores: la amenaza de los Estados Unidos. La provincia de Tejas se negó a aceptar los dictados de un régimen centralista y se dispuso a defenderse. Santa Anna decidió reducir a los tejanos por la fuerza y encabezó una expedición hacia el norte que capturó San Antonio en marzo de 1836. Pero la victoria fue de corta duración. Al mes siguiente fue ampliamente derrotado en la batalla de San Jacinto, siendo capturado. A estas alturas, los tejanos ya habían declarado su independencia y Santa Anna fue obligado a firmar un tratado confirmándola y reconociendo el Río Grande como frontera entre los dos países. El gobierno mexicano repudió el tratado y se negó a abandonar su reivindicación de Tejas. De este modo fue un Santa Anna caído en desgracia y humillado el que regresó a México en febrero de 1837. El poder absoluto continuaba eludiéndole.

En los años de 1836 a 1846, el poder en México estuvo centrado constitucionalmente en la ciudad de México, pero ello no comportó una mayor estabilidad. De hecho, se trató de años de frenética agitación política en los que conservadores y liberales, centralistas y federalistas, católicos y partidarios del laicismo se enfrentaron sin cesar, y en los que gobiernos rivales se relevaron en rápida sucesión. Santa Anna conservó algunas cartas en su poder. Invasores extranjeros, franceses esta vez, en 1838, hicieron de nuevo un conveniente acto de presencia y le permitieron representar el papel de héroe. Además, Santa Anna siempre retuvo una base de poder personal en su propia hacienda que usaba como búnquer político y militar desde el cual podía salir a escena para hacer o deshacer gobiernos. Así se las arregló para recomponer su dañada imagen y para sostener a Bustamante en el poder bajo una Constitución centralista aprobada por el Congreso en 1836.

Bustamante, sin embargo, sufrió el destino de muchos centristas y pronto perdió el apoyo tanto de los federalistas radicales como de los conservadores extremistas. Ni siquiera satisfizo a Santa Anna que tenía sus reservas hacia la Constitución de 1836, la cual había introducido un curioso «poder conservador supremo» en calidad de freno del poder del presidente. El poder central, además, no se mostró más capaz que el federalismo de mantener al país unido: Yucatán se declaró independiente y resistió los intentos tanto diplomáticos como militares de recuperarla. Mientras tanto, el centralismo, al igual que el liberalismo, costaba dinero: un aumento de los impuestos, las tarifas y los precios añadió leña al descontento. Las condiciones eran propicias para otro golpe, y Santa Anna estaba a mano para encabezarlo. Tras una breve alianza con federales, liberales y anticlericales en 1841 —quizá para elevar su valor ante la Iglesia—, volvió en 1842 a una posición centralista y conservadora, gobernando por decreto y estableciendo impuestos sin contar con el Congreso bajo una forma de dictadura personal. Sobrevivió hasta que sus extorsiones fiscales se hicieron insoportables y su reputación se agotó. En diciembre de 1844 fue depuesto, hecho prisionero y exiliado.

La caída de la dictadura de Santa Anna arrastró la idea del centralismo consigo e incitó a los federalistas a probar sus fuerzas durante la presidencia de José Joaquín de Herrera. Pero al mismo ritmo que su fuerza iba en aumento, ellos se iban dividiendo en sus opiniones sobre las soluciones a los problemas de México. La facción más radical del partido, encabezada por Gómez Farías, era conocida como los puros, y defendían una política exterior más dura y una política interior más radical. Los puros insistían en una política de no apaciguamiento frente a los Estados Unidos y de no negociación sobre Tejas, convencidos de que el apaciguamiento sólo conduciría a mayores pérdidas de territorio. Querían prepararse para la guerra con el argumento de que la guerra uniría al pueblo y haría que los Estados Unidos se excedieran; los mexicanos podrían incluso repeler a los invasores y forzar una paz honrosa. La característica fundamental del programa nacional de los puros era la restauración de la Constitución federal de 1824, aunque sin garantizarles los fueros ni a la Iglesia ni al ejército. Querían crear milicias del Estado para compensar el poder del ejército, y en cuanto a la Iglesia, la querían ver separada del Estado. Los puros confiaban también en quebrar el poder del tercer gran grupo fáctico de México, los ricos hacendados, que, según creían, constituían un obstáculo para el progreso de la mayoría. Los puros buscaban sublevar a las masas para que éstas lograran plasmar sus derechos, y en 1845-1846 sus líderes hablaban de la democracia y de la necesidad de descubrir la opinión mayoritaria del pueblo. El defecto del plan era que las masas eran analfabetas y la estructura social no estaba preparada para tales llamamientos.

Los moderados, bajo Manuel Gómez Pedraza, eran un pequeño pero capacitado segmento de los federalistas que tenían una visión de la sociedad mexicana más realista que la de los puros. Los moderados desconfiaban de las masas en su presente estado de analfabetismo e ignorancia, y confiaban en una clase media inteligente para llevar a cabo un programa de progreso que evitara la guerra civil y la extranjera. Querían evitar los disturbios civiles de 1833 y 1834 ocasionados por las radicales medidas de Gómez Farías. Según esta concepción, era una locura enajenarse el apoyo del ejército o de la Iglesia, pues representaban intereses demasiado poderosos como para eliminarlos. Los Estados Unidos, también, representaban un poder superior a los medios mexicanos para vencerlos; los moderados creían poder detener la expansión estadounidense en territorio mexicano negociando sobre Tejas, la única alternativa a una guerra que México no podría ganar. El gobierno de Herrera era moderado en sus concepciones y actos. Sin embargo, el pensamiento moderado no hacía menos agua que el de los puros. Mientras que los puros se apoyaban en un electorado popular inexistente, los moderados lo hacían en una clase media mexicana que, en las décadas centrales del siglo XIX, no formaba todavía una base política identificable.

Los conservadores o centralistas se oponían al federalismo por principio, porque no era adecuado para México y conducía a la anarquía. Pero estaban más preocupados por la amenaza de las reformas de los puros que por los principios de los moderados. Los centralistas eran en su mayoría hombres de medios y posición, bien en la vida civil, bien en la Iglesia o en el ejército, que se arriesgaban a sufrir personalmente si los puros accedían al poder. Había, bien es cierto, algunas personas de principios tales como Lucas Alamán, el cual se vio influido por el pensamiento de Edmund Burke y que cambió su afiliación de la república a la monarquía constitucional. Ésta, confiaba, comportaría el apoyo europeo contra los Estados Unidos y finalizaría el estancamiento producido por la alternancia entre liberales y conservadores tras la caída de Santa Anna en 1844. Pero se trataba de un juicio erróneo. Había pocos mexicanos que apoyasen a la monarquía aparte de la jerarquía eclesiástica. En especial el ejército, uno de los elementos dirigentes en México, era firmemente republicano y se oponía a todo retorno a la monarquía. En cuanto a los Estados Unidos, era demasiado poderoso para México, cualquiera que fuese su forma de gobierno.

México estaba dispuesto a aceptar la independencia de Tejas, pero no una Tejas anexionada a los Estados Unidos. El expansionismo estadounidense, incitado por la anarquía mexicana, llevó a los dos países a la guerra en abril de 1846. En unos pocos meses el ejército de los Estados Unidos había derrotado a las fuerzas mexicanas y ocupado partes del norte de México. México mientras tanto no tenía siquiera un gobierno de guerra y gran parte de su espíritu de lucha se gastó, no contra el enemigo, sino en un conflicto civil. Finalmente, en septiembre de 1846, Santa Anna regresó como presidente con Gómez Farías como vicepresidente, uno para dirigir el ejército, el otro para reunir el dinero. Pero Gómez Farías, como buen liberal, pretendió financiar la guerra confiscando propiedades de la Iglesia, y ello provocó una revuelta militar conservadora. Habiendo utilizado a los liberales para ablandar a la Iglesia, Santa Anna obligó entonces a esta última a aceptar otro trato, un préstamo obligatorio de un millón y medio de pesos. Se trataba de una especie de chantaje, bien entendido por todas las partes. En cuanto a Gómez Farías, fue cesado y la vicepresidencia abolida.

Mientras México se entregaba a la guerra civil, las fuerzas estadounidenses desembarcaron cerca de Veracruz, tomaron Puebla y ocuparon la capital el 15 de septiembre de 1847. Entre escenas de heroísmo, confusión y terror, los mexicanos fueron obligados a aceptar la derrota. Santa Anna dimitió y un nuevo gobierno negoció el tratado de paz de Guadalupe Hidalgo en febrero de 1848. México no tenía ejército ni dinero, sólo territorio con el que negociar. El tratado transfirió la enorme área de Nuevo México, Arizona y California a los Estados Unidos que a su vez acordó renunciar a todas sus reclamaciones contra México y pagar una indemnización de 15 millones de dólares. Estos acontecimientos traumáticos supusieron un gran golpe para el orden social mexicano. La conflictividad civil había abierto el camino a los invasores y luego había impedido que México concentrara sus recursos contra el enemigo exterior. La guerra, a su vez, estimuló mayores desórdenes sociales y le abrió el camino a lo que la élite denominaba el enemigo interior. El gobierno mexicano se vio obligado a aceptar un tratado de paz humillante porque tenía las manos atadas con la rebelión popular que se desarrollaba en su propio territorio.

La protesta social tuvo sus orígenes en el empeoramiento de las condiciones de los indios y los campesinos. En el centro del conflicto había una lucha por la tierra y la amenaza de una guerra de castas. El México rural se encontraba dividido en dos sistemas diferentes, dos mundos diferentes: de una parte estaban las haciendas y sus ricos propietarios, de la otra los pueblos indios y sus tierras comunitarias. Las haciendas usurpaban frecuentemente los terrenos comunitarios, expandiéndose así a costa de los pueblos indios. Los indios de los pueblos podían trabajar como peones temporeros en la hacienda, pues pocos de ellos tenían tierra suficiente para mantenerse todo el año. Pero las haciendas necesitaban más y buscaron la mano de obra que necesitaban más allá de los pueblos indios. Una de las fuentes halladas fue la de los peones ligados a la hacienda por su condición o por deudas. El peonaje tenía ciertas ventajas, pues ofrecía seguridad y subsistencia; y en el México central no todos los peones estaban endeudados ni esclavizados. Pero en Yucatán y en el norte existía aún la servidumbre legalizada y el peonaje por deudas, y las condiciones del trabajador del campo eran duras. Las leyes de vagos y maleantes, como en el resto de Latinoamérica, atrapaban a los que se las arreglaran para escapar al sistema de haciendas y hacía difícil que los peones sin tierra pudieran circular por el país en busca de trabajos mejores. Otra fuente de mano de obra venía dada a través de los aparceros que vivían en tierras de la hacienda y pagaban el arriendo con su trabajo. En la lucha por la tierra, la riqueza, el poder y la ley estaban del lado de los hacendados y pocas soluciones les restaban a los campesinos indios, excepto la protesta y la rebelión. Había tres zonas de conflicto bien diferenciadas: en el sur se libró una guerra de castas; en el centro estalló una rebelión campesina, y en el norte las tribus indias invadieron hacia el sur en busca de pillaje.

En Yucatán la producción y exportación de henequén les suponía pingües beneficios a los hacendados blancos, que dependían de la mano de obra india, más fácilmente explotable desde la eliminación de las instituciones coloniales. Pero se consideraba al gobierno central como un obstáculo aún en pie para lograr un control completo de tierras y mano de obra; por tanto, se alzaron en rebelión contra México en 1839, y con la ayuda de los campesinos mayas, a los que atrajeron engañosamente a la actividad militar con promesas de reformas en los impuestos y en la tierra, lograron la independencia efectiva de Yucatán. Pero los hacendados habían encendido un volcán. Las reformas prometidas eran, por supuesto, una trampa, pero las armas recién adquiridas eran bien reales y permitieron a los campesinos mayas dirigir su furia directamente contra los hacendados en una guerra de castas total. Se alzaron en rebelión el 18 de julio de 1847, exigiendo impuestos más bajos y derechos sobre la tierra, y en poco tiempo estaban pagando a los blancos con una lección terrible de terror.

Esto sucedía en el sur. En otras partes de México la protesta social adoptó formas distintas. En el norte de México las tribus indias, empujadas hacia el sur por la expansión estadounidense y la debilidad de México, invadieron haciendas y asentamientos mineros en una orgía de saqueos y matanzas. Los coyotes, apaches, navajos y comanches penetraron profundamente en Durango, Sonora y Chihuahua para lograr su sustento por cualquier medio. En el centro de México hubo otro foco de rebelión en el que los movimientos sociales y el bandidaje se mezclaron inextricablemente. Desertores del ejército, vagabundos, fugitivos de la justicia y elementos marginales se aprovecharon de la derrota militar de México y de la anarquía subsiguiente para formar bandas armadas que aterrorizaron el campo; mientras tanto, otros desarrollaban un movimiento agrario revolucionario en la Sierra Gorda, donde bandas de guerrillas indias luchaban por la tierra y sus derechos.

El año 1847 fue terrible para México, un año inmerso en un ciclo de desastres que afligieron al país en las décadas de mediados del siglo XIX. La coyuntura determinada por la derrota militar, la invasión de los bárbaros, la guerra de castas de Yucatán y las guerrillas de Sierra Gorda aterrorizó a la clase dirigente mexicana y condujo a llamamientos en favor de severas medidas efectuados por conservadores y liberales al unísono. La primera reacción del gobierno fue de impotencia, pues carecía de los instrumentos de poder normalmente en manos del Estado. Pero la situación comenzó a mejorar progresivamente. El medio fundamental de recuperación fue la indemnización de guerra. Estos ingresos, tan necesarios, permitieron gobernar al gobierno liberal, renovar su ejército y restaurar la ley y el orden en las regiones rebeldes. La guerra de Yucatán acabó y con ella las esperanzas mayas de defender las tierras comunitarias indias. Pero en cuanto a las incursiones desde el norte, se tardó más en sofocarlas y se calculó que en Zacatecas se perdieron 500 vidas a manos de los indios en 1851-1852.

Los políticos mexicanos no aprendieron casi nada de la experiencia de 1847. Podían coincidir en el mismo discurso contra la rebelión india, pero las cuestiones normales de la política sectaria continuaban dividiéndolos. La indemnización de guerra, como un premio en la lotería, pudo lograr una breve concentración de todos en gastar en lugar de luchar, pero la indemnización llegó inevitablemente a su fin, de modo que la política mexicana retomó su rumbo habitual. El gobierno liberal moderado elegido en 1851 no satisfizo ni a los conservadores ni a los puros, y una predecible revuelta de los militares pidió el regreso de Santa Anna. Su pasado oportunista le permitía recibir consejos de ambos bandos. El conservador Lucas Alamán le exhortaba a defender a la Iglesia, mantener el ejército, abolir el federalismo y gobernar con un ejecutivo fuerte. El liberal Miguel Lerdo de Tejada le aconsejó establecer un gobierno reformista que refrenara al ejército y a la Iglesia, los dos principales obstáculos al progreso. En cuanto al propio Santa Anna, vino sin ideas nuevas, pero se convirtió en presidente en abril de 1853 con una base política al parecer amplia, y su gobierno incorporaba tanto a Lerdo de Tejada como a Alamán. Pero no había un consenso real. Alamán murió a los pocos meses de acceder al cargo, lo que redujo la categoría del gobierno, y los liberales pretendieron aumentar los ingresos utilizando las propiedades de la Iglesia, lo que les enajenó el apoyo de una parte importante de la coalición. Mientras tanto había nuevas señales de inquietud popular, un alzamiento de los artesanos de las ciudades, motines en Veracruz y otra guerra de castas, en esta ocasión en Oaxaca; acontecimientos todos ellos que indicaban a Santa Anna que precisaba de la Iglesia, aunque sólo fuera para predicar a las clases peligrosas.

Santa Anna tuvo que revisar su gobierno y encontrar una nueva fuente de ingresos. Esta última la consiguió vendiéndole a los Estados Unidos el sur de Arizona por 10 millones de pesos. Lo primero lo consiguió confiriéndose a sí mismo poderes aún más absolutos y el derecho a nombrar a su sucesor. Repuso a la Iglesia en su posición anterior con la idea de que era una base importante del gobierno conservador. Entre sus muchas concesiones al estamento eclesiástico, restauró a los jesuitas y revocó la ley de 1833, que había abolido la obligatoriedad legal de los votos monásticos. Los liberales, por supuesto, estaban indignados, pero Santa Anna tenía sus propios y sumarios métodos en lo concerniente a los liberales: acalló a su prensa y envió a muchos de ellos a prisión o al exilio. Uno de los puntos fuertes de Santa Anna en el pasado había sido su actitud ecléctica hacia la política. Su propia falta de principios era una ventaja, porque incitaba a las diferentes agrupaciones políticas a creer que él podría inclinarse por ellos. Pero su dictadura conservadora de 1853-1855 acabó con esas ilusiones. Y acabó también con su carrera política. A esas alturas ya debería haber aprendido que en México cualquier gobierno central era vulnerable a dos peligros: la rebelión provincial y la disidencia militar. De todos los poderes fácticos mexicanos los militares representaban el menos homogéneo y estable; cuando se aliaban a intereses provinciales suponían una formidable amenaza.

En febrero de 1854, un grupo de militares disidentes se alzó en rebelión en el sur, en Ayutla, y proclamaron un programa constitucional. Buscaron apoyo en el general Juan Álvarez, el cacique de la tierra caliente, cuyo poder no se basaba sólo en su posición política en el estado de Guerrero, sino también en su propia hacienda y en su popularidad entre los campesinos indios de la región. Álvarez era normalmente respetuoso con el gobierno central, siempre y cuando éste lo dejara gobernar en paz su propio dominio. Pero Santa Anna intervino ahora con la idea de trasladar a una serie de militares y oficiales de la costa del Pacífico. En esta ocasión se excedió. Álvarez asumió el liderazgo de la revolución del sur, un movimiento irresistible que obligó a Santa Anna a exiliarse y condujo a la revolución liberal de 1855.

2. Centroamérica y el Caribe

El proceso de liberación de Centroamérica no culminó con la desvinculación de España, sino a través de la independencia de México. Liberada de su vecino del norte por la caída del imperio de Iturbide, Centroamérica puso en marcha su propio Congreso, que proclamó la independencia absoluta de las cinco provincias: Costa Rica, Guatemala, Honduras, Nicaragua y El Salvador. Todas ellas fueron reunidas en la Constitución federal de 1824 bajo la denominación de Provincias Unidas de Centroamérica. La Constitución de 1824, al igual que la de México del mismo año, combinaba una serie de influencias ideológicas y políticas —la Ilustración del siglo XVIII, la Constitución de Cádiz y la de los Estados Unidos— junto con la colaboración personal de intelectuales locales como el erudito hondureño José Cecilio del Valle. ¿Podrían estas ideas teóricas tener una aplicación práctica en Centroamérica? Las condiciones no eran propicias.

En marzo de 1825 accedió al poder un gobierno liberal con el salvadoreño Manuel Arce de presidente. Pero la unión pronto cayó en la anarquía y en la guerra civil; al tiempo que los conservadores luchaban contra los liberales, la periferia luchaba contra el centro y las provincias luchaban entre sí. En primer lugar, había una serie de obstáculos prácticos a la organización federal: la distancia de la periferia al centro, el aislamiento de los estados de la capital y entre sí, factores que se veían agravados por la lentitud de transportes y comunicaciones y por la distribución desigual de la población de 1,2 millones de habitantes, de los cuales casi un 50 por 100 estaban concentrados en Guatemala, mientras que Costa Rica tenía sólo el 5 por 100. Este desequilibrio se reflejaba en el modelo de representación. El primer Congreso federal, que se reunió en abril de 1825, constaba de dieciocho diputados por Guatemala, nueve por El Salvador, seis por Honduras, seis por Nicaragua y sólo dos por Costa Rica.

En segundo lugar, el gobierno federal carecía de recursos para mantenerse y la unión sucumbió a causa del fracaso fiscal. Las poderosas familias regionales no estaban dispuestas a permitir que otros determinaran los impuestos sobre sus propiedades y recursos ni a ver cómo sus ingresos abandonaban su región para ir a parar al centro. A su vez, las poblaciones del interior se negaban a pagar impuestos a las capitales regionales. Se trataba de planteamientos políticos, pues la economía como tal no había entrado en una fase de depresión. La libertad de comercio no obró milagros en Centroamérica, pero existía una moderada demanda de sus productos en el mercado mundial. El índigo recuperó su posición en el mercado y la cochinilla se estaba desarrollando ahora con mayor fuerza. Se hicieron algunas inversiones en minería. Pero dichos desarrollos no habrían de beneficiar al gobierno central, sino a los grupos con intereses económicos locales: los comerciantes guatemaltecos y los mineros hondureños. No había señales de la integración económica característica del periodo colonial; las regiones con bienes rentables y exportables trataban directamente con el mercado mundial mientras el resto decaía volviendo a la agricultura de subsistencia. El mercado mundial, encarnado en los comerciantes británicos, trataba sólo con regiones escogidas y ello perpetuaba el desequilibrio económico.

La estructura colonial sobrevivió prácticamente intacta. La nueva república era criolla, dominada por la élite que monopolizaba la tierra, la burocracia y la política. Las razas mixtas fueron liberadas de la discriminación social y racial y se convirtieron en ciudadanos iguales al resto; ello dio a los mestizos más oportunidades y quizá una mayor participación en la vida pública, pero sólo unos pocos se beneficiaron de ello. La esclavitud fue abolida, pero el número de esclavos en Centroamérica no era importante, como tampoco lo era su papel en la economía. Los terratenientes y los ganaderos del interior rural tenían acceso a otras fuentes de mano de obra que iban de los arrendatarios hasta los aparceros pasando por los peones. En realidad, los sectores populares habían ganado bien poco con la independencia. Los indios comunitarios y los mestizos pobres de las rancherías y de otros tipos de instalaciones agrícolas de la periferia de las poblaciones y las haciendas apenas experimentaron mejoría alguna en sus vidas y en sus expectativas. La opinión criolla sobre los indios, tal como la expresara Valle, los conceptuaba como «en estado de idiotez».

Si el gobierno central perduró de 1823 a 1826 fue porque se abstuvo de actuar como tal gobierno; no creó un ejército ni estableció impuestos. Es cierto que seguía vivo un rescoldo de la tradición reformista, y que cabía contemplar la influencia de la Constitución de Cádiz no sólo en la propia Constitución federal, sino también en la política gubernamental cuando ésta pretendía promover la educación, la industria y la colonización agrícola. Pero la paz y la estabilidad dependían básicamente de la inercia del gobierno. Tan pronto como el gobierno central trató de consolidar su soberanía, de crear un ejército y de reunir unos ingresos, fue repudiado. De 1826 a 1829, en Centroamérica estallaron tumultos, rebeliones y conflictos, y la federación se desvaneció, pues los estados se negaban a someterse a Guatemala o a ponerse de acuerdo entre sí. Durante el periodo colonial la corona había sido la fuente de legitimidad política y sus agentes habían arbitrado en las disputas. Ahora las organizaciones familiares de cada región luchaban por la hegemonía, los recursos e inmunidad. Bajando por la escala social, los indios, mestizos y mulatos, hasta ahora dóciles súbditos del rey, imitaron a sus superiores y recurrieron a la violencia para mejorar su situación. Así pues, los caudillos regionales se hacían con grupos de seguidores y penetraban en el vacío de poder dejado por España. La última unidad de que disfrutó Centroamérica fue la impuesta por los Borbones. El colapso del absolutismo acabó con la centralización y Centroamérica optó por la división.

La guerra terminó en 1829 con la derrota de la alianza eclesiástico-conservadora, y los liberales reunieron un congreso para ejecutar un programa de reformas radicales. El líder liberal hondureño, Francisco Morazán, fue nombrado presidente en septiembre de 1830 y, a través de una serie de alianzas políticas en los distintos estados, procuró restablecer la autoridad del gobierno federal. ¿Pero cómo hacerlo sin ingresos suficientes y con una Constitución que contenía contradicciones no resueltas? En efecto, el gobierno central sólo podía incrementar su poder a costa del de los estados. Además, la orgía de liberalismo a que se entregó era una invitación abierta para que los conservadores regionales optaran por la secesión. Los liberales expulsaron al arzobispo de Guatemala, expropiaron a las órdenes religiosas, abolieron la obligatoriedad de los diezmos, introdujeron la libertad de culto y legalizaron el matrimonio civil. Estas medidas les granjearon bien pocos amigos en Centroamérica, donde la adhesión a la religión tradicional trascendía a la estratificación social.

El liberalismo del gobierno federal tenía su paralelismo en los Estados. El doctor Mariano Gálvez, jefe de estado de Guatemala entre 1831 y 1838, pretendía aplicar un amplio programa de reformas liberales. El contexto económico parecía favorable. Las exportaciones de índigo y cochinilla eran boyantes a principios de la década de 1830, y el gobierno estaba dispuesto a abandonar una doctrina liberal —la del libre comercio— en interés de la industria textil local. Por lo demás, se trataba de un programa de liberalismo puro, aplicado indiscriminadamente a la religión, la educación, la ley y la agricultura.

Los liberales del siglo XIX proyectaban una sociedad ideal basada en una clase media agraria dedicada a la producción de una serie de artículos cultivables destinados al mercado doméstico. En Guatemala buscaron un atajo hacia el desarrollo económico promoviendo la colonización extranjera. Confiaban en poblar un territorio previamente desocupado con colonos inmigrantes que aportarían capital importado, técnicas y mano de obra a unos recursos nunca antes explotados. La colonización comenzó en 1834 con tres vastas concesiones en el Petén, Verapaz, Chiquimula y Totonicapán, a condición de que fuesen colonizadas y desarrolladas prontamente. Pero las concesiones de tierras crearon casi inmediatamente una disputa de fronteras entre Guatemala y la federación de una parte y el gobierno británico de otra: fueron además recibidas negativamente por la opinión pública guatemalteca y causaron un inevitable conflicto de intereses entre los contratistas extranjeros y los residentes locales. Lejos de suponer un instrumento de desarrollo, el proyecto de colonización se convirtió en una fuente de divisiones en una sociedad ya fragmentada. En particular despertó las sospechas de dos grupos que eran también objetivo de la política liberal: la Iglesia y los indios.

La política religiosa de Gálvez reflejaba en Guatemala los principios liberales y la presión del gobierno federal. Censuró la correspondencia eclesiástica, se apoderó de los fondos de la Iglesia y confiscó las propiedades de las casas religiosas. En 1832 acabó con la recaudación obligatoria de los diezmos, eliminó muchos días de fiesta de origen religioso y confiscó aún más propiedades de la Iglesia. Más tarde la legislatura guatemalteca autorizó el matrimonio civil, legalizó el divorcio y eliminó la supervisión eclesiástica en el terreno educativo. La reforma del sistema judicial afectó también a los intereses de la Iglesia y fue denunciada desde los púlpitos calificándola de nuevo ataque a los fueros y otro ejemplo de la influencia foránea.

Parte de la hostilidad clerical al programa de los liberales coincidió con la de los indios. A ellos también les enfurecía la abolición de las festividades tradicionales y de celebraciones religiosas que formaban parte de su vida comunitaria. Ellos tam-

190

bién alimentaban sospechas ante los proyectos de colonización extranjera, y las comunidades indias de Chiquimula se alzaron en armas a finales de 1835. Pero quizá la reacción más seria vino causada por los cambios fiscales. El tributo indio había sido abolido en 1811, luego restaurado, y suprimido de nuevo con la independencia. Gálvez lo restauró en 1831. Los campesinos y artesanos mestizos tenían que pagar la contribución directa, y los diezmos fueron sustituidos en 1832 por un impuesto sobre la tierra de cuatro reales por cada caballería de terreno. Un decreto de 1836, que racionalizaba el sistema y establecía una capitación directa de dos pesos por persona, causó un gran descontento popular y contribuyó a desencadenar una rebelión india generalizada. Los liberales parecían ciegos ante las susceptibilidades del sector indio y los de Guatemala no habían aprendido la lección de las rebeliones contra los impuestos en Honduras, Nicaragua y, especialmente, en El Salvador, donde la imposición de una capitación provocó una importante rebelión india en 1832-1833. En Guatemala el resentimiento indio se vio agravado por exigencias crecientes de trabajos forzados en construcción de caminos y en otras obras públicas. Y finalmente apareció un nuevo azote, y con él un nuevo agravio.

A comienzos de 1837 se desató una terrible epidemia de cólera que afectó especialmente a las masas indias de las zonas altas de Guatemala y que provocaba terribles sufrimientos a sus víctimas. El gobierno trató de establecer una cuarentena efectiva, envió médicos a los pueblos para tratar a las víctimas y tomó otras medidas preventivas. Pero los curas de los pueblos afirmaban que se trataba de un castigo divino a Guatemala y extendieron el rumor de que los funcionarios del gobierno estaban envenenando a la gente común como parte de la política de exterminio de los nativos para preparar la repoblación del país con herejes extranjeros. La respuesta india fue dramática. Presas del miedo y el pánico por los elevados índices de mortalidad, ellos y los mestizos de las mesetas altas se alzaron en armas e integraron en un solo movimiento todos sus agravios contra el gobierno liberal.

La rebelión de 1837 no consistió simplemente en una respuesta ciega de campesinos enfurecidos, y no lo fue por una serie de razones. En primer lugar, el liderazgo fue decisivo. Rafael Carrera, un caudillo mestizo, combinaba los valores tradicionales con cualidades populares de un modo que conectaba con las raíces más profundas del movimiento. En las montañas de Mita demostró una clara habilidad para librar una guerra de guerrillas sin cuartel y con una ferocidad excepcional, interrumpiendo el comercio, cortando las comunicaciones y echando abajo el poder de las autoridades locales. En segundo lugar, Carrera logró explotar el argumento de que un gobierno corrupto y antipatriótico estaba entregando tierras públicas a extranjeros, dejando sin ellas ni sustento a los pobres indios y mestizos. Incluso se llegó a insinuar que la religión católica estaba condenada a la extinción por una conspiración entre Gálvez y los extranjeros. Así, se invocó al catolicismo, a los intereses de grupos determinados y a sentimientos nacionalistas en un notable despliegue de tradicionalismo popular que permitió a los caudillos conservadores formar una coalición de carácter populista contra federalistas y liberales.

De este modo, el movimiento rebelde de Rafael Carrera, la insurrección de la montaña, que comenzó como un alzamiento local en el este de Guatemala durante el verano de 1837, evolucionó hasta convertirse en una revuelta generalizada contra el gobierno de Gálvez. Pero nunca abandonó su base popular. En su ataque a la ciudad de Guatemala, Carrera utilizó deliberadamente a sus hordas indias como instrumento de terror antiliberal, lanzando a unos 4.000 guerrilleros, borrachos y exultantes, que gritaban «que viva la religión y mueran los extranjeros» al tiempo que lo destrozaban y saqueaban todo hasta que, cuatro días después, Carrera los sacó de allí. Una vez que la capital comenzó a ser atacada, Gálvez dimitió a principios de 1838, y Guatemala empezó a buscar un futuro fuera de la federación. Los liberales habían prometido mucho y cumplido poco. Las expectativas económicas resultaron ser ilusorias. La política proteccionista se aplicó demasiado tarde para restaurar las fortunas de la industria textil local, golpeada por la competencia británica. La escasez de moneda y los altos tipos de interés aumentaron la deuda exterior. Había pocos beneficios obvios que presentar en la política anticlerical de los liberales. El gobierno no fue en ningún momento capaz de hacerse cargo del registro civil, y los colegios y hospitales de los que se hizo con el control funcionaban con grandes dificultades.

La suerte de la federación corría paralela a los acontecimientos en Guatemala. Morazán había trasladado la capital federal a San Salvador en 1834, y en el mismo año fue elegido presidente para otro mandato. Presidió una institución agonizante. En 1838, el Congreso trató de insuflar un poco de vida al paciente y decidió transferir al gobierno federal el control de los ingresos aduaneros, lo que era el único modo de consolidar las finanzas federales. Los Estados se negaron y aprovecharon la oportunidad para abandonar la unión conducidos por Nicaragua, Costa Rica y Honduras. La república federal exhalaba sus últimos estertores, derribada por el separatismo de los Estados y por la reacción conservadora de Honduras, Nicaragua y Guatemala. En febrero de 1839, al término del mandato constitucional de Morazán, el Congreso se disolvió y no quedó ninguna institución legal para nombrar a su sucesor. Durante el resto del año las distintas fuerzas se reunieron de cara al enfrentamiento definitivo. Éste tuvo lugar en marzo de 1840; las fuerzas de Carrera derrotaron al ejército liberal en la ciudad de Guatemala y expulsaron a Morazán al exilio. Fue la puntilla. En 1842, Morazán trató de volver a escena y continuar la lucha por la unificación, pero fue frenado una vez más por un movimiento popular, capturado y fusilado en San José el 15 de septiembre de 1842.

El derrumbamiento de la federación centroamericana y del primer experimento liberal subrayó la imposibilidad de cambiar meramente con legislación unas estructuras gubernamentales, económicas, sociales y religiosas profundamente enraizadas. Los liberales pretendían sustituir el absolutismo gubernamental por representación y delegación de poderes. Pretendían sustituir la influencia de la Iglesia por un Estado laico. Pretendían sacar a los indios de su peculiar estado e integrarlos en una sociedad regida por la doctrina del *laissez-faire*. Pretendían sustituir el mercantilismo y el proteccionismo por el libre comercio. Ninguno de dichos proyectos era realista, teniendo en cuenta las condiciones y mentalidades centroamericanas. En cualquier caso, los programas liberales no rendían normalmente beneficios inmediatos, sino que prometían progreso gradual y cambios a largo plazo, algo por lo que los poderes fácticos no estaban dispuestos a esperar. El triunfo de Carrera y la restauración conservadora de 1840-1870 pudieron haber perpetuado las estructuras tradicionales, pero también se ajustaban a intereses sociales básicos, populares tanto como oligárquicos. Pero se trataba de una confrontación de valores tanto como de intereses. Contra la utopía del progreso, la libertad y la igualdad prometida por los liberales, los conservadores preservaban un mundo conocido y comprensible en el que los curas estaban en los pueblos, los terratenientes en sus haciendas, los indios en sus comunidades. Este, y no los modelos europeos de desarrollo, era el destino de Centroamérica. Los que no pertenecían a los sectores tradicionales aún esperaban ser representados. Sería a ellos a quienes los liberales realizarían un llamamiento en la década de 1870.

Centroamérica destruyó su propia federación. Sigue, sin embargo, siendo objeto de debate la influencia de los intereses extranjeros en este proceso. Sin duda la penetración comercial extranjera en la región estaba ya en una fase avanzada, y cabía detectar un cierto interés «imperialista» en las distintas ideas sobre un canal interoceánico. Incluso los proyectos de desarrollo, tales como la colonización agraria y la inmigración, no mejoraron la reputación de los extranjeros. Gran Bretaña desempeñaba un papel dominante en el comercio, los préstamos y la navegación no por ningún tipo de acción concertada entre el gobierno británico y las compañías privadas, sino porque Gran Bretaña había vivido una revolución industrial y no tenía rivales comerciales. Con todo, la presencia comercial británica, que favorecía a Guatemala y Costa Rica, para cuya cochinilla y café aún existía un mercado de exportación, provocó una reacción nacionalista en Centroamérica. La posesión británica de Belice era otra fuente de conflicto. Ésta le daba a Gran Bretaña prácticamente el único puerto de gran calado de la costa del Caribe y, tras el fracaso del proyecto de canal interoceánico a través de Nicaragua, le otorgó también un monopolio de hecho de las comunicaciones para el comercio exterior de Centroamérica. Si Centroamérica aspiraba a Belice, Gran Bretaña estaba decidida a defender sus derechos y a no renunciar a ella. De hecho algunos colonos de Belice ocuparon las Islas de la Bahía en 1839-1850. Gran Bretaña no deseaba la soberanía sobre la Mosquitia, pero allí había un vacío político y les comunicó a las autoridades centroamericanas que no aceptaría interferencias en las actividades comerciales de los súbditos británicos, sobre todo en el comercio de la caoba. Los británicos nombraron un cónsul general para la zona en 1844 y crearon un protectorado, lo que se convirtió en otra fuente de conflictos.

Gran parte del furor causado por estas disputas se centró en la persona de Frederick Chatfield, el activo y cáustico cónsul británico, al que la historiografía liberal centroamericana denuncia como conspirador, junto a los serviles guatemaltecos, dedicado a fragmentar la federación. Pero Chatfield no creó la oposición entre Guatemala y las provincias, ni los conflictos locales entre ciudades y regiones, ni la ausencia de solidaridad de partido entre los propios liberales. Si acaso algo, Chatfield deseaba la continuidad de la federación, porque la unidad era mejor para el comercio. En cualquier caso, la presencia británica en la costa atlántica era muy anterior a la federación y continuó mucho tiempo después. El conflicto real estaba entre intereses británicos y estadounidenses, especialmente tras el empuje estadounidense hacia el sur en México después de 1847. Se trataba de una disputa de influencias comerciales y políticas de la que Centroamérica era frecuentemente un espectador pasivo y los Estados Unidos el vencedor final.

El centralismo se desvaneció en 1840 y cada región tomó su propio camino. En Guatemala la Iglesia y los indios recuperaron posiciones y Carrera encabezó una dictadura personal hasta su muerte, en 1865, basada en el apoyo de la élite mercantil, el clero y las masas indias. Pero el establecimiento del poder conservador no fue tarea fácil. Si el Estado federal se había venido abajo, también lo habían hecho los gobiernos regionales y el poder había quedado depositado de hecho en manos de las familias de cada región y de sus jefes. Al principio, Carrera fue un caudillo de esta clase, que ejercía el poder militar, pero que era desafiado en cuanto a su legitimidad por los liberales supervivientes. Tomó la precaución de instalar en los gobiernos de Honduras y El Salvador a dos caudillos conservadores que le eran fieles, Francisco Ferrera, un ladino de clase baja como el propio Carrera, y Francisco Malespín, un oficial de Carrera proclerical y promilitar. Éstos no sólo le guardaban las espaldas contra una vuelta liberal; también le daban el tiempo y la tranquilidad necesarios para consolidar su total control de Guatemala. En 1844, la Asamblea lo nombró «Benemérito Caudillo y General en Jefe» y el 11 de diciembre le otorgó la presidencia. Y en ella continuó, excepto durante un breve interregno en 1848-1849, hasta su muerte en 1865.

Carrera ejerció un poder absoluto pero no despótico, y si su gobierno era conservador, también era popular. Él mismo era medio indio y conservaba raíces personales y políticas en la comunidad india. Los indios constituían dos terceras partes de la población guatemalteca —751.000 habitantes—, y sólo por la cantidad ya eran una importante base de poder. Respetaba las culturas, tradiciones y recursos nativos, y tras una década de política liberal, consideraba que su deber principal era permitir que la gente volviera a sus costumbres, sus hábitos y su particular manera de vivir. En pos de dicho objetivo reconoció los ejidos, protegió las tierras indias e incluso devolvió algunas a sus comunidades; anuló también la capitación y otros impuestos que recaían sobre los indios y redujo los impuestos sobre los alimentos. Estos objetivos fueron incorporados en el decreto del 16 de agosto de 1839, que establecía una política general de protección de los indios. Y más aún, algunos indios y mestizos fueron incorporados al gobierno ocupando cargos como la vicepresidencia, ministerios, gobernadurías y altas posiciones en el ejército, rompiendo así el monopolio político blanco característico del primer régimen liberal. El populismo de Carrera se hizo extensivo también a la Iglesia, que era parte integrante de su régimen. La Iglesia recuperó las tierras perdidas durante el régimen liberal, los clérigos fueron repuestos en su alta y protegida condición y los curas de los pueblos continuaron desempeñando su papel como amigos, servidores y consejeros de los indios, convirtiéndose de hecho no sólo en portavoces de la Iglesia, sino también en representantes informales del Estado.

Proteger a los indios, sus tierras y su producción suponía defender también una economía agraria casi de subsistencia. Eso tenía sentido a mediados de siglo porque las condiciones económicas no eran favorables y la exportación de cochinilla, que todavía se usaba como tinte en la industria textil europea, generó en estos años poco más que una moderada prosperidad. Carrera tenía que incluir a los fabricantes y comerciantes de élite en sus planes políticos, pues no gobernaba un país enteramente indio, y, en cualquier caso, necesitaba los ingresos que le proporcionaban los aranceles aduaneros. Así pues, la élite fue autorizada a cultivar y comerciar con cochinilla en el valle central de Guatemala, pero no se le permitió aumentar sus posesiones. Aunque el trabajo obligatorio de los indios no fue abolido en tiempos de Carrera, las exigencias laborales de la producción de cochinilla no eran excesivas y no inquietaban a las comunidades indias. El comercio fue restringido y los comerciantes extranjeros claramente desalentados. Ello no le impidió a Carrera llegar a un acuerdo amistoso con los británicos en 1859 reconociendo su soberanía sobre Belice a cambio de la promesa de construir una carretera entre la ciudad de Guatemala y la costa atlántica, una obligación legal y moral que Gran Bretaña no cumplió. Así, aunque Guatemala no podía ignorar al mercado mundial, preservó su autonomía y su cultura.

Las tendencias de Guatemala se habían generalizado en toda Centroamérica en los años alrededor de 1840, si bien quizá los programas liberales eran más moderados y la reacción conservadora menos contundente. Los bienes exportables les permitieron a El Salvador y Costa Rica extraer algunos beneficios del mercado mundial y elaborar la base de sociedades estables. La exportación de índigo de El Salvador resurgió y se mantuvo en cabeza de los bienes exportados a mediados de siglo, aunque en 1846 se dio comienzo también a la producción de café. El índigo se obtenía mediante dos sistemas de producción distintos. Las plantaciones mayores, en poder de terratenientes, empleaban la mano de obra de las comunidades indias y ladinas y les vendían directamente a los mercaderes de índigo salvadoreños. Los poquiteros, pequeños y medianos productores mestizos, recibían adelantos de los comerciantes urbanos, los cuales se encargaban de la exportación del producto. El comercio del índigo duró hasta la década de 1880, periodo en el que el surgimiento de los tintes sintéticos virtualmente destruyó la exportación.

También Costa Rica se benefició de sus bases económicas. En este caso la herencia colonial no era tan fuerte. Con una población reducida (unos 63.000 habitantes en 1820) y aislada del resto de Centroamérica, Costa Rica estaba aislada también del contagio del extremismo e inestabilidad política. Su transición a la independencia no fue nada dramática, y no participó en ninguno de los conflictos civiles de la federación. La división entre conservadores y liberales era menos acerba que en el resto de Centroamérica, y ello puede haberse debido a la consolidación de la clase dirigente en torno a un sector exportador boyante. Costa Rica había experimentado ciclos exportadores en el pasado —cacao y tabaco—, pero ninguno de ellos había bastado para rescatar al país de la pobreza y el estancamiento. Ahora dirigió su atención al café, siendo el primer país centroamericano que lo hizo, y éste fue su salvación. Las condiciones en el valle central eran las ideales, y comenzó la exportación, a Liverpool, en 1833. Pronto hubo un floreciente mercado de exportación dirigido al mercado británico, donde el producto costarricense era muy apreciado. La producción aumentó a 120.000 quintales en 1847 y 150.000 en 1848. Los vínculos mercantiles partían de casas comerciales en Gran Bretaña, que adelantaban préstamos a los comerciantes-cafetaleros costarricenses, los cuales, a su vez, financiaban a los pequeños productores. Éstos, inevitablemente, caían en una dependencia, y a veces perdían sus tierras, ante los hombres de negocios costarricenses. Para la élite de Costa Rica, sin embargo, el café significaba prosperidad y estabilidad. Significaba también una preferencia por el conservadurismo ilustrado, primero bajo el mandato de Braulio Carrillo de 1835 a 1842, luego el de J. Rafael Mora desde 1849.

En todo el resto de Centroamérica la carencia de una mercancía fuerte para la exportación prolongaba el desventajoso balance comercial con el extranjero, reducía la agricultura a poco más de un nivel de subsistencia, privaba de ingresos al Estado y dejaba a las regiones en manos de familias encabezadas por caudillos. Honduras había perdido prácticamente su industria minera. En su costa norte había cortes de madera, pero los controlaban los británicos empleando a menudo mano de obra de Belice. La única actividad económica restante era la ganadería en los pastos de Olancho, una región dominada por la familia Zelaya, que no pagaba impuestos al Estado. El ganado se vendía en Guatemala, o en la feria de San Miguel, en El Salvador, o en el Caribe. Ello le proporcionaba una débil base a un Estado independiente. Nicaragua se internó por el mismo callejón sin salida. Tenía también una economía ganadera, y continuaba, como en la época colonial, suministrando ganado al mercado centroamericano. De este modo, sobrevivió la estructura agraria colonial, un mundo de élites locales, haciendas y minifundios. El poder se lo disputaban entre varias familias encabezadas por caudillos que usaban a sus trabajadores como ejércitos y preservaban su propio espacio. Eran ellos y no los funcionarios del gobierno los que mandaban en Nicaragua. Inevitablemente sobrevino la desintegración. La Mosquitia se convirtió en protectorado británico. La provincia de Guanacaste se separó para unirse a Costa Rica. Y, en 1856, el filibustero norteamericano William Walker trató de conquistar el estado.

Centroamérica, al igual que México, estimulaba la intervención extranjera por su propia anarquía. Gran Bretaña no tenía ambiciones imperiales en Centroamérica, y no proyectaba continuar su colonización más allá de Belice. Los misquitos eran un pueblo en busca de un soberano, pero Gran Bretaña no deseaba cumplir ese papel. Chatfield era un diplomático ambicioso, pero tenía una tendencia a ir más allá de los límites marcados por la política de su gobierno. Sí interpretó correctamente los intereses expansionistas de los Estados Unidos. A la vista de ello, Gran Bretaña prefirió retirarse. Por el tratado de Clayton-Bulwer (1850), los gobiernos británico y estadounidense renunciaban al control unilateral de cualquier canal interoceánico, y ambos se comprometieron a no colonizar parte alguna de Centroamérica. A ojos de los británicos, el tratado carecía de aplicación para Belice y para las Islas de la Bahía, que fueron erigidos en colonia de la Corona en 1852. Pero los británicos reconocieron que tendrían que abandonar el protectorado misquito en su momento, aunque no sin salvaguardar los derechos de los indios. En general, Gran Bretaña apoyaba la causa conservadora en Centroamérica, mientras que los Estados Unidos favorecía a los liberales. El descubrimiento de oro en California en 1848 atrajo a un número creciente de norteamericanos a la región; cruzaban el istmo de este a oeste vía Nicaragua o Panamá, estimulaban las economías locales y revivieron el interés en la idea del canal. Fue el choque entre la presencia británica y los norteamericanos recién llegados lo que condujo al tratado de Clayton-Bulwer y atrajo la atención hacia la importancia estratégica de la región. No fue la última vez en la historia centroamericana en que la problemática regional fue utilizada como campo de batalla por intereses foráneos.

Los conservadores fueron capaces de aprovecharse de la amenaza exterior para consolidar su posición. Todos los esfuerzos de los liberales por restaurar la federación habían sido aplastados por Carrera. En 1855 los liberales nicaragüenses se vieron tentados a llamar al aventurero norteamericano William Walker con promesas de concesiones de tierras. Pero la expedición filibustera de Walker y la ambigua postura del gobierno estadounidense no fueron consideradas tan sólo como una ayuda a los liberales contra los conservadores, sino como una amenaza a la independencia de toda Centroamérica. Por consiguiente, los otros Estados se unieron en alianza con los legitimistas nicaragüenses para derrotar a Walker y expulsar a los invasores. El episodio fortaleció a los conservadores en Centroamérica y confirmó el liderazgo de Carrera, y tendrían que pasar otros quince años hasta que los liberales pudieran efectuar otro intento de alcanzar el poder.

Si el hombre creó las divisiones políticas en Centroamérica, fue la naturaleza la que las creó en el Caribe. La mayoría, no todas. La isla de Haití estrenó su independencia dividida en dos Estados. En el norte, el general negro Henry Cristophe se autonombró rey y a sus oficiales y burócratas los hizo nobles y terratenientes, manteniendo intactas las plantaciones para la agricultura de exportación y conservando para el Estado un porcentaje de los beneficios. El sur y el oeste estaban gobernados por una oligarquía militar, primero bajo el mando del general mulato Alexandre Petion, y luego, desde 1818, bajo el de Jean-Pierre Boyer, un mulato educado en Francia. En este caso las plantaciones habían sido parceladas y distribuidas a los soldados y a los trabajadores libres, negros y mulatos, pero la proliferación resultante de pequeñas propiedades supuso el abandono de la agricultura de exportación a favor de otra de subsistencia. De este modo, las cosechas comerciales, especialmente la de caña de azúcar, decayeron y los ingresos del Estado disminuyeron. El sur contaba con un campesinado libre pero con un Estado débil; el norte con un Estado rico pero con una mano de obra servil. En 1820, el rey Cristophe se suicidó cuando sus seguidores conspiraron contra él. Boyer entró en escena y reunificó a los dos Haitís. Inmediatamente puso la estructura agraria del norte en conformidad con la del sur, decretando que todas las tierras disponibles fueran distribuidas entre los negros sin tierra. Esta política tuvo un gran eco popular, pero prácticamente destruyó toda la agricultura destinada a la exportación.

Boyer tenía planes también para la zona este de la isla. La colonia española de Santo Domingo tenía una historia y una sociedad distintas de las de Haití. Con una reducida población de unos 75.000 habitantes, los mulatos dominicanos se identificaban más con los españoles blancos que con los negros y con los esclavos, y no constituían un elemento de peligro social ni racial. Sin embargo, políticamente, Santo Domingo era menos estable que su vecino. El movimiento de independencia del resto de Hispanoamérica fue seguido con interés por los criollos que tenían agravios políticos, financieros y económicos parecidos contra España y que ahora veían la oportunidad de expresarlos, ya fuera con la independización de España o con la unión con Haití. El plan de unión recibió los estímulos de Boyer con ofrecimientos de oficios y tierras y fue ejecutado con la invasión de la colonia por parte de un ejército haitiano. Así, en febrero de 1822 acabó el dictado español en Santo Domingo; la primera colonia española en el Nuevo Mundo quedaba incorporada a la República de Haití.

La dominación haitiana sobre Santo Domingo duró veintidós años y llevó una presidencia vitalicia al país occidental, la cual, bajo Boyer, tomó la forma de una dictadura personal basada en el ejército y en algunos elementos de la revolución negra. La esclavitud fue abolida inmediatamente y las tierras del Estado fueron ofrecidas a todos los esclavos liberados. Pero la estructura agraria dominicana no era idéntica a la de Haití y siguió una prolongada controversia en cuanto a qué tierras tenía el Estado disponibles. La ley de la tierra de 1824 transfería al Estado extensas fincas poseídas anteriormente por propietarios privados, la Iglesia y las órdenes religiosas, y asignaba la tierra a individuos de los que esperaba que se convirtieran en campesinos propietarios obligados a cultivar la tierra que ahora poseían. De este modo se perjudicaba a importantes intereses entre las élites y la Iglesia, mientras que los campesinos mismos no recibieron con entusiasmo una ley agraria que pretendía obligarles a producir cosechas para la exportación.

La propia Haití estaba sufriendo las consecuencia derivadas de haber eliminado

197

la agricultura de exportación, especialmente cuando el Estado se quedó sin ingresos. Boyer introdujo un código rural diseñado para aumentar la productividad, obligando a los campesinos a cultivar sus propias tierras o trabajar en plantaciones. El código fue ignorado y Haití recayó en una economía de subsistencia y en el estancamiento. Se obtuvieron dos préstamos franceses en condiciones muy adversas, lo que significaba elevados tipos de interés y comisiones excesivas. Los préstamos no fueron invertidos en desarrollo y crecimiento, sino simplemente como sustitutos de los ingresos, y parte de ellos fue utilizada para pagar a Francia una indemnización a cambio del reconocimiento de la independencia. El descontento comenzó a expresarse en términos políticos, en Haití a causa del gobierno y su política, en el este a causa de las medidas de Boyer para hacer haitianos a los habitantes de Santo Domingo por medio del reclutamiento militar, la obligatoriedad del francés y un cambio cultural forzado. Su política en cuanto a la tenencia de tierras, además, contribuyó a indignar aún más a los terratenientes y a echar leña a la oposición en el este.

La oposición a Boyer se desarrolló en dos frentes. En el este, entre 1838 y 1842, los dominicanos de la siguiente generación, muchos de ellos de familias de origen comercial y de clase media, organizaron un movimiento clandestino para unir a los que habían sufrido la política haitiana sobre la tierra y el reclutamiento y, en última instancia, para luchar por la independencia. En el oeste, la oposición a Boyer se centraba en agravios políticos y económicos y exigía la liberalización en ambos campos. Todo ello culminó en el «Movimiento de la Reforma», que extendió la rebelión a principios de 1843 y logró la deposición de Boyer el 13 de marzo.

Una cosa era la reforma para Haití, pero la separación del este era otra muy distinta, y el nuevo gobierno haitiano envió a sus ejércitos para tratar de preservar la unión. Fracasó el intento de doblegar al movimiento separatista que, el 27 de febrero de 1844, efectuó un golpe contra los haitianos y estableció la independencia dominicana. Pero el nuevo Estado era débil y presa apetecible para un buen número de potencias extranjeras. Los dominicanos tuvieron que defender su independencia todavía contra otros ataques haitianos en los años entre 1844 y 1849. La necesidad de permanecer en pie de guerra frenó a la república e impidió su desarrollo económico. Políticamente, el país se adaptó rápidamente a la norma imperante con caudillos propios, entre los cuales Pedro Santana surgió como contendiente victorioso y buscó apoyo internacional para poner término a las pretensiones haitianas, lo cual tenía también sus peligros, porque España no había abandonado la idea de una nueva colonización y buscaba la oportunidad para restaurar su soberanía; Francia, y los Estados Unidos más aún, tenían puestos los ojos en Samaná y en un protectorado, mientras que Gran Bretaña se aseguraba una fuerte posición comercial en su tratado de comercio y navegación de 1850.

La guerra contra los dominicanos dañó también a la economía haitiana y desestabilizó a su gobierno. La lucha por el poder en Haití adoptó la forma de una disputa entre dos grupos de color, los negros y los mulatos. Los políticos mulatos pretendían controlar a las masas negras, acentuando su ascendencia africana común y la unidad racial entre ambos grupos, mientras que los políticos negros explotaban el color como línea divisoria entre las masas y la élite mulata. Tras la caída de Boyer en 1843, un movimiento campesino negro, *les piquets*, resistía en el sur contra la dominación política mulata y exigía la redistribución de las tierras de los ricos. Los mulatos pretendieron tender un puente a través de la línea divisoria del color, poniendo a generales negros en la presidencia tras los cuales mantendrían su hegemonía. Pero no engañaron a *les piquets,* y su rebelión, aunque ferozmente combatida, mantuvo en Haití en un estado de guerra civil mientras los dominicanos consolidaban su independencia. Los políticos haitianos eligieron a un oficial analfabeto, el general negro Faustin Soulouque, para ser presidente títere en 1847, pero el poder se le subió a la cabeza: se revolvió rabiosamente contra sus creadores, se proclamó a sí mismo emperador Faustin I en 1849 y estableció una tiranía grotesca durante la cual masacró a los mulatos, indignó a los extranjeros y adoró al vudú. Haití llegó a 1850 desafiando a la razón: todavía desgarrada entre negros y mulatos, todavía en plena depresión económica y aún decidida a reconquistar Santo Domingo.

Cuba se libró de la agitación política y de la decadencia económica de la isla del este. La élite cubana no optó por la independencia, sino por una administración española reformada y por una fuerte presencia militar, su mejor garantía de control de los esclavos. El temor a otro Haití era un poderoso argumento disuasorio contra la liberación de España; su situación de isla era un obstáculo para fuerzas liberadoras procedentes del exterior, y un gran ejército español estacionado en la colonia ponía punto final a la discusión. El resultado fue una isla de estabilidad en medio de un continente tumultoso. Aunque Cuba seguía siendo una colonia, los verdaderos dirigentes eran los plantadores y los comerciantes; existía una coincidencia de intereses entre las élites locales que conseguían pingües beneficios y el gobierno colonial que sacaba ingresos extra de la colonia. Entre los artículos exportados por Cuba, el café y el tabaco mantuvieron una moderada prosperidad durante la primera mitad del siglo XIX, pero el mayor éxito fue el del azúcar.

La punta de lanza de la revolución del azúcar fueron el vapor y el tren, que redujeron los costes de transporte y producción y aumentaron enormemente el rendimiento. La política agraria española también constituyó un apoyo, pues favorecía la adquisición de tierra, la deforestación y la ampliación de las plantaciones. Pero la revolución del azúcar no hubiera sido posible sin un aumento del suministro de mano de obra que fuera acorde con las exigencias de las plantaciones en expansión. Esta cuestión fue resuelta con el comercio de esclavos africanos. Entre 1821 y 1867 se transportaron a Cuba unos 400.000 esclavos, o sea, aproximadamente la mitad de los esclavos que entraron en Cuba en toda la historia de la trata. Éstos constituían el 44 por 100 de la población cubana en la década de 1840. La responsable de esta masiva ampliación del comercio de esclavos fue la revolución del azúcar, a pesar de la ilegalidad de dicho comercio según la ley española y de los dos tratados para su prohibición que firmó España con Gran Bretaña, uno en 1817 y otro en 1835. El éxito de la economía basada en el azúcar y la oleada de esclavos de 1820 a 1840 alteró radicalmente el equilibrio racial de la sociedad cubana. Para 1841 los esclavos eran mayoría; luego decayeron progresivamente en proporción a los blancos, puesto que el comercio de esclavos comenzó también a decaer y los africanos cubanos no se reproducían normalmente.

Cuba se convirtió en un modelo alternativo en la Latinoamérica de principios del siglo XIX. España ofrecía un gobierno estable en una época en que el resto del continente se encontraba desgarrado por las disputas y las guerras civiles. Una fuerte economía de exportación avanzaba sólidamente, mientras que el resto de Hispanoamérica experimentaba, si acaso, sólo un crecimiento moderado. A la élite tradicional de los plantadores se le unieron nuevos comerciantes que invertían sus beneficios en el azúcar y en la tecnología moderna, en contraste con la inmovilidad de la sociedad hispanoamericana tras la independencia. Esta era la faceta positiva del modelo cubano, pero había también un aspecto negativo: muchos capitalistas y oficiales españoles hacían fortuna en Cuba y la transferían a España. El gobierno también sacaba su propio superávit y lo utilizaba en la metrópoli. Ser una colonia de éxito tenía un precio.

3. Venezuela, Colombia y Ecuador

Colombia, en su primera configuración, era hija de Bolívar y encarnaba muchas de sus ideas políticas. La Constitución de Cúcuta (1821) creaba un Estado fuertemente centralista, una gran Colombia que comprendía Venezuela, Nueva Granada y, potencialmente, Quito, unidas no en tres regiones, sino en una serie de departamentos. Era una constitución conservadora: favorecía al presidente frente a la legislatura, y restringía el derecho de voto a los que supieran leer y escribir que tuviesen además bienes raíces valorados en cien pesos. Bolívar creía que Colombia podía ser gobernada sólo a través de un poder central absoluto y rechazaba los argumentos de los que pretendían hacerla federal. Pero el federalismo era una doctrina en ascenso.

El separatismo venezolano tenía una larga historia y se hizo manifiesto entre los venezolanos y nuevogranadinos durante la guerra de independencia, para aumentar una vez constituida Colombia. Las grandes distancias que separaban a Venezuela, Cundinamarca y Quito; las cadenas montañosas; las malas comunicaciones; las heterogéneas masas de población: pardos en Venezuela, mestizos en Nueva Granada, indios en Ecuador; todo ello imposibilitaba la consecución de una identidad nacional e incluso la existencia de la gran Colombia. No hubo impulso hacia la integración económica: las economías de Venezuela y Nueva Granada eran distintas e independientes, y si bien ambas tenían serios problemas, no eran del tipo que cupiera resolver por medio de la unificación. Venezuela se lamentaba de no recibir su justa parte del gasto nacional y de que la política fiscal no la protegía ni recompensaba. Pero la verdadera discriminación era de otra clase.

La inaccesibilidad relativa de Bogotá, lejanísima de la periferia en términos de tiempo y espacio, privaba a los venezolanos de una representación adecuada en la capital. Los venezolanos llegaron a considerar a Nueva Granada como amo extranjero, una concepción a la que daban credibilidad las ventajas derivadas del hecho de que ésta fuera el centro de los cargos y oportunidades. La centralización de la república en Cundinamarca llevó a Bogotá a un periodo de prosperidad durante el cual se convirtió en el foco de una burocracia en aumento, nuevas obras públicas, favoritismo fiscal y crecimiento demográfico, por lo que Bogotá pasó así de ser un primitivo puesto fronterizo del imperio a capital civilizada. Los militares venezolanos eran los críticos más resentidos de la unión; pensaban que mientras ellos habían luchado por la independencia, eran los políticos corruptos de Bogotá los que se beneficiaban de sus frutos. Hasta cierto punto, por consiguiente, las relaciones entre Venezuela y Nueva Granada estaban deterioradas a causa del antagonismo entre jefes militares y administradores civiles.

José Antonio Páez, el comandante general del departamento de Venezuela, expresaba un descontento cada vez mayor. El caudillo llanero había adquirido una copiosa fortuna y vastas extensiones de tierras; era un potentado tanto en el comercio como en la agricultura. Llegó a creer que no había recibido ni el poder ni el reconocimiento que merecía. La exasperación que sentía contra legisladores y políticos se centró especialmente en los de Bogotá, civiles a los que consideraba opresores de los militares. En 1825 exhortó a Bolívar para que se hiciera con mayores poderes, monárquicos incluso, y para que se convirtiera en el Napoleón de Sudamérica. A Bolívar le asustó la idea y la rechazó.

En abril de 1826, Páez fue depuesto por el vicepresidente de Colombia, Francisco de Paula Santander, y se le convocó a Bogotá para ser enjuiciado por una acusación de conducta ilegal y arbitraria en el reclutamiento de civiles para la milicia de Caracas. Pero Páez se opuso, convencido de ser el responsable de la ley y el orden en Caracas y reacio a admitir órdenes procedentes de Bogotá. Apoyado por los llaneros, y quizá estimulado por los militares y federalistas radicales venezolanos que le rodeaban, empuñó el estandarte de la rebelión el 30 de abril, primero en Valencia, luego en el departamento de Venezuela. El grito estalló en el aire: independencia para Venezuela. Páez contaba con un gran apoyo, si bien no universal, porque el sentimiento de identidad nacional no se había desarrollado aún lo suficiente como para alzar a todos. La reacción oficial contra Páez tampoco era homogénea: Santander era partidario de la línea dura; Bolívar era más tolerante en la creencia de que Páez y los militares eran víctimas del liberalismo excesivo de los políticos civiles, que pretendían destruir a sus liberadores.

El pensamiento del propio Bolívar trascendía a las restricciones nacionales y expresaba un americanismo más amplio. Colombia era creación suya. Pero su concepción no se restringía a Colombia: creía que la unión de Venezuela y Nueva Granada fortalecerían una mayor unidad hispanoamericana. Confiaba en que ésta se forjaría en un congreso en Panamá, a donde acudirían plenipotenciarios de los países liberados con el fin de coordinar la política americana hacia el resto del mundo y, simultáneamente, constituir un órgano de conciliación entre las naciones americanas, una especie de legislatura supranacional. En 1826, cuando la anarquía y la descomposición parecían consumir a los nuevos Estados, trató de formar una confederación o unión más concreta, la de los Andes, que incluiría a Perú, Bolivia y Colombia. Es evidente que las ideas de Bolívar sobre la confederación y el congreso asumían la existencia de naciones individuales y pretendían sencillamente dotarlas de una seguridad colectiva. Su ideal de una Gran Colombia no suponía la negación de identidades nacionales, sino su afirmación. Trataba meramente de establecer el tamaño adecuado de una nación viable. Buscó la unidad como medio hacia la fortaleza nacional y la viabilidad económica, y reconocía que Páez defendía fuertes intereses regionales y un cierto sentido de identidad venezolana. Por consiguiente, llegó a un compromiso con él y dejó Venezuela en manos del caudillo.

En 1828, Bolívar gobernaba en Bogotá, y entre la anarquía política creciente se veía obligado a hablar de la necesidad de un gobierno fuerte. Creía que la Constitución no era acorde con la estructura social, y que se le había concedido demasiado poder a la legislatura. Él mismo trató de suplir las deficiencias y de dar a Colombia el gobierno fuerte que necesitaba. Santander consideraba que el nuevo régimen era conservador y militarista, una amenaza a todos los logros liberales de los últimos seis años, y ahora se inclinó por el federalismo. Pero en junio, Bolívar dio el paso siguiente y lógico: estableció una dictadura con un apoyo aparentemente amplio.

Según se iba desintegrando Colombia, el propio Bolívar acabó siendo una de las víctimas del creciente nacionalismo: fue denunciado como traidor en Venezuela y considerado extranjero en Nueva Granada. Ya no podía ignorar las fuerzas del separatismo: las enormes distancias, las escasas poblaciones, el triste historial del gobierno central, el surgimiento de poderosos caudillos locales; todos ellos factores de división. En 1829, los venezolanos se separaron de Colombia afirmando que «Venezuela no debe continuar unida a Nueva Granada y Quito, porque las leyes que convienen a esos territorios no son a propósito para éste, enteramente distinto por costumbres, clima y producciones; y porque en la grande extensión pierden la fuerza y energía».

El caudillismo venezolano avanzó ahora porque coincidía con el nacionalismo venezolano, que era una expresión de intereses tanto como de identidad. Los caudillos habían comenzado como líderes locales con acceso a recursos limitados. La guerra les dio la oportunidad de mejorar sus fortunas personales e incrementar sus bases de poder. La paz les reportó recompensas aún mayores que estaban decididos a conservar. Los caudillos abandonaron Colombia porque eran venezolanos y porque estaban resueltos a retener los recursos venezolanos para ellos y sus clientes. El caudillismo y el nacionalismo se reforzaban entre sí.

El Congreso Constituyente de Venezuela se reunió en Valencia el 6 de mayo de 1830. Desde su cuartel de San Carlos, Páez envió un mensaje: «Mi espada, mi lanza y todos mis triunfos militares están sometidos con la más respetuosa obediencia a las decisiones de la ley.» Se trataba de una declaración de doble filo que recordaba a los legisladores que, con los llaneros guardándole las espaldas y la oligarquía de la riqueza y los cargos a su lado, él era el poder supremo del país. El Congreso sentó las bases de la república soberana e independiente de Venezuela, en la que Páez retuvo la doble autoridad de presidente y jefe del ejército.

José Antonio Páez

Tras la independencia, en la década de 1830, la población de Venezuela era de menos de 900.000 habitantes, de los cuales la mitad aproximadamente eran pardos y negros libres, más de un cuarto eran blancos, mientras que los esclavos sumaban unos cuarenta o cincuenta mil. Entre los blancos, unos diez mil —terratenientes, comerciantes ricos, los burócratas de mayor grado, junto con sus familias— constituían la clase privilegiada que monopolizaba el poder y las instituciones desde la presidencia hasta los cabildos. Cuando no poseían tierras, controlaban cargos y prolongaron el sistema de guerra de adjudicación de los más altos cargos militares, que se convirtieron en meras sinecuras. La Constitución de 1830 era un reflejo de su poder. Para tener el derecho de voto un hombre tenía que haber cumplido los veintiuno, saber leer y escribir, poseer propiedades que le rindieran unos ingresos anuales de doscientos pesos o tener una profesión o cargo, o «industria hábil», que le rindiera trescientos pesos al año, o un salario anual de cuatrocientos pesos. Las constituciones subsiguientes del siglo XIX ampliaron nominalmente el derecho de voto. La Constitución de 1857 proclamó el sufragio universal masculino, pero también preveía un presidente más poderoso y fue diseñada para prolongar el dominio de la familia Monagas. Las Constituciones de 1858 y 1864 decretaban también el sufragio universal masculino, pero todas estas promulgaciones legales eran pura fachada política tras la cual el poder real era ejercitado por una sucesión de caudillos que continuaban siendo los verdaderos representantes de los grupos fácticos dominantes.

El hecho era que las constituciones por sí solas no podían asegurar el orden y la estabilidad. La militancia de los pardos y la insubordinación de las masas exigían una supervisión y un control severos, y precisaban de un poder más inmediato que el ofrecido por las instituciones. Esta era una de las funciones del caudillismo. La oligarquía venezolana recurrió a Páez, un líder militar que contaba con una base de poder personal en los llanos y en sus haciendas del norte, para que desempeñara el papel de hombre fuerte. La élite dependía de Páez porque era uno de los pocos líderes respetados por pardos y llaneros, y prácticamente el único líder que podía controlar a las clases populares. El gendarme necesario: Páez era el prototipo.

Páez gobernaba con y para la élite, y aunque él mismo procedía de una clase inferior —aunque no baja—, diseñó el gobierno de Venezuela de un modo tan rígido como el más tradicional oligarca. Era lo suficientemente astuto como para darse cuenta de que el control de los recursos locales, indispensables para un caudillo local, resultaban insuficientes para el acceso al poder nacional. Esta fue la razón por la que buscó tierras en el centro y norte de Venezuela, así como una alianza con la élite establecida de esa zona. Páez tuvo éxito en la adquisición de una nueva base de poder personal y en su labor de convencer al grupo dominante, los terratenientes, comerciantes y cargos públicos de Caracas, de que defendía el orden y la estabilidad; ellos a su vez domesticaron al caudillo que habían elegido, lo disuadieron de aspirar a la abolición de la esclavitud y lo convirtieron a nuevas prioridades económicas. Acabó identificándose con los grupos de poder agrícola y comercial de Caracas; le dio la espalda a los llanos y al resto de las economías regionales y aceptó la hegemonía de los hacendados del norte y del sector exportador.

En los años que siguieron a 1830, el poder *formal* era aparentemente constitucional y no militar. Páez fue presidente constitucional hasta 1835, año en que le sucedió el doctor José María Vargas. Éste, un político débil, extraía sus fuerzas del apoyo de Páez. Pero en julio de 1835 fue depuesto por caudillos militares de la independencia descontentos —la denominada Revolución de los Reformistas— y Páez salió de su retiro para escenificar una contrarrevolución en defensa de la Constitución. El 28 de julio, entró en Caracas a la cabeza de unos 500 hombres, llaneros y otros campesinos armados. Una vez completada la contrarrevolución, las fuerzas constitucionales fueron disueltas y se les permitió a los campesinos-soldados el retorno a su patria chica y a sus tareas agrícolas.

Tras derrotar a José Tadeo Monagas, el caudillo del este, y restaurar a Vargas, Páez proclamó una amnistía, lo que le llevó a entrar en disputa con un Congreso más vengativo (1836), pero no tuvo problemas con el presidente, y continuó «sirviendo» a los regímenes constitucionales de Vargas y Carlos Soublette hasta 1839, aplastando revueltas cuando era necesario y, en general, actuando en calidad de gendarme de la Constitución. Fue reelegido presidente en 1839 y gobernó hasta 1842, año en que le sucedió Soublette. En un sentido formal, por tanto, Venezuela contó durante estos años con un régimen constitucional que usaba la fuerza cuando era necesaria para defenderse, pero que en cualquier otro sentido disponía de un poder militar muy reducido. Las fuerzas policiales de la república sumaban 520 miembros y, en cuanto a las fuerzas armadas, en 1845 estaban constituidas por un ejército regular de 371 personas y una milicia que alcanzaba los 465.

Venezuela no era una dictadura militar, y a diferencia del estado *rosista* en Argentina, no empleaba el terror como instrumento de gobierno. En estas circunstancias, la estructura informal de poder era infinitamente más importante. El poder real estaba monopolizado por la oligarquía, un término que se usaba en la época para designar a la coalición de terratenientes, altos cargos y comerciantes de élite a los que Páez había reunido en la década de 1820 y que retuvieron el poder en las décadas subsiguientes. Necesitaban a un presidente fuerte, o a un caudillo tras el presidente, para que representara sus intereses, mantuviera al populacho bajo control y tratara con las provincias. Si bien se trataba de un gobierno «constitucional», tendía a perpetuarse a sí mismo en el poder mediante la exclusión de cargos para sus oponentes y la negación de la libertad de prensa. Controlaban a los jueces, los cuales a su vez le negaban un juicio justo a cualquiera con tendencias liberales. El presidente-caudillo controlaba a los gobernadores militares de las provincias mediante un sistema de protección y clientelaje y, si ello no servía para obtener obediencia, mediante fuerzas armadas constituidas para la ocasión. ¿Quienes formaban la oposición?

La parcialidad de Páez hacia los grandes terratenientes y comerciantes le enajenó el apoyo de muchos pequeños y medianos propietarios de tierras. La ley de préstamos del 10 de abril de 1834 relajaba las limitaciones a los intereses y los topes de préstamo. Como resultado, muchos campesinos contrajeron deudas que pronto fueron imposibles de pagar. Los acreedores podían forzar la subasta pública de las fincas a cualquier precio si los deudores faltaban a sus compromisos. Así, muchos pequeños y medianos hacendados, que habían pedido préstamos para incrementar la producción en época de precios altos, se arruinaron cuando se encontraron atrapados entre las exigencias de los acreedores y una repentina caída de los precios pagados por sus cosechas en el extranjero. Puesto que los comerciantes y los grandes terratenientes eran acreedores y contaban con el apoyo de la ley para perseguir a los deudores, los hacendados menos afortunados culpaban a menudo de su ruina al gobierno de Páez y a sus seguidores. Estos y otros críticos de Páez formaron el partido liberal de oposición.

En la década de 1840, la oligarquía conservadora acentuó su campaña contra sus oponentes liberales, y el conflicto político entre conservadores y liberales se hizo más nítido. En realidad se trataba más de facciones en pos del poder que de partidos con una plataforma política, y los liberales se hallaban divididos en muchos subgrupos encabezados por caudillos ideológicamente indiferenciables de los conservadores. En las elecciones de 1846 la oligarquía trató de incitar a sus oponentes a la protesta y la rebelión con el objeto de obtener un pretexto para aplastarlos, salvando las apariencias de respetar la Constitución y las leyes. Anularon votos, descalificaron a electores y se entregaron a otras prácticas fraudulentas, y por estos medios consiguieron de hecho provocar brotes de protesta y rebelión a lo largo y ancho de Venezuela. Fueron aplastados de nuevo por el general Páez y otros caudillos progubernamentales que actuaban en nombre de la oligarquía conservadora. La estrategia fue absolutamente obvia para los observadores contemporáneos, que eran también conscientes de las implicaciones sociales de la campaña. Para prorrogar su influencia, la oligarquía recurrió a llamadas alarmistas a «una sublevación de los esclavos» y una «guerra de castas» que despertarían temores a una subversión social y recurrió también a asociar a los liberales con las clases peligrosas.

El sistema funcionó a la perfección hasta que la oligarquía se encontró con un disidente en sus propias filas. En 1847, el general José Tadeo Monagas fue elegido presidente, en apariencia como criatura de la oligarquía y cliente de Páez, aunque muchos conservadores tenían sus dudas sobre él a causa de su pasado conspiratorio y separatista. En estas elecciones, de los 8.798 electores del país sólo votaron 319, y sólo 107 votos fueron para Monagas, que las ganó. Rechazó pronto las convenciones políticas de la época y comenzó a trazar un rumbo independiente. Para terror de los bancos, comerciantes y otros acreedores, incitaba a la promulgación de leyes diseñadas para ayudar a los hacendados endeudados a escapar de sus obligaciones financieras. Dichas leyes, conocidas generalmente como las *Leyes de espera* de 1848 y 1849, permitían una moratoria virtual de todos los pagos de deudas. Monagas, un ganadero, no era un campeón de los pequeños y medianos propietarios, pero deseaba por encima de todo crear su propia base política, independiente de Páez y la oligarquía.

A estas alturas, la oligarquía estaba ya sobre alerta, los acreedores indignados, los británicos amenazaban con las cañoneras y el gobierno se vio obligado a asumir las deudas y emitir y entregar bonos del estado a los acreedores. A Páez le incitaron a combatir a Monagas y derrocarlo. Pero no era fácil hacerlo, y en las décadas siguientes Venezuela se vio desgarrada entre el gobierno de la familia Monagas y los varios intentos de Páez de destruirlo. Durante estas luchas, los Monagas, de una parte, distribuían tierras públicas entre sus familiares y amigos y, de otra, no dudaban en jugar la baza social y racial. En más de una ocasión amenazaron con armar a las clases bajas y a la gente de color contra la oligarquía blanca si Páez no desistía de sus propósitos.

Mientras tanto, Venezuela se había visto asaltada por una crisis económica cada vez más profunda que comenzó en 1842 con una caída de los precios internacionales del café, el cacao y el ganado, los principales bienes de exportación del país. Sufría periódicamente las depresiones del comercio mundial y caídas en los precios de sus artículos, lo que llenaba de adversidad a los plantadores, los trabajadores agrícolas y los ingresos del Estado. La situación económica no mejoró con las disensiones internas, con una estructura social llena de grietas, con la falta de un mercado nacional que permitiera un desarrollo más autónomo; todo ello atrofió el crecimiento e impidió la prosperidad. Y sin prosperidad había escasas oportunidades de progreso político.

Nueva Granada comenzó su existencia independiente como estado civil, no caudillista. En cierto modo, había contemplado los excesos del caudillismo y los descartó. En 1831, Juan Nepomuceno Moreno, el caudillo y basto llanero, como lo llamara José Manuel Groot, encabezó una fuerza de llaneros desde Casanare a través de los Andes hasta Bogotá y amenazó con derrocar al gobierno de Rafael Urdaneta para sustituirlo por una dictadura personal. Las tropas de llaneros aterrorizaron a los bogotanos y dieron la impresión de bárbaros ocupando una ciudad civilizada y sustituyendo la ley y el orden por violencia y anarquía. Finalmente, la crisis fue resuelta y Moreno se llevó a sus tropas de vuelta a los llanos. Pero el pueblo de Nueva Granada había experimentado la vida bajo el mando de los caudillos sin un supercaudillo como Páez que domesticara a las hordas sin ley.

La experiencia reforzó la determinación de la élite colombiana de crear un gobierno civil y de reducir la influencia de los militares en la política en los años que siguieron a 1831. La Constitución de 1832 limitaba al ejército permanente a un tamaño «no mayor de lo indispensablemente necesario». Los gobiernos civiles subsiguientes redujeron el presupuesto y el personal militar, y, en general, subyugaron a los militares. Ello no eliminó a los caudillos regionales. Dadas las circunstancias, el nuevo Estado tuvo que aceptar a caudillos como Moreno y José María Obando, porque constituían el único medio para imponer la ley y el orden en las regiones más remotas y eran los únicos capaces de mantener controlados a muchos caudillos locales menores, muchos de los cuales tenían peligrosas conexiones sociales y raciales. Así pues, la élite civil utilizó a los caudillos para sus propios fines. Y el líder civil era Santander.

Santander, «el hombre de leyes», fue presidente (1832-1836) durante los primeros y cruciales años de la existencia de Nueva Granada y desarrolló un estilo de gobierno autoritario y liberal al mismo tiempo. Como muchos liberales, reconoció la necesidad de un gobierno central fuerte una vez que hubo ocupado su cargo y se vio ante la tarea de imponer su política a las regiones recalcitrantes, una lección acorde con su propio temperamento. En el proceso de construcción del Estado, Santander consideraba a la Iglesia un poderoso rival de éste y trató de reducir su poder. Durante su última dictadura, Bolívar había llegado a la conclusión de que necesitaba el apoyo de las tradiciones y el clero católicos para gobernar Colombia; Santander, por su parte, condujo a Colombia a lo largo de los primeros pasos de un sendero más laico, recortando la jurisdicción de los tribunales eclesiásticos, creando cementerios no católicos y promoviendo las escuelas laicas. Finalmente, como buen liberal, trató de dictar la elección de su propio sucesor.

Santander trató de imponerle al país un presidente aceptado por él, José María Obando. Los políticos civiles se pusieron en guardia contra los peligros del militarismo y el caudillismo, y se resistieron a las presiones de Santander. En cualquier caso, el general Obando tenía una reputación ambigua en Colombia: era un héroe de las guerras de independencia, pero también el responsable del asesinato de Antonio José de Sucre, el general favorito de Bolívar. De modo que fue un civil el elegido, José

Ignacio Márquez (1837-1841), que impulsó a Colombia aún más por el sendero del laicismo cerrando algunas misiones y monasterios y desviando sus propiedades hacia funciones educativas, medidas que no le granjearon el apoyo de la Iglesia. Pero el mayor peligro continuaba siendo Obando, un caudillo que no era adverso a la idea de encabezar rebeliones personales o regionales contra el gobierno central y que podía obtener caballería en sus propias fincas en el valle de Patia y, al igual que Páez en Venezuela, contaba también con seguidores fuera de su base natal del sur. Por consiguiente, Obando era de importancia para la élite colombiana, como hombre que podía defender militarmente la Constitución, y que normalmente así lo hacía, pero que podía también amenazarla, como decidió hacer durante la presidencia de Márquez. De este modo, Colombia se vio agitada por una guerra civil intermitente de 1839 a 1842, durante la cual la división entre conservadores y liberales se agudizó y las cuestiones controvertidas se hicieron más nítidas.

Los conservadores lograron el poder como defensores de la ley, la Iglesia y el gobierno central. Atacaban a los liberales calificándolos de anticlericales y de federalistas que conferirían poderes excesivos a los Estados. Los conservadores se beneficiaron de una reacción pública a su favor y retuvieron el poder durante la década de 1840, primero bajo Pedro Alcántara Herrán (1841-1845) y luego bajo Tomás Cipriano de Mosquera (1845-1849). Mosquera era políticamente inestable y, aunque nominalmente conservador, en esta etapa le permitió a la Iglesia entrever lo que había de venírsele encima retirando la sanción estatal de los diezmos y reduciendo el subsidio gubernamental al clero. Los conservadores, sin embargo, no representaban sólo a la Iglesia, sino también a ciertas fuerzas sociales y tendencias económicas.

En el momento de la independencia, Colombia tenía una economía aún menos desarrollada que la de algunos de los otros países latinoamericanos. La gran mayoría de la población vivía en el umbral de la subsistencia, aislados del mercado mundial. El oro era el principal producto exportado y el que más divisas producía, pero sus repercusiones eran escasas fuera de la élite. Las entradas de ingresos se circunscribían a un pequeño grupo que tendía a gastarlos en importaciones. Había pocos estímulos para acumular capital que invertir en la industria o en la agricultura comercial. Colombia era un cúmulo de economías regionales, apenas integradas entre sí y que sostenían a una pequeña población —aproximadamente un millón y medio de habitantes en 1820-1830— que se hallaba aislada por las malas comunicaciones.

Si bien la independencia le permitió a Colombia el acceso directo a los mercados y capital extranjeros, pasaría algún tiempo hasta que ello marcara diferencias en la estructura imperante. El entusiasmo de un principio hacia el libre comercio y el *laissez faire* se vio pronto modificado por las condiciones reales y las necesidades del gobierno. El Congreso de Cúcuta (1821) abolió las aduanas interiores, la alcabala y los vínculos jurídicos. Pero el sistema fiscal tendió a retroceder al estado colonial cuando se restauraron cada vez más impuestos para financiar el esfuerzo de guerra y la administración de posguerra. La alcabala fue resucitada en 1826 y la reducción del 5 al 4 por 100 en 1828 fue considerada como una concesión para conseguir unas exportaciones más competitivas. El estanco del alcohol, abolido en 1826, fue restablecido en 1828, y el monopolio colonial del tabaco continuó siendo uno de los ingresos más importantes de Colombia hasta su abolición en 1850.

En el periodo que siguió a la independencia no había nada que se asemejara siquiera a un verdadero libre comercio. La tarifa de 1826 imponía aranceles que iban de un 7,5 a un 36 por 100 en la mayoría de los productos importados; se trataba, en primer término, de una tarifa destinada a obtener ingresos, pero tenía también un contenido proteccionista diseñado para favorecer a los intereses económicos nacionales. Los monopolios estatales recibieron aún una mayor protección con la prohibición de importar tabaco y sal extranjeros, mientras que los agricultores del norte de Colombia exigieron y obtuvieron protección para sus productos de plantación. El sector industrial, sin embargo, no estaba tan protegido. La política económica liberal de la república dejó que la industria artesana se las arreglara por su cuenta, y manufacturas como la textil no podían competir con la invasión de bienes extranjeros más baratos. Estos bienes, por supuesto, tenían que ser pagados, y el sector exportador de materias primas no creció lo suficiente como para cerrar la brecha comercial. Aunque sólo fuera por esta causa, hubo una cierta reacción en contra del primer optimismo de la doctrina del libre comercio para pasar a la idea de la protección y la intervención estatal. La reacción contra el liberalismo que caracterizaba a la república en un primer momento podía verse también en la oposición a las medidas liberales sobre las deudas y la libertad en los tipos de interés.

Los conflictos políticos se derivaban de una serie de factores y no sencillamente de disensiones sobre la política económica; tampoco existía una correlación sencilla entre las posturas políticas y los intereses de clase. Los comerciantes, terratenientes y profesionales estaban distribuidos en bandos políticos opuestos, y la lucha entre liberales y conservadores no fue nunca una simple división entre comerciantes y terratenientes. Sin embargo, la coalición básicamente conservadora que se convirtió en la fuerza dominante en la política colombiana a partir de 1830 se componía fundamentalmente de terratenientes, comerciantes y profesionales, que eran los herederos de los sectores de élite de la sociedad colonial. Procedían de familias que habían heredado posiciones privilegiadas en los centros establecidos de la vida colonial y su mayor preocupación consistía en preservar el orden social existente. Sus oponentes solían proceder de las provincias periféricas de la república, cuyas economías y sociedades no disfrutaban de las ventajas de los centros poscoloniales dominantes, y para los cuales el liberalismo era un medio para competir con los privilegios establecidos. Ambos bandos querían utilizar el Estado para su propio beneficio, ambos bandos deseaban una fuerte política central, ya fuera conservadora o liberal. En cierto sentido, los liberales no eran menos intervencionistas que los conservadores. Finalmente, una vez dicho todo sobre los intereses políticos, había también un componente de convicciones puras a la hora de determinar las divisiones políticas: en algunos casos las creencias religiosas separaban a conservadores de liberales. Tanto las ideas como los intereses estaban en juego.

Antes de la independencia la política económica había sido establecida por el estado colonial y el modelo de gobierno borbón había consistido en tomar las decisiones desde arriba. Las élites poscoloniales recurrieron al estado republicano para que protegiera sus intereses. No estaban dispuestos a permanecer pasivos ante una depresión económica continua y el desorden social subsiguiente, condiciones que alcanzaron su punto de crisis culminante en los últimos años de las décadas de 1830 y 1840. Exigían una política económica más activa dirigida desde arriba, y el gobierno conservador ofrecía eso precisamente. Se promovieron programas oficiales para contratar a científicos europeos que trabajaran en Colombia y para encauzar a los universitarios hacia estudios de ciencia aplicada. En el centro de Colombia, en la vecindad de la capital, se tomaron medidas para estimular el desarrollo de una industria nacional a través de la ampliación de las ayudas gubernamentales a los empresarios. Las concesiones de monopolios totales o parciales se efectuaron para permitir la aplicación de nuevas técnicas en un buen número de industrias. El gobierno trató también de ofrecer cierta protección mediante tarifas tanto a la tradicional industria textil de Socorro como a las fábricas más modernas desarrolladas por nuevos empresarios en la capital.

Fueron unas medidas mejores en intenciones que en resultados, y resultaron francamente inadecuadas para crear una industria nacional. La minería y el sector exportador sostenido por ésta continuaron constituyendo las actividades más rentables de la economía y el escaso capital no se invirtió en la industria, sino que iba a parar al extranjero y se gastaba en artículos de lujo importados. Para finales de la década de 1840 el desencanto de las clases altas y los artesanos con el modelo económico condujo a la agitación política y a conflictos. Tanto los liberales como los conservadores de élite coincidían en que el proteccionismo no había servido a los intereses ni de las nuevas ni de las viejas industrias y en que era más productivo conseguir un fuerte sector de importación-exportación. Entre 1849 y 1854, una nueva coalición de grupos con fuertes intereses, más íntimamente vinculados al sector exportador y más claramente comprometidos con el *laissez faire,* salió a la palestra de la política colombiana.

La crisis política de mediados de siglo se originó con la confirmación de políticas más liberales en el seno de la élite dominante, la mayoría de cuyos componentes tenían ahora un mayor interés en vender bienes importados que en proteger a la industria local. En 1847, las tarifas arancelarias fueron reducidas drásticamente, exponiendo a los artesanos a un aluvión repentino de competencia extranjera. Enfrentados a esta amenaza, y con las clases altas más o menos unidas en cuanto a la política fiscal, los artesanos comenzaron a organizarse en clubs políticos, las «Sociedades Democráticas», y en el año anterior a la elección presidencial de 1849 se unieron en una movilización política sin precedentes con otros oponentes de los grupos conservadores hegemónicos. La movilización de los artesanos introdujo un componente de conflicto de clases en la política colombiana, pero ello no les supuso una clara ventaja a los artesanos. A estas alturas había ya pocas diferencias entre liberales y conservadores en la política fiscal; ambos se alejaban del proteccionismo. Pero en otras cuestiones los liberales parecían aliados más prometedores para los artesanos, que les dieron todo su apoyo en la elección de 1849 y contribuyeron a asegurarle la presidencia a José Hilario López. Los artesanos, sin embargo, no contaban con una base lo suficientemente amplia como para formar un movimiento político, y pronto descubrieron que estaban siendo manipulados por sus aliados en lugar de ser tratados como iguales. Los liberales colombianos se apuntaban a la libertad, pero no a la igualdad.

La victoria de 1849 lo fue de los «radicales» dentro de las filas liberales. Se trataba de los intelectuales, los profesionales y los provincianos, resentidos por su exclusión, por parte de las élites poscoloniales, de las oportunidades de hacer carrera, encrespados por la revolución europea de 1848 y determinados a cambiar Colombia de una vez por todas. Entre 1849 y 1854, durante las presidencias de López y Obando, los liberales radicales, la «generación de 1849», se entregaron a una orgía de legislación diseñada para destruir las estructuras coloniales imperantes y disminuir la influencia de la Iglesia en la vida pública. Expulsaron a los jesuitas, establecieron la libertad religiosa, pusieron el nombramiento de los párrocos en manos de las autoridades municipales, acabaron con el fuero eclesiástico, abolieron los diezmos y legalizaron el matrimonio civil y el divorcio. El arzobispo Mosquera protestó y fue inmediatamente expulsado al exilio. Los liberales proyectaban una sociedad tanto libre como laica. Abolieron la esclavitud, establecieron la institución del jurado, garantizaron la libertad de prensa y abolieron la pena de muerte.

El programa liberal, por supuesto, no contaba con un apoyo universal. La indignación conservadora era predecible, y en 1851 tuvo lugar una rebelión conservadora que fue rápidamente aplastada. Los artesanos también se desilusionaron pronto cuando descubrieron que el liberalismo no les iba a reportar nada, no les proporcionaba protección y no les ofrecía participación. Colaboraron con un sector del ejército preocupado también por su futuro bajo el liberalismo y se unieron a un golpe militar frustrado en 1854. Éste también fue derrotado, y los artesanos, traicionados de este modo por los liberales, permanecieron apartados de la política de élite durante las décadas siguientes. Estos acontecimientos marcaron el comienzo de la dominación liberal en Colombia, disputada constantemente por los conservadores, irrelevante para los sectores populares y condenada por la Iglesia, pero consolidada en la Constitución federal de 1863.

La base económica de la hegemonía liberal fue el crecimiento del comercio exterior colombiano. La supresión del monopolio estatal del tabaco en 1850, que marcó un alza aguda en la exportación de tabaco, fue uno de los elementos dentro de una serie de medidas para desvincularse del pasado. Los decretos para la abolición de las tierras comunitarias indias en 1850, para la desamortización de las propiedades de la Iglesia en 1861 y para la venta de las tierras del gobierno a propietarios privados no eran todos ellos progresistas, pero fueron pensados para liberalizar el mercado de tierras y potenciar la agricultura orientada hacia la exportación. Ahí estaba el futuro de Colombia.

Ecuador buscó también su identidad nacional fuera de la Gran Colombia. La experiencia política del país fue menos violenta que la de Venezuela, y su estructura social más convencional, dividida como estaba entre una élite blanca, un sector mestizo móvil y una amplia base india. Ecuador tenía también sus propios agravios contra el modelo político boliviano. La política económica liberal de Colombia no proporcionaba suficiente protección a la industria ecuatoriana, ya dañada por la política de los Borbones, la guerra y las rutas de exportación cortadas. El país había sufrido también a causa de un reclutamiento militar exhaustivo y la exacción de préstamos y suministros forzosos; Ecuador sostuvo una parte sustancial del esfuerzo final en la guerra de Perú, y Bolívar ordeñó la economía ecuatoriana hasta agotarla para pagar al ejército colombiano. Las grandes fincas agrícolas rendían poco más que una producción de subsistencia y el único producto con una salida comercial era el cacao, junto con una cierta actividad de los astilleros de Guayaquil que construían y reparaban buques.

Todos estos problemas fueron olvidados por el régimen de Santander en la Gran Colombia. Bogotá no le ofrecía ni exenciones fiscales, ni protección ni subsidios a Ecuador. Y su liberalismo provocó el conservadurismo latente de la clase dirigente

Muelle de Guayaquil

ecuatoriana, una de cuyas exigencias consistía en el mantenimiento del tributo indio y la esclavitud negra. Los ecuatorianos estaban infrarrepresentados en el gobierno central y en sus cargos administrativos, y en su tierra tenían la impresión de estar siendo colonizados por nuevos imperialistas, ya que los liberadores extranjeros permanecían allí prácticamente como si de un ejército de ocupación se tratara y las instituciones civiles y militares ecuatorianas estaban integradas por soldados y burócratas procedentes de otras partes de la Gran Colombia.

Fue la dictadura de Bolívar la que, irónicamente, modificó la política del gobierno central hacia Ecuador. Una de sus características consistió en extender la delegación regional de autoridad, una tendencia centrífuga que anticipaba la desintegración de la Gran Colombia. Juan José Flores, un venezolano vinculado matrimonialmente a una familia ecuatoriana, fue designado para desempeñar un papel de caudillo regional comparable al de Páez en Venezuela. Y cuando Bolívar se encaminó hacia el sur para dirigir personalmente la guerra de Perú no dudó en, primero, convocar a una junta consultiva que propusiera reformas diseñadas especialmente para superar las necesidades de los departamentos del sur y, luego, publicar una serie de decretos que establecían en Ecuador medidas administrativas y fiscales no aplicables al resto de la unión. Bolívar se mostró de acuerdo en prohibir la importación a Ecuador de una serie de productos textiles específicos que entraban en competencia con los suyos; pero incluso su política fue incapaz de mantener a Ecuador en la unión, y el 13 de mayo de 1830 se separó de la Gran Colombia.

La secesión no acabó automáticamente con los problemas de Ecuador. El régimen de Flores, que era venezolano, se apoyaba en el ejército, y éste seguía dominado por los liberadores venezolanos. El régimen representaba además la hegemonía de Quito y de la sierra, todavía inmersos en un estancamiento económico, pero todavía monopolizando la administración. Las dos bases de poder provocaron oposición; el ejército por parte de los que ponían objeciones a la presencia de los pardos venezolanos y al insulto añadido de tener que pagarles; Quito por parte del puerto de Guayaquil, que tenía ahora la posibilidad de trazar una política comercial más dinámica. La Constitución de 1830 prohibía la reelección de un presidente sin un intervalo de dos mandatos. En 1834, al concluir la presidencia de Flores, se presentó la candidatura de Vicente Rocafuerte. Éste era muy diferente de Flores, un soldado basto e inculto; Rocafuerte era un liberal distinguido procedente de Guayaquil, un «americanista», que hasta entonces se había labrado una carrera periodística y política en México.

Pero los dos oponentes llegaron a un acuerdo por el cual acordaron más o menos alternarse en la presidencia. En esos términos, Flores apoyó al nuevo candidato para gran consternación de sus seguidores políticos, que temían la pérdida de su hombre fuerte y que pusieron en marcha una rebelión para bloquear a Rocafuerte, que fue sangrientamente reprimida en Miñarica, y éste se convirtió en el segundo presidente de Ecuador en 1835.

Aunque Flores era el comandante en jefe del ejército y el apoyo militar del nuevo régimen, Rocafuerte estaba lejos de ser meramente su hombre de paja. Combinaba liberalismo y autoritarismo a partes iguales, como muchos de los primeros republicanos a lo largo y ancho de Hispanoamérica. Era un antiguo defensor de la educación, la tolerancia religiosa, la reforma y la modernización; ideas que no quería sólo discutir, sino también imponer. Además, su elección significaba el reconocimiento del peso político de Guayaquil con su sector de plantaciones y su puerto, de los cuales podía venir la única esperanza de futuro. Flores volvió a la presidencia en 1839, de acuerdo con el trato y después de que una enmienda constitucional autorizara la reelección presidencial tras un solo mandato intermedio. Rocafuerte pasó a Guayaquil como gobernador de la provincia costera de Guayas, confiando, sin duda, en volver a Quito en una segunda implantación del liberalismo en 1843.

La vuelta de Flores, sin embargo, marcó el fin del pacto entre ambos rivales, el conservador y el liberal. Flores mantuvo la estabilidad, pero con una mano dura que iba en aumento. El Congreso se convirtió en una mera sombra, y cuando, en 1843, llegó el momento de hacer de nuevo la rotación con Rocafuerte, Flores impuso una nueva Constitución que extendía el periodo del mandato presidencial a ocho años. Inevitablemente, fue reelegido presidente. En marzo de 1845, la Guayaquil liberal se alzó en una rebelión que se extendió por la sierra, y tres meses más tarde Flores negoció con sus enemigos los términos de un exilio temporal a Europa con títulos, honores y una pensión.

Ecuador vivió ahora un interludio de gobierno civil que representaba más o menos a la oligarquía de Guayaquil, la cual nunca había aceptado el militarismo venezolano encarnado en Flores. Sin embargo, la sombra de éste todavía se proyectaba sobre el país y el militarismo no estaba ni mucho menos acabado. La influencia dominante fue la del general José María Urbina, que fue presidente de 1852 a 1860. Éste era un antiguo oficial de Flores y casi tan autoritario como él, pero con una diferencia: aparentemente se trataba de un militar liberal. Expulsó a los jesuitas e impuso toda una serie de medidas anticlericales. Decretó también la abolición gradual de la esclavitud, si bien compensando a los propietarios con generosas indemnizaciones. Estamos ante un liberalismo de élite, permitido por el incremento del comercio exterior, el aumento de exportación de cacao a mediados de siglo y, por tanto, la posibilidad de una base fiscal más amplia.

Estos acontecimientos carecieron prácticamente de significación para un amplio sector de la población ecuatoriana: los indios. La condición legal y social de los indios cambió poco en las cuatro décadas que siguieron a la independencia de España en 1822. Continuaron siendo explotados por los funcionarios del gobierno, los hacendados y, a menudo, por los mismísimos párrocos que eran supuestamente sus protectores. Pero la opresión conllevaba sus respuestas, y los indios no fueron en este caso lentos en su protesta contra las innovaciones liberales, los impuestos y otros abusos. Consciente del peligro de una rebelión india, la élite política puso en vigor una serie de leyes protectoras entre 1835 y 1847. Estas ilegalizaban los servicios personales obligatorios, prohibían el reclutamiento militar de indios e imponían severas sanciones a los corregidores y a los sacerdotes que exigieran prestaciones ilegales a los indios. Mientras tanto, sin embargo, los indios continuaban estando obligados a pagar el tributo, como en la época colonial, cuyos ingresos constituían una porción significativa de las aportaciones económicas al gobierno. En 1821, durante la primera oleada de entusiasmo republicano, se abolió el tributo, pero en los años que siguieron fue alternativamente abolido y restaurado de acuerdo con las necesidades del gobierno. En 1828 fue restaurado definitivamente, quizá a causa de las presiones de los terratenientes blancos que deseaban trasladar la carga fiscal de nuevo a los indios para así forzarlos al peonaje por deudas. Finalmente, la expansión del comercio exterior y el aumento de entradas por aranceles aduaneros permitió al gobierno abolir el tributo en 1857. Fue una medida de doble filo para las comunidades indias, pues el pago del tributo se vinculaba tradicional, aunque informalmente, a una actuación recíproca por parte del Estado que garantizaría las tierras comunitarias indias. En Ecuador, al igual que en otros países andinos, las tierras comunitarias fueron una de las víctimas de la legislación liberal del siglo XIX, y además otro indicador de las ambiguas consecuencias de la actuación liberal en las sociedades latinoamericanas.

4. Perú y Bolivia

La independencia le concedió a Perú una inusual libertad de organización política sin cambiar sus estructuras sociales o económicas. La participación política se ciñó, por tanto, a un estrecho segmento de la población, una élite criolla que hacía poco había preferido el dictado español a la independencia, y cuyo sentimiento de identidad nacional no era el más fuerte de Latinoamérica. La población, de 1,2 millones de habitantes en 1828, estaba fragmentada tanto en regiones como en clases y razas; y la identidad regional era quizá más importante que la nacionalidad. A falta de una clase dirigente nacional, los intereses de grupo, la lealtad local y la alianza personal se convirtieron en las claves de la actividad política, y el poder permaneció en manos de caudillos regionales. Hacía falta un dirigente excepcional, o un supercaudillo, para imponer la autoridad del gobierno central y subordinar a las regiones a Lima. Tras la marcha de Bolívar en septiembre de 1826 se abrió un vacío político que nadie tenía categoría suficiente para llenar y que simplemente era una invitación abierta para la entrada de los militares. Los aventureros políticos, apoyados por seguidores armados, dominaron el gobierno durante los diez años siguientes, durante los cuales el país se vio reducido a un estado de extrema inestabilidad que rozaba la anarquía.

De 1826 a 1836, Perú tuvo ocho presidentes. Algunos de ellos representaban a la opinión conservadora y defendían políticas autoritarias. Otros eran portavoces de los restos del primer liberalismo republicano que ahora distraía sus fuerzas en un ataque estéril y no necesariamente popular a la Iglesia. Sólo uno de ellos, el general Agustín Gamarra —dictatorial y sin escrúpulos—, completó su mandato de cuatro años. A principios de 1835, un joven comandante del acuartelamiento de Callao, Felipe Salaverry, se lanzó en un intento de conseguir el poder derrocando a la administración liberal de la época e imponiendo una forma de gobierno conservadora que contaba con el suficiente apoyo como para prometer estabilidad. Pero una cosa era gobernar Lima y otra muy distinta conseguir la aceptación de las regiones. Salaverry no era lo suficientemente fuerte. Exactamente un año después de haberse hecho con el poder, fue ejecutado por un pelotón de fusilamiento durante una rebelión en el sur del Perú.

La rebelión del sur fue encabezada por el general Andrés Santa Cruz, presidente de Bolivia (1829-1839), un experimentado líder militar y un astuto político. Santa Cruz comprendió el fuerte sentimiento regionalista y la débil conciencia nacional tanto en Perú como en su propio país. Conocía a los caudillos del sur y se identificaba con ellos. Mediante una red de alianzas dominó primero el sur de Perú, luego el resto del país y, finalmente, en octubre de 1836, unió Perú y Bolivia en una confederación.

El proyecto de la confederación de Santa Cruz le debía, sin duda, bastante a su ambición personal. Pero tenía también raíces históricas y recordaba la unidad de ambas partes en el virreinato de Perú. El final de la unidad del virreinato, en 1776, no cortó los vínculos comerciales entre el sur del Perú y la futura Bolivia, conexiones que también sobrevivieron a la independencia. El sur del Perú se convirtió ahora en un Estado independiente en el seno de la Confederación, así como en un foco de apoyo para el nuevo proyecto. En el resto de Perú, sin embargo, no era tan popular. La élite de Lima conservaba un antiguo resentimiento contra las tendencias separatistas del sur, incluso bajo dominación española. Ahora estaban aún más resentidos por lo que consideraban la desmembración de su país, su disolución dentro de una entidad mayor y su pérdida de categoría. Los sentimientos de este tipo eran recíprocos en Bolivia, en donde la élite local guardaba celosamente el poco poder y recursos que les había reportado la independencia y estaban decididos a mantener el control de los cargos y las oportunidades en su propio país. Al final, quizá fuese menos importante lo que peruanos y bolivianos pensaran de su Confederación frente a lo que pensaban sus vecinos, especialmente los chilenos.

El gobierno chileno consideraba a la Confederación un nuevo y peligroso bloque de poder, una amenaza inminente a su independencia y un competidor inaceptable en la vida económica del Pacífico. Chile le declaró la guerra a la Confederación en diciembre de 1836, y el dictador argentino Juan Manuel de Rosas hizo lo propio en mayo de 1837. Al principio los chilenos infravaloraron al enemigo y pagaron por su exceso de confianza. Enviaron una segunda fuerza de invasión en julio de 1838, esta vez con mayor éxito. A esas alturas la oposición dentro de Perú y por parte de los exiliados era más activa y colaboró con los chilenos. Santa Cruz tenía el extraño mérito de despertar la enemistad tanto de los liberales peruanos, que desaprobaban su autoritarismo, como de los conservadores peruanos, que recordaban su ejecución de Salaverry. El 20 de enero de 1839 el ejército de Santa Cruz fue derrotado en la batalla de Yungay y la Confederación se derrumbó. Durante el resto del siglo, Perú y Bolivia tuvieron que someterse a la hegemonía militar y naval chilena en el Pacífico.

Gamarra se convirtió en presidente de nuevo, y en 1839 introdujo una Constitución conservadora. Ésta preveía un ejecutivo fuerte con un mandato de seis años y un Congreso relativamente débil. Se impusieron severas pruebas de alfabetismo para conferir el derecho de voto y se exigieron propiedades para poder acceder a los cargos de diputado o senador. Pero su característica menos realista fue la creación de una estructura política extremadamente centralista, suprimiendo las municipalidades e ignorando las regiones. Era centralismo, pero en realidad un centralismo puramente teórico. La vida en las regiones siguió su propio rumbo, y las fuerzas centrífugas existentes en la sociedad peruana se rehicieron pronto. Porque a Gamarra no le bastaba con gobernar Perú. También invadió Bolivia en un intento de crear una confederación de hegemonía peruana bajo su mando. Lo derrotaron y mataron en noviembre de 1841, uno de los muchos ejemplos de autodestrucción entre los caudillos militares peruanos.

Siguió otro ciclo de violencia. Un Perú sin líderes era un plato tentador para vecinos con instintos depredadores. Por el sur, la invasión fue boliviana; por el norte, los ecuatorianos amenazaban con hacer lo mismo. Las fuerzas peruanas enviadas para presentar resistencia a los invasores se rebelaron y estalló una nueva guerra civil. El sucesor constitucional de Gamarra fue derrocado, y tres generales, uno detrás de otro, gobernaron en Perú, si gobernar es la palabra adecuada. La estabilidad se pudo restaurar sólo en julio de 1844, cuando Ramón Castilla derrotó al general Vivanco y se convirtió en el nuevo hombre fuerte del país.

Castilla era un mestizo, más estrechamente vinculado que la élite con las masas y sus condiciones. Estaba libre de los prejuicios de liberales y conservadores y tenía una concepción pragmática de las necesidades del Perú. Pero no una concepción sentimental. Era un político hábil, fuerte en lo relativo a la ley y el orden, pero dispuesto a permitir que el Congreso discutiera e incluso criticara. El mantenimiento del orden significaba el mantenimiento de un ejército fuerte que impusiera a la gente la sumisión que las autoridades constituidas merecen. Años de inestabilidad habían permitido el crecimiento de la delincuencia y el bandidaje. En la sierra, donde esto era norma de vida, los caudillos regionales existían para tomar medidas contra las operaciones guerrilleras, especialmente las que amenazaban a las haciendas. En la costa, la ausencia de fuerzas gubernamentales había estimulado el surgimiento de bandoleros; eliminarlos constituía una de las prioridades de Castilla. Pero su régimen no era simplemente represivo, sino que estimuló la primera fase de creación de una infraestructura en Perú y no dudó en invertir en educación. Durante su primer mandato (1845-1851) Perú comenzó a experimentar el gran auge del guano.

A pesar de todo, incluso bajo la batuta de Castilla, Perú continuó siendo un universo de muchos mundos. No había una clase dirigente, ni una élite nacional con la autoridad y legitimidad necesarias para ejercer el control político. En realidad, no había una sociedad nacional, sino más bien una serie de sociedades regionales. Éstas se constituían en torno a la hacienda, un foco de poder político local, de control social y de recursos económicos. El pueblo no respondía inmediatamente a la soberanía del Estado, sino que se veía más indirectamente afectado por las estructuras locales y regionales de poder político y económico: el poder del terrateniente, del gobernador, del juez y del cura. Dichas bases inmediatas de poder y alianza dominaban las vidas de todos, no las operaciones del mercado mundial ni la crisis de gobierno en Lima. Las diversas ramas de poder político de las regiones estaban concentradas en el hacendado que defendía sus propios intereses y, en cierta medida, los de su región, ya fuera directamente, ya en alianza con un caudillo local. El nexo hacendado-caudillo funcionaba a través de una red de relaciones de clientelaje que se extendían desde el más humilde de los peones hasta el más poderoso de los jefes, y que vinculaba a todos los niveles por la dominación y la sumisión.

En otros países hispanoamericanos, tales como Venezuela y Argentina, los caudillos regionales podían hacerse nacionales y alzarse con el poder en el centro. El sistema peruano no funcionaba así. A pesar de su poder local, los hacendados parecían carecer de los medios y la habilidad para conquistar el centro y consolidar sus alianzas políticas integrándolas en un sistema nacional. Los gobiernos de Lima representaban victorias provisionales de facciones que pretendían aplacar a las regiones y hacer tratos con sus caudillos, pero sin una política consistente que favoreciera a una región o a otra. Así pues, los presidentes tenían poca soberanía fuera de Lima, y los caudillos poco poder más allá de sus propios dominios y clientela personales. De este modo, las disputas por la supremacía tendían a acabar en empate, hasta el próximo asalto.

La sociedad india permanecía más o menos fuera de esta estructura. Las expectativas de los indios se deterioraron con la independencia. Ello no se debía, como se ha sugerido a veces, a la continuación del tributo. Hacía ya mucho que las comunidades indias habían adaptado sus economías para producir un superávit con el que satisfacer el tributo, y pagarlo funcionaba como una suerte de garantía de sus tierras comunitarias. Los verdaderos agravios surgieron cuando se vieron sometidos a exacciones añadidas al tributo, como habían aprendido a su propia costa los reformistas borbones en la rebelión de Tupac Amaru. Tras la independencia, los indios fueron despojados de muchas de sus tierras comunitarias, en parte a través de una sencilla apropiación de los hacendados blancos, en parte como resultado de una legislación liberal equivocada que insistía en que las propiedades de muchas comunidades indias debían ser subdivididas y asignadas a propietarios individuales, teóricamente a los propios indios, en la práctica a los hacendados vecinos que iban acumulando tierras al mismo ritmo que los indios, forzados por la pobreza, las ponían en el mercado. De este modo los indios de la sierra se vieron forzados a salir de sus comunidades para trabajar de peones en las haciendas o de jornaleros en las plantaciones de la costa. Pero no por ello se unieron a la nación ni se integraron en la sociedad política. Por el contrario, permanecieron en sus propios mundos regionales, raciales y culturales.

Las fuerzas centrífugas de la vida peruana reflejaban la segmentación de su economía. ¿Cómo se ganaban la vida 1,2 millones de peruanos (en 1828)? La economía de exportación se basaba en la plata y en el azúcar. La producción minera sobrevivió a los efectos dañinos de la guerra y, preservando su estructura colonial basada en pequeñas unidades de producción, creció con bastante fuerza en la década de 1830 con un capital y mano de obra suficientes. La agricultura de las plantaciones de la costa tenía un futuro prometedor, pero de momento se veía frenada por la escasez de mano de obra en una época de decadencia de la esclavitud. La economía agraria se hallaba, por tanto, dividida entre las haciendas que producían para los mercados locales o regionales y las comunidades indias que practicaban una agricultura de subsistencia. Algunos productos de los valles fluviales de la costa tenían una salida exportadora; se trataba de las aceitunas, la uva, el algodón, la quinina y los granos, que se exportaban en pequeñas cantidades, fundamentalmente hacia otros países sudamericanos. Dado el estancamiento del sector exportador hasta 1840, Perú sólo podía pagar sus importaciones, fundamentalmente de Gran Bretaña, exportando grandes cantidades de monedas de plata, lo que disminuía las exigencias de dinero en el propio país.

Los gastos del gobierno, fundamentalmente debido a la burocracia, los costes militares y de defensa y, en menor medida, a la deuda extranjera, solían exceder a los ingresos. Estos últimos procedían de diversas fuentes: los ingresos ordinarios se derivaban en su mayor parte de los aranceles aduaneros y del tributo indio; los ingresos extraordinarios venían dados, de vez en cuando, por préstamos extranjeros. El tributo indio, denominado *contribución* tras la independencia, fue restablecido en 1826 y se mantuvo hasta 1854 y era considerado esencial para el Estado hasta que se desarrollaran fuentes alternativas. Estaba acompañado por la *contribución* de las castas, aunque ésta producía una cantidad menor y fue abolida en 1840. Los ingresos aduaneros eran también importantes. La política de tarifas de la república trataba de reconciliar intereses divergentes: el libre comercio, el proteccionismo y los ingresos. Los artesanos de Lima constituían un vigoroso grupo de presión a favor del proteccionismo y se oponían ferozmente a la política fiscal, habitualmente liberal, de las primeras décadas de la independencia. Las élites dominantes, ya fueran conservadoras o liberales, estaban generalmente de acuerdo en la importancia del comercio exterior, se resistían a las exigencias de protección y, sin permitir un libre comercio absoluto, mantenían las tarifas lo suficientemente bajas como para estimular a los comerciantes extranjeros y mantener un comercio de importación imponible. Sin duda, los comerciantes británicos se aprovecharon de dichas condiciones, pero carecían del poder político necesario para imponerlas. Del mismo modo, los artesanos peruanos no tenían suficiente poder para cambiarlas. Así pues, Perú importaba grandes cantidades de productos textiles baratos, entre otros artículos, y con ello contribuía a dañar más aún a la industria local de pequeña escala e incapaz de competir.

El modelo del comercio peruano de importación-exportación cambió a mediados de siglo. En ese momento el producto de exportación más importante pasó a ser el guano —utilizado como abono por los agricultores europeos, asiáticos y americanos—, que se convirtió en la base de la economía peruana desde 1840 hasta 1879. Era uno de los principales recursos naturales peruanos, pero la industria local carecía de los elementos necesarios para explotarlo. El capital, empresariado y mano de obra, por tanto, vinieron del extranjero, pero la propiedad permaneció en manos del Estado, que podía así recibir unos ingresos directos derivados de su venta y exportación. El sistema de consignación, organizado por medio de agentes exclusivos en cada país, mantenía precios elevados de monopolio y, por consiguiente, le rendía mayores beneficios al gobierno peruano. Durante el periodo de 1840 a 1880, el gobierno peruano percibió aproximadamente el 60 por 100 de los ingresos del guano, o entre 381 y 432 millones de pesos, y se convirtió en la mayor fuente de ingresos del Estado.

¿Cómo se invirtieron estos ingresos? ¿En la reestructuración de la economía? Al contrario. Se usaron para la expansión de sectores existentes y no productivos. Más de la mitad de los ingresos procedentes del guano fueron utilizados para recompensar a la burocracia y a los militares, es decir, como patronazgo político. Alrededor de un 20 por 100 se usó en modernización de infraestructuras, lo que significaba en la práctica construcción de ferrocarriles. Es cierto que el gobierno peruano entregó parte de los beneficios en manos de empresarios peruanos y así ayudó a crear una clase local de hombres de negocios, pero los beneficios privados tendían a ser exportados lejos de la economía peruana para pagar la importación de artículos de lujo, y en el caso de los empresarios extranjeros para ser invertidos en sus propios países.

Cabría esperar que el gasto público procedente de los beneficios del guano incrementara la demanda interna, pero la producción industrial no estaba en condiciones de responder a ello; así que los artesanos no recibieron beneficio alguno del guano. Los efectos del auge del guano en el sector indio fueron mixtos: los nuevos ingresos permitieron al gobierno abolir el tributo indio en 1854. Puesto que ya no precisaban ganar un superávit, las comunidades indias volvieron a la agricultura de subsistencia, causando así una escasez del suministro de productos agrícolas y un incremento de precios. En el pasado el gobierno obtenía una ventaja de la protección de las tierras comunitarias indias: permitir a los indios que obtuvieran un beneficio que sirviera para satisfacer el tributo. Ahora había poco que impidiera a los hacendados apropiarse de las tierras indias, en parte para redondear sus propias fincas, y en parte para tener libre acceso a la mano de obra india. Los ingresos del Estado también le permitieron abolir la esclavitud, en 1854, pero ésta fue sustituida por una mano de obra de enganche semiservil procedente de la sierra y también por la importación de *coolies* chinos.

Bolivia en el momento de la independencia tenía pocas de las cualidades de un Estado nacional. Su existencia colonial la había definido como apéndice de Lima o Buenos Aires. Su experiencia revolucionaria había sido ambigua, primero con una rebelión social, luego con la contrarrevolución y, finalmente, con la liberación a manos de fuerzas extranjeras. La independencia supuso sin duda una afirmación más positiva de la nacionalidad boliviana, no sólo contra España, sino también contra unos vecinos rapaces —Argentina y Perú. Pero, ¿cuántos de los 1,1 millones de bolivianos eran conscientes de ser una nación en el momento de la independencia?

La población estaba dividida en 800.000 indios, 200.000 blancos, 100.000 mestizos o cholos y unos 7.000 negros. Los blancos, criollos hispanohablantes, eran terratenientes, comerciantes, abogados y clérigos. Probablemente tenían un sentimiento de independencia nacional y había cierta solidaridad entre ellos y hacia el gobierno. La excepción se encontraba quizá entre el clero monástico, que con la independencia se vio perjudicado por la supresión de sus monasterios y a causa de la legislación que facilitaba la secularización de sus miembros. En el resto de los casos, la mayor parte de los integrantes de la élite blanca disfrutaba de seguridad en cuanto a sus propiedades y condición, y no tenía dificultades en identificarse con la nueva nación. Según se iba bajando por los distintos estratos sociales, estos sentimientos iban en progresiva disminución. Los indios tenían la independencia en poca consideración, y prácticamente ninguna conciencia de nacionalidad. Su lenguaje no era el español, sino el quechua o el aymara. Sus usos y costumbres estaban recibiendo presiones. Y todavía tenían que conocer todas las intenciones de la república. Para ellos y para muchos otros fuera del sector criollo, importaba poco que la capital estuviera en La Paz, Lima o Buenos Aires.

Bolivia era una economía minera en crisis. La crisis fue heredada en parte del régimen colonial, cuando sólo la mano de obra barata facilitada por la *mita* permitía a los propietarios obtener beneficios, y en parte también de la interrupción de actividades provocada por la independencia, con la que desaparecieron el capital y la mano de obra. Pero la paz no trajo consigo la abundancia. La producción continuó en declive, también, y no en menor medida, en el centro neurálgico de Potosí. Entre

1820 y 1830, la producción de las minas de plata bolivianas cayó en un 30 por 100 comparada por el periodo de 1810-1820; la producción durante la década de 1820 —un poco por debajo de los 200.000 marcos por año— era menos de la mitad que la de la última década del siglo XVIII. Además de la destrucción y el abandono derivados de la guerra existían otros factores negativos: falta de inversión y cierta escasez de mano de obra tras la abolición de la mita; ambos eran los factores fundamentales que impedían el resurgimiento de las minas.

En las áreas de altiplano de La Paz, Oruro y Potosí existían una sociedad y cultura duales: españolas en las ciudades e indias en el campo. Más del 80 por 100 de la población india vivía en el medio rural y las comunidades indias sobrevivían en la vecindad de las haciendas. Ambas constituían las dos unidades básicas de producción. La agricultura daba quinina, coca, maíz, trigo y patatas, y en el sector del pastoreo los productos más importantes eran la lana de vicuña y la de alpaca, la mayor parte de los cuales no pasaban de los mercados locales. De hecho, la mayor parte de la producción de cereales se consumía en la provincia en que se cultivaban. Las excepciones a dicha regla eran Cochabamba y la provincia de Chayanta, que suministraban el trigo y el maíz a los departamentos de La Paz y Oruro. Las principales concentraciones de obrajes, o talleres para la manufactura de artículos textiles, estaban en Cochabamba, que elaboraba telas bastas de algodón, y Moxos, especializado en ponchos y hamacas. También éstos estaban en declive, golpeados por la competencia de las importaciones británicas.

Bolivia contaba, por tanto, con pocos artículos adecuados para el mercado europeo y con una balanza comercial adversa. La depresión de la producción y la exportación tuvo también consecuencias fiscales. El gobierno nunca tenía suficientes ingresos para cubrir los gastos en una época en que era necesario gastar en una burocracia clientelista y en una militarización renovada durante los conflictos posteriores a la independencia. Los ingresos aduaneros estaban en recesión, los diezmos y los impuestos sobre las minas no eran boyantes y la confiscación de propiedades monásticas sólo se podía hacer una vez. Por consiguiente, debido a la falta de alternativas, Bolivia, al igual que Perú, restauró el tributo en 1826 (tras su abolición por Bolívar en 1825) y volvió a una estructura fiscal que, como en el periodo colonial, basaba los impuestos en las divisiones sociales. Los indios continuaron pagando el tributo hasta 1882, no necesariamente contra su voluntad, porque les daba una suerte de garantía sobre sus tierras comunitarias. El tributo suponía el 41 por 100 de los ingresos estatales en 1852, declinando al 23 por 100 en 1880.

El proceso político boliviano era teóricamente constitucional, pero en la práctica adoptaba la forma de golpes y contragolpes ejecutado por jefes militares que encabezaban distintas facciones del ejército, que no era grande, pero tenía demasiados oficiales, y había que pagarles a todos. De hecho, el ejército no existía realmente para luchar o defenderse, sino como fuente de trabajo y pensiones. Al existir una competencia por los escasos recursos, el ejército se convirtió en una influencia desestabilizadora en la política. Una excepción al modelo imperante se dio con el gobierno de Santa Cruz (1829-1839), un mestizo nacido en el altiplano que surgió como líder en las postrimerías de la guerra de independencia y que, con el apoyo de Bolívar, alcanzó una categoría comparable a la de los primeros líderes republicanos de toda Hispanoamérica. Santa Cruz fue, tras Sucre, el primer constructor del Estado y hacedor de la política boliviana, pretendiendo reformar el gobierno y desarrollar la economía.

Trató también de superar el serio aislamiento de Bolivia desarrollando en 1829 el puerto de Cobija, un remoto fondeadero del sur, y el de Arica, más conveniente, en el norte. Y, como hemos visto, tenía una visión más amplia de la unidad andina, que no hubiera sido indigna del propio Bolívar.

La unión de Bolivia y Perú provocó respuestas tanto positivas como negativas entre los bolivianos, no muy distintas de las habidas en Perú. Bolivia, como Perú, había sido la beneficiaria de fuertes vínculos administrativos y económicos durante el periodo colonial. Bolivia, como Perú, había sido un baluarte de los realistas y se había mostrado lenta en el abandono del regazo español. La independencia, cuando llegó, no fue la culminación de un movimiento revolucionario, sino de una coyuntura de oportunismo interno y presiones externas. Eran razones suficientes para justificar su surgimiento como Estado; que fuera o no una nación era una pregunta a la que pocos bolivianos, ni siquiera entre la élite, podrían contestar con claridad. El sur del Perú y el norte de Bolivia se mezclaron en una suerte de territorio marginal en el que los caudillos locales se movían de uno a otro lado con más o menos impunidad. El vecino occidental de Bolivia era, sin embargo, harina de otro costal. Chile estaba creciendo en poder y recursos, hasta convertirse en un formidable rival en el Pacífico. Bolivia precisaba de una vía de escape a su situación, esencialmente cerrada al mar, con lo que ello suponía en altos costes de transporte y elevados niveles de tarifas. La unión con Perú le abriría el paso al Pacífico, ayudaría a superar sus dificultades económicas y crearía un bloque de poder capaz de enfrentarse a Chile. Estas eran las razones que animaban a Santa Cruz; consideraba que una confederación era la única solución para Bolivia. No todos los bolivianos estaban de acuerdo: muchos temían por el mantenimiento de su control sobre los recursos del Estado, desaprobaban la elección de Lima como capital de la Confederación y dudaban que Santa Cruz pudiera sobrevivir en Bolivia si gobernaba desde Lima. Santa Cruz no dejó detrás un consenso boliviano cuando se marchó encabezando una expedición a Perú en junio de 1835, pero tenía cierto apoyo en este país, y la victoria militar le concedió el espacio político que necesitaba.

En primer lugar creó tres Estados, Perú Norte, Perú Sur y Bolivia, y luego los reunió bajo su mando en la Confederación Peruano-Boliviana el 28 de octubre de 1836. Sea cual fuere la actitud de sus miembros hacia la nueva creación, entre sus vecinos provocó la alarma y fue considerada como una amenaza al equilibrio de poder en Sudamérica. Chile la consideró además una amenaza comercial cuando Santa Cruz declaró a Arica, Cobija, Callao y Paita puertos libres con el fin de desviar el tráfico de Valparaíso. Reaccionó con fuerza, envió un ejército y, aliado a la oposición peruana, derrotó a las fuerzas de la Confederación en Yungay, en la sierra norte de Perú el 20 de enero de 1839. Santa Cruz marchó al exilio y la Confederación se derrumbó. A los bolivianos no les desagradó retirarse, pero Perú no había terminado aún con Bolivia. El temerario Gamarra encabezó ahora una expedición a Bolivia, no para resucitar la federación, sino para imponer la anexión. Los sueños de las fronteras del virreinato acabaron pronto. Gamarra fue derrotado y muerto en Ingavi en noviembre de 1841, y el pasado quedó enterrado con él.

Las duras lecciones aprendidas con la Confederación ayudaron sin duda a Bolivia a consolidarse como Estado nacional, pero los resultados no tuvieron una plasmación inmediata. La inestabilidad política parecía endémica con los caudillos luchando por el poder y los recursos, y sus clientes buscando padrinazgos y promociones. La militarización del país debida a la guerra de la Confederación tenía que ser pagada y todos los gobiernos de mediados de siglo tuvieron que luchar contra los déficits financieros. La política era oportunista e inconsistente, y dependía básicamente de la propia iniciativa del caudillo de turno. Algunos tenían ideas, otros no tenían ninguna.

José Ballivian (1841-1847) era uno de los que tenían ideas y cierta coherencia política que se plasmaba en su proyecto de exploración de la Bolivia oriental, en su intento de abrir Bolivia al Pacífico y en sus planes de reforma educativa. Pero se trataba de ideas caras y a largo plazo que no podían sobrevivir en las condiciones bolivianas. Manuel Isidoro Belzú (1848-1855) era una especie de conservador populista que elaboró un marco proteccionista para un proyecto de desarrollo económico interior, desairando así a la élite liberal y favoreciendo a los artesanos y a los pobres de las zonas rurales. ¿Era el *belcismo* sincero? ¿Era su autor algo más que un demagogo? Su política sugería cierto intervencionismo estatal y cierta parcialidad a favor de los sectores populares, pero resulta imposible saber si era sincera u oportunista. Juzgándola por sus resultados, no supuso una modificación, y mucho menos una reestructuración de base, de la economía y sociedad bolivianas. En el fondo, Belzú no era más que otro golpista.

El debate económico en la Bolivia del siglo XIX tenía lugar entre el proteccionismo y el libre comercio. El proteccionismo pretendía desarrollar el mercado interior. Los defensores del libre comercio querían eliminar las barreras aduaneras, abolir el monopolio estatal sobre la exportación de pastas de plata y construir ferrocarriles hasta los puertos de exportación. Se salieron con la suya en la década de 1870, pero mientras tanto la vida rural boliviana continuaba discurriendo por su inalterable rumbo, con sus dos mundos —la hacienda criolla y la comunidad india— divididos por el lenguaje, la raza y la cultura; las minas en plena depresión; los obrajes empobrecidos y el gobierno impotente.

5. CHILE

Chile parecía disfrutar de una inmunidad excepcional a los desórdenes políticos y al dirigismo caudillista. A los quince años de conseguida la independencia, los políticos estaban diseñando un sistema de gobierno constitucional y estableciendo las bases de un Estado nacional. En contraste con la provisionalidad de las constituciones en el resto de Hispanoamérica, las instituciones republicanas chilenas eran tanto duraderas como adaptables, y a los presidentes no les sucedían dictadores, sino otros presidentes. ¿Cómo explicar algo así?

Es habitual evocar la configuración peculiar del territorio chileno. Se trataba de un país compacto y manejable. Estrecho, se extendía conveniente y verticalmente desde los distritos mineros alrededor de Copiapo hasta el río Bio-Bio en el sur, más allá del cual los indios araucanos preservaban ferozmente su identidad e independencia. La población estaba todavía más concentrada. Dejando aparte a los indios, que sumaban unos 200.000, la población de Chile era bastante reducida: creció de un número estimado en un millón en el momento de la independencia hasta más de dos millones en 1875. La mayoría de los chilenos vivía en el corazón tradicional del país, la región del valle central al sur de Santiago. Probablemente más importante que la unidad territorial era, sin embargo, la unificación étnica del pueblo y su sentimiento de identidad chilena.

A Chile no le faltaba el «problema indio», pero no se trataba de una cuestión que afectara al corazón de su sociedad, como ocurría en muchos otros países hispanoamericanos. La mayoría de los indios chilenos vivían más allá de la frontera, y si bien pusieron ciertamente a prueba la política del estado chileno en el siglo XIX, no plantearon serios problemas de tierras, mano de obra y raza en la estructura interna de Chile. Al mismo tiempo, Chile no contaba con un amplio sector negro ni mulato, como sí sucedía en Venezuela. Nunca había habido suficientes esclavos ni negros libres en Chile como para dejar huella en la población. De este modo, la sociedad chilena se componía de una reducida élite criolla de terratenientes y sus asociados urbanos y de una masa de trabajadores, algunos artesanos y mineros, la mayoría trabajadores rurales. Expresándolo en términos raciales o culturales, la sociedad se dividía entre una minoría blanca y una mayoría mestiza. Si bien había ciertamente una conciencia racial en Chile, las luchas políticas tras la independencia no eran conflictos sociales sino más bien disputas en el seno de la clase alta. Algunas se referían a la política económica, aunque las fronteras políticas por criterios económicos o regionales no eran claras. La dominación de Santiago y su productiva zona adyacente sobre el resto del país fue decisiva y dejó pocas oportunidades para la rebelión en el norte o en el sur. Chile era centralista por tradición y elección, y las fuerzas armadas solían estar bajo el control del gobierno de Santiago.

La élite dirigente se basaba en una herencia común, la tierra, poseída por una reducida oligarquía formada durante el periodo colonial y que era cultivada a través de inquilinos, arrendatarios que obtenían parcelas a cambio de mano de obra. Otros grupos sociales dedicados al comercio, la minería y profesiones liberales también recurrían a la tenencia de tierras como factor determinante de la categoría social, y la élite de terratenientes no tenía ni rival ni oposición reales. Ello no significaba que hubiera un consenso político. La élite dominante estaba fraccionada por intereses e ideas. Unos creían que sus intereses serían mejor servidos por un gobierno conservador, otros que por uno liberal. Pero las cuestiones que llevaban a la división en la década de 1820 eran también de tipo ideológico y personal. Se trataba de impulsos lo suficientemente fuertes como para mantener a Chile en un estado de cierta inestabilidad durante dicho periodo.

Los liberales no eran demócratas, pero deseaban una base de gobierno más amplia, la abolición de los privilegios eclesiásticos y la extensión gradual de la participación política. Pero esta rama del reformismo no contaba con un apoyo extendido como tampoco lo tuvieron las varias constituciones que esbozaron. La figura dominante de estos años, el general Ramón Freire, era un liberal bien intencionado, ávido de evitar la tendencia autoritaria establecida por su predecesor, el liberador Bernardo O'Higgins. Pero Freire dio paso en 1826 a una sucesión de presidentes. En los meses que siguieron, Chile retrocedió políticamente a un estado natural, glorificado bajo el nombre de federalismo. Una doctrina alimentada por la sensibilidad provincial y local, por una reacción contra el fuerte centralismo de O'Higgins y las presunciones de Santiago, y por la hostilidad de la ideología liberal hacia un poder central fuerte junto con la admiración por la Constitución de los Estados Unidos. Al final, Chile se purgó a sí mismo del federalismo radical por su absoluta inconveniencia.

En 1828 se reunió otro congreso más y elaboró otra constitución más, un instrumento liberal equilibrado, logrando establecer un punto medio entre el centralismo y el provincialismo, pero dándoles un aviso a los conservadores con la abolición de los mayorazgos. El presidente Antonio Pinto representaba al grueso del liberalismo chileno con su insistencia en la libertad e igualdad individuales, la libertad de expresión, el gobierno representativo, los controles del poder ejecutivo y la abolición de los privilegios. Al mismo tiempo pretendió tranquilizar a los conservadores nombrando a Francisco Ruiz Tagle ministro de finanzas y al general Joaquín Prieto comandante del ejército del sur, siendo el primero un conservador y el segundo un *o'higginista*. Pero era demasiado tarde. El movimiento liberal en conjunto tenía la reputación dañada por la anarquía del periodo de 1824-1829, los excesos del federalismo y la incapacidad para gobernar con eficiencia. El conflicto político se fue agudizando y para finales de la década de 1820 se estaba librando una lucha por el poder, si no por parte de los partidos, sí por agrupaciones. Los liberales, o *pipiolas*, eran combatidos por un movimiento conservador en alza.

Los conservadores se componían a grandes rasgos de tres grupos, todos los cuales habían sido apartados o rechazados por los gobiernos liberales de 1824-1829. Los *pelucones* eran la aristocracia terrateniente tradicional, alertada por la abolición de los mayorazgos en la Constitución de 1828. A éstos se les unieron los *estanqueros*, llamados así porque su líder, Diego Portales, que no era un aristócrata terrateniente, sino un hombre de negocios metido a político, había sido privado de un estanco de tabaco por el Congreso liberal de 1826. Defendían un gobierno de mano dura, centralista y absolutista, que tomaría severas medidas contra el desorden y la inseguridad. El tercer grupo lo componían los *o'higginistas*, que deseaban sencillamente la restauración de O'Higgins. Estas fuerzas lanzaron una revuelta basada en el ejército de Concepción contra el régimen liberal. En enero de 1830 controlaban la capital; desde febrero en adelante extendieron su dominio por el resto del país, y en la batalla de Lircay (17 de abril de 1830) acabaron la guerra civil y llevaron a los conservadores al poder durante el cuarto de siglo siguiente.

Los nuevos dirigentes invalidaron las actuaciones del Congreso liberal de 1829. En marzo de 1830, José Tomás Ovalle se convirtió en presidente títere, y en abril, Portales tomó el control de los ministerios clave. Los retuvo hasta 1831, momento en que abandonó el poder, pero no la influencia. Su filosofía de gobierno se resumía en su bien conocido dicho: «El palo y el dulce, adecuada y oportunamente administrados, son los específicos con los cuales se puede curar a cualquier nación, por muy inveterados que tenga sus hábitos.» Conservador sin ambages, paternalista y pragmático, estamos ante un gobierno propio de Portales, y ante la culminación de la independencia.

El nuevo orden se institucionalizó en la Constitución de 1833. Efectivamente, la nueva Constitución era una carta presidencialista. Suprimía las asambleas provinciales e imponía un rígido centralismo. Aunque no privaba enteramente de poder al Congreso, le confería la preponderancia al presidente, que era elegido indirectamente; lo dotaba de grandes poderes de emergencia, del derecho de veto —con el consiguiente retraso de cualquier ley—, del poder para designar a los intendentes provinciales y a otros cargos públicos, y de la posibilidad de repetir su mandato, o sea, permanecer diez años en el poder. El presidente era casi un monarca absoluto, y la práctica de los dos mandatos condujo a cuatro administraciones «decenales», siendo la primera la del candidato de Portales: el general Joaquín Prieto (1831-1841).

El Congreso se componía de un senado y una cámara de diputados, y si bien el presidente dominaba, el senado poseía importantes poderes políticos. Su poder para poner en marcha proyectos de ley que regularan los ingresos del Estado, para controlar las apropiaciones financieras y para aprobar o rechazar el presupuesto anual les permitía a los senadores negociar con el presidente el nombramiento de los mandos provinciales, los alcaldes y los jueces. Además, las facciones del senado influían en la elección del presidente, el cual, a su vez, hacía entrar en el gabinete a sus seguidores del senado. Así, la lucha por el control del gobierno chileno fue librada fundamentalmente entre poderosas familias provinciales que buscaban elegir a senadores que defendieran sus intereses. En esta lucha se desarrolló la práctica de comprar votos, distribuir alcohol durante las elecciones y controlar las listas de electores registrados. El derecho de voto se ceñía a propietarios que supieran leer y escribir, aunque era lo suficientemente amplio como para incluir a artesanos y tenderos que constituían la «carne de voto» para los políticos. En teoría, la Constitución establecía la igualdad ante la ley —«en Chile no hay clase privilegiada»—, pero en la práctica perpetuaba los privilegios. De hecho, dos privilegios notorios estaban plasmados en la Constitución. Mientras que, como buenos civiles, los legisladores abolieron el fuero militar, preservaron el eclesiástico para asegurarse el apoyo de la Iglesia, y restauraron el mayorazgo, protegiendo así legalmente los intereses y la influencia de la oligarquía terrateniente.

La Constitución de 1833 reflejaba la estructura social y al mismo tiempo la perpetuaba. Le dio a la oligarquía conservadora un control del país casi incuestionable durante treinta años, un periodo denominado en ocasiones el de la República Autocrática. La paz interior se vio turbada por alzamientos liberales en tres ocasiones, pero esos movimientos fueron implacablemente reprimidos. Era difícil que una oposición conectara con las raíces sociales. El sistema conservador, por otra parte, se basaba firmemente en la oligarquía terrateniente y en la Iglesia. Sus métodos eran la represión y el amaño de las elecciones para rechazar a la oposición e impedir su elección. Pero era un régimen civil, no militar. La Guardia Nacional fue reorganizada y fortalecida en cuanto a dimensiones, y se convirtió en un contrapeso significativo frente al ejército regular, que alcanzaba sólo unos 3.000 miembros. Y en el análisis definitivo al sistema se le juzgó por sus realizaciones: en conjunto, dotó al país de un buen gobierno, dentro de los límites de su particular concepción de Chile. No se trataba de un régimen intervencionista. Se esperaba del gobierno que calibrara los presupuestos, que economizara y que limitara su papel a establecer las condiciones en las que pudiera operar la iniciativa privada. Los ingresos crecían moderadamente y en general superaban a los gastos. Un crecimiento así de modesto correspondía a la economía restringida del periodo de 1820-1850, cuando las mercancías y las posibilidades del mercado eran limitadas. Ello revirtió en un gobierno más decidido a defender lo que tenía, con la guerra si era necesario.

Las relaciones con Perú empeoraron a lo largo del principio de la década de 1830. La competencia comercial, una guerra de tarifas y la incapacidad peruana para devolver un préstamo chileno contribuyeron a la incomprensión mutua. Pero el acontecimiento crítico para el gobierno chileno fue la decisión del general Andrés Santa Cruz en 1836 de unir a Bolivia y Perú en una Confederación. Portales consideraba a este nuevo gran Estado una amenaza para los intereses de Chile y sentía la obligación personal de ganar «la segunda independencia de Chile», para lo cual movilizó al ejér-

Plaza de Armas de Santiago de Chile en el siglo xix, según litografía de F. Sorrieu

cito y a la marina sin previo aviso a la opinión pública y no toleró oposición a su política de guerra contra Perú. Fue una de las primeras bajas de la guerra, asesinado por tropas amotinadas en junio de 1837, pero Chile ya se había unido en torno a la causa, y tras un comienzo titubeante envió a Perú una fuerza invasora bajo el mando del general Manuel Bulnes, que derrotó al ejército de Santa Cruz en Yungay en enero de 1839. Santa Cruz fue enviado al exilio, y la Confederación fue disuelta, y la categoría militar chilena se revalorizó. La política de guerra de Portales no era caprichosa. Chile había demostrado que nunca permitiría que el equilibrio de poder en la Sudamérica del Pacífico fuera trastocado en contra de sus propios intereses políticos y económicos. Había demostrado también contar con un poderío militar que respaldaba su postura. Éstos se convirtieron en puntos de partida básicos de la política exterior chilena durante el siglo xix.

El general Bulnes, el héroe de la guerra, alcanzó la presidencia en 1841, y su década de poder se ha considerado como de reconciliación, orden y progreso. El orden se mantuvo mediante una vigilancia implacable, un ejemplo de la cual fue la severa ley de prensa de 1846. El progreso se pudo medir en términos de comercio, minería y colonización, y el crecimiento económico estuvo acompañado de un renacimiento intelectual estimulado por la presencia de exiliados políticos extranjeros como Domingo F. Sarmiento y Juan Bautista Alberdi y por las respuestas dadas a las inquietudes de la siguiente generación. El movimiento encontró su expresión en una prensa resucitada y en nuevas oportunidades educativas, en buena medida en la Universidad Nacional de Chile bajo su rector Andrés Bello. Estas tendencias contribuyeron

225

grandemente al nuevo espíritu liberal de la política chilena e inauguraron la discusión nacional de cuestiones hasta entonces consideradas sacrosantas, tales como los privilegios y riqueza de la Iglesia y la necesidad de una reforma constitucional y electoral.

En el Congreso, la oposición se agrupó en torno a Manuel Camilo Vial, cesado como primer ministro de Bulnes en 1849, que buscaba ahora vías alternativas hacia el poder. El intelectual del grupo era José Victorino Lastarria, un vigoroso opositor a la herencia colonial. Fuera del Congreso, Francisco Bilbao y Santiago Arcos defendían una verdadera democracia, del tipo de la expresada en la revolución de 1848 en Francia, para lo cual fueron más allá del liberalismo convencional e intentaron movilizar a los artesanos de la capital en un movimiento paralelo al de Colombia. Organizaron la Sociedad de la Igualdad, encabezaron mítines y manifestaciones, y en el curso de 1850 amenazaban con ocupar un mayor espacio en la política chilena. En ese momento el gobierno tomó cartas en el asunto para definir los límites del discurso político que habría de discurrir por las líneas tradicionales: la libertad fue doblegada y la igualdad repudiada. Enfrentado al desafío del liberalismo radical, el partido conservador aceptó a Manuel Montt como sucesor de Bulnes. El gobierno absolutista del nuevo presidente (1851-1861) y su estilo autoritario iban, sin embargo, a provocar oposición incluso entre las filas conservadoras, oposición que conduciría a la guerra civil y a una mayor represión. La política chilena estaba a punto de sufrir una transformación.

El gobierno conservador se justificaba ante sus defensores, si no ante el conjunto de la sociedad, por lo evidente del desarrollo económico y del progreso material. Las bases de la política económica, por supuesto, habían sido establecidas poco después de la independencia, cuando los cabecillas republicanos abrieron los puertos de Chile al comercio exterior e hicieron de Valparaíso un centro de importación y distribución del Pacífico sudamericano. El comercio exterior chileno, basado en la exportación de alimentos y minerales, comenzó a crecer con fuerza en la década de 1820 y se multiplicó por diez entre 1825 y 1875. El gobierno conservador, especialmente su ministro de finanzas Manuel Rengifo, estableció condiciones fiscales favorables para la iniciativa comercial y eliminó una serie de obstáculos fiscales a la actividad económica. Los ingresos procedentes de las aduanas crecieron hasta convertirse en una importante fuente de ingresos para el Estado.

La minería era la actividad fundamental, situada en los desiertos del norte y propensa a ciclos de crecimiento y declive. En 1832, la mina de plata de Chañarcillo comenzó a operar y dio lugar a un auge minero que duró hasta la década de 1870. Si creció la producción de plata, el cobre era aún más rentable, y Chile se convirtió en uno de los principales proveedores mundiales del mineral. Sin embargo, aunque la minería dominaba el sector exterior, el interior era fundamentalmente agrícola, y era la agricultura la mejor tratada por el gobierno.

En 1840, el gobierno introdujo el primer cambio significativo en las tarifas de exportación, una modificación cuya finalidad era darle un espaldarazo a la economía rural, declarando libres de impuestos todos los productos agropecuarios excepto los cueros, artículos que hasta entonces estaban sujetos a unas tarifas del 4 al 6 por 100. Mientras tanto, se mantenían los aranceles sobre la exportación de minerales y se abandonaba a la industria para que se las arreglara por su cuenta en el mercado mundial. Estas prioridades eran reflejo del dominio social de los terratenientes y de sus reparos a los impuestos. La política aduanera de Chile mantenía los privilegios de la oligarquía terrateniente y castigaba al sector minero, que era más productivo y contaba con mejores oportunidades para la exportación que la agricultura. Al mismo tiempo, la utilización que se hacía de las tarifas de importación —con una media del 32 por 100— mostraba la preferencia de financiar al Estado a través de impuestos indirectos en lugar de con un impuesto sobre la renta o territorial. Los terratenientes chilenos preferían los privilegios a la productividad. A diferencia del sector ganadero argentino, no parecen haberse sentido fuertemente motivados por consideraciones de tipo comercial; les satisfacía más la seguridad económica que los grandes beneficios. Las grandes fincas se valoraban por el prestigio social y la influencia política que conferían más que como empresa económica en expansión. Si bien ello reflejaba los valores de la élite terrateniente, también estaba acorde con las condiciones del mercado. La demanda nacional era limitada y fácilmente satisfecha. Las oportunidades de exportación eran irregulares y no fácilmente predecibles, pero cuando tenían lugar, la agricultura chilena era capaz de reaccionar, como lo hizo después de 1850 con las fiebres del oro en California y Australia, que estimularon enormemente la exportación de trigo y harina. Los terratenientes se beneficiaban de su mano de obra barata y explotable, sus inquilinos atados y los peones temporeros.

Mientras tanto, se sumaban nuevos sectores a la agricultura chilena, más allá de los límites del valle central. La década de 1840 contempló la primera colonización efectiva del estrecho de Magallanes. Punta Arenas fue fundada en 1847, y acabó por convertirse en el centro de la gran industria del sur de la Patagonia. En la misma década fueron traídos a Chile los primeros colonos alemanes para que se establecieran en la región boscosa y sureña de Valdivia.

La industria manufacturera se vio también retardada por la pobreza del mercado doméstico. Existía una industria artesana tradicional localizada en pequeños talleres en las ciudades que se ocupaba de las necesidades locales del sector más desfavorecido del mercado. Esta industria fue probablemente perjudicada tras la independencia por la importación de artículos británicos baratos, especialmente tejidos que podían competir incluso con los productos locales en los mercados populares. Las clases altas, como en todas partes, satisfacían sus necesidades consumistas con productos extranjeros y no estaban interesadas todavía en invertir en la industria nacional. Chile tendría que esperar hasta después de 1850 para conocer las mejoras necesarias en el sistema de transporte, comunicaciones e instituciones comerciales y financieras que acompañarían a un crecimiento sostenido de la agricultura, la minería y la industria. Sin embargo, para 1850 ya se daban los primeros signos de movilidad social; una nueva clase, aún en fase embrionaria, basada en el comercio y la industria, en el sector bancario y, sobre todo, en el minero, iba a ocupar posiciones de importancia social y política previamente monopolizadas por la oligarquía terrateniente.

6. LAS REPÚBLICAS DEL RÍO DE LA PLATA

Argentina estrenó su independencia con una economía agraria y una clase dirigente compuesta por terratenientes. La coyuntura derivada de la competencia comercial británica, los estragos de la guerra y el declive del interior hicieron en conjunto que el papel desempeñado tradicionalmente por Buenos Aires, el de un centro de comercialización y distribución, fuera insuficiente e incapaz de sostener a los grupos hegemónicos. Comenzaron, por consiguiente, a diversificar sus intereses, a adquirir estancias, a establecer una base rural. Para la década de 1840, las grandes llanuras de Buenos Aires estaban divididas en estancias bien pertrechadas y contenían unos tres millones de cabezas de ganado, la principal riqueza de la provincia y la fuente de una economía de exportación. Se trataba de animales de calidad inferior, criados a campo abierto al cuidado de unos pocos vaqueros, pero producían cueros y carne salada, y eso era lo que pedía el mercado. El Estado favorecía a los ganaderos a costa de los pequeños campesinos y el país acabó por depender del grano importado. En una época de escasez de capital y mano de obra, y con una tecnología deficiente, lo realista era concentrarse en la ganadería aunque significara desviar recursos de la agricultura. Ésta necesitaba capital y protección; en este momento el gobierno vaciló, temeroso de provocar un encarecimiento de la comida y perder el apoyo popular. Desde la independencia había estado en vigor una política de bajas tarifas, al igual que en otros muchos países hispanoamericanos, favoreciendo los intereses del consumidor y del exportador. Pero los agricultores no eran los únicos críticos del libre comercio.

Las provincias del litoral y las del interior diferían de Buenos Aires de diversas maneras. Las guerras de independencia y las guerras civiles subsiguientes dañaron las economías de las provincias del litoral —Santa Fe, Entre Ríos y Corrientes— y retardaron su desarrollo. Cuando, finalmente, comenzaron a recuperarse, se toparon con un Buenos Aires dominante, decidido a monopolizar el comercio y la navegación —y con ellos los ingresos aduaneros— y a dictar una política de libre comercio. Las negociaciones tendentes a un pacto federal entre las provincias estuvieron, por tanto, marcadas por amargos debates sobre política económica. En el curso de 1830, Pedro Ferré, representante de Corrientes y líder del movimiento proteccionista del litoral, no exigía sólo la nacionalización de los ingresos aduaneros y la libre navegación fluvial, sino también protección para las industrias nativas frente a artículos extranjeros más baratos, así como la apertura al comercio exterior de otros puertos distintos del de Buenos Aires. Ésta se negaba a ceder, argumentando que el proteccionismo dañaba al consumidor sin ayudar realmente al productor; si las industrias domésticas no eran competitivas, ni capaces de cubrir las necesidades del país, por mucha protección que se les diera nada podría salvarlas. En cuanto a las «industrias del interior» —el centro-oeste y el oeste—, no eran mucho más que textiles, vinícolas y cerealísticas, ninguna de las cuales, según Buenos Aires, valía la pena proteger. Había, sin embargo, un interés por el proteccionismo en el mismo Buenos Aires que consistía en industrias artesanales que cubrían las necesidaes locales y de las clases bajas y, a veces, las del Estado también; de hecho, la guerra mantuvo a muchas a flote, pues suponía pedidos de uniformes, equipo y ferretería. Pero los estancieros, incluyendo a su líder Juan Manuel de Rosas, preferían el libre comercio al proteccionismo, basándose en intereses económicos y favoreciendo al sector ganadero orientado hacia la exportación.

A pesar de todo, la preocupación por una balanza de pagos adversa bastaba para mantener vivo al grupo de presión proteccionista, y en su momento Rosas prestó oídos a las tesis intervencionistas. En la Ley de Aduanas de diciembre de 1835 introdujo impuestos de importación más altos, confiriendo una protección mucho mayor a los productos más vulnerables, y de hecho prohibiendo la importación de un gran número de artículos como los textiles, maquinaria y, dependiendo del precio nacional, trigo. Rosas pretendía así ayudar activamente a la agricultura y a las industrias manufactureras. ¿Por qué lo hizo? ¿Creía realmente que Argentina podría llegar a ser más autosuficiente en la industria? ¿O actuaba acaso bajo presiones políticas, por una necesidad de ampliar la base social de su régimen? No parecía haber una razón por la que, en 1835-1836, Rosas necesitara el apoyo de grupos populares o medios. El régimen estaba firmemente basado en los estancieros, que continuaban siendo el grupo fáctico dominante en la provincia y los más estrechos aliados de la dictadura. El objetivo de Rosas parece haber sido preservar la estructura económica existente, protegiendo al mismo tiempo a los grupos minoritarios que más sufrían por su causa. Las tarifas de 1835, por tanto, fueron diseñadas para aliviar la penosa situación de los sectores industrial y agrícola sin subvertir la economía ganadera de exportación. Al mismo tiempo, la ley tenía un fuerte contenido interprovincial; fue pensada para hacer creíble la política federalista mediante la protección de las provincias tanto como de Buenos Aires.

Al final, las industrias nacionales, tanto porteñas como provinciales, fueron incapaces de reaccionar positivamente a la protección dada por la ley de aduanas y por los bloqueos que Francia e Inglaterra impusieron a Buenos Aires durante este periodo. A los cinco años, Rosas se vio forzado a reducir su proteccionismo. La argumentación a favor del libre comercio había demostrado ser correcta: la producción nacional no había sido capaz de aprovechar las ventajas de la protección; las tarifas habían provocado tan sólo escaseces y altos precios, y las víctimas principales fueron los consumidores y el tesoro público.

La parcialidad a favor de una economía agropecuaria era fiel reflejo tanto de la estructura social como de las condiciones económicas. Los grupos de clases altas preferían las manufacturas importadas, mientras que el resto de la población no alcanzaba a formar un mercado de consumidores para una industria nacional. Buenos Aires vivía del comercio exterior, exportando productos de estancia e importando manufacturas. El vínculo esencial era el de artículos textiles procedentes de Gran Bretaña a cambio de cueros argentinos, un comercio que experimentó un crecimiento si no espectacular sí sostenido salvo durante los años del bloqueo en 1838-1839 y 1845-1846. De 1822 a 1837, las exportaciones de Buenos Aires aumentaron su valor de unas £700.000 a £1.000.000; de 1837 a 1851 doblaron su valor hasta £2.000.000 anuales. La causa fundamental del crecimiento económico fue la incorporación de más tierras a la economía, especialmente la expansión de la frontera sur tras la Campaña del Desierto contra los indios en 1833. Mientras tanto, las importaciones a Buenos Aires aumentaron de un total de £1.500.000 en 1825 a £2.100.000 en 1850, un aumento que fue probablemente aún mayor en cantidad que en valor debido a la caída de los precios de los bienes manufacturados en Europa.

Casi no existía el ahorro ni la acumulación de capital. La importación de artículos de lujo y de consumo daba cuenta del capital sobrante, que de otro modo podría haber sido invertido. Argentina estaba ya desarrollando estrechos vínculos económicos con Gran Bretaña, para beneficio mutuo de ambos países. Argentina dependía de las manufacturas, los buques y los mercados británicos, pero no precisaba todavía de su capital y tecnología; tomaba sus propias decisiones económicas y su independencia no fue nunca puesta en tela de juicio. Y, para mediados de siglo, ya estaba avanzando hacia una balanza comercial más favorable, porque el mercado británico absorbía cada vez mayores cantidades de sus materias primas.

Argentina, una tierra llena de ganado, estaba vacía de gente. Con todo, experimentó un crecimiento demográfico sostenido durante el medio siglo que siguió a la independencia; de 570.000 habitantes en 1825 pasó a 1.100.000 en 1875. El crecimiento se debió fundamentalmente a un descenso de la tasa de mortalidad; en una época de mejoría de las condiciones económicas no tuvo lugar ninguna epidemia de importancia; las grandes oleadas de cólera y fiebre amarilla estaban aún por venir. El mayor incremento demográfico se registró en las provincias del litoral, que aumentaron su proporción de un total del 36 por 100 en 1800 a un 48,8 en 1869. Buenos Aires creció, en números, de 55.416 en 1822 a 177.787 en 1869.

La sociedad estaba enraizada en la tierra y era la gran estancia la que conllevaba riqueza y confería categoría social. Los estancieros o sus clientes dominaban la administración, la cámara de representantes, el gobierno local y la milicia. Los terratenientes no constituían un grupo completamente homogéneo. Algunos estancieros poseían fincas verdaderamente inmensas; estos hombres, o su capital, tenían a menudo un origen urbano y cierta educación; habían decidido diversificar sus inversiones pasando del comercio a las tierras. Otros poseían fincas relativamente modestas; procedían de generaciones de habitantes del campo y, en cuanto a cultura, había pocas diferencias entre ellos y los gauchos que les rodeaban. Existía también un sector medio rural entre el patrón y el peón, personas dedicadas a la agricultura de mercado, al transporte, arrendatarios, detallistas. Pero había una importante diferencia entre el grupo superior y el resto: existía una fuerte cohesión y solidaridad de grupo entre los terratenientes, mientras que los sectores populares eran heterogéneos en su composición y se hallaban divididos en grupos dispares: los peones en las estancias, los trabajadores a sueldo, los pequeños campesinos o arrendatarios, los gauchos marginados y los delincuentes. Las condiciones de subordinación de los sectores más bajos, vinculados a la estancia por leyes de vagos y maleantes, sus casi nulas expectativas y su aislamiento en las inmensas llanuras, se combinaban evitando la formación de un movimiento político autónomo que partiera de la base, lo que dejaba a una Argentina dirigida por los caudillos regionales y del centro. Los caudillos ponían en acción a sus peones, pero no los politizaban.

El año 1820 se caracterizó por una gran anarquía. La independencia no había resultado en la unidad nacional, sino en un desmembramiento universal. Tras una década de conflictos entre Buenos Aires y las provincias, entre unitarios y federalistas, entre el gobierno central y los intereses regionales, el marco de organización política se derrumbó, y a lo largo y ancho del interior proliferaron repúblicas independientes bajo el mando de caudillos provinciales. Y no sólo dominaban el interior, sino que amenazaban al mismísimo Buenos Aires. Los estancieros del sur, comprendiendo el peligro para sus intereses que se derivaba de la anarquía de la época, salieron al rescate con sus milicias rurales. Fue con el apoyo de Rosas y de los estancieros como Martín Rodríguez fue elegido gobernador de Buenos Aires en septiembre de 1820 y negoció una paz con los caudillos.

La inspiración tras la administración de Rodríguez radicaba en su primer ministro, Bernardino Rivadavia, culto, liberal y burócrata. Rivadavia quería modernizar Argentina. Buscó el crecimiento económico mediante el libre comercio, la inversión extranjera y la inmigración dentro de un marco de instituciones liberales y un Estado unitario. Pero la era de la modernización no había llegado aún. El modelo en su conjunto fue rechazado por Rosas y sus allegados, que defendían una economía más primitiva —crianza de ganado para la exportación de cueros y carne salada—, pero que comportaba beneficios inmediatos y estaba en armonía con las tradiciones del país. En particular les afectó el proyecto de nacionalizar los ingresos derivados del puerto, que sumaban el 75 por 100 de los ingresos del gobierno provincial, extendiendo el temor de que el paso siguiente sería el establecimiento de ingresos alternativos a través de un impuesto sobre la renta o territorial. A la inmigración se oponían por costosa, innecesaria y probablemente subversiva. La política anticlerical del régimen, diseñada fundamentalmente para recortar el poder temporal de la Iglesia, para extender la libertad religiosa y para poner a Argentina en conformidad con las expectativas foráneas, constituía un anatema no sólo para el clero, sino para todos aquellos con valores conservadores, y sirvió para unir a federalistas, estancieros y sacerdotes bajo el estandarte de *religión o muerte*. No importaba que los políticos católicos buscaran también subordinar la Iglesia al Estado; eso se consideraba protección. Rosas y sus allegados, especialmente la familia Anchorena, tomaron el mando en la organización de la resistencia a los planes de Rivadavia.

Rivadavia cedió a las fuerzas combinadas de sus oponentes y dimitió de la presidencia el 27 de junio de 1827. Haciendo un análisis definitivo, carecía de una base de poder; representaba a los intelectuales, a los burócratas y políticos profesionales, a los revolucionarios de carrera, grupos todos ellos que no formaban un sector social identificable. Rosas, por otra parte, contaba con una base de poder específica, los estancieros, que poseían los principales recursos del país y una considerable fuerza paramilitar. Una fuerza que usó contra el ejército del general Juan Lavalle, el cual, en diciembre de 1828, encabezó una coalición de militares retornados de la guerra contra Brasil y unidos a la antigua élite de la revolución en un intento de restaurar el sistema de Rivadavia. Apoyado por sus estancieros y sus hordas rurales, Rosas reconquistó el poder frente a Lavalle y los unitarios y fue elegido gobernador por una asamblea agradecida el 6 de diciembre de 1829. No se trataba de una elección ordinaria, porque el nuevo gobernador fue dotado de poderes dictatoriales y de un mandato para restaurar el orden.

Era inevitable que los terratenientes comenzaran a procurarse un control político directo. Al derrotar a Rivadavia y Lavalle en 1827-1829, no desbancaron sólo a los unitarios, sino a la clase dirigente del momento —los políticos de carrera— y tomaron posesión del gobierno a través de Rosas. En este sentido fueron las condiciones las que crearon a Rosas. Pero también es cierto que reunía cualidades específicas para el poder. Él mismo era un estanciero importante, un pionero en la expansión de tierras y crianza de ganado en el gran impulso hacia el sur. Tenía contacto directo con los gauchos, los delincuentes y otros habitantes de las pampas, en parte con el fin de contratarlos en sus estancias, en parte para movilizarlos en su milicia, ya que Rosas era un comandante de milicia además de un estanciero, y fue la dimensión militar de comienzos de su carrera la que le otorgó la superioridad frente a sus rivales.

Rosas dividía la sociedad entre los que mandaban y los que obedecían. Si había algo que aborreciera más que la democracia, era el liberalismo. La razón por la que detestaba a los unitarios no era que quisieran una Argentina unida, sino porque eran liberales que creían en los valores laicos del humanismo y el progreso. Las doctrinas constitucionales de los dos partidos no le interesaban y nunca fue un verdadero federalista. Pensaba y gobernaba como un centralista, y defendió la hegemonía de

Buenos Aires. Esto era el *rosismo,* y no había nada que se le asemejara en toda Hispanoamérica. Su base de poder era la estancia, un foco de recursos económicos y un sistema de control social. La dominación de la economía a través de la estancia fue continuada y completada por Rosas. Defendía una política de colonización y expansión territorial, ganándoles terreno a los indios, recompensando con tierras a sus seguidores, vendiendo tierras públicas y, en algunos casos, regalándolas. Las tendencias de su régimen se manifestaban en la búsqueda de una mayor concentración de propiedades en manos de un grupo reducido.

La estancia dotó a Rosas de los recursos para la guerra: de la alianza con sus iguales —los estancieros— y de los medios para reclutar un ejército de peones, gauchos y vagabundos. Aunque se identificaba culturalmente con los gauchos, no se unió socialmente a ellos ni los representó políticamente. La esencia de sus fuerzas eran sus propios peones y otras personas que dependían de él, que constituían su servidumbre más que sus seguidores, sus clientes más que sus aliados. Cuando necesitó dar un paso crítico —en 1829, 1833 ó 1835— alistó a los gauchos en el campo y al populacho en la ciudad. Pero estas fuerzas duraban sólo mientras las necesitara. Una vez que tuvo el aparato del Estado en su poder, de 1835 en adelante, una vez que hubo controlado a la burocracia, a la policía y, sobre todo, al ejército regular, dejó de querer o necesitar fuerzas populares. Las milicias gauchas eran «populares» sólo en el sentido de que estaban constituidas por los peones del campo. Estaban sometidos a los estancieros individuales para los cuales trabajaban y que eran también los oficiales de la milicia. Rosas, por tanto, no recibía su apoyo de hordas de gauchos libres, sino de otros estancieros que conducían a sus peones alistados.

Rosas gobernó de 1829 a 1832 con poderes absolutos. Tras un interregno, durante el cual la inestabilidad en Buenos Aires y la insubordinación en las provincias amenazaban con restaurar el caos, volvió a la gobernaduría en las condiciones que él mismo quiso y desde marzo de 1835 gobernó durante diecisiete años con un poder total e ilimitado. La casa de representantes se mantuvo como instrumento del gobernador, al que «elegía» formalmente. Se componía de 44 diputados, la mitad de los cuales eran renovados en elecciones anuales. Pero sólo participaba una pequeña minoría del electorado, y una de las misiones de los jueces de paz consistía en recoger y entregar los votos al régimen. La asamblea, sin funciones legislativas ni control financiero, era básicamente un ejercicio de relaciones públicas a beneficios de audiencias nacionales y foráneas.

La propaganda era un ingrediente esencial del rosismo, y la conformidad en la indumentaria, el lenguaje y el comportamiento era algo que se imponía. La Iglesia era un aliado, apoyaba al dictador y ensalzaba la causa federalista. Pero la sanción definitiva del régimen venía dada por el uso de la fuerza, controlada por Rosas y administrada por los militares y la policía. El enemigo interior, las disputas con otras provincias y con las potencias extranjeras, y la obligación de apoyar a sus aliados del interior, le obligaban, en conjunto, a mantener un elevado presupuesto de defensa, a reclutar un gran ejército permanente y a presionar a las zonas rurales para que aumentaran sus milicias. Por las buenas o por las malas, todos tenían que someterse en todos los niveles de la sociedad y en todos los aspectos de la vida. Había unos componentes de totalitarismo en el régimen de Rosas que no cabía hallar en ninguna otra parte de Hispanoamérica.

El gobierno de Rosas respondía en cierta medida a las condiciones inherentes a la sociedad argentina. Ofreció una salida a la anarquía y una promesa de paz, a condición de que se le otorgaran poderes absolutos. Para ejercer su soberanía, utilizaba a la burocracia, a los militares y a la policía. Incluso así existía una cierta oposición. En el campo interno había una oposición ideológica, procedente en parte de los unitarios y en parte de reformistas más jóvenes; la oposición alcanzó un punto culminante en una conspiración frustrada en 1839 y continuó operando en el seno del régimen organizada desde su base en Montevideo. Un segundo foco de oposición interna estaba constituido por los terratenientes del sur, que se vieron particularmente afectados por el bloqueo francés que cortó sus vías de exportación y del que culpaban a Rosas. Pero su rebelión de 1839 no estuvo sincronizada con la conspiración política, y ellos también fueron aplastados. Finalmente, había una oposición exterior, en parte de otras provincias y en parte de las potencias extranjeras. Si la oposición exterior hubiese conectado con los disidentes del interior, entonces Rosas sí se habría visto en verdaderos apuros. Él, sin embargo, se reservaba otra arma: el terror.

Rosas usó el terror como instrumento de gobierno para eliminar a los enemigos y controlar a sus propios seguidores. El agente especial del terrorismo era la Sociedad Popular Restauradora, un club político y una organización paramilitar. La sociedad tenía un brazo armado, conocido habitualmente como la mazorca. La incidencia del terrorismo variaba de acuerdo con las presiones contra el régimen, alcanzando su cumbre en 1839-1842, cuando la intervención francesa, la rebelión interna y la invasión unitaria amenazaron con destruir el estado rosista, lo que provocó inevitablemente violentas contramedidas. El uso del terrorismo de estado era una característica esencial de este régimen y, una vez más, algo sin parangón en el resto de Hispanoamérica.

El sistema le dio a Rosas la hegemonía en Buenos Aires durante más de veinte años. Pero no podía aplicar la misma estrategia en toda Argentina. En primer término porque él no gobernaba «Argentina». Las trece provincias se autogobernaban independientemente, si bien estaban agrupadas en una Confederación de las Provincias Unidas del Río de la Plata. Incluso sin constitución ni una unión formal, las provincias se veían forzadas, con todo, a delegar ciertas materias comunes en el gobierno de Buenos Aires, en parte para asegurar una amplia base para la política económica y exterior y en parte para que el régimen adquiriera una dimensión nacional. Rosas domesticó el interior en los años entre 1831 y 1841 mediante una mezcla de diplomacia y coacción, estableciendo a una serie de caudillos clientes que reconocían su soberanía informal. Pero no podía aplicar esos métodos a las provincias del litoral, en las que los agravios económicos coincidían con poderosos intereses extranjeros. Dichas provincias querían derechos comerciales para los puertos fluviales del Paraná y del Uruguay, querían su parte de los ingresos aduaneros y querían autonomía local. Con ayuda exterior se podían convertir en el talón de Aquiles de Rosas.

Brasil tenía su propia cuenta que saldar con él. Decidido a evitar que los satélites de Buenos Aires se atrincheraran en Uruguay y en la costa, y ansioso de asegurar la libre navegación en el complejo fluvial que va del Mato Grosso al mar, Brasil estaba listo para ponerse en acción contra Rosas. Había un aliado a mano en Entre Ríos, donde Justo José de Urquiza, un poderoso estanciero y caudillo, se había puesto a la cabeza de los intereses provinciales, los exiliados liberales y los patriotas uruguayos en una alianza que fue fortalecida con suficiente dinero y fuerzas navales brasileñas como para desequilibrar la balanza en contra de Rosas. La Triple Alianza de Entre Ríos, Brasil y Montevideo entró en acción a partir de mayo de 1851.

En el propio Buenos Aires el entusiasmo que había despertado el régimen se iba desvaneciendo. La economía ya no estaba dominada exclusivamente por sus aliados y los estancieros dedicados a la crianza del ganado, ahora también incluía al sector ovejero, cuyos propietarios estaban menos militarizados y menos comprometidos con el régimen. Rosas se había excedido con los impuestos y los reclutamientos hasta superar lo que los estancieros estaban dispuestos a soportar. Y con sus métodos terroristas había despolitizado Buenos Aires, destruyendo así lo que de apoyo «popular» pudiera tener su gobierno. Cuando el ejército de la Triple Alianza puso en marcha la invasión, sus tropas huyeron y ni la gente de las ciudades ni la del campo se alzó en su apoyo. El 3 de febrero de 1852 fue derrotado en Caseros. Se alejó del campo de batalla, solo en su caballo, se refugió en casa del cónsul británico, subió a bordo de un navío británico y marchó a Inglaterra y al exilio.

Uruguay, tras la independencia, tenía una economía ganadera, un comercio de exportación, un puerto internacional y una constitución liberal. Pero los uruguayos comenzaron a pelearse sobre estas posesiones. Hubo una feroz lucha por la tierra, pues los estancieros más antiguos trataban de asegurar sus tenencias y los recién llegados luchaban por obtener su parte. Todos se alinearon con caudillos locales, y éstos con caudillos más importantes, uniéndose a los bandos o partidos de dos candidatos al poder rivales: los colorados y los blancos. El resultado fue la Guerra Grande, que comenzó como conflicto entre los dos caudillos más importantes, Manuel Oribe (blanco) y Fructuoso Rivera (colorado), disputándose el control de Uruguay, una lucha que se convirtió, con la caída de Oribe en octubre de 1838, en una guerra internacional.

Montevideo era colorado. Sitiados en la ciudad, los colorados adquirieron identidad como partido urbano, apoyados por los habitantes de la ciudad, receptivos a ideas foráneas y sobre todo liberales, a los inmigrantes europeos y al apoyo brasileño. Puesto que su fuerza se basaba en la orilla del río y en los centros costeros, las regiones vinculadas al comercio y la navegación procedentes del Río de la Plata, los colorados temían la dominación argentina y, por consiguiente, tendían a ser probrasileños, aunque no de modo continuo. Se aliaron con exiliados liberales de Buenos Aires contra Rosas y su subordinado, Oribe, y dieron la bienvenida a la intervención, primero de Francia (1832-1842) y luego de Gran Bretaña y Francia (1843-1850), que abastecieron a la ciudad sitiada y, al tiempo, bloquearon Buenos Aires, su enemigo común.

El campo, por su parte, era blanco, el partido de los estancieros, de la autoridad y de la tradición. Los terratenientes veían sus propiedades amenazadas por la expansión de Brasil hacia el sur y, por consiguiente, los blancos recurrieron a Argentina como contrapeso frente a la posibilidad de dominación brasileña. Pero ésta tampoco se trataba de una alianza continua, porque los estancieros uruguayos eran obviamente competidores de los argentinos. Aparte de esto, los blancos se enorgullecían de resistirse a la intervención extranjera y a la alianza con la Argentina de Rosas. Estaban subvencionados militar y financieramente por Rosas, y los conducía un hombre, Oribe, que, a pesar de su nacionalismo en lo concerniente a la intervención europea, era considerado por muchos como una herramienta de su amo. Las fuerzas militares combinadas de Rosas y Oribe bastaban, si no para vencer, sí para resistir a la alianza rival; y el sitio de Montevideo duró desde el 16 de febrero de 1843 hasta que se estableció la paz entre los uruguayos el 8 de octubre de 1851.

Para entonces ambos partidos habían perdido las ilusiones puestas en la intervención extranjera; Rivera debido a la incapacidad de sus aliados anglofranceses para destruir a Rosas, Oribe debido a la vulnerabilidad de Rosas frente a la rebelión encabezada por Urquiza. Empujados por Urquiza, los partidos rivales estaban listos para firmar la paz y para acordar que no hubiera vencedores ni vencidos. De este modo, se unieron al movimiento contra Rosas, pero en calidad de subordinados a socios más poderosos, especialmente Brasil. Uruguay firmó entonces un tratado con Brasil extremadamente desfavorable, en el que cedía derechos territoriales, concedía una hipoteca sobre la aduana y permitía el libre paso (o sea, sin impuestos) de ganado de Uruguay a Brasil; todo ello a cambio de un subsidio mensual, los únicos fondos asequibles para la tesorería uruguaya.

La Guerra Grande dejó un Uruguay empobrecido, a sus industrias ganadera y de saladero arruinadas, a su gobierno fuertemente endeudado con acreedores nacionales y extranjeros y a su población en declive. Y sobre todo el país se cernía la sombra amenazadora de Brasil. Demográficamente, la guerra supuso una época de pérdidas; la escasez de gente y de mano de obra constituirían probablemente los más graves problemas de Uruguay en el futuro. La población cayó de 140.000 habitantes en 1840 a 132.000 en 1852; Montevideo sufrió una disminución de 40.000 a 34.000 habitantes.

Socialmente, a pesar de que la estructura de la tenencia de tierras no cambiaba, las estancias cambiaban de manos a menudo. Muchos propietarios nativos se habían visto obligados a buscar asilo en Montevideo; sus tierras sufrían entonces dejadez o saqueos, perdían su ganado y su valor, y los propietarios se veían forzados a vendérselas baratas a los recién llegados. Procedentes de Río Grande do Sul, los brasileños entraron en tropel en un Uruguay vacío en la década de 1850, comprando cientos de estancias, seguidos por los ingleses y por otros europeos. Los extranjeros dominaban ya el sector urbano; en 1853, de los 2.200 comerciantes y artesanos, 1.700, o casi el 80 por 100, eran extranjeros. Las masas rurales lo pasaron bastante mal. La guerra agudizó su pobreza y sus costumbres nómadas porque muchos huyeron del ejército; ahora, después de la guerra, se adaptaban mal a la categoría de peón, prefiriendo una vida marginal de trabajo temporero o de vagabundeo.

Las consecuencias económicas de la guerra fueron igualmente terribles. La base de la economía uruguaya era la producción y exportación de cueros, carne salada y lana. El sacrificio indiscriminado de animales, el fuerte consumo de ganado por parte de los ejércitos en guerra y de las flotas europeas, junto con las incursiones en busca de ganado de las estancias por parte de los brasileños de Río Grande do Sul, diezmaron la ganadería uruguaya. Las cabezas de ganado pasaron de sumar los seis millones en 1843 a dos millones en 1852. Los saladeros sufrieron la falta de ganado y la competencia brasileña, y de las 24 instalaciones que funcionaban en 1842 no quedaban más que tres o cuatro en 1854. La incipiente industria ovina sufrió también un serio revés.

Privado de recursos e infraestructura, el Estado era demasiado débil para exigir obediencia o para proteger a sus súbditos. Al ir declinando la autoridad del Estado, los individuos tenían que arreglárselas por su cuenta y retroceder a las relaciones de autoridad y subordinación personales características de sociedades más primitivas. Fue la época clásica del caudillismo uruguayo.

Paraguay retrocedió tras la independencia a una economía casi de subsistencia, hostigado de una parte por Argentina y por Brasil de la otra. Esta sencilla sociedad, polarizada entre una clase dirigente del Estado y un campesinado dócil, estuvo sometida al dominio de una serie de dictadores que impusieron un aislamiento político y económico. El primero de la serie fue el doctor José Gaspar Rodríguez de Francia, un abogado criollo, que fue nombrado dictador para cinco años por un congreso en 1814, y luego Dictador Supremo o de por vida por otro en 1816, tras lo cual gobernó hasta su muerte en 1840, sin congreso, ni rivales, ni prensa de ningún tipo. Fue aceptado bajo sus propias condiciones porque parecía ser el único líder capaz de defender la identidad independiente de Paraguay, y para cumplir esta función exigió poderes absolutos.

Esta tradición de gobierno fue continuada por Carlos Antonio López, otro abogado, que gobernó primero como cogobernante, y luego, desde 1844, como dictador hasta su muerte en 1862. López empleó gran parte de su tiempo en situar y promocionar a su propia familia, reservándole la sucesión a su hijo Francisco Solano López. Estos reinados, relativamente largos, y las tendencias a autoperpetuarse de estos dirigentes autoritarios hicieron del gobierno paraguayo casi una dinastía de caudillos, única en Hispanoamérica.

Francia mantuvo a Paraguay en una situación de aislamiento casi total, en régimen de clausura para el resto del mundo. Su política fue una respuesta a la de Buenos Aires, que se negaba a aceptar la independencia de Paraguay y lo trataba como a cualquier otra provincia rebelde. Buenos Aires trató de bloquear el tráfico fluvial para asfixiar su economía, negándole la libre navegación por su salida natural, el río Paraná. Francia autorizó un comercio controlado en dos puertos fluviales; aparte de eso, Paraguay tenía que buscar la autosuficiencia económica y someterse al monopolio del gobierno. Los productos principales eran la yerba mate y la madera, aunque Francia estimulaba también una producción más diversificada: tabaco, azúcar y cueros. A los agricultores se les asignaba una cuota de producción de grano y algodón que tenían que cubrir para suplir las importaciones. Había también una gran cantidad de tierras públicas que o bien se arrendaban a agricultores o bien eran administradas directamente por capataces del Estado que a menudo empleaban esclavos. Unas cincuenta de estas «estancias del Estado» se convirtieron en eficientes unidades de producción, cubriendo las necesidades locales y suministrando algunos artículos para la exportación. Pero dada la falta de un gran estímulo exterior, la economía funcionaba un poco por encima del nivel de estancamiento y el nivel de vida seguía siendo primitivo.

Francia efectuó algunas maniobras de tipo social. Mediante una mezcla de terror y castigos destruyó a la antigua aristocracia colonial y expulsó a los comerciantes españoles. La confiscación de estancias y la negación de vías libres de exportación frustraron el desarrollo de la agricultura comercial y privaron a Paraguay de una clase estanciera comparable a la del resto del litoral. La destrucción de la clase dirigente no supuso el avance de los sectores sociales inferiores. De hecho, el Estado y sus escasos servidores ocuparon el lugar de la élite tradicional. La mayor parte de la población —agricultores sin organizar y campesinado apolítico— eran espectadores pasivos de la dictadura de Francia. Continuaron viviendo y trabajando desde su subordinación. La esclavitud perduró más allá del régimen de Francia, aunque la ley de 1842 acabó con el tráfico de esclavos. De acuerdo con el censo de 1846, de una población de 238.862 habitantes, había 17.212 pardos, de los cuales 7.893 eran esclavos y 523 libertos.

El sucesor de Francia, Carlos Antonio López, no era menos dictatorial, aunque sí más benevolente. Él también tenía un poder absoluto, aunque lo utilizó para liberar a prisioneros políticos, ofrecer un mínimo de educación, organizar un sistema judicial sencillo y establecer una prensa. Mantuvo el control estatal de las tierras y la economía, pero se distanció del sistema de Francia en dos cuestiones fundamentales: acabó con el aislamiento de Paraguay e introdujo los rudimentos de la modernización. En la década de 1840 permitió la entrada de una serie de comerciantes y artesanos extranjeros, así como unos pocos doctores. En la década de 1850 comenzó a importar tecnología a gran escala con el fin de dotar a Paraguay de una moderna infraestructura de industria, transporte y armamento, aunque esto se hizo por motivaciones puramente militares y no para el desarrollo. López deseaba también establecer canales de comercialización más amplios que los autorizados por Francia para así abrir Paraguay al mundo moderno. Permitió el comercio río abajo hacia todas las naciones, si es que era capaz de lograr que Buenos Aires o los caudillos del litoral lo dejaran pasar.

Los resultados fueron mixtos. Las fronteras con Argentina y Brasil estaban aún por definir y continuaban siendo una fuente de fricciones. Además, López descubrió la dificultad de lograr avances con Rosas, que consideraba a Paraguay una provincia descarriada y restringía su uso del sistema fluvial. La alianza con Corrientes y con Brasil tuvo poco éxito. Rosas replicó con el bloqueo, y López a su vez con la guerra en 1845, pero eso fue prematuro, porque Paraguay no poseía aún un poder militar independiente y sólo podía ir a la guerra en calidad de herramienta de Brasil. Fueron estas experiencias humillantes las que impulsaron a López a modernizar su país y a buscar el equilibrio militar en el Río de la Plata. La caída de Rosas, en la que Paraguay no tuvo parte alguna salvo por una alianza formal con Brasil, le permitió romper el aislamiento. La confederación argentina declaró la libre navegación fluvial en 1853. Las potencias americana y europea firmaron tratados con López entre 1852 y 1860 y el sistema fluvial fue abierto a navíos extranjeros. Paraguay comenzó a proyectar su fuerza en el Río de la Plata.

7. BRASIL

La independencia brasileña presentaba una serie de contrastes con la de Hispanoamérica. Mientras que, para mediados de siglo, Hispanoamérica estaba dividida en diecisiete países distintos, Brasil conservó su unidad como nación única. Mientras que la gobernación hispanoamericana tendía hacia el caudillismo inestable o un autoritarismo presidencial, Brasil se las arregló para conservar una monarquía constitucional estable. La explicación básica de todo ello radicaba en la existencia en Brasil de una élite homogénea, graduados de la legislación civil (a menudo procedentes de

Coimbra) y que contenía en su seno a un gran número de burócratas y funcionarios, especialmente magistrados y jueces. Ello dotaba a la élite de una solidaridad ideológica y de una conciencia de las necesidades de la construcción de un Estado que eran raras en Latinoamérica.

La monarquía no era en sí misma un agente de la unidad nacional. Es cierto que, al presidir la independencia brasileña en 1822, el príncipe portugués Pedro pudo facilitar la transición de colonia a imperio sin grandes agitaciones ni políticas ni sociales. Pero existían dudas en Brasil en cuanto a la fidelidad de Pedro I al constitucionalismo y sobre su total independencia frente a intereses portugueses. Cuando los liberales trataron de doblegar el poder de veto que el emperador tenía sobre la legislación, Pedro se mostró tal cual realmente era: disolvió la Asamblea Constituyente en noviembre de 1823 y estableció un Consejo de Estado, que publicó una nueva constitución en marzo de 1824. De modo que no se trataba de una constitución recibida, sino impuesta. Establecía una monarquía constitucional. El constitucionalismo estaba representado por una serie de elementos liberales: garantizaba la libertad individual, la igualdad de todos ante la ley y, en el espíritu de la época, abolía los tribunales especiales. Pero el emperador y la élite política controlaban al gobierno a través de la Cámara, el Senado y el Consejo de Estado. Los cargos de senador y consejero eran vitalicios y designados por el emperador, y el derecho al sufragio quedaba restringido por limitaciones en cuanto a propiedades. El emperador tenía poderes para vetar la legislación, nombrar a los ministros, designar a los jueces y, a través del «poder moderador», el derecho a disolver la Cámara.

La Constitución de 1824 era, pues, un documento liberal y garantizaba las libertades básicas de la persona. Pero trataba de adaptar su liberalismo a una estructura social colonial. La libertad y la igualdad se conjugaban con el derecho a la propiedad, incluida la de esclavos. Las elecciones indirectas y un sistema gradual de méritos en propiedades que limitaban a electores y elegibles excluía de hecho al campesinado y a los pobres de las ciudades de toda participación en la política del imperio. Estas nuevas distinciones, basadas en la propiedad y los ingresos en lugar de en el estamento o en la casta o en el color, introducían el concepto de clase en la conciencia política brasileña. Ya no había necesidad de crear barreras a la movilidad social basadas en el color o en la casta. Las definiciones derivadas de un criterio de ingresos eran lo suficientemente efectivas como para excluir a los sectores sociales inferiores.

El emperador tenía poder sobre la Iglesia del mismo modo que sobre el Estado. La independencia política de Brasil no implicaba la de la Iglesia. El poder casi absoluto de la Corona portuguesa sobre la Iglesia colonial fue heredado intacto por el imperio. El emperador conservaba plenos poderes de patronato, así como derechos de intervención entre Roma y la Iglesia brasileña. Nombraba a los obispos, cobraba los diezmos y pagaba al clero.

El absolutismo de Pedro I era obvio para todo aquel que deseara verlo, pero los liberales lo veían con mayor claridad que otros. Un movimiento de protesta surgido en el noreste se convirtió, en el curso de 1824, en una violenta rebelión que proclamó una república independiente, la Confederación del Ecuador. La rebelión fue reprimida sin piedad, pero el resentimiento brasileño contra el emperador siguió vivo. Y se vio agravado por su evidente parcialidad a favor de los portugueses que vivían en Brasil, fundamentalmente burócratas y comerciantes, pero también amigos íntimos del emperador que formó una especie de «gabinete secreto». Se le criticó haber hecho un pago a Portugal por su reconocimiento de la independencia brasileña. Para obtener la ayuda británica con el fin de asegurarse el reconocimiento portugués se hacía necesaria aún otra concesión: abolir el comercio de esclavos. Se firmó un tratado el 23 de noviembre de 1826 según el cual el comercio de esclavos comenzaría a ser ilegal en Brasil tres años después de su ratificación. Para imponer su decisión a una élite brasileña conocida por su oposición a la abolición, el emperador hubo de actuar como un verdadero absolutista, pues la abolición era una causa impopular en Brasil y tendía a unir la opinión en defensa de los intereses nacionales. La opinión pública estaba también indignada por lo que se consideraban fracasos del emperador en el Río de la Plata. El ejército brasileño fue incapaz de derrotar a las fuerzas argentinas en su lucha por el control de la Banda Oriental en 1825. Brasil perdió su, así llamada, Provincia Cisplatina, y en 1828 reconoció, junto con Argentina, el Estado independiente de Uruguay. El hecho de que ésta fuera una sabia decisión ni aplacó a los brasileños ni mitigó tampoco su resentimiento por la mediación británica en el asunto.

La impopularidad de la persona del emperador no podía, sin embargo, socavar el apoyo de la élite hacia el imperio, del que pensaban que era la única alternativa a la anarquía. En cualquier caso, el emperador jugaba con un extenso padrinazgo, y nadie cuestionaba su derecho a otorgar privilegios. Muchos miembros de la élite se hicieron con puestos en el gobierno, en el Senado y en el Consejo de Estado; otros quedaban satisfechos con títulos nobiliarios; y algunos apoyaban al emperador por principios. Pero era una alianza frágil, que se podía derrumbar fácilmente en un momento de especial tensión. La situación económica empeoró durante la década de 1820 con la caída de los precios de los productos exportados al mercado internacional. Los británicos eran considerados los culpables. El tratado comercial anglo-brasileño de 1827 confirmó la posición de favor otorgada al comercio británico en 1810; los británicos continuaron disfrutando de una tarifa máxima en la importación de sus bienes, pero no le ofrecían a Brasil nada a cambio. De hecho, para favorecer los intereses de sus propios plantadores de las Indias Occidentales, Gran Bretaña estableció unos impuestos que alcanzaban el 180 por 100 en el azúcar brasileño y el 300 por 100 en el caso del café. La tarifa preferencial concedida a Gran Bretaña en Brasil recibió acusaciones de frenar el crecimiento de la industria y de disminuir los ingresos aduaneros.

La recesión económica agudizaba las tensiones sociales. El nivel de vida descendió, especialmente para los pobres, y la independencia no parecía haber comportado ningún beneficio, excepto quizá para los portugueses, que todavía dominaban el comercio y que todavía eran un grupo favorecido. Las protestas urbanas se podían oír ya exigiendo mejoras para los brasileños y la expulsión de los portugueses. En marzo de 1831 hubo enfrentamientos en las calles de Río entre brasileños y portugueses. Lejos de ceder a las presiones, el emperador estableció un gabinete de línea dura y se preparó para hacer frente a la oposición.

En los días del 5 al 7 de abril de 1831, varios grupos de descontentos se reunieron en la capital, los sectores populares, los liberales brasileños, un cierto número de diputados, para presionar al emperador con el fin de que cambiara de política. Finalmente, incluso el ejército se unió al movimiento, exigiendo en su caso el cese de los oficiales portugueses. En este momento la voluntad de don Pedro vaciló y evitó la confrontación. Abdicó del trono brasileño a favor de su hijo Pedro, que entonces sólo contaba cinco años de edad, y prontamente se estableció una regencia tripartita. La abdicación del príncipe portugués en favor de su hijo, nacido y educado en Brasil, significaba hacer el trono verdaderamente brasileño y haber dado el último paso hacia la independencia política del país. Le siguió un ciclo de rebeliones a lo largo y ancho del Brasil, normalmente iniciadas por las tropas y con cierto apoyo de los sectores populares de las poblaciones. Pero no fueron fieles a un único modelo: algunas eran anti y otras proportuguesas; algunas confirmaban los acontecimientos de 1831 y otras los rechazaban. La mayoría tuvieron que ser severamente reprimidas por el nuevo régimen.

Los principales beneficiarios del nuevo régimen fueron los liberales moderados de la élite brasileña, muchos procedentes de Río, São Paulo y Minas Gerais, defensores de la independencia en 1822 y subsiguientemente marginados por el absolutismo de Pedro I. Su liberalismo tenía pocas implicaciones sociales. Pertenecían a la clase dominante de los terratenientes y propietarios de esclavos, y formaban parte de la élite homogénea que era característica de Brasil en el siglo XIX. Políticamente apoyaban a la monarquía, pero insistían en que debía ser constitucional, no absolutista. En conjunto, preferían el federalismo al centralismo, pero, de nuevo, sin irse a los extremos ni arriesgarse a dañar la unidad nacional. Eran antimilitaristas, al igual que la mayoría de los liberales de Latinoamérica, pero no ignoraban la necesidad de seguridad interna. Y sin embargo, incluso con estas características, el liberalismo podía ser explosivo.

Una de las primeras actuaciones del nuevo gobierno fue crear una Guardia Nacional que sustituyera al ejército en sus misiones de policía interior en una época en que, a ojos de la élite, la tropa y los mandos de menor grado eran insubordinados y los oficiales indignos de confianza. La Guardia Nacional estaba sujeta nominalmente al ministro de Justicia, pero en realidad era una fuerza policial con base municipal controlada por los jueces de paz y las élites locales, que suministraban a sus *coronéis*. Una segunda reforma liberal de importancia fue la del Código Penal, aprobado en 1831. Éste fortalecía los poderes de los jueces de paz —electos— e introducía la institución del jurado y el *habeas corpus*, todo ello protegiendo los intereses de la libertad individual. En tercer lugar, los liberales trataron de reducir el poder del ejecutivo y fortalecer al legislativo. Pero los intereses creados impidieron un vuelco completo. El Consejo de Estado fue suprimido, pero el Senado y el poder moderador se conservaron. Todos estos compromisos fueron plasmados en el Acta Adicional de 1834, que también reforzaba a los gobiernos provinciales mediante unas asambleas provinciales recién creadas, pero dejaba a las *câmaras* municipales como meros agentes administrativos con muy pocos ingresos. Este arreglo les convenía a las élites locales, que no deseaban pagar impuestos municipales y que ya controlaban a las regiones a través de sus redes de poder.

El programa liberal de 1831-1835 había moderado el absolutismo y centralismo de las instituciones imperiales sin ceder a exigencias más radicales que apuntaban hacia una república o federación. Al igual que muchos otros programas reformistas latinoamericanos del siglo XIX, no satisfacía ni a conservadores ni a radicales. Estos últimos, tras haber perdido el control del movimiento liberal, tenían aún ciertas oportunidades en las provincias, donde las reformas no cumplieron con lo prometido. Allí, el poder del gobierno central fue sustituido por el de la élite local, que convirtió a muchas instituciones provinciales en instrumentos de opresión. Los jueces de paz eran a menudo una herramienta de las familias locales y de los grupos fácticos, y eran parte interesada en las disputas locales en lugar de árbitros. La institución del jurado no fortaleció la administración de justicia; los jurados eran tímidos o parciales y cedían a las presiones exteriores. La Guardia Nacional, lejos de ser una milicia de los ciudadanos, cayó bajo el control de las élites locales y de sus agentes, que la manipulaban mediante influencias y padrinazgos. El Acta Adicional de 1834 dotaba a las provincias de asambleas legislativas autónomas y electas que aumentaban sus poderes políticos y les permitían controlar la designación de funcionarios. Era llevar el federalismo demasiado lejos y ponerlo en conflicto con el gobierno central, que aún conservaba el poder para nombrar a los gobernadores provinciales, así como un veto parcial sobre la legislación local.

Las reformas liberales, por supuesto, no alteraron la estructura social. Esa era labor imposible, dada una realidad básica de la vida social brasileña: la esclavitud imponía severas limitaciones a las posibilidades de cambio social en el Brasil de mediados de siglo. A pesar de todo, las reformas tuvieron un efecto desestabilizador en la sociedad brasileña. Llevaron a las élites locales a la política sectaria, exportando en algunos casos temas nacionales a las provincias, estimulando en otros los conflictos locales cuando un grupo trataba de dominar a otro y defender sus intereses. Ahora se veía más claro que nunca lo difícil que resultaba mantener unido este gran y diverso país. Entre 1831 y 1848 estallaron en el país siete revueltas importantes y una menor, muchas de las cuales presentaron tendencias federalistas o separatistas. En tres de ellas, sus líderes proclamaron gobiernos republicanos independientes. Aunque las rebeliones presentaban, más o menos, algunos modelos políticos comunes, no se adecuaban a ningún modelo social concreto, y por ello resultan difíciles de clasificar. Cada una tuvo su propio carácter.

La primera de las revueltas provinciales, la Guerra de los Cabanos (1832-1835), fue, de modo excepcional, conservadora y restauradora en sus objetivos, pero popular en su composición social. Estalló en la región de Pernambuco, e incorporó a campesinos, pequeños propietarios agrícolas, indios y esclavos, que libraron una terrible guerra de guerrillas durante tres años, constituyendo una expresión de protesta social contra la élite y los liberales y exigiendo la vuelta de Pedro I y la obediencia a los cánones de la religión tradicional.

La segunda rebelión tuvo lugar en el norte, en Pará, y comenzó bajo la forma de un conflicto entre tres facciones: los portugueses, los liberales moderados y los liberales radicales. Estos últimos derrocaron violentamente al gobierno provincial en enero de 1835 y la revuelta se extendió rápidamente, extrayendo a sus cabecillas de los oficiales locales y militares de tendencias liberales. La división producida en el seno de la élite local permitió intervenir a los sectores populares que pronto dominaron el movimiento. El *Cabanagem*, el nombre que recibió, se convirtió de este modo en un violento estallido de furia protagonizado por clases reprimidas socialmente, los indios y las razas mezcladas, contra el poder y la riqueza de los blancos y contra las autoridades en general. Se proclamó la independencia de Pará, pero no era ese un objetivo de los sectores populares, que mataban y morían por beneficios más inmediatos. Para 1840 habían sido aplastados y derrotados.

La tercera rebelión, la *Farroupilha*, estalló en el extremo sur del país, en Río Grande do Sul, en donde poderosos terratenientes y caudillos locales exigían del gobierno central apoyo a sus intereses ganaderos y a su expansión hacia Uruguay.

Reaccionando contra una supuesta dejadez imperial, o quizá para forzar al gobierno, los *estancieiros* proclamaron la provincia independiente con un gobierno republicano en septiembre de 1836. Los objetivos exactos de los *farroupilhas* no eran nada claros, pero obviamente consideraban que Río Grande do Sul debía ser una base independiente de cara a un corrimiento de las fronteras hacia el sur, con o sin el apoyo del gobierno central. Mantuvieron la guerra contra el gobierno central hasta 1845, momento en que las concesiones y el agotamiento pusieron fin al conflicto. Pero los objetivos de los *estancieiros* y sus ambiciones en Uruguay seguían en pie y, hasta cierto punto, fueron incorporados a la política oficial brasileña.

La cuarta rebelión de importancia, la *Sabinada*, parece haber tenido un carácter más puramente político y haber buscado la secesión de Bahía, su foco. El movimiento inicial partió del acuartelamiento militar de Salvador en noviembre de 1837. Recibió el apoyo de comerciantes e intelectuales, mientras que los combatientes de a pie procedían de los sectores populares. Pero no trataron de movilizar a los esclavos, el potencial más revolucionario, y ello era un indicador de lo limitadas de sus dimensiones sociales. Con eso y todo, era demasiado radical para los terratenientes del interior y para la mayor parte del sector comercial, que tenían serios reparos a unirse a elementos populares y a intelectuales urbanos para separar a la provincia del resto del Brasil. Los rebeldes fueron aislados, rodeados y rotundamente derrotados por las fuerzas del gobierno central en marzo de 1838.

La última revuelta, la *Balaiada,* en la zona sur de la provincia de Maranhão, se dio directamente en el contexto de la reforma liberal, que promovió una mayor participación en la política local. La revuelta tuvo su origen en la lucha de dos facciones locales por la hegemonía, y no pareció desarrollar raíces sociales de importancia. El movimiento, bien es cierto, reclutó esclavos, pero constituyeron una fuente de divisiones en el seno del movimiento rebelde, las cuales fueron explotadas con eficacia por las fuerzas gubernamentales, separando a los libres de los esclavos y a las élites de los sectores populares. Para 1840, la rebelión había sido aplastada.

La desestabilización de la sociedad y el socavamiento de la unidad nacional a causa de las reformas liberales de 1831-1834 agudizó las diferencias en la política brasileña e hizo más nítidas las divisiones ideológicas en el seno de la élite. Ello condujo a la formación de dos partidos políticos claramente diferenciados, conservador y liberal, cuya historia es prácticamente la historia del segundo imperio. La reacción conservadora entre la élite nacional fue probablemente inevitable tras la experiencia del liberalismo y de sus efectos en el periodo 1831-1840, y se correspondía con las tendencias imperantes en el resto de Latinoamérica, que contempló un retorno a los conceptos de orden, autoridad y gobierno central fuerte en los años en torno a 1840. Unas nuevas elecciones para regente en 1838 fueron ganadas por Pedro de Araújo Lima, un ministro del imperio, senador conservador y un magnate del azúcar, además de centralista convencido. En su camino hacia el conservadurismo fue seguido por la mayoría de los burócratas y magistrados del imperio, así como por parte de la clase de los terratenientes, en especial los de Río y el noreste. Del grupo de liberales moderados se dejaron atrás a los intelectuales, profesionales liberales y otros grupos urbanos, así como los terratenientes procedentes de centros de poder menos tradicionales como São Paulo, Minas Gerais y Río Grande do Sul. Todos ellos se convertirían en el corazón del Partido Liberal.

El gobierno organizado por Araújo Lima en 1838 era una alianza de magistrados y plantadores de azúcar y café, la mayoría educados en Coimbra, y con una considerable experiencia gubernamental. Eran un reflejo de la sólida clase dirigente brasileña, que compartía una serie de principios comunes. Creían que el liberalismo radical no era adecuado para el nivel de desarrollo que tenía Brasil entonces, que las necesidades básicas del país, el orden social y la unidad nacional sólo podían ser garantizadas por un gobierno central fuerte. Por consiguiente, la prioridad fundamental consistía en restaurar el centro.

El retroceso hacia la centralización tomó formas diversas. El proceso fue coronado por la mayoría de edad del emperador, con sólo quince años, pero finalizando su minoría de edad antes de tiempo. Así, el segundo imperio fue inaugurado en julio de 1840. El poder de las asambleas provinciales fue reducido en mayo de 1840, y en noviembre de 1841 se restableció el Consejo de Estado. Le siguió, en diciembre de 1841, la reforma del código penal, que confería al gobierno central el control sobre las instituciones judiciales del imperio, incluido el poder de designación de los jueces. El «poder moderador» fue restaurado, y en mayo de 1842 el gobierno disolvió las cámaras y convocó nuevas elecciones. Temiendo que los conservadores pretendieran perpetuarse en el poder, los liberales se alzaron en rebelión, primero en São Paulo y luego en Minas Gerais, dos de sus bases de poder. Se trataba de una revuelta contra el retroceso conservador y dividió a las élites rurales y urbanas de las provincias, pues unos apoyaban a los liberales y otros a los conservadores. Fue también una demostración de que los liberales continuaban siendo una fuerza a tener en cuenta en la política y que estaban en condiciones de ofrecer una alternativa creíble al centralismo conservador.

La rebelión de 1842 fue aplastada, pero los liberales volvieron al poder en 1844, algo escarmentados en sus concepciones políticas y sin el más mínimo asomo de separatismo en sus principales bases de poder, São Paulo y Minas Gerais. Su continuada participación en el proceso político era otra prueba más de la solidaridad de la clase dirigente brasileña y significaba que ninguno de los dos bandos sería capaz de romper las reglas del juego para intentar monopolizar el poder. Los liberales aceptaron la vuelta del centralismo y del mantenimiento de la ley y el orden y, en esos términos, tendían a alternarse en el poder con los conservadores. Los años de 1844-1848 lo fueron de gabinetes liberales.

Los liberales de las provincias, sin embargo, aprendieron estas lecciones más lentamente que la élite central. La vuelta de los conservadores al poder en 1848 provocó un alzamiento en Pernambuco en noviembre de 1848, la denominada *Praieira*, llamado así por la calle en que se publicaba un periódico liberal. La base social de la lucha se encontraba entre los pequeños plantadores de caña de azúcar y los campesinos libres de la Zona da Mata, menos capacitados que la oligarquía azucarera para soportar las dificultades que experimentaba la industria azucarera del nordeste. Pero las exigencias políticas de los rebeldes —federalismo, abolición del poder moderador y sufragio universal— fueron elaboradas por los liberales urbanos, que una vez más demostraron las limitaciones del liberalismo ignorando la cuestión de la esclavitud. Las disensiones internas condujeron a la derrota de los rebeldes por fuerzas gubernamentales, y a partir de 1849 los conservadores pudieron fortalecer su control de Brasil. Para completar el proceso de centralización iniciado en 1837, pusieron a la Guardia Nacional en 1850 bajo un control más absoluto del gobierno central.

El renacimiento conservador de mediados de siglo tenía una base económica en el sector cafetero en expansión de Río de Janeiro. Los beneficios derivados de la producción y exportación de café durante estos años fortalecieron la posición de los *fazendeiros* de Río dentro del Partido Conservador y del gobierno, y el café comenzó también a suponer una importante contribución a los ingresos del Estado. El componente burocrático del conservadurismo se vio, por consiguiente, reforzado por los nuevos grupos cafeteros, pero para el gobierno constituía un problema tanto como una ventaja, pues el sector cafetero utilizaba a esclavos, y la esclavitud dependía del comercio de esclavos.

Los gobiernos conservadores anteriores habían desafiado a Gran Bretaña y permitido a la trata ilegal de esclavos que operara y, de hecho, que floreciera. No se trataba de una posición creíble para un gobierno. La trata de esclavos aislaba internacionalmente a Brasil, y ningún gobierno podía conservar la credibilidad mientras mostraba connivencia con lo ilegal. Además, había señales que indicaban que si Brasil no suprimía la trata por sí mismo, Gran Bretaña lo haría por él, en aguas de Brasil si fuera necesario. En junio y julio de 1850, actuando según la *Aberdeen Act*, los barcos de guerra británicos comenzaron a penetrar en las aguas jurisdiccionales brasileñas y a apresar barcos esclavistas. Hubo un intercambio de disparos entre el *HMS Cormorant* y el fuerte de Paranaguá que provocó la indignación brasileña y rumores de guerra. Pero Brasil era impotente y no estaba en condiciones de resistir las presiones británicas. Era mejor tomar sus propias decisiones que desafiar al poder naval británico. El 4 de septiembre de 1850 fue aprobado un proyecto de ley gubernamental: se establecieron tribunales marítimos especiales para tratar los casos de comercio de esclavos, que fue declarado equivalente a la piratería. La nueva ley coincidió con un bache del mercado, en una época en la que muchos terratenientes habían hipotecado sus propiedades a tratantes de esclavos, llamando la atención sobre las desventajas económicas de la trata.

Una combinación de las acciones británicas, la respuesta brasileña y una trata de esclavos debilitada puso fin a este comercio. La agricultura brasileña tendría que adaptarse ahora a la pérdida de esta fuente de mano de obra, y en el futuro encontraría alternativas, primero con una trata de esclavos interior y más tarde con la inmigración europea.

Para 1850, los dirigentes brasileños habían creado un Estado dotado de fuertes instituciones centrales, que era estable políticamente y modestamente próspero. Brasil contaba con una élite nacional capaz de mantener unido al país. Las lecciones derivadas de las múltiples rebeliones entre 1831-1848 habían sido bien aprendidas y aplicadas. Los acontecimientos de ese tipo se consideraban una amenaza al orden y a la unidad nacional, y la conciencia de ello se convirtió en otro elemento más de unificación para la élite nacional. ¿Pero hasta dónde, socialmente hablando, llegaba el sentimiento de identidad nacional? ¿Y hasta dónde se extendía en lo geográfico? En una población de 7,5 millones de habitantes, aproximadamente un 25 por 100 seguían siendo esclavos, excluidos automáticamente de la vida política y privados de cualquier sentimiento de nacionalidad. Aparte de la población esclava, la mayoría tenía impedida la participación política y estaba privada de plenos derechos de ciudadanía por falta de propiedades o por analfabetismo. Si a estas desigualdades sociales se le añaden las diferencias regionales y las divisiones interprovinciales, entonces comprobaremos que a Brasil todavía le quedaba un largo camino por delante hasta alcanzar la meta de la construcción nacional.

ORIENTACIÓN BIBLIOGRÁFICA

IBEROAMÉRICA DESPUÉS DE LA INDEPENDENCIA

ALBERT, B., *South America and the World Economy from Independence to 1930,* Londres, 1983.
BETHELL, Leslie, ed., *The Cambridge History of Latin America,* vol. III: *From Independence to c. 1870,* Cambridge, 1985.
BRITO FIGUEROA, Federico, *Ensayos de historia social venezolana,* Caracas, 1960.
BROWN, Jonathan C., *A Socioeconomic History of Argentina, 1776-1860,* Cambridge, 1979.
CARL, George E., *First Among Equals. Great Britain and Venezuela, 1810-1910,* Ann Arbor, 1980.
CARRERA DAMAS, Germán, *Venezuela: proyecto nacional y poder social,* Barcelona, 1986.
CARRETERO, Andrés M., *La propiedad de la tierra en la época de Rosas,* Buenos Aires, 1972.
DEAN, Warren, *Rio Claro, A Brazilian Plantation System, 1820-1920,* Stanford, 1976.
FURTADO, Celso, *Formação econômica do Brasil,* Río de Janeiro, 1959.
GRASES, Pedro, y Manuel PÉREZ VILLA, eds., *Pensamiento político venezolano del siglo XIX,* 15 vols., Caracas, 1960-62.
HALPERÍN DONGHI, Tulio, *Historia contemporánea de América Latina,* Madrid, 1970.
HAMERLEY, Michael T., *Historia social y económica de la antigua provincia de Guayaquil, 1763-1842,* Guayaquil, 1973.
JARAMILLO URIBE, Jaime, *El pensamiento colombiano en el siglo XIX,* Bogotá, 1964.
LOMBARDI, John V., *The Decline and Abolition of Slavery in Venezuela, 1820-1854,* Westport, 1971.
PLATT, D. D. M., *Latin America and British Trade, 1806-1914,* Londres, 1972.
RANDALL, *Real del Monte, a British Mining Venture in Mexico,* Austin, 1972.
REYES HEROLES, Jesús, *El liberalismo mexicano,* 3 vols., México, 1957-1961.
RODRÍGUEZ MOLAS, Ricardo E., *Historia social del gaucho,* Buenos Aires, 1982.
ROUX, Rodolfo Ramón de, *Colombia y Venezuela (Historia general de la Iglesia en América Latina),* VII, Salamanca, 1981.
SAFFORD, Frank, *The Ideal of the Practical: Columbia's Struggle to Form a Technical Elite,* Austin, 1976.
SLATTA, Richard W., *Gauchos and the Vanishing Frontier,* Lincoln, Nebraska, 1983.
STEIN, Stanley J., *Vassouras, a Brasilian Coffee County 1850-1900,* Cambridge, Mass., 1975.
STEIN, Stanley J. y Barbara H., *The Colonial Heritage of Latin America,* Nueva York, 1970.
VALLENILLA LANZ, Laureano, *Cesarismo democrático,* en *Obras completas,* 1, Caracas, 1983.
ZORRILLA, Rubén, *Extracción social de los caudillos, 1810-1870,* Buenos Aires, 1972.

Ayala, Enrique, *Lucha política y origen de los partidos en Ecuador*, Quito, 1978.
Barrán, José Pedro, *Apogeo y crisis del Uruguay pastoral y caudillesco, 1838-1875*, Montevideo, 1974.
Basadre, Jorge, *Historia de la República del Perú*, 5.ª ed., 10 vols., Lima, 1962-64.
Bauer, Arnold J., *Chilean Rural Society from the Spanish Conquest to 1930*, Cambridge, 1975.
Bethell, Leslie, *The Abolition of the Brazilian Slave Trade. Britain, Brazil, and the Slave Trade Question, 1807-1869*, Cambridge, 1970.
Bonilla, Heraclio, *Gran Bretaña y el Perú. Los mecanismos de un control económico*, Lima, 1977.
— *Guano y burguesía en el Perú*, Lima, 1974.
Burgin, Miron, *Aspectos económicos del federalismo argentino*, Buenos Aires, 1960.
Burr, Robert N., *By Reason or Force. Chile and the Balancing of Power in South America, 1830-1905*, Berkeley, 1965.
Carrera, Rafael, *Memorias 1837-1840*, Guatemala, 1979.
Colmenares, Germán, *Partidos políticos y clases sociales*, Bogotá, 1968.
Collier, Simon, *Ideas and Politics of Chilean Independence 1808-1833*, Cambridge, 1967.
Costeloe, Nichael P., *La primera República Federal de México (1824-1835)*, México, 1975.
Crespo, Alfonso, *Santa Cruz, el cóndor indio*, México, 1944.
Díaz Díaz, Fernando, *Caudillos y caciques. Antonio López de Santa Anna y Juan Álvarez*, México, 1972.
Fuentes Mares, José, *Santa Anna: el hombre*, México, 1932.
González Navarro, Moisés, *Anatomía del poder en México (1848-1853)*, México, 1977.
— *Raza y tierra*, México, 1970.
Griffith, W. J., *Empires in the Wilderness*, Chapel Hill, 1966.
Hale, Charles A., *El liberalismo mexicano en la época de Mora, 1821-1853*, México, 1972.
Halperín Donghi, Tulio, *Historia Argentina. III: De la revolución de independencia a la confederación rosista*, Buenos Aires, 1972.
— *Politics, Economics and Society in Argentina in the Revolutionary Period*, Cambridge, 1975.
Ibarguren, Carlos, *Juan Manuel de Rosas, su vida, su drama, su tiempo*, Buenos Aires, 1961.
Izard, Miguel, Manuel Pérez Villa, et. al., *Política y economía en Venezuela, 1810-1976*, Caracas, 1976.
Knight, Franklin W., *Slave Society in Cuba during the Nineteenth Century*, Madison, 1970.
Lofstrom, William L., *The Promise and Problems of Reform: Attempted Social and Change in the First Years of Bollivian Independence*, Cornell University, 1972.
López Cámara, F., *La estructura económica y social de México en la época de la Reforma*, México, 1967.
Lynch, John, *Juan Manuel de Rosas, 1829-1852*, Buenos Aires, 1984.
Moreno Fraginals, Manuel, *El Ingeñio*, La Habana, 1964.
Moya Pons, Frank, *La dominación haitiana, 1822-1844*, Santiago de los Caballeros, 1973.
Murilo de Carvalho, José, *A construção da ordem. A elite política imperial*, Río de Janeiro, 1980.
Nicholls, David, *From Dessalines to Duvalier: Race, Colour and National Independence in Haiti*, Cambridge, 1979.
Ortiz de Zavallos Paz Soldán, Carlos, *Confederación Perú-Boliviana, 1835-1839*, 2. vols., Lima, 1972-1974.
Ospina Vázquez, Luis, *Industria y protección en Colombia, 1810-1930*, Medellín, 1955.
Páez, José Antonio, *Autobiografía*, 2 vols., Caracas, 1973.
Pentland, J. B., *Informe sobre Bolivia, 1927*, Potosí, 1975.
Reina, Leticia, *Las rebeliones campesinas en México (1819-1904)*, México, 1980.

Rodríguez, A., *Ezequiel Zamora*, Caracas, 1977.

Rodríguez, Mario, *Palmerstonian Diplomat in Central America: Frederick Chatfield, Esq.*, Tucson, 1964.

Safford, Frank, *Aspectos del siglo XIX en Colombia*, Medellín, 1977.

Sánchez Albornoz, Nicolás, *Indios y tributos en el Alto Perú*, Lima, 1978.

Thomas, Hugh, *Cuba or the Pursuit of Freedom*, Londres, 1971.

Viotti da Costa, Emília, *Da monarquia à República: momentos decisivos*, 2.ª ed., São Paulo, 1979.

William, John Hoyt, *The Rise and Fall of the Paraguayan Republic, 1800-1870*, Austin, 1979.

Woodward, R. L., Jr., *Privilegio de clases y el desarrollo económico: el consulado de comercio de Guatemala 1793-1871*, San José, 1981.

Wortman, Miles L., *Government and Society in Central America, 1680-1840*, Nueva York, 1982.

John Lynch

CAPÍTULO III

El Federalismo:
1850-1875

I. RAÍCES Y MODALIDADES FEDERALISTAS

El antagonismo entre federalismo y centralismo está presente ya en los albores de las sociedades independientes de Iberoamérica. Si es cierto que algunos criollos revolucionarios aspiraron a la implantación de monarquías —tal es el caso de San Martín, de Iturbide y de ciertos sectores conservadores de la Gran Colombia—, y que Brasil rompe con la metrópoli sin renunciar por ello al sistema imperial, en casi toda Hispanoamérica la ideología predominante fue liberal republicana. Junto a ello, la idea de crear Estados regidos por una constitución federal tuvo decididos adherentes en la etapa inicial. Así surgieron en 1811 la República Federal de Venezuela, las Provincias Unidas de Nueva Granada, la República Federal de México, así como las Provincias Unidas de Centro América, en 1824.

Argentina se dota de una Constitución centralista, pero rechazada por la mayoría de las provincias interiores. La idea del federalismo germina en plena lucha independentista y es desarrollada por José Artigas dede la Banda Oriental, aunque no estuvo ausente en las reflexiones de algunos hombres de Mayo, tal es el caso de Mariano Moreno. Se trataba, al fin, de una cuestión introducida por la propia tradición hispánica, donde la defensa de la voluntad de «los pueblos» ha sido esgrimida tempranаmente. Es conocida una *Proclama Anónima* aparecida en Montevideo el año 1808, justificando la creación de la Junta en esa ciudad, puesto que la situación de la casa reinante retrovertía al pueblo español todos los derechos de soberanía y, por consiguiente, debía ocurrir lo mismo con el pueblo americano. Un argumento similar esgrime Mariano Moreno desde la *Gazeta de Buenos Aires* en diciembre de 1810:

> Ya en otra gaceta discurriendo sobre la instalación de las Juntas de España, manifesté, que disueltos los vínculos que ligaban los pueblos con el Monarca, cada provincia era dueña de sí misma, por cuanto el pacto social no establecía relación entre ellas directamente, sino entre el Rey y los pueblos [...] Las leyes de Indias declararon que la América era una parte o accesión de la corona en esta decisión, pero la rendición de Castilla al yugo usurpador, dividió nuestras provincias de aquel reyno, nuestros pueblos entraron felizmente al goce de unos derechos que desde la conquista habían estado sofocados; estos derechos se derivan esencialmente de la calidad de los pueblos y cada uno tiene los suyos enteramente iguales y diferentes de los demás [...] Pueden, pues, las provincias obrar por sí solas su constitución y arreglo, deben hacerlo, porque la naturaleza misma les ha prefijado esta conducta, en las producciones y límites de sus respectivos territorios.

Unas reflexiones que, si bien se mira, llevan implícitas los gérmenes del federalismo natural a que se aferran las provincias argentinas frente a Buenos Aires. Y en una primera etapa se organiza la llamada Liga Federal que reúne a la Banda Oriental, Entre Ríos, Misiones, Corrientes, Santa Fe y Córdoba, con la dirección de José Artigas. Chile se organiza, a su vez, bajo una Constitución federal en 1826, aunque de vigencia tan breve como la venezolana de 1811, e incluso en el Brasil imperial los movimientos federalistas dejan constancia de su existencia. El Acta Adicional de 1834, que otorga la instalación de Asambleas provinciales, fue consecuencia de unas fuertes demandas de autonomía local.

Es innegable que el modelo de la Constitución federal de los Estados Unidos de Norteamérica influye en los hombres de la independencia hispanoamericana a la hora de redactar las cartas fundamentales que habrían de regir los nuevos Estados La obra traducida por Manuel García de Sena: *La independencia de Costa Firme justificada por Thomas Paine treinta años ha* circuló en varias ciudades y contenía una amplia gama de modelos, desde la Constitución de los Estados Unidos hasta las redactadas para Massachusetts, Connecticut, New Jersey, Pennsylvania y Virginia. Pero lo cierto es que las propuestas federales cristalizaron allí donde respondían a ciertas realidades históricas. Aun así, adaptar los textos a esas realidades no sería fácil y así lo advirtieron muchos contemporáneos, entre ellos Simón Bolívar que afirmó: «El sistema federal, bien que sea el más perfecto y más capaz de proporcionar la felicidad humana en sociedad, es, no obstante, el más opuesto a los intereses de nuestros nacientes estados.»

Durante el periodo de las luchas por la emancipación incluso muchos adeptos al federalismo escogieron la vía de una fuerte centralización de las decisiones. Era imposible, aunque se mantuvieron fórmulas políticas federales, enfrentar al enemigo sin recurrir a la unidad del mando. Pero una vez superada esta etapa surgen otros problemas, entre ellos la fuerte implantación de unos localismos ya esbozados durante el dominio peninsular, que afloran rápidamente cuando España es desalojada de América. Durante la época de los Austrias, por ejemplo, es muy fuerte la autonomía de los cabildos; un reducto donde se atrincheran las oligarquías locales; un fenómeno propiciado por la descentralización administrativa. Una larga experiencia autonómica, tan cara a los regionalismos, hizo que la centralización impuesta por los Borbones se mostrara rica en conflictividad y sus reformas modernizadoras cosecharan airadas protestas.

Es fácilmente perceptible que si lo español había significado centralismo y monarquía absoluta, para muchos revolucionarios en Hispanoamérica la emancipación estuvo identificada con república y federalismo, reflexión que se encuentra con frecuencia en los textos políticos de la independencia. Por supuesto que tales ideas no eran compartidas por todos. Los monárquicos y los conservadores tradicionalistas rechazaban tal definición, y aun entre los liberales republicanos tenía fuerte arraigo el centralismo en el sistema de gobierno. Pero el federalismo logra imponerse en varias naciones, tal como sucede en México luego de Iturbide, o en Centromérica con Morazán. Incluso la Gran Colombia de Bolívar incluye la propuesta de la Confederación de los Andes, pese a que la figura del Libertador le confiere una fuerte centralización.

Así, federales serán, en esta primera época, los núcleos liberales que pretenden reducir la fuerte influencia de los poderes corporativos enclavados en los principales centros urbanos desde el periodo colonial; en definitiva, las ciudades cabeza de virreinato. Desarticulado el antiguo sistema, las provincias, sobre todo aquellas cuyas economías tienen cierto desarrollo y aspiran a conectarse directamente con el exterior, respaldan a jefes políticos surgidos en el medio. Esto explica que no siempre fueran los liberales denominados «jabobinos» o radicales quienes se inclinaran por el modelo de gobierno federal. Con frecuencia se trató de sectores conservadores, sólidamente afincados en su región, los que enarbolaron la bandera federal para conservar intactos sus reductos señoriales. Unos hacendados que eludían su dependencia de gobiernos centrales y sus exigencias económicas, retenían así una parcela del poder político y el control de la economía local.

Centralismo y federalismo fueron, entonces, los grandes protagonistas de la historia iberoamericana hasta los años 70 del siglo XIX; su enfrentamiento se plasmó por escrito en textos constitucionales varias veces modificados y se tradujo, asimismo, en sangrientas guerras civiles. Una lucha no exenta de contradicciones e incluso de paradojas: un personaje que conduce a las huestes federales, como Juan Manuel de Rosas, logra la unificación del país durante cierto tiempo, allí donde había fracasado el centralismo ensayado durante el ministerio de Bernardino Rivadavia; un caudillo indisciplinado, Juan Antonio Páez, es capaz de imponer la paz en Venezuela con su poderosa influencia sobre el resto de los jefes locales entre 1830 y 1850.

La unidad bajo el sistema federal, con todo, no es fácil. El federalismo doctrinario, aquel inspirado en la Constitución de los Estados Unidos, se mostró siempre demasiado frágil para las realidades donde se pretendía aplicar. De tal modo, si el sistema federal norteamericano proporcionó un modelo para las naciones hispanoamericanas, su aplicación respondía a disímiles concepciones del Estado. En el caso de Estados Unidos, el federalismo logró fusionar unidades que se gobernaban separadamente, medida que contribuyó al fortalecimiento y el progreso de la nación del norte y produjo una lógica expectativa acerca de las virtudes de la federación en algunos teóricos del liberalismo en Iberoamérica. Pero en las repúblicas hispanoamericanas el mismo sistema se aplicó a la celosa defensa de unas autonomías vigorosamente defendidas. Por regla general, esta noción del proyecto federal, fundada en el temor a la aplicación de un poder absoluto desde la capital, contribuyó a debilitar la unidad nacional, antes que a consolidarla.

Es que el núcleo del problema federalismo o centralismo no reside tan sólo en la confrontación ideológica; la cuestión se origina en el desarrollo histórico-social de cada región, responde a la intensidad del desacuerdo entre la capital y las provincias. El federalismo aspiraba a consagrar un modelo de administración descentralizada, y se vinculó, en consecuencia, a la serie de factores que regulaban la vida de las provincias, entre ellos el control de los intereses económicos, administrativos, las aduanas y, en definitiva, la persistencia o supresión de ciertos privilegios sociales. Antes que reflejar la influencia de novedosas doctrinas políticas, encuentra sus raíces en la formación histórica de los núcleos locales en Hispanoamérica. Este federalismo encuentra sus fuentes en la tradición hispánica, como se ha apuntado más arriba. Si responde intelectualmente al pensamiento ilustrado de las élites criollas, es claro que cristaliza en hechos allí donde existen focos provinciales antagónicos al poder central.

La situación del Río de la Plata en los albores de la independencia pone de manifiesto la importancia de estas tensiones. Para un Buenos Aires revolucionario, de innegable ideología liberal, era vital mantener unificado y bajo su control el antiguo ámbito virreinal, no sólo por razones políticas, sino en su calidad de ciudad-puerto que aspiraba a mantener la hegemonía sobre las zonas productoras del interior. Una concepción centralista que las provincias no demoraron en rechazar, entre ellas la Banda Oriental, desde cuyo territorio el puerto de Montevideo dejaba constancia de su vocación autonomista decenios antes de la etapa emancipadora. En consecuencia, ante la convocatoria para enviar delegados al Congreso Constituyente de 1813, José Artigas recurre a los pueblos para decidir si el reconocimiento de la Asamblea Constituyente instalada en Buenos Aires se haría «por obediencia o por pacto». E inmediatamente se propone la Confederación como sistema de gobierno, que otorgaría a las provincias la igualdad. Pronto la hegemonía que pretende alcanzar Buenos Aires será también cuestionada por las provincias del Litoral, por consiguiente, la Mesopotamia argentina y la Banda Oriental se unen en la denominada Liga Federal bajo la conducción de José Artigas.

En Chile las raíces del federalismo se encuentran, asimismo, en el antagonismo entre la capital, Santiago, y las provincias. Luego del gobierno de O'Higgins como Director Supremo y el posterior mandato de Ramón Freire, periodo durante el cual fue redactada la utópica constitución moral de Juan Egaña, cobra fuerza la idea de establecer un sistema federal. Una vez más se trataba de la pugna de las provincias —Coquimbo y Concepción— por conseguir la igualdad de las regiones en el Congreso Nacional que incardinó en la corriente federalista de 1825. Ésta se remite a la Constitución de los Estados Unidos como demostración de las bondades del sistema, pero el modelo no hacía sino servir de argumento teórico convincente al precedente histórico sobre el que madura la idea. El texto proclamado por el presidente Francisco Antonio Pinto en 1828 fue redactado por el español liberal José Joaquín de Mora, un hombre desterrado a Chile después de un corto exilio en Argentina durante el periodo Rivadavia. Pero el sector tradicional, la clase alta terrateniente, es aún demasiado sólido para permitir que prospere el ensayo federalista impulsado por los liberales *(pipiolos)*, y éstos son desalojados luego de la batalla de Lircay donde los conservadores *(pelucones)* retoman el poder.

Incluso en Venezuela, pese a las claras referencias al modelo norteamericano, algunos estudiosos han insistido en apuntar los precedentes coloniales del federalismo. Uno de ellos, Laureano Vallenilla Lanz, reconoce a la vez un hondo contenido oligárquico en las reclamaciones de continuidad autonómica de 1811. Sin duda alguna la institución municipal acentuó un cantonalismo que la Capitanía General de Venezuela no podía desdibujar totalmente. Existía, por otra parte, un complejo proyecto federativo ideado desde Londres por Francisco de Miranda en 1808. Pero éste recogía tradiciones e instituciones americanas, puesto que proponía un Concilio Colombino, un poder ejecutivo conformado por dos Incas y asambleas provinciales (amautas), que darían forma a una Confederación Incaica.

En México también se apoyan las oligarquías criollas en la tradición para dar un paso hacia la independencia. La doctrina del *pactum translationis* se colocó en primer plano: la potestad de los reyes emanó originariamente de la comunidad y retrovierte a los pueblos cuando la corona queda vacante. Es cierto que la reacción del partido español, que se considera en este virreinato depositario de la autoridad real, y la posterior emancipación que condujo al interludio imperial de José de Iturbide quebró esta tendencia. Pero en 1823 estaba nuevamente planteado el tema de las soberanías regionales que enfrentaba en la cuestión económica a México y a Veracruz, ciudades rivales en el tráfico mercantil durante el periodo colonial, cuando se abre asimismo al comercio el puerto de Tampico propiciando la descentralización. La Constitución de Cádiz, que en 1812 crea las diputaciones provinciales ante las Cortes de España, contribuye a incrementar estas aspiraciones autonómicas. En consecuencia, la caída de Iturbide que libera el régimen republicano plantea el problema entre federalismo o centralismo. Varias provincias, encabezadas por Guadalajara, se declaran partidarias del sistema federal, y en octubre de 1824 surgían los Estados Unidos Mexicanos, con una Constitución que revela su modelo en la que regía en Norteamérica.

En la misma época se liberaba Centroamérica de su vinculación con México, para redactar la Constitución de 1824. También aquí pesan los precedentes históricos. Atento a ellos cuando la Junta de Sevilla ordenó la elección de representantes por cada Virreinato y Capitanía General, para integrar el máximo organismo peninsular, decidió que fueran los Cabildos los órganos electores ratificando, en Centroamérica, el poder decisorio de los localismos. Esta es una posición rectificada, como hemos visto, por las Cortes de Cádiz al afirmar la representatividad de las provincias. En verdad, se trataba del reconocimiento de particularismos estimulados por el aislamiento de la mayoría de las poblaciones hispanoamericanas. Y en la Asamblea Nacional Constituyente instalada en Guatemala el año 1823 se oponen centralistas y federalistas. Los primeros propusieron un gobierno centrado en el predominio de Guatemala en Centroamérica, siguiendo la línea histórica de la Capitanía General que había convertido a esta provincia en capital del reino, como residencia del capitán general, del Arzobispado y la Real Audiencia. Al sector centralista se opuso el partido federal, que respondía al reclamo de las provincias, fundado, a su vez, en antecedentes históricos y realidades geográficas que reforzaron los localismos. Las provincias impusieron el federalismo, con la adhesión de los liberales radicales, que entendían que luchaban contra la opresión de Guatemala, experimentada durante el periodo colonial y continuada durante el periodo Iturbide. La Constitución de 1824 dio nacimiento a la Federación Centroamericana, que entrará en crisis en 1839.

Las raíces del federalismo en Iberoamérica hay que indagarlas no sólo en sus facetas doctrinarias, que gravitan en la mentalidad revolucionaria, sin duda; también opera en el sentido de esta corriente constitucional el peso de la práctica autonómica, una fuerte tradición comunal de raíz hispánica y el peso de la realidad histórica y geográfica. Precisamente, la propuesta federal de Venezuela en 1811 es un caso excepcional promovido por Caracas, la ciudad capital, en tanto a lo largo de Iberoamérica independiente la enseña del federalismo es levantada por las aspiraciones autonómicas de cada provincia.

Esta polémica, que dota de fisonomía política a la realidad social presentada por cada país después de la independencia, adquirió distintas características en Argentina, Chile, Colombia, México o Centroamérica. En definitiva, la confrontación entre centralistas y federales se desarrolló en el seno de los núcleos liberales; giraba alrededor de la forma que debería adquirir el Estado independiente para ser más eficaz. Los centralistas no negaban las virtudes del sistema federal, sino que estimaban que era impracticable en los países hispanoamericanos, precisamente porque la herencia colonial dejaba escasa capacidad política para un sistema demasiado perfecto. Por su parte, los partidarios del federalismo sostenían que el centralismo conllevaba la tentación de retornar a las prácticas autoritarias de un absolutismo desterrado con la victoria sobre la dominación española.

Después de la independencia podemos identificar dos etapas donde el conflicto federalismo-centralismo ocupa el primer plano de la política iberoamericana. La primera de ellas es inmediata a la conquista de la independencia; la segunda cobra vigor entre 1850 y 1870, para alcanzar intensidad en Argentina, México, Venezuela y Colombia. Nuevos problemas entraban ahora en consideración ante las posibilidades de crecimiento de unas economías que ingresaban en el mercado mundial. Se trataba de alentar el desarrollo de núcleos urbanos y regiones alejadas de la ciudad capital; también hacía su aparición en la escena política una generación que reemplazaba a los hombres de la independencia. Muchos de los problemas planteados eran los mismos, pero la forma de abordarlos sería muy distinta.

II. LIBERALES Y CONSERVADORES

La organización nacional no carecía de dificultades. Una vez finalizadas las guerras de la independencia era necesario reconstruir la sociedad civil bajo nuevas bases, fijar el sistema de libertades que reclamaban los individuos y determinar, en consecuencia, quiénes integraban el cuerpo social. En esta tarea se enfrentaron liberales y conservadores. Eran, en definitiva, los mismos protagonistas del choque entre centralistas y federales, pero el territorio donde se zanjaba la polémica que los dividía era mucho más amplio. No obstante, a su lado otros núcleos dirimían la lucha por el poder hasta los años 60 del siglo xix; también los caudillos, capaces de movilizar a las masas rurales, entraron en liza, desplegando aquello que el historiador argentino José Luis Romero llamó «democracia inorgánica». Y si en los liberales —conservadores o radicales— existía cierta desconfianza ante esas masas anónimas, fundada en una inocultable posición de clase, desde las huestes gauchas o indígenas se aferraban a una posibilidad igualitaria intuida durante las luchas por la emancipación.

Definiciones políticas opuestas, así como antagónicas concepciones del mundo, enfrentaron a conservadores y liberales. Incluso distintas visiones de la historia, puesto que los conservadores, enclavados en el comercio monopolista, en los gremios de hacendados, o en la jerarquía eclesiástica, intentaron conceder un mínimo de modificaciones. Era aferrarse al pasado, no siempre sin aceptar cambios, pero reclamando el respeto de una tradición que dotaba de prestigio a sus privilegios. Desde el punto de vista conservador, el liberalismo propiciaba la tensión social y subvertía el orden: no sólo atentaba contra una estructura heredada de la colonia, contra una Iglesia aliada de la vieja oligarquía, y contra el sagrado derecho a la propiedad al proponer la liberación de los esclavos o la derogación de mayorazgos; también diseminaba la semilla de la anarquía en los estratos inferiores de la población. Pese a que, con frecuencia, el sector liberal e ilustrado exhibió sus vacilaciones al poner en práctica sus propuestas teóricas, los conservadores libraron con ellos una dura batalla por el poder, acusándolos de ateos —aunque existieron liberales católicos— y de intentar destruir un modelo estable de sociedad avalado por la tradición.

Aunque muchos de sus integrantes percibían que los cambios eran inevitables, los núcleos conservadores no se mantuvieron pasivos allí donde logró triunfar la ideología liberal, y menos aún frente a sus reformas. Si en Chile fue abolido el mayorazgo por los liberales de 1826, los conservadores lo restituyeron con el gobierno de Portales; el liberalismo, floreciente en el gobierno argentino en tiempos de Rivadavia, es perseguido por Rosas, que provoca el éxodo de la generación de 1837 y restablece el poder económico y político de la oligarquía terrateniente de Buenos Aires; en Perú, la supresión del tributo indígena no es lograda hasta la presidencia de Ramón Castilla en su etapa de adhesión al liberalismo en 1854. Las reformas planteadas por la república federal mexicana de 1824, que afectan la propiedad de la Iglesia, son derogadas por la reacción conservadora encabezada por el general Santa Anna la manumisión de la servidumbre indígena no fue posible en México hasta 1857, durante la segunda república federal.

Sin duda la Iglesia fue uno de los problemas que ahondó las diferencias entre conservadores y liberales. No se trataba tan sólo de un tema económico, sino que estaba en consideración, para los ideólogos del liberalismo, la forma de instruir a los ciudadanos republicanos. Las reformas económicas estuvieron destinadas a poner en circulación, en el mercado nacional, las grandes propiedades eclesiásticas. La interpretación liberal del Estado moderno exigía regular el papel del clero en la nación y desarticular el sistema feudal que otorgaba a la Iglesia no sólo un poder económico, sino también social, fundado en su riqueza en tierras. La separación de la Iglesia y el Estado y la laicización de la sociedad civil promovieron duras polémicas entre ambos bandos políticos. Modernizar reclamaba educar a las nuevas generaciones en las ideas del siglo. Ya desde los primeros años independientes, en los países iberoamericanos se planteó un problema que parecía clave para los libertadores: la ruptura con el pasado español; una *regeneración* a que aluden Simón Bolívar y fray Servando Teresa de Mier, que debe procurarse por la emancipación mental capaz de completar la obra cumplida por los patriotas en el campo de batalla. Es una idea que se abre camino, y las generaciones liberales apuntan, al promediar el siglo XIX, a separar la educación de toda influencia eclesiástica. Se trataba de ideas reformistas que no prosperaron sin violencia. Las expulsiones y retornos de los jesuitas se sucedieron en algunos países iberoamericanos; la lucha armada fue con frecuencia el resultado del enfrentamiento ideológico ente liberales y conservadores que tales ensayos produjeron, y un ejemplo es la guerra civil en México durante la Reforma planteada por Juárez, y en el periodo liberal colombiano que transcurre desde 1850 hasta 1880.

La ideología liberal se difunde en Iberoamérica sobre la base de una lectura de textos doctrinarios inspirados por otras realidades. Así, algunos de los hombres que aplicaron el liberalismo doctrinario, como Simón Bolívar o Francisco de Miranda, pronto comprendieron que, pese a todo, el centralismo debía regir las nacientes repúblicas. Sin duda la importación de una ideología por determinado grupo social está indicando que ha descubierto en ella la expresión de sus propios intereses. Por esta razón, ciertos núcleos conservadores, al incorporar las tesis de los teóricos antiliberales europeos a su propio bagaje, enriquecieron sus posiciones con nuevos aportes ideológicos.

En los dos primeros tercios del siglo XIX, sobre todo en el periodo 1820-1875, los políticos iberoamericanos se mostraron muy sensibles a las corrientes de pensamiento que procedían del viejo continente. En el largo plazo pueden percibirse dos fases sucesivas de incorporación de las ideas que germinaron en Francia, Italia, Gran Bretaña o Alemania, pese a lo cual no debe olvidarse que en muchos casos estas etapas se yuxtaponen. Por otra parte, existió con frecuencia un largo intervalo entre la publicación de una obra en su país de origen y el conocimiento de la misma por los lectores iberoamericanos. Los doctrinarios de la independencia escogieron sus fundamentos teóricos en autores franceses e ingleses: eran elementos formativos que no podían rastrear en su propio pasado y que en parte recogerían asimismo de los liberales peninsulares de 1812. De allí que cuando recurren al ejemplo histórico éste será extraído del mundo europeo.

El Siglo de las Luces encontró en Iberoamérica ávidos discípulos, los discursos de la revolución francesa circularon en las ciudades, y los textos más radicales fueron conocidos en México, en Caracas, en Bogotá o en Buenos Aires. ¿No fue traducido y prologado por Mariano Moreno el *Contrato Social* de Rousseau y por el colombiano Antonio Nariño la *Declaración de los Derechos del Hombre y el Ciudadano?* Desde México al Río de la Plata y Chile en los círculos políticos de las nacientes repúblicas se leyó a Montesquieu y a Rousseau, a Locke y a Benjamin Constant, Adam Smith y Jean-Baptiste Say, a Burke, De Maistre o Chateaubriand, según se defendiera una visión del mundo liberal o conservadora.

En 1837 se funda el Buenos Aires el *Salón Literario* por jóvenes que se proponen la regeneración política y social del país inspirados en las ideas en boga; uno de ellos, Esteban Echeverría, impulsa la creación de la *Joven Argentina,* con clara influencia del movimiento europeo gestado por Mazzini con la *Joven Italia* en 1832. El *Dogma socialista,* dado a conocer por Esteban Echeverría, contiene el núcleo de ideas más tarde desarrolladas por esa generación. Se proponen liquidar una herencia colonial a la que niegan toda posibilidad civilizadora y consideran obstáculo para el progreso. Para Sarmiento, Echeverría o Alberdi, el final de las guerras de la independencia significó la victoria sobre el ejército peninsular, pero no sobre el espíritu de atraso que España representaba. Reflexiones que, con variantes, pueden encontrarse en México a través de los textos de José María Luis Mora o en el círculo de Francisco Bilbao en Chile, o en la generación romántica uruguaya que gira en torno al *Iniciador,* especialmente en la inconclusa *Génesis de la Revolución Americana,* escrita por Andrés Lamas. Para este autor, Rosas representa la reacción del espíritu colonial frente a la Ilustración y el progreso.

Emular las pautas civilizadoras que ofrecen Estados Unidos y Europa exige el desarrollo del sistema productivo en las áreas rurales y la manufactura en la ciudad; la industria fue una temprana esperanza de progreso en Iberoamérica. Pero esta generación rechaza, como ejemplo de «barbarie», al indio, el gaucho, el trabajador nativo; la fuerza de trabajo, en consecuencia, debía estar conformada por la emigración europea. La idea se encuentra en el *Facundo* de Sarmiento, en *Amalia* de José Mármol y en las *Bases* de Alberdi. Era la fórmula que permitiría transformar una realidad opuesta a los cambios. El socialismo romántico sansimoniano, la influencia de Lamennais, de Leroux, descubre a estos jóvenes la imperiosidad de penetrar en la trama social. Similar autoridad ejerce este pensamiento francés sobre los liberales chilenos, acrecentada por las revoluciones europeas de 1848. Uno de los libros más difundidos entonces fue la *Histoire des Girondines,* de Lamartine; el joven Benjamín Vicuña Mackenna subrayaba el fuerte eco que había encontrado en Chile la revolución francesa de 1848. Este impacto ideológico sobre la juventud liberal radicalizada condujo a Francisco Bilbao, Santiago Arcos y al propio Vicuña Mackenna, a fundar la *Sociedad de la Igualdad* en 1850.

El pensamiento europeo cobra presencia en otros textos, y a los ya anotados hay que agregar los que produce el tradicionalismo francés, el utilitarismo de autores británicos, como Jeremías Bentham y John Stuart Mill, o el eclecticismo alemán. Como puede comprenderse, las influencias señaladas no agotan la serie tan heterogénea como extensa al alcance de los hombres del siglo XIX iberoamericano. Tampoco constituían, liberales o conservadores, grupos homogéneos. Hacia mediados de siglo podía percibirse que cada facción se escindía en vertientes sobre las que regían nociones disímiles, pero no demasiado alejadas, acerca de la acción política. En el caso de los conservadores, los ultramontanos o tradicionalistas rechazan toda transformación, se aferran a la herencia hispánica y a los fueros eclesiásticos, en tanto que los conservadores moderados aceptan otorgar concesiones a una modernización que conviene a todos, evitan aislarse de los avances europeos y realizan los ineludibles ajustes para adaptarse a los nuevos tiempos. Los liberales, a su vez, se dividen en moderados y radicales. Los primeros se presentan como innovadores prudentes, procurando avanzar en sus reformas sobre bases racionales y realistas, en tanto que los segundos rehúsan hacer concesiones a los antiguos grupos de poder y reclaman la democratización y la soberanía popular, movilizando al pueblo contra las clases altas tradicionales.

Pese a todo, aun los propios liberales radicales poseen cierta concepción elitista de la sociedad civil. Toda apelación a las masas pone en movimiento fuerzas tan sólo gobernables por los caudillos, y una vez dirimida la cuestión de cuál sería la corriente política que controlaría el poder, todos contemplan como un cataclismo esa irrupción de las masas rurales en los cauces políticos. Se produce entonces una mutación en las corrientes ideológicas enfrentadas; conservadores o liberales se aprestan a insertar las economías de cada país en el mercado mundial, y adaptarse a las exigencias de cada nación compradora requiere cierto grado de paz interna. Si desde su ingreso en el mundo iberoamericano se habían insinuado diferencias entre liberalismo político y liberalismo económico, lo que evitaba excesivos compromisos en el plano social, la tendencia no hizo sino acentuarse desde 1850.

Que el liberalismo fuera acogido como arma política por los líderes de la independencia era natural. Cubría las necesidades ideológicas de la lucha. Y en este periodo, si las fuentes norteamericanas sirvieron de modelo, también cumple un importante papel la Constitución de Cádiz, culminación de la corriente ilustrada que nace en España en la segunda mitad del siglo XVIII. Si bien no debe olvidarse que responde a corrientes del tradicionalismo español, es considerable la influencia que en su redacción ejercen las cartas constitucionales de la revolución francesa. Aquí reside, precisamente, una de las diferencias notables que exhibe el pensamiento liberal iberoamericano entre la primera y la segunda mitad del siglo XIX. La generación que sigue a las guerras de independencia se inspira en los ideales de la revolución francesa; el respeto a la «libertad, la propiedad y la igualdad ante la ley». Pero al ingresar en los años 50 los valores en vigencia se llaman «libertad, orden, progreso»; nuevas ideas han sido acogidas en el panorama cultural iberoamericano, acordes con las demandas de modernización que debían satisfacerse introduciendo ferrocarriles, mejorando puentes y caminos, atrayendo la emigración e incrementando el ritmo productivo.

Estas ideas llegaron también de Europa. Se llamaron positivismo, darvinismo social, racionalismo. Pero el positivismo fue la corriente filosófica dominante en la mayoría de los países; los grupos liberales lo recibieron como instrumento eficaz para emprender la ansiada etapa del desarrollo nacional. Aun así, el propósito de abrazar el positivismo de cuño francés en Auguste Comte, o el británico en Herbert Spencer, fue una elección determinada por cada núcleo liberal gobernante en función de sus propósitos inmediatos. Pero la aplicación del positivismo se completó con el darvinismo social: si la libertad fue considerada como un bien indiscutible, ya no sucedía lo mismo con la igualdad, que fue arrinconada como reliquia histórica. Si alguna vez emergían los viejos principios de la revolución francesa era, por lo general, bajo la forma de una proclama o un manifiesto en los programas del federalismo radical.

Predomina en las fuerzas políticas bajo la influencia del positivismo el sentido del orden, como elemento moderador y civilizador, a la vez que comienza a imponerse el principio del triunfo del mejor dotado en la lucha por la existencia, un hecho que responde a las transformaciones sociales producidas por el mejoramiento económico iniciado en los años 50. En este plano los liberales positivistas reciben el apoyo no demasiado inesperado de algunos conservadores de alto nivel intelectual, como el colombiano Miguel Antonio Caro, que afirma: «Tratar de anular las desigualdades es tratar de anular el orden.»

En Brasil, el positivismo se inserta en una realidad que había experimentado la transición, desde la colonia hasta la independencia, con instancias menos traumáticas que los países hispanoamericanos. En ese país, la corriente de Auguste Comte interesa a núcleos intelectuales, pero ingresa también a través de los militares jóvenes que pretenden obtener un rápido progreso técnico. En México, un hombre de sólida formación cultural, como Gabino Barreda, propone a Comte en sus proyectos educativos durante la etapa de la Reforma en sus obras *De la educación moral* (1863), y *Oración cívica* (1868). En Argentina, Sarmiento y Alberdi adoptan desde sus obras una actitud crítica y formulan propuestas que, desde su ideología liberal, intentarán impulsar para transformar la sociedad, en lo que Alejandro Korn denominó «positivismo autóctono». En Uruguay, la doctrina de Spencer ilumina el libro de José Pedro Varela *La educación del pueblo*, publicado en 1874; y en Chile, José Victorino Lastarria ve en esa doctrina un instrumento para erradicar las secuelas del sistema autoritario de Portales. Las modificaciones del pensamiento liberal iberoamericano, al igual que del conservador, se corresponden, en la etapa 1850-1875, con los datos de la sociedad en ese pasaje de la inestabilidad al orden que configuró el programa de gobierno de las nuevas generaciones.

III. DESARROLLO REGIONAL

1. México: desde la II República hasta la Restauración

En México, hasta 1850, se advierte una mayor renuncia que en otros países a liquidar las rémoras del pasado. No sólo la inestabilidad política materializada en interminables relevos del gobierno, en el desmembramiento territorial de 1848, sino que los múltiples centros de poder no llegaban a cristalizar, no ya en partidos políticos, sino tan siquiera en bandos antagónicos de perfiles definidos. Si entre 1833 y 1835 el escenario aparece dominado por la figura de un caudillo excepcional y controvertido, el general Antonio López de Santa Anna, tampoco este personaje, sucesivamente derrocado y reinstalado en el poder, señala una unidad de los sectores oligárquicos. Unas veces encabezando revoluciones liberales, otras expulsando a éstos del gobierno en nombre de los conservadores; unas veces apoyando a los federales y otras, las más, a los centralistas, la versatilidad de su postura política contribuyó, en buena medida, a complicar el panorama de la sociedad mexicana hasta 1854, cuando es definitivamente desplazado de la jefatura del Estado.

A la guerra con los Estados Unidos que culminó con la pérdida de Texas, a la presidencia de José Joaquín de Herrera, cuyo talante moderador y afán de reconstrucción no pudo aminorar las frustraciones de la derrota, siguió el presidente Mariano Arista, cuya administración se encontró pronto asediada por nuevas intervenciones norteamericanas, sublevaciones indígenas, y la presión que ejercían los conservadores, cuya decisión de colocar nuevamente en primer plano a Santa Anna abrió un nuevo periodo dictatorial en 1853. La figura de Lucas Alamán estuvo detrás de esta decisión, así como de la de reinstaurar un gobierno centralista que clausuraba la etapa de la segunda república federal, vigente desde 1846.

En verdad, los ensayos reformistas del periodo abierto entre 1846 y 1853 habían sido profundamente perturbados por la guerra entre México y Estados Unidos, que significó fuertes amputaciones territoriales, pese a que la dirección de las operaciones estuvo confiada al experimentado caudillo Santa Anna. Así, Texas, Nuevo México y Alta California son el tributo que paga la paz de 1848 en el Tratado de Guadalupe Hidalgo. Pero en medio de una guerra y enfrentados a continuas revueltas internas, los republicanos instalados en el gobierno desde 1846 —de cuya debilidad dan testimonio las nueve presidencias que se suceden en esa etapa— poco pudieron hacer para desarrollar un programa de reformas ya insinuado durante el periodo Gómez Farías en 1833. No obstante ello, los enunciados de este programa eran lo suficientemente alarmantes para los conservadores y el clero como para recurrir una vez más a la solución que representaba el general Santa Anna. La correspondencia de Lucas Alamán con el viejo caudillo refleja vívidamente las aspiraciones de las clases altas. Un gobierno de fuerte concentración haría posible, según su visión del Estado, la paz y el orden. El sistema sería mucho más sólido al contar con el respaldo del ejército y la integración de Iglesia y Estado; se liquidarían además las autonomías regionales, fortaleciendo la figura del presidente.

El caudillo en el poder había experimentado una metamorfosis que, a la postre, hace muy vulnerable su persona. No sólo produjo un retorno al centralismo, sino que colocó la suma de los poderes del Estado en su propia persona como presidente de la república y finalmente se hizo adjudicar el pomposo título de «Alteza Serenísima». Si semejante investidura irritaba a los liberales, el centralismo, que había desalojado a muchos de ellos de los gobiernos locales, hizo aún más enconada su resistencia. Por otra parte, Santa Anna realizó un mandato poco afortunado. Por un lado ofreció garantías a la Iglesia y reorganizó el ejército, dos sectores que respaldaban su poder, e intentó también desarrollar la minería; pero, por otro, firmó con Estados Unidos el Tratado de la Mesilla, cediendo ese territorio a la nación del norte.

Pronto los distintos sectores liberales concertaron un acuerdo para desalojar al dictador. El impulso estaba dado por una nueva generación, entre la que descollaba un hombre del Estado de Oaxaca, descendiente de indios zapotecas, de familia campesina, pero que había logrado cursar la carrera de abogado: Benito Juárez. El grupo liberal que conformaría un núcleo ideológico en torno al llamado Plan de Ayutla, en 1854, no sólo se propone concluir con la dictadura de Santa Anna, sino también instalar un liberalismo intransigente, destinado a la regeneración de la nación mexicana. Con el acuerdo sobre una plataforma ideológica, da comienzo a la revolución que encuentra su conductor militar en el general Juan Álvarez, un veterano combatiente del Estado de Guerrero. A su lado forma el equipo liberal integrado por Juárez, Melchor Ocampo, un hacendado de Michoacán, y el joven Ignacio Comonfort, Haro y Tamariz, que provenía de Puebla, y Manuel Doblado, de Guanajuato. Si para Santa Anna la situación no es preocupante, sin embargo también en la capital surgen disidentes en la élite intelectual, y el movimiento contra su gobierno se extiende rápidamente. En febrero de 1854 había estallado la revuelta, que reclamaba la instauración de una república representativa y la realización de una serie de reformas que modernizaran al país. En agosto de 1855, luego de comprender que la residencia era imposible, Santa Anna huye dejando los restos de su ejército al mando del conservador Manuel Carrera. Pero el triunfo de la revolución liberal ya era un hecho. El primer paso fue designar presidente al general Juan Álvarez.

La ideología de la reforma llegaba al poder, y ensayaría poner en práctica sus postulados. En cierto modo, según algunos autores, se trataba de una revolución impulsada por la clase media mexicana, una revolución transformadora anhelada por núcleos de la intelectualidad liberal, pero escasamente comprendida por el resto de la población. Por lo demás, tampoco existe, una vez derrotado Santa Anna, la necesaria cohesión entre los liberales que se habían aliado contra el dictador; éstos se encuentran divididos en tendencias conocidas como *moderados,* y *puros* o *radicales.* Pese a ello, la puesta en marcha de la reforma contó con la expectativa de distintos sectores sociales, ya que incluso desde las filas conservadoras se alzaban voces que exigían una vital transformación en la infraestructura del transporte, la minería, la agricultura, e incluso en el ámbito de la burocracia estatal, para implantar una administración más eficiente y menos generosa.

Pero la ideología liberal aspiraba a insertar el país en el sistema capitalista mundial dentro de carriles democráticos. El sistema republicano federal, si bien lucía muchas influencias del norteamericano, intentaba conciliar con la realidad mexicana. La igualdad ante la ley para todos los ciudadanos, garantizar la libertad de imprenta, la supresión de los privilegios del clero y el ejército, y una fuerte expansión de la actividad educativa, eran algunos puntos claves. El capitalismo, no obstante, debía liberarse de trabas y de rémoras feudales para funcionar adecuadamente. Era imprescindible poner en circulación la tierra de que era propietaria la Iglesia, para que con ella en venta se pudiera formar una amplia capa media rural. La tolerancia religiosa completaba un panorama que esperaba fomentar la inmigración calificada para desarrollar el país.

Estas ideas fueron recogidas, durante el gobierno de Álvarez, en noviembre de 1855, en la denominada *Ley Juárez,* cuando éste desempeñaba el Ministerio de Justicia. Era demasiado para los conservadores, que por sus posiciones regresivas recibieron pronto el mote de *cangrejos.* Es que si la oligarquía liberal, ahora en el poder, estaba poniendo en práctica reformas similares a las implantadas por sus homólogos en toda Iberoamérica, México era, en muchos aspectos, una sociedad muy diferenciada. Así lo percibía Justo Sierra, cuando afirmaba: «Legalmente el Congreso que emanó del triunfo de la Revolución de Ayutla era la representación oficial de la Nación; la realidad era otra: la nación rural no votaba, la urbana e industrial obedecía a la consigna de sus capataces o se abstenía también, y el Partido Conservador tampoco fue a los comicios; la nueva Asamblea representaba, en realidad, una minoría, no sólo de los ciudadanos capaces de tener interés en los asuntos políticos, sino de la opinión...» Entre los liberales, incluso, el ala radical se inclinó por profundizar rápidamente el planteo reformista, en tanto que los moderados, encabezados por Comonfort, reclamaban actuar con prudencia para no exacerbar a los opositores.

La Constitución Federal de 1857 se puso en vigor bajo la presidencia de Comonfort, luego de haberse promulgado la *Ley Lerdo* en junio de 1856. Con esta ley se completaba la iniciativa de Benito Juárez con la finalidad de desamortizar la propiedad raíz de la Iglesia, liquidando las tierras de manos muertas. Si bien no confiscaba las propiedades eclesiásticas, obligaba a poner en venta esas tierras. El clero resistió la medida, argumentando que no podían tomar ninguna decisión en tal sentido sin la aprobación del Supremo Pontífice en Roma. La ley quedó incorporada, no obstante, a la Constitución de 1857. Era claro que los liberales estaban decididos a derogar los fueros especiales del clero y la milicia, e imponer la igualdad política y jurídica a todos los ciudadanos, derogar los monopolios y abrir paso a la iniciativa individual.

Los moderados, sin embargo, estimaron que se había procedido con demasiada rapidez, y Comonfort se inclinó al fin por la aceptación del Plan de Tacubaya propuesto por los conservadores. El esquema conservador, cuyo virtual golpe de estado estuvo encabezado por el general Félix Zuloaga, pretendía revocar la Constitución de 1857, elegir nueva Asamblea Constituyente, al tiempo que reconocía en la jefatura del gobierno a Comonfort. Las protestas generalizadas desde los sectores liberales, incluyendo las de numerosos estados, desembocaron en una lucha abierta entre liberales y conservadores. Mientras que Comomfort se exiliaba en Estados Unidos, Zuloaga era nominado presidente por los conservadores, en tanto que Benito Juárez, como ministro de Justicia investido legalmente, sucedía a Comonfort en la presidencia provisional. Con este gobierno bicéfalo en los hechos, comenzó una guerra civil entre los conservadores, que dominaban el centro de México, y los liberales, a quienes respondían las provincias, llamada Guerra de la Reforma, que duraría tres años.

Establecido en Veracruz el gobierno liberal, y en la ciudad de México el conservador, los encuentros armados se sucedieron sin una definición clara para alguno de los bandos, aunque los partidarios de Juárez pronto vieron reducido su control territorial luego de una serie de derrotas. El problema fundamental para ambos bandos era, con todo, la debilidad económica. En esta situación, tanto liberales como conservadores entablaron negociaciones destinadas a obtener préstamos externos aun a costa de concesiones que afectaban los intereses nacionales. Cuando el general Miramón desplazó del poder a Zuloaga en el territorio dominado por los conservadores, éstos habían celebrado el Tratado Mon-Almonte con España, consintiendo en hacerse cargo de las reclamaciones de los ciudadanos españoles, y más tarde tramitarán el acuerdo Jecker. A su vez, Juárez, reconocido su gobierno por los Estados Unidos, otorgó a este país concesiones de paso a través del Istmo de Tehuantepec así como desde Río Grande hasta el Golfo de California. No obstante, el Senado norteamericano se opuso a la ratificación: el antagonismo entre el Norte y el Sur se había acentuado y el acuerdo podía beneficiar a los estados esclavistas.

Pese a todo, cuando los conservadores, que habían obtenido la ayuda española para hacerse con dos navíos en La Habana, intentaron utilizarlos, éstos fueron apresados por los norteamericanos. Al promediar 1860 la situación de los conservadores comenzó a debilitarse. Su progresión hacia Veracruz, sede del gobierno liberal, terminó en derrota frente a las fuerzas de Santos Degollado. Sucesivas victorias liberales, en un decisivo avance hacia la capital, hicieron retroceder a Miramón: la caída de Guadalajara preludió la de la ciudad de México, que se rindió a las fuerzas de Benito Juárez en diciembre de 1860. Los tres años de guerra civil no habían derribado, pese a todo, los obstáculos a la Reforma. La resistencia conservadora continuaba en algunos sitios, pese a la huida de Miramón, y cuando Juárez se instala como presidente legal, en enero de 1861, apenas tendrá el tiempo de comenzar a poner en práctica el ideario liberal. En el mes de octubre de ese mismo año comenzaba la intervención de las potencias europeas: España, Francia y Gran Bretaña, amenazarían con invadir a México.

El programa liberal de gobierno, si estaba parcialmente frenado por la guerra civil desde 1857, no por ello había sido abandonado. Juárez lo había reafirmado en un Manifiesto desde Veracruz, y a medida que la lucha se prolongaba y sus partidarios aumentaban, la idea de una necesaria regeneración de la sociedad mexicana en su conjunto ganaba terreno. La Constitución de 1857 encerraba todas las aspiraciones del bando liberal. Una generación integrada por jóvenes que ingresaban a la escena política después de la revolución, y proyectaban desplazar a los caudillos por hombres con formación más adecuada para la modernización del país, a la vez que de mostraban más inclinados a incorporar en sus programas de gobierno las influencias europeas.

El texto constitucional era de inspiración democrática, dejaba establecidos los derechos del ciudadano, las libertades esenciales, la soberanía popular, suprimía la esclavitud y la servidumbre feudal. Establecía una forma de gobierno federal y republicana con presidente electo cada cuatro años, un Congreso integrado por dos Cámaras, senadores y diputados, y una Corte Suprema, liquidando los tribunales de excepción. Todo ello respaldaba la idea de que la libertad debía estar en la base de la economía social, y en esa libertad debía de incluirse la circulación de bienes raíces. La separación de la Iglesia y el Estado, la libertad de culto y el matrimonio civil, completaban un cuadro que intentaba erradicar las tradiciones negativas del pasado.

Desde luego, si las clases conservadoras mostraron su preocupación y censura ante las fórmulas que encerraba la Constitución de 1857, pese a entender que era necesario modernizar al país, la Iglesia rechazó de plano su contenido, por cuanto la Reforma despojaba al clero del inmenso poder que hasta entonces ostentaba en México, no sólo en el ámbito espiritual y político, sino también en el terreno económico. La presión de la Iglesia hizo crecer aún más las tensiones en la guerra civil que dividió al país durante ese periodo, por el enorme peso que sus decisiones tenían sobre la opinión pública. Y su antagonismo contra el gobierno Juárez se acentuó cuando éste, desde Veracruz, promulgó la ley que confiscaba las propiedades administradas por el clero regular y secular, anexando algunas disposiciones que prevenían la donación de bienes raíces a las órdenes religiosas.

La reforma de la propiedad raíz afectó no sólo a los bienes de la Iglesia, sino también a las comunidades indígenas. El pensamiento liberal era que el atraso de las sociedades indígenas se debía a que sus tierras, al no transformarse en propiedades individuales, no permitían su integración en el moderno capitalismo como pequeños propietarios. La esperanza de que transformando los bienes raíces de las comunidades religiosas y las tierras de los indígenas en propiedad privada se produciría una revolución equivalente a la que había ocurrido en Francia, dando nacimiento a una clase media propietaria, quedó frustrada. En el caso de los indígenas, por ejemplo, los gastos de la adjudicación debía realizarlos el beneficiario. No sólo los indígenas, sino unos granjeros empobrecidos y, en muchos casos, ignorantes del proceso legal para hacerse con la propiedad que trabajaban, fueron marginados en el proceso de distribución de tierras. Por otra parte, en el caso de los bienes de *manos muertas*, la Iglesia amenazó con la excomunión a los campesinos que adquirieran sus bienes, sobre todo si se constituían en compradores por denuncia.

Por consiguiente, la primera etapa que obligó al clero a poner en venta sus bienes benefició, en definitiva, a los grandes terratenientes. Éstos, por denuncia de tierras de la Iglesia, ensancharon sus dominios incorporando grandes posesiones. La reducción de la propiedad comunal a propiedad particular, recayendo el derecho en favor de sus poseedores, dio nacimiento a un nuevo problema. El *minifundio* creció rápidamente, al resultar de la distribución parcelas excesivamente pequeñas. La ley de nacionalización y expropiación de la riqueza del clero regular y secular, promulgada por Juárez en plena guerra de la Reforma, en julio de 1859, estaba dirigida a restar potencialidad económica a una Iglesia cuyos fondos en buena medida alimentaban la contrarrevolución. Pero seguía una línea que ya había sido trazada en el gobierno de Gómez Farías, y que algunos estados aplicaban parcialmente desde hacía cierto tiempo.

Era una medida que estaba dirigida en múltiples direcciones. Pero una de ella, favorecer la expansión agrícola y estimular la circulación de capital para dinamizar el desarrollo de una industria nacional, apoyada por una serie de decretos del gobierno liberal, no se encauzó como se esperaba. Las leyes de expropiación liquidaban la propiedad eclesiástica, pero al afectar las comunidades indígenas, como se ha visto, desestructuraron sus formas de vida y subsistencia. Latifundio y minifundio dibujarán ahora la fisonomía agraria mexicana, mientras que la economía entraba en una profunda depresión como consecuencia de la guerra, y esta situación se vería prolongada por la invasión extranjera. La inestabilidad política fue prolongada todavía por las acciones del Partido Conservador. Derrotado y desalojado del sector de poder que ejercía, comenzó el hostigamiento del gobierno Juárez por la acción guerrillera. Melchor Ocampo, capturado por los conservadores, fue fusilado cerca de su hacienda de Michoacán; Santos Degollado murió en una emboscada, y poco más tarde corría igual suerte el poeta Leandro Valle. Los golpes contra los liberales estaban destinados a intimidar a los aliados del gobierno, al tiempo que sembraban inseguridad en el territorio nacional.

El pretexto para la intervención extranjera fue proporcionado por el propio gobierno liberal. El 17 de julio de 1861 suspendía el pago de la deuda externa e interna por un periodo de dos años. Existían, sin embargo, factores internos y externos que trabajaban en el sentido de la intervención en México. Los internos estaban constituidos por los sectores de opinión que estimaban que la presencia de un monarca europeo podía imponer orden en el país; se trataba, en los hechos, de un retorno al pensamiento desarrollado al respecto por Lucas Alamán. También estaban aquellos que se inclinaron por esta solución temiendo nuevos episodios de expansión norteamericanos, y, finalmente, los prestamistas europeos —sobre todo los comprometidos en la operación facilitada por el grupo Jecker a los conservadores—, que reclamaban una intervención para hacer efectivas sus deudas. En cuanto a la situación externa, los problemas de conexión entre la industria inglesa del algodón y el sur esclavista de los Estados Unidos; una España cuyos éxitos en Marruecos y el cercano retorno a Santo Domingo incitaban a intentar extender su influencia sobre México; una Francia que aspiraba a extender su ámbito imperial, disputando un espacio al expansivo Estados Unidos, al tiempo que ampliaba el ascendiente del panlatinismo, fueron todos factores que actuaron simultáneamente.

No debe olvidarse, por lo demás, la acción de los emigrados mexicanos, como Miramón en Madrid, o Hidalgo en París; tampoco es posible desestimar la presión de las rivalidades existentes en la apertura al comercio mundial. Estados Unidos, todavía en crecimiento, se perfilaba ya como un fuerte rival de las potencias europeas industriales y comerciales. Sentar una base europea en México, capaz de apoyar el sur esclavista, implicaba un freno a la expansión del norte industrial. La alianza entre España, Inglaterra y Francia sería firmada en octubre de 1861: la intervención comenzaba en diciembre. México esperaba el apoyo de Estados Unidos, sobre todo atendiendo a los postulados de la Doctrina Monroe, pero la guerra de secesión había estallado ya en ese país y los europeos se encontraron con las manos libres.

El cuerpo expedicionario tenía un cuadro de comando integrado por el general Prim al frente de las fuerzas españolas, el almirante Milne por Inglaterra, y el almirante Julien de la Gravière con los franceses. Los españoles desembarcaron en primer término, dando veracidad al temor de los mexicanos de encontrarse ante un intento de reconquista, aunque serían los primeros en retirarse hacia La Habana. La retirada del cuerpo expedicionario inglés deja, finalmente, solos a los franceses. Entretanto, Juárez, se aprestaba a resistir aliado con los norteamericanos del norte. Además, los liberales enfrentados a los invasores contactaron con los sentimientos nacionalistas de la población y acrecieron su prestigio. El Convenio de Soledad, que había propiciado la retirada de españoles e ingleses, dejó al descubierto las intenciones anexionistas de Francia, que pronto inició la guerra, aunque los primeros encuentros no le fueron favorables. El apoyo que las tropas francesas recibieron de los conservadores, y de algunos generales antiguos aliados de Santa Anna, facilitaron su internación en el territorio, pese a que el general Zaragoza había encontrado una fuerte resistencia juarista en el asalto a Puebla. Napoleón III destinó otra fuerza expedicionaria formada por unos 28.000 hombres al mando del general Forey, con lo cual fue posible tomar Puebla y finalmente la ciudad de México. El país estaba ocupado, pero no vencido, y mucho menos sometido; Benito Juárez mantenía incólume su gobierno, aunque su sede debía cambiar de sitio constantemente. En principio se instaló en San Luis de Potosí.

Las aspiraciones de Napoleón III estaban fundadas en un equívoco, puesto que el emperador esperaba encontrar el respaldo de una fuerte corriente de opinión que sustentara el establecimiento de la monarquía. En verdad, si los monárquicos existían, no conformaban un grupo vigoroso, y la intervención tan sólo servía a ciertos intereses de núcleos conservadores, como pudo advertir tardíamente Maximiliano. Por otra parte, el establecimiento de una base francesa en territorio mexicano, destinada en última instancia a debilitar a Estados Unidos, corría contra el tiempo, pues Napoleón III no ignoraba que sus operaciones estaban facilitadas por la coyuntura de guerra civil en el país del norte.

La Junta Suprema de Gobierno instaurada por los vencedores convocó una asamblea de notables que restableció en México el régimen imperial. La figura propuesta en esa ocasión fue el archiduque Maximiliano de Austria, casado con la princesa Carlota, hija del rey Leopoldo de Bélgica. Aceptada la corona imperial que una delegación llegada de México le ofreció, el archiduque llegó a Veracruz, donde fue recibido oficialmente el 28 de mayo de 1864. Comenzaba la no demasiado extensa etapa de lo que podría denominarse el Segundo Imperio mexicano, impuesto a un país arrasado por la guerra, y a una población hostil.

Si los conservadores que habían insistido en la presencia de Maximiliano esperaban mantener una fuerte influencia sobre sus decisiones, pronto se vieron decepcionados. De talante liberal, este emperador intentó obtener la colaboración de los hombres capaces que pudo encontrar alrededor suyo, y pronto comenzó a legislar sobre los más variados asuntos: un Código Civil, leyes sobre garantías individuales, legislación que regulaba las condiciones de trabajo, aplicación del sistema decimal de pesas y medidas, así como concesiones de ferrocarriles para mejorar las comunicaciones del país. La Iglesia, que esperaba la restitucion de sus bienes, no obtuvo satisfacciones inmediatas y se mantuvo la legislación de los liberales sobre la libertad de cultos. Incluso esbozó una legislación de tintes indigenistas, estimulando la difusión de la lengua náhuatl y protegiendo las comunidades. Con todo, muchos de sus decretos caían en el vacío, ya que no sólo la guerra que aún proseguía, sino a la vez la resistencia de sus propios aliados los hacía impracticables.

El resultado de su intento de gobernar el país con imparcialidad, en busca de la pacificación, fue que el clero y los conservadores comenzaron a observarlo con recelo, en tanto que los liberales tan sólo podían ver en el emperador a quien había invadido el país y usurpado el gobierno legítimo. Por otra parte, si las potencias europeas se habían apresurado a reconocer a Maximiliano, Estados Unidos, aún comprometido en la guerra de secesión, no dejó de manifestar su desagrado por la presencia francesa en México. Cuando el Norte se impone sobre los estados del Sur dando final a la sangrienta contienda, en abril de 1865, la declinación del Imperio presidido por Maximiliano está cercana. Estados Unidos exige a Napoleón III el retiro de los contingentes franceses, al tiempo que hace avanzar sus tropas sobre la frontera mexicana. El emperador de los franceses, comprometido en los acontecimientos europeos, primero en Italia, y luego enfrentado con Prusia por sus pretensiones territoriales, optó por retirar su apoyo a Maximiliano.

Entretanto, un grupo de generales republicanos comienza a recuperar terreno frente a las tropas imperiales. Mientras Maximiliano debía reorganizar su ejército ante la retirada de las tropas francesas, los hombres de Juárez, Mariano Escobedo, Porfirio Díaz, Luis Terrazas y Ángel Martínez avanzaban apoderándose de Monterrey, Saltillo y Tampico, hasta llegar a Chihuahua. No obstante algunas derrotas de los juaristas, pronto la ciudad de México caía en poder de Porfirio Díaz. Maximiliano, que se había negado a huir y resistía en Querétaro, cayó prisionero el mes de junio de 1867. El juicio sumario de una corte marcial decidió su fusilamiento, confirmado por Benito Juárez. Al promediar el mes de julio el presidente de México entraba nuevamente en la capital y restauraba la república.

Dado que el periodo presidencial de Juárez se había cumplido en la etapa de resistencia al invasor, éste convocó nuevas elecciones, logrando su reelección por otros cuatro años a partir de 1867. La oposición a la prolongación de la presencia de Juárez en la presidencia se hizo sentir en el general Porfirio Díaz, y en el ámbito civil

Benito Juárez

con Lerdo de Tejada. La serie de conspiraciones contra el gobierno maduradas en algunos estados, como Jalisco, hicieron que Juárez prolongara la Ley de poderes extraordinarios. Hacia 1869, los bandos se distinguían ya entre juaristas y lerdistas, puesto que Lerdo de Tejada comenzaba a congregar alrededor suyo un fuerte grupo político, pese a que Juárez lo había mantenido en el Ministerio de Relaciones y Gobernación.

Varios problemas debía enfrentar el gobierno de la república restaurada. Era necesario mantener a los militares, que siempre habían gozado de decisión en el poder, dentro del orden constitucional; introducir mejoras en el sistema educativo, alentar el crecimiento económico, desarrollar los transportes y estimular la inmigración calificada y trabajadora. En cierto modo, refrenados los primeros ambiciosos intentos de un Porfirio Díaz, que esperó mejores oportunidades, el problema militar se redujo. La educación recibió su impulso reformista a través de un grupo de hombres entre los cuales destacaba el médico Gabino Barreda, que había recibido la influencia del positivismo de Augusto Comte al cursar sus estudios en Francia. El plan de educación para el futuro debía contribuir a la regeneración de la sociedad mexicana, liberándola de la carga negativa que implicaba la tutela de la Iglesia, puesto que el Estado asumía las responsabilidades de la educación.

En los hechos, el ideal de libertad desarrollado durante el gobierno Juárez caminaba de la mano con el de orden y progreso. Paulatinamente, el núcleo intelectual de la clase media cobraba prestigio, y éste acrecentará su influencia en la época de Porfirio Díaz con el grupo de los *científicos*.

La reorganización de la economía tendía a la expansión de los recursos naturales del país, y ello requería capital, mejora de las vías de comunicación y técnicos. Las propuestas de desarrollo apuntaban a la producción de todo lo exportable, como la minería, o el sector agrícola; México debía prepararse para entrar en el capitalismo incorporándose al mercado mundial. Pero los capitales extranjeros se mostraron renuentes a volcarse en el país. Los europeos, sobre todo los británicos, esperaban la marcha de los acontecimientos luego de la caída de Maximiliano. Estados Unidos, pese al interés manifestado por Juárez en la participación de sus inversiones en la minería, y sobre todo en los ferrocarriles, no se decidían aún. Con todo, las vías férreas que habían obtenido sus concesiones en la época del Imperio de Maximiliano continuaron su avance, renovadas por el gobierno de la Reforma, tal fue el caso del ferrocarril desde Veracruz hasta la ciudad de México.

La minería fue eximida de varios impuestos para estimular su desarrollo, confiando que sería el sector económico que produciría la expansión de la agricultura, y suavizaría las tensiones producidas por una miseria palpable que generaba inestabilidad social. Al mismo tiempo se comenzó una reforma del caótico sistema administrativo nacional, cuyos defectos habían sido acentuados por los años de guerra. Era necesario aumentar los ingresos del gobierno, pero erradicar, asimismo, todo aquello que pudiera frenar el comercio y la explotación de los recursos naturales. Reformas tarifarias, eliminación de impuestos excesivos y de la multiplicidad de cajas recaudadoras, así como la elaboración de un presupuesto nacional, eran tareas inmediatas. La emisión de bonos del Tesoro intentó dotar al gobierno de recursos financieros al tiempo que se intentaba frenar la gigantesca deuda pública, de la cual se eliminaron las cifras correspondientes a los compromisos contraídos durante la administración de Maximiliano.

En 1871, Juárez se presentó nuevamente a la reelección; el antagonismo evidenciado por lerdistas y porfiristas durante el periodo anterior se agudizó entonces. En algunos estados los adversarios de Juárez se hicieron fuertes, contaron con el apoyo de varios periódicos, y, como se supo más adelante, concertaron un plan para derrotar al presidente atacando sus baluartes desde los estados que controlaban. Cuando las elecciones dieron a Juárez la mayoría en el Congreso, que finalmente debería decidir la presidencia, corrieron rumores de la preparación de un alzamiento armado encabezado por Porfirio Díaz, que al fin no llegó a concretarse. Por fin, Juárez fue elegido presidente por el Congreso en octubre de 1871; el Plan de la Noria que formó parte de los preliminares de la fallida rebelión de Díaz, propició al fin un acercamiento entre Juárez y Lerdo de Tejada, puesto que ambos deseaban evitar el resurgimiento del predominio militar. En pocos meses los conatos de alzamiento quedaron extinguidos y el gobierno estuvo en disposición de continuar sus proyectos reformistas.

Quedaban, no obstante, algunos sectores levantiscos, como las tribus apaches y comanches, en defensa de sus reductos en las grandes llanuras del norte que el gobierno pretendía librar a la colonización agrícola y ganadera. Nuevamente Juárez solicitó la ampliación de su periodo de poderes extraordinarios, un hecho que le enfrentó a muchos liberales de su propio sector. Los problemas económicos, pese a los esfuerzos realizados para revitalizar la minería, no dejaban de ser preocupantes, y la minería se extendía sobre extensas capas de la población. Pero ya Benito Juárez no podría emprender nuevas reformas para sacar al país de esa regresión. El 19 de julio de 1872 se anunciaba la muerte del presidente de la república, como consecuencia de una serie de crisis cardíacas.

La jefatura de gobierno fue asumida por Sebastián Lerdo de Tejada, a la sazón presidente de la Corte Suprema. El presidente provisional, un liberal radical, prosiguió los cauces de la Reforma impulsada, pese a los problemas que se esbozaban ya en el país. Mientras buena parte de la población huía hacia las ciudades en procura de medios de vida, pero también para refugiarse de las guerras civiles que asolaban el medio rural, las medidas de la Reforma habían provocado resultados negativos. Uno de ellos, como se ha señalado ya, era el aumento del latifundio como consecuencia de la desamortización; otro, la distribución de las tierras de las comunidades indígenas en pequeñas parcelas, dejó a los indios en la indefensión. El minifundio caía en manos del gran terrateniente, que hacía adelantos con el aval de la parcela, y algunas tierras que pertenecían a los pueblos, al adjudicarse las tierras baldías, dejaron a miles de campesinos cercados por el latifundio, dando origen a los llamados «peones encasillados». Un fenómeno que se acentuaría con las leyes de colonización de tierras del periodo porfirista.

La atracción de colonos desde territorio europeo tampoco obtuvo el éxito esperado. Durante el siglo XIX ésta había seguido preferentemente dos caminos: Estados Unidos y la fachada atlántica sudamericana, pero no se sintieron atraídos por México pese a las facilidades otorgadas por los gobiernos liberales. En consecuencia, durante el periodo Lerdo se realizaron gestiones para atraer el capital norteamericano y construir ferrocarriles, con lo cual la línea Veracruz-México pudo ser finalizada e inaugurada en 1873. No sólo se comunicaban poblados y ciudades, sino que se unía el puerto de Veracruz con la ciudad de México, favoreciendo la actividad comercial.

En el plano social se introdujeron mejoras en las leyes laborales, decretando la extinción de las deudas de los peones con sus amos y aboliendo el castigo corporal. El matrimonio civil, la efectividad de la enseñanza laica y el respeto a la libertad de cultos fueron otras medidas del periodo. Claro es que muchas de estas medidas no beneficiaron directamente a los trabajadores rurales o a los urbanos, sino a una clase media cuya presencia en la ciudad era ya perceptible y conformaba un fuerte apoyo al gobierno liberal. Sin embargo, la legislación de los hombres de la Reforma permitió el surgimiento de las asociaciones obreras, y éstas, en 1872, crearon una federación: el *Gran Círculo de Obreros de México*. Proliferaron los periódicos destinados al proletariado, aunque las industrias todavía no eran muy importantes en número, sobresaliendo entre ellas el sector textil.

Las masas rurales no superaban sus niveles de pobreza, pese a unas leyes que, en los hechos, no llegaron a aplicarse. Los territorios de Guanajuato, Jalisco, Michoacán y Querétaro fueron los más azotados por el hambre y encerraban una peligrosa tensión social. Si los conservadores, al fin beneficiados en buena medida por muchas disposiciones legales de la Reforma no vacilaban en plegarse a un liberalismo moderado, el jacobinismo de Lerdo de Tejada mantuvo, en cambio, fuertes tensiones con la Iglesia. Mientras la oligarquía se transformó, el clero alentó el descontento debido a las penurias rurales. En 1873 las leyes de Reforma eran incorporadas a la Constitución mexicana; también en ese periodo daba comienzo una amplia rebelión de las marginadas comunidades campesinas. Pese a que las revueltas fueron sofocadas, no sin gran despliegue de fuerzas militares, cuando Lerdo de Tejada pretendió, a su vez, ser reelegido en 1876, se levantó contra su persona Porfirio Díaz, con las reivindicaciones contenidas en el Plan de Tuxtepec, que vetaba la reelección presidencial.

2. FEDERALISMO CENTROAMERICANO

La década de los años 50 presenta en Centroamérica signos nada promisorios. Una serie de ensayos fallidos para unir a los países del área, esbozados luego de la crisis de la República Federal de Centroamérica —entre ellos la Convención de Chinandega de 1842, los Pactos celebrados en Nacaone el año siguiente y el Tratado de León de 1849—, demuestran las dificultades para gestionar la unión de los países en una región sometida a tensiones disgregantes de origen externo e interno. En parte, la fragmentación gestada en el pasaje desde el periodo colonial a la etapa nacional tiene un componente político: la asunción del poder por varios caudillos militares que, en cierto modo, representaron regiones muy disímiles, donde predominaron grupos comerciales y de latifundistas cuyos intereses se oponían. Sin duda esta situación tan sólo pudo agudizar un localismo ya esbozado en la etapa hispánica, pese a la centralización administrativa que los recubría. Alcance con recordar que las regiones luego constituidas en repúblicas independientes mantuvieron, durante el periodo colonial, vínculos comerciales con distinta orientación geográfica: Guatemala con México y Honduras con Cuba, en tanto Costa Rica y Nicaragua dirigían sus intercambios sobre todo a la zona andina y el Pacífico.

Estos regionalismos serían acentuados por la expansión de una ideología liberal que fuerza la separación de la Iglesia y el Estado, e intenta lanzar a la circulación en el mercado los bienes de manos muertas y las propiedades del clero, decisiones rechazadas por los conservadores y que desencadenaron prolongadas guerras civiles. Tal vez el símbolo más claro de estos enconados enfrentamientos se haya plasmado en las personalidades del liberal Francisco Morazán y el conservador Rafael Carrera.

Pero también existen poderosas fuerzas externas que inciden en la región. Éstas se encuentran representadas en un primer periodo por la presencia británica en Centroamérica y el Caribe; por su apoderamiento de algunos enclaves como la Mosquitia, Belice en Guatemala y las islas de Bahía frente a Honduras. Esta situación se consolida por medio de los préstamos a los gobiernos, como en el resto de Iberoamérica. Pronto los problemas de índole geopolítico generan nuevas tensiones. El choque entre Gran Bretaña y los Estados Unidos por el control del área del Caribe, y el deseo de impedir la instalación de otra potencia en algunos enclaves estratégicos, culminan en un pacto que configura otro signo preocupante para los países centroamericanos: el Tratado de Clayton-Bulwer en 1850, por el cual ambas potencias se dividen la protección de la zona donde se había proyectado el canal interoceánico.

Pero el Tratado celebrado en León (Nicaragua), el año 1849, reunía los Estados de Honduras, El Salvador y el país local. Esta unión, que se denominó Representación Nacional, había surgido como respuesta a la ocupación británica de la isla del Tigre, frente a las costas de Honduras. Era un movimiento hacia la unidad centroamericana que el cónsul Chatfield intentó debilitar rápidamente, instando a Costa Rica y Guatemala para oponerse a esta unión. No obstante, la isla del Tigre fue desalojada, respondiendo a las presiones de la diplomacia norteamericana. La intervención de Chatfield en los problemas internos de la región irritó a los gobiernos que preconizaban la unión; sobre todo cuando se descubrieron las intrigas para derrocar al presidente de Honduras. En respuesta, los federales de El Salvador y Honduras declararon no reconocer a Chatfield como representante diplomático.

En 1851 la coalición entre Honduras y El Salvador, con la promesa de ayuda por parte de Nicaragua, intentó obligar a Guatemala a ingresar en una proyectada Federación Centroamericana. Pero el intento fracasó cuando las tropas liberales cayeron derrotadas por el caudillo guatemalteco de origen indio José Rafael Carrera en la batalla de La Arada. Este hombre, que en 1844 había sido proclamado «Benemérito Caudillo y General en Jefe» por la Asamblea de Guatemala, ejercería el poder en ese país durante más de dos décadas, hasta su muerte en 1865.

La victoria de La Arada, completada por la derrota posterior del general hondureño Santos Guardiola, consagra el triunfo de la tendencia conservadora en el conjunto de Centroamérica. Este suceso del conservadurismo fue particularmente fácil en los Estados limítrofes con Guatemala, que contaron con el apoyo de Carrera. Pese a todo, la vida política de estos países no carece de conflictos. En Honduras, Trinidad Cabañas intenta sin demasiado éxito algunas reformas sociales y es derribado por Guardiola, esta vez aliado con Carrera. Entre 1855 y 1856 la situación es inestable políticamente, pero al fin la presidencia recae en Santos Guardiola, de filiación conservadora, quien ejerce el poder hasta 1862. El Gobierno Provisional que le sucede habrá de ceder el mando al presidente José Medina, que gobierna hasta 1869.

El Salvador cursa un largo decenio de continuos conflictos (1851-1862). La elección del presidente Francisco Dueñas en 1852 abre un periodo de cierta calma bajo el signo conservador en la sucesión de jefes de Estado. Ésta será alterada, sin embargo, por la sublevación del general liberal Gerardo Barrios, ex partidario de Morazán, contra el presidente Miguel Santín. Electo al fin Barrios, en 1860, reinicia la política liberal, con reformas educativas y una campaña contra las posesiones del clero, e incluso contra los propios sacerdotes. Un conflicto que será temporalmente zanjado por el Concordato de 1862 con la Santa Sede. Pero los deseos de restablecer la unión de los países centrales en Centroamérica: Costa Rica, Nicaragua y El Salvador, fracasan por la oposición de Carrera que hasta entonces mantenía desde Guatemala una posición hegemónica sobre la región. La guerra entre ambos caudillos era inevitable, y con el problema eclesiástico sirviendo de pretexto, Guatemala invade El Salvador, derrotando a Barrios y provocando su caída. Mientras el presidente busca asilo en Costa Rica, Francisco Dueñas reasume el poder. Una vez más, Carrera había desbaratado un intento de federalismo liberal en América Central.

Dueñas, que promulgará una Constitución de corte conservador, gobernará El Salvador desde 1865 hasta 1871. En el año de su ascenso al poder impulsó la nueva constitución y ensayó, asimismo, una serie de medidas modernizadoras y de proyección social, como la Biblioteca Nacional, el estímulo a la instrucción pública y el tendido de líneas de comunicaciones. Las reformas se corresponden con el auge del café, y están alentadas por cierto clima de prosperidad. Si bien las mejoras propugnadas por la burguesía del café habían sido realizadas durante el periodo liberal de Barrios, Francisco Dueñas estimula una intensa exportación del producto. Confirmado en la presidencia por la reelección de 1868, no sin enfrentar antes el levantamiento liberal encabezado por Gerardo Barrios, tampoco su segundo periodo de gobierno gozó de tranquilidad, ya que en 1871 estallaba el conflicto armado entre El Salvador y la vecina Honduras. Era el comienzo del fin para Dueñas, pues una sublevación protagonizada por otro caudillo, Santiago González, lo desaloja de la presidencia y debe buscar refugio en el exterior.

Costa Rica tiene, en el periodo, una historia menos turbulenta. Juan Rafael

Mora, presidente desde 1849, se mantiene en firme alianza con el guatemalteco Carrera y conserva a su país al margen del intento de unión de 1849. Sin embargo, el periodo de Mora no tuvo problemas internos destacables, pero sí los propiciados por la intentona del norteamericano William Walker, que sumió en la inquietud a los gobiernos del istmo. La derrota de las tropas del norteamericano hizo nacer un entendimiento entre Juan Rafael Mora y el presidente de Nicaragua, Tomás Martínez, dejando establecidas las bases para un nuevo esfuerzo de unidad regional, que, rechazado por el todavía poderoso Carrera, culminó en el fracaso. Los progresos de Costa Rica, donde la clase media y la burguesía cafetera impulsaron el desarrollo al amparo de la tranquilidad política del país, se consolidaron en los ferrocarriles, el incentivo a su comercio exportador y un fuerte ascenso de la enseñanza pública. Incluso un presidente como Tomás García, de talante dictatorial, insertó a Costa Rica en la órbita de Gran Bretaña, pero obtuvo préstamos e inversiones que no sólo permitieron materializar las obras de infraestructura, sino que también proporcionaron a la burguesía del café mercados estimulantes. Por otra parte, la década de los años 70 se abre con la inserción del sector bananero costarricense en el mercado mundial, que conducirá a la hegemonía de las empresas norteamericanas.

En Guatemala, la fuerte presencia de José Rafael Carrera domina la escena política del país desde finales de la década de los 30 hasta su muerte en 1865. Es, asimismo, un periodo de predominio conservador llevado hasta los extremos de instaurar la paz interna con el apoyo de los clericales más reaccionarios y los sectores tradicionalistas. Su sombra se cierne también sobre las demás repúblicas centroamericanas, apoyando con decisión el retorno de los conservadores. Provisto de la jefatura del país con carácter vitalicio desde 1854, recobró para Guatemala el liderazgo regional que había gozado durante el periodo hispánico. Si la aristocracia lo veía con desconfianza dada su ascendencia indígena, no podía prescindir de sus servicios para mantener el respeto a la tradición y a la Iglesia, que eran sus baluartes y pronto le otorgaron su confianza. Fue, en definitiva, el hombre que mantuvo a Guatemala al margen de toda unión regional y se convirtió, no sólo en el campeón del antiliberalismo, sino en el símbolo del separatismo. A Carrera le sucedió otro conservador, el mariscal Serna, derrocado por la revolución liberal que acaudillaban Miguel García Granados y Justo Rufino Barrios en 1871.

La situación de Nicaragua es también conflictiva, sobre todo por la intervención extranjera. Este peligro, ya manifestado antes en los primeros años del siglo, lleva a los Estados Unidos y Gran Bretaña a la firma del Tratado Clayton-Bulwer, pero no elimina definitivamente el riesgo de injerencias extranjeras en la zona, especialmente debido a que Nicaragua proveía de un pasaje hacia el Pacífico o hacia la costa de California que abreviaba considerablemente la travesía. Si esta situación fue explotada por los millares de viajeros que se dirigían hacia la costa oeste de los Estados Unidos, atraídos por la existencia de oro, también cobró importancia para el comercio. Precisamente, la Compañía de Navegación a Vapor del Atlántico y del Pacífico, propiedad del financista Cornelius Vanderbilt, contó con la anuencia de los gobiernos firmantes del Tratado de 1850 para llevar adelante sus proyectos.

Se trataba de una empresa norteamericana, pero gozó del apoyo de los banqueros ingleses y de facilidades otorgadas por Lord Palmerston para su salida hacia el Caribe por la terminal de Greytown, en la Mosquitia; esta decisión no podía menos que desairar al propio cónsul Chatfield, quien había proclamado la hegemonía británica sobre todo el río San Juan. Aún así, un incidente ocasionado en 1851 con uno de los navíos de la compañía de Vanderbilt, que transportaba pasajeros, estuvo a punto de generar un conflicto diplomático. En efecto, el buque había sido interceptado por una cañonera inglesa y el escándalo estalló en Nueva York, con el resultado de la rápida sustitución de Chatfield en Centroamérica.

El episodio más resonante, sin embargo, estuvo protagonizado por otro norteamericano: un aventurero llamado Willian Walker, que irrumpe en el escenario de América Central en 1855. Su trayectoria anterior, no aislada del apoyo de algunos sectores sudistas, lo lleva a la Baja California. En 1855, al frente de un grupo de mercenarios norteamericanos, desembarca en Nicaragua. Se trata de una expedición que recibe el respaldo de los sectores expansionistas del sur de los Estados Unidos, pero que también será reclamado como aliado por liberales nicaragüenses. Willian Walker establece así relaciones con una de las partes que representa la pugna histórica en el país entre las ciudades de León y Granada; el general Castellón, jefe del partido liberal, lo toma a su servicio para derrotar a sus adversarios políticos, instalados en la ciudad de Granada.

Pese al fracaso de su primer intento para apoderarse de Rivas, finalmente Walker logró entrar en Granada, la sometió a saqueo y fusiló a decenas de hombres del gobierno Estrada. Ascendido a jefe del ejército por Castellón, Walker y su «Falange de los Inmortales» —tal era la denominación con que se había bautizado al grupo de algo más de cincuenta norteamericanos— se apoderaron totalmente del control del gobierno. Castellón fue desalojado del poder y sustituido por Patricio Rivas, con quien Walker había celebrado un acuerdo previo por el que obtenía importantes concesiones en tierras.

El invasor y sus hombres controlaban de hecho Nicaragua, y, en medio de opiniones contradictorias del propio Consejo de Estado norteamericano, fue oficialmente reconocido por el representante diplomático en Estados Unidos en el país centroamericano. El éxito acreció las ambiciones del aventurero, que intentó ahora apoderarse de la Compañía de Tránsito explotada con éxito por Vanderbilt y cuyos beneficios eran importantes. Era una decisión que encontraría muy pronto opositores en el propio Estados Unidos, y pese al reconocimiento anterior, el presidente Franklin Pierce condenó las acciones de Walker en Centroamérica.

La hegemonía que sobre Nicaragua estaban ejerciendo los hombres de Walker alarmó a Gran Bretaña, que sospechaba que detrás de una expedición armada por financieros sureños existía un interés por anexar la zona a Estados Unidos. Y también los países centroamericanos manifestaron su inquietud; el presidente de Costa Rica, llamando a una «Campaña Nacional», decidió formar un ejército y combatir a los norteamericanos invasores, solicitando la ayuda de los otros Estados. En respuesta a la actitud de Juan Rafael Mora, William Walker hizo que el presidente Rivas de Nicaragua declarara la guerra a Costa Rica. A continuación, Walker derrocó a Rivas y logró hacerse proclamar presidente; los países centroamericanos, velando por la integridad de sus territorios, formaron una coalición para expulsar al aventurero.

Mientras Rafael Carrera, presidente de Guatemala, firmaba una alianza con Honduras, el presidente Mora de Costa Rica ordenó invadir por el sur, acorralando a Walker en la ciudad de Rivas, no sin haber sufrido antes algunas derrotas. La mediación del capitán de una corbeta norteamericana permitió a Walker salir del país rumbo a Panamá y desde allí a Nueva Orleáns para reclutar otros expedicionarios con destino a Nicaragua. Su desembarco en San Juan del Norte no resultó con mucho éxito, ya que fue detenido por marinos norteamericanos y obligado a regresar. Pero la obstinación de William Walker no conocía límites, algo que demostró al desembarcar en 1860 en la costa de Honduras, donde intentó hacerse fuerte en el puerto de Trujillo del que se había apoderado. La política exterior de Estados Unidos, con todo, ya no podía permitirse ignorar los desmanes de Walker, y mucho menos Gran Bretaña. La marina inglesa logró apoderarse del audaz personaje y lo entregaron al gobierno de Honduras, donde sería ejecutado en septiembre de 1860.

Durante la primera mitad de siglo XIX se desarrolla en Centroamérica una lucha que, con variantes, se reproduce en todos los países. Los intereses de quienes representan a la aristocracia terrateniente de origen colonial, y los designios de los nuevos propietarios, que se inclinan por una redistribución de las tierras petenecientes a la Iglesia y a las comunidades indígenas, siguiendo unas pautas del capitalismo liberal en cierto modo impuestas por el ingreso al mercado mundial, se enfrentan en el periodo. Y un producto que impone las nuevas condiciones a la economía centroamericana es el café. La economía exportadora define su modelo a partir de 1850, y también, pautas de modernización. No fueron pocos los caudillos, liberales o conservadores, que poseyeron haciendas de café: Gerardo Barrios, en el Salvador; Braulio Carrillo, presidente de Costa Rica; Justo Rufino Barrios en Guatemala, son algunos de los nombres que pueden mencionarse, protagonistas de esa extensa contienda librada entre ambos partidos políticos.

En definitiva, como ocurrió en otras regiones de Iberoamérica, la renovación económica y social propiciada por la expansión del mercado del café, y una burguesía liberal que apuesta por el desarrollo capitalista, no eliminan definitivamente el latifundio tradicional. Si bien muchos de los viejos terratenientes, aferrados a las formas señoriales de vida, escogieron oponerse al cambio, la mayoría aceptó las reglas impuestas por los nuevos tiempos. Al fin, las diferencias entre liberales y conservadores no pasaron de los niveles de apreciación acerca de la situación de la Iglesia en el Estado moderno, o de la oportunidad de ciertas reformas sociales; los antagonismos nunca incluyeron una modificación del sistema dominante.

Los cambios impulsados por la burguesía del café no contrariaban los intereses económicos de los núcleos conservadores. El ferrocarril que se construye en Panamá hacia los años 60 acerca los puertos de la fachada marítima del Pacífico; si la Iglesia experimentó una disminución de su poder, las oligarquías, aun en una instancia que mermaba su poder regional, resultó favorecida por un Estado nacional que vigilaba con mayor acierto sus intereses económicos. Después de todo, comerciantes y terratenientes recibieron sustanciales beneficios de la inserción en el mercado mundial. Los campesinos, ya se tratara de Costa Rica, Nicaragua, Honduras, Guatemala o El Salvador, indígenas o mestizos, siguieron cumpliendo su papel de fuerza productiva.

Hasta finales de los años 60 el café no se ha consolidado como primer producto en la exportación, pero a partir de entonces, y sobre todo en Guatemala y El Salvador, Norteamérica y los mercados europeos estimulan su producción. El periodo de predominio liberal, que se inicia a partir de 1870, se caracteriza por la expansión de la hacienda de café, las obras de infraestructura imprescindibles para su producción y comercio, aunque pronto la plantación bananera le disputará su posición de privilegio en la economía, sobre todo en Guatemala, Honduras, Costa Rica y Panamá, dotando de una fisonomía diferenciada a la fachada atlántica de la región.

3. La Confederación Granadina

La historia de Colombia en los dos primeros tercios del siglo XIX está caracterizada por tres rasgos definitorios de la conflictividad del periodo. En primer término, los cambios de denominación del Estado: República de Nueva Granada (1831-1857); Confederación Granadina (1858-1862); Estados Unidos de Colombia (1863-1886). Toda una demostración de desacuerdos políticos entre federales y conservadores, que tendrá su expresión en el segundo de estos rasgos, configurado por la Constitución de 1833, liberal de corte radical, que instaura un federalismo de hecho; la de 1858, que consagra un federalismo moderado, al tiempo que refuerza los poderes del presidente de la república, y la de 1863, a través de cuyo texto se establece un federalismo radical. El tercer signo es la conflictividad política vivida por el país, que se resume en las palabras contenidas en una *Memoria* de 1870 del secretario del Interior de Colombia, Felipe Zapata: «En doce años de federación hemos tenido veinte revoluciones locales y diez gobiernos destruidos por las armas.»

Conservadores y liberales se enfrentaron en Colombia al igual que en el resto de Iberoamérica. Pero si la ideología política liberal pudo parecer excesivamente radical en los primeros decenios de vida independiente, ya no lo fue tanto hacia finales de siglo. Las tensiones entre uno y otro bando se generaron en torno a una serie de cuestiones que establecían la diferencia entre unos conservadores que se apegaron a la tradición para evitar cambios demasiado bruscos, y los liberales que insistían en la ruptura con el pasado, la fe en el progreso y la imposición de pautas modernizadoras. Pese a todo, la violencia del conflicto estuvo centrada en el problema de la posición de la Iglesia en la nueva sociedad independiente. Los liberales planteaban la separación de la Iglesia y el Estado, puesto que entendían que su influencia sobre las instituciones políticas era una rémora del pasado. Educación liberada de la influencia religiosa, libertad de culto y desarticulación del poder económico del clero por la vía de la desamortización y de la expropiación de sus extensas posesiones, eran otras propuestas polémicas. Sobre todo porque los conservadores propugnaban lo contrario, insistiendo en que la Iglesia debía conformar un factor básico en la familia y la vida civil. Defendían, al fin, un orden social que había consolidado las fortunas y el prestigio social de las familias pertenecientes a la vieja clase dominante. Existía un terreno, pese a todo, donde no se produjeron serias discrepancias hasta 1886. El federalismo fue, en esencia, respetado aún con variantes por ambos bandos; es que responde a una estructura económicosocial donde predomina el poder periférico, representado por el señorío local. Un poder al que no deseaban renunciar caudillos conservadores o liberales que se profesaron una desconfianza recíproca: el federalismo garantizó, por mucho tiempo, la continuidad de cierto *status quo*.

Es claro entonces que los choques entre federales y conservadores enmascararon, en realidad, desacuerdos entre grupos oligárquicos por el reparto del poder. En Colombia estas discrepancias se tradujeron en la alternancia en el gobierno protagonizada por ambos bandos políticos. Pese a todo, los sectores ideológicos en pugna estaban de acuerdo en que era necesario modernizar el país; las diferencias eran de forma, sobre cuáles serían las estructuras básicas a reformar —de ahí los profundos desencuentros en torno al papel de la Iglesia—, y en algunos periodos, como el que se abre a partir de 1849, acerca de la rapidez de esas transformaciones. Estas diferencias de opinión sobre la velocidad del cambio a realizar también existieron en las filas liberales, que se dividieron en radicales, o *draconianos*, y *gólgotas* o moderados.

Como exponente de lo subrayado puede anotarse que el gobierno conservador del general Tomás Cipriano Mosquera proporcionó un estímulo a la modernización del país de considerable importancia. Precisamente, la característica del gobierno liberal que le sucede a partir de 1849 es una mayor radicalización de las reformas políticas y sociales. El presidente, general José Hilario López, acelera un proceso que, en el plazo de tres años, exhibe una serie de medidas cuya influencia del liberalismo europeo y el romanticismo social de su época es innegable. La supresión de los monopolios, como el estanco del Tabaco, separación de la Iglesia y el Estado, seguida de la expulsión de los jesuitas, creación del registro civil, legislación sobre libertad de imprenta y supresión de la esclavitud, son actos impulsados por el liberalismo radical.

Las reformas no pasaron sin protesta, y ésta se tradujo en violencia. Los propietarios de esclavos, sobre todo los grandes hacendados, se levantaron en armas en varios estados el año 1851 contra José Hilario López. Eran los hombres fuertes locales, enclavados en sus dominios señoriales, que defendían unas formas de vida tan bien descritas, con su entorno social dependiente, en la novela de Jorge Isaacs *María* (1867). Pero el gobierno consiguió derrotarlos, al tiempo que congregaba en su favor el apoyo de sectores urbanos, comerciantes y grupos artesanales. También proyectó este gobierno la redacción de una nueva Constitución, que reunía en su texto los avances obtenidos y en su conjunto era radical para su tiempo. En los hechos ampliaba las prerrogativas de las provincias, consagrando el triunfo de los *draconianos*. La nueva Constitución fue promulgada finalmente por la administración de José María Obando en 1853; implantaba el sufragio universal, establecía la descentralización administrativa y los poderes constitucionales de cada provincia. En definitiva, el resultado, según afirma Pedro Pablo Camargo, era el siguiente: «De hecho, la federación estaba de nuevo en marcha. La colección de constituciones era algo así como una "colcha de retazos": constituciones netamente conservadoras como las de Bogotá, Pasto, Tunja y Rioacha; constituciones eminentemente radicales, como las de Neiva, Santa Marta, Socorro y Vélez; constituciones liberales, como la de Mariquita, y constituciones moderadas. La unidad política de Nueva Granada no podía estar más rota.»

Un año más tarde el general José María Melo ensayó un golpe de estado contra Obando, que lo llevó a un breve pasaje por el poder, ya que pese a contar con el apoyo del ejército y algunos sectores urbanos, se vio rápidamente derrocado por un grupo de generales encabezado por Tomás Cipriano Mosquera. Las elecciones convocadas en 1855 llevaron a la presidencia a un ilustrado conservador: Manuel María Mallarino. Éste reúne un gabinete integrado por liberales y conservadores, mantiene en vigor la Constitución de 1853 e incluso amplía su contenido federalista. Será, asimismo, un conservador quien le suceda en el gobierno durante el periodo 1857-1861; este hombre será Mariano Ospina Rodríguez, quien pese a estar considerado como uno de los importantes teóricos del tradicionalismo y ferviente católico, se declara partidario del Estado federal.

Durante su presidencia será decidida una reforma constitucional que, promulgada en 1858, crea la Confederación Granadina, estableciendo la división del territorio en ocho estados que «forman una nación soberana, libre e independiente», con sus gobernadores y sus facultades legislativas. Nos encontramos entonces con que el periodo 1853-1863, que ha sido denominado el Decenio Liberal, alterna en el gobierno a conservadores y liberales. E incluso mantiene una política oscilante con respecto a la Iglesia, puesto que durante la administración de Ospina Rodríguez se produce el retorno de los jesuitas expulsados por el gobierno de Hilario López en 1852. La cesión de algunos privilegios en el campo educativo causó el descontento de los sectores liberales, pese a que ya estaba prácticamente consumada la confiscación y venta de los bienes del clero desde la década anterior.

Las medidas consideradas regresivas por el Partido Liberal y las frecuentes discrepancias entre las administraciones regionales y el poder central no demoraron en cristalizar en una nueva contienda civil, cuyo objetivo era destituir al gobierno de Bogotá. Y la señal partió del estado de Cauca, cuando el general Tomás Cipriano Mosquera decidió separar éste de la Confederación. En 1860 una revolución que se extendía a varios estados —Santander, Cauca, Boyacá, Bolívar y Magdalena— generaliza un estallido que derriba al gobierno legítimo en 1861 y eleva a Mosquera al sitial de Presidente Provisorio y Supremo Director de la Guerra. El caudillo triunfante había combatido al lado de Simón Bolívar, y era un poderoso terrateniente de Popayán. Luego de hacer prisionero a Ospina Rodríguez, decretó la ejecución de varios de sus adversarios políticos y los jesuitas fueron expulsados nuevamente del país.

Si el anterior periodo presidencial de Mosquera (1845-1849) le permitió evidenciar su pasión por el progreso económico desarrollando la navegación a vapor por el río Magdalena y la reforma monetaria, en esta nueva etapa se embarcó en una refor-

Mercado de la Plaza Bolívar de Bogotá

ma destinada, según él, a consolidar el Estado federal. La Asamblea Constituyente convocada en la ciudad de Río Negro, estado de Antioquia, redactó un nuevo texto constitucional que daba forma política, en 1863, a los Estados Unidos de Colombia, cuyo primer presidente sería Tomás Cipriano Mosquera. Se trataba, sin duda, de la constitución más radical que había conocido el país. En los hechos, cada estado se convertía en soberano, y en la práctica, casi independiente; el presidente de la república tenía su mandato reducido a dos años. El poder central resultaba sumamente debilitado, y sus competencias más amplias eran las relaciones exteriores, salvo en periodos de guerra cuando se ampliaban sus facultades.

Mientras Ecuador se sumergía en un periodo constitucional de libertades restringidas y predominio del catolicismo, en Colombia triunfaba el ultraliberalismo y el anticlericalismo, con la más amplia concesión legal de los derechos individuales. Fuertemente influidos por las ideas que provenían de Europa, los constitucionales habían redactado un texto que causó alarma en los pragmáticos por la excesiva disgregación de poderes que parecía conspirar contra la denominación de Estados Unidos de Colombia, en tanto ese mismo texto provocaba la admiración de Víctor Hugo por la suma de libertades que encerraba. No obstante sus debilidades manifiestas, la Constitución de 1863 prolongó su vigencia durante veintitrés años, hasta 1886.

Pero no sobrevivió ese lapso sin disturbios; aunque los presidentes se sucedieron con regularidad cada dos años, la insurrección de los conservadores fue facilitada por la propia tendencia disgregadora del sistema federal implantado. También se produjeron incidentes con los países limítrofes. La invasión del general Juan José Flores, que había destruido en Ecuador a los enemigos de García Moreno, fue derrotada por Mosquera en Cuaspud. Cuando resulta reelegido en 1866, Mosquera ofrece muestras de que su actitud en el poder no concilia con el espíritu liberal que anima a la carta fundamental promovida por él mismo. En consecuencia, sus enemigos encuentran el camino libre para derrocarlo y en 1867 debe marchar al exilio.

El saldo de la etapa liberal abierta en 1850 es de gran importancia en la transformación de Colombia. Se trata, sin duda, todavía de una época de transición, pero que apunta a la modernización del país, tarea culminada en periodos posteriores. Pero la legislación sobre libertades individuales, la abolición de la esclavitud, la abolición de la pena de muerte, la defensa de la libertad de prensa, el impulso dado a la enseñanza por la creación de facultades de filosofía y ciencias, y el surgimiento de una generación fermental de intelectuales que otorgan relieve a la cultura colombiana del XIX, son aspectos que demuestran un progreso tangible en el proyecto modernizador. En el plano económico, el país mejora sus sistemas de transporte y las comunicaciones fluviales; si bien Colombia aceptó, como todos los países iberoamericanos, la política de libre importación que no favorecía sus artesanías, se trataba, al fin, de un paso inevitable para entrar en el mercado mundial y en la división internacional del trabajo. Crecieron espectacularmente las exportaciones de tabaco, un hecho que favoreció algunas reformas liberales y parecía dar razón a sus ideas sobre la economía. Colombia tuvo como principal comprador a Gran Bretaña durante la primera mitad del siglo XIX, pero ese mercado comenzó a declinar hacia los años 50, y lo sustituyeron los puertos alemanes, como Bremen, hasta 1865. Las tierras calientes, sobre todo el valle del Magdalena, eran las productoras por excelencia durante ese periodo.

Otro producto que ingresó con fuerza en el mercado mundial a partir de 1850 fue la quina, destinada a la fabricación de distintos medicamentos, de los cuales el más conocido es la quinina. Colombia se convirtió entonces en el principal exportador mundial del producto, aprovechando una coyuntura de rápido crecimiento de la demanda pese a la competencia de Bolivia y Perú. Las características de la explotación tuvieron, sin embargo, consecuencias poco deseables; sobre todo por su carácter destructivo que provocaba el agotamiento de las reservas forestales. Así, se produjo un desplazamiento de la frontera por traslado de la explotación. Las reservas de quina del occidente de Cundinamarca y de la cordillera Oriental, así como del Pitayo eran los centros productores más importantes; pero la crisis de la exportación colombiana comenzó hacia los años 80, cuando los holandeses y los británicos decidieron cultivar la quina en plantaciones en sus colonias de Oriente.

Hacia mediados de la década del 60, no obstante, otro producto tomaba el relevo en las exportaciones de Colombia. El café se extendió desde el departamento de Cúcuta hacia el de Pamplona, y continuó avanzando su cultivo hacia Ocaña en respuesta a los altos precios internacionales de la época. En los años 70 ya los cafetos se habían plantado en Antoquia y Santander; la hacienda cafetera atraía capitales y desplazaba su frontera con variadas formas de producción según las regiones. En Santander, por ejemplo, la explotación se realizó sobre la base de trabajador libre y pequeños propietarios rurales, en tanto en Cundimarca recurría a formas semiserviles que recaían sobre la población indígena. Con la exportación de este nuevo producto Colombia logró importantes ingresos y se mantuvo en un puesto importante en el mercado mundial. Permitió, a la vez, propiciar cierto desarrollo industrial con inversiones que provenían de los beneficios del sector cafetero, pero al costo de mantener el país dentro del modelo agro-exportador dependiente, al igual que otras naciones iberoamericanas.

4. LA REPÚBLICA FEDERAL VENEZOLANA

La personalidad del caudillo de los Llanos, José Antonio Páez, decide la elección del general Tadeo Monagas en 1846. Pero la rivalidad que surge entre ambos hace que el nuevo presidente, de origen conservador, bascule rápidamente hacia el Partido Liberal buscando respaldo para su gobierno. La historia que transcurre entre 1850 y 1870 está considerada como uno de los periodos más conflictivos de la Venezuela decimonónica. En efecto, los años 50 se abren con un intento de perpetuar en el poder la dinastía de los Monaga; continúa con la llamada Guerra Federal (1858-1863), un fenómeno que trasciende las luchas interoligárquicas para arrastrar a la contienda a las masas rurales; el acuerdo de 1863 desemboca en la Constitución que dará al país el nombre de Estados Unidos de Venezuela; estalla nuevamente la guerra entre caudillos en 1868 y, finalmente, se apodera del gobierno Antonio Guzmán Blanco en abril de 1870 para dar comienzo a una etapa de autocracia que intentó, en definitiva, consolidar el Estado de la oligarquía.

Unas elecciones que culminaron sin que ningún candidato obtuviera la mayoría decisiva, un Congreso que se inclina ante la influencia del general Páez, coloca en la presidencia de Venezuela a un descendiente de canarios, caudillo de la independencia y poderoso terrateniente. José Tadeo Monagas da comienzo, así, a un giro en el gobierno conservador que regía entonces el país. La «primera lanza de Oriente» llamó Simón Bolívar a este caudillo que combatió a su lado y le secundó con firmeza en sus intentos de evitar el desmembramiento de la Gran Colombia; había llegado a la presidencia gracias al apoyo de Páez y se hizo cargo del poder en marzo de 1847. Pero si todos esperaban que el viejo caudillo de los Llanos controlara a Monagas, una vez que éste logró alcanzar sus propósitos, maniobró para deshacerse de su incómodo aliado.

El primer combate se libró en el Congreso, y giró en torno al tema de la reorganización de las milicias y el proceso contra Antonio Leocadio Guzmán, un jefe liberal. Monagas, reaccionando contra el predominio conservador en las cámaras, reorganizó el gabinete integrando en él una mayoría liberal, y conmutó la pena de muerte de Guzmán por la de destierro. En los hechos, la llegada de Jose Tadeo Monagas a la presidencia estaba ocasionando un renacimiento del sector oligárquico liberal, y los seguidores de Páez se sintieron traicionados por el caudillo de Oriente que habían colocado en el poder. Entretanto, un golpe de mano de los partidarios de Monagas, en enero de 1848, culminó con el asalto al Congreso y la muerte de varios diputados opositores.

Después de este motín, Monagas se inclina cada vez más en busca del apoyo liberal. Nombra en el Ministerio del Interior al ya retornado Antonio Leocadio Guzmán, quien más tarde ocupará el cargo de vicepresidente de la república, y éste incorpora a su hijo, Antonio Guzmán Blanco, a los cargos de gobierno. Entretanto, Páez, que se interna en Venezuela desde Nueva Granada, se levanta en armas contra el gobierno, pero su rápida derrota lo coloca en manos de Monagas, que lo expulsa del país. Páez se dirige a Estados Unidos, desde donde regresará una vez más.

Instalada en el poder la oligarquía liberal, la familia Monagas utiliza la coyuntura para perpetuarse en la presidencia. La sucesión recae en el hermano de José Tadeo, y en 1850 José Gregorio Monagas accede al gobierno. Hasta 1855 este hombre, de reducido alcance político, pero capaz de llevar adelante importantes propuestas legislativas, se mantiene al frente del gobierno. Los propósitos reeleccionistas de José Gregorio provocan una alianza entre Leocadio Guzmán y el omnipresente Páez, pero sin éxito. La familia Monagas estaba decidida a no perder el control de la primera magistratura del país, de manera que en 1855, José Tadeo regresa a la presidencia triunfando sobre una oposición dispersa y debilitada. La sombra de la dictadura se había convertido en realidad, y tan sólo quedaba por realizar la maniobra que llevó a cabo el presidente cuando se aproximaba el fin de su mandato. Era necesario promover una reforma constitucional que permitiera extender el periodo presidencial desde los cuatro hasta los seis años, y en 1857 esta modificación cristalizó, renovando el periodo de gobierno de José Tadeo Monagas desde 1857 hasta 1862. Se había instalado el poder personal, encarnado en una dinastía familiar, puesto que la vicepresidencia recaía en Francisco Oriach, yerno del jefe de gobierno. Tanto liberales como conservadores decicieron unirse para derribar al dictador. Como ha señalado Guillermo Morón: «La farsa política termina el 15 de marzo de 1858, al empuje de una revolución con la cual todo el mundo estuvo de acuerdo.»

Si bien Páez se ofreció para encabezar el movimiento, no existió acuerdo para ello. El general Julián Castro se puso al frente de una rebelión que contó con apoyo popular, sobre todo en Caracas, y pronto se apoderó de esa ciudad, donde luego de derribar a Monagas disolvió el Congreso. Pero el gobierno provisional de Castro no gozó de tranquilidad. La crisis económica que se extendía desde Estados Unidos a los países europeos provocó un fuerte descenso en el precio internacional del café y el azúcar, golpeando el sector exportador venezolano. Existía una fuerte reacción contra la Constitución gestada durante el gobierno de los Monaga, y se instituyó el sufragio universal para designar al presidente de Venezuela. La Convención reunida en Valencia promulgó en diciembre de 1858 la nueva Constitución que estaba signada por el federalismo, acordando los derechos fundamentales —libertad de prensa, de opinión, y de culto—; pese a todo, mantenía ciertas exigencias para ser electo senador que reservaban estos escaños a la oligarquía, sobre todo los grandes señores provinciales. En los hechos, en Venezuela liberalismo y federalismo se unificaban y todo ello redundaba en beneficio de los grupos señoriales que predominaban en provincias.

Un análisis del periodo de los Monaga nos revela, sin embargo, que los liberales habían logrado materializar algunas de sus ideas acerca de la sociedad, aunque sin erradicar la corrupción, que alcanzó cotas muy elevadas en el gobierno de esa familia. José Tadeo Monagas decretó en 1854 la abolición de la esclavitud, una medida que, según el historiador José Brito Figueroa, estuvo dirigida a debilitar al Partido Conservador, a cuyas filas pertenecían los principales propietarios de haciendas que utilizaban mano de obra esclava. La presidencia de José Gregorio Monagas legisló, a su vez, en favor de la inmigración, liberalizó la importación de maquinaria, intentó fomentar la construcción de caminos, estimuló las empresas de navegación fluvial, ofreció concesiones para construir líneas de ferrocarril como la de Puerto Cabello a San Felipe, o de La Guaira a Caracas. Eran medidas destinadas a incrementar el prestigio de cada mandatario, y también a ocultar la corrupción que impregnaba la administración durante este periodo.

Pero una vez derrotados los hermanos Monagas y sus seguidores, no resultó fácil restablecer la paz. La Constitución promulgada en Valencia cosechó descontentos entre quienes defendían el centralismo y los privilegios de la Iglesia; pero los federalistas creían advertir de la nueva carta fundamental demasiados recortes a los poderes provinciales. Era una situación propicia para el descontento generalizado, y pronto estalló la guerra civil que pasó a la historia como Guerra Federal, o de los cinco años. Castro, entretanto, oscilaba entre federales y conservadores, intentando apaciguar la tormenta, pero tan sólo conseguía irritar a unos y a otros. Derribado por los conservadores, esta facción política colocó en el gobierno a Pedro Gual en 1859, quien debió enfrentar a continuación una revuelta federal dirigida por los generales Ezequiel Zamora y Juan Crisóstomo Falcón. La Guerra Federal estalla en Coro, en febrero de 1859, y tiene características que la distinguen de las guerras interoligárquicas libradas hasta entonces. Mientras asume la presidencia Manuel Felipe Tovar, sustituyendo a Gual que continúa en el gobierno como vicepresidente, las masas rurales entran en la lucha, sobrepasando los designios del puñado de oportunistas que habían acompañado a Zamora en la sublevación. Las batallas son numerosas, el país se sumerge en sangre, Zamora muere en combate luego de una larga lista de victorias, y Falcón se encuentra obligado a retirarse en dirección a Colombia.

Los hombres de los Llanos seguían a Zamora con el mismo ímpetu que demostraron en los tiempos de las guerras de independencia. Si la revolución que estalla en 1858 obedecía sobre todo a un nuevo choque entre los grupos oligárquicos, la «revolución *federal*», tal como la veían las masas populares venezolanas —nos dice Brito

Figueroa—, es muy posible que fuera sentida «como una verdadera revolución que liquidaría de raíz al régimen latifundista y eliminaría todas las formas de opresión económico-social». Así, por lo menos, la veía Pedro Gual, quien consideraba esta contienda, que asolaba haciendas y poblaciones, como una guerra social.

Lo cierto es que se trataba de una guerra prolongada. Los federales ganan una primera batalla en Santa Inés, donde cae muerto Zamora; pero algunos meses más tarde, en febrero de 1860, Falcón es derrotado en Coplé. Entretanto, Tovar permite el regreso de Páez y lo designa para el cargo de ministro de Guerra y Marina. Luego de una serie de movimientos en el gobierno, el viejo caudillo de los Llanos asume la dictadura en 1861. Los brotes guerrilleros eran demasiado importantes para liquidarlos totalmente, por lo que, pese a que obtiene algunas alianzas, Páez no logra imponerse. Mientras tanto Falcón había obtenido la colaboración de Antonio Guzmán Blanco y la continuación de la lucha no hace sino debilitar aún más la posición de un Páez cada vez más aislado. En mayo de 1863, en la hacienda de Coche, los delegados de ambas partes en conflicto firman un acuerdo que pone fin a la guerra. La dictadura de Páez había cedido paso a los federales; con Falcón en la presidencia, secundado por Guzmán Blanco en vicepresidencia, la oligarquía liberal controlaba de nuevo el poder y desalojaba a un caudillo, José Antonio Páez, que mantuvo durante más de tres décadas una fuerte influencia sobre la vida política venezolana.

El nuevo gobierno estrenaría otra Constitución, la que promulgada en 1864 inaugurara el nombre de Estado Unidos de Venezuela. Era la segunda carta federal que se conocía en el país, y creaba veinte provincias; se mantuvo en vigor durante diez años, pero sin cancelar los conflictos. Las revueltas internas se sucedían y en marzo de 1868 el viejo general José Tadeo Monagas inició un movimiento que fue conocido como Revolución Azul. Desde el oriente venezolano intimidó a Falcón, que abandonó el país, y entró en Caracas en nombre de la conciliación nacional. El viejo caudillo era ya un octogenario y murió ese mismo año, dejando el mando a su hijo Ruperto, que asumió la presidencia. Guzmán Blanco no dejó escapar la ocasión; el liberalismo y las ideas federales carecían de un jefe representativo y su trayectoria le otorgaba ese papel, como sucesor de Falcón. En dos meses, febrero-abril de 1870, subleva el interior venezolano, y se apodera de Caracas. Finaliza el predominio de los azules y comienza la etapa de gobierno de Antonio Guzmán Blanco conocida como el Septenio (1870-1877); su mandato habría de prolongarse durante dieciocho años. Comienza un periodo caracterizado por los ensayos de modernización. El café concentraba su mayor producción en los estados andinos, y mantiene su primer puesto en la exportación venezolana, explicando la prosperidad del periodo. En torno a Guzmán Blanco se mueve un grupo de especuladores que se beneficia del régimen. Con todo, el presidente demuestra capacidad para ordenar la administración, crear una serie de instituciones para mejorar el sistema educativo, como el Museo de Historia Natural y el Instituto de Bellas Artes. El modelo liberal se desarrolla durante su administración, en el aspecto jurídico, en el matrimonio civil, así como ciertas medidas contra las propiedades eclesiásticas.

Guzmán Blanco gobernó Venezuela con aires aristocráticos. Militar ante todo, exhibió su elegancia en toda ocasión —muchas veces con excesivo ornamento—, al tiempo que procuraba mostrarse como persona culta y amante de las artes. Su imagen de la modernización se proyectó sobre Caracas en la forma de una serie de edificios, monumentos y paseos: el teatro, el palacio presidencial de Miraflores, el Capitolio Federal, el Panteón Nacional, el paseo del Calvario y bulevares y jardines que crearon una ciudad con aire europeos en medio de una Venezuela agraria y atrasada. Su atracción por París y todo lo francés era compartida con la pasión por los negocios, en los cuales participaron sus amistades; durante su gobierno la tierra productiva estaba concentrada en el 1 por 100 de los propietarios, y la burguesía comercial urbana monoplizaba el intercambio de la producción y dominaba el mercado del dinero.

5. El Ecuador de García Moreno

La revolución de marzo de 1845, continuada con la expulsión del general Juan José Flores, no sólo significa para Ecuador un paso decidido hacia el civilismo, sino que también pone fin a una etapa de predominio de los militares surgidos de las guerras de independencia, alguno de ellos, tal es el caso de Flores, considerado extranjero por su origen venezolano. No implica, pese a todo, la desaparición de la presencia militar en el gobierno, e incluso estos generales nacionalistas siguen en cierto modo una política acuñada en el «floreanismo» de las décadas anteriores. Es más, el «marzismo», movimiento que había derrocado a Flores y que incluye en sus filas a la burguesía comercial y financiera vinculada al puerto exportador, no acierta en su primer momento a estabilizar a sus hombres en el poder.

La imposibilidad de obtener un acuerdo para suceder a Rocafuerte en la presidencia de Ecuador hace recaer, interinamente, el gobierno en el vicepresidente en funciones, Manuel de Ascásubi, en 1849. De inmediato se enfrenta a una serie de problemas en el gabinete, se reclama la convocatoria de un Congreso para reformar el texto constitucional impulsado por Flores en 1843 y que sus adversarios denominaron *Carta de la Esclavitud*. Bajo la presión del general José María Urbina, Ascásubi debe ceder la presidencia a un hombre que procedía de Guayaquil, Diego Noboa, cuyo mandato durará asimismo escasamente un año, desde 1850 hasta 1851. No se trataba, por otra parte, de un político hábil, y se mostró incapaz de enfrentar los acosos del «floreanismo», al tiempo que ponía en marcha la reforma de la Constitución, a la que imprimió un sello marcadamente conservador, devolviendo a la Iglesia una serie de privilegios y comprometiendo al país en un fracasado intento de invadir Colombia.

El general Urbina decidió entonces la sustitución del presidente, que llevó a cabo mediante una rebelión, y en junio de 1851 lo obligó a buscar asilo en Chile. De inmediato Urbina se proclama Jefe Supremo, asume el mando, es elegido para la presidencia y gobierna desde 1851 hasta 1856. Urbina era también un hombre de Guayaquil, y con él predomina el sector liberal y comerciante, pese a que abre un nuevo periodo de militarismo. No obstante, existe un tinte civilista que promueve otra reforma constitucional, y cediendo al liberalismo jacobino expulsa a los jesuitas y reduce las prerrogativas del clero. El panorama político es inestable; los liberales exhiben fuertes desacuerdos, propios de una etapa intermedia entre el militarismo y el civilismo, y los conservadores reaccionan con ímpetu, contando con figuras de relieve, entre las cuales destaca ya Gabriel García Moreno. El «floreanismo», que aún contaba partidarios, hostiga al gobierno incluso desde el exterior, y en el ámbito castrense se gesta la ambición de poder en otros personajes. Urbina comprende que un ensayo de prolongar su mandato sería peligroso, y deja en el gobierno a un hombre que le ha secundado. Francisco Robles accede a la presidencia por la influencia de Urbina, el mandatario saliente.

La etapa de Robles se muestra plagada de conflictos. La oposición conservadora no ceja en su empeño de acceder al poder y logra formar un triunvirato integrado por García Moreno, Carrión y Gómez de la Torre. Una revolución preparada desde Quito intenta crear un gobierno provisional que encabeza García Moreno, pero las fuerzas del gobierno desbaratan la acción opositora, obligando a García Moreno a buscar refugio en Perú. Otra revuelta estalla, sin embargo, encabezada por el general Franco; Robles resigna el mando y abandona el país. Entretanto los peruanos han invadido Ecuador reivindicando parte del territorio de la región oriental ecuatoriana. Se trata de un problema que el general Guillermo Franco, instalado en el sillón presidencial, no resuelve satisfactoriamente. La firma de un acuerdo con Perú, si bien finaliza la guerra, cede una extensa franja del territorio ecuatoriano; en noviembre de 1860 el breve interregno de Franco ha finalizado y el triunvirato que encabeza García Moreno lo desaloja del poder.

El triunvirato llamó a una nueva Asamblea Constituyente, de donde surgiría la séptima carta fundamental de Ecuador, y esta Asamblea nombrará en 1860 presidente de la República a Gabriel García Moreno. Durante quince años (1861-1875) esta singular personalidad instaura una dictadura teocrática, periodo en el cual consigue, sobre la base de una fuerte concentración del poder, pacificar un país desestabilizado por las contiendas oligárquicas. La participación en el gobierno que se disputaban ambos bandos —el liberal y el conservador— era decidida por medio de manipulaciones, la corrupción administrativa y la fuerza de las armas. La presencia de García Moreno en el poder impuso, frente a esto, la unidad política y administrativa de la nación.

Pero sus primero actos de gobiernos demostraron que la Constitución de 1861, impulsada en la etapa del Triunvirato, cuyo contenido era demasiado liberal a los ojos del nuevo mandatario, no sería obstáculo para sus designios. Muchas decisiones estuvieron impregnadas de una verdadera obsesión por favorecer a la Iglesia, más allá de lo que, incluso unos conservadores, que aspiraban a lograr la modernización del país, estaban dispuestos a conceder. El integralismo del jefe de Estado no descuida, sin embargo, medidas propicias al desarrollo económico de Ecuador. En consecuencia, durante un extenso periodo recibe el apoyo de la oligarquía quiteña y, por supuesto, del clero.

Hacienda e Iglesia constituyeron, durante el siglo XIX, los centros de poder más poderosos en Ecuador, íntimamente entrelazados porque la Iglesia poseía enormes latifundios en todo el país. Unas tierras excelentes para el cultivo del cacao hacían de este producto el eje de la economía y representaba, en los años 60, las tres cuartas partes del valor de la exportaciones. Las artesanías, si bien eran producidas por la numerosa población indígena, no resistían la competencia de la importación. La Sierra se caracterizaba por la existencia de una población india que conformaba un estado aparte, abandonado por la política oficial, y sumido en una pasividad más aparente que real, puesto que con frecuencia estalló en rebeliones de gran violencia.

García Moreno desarrolló una serie de obras que servían a la estructura económica del país. La modernización de las comunicaciones, como el trazado de una carretera de Quito a Guayaquil, que unía algunos de los pueblos serranos en su trayecto, aunque la mayor parte permaneció en el aislamiento; la concesión para construir el ferrocarril que debía unir Guayaquil y Quito; el tendido de líneas de telégrafo fueron complementados con leyes de protección a la agricultura, en un periodo de fuerte expansión del comercio y de la banca privada. La educación fue confiada a profesores extranjeros contratados por el gobierno para dar impulso a la enseñanza de la medicina y la química en la Universidad de Quito; no obstante, el mayor porcentaje de los puestos en la docencia fue otorgado a los jesuitas, hecho cuestionado por la oposición liberal. En tanto los profesores alemanes eran llamados a Ecuador, los oficiales del ejército ecuatoriano viajaban a Prusia para completar su formación.

Otro aspecto destacable fue la implantación de un eficaz sistema tributario que dotó al Estado de fondos para llevar adelante sus proyectos. Si la deuda externa y las dificultades para enfrentarla habían complicado los gobiernos liberales, sobre todo ante los acreedores británicos, en el lapso de los mandatos presidenciales de García Moreno el capital inglés retornó al país, especialmente en obras de infraestructura. Ecuador pudo así exhibir cierto progreso económico que, sin duda, contrastaba con el marasmo financiero que padecían sus vecinos. Por lo demás, un gobierno que se convirtió en modelo de dictadura teocrática tuvo la ventaja, para los grupos económicos poderosos, de crear una pausa en la confrontación entre los núcleos oligárquicos de signo liberal y conservador.

La biografía de este gobernante, admirado por unos y repudiado por otros, ha despertado el interés de algunos historiadores, intentando explicar una personalidad de relieves excepcionales. Nacido en 1821, en el seno de una familia acomodada de Guayaquil, muy pronto demostró sus cualidades de joven estudioso, escribió para periódicos locales, hasta su viaje a Europa donde completaría su formación. Hombre de buena formación humanística, logró el rectorado en la Universidad de Quito, dando muestras de su vigor intelectual. Católico hasta implantar la teocracia en el gobierno de su país, poseía un fuerte sentido del realismo que puso en práctica sin concesiones. Su proyecto de unión nacional le llevó a utilizar su posición como jefe del Partido Conservador, ampliando la base por el acercamiento de todos aquellos que rechazaban las propuestas liberales. Su habilidad política, pese a un carácter dominante y agresivo, impuso a sus actos una apariencia de legalidad que intentó mantener en lo posible.

La solución del problema religioso cristaliza en un Concordato con la Santa Sede en abril de 1863, ampliamente favorable a la Iglesia, que interviene ahora no sólo en la educación, sino también en extensas zonas de la vida civil. En nombre de una regeneración moral de la nación, la tutela religiosa lo invade todo, e impone el *Index* en la circulación de libros destinados a las escuelas y universidades. Una situación tal provoca una sublevación liberal en 1864, que García Moreno reprime con dureza. Mientras la Iglesia declara a García Moreno hijo predilecto como consecuencia de los beneficios del Concordato, éste amordaza la prensa, y pese a la prohibición constitucional, algunos opositores son fusilados. Pero destruye las bases del militarismo que azotaba Ecuador desde su independencia. En 1865 abandona la presidencia al finalizar su mandato, imponiendo en el cargo a Jerónimo Carrión, de actuación destacada en la guerra entre España y los países del litoral Pacífico de América, pero que no logra llevar a términos su periodo, debido a un levantamiento conservador. Igual suerte corre Javier Espinosa, por lo cual se conforma un cuadro de anarquía favorable al retorno de García Moreno.

A partir de enero de 1869 se hizo proclamar Jefe Supremo y se dispuso a consolidar el proyecto de Estado nacional que había ideado. La nueva Convención Constituyente reunida por el jefe de gobierno aprobó la Constitución ideada por García Moreno. La *Carta Negra*, como la denominó la oposición, reforzaba los poderes del presidente, electo ahora por periodos de seis años y con derecho a reelección. A la vez, la religión católica se convertía en el nervio motor del Estado y la vida civil. El autoritarismo y la unión firme del gobierno con la Iglesia tendieron una pesada capa de opresión sobre un pueblo ecuatoriano donde existía un fuerte componente liberal, y el férreo sistema impuesto por el presidente se convertiría en factor de unión contra su dictadura.

El cierre del Colegio Nacional en Cuenca y la suspensión de los cursos en la Universidad de Quito, siguiendo su rígido control de las ideas así como la consagración del país al Sagrado Corazón de Jesús en 1873, tornaron cada vez más resistida su presencia en el poder, sobre todo para una generación liberal que se encontraba acallada por las medidas represivas, pero conspiraba desde las sociedades secretas y en la universidad. La censura de prensa no podía impedir la circulación de panfletos y las protestas contra el tirano. Entre sus adversarios se encontraba el escritor Juan Montalvo, nacido en 1832, un hombre combativo que desde muy temprano cultivó la polémica. Al igual que García Moreno, amplió en Europa sus estudios, y cuando regresó inició su campaña por las libertades que lo llevó a cultivar el periodismo, la sátira y el ensayo. Precisamente, su texto *La dictadura perpetua*, de 1874, apunta con claridad contra Gabriel García Moreno.

Cuando el autoritario presidente se preparaba con vistas a una reelección en 1875, las virulentas campañas de prensa estaban anunciando ya una fuerte oposición que integraban liberales, estudiantes y algunos militares. Los conjurados aspiraban a eliminar del escenario político al «teócrata», como denominaban a García Moreno, en tanto éste pretendía continuar lo que considera su obra de consolidación nacional. El «progresismo», como fue bautizado el movimiento opositor, levantó una divisa: «las leyes son suficientes para un buen gobierno», frente a la afirmación de García Moreno de que éstas no alcanzaban para llevar adelante sus proyectos de reforma. El mismo año de 1875 el discutido gobernante fue abatido a golpes de machete por uno de los conjurados cuando ingresaba en el Palacio de Gobierno. Montalvo, enterado de la muerte de García Moreno, dejó caer la afirmación: «mi pluma lo mató». Si el final de la dictadura significaba la culminación de una experiencia todavía analizada de manera insuficiente, no cerró la etapa de los gobiernos conservadores cuya continuidad aseguraba la presidencia del general Ignacio Veintimilla, quien desalojó del gobierno a Borrero Cortázar, sucesor del asesinado presidente, y se mantuvo en el poder hasta 1883.

6. Las repúblicas andinas del Sur

Tres características definen la fisonomía de Perú, Bolivia y Chile entre 1850 y 1870. La transición de unos regímenes autoritarios de gobierno a fórmulas señaladas por el liberalismo, el ingreso al mercado mundial, en general sobre la base de una producción distinta a la que habían desarrollado en la etapa colonial, y la reacomodación en el seno de las oligarquías y en los núcleos urbanos en función de las demandas externas sobre la economía. Se trata de fenómenos cuya aparición en estos países a partir de los años 50 no dejan de presentar diferencias, pero, en cuanto responden a similares incitaciones que habrán de condicionar el desarrollo hacia afuera, pueden apuntarse algunos signos similares.

Tanto Castilla en Perú, como Linares en Bolivia, o Montt en Chile, inauguran periodos presidenciales fuertes, cuyo propósito declarado es dar paso a la estabilidad política y sentar las bases del progreso económico y del saneamiento financiero; atraer la inmigración, especialmente en Chile, y en Perú cuando el gobierno de Ramón Castilla decreta la abolición de la esclavitud y es suprimido el tributo indígena en 1854. El guano en Perú, el resurgimiento de la minería en Bolivia, pronto complementada con la explotación de los depósitos de nitrato a cargo de compañías extranjeras, y la minería del cobre en Chile, combinada con la expansión agrícola de los valles centrales, constituyen otros tantos impulsos a unas economías que comienzan a caracterizarse por una cada vez mayor dependencia externa en inversión y en mercados compradores.

El autoritarismo parece dejar paso a opciones más contemporizadoras a partir de 1861, fecha en que Ramón Castilla abandona el poder en Perú, José María Linares debe resignar la presidencia bajo la presión de su propio equipo de gobierno en Bolivia, y Manuel Montt marca el punto final del periodo conservador, o de los *pelucones*, en Chile. El liberalismo es ahora la propuesta política que asumen los gobiernos, pero con fortuna muy distinta en cada país. Con todo, tanto Castilla en Perú, como Manuel Montt en Chile, hicieron concesiones al programa liberal antes de finalizar sus mandatos.

Ramón Castilla accede al gobierno de Perú en 1844, desplazando del poder por un golpe de estado al general Vivanco y con el interludio que supuso el periodo presidencial de José Rufino Echenique, también derribado por Castilla, que lo reemplaza en julio de 1854. Por consiguiente, la política peruana estuvo presidida, en una u otra forma, por la figura del viejo mariscal, que finaliza su segundo periodo presidencial en 1861. Si en su primer mandato (1851), pese a los conflictos surgidos con Ecuador primero y Bolivia más tarde, logró un despliegue significativo de avances materiales, muchos de ellos destinados a comunicar un país regionalizado no sólo en su economía, sino también políticamente —hecho que facilitaba el poder de los caudillos locales—, su éxito, en buena parte, se debía a la importancia creciente de las islas del guano y al comienzo de la explotación del salitre.

La sucesión del primer periodo de Castilla por el también militar Echenique no gozó de tranquilidad interna, pese a lo cual continuó el proceso de desarrollo iniciado por su antecesor. Sin duda alguna, el auge que cobró la especulación conspiró contra la estabilidad general. Su preocupación, como la de muchos gobernantes de las repúblicas que arrastraban crecidos déficit financieros desde las guerras de la independencia, fue poner orden en la hacienda pública. La consolidación de deudas pareció el expediente propicio para ello, pero los especuladores y la corrupción encontraron en este paso una vía para obtener extraordinarias ganancias. Entretanto, logró concertar un acuerdo con Brasil para extender la acción colonizadora hacia el Amazonas y dar vigor al tráfico comercial del puerto de Iquitos. La revuelta liberal dio comienzo con el hostigamiento del gobierno, y Castilla no perdió la ocasión de pronunciarse en Arequipa en 1854, enarbolando la bandera de la libertad de los esclavos y la supresión del tributo indígena. En la batalla de La Palma quedaba sellada la suerte del presidente en ejercicio y Castilla se instalaba nuevamente en el poder en 1855.

Las exigencias liberales para hacer viable un Estado moderno habían sido asumidas por el general triunfante, y la abolición de la esclavitud y del tributo de los indios se mantuvo, con lo cual el nuevo gobierno ganaba el respaldo de las masas marginadas en el Perú. No obstante su adhesión al liberalismo, Castilla gobernó como dictador mientras instalaba una Convención que lo designaría presidente provisional. El «Libertador», como se le designó por su medida en favor de los indios y los esclavos, no se resignó al control que imponía sobre el ejecutivo la Constitución elaborada por el Partido Liberal en 1856, y en 1858, luego de las elecciones que lo instalan en la presidencia, convocó una nueva Convención para redactar otra carta constitucional. Ésta reformará las disposiciones que habían surgido de la inspiración de liberales radicales, como José Gálvez, y restablece una organización política más acorde con los grupos conservadores y con las propias convicciones de Ramón Castilla, quien osciló claramente hacia posiciones antiliberales.

Los planes de desarrollo del segundo periodo Castilla estuvieron fundados en los empréstitos externos, contraídos directamente con los agentes extranjeros que explotaban el guano, o con bancos británicos, sobre la base de unos ingresos que procedían de la exportación del producto extraído de las islas guaneras. La inmigración de coolíes chinos reemplazó la mano de obra esclava, un hecho que permitió la expansión posterior de los productos exportables como el algodón y el azúcar. Sobre todo cuando el recurso de la exportación de guano comienza a declinar hacia los años 60, y una política de expansión ferroviaria y un presupuesto del Estado sustentado en la exportación que se arrancaba a las islas guaneras experimentan las consecuencias de la crisis. En 1862 reemplaza a Castilla en la presidencia el general San Román, que muere antes de cumplir el primer año de mandato y le sucede su vicepresidente Juan Antonio Pezet, depuesto por una revolución nacida como consecuencia de un desafortunado acuerdo con el almirante español que comandaba las fuerzas navales del Pacífico. En efecto, graves problemas internacionales surgidos en el periodo 1862-1866 desestabilizaron el gobierno Pezet. No obstante, la era del guano continúa siendo el motor de la expansión económica. Bancos destinados a otorgar crédito comercial, y ferrocarriles que avanzan hacia las regiones productoras, facilitan el acceso al mercado exterior.

Un contencioso con España comenzó a gestarse a raíz de una riña que enfrentó, en los límites de una hacienda, a trabajadores nativos y a vascos españoles, que arrojó como resultado un muerto y algunos heridos entre los peninsulares. Una escuadra española visitaba entonces las costas del Pacífico, y al producirse estos conflictos se encontraba en El Callao. Para reclamar por los sucesos ya mencionados, el gobierno español envió un Comisario Regio, pero los peruanos, en cuanto república independiente, tan sólo podían aceptar su presencia en calidad de enviado confidencial. Como respuesta, la expedición científica —tal era la calidad bajo la cual se había presentado la escuadra comandada por el almirante Pinzón— se dirige a las islas Chincha, importantes depósitos de guano, y se apoderan de ellas.

No era la primera vez que las reclamaciones de los ciudadanos extranjeros que residían en países iberoamericanos derivaban en conflictos diplomáticos, o en la presencia de buques armados en apoyo de los demandantes. Pero en este caso coincidían las protestas con antiguas reivindicaciones del gobierno español. Los diplomáticos americanos hicieron conocer su disgusto por el apoderamiento de las islas peruanas, y el resultado inmediato fue la unión de Perú, Bolivia y Chile ante un enemigo que controlaba las aguas del Pacífico con sus naves. Mientras el cuerpo diplomático, reunido en Perú, exigía el abandono de las islas capturadas por la escuadra española, ésta era reforzada por otras fragatas al mando del almirante Pareja, que llegaba a sustituir a Pinzón. Al iniciarse el año 1865 la flota entraba en el puerto de El Callao y presentaba un ultimátum al gobierno de Pezet, hecho que provocó la firma del tratado Vivanco-Pareja comprometiendo el pago de una indemnización.

El tratado fue el comienzo del fin del gobierno Pezet. Mariano Prado encabezó una sublevación en Arequipa, haciéndose eco de la indignación popular, y se apoderó de Lima; en diciembre de 1865, derribado el presidente Juan Antonio Pezet, Mariano Prado declaró la guerra a España y puso en funcionamiento la alianza con sus países vecinos, Ecuador, Chile y Bolivia. La escuadra resultó derrotada en las islas Chiloé, y un navío peninsular apresado por un buque chileno. Ante el desastre, el almirante Pareja optó por el suicidio y fue reemplazado por Castro Méndez Núñez, que ordenó el bombardeo de Valparaíso, siendo más tarde hostigado por la escuadra peruano-chilena en Atbao. Los españoles bombardearon entonces El Callao, antes de abandonar el litoral Pacífico, donde sus embarcaciones no encontraban refugio. En mayo de 1866 finalizó este episodio bélico en el que ambos bandos se consideraban vencedores.

Breve sería, no obstante, el gobierno de Prado, que había congregado en torno a su persona al nacionalismo peruano. Convocada la Convención Constituyente que habría de modificar una vez más la Carta Fundamental del Perú, la nueva redacción imprimió un sello liberal a su articulado. Pero cada reforma desencadenaba antagonismos y la Constitución de 1867 servía de pretexto para nuevas rebeliones armadas. Díaz Canseco, que había atisbado el poder antes de ser desplazado por Prado al producirse la caída de Pezet, encabezó esta nueva sublevación. Volvió al gobierno al derrocar a Prado, por un reducido plazo otra vez, puesto que en la convocatoria a elecciones los votos se decantaron por el coronel José Balta, con quien había protagonizado el levantamiento.

Al promediar el año 1868 Perú entraba en la normalidad institucional y los problemas que aguardaban al nuevo gobernante eran considerables. Por otra parte, el periodo Balta estuvo marcado por un incremento de la corrupción, y nuevamente se intentó cubrir el déficit apelando a los recursos generados por la explotación de las guaneras. El propósito del gobierno fue completar las comunicaciones entre las zonas productivas y los centros vinculados al comercio mundial. Así, contrató la construcción de líneas ferroviarias sobre la base de préstamos que respaldaban los ingresos del guano. Entre los empresarios se encontraba el ingeniero norteamericano Henry Meiggs, que obtuvo la concesión del ferrocarril de Mollendo a Arequipa, y de ésta a Puno. Las vías férreas avanzaron hacia las regiones que cultivaban algodón y azúcar en el norte del país, hacia las zonas ganaderas del sur, y las mineras situadas en el centro.

Durante esta etapa cobra vigor el movimiento político denominado *civilista*. Como postura de rechazo a una historia donde el predominio de la sociedad civil había sido inexistente debido a la fuerte presencia militar en las presidencias liberales, los civilistas apoyaban para las elecciones presidenciales de 1871 a Manuel Pardo, un hombre de familia tradicional, cuya adhesión a las ideas liberales habían sido matizada por el conocimiento, no sólo de los países europeos, sino también de los emigrados argentinos de 1837. Pese a todo, antes del acceso de Pardo al poder se produjo una algarada militar secundada por un grupo de hombres comprometidos en los negocios del periodo, y entre los muertos se encontraba el propio Balta. Por fin, al promediar el año 1872, Manuel Pardo se hizo cargo de la presidencia de la república.

El panorama político de Bolivia entre 1850 y 1870 no es menos conflictivo y es también la figura de un general, Mariano Melgarejo, la que domina la mayor parte de esos años. La etapa caudillesca se abre, sin embargo, con el general Manuel Isidro Belzú, quien accede al gobierno en 1848 como consecuencia de un golpe militar. Con este caudillo se inicia un periodo de tormentosos conflictos políticos y dictadores militares —denominados por Alcides Arguedas «caudillos bárbaros»— que se prolongó durante treinta años.

Se trataba de un hombre temperamental, que gozaba de ascendiente en la masa, un hecho que se vio lógicamente acentuado con su decreto de abolición de la esclavitud y algunas medidas de carácter nacionalista. No sólo incrementó las tarifas de aquellas manufacturas que competían con las locales, como las textiles, sino que llegó a decretar la clausura de las empresas extranjeras en 1849, e intentó colocar el comercio en manos de ciudadanos bolivianos. Era inevitable el choque con los intereses británicos, y luego de reiteradas protestas, Inglaterra retiró a sus representantes diplomáticos. En 1853 el gobierno Belzú se enfrentaba a dos hechos importantes: uno de ellos afectaba a la economía nacional, y era la ruptura de relaciones diplomáticas entre Gran Bretaña y Bolivia, y el otro estaba representado por el peligro de una guerra con Perú por la soberanía sobre el puerto de Cobija, que no estalló debido a los conflictos internos que afectaron al gobierno vecino.

Este curioso personaje, que en algunos de sus gestos parecía intentar un estilo populista, aunque afirmaba estar influido por el romanticismo social de los sansimonianos, estaba casado con una argentina, Juana Manuela Gorriti, una interesante novelista de su tiempo. La dictadura de Belzú no careció de su propia Constitución, favorable a sus intereses, pese a la oposición del núcleo liberal en el Congreso. Los métodos sangrientos utilizados por el gobernante para sofocar la oposición se hicieron más frecuentes desde que en 1850 intentaron darle muerte sus enemigos políticos. En 1855 abandonó la presidencia, pero dejó el poder en manos de su propio yerno.

Pero Jorge Córdova no heredaba un país pacificado, y el desorden financiero era demasiado acusado. Los rivales de Belzú habían proliferado y, si es cierto que unas masas indias y de peones de obrajes, empobrecidas y marginadas, habían servido de apoyo al caudillo, las decisiones sobre el acceso al gobierno estaban todavía en manos de los militares. En 1857 un golpe de fuerza derribó a Córdova y elevó a la presidencia al doctor José María Linares: se inauguró con él un gobierno civil de mano dura, que se mantuvo hasta 1861. De intenciones moralizantes, ensayó reformas administrativas y financieras e intentó elevar las cifras del comercio exterior, sobre todo bajo la presión de un importante sector minero. Pero los desacuerdos entre el presidente y los grupos económicos que se disputaban el control del poder —la naciente clase económica surgida de la minería y la oligarquía tradicional ligada a la tierra— preparaban un nuevo golpe de estado.

Derribado Linares, el general José María de Acha tomó el poder en una instancia de transición que discurrió entre algunas medidas destinadas a poner orden en las finanzas y apaciguar la milicia, y la represión que llevaba a cabo uno de sus generales entre los opositores. En materia de política internacional, se reinicia un trato amistoso con los países limítrofes para enfrentar a la incursión española en los puertos del Pacífico. Pero el nuevo presidente estaba, a su vez, destinado a ser destituido por una sublevación armada. El hombre que encabeza la revuelta contra Acha, antes de finalizar el año 1864, es el general Mariano Melgarejo, cuya dictadura se prolongará hasta 1871.

El ejército respondía puntualmente al nuevo jefe de Estado, no obstante lo cual Belzú protagonizó un alzamiento en la ciudad de La Paz que culminó con su muerte y la resistencia se disgregó. El periodo de Melgarejo se caracterizó por la corrupción y los modos dictatoriales, ejercidos no sólo contra sus opositores políticos, sino también frente a las familias tradicionales que, por otra parte, no dejaron de hacerle sentir su desprecio. Pese a todo, el dictador estaba obligado a conceder las medidas que reclamaban los grupos económicos cuyo control de la economía se hacía cada vez más poderoso. Esta clase dominante, que no había logrado aún instaurar un proyecto político oligárquico prescindiendo de los militares, ejercía una fuerte influencia sobre ellos y sobre muchas de sus decisiones.

Después de todo, Melgarejo se convirtió en el fiel ejecutor de la clásica medida reclamada por los núcleos modernizadores al disponer la venta de las tierras comunitarias de las poblaciones indígenas. La ley confiscaba las tierras comunales y las lanzaba en circulación al mercado. En marzo de 1866 se decretaba que las tierras estatales ocupadas por los indios podían ser adquiridas por éstos registrando el título de propiedad previo pago de una suma elevada para esas masas desposeídas. Las revueltas de las comunidades indígenas, prolongadas desde 1869 hasta 1871, reflejaron la crítica situación de las masas rurales expoliadas. Porque los beneficiarios de esta política fueron los terratenientes, que extendieron los límites de sus posesiones, una clase media de propietarios, generalmente comerciantes urbanos o empresarios, que adquirió propiedades, y un grupo especulador que rodeaba a Melgarejo, entre los cuales se encontraba su propia compañera, Juana Sánchez.

La debilidad del dictador por los beneficios y los honores pronto atrajo la atención de inversionistas y especuladores hacia una región cuyas riquezas minerales comenzaban a conocerse. Una primera demostración de lo poco que preocupaba a Melgarejo la defensa de las fronteras bolivianas fue el Tratado de Medianería, firmado con Chile en 1866 y que fijaba el límite territorial entre chile y Bolivia en el paralelo 24°. El condominio chileno-boliviano entre los 23 y 25 grados dejó un importante yacimiento de nitrato perteneciente a Bolivia dentro de la zona explotada en común. En las cercanías se fundó, dos años más tarde, el puerto de Antofagasta sobre el Pacífico. La zona se convirtió en un fuerte imán para los chilenos, que conformaban la mayoría de la población, y también para los británicos, que pronto instalaron allí compañías para explotar la riqueza mineral, sobre todo cuando en 1870 se descubrió en los límites compartidos el yacimiento de las minas de plata de Caracoles. Quedaban establecidas las bases para la futura Guerra del Pacífico, con la entrada del litoral boliviano en el mercado mundial.

El tratado concertado con Brasil en 1867 era, en los hechos, una renuncia a extensos territorios pertenecientes a Bolivia en la región del Amazonas, y sellaba el fracaso de la política de expansión pobladora hacia la frontera norte. Bolivia, para llegar al cauce fluvial del Amazonas y crearse una salida al Atlántico, debía sortear los rápidos y las cascadas de los ríos Madeira y Mamoré, algo que se intentó lograr mediante la construcción de un ferrocarril. Las increíbles dificultades que enfrentaron en la selva húmeda los ingenieros y trabajadores que estuvieron destinados a la fracasada empresa han pasado a la literatura, y uno de los últimos intentos de llevar a cabo esta empresa fue relatado por Marcio Souza en *Mad María*. Pero la presencia de numerosos ingenieros, norteamericanos y británicos, así como la representación de varias firmas extrajeras operando en Bolivia, anunciaban la expansión del negocio del salitre y la minería.

La estabilidad del dictador demostró llegar a su término en 1870, cuando intentó conservar la presidencia al finalizar su mandato. La indignación popular debido a las concesiones territoriales ya comentadas, y la resistencia campesina todavía no sofocada totalmente, se conjugaron con el alzamiento del general Agustín Morales en La Paz. Los campesinos, dirigidos por el indio Santos Willca, se enfrentaron a Melgarejo en unión del jefe rebelde al comenzar el año 1871. En su fuga hacia la frontera peruana los seguidores de Melgarejo fueron exterminados por los indios, y éste era asesinado poco más tarde.

En Chile, Portales no representó políticamente a los *pelucones,* pero durante dos décadas este núcleo, integrado por la aristocracia colonial y los estanqueros que rodearon al estadista chileno, controló el poder y los accesos a la presidencia. Es más, los liberales quedaron prácticamente marginados hasta los años 50, luego de haberse constituido, aún bajo la presidencia Bulnes, el nuevo Partido Liberal que intentaría asaltar el reducto conservador. Estaba integrado por pelucones disidentes, por antiguos *pipiolos,* por los liberales doctrinarios de José Victorino Lastarria, y durante un corto periodo por los jóvenes radicales que en torno a Francisco Bilbao gestaron la *Sociedad de la Igualdad.*

Esta primera etapa, entonces, giró en torno a un partido, el que defendía los valores de la clase alta. Los pelucones, por otra parte, pese a su postura conservadora, mantuvieron opiniones divididas sobre el problema de la Iglesia, o por lo menos no se manifestaron cerradamente clericales. Defendían, en definitiva, el sistema establecido en la Constitución de 1833, que consagraba su visión del mundo y de la sociedad chilena. Los liberales, a su vez, propugnaron la reforma de esa misma Constitución, sobre todo exigiendo eliminar la posibilidad de reelegir al presidente, la descentralización administrativa, la extensión del derecho de voto a capas sociales más amplias, la abolición de todos los fueros y la libertad de prensa.

Las elecciones de 1850 depararon el triunfo a los pelucones, que respaldaban la candidatura de Manuel Montt. Éste accedió a la presidencia en medio de una revuelta armada de los liberales, lanzada desde Concepción y la Serena por el general José María Santa Cruz, un candidato llevado por los opositores de Montt pese a su innegable tradición conservadora, y que recibió mal la derrota en los comicios. Pese a un primer avance de los insurgentes, la rebelión fue sofocada por las tropas gubernamentales. Pero la presidencia de Montt, si bien gozó de éxito en el desarrollo material y social, no pudo evitar serias crisis políticas, exponentes de una larga etapa de reordenamiento de los núcleos partidarios y su integración ideológica.

La primera ruptura se produjo en 1857 en el seno del gobierno. Y el problema desencadenante fue un enfrentamiento entre la Iglesia y el Estado sobre el control a todos los niveles de la estructura de la educación en el Instituto Nacional. Montt se oponía a estas intenciones, y también al restablecimiento de la Compañía de Jesús, propuesta y aprobada en el Senado por los conservadores y el arzobispo Valdivieso. Los elementos clericales del sector pelucón retiraron su apoyo al presidente de la república y formaron el Partido Conservador, en tanto el resto organizaba el Partido Nacional, bajo el lema «libertad y orden», propuesto por los seguidores de Montt que defendían los ideales de José Vicente Portales.

Ante la superioridad numérica del Partido Nacional en el Congreso, los liberales y los conservadores concertaron una fusión, destinada a sumar fuerzas contra Montt por encima de las disímiles propuestas ideológicas. Comenzó así el segundo reordenamiento dentro de los partidos políticos, puesto que aquellos liberales que rechazaron el acuerdo con sus antiguos enemigos políticos —especialmente los liberales doctrinarios— decidieron separarse a su vez del Partido Liberal. El núcleo que surgió entonces escogió el nombre de Partido Radical, que congregaba a los nuevos empresarios y a una parte de la clase media. El liberalismo quedó fraccionado a partir de ese momento en dos partidos: el Partido Liberal, que reunía en sus tiendas una cierta proporción de la aristocracia terrateniente, aunque también se encontraban en sus filas hombres como José Victorino Lastarria, que pertenecía a una modesta clase media; y el Partido Radical, cuyos cuadros se alimentaron sobre todo de la naciente clase media y los nuevos grupos económicos conformados por comerciantes urbanos y propietarios de minas del norte del país.

Precisamente, luego de la elección de Montt por otro quinquenio en 1856, que contó con la oposición de los fusionistas liberal-conservadores —lo que Alberto Edwads denominó en un libro *La fronda aristocrática*—, capaz de producir el cuestionamiento del autoritarismo de Montt por intelectuales como Benjamín Vicuña Mackena, estalló una revolución radical. En 1858, Pedro León Gallo, hermano de uno de los fundadores del nuevo grupo político, organizó un pequeño ejército en el norte, donde era propietario de minas de cobre en la región de Atacama. Su levantamiento encontró eco y logró acrecentar a sus partidarios, sobre todo en el norte del país, donde pudo mantener su dominio algún tiempo e incluso amenazar Santiago de Chile antes de que el gobierno consiguiera hacer retroceder a los sublevados.

Otro problema de importancia fue, durante la misma época, la insurrección de los araucanos en el sur. La expansión de la frontera agrícola hacia más allá del Bío-Bío durante la administración Montt, entró en tierras consideradas tradicionalmente como territorio indio y las tribus araucanas respondieron atacando a los colonos asentados en esas áreas. La coyuntura fue agitada políticamente contra el presidente Montt y los conservadores, pero la situación era explosiva y pronto los gobiernos posteriores debieron recurrir al ejército para reducir a los indios e instalar líneas de fortines en el esfuerzo por contener sus asaltos a los nuevos territorios agrícolas.

En 1861 Montt transfería el poder al hombre que había ganado las elecciones: José Joaquín Pérez, candidato del Partido Nacional. Previamente, Manuel Montt intentó proponer como sucesor en la candidatura presidencial a su ex ministro del Interior, Antonio Varas, amigo personal por otra parte; una peculiar situación que había provocado la denominación del Partido Nacional como partido *montt-varista*. Pero el rechazo, no sólo de la oposición, sino en las propias filas de la facción política que secundaba al gobierno, decidieron la retirada de este nombre y la sustitución por el de José Joaquín Pérez. Con él se abría el segundo decenio de presidencias conservadoras.

Pérez erradicó en su gestión de gobierno un autoritarismo que tantos opositores había deparado a Montt, y aunque continuó aceptando el respaldo de la fusión liberal-conservadora, el Congreso era ya expresión de un panorama ideológico más amplio, con el ingreso de los primeros diputados del joven Partido Radical. Comenzaba así la clase media emergente a conquistar su espacio político: esa capa social que era producto de los cambios experimentados por la sociedad chilena al promediar el siglo XIX, y retratada, en su esfuerzo para ascender socialmente, por el novelista Alberto Blest Gana en *Martín Rivas*. Pero si la fisonomía política del periodo Pérez se mostró relativamente tranquila, no careció de serios incidentes, externos e internos. Entre los primeros, el anticlericalismo provocó el incendio, en 1863, de la iglesia de la Compañía de Jesús, que había reinstalado sus centros de enseñanza en el país. El conflicto internacional fue la guerra con España, integrando la coalición con las otras tres repúblicas iberoamericanas implicadas en la contienda. La marina chilena actuó con eficacia contra la flota española, pero no pudo impedir el bombardeo de Valparaíso en 1866, poco antes de la retirada de los peninsulares. En la Araucanía, un extravagante personaje, el francés Orelie-Antoine de Tounens, intentó proclamarse rey de las tribus nativas, alentando otra sublevación armada de los indios que finalmente pudo ser controlada por el ejército.

El gobierno de Joaquín Pérez tiene, sin duda, los caracteres de una etapa de transición, entre el autoritarismo regulador de la vida política chilena iniciado por un Portales, y la consolidación de la república liberal con Federico Errázuriz Zañartu, en 1871: ni tan liberal como algunos autores han sugerido, ni tampoco esgrimiendo las fórmulas represivas utilizadas por Montt. Durante esta presidencia nuevamente surge la cuestión eclesiástica como principal objeto de la pugna política, a la vez que la discusión acerca del grado de las autonomías regionales, siempre dentro de un Estado centralizado. El problema de las relaciones entre Iglesia y Estado llevó en 1865 a una reconsideración de lo establecido en la Constitución por medio de la *Ley Interpretativa,* que en realidad la modificaba, estableciendo la libertad de culto, un tema que impulsan los liberales desde la tribuna y la prensa. Otra de las modificaciones introducidas en la segunda presidencia de Pérez fue producida por la evolución de las fuerzas políticas, y se trató de la enmienda constitucional que impedía la reelección del presidente. Encuentra así punto final la secuela de presidencias decenales: dos de militares, tal es el caso de Prieto y Bulnes, y dos civiles, representadas por Montt y Pérez; y sella, al mismo tiempo, la extinción definitiva de la hegemonía pelucona en el poder.

El mandato de Federico Errázuriz Zañartu es, a todas luces, de ideología liberal, y ello permite la modificación de los preceptos constitucionales anotados, otorgando un mayor control al Congreso. También logró imponerse entonces el espíritu laico, pero un problema central, como el de las relaciones entre la Iglesia y el Estado, y el de la secularización de los cementerios, o el matrimonio civil, debieron ser pospuestos pese a los esfuerzos del liberalismo radical.

El auge económico visible a partir de 1850, que prolonga con éxito la expansión insinuada en el decenio anterior, es comparable en líneas generales a lo sucedido en otros países de Iberoamérica, pero en el caso chileno el crecimiento se muestra constante; en cierto modo por la existencia de una cota más reducida de conflictos internos, pero por otra parte debido al surgimiento de una burguesía estrechamente vinculada al comercio y la minería, por lo menos hasta la década de los años 60, cuya expansión más allá de las fronteras provocará conflictos con sus vecinos.

La minería, estiman varios autores, se constituyó en el sector dinámico de la economía chilena, sobre todo durante los veinte años que transcurren entre 1850 y 1870. La explotación de los yacimientos de plata cobró fuerte impulso entre 1840 y 1855, pero la producción del cobre alcanzó mayor relevancia, no sólo por su mayor continuidad, sino porque tuvo una fuerte demanda del mercado británico y representó un porcentaje en el comercio mundial que oscilaba en el 40 por 100. La plata atrajo nuevamente la inversión de capital chileno a partir de 1870, cuando son descubiertos los yacimientos de Caracoles. Precisamente, la región del Norte Chico, sobre todo en las provincias de Atacama y Conquimbo, da origen a una nueva clase social que compite con la aristocracia terrateniente tradicional: los mineros enriquecidos con la explotación de la plata, el cobre, o el nitrato, cuyo auge se percibe desde las postrimerías de los años 60.

Surgen así familias, muchas de ellas emigrantes o hijos de emigrantes, que conforman junto con los criollos esa élite integrada por los Urmeneta, los Gallo, los Varas, los Ovalle Olivares, los Urquieta, o los Herreros, para mencionar tan sólo algunos de sus nombres. También importantes apellidos ingleses aparecen vinculados, sobre todo a la industria del salitre, a partir de 1865 aproximadamente; son los Bush, Robertson, Nameson, y Whitelegg, se unen a una de las firmas más activas y con mayor antigüedad en la región, como Anthony Gibbs, que aparece vinculada al guano en Perú, pero también al salitre en Chile desde comienzos de la década de los 60. En definitiva, la riqueza minera no sólo produjo el ascenso de una clase de pioneros enriquecidos con cierta rapidez, sino que se proyectó sobre el resto de la sociedad, transformando la fisonomía de las ciudades e impulsando el desarrollo agrícola y un incipiente crecimiento industrial.

En efecto, la transferencia de capital por el impuesto de salida de la producción minera estimuló la expansión agrícola que se inicia desde la presidencia de Montt. En verdad, los terratenientes conformaron la clase social más poderosa desde la época colonial, y se mostraron dispuestos a incorporarse al mercado mundial tan rápido como fue posible, aunque su peso en la economía exportadora no llegó a compararse al del sector terrateniente argentino. Pero una coyuntura propicia, abierta por la carrera del oro en California y la explotación de los yacimientos en Australia, incrementó la exportación de cereales desde este país enclavado en la fachada del Pacífico. Mientras que la producción de trigo se quintuplicaba en Chile desde 1844 hasta 1860, y cuando la euforia californiana decreció, durante algún tiempo la venta de granos encontró un mercado sustitutivo en Europa. Entre 1850 y 1860 los terratenientes se vieron favorecidos por la construcción de canales para el regadío, y también por la creación, en 1856, de la Caja de Crédito Hipotecario.

Los transportes fueron preocupación de los gobiernos del periodo. La Compañía del Pacífico inició sus travesías en 1868, comunicando Valparaíso con Liverpool a través del estrecho de Magallanes. La primera línea ferroviaria chilena se construyó por un norteamericano, William Wheelwright, y estaba destinada a unir Caldera con Copiapó, en la zona minera; en 1863 otra línea une Santiago con el puerto de Valparaíso. Cuando hacia 1880 el cobre chileno debía enfrentar la fuerte competencia de los yacimientos de Estados Unidos y de España, sus ingresos habían posibilitado un cierto desarrollo de la infraestructura y la modernización del país. Para entonces, la burguesía nacional estaba siendo desplazada en el control de los recursos naturales por la creciente inversión de capital extranjero.

7. EL FEDERALISMO EN EL RÍO DE LA PLATA

La caída de Rosas en 1852 es consecuencia de varios factores: en primer término, del desgaste de su propia política, obligada a utilizar la fuerza y el terror más allá de lo que él mismo hubiera deseado, para mantener la hegemonía sobre el conjunto del país; en segundo lugar, del enfrentamiento cada vez más insalvable con los intereses de las potencias europeas que comercian en el Plata. Pese al aparente triunfo de los acuerdos firmados en 1849, los comerciantes británicos, una comunidad poderosa en Argentina, comenzaban a observar con intranquilidad las decisiones del presidente. Entre 1843 y 1846 se habían visto forzados a bloquear su propio comercio con Buenos Aires; en 1845 la expedición anglofrancesa que forzó el Paraná hacia la mesopotamia argentina fracasaba en sus intentos comerciales. Pero a la vez, Rosas y el núcleo que le rodeaba representaba, en definitiva, los intereses de los sectores productivos de Buenos Aires, un hecho no ignorado por las provincias.

Tampoco había triunfado la política de Rosas para poner término a la competencia de Montevideo como puerto rival de los intereses comerciales de Buenos aires. Era un intento que chocaba con los designios de las potencias europeas, pero también con las necesidades del sur de Brasil. Además, la imposibilidad de Rosas para someter por la fuerza las provincias del litoral, y el largo bloqueo ejercido sobre el Plata tuvieron resultados favorables para el crecimiento económico de Corrientes y Entre Ríos. No sólo habían negociado con británicos y franceses, sino que éstos lograron instalar allí a sus representantes, y los ganaderos de la zona, los saladeros y los comerciantes que abastecieron a Montevideo durante la guerra contra Rosas —entre ellos el propio Urquiza— acrecentaron sus fortunas en el periodo. En este clima, los jóvenes intelectuales unitarios que combatían a Rosas encontraron un terreno fermentable para sus ideas: el programa de organización nacional que habían esbozado, la consigna de libertad de comercio y de la libre navegación de los ríos fue pronto asimilada por los hombres del litoral. Cuando Rosas estableció el monopolio portuario de Buenos Aires en 1849, Urquiza como gobernador de Entre Ríos abrió los puertos del río Uruguay a todo tráfico. Otro interesado en que las vías fluviales se mantuvieran abiertas era Brasil, puesto que tal política creaba una salida hacia el mar desde el Mato Grosso utilizando la navegación desde el río Paraguay.

En mayo de 1851 Justo José de Urquiza preparó una operación militar para terminar con la hegemonía de Rosas. Comenzaba una lucha que enfrentaría a dos caudillos rurales —Rosas y Urquiza— para imponer cada uno de ellos su idea de gobierno federal. El gobernador de Entre Ríos declaró la separación de su provincia del resto de la Condefederación, y celebró una alianza con Brasil y el Gobierno de la Defensa, en Montevideo. El primer paso fue desalojar a las fuerzas de Oribe, que sitiaban la capital de Uruguay, para invadir luego Santa Fe a la cabeza del «Ejército Grande», como se denominó a la coalición al mando de Urquiza. Con el apoyo de la flota brasileña desde el río, avanzó hacia Buenos Aires sin demasiada resistencia; entretanto, Rosas preparó su ejército en Monte Caseros, donde se enfrentaron el 3 de febrero de 1852. La derrota del Restaurador fue aplastante, y consciente de que Buenos Aires había utilizado los beneficios de su política centralista, pero no le ofreció apoyo para la resistencia, luego de redactar su renuncia se refugió en la residencia del encargado de Negocios británico.

La caída de Rosas implicaba la ruptura de un modelo y la suplantación de éste por otro. Pero la puesta en práctica de la solución nacional propugnada por Urquiza y los teóricos de 1837 pronto encontró escollos que emergían de la realidad economicosocial; la organización del Estado encerraba múltiples temas no solucionados y cuya definición exigiría el esfuerzo de las siguientes décadas. Quien demuestra ver claro este problema es Alberdi, en las *Bases:*

> La federación o unidad, es decir, la mayor o menor centralización del gobierno general, son un accidente, un accesorio subalterno a la forma de gobierno. Este accesorio, sin embargo, ha dominado toda la cuestión constitucional de la República Argentina hasta aquí [...] Como liga, como unión, la federación puede *ser* más o menos estrecha. Hay diferentes grados de federación según esto. ¿Cuál será el grado conveniente a la República Argentina? Lo dirán sus antecedentes históricos y las condiciones normales de su modo de ser físico y social.

Después de Caseros queda en evidencia que la unidad nacional permanecía tan comprometida como antes. Buenos Aires se había liberado de Rosas, cuyo poder había padecido durante más de veinte años, pero no veía con agrado al vencedor Urquiza, otro caudillo rural de quien desconfiaba y que sabía portador de protestas constitucionales que no convenían a sus intereses. Se mantuvo, por lo tanto, a la espera. Si Rosas no había logrado la adhesión incondicional de los grupos dominantes de la provincia, tampoco Urquiza, pese a constituirse en liberador, los atrajo a su lado. Cuando fue designado gobernador de la provincia Vicente López y Planes, comenzó un hostigamiento hacia éste que cristalizó en el nombramiento de su propio líder por la oposición unitaria, al escoger como jefe político a Valentín Alsina, un emigrado del núcleo de Rivadavia.

Sin duda, el país requería una organización definitiva, para incorporarse al mercado mundial; lo había comprendido Rivadavia, y así lo entendían los emigrados unitarios que proporcionaron a Urquiza el apoyo necesario para elaborar una nueva constitución. El problema residía, ahora, en redactar una Carta Fundamental aceptada por todos. La rápida convocatoria de Urquiza para reunirse una Convención destinada a redactar una nueva Constitución federal, intentó dar forma jurídica a la necesaria unidad nacional. En San Nicolás de los Arroyos se acordó, el mes de mayo de 1852, entregar provisionalmente a Urquiza el poder diplomático y militar de la Confederación, en tanto celebraba sus reuniones la Convención Constituyente que se reuniría en Santa Fe. Desde su cargo, Urquiza decretó la abolición de los derechos de tránsito interprovinciales, la libre navegación de los ríos Paraná y Uruguay, a la vez que dispuso la proporcionalidad de los impuestos de acuerdo a los ingresos de cada provincia. El acuerdo respetaba las autonomías provinciales y los focos de poder de los caudillos, de modo que todos los representantes, menos Buenos Aires, firmaron las actas de San Nicolás.

Pero la antigua capital pronto reaccionó ante la posibilidad de un gobierno nacional controlado por las provincias del interior. El gobernador Vicente López y

Planes experimenta el acoso del grupo alsinista y pronto se encontrará forzado a renunciar; Buenos Aires rechaza los acuerdos de San Nicolás, desconoce la autoridad de la Constituyente de Santa Fe y se separa de la Confederación. Como ha señalado certeramente Scobie:

> Urquiza, en virtud de la victoria de Caseros, se había visto de pronto obligado a asumir un papel nacional. En su desempeño de este papel nacional había definido los sentimientos de las provincias hacia Buenos Aires, a saber, que la riqueza y el poder de la ciudad debían aumentar los de la nación y que a la provincia de Buenos Aires correspondía la misma posición que a sus hermanas en la Confederación Argentina.

Al fin y al cabo, Urquiza era lector de Echevarría, Juan María Gutiérrez formaba parte de su gabinete, y Alberdi ejercía una fuerte influencia por su concepción del federalismo liberal.

En mayo de 1853 se aprobó en Santa Fe la nueva Constitución, que no tendrá el reconocimiento de Buenos Aires. Organizó la república según un régimen republicano federal, dividió los poderes en ejecutivo, legislativo y judicial, un Congreso con dos Cámaras: senadores y diputados, y aseguró el autogobierno provincial. También quedaron establecidas las libertades individuales y las garantías sobre la propiedad. El presidente de la república debía ser electo por el Colegio electoral por un periodo de seis años. La primera elección recayó en Justo José de Urquiza, pero con la ausencia de Buenos Aires. Urquiza se instaló en Paraná, y desde allí dio a conocer sus medidas de gobierno; entre ellas, la nacionalización de la aduana de Buenos Aires, con lo que se convertía en algo perteneciente a la nación. Pese a todo, el Estado carecía de ingresos suficientes, e incluso de moneda, por lo que los pesos de plata bolivianos fueron acreditados como moneda legal.

Entretanto, Buenos Aires, aislada de la Condeferación, pero con el monopolio del puerto de mayor importancia del país, exhibía su prosperidad. Por otra parte, la ciudad no sólo consideraba la Constitución aprobada en 1853 como la estructura política del caudillismo; se confirió el papel de reducto de la Argentina ilustrada y modernizante, y sobre todo procuró presentarse como el eje de la clase productora del país. Este enfrentamiento con el interior demostraba la inexistencia de una idea que preocupó profundamente a los hombres de la generación de 1837; era la idea de unidad nacional, que demostraba estar naufragando, no sólo en el sentido jurídico, sino también en el político. Es uno de los fenómenos que subrayaría Juan Bautista Alberdi algunos años más tarde, poniendo al descubierto sus raíces históricas:

> Para Buenos Aires, *mayo significa independencia de España y predominio sobre las provincias:* la asunción por su cuenta, del vasallaje que ejercía sobre el virreinato, en nombre de España. Para las provincias, *mayo significa separación de España, sometimiento a Buenos Aires;* reforma del coloniaje, no su abolición.
>
> Ese extravío de la revolución, debido a la ambición ininteligente de Buenos Aires, ha creado dos *países* distintos e independientes, bajo la apariencia de *uno solo: el estado metrópoli,* Buenos Aires; y el *país vasallo,* la república. El uno gobierna, el otro obedece; el uno goza del tesoro, el otro lo produce; el uno es feliz, el otro miserable; el uno tiene su renta y su gasto *garantizado;* el otro *no tiene seguro* su pan.

Los problemas que dividían al país parecían insalvables. En primer término, una nación dividida, con dos gobiernos, uno al que respondía la ciudad de Buenos Aires y su provincia, y otro la Confederación Argentina con la presidencia de Urquiza que gobernaba desde el litoral. Durante los años siguientes las escaramuzas entre ambas partes fueron principalmente de tipo económico, aunque no faltaron las militares. Desde su capital en Paraná, Urquiza celebró tratados comerciales con Gran Bretaña, Estados Unidos y Francia e intentó impulsar el puerto fluvial de Rosario. También realizó gestiones para tender una línea férrea que debería unir Rosario con Córdoba, y alentó la inmigración, pero con escaso éxito.

La política de tratados comerciales pronto se demostró poco efectiva, puesto que los buques mercantes preferían descargar en Buenos Aires y dejar la venta en el interior de la Confederación a cargo de los consignatarios antes que emprender el largo viaje fluvial hasta Rosario. Por consiguiente, en 1856 la Confederación decretó que toda mercancía proveniente de Buenos Aires o Montevideo pagaría elevados aranceles. Al mismo tiempo, se otorgaba toda clase de beneficios a los productos que desde ultramar descargaban directamente en Rosario. Con oscilaciones coyunturales, la medida atrajo ciertos beneficios económicos a la ciudad del litoral. Pero la consecuencia de todas estas fricciones fue la abrogación de los tratados que mantenían cierta buena vecindad entre Buenos Aires y la Confederación. La situación continuó sin cambios, incluso para los representantes diplomáticos, puesto que si Urquiza representaba al gobierno nacional desde Paraná, Buenos Aires había elaborado su propia Constitución desde 1854. Por otra parte, si la sede del gobierno oficial de la confederación estaba en Entre Ríos, las casas comerciales extranjeras, y la mayor parte de los propietarios y terratenientes establecidos en Argentina residían en Buenos Aires y su provincia. En tanto, se urdían tramas diplomáticas a las que no eran ajenos los países del área, puesto que a Brasil le convenía una Argentina dividida.

En 1859 el enfrentamiento militar se presentaba como la única fórmula para dirimir el pleito entre la Confederación y la díscola Buenos Aires. Luego de unos preliminares en los que se vio envuelto Brasil, que aguardaba para presentarse como mediador, y Uruguay, que proporcionó resguardo a los navíos de la Confederación, en tanto Buenos Aires recibía en exilio a Venancio Flores, que había fracasado en una reciente rebelión contra el presidente Pereira, las tropas de Buenos Aires conducidas por Bartolomé Mitre, y las de la Confederación, comandadas por Urquiza, combatieron en Cepeda. Mitre resultó derrotado, y del acuerdo subsiguiente Buenos Aires aceptó unirse al resto de las provincias, obteniendo a su vez la reforma de la constitución. Sin duda los temas medulares en cuestión eran: dónde estaría ubicada la capital de la Confederación, la defensa de la administración de las rentas de aduana por Buenos Aires, y los límites de la soberanía provincial. Mientras Santiago Derqui asumía la presidencia de la Confederación en 1860, el mismo año Bartolomé Mitre era designado gobernador de Buenos Aires.

En las provincias, la intranquilidad reaparecía. La Rioja era perturbada por el caudillo Juan Vicente Peñaloza, *El Chacho;* en Mendoza y en Córdoba surgieron conflictos entre las distintas facciones políticas; San Luis y Córdoba protagonizaron escaramuzas fronterizas; otro caudillo, Antonio Taboada, desaloja al gobernador en Santiago del Estero, y en San Juan murió asesinado el gobernador Virasoro. Las tensiones entre Buenos Aires y la confederación renacieron con más fuerza ante la desconfianza que produjo tal conflictividad. La unión, trabajosamente lograda, se rompió una vez más, y el 17 de abril de 1861, en las inmediaciones del arroyo Pavón, los ejércitos de Buenos Aires y la Confederación se enfrentaron. Después de las primeras escaramuzas, Urquiza, que no estaba muy decidido a llevar adelante esta guerra, abandonó el campo de batalla, regresando a su poder regional en Entre Ríos. En los hechos, el predominio que ahora ejercería Buenos Aires era producto de las contradicciones en el seno de la propia Confederación.

Mitre, vencedor, debía ahora inclinar a su propia provincia para que aceptara la federalización de Buenos Aires como capital nacional; un tema que permanecerá irresuelto hasta el gobierno de Avellaneda, en 1880, no sin enfrentar una revuelta interna. La antigua capital virreinal recuperaba su influencia sobre el resto del país, eclipsada durante el decenio de la Confederación. Pero la Constitución federal de 1853 triunfaba, y permanecía vigente aunque teñida del centralismo porteño. Desde Buenos Aires se dictó la política nacional, se trazó el modelo modernizador del país y en ella se concentraron los antiguos emigrados, los hombres que habían diseñado la imagen de la Argentina abierta a Europa. Precisamente, si Mitre era un presidente nacido en Buenos Aires, y representaba a la oligarquía liberal urbana y centralista, Domingo Faustino Sarmiento, nacido en San Juan, y Nicolás Avellaneda, oriundo de Tucumán, centraron también sus actividades en la capital, aunque no olvidasen el interior. Algo que Sarmiento quiso expresar al definirse como: «provinciano en Buenos Aires, porteño en las provincias y argentino en todas partes». La formalización de un nacionalismo que, ante todo, debía pasar por la unificación del país.

Con todo, la presidencia de Bartolomé Mitre, que cuenta con el respaldo de los centros urbanos, no será totalmente aceptada por los caudillos rurales en un periodo de fuerte empobrecimiento de las economías provinciales, que facilita la movilización de la *montonera* popular. *El Chacho* Peñaloza domina La Rioja con sus huestes en 1863, pero finalmente las fuerzas del gobierno consiguen derrotarlo y exhiben su cabeza al extremo de una lanza. Fructuoso Ontiveros, Juan Puebla, Felipe Varela, que

Bartolomé Mitre

en 1866 regresa desde Chile y encabeza una guerrilla *montonera* que protesta contra la Guerra del Paraguay, o Ricardo López Jordán, caudillo de Entre Ríos que en 1870 hará asesinar a Justo José de Urquiza, son otros tantos exponentes del descontento provincial. El ejército nacional, el armamento moderno y la colaboración de las oligarquías locales, reducen lentamente a estos caudillos que simbolizan la resistencia al centralismo impuesto desde Buenos Aires.

Desde Mitre hasta Roca, los presidentes argentinos debían hacer frente a una serie de problemas irresueltos. En principio, consolidar la unidad nacional y afirmarla con instituciones liberales y el desarrollo de la modernización. Una vez resuelta la disputa entre intereses comerciales y terratenientes, los ganaderos, que representaban el sector productivo, exigieron obras de infraestructura que tan sólo podían ser construidas a cargo del Estado: puertos, ferrocarriles, servicios públicos esenciales, reclamaban capital y éste debía obtenerse en el extranjero por medio de empréstitos. Pero había que integrar también el territorio nacional, y éste era un tema decisivo cuando la ampliación de la demanda del mercado mundial exigió áreas más extensas para la ganadería. El territorio ocupado por los indios —un tema que se encuentra en la literatura argentina desdes *La Cautiva* de Echevarría hasta el *Martín Fierro* de José Hernández, sin olvidar *Una excursión a los indios ranqueles,* escrita por Lucio V. Mansilla— comenzaba en los límites de la pampa húmeda y se extendía por toda la Patagonia. Rosas tuvo éxito en fijar la frontera del indio, Julio Argentino Roca al finalizar los años 70 lleva a cabo un plan militar —la campaña del desierto—, que desplazaba hacia el sur la frontera del indio y proporcionaba a los ganaderos alrededor de 20.000 leguas de tierra fértiles.

Con Mitre el federalismo respondió a las exigencias centralizadoras de la burguesía comercial y los terratenientes de Buenos Aires. El liberalismo se extendió y los gobernadores de provincias fueron elegidos entre aquellos que profesaban la ideología afín a las elites urbanas. Por otra parte, el gobierno nacional tenía la posibilidad de intervención en las provincias, algo que permitía no sólo respaldar a los gobernadores adictos, sino también hacer aceptar los programar diseñados desde la capital. Mientras los ganaderos cercaban sus campos, adquirían animales para mejorar las razas, o compraban maquinaria agrícola, el Estado alentaba a las empresas extranjeras para invertir en Argentina. En la década de los años 60 tiende sus líneas el Ferrocarril Gran Sur de Buenos Aires, y se instala el Banco de Londres y Río de la Plata, con capital británico; también surge por iniciativa nacional el Ferrocarril Central Argentino. Quedaban unidas las regiones productoras con los puertos de Buenos Aires y Rosario, y se creaban sociedades inglesas para la compra de tierras y la explotación ganadera. En tanto, el gobierno alentaba la formación de colonias agrícolas en Santa Fe, que darían origen a una expansión cerealera que James Scobie llamó la «revolución en las pampas» en un excelente libro. La inmigración aluvial, procedente del sur de Europa, comenzaba a cumplir otro de los proyectos de la generación de 1837, desarrollado por Alberdi en las *Bases* y sintetizado en la frase: «en América gobernar es poblar».

Para Uruguay, el periodo que se desarrolla luego de finalizada la guerra contra Rosas, llamada en la historiografía nacional la Guerra Grande por su extensión, encierra considerables problemas. Uno de ellos era, también, la población, ya que se carecía de cifras confiables sobre el número de habitantes. Los censos de 1852 y 1860, pese a sus inocultables omisiones, registraron respectivamente 131.969 y

221.243 habitantes; las estimaciones para 1868 eran de 385.000 y en 1884 alrededor de 560.000. Los extranjeros crecieron en número entre esas fechas, demostrando el pulso inmigratorio: un 21,6 por 100 en 1852; un 35 por 100 en 1860; en 1868 en un 48 por 100. Al igual que en Argentina, la concentración de extranjeros en la capital, Montevideo, era aún mayor: 45 por 100 en 1852, 48 por 100 en 1860 y 60 por 100 en 1868. Si el francés Xavier Marmier relata su visión de la ciudad, en 1850, como un escaparate donde podía encontrarse todo lo que recordaba a Europa, desde mercancías hasta restaurantes, desde licores hasta librerías, un viajero inglés, William Hadfield, apuntaba así los peculiares rasgos de europeización de esa sociedad urbana: «Tan grande es el número de forasteros, que esta ciudad contiene toda la apariencia de una colonia extranjera.»

Pero el Uruguay que emerge de la Guerra Grande es un país que ha sufrido severos daños, con haciendas diezmadas y la agricultura arrasada. La consigna que cerró el capítulo del extenso conflicto armado: «Ni vencedores ni vencidos», intentó plasmar en lo que se denominó la política de fusión, promovida por jóvenes intelectuales de los Partidos *Blanco* y *Colorado*. Era un punto de partida que intentaba eliminar las diferencias entre bandos políticos y erradicar la acción de las facciones caudillescas. En los hechos, enunciaban la creación de un nuevo partido político que intentaba arrebatar el poder a los jefes de la *montonera*. Así surgió la candidatura de Juan Francisco Giró, que fue electo presidente desde marzo de 1852. Pero las tensiones subsistían; los tratados que Uruguay se vio obligado a firmar con Brasil en 1851 como resultado de los sucesos que pusieron fin a la guerra contra Rosas, y los desacuerdos que persistían entre personajes de los bandos tradicionales, produjeron al fin la renuncia del presidente.

Nuevamente son los caudillos militares quienes predominan. La formación de un Triunvirato integrado por los generales Venancio Flores, Fructuoso Rivera y Juan Antonio Lavalleja gobierna el país. Ambos partidos políticos están ahora representados en el poder, pero el sucesivo fallecimiento de los dos generales artiguistas —Lavalleja y Rivera— deja desde comienzos de 1854 el gobierno en manos de Flores, otorgando el predominio a los colorados. En 1855 la tensión política fuerza al presidente interino a celebrar el Pacto de la Unión con Manuel Oribe, jefe del Partido Blanco, donde se decide convocar a unas elecciones que ganará Gabriel Antonio Pereira.

Nuevamente afloró, con este gobierno, la idea de una fusión de fuerzas políticas por encima de los intereses partidarios. Esta idea, destinada a erradicar el caudillismo, será sin embargo contestada como negadora de la presencia de los distintos proyectos políticos que implicaba el sistema representativo de gobierno. Las *divisas*, como se llamó a las bandas de color que diferenciaban a blancos y colorados, renacen con virulencia y el presidente Pereira tuvo que hacer frente a varios levantamientos armados que desembocaron, finalmente, en los fusilamientos de Paso de Quinteros. Allí el general César Díaz, que había combatido a Rosas al mando de Urquiza, y varios de sus oficiales fueron ejecutados por las fuerzas del gobierno. Entretanto, Venancio Flores buscaba refugio en suelo argentino.

El gobierno de Bernardo P. Berro (1860-1864), un hombre del partido blanco, liberal conservador y celoso del constitucionalismo, intentó aplicar una severa administración y desarrollar los elementos necesarios para modernizar el país. Existía, luego de la ruina económica posterior a la Guerra Grande, una cierta recuperación.

El ganado, que había descendido entonces a poco más de dos millones de cabezas, alcanzaba, según cifras de 1862, 8.096.000 vacunos, revelando una gran capacidad de recuperación. Al mismo tiempo se restablecía la actividad en la faena de los *saladeros,* casi arruinados por las guerras y que ahora comenzaban a exportar, instalados en Montevideo y también en el litoral del río Uruguay. Asimismo, en la década de los años 60 experimentó rápidos progresos la cría del ovino y los hacendados recurrieron a comprar animales de raza para mestizar las haciendas y mejorar así las lanas, que ya habían comenzado a exportarse. Las transformaciones que reclamaba la hacienda ganadera en su etapa de modernización exigía inversiones que sólo podía realizarse con beneficio para los ganaderos en un periodo de paz. Acotar las propiedades por medio del alambrado, comprar animales de raza, mejorar haciendas, exigía seguridad. El gobierno de Berro parecía proporcionarla.

También experimentó una recuperación el comercio de Montevideo en los años posteriores a la Guerra Grande. El papel de intermediación, que tradicionalmente ejercían las casas importadoras y exportadoras instaladas en la ciudad, con Río Grande do Sul y el litoral argentino, se encontró favorecido por la crisis entre Buenos Aires y la Confederación. Este impulso comercial se verá acentuado durante la guerra de la Triple Alianza contra el Paraguay, ya que el puerto de Montevideo se convierte en centro de abastecimiento para los ejércitos que se dirigen hacia la zona de combate. El cabotaje nacional también mostró signos de estar en auge como consecuencia del tráfico comercial en los cauces fluviales. Pero en la rápida recuperación de la más importante riqueza productiva del país estaba el germen de la crisis. Pronto el número de cabezas de ganado en existencia rebasó la capacidad de las praderas a un ritmo que excedía las posibilidades exportadoras, y es la guerra del Paraguay la que provee de una salida al excedente para alimentar a las tropas.

Berro intentó, a su vez, erradicar los antagonismos que levantaban las divisas políticas, una actitud que le concitó resistencias desde sus propias filas. Pese a todo, decretó una amplia amnistía para los emigrados, y destinó sus esfuerzos a solucionar los problemas nacionales pendientes, como los Tratados con Brasil, la desnacionalización progresiva de la frontera norte por el avance de las haciendas brasileñas sobre territorio uruguayo, y el ordenamiento civil y administrativo. Todo ello conservando la más estricta neutralidad ante los conflictos de sus vecinos, para evitar una nueva internacionalización de los problemas internos del Uruguay. Buscando atenuar la presión que ejercía la expansiva política brasileña y la no menos agresiva de algunos gobiernos argentinos, procuró una alianza con el gobierno paraguayo de Carlos Antonio López. Pero las presiones externas e internas eran muy fuertes. Brasil no contemplaba con buenos ojos que la administración Berro sometiera a las leyes uruguayas las estancias que los brasileños poseían en territorio fronterizo e intentara erradicar en ellas la esclavitud, ya inexistente en el país. Desde Argentina, Venancio Flores conspiraba con ayuda del presidente Mitre y se preparaba a invadir Uruguay con el apoyo de una escuadra brasileña. Al mismo tiempo, Gran Bretaña y Francia reclamaban indemizaciones a sus súbditos por perjuicios durante la Guerra Grande y los alzamientos civiles posteriores.

En 1863, Venancio Flores invade desde Argentina, al frente de una denominada Cruzada Libertadora, al tiempo que la escuadra brasileña bloquea el río Uruguay. Entretanto, se inicia una guerra entre Paraguay y Brasil con la invasión, en 1865, de la provincia de Mato Grosso por las tropas guaraníes, pero Argentina niega el tránsito por Entre Ríos a las fuerzas de Solano López. La ciudad de Paysandú, en Uruguay, es bombardeada entretanto por las naves brasileñas del almirante Tamandaré, y sus defensores, que resisten hasta el fin, serán fusilados junto al general Leandro Gómez, alma de la defensa de la plaza. En febrero de 1865 el caudillo Venancio Flores entra en Montevideo derrocando al gobierno constitucional, ahora representado por Tomás Villalba, presidente del Senado. Durante tres años Flores ejercerá el poder con el título de Gobernador Provisorio. En marzo del mismo año, respondiendo a su alianza con Brasil y Argentina, Flores se apresta a intervenir con tropas uruguayas en la guerra contra el Paraguay.

En 1868, durante un oscuro motín caen asesinados los dos jefes de los partidos políticos enfrentados: Flores y Berro, por lo tanto la Asamblea General designa a un militar, Lorenzo Batlle, que gobierna hasta 1872. La etapa está señalada por la presencia de caudillos regionales que reclaman su cuota de poder, por algunos movimientos armados y por una crisis rural que se agrava con la depresión de 1868. Precisamente, en 1868 se subleva el caudillo Máximo Pérez; en 1869 se pronuncia a su vez contra el gobierno Francisco Caraballo, y en 1870 comienza la denominada «revolución de las lanzas», conducida por el caudillo blanco Timoteo Aparicio. Esta rebelión de las masas rurales sólo puede ser calmada luego de dos años de combates, concediendo cuatro jefaturas políticas al Partido Blanco en otros tantos departamentos del país.

El auge de la economía en la década de los 60, que atrajo al país inversiones extranjeras en obras de infraestructura, la instalación de una sucursal del Banco de Londres y Río de la Plata y el establecimiento Liebig's, sufrió los efectos de la crisis financiera de 1868 y la devastación en las zonas rurales producida por el paso de las huestes caudillescas. La producción de carnes, cueros y lanas ocupaba la posición clave en la estructura económica uruguaya. Era un hecho visible en la larga duración y en las crisis coyunturales, pese a la intensa actividad comercial de Montevideo. En consecuencia, desde distintos sectores surgió una fuerte reacción contra el caudillismo: los hacendados hicieron suyo un programa de orden desde la Asociación Rural fundada en 1871; los comerciantes y los capitalistas extranjeros reclamaban medidas pacificadoras. Los jóvenes integrantes de los partidos políticos tradicionales, dirigidos por un grupo de intelectuales, crearon una corriente que se conocerá como Principista por su programa dirigido a encauzar el constitucionalismo, las garantías individuales y, en definitiva, la ideología liberal doctrinaria.

Las elecciones de 1872 parecen anunciar el triunfo de este movimiento. Logran numerosos escaños y accede a la presidencia José E. Ellauri, un hombre respetuoso de las formas institucionales. Pero las contradicciones que surgen ahora entre liberalismo de principios, problemas económicos irresueltos, y un caudillismo no erradicado que los jóvenes liberales observaban con claridad como un problema social antes que político, crean las condiciones para que las clases altas impongan su concepción de un gobierno fuerte. La crisis financiera de 1873, y una deuda externa creciente conspiran en favor de esa solución. En 1875 aflora una crisis que permite al coronel Lorenzo Latorre dar un golpe de estado y tomar el poder en marzo del año siguiente.

Desde José Gaspar Rodríguez de Francia, el *Supremo,* hasta Francisco Solano

López, Paraguay se convierte en una nación fuertemente diferenciada de los países limítrofes: la tendencia al aislamiento y la autarquía resuelta con la dirección de la autoridad estatal de los sistemas productivos del país en una época cuyos signos más destacables, en América del Sur, eran los correspondientes a la libre empresa. La sucesión de Francia recayó en Carlos Antonio López por un periodo de diez años, aunque el Congreso que se reunía cada cinco años dejó en sus manos la totalidad de los poderes. Durante un tiempo histórico decisivo, desde 1841, Paraguay conoció un impulso económico y tecnológico extraordinario, comparado con los progresos que obtenían los países vecinos en la misma época; pero fue acumulando asimismo, por las singularidades del proceso, limitaciones que pesarían sobre el porvenir.

En el periodo de López continuó la acción contra una oligarquía tradicional ya reducida por Francia, y contra el latifundio, arrebatando al dominio particular tierras que pasaron a propiedad del Estado. A esta experiencia se sumó un sistema conocido como «estancias de la patria», donde el campesino trabajaba la tierra bajo la dirección de funcionarios del gobierno. El trabajador rural se convirtió, así, en uno de los elementos más importantes de la estructura social paraguaya. Otra de las claves de esta economía fue la nacionalización del comercio exterior. Al Estado quedaba reservado el monopolio de la exportación de la yerba mate, de los productos procedentes de la explotación de las reservas forestales y el cultivo del tabaco; en definitiva, los renglones más importantes en el intercambio del país. Concentraba también las exportaciones para controlar la balanza de pagos. Los recursos del comercio exterior, administrados por el gobierno, permitieron a Paraguay ensayar una experiencia modernizadora original para Iberoamérica en los años 50 del siglo XIX, como era el desarrollo de obras de infraestructura acudiendo a medios locales, sin inversión extranjera, si se exceptúa la contratación por parte del gobierno de técnicos para trabajar al servicio de los proyectos nacionales.

La realización de las bases para un incipiente progreso industrial comenzó, entonces, a materializarse y la fundición instalada en Ybicuí, hacia 1850, producía hierro para el país. Los astilleros paraguayos pronto construyeron una flotilla de embarcaciones que no sólo realizó la navegación fluvial, sino que también surcó los mares. Para ello se levantó un dique seco con capacidad para fabricación y reparaciones. Una línea férrea unió Asunción con Villa Rica; su construcción fue dirigida por Padisson, un ingeniero inglés, y era de propiedad estatal. La línea telegráfica fue tendida por un técnico alemán, y pronto quedó inaugurada una fábrica de armas para equipar al ejército nacional. Entretanto, el gobierno otorgaba becas a jóvenes paraguayos para realizar estudios en Europa y formar así los cuadros que la administración requería. El impulso a la enseñanza superior y la campaña de alfabetización constituyeron otros tantos avances de la etapa de Carlos Antonio López, quien no vaciló en atraer profesionales desde Europa y los países vecinos para llevar a cabo sus proyectos.

El programa político y económico de los gobiernos de Asunción se tradujo en que, hacia los años 60, Paraguay carecía de endeudamiento externo, mal que aquejaba a la mayoría de los países iberoamericanos. Pero también acumuló problemas que afectaron las posibilidades de continuidad de esta experiencia centrada en el predominio estatal. En primer término, las medidas apuntadas fueron creando una oposición cada vez más acentuada de la oligarquía, que despojada de sus privilegios y de sus centros de poder, comenzó a emigrar preferentemente hacia Argentina, convertida en enemiga acérrima del régimen de ambos López. Por otra parte, la burguesía encontró escasas oportunidades para desenvolverse frente al monopolio ejercido por el Estado en los sectores más lucrativos. Esto privó a Paraguay, a largo plazo, de uno de los grupos sociales más activos en el siglo, e impidió el surgimiento de las clases medias necesarias para afianzar la modernización iniciada.

Pero existían aún otros problemas. Paraguay había enfrentado graves conflictos por cuestiones de límites con Brasil; mantenía, hacia el oeste, un litigio con Argentina por los territorios del Chaco y por el este se enfrentaba con el mismo país en reclamaciones sobre el territorio de las antiguas Misiones jesuíticas. Al mismo tiempo, desde la época de la independencia el gobierno de Asunción anudó vínculos con los caudillos federales argentinos y, en consecuencia, compartieron, aun sin intervenir, la hostilidad que estos caudillos abrigaban hacia Buenos Aires. En los hechos, la desconfianza de Asunción para con los gobiernos de la vieja capital del virreinato estaba fundada en la reticencia de aquéllos para reconocer la independencia de Paraguay. Por otra parte, la posición geopolítica de este país, cuyas dos zonas netamente diferenciadas, el Oriente y el Chaco, no podían superar la mediterraneidad sino por el cauce fluvial sobre el que se alza Asunción, lo convertía en tributario de la buena disposición de sus vecinas. Sólo así podía asegurarse, sin conflictos, la libre navegación de los ríos que desembocan en el Plata y que, en definitiva, era el oxígeno imprescindible para la expansión de su tráfico comercial. Un problema que encontró sus máximos escollos durante la época de Rosas, y fue subsanado cuando la Confederación Argentina decretó, en 1853, la libre navegación de los ríos.

8. LA GUERRA DEL PARAGUAY

En 1862, Francisco Solano López asumió la conducción del gobierno de Paraguay. Es un hombre que había representado a su país en Europa, y había dirigido como comandante en jefe un ejército siempre alerta en previsión de una guerra contra Buenos Aires. Al igual que Francia, o que su predecesor, Carlos Antonio López, no parecía estimar que el pueblo paraguayo se encontrara en condiciones de hacerse cargo de las responsabilidades de elegir gobierno. Su administración procuró en cambio incentivar el bienestar económico y la autosuficiencia de la nación, al tiempo que continuaba el programa educativo iniciado por el anterior presidente.

Su política exterior trató de sacar a Paraguay del aislamiento sin comprometer por ello la independencia. El crecimiento económico reclamaba mayores ofertas de intercambio y asegurar la fluidez de las vías comerciales, y Solano López, favorecido por la apertura de los ríos a la navegación, firmó acuerdos con Estados Unidos y las potencias europeas para establecer intercambio. El equilibrio político en la cuenca del Plata, que hacía posible la continuidad de la paz, era un factor determinante de la seguridad nacional y el crecimiento económico para el gobierno de Asunción, y éste desempeñaba, en lo posible, el papel de mediador entre Argentina y Brasil. López comprendía que la ruptura de la estabilidad haría inevitable una guerra de signos imprecisos, y en ese aspecto demostró estar acertado.

La necesidad de consolidar el acceso al sistema fluvial conformado por los ríos Paraguay, Paraná y el Plata era sentida por Paraguay, pero también por Brasil, que enfrentaba un problema similar para valorizar los recursos de la región del Matto

Grosso. De allí partían los enfrentamientos más duros entre ambos países. Por otra parte, los sectores políticos más agresivos del Imperio concebían como zona de expansión geopolítica una parte del territorio paraguayo limítrofe con Matto Grosso, así como el territorio uruguayo se presentaba, a sus ojos, como una vía necesaria para la economía de Río Grande do Sul. Es que alrededor de un 30 por 100 del territorio uruguayo cercano a la frontera estaba en manos de hacendados brasileños. Por otra parte, el puerto de Montevideo abastecía amplias regiones de las provincias riograndenses a través de lo que se llamaba «comercio de tránsito». Esta tensión mantuvo una peligrosidad latente y, en ocasiones, las escuadras brasileñas intentaron amenazar Asunción reclamando pretendidos derechos sobre las aguas del Alto Paraguay.

Las relaciones entre Paraguay y Uruguay, a su vez, estaban fundadas en razones que Juan Bautista Alberdi, el lúcido ensayista argentino, analizaba con claridad en el siglo pasado: «Montevideo es para el Paraguay, por su posición geográfica, lo que Paraguay es para el interior del Brasil: la llave de su comunicación con el mundo exterior. Tan sujetos están los destinos del Paraguay a los de la Banda Oriental, que el día en que el Brasil llegue a amenazar este país, Paraguay podrá ya considerarse como colonia brasileña, aunque conservando su independencia nominal.» Este peligro comenzó a insinuarse, precisamente, cuando el caudillo colorado, general Venancio Flores, preparó, desde territorio argentino y con apoyo de los sectores liberales de ese país, el derrocamiento del presidente legal del Uruguay, Bernardo Prudencio Berro, jefe del Partido Blanco. La invasión consumada en abril de 1863 obtuvo el respaldo de tropas brasileñas procedentes de Río Grande do Sul y el apoyo de la escuadra imperial que, comandada por el almirante Joaquim Marques Lisboa Tamandaré, bombardeó la ciudad de Paysandú en el litoral del río Uruguay, arrasada ante la resistencia de sus defensores.

Paraguay consideró que el equilibrio se había roto y canceló relaciones con el Imperio en noviembre de 1864, apresó un navío brasileño en aguas del Paraná e invadió la provincia de Mato Grosso. Al comenzar el año siguiente Francisco Solano López solicitó al gobierno argentino permiso de paso por Corrientes con sus tropas para atacar la provincia brasileña de Río Grande. El presidente Mitre denegó tal autorización, pero las fuerzas paraguayas se desplazaron de igual modo a través de la provincia de Corrientes y se apoderaron de Uruguayana en territorio brasileño. López había declarado previamente la guerra a Argentina, y Mitre no dejó escapar la oportunidad de eliminar un tradicional centro de respaldo para las provincias federalistas y, también, obtener ventajas sobre los territorios en disputa entre los ríos Paraná, Uruguay, Bermejo y Pilcomayo. Los pasos que había dado Solano López colocaron a Paraguay en una situación difícil ante vecinos que deseaban eliminarlo como centro de poder en la zona. En mayo de 1865, Brasil, Argentina, y el gobierno uruguayo de Venancio Flores instalado con ayuda de sus vecinos, firmaban el Tratado de la Triple Alianza; se combatía contra Paraguay en nombre de la libertad. Los propósitos enunciados eran derrocar al tirano Solano López, asegurar la libre navegación de los ríos y llevar los beneficios de la civilización a los paraguayos. Pero un tratado secreto rubricado por Francisco Otaviano de Almeida Rosa en nombre de Brasil, el canciller Rufino Elizalde por Argentina, y Carlos de Castro como canciller uruguayo, fijaba de antemano la distribución del territorio entre Brasil y Argentina, y el compromiso de no finalizar la guerra hasta destruir el gobierno de Asunción.

Se estimaba que se trataría de una campaña rápida. Mitre había expresado así esa convicción: «Dentro de veinticuatro horas en los cuarteles, dentro de quince días en campaña y dentro de tres meses en Asunción.» Estas afirmaciones muy pronto se demostraron erróneas, ya que el conflicto ni siquiera terminó durante su gobierno, sino cinco años más tarde, cuando desempeñaba la presidencia de Argentina Domingo Faustino Sarmiento. Por otra parte, la guerra contra Paraguay no concitó la adhesión de las poblaciones en los países aliados. Los brasileños tuvieron que recurrir a incorporar en sus tropas contingentes de esclavos a quienes se otorgó la libertad; los habitantes de las zonas rurales en Uruguay desertaban para no integrar las tropas que luchaban contra un país tradicionalmente aliado, e iguales problemas presentaba en las provincias el reclutamiento argentino, ya que los federales de Urquiza huían de las filas del ejército demostrando la impopularidad de la guerra.

Para los aliados la campaña contra Paraguay estaba destinada a liquidar el poderío de Asunción —nadie ignoraba que el país contaba con uno de los ejércitos más fuertes de América del Sur, con 18.000 hombres aproximadamente—; para los paraguayos era un problema de sobrevivencia. Las fuerzas de Solano López que ocupaban la provincia de Corrientes fueron desalojadas por la acción combinada del ejército argentino y la marina brasileña. En el Paraná el ejército paraguayo intenta destruir la flota brasileña y se combate en Riachuelo, cerca de Corrientes; finalmente los aliados controlan el Paraná. La liberación de Uruguayana desalojando las fuerzas de Solano López fue otro sangriento choque. El Paraná se convierte en escenario de frecuentes combates hasta las batallas de Itapirú, Estero Bellaco y Tuyutí, con derrota paraguaya. Las pérdidas de Tuyutí fueron cuantiosas tanto para los aliados como para los hombres de Solano López, pero éste logra reorganizar sus fuerzas y enfrentarse a los aliados en Boquerón, infligiéndoles centenares de bajas.

La opinión comenzaba a volcarse a favor de Paraguay, en tanto se buscaban mediaciones. Estados Unidos de Norteamérica ofreció su diplomacia, pero el emperador de Brasil, Pedro II, se opuso a toda salida que no concluyera en la total derrota paraguaya. Solano López anunció que, en tal caso, combatiría hasta la última trinchera. El asalto a la fortaleza de Curupaytí, pese al apoyo de la escuadra brasileña, demostró que el territorio sería defendido hasta el final, y las bajas por ambos bandos lo confirmaron. En 1868, Venancio Flores y Bartolomé Mitre regresaron a sus respectivos países reclamados por problemas internos. El mando del ejército en operaciones quedó encomendado al marqués de Caxias, un veterano general que había reducido la provincia de Río Grande. El mismo año caía en poder de las tropas de la Triple Alianza la fortaleza paraguaya de Humaitá, abriendo el paso hacia Asunción. Mientras la población del país era diezmada por la guerra, las enfermedades y el hambre, los niños y las mujeres comenzaban a cubrir los claros en las filas del ejército. La actitud del pueblo paraguayo frente a los invasores demostraba la falsedad de la propaganda de guerra de los aliados. El primero de marzo de 1870, el mariscal Solano López, finalmente acorralado con los restos de su ejército —un centenar de soldados con quienes colaboran niños, mujeres y ancianos— resiste en Cerro Corá, en el norte del país. Maillefer, el cónsul francés en Uruguay, informa a su gobierno que Solano López, aun vencido y acorralado, era seguido por una población que sufría peligros y privaciones a su lado. Cercado a orillas del Aquidabán por las fuerzas brasileñas, Francisco Solano López se negó a rendirse y murió en el combate.

La guerra había terminado. Dejaba como saldo el exterminio de más de la mitad de la población paraguaya, unas doscientas mil personas. No sólo era un importante hundimiento demográfico, sino que la mayoría de los sobrevivientes eran personas de edad avanzada, mujeres y niños. La obra de modernización emprendida por los gobiernos de Asunción había sido destruida y el país quedaba en ruinas. El acuerdo entre vencedores adjudicó a Brasil un inmenso territorio al noroeste del río Paraguay; Argentina obtuvo la zona de Misiones y parte del Chaco austral. Con el territorio desgajado, la economía arrasada por el paso de los ejércitos y la población en el umbral del exterminio, Paraguay se enfrentaba a enormes dificultades para recobrar su nivel de desarrollo.

9. EL SEGUNDO IMPERIO BRASILEÑO

Con el emperador Pedro II, Brasil entró en una etapa de transición entre la independencia y los movimientos separatistas que jalonan los inicios de su reinado, y el ingreso a la república federal de 1889. Es también un periodo de consolidación de Brasil como Estado, en el que debe enfrentar varios problemas críticos en el plano internacional, pero que no impide el desarrollo económico del país y su ingreso en el mercado mundial, con las transformaciones sociales inherentes a los cambios originados en el sector productivo. Sin duda la formación cultural y la curiosidad científica de este gobernante, casado con la princesa María Teresa Cristina, de las Dos Sicilias, perteneciente a la casa de Borbón, contribuyó a su calmosa actitud frente a los problemas de Estado, lo que permitió que su persona se convirtiera en la figura representativa del poder moderador que hizo posible la estabilidad y la unidad del Imperio durante un largo tiempo. No obstante, los cambios de ministro estuvieron decididos con bastante frecuencia, así como la disolución del Parlamento cada vez que el emperador se enfrentó con leyes que no estaba dispuesto a aceptar. Pero en el país también surgieron los clásicos Partidos Liberal y Conservador, con las características propias de un país como Brasil, que había obtenido su independencia sin los extensos enfrentamientos con la metrópoli primero y los militares de la emancipación más tarde, que oscurecieron la primera mitad del siglo XIX para los países hispanoamericanos.

No obstante, el comienzo del Segundo Imperio estuvo asimismo amenazado por los varios separatismos surgidos en el sur y en el norte. La revolución republicana en Río Grande do Sul y la sublevación de Pernambuco, derrotada en 1848, fueron los últimos movimientos internos y permitieron afrontar los cambios que se producirían desde la década de los años 50. Comenzaba ésta con el predominio conservador en los puestos de gobierno, que continuó hasta 1853, dando entonces inicio a lo que llamó *gobierno de conciliación,* cuyo gabinete estuvo presidido por el marqués de Paraná. Pedro II contribuyó a esta gestión por medio de una serie de sugerencias y la apertura proporcionada a los liberales para acceder a mejores posiciones en el sistema de gobierno. Como todas las administraciones reformistas, encontró resistencias que, pese a todo, no lograron paralizar el programa de realizaciones, en la infraestructura económica y en la enseñanza, que junto con una reforma electoral propiciada antes de su muerte, llevó a cabo el marqués de Paraná.

Su muerte en 1856 abrió un periodo electoral que aumentó la representación liberal en el parlamento, pero canceló, a la vez, la etapa de la conciliación. En tanto, el marqués de Caxias tomaba el relevo como primer ministro del Imperio, pero la fuerte presencia liberal y el gobierno dirigido por un hombre tan conservador eran inconciliables, y pronto fue sustituido por el marqués de Olinda. Los liberales entraron en el gabinete de gobierno. Si esta transformación pudo parecer un debilitamiento de la oligarquía porque desplazó algunos terratenientes del poder, a largo plazo fue claro que no era así. El Imperio logró dominar los separatismos regionales primero e integrar luego a muchos de sus líderes en el gobierno de coalición. La pugna de ideas quedaba ahora situada en el marco de los accesos al gobierno; era una victoria de quienes deseaban mantener el *status quo*, y hasta después de finalizada la guerra contra el Paraguay no existieron modificaciones sensibles. Incluso la aristocracia terrateniente, que veía la tendencia a la centralización como una amenaza a sus privilegios locales, pronto comprendió que en realidad la política de conciliación defendía sus intereses. Y, precisamente, una de las notas características de la historia de Brasil desde 1850 hasta 1868 es la estabilidad política, pese a la serie de problemas que debe enfrentar el Imperio.

Pedro II había sido impulsado al trono tempranamente por el sector liberal con el propósito de menguar la influencia de los monárquicos. Era un antecedente histórico que tendría consecuencias a largo plazo en el orden interno, puesto que la tolerancia del emperador para con todas las creencias religiosas, pese a ostentar la católica el lugar de Iglesia oficial, tensaría las relaciones con los obispos. Por otra parte, el emperador que mantenía excelentes relaciones con los clérigos, a quienes en uso del Regio Patronato destinó a ciertos cargos públicos, se vería enfrentado con Roma por la Bula de Pío IX contra la masonería. La década de los años 60 opuso en Brasil, al igual que en otros países, a los obispos con las instituciones masónicas y con los liberales; en el caso brasileño fue mucho más grave, puesto que no sólo eran masones personajes como el baron de Río Branco, entonces ministro, sino el propio emperador.

Los problemas internacionales ocuparon buena parte del periodo 1850-1870. En 1852 las fuerzas del Imperio se unieron a la guerra contra Juan Manuel de Rosas, y al mando del marqués de Caxias invadieron Uruguay para desalojar a Manuel Oribe del sitio de Montevideo, al tiempo que Urquiza hacía otro tanto desde territorio argentino. La firma de los tratados con el representante uruguayo del gobierno de la Defensa permitió a Brasil establecer su dominio sobre el río Yaguarón y la Laguna Merim en el derecho de navegación; se firmó un tratado de alianza perpetua entre ambos países; un tratado de extradición, que obligaba a devolver los esclavos fugados a territorio oriental, y un tratado de prestación de subsidios a Uruguay con cargo a sus rentas de aduana.

En 1862 el ministro británico en Río de Janeiro, William Cristie, presentó una lista de reclamaciones al gobierno imperial, exigiendo indemnizaciones. Desde incidentes sobre la situación de los negros llegados al país durante el periodo de anulación del tráfico, hasta el episodio del naufragio y robo de la fragata *Prince of Walles* en 1861, unido a los serios incidentes protagonizados por marineros británicos, encarcelados como consecuencia de sus actos, el representante británico exigía satisfacciones del gobierno brasileño. Christie confiaba en la presencia de la marina de guerra británica, pero el emperador Pedro II no sólo dejó sin respuesta su nota, sino que se preparó contra un posible ataque y convocó a la resistencia popular. A continuación rechazó las pretensiones de Christie y emplazó su retiro por el gobierno británico.

Nuevamente intervino Brasil en Uruguay, esta vez en defensa de los intereses de los ganaderos de Río Grande do Sul, afectados por la política de nacionalización de las fronteras iniciada por el gobierno de Bernardo P. Berro y continuada por el presidente Aguirre. Pero esta intervención, destinada a provocar un relevo en el gobierno uruguayo colocando en la jefatura del país a Venancio Flores, produjo la guerra con el Paraguay. En 1865, una vez firmado el tratado de la Triple Alianza, Brasil entraba en guerra y, en los hechos, sería el único miembro de esta coalición que permanecería hasta el final de la interminable lucha contra un pueblo paraguayo que no resignaba sus armas. Pero la guerra contra el Paraguay tuvo resultados inesperados. En primer término, la prolongación del conflicto y la costosa victoria contribuyeron al descrédito de la vieja oligarquía y dejaron al descubierto las deficiencias burocráticas. También se puso de manifiesto, debido a las enormes distancias recorridas por los ejércitos en penosas condiciones, y el atraso tecnológico de los recursos, que el país estaba lejos de la modernización. Era evidente para las clases urbanas afectadas por la demanda de recursos del conflicto, para las clases medias en surgimiento, y también para la joven oficialidad que aspiraba a la formación de un ejército moderno.

No obstante, Brasil estaba desde 1850 en camino de experimentar amplias transformaciones respondiendo a las exigencias de una producción cada vez más integrada al mercado mundial, y la guerra había proporcionado un nuevo estímulo a los sectores manufactureros, por la necesidad de fabricar para el ejército. También se podían advertir ciertos cambios en la estructura social. Brasil era un país de tradición rural, con una aristocracia terrateniente tradicional, los hacendados o *fazendeiros*, cuyas fortunas se labraban con el producto de las plantaciones o *fazendas*, trabajadas con mano de obra esclava. La plantación reunía diversos edificios e instalaciones —según se tratara de *engenho* azucarero en el norte, o de *fazenda* de café en el sur—; la Casa Grande donde habitaba el propietario y su familia, y la *senzala*, enorme edificación compartimentada con destino a los esclavos, además de los edificios destinados a molienda, descascarado, lavado del grano, etc. Precisamente, en la segunda mitad del siglo XIX, la crisis de la caña de azúcar, originada por la aparición de la remolacha, dará paso en Brasil al auge del café. Como ha subrayado Caio Prado Junior: «El café dio origen, cronológicamente, a la última de las tres grandes aristocracias del país: después de los señores del ingenio y de los poderosos propietarios de minas, los plantadores de café se convierten en la elite social brasileña.»

Y el café determina, por otra parte, el ascenso y caída de oligarquías regionales en su avance en busca de nuevas tierras. Su desplazamiento desde Pará y Pernambuco, en el norte, hasta Río de Janeiro y el valle del río Paraíba en el sur, hace florecer la riqueza de la ciudad y el puerto hacia mediados del siglo XIX, hasta que el agotamiento de las tierras por la explotación extensiva orienta el cultivo hacia la provincia de São Paulo. La región de Campinas y las tierras que llegan hasta Riberão Preto se convierten en un impresionante mar de cafetales, extendido hacia el oeste de São Paulo; y el puerto de Río de Janeiro, que concentraba la exportación del producto, es desplazado en importancia por el de Santos. El lugar del café en la exportación brasileña crece hasta alcanzar el 70 por 100 del total; sin embargo, otros productos son cultivados en el nordeste, como el tabaco, la caña de azúcar y el algodón. También la ganadería ocupa un lugar importante, aunque los rebaños son transhumantes en busca de pastos, excepto en la región de Río Grande do Sul, donde la hacienda ganadera se convierte en el principal sector de la producción.

El incremento de los saldos de exportación proporcionó, a partir de 1860, la posibilidad de continuar el desarrollo de obras de infraestructura y equipamiento técnico brasileño. Uno de los avances más importantes fue la construcción de líneas ferroviarias, la primera de las cuales fue tendida, entre Río y Petrópolis, zona de residencia veraniega del emperador, por el financista brasileño Irineu Evangelista de Sousa, que más tarde sería conocido como barón de Mauá. En los años 50 el capital británico inicia el tendido de una línea desde Santos hasta São Paulo y Jundiaí, hacia las zonas cafeteras. Pernambuco y Bahía, zonas azucareras, desarrollaron a su vez el ferrocarril por medio de compañías inglesas. En la economía brasileña del siglo XIX, el ferrocarril contribuyó a acelerar las transformaciones del sector exportador, al tiempo que consolidaba la estructura tradicional de una economía monoproductora. El ferrocarril Santos-Juandiaí sorteó desde 1868 las barreras naturales, y la provincia de São Paulo concentró, con otras zonas productoras de café, la mayor parte de las inversiones en ese sector. Las comunicaciones rápidas abiertas por el ferrocarril hacia las plantaciones incentivó la producción y alentó el empuje modernizador, a la vez que la apertura de nuevas áreas en la provincia de Minas Geraes. El ingreso de capital extranjero tuvo sus efectos en la mecanización de las haciendas, en el mejoramiento de puertos de mar, y en el progreso manufacturero.

El café introduce al Brasil en una era de prosperidad que se encontró estimulada por el ingreso de capital británico que, a su vez, neutralizó los egresos por importaciones. Pero a estos recursos llegados desde el exterior se sumó en el periodo la extinción del tráfico de negros, que insumía considerable capital, ahora volcado al desarrollo técnico y a la extensión de unas plantaciones de café que exigían inversiones tan sólo al alcance de terratenientes con poder económico. En efecto, la esclavitud, que originó varios proyectos en el parlamento desde la década de los años 50, concitó en un primer momento fuertes resistencias. Terratenientes y traficantes bloquearon las propuestas del Partido Abolicionista sustentados en sus representantes legislativos, pero la presión británica era también poderosa, y una vez conquistada la abolición del comercio de negros, con una ley de Eusebio de Queiros en 1850, los partidarios de la libertad de los esclavos cobraron fuerza. Otro problema, vinculado a la nueva expansión del café, quedó planteado ahora. Era necesaria una mano de obra abundante que por el momento intentó obtenerse por medio del trasvase de los esclavos existentes en el norte de Brasil hacia las zonas productoras del centro y el sur del país, un hecho que provocó las protestas de los propietarios de ingenios azucareros en Bahía y Pernambuco.

El tema llevaba en sí mismo el debate sobre el trabajo libre, por lo que a partir de los años 60 generó una considerable corriente antiesclavista a la que adhirieron los núcleos intelectuales y profesionales, a la vez que se planteó la necesidad de atraer emigración. Además, los esclavos habían contribuido a formar los ejércitos durante la guerra de Paraguay, ganando muchos de ellos su libertad. Por consiguiente, el emperador apoyó, en septiembre de 1871, la Ley de Libertad de Vientres; esta medida liberó a aquellos hijos de esclavos nacidos en el país desde entonces. No era la abolición, y la ley sería burlada por múltiples vías, pero pese a que en los hechos constituía un triunfo de los esclavistas, era un nuevo paso adelante para los abolicionistas, aunque deberían esperar hasta la década siguiente para ver concretados sus propósitos.

Precisamente, la nueva era del café está protagonizada por un grupo de hombres que se diferencia de la vieja clase señorial del ingenio y la *fazenda*. Los que desarrollan los cafetales en São Paulo y otras zonas han contraído préstamos, y trabajan sus tierras con nuevas normas; más que dueños de plantaciones al viejo estilo, son ahora empresarios, contraen riesgos y demuestran espíritu innovador, utilizan nuevas técnicas y las posibilidades que les brinda la mejora de las comunicaciones por el trazado ferroviario. Son hombres que se han hecho a sí mismos y exigen, a la vez, cambios políticos acordes con la época, sobre todo al comenzar los años 80. Junto a ellos se conforma una clase media de profesionales surgidos de la Escuela Central creada en 1858, o de la Escuela Politécnica fundada en 1874. Estimulan cierto crecimiento del sector industrial iniciado con la guerra contra el Paraguay, pero que a partir de 1870 adquiere relativa importancia, atendiendo sobre todo a los requerimientos urbanos y a la modernización. Estos hombres se adhieren a la escuela positivista que cobra significación entonces, y reclaman el triunfo de la capacidad personal, una postura que los separa tajantemente de los valores aristocráticos que han dominado buena parte de la vida histórica del Imperio. Y no dejarán de expresar su punto de vista en un documento conocido como el *Manifiesto Republicano* de 1870, que encierra duras críticas a los antiguos privilegios, defendiendo los nuevos valores.

En verdad, eran los agentes históricos que decretarían la crisis del Imperio. Un sistema político que estaba sufriendo la erosión de las transformaciones de la base económica, del ingreso no sólo de las tecnologías que modificaban la infraestructura, sino también de los cambios en la órbita financiera. La banca británica se instaló en el país apoyando el complejo importador-exportador con el London and Brazilian Bank establecido en Río de Janeiro desde 1863, con filiales en Bahía, Pernambuco, Santos y Río Grande do Sul. Las compañías de telégrafos aceleraron las noticias —la Western Brazilian y la Brazilian Submarine fueron compañías pioneras—, y las compañías de navegación, también británicas en su mayoría, frecuentaron los puertos brasileños. La primera que operó desde 1851 fue la Royal Mail Steam Packet Line; se unirán más tarde la Pacific Steam Navegation Company, la Lamport and Holt Company y otras.

Los años 60 trajeron consigo algunas inquietudes políticas que auguraban la crisis imperial. En principio, un auge del republicanismo debido al contacto de la oficialidad brasileña con otros países de la región, por lo que el emperador prefirió dar su asentimiento a la Ley de Libertad de Vientres promovida por los abolicionistas. El

El puerto de Manaos

barón de Río Branco representó, en esta etapa, el papel ideal para moderar los alcances reformistas, incluso a costa de los incidentes con la Iglesia por la cuestión de la masonería. Por otra parte, la población nacional comenzaba a presentar una fisonomía más compleja. La inmigración ingresaba al país; al principio con cierta parsimonia, pero se aceleró cuando la abolición de la esclavitud fue ya un hecho. Los receptores principales serán São Paulo y Río de Janeiro, pero la primera generación de inmigrantes se dirigió con preferencia a las zonas cafeteras de São Paulo, en tanto que la mano de obra libre del nordeste se trasladaba hacia el Amazonas, a la explotación del caucho. Portugueses e italianos formaron el mayor contingente entre 1870-1879, seguidos en número por alemanes y españoles. A partir de los años 80 el crecimiento de las pulsaciones inmigratorias es más fuerte, y la concentración regional es muy marcada: entre 1870 y 1900 São Paulo recibe alrededor del 57 por 100 de la emigración total hacia Brasil. Estos fenómenos estarán en la base de los cambios experimentados por Brasil en su etapa finisecular. En definitiva, el Imperio, en cuyo seno se habían producido, con escasos traumas, las mutaciones que conducían a su extinción, había preparado el advenimiento del Estado oligárquico, simbolizado en la consolidación de dos Partidos, el Conservador y el Liberal, que respondían a dos concepciones del mundo, no demasiado alejadas, de la clase dominante.

ORIENTACIÓN BIBLIOGRÁFICA

ALBERDI, Juan B., *Bases y puntos de partida para la organización política de la República Argentina*, Buenos Aires, 1933.
ARRUBLA, Mario, y otros autores, *Colombia hoy*, Bogotá, 1980.
AYALA, E., *Lucha política y origen de los partidos en Ecuador*, Quito, 1978.
BARRÁN, José Pedro, *Apogeo y crisis del Uruguay pastoril y caudillesco. 1838-1875*, Montevideo, 1974.
Box, Pelham Horton, *Los orígenes de la guerra de la Triple Alianza*, Buenos Aires, 1958.
BRITO FIGUEROA, Federico, *Historia económica y social de Venezuela* (vol. I), Caracas, 1975.
CAMARGO, Pedro Pablo, y otros autores, *Los sistemas federales del continente americano*, México, 1972.
CARMAGNANI, Marcello, *Estado y sociedad en América Latina. 1850-1930*, Barcelona, 1984.
EDWARDS, Alberto, *La fronda aristocrática*, Santiago de Chile, 1972.
FELLMAN VELARDE, José, *Historia de Bolivia* (vol. II), La Paz, 1969.
GRAHAM, Richard, *Britain & the Onset of Modernization in Brazil. 1850-1914*, Cambridge, 1968.
JOBET, Julio César, *Ensayo crítico del desarrollo económico-social de Chile*, Santiago de Chile, 1955.
KNOWLTON, Robert J., *Los bienes del clero y la Reforma mexicana. 1856-1910*, México, 1985.
MORÓN, Guillermo, *Breve historia de Venezuela*, Madrid, 1979.
OCAMPO, José Antonio, *Colombia y la economía mundial. 1830-1910*, Bogotá, 1984.
PATEE, R. *Gabriel García Moreno y el Ecuador de su tiempo*, México, 1962.
PÉREZ BRIGNOLI, Héctor, *Breve historia de Centroamérica*, Madrid, 1985.
PIKE, Friedrick, *The Modern History of Perú*, Londres-Nueva York, 1967.
PIVEL DEVOTO, Juan E., y Alcira Ranieri de Pivel Devoto, *Historia de la República Oriental del Uruguay*, Montevideo, 1966.
PRADO JUNIOR, Caio, *Historia económica del Brasil*, Buenos Aires, 1960.

ROMERO, José Luis, *Las ideas políticas en Argentina*, México, 1946.

SCHOLES, Walter V., *Política mexicana durante el régimen de Juárez. 1855-1872*, México, 1972.

SCOBIE, James R., *La lucha por la consolidación de la nacionalidad argentina. 1852-1862*, Buenos Aires, 1979.

SIERRA, Justo, *Juárez, su obra y su tiempo*, México, 1980.

TORRES RIVAS, Edelberto, *Interpretación del desarrollo social centroamericano*, Costa Rica, 1981.

WERNECK SODRÉ, Nelson, *História da burguesia brasileira*, Río de Janeiro, 1976.

VILLIAMS, JOHN HOYT, *The rise and fall of the Paraguayan Republic. 1800-1870*, Austin, 1979.

NELSON MARTÍNEZ DÍAZ

Capítulo IV

La Regeneración, 1875-1900

INTRODUCCIÓN

El fin del régimen colonial ibérico en el continente americano no significó ni la repentina integración de Iberoamérica en el mercado mundial, ni la formación de una supremacía colonial británica, o sea el intercambio de un monopolio colonial por otro. Al contrario, 1) España y Portugal habían sido raramente capaces de hacer efectiva su legislación prohibicionista, debido a la ausencia del aparato estatal requerido para ese objetivo; 2) ni España ni Portugal llegaron a ser nunca las metrópolis económicas efectivas de sus imperios americanos, a causa del fracaso de su política industrial durante el siglo XVIII, cuando Gran Bretaña comenzó su Revolución Industrial; 3) la demanda americana de productos no ibéricos había existido desde siempre, y fue satisfecha tanto por el comercio lícito como por el contrabando, sin tener en cuenta ni los deseos de los gobiernos de Madrid o Lisboa, ni los intereses de los comerciantes peninsulares; 4) dado que existían relaciones comerciales entre los otros países de Europa occidental y el mundo iberoamericano (que ni aun las llamadas reformas borbónicas pudieron eliminar), se puede argumentar que Iberoamérica formaba ya parte de la economía internacional, y que pasó así a integrarse en el capitalismo occidental mucho antes de su independencia política entre 1808-1826.

El derrumbamiento de los imperios ibéricos coincidió con una profunda recesión económica en los antiguos territorios coloniales (y también en las mismas España y Portugal). Esta recesión afectaba sobre todo a la industria minera americana. Aunque en México algunas regiones como Zacatecas pudieron recuperarse a finales de la década de 1810, la recuperación general no llegó hasta después de 1840. Perú y Bolivia no se recuperaron hasta la década de 1870. La contracción económica en estos países, que habían sido los centros del poder español, no solamente reducía su capacidad de importación, sino que convertía a esas nuevas repúblicas en países fuertemente endeudados con bancos extranjeros. A partir de mediados de siglo, unos cambios profundos alteraron la balanza del poder económico y político particularmente en Sudamérica, con la creciente importancia de Brasil y Argentina, la dominación del Pacífico sur por un agresivo Chile, dueño de los depósitos de nitratos, y la expansión del sector cafetero venezolano. Todas esas regiones habían sido de poca importancia en el periodo colonial. Colombia, por su parte, no había experimentado una severa recesión postcolonial, debido a la continua expansión de su producción aurífera, particularmente en la región de Antioquia, y al auge de la exportación de tabaco, principalmente a Bremen, entre 1850 y 1875. En Argentina, el desarrollo del sector ganadero, con fácil acceso a los puertos de extracción, facilitó una temprana recuperación económica durante la época del caudillo Juan Manuel de Rosas (1829-1852), y en Brasil la exportación de café a partir de la década de 1830 hizo posible el renovado crecimiento económico. Esos productos, sin embargo, eran relativamente nuevos en estas regiones; su comercialización se intensificó desde mediados del siglo xix por la creciente demanda de alimentos y productos tropicales desde los países de Europa occidental. Esa fase significó el segundo periodo de la integración iberoamericana en la economía internacional, demorada por la recesión postcolonial, pero intensificada en la época que se llama de «modernización» o «regeneración»

El término «Regeneración», que hemos aplicado aquí a la experiencia iberoamericana del periodo 1875-1900 en general, se refería específicamente en esa época a la Colombia de la hegemonía conservadora y de la expansión del sector cafetero, asociadas con la era de Rafael Núñez y sus sucesores. Podría también aplicarse a varios otros regímenes, como el de Porfirio Díaz en México, el de la República conservadora en Argentina, y los del Brasil de finales del siglo xix. En México, Colombia y Brasil, en particular, los intelectuales partidarios de esos regímenes dedicados al crecimiento económico estuvieron influidos por una variante iberoamericana del positivismo europeo, que consideraban un sucesor más «científico» del liberalismo «anárquico» de la época anterior. En otros países el intento de modernización también fue evidente, aunque tuviera lugar unas décadas más tarde, como en Venezuela, en el Perú de Nicolás de Piérola a partir de 1895, y en la Bolivia de la república constitucional sostenida por los magnates de la plata y el estaño.

El fenómeno de «modernización» tuvo lugar en diferentes países y en diversas épocas, y afectó a regiones o subregiones específicas más que a países enteros. Sus resultados, por esas razones, sirvieron frecuentemente para acentuar o exagerar las diferencias entre los países del continente y las regiones dentro de ellos, poniendo aún más de relieve el relativo retraso de regiones ya atrasadas. Además de esto, algunos cambios que en esa época se consideraban aspectos de modernización —y que aún hoy parecen aceptables como tales— trajeron, sin embargo, consecuencias que perjudicaron a muchos grupos de la sociedad (de quienes el campesinado de origen indígena fue el ejemplo sobresaliente) y deprimieron su posición cultural, social y material en comparación con la que habían disfrutado anteriormente.

Como se hará evidente en las próximas páginas, consideramos que la modernización significó en esta época esencialmente la mejora de la infraestructura —instalaciones portuarias, buenas comunicaciones marítimas, telégrafos, líneas ferroviarias, caminos (en algunos casos), canales o diques (donde sea aplicable), complejos agroindustriales para facilitar la exportación o la fabricación, como saladerías, silos, almacenes, etc., y, por supuesto, la infraestructura de los bancos modernos. Cualquier otra actividad fue auxiliar, o el resultado de otros factores más relevantes, o simplemente accidental. La modernización no fue concebida inicialmente ni como 1) la construcción consciente de un mercado nacional integrado con el aparato político correspondiente, ni como 2) el establecimiento de la base para la transformación de la economía de producción primaria a la industrialización. La expansión de la infraestructura no condujo necesariamente —y no estaba destinada a conducir— a cambios estructurales en la economía o la sociedad. Por esas razones se puede apreciar que la modernización en el periodo 1875-1900 tendió a reforzar la posición económica, social y política de los grupos ya predominantes donde éstos, claro está, pudieran aprovecharse de aquélla, y a incorporar a ellos a los grupos nuevos ya en proceso de ascenso, generalmente por medio de las reformas liberales de mediados del siglo XIX.

El tema de la modernización se presta a una serie de cuestiones históricas que no tienen respuesta fácil, pero que, sin embargo, resulta sumamente importante plantearse e investigar a base de estudios regionales y temáticos. Hay, acaso, dos cuestiones fundamentales: 1) ¿Hasta qué punto la modernización en Iberoamérica estuvo impulsada desde el exterior, o fue simplemente la respuesta a cambios económicos en los países industrializados o «desarrollados»? Esta cuestión introduce el debate acerca de la dependencia: ¿Era Iberoamérica la periferia o el satélite de la metrópoli industrial de Europa occidental y América del Norte? ¿Había sido un mero enclave dependiente de la economía capitalista occidental desde el siglo XVI, pasando a acentuarse aún más esa dependencia a partir de mediados del siglo XIX, precisamente en la época de «Regeneración»? 2) ¿Hasta qué punto contribuyeron los aspectos de modernización aquí presentados a la subsiguiente industrialización de Iberoamérica? Aparte de la motivación original y los intereses financieros involucrados, ¿no fue la consecuencia última de esos procesos de modernización un cambio estructural, y no trajeron consigo la transformación de los elementos precapitalistas sobrevivientes en los del capitalismo de principios del siglo XX? ¿No es el ejemplo de São Paulo, Medellín y Monterrey la ilustración de tal punto de vista?

Dos puntos más requieren cierto énfasis: 1) la modernización estuvo orientada primordialmente a las necesidades del sector agroexportador. Sin embargo, este proceso no estaba encaminado a la mejora de la productividad y la producción de alimentos para el consumo de la mayoría de la población, a pesar de que esta última ya estaba creciendo de nuevo. Al contrario, el capital fue desviado en ciertos casos del sector alimenticio a los sectores que ofrecían los mayores beneficios. Dada la herencia colonial de la estructura de propiedad en muchas partes de Iberoamérica, y la tendencia a considerar los bienes raíces como la garantía del prestigio social, la debilidad de la agricultura iberoamericana tendió a profundizarse en este periodo, con graves consecuencias sociales y políticas; 2) consciente ahora de este problema, debemos preguntarnos ¿hasta qué punto las políticas adoptadas o adquiridas en el periodo 1875-1900 explican el origen de problemas contemporáneos, como la acelerada industrialización siguiendo el modelo norteamericano y de Europa occidental, la urbanización incontrolable, y el general descuido de la producción doméstica de alimentos? ¿Existe un factor constante que va desde la construcción de los primeros ferrocarriles a mediados del siglo XIX, hasta la recesión económica y la crisis de la deuda de la década de 1980? ¿Podría haberse encontrado otro modelo de desarrollo? ¿Hasta qué punto constituye la crisis contemporánea una crítica implícita a la dirección elegida (o impuesta) desde 1870?

321

I. LA MODERNIZACIÓN DE LA ECONOMÍA: LA GRAN APERTURA AL INVERSIONISMO EXTRANJERO, LA EXPANSIÓN DE LA INFRAESTRUCTURA Y LOS CAMBIOS EN LA EXPLOTACIÓN DEL SUBSUELO

En muchos aspectos las relaciones económicas de Iberoamérica con el mercado internacional no cambiaron radicalmente con la independencia política. Efectivamente, el punto de partida se dio durante la segunda mitad del siglo XIX, y más precisamente entre 1875 y 1900. El crecimiento de actividad económica en los países industrializados del noroeste de Europa y de Norteamérica explicó en gran parte este cambio. Europa estaba creciendo más allá del potencial de sus recursos en una época de incremento demográfico y expansión de la demanda por alimentos. El impacto inicial en Iberoamérica de este fenómeno llevó a acelerar la demanda externa de productos primarios y por consecuencia a estimular la modernización de la infraestructura básica de comunicaciones y transportes. La demanda de alimentos en las zonas urbanas e industriales de la Gran Bretaña en particular estimuló la importación de productos agrícolas provenientes de las regiones templadas del cono sur de América, como las pampas de Argentina y Uruguay, de los grandes llanos de Estados Unidos y Canadá, del Imperio Ruso, y de las zonas pastoriles de Australia y Nueva Zelanda. Estas nuevas relaciones comerciales llevaron a la apertura de líneas marítimas periódicas entre Europa y las Américas, tal como el servicio entre Inglaterra y Brasil que comenzó en 1851. El desarrollo de la navegación en barcos refrigerados durante la década de 1880 hizo posible la exportación de productos perecederos en gran escala desde las pampas al mercado urbano europeo. Entre los años de 1861 a 1913, las importaciones británicas de Argentina crecieron de £1.5000.000 a £40.750.000, una indicación clara de la gran expansión del comercio que tuvo lugar en esa época.

Con la ausencia o poca existencia de capital nacional en los países iberoamericanos para inversión, el nuevo incremento en la demanda de productos agrícolas y materias primas, tanto en la producción como en la infraestructura, estimuló la participación de capital británico, francés, y más tarde norteamericano, para la construcción de ferrocarriles e instalaciones portuarias para facilitar la exportación. Anteriormente, la falta de infraestructura antes mencionada limitó a gran nivel las relaciones comerciales entre Iberoamérica y el exterior. Entre 1875 y 1900 los principales países iberoamericanos hacían grandes esfuerzos para superar estos obstáculos, con la participación de capital extranjero suministrado por inversionistas interesados en responder a la demanda en sus países. El caso de Argentina es revelador: durante la década de 1880 llegó a ser uno de los exportadores de cereales más importantes del mundo, cuando en años anteriores había sido importador de harinas. En el periodo de 1896 a 1914, Argentina se aprovechaba de la baja de precios en productos manufacturados en el mercado internacional y la subida de precios de alimentos. La mejora en comunicaciones internas hizo posible la exportación de los productos de las pampas. El único requisito por parte de los inversionistas significaba estabilización política y financiera, y con las presidencias de Bartolomé Mitre (1862-1868) y Domingo Sarmiento (1868-1874) comenzó este proceso: en 1862 se fundó el Banco de Londres —Buenos Aires— y el Río de la Plata. Al mismo tiempo un cambio marcado en el carácter de inversión extranjera tuvo lugar, ya no principalmente en bonos gubernamentales como en la época anterior a 1875, sino en adelante más ligada a la exportación con el motivo, no precisamente para ganar mayor rentabilidad que en el país de origen, sino para facilitar la productividad de la zona exportadora y su capacidad para recibir importaciones británicas. Las nuevas sociedades anónimas invertían no solamente en la construcción de ferrocarriles, sino también en aquellas de servicios públicos y en empresas industriales. Aun durante la depresión de 1875 a 1882, los Ferrocarriles Argentinos Centrales y del Sur, comenzados a partir de 1863, registraron aumentos de tráfico y rentabilidad. Con la recuperación económica a partir de 1880, creció de manera sorprendente la rentabilidad de las líneas principales y se extendió enormemente el grado de inversión británica en Argentina, que incluía hipotecas, cédulas, créditos y aun la compra de bienes raíces para la cría de ganado. A pesar de la crisis financiera de 1890, cuando el gobierno británico y el Banco de Inglaterra tuvieron que garantizar los intereses de Baring Bros., el primer banco británico inversionista en Argentina, la economía argentina se recuperó rápidamente al año siguiente, con la asistencia financiera de los Rothschild, que permitió el pago por servicios de la deuda exterior y la provisión de un fondo de amortización. Dichas transacciones muestran el grado de confianza en el crecimiento económico de Argentina, que a partir de la década de 1890 estaba progresivamente ligado al desarrollo de las economías de Europa occidental. La inversión británica en Argentina fue mayor que en cualquier otro país de la región.

Argentina se recuperó de la depresión de 1890-1893 gracias a la expansión del área de cultivo y a un aumento de producción. Entre 1888 y 1895 el área cultivada aumentó de 2,4 millones a casi 5 millones de hectáreas (e iba a alcanzar los 24 millones hacia 1914). La exportación de trigo pasó de menos de 250.000 toneladas durante la década de 1880 a más de 1.600.000 en 1894. A partir de 1900 la expansión de la producción triguera argentina fue mayor que la de Canadá y el trigo llegó a ser el principal producto de valor en la exportación. Un promedio del 20 por 100 de las exportaciones argentinas se dirigían a la Gran Bretaña, de la cual Argentina recibía la tercera parte de sus importaciones. El comercio transatlántico de Argentina fue mucho mayor que el que mantuvo con los otros países de Iberoamérica. Un 90 por 100 de las exportaciones argentinas consistían en productos primarios provenientes de las pampas, y un 50 por 100 de éstas se enviaban a Europa occidental mientras que los productos más en demanda en el país seguían siendo los materiales industriales, como el carbón importado de Gran Bretaña para ferrocarriles —construidos en la mayor parte con capital británico— y la maquinaria y productos eléctricos importados de Alemania.

Como hemos visto, el crecimiento de la economía argentina entre 1875 y 1900 fue impresionante, y seguiría siéndolo aún más hasta 1914 y de forma continuada hasta la Depresión mundial de 1929. Sin embargo, estos avances se limitaban más o menos a la reducida zona del litoral y a las provincias de las pampas, en un radio como de 800 kilómetros de Buenos Aires, con las mejores tierras ya en producción en la primera década del siglo xx. Este crecimiento reforzaba la estructura económica ya existente, y cualquier esfuerzo para diversificarla no tenía mucho éxito. Las industrias nacionales fueron en gran parte vástagos del sector agroexportador, más que señales de una verdadera industrialización naciente. Además, la industria textil todavía empleaba una alta proporción de fibra importada, y utilizaba una tecnología primitiva con la supervivencia de la producción doméstica. Su capacidad fue aún menor que la del Brasil, con muchos menos husos y telares. En Argentina no existían ni los fundamentos de industrias pesadas ni de bienes capitales. Las reservas de carbón y de hierro eran escasas y localizadas en regiones muy apartadas de los centros políticos y económicos.

El crecimiento impresionante de los ferrocarriles en el México porfiriano es un tema que ha ocasionado cierta controversia acerca de si dicha expansión facilitaba el desarrollo de la economía en términos globales o simplemente intensificaba la exportación de productos primarios. El hecho de que la construcción de ferrocarriles fuera capitalizada por intereses extranjeros da fuerza al segundo argumento, porque la modernización de la infraestructura reforzaba la posición de México en la economía mundial. Sin embargo, la red de ferrocarriles en México, como también en Argentina, llegó a ser amplia y por primera vez unificaba regiones hasta ahora casi autónomas con el centro político, forjando al mismo tiempo un mercado nacional. Como resultado, el Producto Interno Bruto creció en México de 746.500.000 pesos a 1.184.100.000 pesos entre 1895 y 1910. Por dichas razones, se ha venido considerando la época porfiriana como el comienzo de la modernidad en México, a pesar de la bien conocida supervivencia contemporánea de muchos rasgos característicos de la sociedad tradicional. El argumento de que los cambios más profundos en la economía mexicana ocurrieron durante la década de 1890, cuando la producción capitalista llegó a ser predominante, es bien convincente. Además, aprovechándonos de la perspectiva histórica podemos ver hasta qué grado decisiones tomadas en la época de Díaz han influido y determinado aspectos significativos de la economía mexicana postrevolucionaria.

El impulso principal en la expansión de los ferrocarriles tuvo lugar en México durante las décadas de 1870 y 1880. Entre 1873 y 1910 el número total de kilómetros aumentó de 572 a 19.205 kilómetros. Ya en 1864 se había constituido en Londres, con capital de £2.700.000 aportado por el Banco de Inglaterra y Baring Bros., una compañía llamada Ferrocarril Imperial Mexicano, y para 1873 la línea entre México y Veracruz había sido terminada, pasando por Orizaba, un centro textil de creciente importancia, y con ramificaciones a Jalapa y Puebla, la principal ciudad textil del país. Este ferrocarril conectaba ricas tierras de tabaco, azúcar, café, frutos tropicales y cereales. En 1887 el Ferrocarril Nacional mexicano inauguró el servicio entre México y Laredo, y en 1892 el Ferrocarril Mexicano del Sur entre Puebla y Oaxaca, construido por ingenieros británicos y norteamericanos, con el hierro, los compresores y el material móvil importados de Gran Bretaña. En el mismo periodo las compañías mineras abrieron líneas desde los centros mineros a las redes principales

Grabado (publicado en *Álbum mexicano*, c. 1880) de la estación Buenavista (México, D. F.) de la línea ferroviaria México-Veracruz, inaugurada el 1.º de enero de 1873

del país, como el Ferrocarril Coahuila-Zacatecas, que facilitó la extracción de minerales. Para aprovecharse de la demanda de productos tropicales, la compañía británica Weetman Pearson comenzó a construir un ferrocarril en 1894 a través del istmo de Tehuantepec entre los pueblos de Coatzacoalcos y Salina Cruz. Una Compañía del Ferrocarril de Tehuantepec fue constituida en 1899 con apoyo gubernamental y capital nominal de 5 millones de pesos, de los que la compañía Pearson suministró la mitad, pero el material móvil provino casi exclusivamente de Krupp de Alemania. Entre 1890 y 1900 la inversión británica en los ferrocarriles mexicanos creció de £8.500.000 a £11.000.000. A partir de 1899 los intereses norteamericanos invertían particularmente en la infraestructura de los estados fronterizos del norte, en la industria minera y en bienes raíces, especialmente en Sonora y Chihuahua.

La conexión entre la expansión de los ferrocarriles y el aumento del valor de las tierras ha sido comentada por el historiador norteamericano John Coatsworth. Según este autor, el incentivo económico que promovió la venta de tierras públicas y la redistribución de las tierras comunales, particularmente durante la fase inicial del régimen de Díaz, fue el impacto de los ferrocarriles, ya que aceleraba la demanda por las tierras vecinas. Las nuevas comunicaciones proporcionaron incentivos para el aumento de la producción y para la apertura de nuevos terrenos. Coatsworth indica que unos 55 conflictos graves ocurrieron durante el periodo 1877-1884 entre pueblos indígenas y las haciendas cercanas a ferrocarriles que iban a construirse. Para 1884 las ventas de terrenos baldíos habían llegado a 5.636.901 hectáreas a precios bajos, y el proceso de concentración de la propiedad en pocas manos estaba en marcha, como veremos en el siguiente capítulo.

La tecnología moderna fue introducida por etapas en la industria minera mexicana. Con la introducción de máquinas de vapor desde la década de 1870, este tipo de energía fue empleada en mayor medida en los hornos y para el drenaje de las minas del centro y norte del país, especialmente en regiones sin energía hidroeléctrica. Se dieron grandes avances en la aplicación de esta última durante la década de 1890, contribuyendo así a la reducción en los gastos de producción, y facilitando un impresionante crecimiento del sector minero. Durante el periodo 1877-1887 los metales preciosos todavía constituían los principales géneros en el comercio exterior de México, pero para finales del siglo XIX su importancia iba a disminuir. Además de esto, dicha disminución se correspondía con la de la demanda mundial de la plata, que, como veremos más adelante, iba perdiendo valor en relación a la del oro.

Hasta 1891-1892, México producía casi exclusivamente metales preciosos, pero a partir de estas fechas comenzó la producción de metales industriales. Sin embargo, para 1900-1901, la proporción de metales preciosos en la producción total de metales todavía alcanzaba un 80 por 100. La producción de plata, por ejemplo, aumentó de 607.037 kilogramos a 2.305.094 kilogramos entre 1871-1878 y 1910-1911. La de oro aumentó enormemente a partir de 1894, debido en parte a las operaciones militares contra los yaquis y mayos en Sonora y Sinaloa, donde se hallaban yacimientos importantes: entre 1891-1892 y 1898-1899 el ritmo de producción creció a más del 37 por 100, y alcanzó su nivel máximo entre 1905-1906 y 1910-1911, cuando México producía 37.112 kilogramos. A pesar de esos avances, el fenómeno más marcado fue el de la diversificación en la producción de metales. La apertura de las minas de cobre, por ejemplo, convirtió al norte en la principal región minera de México, una posición que antes habían tenido las zonas de producción de plata en Zacatecas, San Luis Potosí, Guanajuato e Hidalgo. Como reflejo de la creciente demanda mundial de cobre, la producción nacional creció a un nivel promedio anual del 10 por 100 entre 1891 y 1894, y de más del 20 por 100 entre 1895 y 1905. Durante el periodo 1882-1901 México llegó a ser el segundo productor mundial de cobre. Cananea, en el estado de Sonora, fue uno de los centros mineros que creció más rápidamente, con una población de 20.000 habitantes en 1900. La Cananea Consolidated Copper Company, una empresa norteamericana, dominaba la producción en esta zona, pero las relaciones laborales no eran armoniosas, debido a los privilegios que disfrutaban los trabajadores extranjeros en comparación con los nacionales. En Cananea iba a tener lugar la célebre huelga violenta de 1906.

Las principales inversiones británicas en México durante el Porfiriato fueron en los ferrocarriles y en la industria minera. A finales de la época de Díaz, quince compañías mineras británicas estaban operando en México. Las principales eran la United Mexican Company, que había sido constituida en 1827 para rehabilitar las minas de plata de Guanajuato, y la Oro Mining and Railway Company, formada a partir de 1885. Sin embargo, inversionistas alemanes de Bremen se hicieron predominantes con el control de la primera desde mediados de la década de 1880, y entre 1894 y 1899 predominaron los intereses norteamericanos, pero a partir de 1899 los británicos recuperaron su posición con la participación de los Baring y los Rothschild. De todos modos, la supremacía en la industria minera mexicana pasó de los intereses británicos a los norteamericanos a partir de 1890, debido a la crecida demanda de metales industriales en Estados Unidos. Para 1911 se ha estimado que el valor total de las inversiones norteamericanas en México ascendía a 645 millones de dólares, de un total de 1.450 millones para toda Iberoamérica. Sólo en México, de entre todos los países continentales, la cantidad de inversión norteamericana fue mayor que la británica en este periodo.

El número de trabajadores empleados en las industrias minera y metalúrgica aumentó de 82.499 a 99.753 entre 1895 y 1907, pero con la aplicación de la reciente tecnología estos nuevos sectores poseían una capacidad reducida para absorber la mano de obra disponible. Un problema fundamental de la nueva industria lo constituyó no la escasez de obreros, sino la falta de trabajadores cualificados, una situación que puso de relieve el estado atrasado de la educación popular.

El estado de Sonora, un área de 200.000 kilómetros cuadrados, siempre había sido marginado de los procesos políticos y económicos del país, al menos hasta la década de 1880, cuando la demanda internacional hizo lucrativa la apertura de sus yacimientos de cobre. Sin embargo, las únicas tierras fértiles de la región se hallaban en los cinco valles fluviales controlados precisamente por los indios yaquis y mayos, guerreros formidables dispuestos a contrarrestar cualquier esfuerzo por parte de futuros colonos para lanzarles de sus tierras. Hasta 1880 dichos pueblos lograron conservar su autonomía, pero a partir de 1885 una serie de campañas militares trataron de sojuzgarlos, impulsados por la expansión de la industria minera y la cría de ganado en el noreste, y sobre todo por la construcción de ferrocarriles que iban a terminar con el aislamiento de todo el territorio norteño. Cuando la Compañía de Irrigación Sonora-Sinaloa, constituida en 1890, fracasó en su objetivo de penetrar en la zona yaqui, fuerzas federales y estatales provocaron a los yaquis para levantarse en una revuelta armada. Las llamadas insurrecciones de los yaquis suministraron al gobierno el pretexto para emprender la confiscación de sus tierras y deportar a los indios, generalmente a las plantaciones del Valle Nacional (Oaxaca) y al lejano Yucatán. Las guerras yaqui simbolizaban el conflicto de dos culturas y de dos visiones del mundo, y el elemento étnico lo agravaba. Según los propagandistas oficiales, los yaquis se había opuesto al progreso, que significaba en realidad los intereses de las compañías de desarrollo, y los pintaron como bárbaros o bandidos, enemigos de la civilización, cuando realmente eran los dueños legítimos de las tierras que habían ocupado durante siglos. A partir de julio de 1899, el gobierno federal ordenó la deportación por ferrocarril aun de las familias pacíficas. Hacia 1900, unos 4.800 soldados operaban en el noreste contra los yaquis, y con la intensificación de operaciones en 1902-1905, cientos de éstos murieron o fueron deportados. Sin embargo, la resistencia determinada de los indios no cesó, y solamente con extrema dificultad se entregó la tierra natal de los yaquis a los políticos sonorenses y las compañías extranjeras.

En el sureste de México, la expansión de la industria henequenera transformó a Yucatán de una de las más pobres en una de las más ricas regiones de México, pero a lo largo de ese proceso la tierra pasó a concentrarse en muy pocas manos, con grandes pérdidas por parte de las comunidades tradicionales indígenas, y la frecuente conversión de su mano de obra en peones endeudados a los hacendados. Este proceso, analizado por el historiador norteamericano Allen Wells, empezó durante la década de 1870 y no terminó hasta la invasión de Yucatán por el general revolucionario Salvador Alvarado en 1915. Sin embargo, hay que tener en cuenta que, en contraste con las plantaciones centroamericanas de productos tropicales, los terratenientes en Yucatán fueron empresarios de esa misma región: yucatecos controlaban las plantaciones, pero intereses norteamericanos controlaron el crédito y regularon la demanda. Hacia 1915, la International Harvester Company de Chicago controlaba el 99 por 100 de la oferta de sisal, en colaboración con la élite regional. Olegario Molina, ingeniero de profesión y liberal de afiliación política, llegó a ser uno de los mayores empresarios henequeneros de Yucatán y uno de los principales productores de azúcar: fue gobernador del estado en 1902 y secretario de Fomento en el gabinete de Díaz entre 1907 y 1911, año en que, con la caída del régimen, huyó a La Habana. Entre 1882-1883 y 1901-1902 la exportación del henequén aumentó de 28.763.307 kilogramos a 91.944.355 kilogramos.

Entre 1864 y 1884, el gobierno mexicano emprendió el proyecto de fundar un sistema bancario moderno. En 1881, el Congreso autorizó un contrato con el Anglo-Egyptian Bank para el establecimiento del Banco Nacional Mexicano con derecho a emitir billetes de hasta tres veces el valor de depósitos a capital. El gobierno se encargó de realizar sus transacciones por medio de este banco. Al año siguiente, un grupo de comerciantes españoles de la ciudad de México fundó el Banco Mercantil, Agrícola e Hipotecario, con capital de 3 millones de pesos. Cuando los dos bancos se amalgamaron en abril de 1884, la nueva institución pasó a llamarse el Banco Nacional de México, con capital de 20 millones de pesos.

Después de la recesión de 1891-1892, México gozó entre 1893 y 1907 de un periodo de estabilidad financiera. De todos modos, la política de excedentes en el presupuesto alejaba a largo plazo nuevos fondos para inversión en la economía que podrían haber aumentado la productividad y reducido los gastos. Entre 1895 y 1906, Limantour logró la estabilización de las finanzas mexicanas, empezando el año financiero de 1895-1896 con un superávit de 5.451.347 pesos en el presupuesto, y otros aún mayores hasta 1905-1906. Hacia 1899, varios antiguos préstamos habían sido amortizados, y la confianza internacional en México creció. Entre 1894-1910, México tenía un superávit en su balanza de comercio, con las exportaciones en 1904-1905 (la mitad en metales) a 197.728.968 pesos, y las importaciones a 75.901.750 pesos. Hasta cierto punto, este sobrante podía ser explicado por los bajos precios de las exportaciones mexicanas y los crecidos precios de las importaciones, debido al declive del valor de la plata en el mercado mundial en relación con el del oro, especialmente a partir de 1891. Sin embargo, el gobierno consideraba que las dificultades económicas a largo plazo causadas por la fluctuación del precio de la plata anulaban cualquier beneficio a corto plazo. Con la adopción del patrón oro la intención fue estabilizar el nivel de cambio e impedir las repetidas fluctuaciones monetarias.

Durante el periodo 1877-1900, México mantuvo el patrón bimetálico, ajustado en 1867 a la razón de 16:1 del oro a la plata. Hasta 1873 esta razón permaneció constante en el mercado mundial, pero a partir de entonces comenzó a oscilar. Cuando en 1873 el Imperio alemán, seguido por Holanda (1874), Francia, Bélgica, Suiza e Italia (1878), adoptaron el patrón de oro, la demanda internacional de este metal creció enormemente. La plata, todavía la principal exportación mexicana, empezó a depreciarse en relación al oro. Sin embargo, la exportación de plata mexicana aumentó de 24.836.923 pesos en 1877 a 80.878.833 en 1910. Esto no fue demasiado grave mientras la recesión comercial estuvo bajando los precios mundiales entre 1873 y 1896, pero tan pronto como empezó la recuperación económica se hizo evidente que México tendría que vender todas sus exportaciones a precios relativamente bajos. Aunque la diversificación de las materias primas extraídas en el país redujo la proporción de plata exportada de un 76,3 por 100 a un 28,8 por 100 entre 1877 y 1910, México se vio obligado a comprar con plata importaciones valuadas en oro. El problema se agravó cuando en 1897 el Imperio ruso y Japón adoptaron el patrón oro, seguidos por Argentina, bajo la presión de sus intereses exportadores, en 1899. Durante el periodo 1873 a 1902, el valor promedio anual de la plata mexicana descendió del índice 100 hasta 44,5. Además, el gobierno mexicano pagaba la deuda exterior en oro, una obligación que elevó la cifra de 75 millones de pesos a 239 millones de pesos en 1902. A finales de la década de 1890 la fluctuación de los precios de la plata en el mercado mundial desestabilizó todo el comercio exterior de México. A partir de 1902 los precios de productos exportados disminuyeron más rápidamente que los de los importados.

Por dichas razones, el secretario de Hacienda, José Yves Limantour, adoptó el patrón oro el 25 de marzo de 1905, con una razón de la plata al oro de 32:1, y un nivel de cambio de 1 peso de plata por 50 centavos estadounidenses (cuando hasta 1872 habían sido de igual valor). Los cambios comerciales en oro beneficiaron a los productores de minerales y petróleo, frecuentemente compañías extranjeras, y a los cultivadores de henequén yucateco, que cubrían sus gastos en el país y vendían al extranjero en oro. Sin embargo, dañó considerablemente a los productores nacionales de textiles y a los productores agrícolas, que se vieron obligados en adelante a pagar en oro las importaciones de maquinaria. Además, con el deterioro de la producción nacional de cereales, México tenía que pagar sus importaciones de alimentos también en oro. A partir de 1906, el capital invertido en la fabricación de productos manufacturados disminuyó marcadamente, y trajo consigo graves consecuencias sociales. La naciente burguesía nacional, experimentando ingresos menores, se sintió defraudada, especialmente cuando la situación económica se deterioró a causa de la crisis financiera de 1907. El grupo reyista, que tenía el apoyo de gran parte de las clases profesionales, pintaba a los «científicos» en torno a Díaz como los que habían vendido al país a los intereses extranjeros.

La exportación del guano a partir de 1840 facilitó por primera vez en el Perú independiente una acumulación suficiente de capital como para reinvertir en el sector agrario de la costa, que empezaba a resurgir a mediados de la década de 1850. En la época anterior a la modernización de la industria azucarera de los valles de la costa del norte, 25 plantadores cultivaban azúcar, entre otros productos, en el Valle de Chicama. El estudio de Peter Klarén describe el proceso de concentración de la propiedad en pocas manos que fue parte integrante del proceso de mecanización. En esta región los cambios económicos alteraron la estructura social y las relaciones entre los propietarios y sus trabajadores. En Perú (población: 2.699.106 en 1870) el proceso de modernización, anticipado en la década de 1870, se demoraría realmente hasta la época de Nicolás de Piérola, de 1895 en adelante. Los factores decisivos fueron los ingresos del comercio de exportación de la costa y la recuperación de la industria minera de la zona central de los Andes. La modernización en el Perú afectó principalmente a las zonas de producción primaria, como la zona azucarera centrada en Trujillo, la región de cultivo de algodón en la vecindad de Ica, en la zona litoral al sur de Lima, y la zona minera (de la Oroya, Cerro de Pasco, Morococha, Yauli y Huarochirí); la modernización contribuyó asimismo a la acelerada urbanización de Lima con la infraestructura de servicios, bancos, compañías de seguros, elaboración de productos alimenticios, producción textil, etc. La población de la capital creció de 155.486 en 1876 a 319.409 en 1903. La caída del guano a partir de 1875 marcó el término de la primera fase en la limitada recuperación del Perú de la recesión postcolonial. Sin embargo, la explotación de los depósitos de nitratos en la provincia sureña de Tarapacá facilitó la continua expansión del comercio exterior, por lo menos hasta la Guerra del Pacífico (1879-1883), con la que las fuerzas chilenas se anexaron esa provincia. Hasta 1875 la exportación de nitratos —bajo monopolio estatal desde 1873— creció hasta alcanzar las 326.870 toneladas (destinadas principalmente a Gran Bretaña), y se mantuvo alta en 1878 con 269.327 toneladas. Al mismo tiempo la exportación del algodón pasaba por una fase de expansión debido a la guerra civil norteamericana, como también la del azúcar. Perú en 1876 exportó 71.700 toneladas de azúcar, de las que la mayor parte se dirigieron también a Gran Bretaña. En este periodo se construyeron los primeros ferrocarriles peruanos, como la línea entre Puno, Arequipa y el puerto de Mollendo (1874). Sin embargo, los ingresos aduaneros no eran suficientes para cubrir ni los gastos del estado ni el servicio de la deuda exterior, incrementada por nuevos créditos extranjeros en 1869, 1870 y 1872 y, por consiguiente, en vísperas de la Guerra del Pacífico Perú se hallaba en bancarrota.

Los ejércitos chilenos se apoderaron de la provincia de Tarapacá y devastaron las haciendas azucareras de la costa del norte. Sin embargo, el aumento en la producción de plata, después de la larga recesión desde 1820, facilitó la recuperación del Perú tras su derrota. El daño inmediato infligido por dicha derrota impulsó cierta diversificación en la economía y liberó al país de una dependencia de los nitratos del tipo de la de los monocultivos. La producción de plata sobrepasó un valor de 33.000.000 de dólares (EE.UU.) entre 1886 y 1895. En 1890 las exportaciones del Perú consistían en un 33 por 100 de plata, 28 por 100 de azúcar, 13 por 100 de caucho, 9 por 100 de algodón, y 1 por 100 de cobre. Hacia 1893, el Ferrocarril Central que salía del Callao alcanzó el complejo minero de La Oroya, y a partir de 1900 la exportación minera creció rápidamente en la zona central, especialmente con la exportación de los recursos de cobre.

La participación del capital extranjero aceleró rápidamente la transformación de la economía peruana en una serie de zonas ligadas al mercado mundial. Desde 1890, el país se asemejaba a una agrupación de regiones y subregiones con niveles distintos de desarrollo, entre los que el sector agrícola tradicional de la sierra, en el que todavía trabajaba la mayoría de la población, era por el momento el menos afectado. El equilibrio financiero a finales de la década de 1880 y el establecimiento de una estabilidad política a partir de 1895 crearon un ambiente favorable a una mayor inversión extranjera en los sectores más avanzados de la economía. En 1899, por ejemplo, el célebre Contrato Grace (el principal acreedor británico) canceló las anteriores deudas a cambio del control de los ferrocarriles peruanos por un periodo de sesenta y seis años y la exención de derechos de importación para todos los materiales requeridos en ellos (con la entrega, además, de dos millones de toneladas de guano). Los poseedores de bonos formaron la Peruvian Corporation en 1890 para la administración de estos acuerdos y recaudaron la cantidad de £1,5 millones para adelantar la construcción ferroviaria. Entre 1891 y 1895 las líneas entre Juliaca y Sicuani fueron retomadas, y el Ferrocarril del Sur entre Cuzco y Puno se extendió con una conexión a Bolivia por barco a vapor a través del lago Titicaca. Durante la misma década nuevos plantadores de azúcar introdujeron la tecnología europea y norteame-

Obreros tendiendo una línea de ferrocarril (grabado de Manuel Manilla)

ricana en sus haciendas, dejando atrás a los cultivadores tradicionales, ya anacrónicos. Entre 1885 y 1890 tuvo lugar una primera fase de concentración de propiedad, y una segunda de expansión ocurrió entre 1892 y 1900, pero a partir de 1902 la competencia de la remolacha hizo bajar el precio mundial un 50 por 100. El proceso de concentración y renovación había comenzado con la adquisición de haciendas azucareras por parte de nuevos intereses a partir de la devastadora Guerra del Pacífico. Los Larco (de origen italiano) habían duplicado sus propiedades en el valle de Chicama con la cooperación de la casa financiera británica de Graham, Rowe & Co. A partir de 1890, Juan Gildemeister, originario de Bremen, transfirió sus intereses de nitratos al azúcar con la adquisición de la hacienda de Casa Grande en el mismo valle. A su muerte, en 1898, poseía ocho plantaciones y era el segundo propietario mayor de la región después de los Larco. Entre 1900 y 1910, Gildemeister y los Larco adquirieron 14 haciendas más en el valle.

Piérola estableció un Ministerio de Fomento y una Sociedad Nacional de Industrias para que facilitasen la cooperación entre el Estado y los empresarios. En 1896 el gobierno volvió a pagar el interés de la deuda externa, y al año siguiente Perú adoptó el patrón oro como respuesta al declive en los precios de la plata durante la década. La estabilidad política de la «República Aristocrática» (1895-1919) facilitó una expansión económica extraordinaria, asistida por la inversión de capital extranjero y por la inmigración de un pequeño número de empresarios extranjeros, que, gracias a la posesión de riqueza comercial primero, e industrial más adelante, ascendían pronto a los rangos de la oligarquía costeña. En los cuatro años de la presidencia de Piérola (1895-1899) los ingresos del Estado peruano se duplicaron. Durante esta época comenzaron la estabilización financiera y la modernización del Perú (en los términos que ya hemos definido), y el país se integró en mayor grado en el mer-

331

cado mundial. Aunque la expansión económica afectó principalmente a ciertos sectores muy específicos, éstos no eran enclaves, porque la expansión estimuló todas las actividades ligadas a ellos, como el comercio local e interregional, el arrieraje, la demanda de alimentos, la cría de ganado, la industria textil, etc. Es cierto que desde la época de Piérola los comerciantes y financieros de Lima se integraron a los sectores exportadores, principalmente los hacendados costeños y mineros de la sierra central, pero al mismo tiempo las consecuencias económicas y sociales para el resto del país fueron también de gran alcance. Los cambios económicos de la sierra central en este periodo han sido estudiados por Florencia Mallon, que muestra la profundidad del impacto de dichos cambios en las comunidades de la sierra, una zona profundamente mestiza, notablemente en la región del valle de Mantaro entre Huancayo y La Oroya. Estos eran centros de agricultura campesina, cría de ganado, arrieraje y minería, localizados estratégicamente entre la ceja de la selva con sus productos tropicales y la zona metropolitana de Lima-Callao con sus contactos internacionales. Como veremos más adelante, la recuperación del sector minero y de la agricultura estimuló no solamente la migración interna de las comunidades a las minas o haciendas, sino que también amplió la diferenciación social dentro de la comunidad campesina.

El declive de la plata, la baja del precio mundial del café, y el fin de la primera fase de la expansión del azúcar habrían amenazado a la economía peruana de finales del siglo XIX con una grave recesión de consecuencias incalculables si la demanda internacional de metales industriales como el cobre, el plomo y el zinc no la hubieran rescatado. Las innovaciones tecnológicas en Estados Unidos, ligadas principalmente a la electrificación, estimularon la demanda de cobre, y el precio mundial aumentó durante la década de 1890. Como hemos visto ya en el caso del noroeste de México, los inversionistas norteamericanos empezaron a lograr control sobre esos recursos y formaron compañías poderosas para explotarlos. Con la llegada del Ferrocarril Central a La Oroya en 1893, la infraestructura estaba ya preparada, y entre 1897 y 1900 17 pequeñas plantas de fundición empezaron a operar en la zona de Cerro de Pasco. Sin embargo, la explotación en Cerro de Pasco llegó al nivel de agua, y los gastos de drenaje resultaron excesivos para los empresarios locales. La intervención del capital extranjero resolvió el problema, y en junio de 1902 un grupo de empresarios norteamericanos constituyó la Cerro de Pasco Investment Company. Durante su primera fase la Compañía emprendió las tareas de drenaje, ventilación y comunicación, compró más de cien titulos de minas de carbón, y extendió su control sobre la mayoría de las minas de Cerro de Pasco y Morococha. Con la amplia concentración de sus 6.742 trabajadores y la instalación de una gran fundidora, la producción del cobre alcanzó las 20.000 toneladas métricas hacia 1908. Por impresionante que pueda parecer, el resultado de este proceso fue que los empresarios nacionales perdieron el control del principal recurso natural del país, que pasó así a manos de una poderosa compañía extranjera. Sin embargo, las élites regional y nacional compartían los beneficios y, en alianza con los inversionistas extranjeros, se enriquecieron y vieron fortalecido su control político del país.

Como en el caso mexicano, el capital extranjero desempeñaba en esta época un papel mayor en el sector de minería que en la producción de azúcar, a pesar de que en el norte del Perú la industria azucarera se dirigía más al mercado mundial que al interno. Aunque la economía mexicana estaba más diversificada que la peruana, boliviana o chilena, México y Perú compartían la experiencia de ser ambos productores de metales y productos tropicales.

En Bolivia, que tenía una población de 1.500.000 habitantes a mediados del siglo XIX, una pequeña minoría blanca dominaba a una mayoría de campesinos de origen indígena, con un grupo generalmente urbano de cholos o mestizos en el medio. Más de dos terceras partes de la población trabajaba en el campo con tecnología precolombina. El gobierno derivaba sus principales ingresos de los impuestos aduaneros, como el resto de los países iberoamericanos, y también, como en Perú, de la contribución de los indígenas, que tenía su origen en el tributo colonial cobrado desde el siglo XVI. La industria minera, la base de la prosperidad de la antigua Audiencia de Charcas, había decaído, permaneciendo en crisis hasta la década de 1860. La ciudad de Potosí, de tanta importancia en el siglo XVII, se hallaba en un estado de abandono. Las dificultades tecnológicas y la falta de capitales impedían la recuperación de las minas bolivianas de plata. Sin embargo, la demanda de plata en la Europa occidental y América del Norte estimuló la inversión extranjera, y el sector minero del altiplano boliviano empezó a recuperarse a partir de 1865, hasta que en 1890 fue afectado por una nueva depresión. La producción de plata creció de un promedio anual de 90.000 kilogramos a 222.500 entre 1865 y 1875, y en 1885 Bolivia obtuvo por primera vez un superávit en su comercio exterior, y los ingresos derivados de la producción minera y del comercio exterior dejaron atrás a los de la contribución indígena. Esto sugiere una mayor integración del sector desarrollado de la economía boliviana en el mercado internacional. Sin embargo, la continuada expansión de la minería requería la construcción de una infraestructura compatible con las necesidades de la extracción de plata. Por consiguiente, comenzaron a construirse, a partir de 1890, un ferrocarril desde el altiplano al puerto de Antofagasta, y una carretera entre La Paz, Sucre y Potosí.

Entre las décadas de 1870 y 1890, Bolivia llegó a ser de nuevo uno de los principales productores mundiales de plata. A partir de 1890, sin embargo, la caída del precio mundial de la plata sumió en una profunda depresión a este sector, y otros países productores, como el caso de México que ya hemos visto, experimentaron graves fluctuaciones en el comercio exterior por estas razones. Bolivia salió de la crisis de la década de 1890 con el desarrollo de la industria del estaño, que se hallaba en gran demanda en los países industrializados, debido a los cambios tecnológicos. El descubrimiento de yacimientos de estaño en la montaña de Catavi facilitó la rápida comercialización de este metal. La producción del estaño se realizó a mayor escala que la de la plata, y Bolivia llegó a estar aún más íntimamente ligada al mercado internacional. Hacia 1910, Simón Patiño, un cochabambino de origen cholo, había hecho su fortuna con la expansión de las minas de Oruro, controlaba un 50 por 100 de la producción nacional y sería pronto el banquero más poderoso del país. En esa época, Bolivia era el segundo productor mundial y dominaba un 20 por 100 de la producción internacional de estaño. Una gran parte de su mano de obra estaba concentrada en ese sector.

A finales del siglo XIX, la élite del estaño sustituyó a la de la plata en el gobierno del país. El auge de la plata y después el del estaño había permitido el fortalecimiento del poder del Estado, y desde 1880 Bolivia podía dejar tras de sí la época de predominancia de los caudillos que habían dominado al país desde el derrumbamiento del poder español en 1825-1826. Los nuevos gobiernos constitucionales representaban los intereses de los mineros, propietarios, comerciantes y clases profesionales urbanas. La Constitución de 1878, que perduraría hasta 1938, construyó un sistema centralizado y confinó la representación política al rico y educado grupo minoritario. Los grandes productores de plata conquistaron la presidencia de la república, como el conservador Gregorio Pacheco en 1884, y la dominaron desde la ciudad de Sucre, su plaza fuerte. Además, la derrota del ejército entre 1879 y 1883 lo alejó del poder por unas cuatro décadas. Los intereses económicos, caracterizados por su ideología liberal, predominaron por primera vez sobre el personalismo tradicional. En 1883 se construyó un Partido Liberal para dar expresión coherente a estas ideas de empresa privada y libertades individuales. Aunque la competencia entre los partidos Conservador y Liberal fue intensa, como nos cuenta el investigador norteamericano Herbert Klein, los incidentes violentos disminuyeron considerablemente entre 1880 y 1910, y el sistema constitucional permaneció intacto hasta la Depresión mundial de 1929. Con la nueva era del estaño los liberales tomaron el poder en 1899 hasta la década de 1920. Su gran centro de apoyo fue la ciudad de La Paz, que había crecido desde mediados del siglo xix de 40.000 habitantes a 54.000 hacia 1900, y que llegó a ser la definitiva capital del país.

De todos modos, Bolivia, en pleno auge del estaño, continuaba siendo un país con una economía y sociedad dual. Los campesinos, concentrados en el superpoblado altiplano, apenas participaban en la modernización del sector exportador o en los nuevos procesos políticos. Además, el derecho de ciudadanía quedaba reservado a los alfabetos. Los esfuerzos por parte de reformadores liberales por convertir a las comunidades indígenas en propiedades particulares habían fracasado ya entre 1866 y 1871, y hacia 1880 dos terceras partes de la población campesina vivía todavía en pueblos que habían tenido su origen en la época precolombina. En 1900, año del primer censo nacional, la población alcanzó 1.633.610, de los cuales 903.126 fueron clasificados como indios y 485.293 como cholos.

El crecimiento económico de Chile dependía de sus industrias de extracción: hacia 1881, un 78,5 por 100 de sus exportaciones consistía en minerales, y su valor alcanzó en 1889 la cantidad de 55 millones de pesos, mientras que el de los productos agrícolas quedó en la reducida cantidad de 7,5 millones de pesos. En estos años posteriores a la Guerra del Pacífico la influencia política de la élite terrateniente empezaba a declinar en Chile, y en cambio crecía la de los grupos ligados a la industria de nitratos y, a través de ella, al mercado mundial. Una nueva clase de comerciantes, mineros y banqueros, entre ellos algunos extranjeros, se incorporó a los terratenientes tradicionales por lazos financieros y matrimoniales. El periódico *El Mercurio*, de Valparaíso, ya había estimado que en 1882, solamente 24 de los 59 individuos con fortunas superiores a un millón de pesos provenían de familias coloniales. Al mismo tiempo, Chile experimentó en el periodo de 1885 a 1907 un movimiento de población desde el campo a la ciudad. En 1875, por ejemplo, sólo un 27 por 100 de la población era urbana, pero hacia 1902 la proporción había ascendido al 43 por 100, una cifra relativamente alta en la Iberoamérica de esa época. Entre 1885 y 1895 la población de Santiago aumentó más de un 30 por 100, la de Valparaíso 15 por 100 y la de Antofagasta, centro de la industria de nitratos, 58 por 100. Sin embargo, a principios del siglo xx más del 40 por 100 de la población trabajaba todavía en el campo, frecuentemente en condiciones que no habían mejorado desde la época colonial. Hacia 1900 la población total del país había alcanzado los 3,5 millones.

A partir de 1884, el sector de nitratos se convirtió en la mayor fuente de ingresos del Estado chileno, pero una gran parte de esa industria estaba controlada por inversionistas británicos, y durante la década de 1910 por norteamericanos, hasta su colapso final en 1918-1922, cuando los ingresos disminuyeron en un 36 por 100. A finales del siglo xix los nitratos suplían las dos terceras partes de los fertilizantes mundiales, y después de la derrota de Bolivia y Perú, Chile tuvo, entre 1880 y 1919, el monopolio y podía exigir un precio alto. El Estado se fortaleció por medio de un impuesto de entre 30 por 100 y 70 por 100. Los vencedores chilenos en la guerra devolvieron la industria, nacionalizada por el Estado peruano, a la empresa privada en junio de 1881. La demanda de fertilizantes en Europa correspondía al crecimiento del cultivo de la remolacha, y Chile experimentó entre 1881 y 1884 un crecimiento en su exportación del 57 por 100. Para mantener precios altos en la industria, los productores trataron de formar una asociación en 1884 y limitaron la producción en un 20 por 100 por año. Las exportaciones en 1885 disminuyeron de 12,1 millones de quintales a 9,5 millones, pero el fuerte crecimiento de la demanda mundial entre 1887 y 1890 estimuló un nivel de exportación mucho mayor, de 15,5 millones a más de 23 millones de quintales. Sin embargo, al *boom* le siguió una depresión entre 1889 y 1893, y correspondió con la crisis política de la administración de José Balmaceda (1886-1891), un periodo de inestabilidad gubernamental con trece gabinetes diferentes. Balmaceda, que se oponía a la política de asociaciones, quiso aumentar los impuestos sobre los nitratos para financiar la expansión de la infraestructura urbana y de comunicaciones. Al mismo tiempo trató de limitar la creciente influencia británica en la industria. Propuso el establecimiento de un banco nacional, en un país en que los bancos privados dominaban las finanzas y en que los intereses financieros, comerciales y de los terratenientes controlaban el Congreso. Cuando el Congreso en 1890 se opuso directamente al presidente y fracasó en la tarea de elaborar el presupuesto para el año siguiente, la crisis se agudizó. La guerra civil que se desarrolló entre marzo y septiembre de 1891, y en la que el ejército apoyó a Balmaceda y la marina a la oposición, resultó en la caída del presidente y la introducción de un sistema parlamentario. Los mineros del norte destacaron en la oposición a Balmaceda. A la cabeza de la política de asociaciones se encontraba el empresario británico John Thomas North, que también controlaba la Nitrate Railways Company y el Banco de Tarapacá y Londres. A pesar de la fuerte presencia de intereses británicos, el capital chileno hacia 1900 controlaba todavía más de la mitad de las inversiones en nitratos. La producción no regularizada, que alcanzó 27,2 millones de quintales en 1895, estuvo seguida por una nueva depresión causada por la recesión en la producción de remolacha y cereales en Europa. Por consiguiente, el gobierno chileno se vio obligado a reconocer la necesidad de cuotas, pero entre 1895 y 1901 la situación no mejoró. Entre 1901 y 1905, sin embargo, la demanda en Estados Unidos produjo un quinquenio de *boom*, y en el último año la exportación de nitratos alcanzó la cifra de 35,9 millones de quintales, con una expansión en el área de explotación, particularmente en la zona de Antofagasta. Hacia 1913 las exportaciones sobrepasaban los 59,5 millones.

Hasta la gran expansión del cacao de Guayaquil, durante la década de 1870, Ecuador no había participado de una manera significativa en el comercio mundial. Ciertamente, la importancia del territorio bajo la jurisdicción de la Audiencia de Quito había sido indudable en el periodo colonial a causa de la producción y exportación de tejidos de lana y del cacao a otras regiones de América del Sur, pero la demanda internacional de sus productos no creció hasta el último cuarto del siglo xix. El auge del cacao facilitaba la predominancia de la élite comercial de Guayaquil en la política del país a partir de 1896. Las exportaciones de cacao aumentaron de 5.540 toneladas en 1838-1840 a 11.194 durante la década de 1870, y luego hasta un promedio anual de 40.000 entre 1910 y 1924. Hacia 1910, la población de Guayaquil (60.000 habitantes) superó la de Quito. En esta época la economía ecuatoriana se basaba virtualmente en su totalidad sobre la exportación del cacao, que consistía en aproximadamente las tres cuartas partes del total de exportaciones del país.

Las casi constantes guerras civiles en Venezuela entre 1858 y 1874 demoraron el proceso de modernización, que ya había comenzado en otros países productores de materias primas, como el Brasil, la Argentina o México. Después de la recesión del café a mediados del siglo, un nuevo ciclo de expansión se extendió desde 1874 hasta 1899, seguido de otro derrumbe y una nueva serie de conflictos políticos hasta el establecimiento de la dictadura de Juan Vicente Gómez en 1908. La población venezolana aumentó de 1.784.195 en 1873 a 2.323.827 en 1891; sin embargo, la tasa de incremento anual descendió de 1,32 por 100 en 1873 a 1,14 por 100 en 1891, lo que indicaba un crecimiento menor que el del periodo anterior, durante el cual la población había crecido desde alrededor de 700.000 en 1830 a 1.660.000 en 1860. El aumento de la población en Venezuela no se debió, como en Argentina o Brasil, a la inmigración, sino al incremento natural. Aunque el caudillo nacional, Antonio Guzmán Blanco, fundó en 1874 la Dirección de Inmigración como elemento de su política de europeización, muy poca gente llegó a Venezuela. Entre mayo de 1881 y enero de 1888, por ejemplo, sólo llegaron 4.537 inmigrantes. Esta pequeña afluencia de italianos, alemanes, británicos y españoles se radicó en el país principalmente para facilitar la extensión de sus intereses comerciales ya existentes. Más importante en términos numéricos fue la migración interna desde los Llanos, Barinas y otras provincias a la zona cafetera de los Andes, que también incluía la migración de una región andina, como Mérida, a otra, como Táchira, que llegó a ser la región más importante en la producción de café.

Entre los años 1873-1890 la exportación de café aumentó de 714.060 quintales a más de un millón. Durante la segunda mitad del siglo xix el café dominaría la economía venezolana, debido al rápido crecimiento de la producción a partir de la década de 1860. Durante este periodo la región andina fue, por primera vez, el centro de producción más importante del país. Con el auge del café se hizo evidente que la relación de la economía nacional con el mercado mundial se caracterizaba por un régimen de monocultivo, sujeto a las fluctuaciones del precio del mercado, más o menos del mismo modo en que iba desarrollándose la economía exportadora del café en Colombia en el mismo periodo. En Venezuela, como ocurría generalmente también en Colombia, la producción y la comercialización quedaron en poder de nacionales a pesar de la participación de representantes alemanes, británicos o italianos de casas comerciales europeas en Maracaibo, puerto principal para la exportación. Con la expansión del café la importancia de los comerciantes había crecido en Maracaibo y las ciudades andinas. Aunque algunos de ellos procedían de las filas de los terratenientes coloniales o pequeños traficantes, otros provenían de los Llanos, o llegaron de España o Italia como inmigrantes. Las necesidades de la economía cafetera crearon una nueva clase de campesinos-productores, y la disolución de la propiedad comunal facilitaba su formación. Estos campesinos no fueron del todo independientes, sino que estaban ligados a los comerciantes por medio del crédito a largo plazo. El café fue un producto comercial, y los cultivadores de café constituyeron un grupo relativamente privilegiado en comparación con los otros agricultores.

De la población total venezolana en 1891, una proporción considerable —335.815 habitantes— vivía en los tres estados andinos de Trujillo, Mérida y Táchira. En Trujillo las grandes haciendas tradicionales seguían siendo trabajadas por peones dependientes, y el hacendado desempeñaba generalmente el papel de cacique local. Era una región pobre y atrasada en sus técnicas agrícolas. En Mérida, que había disfrutado de gran importancia cultural durante el periodo colonial, la topografía andina había impedido la formación de grandes propiedades. En Táchira, donde habían florecido las culturas precolombinas de los chibcha y muisca, predominaba la pequeña propiedad, y con su clima templado y suelo fértil era una zona ideal para el cultivo del café. Además, gozaba de un acceso relativamente fácil al lago de Maracaibo. Durante largo tiempo las relaciones económicas entre Táchira y Maracaibo, con sus banqueros alemanes, habían sido estrechas, debido fundamentalmente a la demanda europea de sus productos. Entre 1874 y 1891 la población de Táchira aumentó de 68.000 hasta más de 100.000 habitantes, y hacia 1900 Táchira era uno de los estados venezolanos más poblados. Esta región apenas había experimentado los conflictos políticos y sociales que afectaron a la mayor parte de Venezuela durante el siglo XIX. Aunque la de Táchira era una sociedad predominantemente agraria, no existía una polarización entre grandes propiedades y proletarios: al contrario, los grupos medios predominaban tanto en el ambiente rural como en el urbano, y las cotas de alfabetismo alcanzaban un alto nivel.

Como lo demuestra la historiadora venezolana María Elena González Deluca, aún a finales del siglo XIX Venezuela no tenía una economía integrada, sino tres centros de comercio principalmente ligados al mercado exterior y virtualmente autónomos, y cada uno con su propio *hinterland*: Caracas-La Guaira-Puerto Cabello eran los principales mercados y puntos de exportación desde los valles fértiles del norte; Maracaibo era el puerto de la zona cafetera andina; Ciudad Bolívar (antiguamente Angostura) era el puerto en el río Orinoco que ligaba la importación desde las Antillas y la Guayana a la exportación de toda la zona llanera hasta Colombia. Hasta la década de 1870 cada centro controlaba sus propios ingresos de aduana. Eran en realidad archipiélagos y no existía casi ninguna comunicación terrestre entre ellos. El desarrollo de los ferrocarriles fue muy lento en Venezuela y los que se construyeron conectaron las zonas de producción primaria con la costa, y apenas alcanzaron más de 40 kilómetros en el interior con la sola excepción de las líneas que penetraban en la zona cafetera andina desde el lago Maracaibo. Evidentemente, la construcción de ferrocarriles se concibió no con la intención de formar un mercado nacional, sino con el objetivo de potenciar la economía primaria, mientras que la forma normal de transporte interno continuaba siendo la mula. De las catorce líneas (800 kilómetros) existentes hacia 1900, cinco fueron construidas con capital británico, incluyendo los ferrocarriles Caracas-La Guaira y Valencia-Puerto Cabello, una con capital alemán, la línea Caracas-Valencia (1894), y otras con capital francés o nacional.

La inversión británica en Venezuela a finales del siglo XIX suponía sólo un 2 por 100 del valor nominal de la total británica en Iberoamérica. El deterioro de las relaciones entre los dos países se explica, en gran parte, con disputas de larga duración sobre el pago de la deuda externa, el comercio exterior y la frontera occidental de la Guayana británica. La deuda externa venezolana había alcanzado £4.412.000 en 1862 con una obligación anual de interés de £118.000. Para pagarla se había asignado un 55 por 100 de los ingresos de aduana de La Guaira y Puerto Cabello, y se estuvo entregando regularmente a la Casa Boulton, una casa comercial británica fundada en 1826, y que era el agente en Caracas de Baring Bros. El gobierno venezolano contrató en 1864 otro empréstito más de £1.500.000 en Londres, contra todos los ingresos de aduana de la República, para construir caminos y ferrocarriles. Sin embargo, en 1847, Venezuela no había cumplido con sus compromisos con los poseedores de bonos emitidos anteriormente, y aunque recibía nuevos créditos todavía no había podido pagar los antiguos. El clima para las inversiones británicas no era muy propicio. A pesar de todo, durante la década de 1880, una época de estabilidad política, los intereses británicos incrementaron sus inversiones, particularmente en la infraestructura y en el sector minero.

Durante los conflictos políticos de mediados del siglo XIX muchos comerciantes británicos habían abandonado el país, y en esa época el comercio de importación pasó a manos de los mercaderes alemanes. Entre 1885-1886 y 1887-1888 el valor de este comercio aumentó de 47.500.000 bolívares a 79.000.000 de bolívares. En la década de 1890, un 20 por 100 de las importaciones venezolanas, particularmente de maquinaria y herramientas, procedía del Imperio alemán, y en 1897 comenzó a funcionar un banco dependiente del Berliner Diskonto Gesellschaft. Eso impulsó a financieros venezolanos a establecer tres bancos rivales a partir de 1900. Los Estados Unidos, que pretendían mantener una hegemonía política en el Caribe aplicando la Doctrina Monroe (1823), comenzaban a preocuparse por la penetración económica alemana en Venezuela, y por el evidente deseo del gobierno de Berlín de encontrar un apostadero en la costa venezolana, posiblemente recibiendo la isla Margarita a cambio de sus créditos no pagados. Al mismo tiempo los británicos se sentían agraviados por la imposición en 1882 de un sobrecargo del 30 por 100 a todos los productos importados de las Antillas, que fueron principalmente géneros británicos exportados a Venezuela por la isla de Trinidad. Entre 1887 y 1897, además, Venezuela, frustrada por la falta de resolución en la disputa sobre Esequibo, rompió relaciones diplomáticas con la Gran Bretaña. Todo llegó a su clímax con la intervención tripartita de Gran Bretaña, Alemania e Italia, un intento tal vez mal concebido, de resolver las cuestiones de deuda —que alcanzó £26.539.125— por medio de la fuerza armada. En 1902, buques de esas tres potencias bombardearon las fortalezas de La Guaira y Puerto Cabello y secuestraron buques mercantes nacionales. Por temor a la creciente influencia alemana en el país y como contrapeso a Gran Bretaña, Venezuela se acercó en adelante a los Estados Unidos y comenzó a entrar en su esfera de influencia, particularmente con la apertura del canal de Panamá en 1914 y la explotación de los yacimientos petrolíferos venezolanos a partir de 1918.

La década de 1870 no significó ni en Colombia ni en Venezuela el comienzo de una nueva época de transformación económica y cambio social. En muchos aspectos éstos no tuvieron lugar hasta las primeras dos décadas del siglo XX. La exportación del café ya había comenzado en Venezuela a partir de 1830, pero Colombia no se convirtió en uno de los principales productores de café hasta el declive del tabaco, a partir de 1880. Aunque el café constituía un 17 por 100 de las exportaciones del país durante la década de 1870 todavía no alcanzaba más de un 1,5 por 100 del producto total mundial hacia 1900. Sin embargo, la creciente demanda internacional, debida especialmente al alto precio en el mercado mundial, estimuló la expansión de la producción entre 1870 y 1897. La exportación colombiana aumentó de un promedio anual de 65.083 sacos (de 60 kilogramos) entre 1874-1875 y 1875-1879 a 442.333 en 1895-1889, con la provincia de Santander, situada al norte de la cordillera oriental, a la cabeza de la producción por lo menos hasta 1900. El puerto venezolano de Maracaibo era el principal centro de exportación. El café se cultivaba en las zonas templadas de entre 1.000 y 1.800 metros de altura, alternando frecuentemente con otras plantas como el azúcar o el maíz. El cultivo del café requería trabajo intensivo y, como explica el historiador colombiano Marco Palacios, se acomodaba fácilmente a la agricultura tradicional campesina del altiplano. Las nuevas haciendas cafeteras se desarrollaban a base de las prácticas e instituciones precapitalistas que el aislamiento geográfico y la tecnología primitiva había preservado. A finales del siglo XIX, tres regiones producían café en Colombia: Santander; Boyacá —Cundinamarca—, Tolima en el centro y sureste, y Antioquia-Caldas en el oeste del país. Los comerciantes de Bogotá y Medellín (Antioquia) se aprovecharon del relevo de Ceilán y las Indias orientales holandesas por Iberoamérica como centros de la producción mundial de café a mediados del siglo XIX, y nuevas zonas de producción como las de Colombia, Guatemala y El Salvador se incorporaron a las antiguas como Venezuela, Costa Rica y Brasil. Hacia 1900 el café formaba un 40 por 100 de las exportaciones colombianas.

A partir de 1870 el café se desplegó rápidamente por el oeste de Cundinamarca hasta el suroeste de Antioquia y Tolima. El oeste colombiano poseía un suelo ideal para el cultivo del café. La expansión de la economía cafetera de Antioquia se explica por la acumulación de capital debido a la exportación de oro, que había alcanzado el primer plano desde finales del siglo XVIII, cuando Antioquia sustituyó a Popayán como zona principal de producción. A mediados del siglo XIX, dos terceras partes de la exportación de oro, tanto legal como clandestino, procedían de Antioquia. Medellín llegó a ser más próspera que Bogotá y a disfrutar de cierta autonomía financiera. Hacia 1885 todavía existían ocho bancos en la ciudad. Con la demanda del café los comerciantes antioqueños pasaron a convertirse en cultivadores. En Cundinamarca los nuevos plantadores de café se contaban generalmente entre los principales propietarios urbanos, comerciantes, ganaderos, importadores, y recipientes de terrenos públicos adquiridos durante la época de las reformas liberales. Éstos gozaban usualmente de una riqueza menor que la de los mercaderes y mineros de Antioquia. Como explica el historiador norteamericano Frank Safford, «sin bancos comerciales ni cajas hipotecarias, los terratenientes de la sabana (de Bogotá) o de Boyacá, o del valle (del Cauca) no podían crear crédito a base de sus propiedades; por grandes que fueran, no podían movilizar sus capitales para fundar grandes empresas comerciales o manufactureras [...] Los únicos que tenían recursos grandes y líquidos eran los antioqueños. Estos recursos líquidos les permitió dominar todas las actividades económicas mayores, o directamente por inversión o indirectamente por vía de préstamos». En Santander, la región decana en la producción cafetera, y que ha sido estudiada por el canadiense David Church Johnson, las haciendas mayores y más modernas habían sido establecidas por los comerciantes de Bucaramanga, San Gil y Cúcuta, con capital acumulado en la exportación del tabaco, algodón, textiles o quinina.

La producción cafetera avanzó en Antioquia durante la década de 1890 y se produjo en esa época una migración interna, tanto temporal como permanente, desde otras localidades y regiones a las zonas de café. La disgregación de los *resguardos* o propiedades comunales indígenas y el crecimiento de población facilitaron esos procesos. La población de Fredonia, en la nueva zona cafetera antioqueña, aumentó de 7.540 en 1870 a 21.260 habitantes en 1905.

Con el crecimiento de la población antioqueña a lo largo del siglo xix, pobladores de esta provincia empezaron a colonizar toda la región del Cauca, criando ganado y cultivando cereales y café. En realidad, toda Colombia era frontera, a excepción de las zonas de concentración de población. Como explica el historiador británico Keith Christie, esta colonización fue organizada por los principales comerciantes de Medellín, como los Marulanda, Villegas y Gutiérrez, y había estado sucediendo a partir de la década de 1830. Los mercaderes que frecuentemente eran mineros o socios de mineros, llegaron entonces a ser también ganaderos, y familias como los Ospina y los Vásquez reforzaron su propia posición en la economía regional. Fueron empresarios más que latifundistas, y estaban dispuestos a vender secciones de tierras fronterizas adquiridas en el proceso de expansión a familias con ingresos modestos, para que participaran en el proceso de desarrollo agrícola. La ciudad de Manizales, que hacia 1880 ya tenía una población de 12.000 habitantes, creció como resultado de la expansión antioqueña, y durante el último cuarto del siglo xix el café constituía su primera fuente de riqueza. Aunque el proceso de colonización estuvo dominado por las grandes familias de Antioquia, no resultó en una crecida concentración de propiedades en pocas manos: al contrario, con la tradición antioqueña ya existente de propiedades medianas y de espíritu empresarial, el pequeño productor tenía también la oportunidad de dedicarse al cultivo, y de prosperar con la comercialización del café. Todo esto supuso un fuerte contraste con la concentración de propiedad que se llevó a cabo en las zonas agrícolas más avanzadas de México durante la época de Díaz.

Desde 1874, un ferrocarril conectó Antioquia y el río Madgalena, que era todavía el medio de comunicación más importante del país, y que facilitaba el acceso al interior desde la costa. El ferrocarril redujo los costos de tránsito del café en un 65 por 100. Durante la última parte del siglo xix, Medellín comercializaba el 70 por 100 de la producción total de café en Colombia.

Sin embargo, Colombia experimentó cambios menos dramáticos en el proceso de modernización de su infraestructura que países como Argentina o México. El problema perenne fue la formidable topografía del país, con sus tres cordilleras andinas y sus tierras calientes al nivel del mar. Los primeros pasos encaminados para mejorar la situación se redujeron a profundizar canales ya existentes entre el sistema fluvial y los puertos de la costa. Fueron profundizados los diques entre Cartagena y el Magdalena entre 1870 y 1879, y el de Barranquilla y Puebloviejo entre 1893 y 1898. La inversión anterior había facilitado el desarrollo de la navegación a vapor en el Magdalena, lo que había contribuido a potenciar la exportación de tabaco desde la región de Ambalema a partir de 1850. La importancia de Barranquilla (a 19 kilómetros de la boca del Magdalena) y su puerto caribeño Sabanilla, que ya en 1865-1866 manejaba un 53 por 100 de las exportaciones colombianas, creció con este comercio. La población del primero aumentó de 13.265 en 1851 a 18.000 en 1882, y la ciudad se aprovechaba también de la exportación del café por el Magdalena. Entre 1869 y 1871 varios intereses extranjeros —una empresa alemana con in-

El paso de la Angostura

genieros ingleses— construyeron la corta línea ferroviaria entre Barranquilla y Salgar en la bahía de Sabanilla, beneficiando enormemente al comercio exterior. En 1872-1873, los ingresos de aduana de Sabanilla dejaron atrás a los de Santa Marta y Cartagena, ambos puertos en pleno declive. Con el ferrocarril, y en 1878-1879 el traslado de la aduana a Barranquilla, la supremacía de éste último quedó asegurada. En 1881-1882, el comercio exterior de Barranquilla alcanzó casi 20.000.000 de pesos. A partir de 1887, una compañía británica, The Barranquilla Railway and Pier Company, que compró el ferrocarril a Salgar, lo extendió al nuevo Puerto Colombia para facilitar la exportación de café. En 1905, Barranquilla tenía una población de 40.115 y fue la segunda ciudad del país.

Hacia 1890, veinte buques de vapor comerciaban en el Magdalena bajo, entre Barranquilla y Yeguas, cerca de Honda y la ruta de arriba hacia Bogotá y el altiplano. Algunos buques pequeños navegaban hasta Neiva, en el río Lebrija, entre la zona cafetera de Bucaramanga y el Magdalena, y entre Cali y Cartago en el Cauca. La construcción de ferrocarriles, sin embargo, se demoró por falta de capital. Se proyectaron los ferrocarriles Medellín-Puerto Berrio (Magdalena) en 1874, del Pacífico en 1878, Bogotá-Magdalena en 1881, y Bogotá-Norte en 1891, pero hacia 1888, Colombia sólo tenía 240 kilómetros de tendido ferroviario, construidos inicialmente con capital e ingeniería nacionales. El *boom* cafetero de 1880 a 1897 estimuló a los inversionistas extranjeros, y ayudó a terminar líneas proyectadas hacía décadas. El ferrocarril Cali-Buenaventura se completó finalmente en 1914, pero el Medellín-Magdalena tuvo que esperar hasta 1929. Hacia 1915, Colombia sólo tenía 1.120 kilómetros de ferrocarril. Las líneas seguían sin conectar zonas cafeteras con puertos de extracción, y el principal medio de transporte continuaba siendo la mula. En 1930, Colombia carecía todavía de un sistema de transporte integrado, factor que impidió la formación de un mercado nacional.

Aparecieron algunos signos de modernización, pero se limitaron a las ciudades principales o a las zonas de producción ya importantes, como el servicio de telégrafos en 1865 y de teléfonos en 1884, la importación en 1893 de las primeras segadoras y trilladoras mecánicas a vapor para las haciendas del interior, y la construcción en 1899 del primer gran ingenio azucarero de la zona de la costa, en la hacienda Berástegui, entre el Cauca y el Atlántico. Algunos extranjeros se asentaron en el país y fundaron varias empresas agrícolas importantes, comercializando tabaco, café y añil. Hacia 1881, por ejemplo, la familia Eder controlaba la mayor parte de la producción de azúcar del país, y en adelante consolidó su posición predominante en la región del Cauca. El Banco de Londres (1864) fue seguido por el Banco de Bogotá (1871) con capital nacional. A partir de 1878, la Sociedad de Agricultores de Colombia, que incluía a los hacendados de la sabana de Bogotá, intentó desarrollar la empresa capitalista en el campo, y desde la primera década del siglo XX actuó como virtual cuerpo consultivo del gobierno. Los ingenieros colombianos desempeñaron un papel significativo en proyectos de obras públicas hasta entonces descuidadas, como puentes, caminos, abastecimiento, y servicio de luz eléctrica. En los albores del siglo XX existía ya en Bogotá y Medellín la base para un futuro desarrollo de la tecnología moderna, siguiendo el modelo norteamericano y de Europa occidental, pero poco innovador y frustrado repetidamente por las luchas políticas entre los dos grandes partidos. Éstas se manifestaron de nuevo en la Guerra de los Mil Días (1899-1902), que dañó mucho las zonas cafeteras. Aunque la prosperidad del país dependía de la exportación de productos tropicales, ni el gobierno ni los nuevos técnicos se interesaban en el estudio y desarrollo de la agricultura. El Departamento de Agricultura, establecido a finales de la década de 1870, perdió rápidamente su significado en los años siguientes. La construcción de ferrocarriles y las otras mejoras mencionadas no unificaron al país, sino que acrecentaron los desniveles regionales y subregionales y acentuaron las diferencias entre las zonas desarrolladas y el resto del país. El gobierno continuaba dependiendo en gran parte para financiar su programa de los ingresos de aduana, a pesar del peligro constante de una repentina baja del comercio exterior.

Después de más de dos décadas de expansión, el sector cafetero experimentó una fuerte recesión entre 1897 y 1910, alcanzando el punto más bajo en la curva de exportación-importación entre 1900 y 1905. Esto fue un grave golpe para los empresarios antioqueños, que vieron así reducidas sus rentas, y les hizo apreciar las ventajas de la diversificación económica para evitar la vulnerabilidad de una economía de monocultivo. Como sugiere el historiador francés François Chevalier, las primeras fábricas modernas aparecieron en Medellín precisamente en estos años. Fue quizás la consecuencia de la desviación de inversiones desde la exportación hacia el mercado interior, comenzando con la formación de la industria algodonera, que no necesitaba grandes gastos iniciales, ni se consideraba una aventura arriesgada. Además, en los alrededores de Medellín existían recursos para hacer uso de la energía hidroeléctrica, y los artesanos locales tenían la experiencia necesaria para poner en marcha las máquinas de tejer importadas desde Inglaterra a partir de 1903 y llevadas en secciones a lomo de mula.

La expansión del cultivo del café se remontó a la década de 1830 en Costa Rica, y hacia 1880 la meseta central estaba en plena producción, con la ocupación de todos los terrenos baldíos. El área de cafetales aumentó de 13.800 hectáreas a 27.600 hectáreas entre 1890 y 1935, y el país experimentó grandes escaseces de alimentos en tiempos de necesidad. La población, que en 1810 no había alcanzado más de 60.000 habitantes, alcanzó una cifra de 182.073 en 1883, 243.200 en 1892, y 307.499 en 1900, sin el influjo de inmigrantes que en la misma época afectó países poco poblados. Debido a la escasez de mano de obra en Costa Rica, había pocas propiedades de gran tamaño. La producción estaba más bien organizada en pequeñas fincas, financiadas inicialmente por capital acumulado en el país, gracias a la minería y al comercio del cacao, tintes y tabacos. Los jornaleros eran generalmente libres y asalariados. La fundación de bancos tuvo lugar en una época considerablemente más temprana que en otros países centroamericanos: el Banco Anglo-Costarricense en 1863. Las casas de comercio en Gran Bretaña adelantaban créditos a los productores en Costa Rica, y así compraban el café. En la década de 1880 se construyó el camino entre San José y Puerto Limón en el Atlántico, y en 1890 el Ferrocarril del Atlántico. No se terminó el Ferrocarril del Pacífico hasta 1910. El café dominaba el comercio exterior de Costa Rica: un 94 por 100 del total en 1890. Se pagaba a los importadores frecuentemente con la media parte en café y la otra al contado.

Hasta el ascenso de los plantadores de café a partir de mediados del siglo XIX, los grupos dominantes en Guatemala habían sido los comerciantes de tejidos y el clero. En 1871, los liberales, representantes de los intereses cafeteros, tomaron el poder, y con la supremacía del liberalismo vino la dictadura de Justo Rufino Barrios, que consolidó la posición de la nueva élite y redujo el poder de la Iglesia. El régimen de Barrios (1873-1885) reflejó los intereses del sector agroexportador, pero en el contexto guatemalteco la modernización de la economía significaba el desplazamiento de grandes números de campesinos de sus comunidades tradicionales en la sierra y su transformación en los trabajadores (mal pagados) requeridos por las plantaciones de café. La expansión del café aceleró el proceso de incorporación de las tierras de las comunidades y de la Iglesia al sector orientado hacia la exportación. El primer ferrocarril se construyó en Guatemala entre 1877 y 1884 para responder a la demanda mundial de café, y conectó Escuintla con Puerto San José pasando por la capital. En 1884, el ferrocarril de Verapaz conectó las plantaciones de esta región —muchas con dueños alemanes— al mercado exterior. Sin embargo, el ferrocarril entre la ciudad de Guatemala y Puerto Barrios, proyectado en 1885, no se terminó hasta que el empresario norteamericano Minor Keith lo hizo en 1908.

Una serie de dictaduras controlaron el país durante un largo y lento periodo de transformación económica. Aunque reelegido en 1876 y 1880, Barrios gobernaba con el estilo de un dictador, y fortaleció considerablemente el poder del gobierno central. Los jefes políticos recibieron amplios poderes sobre los departamentos y administraron, en efecto, el sistema de trabajo obligatorio empleado para la construcción de caminos, uno de los objetivos políticos de Barrios para mantener sometido al país. Ese sistema, que se llamaba el mandamiento, se remontaba a la legislación colonial de 1616 y sobrevivió en Guatemala hasta 1878. Aunque abolido en este año, ello no significaba que el régimen liberal fuera a mejorar las condiciones de trabajo de la mayoría de la población, sino que, al contrario, estuvo acompañado por un determinado asalto a la propiedad e identidad comunal y la expulsión de muchos campesinos de sus tierras ancestrales. El objetivo de la nueva élite fue la transformación de gran parte del campesinado indígena en peones endeudados a las plantaciones, no ya indios, sino proletarios de cultura mestiza. Desde la década de 1880, el peonaje endeudado pasó a ser un fenómeno regular en el país, y la ley nacional del trabajo de 1894 lo sancionó legalmente, hecho que, en realidad, reconstituyó el antiguo mandamiento, y que duraría hasta las leyes de vagancia promulgadas por Jorge Ubico, un dictador modernizador posterior, en 1934. La dictadura era la regla en Guatemala, con la excepción de un periodo de constitucionalismo entre 1885 y 1897. Manuel Estrada Cabrera tomó el poder en 1898, fue reelegido en 1904, y no fue derrocado hasta 1920.

El crecimiento de la demanda de productos tropicales, especialmente en Estados Unidos, durante la década de 1890 estimuló la formación de la célebre United Fruit Company en 1899 por un grupo de empresarios. Los orígenes de esta poderosa corporación norteamericana se remontan a la década de 1870 y el comercio de plátanos entre Jamaica y Boston. En 1885 se constituyó la Boston Fruit Company, y su comercio se extendió a Cuba y la República Dominicana. A partir de 1890, la compañía abrió nuevas plantaciones en Centroamérica, y el empresario neoyorquino Minor Keith negoció con el gobierno de Costa Rica la construcción del primer ferrocarril en este país para facilitar la exportación de plátanos a los puertos del sur de los Estados Unidos. La United Fruit se formó de las dos empresas citadas, la Boston y la de Keith, y a comienzos del siglo xx ya poseía casi 510.000 hectáreas en el Caribe y en Centroamérica. El coste de esta tierra había sido el mínimo, porque la mayoría de la población centroamericana no vivía en la húmeda zona costeña, sino en las altas tierras templadas, donde se localizaban los tradicionales centros políticos y culturales.

Como ocurría en Guatemala, en El Salvador la expansión del café —que dejó atrás al añil— se caracterizaba por un asalto combinado por parte del Estado y los empresarios privados a las tierras comunales de los pueblos, particularmente durante la década de 1880, y con los mismos objetivos. Hacia 1875, el café representaba todavía un 33 por 100 de las exportaciones del país. Las leyes de 1879, 1881 y 1882 prohibieron la posesión comunal de tierra en El Salvador y abrieron las puertas para la monopolización de la propiedad por una reducida oligarquía conectada al comercio de exportación. El proceso no fue de ninguna manera pacífico; sin embargo, los levantamientos de protesta fueron aplastados. Con la fundación de un banco nacional en 1880 y la construcción de ferrocarriles (Sonsonate-Acajutla, 1882) y telégrafos (1888), el interés cafetero fue consolidándose en el poder. En 1886, el gobierno creó un ejército regular para el mantenimiento del orden interno en una época de tensiones laborales. Algunos inmigrantes europeos que iban a establecer lazos matrimoniales con la élite salvadoreña contribuían a fortalecer su posición a principios del siglo xx. Hacia 1900, las exportaciones del café fueron cuatro veces mayores que las de añil. En Nicaragua, que apenas se había consolidado en forma de Estado nacional a lo largo del siglo xix, la producción del café facilitó la subida de un grupo de liberales semejantes a los de El Salvador y Guatemala, que tomaron el poder con la supremacía de José Santos Zelaya entre 1893 y 1909. Nicaragua, que no era un país de campesinos indígenas como Guatemala, no padeció los mismos abusos que los de este país, y el proceso de construcción de un Estado nacional y de la infraestructura no estuvo acompañado del mismo grado de violencia y trastorno social. En Honduras, los liberales, con apoyo guatemalteco, llegaron al poder con la presidencia de

Marco Antonio Soto entre 1876 y 1883, y las tierras públicas fueron vendidas a particulares. El régimen de Soto hizo esfuerzos para estabilizar las finanzas y estimular la inversión extranjera en la industria minera y la exportación de productos tropicales. Hasta esa época, Honduras había vivido aislada del mundo y, sin los incentivos de cambio promovidos por el sector cafetero en Guatemala y El Salvador, las viejas estructuras sobrevivirían hasta el siglo xx. En contraste con los otros países centroamericanos, no hubo una élite cafetera que se consolidara en el poder en Honduras, y los inversionistas extranjeros mantuvieron su primacía. Hacia 1892 casi un 12 por 100, y en 1903 un 42 por 100, de las exportaciones hondureñas consistían en plátanos, y entre el periodo 1890-1930, Honduras era ya el primer productor mundial de plátanos. El café no llegó a ser una explotación significativa hasta la década de 1940.

Estudios comparativos podrían demostrar el impacto socioeconómico de la concentración en un producto predominante a nivel regional. También serían útiles estudios comparativos de casos nacionales que ilustraran cómo se diferencian las economías basadas en metales de las basadas en la exportación de productos tropicales. ¿Contribuían los metales más a la expansión económica que el azúcar, el café o los otros productos tropicales?

La expansión económica que hasta ahora se ha señalado plantea dos puntos importantes con profundas implicaciones teóricas, desarrollo y dependencia. Sobre ambos ya existe una literatura abundante controvertida y accesible. Todo se reduce al verdadero significado del concepto de modernización durante el periodo 1875-1900. En esta época, modernización significaba la expansión de la infraestructura para facilitar la exportación de productos primarios, y la importación de manufactura y capitales. No figuraba en ese objetivo el pleno desarrollo de la economía interna de cada uno de los países iberoamericanos. Tampoco significaba la transformación de economías básicamente rurales en sociedades industrializadas por medio del apoyo gubernamental para adoptar una política de substitución de importaciones. Por eso se argumenta que en esta fase de modernización las economías iberoamericanas crecieron, pero no se desarrollaron. Dicho crecimiento sin desarrollo facilitó la continuación de la dependencia de las economías más poderosas de Europa occidental y más tarde de los Estados Unidos, donde el sector industrial actuaba, con participación de los sectores comerciales y financieros, como el motor o factor determinante en el ritmo de las economías de los países de la periferia. Ese concepto ha engendrado la teoría de metrópoli y satélite. El punto de partida de la teoría de la dependencia se basa en que factores determinantes en el funcionamiento de las economías iberoamericanas han sido estrictamente externos, con el objetivo de estimular únicamente al sector exportador: en tal caso, el crecimiento económico significaba no un desarrollo equilibrado, sino, al contrario, una mayor dependencia en producción primaria que había arraigado el carácter de monocultivo y que había intensificado la relación entre el enclave y el mercado mundial. Este argumento plantea que el capitalismo occidental perpetuaba el subdesarrollo en los países llamados de periferia, a partir del siglo xvi y con intensificación a partir de mediados del siglo xix.

Sin embargo, se dieron factores que negaron tales teorías. No todas las economías iberoamericanas eran de monocultivo. México presentaba cierta diversificación de productos. Además, la teoría de dependencia no toma en cuenta el movimiento del mercado interno. La expansión económica iberoamericana resultó no solamente de factores externos, sino también de estímulos internos, complementados por el crecimiento de población, fenómeno significativo a partir de 1850. Tales incentivos domésticos producían una sucesión de consecuencias que contribuyeron a la amplificación de la base económica, la diversificación de la estructura social, y la multiplicación de fuerzas políticas. La modernización a finales del siglo XIX contribuyó al crecimiento de industrias básicas y a la formación de una burguesía empresaria nacional. Para 1900, la producción industrial doméstica llegó a disminuir considerablemente en importaciones. En este sentido los orígenes de la industria moderna de Iberoamérica se remontaron a un periodo anterior a la Depresión mundial de 1929. Hay que tomar en cuenta también que la Guerra de la Triple Alianza (1864-1870) contra Paraguay estimuló la producción de pertrechos y de textiles en Argentina y Brasil y planteó a la vez la necesidad de expandir los servicios ferroviarios.

En muchos casos la exportación acelerada de productos primarios facilitó la formación de complejos agroindustriales, como las industrias saladeras, curtidoras, y de embalaje de carnes en Argentina, Uruguay y el sur del Brasil. Como en el caso de la carne, otros productos agrícolas llevaron directamente a la elaboración industrial, tales como los cereales a molinos de harina y a la producción del pan, la lana y el algodón a la manufactura de textiles; el azúcar a la refinería y a las bebidas alcohólicas, etc. Además, el ganado requería alimentos y el sector agrícola fertilizantes, y ambos contribuían a la formación de una industria química. Del mismo modo, la explotación de recursos minerales conducía no solamente a la exportación, sino también a la diversificación de las economías productoras. El hierro hizo posible la formación de la industria siderúrgica —como ocurrió en Monterrey, capital del estado mexicano de Nuevo León, en 1903— y el cobre facilitó el proceso de electrificación. La expansión de los ferrocarriles ayudaba en la integración de un mercado nacional, requisito para la expansión futura de industrias nacionales y precondición para la formación de una economía moderna que no consistía simplemente en regiones económicas virtualmente autónomas, como había sido el caso en el pasado reciente.

A pesar del debate sobre «imperialismo informal» o «neocolonialismo», hay que tener en cuenta que como Estados soberanos las naciones iberoamericanas podían hasta cierto punto diversificar las fuentes de inversión y la dirección del comercio exterior, ayudadas en gran parte por la rivalidad entre las principales naciones industriales, que no constituían de ninguna manera una metrópoli homogénea. Las colonias asiáticas y africanas de las potencias imperiales, por contraste, carecían de tal opción.

En el México de Díaz, el ministro de Hacienda, José Yves Limantour (1893-1911), trató de diversificar las fuentes de inversión para aminorar la predominancia de capital norteamericano, y en 1909 el gobierno federal constituyó Ferrocarriles Nacionales de México, siendo el Estado el accionista mayoritario. A finales del siglo XIX existía una concurrencia notable entre los países industrializados, especialmente con el crecimiento económico del Imperio alemán y de los Estados Unidos, que en varios casos competían con el comercio británico. Entre 1896 y 1900 el 39 por 100 de las importaciones en Chile eran de origen británico; en Argentina, el 37 por 100; y en Brasil, el 30 por 100; pero a partir de 1910 esas proporciones disminuyeron hasta el 27 por 100 en el caso de Brasil. Del mismo modo la participación británica en el comercio exterior de México disminuyó en favor de los Estados Unidos, y cuando estalló la Revolución Mexicana en 1910, México importaba de Estados Unidos un valor cinco veces mayor que de Gran Bretaña. Sin embargo, un 60 por

100 de toda la inversión en la nueva industria petrolera provenía de fuentes británicas y sólo un 40 por 100 de norteamericanas. A pesar del declive relativo de la participación británica en el comercio exterior de Iberoamérica, la exportación de productos manufacturados de Gran Bretaña, el Imperio alemán y Estados Unidos aumentó considerablemente en términos absolutos entre 1893 y 1913. Para el año 1910, el valor total de las exportaciones norteamericanas a Iberoamérica alcanzó la cifra de 258.500.000 dólares, lo que representaba un 20 por 100 del valor total del comercio exterior de Estados Unidos, de los que tan sólo México y Cuba aportaban la mitad.

Un problema básico para Iberoamérica seguía siendo la falta de acumulación de capital y la ausencia de experiencia tecnológica. Sin embargo, la expansión del comercio exterior contribuyó a la inversión de capital comercial en industrias nacionales generalmente por los mismos importadores de manufacturas extranjeras, conocedores del potencial del mercado interno. Entre los años 1885 y 1907, un cambio profundo tuvo lugar en el mercado textil del Brasil. En 1885, las importaciones británicas representaban un valor cinco veces mayor que el de la producción textil nacional, pero en 1907 el valor de la manufractura nacional era ya el doble de dichas importaciones. Esto significa que en los años intermedios la industria nacional crecía rápidamente, impulsada por el deterioro del valor de la moneda brasileña a partir de 1890 y la caída abrupta de los precios del café. Incentivos de este tipo desviaban la inversión hacia un mercado interno, y la crecida demanda de textiles importados fue luego aprovechada por la industria nacional. En el centro manufacturero de São Paulo, la mano de obra estaba formada en gran parte por inmigrantes que ya habían tenido experiencia en la producción de textiles. De los trece molinos de algodón abiertos en São Paulo antes de 1900, once eran controlados por empresas importadores en 1917, o por empresarios que habían sido importadores. Sin embargo, el crecimiento de industrias nacionales no desplazó a los *fazendeiros* de café de su posición predominante en el país, y del mismo modo el ciclo de producción cafetera seguía siendo el primer motor de la economía brasileña en términos globales. En Argentina, la formación de una estructura nacional dio acceso a mercados de productos regionales hasta entonces estancados, como el azúcar de Tucumán y los vinos de Mendoza y San Juan. Además, el crecimiento de la producción textil hizo que disminuyera la proporción importada de Gran Bretaña de un 85,8 por 100 en 1818 a un 29,6 por 100 entre 1886 y 1890, mientras que, por contraste, el porcentaje de importaciones de carbón y de productos metalúrgicos crecía de 3,9 por 100 a 50 por 100 en el mismo periodo. En México, donde el lento proceso de mecanización de producción ya había comenzado a partir de 1830, las importaciones de textiles disminuyeron en un 30 por 10 entre 1888-1889 y 1910-1911. La red ferroviaria abrió la zona algodonera de La Laguna (Coahuila-Durango), lo que aminoraba la importación de fibras. La Laguna llegó a ser la zona agrícola que más crecía en el periodo de 1888 a 1895, y de una producción total de 21.750.000 kilogramos de algodón en 1900, 15.800.000 kilogramos provenían de dicha zona. A finales del régimen de Díaz, la proporción de fibras importadas había disminuido de un 45 por 100 a un 22 por 100.

II. LA REESTRUCTURACIÓN SOCIAL
Y LA POLÍTICA MIGRATORIA

La reorientación económica de los principales países iberoamericanos entre 1875 y 1900 engendró cambios significativos en la estructuración social. Los dos aspectos más marcados fueron la concentración de la propiedad en pocas manos y el impacto de la inmigración europea, este último en países como Argentina que hasta esa época habían sufrido escasez de mano de obra. El fenómeno de concentración de la propiedad fue compartido por muchos países de Iberoamérica, pero al mismo tiempo la propiedad comunal que poseían ciertas comunidades indígenas o de campesinos sobrevivía en varias regiones como el altiplano boliviano, la sierra de Guatemala, o el sur de México. La pequeña propiedad no fue aniquilada, y en regiones como el oeste de México creció a consecuencia de las Leyes de Reforma. Es cierto, sin embargo, que el proceso de concentración fue el fenómeno más destacado de este periodo, impulsado generalmente por las demandas del mercado internacional de productos primarios y por la expansión de la infraestructura interna. En México estos factores se combinaban con el impacto de las Leyes de Reforma, que pretendían un cambio profundo en la estructura de la propiedad. El objetivo liberal de repartir la propiedad corporativa entre cultivadores medianos y pequeños facilitaba la adquisión de bienes raíces por parte de comerciantes y especuladores, que se convertían en una nueva clase de latifundistas, partidarios del régimen de Porfirio Díaz, o por parte de los terratenientes ya existentes, que se veían así fortalecidos. La expansión de los ferrocarriles aumentó el valor de las tierras vecinas y muchas comunidades de campesinos fueron expulsadas de sus posesiones. En Argentina la acumulación de tierras comenzó a partir de la legislación de la época de Rivadavia (1826-1827) en respuesta a la demanda internacional de cueros y otros productos de las provincias del litoral. Probablemente la expansión económica de la República Argentina durante la segunda mitad del siglo xix no habría sido posible sin la inmigración de la mano de obra europea, particularmente italiana y española. En 1860, Argentina sólo tenía una población de 1.200.000 habitantes, menor que la de Chile (1.600.000). Dadas las posibilidades para aumentar la producción de cereales, el gobierno argentino empezó a darse cuenta de la escasez de trabajadores agrícolas. Además, Argentina nunca fue una sociedad de campesinos indígenas, como lo era Perú, Bolivia o Ecuador, ni tampoco había sido, en comparación con Brasil, Cuba, las costas de Venezuela y Colombia o los valles del norte del Perú, una economía de plantaciones esclavistas. A partir de 1850, los argumentos en favor de la inmigración se desarrollaron en Argentina y Chile, y la legislación argentina de 1876 la regularizó. En Chile, por contraste, no se dio ningún tipo de restricción a inmigrantes hasta 1914. En ambos países los partidarios de la inmigración la consideraron como sinónimo de modernización; estos argumentos, con cierto racismo implícito, señalaban las ventajas de europeizar la población, despreciando la capacidad de mestizos, indios, mulatos o negros para contribuir eficazmente al desarrollo del país. Tal actividad revela la mentalidad de los gobernantes en ambos países durante esa época. En Argentina, a mediados del siglo, la vasta área de las pampas, desde Santa Fe en el norte hasta Bahía Blanca en el sur, era una región fértil, pero poco explotada, debido

Emigrantes esperando para embarcar, 1896

en parte a las incursiones repetidas de indios guerreros, que en bandas de cincuenta a mil jinetes recorrían las pampas en su totalidad. Con la creciente demanda en mercados europeos de los productos agrícolas argentinos a partir de 1860, la modernización del país, la inmigración y la estabilización financiera llegaron a ser urgentes. Durante las décadas de 1860 y 1870, el país recibió más de 400.000 inmigrantes, lo que aumentó la población a 4 millones para la década de 1890. Esto contribuyó a la expansión agroexportadora fundada durante la época del caudillo Juan Manuel de Rosas (1829-1852), que iría a caracterizar las relaciones internacionales de comercio en Argentina, aun depués de la Depresión mundial de 1929. En 1879, el gobierno inició una campaña militar en contra de los indios guerreros, hecho que gradualmente permitió abrir las regiones del sur e imponer la soberanía nacional en territorios antes disputados con Chile.

Entre 1890 y 1914, Argentina llegó a ser una de las principales zonas de atracción para la migración europea, llegando más de 4 millones de extranjeros, de los cuales más del 50 por 100 se instalaron permanentemente. Sólo en el año 1889 llegaron 220.260 personas, y en los años de 1906, 1910 y 1912 las cantidades fueron casi tan altas. En Chile, que tenía menos atractivos, 10.413 inmigrantes llegaron en 1889 y 11.001 en 1890, pero la principal inmigración no fue precisamente de Europa, sino de países contiguos (Perú y Bolivia), y consistía en mano de obra no cualificada para minas de nitrato en el norte, en territorios como Tarapacá y Antofagasta, que ya Chile había conquistado de dichos países durante la Guerra del Pacífico

(1879-1883). El gran atractivo de Argentina seguía siendo la pampa, y por el año 1900 cientos de miles de italianos del norte se convertían en forma creciente en labradores arrendatarios y jornaleros agrícolas en las provincias de Buenos Aires, Córdoba y Santa Fe. Muchos inmigrantes llegaban de Italia y España para trabajar por temporadas en las cosechas argentinas, volviendo a Europa para realizar labores semejantes. A éstos se les llamaban «golondrinas», puesto que volaban de un continente a otro aprovechándose del bajo costo del pasaje. La inmigración española, la segunda más alta, provenía principalmente de la región de Galicia, que estaba sobrepoblada y dominada por el minifundio. La población argentina creció de 3.954.911 habitantes en 1895 a 7.885.327 en 1914.

En Chile, los inmigrantes españoles trabajaban como pequeños tenderos en las ciudades y puertos principales. En ambos países los inmigrantes llegaron a controlar una gran proporción de los establecimientos comerciales e industriales. Para el año de 1914, los dueños de empresas industriales de origen extranjero doblaban en número a los nacionales. Sin embargo, el desarrollo de industrias básicas en Argentina no cambió de manera alguna la predominancia política y económica de las élites terratenientes y exportadoras: en la provincia de Buenos Aires 50 familias controlaban 4.600.000 hectáreas. La expansión de las exportaciones, que se quintuplicaron entre 1890 y 1912, reforzó la posición de esas élites, pero los cambios en la estructura social, particularmente en la ciudad de Buenos Aires y la zona litoral, con la fundación de la Unión Cívica Radical en 1890, condujeron a la formación de un movimiento político que iba a desafiar su control de los procesos políticos.

El dinamismo de la exportación e importación generaba una diferenciación social con la expansión de los sectores medios de la sociedad: empleados públicos, grupos profesionales, administradores de empresas comerciales o industriales y de servicios, y la clase media rural de arrendatarios y labradores inmigrantes. Aunque subordinados en términos económicos y políticos al complejo agroexportador, dichos grupos empezaban a colaborar con otros sectores marginados de la política en las provincias del litoral, ganaderos no involucrados en la exportación, y la clase alta de las provincias interiores que resentía la predominancia porteña. Para 1890, estos grupos se alinearon detrás del liderazgo de Hipólito Yrigoyen y presionaron para la amplificación de las bases del poder político, hasta entonces monopolizado por la oligarquía agroexportadora del litoral, en favor de las clases medias y de las provincias.

En Brasil, un objetivo poderoso en la política de inmigración fue el de cambiar la composición de la población, en donde la participación negra y mulata era predominante. Con la llegada de más de 300.000 inmigrantes entre 1846 y 1875, portugueses en su mayoría, Brasil experimentó un fuerte aumento en su población de origen europeo. En 1872, año del primer censo nacional, el total de la población del Imperio brasileño sobrepasó la cifra de los 10.000.000 de habitantes.

En Brasil, los terratenientes o *fazendeiros* continuaban monopolizando la vida política y económica del país. Hasta la década de 1850, la oligarquía azucarera del noreste (Bahía y Pernambuco) predominaba, pero a partir de entonces se aliaron a ellos los dueños de fincas cafeteras del valle de Paraíba, la zona más fértil de la provincia de Río de Janeiro. Finalmente, a partir de 1870 los *fazendeiros* cafeteros de São Paulo, más empresarios que patriarcas de viejo cuño, empezaron a desafiar la hegemonía de los grupos tradicionales. Cambios significativos en la economía y en la sociedad, dados durante la segunda mitad del siglo xix, alteraron las bases políticas de la monarquía. En primer lugar, la esclavitud como sistema era incompatible con la modernización del país. Con el auge de São Paulo, donde predominaba el trabajo libre, el declive del noreste y del valle de Paraíba empieza a darse marcadamente. En São Paulo, los movimientos republicano y abolicionista fueron influyentes. El Manifiesto Republicano de 1870 atribuía el retraso del país a la esclavitud y a la monarquía. Los empresarios *paulistas* fueron los más fuertes partidarios de la emancipación, y pensaron que la mano de obra libre podría responder con mayor facilidad a las necesidades del mercado nacional. En 1880 Joaquim Nabuco fundó la Sociedad Antiesclavista Brasileña. La emancipación de los esclavos fue un proceso lento en Brasil. Sin embargo, para 1884, la mayoría de los terratenientes esclavistas del noreste habían emancipado a sus esclavos, porque ellos contribuían a sus gravámenes, y porque por primera vez desde el siglo XVI, la sociedad patriarcal del noreste comenzaba a desintegrarse. Este fenómeno reducía progresivamente la fuerza política de dichos *fazendeiros* y preparaba las condiciones para la participación de intereses empresariales provenientes del sureste, quienes tomaron la iniciativa político-económica durante la década de 1880. A partir de 1880, la mayor parte del Brasil, con la excepción del valle de Paraíba, ya tenía mano de obra libre, y la frustración de los que todavía quedaban esclavizados provocó las rebeliones de 1886 y 1887 en las provincias de Río de Janeiro y São Paulo, y causó la fuga de muchos esclavos a las ciudades principales, que eran centros del poder político.

Los cambios económicos después de mediados del siglo XIX acrecentaron la importancia de los centros urbanos con su orientación a Europa occidental. El crecimiento del mercado de trabajo, resultante de la inmigración, puso de relieve la situación anacrónica de la esclavitud. La expansión del café a partir de 1880 respondía a altos precios mundiales, y los empresarios *paulistas* querían aprovecharse de las condiciones favorables para mayores inversiones, y consideraron la mano de obra libre como una forma de trabajo más económica que la esclavitud. Además, la inmigración acentuaba las diferencias entre el Brasil tradicional y el nuevo. Entre los años de 1883 a 1893, más de 883.668 inmigrantes europeos, italianos y portugueses en su mayoría, llegaron principalmente a São Paulo, un aumento considerable en el mercado laboral. Factores como éstos explicaron la conversión al trabajo asalariado entre 1887 y 1888. A principios del siglo XIX las relaciones de producción eran de tipo esclavista en su gran mayoría, para 1884, la población esclava había disminuido a 1.240.806, y en mayo de 1887, a 723,419, y más de la mitad estaba en el centro-sur, en las provincias de São Paulo, Río de Janeiro y Minas Geraes. Con el decreto de emancipación, firmado el 13 de mayo de 1888, Brasil fue el último país americano en abolir la esclavitud.

Aunque el gobierno brasileño no indemnizó a los antiguos dueños de esclavos, tomó prestado créditos británicos para subsidiar esta transición. Efectivamente, muchos antiguos esclavos se quedaron en las plantaciones trabajando como jornaleros libres, aun después de 1900, por la falta de trabajo en las ciudades del litoral, debido a la llegada de nuevos obreros extranjeros. El Imperio brasileño cayó en 1889, no por la falta de apoyo de los *fazendeiros* agraviados por la emancipación de los esclavos, sino porque los intereses cafeteros lo habían abandonado. Sin embargo, las élites que habían sostenido a la monarquía hasta entonces estaban determinadas a preservar su posición predominante y a impedir la transición a una república liberal democrática. En 1889, la formación de la «Vieja República» no significaba el comienzo de la democracia constitucional en Brasil, sino, todo lo contrario, era la última fase en la transferencia del poder político a los intereses comerciales del sureste, quienes a su vez eran partidarios de la modernización del país según el canon europeo occidental y norteamericano, en respuesta a tendencias evidentes en la economía mundial. Sin embargo, Brasil no dejó de ser un país predominantemente agrícola.

La inmigración aumentó el número de los europeos en el Brasil. Efectivamente, la llegada de gente blanca a partir de 1880 sustituyó la importación de esclavos negros durante el periodo anterior a 1850, y alteró la composición étnica de la población. En el segundo censo de 1890, la población brasileña estaba formada por 6.302.198 blancos (43,97 por 100), 5.934.291 mestizos o mulatos (41,40 por 100) y 2.097.426 negros (14,63 por 100). En varios estados, como Bahía y Minas Geraes, los mulatos llegaron a ser el grupo más numeroso, un 46,19 por 100 de la población en el primero y un 34,93 por 100 en el segundo. Finalmente, el decreto número 528 del 28 de enero de 1890 limitó la entrada de africanos y asiáticos en el Brasil sin la autorización específica del Congreso federal.

México no fue un país de inmigrantes: los pocos que llegaron durante la segunda mitad del siglo fueron generalmente comerciantes o empresarios europeos, usualmente franceses o españoles, que pronto se establecieron en la industria textil o en el comercio de importación. Por eso, la influencia económica de éstos era mucho mayor que su tamaño. El crecimiento de la población mexicana no se debió a la inmigración, sino a un incremento natural: pasó de 9.400.000 habitantes en 1877 a más de 15 millones para 1910. Precisamente, durante este periodo aparece en términos poderosos el problema agrario, que más tarde se constituiría como precondición para la revolución social de 1910. A pesar de que un 77,7 por 100 de la población trabajaba o residía en el campo, el país para la primera década del siglo xx no podía depender de sus propios recursos para su alimentación en los años de escasez, debido a la crecida concentración de inversiones en productos no básicos, sino en productos más lucrativos con demanda ya en los mercados exteriores o internos, como en insumo industrial o agroindustrial. Un caso ilustrativo es el del complejo azucarero en el estado de Morelos, con alta inversión de capital y tecnología, precisamente la región en donde estallaría en 1910-1911 la revolución campesina zapatista que luchaba por la recuperación de tierras para la alimentación. Durante los años 1877 a 1907, la producción del maíz disminuyó a razón de 0,84 por 100 por año; la producción en términos absolutos disminuyó de 2.730.622 toneladas en 1877 a 2.127.868 toneladas en 1907; y la producción de éste en relación con la producción agrícola disminuyó de 52 por 100 a 33 por 100 en el mismo periodo. En 1892-1893, 1896-1897 y 1910-1911, debido a pérdidas de cosechas en muchas regiones, México se vio obligado a importar más de 200.000 toneladas de grano por año. La producción de trigo disminuyó a razón de 0,5 por 100 por año entre 1877 y 1907, y el arroz a razón del 0,14 por 100 entre 1877 y 1894. Aunque los precios de alimentos disminuían en el mercado mundial, en México sucedía lo contrario. Entonces, durante el periodo de su primera expansión económica con la modernización de la infraestructura y el crecimiento de algunas industrias nacionales, México no prestó atención a los profundos problemas del sector agrícola. Esto provocaría una crisis de alimentación tras el Porfiriato. Dicha crisis fue grave, porque la población estaba creciendo rápidamente y la urbanización continuaba siendo un fenómeno marcado durante la época. Aunque la mayoría de la población trabajaba en el campo y el país seguía siendo primariamente agrícola, la agricultura no podía sostener a la población. A pesar de los aspectos modernos de la economía, frecuentemente comentados, el sector agrario continuaba atrasado. En México, además, el nivel de analfabetismo alcanzó un 75 por 100.

Críticos del régimen porfiriano, como Wistano Luis Orozco y Andrés Molina Enríquez, pintaron un México anacrónico, un país en el que la concentración de la propiedad en manos de un grupo poderoso de hacendados era responsable no solamente de la baja productividad de la agricultura, sino también de la condición servil de la mayoría de la población rural. Wistano Luis Orozco en su *Legislación y jurisprudencia sobre terrenos baldíos,* 2 volúmenes (México, 1895), denunció la ineficacia económica y desigualdad social del sistema de la hacienda, que vio como una institución feudal derivada de la violencia de la conquista española a principios del siglo XVI. Según Orozco, la reducción de la población rural a la servidumbre constituía el principal obstáculo al desarrollo de la democracia social en México. Orozco identificó como la raíz del problema agrario de su época las consecuencias imprevistas de la Ley Lerdo de 1856. No solamente criticaba al régimen de Díaz, sino también al liberalismo de la Reforma. En su célebre obra *Los grandes problemas nacionales* (México, 1909), Molina Enríquez también pintó la hacienda como entidad feudal y condenó la pérdida de las tierras comunales. El legado del régimen porfiriano fue, según él, un país empobrecido. Para Molina Enríquez, la expansión de los ferrocarriles, el crecimiento económico y los presupuestos equilibrados fueron logros superficiales que no pudieron ocultar el total fracaso del régimen en su política social y económica. Contrastó los terrenos no sembrados de los latifundios con el cultivo intensivo de los ranchos y de los pueblos de campesinos. En la zona central de México, una de las principales regiones para el cultivo de cereales, la hacienda fue una superimposición artificial que no contribuía eficazmente a la producción de los alimentos necesarios para el consumo nacional. Molina Enríquez consideró que la época moderna de México había comenzado con la Reforma, y que la experiencia del Porfiriato fue una distorsión y corrupción de la visión social de los reformadores liberales, muchos de ellos mestizos, aliados con los rancheros y las clases trabajadoras urbanas.

Impulsado por la expansión de la infraestructura, el proceso de concentración de la propiedad se aceleró en México, aprovechándose de las provisiones de las Leyes de Reforma y la legislación subsiguiente. La venta de los llamados terrenos públicos a propietarios privados a partir de la ley del 20 de julio de 1863, ocasionó una transferencia de la propiedad de importante significado, aunque hasta 1877 las ventas eran muy lentas. Entre los años de 1866 a 1883 se expidieron 3.182 nuevos títulos en un área de 4.300.000 hectáreas, la mayor parte de esta venta se dio en los estados norteños, y frecuentemente sobrepasaron el máximo de 2.500 hectáreas impuesto por la ley; por ejemplo, en el estado de Nuevo León, tres títulos fueron expedidos cubriendo un área de 152.908 hectáreas. En los estados costeños y de clima tropical, como Tabasco o las tierras bajas de Chiapas, la gran cantidad de tierra enajenada estaba dedicada al cultivo de productos primarios, como el café o el cacao. Entre los años de 1884 a 1906, se expidieron 4.848 títulos adicionales. Por cierto, la expansión de la infraestructura durante la época de Porfirio Díaz hizo posible la apertura de nuevas tierras en regiones hasta entonces alejadas de los principales centros de población y riqueza. Para facilitar una crecida producción privada, el gobierno de Manuel González (1880-1884) comenzó la práctica de contratar compañías agrimensoras para reclamar los llamados terrenos baldíos, y entre 1883 y 1893 se denunciaron un total de 50 millones de hectáreas, de los cuales 16 millones quedaron en poder de las compañías agrimensoras. Finalmente, el régimen de Díaz abolió el límite al total de hectáreas por persona (1863), dejando abierta la oportunidad de crear monopolios en el campo. Para 1906 se había dispuesto 10.700.000 hectáreas de terrenos públicos, y en todo el Distrito Federal y en doce estados de la federación no quedaban tierras en manos del Estado.

Las tierras comunales restantes encontraron una suerte similar, y para inicios de la Revolución Mexicana los abusos en el proceso de privatizar los derechos a la tierra, como resultado de la Ley Lerdo de junio de 1856, trajeron consecuencias imprevistas para aquellos campesinos e indígenas sin el poder adquisitivo para obtener derechos a la tierra. Éstos eran sobrepasados por los grandes terratenientes tradicionales o por la nueva burguesía comercial que deseaba convertirse en terrateniente. Los liberales mexicanos de la época de la Reforma (1855-1876), ansiosos de convertir cualquier tipo de propiedad corporativa en propiedad privada, porque veían en ésta el futuro desarrollo del país, omitieron, sin embargo, las tierras llamadas ejidos de la ley de 1856 y de la Constitución de 1857, en donde fue negada la existencia jurídica de comunidades indígenas. Los ejidos, tierras de pasto más que de cosecha, fueron clasificados como tierras nacionales, una definición que implicó que pudieran ser vendidos a la discreción del gobierno. Cuando el régimen de Díaz ordenó, en 1889 y 1890, la venta de aquellas tierras comunales restantes, incluyendo ejidos, había comenzado el proceso final en la pérdida de terrenos por parte de muchos pueblos. De esta manera pasaron a manos de propietarios privados alrededor de 900.000 hectáreas. En el estado de México, por ejemplo, 64 haciendas dominaban la totalidad del área, y en general los obreros agrícolas carecían de tierra. Para 1910, las 8.431 haciendas del país contenían unos 5.500.000 habitantes. El proceso de concentración de la propiedad estuvo acompañado en muchos casos por la violencia, especialmente cuando el gobierno ordenó en 1902 la partición de todas las tierras comunales. Las pérdidas ocasionadas por la política del régimen engendraron una migración acelerada del campo a la ciudad. Sin embargo, los propietarios medios o rancheros pudieron aprovecharse hasta cierto punto de las provisiones de las leyes de Reforma para mejorar su posición. Entre 1877 y 1910, el número total de los ranchos aumentó de 14.705 a 48.633.

Los cambios económicos en el norte del Perú alteraron la estructura social de la región, principalmente por la migración de mano de obra desde la sierra. A partir de los últimos años de la década de 1890, muchos campesinos de la zona andina, contratados por el sistema de enganche, bajaban a las plantaciones, respondiendo a las necesidades del ciclo agrario y del ritmo económico. Estos trabajadores iban a constituir un proletariado rural en una región que hasta el pasado reciente había experimentado una escasez de trabajadores. Sin embargo, el método de reclutamiento era muy tradicional. El propietario se ponía de acuerdo con un enganchador y le proporcionaba una cierta cantidad de dinero para contratar a potenciales trabajadores en los pueblos serranos, con la asistencia de las autoridades locales o las personas predominantes que recibían el nombre de *gamonales*. Se contrataba a los campesinos por medio de adelantos de dinero que necesitaban frecuentemente para pagar las deudas en las que habían incurrido. El plantador pagaba al trabajador por medio del enganchador, que recibía una comisión de entre el 20 y el 30 por 100 en cada salario, y que controlaba la alimentación y la tienda de raya, en la que los trabajadores debían comprar lo que necesitasen. Al mismo tiempo que los plantadores contrataban a esta nueva mano de obra, extendían su control sobre el territorio mediante la compra de las propiedades de sus competidores menos capaces de sobrevivir en las condiciones de expansión y acelerada demanda, y mediante su monopolio de los derechos sobre el agua. La mecanización de la producción también perjudicó la posición de los *yanaconas*, que eran cosecheros-arrendatarios de tierras de las haciendas. En 1900 se sembró una totalidad de 36.000 hectáreas de azúcar, y la producción se hallaba concentrada en 62 ingenios (33 en 1929). Entre 1900 y 1905 la producción de azúcar creció de 112.220 toneladas métricas a 161.850.

En la sierra central del Perú las comunidades campesinas no estaban apartadas del mundo exterior, sino que participaban en la economía comercial desde una posición de fuerza, como nos dice el estudio de Florencia Mallon. Consistían en sectores económicamente diferenciados, con oportunidades de trabajo fuera de la comunidad en la minería y el arrieraje. Ofrecían una resistencia constante a la extracción de su mano de obra por el sector privado. Con la posesión de tierras, estas comunidades permanecían independientes de la hacienda o la mina para su sobrevivencia. Esa es la razón por la que no habían sido reducidos a un proletariado rural. La hacienda solía ser de menor importancia en valles como el Mantaro o el Yanamarca que en otras regiones del Perú. La gran propiedad quedaba efectivamente limitada a la puna, las tierras pastoriles de mayor altitud, donde se cría el ganado menor, como el ovino. Las provincias de Cerro de Pasco y Tarma, que contenían grandes áreas de puna, tenían el mayor número de haciendas. Durante la década de 1870 existían solamente 40 haciendas en las zonas de Jauja y Huancayo, y menos de la cuarta parte de la población vivía en tierras de haciendas. Con pocos recursos de capital a partir de las luchas por la independencia, que fueron devastadoras precisamente en la zona central andina entre 1820 y 1824, el grupo de nuevos propietarios y comerciantes que habían ganado predominio político y social en la región no pudieron adelantar sus intereses hasta la expansión comercial de las décadas de 1860 y 1870. Como en el caso del azúcar, el *boom* del guano estimuló un incremento de producción, esta vez en el sector ganadero, respondiendo a la subida de precios en Lima, y facilitó la diversificación de inversiones en la minería y la agricultura subtropical de la zona oriental andina. Sin embargo, la expansión acelerada se vio restringida por la falta de capitales y la escasez de mano de obra.

El impacto de la Guerra del Pacífico trastornó gravemente la economía de la zona central, debido a la lucha guerrillera a partir de 1881 contra las fuerzas de ocupación chilenas. El coronel Andrés Cáceres organizó tres ejércitos de comerciantes, pequeños propietarios y campesinos en la zona entre Jauja y Huancayo, pero la guerrilla en la sierra creó un campesinado armado, movilizado y relativamente autónomo, que alteró la naturaleza del conflicto, y en adelante iba a asemejarse a una lucha social dirigida contra los hacendados que había optado por la colaboración con el invasor. En muchos aspectos las bandas armadas de campesinos lograron escapar de las redes locales de patrones y clientes. Los guerrilleros controlaron el campo no solamente durante la guerra, sino durante varios años después: hacia 1886, por ejemplo, más de quince haciendas en la zona de Huancayo habían sido invadidas por campesinos. Por estas razones el gobierno central, después del fin de la guerra, emprendió la tarea de desalojarlos y de restaurar la situación anterior, y no se privó de emplear fuerzas militares contra los campesinos, como ocurrió en la zona de Comas en 1888. Sin embargo, grandes áreas de la sierra siguieron en sus manos hasta mediados de la década siguiente. Estas acciones por parte de los campesinos peruanos han de ser contempladas dentro del contexto más amplio de resistencia y sobrevivencia frente a las presiones exteriores o los abusos particulares. Entre 1850 y 1900, cinco levantamientos de campesinos (frecuentemente de origen indígena) tuvieron repercusiones a nivel nacional: el de Huancané entre 1866 y 1868, el de Huaraz en 1885, Huánuco en 1895, Huanta en 1896, y Puno entre 1895 y 1897. Otras rebeliones graves estallaron en el altiplano entre 1903 y 1928, especialmente en Puno y Azángaro en 1923. El caso de Huaraz revela mucho de las tensiones sociales por toda la sierra: en 1885, Pedro Pablo Atusparia, el jefe de un grupo de pueblos en Huaraz y trece alcaldes, protestaron al prefecto del departamento de Ancash por el peso de las contribuciones y la obligación de trabajar en la construcción de caminos. Cuando el prefecto lo insultó y prendió a los catorce hombres, los campesinos ocuparon la ciudad, expulsaron a los representantes civiles y militares del poder oficial, y saquearon las casas de los comerciantes y terratenientes.

La creciente demanda de mano de obra puso de relieve la continua autonomía del sector campesino, que facilitaba la sobrevivencia de una gran cantidad de trabajadores independientes del sector privado. Sin embargo, la recuperación de la economía entre 1860 y 1880 y a partir de 1885, aceleró la diferenciación social y económica dentro de las comunidades, debido a la capacidad de los campesinos prósperos para responder a los estímulos comerciales. Éstos acabaron convirtiéndose en los intermediarios entre los comerciantes, terratenientes y mineros por un lado, y los campesinos pobres por otro. El reclutamiento de trabajadores para las minas (ya en plena expansión) y las haciendas se llevaba a cabo por los medios tradicionales del patronazgo, enganche y endeudamiento. Sin embargo, la demanda era tan grande que los campesinos podían contraponer un grupo de intereses privados o una red de patrones-clientes a otro, y sacar beneficios de tal manejo. La sobrevivencia de un sector campesino independiente hasta las primeras décadas del siglo XX revela claramente la debilidad de la élite regional, que era aún incapaz de establecer su hegemonía sobre la zona central y convertir a los agricultores libres en su mano de obra independiente. Esto no era posible sin la acelerada presión externa para la innovación, y sin participación de capital extranjero. La rápida expansión del cobre a partir de 1902 y de los sectores asociados a él estimularon la migración interna desde las comunidades y ayudaron al proceso de endeudamiento y establecimiento del nuevo proletariado. Con la Compañía de Cerro de Pasco, el enganche se convirtió en un sistema amplio y difundido, organizado por los poderosos de la localidad —fueran comerciantes, terratenientes o ricos campesinos—, que desempeñaban el papel de *gamonales*. Esos patrones o caciques, que caracterizaban la vida social de la sierra a partir de la época de Piérola, operaban frecuentemente en asociación con las autoridades locales, y a través de ellos el gobierno de Lima mantenía su control en la región.

La creciente urbanización, los cambios económicos y sociales, y la migración interna contribuyeron a la formación de los tempranos movimientos laborales en Iberoamérica, principalmente en los países más afectados, como México o Argentina. En ambos países se apreciaba la influencia de ideas anarquistas y socialistas. En México, donde el problema del trabajo y la tierra estuvo agravándose durante la época porfiriana, algunos dirigentes y propagandistas del anarquismo divulgaron los conflictos agrarios en la naciente prensa obrera urbana, llevando a cabo los principales esfuerzos para identificar la lucha de los trabajadores del campo con los de las ciudades. En Argentina, así como en Chile, se identificó la agitación obrera con la infiltración de extranjeros subversivos en el país. En muy pocos casos se atribuyó a las tensiones sociales generadas por los cambios económicos producidos en esos países por la modernización. Sin embargo, es cierto que con la inmigración española e italiana se difundieron las ideas revolucionarias en Iberoamérica. España era precisamente el país en que el anarquismo y anarcosindicalismo, las doctrinas de Pierre Joseph Proudhon (1809-1865) y Mikhail Bakunin (1814-1876), habían arraigado a partir de 1880 entre los artesanos y trabajadores agrícolas del sur. Entre 1887 y 1900, el número de inmigrantes españoles residentes en México aumentó de 9.553 a 16.258. Y como ya hemos visto, los españoles constituyeron una gran proporción de los inmigrantes en Argentina.

Los intentos por organizar el movimiento laboral en México resultaron en la creación del Gran Círculo de Obreros de México en 1870 y la fundación del periódico *El Socialista* al año siguiente. Otros periódicos como el *Hijo del Trabajo*, fundado por el inmigrante anarquista español José Muñuzuri, y *El Obrero Internacional* propagaron también ideas anarquistas y protestaron contra las expulsiones de campesinos de sus tierras por los hacendados, aprovechándose de la ley Lerdo. Sin embargo, los anarquistas se dividieron en 1878-1880, respondiendo a la competencia política a nivel internacional, y se fundó otro *Gran Círculo de Obreros* en Zacatecas en 1878, y que en 1880 prestó su apoyo a la candidatura del general Trinidad García de la Cadena para la presidencia. La actividad anarquista llegó a su cumbre entre 1879 y 1882, pero a partir de 1880, el presidente Manuel González empezó a reprimirla. El *Gran Círculo* de México fue clausurado en 1883, el *Congreso Nacional de Obreros Mexicanos* perdió su influencia en el mismo periodo; otras asociaciones casi no tuvieron impacto y, finalmente, tropas federales invadieron en 1886 los estados de Zacatecas y Puebla y aplastaron los movimientos de García de la Cadena y el general Miguel Negrete. El periódico liberal *El Siglo XIX* condenó el fusilamiento de Cadena como un asesinato. Hasta cierto punto, estos esfuerzos anarquistas anticiparon la expansión económica de los principales centros urbanos, que tuvo lugar desde finales de la década de 1880, particularmente en lo que se refiere a las industrias del tabaco y textiles. En el periodo 1858-1910, el área metropolitana de la ciudad de México pasó de 8,5 kilómetros cuadrados a 40,5, y la población de la capital creció de 230.000 habitantes a 471.000 entre los años 1877 y 1910. Entre 1887 y 1907, la industria textil quintuplicó su producción, y las fábricas de textiles y de tabaco empleaban más de 1.000 trabajadores cada una. En 1907 había 35.866 trabajadores empleados en el sector textil en todo el país. La adopción de la nueva tecnología industrial socavó la posición de los artesanos y empeoró las relaciones laborales. La agitación laboral fue quizá un reflejo de la transformación del artesano en proletario. Aunque el movimiento laboral sufrió su peor momento entre 1886 y 1900, la agitación obrera —como la campesina— no cesó, como lo ilustran las huelgas textiles en Puebla, Tlaxcala, Orizaba y el Distrito Federal en 1885, 1888, 1889, 1890, 1892, 1894, 1896 y 1900 respectivamente. Tampoco se extinguieron los esfuerzos para organizar a los trabajadores, como los de los ferrocarriles de Nuevo Laredo en 1887, Monterrey y Puebla en 1898, y los mineros del cobre en Cananea a partir de 1900. Durante la década de 1890, los hermanos Ricardo y Enrique Flores Magón comenzaron a difundir propaganda antiporfirista, influida por el anarquismo.

El anarquismo en México, como en Argentina, Chile y Cuba, precedió al socialismo como la primera ideología revolucionaria obrera. Fue desarrollado principalmente por inmigrantes en estos últimos países, pero, al mismo tiempo, el apoyo que recibió por parte de algunos grupos de trabajadores indicó su grado de descontento y frustración frente a las condiciones sociales y políticas. Aunque la agitación obrera en Argentina no presagió una revolución social, aterrorizó a los grupos gobernantes, que no estaban acostumbrados a la militancia obrera. Ni en Buenos Aires ni en Santiago de Chile participaban los trabajadores urbanos en la prosperidad de la época, y durante la década de 1890 las organizaciones obreras argentinas aumentaron su presión para conseguir la mejora de las condiciones laborales. El primer sindicato que se formó en Argentina fue probablemente el de los trabajadores de tipografía en 1878. La Federación Obrera de la República Argentina, fundada en 1890, estuvo pronto controlada por los anarcosindicalistas. Generalmente, éstos controlaban a los trabajadores no cualificados, y los socialistas a los cualificados. El Partido Socialista Argentino fue fundado en 1894 para responder a los agravios de la clase media baja y los obreros cualificados. En la ciudad de Buenos Aires ocurrieron 19 huelgas en 1895 y 16 al año siguiente. Los trabajadores de los astilleros, los carreteros, y otros obreros de la zona metropolitana se pusieron en huelga dirigidos por anarquistas, y en noviembre de 1902 el gobierno de Julio Roca proclamó el estado de sitio, mientras que en 1903, en Valparaíso, la represión de la huelga en los astilleros dejó un saldo de 35 muertos. Las huelgas continuaron a lo largo de la primera década del siglo xx: la huelga general y violencia en Santiago contra el aumento en los precios de la carne en 1905, la matanza de trabajadores en huelga en Iquique (un centro principal de la industria de nitratos de Chile) en diciembre de 1907, las huelgas en Buenos Aires en 1907, 1909 y 1910, y las célebres huelgas de Cananea (junio de 1906) y Río Blanco (diciembre de 1906) en México. El Congreso argentino, que persistía en ignorar los agravios de la clase trabajadora, culpó a los inmigrantes, y en noviembre de 1902 aprobó la Ley de Residencia que otorgaba facultad al Ejecutivo para expulsar a cualquier extranjero sospechoso de subversivo. Al mismo tiempo las élites continuaron con su política de restringir el acceso al derecho de naturalización y ciudadanía. Sin embargo, los radicales, que estaban compitiendo por obtener el apoyo obrero, se sentían amenazados por la creciente influencia de los socialistas. En Chile, los primeros sindicatos aparecieron en las industrias de nitratos y del carbón, pero comenzaron como mutualidades o mancomunales para responder a las necesidades físicas y educativas de los trabajadores. Un Centro Social Obrero comenzó a funcionar en 1896, una Unión Socialista en 1897 y un Partido Obrero en 1897. Los orígenes del Partido Socialista se remontan a 1901, y en 1906 el socialista Luis Emilio Recabarren fue elegido al Congreso, aunque excluido de las sesiones. En Cuba, la organización sindical empezó a partir de 1865, pero su actividad estuvo asimismo confinada a la educación y el periodismo, con la Asociación de los Trabajadores Tabaqueros en La Habana y su periódico *La Aurora*. Mostró su fuerza por primera vez en la huelga de 1883. Otro periódico más radical, *El Obrero*, difundía ideas anarquistas entre los tabaqueros. El Congreso Regional Obrero que tuvo lugar en La Habana en 1892 les concernió principalmente a ellos. La Liga de Trabajadores Cubanos (1898) fue la organización obrera más importante fundada hasta entonces, pero el potencial de la clase obrera en Cuba estuvo siempre limitado por la imposibilidad de organizar a los trabajadores del azúcar motivada por la oposición de los patrones, la distancia entre las plantaciones y de ellas a las ciudades, y la práctica de emplear en la zafra mano de obra barata y temporal traída de Haití y Jamaica. Sin embargo, a finales del siglo xix existía ya un movimiento obrero en Cuba, que apoyó a José Martí y la causa de la independencia nacional de la metrópoli española, profundamente influido por las ideas anarquistas importadas de este mismo país, y que se vio aún más reforzado por la inmigración española de las primeras décadas del siglo xx. Hasta 1924-1925, solamente los anarquistas tuvieron alguna influencia, pero no existía ninguna unidad obrera.

El mundo urbano en Iberoamérica seguía siendo en casi todos los países un ámbito bastante reducido. La mayoría de la población continuaba viviendo en el campo o en las pequeñas ciudades y pueblos ligados a la economía rural. En los años anteriores a la primera guerra mundial, de entre los países principales, la urbanización predominaba únicamente en Argentina: en 1895, un 37 por 100 de la población argentina vivía en ciudades y un 63 por 100 era rural; en 1914, la relación se había trastocado —53 por 100 urbana y 47 por 100 rural. En los países de tradición precolombina y colonial existía muy poca coordinación entre los dos ambientes, y el débil movimiento laboral urbano actuaba con frecuencia aisladamente del campesinado. En el México de Díaz, las protestas campesinas tenían lugar generalmente en localidades alejadas de los grandes centros de poder y, debido a la topografía del país, la tarea de coordinar conflictos locales o levantamientos de poca duración para transformarlos en movimientos de impacto nacional se mostró dificilísima. El régimen, además, empleó a las tropas federales y a los rurales para establecer su control en el campo, ayudado por los nuevos ferrocarriles. Sin embargo, una larga tradición de protesta, a veces violenta, y con profunda resonancia regional entre las décadas de 1840 a 1870, tuvo impacto en la conciencia campesina, y se vio estimulada aun más por los esfuerzos por parte de los primitivos anarquistas para promover leyes agrarias. El Primer Congreso Campesino tuvo lugar en la ciudad de México en 1877, y en varios estados se formaron ligas campesinas para la devolución de tierras arrebatadas, pero cuando el general Tiburcio Montiel fundó en 1880 la Liga Agraria, Mexicana fue deportado a Baja California. Los movimientos campesinos dirigidos por Julio Chávez López en Chalco en 1868-1869 y en 1878-1879 tuvieron hondas repercusiones por toda la zona del este del estado de México, el norte de Morelos, una parte de Puebla, Guerrero e Hidalgo. El general Negrete, poderoso en la zona montañosa entre Puebla, Morelos y Guerrero, apoyó estas rebeliones, y las tropas federales no fueron capaces de imponer su control hasta 1884. Los rebeldes saquearon haciendas, quemaron pueblos hostiles, redistribuyeron tierras, y apelaron por la autonomía del municipio libre. La zona controlada por los zapatistas entre 1910 y 1920 fue más o menos idéntica a la afectada por la rebelión Chávez López-Negrete cuarenta años antes. Chávez fue capturado y fusilado en Chalco.

Aunque la inmigración europea en masa afectaba en esta época a pocos países iberoamericanos, notablemente a Argentina y Brasil, y como veremos más tarde a Cuba, profundos cambios sociales tuvieron lugar por casi todo el continente, debido al impacto de los cambios económicos, como hemos demostrado. Éstos estimularon la migración interna y la creciente urbanización evidente hacia 1900. Mientras que este último fenómeno afectaba más a las ciudades metropolitanas, algunas otras de provincia —como São Paulo, Medellín o Monterrey, por ejemplo— crecieron por su posición comercial e industrial, igual que varias ciudades secundarias como Rosario o Guadalajara. Los ferrocarriles construidos durante estas décadas ayudaron en gran manera al crecimiento de las ciudades conectadas con la red nacional. En consecuencia, la política tendría desde entonces que tener en cuenta los intereses de los nuevos grupos urbanos, que no constituían de ninguna manera un grupo social homogéneo, y al descontento de los grupos desalojados de sus comunidades tradicionales.

III. LA IGLESIA, EL ESTADO, Y LA SOCIEDAD DURANTE EL PERIODO DE LA DOMINACIÓN OLIGÁRQUICA

El primer Papa que conoció personalmente Iberoamérica fue Pío IX, que siendo Giovanni Maria Mastai-Ferretti había sido miembro de la misión apostólica a Chile en 1823-1825. Su pontificado se caracterizaba por la lucha entre el liberalismo secular y el catolicismo tradicionalista, y durante su curso fue definida la doctrina de la Inmaculada Concepción en 1854, fue publicado el Sílabo de Errores en 1864, y fue declarada la Infalibilidad Papal en 1871. En esta época, la Iglesia formulaba su respuesta a la Ilustración, la Revolución francesa y el liberalismo anticlerical, por medio de la reafirmación de la espiritualidad tradicional, la cristología, la devoción mariana, y la vida religiosa. Un despertamiento del catolicismo europeo tuvo lugar en el periodo que siguió a la Revolución francesa, y a partir de mediados del siglo XIX su influencia permeaba también la Iglesia iberoamericana. En 1858 se había fundado ya el Colegio Pío Latino-Americano Pontificio en Roma para la instrucción de sacerdotes. Varios obispos iberoamericanos participaron en el Primer Concilio Vaticano en 1870-1871. En casi todos los países de Iberoamérica, con la sola excepción de Colombia a partir de 1880, los gobiernos siguieron una política de secularización encaminada a limitar la influencia de la Iglesia en todos los aspectos de la vida, aunque ningún régimen atacaba al catolicismo o cristianismo como tal. En México, el presidente Sebastián Lerdo de Tejada (1872-1876) incorporó las Leyes de Reforma en la Constitución en 1873, pero su puesta en vigor provocó la insurrección de los «Religioneros» en el centro-oeste del país, a quienes el ejército oficial no podía derrotar. Con jefes como Socorro Reyes, que operaba en Michoacán hasta su fusilamiento, los insurgentes controlaron una gran porción de territorio en 1874 y 1875. La rebelión dio a Porfirio Díaz la oportunidad de presentarse como campeón de la reconciliación nacional en su Revuelta de Tuxtepec contra Lerdo en 1876. Díaz, como Juárez y Lerdo, era francmasón, pero estaba dispuesto a no molestar a la Iglesia para incorporar a los católicos en su política de conciliación. Durante la época de Díaz, la Iglesia mexicana inició una serie de reformas internas y trató de recuperar su influencia en las zonas rurales. En Jalisco, por ejemplo, el arzobispo de Guadalajara, Loza y Pardavé (1869-1898), estimuló la fundación de escuelas primarias sostenidas por los feligreses y por una parte del diezmo, comenzó la construcción de nuevos templos, y reparó los antiguos. En la república se crearon trece nuevas diócesis entre 1869 y 1917 (había ya 27 en 1893) y diecinueve seminarios entre 1864 y 1911 (antes había once). El número total de sacerdotes aumentó de 3.232 en 1851 a 4.461 en 1910, y, en general, estuvieron mejor instruidos que en épocas anteriores. En 1900 existían

104 escuelas católicas en Jalisco, 81 en Michoacán, 57 en Puebla. La reconquista católica afectaba principalmente a las zonas del centro-oeste y centro-norte —Michoacán, Jalisco, Colima, el Bajío, Aguascalientes y Zacatecas (regiones en que estalló·la rebelión de los Cristeros en 1926-1929), y secundariamente al centro y sur. Con la encíclica *Rerum Novarum,* publicada por León XIII en mayo de 1891, varios católicos iberoamericanos empezaron a interesarse en las cuestiones sociales, particularmente en las deplorables condiciones de los trabajadores rurales e industriales. En México, Trinidad Sánchez Santos desarrollaba las implicaciones de la encíclica a partir de 1895, y durante la misma década el obispo de Querétaro, Francisco Banegas Galván, pedía la justicia social según la doctrina de León XIII. En 1903, 1904, 1906 y 1909 los Congresos Católicos de Puebla, Morelia, Guadalajara y Oaxaca criticaron los abusos sufridos por las clases trabajadoras, a pesar del progreso económico y la evidente riqueza de la minoría. En Jalisco, varios párrocos contravinieron en 1904, 1905 y 1906 la sección de las Leyes de Reforma que prohibía la realización de actos religiosos en los atrios de los templos o en las calles, y el gobierno del Estado reiteró la prohibición el 3 de junio de 1906 bajo la pena de fuertes multas. Para los historiadores católicos, como el jesuita Mariano Cuevas, el régimen porfiriano continuaba el liberalismo y era otra expresión de la misma ideología, como lo era también la Revolución mexicana que lo siguió: todos constituyeron un ataque al verdadero México por las fuerzas del capitalismo, positivismo y materialismo.

Durante la época constitucional, el estado argentino siguió la política de secularización de la sociedad. Desde la década de 1860 los presidentes y algunos gobernadores de provincias promovieron la educación pública e intentaron reducir así la influencia de la Iglesia católica. Varios de estos anticlericales fueron masones. Sarmiento, que se había afiliado a la logia masónica de Valparaíso en 1854 durante su exilio en Chile, se incorporó al año siguiente a la Logia de La Plata Buenos Aires. Durante su presidencia, el número de niños que recibieron educación en las escuelas aumentó de 30.000 a 100.000. Su objetivo profesado fue la eliminación del analfabetismo como el medio de arraigar el nuevo sistema político en una Argentina que había pasado en un tiempo no lejano por la experiencia rosista: «son las escuelas la base de la civilización». Como encargado de la instrucción pública en la provincia de Buenos Aires había escrito que «un pueblo ignorante elegirá siempre a Rosas. Hay que educar al soberano» (es decir, al pueblo argentino). Una ley de 1876 estableció la educación obligatoria y gratuita en el país. En el primer gobierno de Julio Roca, Sarmiento ocupó la Superintendencia General de Educación y presidió el Consejo Nacional de Educación. Propugnó la supresión de la enseñanza de la religión católica en colegios estatales, y en las páginas de *El Nacional* denunció la influencia del catolicismo en la vida nacional como un anacronismo que retrasaba al país. En 1882, Sarmiento fue Gran Maestre de la masonería argentina. La conexión entre la masonería y la ideología liberal tenía una larga historia en el mundo hispánico que se remontaba no solamente al temprano liberalismo de 1810 y 1820, sino más allá, a la influencia de la Ilustración. Consistía esencialmente en una crítica de la herencia católica y colonial hispánica por parte de políticos e intelectuales que querían promover el ejemplo de Francia o Gran Bretaña como el modelo cultural para Iberoamérica.

Durante las presidencias de Roca, Juárez Celman y Pellegrini entre 1884 y 1892 estallaron una serie de conflictos entre la Iglesia y el Estado. Su origen se remontaba a los finales de la década de 1860, con los conflictos en la provincia de Santa Fe que resultaron de la política anticlerical aplicada por el gobernador liberal, y los surgidos en Córdoba contra la política de Juárez Celman. A finales de la década de 1870 un grupo de católicos fundó la *Asociación Católica*, y en 1882 el periódico *La Unión* para defender la posición de la Iglesia en la sociedad argentina. Las tensiones se agudizaron en 1883 y 1884. Después de la muerte del obispo de Córdoba en enero de 1883, la sede quedó vacante. En abril de 1884 una pastoral del vicario capitular de la diócesis provocó una controversia que tendría consecuencias políticas trascendentales. El vicario prohibió a los padres católicos que enviaran a sus hijos a escuelas en que enseñaban maestras protestantes. El gobierno nacional había sancionado una escuela normal en Córdoba en la que trabajaba una maestra protestante de origen norteamericano, y la escuela no fue precisamente un colegio en el que se propagaran doctrinas protestantes. La denuncia del vicario parecía transferir los conflictos de la Europa del siglo XVI a la Argentina de finales del siglo XIX. El gobernador de Córdoba la condenó como subversiva y se convocó un juicio en la corte de justicia cordobesa. Cuando otros clérigos apoyaron la posición del vicario, el Poder Ejecutivo suspendió al obispo de Salta y los vicarios foráneos de Jujuy y Santiago del Estero, así como también al vicario. Al mismo tiempo profesores de las universidades de Buenos Aires y Córdoba que argumentaron contra la política del gobierno fueron depuestos de sus posiciones. El proceso culminó con la ley 1.420 del 18 de junio de 1884, que impuso la laicización de la educación pública. La administración de Roca abolió así la instrucción religiosa en las escuelas públicas durante las horas de asistencia. Por su oposición a esta ley, se expulsó al Delegado Apostólico el 14 de octubre, y el gobierno le dio veinticuatro horas para abandonar el país.

La ruptura de relaciones diplomáticas entre el Estado argentino y la Santa Sede aceleró la polarización política por parte de los católicos contra el régimen (el «Unicato»). Ya en el mes de agosto se había reunido el primer congreso nacional católico en Buenos Aires, organizado por los fundadores de la Asociación Católica, con representantes también de Montevideo. Los delegados del congreso abogaron por una participación unificada de los católicos en la vida política argentina para preservar los principios cristianos en la sociedad, y denunciaron la corrupción oficial y la práctica casi institucionalizada del fraude electoral. Además, posiblemente influidos por la crítica social de los regímenes liberales por parte de los católicos europeos, condenaron el descuido de la gente menesterosa por el gobierno argentino: en Argentina se había declarado soberano al pueblo, pero la política actual consistía en un esfuerzo concentrado para despojarlo de sus derechos. Sin embargo, el gobierno no se desvió de su objetivo de secularización, y el 2 de noviembre de 1888 se aprobó la ley para el reconocimiento del matrimonio civil como requisito legal para todos los argentinos antes de la ceremonia religiosa. La respuesta católica fue la creación de la Unión Católica, el primer partido político católico en Argentina. No duraría mucho tiempo, porque la oposición católica fue absorbida en la amplia coalición que se formó contra Juárez Celman en 1889 y que iba a derrocarlo al año siguiente, como veremos más adelante. Además, la controversia fue disminuyendo a partir de 1892. Sin embargo, la instrucción religiosa no fue restaurada en las escuelas públicas hasta el decreto del 31 de diciembre de 1943.

Desde mediados del siglo XIX, la Iglesia en el Brasil se hallaba dividida entre los esfuerzos por parte de Roma por extender el control de la curia romana, y la determinación del Estado brasileño de mantenerla subordinada al patronazgo real en la vieja tradición portuguesa de la monarquía Braganza. El problema para el emperador consistía en el que los mejores candidatos para el episcopado, es decir bien formados intelectualmente e íntegros en su moralidad particular, eran generalmente ultramontanos imbuidos de la ideología papal de la época de Pío IX. El conflicto en 1871 entre el emperador y el grupo de nuevos obispos sobre la cuestión de la penetración masónica en la clase alta brasileña, particularmente en el círculo gobernante y del clero mismo, debería ser visto en ese contexto. Siete de los once obispos brasileños habían asistido al primer Concilio Vaticano (1870-1871), y hacia 1872 al menos cinco obispos habían estudiado en Europa, como el joven obispo de Olinda, instruido en Francia. El Sílabo de Errores, expedido por Pío IX en 1864, había reiterado las anteriores condenas papales de la masonería, y al mismo tiempo declarado ilegal la práctica de ciertos gobiernos de permitir entrar en sus territorios únicamente los documentos eclesiásticos que a ellos les conviniera —el *placet*. El emperador don Pedro II utilizó el *placet* para prohibir la entrada en el Brasil del Sílabo. El obispo de Olinda empezó la purgación de la masonería en las asociaciones voluntarias de laicos, llamadas *irmandades*, muy poderosas en las ciudades principales. Cuando varias *irmandades* se resistieron al obispo y apelaron al gobierno nacional, se produjo un conflicto de autoridad entre la Iglesia y el Estado durante 1874. Llegó a tal extremo que los dos obispos involucrados fueron condenados inicialmente a cuatro años de trabajos forzados —pero amnistiados al año siguiente. El público —un número muy limitado de personas en el Brasil de esa época— apenas reaccionó ante este conflicto, debido a la debilidad de la Iglesia en el país y a la tradición de subordinación al Estado, como si la jerarquía eclesiástica fuera un mero departamento de la administración civil. La cuestión reveló la posición precaria de la Iglesia brasileña en su relación con el poder civil y puso de relieve el problema del sentimiento monárquico heredado de la época colonial, y que pasaría a ser visto en adelante como un estrangulamiento. Esto no pretende sugerir que el conflicto entre la Iglesia y el Estado influyera en gran manera la transición de monarquía a república en 1889, porque las razones económicas y políticas fueron de mayor importancia. Sin embargo, la jerarquía eclesiástica no se opuso a la caída del imperio, sino que, al contrario, acogió la oportunidad que la creación de la república le ofrecía para liberar a la Iglesia del dominio del Estado. Después de 1889 la jerarquía expresó su voluntad de trabajar con las nuevas autoridades republicanas, pero como nos explica el historiador canadiense Thomas Bruneau, lo que perseguía era la independencia de la Iglesia y, al mismo tiempo, el apoyo estatal para la religión católica.

En Brasil, el gobierno provisional (15 de noviembre de 1889 a 25 de febrero de 1891) separó la Iglesia del Estado el 7 de enero de 1890, y esta separación fue confirmada en la Constitución de febrero de 1891, y mantenida en las siguientes Constituciones de 1934, 1937 y 1946, todas ellas símbolos de la transformación del país en estado laico. Al mismo tiempo, la educación fue secularizada, las fiestas religiosas (con excepción del domingo) abolidas, se establecieron nueve festividades nuevas con carácter secular, y se garantizó la libertad de cultos. Desde finales de enero de 1890, el nuevo régimen reconocería en adelante únicamente el matrimonio civil, y transfirió también a las municipalidades la administración de los cementerios. Sin embargo, la Iglesia se benefició considerablemente con los nuevos reglamentos, porque gozaría por primera vez de una autonomía del poder secular que no había experimentado bajo la monarquía. Aunque el nuevo estado rehusó el compromiso de pagar subsidios para el mantenimiento de la religión, las leyes de la república permitieron la posesión de bienes raíces por parte de las comunidades religiosas y reconocieron las ya existentes como cuerpos legalmente constituidos (con la excepción de la Compañía de Jesús, que quedó prohibida en Brasil). El gobierno republicano se abstendría en adelante del ejercicio del patronazgo nacional, pero al mismo tiempo prohibió la fundación de nuevas órdenes religiosas. La religión católica recibió trato semejante a cualquier otra, a pesar de que la mayoría de los brasileños seguían siendo, al menos nominalmente, católicos. El Estado suprimió la religión en la enseñanza pública y prohibió el suministro de fondos públicos a las escuelas confesionales. Estas provisiones ilustraron gráficamente el reducido número de laicos católicos influyentes, y el poco peso de la jerarquía en el país. Los políticos republicanos, por su parte, influidos por las ideas del liberalismo y el positivismo, no creyeron necesaria la legitimación religiosa de las nuevas instituciones nacionales. A pesar de estos esfuerzos por parte de los republicanos para secularizar la sociedad, la Iglesia brasileña estaba pasando por un proceso de renovación espiritual, que había comenzado durante la década de 1860, y que compartían los laicos y los clérigos. Se establecieron varias diócesis y casas de caridad —22 de ellas en el noreste. La independencia recibida en 1891 privó a la Iglesia del apoyo estatal, y se encontró con una organización rudimentaria en el país. En 1888-1889, por ejemplo, Brasil no tenía más que 700 sacerdotes seculares para una población de más de 14 millones, con once diócesis y una archidiócesis. El Papa León XIII creó provincias nuevas, y en 1900 existían 17 diócesis para una población total de 20 millones, siendo los obispos nominados, no por el Estado brasileño, sino por la Santa Sede. Sin embargo, la jerarquía y los seminarios seguían permaneciendo relativamente aislados de la sociedad brasileña, pequeñas islas de romanidad en un vasto mar de heterodoxia. Como ha descrito el historiador norteamericano Ralph della Cava, entre la gente ordinaria y la Iglesia oficial existía un abismo enorme.

En el Brasil, como también en Cuba, la Iglesia había sostenido la esclavitud y la jerarquía social que estaba asociada a ella. Hasta muy tarde no prestó ayuda como institución a la causa abolicionista. Joaquín Nabuco fue a Roma y consiguió una entrevista con León XIII, pero con pocos resultados. En Brasil, las órdenes religiosas poseían esclavos: hacia 1866 los benedictinos, por ejemplo, poseyeron unos 2.000 esclavos, y en ese año tomaron la decisión de emancipar de allí en adelante todos los niños nacidos de esclavas. La Iglesia cubana, obrando todavía dentro del sistema colonial, estaba dividida entre el clero isleño y el peninsular. Con la presencia de la mayoría del clero en el ambiente urbano, donde podía intervenir para mitigar el tratamiento del esclavo, la condición de éste tendía a ser menos dura que la del que trabajaba en el campo. Sin embargo, Cuba no tenía mucho clero: en 1860, 779 sacerdotes ministraban a una población de 1.396.530 habitantes, pero un 50 por 100 del clero vivía en La Habana. Esto indica que en los distritos con fuerte presencia esclava no había sacerdotes. En toda la zona del oeste y centro no había más que 670 sacerdotes para una población de 320.858 esclavos. Cuba, además, experimentaba desde mediados del siglo xix la misma crítica a la religión católica que estaba muy en boga en el resto de Iberoamérica, y la situación fue agravada aún más por las turbulentas relaciones entre el Estado español y la Santa Sede durante el curso del siglo. Varios observadores de la época comentaron que en la sociedad cubana la influencia de la Iglesia era casi nula, y entre la población baja y de color los cultos afrocubanos, como los del noreste del Brasil, estaban ampliamente difundidos.

En el poder a partir de 1849, los liberales colombianos habían adelantado gran parte de su programa anticlerical, habían separado la Iglesia y el Estado, abolido el *fuero eclesiástico,* eliminando la obligatoriedad del pago de los diezmos, se habían apropiado los bienes raíces de la Iglesia (excepto los edificios del culto y las residencias del clero), habían disuelto las órdenes religiosas, secularizado los cementerios, declarado obligatoria la ceremonia civil de matrimonio, y se habían atribuido facultades para la inspección de cultos. Durante ese periodo el regionalismo había llegado a su cumbre con la promulgación en 1863 de la Constitución de Río Negro, de carácter extremadamente federalista. La época que comenzó en 1880 supuso una reacción marcada frente a estas tendencias, y resultó en la permanencia del Partido Conservador en el poder hasta 1930: a partir de 1880, el gobierno colombiano devolvió toda la propiedad eclesiástica que aún no había sido vendida a particulares, y reconoció como deuda el valor de las ya dispuestas, pagando a cambio un subsidio a la Iglesia. En sus etapas iniciales, la hegemonía conservadora fue identificada con la personalidad de Rafael Núñez, a pesar de que anteriormente hubiese sido un radical con inclinaciones socialistas, secretario de Hacienda y del Crédito Nacional durante la desamortización de 1862, y de que hubiese sido elegido presidente en 1880 como liberal. Núñez atribuía la disolución de la República a los extremos del liberalismo individualista y federal. Después de su reelección en 1884, Núñez introdujo un nuevo programa conservador con el objetivo de imponer el centralismo, acabar con el caudillismo regional del periodo 1860-1880, y restaurar la posición privilegiada de la Iglesia católica. Todo ello fue introducido en la Constitución promulgada en agosto de 1886. El artículo 53 garantizaba la independencia de la Iglesia con respecto al Estado y reconoció al catolicismo como religión de Colombia. Aunque la libertad de cultos y creencias fue preservada, se estableció al catolicismo como base del sistema de educación, introduciéndose la enseñanza de su doctrina en todas las escuelas públicas. El Congreso colombiano sancionó el Concordato con el Papa León XIII en 1888. De esta manera, las reformas liberales de mediados del siglo XIX fueron anuladas en Colombia, y la posición privilegiada de la Iglesia restablecida.

El Concordato de 1888, seguramente el acuerdo más favorable a la Santa Sede que se ha negociado en Iberoamérica, rechazó enteramente la tradición desamortizadora de liberalismo radical y reconoció el derecho por parte de la Iglesia a adquirir bienes raíces en el futuro, al tiempo que otorgó a la Iglesia una amplia jurisdicción sobre la vida privada. Por dichas razones, el contraste entre Colombia y México, o como hemos visto entre Colombia y Argentina o Brasil, fue impresionante. En México, el Partido Conservador se desintegró a partir de 1867, y el triunfo definitivo de los liberales aseguró la supervivencia de las Leyes de Reforma, que serían incorporadas el 5 de octubre de 1873 a la Constitución de 1857. En México, se mantuvo la prohibición a la Iglesia para adquirir nuevas propiedades, y la profesión de votos religiosos fue declarada ilegal. La Iglesia y el Estado seguían separados y el matrimonio civil legalmente obligatorio. El Congreso mexicano prohibió el 14 de diciembre de 1874 la instrucción religiosa en las escuelas públicas, impidió la celebración de actos religiosos fuera de las iglesias, y dictó que ningún clérigo pudiera llevar vestimentas clericales fuera de los mismos edificios bajo pena federal. A pesar de que la Iglesia en México experimentó una renovación espiritual e institucional durante la época de Díaz, las Leyes de Reforma nunca fueron abolidas. Sin embargo, gracias a la abierta tolerancia del régimen en pos de su política de convivencia, el número de nuevos colegios y escuelas católicas ascendió de 276 en 1885 a 593 en 1905, y el número de nuevas diócesis establecidas en este periodo fue el mayor desde el siglo XVI. La posición poderosa de la Iglesia mexicana a finales del porfiriato explicó el recrudecimiento del anticlericalismo, que iría a caracterizar la política de los gobiernos revolucionarios a partir de la Constitución de 1917, en la que se afirmaron los principios liberales de 1857.

El Concordato colombiano no fue revisado hasta 1942. A cambio de concesiones por parte del Estado con respecto a la enseñanza, la Santa Sede reconoció las compras de propiedades desamortizadas en virtud de la legislación liberal, con la condición de que en el futuro no serían vendidos más bienes raíces pertenecientes a la Iglesia. El quinto artículo del Concordato establecía el derecho de la Iglesia a adquirir, poseer y administrar propiedades bajo las mismas leyes que los ciudadanos particulares de la República. Al mismo tiempo, la Iglesia podía sancionar la formación de nuevas órdenes religiosas. La cláusula más significativa (número 12) fue acaso la que prescribió que en las universidades, colegios y escuelas, la educación debería ser organizada y dirigida en conformidad con la doctrina y moral de la Iglesia católica, y que la instrucción religiosa tendría que ser obligatoria. El gobierno se comprometió a impedir la propagación en la enseñanza literaria y científica de cualquier idea contraria a la religión católica.

El católico tradicionalista Gabriel García Moreno dominó el Ecuador entre 1861 y 1875 en íntima alianza con el arzobispo de Quito y el obispo de Riobamba y asociado a un grupo de «conservadores» (nombre traído de Colombia), fuertes en la

Palacio del Gobierno en Quito

sierra, especialmente en las provincias de Pichincha y Chimborazo. La Constitución del 10 de abril de 1861 confirió amplios poderes al ejecutivo, y el Concordato del 26 de septiembre de 1862 reconoció la posición privilegiada de la Iglesia católica. Estas posiciones fueron desarrolladas aún más en la Constitución de 1869, que realmente comenzó el proceso de transformación del Ecuador en un tipo de teocracia. Sin embargo, con el asesinato de García Moreno, el grupo conservador, que había sido seguidor más de la persona del presidente que de una ideología bien formada, se disgregó. La pérdida de la iniciativa por parte de los tradicionalistas dio la oportunidad a los liberales para derribar el sistema autoritario de 1869. La Constitución liberal de 1878 redujo el poder del ejecutivo en favor de un incremento en la influencia del Congreso y de los municipios, pero, al mismo tiempo, mantuvo la posición oficial del catolicismo. En un nuevo periodo de clericalismo, el presidente José Camaño renegoció el Concordato en 1882 y dedicó la República al Sagrado Corazón de Jesús.

En 1883 se constituyó el Partido Católico Republicano, que proponía un equilibrio entre los principios constitucionales de origen liberal (como la separación de los tres poderes, la descentralización administrativa, la no reelección inmediata, y la igualdad jurídica) y el catolicismo profesado por la mayoría de los ecuatorianos. Este equilibrio constituyó la base de la Constitución de 1884. Para contener la supuesta amenaza del liberalismo, los conservadores y la jerarquía eclesiástica se acercaron durante el periodo 1885-1895. Sin embargo, con la división que se produjo en el Partido Conservador en 1895, ellos perdieron el control de la sierra, su punto fuerte y sobre el que se fundaba su hegemonía tradicional. La debilidad del conservadurismo hizo posible la toma del poder por los liberales de la costa, dirigidos por el general Eloy Alfaro y sostenidos por la creciente importancia de la exportación del cacao de Guayaquil en la economía ecuatoriana. El pronunciamiento del 5 de junio de 1895 en Guayaquil designó a Eloy Alfaro, comerciante guayaquileño y bien conocido en la región, como jefe supremo de la República. La Constitución de 1897 reiteró los principios básicos del liberalismo. Aunque conservó la posición oficial del catolicismo, la ley de patronato del 11 de septiembre de 1899 modificó unilateralmente el Concordato.

El anticlericalismo de los regímenes de Eloy Alfaro y Leónidas Plaza Gutiérrez (1901-1905) hizo insostenible a todos los efectos el Concordato, las relaciones diplomáticas con la Santa Sede cayeron en desuso, y la Iglesia fue subordinada al poder civil. Durante la presidencia de Plaza Gutiérrez, el gobierno nacionalizó los bienes raíces de la Iglesia (cincuenta años más tarde que en México o Colombia) y los subastó al público. El Estado reconoció únicamente el matrimonio civil y permitió el divorcio. Esto provocó una rebelión conservadora, pero cuando Eloy Alfaro se restableció en el poder como supremo dictador, una nueva Constitución en 1906 suprimió la confesionalidad católica, separó la Iglesia y el Estado, reconoció la libertad de conciencia y estableció la base de un sistema de educación laica. Fue realmente durante el periodo de la hegemonía de los intereses comerciales guayaquileños, a partir de 1895, cuando comenzaron los primeros esfuerzos resueltos para alcanzar la modernización del país, que había sido demorada por la hegemonía política de los terratenientes, clases profesionales y clérigos de la sierra, cuyas posiciones sociales estaban sostenidas por el trabajo y las contribuciones de la mayoría campesina y artesanal de origen indígena.

El conflicto entre Antonio Guzmán Blanco, el caudillo nacional venezolano, y el clero surgió de la guerra civil de 1869-1872 entre los conservadores o azules (que recibieron apoyo de una sección del clero, especialmente en Valencia) y el Partido Liberal. Guzmán Blanco pidió al arzobispo Silvestre Guevara y Lira de Caracas, por medio del ministro del Interior, un *Te Deum* para celebrar la victoria liberal, pero cuando el arzobispo lo negó con el pretexto de que el fratricidio no debería ser causa de celebración, Guzmán exilió del país al obispo de Mérida. Durante un breve periodo, el caudillo nacional trató de establecer en Venezuela una Iglesia católica independiente, en que el arzobispo sería elegido por el Congreso federal. Al mismo tiempo, Guzmán Blanco ordenó la separación de la Iglesia y el Estado, y en 1873 estableció la legalidad y el predominio del matrimonio civil, con la intención de atraer inmigrantes al país. Prohibió la posesión de tierras no cultivadas por parte de la Iglesia (1872) e hizo voluntarias las contribuciones a ésta, disolviendo además las órdenes religiosas (1874).

Los liberales guatemaltecos, durante los regímenes de Miguel García Granados (1871-1873) y Justo Rufino Barrios (1873-1885), seguían también una política que tenía por objetivo la reducción de la influencia de la Iglesia. Entre 1873 y 1876, Barrios expulsó al arzobispo, a los obispos y a los jesuitas, confiscó las propiedades de las órdenes religiosas, prohibió que los clérigos llevaran sus vestimentas en público y que realizaran procesiones religiosas por las calles, y estableció la libertad de cultos. En 1875 se secularizó las escuelas públicas (las pocas que existían) y la Iglesia y el Estado fueron separados. Sin embargo, la Iglesia continuaba ejerciendo una influencia profunda en el país. En Honduras, la nueva Constitución de 1880 separó la Iglesia del Estado, y el régimen liberal prohibió los diezmos y emprendió la tarea de la expropiación de la propiedad eclesiástica.

IV. LOS GOBIERNOS CARACTERÍSTICOS

1. El porfirismo mexicano

Acerca del fenómeno del porfirismo hay que plantear dos cuestiones fundamentales: ¿por qué no llegó a constituirse el liberalismo en el único partido gobernante después de la derrota del Segundo Imperio en 1867?, y ¿por qué no podía el liberalismo impedir la transición a una dictadura a partir de 1884? En el periodo 1875-1885 asistimos a la desintegración del liberalismo mexicano como movimiento e ideología coherentes. Casi una década después del derrumbamiento del conservadurismo en 1867, las frágiles alianzas que habían constituido el liberalismo se disgregaron debido a tensiones entre el ejecutivo y la legislatura, entre el gobierno central y los estados de la federación, entre civiles y militares, caciques y constitucionalistas, entre moderados y radicales, y entre las personalidades en lucha por la supremacía política. Benito Juárez representó entre 1867 y 1872 el liberalismo civilista, moderado y centralista; Sebastián Lerdo de Tejada representó entre 1872 y 1876 el liberalismo tecnócrata y anticlerical; y el general Porfirio Díaz representó en 1871-1872 y 1875-1877 a los radicales excluidos del poder a partir de 1863, y a los militares frustrados y ambiciosos.

El sistema personalista de Díaz, que por un lado impidió el resurgimiento del viejo Partido Conservador y el clericalismo asociado a él, por otro lado acabó con el liberalismo constitucionalista como fuerza política en el país. Aunque la tradición juarista todavía sobrevivía en México, lo hacía más que nada como una forma de nostalgia. Por estas razones la política de México durante la época de Díaz contrastaba con la de Colombia, caracterizada por la lucha encarnizada entre los dos partidos, Liberal y Conservador, formados a mediados del siglo. En México, la política se convertía en una red de contactos personales con el presidente, que tenía todas las riendas en sus manos. En Colombia, los dos partidos se comportaban como dos bandas armadas, y consistían en alianzas multiclasistas controladas por miembros respetables de la élite. Aunque dispuestos a lanzarse a guerras civiles agotadoras, los partidos colombianos lograban hasta cierto punto incorporar a verdaderas pirámides sociales en sus filas, fenómeno que quizás impedía los conflictos sociales de tipo horizontal o clasista. Por contraste, el régimen de Díaz alineaba progresivamente no solamente a sus antiguos partidarios entre los liberales radicales, sino también a cualquier apoyo popular que inicialmente hubiera tenido. Hacia la primera década del siglo xx se asemejaba a un grupo de políticos ricos y poderosos, aislados de la mayoría de la población, y aliados con los inversionistas extranjeros. La alienación política en el México de la época había llegado a tal punto que algunos intelectuales, como Francisco I. Madero, soñaban con resucitar el constitucionalismo juarista, y otros, como los hermanos Flores Magón, el liberalismo radical.

No estaría lejos de la verdad el argumentar que la falta de partidos políticos contribuyó a una situación revolucionaria en el México de la primera década del siglo xx. El personalismo de Díaz aseguró que cuando cayera la dictadura no triunfara el constitucionalismo liberal, sino, por el contrario, el caudillismo y caciquismo típicos del siglo xix a todos los niveles: central, regional y local. Este fenómeno demuestra hasta qué punto el régimen había minado la tradición liberal y revela su total falta de institucionalización. Por eso, detrás de la fachada de progreso, el régimen porfirista ocultó una inestabilidad fundamental, y esto a pesar de toda la propaganda de la época que defendía lo contrario, y que justificaba el sistema de Díaz como un elemento imprescindible para el crecimiento económico. Relaciones personales sustituían a las instituciones creadas a mediados del siglo durante la Reforma, y el control del Estado dependía de la voluntad del supremo caudillo de la nación. A lo largo del régimen, la discrepancia entre el estilo personal de gobernar y el propósito de modernizar el país iría ensanchándose. Durante la época de Díaz la economía fue avanzando, mientras que la manera de hacer política siguió retrasándose.

El régimen de Díaz estuvo lleno de paradojas: Díaz fue militar de carrera, pero debilitó al ejército; tomó el poder en 1876 empuñando la bandera de «sufragio efectivo: no reelección», pero estableció una dictadura y se sucedió a sí mismo siete veces entre 1884 y 1910; se alió con los radicales en 1876, pero rehabilitó a los conservadores, imperialistas y clericales a partir de 1884; expulsó a los lerdistas tecnócratas en 1876, pero estaba cooperando íntimamente con ellos diez años después; apoyó la modernización de la infraestructura, pero debilitó las instituciones representativas creadas por el liberalismo; finalmente, estaba recibiendo apoyo del norte del país, donde precisamente crecía el movimiento que lo iba a derrocar en 1911.

La «paz porfiriana» tampoco significaba que la verdadera paz existiese en el territorio nacional: grupos lerdistas se rebelaron en el norte del país en 1877, estallaron otras rebeliones en Jalapa y Tlapacoyan en 1878, en Tepozotlán, con repercusiones en Puebla y Veracruz, en 1879, el levantamiento en Tamazunchale y la Huasteca de

Porfirio Díaz

San Luis Potosí en 1879-1881 para ocupar tierras reclamadas de haciendas, otras rebeliones en Sinaloa en 1880, en Zacatecas en 1886, y en la frontera norteña en 1890, y en Chihuahua se sublevaron los pueblos de Tomóchic y Temosáchic en 1892 y 1893 respectivamente, y en los mismos años también se rebelaron Papantla en Veracruz y varios pueblos del estado de México, sin olvidar la larga duración de las guerras yaqui en Sonora durante el periodo comprendido entre 1887 y la Revolución que comenzó en 1910-1911.

En 1876, Díaz derrocó a Sebastián Lerdo al grito de «sufragio efectivo: no reelección». Su apoyo a los principios de la Constitución de 1857 lo hizo popular entre los liberales puros opuestos a los tecnócratas en torno a Lerdo. Tras el triunfo de la rebelión de Tuxtepec que lo estableció en el poder, Díaz incluyó en su primer gabinete (1877-1880) a miembros destacados del liberalismo puro, como el ateo Ignacio Ramírez, secretario de Justicia y Negocios Eclesiásticos, y el general Pedro Ogazón, secretario de Guerra, que había sido el gobernador «rojo» del estado de Jalisco (1857-1861). Otros tres ministros como, por ejemplo, Matías Romero, secretario de Hacienda, fueron antiguos graduados del Instituto de Ciencias y Artes en Oaxaca, donde Juárez y Díaz habían estudiado. Sin embargo, la composición de este gabinete fue muy engañosa, porque no significaba que Díaz se hubiera comprometido con esos grupos. Al contrario, revelaba su falta de apoyo entre las dos facciones principales del liberalismo, los antiguos juaristas y los lerdistas. Por eso, Díaz, desde su primera administración, fomentó una política de atracción de todos los grupos influyentes, incluidos aquellos que habían sido derrotados en 1867 con la caída del Segundo Imperio. En enero de 1877, por ejemplo, Díaz negó cualquier intención de perseguir a la Iglesia. Esta declaración lo distanció no solamente de los conflictos de la época de la Reforma, sino que también supuso el fin de la política de confrontación seguida por Lerdo, y de las rebeliones populares contra la incorporación en 1873 de las Leyes de Reforma en la Constitución de 1857. De esta manera, Díaz aspiró a incorporar en sus filas a los católicos agraviados. Fue el primer eslabón en la política de conciliación que iba a caracterizar el estilo político de Díaz durante la construcción de la dictadura.

Parece verosímil que Díaz hubiera proyectado la formación de dicho sistema desde el principio, pero el contenido de su programa en la rebelión de Tuxtepec de 1876 impediría, naturalmente, que fuera reelegido en 1880. En el contexto político mexicano, la reelección significaba en realidad el primer paso hacia la dictadura. Eso fue lo que se les achacó a Juárez en 1871 y a Lerdo en 1876, contra quienes Díaz se había rebelado. Sin embargo, Díaz no eligió a uno de sus colegas de gabinete como sucesor para evitar la formación de una base política rival en el Partido Liberal, sino que, al contrario, apoyó al general Manuel González, otro militar compañero en la rebelión de Tuxtepec, y compadre suyo, quien no tenía ninguna influencia política personal e independiente en el país. González, conservador hasta la intervención francesa (1862), no tenía ningún apoyo en el campo liberal, ya fuera del ala militar o de la civil. Su dependencia del favor de Díaz lo puso en una posición débil y maleable. Durante la presidencia de González (1880-1884), Díaz pudo retirarse tranquilamente a su estado natal como gobernador de Oaxaca (1881-1883), con la seguridad de que el presidente no se convertiría en un serio rival político. La sucesión de González fue la segunda transferencia pacífica en México desde la independencia: la primera había tenido lugar en 1851, y la próxima no sucedería hasta 1924.

Después de la experiencia de González, la opinión pública, indignada por la flagrante corrupción de su administración, ansiaba la vuelta del general Díaz, y cuando aquélla se produjo, Díaz sancionó un proceso contra él para verificar los cargos de malversación. Así cortó de brote cualquier ambición política que González pudiera haber tenido. Por consiguiente, Díaz comenzó la construcción de la dictadura durante su segunda presidencia (1884-1888), basándose en dos políticas complementarias, la de conciliación de todos los grupos y personalidades influyentes, y la de persecución de los oponentes políticos que se resistieran a incorporarse en las filas porfiristas.

La nueva etapa de esa primera política estuvo simbolizada por la boda en 1883 entre Díaz (53 años) y Carmen Romero Rubio (21), joven hija de Manuel Romero Rubio, secretario de Relaciones bajo Sebastián Lerdo y antiguo enemigo político suyo. La familia Romero Rubio había prosperado en asociación con el gobernador «rojo» del estado de Tamaulipas, Juan José de la Garza, y había logrado su riqueza a base de propiedades eclesiásticas confiscadas. En la época de Lerdo, Romero Rubio era miembro del ala tecnócrata del liberalismo, pero por la década de 1880, la familia, ahora rica, se volvió conservadora y católica. La propia Carmelita Romero fue católica practicante. El sacerdote que lo arregló fue Eulogio Guillow, futuro obispo y arzobispo de Oaxaca entre 1887 y 1922, hijo de la ex marquesa de Selva Nevada y de un joyero y terrateniente de México de origen inglés. Guillow había sido educado por los jesuitas en la Roma ultramontana del pontificado de Pío IX. La boda significaba la reconciliación del grupo lerdista con el régimen de Díaz, y en su segunda presidencia don Porfirio nombró a Manuel Romero Rubio, ahora su suegro, secretario de Gobernación, lo cual permitió el control de la policía y del orden interno, la supervisión de los gobernadores de los estados y el control del Congreso de la Federación. Guillow, por su parte, actuaba como puente entre Díaz y la jerarquía eclesiástica, y en particular con el arzobispo de México, Pelagio Antonio Labástida y Dávalos, feroz enemigo de la Reforma. Esta política implicó también la incorporación de los terratenientes tradicionales en el régimen, antiguos conservadores e imperialistas como los Escandón, quienes fueron financieros y empresarios destacados, marginados desde la caída de Maximiliano, y que en adelante cooperarían con Díaz como individuos. Así los viejos terratenientes pasaron a incorporarse a los nuevos, enriquecidos por la adquisición de propiedades durante la Reforma o a consecuencia de las leyes de 1863, 1883 y 1894. La supremacía política de Romero Rubio en el régimen entre 1884 y su muerte en 1895, simbolizó el triunfo de los tecnócratas dedicados a la modernización del país.

Después de 1884, Díaz estableció un control estricto sobre los 27 gobernadores de los estados, nombrando a partidarios suyos, generalmente militares, para reprimir cualquier tendencia independentista: Teodoro Dehesa, uno de los mejores amigos de Díaz, gobernó en el estado de Veracruz entre 1892 y 1911, los generales Luis Mier y Terán y, luego, Martín González (1894-1902) en Oaxaca, el general Mucio Martínez desde 1892 hasta 1911 en Puebla, y el coronel Próspero Cahuantzi gobernó Tlaxcala entre 1885 y la Revolución. El gobernador de Nuevo León, a partir de diciembre de 1885, fue el general Bernardo Reyes, nacido en Guadalajara (1950) de una familia de afiliación liberal y conectada con los Ogazón y con Ignacio Vallarta, ministro de Juárez, Lerdo y Díaz. Reyes fue un protegido de Romero Rubio y se identificaba con los intereses de la burguesía nacional del norte y del oeste. Su ascenso político coincidía con el crecimiento de Monterrey como ciudad industrial.

Además de los gobernadores, Díaz estableció 300 jefaturas políticas, directamente responsables ante el ejecutivo y efectivos agentes suyos en los estados. Al mismo tiempo, la República fue dividida en jefaturas militares, con la intención de controlar a los jefes políticos. Sin embargo, Díaz cambiaba frecuentemente a los jefes militares para impedir la formación de clientelas políticas en las regiones.

El 21 de octubre de 1887, el Congreso, bajo la iniciativa del general Carlos Pacheco, secretario de Fomento (1881-1891), introdujo la posibilidad de una reelección; a partir de 1890 permitió la reelección sin restricciones. La intención evidente por parte del régimen de permanecer en el poder ocasionó oposición considerable, no solamente entre los antiguos puros, quienes habían apoyado la revuelta de Tuxtepec, sino también en toda la prensa liberal. Entre 1886 y 1894, el gobierno llevó a cabo una campaña encaminada a embozar la prensa. *El Diario del Hogar,* fundado en 1881, estaba dirigido por Filomeno Mata, que fue encarcelado treinta veces durante el régimen de Díaz. Con sobornos y subsidios, el gobierno acabó con la independencia de los periódicos *El Partido Liberal* y *El Observador,* persiguió a periodistas, los mantuvo vigilados desde los consulados mexicanos aun en sus lugares de exilio en Estados Unidos, y en 1893-1894 llegó a procesar a toda la plantilla de *El Demócrata* y *El Monitor Republicano,* incluidos impresores y directores. Este último desapareció junto a otro célebre periódico liberal, *El Siglo XIX,* en 1896. El régimen estableció su propio órgano de propaganda, llamado (sin duda con cierto humor) *El Imparcial,* que salió por primera vez en septiembre de 1896 y que se mantuvo hasta 1914. Su director fue Rafael Reyes, abogado de profesión y sobrino del general Reyes, y actuaba bajo la supervisión personal de Rosendo Pineda, otro oaxaqueño influyente, secretario privado de Díaz (y antiguamente de Romero Rubio), y con fondos suministrados por Limantour, ambos personalidades destacadas del influyente grupo de «científicos». La misión de este periódico fue la de influir a los intelectuales y, a pesar de su condición oficial, publicó en sus páginas a los mejores escritores de la época, como el historiador Francisco Bulnes, y los poetas Salvador Díaz Mirón y Manuel Gutiérrez Nájera.

El hecho de que Díaz temiera a un gabinete unido que pudiera disminuir su predominancia, explica por qué en el gabinete de 1884-1888 incluyó rivales políticos y hombres de antecedentes dispares: Romero Rubio en Gobernación, Pacheco en Fomento, y Manuel Dublán, cuñado de Juárez, liberal moderado y antiguo procurador del Imperio, en Hacienda. Los dos primeros creían que Díaz los preparaba para la sucesión en 1888. Con tales rivalidades, es difícil ver a estos políticos como un verdadero gabinete de conciliación. Con la muerte de Pacheco y Dublán en 1891, el paso de Romero Rubio a la presidencia para el periodo de 1892-1896 pareció asegurado. Sin embargo, para contrarrestar su ambición, Díaz nombró a Dehesa secretario de Fomento y lo contrapesó también con Joaquín Baranda, secretario de Justicia bajo González entre 1881 y 1883, gobernador de Campeche (1883-1887) y de nuevo en Justicia bajo Díaz hasta 1901, uno de los hombres más poderosos del régimen porfirista a pesar de sus antecedentes lerdistas. Baranda fue cuñado de Francisco Cantón, gobernador de Yucatán (1897-1901), uno de los más ricos henequeneros de la península. Para fortalecer su propia posición, Romero Rubio cultivaba un grupo de jóvenes inteligentes por medio de Rosendo Pineda. La mayoría era tecnócrata, dispuesta a justificar la dictadura como única manera de facilitar el desarrollo económico de México, e influida por el educacionista Gabino Barreda, que había pasado del liberalismo al positivismo francés. Barreda, fundador y director de la Escuela Nacional Preparatoria, y su sucesor Porfirio Parra, instituyeron una sociedad llamada la Asociación Metodófila y publicaron la *Revista Positiva*. Asociado con aquéllos estaba el historiador Justo Sierra, quien pintó al régimen de Díaz como una etapa necesaria en la evolución política del país hacia la modernización y la democracia, con la libertad como proyecto únicamente realizable después de la imposición del orden. En este sentido, la dictadura fue un «despotismo necesario». El más destacado miembro del grupo de «científicos» fue Limantour, hijo de una francés que especuló con propiedades eclesiásticas. Fue otro protegido de Romero Rubio, que lo introdujo en los círculos políticos en 1892, y al año siguiente Limantour sucedió a Matías Romero, veterano de la época de Juárez, en la Secretaría de Hacienda, que retuvo hasta la caída del régimen en 1911. Este grupo formó la llamada Unión Liberal, aunque fueran en realidad nuevos conservadores, para preparar una cuarta reelección de Díaz en 1896, un año después de la muerte de Romero Rubio. La cuestión de la sucesión, tan discutida dentro del gobierno entre 1892 y 1896, se resolvió ahora con otra autosucesión del propio Díaz, que pospuso el debate hasta las elecciones de 1900. Es decir, que entre 1884 y 1900 el régimen porfirista no fue capaz de solucionar el problema de la institucionalización.

Para 1900, los científicos ocupaban una posición clave en el régimen, y todos esperaban la sucesión de Limantour a la presidencia en 1904. Sin embargo, la creciente oposición de los partidarios del general Reyes, secretario de Guerra entre febrero de 1900 y diciembre de 1902, lo combatió, y una lucha velada por la sucesión estalló entre las facciones de ambos candidatos, paralizando al gobierno. El grupo de empresarios norteños se opuso a la conexión de los científicos con los poderosos inversionistas extranjeros, y aunque fueron ellos mismos beneficiarios de la política económica porfirista, adoptaron una posición nacionalista para desafiar el virtual monopolio del poder por parte de los «científicos». La rivalidad entre Reyes y Limantour condicionó la decisión de Díaz de alargar el término presidencial en 1904 a seis años, y de solicitar una sexta reelección en 1906. Así la crisis de sucesión se prolongaría, empezando a socavar la credibilidad del régimen, y provocando una verdadera crisis a nivel nacional, que se profundizó cuando Díaz escogió al político sonorense Ramón Corral, personalidad ya polémica en el país, como candidato a la vicepresidencia —restaurada por primera vez desde su abolición en 1847— para las elecciones de 1906.

Con la caída en 1877 del gobernador de Sonora, Ignacio Pesqueira, partidario del derrotado Sebastián Lerdo, los seguidores de Díaz lograron acceso a las posiciones de influencia en ese estado. Ramón Corral, un conocido periodista de Sonora, obtuvo la presidencia de la legislatura en Hermosillo en 1878, y en 1879-1881 y 1883-1887 llegó a ser secretario del gobernador. Efectivamente, Corral gobernó Sonora desde diciembre de 1887 hasta diciembre de 1900, cuando Díaz lo llamó a la capital para hacerlo gobernador del Distrito Federal. Sus años en Sonora habían coincidido con las guerras de los yaquis y los mayos, indios cultivadores de los valles fértiles de los únicos ríos importantes del estado, y dueños de tierras codiciadas por las compañías de desarrollo y de población asociadas con Corral. Por eso, una reputación desfavorable lo había precedido a México, y Corral nunca dejó de ser un tema de controversia. Su enemigo más destacado fue Bernardo Reyes, con quien había ya luchado como comandante del Primer Distrito Militar (Sonora-Sinaloa-Baja California) entre 1880 y 1883 sobre la cuestión de la represión de los yaquis. Corral se incorporó al gabinete en México al mismo tiempo que Reyes, entonces secretario de Guerra. Cuando los «científicos» acusaron a Reyes, una figura popular en el país, de emplear al ejército como instrumento de su poder, Díaz encargó la investigación de dichos cargos a Corral, enemigo acérrimo del general. Fue Corral quien contribuyó en gran manera a su caída a finales de 1902. Esta intriga le valió el odio irremisible de los reyistas, quienes, tras el acceso de aquél a la vicepresidencia en 1904, se vieron marginados del régimen que antes habían ayudado a sostener, y al cual buscaban una sucesión. Desde 1903-1904, se puede describir al régimen de Díaz como en realidad el gobierno de Limantour-Corral.

La cuestión de la sucesión, el papel de los «científicos», la posición de Corral y las crecientes tensiones sociales contribuyeron al resurgimiento de la oposición a partir de 1900, y empezaron a aparecer signos de que el régimen de Díaz iba a disgregarse. Las medidas tomadas contra la prensa no habían silenciado totalmente la vieja tradición constitucionalista, y en 1900 Camilo Arriaga fundó en San Luis Potosí el Partido Liberal Constitucionalista, que tenía un nuevo periódico, *Regeneración*, editado por los hermanos Flores Magón, Ricardo, Jesús y Enrique, que de allí en adelante irían a desarrollar una propaganda clandestina, pero muy eficaz, contra los abusos políticos y sociales del régimen. El floresmagonismo —con su programa del Partido Liberal (1906)— formaba parte de los antecedentes intelectuales de la Revolución mexicana de 1910.

Únicamente en México llegó a estallar una revolución política y social y de dimensiones profundas en los primeros años del siglo xx, pero no así en ningún otro país iberoamericano, a pesar de todos los problemas no resueltos, las estructuras anticuadas, y los ásperos conflictos sociales. Por supuesto, hay que preguntarse por qué, y hay que insistir, además, en que, en el contexto iberoamericano, México no fue de ninguna manera el prototipo.

El punto débil del régimen de Díaz fue la condición del ejército, descuidado por razones políticas por el presidente mismo, temeroso de levantamientos militares que pudieran destituirlo como él había hecho con Lerdo. Para Díaz, lo más importante fue la lealtad personal de los jefes militares por encima de la profesionalización del ejército como corporación integrada. Excepto por el breve periodo del general Reyes en la Secretaría de Guerra, los demás secretarios, a partir de 1884, fueron más o menos decorativos. El reclutamiento se realizaba de una manera tradicional: todos los estados y territorios, así como el Distrito Federal, tenían que suplicar su contingente, generalmente extraído de los elementos ínfimos de la sociedad, especialmente los criminales, o los disidentes alejados por las autoridades civiles. No se recibía instrucción militar eficaz, y aunque los oficiales superiores fueron de alta calidad personal, ni siquiera ellos habían tenido experiencia militar. Muchos comandantes habían sobrevivido de la época de la Guerra de la Intervención, o de la revuelta de Tuxtepec. En los últimos años de Díaz, el presupuesto proyectó un ejército efectivo de 31.000 hombres, incluidos los rurales, pero en realidad esas cifras nunca fueron alcanzadas. El ejército que existía en la práctica era todo lo contrario a lo requerido en un país de topografía variada como México, en que el énfasis debería haber sido puesto en la movilidad, con predominio de caballería ligera, infantería montada, baterías montañosas y ametralladoras; por el contrario, la caballería era pesada, toda la infantería se desplazaba a pie, la artillería estaba mal distribuida, y las fábricas de municiones eran inadecuadas, como también lo eran los pertrechos, la información, la comunicación, y la distribución de fuerzas: los alimentos eran suministrados por las mujeres de los soldados. Ningún Estado Mayor eficiente dirigió al ejército, que por la década crucial de 1900-1910 se hallaba en una condición de eficiencia mínima. Además, el ejército porfirista se distinguía de los otros ejércitos de los países principales de Iberoamérica, como Brasil, Argentina, Chile o Perú, por la falta de modernización y la ausencia de instructores extranjeros, que explicó su relativa debilidad frente a movimientos revolucionarios bien arraigados, como ocurriría en 1910. Las fuerzas armadas porfirianas fueron uno de los pocos ejércitos iberoamericanos derrotados en guerras convencionales o de guerrilla por tropas insurgentes. El régimen de Díaz, a pesar de sus orígenes y de la distinguida carrera militar de su presidente, no fue de ninguna manera un régimen militar. Díaz redujo constantemente la proporción militar del presupuesto nacional. En 1910, la fuerza total del ejército mexicano consistía de 18.000 hombre, de quienes 14.000 eran efectivos, y 2.700 rurales. En ninguno de los diez distritos militares existía una fuerza suficiente para controlar, ni menos derrotar, a un movimiento insurgente dedicado. Es revelador comparar esta situación con la de Italia, por ejemplo, un país más pequeño que México y que se estableció como Estado soberano cuarenta años más tarde que México: en los últimos años del siglo xix el ejército italiano constaba de unos 215.000 soldados, con más de 2 millones en reserva, en una sociedad que tenía un poco más del doble de la población total mexicana.

2. La Colombia de Núñez

Colombia poseía un sistema político bipartidista: cada partido —Conservador y Liberal— tenía ya sus dirigentes identificables y una ideología bastante definida con, además, una serie de experiencias, memorias o agravios compartidos entre sus partidarios. El desarrollo de las ideas políticas y los partidos durante el siglo XIX ha sido estudiado por los historiadores colombianos Jaime Jaramillo Uribe y J. León Helguera, y los historiadores norteamericanos Frank Safford, Charles Bergquist y Helen Delpar. De estos estudios resulta evidente que aunque el liderazgo de ambos partidos quedara en manos de la clase alta, grupos sociales que no pertenecían a las élites participaron en sus estructuras. Discrepancias sobre política religiosa más que sobre economía explicaron la polarización política en Colombia, que no fue de ninguna manera una lucha de clases. Los partidos políticos colombianos se habían caracterizado por ser más verdaderas culturas alternativas que partidos simplemente, y esto presuponía la movilización armada de los partidarios de cada uno de ellos. De esta manera representaron una forma de incorporación popular a todos los niveles en la cultura política del país. En muchos aspectos los partidos se diferenciaban uno del otro por su distinta visión del mundo: para los liberales la experiencia anglosajona y francesa fue el modelo en cuestiones como la propiedad e iniciativa privada, la libertad civil, el librecambismo, y el Estado laico; querían liberar al capital y el trabajo de las restricciones de la época colonial e integrar a Colombia en el sistema económico, político y cultural del Atlántico Norte; veían a la Iglesia como el principal obstáculo al progreso económico y político del país. Los conservadores, por su parte, defendían la herencia católica e hispánica, y consideraban a la Iglesia como la principal garantía de la estabilidad social y continuidad histórica. El control del Estado fue el objetivo de los partidos en su lucha por el poder y la riqueza: en ausencia de un sector industrial amplio, el acceso a posiciones burocráticas y el control de las finanzas nacionales fueron los premios para las redes de clientes de los partidos. La política de las grandes ciudades como Bogotá era diferente de la de los pueblos y pequeños lugares de la provincia: en la capital donde vivían los intelectuales y parte de la comunidad extranjera, la gente civilizada se comportaba cortésmente entre ella, y la lucha política dentro de la élite raramente llegaba al rencor y menos aún a la violencia. Sin embargo, en el campo se ejercía la política de otra manera muy distinta: el premio era el control de localidades regionales por un partido y su red de partidarios, dispuestos a tomar posiciones de poder a cualquier nivel con la violencia y total exclusión del partido rival. La política local se asemejaba a la guerra de clanes armados, y la lealtad a personas poderosas, verdaderos caciques, lo era todo. Estas luchas se intensificaron durante las campañas electorales, y los esfuerzos del partido dominante se dirigían a excluir a sus opositores por medio del fraude en los registros electorales, el abuso de los requisitos de alfabetismo, o la intimidación. Bergquist llama la atención sobre el juicio del jefe liberal, el general Rafael Uribe, que opinó en abril de 1899, unos meses antes de estallar la guerra civil de los Mil Días, que para los liberales era más seguro alzarse en rebelión armada que arriesgar sus vidas votando en elecciones durante la Regeneración.

En Colombia, las elecciones habían construido la principal vía de cambio político, pero cuando un cambio se veía obstaculizado por determinado intento por parte del partido gobernante de mantenerse en el poder, el otro partido estaba dispuesto a levantarse para imponerlo por medio de la fuerza. Sin embargo, sólo en contadas ocasiones habían requerido los partidos colombianos la asistencia militar, y ello en casos muy excepcionales y para imponer una regularización constitucional. Los liberales habían tratado hasta 1880 de reducir al ejército, y por la década de 1850 lo habían reducido a sólo 500 hombres. En contraste con los ejércitos del Brasil, Argentina o Chile, el ejército colombiano no se convirtió en una fuerza profesional hasta ya entrado el siglo XX.

El derrumbamiento de la república federal y del liberalismo radical coincidieron con el colapso del *boom* de la exportación del tabaco (1850-1875) y el descrédito del librecambismo propagado por los gobiernos liberales que controlaban el país desde 1849. Con la crisis de la economía de exportación a finales de la década de 1870, que reveló la debilidad de la economía colombiana y su poca integración en el mercado mundial, la ideología liberal se vio sujeta a una dura crítica. En 1885, los liberales perdieron el control del gobierno. Con el paso del *boom* del tabaco, Colombia logró salvar su comercio exterior con la exportación de la quinina por un corto periodo, y después con la del café entre 1880 y 1897, momento en que, como hemos visto ya, empezó otra recesión debida al declive del precio mundial del café. El Partido Liberal se había fraccionado ya a mediados de la década de 1850 entre radicales y moderados, y con la crisis del tabaco la división se agrandó. Los radicales impidieron la elección de Rafael Núñez a la presidencia nacional en 1875, pero en 1880 los liberales independientes se alinearon con los conservadores y consiguieron su elección. El nuevo gobierno estableció un Banco Nacional en 1880 con monopolio estatal de emitir moneda, y un arancel protector. Cuando la mayoría del Partido Liberal abandonó a Núñez por oposición a dicha política, el presidente se acercó aún más al Partido Conservador, que lo apoyó para las elecciones de 1884, y los liberales independientes y los conservadores se unieron para formar el Partido Nacionalista. Con la segunda elección de Núñez empezó la época de la Regeneración. Temiendo la exclusión permanente del poder, los liberales radicales trataron de derrocar al nuevo régimen por medio de una rebelión en 1885, pero sin éxito. No obstante, más de 50.000 personas participaron en la rebelión liberal.

El símbolo y expresión de la Regeneración colombiana fue la Constitución de 1886, obra del intelectual conservador Miguel Antonio Caro. La Constitución conservadora procuró suprimir el federalismo de la Constitución radical de Río Negro de 1863, y puso todo su empeño en construir un Estado fuertemente centralizado. Su realización en la práctica quedó mediatizada por la escasez de recursos financieros a disposición del gobierno capaces de sostenerlo. Sin embargo, Núñez logró reducir los antiguos estados soberanos en los nueve departamentos (Panamá, Bolívar, Magdalena, Santander, Boyacá, Cundinamarca, Tolima, Antioquia y Cauca) del periodo 1886-1904, más subordinados al gobierno central. Para fortalecer la posición del ejecutivo, el decreto del 17 de febrero de 1888 impuso una serie de regulaciones de la prensa contra ataques personales, ofensas contra la sociedad —particularmente contra la posición de la Iglesia—, e intentos de promover conflictos de clase. El 23 de mayo de 1888, el presidente recibió facultades extraordinarias para mantener el orden social, con penas de encarcelamiento, deportación y privación de derechos políticos. El grupo liberal de Núñez estaba totalmente de acuerdo con la crítica conservadora de la época de 1850-1880, que argumentaba que el ataque radical contra la Iglesia había desestabilizado la sociedad y la política, y alienado a las clases populares de la élite gobernadora, que el federalismo había promovido la anarquía, y que el librecambismo había socavado la industria artesanal en el país y estimulado no solamente la importación, sino también la exportación del efectivo. La consolidación de la Regeneración a partir de 1886 se debió al primer ciclo de expansión cafetera que duró hasta 1897 —a pesar de que muchos propietarios de fincas eran liberales en estrecha relación con los comerciantes de importación y exportación que había sostenido tradicionalmente al Partido Liberal. Sin embargo, la política económica de la Regeneración no se orientó a la estimulación de la exportación del café y no contribuyó casi nada al primer ciclo de su expansión.

El declive del tabaco disminuyó los ingresos del gobierno, que hacia 1880 ya no podía pagar el interés de la deuda nacional. La crisis financiera explicó la decisión del gobierno de Núñez en 1885 de emitir papel moneda no redimible, que debido a su tendencia a depreciarse llegó convertirse en adelante en tema debatido. En 1886 el gobierno hizo de curso fozoso el papel moneda para transacciones internas. Los comerciantes importadores-exportadores y banqueros se opusieron a esta medida que consideraban perjudicial para sus intereses. La hegemonía conservadora de la época de Núñez presuponía la formación de una coalición de los grupos hostiles a la ideología liberal en todos sus aspectos, e introducía un cierto intervencionismo estatal, que negaba la teoría clásica liberal del predominio de las fuerzas de mercado. El principal defensor del librecambismo en esta época era Miguel Samper (1825-1899), originario de Cundinamarca, banquero e importador, y hombre de negocios en tabaco y azúcar, que había sido ministro de Hacienda en gobiernos liberales. Al mismo tiempo la sección del Partido Conservador identificada con el comercio, particularmente en Antioquia y Bogotá, se escindió en 1891 y formó el grupo de Conservadores Históricos, que se opusieron a la política fiscal del régimen, particularmente durante la presidencia de Miguel Antonio Caro entre 1892 y 1898, originario de Bogotá y fuerte opositor de la política económica liberal. Los conservadores históricos se acercaban a los liberales, aunque mantuvieron su clara identificación con el catolicismo tradicional. Hacia 1893, los liberales, sintiéndose permanentemente excluidos, propugnaron el sufragio efectivo, las libertades civiles, la independencia de la judicatura y la descentralización, y condenaron el papel moneda. El periódico conservador disidente *El Correo Nacional* se incorporó a esta crítica. Ambos grupos se enfrentaron en vano al tono autoritario y exclusivista del régimen que, después de la repentina muerte de Núñez en 1894, no podía mantener intacto el consenso logrado por él a partir de 1880. Desde mediados de la década de 1890 la política colombiana se polarizó sin remedio, como quedó reflejada en la frustrada rebelión liberal en marzo de 1895 en el oeste de Cundinamarca y en Bogotá, Santander, Boyacá y Tolima. Sin embargo, las cuestiones sobre derechos políticos y deterioro fiscal siguieron constituyendo los problemas sobresalientes de la época. En la polémica sobre el impuesto de importación del café introducido por Caro en 1895, el diputado liberal Uribe, portavoz de los grandes intereses cafeteros, destacó; mantenía además, buenas relaciones con miembros de la oligarquía antioqueña, y era dueño de la hacienda Gualanday en Fredonia. La recesión del café a partir de 1897 agravó la situación, porque una crisis económica acompañaba a una crisis política de grandes dimensiones.

Después de la malograda rebelión de los liberales en 1895, la oposición trató de nuevo de reformar el sistema por medios pacíficos en los congresos de 1896 y 1898 —que, como siempre, tenían una buena representación de exportadores, importadores y plantadores— y en las elecciones presidenciales de 1897. En este periodo, los conservadores históricos se separaron formalmente del grupo gobernante, pero no repudiaron la política de Núñez en 1885-1886. El fracaso de las esperanzas de los moderados de conseguir reformas por parte del gobierno aisló a los conservadores disidentes y precipitó a los liberales en manos de la facción, poderosa en las provincias, que había estado abogando desde 1897 por una insurrección como la única vía de derrocar a los conservadores de la Regeneración. Sin embargo, la evidente tolerancia por parte del liderazgo urbano de los conservadores históricos de una posible rebelión liberal alejó a los partidarios de aquéllos en el campo, que no estaban dispuestos a sacrificar sus posiciones de poder, dondequiera que éstas se hallaran, ganadas desde 1880 a expensas de los liberales locales. En consecuencia, cuando estalló la insurrección liberal en octubre de 1899, los conservadores no pertenecientes a la élite se acercaron a los conservadores gobernantes para preservar sus posiciones. De esta manera, los conservadores históricos se hallaron aislados entre la facción liberal partidaria de la guerra y los conservadores oficiales a quienes se estaban adhiriendo sus antiguos partidarios. En la guerra, Uribe surgió como uno de los principales caudillos liberales, denunciando a los latifundistas de la tierra fría, partidarios del conservadurismo tradicional, y condenando como camarilla de políticos profesionales al grupo gobernante de Bogotá.

A pesar de la fuerte posición de los liberales en ciudades comerciales como Barranquilla, las fuerzas oficiales restablecieron su control sobre el Magdalena, y en las provincias de Santander y Cundinamarca. El ejército colombiano, estimado en poco menos de 9.000 hombres en octubre de 1899, había estado en proceso de reforma. En 1896 se estableció una escuela para oficiales en Bogotá y se invitó a una misión francesa para instruirlos. Hacia mayo de 1900 el total de fuerzas a disposición de los conservadores se estimaba entre 14.000 y 20.000 hombres reclutados principalmente por la coacción. La definitiva derrota del ejército liberal en la larga y sangrienta batalla de Palonegro de ese mismo mes terminó con la fase convencional de la guerra, y en adelante predominó la insurgencia guerrillera, con sus focos localizados principalmente en las zonas montañosas y cafeteras del sur y oeste de Cundinamarca y el norte de Tolima. Frente a este cambio en la naturaleza de la lucha, los dirigentes moderados de ambos partidos, hombres cultos de las élites urbanas, trataron en vano de poner fin a la guerra para proteger la propiedad y evitar un mayor deterioro de la situación económica del país. Sin embargo, el poder seguía en manos de los conservadores intransigentes, que se aprovecharon de la guerra para llevar a cabo una cruzada religiosa para extirpar del sistema político al liberalismo radical. Los temores en el país sobre los designios de los norteamericanos en torno al territorio colombiano del istmo de Panamá contribuyeron a poner fin, en 1902, a una guerra desoladora que ya no servía para nada. Sin embargo, la Guerra de los Mil Días no aniquiló la obra de Núñez, aunque sí frustró a largo plazo los intentos de los conservadores intransigentes de excluir a los liberales de una manera permanente. El nuevo consenso entre las élites logrado por el general Rafael Reyes hizo posible la renovación del sistema oligárquico por medio de un bipartidismo efectivo, que coincidió con la recuperación de un sector cafetero que entre 1910 y 1929 iría a pasar por su segundo *boom*.

Las administraciones de Rafael Núñez entre 1880 y 1888 continuaron y ampliaron los esfuerzos para formar una élite técnica en el país, que pudiera ponerse a la
cabeza del proceso de modernización. En 1887, una ley estableció en tres departamentos talleres gubernamentales para educar a aprendices en la fabricación de hierro
y otras artes y, ya antes en la misma década, el gobierno había autorizado por primera vez la enseñanza de administración comercial, y enviado a jóvenes colombianos a
Europa o Estados Unidos para aprender la tecnología que al país le hacía falta. Con
la caída del liberalismo a partir de 1880, los empresarios antioqueños, siempre leales
al Partido Conservador, ya no estuvieron marginados por los políticos en Bogotá,
sino, al contrario, tratados (por lo menos hasta 1891-1892) como sus socios privilegiados. Durante el quinquenio de Rafael Reyes (1904-1909) el gobierno protegió el
proceso de industrialización en Medellín mediante reducciones de impuestos. Varios
empresarios y políticos de la región viajaron al extranjero, y no solamente a Europa
y Estados Unidos, sino también al México de Porfirio Díaz, y volvieron a Colombia
convertidos en admiradores de los «científicos» y de las fábricas mexicanas. Hasta
cierto punto, el régimen conservador colombiano se identificaba, en la primera década del siglo xx, con los objetivos del porfirismo mexicano. La renovada expansión
del café, a partir de 1910, proporcionó una prosperidad sin precedentes a la clase
alta hasta la Depresión mundial de 1929.

Como hemos visto, la Colombia de la Regeneración no tenía una economía integrada, hecho que impedía la construcción de un aparato estatal efectivo. A pesar
del predominio político de los conservadores intransigentes entre 1892 y 1904, éstos no podían establecer su hegemonía sin encontrar un fuerte movimiento de oposición, que degeneró en una guerra de tres años. Durante la guerra de 1899-1902 se
hizo evidente que en muchos casos los líderes de ambos partidos eran incapaces de
controlar a sus propios partidarios y que, atemorizados por la amenaza implícita a
su posición predominante, estuvieron dispuestos a llegar a un arreglo entre ellos
mismos.

La filosofía política conservadora de la época de la Regeneración fue unitaria,
pero al mismo tiempo no fue totalmente estatal, sino que, al contrario, facilitó la recuperación de la influyente posición de la Iglesia. Aparentemente, los conservadores
no veían a la Iglesia como una estructura de poder rival, como la veían los liberales,
sino como el único organismo capaz de expresar la legitimidad moral y de fortalecer
la estabilidad social. La larga duración de la hegemonía conservadora obligó a los liberales a aceptar esta situación. Sin embargo, la polarización política de la década de
1890 vició en gran manera los objetivos de Núñez y destruyó el consenso que él había estado construyendo desde 1880. En consecuencia, hacia 1900, Colombia no había resuelto aún los perennes problemas del poder central contra el regionalismo,
poder ejecutivo contra legislativo, institucionalización contra personalismo o caciquismo, ideología política y organización partidaria contra intereses locales y comportamiento como clanes armados. Además, la depresión del sector cafetero a finales
del siglo xix dejó al Estado en bancarrota y exacerbó las tensiones sociales a todos
los niveles. En la Colombia de 1900 sobrevivían todos los aspectos de la política tradicional junto con los modernos, en una convivencia inquieta.

3. La Venezuela de Guzmán Blanco

En Venezuela, el caudillismo funcionaba dentro y alrededor de las instituciones del gobierno republicano representativo, que eran en realidad débiles e inestables. A pesar de la formación, a mediados del siglo XIX, de partidos políticos, el criterio de prestigio personal siguió predominando hasta ya entrado el siglo XX. El periodo 1824-1870 se caracterizó por un tipo de convenio implícito entre el caudillismo y la oligarquía, hasta la derrota final de esta última por Antonio Guzmán Blanco en la guerra civil de 1869-1872. El poder político en Venezuela derivaba tradicionalmente de la riqueza territorial, que implicaba la capacidad de controlar una red de personas dependientes en un sistema de patronazgo y clientela. A la cabeza de esas redes se encontraban los caudillos de provincia, y los regímenes nacionales se formaban a base de tratos o alianzas entre caudillos para alcanzar mutuos intereses. La guerra civil era la manera habitual en que se alteraba la balanza entre los caudillos, o entre el caudillaje y los políticos constitucionales. Esto quiere decir que las decisiones que determinaban la supremacía política resultaban de las guerras civiles más que de las luchas de tipo parlamentario. El sistema político, como nos enseña John Lombardi, dependería, no de instituciones formales o de la estructura legal, sino de las realidades históricas de la sociedad venezolana, caracterizada por esos arreglos informales entre los poderosos jefes regionales.

El caraqueño Antonio Guzmán Blanco (n. 1828) era hijo de Antonio Leocadio Guzmán, fundador del Partido Liberal. Obtuvo su experiencia en la política caudillista durante las guerras federales iniciadas en 1859, en las que los conservadores (o «azules») salieron derrotados. Guzmán Blanco se había unido al general Juan Falcón, y durante la presidencia de éste actuó entre 1863 y 1867 como representante venezolano en Europa con facultades para contratar préstamos y negociar contratos. Fue

Antonio Guzmán Blanco

precisamente durante ese periodo cuando Guzmán Blanco amasó su riqueza personal. Durante casi veinte años (1869-1889) dominó al país en tres fases conocidas como el Septenio (1870-1877), el Quinquenio (1880-1885) y el Bienio (1886-1888). Recibió el título de «Pacificador y Regenerador de Venezuela» y «Supremo Director de la Reivindicación». Según Lombardi, la dominación de Guzmán Blanco simbolizó el intercambio entre la sociedad anacrónica del interior de Venezuela y las necesidades de la economía transatlántica en la que el país se había integrado en sus relaciones comerciales. En primer lugar llevó a cabo grandes esfuerzos para controlar el nivel de violencia política dentro del país, para estimular la exportación, y para reforzar el papel de Caracas como intermediaria entre esos dos mundos. Su objetivo fue la reducción a la obediencia por parte de los caudillos regionales y la atracción de créditos extranjeros al país por medio de la estabilidad política. Sin embargo, durante la época de Guzmán Blanco, Venezuela no abandonó tras de sí la herencia del caudillismo: Guzmán era el caudillo nacional, quien ayudado por los modernos medios de transporte y comunicación (como el telégrafo) gobernaba a través de los jefes regionales, personalmente leales a él, y a quienes dejaba en paz mientras pudieran mantener el orden interno a nivel provincial y reconocieran su autoridad a nivel nacional. En 1872 condenó a muerte al caudillo provincial rebelde Matías Salazar, que se había sublevado contra él. Cerró en 1870 el periódico de la oposición, *El Federalista,* y siguió silenciando a cualquier periódico que se atreviera a criticar su política. Decretó el secuestro de las propiedades no solamente de sus enemigos, sino también de sus familias; impuso contribuciones a todos los bienes y capitales de sus oponentes, y en mayo de 1879 recibió facultades extraordinarias extendidas en 1880 y 1881, para perseguir a los que atacaran su régimen. Sin embargo, se consideró siempre leal al Partido Liberal.

Guzmán Blanco, en junio de 1870, proyectó un sistema de educación obligatoria y gratuita, creó en diciembre del mismo año una comisión de agricultura para estimular el cultivo del trigo, y a principios de 1871 estableció un directorio de estadística en el Ministerio de Fomento. Empezó el proceso de consolidación y redención de la deuda pública con la creación de la comisión del crédito público en noviembre de 1870.

Su régimen mezclaba el absolutismo en la práctica con el respeto a ciertas formas de constitucionalismo. Convocó a elecciones en junio 1872, después de la derrota de los conservadores, y tuvieron lugar el mismo octubre, según las reglas de la Constitución de 1864. Esta Constitución había conferido facultades considerables a los estados de la Federación, y por consiguiente había dejado intacto el poder de los caudillos regionales, sin la cooperación de los cuales ningún gobierno en Caracas hubiera podido controlar el país. El objetivo político de Guzmán Blanco fue una reforma constitucional que fortaleciera la autoridad central y del ejecutivo. Cuando llegó al fin de su periodo presidencial, Guzmán Blanco apoyó la candidatura del general Franciso Linares Alcántara, que lo sucedió en marzo de 1877 y continuó su política. Sin embargo, con la muerte de Alcántara en noviembre de 1878, la oposición aprovechó la oportunidad para atacar al régimen. La oposición estaba compuesta por antiguos conservadores, estudiantes de la Universidad de Caracas (que Guzmán había subordinado a la política oficial) y caudillos de provincia rivales. Cuando Guzmán Blanco reasumió la presidencia en febrero de 1879, convocó un congreso de plenipotenciarios de las provincias y abogó por la reducción de 20 a 7 en el número de estados, por una legislatura de cuatro años de duración, por la votación secreta, y por las libertades individuales proyectadas en la Constitución de 1864. En marzo de 1880 la totalidad de los 20 estados eligió por unanimidad a Guzmán como presidente de la República, y con la ratificación de la sexta Constitución venezolana en abril de 1881 se redujo a nueve el número de estados. La Constitución rechazó la descentralización de 1864, y para centralizar el poder estableció un Consejo Federal constituido por un senador y dos representantes de cada estado. Este Consejo eligiría al presidente cada dos años y de esta manera se privó al electorado nacional y al Congreso federal del derecho de elegir al supremo mandatario de la nación. El objetivo fue la reducción del papel de los partidos y facciones políticas y, por supuesto, de la influencia de los caudillos provinciales. En todo caso, la Constitución limitó el sufragio solamente a los alfabetos y a los propietarios, una pequeña minoría de la población. La Constitución entró en vigor a partir de febrero de 1882, dos años después del regreso de Guzmán Blanco al poder, y su periodo presidencial duraría todavía otros dos años más hasta 1884, un periodo total de cuatro años, dos más que los prescritos. En mayo de 1882, el Congreso confirió poderes extraordinarios al presidente. Guzmán Blanco apoyó la candidatura del general Joaquín Crespo para el periodo de 1884-1886, y partió otra vez para Europa como plenipotenciario venezolano con facultades de contratar empréstitos y negociar contratos. Aunque se había ausentado del país, todos los puestos importantes quedaron en manos de los guzmanistas. Regresó a Venezuela para ejercer el poder directamente por última vez en el Bienio de 1886-1888. Su sucesor, entre 1888 y 1890, elegido por el Consejo Federal, fue el doctor Rojas Paúl, otro caraqueño, quien después de la salida de Guzmán para Europa con su posición ya de costumbre, procedió a actuar como si el antiguo presidente hubiera cesado de contar en la política venezolana. Rojas Paúl relajó las estrechas restricciones que Guzmán había mantenido sobre la prensa, y permitió de esta manera un torrente de insultos y críticas contra su antecesor que contribuyeron a socavar aún más su credibilidad en el país. La política antiguzmanista de Rojas Paúl dividió al Partido Liberal, que era el que había sostenido al caudillo nacional. Sin embargo, Guzmán, que vivía tranquilamente en París y no sin cierto estilo, no se preocupó del deterioro de su posición en Venezuela, y permaneció en Europa hasta su muerte en julio de 1899.

Entre 1835 y hasta 1888, con la elección de Rojas Paúl, Venezuela no había tenido ningún presidente civil (aparte de un breve periodo interrumpido entre 1859 y 1861). Rojas Paúl entregó el poder a otro civil, el doctor Raimundo Andueza Palacio para el periodo de 1890 a 1892, pero Andueza fue derrocado en junio de 1892 (por su intento de prolongar su periodo presidencial) por el general Crespo, que había sido uno de los mandatarios durante la época de Guzmán. Crespo asumió la presidencia con una nueva Constitución en 1894.

De hecho, los primeros pasos efectivos para la modernización de Venezuela —demorada unos cuarenta años— se tomaron a partir de la victoria de los tachirenses, los caudillos andinos del estado de Táchira, en 1899. Completaron la centralización comenzada por Guzmán Blanco con la reducción de la autonomía de los caudillos regionales (que es lo que ellos mismos habían sido) y por medio de su control de los gobernadores de los estados. Cipriano Castro, que llegó al poder en octubre de 1899 después de haber derrocado al sucesor de Crespo en una rebelión lanzada desde los Andes, se presentó como restaurador de un auténtico liberalismo venezolano que había sido traicionado desde 1870. Como muchos otros nacidos en la zona fronteriza, Castro había recibido la mayor parte de su educación en Colombia y estuvo influido por el Partido Liberal colombiano, que precisamente en esa época estaba preparando una rebelión contra el régimen conservador intransigente en Bogotá, que iba a culminar en la Guerra de los Mil Días (1899-1902). Castro actuó en la política regional desde 1866, fue gobernador de Táchira hasta 1890, y diputado en Caracas a partir de ese año y hasta su exilio en Colombia con su paisano y colaborador político, Juan Vicente Gómez, que duró entre 1892 y 1898. Político hábil y de considerable experiencia, su influencia se vio impulsada por la caída de los precios del café en el mercado mundial a partir de 1897-1898, que provocó una crisis económica en Táchira a finales de la década. Su Revolución Liberal Restauradora comenzó en mayo de 1899, y costó 3.000 vidas. En realidad, no significó la subida al poder de los andinos, sino, al contrario, la continua supremacía durante su régimen de los viejos liberales y las clases profesionales de Caracas y Valencia. La Constitución de 1901 incrementó el poder del ejecutivo y extendió el mandato presidencial a seis años. Aunque el caudillismo sobrevivió en Venezuela más tiempo que en cualquier otro país importante de Iberoamérica, Castro avanzó del personalismo tradicional a la institucionalización. Heredó el centralismo y el poder ejecutivo creado por Guzmán Blanco y gobernó más o menos de la misma manera, aprovechándose de las armas modernas para mantener su posición. Durante el régimen de Castro (1899-1908) el poder regional de los caudillos desapareció finalmente. La profesionalización del ejército nacional obligó a todos los jefes provinciales, con fuerzas armadas que eran realmente temporales, a cooperar con el poder ejecutivo en Caracas y a obrar dentro del sistema creado e impuesto por él. Juan Vicente Gómez (1908-1935) completaría este proceso. El legado de los tres caudillos nacionales que dominaron el país entre 1870 y 1935 fue un poderoso e inexpugnable caudillaje nacional sostenido por un ejército crecientemente profesional y por los medios de comunicación y armamento modernos.

4. La Argentina de la república conservadora

El régimen de Rosas había sido derrocado en 1852 por una coalición de caudillos provinciales a la cabeza de la cual se hallaba Urquiza, caudillo de Entre Ríos. Entre 1852 y 1862 Argentina todavía no se había constituido en una entidad política y económica integrada. Sin embargo, la concentración de propiedad territorial desde la época de Bernardino Rivadavia había resultado en la formación de una élite política. Los terratenientes, ganaderos y empresarios porteños predominaron en la política a partir de 1862, y los intereses del sector agroexportador determinaron las relaciones comerciales del país, más o menos hasta la Depresión mundial de 1929. Las agrupaciones políticas que desempeñaron el papel de partidos políticos eran en realidad asociaciones de familias y redes de amistades dentro de la élite, todas caracterizadas por lealtades personales. La élite argentina de esa época consistía esencialmente en 400 familias. Las más ricas y poderosas de ellas poseían los grandes terrenos de cereales y ganado cercanos al Río de la Plata y los puertos de extracción. La expansión de la demanda de productos agrícolas de ese tipo consolidaba la posición social de la élite agroexportadora, mientras que su colaboración con los inversionistas extranjeros, principalmente británicos, fortalecía su supremacía económica: la poderosa asociación de la Sociedad Rural Argentina expresaba los intereses de estos terratenientes. La mayoría de los estancieros eran al mismo tiempo comerciantes; vivían generalmente en Buenos Aires, y eran en consecuencia un grupo dirigente tanto urbano como rural. Su origen no derivaba de la época colonial, sino que fue el producto de cambios comerciales a lo largo del siglo xix, y como tal fue dinámico y adaptable.

Esta oligarquía mantenía un control exclusivo sobre la política, aunque se fragmentaba repetidamente en rivalidades personales o regionales. A pesar de esas divisiones, logró excluir a otros grupos sociales de la participación política. La Constitución de 1853 había establecido en principio una república constitucional representativa con el sistema federal y la libertad política. Sin embargo, hasta 1880 predominó la política de los caudillos a nivel regional, y la concurrencia entre jefes rivales dentro de la élite a nivel nacional. Es verdad que la visión de los exiliados liberales, que regresaron al país después de la caída de Rosas, había sido de un sufragio efectivo, pero durante la época de la república conservadora hasta la reforma electoral de 1912 el fraude seguía siendo la característica fundamental de la práctica política.

Según la versión liberal de la historia argentina, la época de los caudillos —que llamaron «de barbarie»— había terminado, y desde entonces la república podría recuperar su lugar predestinado entre los países «civilizados» del mundo occidental. La generación de 1862, el año en que tomó el poder el general Bartolomé Mitre, rechazó la Argentina del campo y del gaucho y, por contraste, abrazó la cultura francesa o británica. La élite metropolitana se sentía más europea que americana, y veía el destino del país ligado al de Europa, más que vinculado a los países vecinos como Bolivia, Chile, Perú o Brasil. Los dos célebres periódicos, *La Prensa* (1869) y *La Nación* (1870), expresaron el punto de vista del grupo liberal europeizante. Este grupo apeló a la tradición de los próceres de 1810 —Manuel Belgrano, Cornelio Saavedra, y Mariano Moreno— y sobre todo a la política anticipada en la época de Rivadavia. Pintó el periodo 1829-1852 como una laguna en el desarrollo político y cultural del país. Sin embargo, el legado de la época de Rosas no podía borrarse en ninguno de sus aspectos, tanto positivos como negativos, y más allá de los salones de los hombres cultos y de las tertulias de los intelectuales liberales, las relaciones patrón-clientela o caudillo-seguidores seguían ejerciendo una influencia viva y constante en la cultura política argentina.

La Constitución iba a sobrevivir hasta 1949, en plena época del peronismo. Había sido la obra de Juan Bautista Alberdi, el célebre abogado de Tucumán, que pertenecía a la generación antirrosista de 1837. Alberdi creó un centralismo autoritario, que, sin embargo, no hizo sino institucionalizar la posición de los caudillos de provincias como gobernadores de estados en la nueva Confederación argentina. Sin embargo, los presidentes Bartolomé Mitre (1862-1868) y Domingo Sarmiento (1868-1874) se aprovecharon del extenso poder ejecutivo entregado a la presidencia para emprender la modernización según el modelo de Europa occidental y norteamericano, como ya hemos visto. Más adelante, la administración acabó por centralizarse con la incorporación final de la ciudad de Buenos Aires —hasta entonces disidente— en la federación. El nuevo sistema constitucional dejaba traslucir un personalismo tradicional, muy evidente durante la época del general Julio Roca (1880-1886). La oligarquía agroexportadora se vio consolidada bajo Roca y Carlos

Pellegrini (1890-1892), quizá las dos personalidades más significativas de la época. Esa generación de 1880 tenía una visión amplia y optimista del destino de Argentina en el mundo moderno: veía al país como futuro líder de los países iberoamericanos, y contrapeso eficaz a la creciente influencia de los Estados Unidos, y esperaba que el vasto territorio de la república se poblara hasta un total de 100 millones de habitantes, cuando en realidad no alzanzó más de 7,9 millones hacia 1914. Sin embargo, el nivel de alfabetización en Argentina era extraordinariamente alto en comparación con el del resto de Iberoamérica: aumentó del 22 por 100 en 1869 al 65 por 100 en 1914, y ya entonces el país tenía una rica tradición literaria.

Sarmiento había intentado que se hiciera efectivo el sufragio, y que los jefes militares no se mezclaran en política, pero él mismo había impuesto en 1874 desde el ejecutivo la candidatura de Nicolás Avellaneda para la sucesión presidencial. Esta intervención provocó el alzamiento de los partidarios del general Mitre con el cargo de fraude electoral. En realidad, la élite mantenía un sistema político cerrado que

Sarmiento (caricatura de la época)

maduraría a partir de 1880, por medio del fraude. Además, el grupo en el poder a nivel nacional intervenía en la política de las provincias, cuando quiera que les resultara conveniente.

Sarmiento intervino contra la dinastía local del interior, los Taboada, caudillos de Tucumán, Salta, Jujuy, Catamarca y Santiago del Estero. Manuel Taboada, gobernador de la última, intentó formar una unión de las provincias del norte contra Sarmiento, aunque los pactos entre estados estuvieran prohibidos por la Constitución. Sarmiento denunció al clan Taboada como tiranos del norte, verdaderos López del Paraguay, que consideraban grandes segmentos del territorio nacional como su propio patrimonio. La contienda continuó hasta 1875. Igualmente serias fueron las tres intervenciones en la provincias de Entre Ríos en 1870, 1873 y 1876-1879. En 1873 la legislatura entrerriana designó a un nuevo gobernador, Ricardo López Jordán, quien se levantó en 1876 contra el centralismo incipiente con los lemas «Defendemos la soberanía de la Provincia» y «Soberanía y Libertad». López Jordán había estado comprometido en 1870 en el asesinato de Urquiza, y cuando años después del fracaso de su rebelión fue amnistiado por el presidente Miguel Juárez Celman (1886-1890) y estableció su residencia en Buenos Aires, él también fue asesinado en junio de 1889 por venganza. Las luchas entre el ejecutivo y las provincias durante la década de 1870 no fueron tan encarnizadas como las de épocas anteriores, y representaban más que nada las etapas finales de una contienda entre las élites regionales en pos de la supremacía que había comenzado ya a partir de 1820. Hacia 1880 la confederación desarticulada que había sobrevivido hasta entonces fue sustituida por un sistema centralizado, aunque nominalmente federal, que el proceso de modernización del país se encargó de reforzar. Ya no sería posible la constitución de provincias en estados soberanos. Además, la recesión económica de 1875-1882, que había generado tensiones políticas a muchos niveles, dio paso a un nuevo periodo de expansión hasta 1889-1893.

Durante la primera presidencia de Julio Roca (1880-1886), el estado argentino se hizo efectivo por primera vez, con el monopolio de la autoridad y el poder. Sin embargo, la candidatura de Roca había sido propuesta por una coalición de poderosos políticos provinciales, la Liga de Gobernadores (Córdoba, Santa Fe, Entre Ríos y Tucumán), formada a mediados de la década de 1870 a sugerencia de Juárez Celman, para contrarrestar la hegemonía porteña y completar la federalización de la ciudad de Buenos Aires. Roca, que había ganado experiencia militar en la guerra paraguaya, era originario de Tucumán, y Juárez, su concuñado, de Córdoba, de donde más tarde fue ministro de Gobierno. Avellaneda había promovido a Roca de coronel a general por su papel contra la rebelión mitrista de 1874, y al año siguiente le encomendó la tarea de romper definitivamente la resistencia de los indios guerreros del sur. Roca dirigió veintiséis expediciones entre julio de 1878 y julio de 1879 y llevó la frontera hasta el río Negro, mientras Chile seguía ocupado con la Guerra del Pacífico. El propio Roca fue ministro de Guerra a partir de enero de 1878.

Las sucesiones presidenciales de 1874 y 1880 estuvieron acompañadas de levantamientos por parte del grupo derrotado. Las elecciones de 1874 produjeron demostraciones violentas en Buenos Aires, seguidas por la rebelión de los mitristas, que fueron tres años más tarde incorporados al régimen de Avellaneda por medio de la «política de la Conciliación». El triunfo electoral de Roca en 1880 provocó otra rebelión, en la que el gobernador de Buenos Aires, Carlos Tejedor, se levantó con la milicia provincial en junio y obligó al presidente Avellaneda y al Congreso Nacional a abandonar la capital y refugiarse en el pueblo de Belgrano. Con la sucesión de Roca los conflictos entre las regiones cesaron, y comenzó el periodo de la Paz roquista, del Unicato, con la absoluta supremacía por todo el país de un partido, el llamado Partido Autonomista Nacional (PAN). Sostenido por la prosperidad de la década de 1880, Roca comenzó la transformación de la administración nacional y adelantó la modernización del país por medio de la inversión extranjera. Su íntimo colaborador fue el ministro de Guerra, Carlos Pellegrini, porteño de nacimiento.

El liberalismo de la generación de 1880 fue sobre todo económico, puesto que el sistema político roquista tuvo un carácter más bien autoritario. Esto constituyó un problema trascendental, porque el poder del gobierno central aumentó sin el crecimiento simultáneo de otras instituciones nacionales que pudieran contrarrestarlo, ni menos aún el de un congreso nacional efectivo que, en cambio, estaba compuesto por partidarios del presidente. Por esas razones el carácter personalista y tradicional de la política argentina perduró hasta el siglo XX. Más aún, la expansión de la burocracia aumentó las oportunidades de las clases profesionales para conseguir empleos como funcionarios, y las del presidente y su administración para ejercer el patronazgo sobre una amplia área de la sociedad civil.

Al mismo tiempo, los presidentes de la república conservadora iniciaron el proceso de modernizar las fuerzas armadas, y su alejamiento de la política por medio de la profesionalización. Mitre tuvo por objetivo la formación de un ejército nacional que sustituyese a las milicias a disposición de los caudillos-gobernadores de las provincias. En 1869, Sarmiento creó el Colegio Militar, y en 1872 la Escuela Naval. Roca, en 1899, fundó un colegio militar para altos oficiales destinados al Estado Mayor, siguiendo el modelo prusiano y dotándolo con oficiales alemanes. En 1901 se estableció la instrucción oficial obligatoria. De esta manera, el ejército contribuyó al fortalecimiento del gobierno nacional, especialmente durante la presidencia del general Roca. Además, las campañas militares en la frontera de la Patagonia alejaban a las fuerzas armadas de los caudillos provinciales que hasta esa época habían dependido de ella para construir su poder. Hacia 1900, el ejército profesional constaba de alrededor de 10.000 hombres.

La Liga de Gobernadores apoyó la candidatura de Juárez Celman para las elecciones de 1886, con Carlos Pellegrini para la vicepresidencia. El elitismo caracterizó la época de Juárez con una fuerte resistencia a la apertura de los procesos políticos. La situación se deterioró cuando el presidente trató de independizarse de la tutela de Roca, y a partir de 1886 el PAN se dividió entre «juaristas» y «roquistas». Juárez Celman quería trasladar el centro político a su estado natal de Córdoba, un intento que provocó la oposición de la élite porteña. En esta situación la posición de Pellegrini fue clave, especialmente cuando Juárez Celman derrocó al gobernador de Mendoza en una pequeña revolución provincial y lo substituyó por un «juarista». Más tarde, el presidente destituyó violentamente al «roquista» gobernador de Tucumán, Juan Posse, que fue aliado político de Pellegrini. Finalmente, sustituyó al gobernador de Córdoba por su independencia política a través de procesos judiciales seguidos por la Legislatura del Estado (en que los «juaristas» formaban la mayoría), e impuso a su propio hermano, Marcos Juárez. Esta política dividió a la élite y precipitó la insurrección de julio de 1890. Roca, por su parte, se había ausentado a Europa. Mitre siempre se había opuesto al Unicato, pero no estaba dispuesto a lanzarse a más levantamientos desde los fracasos de 1874 y 1880, y también él se hallaba ausente del país. Desgraciadamente para el presidente, su política desestabilizadora coincidía con otra recesión económica que renovaba las tensiones políticas y sociales en el país. La crisis económica de finales de la década de 1880 afectó gravemente a los artesanos y obreros. En 1887 los zapateros estuvieron en huelga; en 1888 y 1889 los trabajadores ferroviarios de Buenos Aires y Rosario. En 1890, unos 6.000 trabajadores se hallaban en huelga. El descontento económico socavó la posición política del gobierno, y abonó el terreno para el resurgimiento del antagonismo tradicional entre porteños y provincianos. Aunque la insurrección de los intereses terratenientes y comerciales de Buenos Aires fracasó, Juárez Celman tuvo que abandonar la ciudad y, privado del apoyo del ejército, renunció a la presidencia. El poder pasó en septiembre de 1890 a Pellegrini, con el apoyo de Roca, Mitre, los inversionistas extranjeros, y la comunidad bancaria de Londres.

Aunque la caída de Juárez Celman reveló la dimensión del descontento popular, la presidencia de Carlos Pellegrini pudo reparar los daños y construir de nuevo un consenso político dentro de la élite que simbolizó el fin de la prolongada lucha entre porteños y provincianos. Roca se hizo cargo del Ministerio del Interior, y Pellegrini formó una coalición de «autonomistas nacionales», «cívicos», y «mitristas». Sin embargo, la crisis de 1890 tuvo consecuencias de larga duración. En 1899 un grupo disidente de la élite, universitarios en su mayoría, había formado la Unión Cívica de la Juventud en Buenos Aires. A este grupo se adhirieron otros patricios disidentes, los clericales agraviados por la legislación laica de 1882, y los mitristas porteños. Sin embargo, la oposición se dividió en 1891 sobre la cuestión del apoyo al gobierno de Pellegrini. De la fracción antioficial surgió la Unión Cívica Radical, dirigida por Leandro N. Alem, un cacique político de la ciudad de Buenos Aires. Con la reunificación de las élites en torno a Pellegrini y Roca, la Unión Cívica se halló impotente, puesto que la mejora en la situación económica eliminó el descontento social de las clases menesterosas. Con el fracaso de dos revueltas provinciales en 1891 y 1893, el nuevo partido se vio confinado al margen de la vida política, y su dirigente se suicidó. Durante la primera década del liderazgo de Hipólito Yrigoyen (n. 1852) entre 1896 y 1905, los radicales carecieron de importancia.

Pellegrini apoyó la candidatura de Roca en 1898 para un segundo periodo presidencial (1898-1904) contra la candidatura de Mitre, y con su reelección fue nombrado ministro del Interior. Sin embargo, se enfrentaron en 1901 sobre la cuestión de la deuda exterior, y la élite se dividió una segunda vez con la renuncia de Pellegrini del gobierno de Roca. Los radicales no podían aprovecharse de la división porque ellos mismos se encontraron fraccionados hasta 1904 entre el Comité de la Provincia de Buenos Aires, controlado por Yrigoyen, que abogaba por una estrategia revolucionaria, y el Comité Nacional, que la rechazaba. No obstante, la naturaleza de la política en Argentina se estaba alterando sutilmente, porque a partir de 1900 las clases profesionales urbanas empezaron a presionar para alcanzar la plena participación política. Esto reflejó los cambios económicos y sociales que habían estado sucediendo en el país por lo menos desde 1880, a costa de la élite que pretendía ignorarlos. La incorporación de las nuevas clases profesionales presupuso una reforma política en la dirección del gobierno representativo. Pellegrini, consciente desde 1901 de la nueva fuerza de la opinión publica que se había opuesto a su proyecto de hipotecar los ingresos aduaneros como parte colateral de un préstamo de los bancos europeos, se incorporó a las filas reformadoras y prestó su fuerza a la campaña por la apertura del sistema político.

El crecimiento de las demandas de las clases trabajadoras urbanas también puso en peligro la continua hegemonía de la élite agroexportadora, especialmente frente a los grupos profesionales agraviados. Como argumenta el historiador británico del radicalismo argentino, David Rock, fue una amenaza doble, y el sistema creado por Roca en 1880 no podría sobrevivir intacto por mucho más tiempo. El movimiento anarquista encontró apoyo entre los trabajadores inmigrantes de Buenos Aires, y en 1894, Juan Justo fundó el Partido Socialista. Pellegrini y los reformadores, entre los que se hallaba el futuro presidente Roque Sáenz Peña, intentaban abrir el sistema político no para asistir a los radicales de Yrigoyen, sino, al contrario, para facilitar la formación de un partido conservador que, por medio de una alianza electoral entre la élite y las clases medias urbanas, pudiera garantizar la posición social de ambas. La ley electoral de 1902 amplió el derecho de sufragio hasta cierto punto (a dieciocho años), pero sin conceder el voto secreto. Dividió la capital y las provincias en circunscripciones que sustituyeron a las antiguas listas plurales; pero en los estados, los gobernadores todavía podían controlar el sufragio. En las elecciones para el Congreso de marzo de 1904, 28.000 personas poseían el derecho a voto en la ciudad de Buenos Aires, pero 25.000 de ellas se abstuvieron. Esto significó una clara indicación del grado de frustración política en el país, y de que la reforma política tendría que avanzar aún más lejos para que la élite agroexportadora pudiera conservar su posición dominante, frente a la incorporación a las filas del radicalismo de las clases excluidas del proceso político.

5. La transición del Imperio a la «Vieja República» en el Brasil

En efecto, el Manifiesto Liberal de mayo de 1869 delineó el proyecto para una forma republicana de gobierno, y describió la misión del Partido Liberal como el desarrollo de la democracia constitucional. El ala radical del liberalismo formó en diciembre de 1870 un partido republicano. Aunque minoritario entre los grupos que ejercían el poder, había existido en el Brasil una tradición republicana que se puso de manifiesto en las rebeliones en el norte de 1817, 1824, y 1848-1849, y, sobre todo, en el movimiento secesionista en Río Grande do Sul (1835-1845). Hacia la década de 1870 su apoyo principal se hallaba en los departamentos de São Paulo y Minas Geraes. Sin embargo, no existía ninguna tradición de participación popular en los procesos políticos brasileños, y el constitucionalismo de la época imperial fue nada más que una fachada. Cuando en 1870 la población total del Brasil alcanzó los 10,5 millones, el número de votantes sólo quedó entre 150.000 y 200.000 y las elecciones fueron frecuentemente corruptas, con una fuerte presencia del célebre *coronelismo* en las localidades. Al mismo tiempo, los grupos dominantes en la política brasileña se esforzaron más en manipular a ese reducido grupo de votantes, que en facilitar la aparición de una verdadera corriente de opinión que facilitara el desarrollo de una democracia representativa.

La Guerra de la Triple Alianza (1864-1870) fortaleció la posición y el prestigio del ejército en la sociedad brasileña, en la que los militares no habían desempeñado un papel muy significativo, al menos desde 1831, cuando participaron en la caída del emperador Pedro I. El régimen de Pedro II (1841-1889) fue esencialmente de carácter civilista, y los partidos civiles no hicieron caso a los intereses del ejército, cuyos oficiales se sentían después de la guerra paraguaya más o menos como una verdadera nobleza alternativa, constituida como tal por la experiencia de la guerra. Entre 1877 y 1880 el Parlamento propuso la reducción del ejército de 16.000 hombres a 13.500. Aunque el emperador no se interesaba por el ejército, no cesó de nombrar a altos oficiales para puestos de la administración civil. Además, con la creciente importancia de los generales principales, políticos de ambos lados, fueran conservadores o liberales, los cultivaron, y de esta manera los introdujeron por primera vez en la lucha política, que era una esfera en la que los militares apenas había tenido hasta ahora ambiciones. La figura clave en las dos décadas comprendidas entre el fin de la guerra (1870) y la caída del Imperio (1889) fue el mariscal Manoel Deodoro da Fonseca, nacido en la provincia norteña de Alagoas en 1827 e incorporado al ejército en 1847. Deodoro había ganado experiencia como soldado en las campañas de Uruguay y Entre Ríos contra las fuerzas paraguayas, en las que fue herido y condecorado. Hacia el año 1883 era ya comandante de fuerzas militares en Río Grande do Sul. Su familia era una de las más distinguidas familias militares del Brasil: su padre era oficial y siete de sus hermanos habían servido en el ejército, tres de los cuales murieron en la guerra paraguaya. En 1886, este oficial distinguido escribió al emperador quejándose de las injusticias infligidas al ejército por parte de los políticos civiles. Aunque apartado de su empleo de comisario general, escribió una segunda carta en febrero de 1887, en la que advirtió que la opinión pública apoyaba al ejército. Esta intervención le valió ser trasladado, con dos batallones de la guarnición de Río de Janeiro, a las remotas regiones del Mato Grosso.

El 15 de noviembre de 1889 una rebelión militar, encabezada por Deodoro en cooperación con los líderes republicanos Rui Barbosa y Benjamín Constant, acabó con el Imperio: un gobierno provisional proclamó la república, y el emperador partió con la familia imperial para Lisboa. La primera acción de Deodoro como jefe del ejecutivo fue la devolución al Brasil del sistema federal con 20 estados, cuyos gobernadores eran nominados por el poder ejecutivo federal. Durante 1890, un Congreso constituyente estuvo elaborando la forma de la nueva Constitución republicana, que fue promulgada el 24 de febrero de 1891, y que estableció un sistema presidencial. Aunque fue solamente la segunda constitución brasileña desde la independencia, eso no significó de ninguna manera que el país fuera esencialmente estable: al contrario, los estados de Bahía, Pernanbuco, Minas Gerais y Río Grande do Sul se hallaban en una condición agitada en esa época. Además, el Congreso estaba continuamente en conflicto con el ejecutivo, especialmente sobre el deterioro de las finanzas, hasta que el 3 de noviembre, Deodoro, con el apoyo del ejército y de los gobernadores de los estados, lo disolvió y proclamó un estado de sitio. Este golpe de estado presidencial no reforzó la posición de Deodoro, sino que provocó su retiro de la política a finales de ese mes; de su propia abdicación comentó: «firmo la manumisión del último esclavo del Brasil» —y dejó su autoridad en manos del vicepresidente, el general Floriano Peixoto.

Desde el primer instante los republicanos radicales se sintieron decepcionados porque al sistema parlamentario del Imperio le sucedió un sistema político más cerrado aún que aquél. Hacia el año 1900, los constitucionalistas liberales de São Paulo empezaron una campaña para transformarlo en un sistema más representativo. Eso planteó, sin embargo, ciertos problemas, porque la Constitución de 1891 había otorgado el derecho a voto únicamente a las personas alfabetizadas. En 1870, sólo un 15 por 100 de la población podía incluirse en esa categoría, y por el año 1920 el porcentaje ascendió a no más del 22,6 por 100.

El sistema federal reconoció que en Brasil el poder efectivo se ejercía más a nivel regional que desde el gobierno central, y simplemente eliminó la fachada imperial en Río de Janeiro. La república funcionaba por una serie de arreglos informales entre el ejecutivo federal y los gobernadores de los estados —la llamada «política de los gobernadores»—, que mantenían el equilibrio entre las élites predominantes; con este acuerdo, el presidente recibía a diputados maleables que se le enviaban desde los estados, consiguiendo así la subordinación de la legislatura a cambio de garantizar la posición de los gobernadores y abstenerse de intervenir en los asuntos internos de los estados. Aunque se llevaban a cabo elecciones regulares, el sufragio permaneció muy restringido y la votación era controlada por los caciques políticos locales, los *coronéis*. El *coronelismo* caracterizaba a la política de la Vieja República. Como en el Imperio, sólo una pequeña minoría ejercía los derechos políticos —restringidos en la práctica por los *coronéis*, que intervenían para suplir votos a los candidatos oficiales de las élites dominantes en las capitales de los estados. Esos caciques manejaban las elecciones, colocaban a sus hombres a las puertas de los colegios electorales, operaban como patronos complicadas redes de clientes, y controlaban el patronato estatal y las rentas locales. Esencialmente, la política brasileña se caracterizaba por un regionalismo bien arraigado, y el sistema político consistía en nada más que la suma total de las distintas políticas regionales que convivían en la república. Sin embargo, la discrepancia entre la costa y el interior fue ensanchándose, debido a la expansión económica del litoral del sureste durante este periodo, y la creciente importancia de las ciudades y su burguesía profesional y comercial. Puesto que la Constitución de 1891 estaba basada en un cálculo de población anacrónica, la tensión política entre el nuevo Brasil del sureste y la tradicional del interior y del noreste se fue desarrollando durante la Vieja República.

Una violencia endémica, el resultado de las contiendas sangrientas entre las familias dominantes para controlar el poder local, caracterizaba al noreste brasileño. En estas bandas se reclutaban a cimarrones y a fugitivos de la justicia. El odio entre dichos clanes se perpetuaba durante generaciones, y con cualquier pretexto estas bandas armadas itinerantes se lanzaban a pelear, para después de la contienda volver a sus trabajos en el campo. La autoridad en este mundo remoto no era ejercida por los representantes del gobierno central, sino tradicionalmente por los terratenientes que, como durante la época colonial y el Imperio, seguían conduciéndose como verdaderos patriarcas que imponían la ley por medio de la fuerza. Su posición se vio reforzada por su capacidad de reclutar a gentes que les servirían como milicias privadas, que consistían frecuentemente en pistoleros y aun criminales alquilados, y que se llamaban *jagunços*. Sin embargo, los terratenientes no gozaban del monopolio de la violencia, porque grupos de bandidos *(cangaceiros)* proliferaban por todo el noreste. La gente del campo se encontraba atrapada entre la presión de los terratenientes y la violencia de los *cangaceiros*. La policía rural creada en 1841, y compuesta de elementos criminales, no fue nada más que otra fuente alternativa de violencia.

A partir de 1880 la posición de los terratenientes iba a decaer a medida que el interior se iba integrando en el sistema político dirigido por los gobernadores de los estados. Las luchas locales de tipo tradicional continuaron, pero se fueron mezclando más y más con las contiendas políticas a niveles regional y nacional, y en este proceso los terratenientes tendían a perder su autonomía. Los *coronéis*, agentes suyos inicialmente, llegaron a estar más ligados a la política nacional con la proclamación de la república en 1889, ya que desde entonces tenían la obligación de suministrar los votos para los candidatos oficiales. Con la creación del sistema federal, el poder local de las familias dominantes se institucionalizó y controlaron en adelante los gobiernos de los estados. Estuvieron siempre dispuestos a fortalecer la posición del presidente a nivel nacional a cambio de la garantía de su libertad de acción dentro de los estados. De esta manera las oligarquías regionales fueron incorporadas al aparato oficial del poder, sin ninguna democratización en los procesos políticos.

Es una tentación argumentar que en Brasil existía un dualismo entre las ciudades costeñas, con sus miradas puestas en Europa, y el interior atrasado, el *sertão*. Esta fue precisamente la tesis de la célebre obra de Euclides da Cunha, *Os Sertões*, que examinó la rebelión mesiánica de Antonio Conselheiro en el remoto lugar de Canudos en el estado de Bahía entre 1893 y 1897. Da Cunha lo pintó como un conflicto entre la costa y el interior, entre las instituciones y mentalidades de finales del siglo XIX y las ideas místicas y fanáticas del populacho rural, con las miras en el sebastianismo mesiánico del siglo XVI. Sin embargo, el intercambio de los dos mundos fue mucho más íntimo de lo que se ha creído. Las regiones interiores del noreste estaban pasando por una recesión económica —profundizada por la atracción de mano de obra a las regiones amazónicas del caucho— que exacerbaba las ya existentes luchas sangrientas entre los clanes rivales locales. Los movimientos milenarios y mesiánicos, de los que hubo muchos ejemplos en Brasil a lo largo del siglo XIX y primeras décadas del XX, supusieron esfuerzos para restaurar la moralidad y práctica religiosa y para imponer la paz y orden social entre las facciones guerreras. Surgieron en épocas de profunda crisis para el ambiente rural, y generalmente en momentos decisivos del desarrollo nacional del Brasil, y el mesías de turno prometía la restauración de un orden pasado idealizado. Estas crisis internas dentro de sociedades tradicionales como la del noreste brasileño no fueron necesariamente provocadas por ninguna crisis de modernización, sino por condiciones intrínsecas a esas regiones, como la predominancia de rivalidades familiares o el bandolerismo. Como tenían lugar en el contexto de una política basada en redes de patrones y clientes, también llegaron a desempeñar un papel significativo en las luchas entre las élites locales con sus jefes o *coronéis* y con sus clientelas armadas, que por su parte operaban en una relación compleja con los gobernadores de los estados y con el gobierno federal en Río de Janeiro, y eso a pesar de que Brasil no gozaba todavía ni de una infraestructura nacional, ni de un sistema político integrado. El mesianismo no fue un fenómeno aislado de la realidad de su tiempo, sino que reaccionaba frente a otros factores sociales contemporáneos, y en este sentido sus orígenes y fines eran completamente terrestres. Además, el mesianismo no tenía el monopolio del movimiento renovador espiritual, porque lo tenía que compartir con la Iglesia oficial, renovada durante los pontificados de Pío IX y León XIII. Existe la posibilidad de que los dos movimientos se desarrollasen en asociación íntima, y que la recuperación de la Iglesia brasileña a partir de 1860 conformase el contexto a que el movimiento mesiánico pertenecía.

El fenómeno de Canudos se desplegaba en una región de violencia arraigada. Antonio Conselheiro anduvo por el *sertão* como peregrino entre 1871 y 1893, generalmente apoyado por sacerdotes locales. Nunca entró en conflicto con la jerarquía, y no rompió con la Iglesia oficial. Su primera comunidad, el pueblo de Bom Jesús, cerca de Itapicurú en Bahía, funcionó entre 1873 y 1875. En 1893 fundó Canudos y allá se congregaron unos 8.000 seguidores —campesinos, vaqueros, labradores, colonos usurpadores— opuestos al nuevo Brasil que le creían gobernado por masones y positivistas. Más o menos al mismo tiempo estaba creciendo otro movimiento parecido, el de Joaseiro en el estado de Ceará. En 1889, Joaseiro se convirtió en lugar santo por el milagro que se suponía había ocurrido allí. El sacerdote había sido el padre Cícero desde 1872, un graduado del nuevo seminario de Fortaleza. Joaseiro llegó a ser una comunidad que, como Canudos, atrajo a millares de personas. La caída de Canudos no resultó ni de un conflicto con la jerarquía eclesiástica ni, inicialmente, de una confrontación con las autoridades republicanas, sino del derrumbe de sus protectores en la política interna del estado de Bahía. Esto lo aisló y dio la oportunidad a la prensa republicana de pintarlo como un movimiento monárquico y de fanáticos religiosos. Sin embargo, fueron necesarias cuatro expediciones militares entre noviembre de 1896 y octubre de 1897 y un total de 12.000 soldados con artillería para destruir a Canudos, con la pérdida de 5.000 soldados y policías en un solo año de combate.

V. CUBA, COLONIA ESPAÑOLA: UN CASO ESPECIAL

Colonia española o no hasta 1898, en el año 1865 un 65 por 100 del azúcar que Cuba exportaba se dirigía a los Estados Unidos y sólo el 38 por 100 a España, y hacia 1877 esta vinculación con el mercado norteamericano se definía aún más claramente —82 por 100 a Estados Unidos, 5,7 por 100 a España, y 4,4 por 100 a Gran Bretaña. Sin embargo, la administración seguía siendo española y la isla, como su mercado privilegiado, recibía productos manufacturados de la Península, particularmente de la industria catalana —en 1894, el 60 por 100 de las exportaciones de Cataluña fueron a Cuba. Esta dependencia industrial de la metrópoli impidió en Cuba cualquier experimento para establecer fábricas nacionales de textiles u otros productos, cosa que los principales países iberoamericanos habían estado tratando de hacer desde hacía ya años (algunos como México desde la década de 1830) y varios con algún éxito precisamente en este periodo de luchas debilitadoras entre los criollos cubanos y la administración española. En otros aspectos también estaba Cuba atrasada en comparación con los países de tierra firme. La revolución azucarera había comenzado en Cuba a partir de 1790, y durante todo el siglo xix la expansión de la producción asentó la dependencia cubana del monocultivo. Además, el crecimiento del azúcar aumentó la demanda de esclavos en Cuba, precisamente en una época en que el tráfico de negros era criticado y, finalmente, en 1807 y 1850, abolido. Incluso los principales inventos de principios del siglo xix intensificaron la dependencia de la producción del azúcar: la energía a vapor y el ferrocarril facilitaron la introducción de tecnología avanzada en el complejo agroindustrial cubano, y a partir de 1840 Cuba era ya efectivamente una economía de monocultivo, y la gran propiedad caracterizaba la producción. Hacia 1861, un 71 por 100 de los ingenios estaba empleando la energía a vapor. Más de un 25 por 100 de la tierra utilizable lo estaba bajo el azúcar. En 1866 se prohibió el comercio de negros, pero ya en vísperas del proceso de emancipación los propietarios habían empezado a adaptarse al trabajo libre en varias formas, o a emplear a asiáticos contratados. Hacia 1870, prácticamente la mitad de los esclavos habían sido liberados. La población esclava, que en 1869 era de 363.288 personas, descendió a 227.902 en 1878, y el proceso se completó en octubre de 1886. La mayor parte de los esclavos cubanos se hallaban en las cuatro provincias azucareras —Colón, Matanzas, Sagua la Grande y Santiago de Cuba. En 1887, un 67,5 por 100 de la población total de 1.750.000 era blanca. Entre 1882 y 1894, como parte de la política metropolitana para mantener el control, llegaron a la isla un cuarto de millón de inmigrantes españoles.

El primer esfuerzo por parte de los criollos cubanos de independizarse de la Corona española tuvo lugar durante un periodo de confusión política en la metrópoli (1868-1874) y comenzó con el Grito de Yara lanzado en la provincia de Oriente en octubre de 1868. La Guerra de los Diez Años devastó el país: la producción del azúcar bajó a 527.400 toneladas, promedio por año entre 1880 y 1884: en la región de Santa Clara sólo 39 de los 86 ingenios sobrevivieron, y de los 100 en operación en el distrito de Santiago en 1868 sólo estaban operando 39 a partir de 1878. En Oriente, el conflicto afectó a todos los ramos de la agricultura —el número de fincas de tabaco disminuyó de 11.550 a 4.515 entre 1862 y 1887. El movimiento de independencia estuvo dirigido por patricios cubanos, propietarios de esclavos, pero la base popular fue débil, aunque alguna gente de color, generalmente mulatos libres, lo apoyó. La rebelión no logró sus objetivos, principalmente porque los insurgentes (entre 10.000 y 20.000 hombres) no podían establecer una posición fuerte al otro lado de la *trocha* o línea defensiva construida por el ejército español (40.000 soldados a finales de 1869) entre Júcaro y Morón que dividía la isla en dos zonas, y extender así la revolución a la parte occidental del país. Sin embargo, con la Paz de Zanjón de febrero de 1878, el gobierno español accedió a la demanda cubana de reformas constitucionales, y prometió permitir la participación política de los criollos leales, con el derecho a enviar 40 procuradores a las Cortes de Madrid. Dos partidos políticos comenzaron entonces a funcionar: el Partido Liberal (julio de 1878), principalmente cubano, para extender a la isla las provisiones de la Constitución española de 1876 y propagar la autonomía dentro del contexto imperial, y para lograr la separación de los poderes civil y militar, y el Partido Unión Constitucional (agosto de 1878), el vehículo de los peninsulares del comercio, las profesiones, y de la administración para conservar para siempre una Cuba española. Entre 1878 y 1895, Cuba gozó de unos cambios constitucionales significativos, que facilitaron la perpetuación del régimen español.

La recuperación de la guerra nunca llegó a ser completa, porque en 1884 los precios mundiales del azúcar se hundieron —debido a la competencia de la remolacha, que en ese año cubría la mitad de la producción mundial, y a partir de mediados de la década la isla se hallaba en plena depresión, con la clausura de la Caja de Ahorros de La Habana, el Banco Industrial y el Banco de Comercio. La depresión presagió el ocaso de la vieja oligarquía azucarera, resultó en una acelerada concentración de la propiedad, y algunos propietarios vendieron sus títulos a intereses en Estados Unidos a cambio de valores en compañías norteamericanas. El capital norteamericano al mismo tiempo aumentó la capacidad productiva de varias centrales, particularmente en Cienfuegos. Hacia 1886, casi un 94 por 100 de la producción de azúcar se dirigía a los Estados Unidos. Algunos plantadores habían perdido a sus trabajadores que se habían incorporado a los insurrectos y después de la guerra trataron de atraer a cultivadores libres llamados colonos, para asistir en la rehabilitación de las plantaciones, y que recibían un porcentaje del azúcar producido. Hacia 1887, algo más de la tercera parte era cultivada por los colonos, frecuentemente endeudados a los centrales, y crecientemente personas inmigradas recientemente de la Península. La culminación del proceso de emancipación de los esclavos exacerbó el problema del desempleo, que tuvo como consecuencias la migración desde el campo hacia las ciudades y el reclutamiento en grupos de bandidos. Éstos dominaban grandes zonas del campo desde finales de la década y durante la de 1890, y a partir de 1895 se mezclaron con la nueva insurgencia en Oriente.

La industria azucarera se recuperó brevemente de la depresión entre 1890 y 1894, y en 1893 el valor de la exportación de azúcar a Estados Unidos alcanzó los £64 millones (mientras que el valor total del comercio a España era sólo de £6 millones). En 1894, Cuba producía un millón de toneladas de azúcar. Sin embargo, con la terminación de las concesiones arancelarias en el mercado norteamericano, la reimposición de impuestos proteccionistas por parte del gobierno de Madrid, y la caída de los precios mundiales del azúcar, una nueva depresión dañó la industria a partir de este año. Hacia 1896 el valor de las exportaciones de azúcar a Estados Unidos cayó a £13 millones. Plantadores arruinados o empobrecidos se inclinaron al campo del separatismo. Con la depresión de 1894, las esperanzas de una liberalización política se desvanecieron. El descontento en la isla, aunque esporádico, no había cesado desde 1878, y habían estallado rebeliones en 1878-1880 (la Guerra Chiquita), en 1883 en Oriente, en 1892 y 1893. El Grito de Baire el 24 de febrero de 1895 marcó el inicio de la Guerra de Secesión.

La nueva insurrección ofreció a los campesinos desposeídos durante la década anterior la oportunidad de rehabilitarse, y la base social del movimiento fue mucho más amplia y popular que la de 1868-1878. Con el regreso a Cuba del general insurgente Antonio Maceo, un negro de Santiago, y el general Máximo Gómez (nacido en Santo Domingo), veteranos de la guerra anterior y expertos en la técnica de la guerrilla, y el ideólogo José Martí, el liderazgo pudo dar una clara dirección a la rebelión en Oriente, y muy pronto los insurgentes controlaron el este de la isla sin la posibilidad de ser desplazados. Aunque el gobernador general, el general Arsenio Martínez Campos, trató de reforzar la trocha y contener la rebelión, los rebeldes penetraron en Camagüey y cruzaron a Las Villas. La población rural apoyaba a los insurgentes, si no activamente, al menos pasivamente. Martínez Campos estimó que sería necesario un total de 400.000 soldados españoles para aplastar la insurrección, pero sabía muy bien que la metrópoli no estaba en condiciones de suministrarlos ni de emplear el dinero requerido para operaciones militares de tal envergadura. A finales de 1895 los españoles estaban retirándose a La Habana y Maceo avanzaba sobre Pinar del Río, extendiendo la insurección a toda la isla en diez meses, lo que no había sido logrado en los diez años de 1868 a 1878, y revolucionando la parte occidental de la isla, centro de la industria azucarera y del poder de la clase plantadora, y principal apoyo del régimen español. Esto fue la prueba de que España no podía ya proteger la propiedad y el orden social. La fuerza total insurgente se estimaba entre 25.000 y 30.000 hombres. Madrid revocó al gobernador general, y nombró en su lugar al general Valeriano Weyler, el principal defensor de una solución militar a la insurgencia: Weyler era un veterano de 1868-1878, de las Guerras Carlistas, la Guerra en Marruecos, la campaña en 1865 en Santo Domingo y la insurrección en Filipinas.

Weyler utilizó la trocha para establecer una línea de demarcación contra la posición fuerte de los rebeldes en el este. Sobre todo se propuso cortar el contacto entre los rebeldes y la población rural por medio de una reconcentración de ésta en posiciones fortificadas guarnecidas por tropas españolas. Al mismo tiempo construyó una segunda trocha entre Mariel y Majana, separando las provincias de Habana y Pinar del Río en el oeste para aislar a Maceo. De esta manera Weyler creó tres zonas y proyectó la derrota de la rebelión en cada extremo de la isla, para terminar con la zona central. La orden de reconcentración del 17 de febrero de 1896 demandó el traslado de todos los habitantes rurales con su ganado a las posiciones fortificadas en un plazo de ocho días, y prescribió la destrucción de todas las casas, materiales, productos y animales que quedasen en el exterior para que no cayeran en manos de los insurgentes. Sin embargo, las autoridades españolas tomaron pocas provisiones para recibir a los miles de nuevos habitantes en los centros urbanos controlados por el ejército oficial, y muchos murieron de hambre o enfermedades en las condiciones antihigiénicas de las áreas de concentración. Otro grupo de gente se incorporó a las fuerzas insurgentes o evitó la reconcentración, refugiándose en los bosques y montañas, y la población rural se vio atrapada entre los dos ejércitos. Los comandantes españoles recibieron poderes sumarios para castigar las contravenciones a sus órdenes. La respuesta rebelde a la política de Weyler fue la destrucción de las cosechas de azúcar y tabaco, las bases de la prosperidad de la isla. En 1896, la producción del azúcar disminuyó a 225.000 toneladas. En realidad, el ejército español operaba sólo desde los centros urbanos y posiciones fortificadas como la trocha, porque los insurgentes controlaban el campo. Se concentraron tropas españolas de 20.000 hombres a lo largo de la primera trocha, y otros 15.000 en la segunda. A finales del año, el número de tropas había aumentado a 200.000. Se aplicó la política de reconcentración en las provincias de Oriente y Camagüey (en el este), y a partir del 21 de octubre de 1896 en Pinar del Río (en el oeste). Cada persona del campo que no colaborara con las fuerzas españolas era tratado como enemigo y fusilado. Sin embargo, los insurgentes se aprovechaban de la táctica de movilidad constante y evitaron los enfrentamientos con el ejército. Su control del campo no solamente frustró la política de reconcentración, sino que también privó a los centros urbanos del suministro de alimentos, mientras que sus fuerzas destruyeron las bases económicas de la hegemonía peninsular. De los 200.000 soldados españoles, la mitad servía de guarnición y la cuarta parte se hallaba hospitalizada. Unos 50.000 efectivos peleaban contra 50.000 rebeldes. La edad promedio de los reclutados españoles estaba entre los quince y dieciocho años, no habían sido instruidos, sufrían escasez de alimentos en las ciudades, se veían obligados a mendigar o robar, muchos (particularmente en Oriente) no habían sido pagados durante casi un año, y varios simplemente cesaron de pelear, desertaron o se amotinaron. Muchos de ellos murieron: en 1897, 32.000 de enfermedades (particularmente en el verano lluvioso), 5.000 en la guerra y 3.000 después de su regreso a España. En todo el conflicto murieron al menos 62.000 soldados españoles (de un total de 200.000), hecho que provocó una intensa agitación en España, donde también la industria catalana estaba hundida en la depresión provocada por la pérdida del mercado cubano.

La insurrección cubana y la campaña contrainsurgente destruyeron los recursos

José Martí

de la isla, varios de los cuales se hallaban desde mediados de la década de 1880 bajo el control de intereses norteamericanos. El nuevo gobierno español del liberal Práxedes Mateo Sagasta, que había sucedido a la administración conservadora del asesinado Antonio Cánovas del Castillo en agosto de 1897, hizo regresar a Weyler en octubre, nombrando al moderado general Ramón Blanco para reemplazarlo, liberó a los prisioneros políticos cubanos, y estableció en enero de 1898 un régimen autonomista en La Habana para terminar una guerra que España ya no podía ganar. El gobierno de los Estados Unidos, por su parte, había soñado durante décadas con la adquisición de la isla y veía el peligro de una revolución social en Cuba en 1897 como una amenaza a sus intereses; quería terminar con la guerra devastadora lo antes posible, porque era patente que España había perdido la capacidad de imponer su autoridad y garantizar el orden social. Sin embargo, a los ojos de los separatistas cubanos, la rebelión de 1895 había sido emprendida para lograr la completa independencia de Cuba, y no para entregar la antigua colonia española a otra metrópoli. Martí (nacido en La Habana en 1853), aunque hijo de un policía español en La Habana y de madre canaria, había propagado la causa de la libertad política desde la primera insurrección, había viajado por Europa con ese objetivo, preparado otra campaña desde su exilio en Nueva York, y politizado a los trabajadores cubanos en las fábricas de tabaco de Tampa y Key West. A pesar de su familiaridad (residió allí durante catorce años) con los EEUU (o posiblemente debido a ella), Martí se oponía fuertemente al anexionismo y vio en la nueva fase del expansionismo norteamericano de finales del siglo XIX una grave amenaza para el objetivo de una Cuba independiente. Martí proyectó la necesidad de una revolución cubana en dos etapas: contra la dependencia exterior, y contra el neocolonialismo dentro del país, pero él, y también Maceo, murieron en 1896. A principios de 1898, la administración norteamericana, con previa autorización española, envió el crucero *Maine* al puerto de La Habana para proteger los intereses de sus ciudadanos, pero en la noche del 15 de febrero ardió, posiblemente debido a su cargamento de pólvora inadecuadamente empaquetada, perdiéndose 258 vidas. A finales de abril, los Estados Unidos iniciaron las hostilidades contra el Imperio español en América y el Lejano Oriente. El 22 de junio, 6.000 soldados desembarcaron en suelo cubano en la región de Santiago, los soldados y oficiales españoles se comportaron con valor, y unas semanas más tarde los norteamericanos habían perdido la décima parte de la fuerza. Tropas de 3.000 hombres ocuparon la isla de Puerto Rico, y dos fuerzas llegaron a Filipinas, impidiendo la toma de poder del general nacionalista filipino Emilio Aguinaldo. En Cuba, la malaria empezó a causar más bajas que la guerra. Con la derrota de la flota española frente a la costa de Santiago, el gabinete de Madrid, el 11 de agosto, aceptó las propuestas de paz. España perdió Cuba, Puerto Rico, las Filipinas, y Guam en las islas Marianas. Esto supuso la liquidación final del poderío español en el continente americano, que España había descubierto y colonizado desde finales del siglo XV. Para España, 1898 fue traumático y dio origen a una profunda reflexión nacional. Para los cubanos, la guerra entre España y Estados Unidos terminó con la imposición de una administración militar norteamericana que duraría desde el 1 de enero de 1899 hasta mayo de 1902. Cuando en 1902 una administración cubana tomó el poder, el primer presidente de la república, Tomás Estrada Palma, resultó ser un ciudadano norteamericano naturalizado: había sido presidente de la junta cubana en Nueva York y sucesor de Martí, pero no compartió el horror de este último a la dependencia del coloso del norte. Las fuerzas norteamericanas despreciaron a los insurgentes cubanos por la alta representación de gente de color en sus filas y manifestando hacia ellos un sentimiento de superioridad racial característico de la época, no los consideraron seriamente como aliados en la construcción de una Cuba independiente. La intervención norteamericana en 1898 anticipó la victoria de los insurgentes después del colapso evidente del poder español, y procuró privarles de la oportunidad de determinar por sí mismos la futura política de la isla. Los norteamericanos preferían hacerlo ellos mismos después de la rápida derrota militar de España. Para Washington, su propia reclamación por su control de Cuba pesó sobre cualquier intento por parte de los insurgentes cubanos para lograr la independencia política cubana. Por estas razones, la causa de la libertad política cubana, frustrada en 1898-1899, tendría que ser perseguida en los años posteriores. Para el resto de Iberoamérica estos acontecimientos pusieron de relieve la percibida amenaza del expansionismo de los Estados Unidos, que ya se había anexionado una vasta porción del territorio mexicano en 1846-1848, y que proyectaba aún más adquisiciones territoriales en las décadas siguientes: 1898 aumentó las sospechas y el miedo por parte de los iberoamericanos hacia el «monstruo» del norte, que ya había establecido su posición dominante en el Caribe y estaba manifestando designios sobre el istmo de Centroamérica.

La población cubana, que en 1895 había alcanzado 1.800.000 habitantes, disminuyó a 1.572.797 en 1899, con la pérdida de la décima parte de la población. Las tres quintas partes de este total eran analfabetas. La población de la ciudad de La Habana disminuyó de 451.928 en 1887 a 424.811 en 1899, y la de Matanzas de

259.578 a 202.462. El área cultivada —la mitad de azúcar— se redujo de 530.040 hectáreas a 310.500 entre 1895 y 1899, con pérdidas particularmente graves en las provincias devastadas de Habana y Matanzas. En 1899, unos 200 ingenios de los 1.100 que habían estado funcionando en 1894, fueron reparables, y una gran cantidad de ganado había también perecido. Las perspectivas del nuevo Estado cubano no se presentaban muy alentadoras. La guerra de 1895 a 1899 dejó desorientada y debilitada a la clase alta cubana: perdió gran parte de su riqueza con la destrucción de sus propiedades, y trató de salvar lo posible transfiriendo lo que quedaba a nuevos dueños norteamericanos. Por consiguiente, el ocaso de la vieja clase española de burócratas y militares se vio acompañado también por el de la élite económica cubana. La independencia nominal de la isla no asistió a la consolidación de una oligarquía territorial cubana que pudiera suministrar la base de un grupo gobernante. Además, Cuba, bajo la administración metropolitana, no había experimentado, por lo menos hasta 1878, instituciones representativas que pudieran haber ofrecido a las clases alta y media la oportunidad de participar en el gobierno de la isla. Para la clase media —profesionales en su mayoría— la política se convirtió en el nuevo Estado en una competencia por lograr premios materiales. En Cuba, las elecciones recibían el nombre de la segunda zafra.

ORIENTACIÓN BIBLIOGRÁFICA

ALBA, Víctor, *Historia del movimiento obrero en América Latina*, México, 1964.

BASADRE, Jorge, *Chile, Perú y Bolivia independiente*, Barcelona-Buenos Aires, 1948.

— *Historia de la República del Perú*, 17 vols., Lima, 1968, vols. 6-8.

BERGQUIST, Charles, *Coffe and Conflict in Colombia, 1886-1910*, Duke University Press, 1978.

BREW, Roger, *El desarrollo económico de Antioquia. Desde la Independencia hasta 1920*, Bogotá, 1977.

BRUNEAU, Thomas C., *The Political Transformation of the Brazilian Catholic Church*, Cambridge, 1974.

COATSWORTH, John, *El impacto de los ferrocarriles en el Porfiriato: crecimiento y desarrollo*, 2 vols., México, 1976.

CONRAD, Robert, *The Destruction of Brazilian Slavery, 1850-1888,* California, 1972.

COSÍO VILLEGAS, Daniel, *Historia moderna de México*, 10 vols., México, 1955-70.

CHEVALIER, François, «Les origines d'un Pole Développement Industriel. Pour un étude global du cas de Medellín, Colombie», *Mélanges de la Casa de Velázquez,* tomo IX (1973), págs. 633-651.

DEAS, Malcolm, «Algunas notas sobre la historia del caciquismo en Colombia», *Revista de Occidente,* 127, Madrid, octubre de 1973, págs. 118-140.

DELPAR, Helen, *Red Against Blue. The Liberal Party in Colombia Politics, 1863-1899*, Alabama, 1981.

DELLA CAVA, Ralp, «Brazilian Messianism and National Institutions: A Reappraisal of Canudos and Joaseiro», *Hispanic American Historial Review,* 48, agosto de 1968, páginas 402-420.

FORD, A. G., *El patrón oro: 1880-1914. Inglaterra y Argentina*, Buenos Aires, 1966.

GALLO, E., y R. CORTÉS CONDE, *Historia Argentina, 5: La República Conservadora*, Buenos Aires, 1972.

GILMORE, R. L., *Caudillism and Militarism in Venezuela, 1810-1910*, Ohio, 1964.

GONZÁLEZ DELUCA, María Elena, «Los intereses británicos y la política en Venezuela en las últimas décadas del siglo XIX», *Boletín Americanista*, XXII, núm. 30 (1980), págs. 89-123.

GONZÁLEZ NAVARRO, Moisés, *Estadísticas sociales del Porfiriato, 1877-1910*, México, 1956.

— *Fuerza de trabajo y actividad económica*, México, 1965.

GUERRA, François-Xavier, *Le Mexique, de l'Ancien Régime à la Revolution*, 2 tomos, París, 1985.

IZARD, Miguel, *Política y economía en Venezuela, 1810-1976*, Caracas, 1976.

KARTZ, Friedrich, «Labor Conditions on Haciendas in Porfirian Mexico: Some Trends and tendencias», *HAHR*, 54, núm. 1, febrero de 1974, págs. 1-47.

KLARÉN, Peter, *Formación de las haciendas azucareras y los orígenes del APRA*, Lima, 1976.

KLEIN, Herbert S., *Parties and Politics in Bolivia, 1880-1952*, Cambridge, 1970.

LOMBARDI, John V., *Venezuela. The Search for Order. The Dream of Progress*, Nueva York-Oxford, 1952.

LORA, Guillermo, *Historia del movimiento obrero boliviano*, vol. 1, La Paz, 1967.

MALLON, Florencia E., *The Defense Community in Peru's Central Highland. Peasant Struggle and Capitalist Transition, 1860-1940*, Princeton, 1983.

MOLINA ENRÍQUEZ, Andrés, *Los grandes problemas nacionales*, México, 1909.

NIETO ARTREA, L. E., *Economía y cultura en la historia de Colombia*, Bogotá, 1962.

OSPINA VÁZQUEZ, L., *Industria y protección en Colombia, 1810-1930*, Medellín, 1955.

PALACIOS, Marco, *Coffee in Colombia 1850-1970: An Economic, Social and Political History*, Cambridge, 1980.

PICÓN SALAS, Mariano, *Venezuela independiente, 1810-1960*, Caracas, 1962.

ROCK, David, *Politics in Argentina, 1890-1930. The Rise and Fall of radicalism*, Cambridge, 1976.

ROMERO CARRANZA, Ambrosio; Alberto RODRÍGUEZ VARELA; Eduardo VENTURA FLORES PIRÁN, *Historia de la Argentina, 3: Desde 1862 hasta 1928*, Buenos Aires, 1975.

SAFFORD, Frank, «Significación de los antioqueños en el desarrollo económico colombiano», en *Aspectos del siglo XIX en Colombia*, Medellín, 1977, págs. 75-115.

SCOBIE, J. R., *Revolución en la pampa. Una historia del trigo argentino, 1860-1910*, Buenos Aires, 1968.

— *Buenos Aires 1870-1910*, Nueva York-Oxford, 1974,

SIERRA, Justo, *Evolución política del pueblo mexicano*, México, 1948.

TELLA, Torcuato di; Gino GERMANI; Jorge GRACIARENA (eds.), *Argentina, sociedad de masas*, Buenos Aires, 1965. Véase Ezequiel Gallo y Silvia Sigal, «La formación de los partidos políticos contemporáneos: La U.C.R. (1890-1916)», págs. 124-176.

THOMAS, Hugh, *Cuba: la lucha por la libertad, 1762-1970*, 3 vols., México, 1973-74; vol. 1 (1762-1909).

VANDERWOOD, Paul J., *Los Rurales mexicanos*, México, 1982.

WELLS, Allen, *Yucatán's Gilded Age. Haciendas, Henequen, and International Harvester, 1860-1915*, Nuevo México, 1985.

ZEA, Leopoldo, *El positivismo mexicano: nacimiento, apogeo y decadencia*, México, 1968.

BRIAN R. HAMNETT

SEGUNDA PARTE

EL SIGLO XX:
DE LA UNIVERSALIDAD
A LA IDENTIDAD IBEROAMERICANA

CAPÍTULO V

El intervencionismo norteamericano en Iberoamérica

INTRODUCCIÓN

El carácter peculiar de las relaciones interamericanas es, sin duda alguna, uno de los factores externos más importantes que han determinado (tanto en el pasado como en el presente) el proceso histórico de los estados iberoamericanos en el siglo xx. En dichas relaciones se pone de manifiesto, de una parte, la hegemonía de los Estados Unidos, y de otra, la vigencia de conceptos de carácter positivo como los de colaboración, vecindad y panamericanismo y de ideas como las de América y Hemisferio Occidental. Los Estados Unidos rechazaron el colonialismo y ejercieron una crítica constante contra el imperialismo de las potencias europeas, pero al mismo tiempo practicaron —sobre todo desde finales del siglo xix— una política expansionista que convirtió a los estados iberoamericanos en el campo de acción de los intereses económicos y políticos estadounidenses y que sometió a los mismos al creciente influjo (si bien a escala diferente dependiendo de los casos) de éstos. Desde 1898, los Estados Unidos no han procedido a realizar anexión alguna de tipo colonial (a excepción de Puerto Rico); sin embargo, la consecución y defensa de sus intereses originó un amplio control por parte de dicho país de numerosos Estados iberoamericanos, control que, a su vez, provocó la subordinación política y económica de éstos y, a menudo, la enajenación de su soberanía en relación con sus necesidades en el campo económico y social.

La salvaguardia de los intereses estadounidenses toma la forma de injerencias de diverso tipo en los asuntos internos de los estados iberoamericanos y en el proceso de desarrollo de éstos. Dicha salvaguardia se lleva a cabo, en los casos extremos, a través de intervenciones militares, ejerciendo influencias de tipo económico y político y, por último, mediante instrumentos más sutiles, como por ejemplo, las inversiones, la ayuda financiera y los préstamos. Las diferentes medidas se encuentran a menudo tan relacionadas entre sí, que rara vez es posible caracterizar a una época por el predominio de un solo tipo de las mismas. La utilización de unas u otras depende, en cada caso, de los intereses en juego, de la situación presente en un momento dado y de las posibilidades de influir de una u otra forma. Por esta razón, la panorámica que a continuación se da del intervencionismo norteamericano no se encuentra estructurada atendiendo a los diferentes métodos o tipos de intervención, sino, más bien, a los motivos que han dado lugar a ésta a lo largo de la historia.

No hay duda alguna de que, a este respecto, desempeña un papel importante el aspecto económico, es decir, la protección de los ciudadanos y de los bienes norteamericanos en Iberoamérica o, expresado de forma más general, la ambición o la necesidad de expandirse económicamente. Pero al mismo tiempo no se puede pasar por alto la existencia constante de un principio dominante: la necesidad o el deseo de seguridad sentido por los Estados Unidos, su aspiración de proteger a América, al Hemisferio Occidental, del influjo de cualquier poder extracontinental, ya se encontrase encarnado éste en otros Estados o en ideologías de naturaleza peligrosa. Para una mejor comprensión de las intervenciones estadounidenses o, por mejor decir, de la incardinación de éstas dentro del contexto de las relaciones interamericanas, se exponen en un breve capítulo introductorio los fundamentos ideológicos y económicos de las mismas.

I. FUNDAMENTOS IDEOLÓGICOS Y ECONÓMICOS DEL INTERVENCIONISMO NORTEAMERICANO EN IBEROAMÉRICA

Desde principios del siglo XIX, no han faltado voces en los Estados Unidos que predicasen la conveniencia de convertir a Iberoamérica, y en especial a Centroamérica y el Caribe, en un futuro dominio norteamericano. La anexión de Texas y la guerra contra México, guerra que costó a este país la pérdida de la mitad de su territorio, confirmaron tales propósitos. Sin embargo, en aquella época los Estados Unidos se encontraban ocupados todavía en su propia construcción. Sobre todo en la primera mitad del siglo XIX, en la época de la conquista del Oeste y de la expansión económica, se observa una cierta actitud de espera. No obstante, los Estados Unidos creían, al tiempo que no ocultaban su interés por el Caribe, que esta región e Iberoamérica en general terminarían cayendo de forma natural dentro de su órbita de influencia. Creían lo mismo que el presidente John Quincy Adams cuando, en 1823, dijo, refiriéndose a Cuba, que la isla acabaría cayendo como una fruta madura.

Aunque en el siglo XIX no se produjeron todavía las espectaculares intervenciones que habrían de tener lugar en el siglo XX, Iberoamérica pertenecía, en el sentir de entonces, a una zona que, debido a su evolución política, se encontraba, al igual que los Estados Unidos, desvinculada del Viejo Mundo, de Europa, y, por lo tanto, representaba también a América. De acuerdo con esto, Iberoamérica formaba parte del Hemisferio Occidental, el cual, merced a su posición geográfica y a su sistema político, formaba una región con personalidad propia, una región de repúblicas frente a las monarquías de Europa. En la declaración formulada por el presidente James Monroe el 2 de diciembre de 1823, declaración a la que se conocería más tarde con el nombre de doctrina Monroe, se exponían estos conceptos, pues en ella se prevenía a los europeos contra posibles intervenciones y se prohibía la continuación del colonialismo en el continente americano. En la misma se afirmaba que en América había surgido un sistema político que se diferenciaba esencialmente del vigente en Europa. Por esa razón, así se expresaba Monroe en la tercera tesis de la declaración citada, los Estados Unidos considerarían un peligro para su paz y seguridad todo intento de las potencias europeas de extender su caduco sistema monárquico a cualquier región del Hemisferio Occidental (Gantenbein, págs. 323 y ss.). En dicha declaración se vinculaba el determinismo geopolítico —América— con el concepto de un «sistema americano», sistema en el que a los Estados Unidos les correspondía una posición de hegemonía; dicho en otras palabras: los Estados Unidos asumían esa posición al erigirse en el poder protector del Hemisferio Occidental. Ni que decir tiene que la proclama fue una declaración unilateral de los Estados Unidos en la que no se consultó previamente a los Estados iberoamericanos. La declaración de Monroe no preveía la posibilidad de una relación más estrecha con dichos Estados; en ese momento iba dirigida claramente contra Europa. Fue con posterioridad cuando cumplió su función legitimadora de las intervenciones estadounidenses en Iberoamérica.

Esta idea de una «América distinta», preconizada por Monroe, adquirió a lo largo del siglo XIX una formulación más agresiva. Esto se debió a que la fundación de los Estados Unidos y su expansión continental habían hecho nacer o reavivado una serie de ideas cuyo precipitado fue una conciencia de misión histórica específicamente norteamericana. A partir de la fe en la predestinación sustentada por los primeros colonos ingleses, los cuales veían a las comunidades nacidas en la costa de América como una nueva «Israel americana», se desarrolló una conciencia de misión histórica, una ideología expansionista, que centró su atención en primer lugar en el Oeste, región a la que se veía como una especie de jardín del Edén. Dicha ideología fue bautizada por el periodista John L. O'Sullivan con el nombre de *Manifest Destiny* (Destino Manifiesto): la colonización y la posesión del continente era el destino patente de los Estados Unidos. La conciencia de misión histórica se alimentó también de la idea, sugerida por la propia historia, de que el imperio mundial se trasladaba de Este a Oeste: una andadura que, partiendo de China y pasando por Persia, Grecia, Roma, el Sacro Imperio Romano Germánico, el imperio de Napoleón y el Imperio Británico, culminaba ahora en los Estados Unidos. Con el ascenso de este país, la Humanidad había llegado a la cumbre de la civilización y de ahí se deducía la misión de carácter civilizador y democrático del mismo. Hasta que no finalizó la expansión hacia el Oeste, mientras estuvo abierta la «frontera» *(frontier)* del Oeste, la aspiración universalista de los que se sentían revestidos de una conciencia de misión histórica permaneció sin manifestarse. Sin embargo, cuando, alrededor de 1890, concluyó la emigración hacia el Oeste, cuando, en 1893, Frederick J. Turner habló, en una conferencia sobre el tema de la «frontera» que tuvo un gran eco, de «la conclusión de una época de la historia norteamericana», cuando se produjo el debate sobre el establecimiento de una *new frontier* —en relación, entre otras cosas, con la necesidad de un mercado exterior—, el carácter universalista de la ideología del Destino Manifiesto salió a la luz y las otras naciones del continente americano fueron incluidas en el plan para la salvación del «destino» norteamericano. En caso de necesidad, se debería obligar a las otras naciones a que compartieran la felicidad de la civilización norteamericana. Como dijo Josiah Strong, el principal ideólogo del Destino Manifiesto: «Dios tiene dos manos. Con una de ellas prepara en Estados Unidos el sello con el que las naciones adquirirán el carácter de ésta y con la otra prepara a la Humanidad para este acontecimiento.» De esta forma, el Destino Manifiesto asumía el carácter de una misión civilizadora y altruista que se habría de llevar a cabo antes para el bien de las otras naciones que para el provecho de los norteamericanos.

Al tiempo que de esta forma se ponía de manifiesto el complejo transfondo ideológico que habría de impulsar la inminente expansión por Iberoamérica y la región del Caribe, el político estadounidense William Henry Seward, un expansionista convencido que adquirió Alaska en 1867 y que fue secretario de Estado con el presidente Andrew Johnson (1861-1869), establecía las bases para llevar a la práctica la expansión americana. Según Seward, los Estados Unidos tenían que estar a salvo de posibles agresiones y debían extender su potencialidad económica por todo el continente, y todo ello se debería llevar a cabo evitando complicaciones de política exterior. Seward fue el profeta de un imperio comercial americano de alcance mundial que habría de estimular el nuevo impulso de la industrialización. Para ello partía de las necesidades de un aparato productivo en rápido crecimiento al que dentro de poco el mercado interior se le iba a quedar pequeño. En su opinión, era seguro que el progreso material de los Estados Unidos sería ilimitado y duradero, siempre y cuando dicho país consiguiese abrir mercados en el exterior; según él, dichos mercados deberían ser protegidos mediante métodos imperialistas. En las principales rutas comerciales se deberían establecer, de acuerdo con el nivel tecnológico de la época, puntos de apoyo para la marina mercante y para la marina de guerra. Seward abogaba por un «imperio informal» en el que no hubiese necesidad de establecer un colonialismo a la antigua usanza. En vez de con una costosa organización colonialista, el expansionismo debería conseguirse a través de acuerdos, cónsules, barcos y cañoneras. Estas últimas no existían aún y su construcción se llevó a cabo de 1880 a 1890 bajo la dirección del ministro de Marina Benjamín F. Tracy y del estratega Alfred Thayer Mahan. En el establecimiento de una política expansionista en el Caribe y en Iberoamérica, revistió la mayor importancia uno de los aspectos en los que se basaba el pensamiento de Seward: la necesidad que tenían la industria y la agricultura americana de dar salida a sus productos. Desde luego, esta circunstancia ponía de manifiesto la potencia de la economía americana —y esa fortaleza se aducía también como un argumento a favor de dicha política—, pero, al mismo tiempo, se podía detectar el temor de que se produjeran crisis económicas y conflictos sociales derivados de una superproducción. De hecho, los Estados Unidos sufrieron a finales del siglo XIX algunas depresiones económicas graves (1873-1879, 1882-1885, 1893-1897). En parte, estas crisis tuvieron su origen en una superproducción de productos agrícolas que hundía el precio de éstos, en una expansión industrial demasiado rápida en el seno de un mercado con capacidad limitada y en la caída en picado de las inversiones en el sector de los ferrocarriles después de la finalización de la expansión hacia el Oeste, lo que produjo un efecto negativo sobre la industria pesada y las acererías. Estas depresiones económicas se vieron acompañadas de graves tensiones sociales. La explotación del mercado iberoamericano parecía que podía contribuir a dar una salida a esta situación. Ya al final de la crisis de 1873-1879, la atención de los círculos económicos americanos se había dirigido de forma creciente hacia Iberoamérica. Desde diferentes sectores se alzaron voces solicitando del Congreso el que se tomasen medidas para el fomento del comercio con las repúblicas sudamericanas. En 1879, el presidente Hayes, en su mensaje anual a dicha institución, hacía alusión a un incremento del comercio con Iberoamérica, pero al mismo tiempo expresaba la esperanza de que los Estados Unidos pudiesen encontrar para sus exportaciones nuevos mercados con capacidad de expansión. A partir sobre todo de la depresión de 1882-1885, las miradas de los norteamericanos se fijaron, de forma renovada y con más fuerza, en el gran mercado potencial del sur, como lugar donde colocar sus excedentes productivos. Dicho mercado se encontraba hasta entonces poco explotado. El inicio de la explotación del potencial económico mexicano por parte de algunos empresarios americanos se consideró como una «conquista» del estado vecino realizada con ayuda de los ferrocarriles estadounidenses. James G. Blaine, a la sazón secretario de Estado, justificó dicha «conquista» afirmando que la misma garantizaba una posible salida a la enorme acumulación de capital americano que no podía ser invertido en su propio país. Se tuvieron en cuenta también las posibles consecuencias y los beneficios económicos de la apertura de un canal a través del istmo centroamericano. Ya en 1880, el presidente Hayes, previsoramente, había declarado que las dos orillas del futuro canal habrían de formar parte del territorio americano. El senador Sewell llegó a decir que el dominio americano sobre el proyectado canal se encontraba dentro de la tradición del «Destino Manifiesto». El secretario de Estado, Frederick T. Frelinghuysen, se esforzó por conseguir una serie de acuerdos económicos que posibilitaran la apertura de los mercados iberoamericanos y la vinculación de los mismos con los Estados Unidos.

Durante estos años se desarrolló también, como consecuencia de las necesidades de la economía estadounidense, un nuevo panamericanismo al servicio de la explotación por parte de los americanos del mercado iberoamericano y del afianzamiento de éstos en el mismo. El nuevo interés de los Estados Unidos por Iberoamérica alcanzó uno de sus primeros puntos álgidos con la celebración de la primera Conferencia panamericana en 1889. Ya entre los años 1881 y 1882, el secretario de Estado de entonces, James G. Blaine —que había redescubierto, por así decir, el panamericanismo, ampliando más su campo de aplicación de Iberoamérica (como era la idea de Bolívar) a todo el continente americano— había cursado una invitación a todos los Estados de este continente para que asistieran a una conferencia en Washington con el fin de discutir los problemas de la guerra y la paz, solucionar los conflictos latentes interamericanos y garantizar, de esa forma, el comercio entre dichos Estados. Desde un punto de vista oficial, el objetivo esencial de la conferencia habría de ser el mantenimiento de la paz en Iberoamérica, mas de la lectura de los papeles personales de Blaines se desprende que la máxima prioridad se asignaba a las relaciones comerciales y a la garantía de un mercado para los productos estadounidenses. En opinión del ministro, la conferencia podría ser una ocasión propicia para que los americanos procediesen a extender su influencia y su comercio hasta el rincón más apartado del sur del continente, zona descuidada por ellos hasta entonces y que era un coto cerrado de sus rivales comerciales europeos. La conferencia, cuya celebración estaba prevista para 1882, no llegó a celebrarse.

Cuando en octubre de 1889, tras un largo periodo de preparación, se celebró en Washington la primera Conferencia Panamericana, no podía existir duda alguna sobre los grandes objetivos e intereses económicos de los Estados Unidos. En marzo de 1889 se había creado, como instrumento de apoyo a la diplomacia oficial, una institución a la que se le dio el nombre de Unión Comercial Latinoamericana; su fin era el fomento de las exportaciones a Iberoamérica y de la misma formaban parte quinientas personas, entre las que se encontraban los más importantes banqueros, navieros y hombres de negocios dedicados al comercio exterior con Sudamérica. Nueve de los diez miembros que componían la delegación americana que asistió a la conferencia procedían de sectores relacionados directamente con la economía, y entre éstos se hallaban el rey del acero, Andrew Carnegie; el banquero y empresario de la industria textil, Thomas J. Coolidge; y Charles R. Flint, prominente exportador de Nueva York y miembro de la directiva de la Unión Comercial Latinoamericana. Blaines, de nuevo secretario de Estado, en su discurso de bienvenida a los participantes en la conferencia, pronunciado el 2 de octubre de 1889, expresó su esperanza de que en el futuro se estableciese una colaboración equitativa entre los diferentes países; según sus palabras, en la conferencia no debería aparecer el «espíritu de conquista», por el contrario, habría de cultivarse «la comprensión mutua entre las dos partes del continente». Reivindicó como objetivo general de la misma la consecución de una mayor compenetración y cooperación económica y política entre los diferentes estados americanos: «Nos encontramos aquí, en la firme creencia de que las naciones de América se encuentran en condiciones de ayudarse más de lo que han hecho hasta ahora y esto es lo que deberían hacer para que cada una de ellas pudiese obtener beneficios y ventajas de un aumento de los intercambios comerciales» (Gantenbein, págs. 54 y ss.). No obstante, los delegados iberoamericanos se dieron cuenta de que los Estados Unidos, el *primus inter pares*, tenían un peso demasiado grande que amenazaba aplastar a los socios más débiles. El propio *Coloso del Norte* colaboró a crear este temor, al mostrar a los participantes iberoamericanos el vigor de la industria norteamericana durante una gira que éstos hicieron por todo el país.

Aunque los representantes norteamericanos insistieron en el provecho mutuo que se derivaría de un aumento del comercio, de la creación de unos instrumentos legales de ámbito continental (por ejemplo, tribunales de arbitraje, tratados de extradición, etc...), de la institución de una unión aduanera y de la fundación de un banco interamericano al servicio de la exportación y de la importación, no se pudo llevar a la práctica en ese momento ninguno de estos planes. Tan sólo se concretaron algunos tratados comerciales. No obstante, el deseo de dar un apoyo duradero de carácter institucional a las aspiraciones panamericanistas dio como resultado la creación, en noviembre de 1890, de una Cámara de Comercio de las Repúblicas Americanas. El hecho de que esta organización dependiera del Ministerio de Asuntos Exteriores estadounidense y de que se convirtiera, de forma casi inmediata, en una especie de oficina en donde se centralizaba toda la información relativa a los asuntos económicos iberoamericanos, pone en evidencia el carácter «pronorteamericano» que tenía el nuevo panamericanismo predicado por los Estados Unidos. Éste se convirtió en un instrumento para la legitimación y consecución de los intereses norteamericanos y, a partir de ese momento, es decir desde finales del siglo XIX, originó una expansión que ha sido el factor determinante de la política iberoamericana de los Estados Unidos.

En una nota del 20 de julio de 1895, dirigida por el secretario de Estado norteamericano, Richard Olney, al embajador británico Thomas F. Bayard, se pone de manifiesto, con claridad meridiana, el papel desempeñado por los intereses estadounidenses en las relaciones entre los Estados Unidos e Iberoamérica, lo fuertes que se sentían los Estados Unidos en la década de los 90 a pesar de sus crisis sociales y económicas y, también, de qué manera se utilizó la doctrina Monroe como legitimadora de las acciones de ese país. En la misma, Olney hace saber al primer ministro británico Lord Salisbury la actitud de los Estados Unidos en la primera crisis que se produjo en Venezuela entre los años 1895 y 1896; dicha crisis consistió en un conflicto fronterizo entre este país y la Guayana británica, conflicto en el que existía el riesgo de que se pudiera producir una intervención europea y que ponía en peligro el acceso a la desembocadura del Orinoco que era la puerta por donde entraba el comercio que se dirigía al norte de Sudamérica.

En la citada nota, Olney exponía el derecho que asistía a los Estados Unidos, derecho que se encontraba presente en la doctrina Monroe y en el concepto de «sistema americano», a intervenir en aquellos litigios que afectasen a sus intereses. El ministro americano adjudicaba a los Estados Unidos la potestad de acogerse, de forma automática y en todo momento, a la doctrina citada, en el caso de que dicho país creyese tener razones para suponer que la integridad territorial o política de un Estado del Hemisferio Occidental se encontraba amenazada por una potencia extracontinental. Dado que los Estados iberoamericanos, tanto desde un punto de vista económico como político, eran amigos y aliados de los Estados Unidos, dicho país perdería todas aquellas ventajas derivadas de sus relaciones naturales con los Estados citados si uno cualquiera de éstos cayese bajo el yugo de una potencia europea. Pero los Estados Unidos tenían al mismo tiempo un interés vital en que dichos Estados se gobernaran a sí mismos de forma democrática. De esta manera, la doctrina Monroe, que Olney procedía a interpretar y ampliar en su nota, aparecía como una «doctrina peculiarmente americana de la mayor importancia para la seguridad y el bienestar de los Estados Unidos». Olney señalaba el «rechazo americano» a la penetración europea en Iberoamérica, ya que se quería evitar que se produjese un reparto colonial semejante al ocurrido en África.

La nota de Olney alcanzaba su punto culminante en la siguiente observación de carácter personal: «Hoy en día los Estados Unidos son, en la práctica, el soberano de este continente, y su palabra *(ist fiat)* es ley en todos aquellos asuntos que les conciernen. ¿A qué se debe este hecho? La causa no es simplemente la amistad o la comprensión que los demás Estados muestran hacia nuestro país. Tampoco se debe, sin más, a la alta posición ocupada por el mismo como Estado civilizado ni a los principios inmutables en los que se basa a la hora de actuar: la Prudencia, la Justicia y la Razón. La causa reside, además de en las razones antes citadas, en su ilimitado potencial económico y humano, lo que, unido a su aislamiento geográfico, le convierten en el dueño de la situación y le hacen invulnerable a cualquier intervención de una potencia determinada o de todas ellas juntas» (Gantenbein, págs. 340 y ss.).

No se podía formular de forma más precisa las pretensiones hegemónicas de los Estados Unidos, pretensiones, por otra parte, fundamentadas en el poderío económico y político alcanzado por dicho país. Pocos años después, los Estados Unidos iniciaron la fase de expansión de su imperio comercial.

II. LAS INTERVENCIONES AMERICANAS Y EL IMPERIO COMERCIAL DE LOS ESTADOS UNIDOS (1898-1930)

1. CUBA Y PANAMÁ, COMO CAMPOS DE EXPERIMENTACIÓN PARA LAS INTERVENCIONES

En 1898, los Estados Unidos eran lo suficientemente poderosos, desde un punto de vista económico, militar y político, como para poder expulsar a España de Cuba y establecer una esfera de influencia en el Caribe. Movidos por el peligro y la situación de crisis que afectaba a sus posesiones y a sus ciudadanos con motivo de la guerra de independencia de los cubanos contra el poder colonial español, y una vez que los españoles hubiesen rechazado la pretensión norteamericana de conceder la independencia a Cuba, los Estados Unidos intervinieron en las hostilidades con el fin, según dijo el presidente McKinley en una alocución pronunciada el 11 de abril,

Desembarco de los voluntarios españoles en La Habana, 1897.

de preservar la paz en la isla y garantizar la salvaguardia de los intereses americanos mediante una acción enérgica. Ya antes de la intervención, el cónsul americano en Cuba había solicitado el envío de un buque de guerra, debido a la amenaza que se cernía sobre los ciudadanos americanos residentes en la provincia de Matanzas. El 20 de abril, el Congreso norteamericano, en una resolución aprobada por unanimidad, acordó que otro de los objetivos de la intervención habría de ser la independencia de Cuba. De forma simultánea, en la llamada «enmienda Teller», se afirmaba que los Estados Unidos no tenían la intención de anexionarse la isla y que éstos dejarían en manos del pueblo cubano el gobierno y el control de su país. En ningún momento se habló de la posibilidad de establecer un protectorado, semejante al que se practicó posteriormente, en un país independiente tan sólo desde un punto de vista formal.

La actitud de los americanos cambió, tras una breve guerra de ciento trece días. A este respecto resultó sintomático el que los cubanos no participasen en las conversaciones de paz que se iniciaron en París el 1 de octubre de 1898 y que, por lo tanto, no pudiesen exponer sus puntos de vista sobre el autogobierno de la isla. Esta cuestión había dejado de ser prioritaria para los americanos. España, en el artículo 1.º del tratado de paz firmado con los Estados Unidos el 10 de diciembre de 1898, renunciaba a cualquier tipo de soberanía sobre Cuba y, a cambio, los Estados Unidos obtenían el derecho a garantizar el orden en la isla y la defensa de la misma.

A pesar de que Cuba no pasaba a ser formalmente una colonia americana y de que, según se decía, la posesión de la isla por parte de los Estados Unidos habría de finalizar al cabo de un cierto tiempo, lo cierto es que en el artículo 16 del tratado se ponía de manifiesto el papel que éstos se habían otorgado a sí mismos. En dicho ar-

415

tículo, los americanos se permitían regular la actuación del futuro gobierno cubano y se arrogaban el derecho de instruir al pueblo hasta que éste estuviese en condiciones de gobernarse a sí mismo. En virtud de lo dicho anteriormente, en Cuba se instaló un gobierno militar americano bajo la protección de un cierto número de soldados estadounidenses con el fin, según dijo el presidente McKinley en su mensaje anual al Congreso del 5 de diciembre 1899, de velar por el orden y la paz del país y de crear las condiciones necesarias para el establecimiento de un gobierno autóctono. En palabras de McKinley, los Estados Unidos habrían de desempeñar un papel muy importante, tanto durante el proceso de maduración del pueblo cubano hacia su independencia definitiva, como después del mismo. Con la protección de los Estados Unidos y mediante una relación muy estrecha entre los dos países, se impulsaría el desarrollo de Cuba, dado que los destinos de ambas naciones se encontraban vinculados entre sí. Sólo una Cuba políticamente estable y sin rivalidades internas podría beneficiarse de sus riquezas naturales y de los tesoros de su suelo, sin el temor a injerencias extranjeras procedentes de Europa. Tan importante es no pasar por alto el significado especial que Cuba tenía para los Estados Unidos, significado que se formula en dicha declaración y que ya se había expresado con anterioridad, como la importancia dada por dicho país a la estabilidad política de los Estados iberoamericanos para la seguridad del Hemisferio Occidental.

Para la regulación de las relaciones entre los dos países, pronto se encontró una fórmula mediante la cual conservaba su independencia desde un punto de vista formal y los Estados Unidos asumían una influencia decisiva sobre la política y la economía de la isla. Dicha fórmula fue la llamada enmienda Platt de 25 de febrero de 1901. Se trataba de una enmienda a la declaración Teller de 20 de abril de 1898, introducida por el senador Orville H. Platt, presidente de la comisión del Senado norteamericano para las relaciones con Cuba. El 2 de marzo de 1901, el Congreso aprobó la propuesta por mayoría. En los dos artículos primeros de la misma se limitaba la soberanía de Cuba para establecer acuerdos con otros países y contraer deudas en el extranjero. El artículo 3.º otorgaba a los Estados Unidos, de forma oficial, el derecho a intervenir en Cuba con el fin de preservar su independencia —dicho en otras palabras, los americanos se comprometían a defender el país de las injerencias de los Estados europeos— y de apoyar a un gobierno que se encontrase en condiciones de salvaguardar la vida, la libertad y las propiedades de los ciudadanos y de cumplir los compromisos asumidos por los Estados Unidos en el tratado de París. Por el artículo 7.º, Cuba cedía a los Estados Unidos ciertas partes de su territorio para que éstos pudiesen establecer en ellas bases navales y campamentos militares.

Si querían evitar que se prolongase la existencia del gobierno militar, a los cubanos no les quedaba otro remedio que ceder a las presiones de los americanos, los cuales deseaban que la enmienda Platt figurase en un anexo de la Constitución cubana. Tras la declaración de intenciones de la Asamblea Constituyente del 12 de junio de 1901 por la que los cubanos aceptaban la enmienda Platt y tras la elección como presidente, el 31 de diciembre de 1901, de Tomás Estrada Palma, que representaba los intereses políticos norteamericanos, llegó a su fin, el 20 de marzo, el dominio militar norteamericano sobre Cuba.

Después de firmarse, el 22 de mayo de 1903, un acuerdo entre los dos países sobre la base de la enmienda Platt y tras el arriendo, conforme al artículo 7.º de la misma, a los Estados Unidos, a cambio de 200 dólares al año, de la zona de Guantámano como punto de apoyo naval, los americanos se encontraron en condiciones de abandonar la isla. Sin embargo, éstos no se marcharon del todo, dado que tenían la posibilidad y el derecho a intervenir en cualquier momento en el caso de que pareciese peligrar cualquiera de los puntos de la enmienda, de que las propiedades o intereses americanos se viesen amenazados o de que el gobierno cubano no se encontrase a la altura de las circunstancias frente a una eventual situación interna de carácter conflictivo. La serie de intervenciones militares que se sucedieron durante las siguientes décadas pone de manifiesto la importancia que tuvo la enmienda Platt.

Entre los vínculos de carácter peculiar que unían a los dos países, se encontraba uno que había de servir de instrumento a un tipo distinto de intervencionismo, un instrumento para el fomento del bienestar de los cubanos, pero que, al mismo tiempo, favorecía a los grandes intereses americanos hasta un punto tal que aquél quedaba subordinado a éstos, y que, en gran medida, contribuyó más a aumentar la dependencia de la isla y a viciar su economía que a elevar dicho bienestar. Dicho instrumento fue un acuerdo comercial que cumplió en el campo económico el mismo papel que la enmienda Platt en el político. En el mismo se hacían unas concesiones de carácter mutuo a modo de compensación por la dependencia política de la isla. Naturalmente, la economía norteamericana mostró un gran interés por el mismo, ya que había realizado inversiones en Cuba al socaire de la enmienda Platt. Los empresarios americanos con grandes intereses de tipo económico en la isla, entre los que se encontraba Edwin F. Atkins, portavoz del consorcio azucarero, apoyaban la firma de un acuerdo comercial. En dicho acuerdo —concluido el 11 de diciembre de 1902 y ratificado un año después por el Congreso norteamericano— los Estados Unidos se comprometían a disminuir en un 20 por 100 sus aranceles aduaneros a diversos productos cubanos, entre ellos el azúcar de caña y el tabaco. Pero esto representaba en realidad una claudicación de Cuba, dado que este país, como compensación, bajaba sus aranceles entre un 20 y un 40 por 100 a 530 productos americanos. Estos aranceles de carácter preferencial sólo eran válidos para uno y otro país, y los mismos, al contrario de la cláusula de nación más favorecida, no podían ser aplicados a las mercancías de otras naciones.

Como consecuencia de este acuerdo, el comercio entre Cuba y los Estados Unidos se multiplicó por cinco en el periodo comprendido entre los años 1904 y 1928. Las exportaciones americanas a Cuba, que en 1898 habían alcanzado un valor de 10 millones de dólares, se cuadriplicaron en el periodo comprendido entre ese año y 1905. De 1905 a 1915 se duplicaron, alcanzando un valor de 76 millones de dólares. Durante la Primera Guerra Mundial, al desaparecer del mercado cubano los proveedores europeos, las exportaciones norteamericanas experimentaron un aumento prodigioso, alcanzando en 1920 un valor de 515 millones de dólares. En esa época, la décima parte, aproximadamente, del comercio americano se dirigía a Cuba. Las inversiones directas, al amparo de las garantías contempladas en la enmienda Platt, ascendieron de 50 millones de dólares en el año 1896 a más de 115 millones de dólares, a 220 millones en el año 1913 y a 919 millones en el año 1929. Dichas inversiones llegaron a representar, en esta época, el 26,5 por 100 de todas las inversiones americanas en Iberoamérica. Las mismas se concentraron especialmente en el sector azucarero, lo que produjo, a largo plazo, un exceso de producción en dicho sector, una disminución progresiva de los cultivos de hortalizas y verduras y de otros productos agrarios de primera necesidad y un retroceso de la agricultura practicada por los campesinos independientes.

Cuba, a diferencia de los Estados Unidos, salió perjudicada por el acuerdo. El mismo, sin contar con los efectos negativos que produjo en la diversificación de la agricultura, favoreció una división del trabajo a nivel internacional semejante a la practicada en el siglo XIX. Dificultó, a largo plazo, la industrialización de Cuba, pues convirtió a este país en el más importante abastecedor de azúcar de caña de los Estados Unidos, en tanto que la isla se veía en la necesidad de importar del exterior los bienes de capital, los productos manufacturados y, de forma creciente, los productos alimenticios.

Sirviéndose del instrumento político-militar de la intervención directa y del instrumento económico representado por el acuerdo comercial, los Estados Unidos comenzaron en Cuba, valiéndose de este país como campo de experimentación de los instrumentos citados, el proceso que habría de convertir al Caribe en una esfera de influencia suya, iniciando de esa forma también el establecimiento de una zona de dominio en la que, sin recurrir a métodos estrictamente colonialistas y sí, en cambio, a fórmulas de dominación económica, se aseguraron un influjo político duradero. A partir de ese momento, el Hemisferio Occidental se convirtió, de forma paulatina, en el campo de acción de los Estados Unidos y no sólo desde un punto de vista retórico, sino también desde un punto de vista práctico. De esta forma, pronto se demostró quién era el dueño efectivo del Hemisferio Americano.

El caso de Panamá y, en cierto modo, también el de Colombia, representa un ejemplo más de la manera de actuar de los Estados Unidos en defensa de su posición hegemónica en el Hemisferio Occidental, en los campos político, económico y militar. En este caso, la intervención estadounidense se encuentra íntimamente relacionada con la apertura de un canal interoceánico en Centroamérica o, mejor dicho, con la importancia del istmo centroamericano para las comunicaciones interoceánicas.

Ya en tiempos coloniales la importancia de Panamá residía en su situación geográfica, pues se encontraba en un lugar clave para el comercio y las comunicaciones. A mediados del siglo XIX, el ferrocarril se convirtió en el medio de transporte entre ambos océanos. Desde esa época, los Estados Unidos habían estado tratando de procurarse el derecho a construir un canal en el istmo centroamericano, pero no les resultó fácil por la concurrencia de los intereses británicos. En virtud del acuerdo Bidlock-Mallarino, suscrito en 1846 con Nueva Granada-Colombia, Estados al que pertenecía Panamá desde 1821 en calidad de provincia, los Estados Unidos habían conseguido, a cambio de garantizar la integridad del nuevo Estado colombiano (esto es, la protección del mismo ante las injerencias europeas), el derecho a transitar libremente por el istmo de Panamá. Sin embargo, en virtud del acuerdo Clayton-Bulwer, firmado en 1850 entre Inglaterra y los Estados Unidos, las actividades de estos últimos se veían subordinadas a los intereses británicos. Dicho acuerdo imposibilitaba tanto la libertad de acción de los Estados Unidos como la construcción de fortificaciones para la defensa de la zona del futuro canal. Este hecho impidió el que los Estados Unidos pudiesen aprovecharse de las intrigas del tristemente célebre William Walker en Nicaragua (1855) y de las negociaciones llevadas a cabo por ellos mismos con dicho país, y esto a pesar de que la sociedad creada para la construcción de un canal en Nicaragua apremiaba cada vez más para que se llegara a un acuerdo, sobre todo a partir de 1879, cuando el francés Fernando de Lesseps inició la construcción de un canal en Panamá, sin poner en entredicho la soberanía de Colombia sobre el mismo.

La aparición de una nueva situación internacional fue lo que determinó las nuevas actividades de los Estados Unidos en relación a la apertura de un canal en Centroamérica. En julio de 1898 los americanos se anexionaron Hawai. El 6 de septiembre de ese mismo año los Estados Unidos proclamaron una política de «puertas abiertas» (una especie de libre comercio), en la que se exigía de las potencias europeas y del Japón el que todos los Estados interesados en comerciar con China tuviesen un acceso libre e igualitario a dicho país. A finales de 1898, tras la derrota de los españoles en la guerra hispano-americana, los Estados Unidos, en virtud del tratado de paz de París, obtuvieron la soberanía sobre importantes islas del Pacífico, entre ellas las Filipinas. Por la misma época, las «relaciones especiales» con Cuba garantizaban a los americanos el control del Caribe. Sin embargo, sin un canal bajo el control de los Estados Unidos, la política de «puertas abiertas» dirigida hacia Hawai y China sólo podía funcionar a medias.

Tras unas negociaciones con Inglaterra, que cristalizaron en los dos acuerdos Hay-Paunceforte de 1900 y 1901, los Estados Unidos se encontraron por fin en condiciones de librarse de las restricciones a las que les sometía el acuerdo Clayton-Bulwer. A partir de entonces tenían mano libre para construir y controlar un canal entre el Atlántico y el Pacífico en el sitio que quisieran. A este fin renunciaron a construir el canal en Nicaragua y adquirieron, por 40 millones de dólares, la compañía francesa que había iniciado ya los trabajos para la construcción de un canal en Panamá, que se encontraba en quiebra. Las negociaciones iniciadas con el gobierno colombiano entraron en un punto muerto debido a que éste, aunque tenía la intención de plegarse a las exigencias de los Estados Unidos, no se animaba a tomar una decisión definitiva sobre las condiciones que debían regular la concesión a los Estados Unidos de la construcción del canal. En virtud del acuerdo Hay-Herrán, firmado en Washington el 22 de enero de 1903, los Estados Unidos obtenían una franja de tierra de 6 millas de anchura durante noventa y nueve años, a cambio de 10 millones de dólares y de una cantidad anual, en concepto de arriendo, de 250.000 dólares. En dicho acuerdo se otorgaba también a los Estados Unidos el derecho a prorrogar el mismo. No se contemplaba, sin embargo, la posibilidad de que Colombia recibiese una cierta cantidad del dinero obtenido por la New Panama Canal Company. Aunque se reafirmaba la soberanía de Colombia sobre la zona del canal, muchos prominentes políticos colombianos veían el acuerdo como una venta del país a los americanos y, en consecuencia, se negaron a ratificarlo. El retraso en la ratificación del acuerdo perjudicaba los intereses tanto del gobierno americano y de los círculos económicos estadounidenses que habían apostado por la construcción del canal en Panamá, como de los grandes terratenientes y de la oligarquía económica de dicho país, en el que, por lo demás, se habían registrado, a menudo, intentonas separatistas. El 3 de noviembre se inició una revuelta, con el apoyo de los americanos, que condujo a la separación de Colombia de la provincia de Panamá. La administración americana de la línea del ferrocarril, junto a unidades de la marina norteamericana, impidió el que las tropas colombianas pudiesen evitar la secesión de dicha provincia. A los pocos días, el 6 de noviembre exactamente, el presidente Theodore Roosvelt, que había declarado que la negativa del gobierno colombiano perjudicaba el futuro

Construcción del canal de Panamá, 1884

de América, reconoció al nuevo gobierno panameño, y, al obrar así, dijo que lo hacía como «representante plenipotenciario de la Civilización»:

Como compensación a la ayuda prestada, los americanos recibieron garantías de que serían atendidas aquellas peticiones que Colombia había rehusado concederles. El 18 de noviembre de 1903 se suscribió en Washington un tratado entre la nueva República de Panamá, representada por el francés Philippe Bunau-Varilla, antiguo ingeniero jefe en la compañía de Lesseps y hombre clave en la fundación de la New Panama Canal Company, y los Estados Unidos, representados por su secretario de Estado, John M. Hay. En virtud del mismo, este último país recibía la ansiada franja de tierra, esta vez de 10 millas de ancho, con los consiguientes derechos de soberanía y fortificación. Se le concedía también el derecho a la exención de impuestos y de aranceles aduaneros. De esta forma, los Estados Unidos se encontraban en disposición, no sólo de hacer realidad la deseada unión de los dos océanos para el fomento de su comercio, sino también de construir bases militares para «la defensa del canal», las cuales, en su opinión, tenían una gran importancia tanto desde un punto de vista estratégico como económico. Los Estados Unidos se ahorraban, además, el pago de los derechos de utilización que tenían que abonar en otros países por sus bases.

A cambio de la entrega de una parte de su territorio, Panamá obtuvo 10 millones de dólares y el derecho al cobro de 250.000 dólares anuales. En relación a su situación política, los Estados Unidos se comprometían a garantizar la independencia del país. Panamá fue puesto bajo la protección de esta nación. En el artículo VII del tratado se otorgaba a la misma, al igual que en la enmienda Platt, el derecho a intervenir en los asuntos internos de Panamá con el fin de salvaguardar la paz y el orden.

420

La «independiente Panamá» se convirtió en una especie de protectorado de los Estados Unidos.

Este país había ayudado a dos Estados iberoamericanos, Cuba y Panamá, a conseguir su independencia, pero al mismo tiempo los había incorporado a su esfera de influencia valiéndose de diferentes instrumentos de intervención. En las siguientes dos décadas, los Estados Unidos, con el apoyo de estas experiencias y legitimándose a sí mismos con una nueva teoría sobre la intervención, aceleraron la expansión de su control político y económico sobre los países iberoamericanos.

2. El «derecho» a la intervención de los Estados Unidos

El presidente Theodore Roosvelt, hombre que había desempeñado un papel clave en la cuestión panameña al mostrarse sensible a las presiones de los grupos interesados en la construcción de un canal en dicho país, fue quien, con sus declaraciones sobre política exterior, puso las bases para la intervención de los Estados Unidos en Iberoamérica. Él mismo definió su postura con las siguientes palabras: «Me hice con la zona del canal y dejé que el Congreso debatiera el asunto y, entre tanto, mientras el debate avanzaba, el canal avanzaba también.»

Roosvelt fue quien, al dar una razón más para justificar la intervención en Panamá, asignó a los Estados Unidos, basándose en las conocidas teorías del Destino Manifiesto y de la Doctrina Monroe, el vago derecho otorgado por la civilización de obligar a una nación, incluso por la fuerza, a ser útil al mundo o de ponerla en condiciones de serlo. Lo que significaba que había que ponerla en situación de poder garantizar la paz y el orden con el fin de que se viesen protegidas la vida y las propiedades de sus ciudadanos y también la vida y las propiedades de los ciudadanos e inversores americanos. Roosvelt partía de la base, como otros muchos americanos, de que la incapacidad de un gobierno iberoamericano le daba derecho a intervenir.

La necesidad de este derecho parecía algo ineludible teniendo en cuenta tanto las convulsiones derivadas de las guerras civiles en los países iberoamericanos —como por ejemplo, en el caso de Colombia, la guerra de los Mil Días, que enfrentó a liberales y conservadores, o los conflictos entre la provincia de Panamá y el Estado colombiano—, como la incapacidad de muchos Estados iberoamericanos de pagar las deudas contraídas con los países europeos, con el riesgo consiguiente de que las naciones acreedoras exigiesen el pago de las mismas por la fuerza y, en consecuencia, pudiesen poner en peligro la seguridad del Hemisferio Occidental. Precisamente en 1902, con ocasión de la segunda crisis venezolana, en la que buques de guerra británicos, italianos y alemanes llevaron a cabo, en diciembre de ese año, un bloqueo naval con el propósito de obligar a Venezuela a pagar su deuda, nación que se mostraba reticente a hacerlo, volvió a ponerse de manifiesto el peligro de que las potencias europeas pudiesen intervenir en Iberoamérica y, de esa forma, perjudicar de manera sensible a los Estados Unidos y dificultar su creciente avance económico. De hecho, las exportaciones de los Estados Unidos a Iberoamérica crecían de forma constante. Las mismas, que en 1821 habían ascendido tan sólo a 13 millones de dólares, en 1850 a 20 millones, en 1875 a 65 millones y en 1895 no habían superado los 90 millones de dólares, experimentaron, a principios del siglo xx (como se puede observar en el cuadro siguiente), un aumento espectacular, alcanzando una cifra superior a los 130 millones de dólares. Los principales compradores de productos americanos eran Cuba y México; el comercio con los mismos representaba de un 40 a un 50 por 100 del comercio total con Iberoamérica. Las exportaciones a Brasil, sin embargo, se mantuvieron estancadas.

VALOR DE LAS EXPORTACIONES A IBEROAMÉRICA
(En millones de dólares)

Año	Total	México	Cuba	Brasil	Otros
1896	93	19	8	14	52
1898	90	21	10	13	46
1899	106	25	19	12	50
1900	132	35	26	12	59
1902	132	40	27	10	55
1904	155	46	27	11	71
1906	181	58	48	15	105
1908	242	56	47	19	120

Fuente: *Historical Statistics of the United States. Colonial Times to 1970,* Bicentennial Edition, Washington, 1975, part. 2, pág. 903.

Los Estados Unidos, no obstante, no podían permitir que se viera atacada su nueva zona de influencia. Los débiles y caóticos gobiernos del sur del continente necesitaban tener a su lado a un país que pusiera orden en las naciones regidas por ellos con el fin de conjurar el peligro de que se pudiesen producir intervenciones de las potencias europeas. El tristemente célebre Corolario Roosvelt, añadido a la Doctrina Monroe en 1904, nació con el propósito de llevar a la práctica dicha idea, la cual, por lo demás, se alimentaba también del deseo de proteger los intereses económicos de los Estados Unidos. Durante décadas, dicho corolario sirvió para justificar las intervenciones directas llevadas a cabo por este país en Iberoamérica. El fundamento en el que se basó la política iberoamericana predicada por Roosvelt, política a la que se puede definir también como *protective imperialism* (imperialismo protector) (S. F. Bemis), fue la Doctrina Monroe y, más en concreto, el concepto de Hemisferio Occidental. Ya el 3 de diciembre de 1901, Roosvelt, en su mensaje de fin de año, había reconocido que dicho concepto era el principio rector de la política de los Estados Unidos. Al igual que sucedió con la Doctrina Monroe, que fue una declaración unilateral de los Estados Unidos, Roosvelt no creó un instrumento de carácter interamericano para la defensa del continente contra las intervenciones de las potencias europeas; por el contrario, lo que propuso fue, una vez más, la acción unilateral por parte de dicho país. No sólo no abolió, por decirlo de alguna forma, el derecho a la intervención de los Estados Unidos en el Hemisferio Occidental, sino que, además, lo sancionó como un derecho exclusivo de esa nación.

En el mensaje de fin de año del 6 de diciembre de 1904, Roosvelt, debido a la necesidad urgente que tenían los Estados Unidos de ejercer el papel de *gendarme* del continente, formuló las ideas expuestas anteriormente de la forma siguiente: «la incapacidad permanente y el comportamiento erróneo, asimismo constante, de un gobierno cuya consecuencia sea la disolución generalizada de los vínculos que forman toda sociedad civilizada, requiere, en América como en cualquier otro lugar, la intervención de una nación que sí posea ese carácter; el hecho de que en el ámbito del Hemisferio Occidental, los Estados Unidos se sientan comprometidos a ello por la Doctrina Monroe, podría obligar a éstos, aun en contra de su voluntad, a ejercer el papel de *gendarme* del continente en aquellos casos flagrantes de incapacidad o comportamiento irresponsable» (Gantenbein, pág. 362). Resulta irónico el hecho de que en dicho mensaje se pusiese a Cuba, país del que se afirmaba que era una nación estable y civilizada sobre la base de la enmienda Platt, como ejemplo de intervención con resultados positivos, cuando la verdad era que la obligación de intervenir en otros países no tenía otro significado que la salvaguardia de las inversiones y de los intereses americanos. Asimismo resultaba en exceso optimista la afirmación de que los Estados Unidos, al intervenir en Cuba, Venezuela y Panamá en virtud de la Doctrina Monroe, no habían obrado en defensa de sus propios intereses, sino en interés de la Humanidad entera.

La arrogancia y el «autobombo» que significaba el hecho de ponerse a sí mismos como ejemplo de nación civilizada —pues el presidente, al utilizar esa expresión, sólo podía referirse a un país: los Estados Unidos— vuelven a ponerse de manifiesto en el siguiente mensaje de fin de año pronunciado el 5 de diciembre de 1905. En el mismo, Roosvelt, en relación a la reacción adversa de los países iberoamericanos al mensaje anterior, asignaba una vez más a los Estados Unidos el papel de *gendarme* del continente. Este país estaba obligado a intervenir con el fin de evitar que las potencias europeas lo hiciesen como consecuencia de la insolvencia política o económica de un estado iberoamericano. Se trataba de proteger al Hemisferio Occidental y no de conquistarlo. En palabras del presidente, la Doctrina Monroe y el Corolario Roosvelt no significaban otra cosa sino que «los Estados Unidos habían de ayudar, con recta intención, a aquellas repúblicas hermanas que lo necesitasen a recorrer el camino que conduce a la paz y el orden». Dicha ayuda había de entenderse como el compromiso y la tarea de carácter moral de «llevar la carga del prójimo».

En dicho mensaje, el concepto de Hemisferio Occidental, entendido éste como una zona que se diferenciaba claramente de Europa, recibía una nueva interpretación. Dicho concepto, por lo demás, también se encontraba vigente en Iberoamérica. El Corolario Roosvelt, entendido como una nueva teoría política, daba un matiz nuevo a las relaciones interamericanas, dado que en el mismo se reservaba a los Estados Unidos, de forma unilateral, el papel de *gendarme* del Hemisferio Occidental. Si bien el ejercicio de dicho papel no era descrito como un derecho o un privilegio y sí como un compromiso, los Estados Unidos, a pesar de todo, conservaban el derecho a intervenir y a tomar decisiones en casos de «extrema necesidad». De esta forma dicho país no sólo se convertía en el *gendarme* del Hemisferio Occidental, sino también en su juez; dos tareas, por lo demás, incompatibles.

Del modo como los Estados Unidos rechazaron las propuestas de los Estados del sur del continente concernientes a la defensa de éste contra la amenaza de intervención por parte de las potencias europeas se desprende hasta qué punto dicho país se arrogaba derechos en su propio interés y se comportaba como la «hermana mayor» de las repúblicas iberoamericanas. Durante la segunda crisis venezolana, también se percibió por parte iberoamericana la inestabilidad de algunos Estados y se tomó conciencia del peligro que existía de que las potencias europeas interviniesen con el propósito de defender sus intereses o de obtener el pago de las deudas. Con este fin se buscaron fórmulas que pudiesen evitar dicha intervención. A este respecto las propuestas más interesantes las hizo el ministro argentino de Asuntos Exteriores Luis María Drago. A dichas propuestas se las conoce con el nombre de Doctrina Drago. En una nota fechada el 29 de diciembre de 1902, Drago propuso a Washington y a todos los Estados del continente que rechazasen y prohibiesen a las naciones acreedoras el uso de la fuerza militar o de la ocupación territorial como medios de satisfacer sus reivindicaciones de tipo económico frente a los países deudores, ya que dichos medios atentaban contra su soberanía territorial. A este propósito era necesario, en primer lugar, que las mismas tratasen de que las naciones europeas reconociesen el derecho que les asistía de defender en común el Hemisferio Occidental y de hacer uso de forma conjunta de la Doctrina Monroe.

A pesar de que en la propuesta se hacía referencia a una doctrina que era uno de los pilares de la política de los Estados Unidos, éstos no dieron su aprobación a la misma, ya que, de haberlo hecho, hubiesen visto denegado su derecho a la intervención. En la Tercera Conferencia Interamericana celebrada durante los meses de julio y agosto de 1906, en la que se trató de forma exclusiva la forma de resolver el problema de la deuda, los Estados Unidos consiguieron que los países iberoamericanos llevasen el asunto ante el Tribunal Internacional de La Haya y ante la Segunda Conferencia de Paz. Elihu Root, secretario de Estado estadounidense, dio garantías a los Estados iberoamericanos sobre el pacifismo de su país; les aseguró que éste tenía ansias de paz, que aspiraba tan sólo a ser soberano de sí mismo y que, en su opinión, los miembros más pequeños y débiles de la gran familia de los pueblos del mundo tenían los mismos derechos, entre ellos el derecho a la independencia, que el más poderoso imperio. En la Conferencia de Paz celebrada en La Haya en octubre de 1907 se aprobó la propuesta del delegado americano, el general Horace Porte, de que se prohibiese el uso de la fuerza, esto es, las intervenciones, como un medio de reclamar el pago de las deudas, a condición de que el Estado deudor aceptase, de antemano, resolver el problema por medio de una sentencia emitida por un tribunal de arbitraje. De esta forma a los Estados acreedores se les obligaba a presentar sus reclamaciones ante un tribunal de dicho tipo, pero, al mismo tiempo, se sancionaba el derecho de los mismos a intervenir en el caso de que el Estado deudor rechazase tal solución.

Durante las décadas siguientes, los Estados Unidos siguieron basando su política en el derecho, formulado unilateralmente en el Corolario Roosvelt, a intervenir en el Hemisferio Occidental. Dicho país actuó de acuerdo con la máxima de Th. Roosvelt: «no hables mucho y utiliza la estaca» (*«the big stick»*). Al amparo del derecho a la intervención, los industriales y los bancos americanos invirtieron en Iberoamérica hasta un punto tal, que pronto algunos Estados de dicha zona se encontraron, en gran medida, bajo el control de los mismos. El poderío económico y militar se complementaban entre sí. Los Estados Unidos, apoyándose en una creciente supremacía en los campos económico y militar (sobre todo en barcos), alcanzaron la hegemonía en el Hemisferio Occidental. En rigor, no se podía hablar de que existiese un intercambio económico equitativo y un comportamiento fraterno, tal como se encontraba recogido en la idea panamericanista predicada por los Estados Unidos. Iberoamérica, en especial las regiones caribeña y centroamericana, se convirtió en el campo de acción de las cañoneras y de los inversores americanos. Dentro del marco de una política caracterizada por el ejercicio de la «diplomacia del dólar» y de la «política de la estaca», la zona de influencia de los Estados Unidos se amplió enormemente hasta 1930, sin que dicho país se viese en la necesidad de recurrir a una intervención colonial de carácter formal.

3. LAS CAÑONERAS Y LA SALVAGUARDIA DE LAS INVERSIONES

Durante la época en que los Estados Unidos ejercieron su política expansionista, entre los años 1905 y 1930, las intervenciones de dicho país se sucedieron bajo múltiples pretextos. En gran medida, éstos venían dados por los propios Estados iberoamericanos, en razón de los conflictos internos (guerras civiles, luchas partidistas) que se suscitaban en los mismos y que ponían en peligro a los ciudadanos y a las propiedades de nacionalidad norteamericana. Algunas de las intervenciones americanas, combinadas con medidas de tipo financiero y político, tuvieron como resultado el que cinco Estados se convirtieran en protectorados estadounidenses o el que los mismos viesen reafirmado dicho estatuto político.

Así, los Estados Unidos, haciendo uso de la enmienda Platt, respondieron con varias intervenciones militares a los repetidos motines políticos y conflictos sociales que tuvieron lugar en Cuba y que amenazaban con afectar a los intereses americanos. En 1906 se produjo una intervención americana con ocasión de un levantamiento contra el presidente reelecto Tomás Estrada Palma, hombre de confianza de los Estados Unidos. Desde ese año hasta 1909, el general norteamericano Charles E. Magoon rigió los destinos de Cuba. Entre los años 1911 y 1912 tuvo lugar un nuevo desembarco de tropas, como consecuencia de los disturbios raciales que se produjeron bajo el gobierno del general José Miguel Gómez. Los graves conflictos que se suscitaron entre liberales y conservadores en 1917, con motivo de la reelección del presidente Mario García Menocal, provocaron, una vez más, el envío a la isla de soldados americanos, cuya presencia (cifrada en 200 marines) permitió que el citado presidente pudiese proteger los intereses estadounidenses en el sector azucarero, del que Estados Unidos se interesaron de forma especial. En 1905, los particulares y las compañías de nacionalidad americana, en posesión tan sólo de 29 molinos de azúcar, producían un 21 por 100 de la producción total de dicho producto. Sin embargo, en 1919, la participación americana en dicha producción creció hasta un 35 por 100. La mayor parte de las inversiones directas estadounidenses se dirigieron al sector azucarero: en 1911 ascendieron a 50 millones de dólares, lo que significaba un 24,4 por 100 del montante total, y entre los años 1924 y 1925 alcanzaron los 750 millones, aproximadamente un 55 por 100 del valor de todas las inversiones norteamericanas en el país. Los últimos soldados americanos se retiraron de Cuba en febrero de 1922, pero su puesto fue ocupado por numerosos consejeros financieros. Éstos constituían una especie de «ejército civil» que velaba por los intereses americanos. Por lo demás, la amenaza de intervención siguió existiendo, dado que la enmienda Platt continuó vigente.

El derecho a la intervención también fue utilizado en el caso de Panamá. Este país, al igual que Cuba, se había visto obligado a conceder a los Estados Unidos, entre los años 1903 y 1904, el derecho a intervenir en sus asuntos internos en el caso de que fuese necesario restablecer el orden público o garantizar la circulación por el canal. En noviembre de 1904, con motivo de un levantamiento, se produjo la intervención de las tropas americanas con el fin de proteger las vidas y las propiedades de los ciudadanos estadounidenses. En 1912, las tropas americanas, a petición de los Partidos Conservador y Liberal, supervisaron las elecciones que tuvieron lugar fuera de la zona del canal. La explosión de una serie de huelgas provocó, en octubre de 1925, el desembarco de unos 600 soldados con la finalidad de proteger los intereses norteamericanos.

Las intervenciones y ocupaciones afectaron también a la República Dominicana. Dicho país, que en 1869 había tratado de incorporarse voluntariamente a los Estados Unidos, se había convertido, durante las primeras décadas del siglo XX, en una especie de protectorado «financiero» (lo que equivale a decir que los Estados Unidos controlaban las finanzas del Estado). Dicho control se produjo en contra de la voluntad de esa República. Durante los años 1903 y 1904 tuvieron lugar una serie de breves intervenciones militares con el propósito de salvaguardar los intereses americanos frente a unos disturbios de carácter revolucionario. En 1905, el hundimiento de la economía (tanto estatal como privada) y el desarrollo de unos acontecimientos políticos de carácter turbulento, provocaron una vez más la intervención de los Estados Unidos. Este país, en virtud de un tratado firmado con la República Dominicana, se hizo cargo del control de los ingresos aduaneros de ésta, a cambio de un préstamo de 20 millones de dólares. Este hecho provocó el que los Estados Unidos detentasen hasta 1941 la soberanía «financiera» del país, cosa que llevaron a cabo en beneficio de las inversiones norteamericanas. Al no mejorar la situación política y económica, los Estados Unidos volvieron a intervenir militarmente. Tras esta intervención, en concreto desde 1916 hasta 1924, los Estados Unidos gobernaron el país con ayuda de los marines.

Haití tampoco se libró de convertirse en un protectorado «financiero». En dicho país, el capital norteamericano, además de controlar el 50 por 100 del banco nacional, tenía intereses en las refinerías de azúcar, en la red de carreteras y en las instalaciones portuarias. Durante los años 1913 y 1914, las inversiones americanas superaron los 15 millones de dólares. Debido a los disturbios políticos que padecía la nación y a la enorme deuda contraída (en 1914, la deuda exterior llegó a alcanzar aproximadamente los 40,9 millones de dólares, mientras que el presupuesto del Estado ascendió tan sólo a 12 millones), las potencias comerciales e industriales europeas y los Estados Unidos vieron peligrar sus intereses y, en consecuencia, rivalizaron entre sí por influir de forma decisiva sobre los destinos de Haití. En 1914, cuando algunas naciones acreedoras, en concreto Francia, Alemania y la Gran Bretaña, que tenían intereses en los sectores bancario, comercial y de transportes, amenazaron con intervenir en Haití con el fin de controlar sus ingresos aduaneros, los marines norteamericanos, adelantándoseles, ocuparon, en julio de 1915, dicho Estado. Desde esa fecha hasta el 15 de agosto de 1934, es decir, durante diecinueve años, Haití fue un protectorado «financiero» de los Estados Unidos. En virtud de un tratado suscrito en 1916, en el que se afirmaba que los fines del mismo eran el saneamiento de la economía, el mantenimiento del orden, el desarrollo económico y el bienestar general, Haití se vio obligado no sólo a otorgar a los Estados Unidos el acostumbrado derecho a intervenir en sus asuntos internos, sino también a cederles una parte importante de su soberanía en el campo económico. Tuvo que aceptar la presencia de un consejero financiero y de un interventor general *(general receiver)*, nombrados por Washington. Este último tenía la facultad de retener la mayor parte de los ingresos del país en concepto de aranceles aduaneros y destinar su importe al pago de la deuda y de los intereses de ésta. Durante los años siguientes se establecieron otras medidas que unieron a Haití, si cabe de forma más estrecha, a los Estados Unidos, lo que se tradujo en una merma de su soberanía. En 1917, por ejemplo, Haití recibió de los Estados Unidos un préstamo de 40 millones de dólares con la condición de que éstos habrían de administrar los ingresos del Estado como una forma de garantía de la devolución del mismo. En 1920, en virtud de un acuerdo firmado entre los dos países, el National City Bank consiguió un control casi completo de las finanzas de Haití. Los soldados americanos estacionados en este país contribuyeron a reprimir los disturbios sociales.

No se puede negar que la ocupación de Haití por parte de los americanos tuvo algunos efectos positivos. Con la colaboración de la conservadora minoría mulata, se consiguió la modernización parcial del país. Se construyeron edificios públicos, hospitales, escuelas y puentes, y se amplió la red de carreteras. No obstante, las medidas de modernización formaban parte de una política con la que se buscaba perpetuar las estructuras sociales existentes, que apenas variaron con las intervenciones de los Estados Unidos. Sin embargo, merced a dichas intervenciones, la economía de Haití pasó a depender por entero de los Estados Unidos.

Durante las tres primeras décadas del siglo xx, las intervenciones militares de los Estados Unidos afectaron también a Nicaragua. Dichas intervenciones no tuvieron como único fin la salvaguardia de las inversiones americanas, sino también la protección de la minoría privilegiada del país que cooperaba con los Estados Unidos. El proyecto ideado en el siglo xix de abrir un canal en Nicaragua había atraído el interés hacia ese Estado centroamericano de un gran número de empresas. En dicho país existía una gran cantidad de capital americano invertido que se encontraba a la espera de conseguir ganancias. Las Fruit Companies norteamericanas poseían 475.000 acres de tierra dedicadas al cultivo de plátanos y otras frutas; otras compañías tenían intereses en el sector minero; las inversiones de algunas empresas americanas en el sector maderero ascendían a millones de dólares. Algunas firmas de la misma nacionalidad se habían introducido también en el sector servicios, como por ejemplo en el comercio.

El presidente nicaragüense José Santos Zelaya se opuso a que siguiera en aumento el poder económico de las empresas americanas. A este fin se mostró dispuesto a colaborar con las potencias europeas competidoras de los Estados Unidos para la eventual construcción de un canal en su país. Recibió también cuantiosos préstamos procedentes de Europa, lo que, en el caso de un posible desplome de la economía nicaragüense, podía traer como consecuencia la intervención de las potencias europeas. Este estado de cosas condujo a los Estados Unidos a intervenir en 1909 en la revuelta —o, al menos, a apoyarla pretextando la incapacidad del presidente y la protección de los ciudadanos americanos— de los conservadores contra el liberal Zelaya. La misma condujo a la dimisión de éste y llevó al poder, en 1910, al presidente Juan J. Estrada. Previamente, éste había comprado el apoyo de los Estados Unidos, aceptando unas condiciones de carácter político y financiero que, en la práctica, significaban el abandono de los intereses nicaragüenses en manos de ese país. Dichas condiciones consistían en la garantía, por parte de la propia Constitución, de los derechos de los extranjeros y en la obligación de Nicaragua de recurrir a los buenos oficios de los Estados Unidos con el fin de sanear las finanzas del país con ayuda de préstamos norteamericanos. Asimismo se hipotecaban los ingresos del Estado en concepto de aranceles de aduana, como garantía de la devolución de los préstamos.

En 1911, cuando se supo la intención de los americanos de convertir a Nicaragua en un protectorado «financiero», Estrada se vio obligado a dimitir en beneficio del vicepresidente Adolfo Díaz. Éste, con el fin de mantenerse en el cargo, procedió a la «liquidación» del país; se comprometió a aceptar préstamos de bancos americanos, dejó a los Estados Unidos el control de las aduanas, hipotecó los ingresos de éstas y, por último, entregó a los bancos estadounidenses el control del banco del Estado. Con el 51 por 100 de las acciones de ese banco y de la compañía de ferrocarriles, las entidades bancarias norteamericanas, como por ejemplo la Brown Brothers and Company y la Seligman and Company, obtuvieron una influencia decisiva. Éstas enviaban de forma regular informes a Washington sobre la situación económica del país. Dichos informes ponen de manifiesto el grado de sometimiento al que había llegado Nicaragua. El país se había convertido en un protectorado «financiero» de los Estados Unidos.

El control por parte de los americanos del banco nacional y de las aduanas (esto es, el control de las finanzas del Estado) y la presencia en Nicaragua de empresas norteamericanas hicieron que posteriormente los Estados Unidos se viesen envueltos en los asuntos internos del país. Si se producía algún tipo de disturbio y los hombres de negocios americanos o incluso los propios políticos nicaragüenses pedían ayuda (cosa que hizo el presidente Díaz en 1911 y 1926), los barcos norteamericanos aparecían ante las costas de Nicaragua y los marines intervenían.

En el verano de 1912 desembarcaron 100 marines, reforzados poco más tarde con otros contingentes de tropas, como consecuencia de la solicitud de ayuda militar hecha por la embajada americana, con motivo de las luchas que estaban desgarrando de nuevo a la nación y que amenazaban con convertirse en una guerra civil que pusiese en peligro las vidas de los ciudadanos norteamericanos. Managua fue bombardeada y los americanos se apoderaron de Bluefields. En octubre de ese mismo año, dichas tropas reprimieron las revueltas revolucionarias dirigidas contra el presidente Díaz, con lo que éste pudo, una vez más, seguir en su cargo. A partir de ese momento, las tropas americanas, presentes de forma constante en el país, controlaron éste, y velaron por la paz y el orden en beneficio de las empresas y de las entidades bancarias norteamericanas. El contingente de 100 soldados no se retiró hasta agosto de 1925.

Sin embargo, tan sólo un año después, esto es, en 1926, las tropas que se acababan de retirar fueron enviadas de nuevo a Nicaragua para proteger los intereses estadounidenses. Durante los años siguientes se empleó un número de soldados y de barcos de guerra nunca visto antes en el país. A finales de agosto de 1926, la Freiberg Mahagony Company y la Bragmans Bluff Lumber Company solicitaron ayuda ante los ataques de los revolucionarios contra sus empresas. Por su parte, Adolfo Díaz, elegido de nuevo presidente en noviembre de 1926, solicitó el envío de tropas americanas con el fin de poder dominar la oposición contra su régimen, el cual había permitido la enajenación del país en perjuicio de los nicaragüenses. Mas una revolución contra Díaz significaba, como señaló el presidente Coolidge el 10 de enero de 1927 al justificar la nueva intervención americana en Nicaragua, una amenaza para las inversiones estadounidenses en el sector maderero, en la minería, en las plantaciones de café, en los cultivos de plátanos, en el sector naviero y en el comercio. En

Sandino y los marines USA (1926-1934)

ocasiones llegó a haber 41 buques de guerra operando en las costas de Nicaragua, mientras que, hasta enero de 1928, el número de soldados estacionados en tierra alcanzaba la cifra de 4.600. De manera creciente las fuerzas americanas fueron utilizadas en la represión de la revolución encabezada por Augusto César Sandino contra el control extranjero y la ocupación estadounidense. A partir de 1929 las tropas americanas se fueron retirando de forma paulatina. En 1930 quedaban tan sólo 100 marines para la protección de los ciudadanos norteamericanos. Hasta el mes de enero del año 1933 no concluyó la retirada de todos los soldados estadounidenses. Los Estados Unidos dejaron tras de sí no sólo estrechos vínculos de carácter económico, sino también una guarda nacional entrenada por ellos. Ésta fue fundada en el año 1927, y en octubre de 1930 contaba ya con 2.500 hombres. A las órdenes de su comandante Anastasio Somoza, la guardia nacional veló porque los revolucionarios no pusiesen en peligro los intereses de los Estados Unidos y su supremacía en el país. Somoza se convirtió en el aliado más fiel de los Estados Unidos en Centroamérica, haciendo de Nicaragua la encarnación misma del atraso, de la reacción, de la opresión despiadada y de la codicia, todo ello en beneficio de un grupo reducido de personas.

En las regiones caribeña y centroamericana, junto a las espectaculares intervenciones militares reseñadas anteriormente, tuvieron lugar también otras muchas acciones de menor entidad. Una mera enumeración de las mismas da idea del comportamiento riguroso y nada fraterno seguido por los Estados Unidos a la hora de hacer triunfar sus intereses. A manera de ejemplo, se pueden citar las intervenciones militares o las amenazas de intervención sufridas por Honduras en marzo de 1903, en marzo de 1907, en los años 1911 y 1912, y en los años 1924 y 1925. Guatemala, con ocasión de unos disturbios, tuvo que soportar, en abril de 1920, una breve acción militar realizada con el fin de proteger la embajada americana. Ni siquiera México se libró de las intervenciones militares y de las expediciones de castigo de los Estados Unidos.

Las injerencias en los asuntos internos de México y las intervenciones militares por parte de los Estados Unidos en dicho país se produjeron después de 1911, durante la Revolución Mexicana, pues vieron peligrar sus intereses como consecuencia del intento de los insurgentes de cambiar la situación política y económica. Los financieros y las empresas de nacionalidad norteamericana habían invertido en ese país 2.000 millones de dólares, de ellos 560 millones en los ferrocarriles y 250 millones en la minería. Hacia 1913, el 58 por 100 de la industria petrolífera estaba en manos norteamericanas. Francisco I. Madero, a la cabeza de un nuevo gobierno, amenazó con disminuir el peso excesivo de las relaciones económicas con los Estados Unidos mediante un reforzamiento de los vínculos con Europa. Asimismo, las nacionalizaciones previstas parecían poner en peligro las propiedades norteamericanas. Por este motivo, el embajador americano Henry Lane Wilson empezó a intrigar contra Madero de forma sistemática. Tras el asesinato de éste, los Estados Unidos reconocieron, si bien no de manera formal, al caudillo de la contrarrevolución, el general Huerta. Más tarde, dicho país, y en especial el nuevo presidente Woodrow Wilson, apoyó de forma creciente a los constitucionalistas de Venustiano Carranza, y en febrero de 1914 tomó claramente partido por éstos al levantar el embargo de armas que pesaba sobre México en beneficio de dicha facción.

Durante el desarrollo posterior de la Revolución tuvieron lugar algunos episodios que indujeron a los Estados Unidos a recurrir a la intervención militar o, por mejor decir, les dieron un pretexto para recurrir a ella. El 9 de abril de 1914 fueron detenidos, sin razón aparente, dos marineros pertenecientes a la tripulación del buque de guerra *Dolphin*. Los Estados Unidos no se dieron por satisfechos con la disculpa dada por Huerta y, en consecuencia, el 29 de abril las tropas americanas bombardearon Veracruz y ocuparon posteriormente la ciudad, de la que no se retiraron hasta el 23 de noviembre de ese mismo año. De esta forma, los Estados Unidos le quitaron al régimen de Huerta el puerto más importante por donde le afluían las armas procedentes de Europa y los cuantiosos ingresos del mismo en concepto de aranceles aduaneros. El que los Estados Unidos, al obrar así, no buscaban tan sólo lavar su honor militar, sino también proteger sus intereses ante los cambios realizados por los revolucionarios, es algo que se desprende con toda claridad de las manifestaciones del congresista Oscar Underwood, quien, poco antes del desembarco de las tropas americanas, había llamado la atención sobre la anarquía de la República Mexicana que, según él, ponía en peligro la vida y las propiedades de los ciudadanos estadounidenses. Dicho congresista había solicitado también el que se tomasen las medidas oportunas que garantizasen a un americano el poder salir al extranjero sin correr riesgos.

La segunda acción militar llevada a cabo por los Estados Unidos en México también tuvo por finalidad la protección de las vidas y de las propiedades de los ciudadanos americanos o, por mejor decir, el castigo de los mexicanos por no protegerlas. El constitucionalista Carranza, a quien, tras la caída de Huerta, los Estados Unidos habían preferido en lugar del social-revolucionario Emiliano Zapata, no había podido mantener la promesa de proteger las vidas y las propiedades de los ciudadanos norteamericanos. Dicha promesa le había valido, el 19 de octubre de 1915, el reconocimiento *de facto* por parte de ese país. Pancho Villa, que se había separado de Carranza y estaba a favor de los cambios de carácter revolucionario, había asesinado a principios de 1916, junto a su banda de «bandidos sociales», a dos ingenieros de minas americanos en Chihuahua, y en una incursión hasta Nuevo México había matado a algunos norteamericanos del pueblo de Columbus. Como consecuencia de estos hechos se formó una expedición de castigo compuesta por 15.000 hombres, que, bajo las órdenes del general Pershing, persiguió a las tropas de Villa hasta el interior de México. Estas tropas, a las que incluso el fiel Carranza de los primeros tiempos veía como un peligro para la soberanía del país, no se retiraron hasta principios de 1917. Al final, se pudo evitar *in extremis* una guerra entre los dos países y entre las causas de este hecho no fue la menos importante la inminente entrada de los Estados Unidos en la Primera Guerra Mundial.

Sin embargo, resultaba fácil pronosticar que en el futuro surgirían conflictos entre ambos países, dado que en la nueva Constitución mexicana de 1917, en el artículo 27 concretamente, se decía que la nación era la propietaria del agua, de la tierra y de las riquezas naturales. A los particulares se les podían otorgar derechos de propiedad a condición de que respetaran las leyes de la nación. Dichos particulares podían ser también de nacionalidad extranjera, pero a los mismos se les trataría de igual forma que a los naturales del país. Los extranjeros debían renunciar a solicitar la protección de su gobierno en el caso de surgir un conflicto con las autoridades mexicanas. De esta forma, la Constitución mexicana ponía coto a unos métodos de los que los Estados Unidos se habían valido hasta ese momento para socavar la soberanía de los Estados iberoamericanos o menoscabarla mediante intervenciones militares.

4. LA «DIPLOMACIA DEL DÓLAR» Y LA SALVAGUARDIA DE LOS INTERESES AMERICANOS

A primera vista, la «diplomacia del dólar» parece más inocua que la «política de la estaca», esto es, que las intervenciones militares. Los americanos también eran de esa opinión. Durante las tres primeras décadas del siglo XX, éstos presentaron dicha diplomacia no como una política egoísta, sino como algo noble y altruista que habría de ayudar a los Estados iberoamericanos a elevar su nivel de vida y su cultura política y, en consecuencia, a conseguir el orden dentro de sus fronteras y la democracia. Fue durante el mandato del presidente Taft, el sucesor de Theodore Roosvelt, cuando se desarrolló esta especie de política de cooperación económica y financiera con países más o menos atrasados. Fue también en dicha época cuando se la bautizó con el nombre por el que se la había de conocer más tarde. Basta echar una ojeada a los efectos de las medidas financieras y de los préstamos americanos en países como Haití o Nicaragua para darse cuenta de que dicha política era más una política de control que una política de ayuda.

Ya en 1906, Taft, a la sazón ministro de la Guerra, había subrayado que el comercio con Iberoamérica habría de significar una expansión pacífica hacia el sur del continente: «desde que el presidente McKinley fue elegido por primera vez —dijo en aquella ocasión—, la población de los Estados Unidos ha acumulado, como en ningún otro momento de su historia, un exceso de capital que se encuentra por encima de las necesidades del desarrollo del país... La energía que nos sobra empieza a fijar su mirada más allá de nuestras fronteras y busca la ocasión de encontrar un uso provechoso del capital sobrante, mercados exteriores donde colocar los productos manufacturados, minas en el extranjero que explotar, etc... De forma simultánea al cambio operado en los Estados Unidos se ha producido en el continente vecino, en Sudamérica, un desarrollo político que habrá de conducir a dicho continente por la senda que va del militarismo a la industrialización. Ante nosotros se abren unas magníficas perspectivas para llevar a cabo una expansión comercial e industrial de carácter pacífico hacia el sur. Otras naciones inversoras se encuentran ya presentes en esa zona —Inglaterra, Francia, Alemania, Italia y España. Pero el mercado es tan amplio, las necesidades presentes tan poderosas y el desarrollo tan rápido, que lo que las otras naciones han hecho hasta ahora no representa más que una pequeña ventaja en la carrera por conseguir todo» (Williams, 2, pág. 532).

La realidad fue que los americanos se incorporaron a la carrera, pero no de forma pacífica. El 3 de diciembre, el propio presidente Taft, en su cuarto discurso al Congreso, describió con las siguientes palabras los métodos seguidos hasta entonces por la «diplomacia del dólar»:

en Centroamérica, el objetivo consistía en ayudar a países como Nicaragua o Honduras con el fin de que ellos se pudiesen ayudar a sí mismos. Dichos países han sido los inmediatos beneficiarios de la ayuda citada... Es importante que a los Estados de esa zona [Panamá, Estados caribeños] se les proteja del peligro que se deriva de un fuerte endeudamiento exterior, del caos de las finanzas y, asimismo, de la amenaza siempre presente de que se produzcan complicaciones de carácter internacional como consecuencia de desórdenes internos. Por esta razón, el gobierno de los Estados Unidos tuvo la satisfacción de animar y apoyar a aquellos barcos americanos que se encontraban dispuestos a extender su mano benefactora a esos Estados para el saneamiento de sus finanzas. Pues el saneamiento económico de los mismos, unido a la protección de sus ingresos aduaneros ante la codicia de posibles dictadores, eliminan de golpe la amenaza representada por la existencia de prestamistas y el peligro de que se produzcan desórdenes revolucionarios.

Taft no dejó de referirse también a las ventajas que se derivaban para los Estados Unidos de esa forma de actuar, al hablar de las enormes riquezas naturales de las repúblicas centroamericanas y caribeñas:

Ellas —dijo refiriéndose a dichas repúblicas— tan sólo necesitan una cierta estabilidad y los medios precisos para un saneamiento de su economía para entrar en una era de paz y bienestar que proporcione felicidad y beneficios económicos a las mismas y que cree, al mismo tiempo, las condiciones necesarias que les permitan llevar a cabo un floreciente intercambio comercial con nuestro país.

Teniendo en cuenta la desigualdad existente entre los Estados Unidos e Iberoamérica, no resulta difícil deducir para quién floreció el comercio, a quién benefició éste y cuáles fueron las consecuencias de la «diplomacia del dólar». Pero ante todo, con las pretensiones y la superioridad que se revelaban en las palabras de Taft y que, con anterioridad, ya había reclamado Roosvelt para su país, los Estados Unidos hacían gala de una notable arrogancia. Una vez más se ponía de manifiesto el carácter pretencioso y petulante del papel que los Estados Unidos creían poder y deber desempeñar en sus relaciones con sus vecinos del sur en el marco del Hemisferio Occidental. Podemos decir que, hasta 1920 aproximadamente, dicho papel tuvo el carácter de una misión civilizadora, la cual otorgaba a los Estados Unidos el derecho a realizar acciones unilaterales tanto de naturaleza política como económica —pudiendo recurrir para ello a la violencia armada si el caso lo requería— con el fin de que las repúblicas hermanas del sur experimentasen el goce del estilo de vida norteamericano. Durante los primeros años del siglo xx, el concepto de misión civilizadora adquirió de forma paulatina perfiles más nítidos, encontrando su formulación clásica en el leidísimo libro de Herbert Croly titulado *The Promise of American Life* (1909). En el mismo, Croly explicaba que una de las tareas de los Estados Unidos consistía en promover o en ayudar a promover la solidaridad entre los diferentes países del Hemisferio en el seno de un «sistema» americano estable de carácter multinacional. Dicha tarea era a largo plazo, y el éxito de la misma presuponía la pacificación, estabilización y democratización de los Estados iberoamericanos. Incluso mucho más tarde, en 1923 concretamente, Charles E. Hughes, a la sazón secretario de Estado en el gabinete del presidente Calvin Coolidge, expresó una aspiración semejante al decir que los Estados Unidos trataban de construir una suerte de «Pax Americana» ayudando a fomentar la estabilidad de aquellas repúblicas hermanas que sufrían de forma especial el azote de los tumultos internos, los cuales perjudicaban su propia paz y la de sus vecinos.

El concepto de misión civilizadora sustentado por los norteamericanos se adaptaba muy bien a los intereses económicos de un imperialismo expansionista que no quería ser agresivo, sino paternal, pero que, a pesar de todo, perjudicó a los iberoamericanos. El comercio exterior y las inversiones en el extranjero de los Estados Unidos, que en la segunda década del siglo xx habían alcanzado nuevas cotas, recibieron un enorme impulso adicional con motivo del estallido de la Primera Guerra Mundial y del consecuente aumento de la demanda procedente de Europa. Todas las ramas de la economía se beneficiaron del mismo, tanto las pertenecientes al sector agrario como al sector industrial. Este *boom* económico originó unos excedentes de capital que, utilizando el instrumento de la «diplomacia del dólar» y contando con las garantías dadas por ciertos políticos extranjeros, se dirigieron sobre todo hacia Iberoamérica. De esta forma se estableció una floreciente exportación de capitales hacia el sur.

Hasta 1914, los Estados Unidos habían invertido en Iberoamérica únicamente 1.700 millones de dólares (en concepto de capital privado), 2.000 millones menos que la Gran Bretaña y sólo 500 millones más que Francia. La guerra y la apertura del canal de Panamá en 1914 originaron un aumento de las inversiones directas. Las mismas pasaron de 1.700 millones de dólares en ese año a 3.500 millones en 1929. En 1930, las inversiones americanas en Iberoamérica alcanzaron la cifra de 5.350 millones de dólares, mientras que las realizadas en Europa ascendían tan sólo a 4.900 millones.

Dichas inversiones no hubiesen sido perjudiciales por sí mismas y hubiesen representado la ayuda predicada por los americanos, si no se hubiesen concentrado tan sólo en la producción de aquellos bienes cuya demanda había aumentado durante la guerra y después de ésta, o no se hubiesen dirigido de forma tan acusada hacia sectores tales como el de la minería o el de los ferrocarriles. De esta forma, las economías de los Estados iberoamericanos no se hubiesen visto arrastradas al torbellino producido por la crisis de los mercados, y el sector externo de las mismas no hubiese aumentado tanto en detrimento del sector interno. Los inconvenientes de carácter estructural derivados de la división del trabajo en el nivel internacional vigente desde mediados del siglo XIX, división por la cual los exportadores de productos manufacturados se encontraban en Europa y los proveedores de materias primas en Iberoamérica, siguieron existiendo o se agudizaron aún más, dado que los Estados Unidos pasaron a adoptar el papel de exportadores de dichos productos, y en parte también el de fabricantes de los mismos en la propia Iberoamérica. Esto significa que los americanos construyeron fábricas en ese continente. No se puede negar que de esa forma se crearon puestos de trabajo y que este hecho pudo dar visos de realidad al bienestar predicado por los norteamericanos para Iberoamérica. Pero la realidad fue que este tipo de vinculación económica no se tradujo en una industrialización o modernización duradera de los países iberoamericanos, e incluso, en algunos casos, frustró el desarrollo de algunos programas de desarrollo económico de carácter autóctono. Además, los trabajadores de los diferentes países iberoamericanos se veían obligados a trabajar en peores condiciones que el personal norteamericano. Y el hecho de que la exportación de materias primas estuviese en manos de grandes consorcios estadounidenses, como por ejemplo la United Fruit Company, redundaba más en beneficio de los mismos que en provecho de dichos países.

En los años 1905 y 1906, y en especial en la década de los años 20, la expansión política y económica de los Estados Unidos no tuvo límites. Dicha expansión, junto a la tan cacareada prosperidad para Iberoamérica, era una parte esencial de la política exterior americana. Además de las inversiones directas realizadas por los industriales estadounidenses en el sector de materias primas, los bancos americanos empezaron a dar cuantiosos préstamos a los gobiernos de los países de Iberoamérica. Y todo ello con el fin, por un lado, de expandirse económicamente y obtener beneficios y, por otro, de estabilizar, democratizar y «americanizar» a los Estados iberoamericanos. Sin embargo, para oponerse a la expansión de un radicalismo que desde la Revolución de Octubre de 1917 se había impregnado de ideas socialistas, los Estados Unidos se vieron obligados con frecuencia a mantener en pie el *status quo* presente en Iberoamérica, un *status quo* que, por lo demás, se encontraba en contradicción con los valores americanos. Como consecuencia de esto, la política americana se vio azotada por grandes remordimientos de conciencia. Los críticos de la misma llamaron la atención sobre el hecho de que el mantenimiento de la supremacía económica norteamericana habría de conducir a intervenciones armadas y a alianzas con dictadores y con fuerzas de signo reaccionario. Los casos de Haití, y en especial el de Nicaragua, ponen de manifiesto la razón de dichas críticas.

El intervencionismo norteamericano en Iberoamérica se llevó a cabo utilizando diversos métodos, desde la realización de inversiones y el establecimiento de protectorados «financieros», en los que los bancos e inversores americanos asumían la soberanía económica del país «protegido», hasta el uso de intervenciones directas de carácter militar. En muchos casos se recurrió a todos los métodos a la vez. Hasta 1930 aproximadamente, esta política o, mejor dicho, este papel adoptado por los Estados Unidos frente a Iberoamérica, apenas varió de contenido. Ni siquiera con el presidente Woodrow Wilson, sucesor de Taft entre los años 1912 y 1913, hombre reformador e idealista a quien le movían menos que a sus antecesores los intereses económicos y que se mostraba interesado en poner fin a la naturaleza injusta e informal de las relaciones de su país con Iberoamérica, fundamentándolas en negociaciones de carácter amistoso. Wilson, que defendía el derecho a la autodeterminación de todos los pueblos, aborrecía la «diplomacia del dólar», pues se daba cuenta de que mediante la misma era imposible conseguir la confianza de las repúblicas hermanas de Iberoamérica. Abogaba por la puesta en práctica de métodos más honorables que respetasen los intereses de las dos partes del continente. Así, en una reunión de hombres de negocios celebrada en octubre de 1913, declaró lo siguiente en relación a Iberoamérica: «en lo que respecta a la igualdad y a la respetabilidad, debemos demostrarles que somos sus amigos y compañeros. No se puede ser amigo de alguien si no es en condiciones de igualdad y respetabilidad».

Por un momento se tuvo la impresión de que la filosofía de Wilson de paz y libertad inauguraría una nueva era en las relaciones interamericanas. Con motivo de la firma en 1914 de un tratado con Colombia con el fin de compensar a este país económicamente por la secesión de Panamá y su constitución en Estado, los Estados Unidos se manifestaron en un tono más comedido que en ocasiones anteriores. Wilson, en su mensaje al Congreso del año 1905, habló, respecto al tratado citado anteriormente, de «una relación de carácter ético para la resolución de los problemas continentales, en la que no exista la aspiración de imponer unas ideas y un liderazgo, sino sencillamente una colaboración cabal y honorable».

Sin embargo, el discurso de Wilson no se correspondía con la terminante realidad de las intervenciones americanas, en las que se unía la defensa de los intereses económicos con la aspiración de llevar a cabo una misión civilizadora. Bajo su presidencia continuaron las intervenciones en Iberoamérica. A éstas se añadió una forma especial de injerencia en los asuntos internos de los Estados iberoamericanos consistente en negarse a reconocer a aquellos gobiernos que hubiesen llegado al poder por medio de una revolución y no de unas elecciones. En realidad, se establecía una diferencia entre el reconocimiento *de jure* y el reconocimiento *de facto*. Sólo los gobiernos elegidos constitucionalmente merecían un conocimiento formal por parte de los Estados Unidos. Wilson practicó este tipo de política —con la que se podía presionar sobre aquellos gobiernos nuevos que aspiraban a ser reconocidos— tanto en el caso del dictador Huerta en 1913 como en el caso del gobierno constitucionalista de Carranza en 1915. El no reconocimiento o el reconocimiento parcial fue un instrumento eficaz de carácter político en manos de los Estados Unidos, el poderoso, tanto desde un punto de vista económico como militar, vecino del norte. En cierto sentido, Wilson retomó una política que ya había sido aplicada en Centroamérica. En 1907, los Estados centroamericanos, en una conferencia de paz celebrada en Washington bajo la presidencia del ministro de Asuntos Exteriores norteamericano Elihu Root, habían tomado el acuerdo de no reconocer a aquellos gobiernos que hubiesen llegado al poder mediante una revolución. Aún después de Wilson, la política de «no reconocimiento» siguió siendo utilizada como una forma discreta de intervención. Mediante la misma, los Estados Unidos se encontraban en condiciones de castigar o doblegar a aquellos gobiernos que se oponían a la dominación norteamericana o de disuadir a las fuerzas de oposición de llevar a cabo una revolución (o, lo que es lo mismo, de realizar cambios de tipo social o económico). En 1923, el presidente Warren G. Harding concluyó un tratado con las repúblicas centroamericanas en el que se otorgaba a los Estados Unidos el derecho a negar el reconocimiento diplomático a aquellos regímenes «revolucionarios» —así se decía en el tratado— que hubiesen accedido al poder mediante un golpe de estado. Dicho derecho fue ejercido por el presidente Hoover en 1930 en el caso de Guatemala y al año siguiente en el caso de El Salvador. La política de «no reconocimiento» era un sutil instrumento de intervención y el ejercicio de la misma puso de manifiesto el carácter retórico de la igualdad y de la colaboración preconizada por los norteamericanos. Mediante dicha política los Estados Unidos aspiraban a ejercer el papel de «árbitro» y a decidir en qué casos un cambio de régimen merecía recibir el marchamo de legítimo y cuándo un gobierno se amoldaba a los ideales democráticos de los norteamericanos. Pero, ¿acaso los gobiernos o las dictaduras que habían llegado al poder mediante un fraude electoral (como era el caso del presidente nicaragüense Adolfo Díaz) tenían un mayor marchamo de legalidad por el simple hecho de no poner en peligro los intereses americanos?

No obstante, las múltiples intervenciones en Iberoamérica no impidieron el que los políticos estadounidenses siguieran hablando de panamericanismo y el que continuasen viendo en este concepto el eje de su política. En 1927, el presidente Coolidge afirmó que el panamericanismo era una fuerza viva que actuaba en el seno de la conciencia pública, y en 1928, Charles E. Hughes, a la sazón secretario de Estado, constataba una relación peculiar entre los Estados Unidos y los países iberoamericanos, merced a los intereses generados por el panamericanismo. La puesta en práctica de dicha idea exigía una colaboración especial entre todos los Estados del continente. El panamericanismo descansaba sobre una sólida realidad: la vecindad. Pero lo cierto era que las diferentes intervenciones habían demostrado que los Estados Unidos entendían que dicha vecindad lo era entre países desiguales. En unas declaraciones realizadas por el presidente Coolidge en 1927 con motivo de la situación de inestabilidad que vivía en aquellos momentos Centroamérica, se puede comprobar claramente hasta qué punto difería la realidad de la retórica, al afirmar que los ciudadanos americanos y los bienes de éstos presentes en territorio extranjero serían considerados parte integrante de la riqueza nacional. No se podía expresar con más claridad el desprecio que sentían los Estados Unidos por la soberanía de los Estados iberoamericanos. En estas condiciones era lógico que los intereses de este país chocasen con los de Iberoamérica.

III. POLÍTICA DE BUENA VECINDAD E INTERRUPCIÓN DE LAS INTERVENCIONES (1933-1945)

1. Necesidad de una política de buena vecindad

El año 1933 marcó un giro en las relaciones de los Estados Unidos con Iberoamérica o, mejor dicho, un giro en la forma de intervencionismo, dado que en dicho año ese país inició una política en la que la retórica y la práctica no se encontraban ya tan separadas al recibir los Estados iberoamericanos al estatus de socios políticos reales. Dicha política habría de durar toda una década.

¿En qué consistía la misma? En su discurso de toma de posesión del 4 de marzo de 1933, el recién elegido presidente Franklin Delano Roosvelt esbozó los principios fundamentales de la política exterior norteamericana. El que la contienda electoral hubiese tenido como fondo los efectos de la crisis económica mundial de 1929 hizo que Roosvelt se refiriese de manera especial a la cuestión de cómo salir de la depresión. El presidente dedicó poco espacio a la política exterior, pero al referirse a ella hizo una breve aunque sustantiva observación. Dijo que en el campo de la política mundial la nación americana ejercería una política de buena vecindad, esto es, la política de un vecino que es consciente de sus propios derechos y que respeta los de los demás, de un vecino que cumple con los compromisos contraídos y que se atiene de forma constante a los pactos suscritos.

En esencia, Roosvelt no decía nada nuevo, pues utilizaba un cliché ya conocido y de uso común en las relaciones internacionales, un cliché que, por lo demás, ya había sido utilizado por el presidente Hoover en la gira de buena voluntad que había realizado por Iberoamérica en 1928, antes de su toma de posesión. Además, la propuesta de Roosvelt era vaga tanto en su contenido como en la relación al ámbito geográfico de aplicación de la misma. Sólo algunas semanas después, el 12 de abril de 1933 concretamente, en su discurso ante la Tercera Conferencia Panamericana, Roosvelt se refirió de manera expresa a una política de buena vecindad con Iberoamérica; cosa por otra parte lógica, pues si se tiene en cuenta la situación internacional de entonces —expansión del Japón en Asia, ascenso al poder de Hitler y Mussolini en Alemania e Italia respectivamente, etc...— los Estados iberoamericanos eran los únicos con los que los Estados Unidos podían practicar dicha política.

En su famoso discurso del 12 de abril de 1933, Roosvelt delineaba un sistema interamericano que, basado en la confianza mutua, en la amistad y en la buena voluntad, habría de hacer realidad la libertad, la igualdad y la hermandad. A este respecto Roosvelt hacía la siguiente comparación:

> La amistad entre Estados, al igual que la amistad entre personas, exige la realización de un esfuerzo de carácter constructivo que ponga en marcha las energías de la humanidad con el fin de crear una atmósfera de íntima comprensión y estrecha colaboración. La amistad presupone el respeto mutuo y la asunción de compromisos recíprocos, pues sólo a través del respeto por los derechos de los demás y de un exacto cumplimiento de las obligaciones contraídas por cada miembro de la comunidad internacional se podrá preservar la verdadera hermandad. Los rasgos de un panamericanismo genuino tienen que ser los mismos que distinguen a una buena vecindad, a saber: comprensión mutua y, basado en ésta, el respeto por el punto de vista del otro. Sólo de esta forma podemos tener la esperanza de construir un sistema cuyos pilares sean la confianza mutua, la amistad y la buena voluntad.

Roosvelt se refirió también al significado de la Doctrina Monroe, limitando la misma, de manera expresa, a su componente antieuropeo, es decir, suprimiendo el derecho a la intervención de los Estados Unidos formulado por Theodore Roosvelt:

> En este espíritu los pueblos de todas las repúblicas de nuestro Continente comprendieron perfectamente que la Doctrina Monroe, de la que tanto se ha hablado y escrito desde hace más de un siglo, estaba dirigida, y aún lo está, a preservar y mantener su independencia. Su objetivo era, y sigue siéndolo hoy en día, el de prevenir que una potencia no americana pudiese conquistar o controlar una porción del Continente. Gracias a esta doctrina de carácter panamericano en la que se abogaba por una autodefensa del Continente, los Estados americanos, en la actualidad,

comprenden con mayor claridad que la independencia de uno de ellos no debe ir en menoscabo de la independencia de los demás. Cada uno de nuestros países debe progresar por el camino de la civilización y del bienestar social y no por el de la conquista territorial en perjuicio de un Estado vecino [...] Su panamericanismo —al hablar así, Roosvelt se dirigía de manera especial a los representantes iberoamericanos— y el mío deben formar una unidad, construida sobre la confianza mutua y cimentada sobre la comprensión, en el que sólo tenga cabida la igualdad y la fraternidad.

A la par de estos nobles propósitos, Roosvelt no perdió la ocasión de referirse también a los intereses de tipo económico:

> Todos nosotros tenemos problemas de carácter específico y, para decirlo claramente, los intereses de cada uno de nuestros pueblos privan sobre todos los de los demás. Pero también es cierto que para cualquier Estado de este Continente tiene una importancia vital el que los gobiernos americanos orienten su forma de actuar hacia la supresión de las barreras y de las limitaciones artificiales que dificultan el establecimiento de un saludable comercio entre los pueblos de las repúblicas americanas (Gantenbein, págs. 159 y ss.).

¿Buena vecindad? ¿Significaba esto un cambio fundamental en las relaciones entre los Estados Unidos e Iberoamérica o una forma más sutil de intervencionismo? ¿Podía resolverse la contradicción, que también se podía detectar en el discurso de Roosvelt, entre el respeto hacia los Estados iberoamericanos y los intereses de los Estados Unidos? ¿Cuáles eran los motivos que habían conducido a formular una política de buena vecindad? Un análisis de éstos permitirá destacar de forma más nítida los perfiles de la misma.

La formulación en 1933 de una política de buena vecindad no fue en modo alguno una decisión momentánea y casual; se trató más bien de un proceso largo cuyas huellas se pueden detectar ya desde 1928, una evolución jalonada por diversos acontecimientos dirigida, en los años siguientes, a un aumento de la colaboración leal con los países iberoamericanos.

Ya el gobierno anterior (1929-1933), a instancias del presidente Hoover y del secretario de Estado Henry Stimson, había tratado de disminuir el evidente imperialismo americano y de ganarse la amistad de los países iberoamericanos atendiendo a justas quejas de éstos, quejas que, por lo demás, dañaban la imagen de los Estados Unidos tanto en el interior como en el exterior del país, pues las intervenciones militares contradecían el derecho a la autodeterminación predicado por el presidente Wilson. A este fin se tomaron diferentes medidas. La principal consistió en la publicación de un documento en el que se decía que la Doctrina Monroe iba dirigida contra Europa y no contra Iberoamérica. Este documento, conocido con el nombre de Memorándum sobre la Doctrina Monroe, había sido elaborado por el subsecretario del Departamento de Estado, J. Reuben Clark, en diciembre de 1928, pero no fue hecho público hasta 1930. Dicha afirmación equivalía a un rechazo explícito del Corolario Roosvelt relativo al derecho de los Estados Unidos a intervenir en Iberoamérica. Otros políticos habían señalado también la incompatibilidad de la Doctrina Monroe con el derecho a la intervención. Por ejemplo, Sumner Welles, más tarde subsecretario en el Departamento de Estado con el gobierno de F. D. Roosvelt y «coinspirador» de la política de buena vecindad, que escribió un libro sobre Santo

Domingo con el significativo título de *La Viña de Naboth. La República Dominicana durante los años 1844-1924 (Naboth's Vineyard. The Dominican Republic, 1844-1924,* Nueva York, 1928). En 1928, el propio Franklin D. Roosvelt había escrito en la conocida revista *Foreign Affairs* que los Estados Unidos tenían que dejar para siempre la práctica de intervenir de forma egoísta en los asuntos internos de sus vecinos. Sin embargo, este rechazo del intervencionismo no afectaba para nada a la idea panamericanista sustentada por los Estados Unidos o a la solidaridad entre todos los pueblos del Hemisferio Occidental. Dicho país siguió predicando ambas ideas. Otro gesto de buena voluntad por parte de los Estados Unidos fue el de abandonar la política de «no reconocimiento» por la que era posible «bendecir» la fortaleza y el carácter fáctico de un gobierno iberoamericano y no su existencia «legal». La política de «no reconocimiento» de Wilson, basada en reconocer *de jure* sólo a aquellos gobiernos que hubiesen llegado al poder por métodos democráticos, fue vista como una forma de intervención y de injerencia en los asuntos internos de los países iberoamericanos. Otra medida importante fue la retirada de los marines de Nicaragua a partir del año 1929; los últimos soldados presentes en dicho país se marcharon el 2 de enero de 1933 a bordo de un barco americano. Posteriormente, también se hicieron preparativos para la retirada de las tropas estacionadas en Haití. Por último, tuvo un significado especial el cambio que se operó en la forma de actuar de los Estados Unidos en relación con sus intereses económicos en el extranjero. A los inversores americanos se les indicó que en el caso de que tuviesen alguna reclamación que hacer agotaran en primer lugar los medios legales que ponían a su disposición los Estados iberoamericanos, antes de solicitar protección de carácter diplomático o militar. Los Estados Unidos renunciaron también a exigir por métodos violentos el pago de las deudas contraídas por los países iberoamericanos con ciudadanos de ese país.

Hay que reconocer que, aunque detrás de tales medidas se escondían intereses económicos, algunos políticos americanos eran conscientes del carácter injusto de la política iberoamericana de los Estados Unidos, no sólo en lo concerniente a las intervenciones, sino también respecto a las inversiones. Sumner Wells había condenado la política que los norteamericanos habían llevado a cabo en la República Dominicana. Otro ejemplo elocuente se encuentra en una declaración realizada, el 15 de marzo de 1932, por el senador californiano Hiram Johnson acerca de la expansión económica norteamericana en Iberoamérica. Johnson llegaba a la siguiente conclusión: «A los bancos de ámbito internacional no les ha importado nada sostener con sus empréstitos a dictadores en el poder y colaborar en la supresión de los derechos de los ciudadanos iberoamericanos. De hecho, en algunos casos, han contribuido incluso a borrar la libertad... Los préstamos han afluido hacia los Estados iberoamericanos para sostener a dictadores que se burlaban de la libertad y de los derechos civiles. En ocasiones, dichos préstamos se han dado a cambio de concesiones con las que se esperaba obtener pingües beneficios» (Williams, 2, pág. 716).

Entre las razones más importantes que llevaron a formular una política de buena vecindad se encuentra sin duda alguna el hecho de que las intervenciones militares, a la larga, se habían vuelto demasiado caras. Aunque los Estados Unidos se habían esforzado por mantener lo más bajo posible el nivel de gastos requerido por sus intervenciones en Iberoamérica y el mantenimiento de su situación privilegiada en dicha zona, la utilización del material de guerra y de soldados no era barata. A modo de ejemplo podemos decir que tan sólo las intervenciones militares en Nicaragua realizadas entre mayo de 1927 y abril de 1928 costaron 3 millones y medio de dólares.

Por otra parte, los efectos de la crisis económica, empezando por el hundimiento bursátil del 25 de octubre de 1929, exigían una serie de soluciones a las que sólo se podía llegar contando con una mayor colaboración por parte de los Estados iberoamericanos. Aunque dicha crisis había trastornado por completo el funcionamiento del mercado mundial, un mercado que antes de la misma se había mantenido hasta cierto punto abierto a todas las naciones, muchos países, la mayoría, habían tratado, mediante un proteccionismo riguroso, de sanear sus balanzas de pagos, limitando, por una parte, la salida de dinero, esto es, limitando las importaciones y, por otra, tratando de exportar lo más posible. A este fin se arbitraron medidas concretas, como fueron, por ejemplo, la reducción e incluso la prohibición de realizar importaciones, el control de divisas, el establecimiento de monopolios comerciales estatales y la puesta en práctica de medidas de carácter arancelario. En esta guerra comercial, que paralizó el libre comercio existente hasta entonces, participaron tanto los países europeos como los Estados Unidos e Iberoamérica. En los Estados Unidos, en virtud de la ley Smoot-Hawley, promulgada el 17 de junio de 1930, los aranceles para las materias primas de carácter agrícola subieron de un 38 por 100 a un 49 por 100, y las de otros productos del 31 por 100 al 34 por 100. Dicha ley protegía los intereses norteamericanos en los sectores textil y azucarero a expensas sobre todo de Iberoamérica. Posteriormente, el Congreso también amplió la protección a las materias primas y a los productos manufacturados de todo tipo. Con estas medidas los Estados Unidos trataban de paliar los efectos del descenso paulatino y generalizado del comercio mundial. En 1929, las exportaciones e importaciones de dicho país alcanzaron un valor de 10.000 millones de dólares aproximadamente y desde ese año hasta 1933 las mismas disminuyeron hasta la cuarta parte, es decir, a 2.000 millones y medio de dólares. En 1929, las exportaciones norteamericanas habían ascendido, aproximadamente, a 5.000 mil millones de dólares, mientras que en 1933 representaron tan sólo un valor de 1.700 millones. Este descenso de un 68 por 100 afectó de manera especial a algunos sectores de la economía. La exportación de automóviles descendió de 540 millones de dólares en 1929 a 90 millones en 1933; la exportación de cobre bajó en 183 millones de dólares a 25 millones de dólares; las de trigo y harina, de 192 millones a apenas 19 millones. Estas cifras representaban un descenso en las exportaciones de un 90 por 100, que perjudicaba de manera especial a aquellos empresarios a los que se había tratado de proteger con la nueva política arancelaria, esto es, a los empresarios del sector agrícola. Naturalmente, la disminución del comercio mundial influyó de forma negativa sobre la situación social del país al aumentar la cifra de desempleados. De producirse una segunda crisis, el hambre y el paro amenazaban a los 10 millones de norteamericanos que trabajaban en el sector de la exportación. Entre 1929 y 1933, los ingresos de los granjeros disminuyeron en un 58 por 100 y los sueldos de los trabajadores de la industria en un 53 por 100.

En lo que se refiere al comercio con Iberoamérica, los Estados Unidos, después de la crisis, sufrieron grandes pérdidas como consecuencia de las medidas proteccionistas de los países de aquella zona. En 1929, los Estados Unidos habían importado de Sudamérica materias primas y, en menor cantidad, productos manufacturados por un valor de 1.000 millones de dólares aproximadamente, y habían exportado productos industriales por un valor semejante. Cuatro años después, las importaciones procedentes de Iberoamérica descendieron a 212 millones de dólares, lo que trajo como consecuencia que los países iberoamericanos comprasen productos a los Estados Unidos por un valor de 291 millones de dólares tan sólo.

Por su parte, también los Estados iberoamericanos habían tratado de paliar los efectos de la crisis económica con ayuda de una política proteccionista. Sus balanzas de pago se habían visto afectadas en mayor medida aún, debido a que la contracción de la demanda había hecho disminuir los precios de las materias primas y de los productos agrícolas y ganaderos. Como consecuencia de esto, el comercio exterior, en su conjunto, había disminuido también. Algunos Estados, como por ejemplo Argentina, Brasil, México, Chile y Colombia, reaccionaron ante la crisis revisando o modificando la política económica que habían llevado a cabo hasta ese momento. En lugar de orientar la misma hacia la exportación y hacia la integración en el mercado internacional, se dio una mayor prioridad al establecimiento o al desarrollo de una industria nacional, que, por lo demás, ya existía desde finales del siglo XIX, en el sector de bienes de consumo de forma parcial y embrionaria. Con el proceso de industrialización en marcha (con el propósito de sustituir las importaciones) y la consiguiente ampliación del mercado interno, en dichos Estados se inició el llamado «desarrollo hacia dentro» con el que se quería reemplazar el «desarrollo hacia fuera» que había tenido lugar hasta entonces.

A pesar de las diferencias sociales y económicas existentes entre los Estados iberoamericanos y del diferente grado de intensidad de la industrialización, es posible detectar rasgos comunes en la forma de reaccionar ante la crisis y en las medidas tomadas para el fomento del sector industrial. Entre éstas se cuentan una política proteccionista, el control del comercio exterior, la limitación de las importaciones, el establecimiento de nuevas alianzas y coaliciones y, debido a la falta de un fuerte empresariado en el sector industrial, una enérgica intervención del Estado en la economía. Estas medidas influyeron sobre la política interior de los diferentes países, produciéndose una vuelta al centralismo autoritario, esto es, una vuelta a regímenes de carácter autoritario o dictatorial, basados, entre otras cosas, en un creciente nacionalismo; ese fue el caso, por ejemplo, de Getulio Vargas en Brasil (1930). Las medidas citadas influyeron también sobre la política exterior, dado que los Estados iberoamericanos, en especial los más importantes, como Argentina, Brasil, Chile y México, trataron de disminuir su dependencia de los Estados Unidos y de diversificar sus relaciones comerciales y políticas.

En este intento dichos Estados no sólo recibieron la ayuda de la Gran Bretaña, el tradicional competidor de los Estados Unidos, sino también, de forma creciente, la de Alemania, tanto durante la época en la que aún existía el Imperio Alemán, como después con la República de Weimar (a partir de 1929) y con el Tercer Reich (a partir de 1933). Este último régimen importó de Iberoamérica sobre todo aquellas materias primas que necesitaba para alimentar su maquinaria de guerra a cambio de exportar aquellos productos que requerían los países iberoamericanos. Dicho intercambio se realizó bajo la forma de comercio de canje, es decir, sin necesidad de recurrir al tráfico de divisas.

En cierto sentido, el nuevo rumbo tomado por las relaciones económicas fortaleció a los Estados iberoamericanos e hizo que fuesen más conscientes de su propio valor. Esta circunstancia provocó el que los Estados Unidos se diesen cuenta de que tenían que ganarse su confianza, antes de que éstos se apartaran de ellos o se volvieran en su contra.

Ya 1928, en la Sexta Conferencia Panamericana celebrada en La Habana, se había manifestado de forma clara una mayor conciencia de los países iberoamericanos al exigir éstos a los Estados Unidos, aunque sin éxito ciertamente, el que se adhirieran a una política de no intervención. Dicho país se siguió reservando el derecho a intervenir, y para ello trató de sustituir el término *to intervene* (intervenir) por el más inocente de *to interpose* (interponerse). En vista de la nueva situación, los Estados Unidos se vieron en la necesidad de cambiar de actitud, antes de que los países iberoamericanos se volvieran contra ellos y eventualmente estrechasen sus relaciones con las potencias del eje, esto es, con Alemania e Italia, países cuya existencia, ideología expansionista y relaciones comerciales eran sentidas por aquéllos como una amenaza para sí mismos y para todo el continente. Además, el hecho de que el NSDAP (Partido Nacional Socialista Obrero Alemán) y la AO (la organización que se ocupaba de los asuntos externos de dicho partido) pudiesen hacer sentir su influencia a través de la emigracióna alemana en Iberoamérica (presente sobre todo en Argentina, Chile y Brasil) y, más tarde, a través de las relaciones comerciales, alimentaba los justos temores de los Estados Unidos.

En cierto sentido, los Estados Unidos (o, mejor dicho, el gobierno de Roosvelt), al formular una política de buena vecindad, hicieron de una necesidad coyuntural una virtud. El que Cordell Hull, a la sazón secretario de Estado, fuese un celoso defensor de la liberación del comercio internacional, no fue seguramente una casualidad. Éste, con posterioridad, habría de desempeñar un papel decisivo en la puesta en práctica de dicha política.

Pero hay que reconocer que, junto a los intereses estratégicos o económicos, existía también el ideal de una gran América y de una creciente solidaridad en el continente americano. Un solo ejemplo bastará para ilustrar lo que queremos decir. En 1932, durante la reunión celebrada en Toronto por la American Historical Association, el presidente de la misma, Herbert Eugene Bolton, con ocasión de una conferencia titulada «The Epic of Greater America», que tuvo un gran eco, abogó por un americanismo global fundamentado en una historia y en un destino común.

¿Cómo se desarrolló a partir de entonces la política de buena vecindad? ¿Existió en realidad una colaboración equitativa? ¿Se resolvió la contradicción entre la igualdad política y los intereses económicos?

2. La colaboración política y la defensa del continente

En 1933, los Estados Unidos reconocieron, por fin, los principios de igualdad entre Estados, de integridad territorial y de no intervención en los asuntos, tanto externos como internos, de otro país. Rechazaron, asimismo, el uso de la fuerza en las relaciones internacionales. Las consecuencias de este cambio de actitud se pusieron de manifiesto durante los años siguientes. En el verano de 1934, los Estados Unidos pusieron fin a la ocupación militar de Haití, si bien no abandonaron el control de las finanzas de dicho Estado. La enmienda Platt, que había limitado la soberanía de Cuba, fue abolida el 29 de mayo de 1934, firmándose un nuevo acuerdo comercial con dicho país en términos de igualdad. En marzo de 1936, se llegó a un acuerdo con Panamá por el que se suprimía el derecho, sancionado en 1902, de los Estados Unidos a intervenir fuera de los límites de la zona del canal. En dicho acuerdo se fijaron también unas tarifas más elevadas por el arriendo del mismo. Por otra parte, los Estados Unidos aceptaron las reformas sociales y económicas llevadas a cabo por algunos países iberoamericanos sin intervenir de forma inmediata. Eso fue lo que ocurrió en 1935, cuando el gobierno mexicano aplicó, en toda su amplitud, el artículo 27 de la Constitución de 1917 y nacionalizó las riquezas naturales del país, en especial el petróleo, o cuando el presidente Lázaro Cárdenas confiscó, en marzo de 1938, las propiedades de las compañías petrolíferas americanas porque éstas no habían atendido las justas reclamaciones de carácter social de los trabajadores mexicanos, y también porque trataban de desestabilizar las finanzas del país valiéndose de la caída del dólar. A diferencia de lo que había ocurrido en otras ocasiones, el gobierno de los Estados Unidos hizo oídos sordos a las llamadas de ayuda de las compañías petrolíferas. Las diferencias entre los Estados Unidos y México se saldaron durante los años 1941 y 1942 mediante una indemnización del gobierno mexicano (29,13 millones de dólares aproximadamente) a las compañías afectadas. En términos generales, la actitud de los Estados Unidos hacia sus inversores en el extranjero cambió de forma notable, después de tantos años en los que las intervenciones militares habían seguido a las inversiones con el fin de proteger a éstas. Ya en 1935, Sumner Welles había declarado que el capital norteamericano presente en el extranjero habría de someterse, tanto desde un punto de vista teórico como práctico, a la autoridad del país en el que se encontrase invertido.

En el ámbito político, la nueva actitud de los Estados Unidos se puso de manifiesto de forma especial en diferentes conferencias panamericanas. En la Séptima Conferencia Panamericana, celebrada en Montevideo en diciembre de 1933, conferencia a la que asistió Cordell Hull, los Estados Unidos, tras años de esfuerzos inútiles y a raíz de los violentos ataques dirigidos por los países iberoamericanos, aceptaron por fin el principio de la no intervención. Dicho país se vio obligado, asimismo, a suscribir la declaración final votada de forma unánime. La aceptación por parte de los Estados Unidos del principio de la no intervención en los asuntos internos o externos de otro Estado (algo a lo que dicho país se había negado de forma rotunda hasta ese momento) hizo nacer el optimismo en Iberoamérica. No obstante, los Estados Unidos volvieron a las andadas en la guerra del Chaco (1932-1935) entre Paraguay y Bolivia.

Hasta 1925, el sistema interamericano tuvo que enfrentarse con problemas más o menos graves, pero no se suscitaron conflictos de intereses entre los Estados Unidos e Iberoamérica. Pero en cuanto empeoró la situación internacional como consecuencia del ascenso imparable del nacionalsocialismo y creció el peligro de una nueva guerra, que tanto los Estados Unidos como Iberoamérica querían evitar, se hubieron de superar diferencias de opinión más grandes, si bien esta vez de forma amistosa. A este fin, y por iniciativa de Roosevelt, se celebró en Buenos Aires, en diciembre de 1936, una conferencia internacional para preservar la paz en el continente. El objetivo de la misma consistía en estrechar las relaciones entre las dos partes de este frente a la amenaza procedente de Europa. A la conferencia asistió el propio Roosevelt, y éste, en un discurso pronunciado el 1 de diciembre en el que abogó por la solidaridad entre los países del Nuevo Mundo, dijo las siguientes palabras dirigiéndose a los representantes de éstos: «Somos conscientes de que se está llevando a cabo un rearme general de grandes dimensiones [...] Sabemos que inevitablemente llegará un día en que los Estados culpables de esta locura se verán precisados a emplear sus armas mortíferas contra sus vecinos con el fin de evitar que sus economías enfermas se vengan abajo como un castillo de naipes.» Según el presidente norteamericano, era necesario establecer un sistema de seguridad interamericano para enfrentarse a dicha amenaza.

> Decididos a vivir en paz —continuó diciendo Roosvelt—, afirmamos desde aquí, desde América, que todos unidos nos mantendremos firmes en nuestra decisión. Es necesario que aquellos que nos ataquen movidos por sus ambiciones de conquista y su locura bélica se encuentren con que todos los países del Continente están dispuestos a colaborar para la defensa de sus intereses y para la preservación de su seguridad. Repito una vez más lo que dije ante el Congreso y el Senado brasileños: cada uno de nosotros ha sentido la gloria de la independencia. Experimentemos ahora la gloria de la interdependencia.

En el mismo discurso, Roosvelt habló de la necesidad de defender la «democracia representativa», expresando su creencia de que esta forma de gobierno era el mejor instrumento para asegurar el desarrollo social, económico y cultural de los pueblos en el seno de un mundo justo y en paz. Esta referencia a la democracia tuvo su importancia, dado que, a partir de entonces y de conformidad con los acuerdos tomados en la conferencia de Buenos Aires, se prestó una gran atención a la defensa del sistema democrático contra el fascismo. Desde el principio de la misma, Roosvelt y Hull subrayaron la necesidad de establecer un sistema de defensa contra posibles ataques venidos desde el exterior. Hull llegó a proponer la formación, con carácter permanente, de una comisión consultiva interamericana. Argentina rechazó la propuesta argumentando que de esa forma América se pondría al margen de la Sociedad de Naciones y que como consecuencia de ello dicha organización se debilitaría. La política de neutralidad preconizada por los Estados Unidos también fue acogida con recelos. Al final, sin embargo, tras la ratificación una vez más, de forma unánime y sin reservas, del principio de no intervención, se firmó un pacto en el que se preveía la evacuación de consultas entre los diferentes Estados del continente en el caso de que uno cualquiera de ellos o todos sufriesen una amenaza exterior que hiciese peligrar la paz. Aunque nunca se llevó a la práctica el mecanismo de consulta propuesto, y los Estados Unidos renunciaron a la postre a su idea acerca del establecimiento de un pacto de defensa mutuo, el acuerdo al que se llegó en Buenos Aires constituyó el inicio de unas nuevas relaciones entre los Estados Unidos e Iberoamérica, pues en él se aceptaba por primera vez la posibilidad de una acción *conjunta* frente a una eventual amenaza exterior.

Dos años después, esta línea de «colaboración» se manifestó de forma aún más clara en la Octava Conferencia de Estados Americanos celebrada en Lima entre el 9 y el 27 de diciembre de 1938. En 1938, la guerra estaba a la vuelta de la esquina. Las víctimas del nacionalsocialismo aumentaban de día en día (anexión de Austria, ocupación de Checoslovaquia) y el Tratado de Munich aumentaba el peligro de que se produjese una guerra en lugar de aminorarlo. En Asia, China era víctima de la agresión japonesa. Como consecuencia de esta serie de acontecimientos, Roosvelt propuso a los Estados americanos la creación de una alianza defensiva contra las amenazas venidas del exterior.

Esta propuesta de los Estados Unidos suscitó los recelos y la reserva de los paí-

Canal de Panamá

ses iberoamericanos, en especial de Argentina, Chile y México. A pesar de que todos eran conscientes del creciente peligro representado por el nacionalsocialismo, los países iberoamericanos temían que un pacto defensivo con los Estados Unidos diese a éstos una base para inmiscuirse libremente y de forma constante en sus asuntos internos. Una cosa así significaría la aceptación por su parte del yugo norteamericano. Argentina sobre todo, debido a sus estrechas relaciones con Alemania e Italia, mostró sus reservas y se negó a aprobar la propuesta. Los otros 20 Estados aprobaron una declaración en la que se afirmaba la solidaridad entre todos los Estados americanos y el propósito de defenderla. Se institucionalizó también, con carácter periódico, la celebración de consultas entre los ministros de Asuntos Exteriores. Pero, de forma simultánea y en vista de los recelos expresados por diferentes Estados, se afirmó el derecho de los gobiernos de las repúblicas americanas a obrar de forma independiente en ejercicio de su soberanía. En términos generales, la llamada Declaración de Lima confirmó una vez más el nuevo rumbo que habían tomado las relaciones entre los Estados Unidos e Iberoamérica: en la misma se admitía el carácter ilícito de la intervención de cualquier Estado en los asuntos internos o externos de otro, se reconocía la necesidad de arreglar todos los conflictos internacionales de forma pacífica y se expresaba el rechazo de la violencia como un instrumento de política exterior o interior.

La Conferencia de Lima también fue importante por otros motivos. En la misma se puso de manifiesto la preocupación de los Estados Unidos por el inminente estallido de una guerra y la confianza de éstos de que, en el caso de que se produjese un conflicto de tal naturaleza o, mejor dicho, una agresión al continente, podrían contar con la ayuda de los países iberoamericanos. Aunque la Doctrina Monroe, una vez más, se encontraba en la base de dicha actitud, se había producido un cambio decisivo en lo concerniente a los actores implicados: esta vez se tomaba en cuenta a los iberoamericanos. Como dijo Sumner Welles de forma certera: «Lo que ha sucedido no ha sido tanto un cambio de política como un cambio en el acento de ésta. Hoy en día el acento se pone en la acción común y no en la acción de un solo país.»

La intención de defenderse de forma conjunta habría de hacerse realidad más tarde. Apenas iniciada la guerra con la invasión alemana de Polonia en septiembre de 1939, se celebró la primera reunión consultiva de ministros de Asuntos Exteriores el 23 de septiembre de 1939 en Panamá. El estallido de la guerra dio ocasión para que la misma tuviese lugar. Los ministros de Asuntos Exteriores de los diferentes países americanos, junto a declaraciones de tipo general relativas a la colaboración económica, la neutralidad y el mantenimiento de la paz, tomaron una decisión concreta al aceptar por unanimidad la propuesta del subsecretario de Estado Sumner Welles de declarar zona de seguridad una franja de 300 millas a lo largo de las costas del continente americano. Diez meses después, el 21 de julio de 1940 concretamente, una vez que las tropas alemanas habían invadido los Países Bajos, Bélgica y Luxemburgo y se habían apoderado de una gran parte de Francia, se celebró en La Habana la segunda reunión consultiva de ministros de Asuntos Exteriores. En la misma se aprobó una declaración en la que se decía que el ataque de un Estado extracontinental contra la integridad o inviolabilidad territorial de un Estado americano o contra su soberanía e independencia política sería considerado por los países firmantes como un ataque a todos ellos. Los Estados signatarios decidirían de forma conjunta las medidas que habrían de tomarse si se produjese dicha circunstancia. Además, en dicha reunión, los países iberoamericanos ratificaron un viejo principio contenido en la Doctrina Monroe por el que se prohibía la enajenación de una zona cualquiera del territorio americano en beneficio de un Estado europeo.

En un primer momento los países iberoamericanos se limitaron a aprobar declaraciones de ayuda mutua, pues temían que la firma de un pacto formal de carácter defensivo pudiera poner en peligro su seguridad y soberanía. El miedo a que los norteamericanos pudiesen regir sus destinos retuvo a dichos países de dar pasos de una mayor trascendencia. Así, a los Estados Unidos sólo se les permitió la utilización de bases militares radicadas en suelo iberoamericano, ya fuesen de carácter naval o terrestre, con la condición de que el personal estadounidense presente en las mismas estuviese compuesto nada más que por civiles o técnicos sin armas. Incluso en la tercera reunión consultiva celebrada por las repúblicas americanas el 15 de enero de 1942 en Río de Janeiro, una vez que los Estados Unidos habían entrado en la guerra, el 7 de diciembre de 1941, tras el ataque japonés a Pearl Harbour y después de que, el 12 de diciembre de ese mismo año, nueve Estados caribeños y centroamericanos (Costa Rica, Cuba, la República Dominicana, Guatemala, Haití, Honduras, Nicaragua, Panamá y el Salvador) habían declarado la guerra al Japón y a las potencias del Eje en solidaridad con los Estados Unidos, y de que México, Colombia y Venezuela habían roto sus relaciones diplomáticas con dichas potencias, el resto de los Estados iberoamericanos, en especial Chile y Argentina, se pusieron de parte de los Estados Unidos con grandes reservas. Así y todo, los ministros de Asuntos Exteriores recomendaron la ruptura de relaciones con Alemania, Italia y el Japón, recomendación que cumplieron todos los Estados, incluidos Chile y Argentina. Sin embargo, las declaraciones de guerra por parte de los países iberoamericanos tardaron en producirse: México y Brasil lo hicieron en mayo y agosto de 1942, Bolivia y Colombia en 1943, Chile no rompió sus relaciones diplomáticas con las potencias del Eje hasta 1943 y Argentina sólo lo hizo a partir de 1944. Tuvo que llegar el año 1945 para que todos los Estados iberoamericanos hubiesen declarado la guerra a las potencias del Eje.

En dicha reunión se tomó la importante decisión de crear un Comité de Defensa Mutua (Inter-American Defense Board) que celebró su primera reunión el 30 de marzo de 1942 en Washington. Como consecuencia de la formación de este comité, el equipamiento de los ejércitos de los países iberoamericanos pasó a depender con más fuerza de los Estados Unidos. Hasta ese momento, dichos países habían recurrido casi siempre a Europa para el entrenamiento y equipamiento de sus fuerzas armadas. En 1945, dicho comité, creado en un principio para cumplir unos objetivos defensivos de carácter urgente, se convirtió en una organización estable. Además de los esfuerzos dirigidos para lograr la solidaridad entre todos los países del continente y una defensa común de éste, los Estados Unidos, tras su entrada en la guerra, establecieron acuerdos bilaterales de defensa con diferentes países de Iberoamérica. Esto les facilitó el poder construir bases en dichos países y el aumentar su presencia militar. La situación histórico-política creada a raíz del año 1933 o, mejor aún, a partir de 1939, trajo consigo el que los estados iberoamericanos fuesen tratados en pie de igualdad y, en ocasiones, hasta con mimo. Sin embargo, no se debe pasar por alto que la guerra fortaleció los intereses norteamericanos en Iberoamérica y al mismo tiempo vinculó a esta zona, de forma más estrecha, a los Estados Unidos. En el campo económico acaeció un proceso semejante.

3. COMERCIO ENTRE «SOCIOS» DESIGUALES

Con el fin de superar la depresión económica continuada de los Estados Unidos producida a consecuencia de la contracción de los mercados mundiales y de la aplicación de políticas comerciales proteccionistas —cosa a la que, por lo demás, los propios Estados Unidos habían contribuido con la Ley Haley-Smoot—, la economía norteamericana necesitaba mercados en el exterior. Al igual de lo que había venido ocurriendo desde finales del siglo XIX, el interés de los Estados Unidos se dirigió hacia el mercado mundial, pero de manera especial también hacia el mercado iberoamericano, como lugar propicio donde colocar sus productos agrícolas (productos lácteos, etc...) y sus productos industriales (automóviles, maquinaria agrícola, etc...). Una recuperación de las exportaciones presuponía, sin embargo, la eliminación de las restricciones de carácter comercial vigentes tanto en los países iberoamericanos como en los propios Estados Unidos.

Los esfuerzos del gobierno Roosvelt, y en especial del secretario de Estado Cordell Hull, por abrir el mercado iberoamericano a los productos estadounidenses y por restablecer el libre comercio tanto entre las repúblicas iberoamericanas como entre éstas y los Estados Unidos, no tuvieron éxito alguno. De la Séptima Conferencia Interamericana celebrada en Montevideo en diciembre de 1933 salió tan sólo la recomendación de disminuir los aranceles aduaneros existentes mediante la conclusión de tratados comerciales de carácter bilateral y multilateral. De esta forma los Estados Unidos, con el fin de lograr la apertura de los diferentes mercados, se vieron obligados a negociar acuerdos por separado con cada uno de los países iberoamericanos.

A este respecto, la actuación de los Estados Unidos se fundamentó en el Reciprocal Trade Agreement Program (Programa de Acuerdos Comerciales), el cual, pese a la oposición de los proteccionistas, entró en vigor el 12 de junio de 1934 junto a la Trade Agreement Act (Ley de Acuerdos Comerciales). En dicha ley se autorizaba a los presidentes norteamericanos, sin necesidad de recabar la aprobación del Congreso, a firmar acuerdos comerciales con otros Estados, siempre y cuando la reducción de aranceles contemplados en éstos no superase el 50 por 100 del valor estipulado por la Ley Smoot-Hawley y de que la otra parte, naturalmente, hiciese también concesiones. El carácter de reciprocidad de los acuerdos comerciales firmados en aquella época podría llevar a pensar que era cierto lo dicho por Sumner Welles cuando afirmó que el programa citado facilitaba la puesta en práctica de una política de buena vecindad. De hecho, el comercio exterior de cada uno de los países que firmaron acuerdos comerciales con los Estados Unidos experimentó un aumento como consecuencia de la disminución de los aranceles aplicados a los productos agrícolas. Lógicamente, los países iberoamericanos estaban interesados en aumentar su comercio exterior. Desde un punto de vista cuantitativo, Iberoamérica mejoró su posición en el mercado norteamericano. A este respecto podemos decir que entre los años 1935 y 1938 las exportaciones de los Estados Unidos hacia Iberoamérica crecieron de un 16,5 por 100 a un 18,2 por 100, mientras que las importaciones de este país procedentes de esa región aumentaron de un 23,6 por 100 a un 24,8 por 100. Por otro lado, las importaciones de Iberoamérica procedentes de los Estados Unidos pasaron, en el mismo periodo de tiempo, de un 32,2 por 100 a un 35,1 por 100, mientras que las exportaciones de Iberoamérica hacia los Estados Unidos crecieron de un 32,9 por 100 a un 33,1 por 100. (Todos los porcentajes, naturalmente, se refieren al total del comercio exterior de las partes implicadas.)

No obstante, si se mira con más atención los productos que constituían el grueso de las exportaciones y de las importaciones entre Iberoamérica y los Estados Unidos, se llega a la conclusión de que los acuerdos comerciales de carácter recíproco —término este con el que se quería aludir a la «igualdad» de las partes contratantes— beneficiaron más a este país que a sus vecinos iberoamericanos. Además, las estructuras económicas de éstos se vieron viciadas al quedar bloqueado el desarrollo de una industria nacional. Pues, mientras que las concesiones de los Estados Unidos en materia de aranceles afectaban sobre todo a aquellos productos agrícolas que no competían con los del país (productos tropicales como el café, el cacao, el azúcar y los plátanos) y a materias primas tales como el petróleo, el cobre, el cinc, los nitratos, etc., ellos, a cambio, recibían concesiones del mismo tipo para sus productos manufacturados (automóviles, máquinas, motores eléctricos, frigoríficos, aparatos de radio, etc.) e incluso para algunos de sus productos del sector primario como los cereales, la harina, el pescado, las conservas de frutas, etc...

El primero de estos acuerdos de carácter recíproco fue el que se firmó con Cuba el 24 de agosto de 1934. En virtud del mismo, los Estados Unidos concedían a ese Estado una reducción de un 20 por 100 en sus aranceles aduaneros para productos como el azúcar y el tabaco. En contrapartida, el país caribeño —país que había recuperado su soberanía política con la supresión de la enmienda Platt, pero que aún era débil— disminuía sus aranceles entre un 20 y un 40 por 100 en beneficio de los productos norteamericanos. Esto provocó una expansión comercial hacia Cuba de enormes proporciones, que —como ya se ha dicho anteriormente y como admitieron varios políticos norteamericanos, entre ellos Sumner Welles— se llevó a cabo a costa de la industria cubana o, por mejor decir, de la industrialización del país. Posteriormente, los Estados Unidos suscribieron acuerdos de la misma naturaleza con Brasil (febrero de 1935), con Haití (marzo de 1935), con Colombia (septiembre de 1935), con Honduras (diciembre de 1935), con Nicaragua (marzo de 1936), con Guatemala (abril de 1936), con Costa Rica (noviembre de 1939), con El Salvador (febrero de 1937), con Ecuador (agosto de 1938), con Venezuela (noviembre de 1939), con Argentina (octubre de 1941), con Perú (mayo de 1942), con Uruguay (julio de 1942) y, por último, con México (diciembre de 1942).

En la consecución de sus intereses económicos, los Estados Unidos, haciendo valer su supremacía industrial a la hora de redactar los acuerdos comerciales, crearon una red comercial fuera de sus fronteras que contribuyó a aumentar aún más la dependencia económica de los Estados iberoamericanos. Dicho aumento se produjo por dos caminos. Por una parte éstos se vieron obligados a concentrar sus esfuerzos en la producción y exportación del producto tradicional de cada uno de ellos, cosa que, para algunos Estados, constituía un peligro, dado que en ocasiones dicho producto significaba el 50 por 100 del total de sus exportaciones (véase el cuadro adjunto).

DEPENDENCIA DE LOS PRODUCTOS TRADICIONALES

País	Producto	Porcentaje respecto al total de las exportaciones
El Salvador	Café	89,2
Venezuela	Petróleo crudo	89,0
Honduras	Plátanos	82,3
Panamá	Plátanos	73,6
Cuba	Azúcar	72,7
Bolivia	Cinc	71,4
Guatemala	Café	70,2
Haití	Café	62,1
República Dominicana	Azúcar	59,8
Colombia	Café	58,4
Costa Rica	Café	57,5

Fuente: Richard F. Behrendt, *Inter-American Economic Relations. Problems and Prospects,* Nueva York, 1948.

Por otra parte, la masiva importación de productos manufacturados procedentes de los Estados Unidos, a los que los países iberoamericanos se habían visto forzados a otorgar concesiones arancelarias, dificultó el desarrollo de una industria iberoamericana autóctona. Los empresarios iberoamericanos no estaban en condiciones de competir con los métodos utilizados por sus homónimos estadounidenses. De esta forma la economía de estos países quedó vinculada a la norteamericana en un grado desconocido hasta entonces, pasando a depender de las decisiones tomadas en Washington o en Wall Street.

Con la entrada en vigor, dentro del marco de una política de buena vecindad, de los acuerdos comerciales de carácter recíproco, los Estados Unidos dejaron de intervenir en Iberoamérica de forma directa. Sin embargo, la naturaleza de las relaciones nacidas al amparo de los mismos y el fortalecimiento de las estructuras económicas resultante de éstas, significó en el fondo una intervención indirecta y, en definitiva, un perjuicio para la economía iberoamericana. Las relaciones y las estructuras económicas siguieron siendo, después de los acuerdos, las mismas de antes, esto es, las correspondientes a «socios» desiguales: por un lado estaba el exportador de productos manufacturados y por el otro los proveedores de materias primas. Eso es lo que se desprende de la comparación entre los bienes intercambiados entre Iberoamérica y los Estados Unidos (véase el cuadro siguiente).

ESTRUCTURA DE LAS RELACIONES COMERCIALES ENTRE LOS ESTADOS UNIDOS
E IBEROAMÉRICA (1939)

a) *Productos*

Productos más importantes importados por los
Estados Unidos de Iberoamérica
(en millones de dólares)

Café	136,1
Azúcar	75
Cobre	30
Plátanos	28,8
Petróleo	23,3
Pieles y curtidos	19
Semillas de lino	18,3
Lana	17,1
Cacao	13,2
Nitratos	11,4

Productos más importantes exportados por los
Estados Unidos a Iberoamérica
(en millones de dólares)

Coches	69,9
Productos férreos y aceros	61,6
Máquinas	56,3
Textiles	41,8
Productos químicos	39,2
Arroz, harina	34,5
Máquinas eléctricas	34,1
Petróleo crudo y refinado	28,5

Factoría para la elaboración de azúcar de caña, República Dominicana

b) *Tipos de mercancías*

Tipo de mercancías	Importaciones de los Estados Unidos de Iberoamérica	Exportaciones de los Estados Unidos a Iberoamérica
Materias primas	36,2%	2,8%
Productos agrícolas y sin refinar	43,9%	0,8%
Productos alimenticios	4,5%	3,4%
Productos semiacabados	14,5%	16,1%
Productos acabados	0,9%	76,9%

Fuente: Richard F. Behrendt, *Inter-American Relations, op. cit.*

La consideración de los Estados iberoamericanos como socios políticos de pleno derecho no significó el que los Estados Unidos abandonaran sus intereses económicos, que siguieron conservando la misma importancia que antes.

La fundación, en 1934, del Export-Import Bank (Exim Bank) sirvió, asimismo, a la expansión del comercio norteamericano. En un principio no estaba previsto que Iberoamérica fuese la principal beneficiaria de los créditos de dicho banco. Sin embargo, con el estallido de la Segunda Guerra Mundial y como una medida más para la defensa del continente, sus actividades se orientaron, a una escala cada vez mayor, hacia el fortalecimiento de las economías iberoamericanas. En septiembre de 1940, Roosvelt concluyó la mejora de la estructura y la capacidad del Export-Import Bank. Al obrar así, el presidente no buscaba tan sólo un aumento puntual del volumen de los créditos de 200 millones de dólares a 700 millones de dólares, sino también el fomento de la explotación de recursos, de la estabilización de las economías y de la comercialización de los productos norteamericanos en todo el continente, el financiamiento de programas económicos, y la entrega a los países iberoamericanos de créditos para sus importaciones. De esta forma el banco se convirtió en una institución crediticia de carácter oficial puesta al servicio de la política exterior y de defensa de los Estados Unidos. Desde julio de 1940 hasta junio de 1945, los Estados iberoamericanos recibieron créditos por un valor de 170 millones de dólares y, además, 423 millones de dólares a fondo perdido. En parte, dichos Estados utilizaron estas cantidades de dinero en la compra del material militar americano dentro del marco de los esfuerzos conjuntos de carácter defensivo.

La guerra provocó un fortalecimiento e incluso un aumento de los intereses estadounidenses en Iberoamérica. Según los norteamericanos, era lógico que su país se esforzase en ayudar a los Estados iberoamericanos en el descubrimiento y explotación de sus recursos, en especial de las materias primas de interés militar, y también de que tratara de establecer una especie de comunidad económica o, por mejor decir, de vincular la economía iberoamericana —por razones de seguridad— a la de los Estados Unidos. En 1940, Nelson Rockfeller articuló todos esos puntos, de forma categórica, en un memorándum titulado *La política económica en el Hemisferio Occidental (Hemispheric Economic Policy)*. En su opinión, los Estados Unidos, si querían mantener su posición política y económica en dicho hemisferio, debían tomar urgentemente medidas de carácter económico y afianzar el bienestar de los países de América Central y de Sudamérica. Dicho bienestar debería conseguirse en el marco de una política de cooperación e interdependencia. A este fin se creó, en 1940, un nuevo organismo para la salvaguardia de los intereses económicos estadounidenses en el continente, que recibió el nombe de Office of the Coordinator of Inter-American Affairs (OIAA) (Oficina del Coordinador de los Asuntos Inter-Americanos) y que estuvo la mayor parte del tiempo bajo las órdenes de Nelson A. Rockfeller. En marzo de 1942 se creó otro organismo dependiente del anterior: el Institute of Inter-American Affairs (IIAA) (Instituto de Asuntos Inter-Americanos), cuyo objetivo era el de proporcionar ayuda técnica a los países iberoamericanos y el de fomentar el desarrollo de la sanidad pública en los mismos.

Durante los años que duró la guerra se produjo una cooperación económica real entre los Estados Unidos e Iberoamérica y nació, asimismo, una interdependencia de la misma naturaleza entre las dos partes. Los Estados Unidos necesitaban importar materias primas de interés bélico, como por ejemplo manganeso, cobre, cinc y wolframio. Sin embargo, en esa interdependencia, los países iberoamericanos se llevaron la peor parte, ya que, en el sector industrial, se concentraron en la producción de dichas materias y en el sector agrícola se vieron obligados a producir semillas oleaginosas en lugar de productos alimenticios. Esto interrumpió el proceso de diversificación económica, al mismo tiempo que aumentó la dependencia de dichos países respecto de los Estados Unidos. En 1945, el comercio de Iberoamérica con los Estados Unidos representó la mitad del total de su comercio exterior, mientras que antes de la guerra había significado tan sólo una tercera parte.

El periodo comprendido entre los años 1933 y 1945, en el que las relaciones entre los Estados Unidos e Iberoamérica se vieron determinadas por la crisis económica y los efectos de la guerra, se puede caracterizar resumidamente de la forma siguiente. Hasta el final de los años 30 la relación entre las dos partes, en gran medida, asumió un carácter económico y político, si bien eran los intereses económicos los que primaban. La amenaza del nacionalsocialismo introdujo un elemento nuevo. De pronto la defensa adquirió la máxima prioridad, y a partir de ese momento, los objetivos esenciales de la política de los Estados Unidos con respecto a Iberoamérica consistieron en conjurar la amenaza del peligro nazi, en explotar el potencial de Iberoamérica con fines defensivos, en contar con el beneplácito de los países iberoamericanos hacia su política y en asegurarse un acceso a las fuentes de materias primas existentes en los mismos.

El ejercicio de una política de buena vecindad exigía el reconocimiento de la igualdad de los países iberoamericanos con los Estados Unidos, y eso fue lo que sucedió en la realidad. Las circunstancias externas surgidas antes de estallar la guerra dieron un peso mayor a dichos países en sus relaciones con su vecino del norte. Desde este punto de vista se puede decir que existió una igualdad entre ambas partes. No obstante, esas mismas circunstancias condujeron, en el orden defensivo, a una vinculación aún mayor de los países iberoamericanos con los Estados Unidos y, en el orden económico, a la perduración del enviciamiento de las economías de dichos países, dado que las mismas, como consecuencia de los intereses económicos de los Estados Unidos y de las condiciones inherentes a una economía de guerra, se vieron orientadas a la exportación de materias primas y a la importación de productos manufacturados. La cooperación política y económica entre ambas partes condujo, por lo tanto, a una dependencia aún mayor del socio más débil. El rasgo característico y el objetivo principal de la política de buena vecindad, tal como había sido formulada en 1933, consistía en la no intervención. Los Estados Unidos llevaron a la práctica dicho objetivo con el fin de disipar el temor de los iberoamericanos a que se produjesen injerencias en sus asuntos internos; al final de la Segunda Guerra Mundial, la intervención, ya fuese política o militar, de los Estados Unidos en Iberoamérica pasó a ser un tema secundario. Sin embargo, la política de buena vecindad tuvo también una vertiente económica. Los objetivos principales de las actividades del Export-Import Bank y de las medidas contempladas en el Programa de Acuerdos Comerciales habían consistido en suprimir los efectos negativos de la crisis económica sobre el comercio norteamericano, en explotar los mercados extranjeros en beneficio de los productos estadounidenses y en ampliar el comercio exterior de los Estados Unidos. Aunque indirectamente Iberoamérica se benefició también, al menos en lo concerniente al aumento de su comercio exterior, de la puesta en práctica de dicho programa, lo cierto es que los intereses económicos norteamericanos fueron un obstáculo a la hora de hacer realidad las laudables intenciones contenidas en la política de buena vecindad. Dicha política no fue capaz de superar la contradicción existente entre la defensa de los intereses norteamericanos y la aceptación de los países iberoamericanos como socios políticos de pleno derecho.

IV. INTERVENCIÓN Y ANTICOMUNISMO (DESDE 1945 HASTA NUESTROS DÍAS)

1. La OEA y la Alianza para el Progreso como instrumentos de intervención

En 1945, al finalizar la Segunda Guerra Mundial, los Estados Unidos habían alcanzado una nueva posición en el mundo. A partir de ese momento pasaron a ser la principal potencia de Occidente en los conflictos Este-Oeste, conflictos que, poco tiempo después, se habrían de convertir en una lucha abierta por la supremacía mundial entre dos sistemas políticos de distinto signo (la llamada guerra fría). Los Estados Unidos se creyeron en la obligación de defender contra el comunismo valores tales como la democracia, el capitalismo y la economía de mercado, los cuales, según ellos, eran superiores a los sustentados por dicha ideología. Ésta, en su opinión, se hallaba en plena expansión bajo el liderazgo de la Unión Soviética. Los Estados Unidos se fijaron como fin de su política la contención del comunismo internacional dentro de las fronteras alcanzadas por éste hasta ese momento e incluso el repliegue del mismo. La misión civilizadora contenida en el Destino Manifiesto continuaba vigente.

Los Estados iberoamericanos, con los que los Estados Unidos, desde mediados de la década de los años 30, habían firmado acuerdos para la defensa del Hemisferio Occidental contra posibles amenazas (como, por ejemplo, la representada por el nacionalsocialismo), se vieron implicados también en las nuevas tensiones internacionales. Y no sólo porque siguieron suministrando a dicho país las materias primas que necesitaba (petróleo, cinc, plomo, etc.) y continuaron siendo un mercado para sus productos, sino también porque se vieron obligados a apoyarlo en su lucha contra el comunismo.

Aunque los países iberoamericanos también se encontraban interesados en la defensa común del continente frente a agresiones venidas de fuera y en la construcción de una alianza de carácter interestatal que sirviera de mecanismo de protección contra intervenciones unilaterales, sus esfuerzos a este respecto, como los realizados, por ejemplo, durante la conferencia interamericana inaugurada en Chapultepec en febrero de 1945, habían resultado fallidos. Dichos esfuerzos, en razón de la agudización de la guerra fría y de la situación de crisis social y económica que se empezaba a detectar en los Estados iberoamericanos, alcanzaron su objetivo con los acuerdos a los que se llegó en la Conferencia de Río de Janeiro, celebrada en dicha ciudad a partir de agosto de 1947, y con la fundación, en marzo de 1948, de la Organización de Estados Americanos. En la Conferencia de Río, los Estados Unidos firmaron con los países iberoamericanos un Tratado de Asistencia Recíproca. En el artículo 2.º del mismo se creaban los mecanismos necesarios para el arreglo amistoso de los conflictos surgidos entre países pertenecientes al continente americano y en el artículo 3.º se afirmaba que el ataque contra un Estado americano sería considerado un ataque contra todos los demás, postulándose, en ese caso, la necesidad de prestarle ayuda. A este fin, claro está, se creaba un órgano de seguridad de carácter regional para la regulación de la defensa del continente frente a ataques venidos desde el *exterior*. Sin embargo, al mismo tiempo, el artículo 6.º del tratado dejaba la puerta abierta para una posible intervención militar realizada desde el *interior* del continente. En el mismo se recogía una disposición, incluida a instancias de los delegados norteamericanos, que decía lo siguiente: «En el caso de que un Estado americano vea violada sus fronteras, atacada su integridad territorial o amenazada su soberanía o independencia política, debido a una agresión sin armas, a un conflicto extracontinental o intracontinental o por cualquier otra situación o circunstancia que pueda poner en peligro la paz de América, el órgano consultivo debe reunirse de forma inmediata con el fin de dar su consejo sobre las medidas a tomar» *(Readings in America Foreign Policy,* págs. 209-213). Según el artículo 8.º, dichas medidas podían ir desde el establecimiento de sanciones de tipo económico o político hasta el uso de la fuerza armada. Tanto en un caso como en otro, se necesitaba, como mínimo, el voto afirmativo de las dos terceras partes de los Estados (catorce en concreto).

No obstante, a pesar de que en todas las disposiciones del tratado se garantizaba la soberanía de los diferentes Estados, convenientemente interpretadas, podían contribuir a socavar ésta, pues, de acuerdo con ellas, las decisiones soberanas de un Estado o de un movimiento de liberación respecto a la conveniencia de realizar reformas sociales en su país habrían de someterse al voto de los otros Estados, o sea, al voto de la nación dominante. Como se puso de manifiesto durante el proceso histórico posterior, el Tratado de Río sirvió para legitimar las intervenciones norteamericanas en Iberoamérica (desde la de Guatemala en 1954 hasta la de Granada en 1983).

Las disposiciones contenidas en el Tratado de Río alcanzaron una mayor concreción en la Novena Conferencia Panamericana iniciada en Bogotá en marzo de 1948. Durante la celebración de la misma se elaboró la Carta de Bogotá, un documento que, hasta cierto punto, habría de convertirse en una especie de Carta Magna de todo el continente. Se creó también un importante conjunto de instituciones englobadas en lo que se conoce con el nombre de Organización de Estados Americanos (OEA). Asimismo se tomó un gran número de decisiones de tipo político, económico y cultural relativas a la igualdad entre Estados, al reconocimiento diplomático basado en el Derecho Internacional, a la inviolabilidad territorial, a la cooperación económica y a la solidaridad frente a las agresiones. En este momento no vamos a entrar a describir de forma pormenorizada la naturaleza de las mismas (véase el capítulo XXX del documento). Los Estados iberoamericanos consiguieron que en el artículo 15 de la Carta de la OEA se prohibiese de forma definitiva el derecho a intervenir en los asuntos de otro Estado. En dicho artículo se dice lo siguiente «por ningún motivo, un Estado o un grupo de Estados tiene el derecho a intervenir, ya sea de forma directa o indirecta, en los asuntos internos o externos de otro Estado» (Gantenbein, pág. 858). Además, en el artículo 16 concretamente, se prohibía ejercer sobre otro Estado presiones de carácter político o económico que fuesen en menoscabo de su soberanía y en beneficio propio.

El beneplácito de los Estados Unidos a dichas resoluciones equivalía a una renuncia a la política de las cañoneras de épocas anteriores y a una promesa de no seguir utilizando la Doctrina Monroe como legitimadora de las intervenciones de carácter unilateral. No obstante, dichas declaraciones de principios entraron en colisión con la resolución XXIII, aprobada a instancias de los norteamericanos, relativa a la «Preservación y defensa de la democracia en América». En la misma se condenaba por primera vez públicamente «al comunismo internacional», fundamentando dicha condena en la necesidad de defender la democracia. «La situación mundial en el momento presente —así se decía en la resolución citada— requiere que se tomen las medidas oportunas que posibiliten el conjurar la amenaza que se cierne sobre el continente americano.» Pues, «debido a su naturaleza antidemocrática y a su tendencia intervencionista, las actividades políticas del comunismo internacional, al igual que las de cualquier otra ideología totalitaria, son incompatibles con el concepto de libertad sustentado en América» (Gantenbein, págs. 838 y ss.).

Los Estados iberoamericanos aprobaron dicha resolución de forma más o menos voluntaria, por una parte por el propio anticomunismo de sus gobiernos y, por otra, con la esperanza de recibir a cambio de su asentimiento contraprestaciones económicas de los Estados Unidos. De esta forma, dichos Estados, bajo la dirección de los Estados Unidos, aceptaron como obligatorio el que todos los países del continente se ajustasen a un modelo de democracia cuyos fundamentos eran diferentes de aquellos sobre los que se sustentaba su propia cultura política. En un artículo aparecido en el *Washington Post* el 28 de diciembre de 1948, Sumner Welles, un experto en las relaciones interamericanas y, él mismo, protagonista en otro tiempo de éstas, expuso con toda claridad el peligro que se derivaba para las mismas de esa pretensión de imponer a todos los países iberoamericanos un modelo de democracia, esto es, un determinado sistema político, de características fundamentalmente anglonorteamericanas:

> ¿qué razones existen —así se expresaba en el artículo citado— que nos permitan pensar que una forma de democracia que se ha desarrollado, hasta cierto punto lentamente, en los países de habla inglesa, se adecue a las necesidades de otros pueblos con antecedentes, tradiciones y culturas absolutamente diferentes de las nuestras? Si intentamos cercenarles a los pueblos de Iberoamérica el derecho a apoyar o derribar a sus propios gobiernos, contribuiremos a eliminar una forma de actuar sobre la que se ha basado la existencia del Nuevo Mundo.

A pesar de todo, junto a las disposiciones incluidas en el Tratado de Río, la resolución XXXII relativa a la defensa de la «democracia americana» volvió a poner sobre el tapete el derecho a la intervención recientemente abolido, si bien, esta vez, adoptó un carácter multilateral.

En la Décima Conferencia Internacional de Estados Americanos, celebrada en Caracas en marzo de 1954, acontecimiento del que los Estados Unidos se aprovecharon, alarmados por las reformas sociales que habían tenido lugar en Guatemala, para obligar a los demás países a adoptar una serie de medidas conducentes a impedir la penetración en el continente del comunismo internacional, se le dio un peso aún mayor, a propuesta de Foster Dulles, abogado durante muchos años de la United Fruit Company, al imperativo de defenderse contra el comunismo. En la práctica esto habría de significar un torpedeamiento del principio de no intervención. Tras una serie de enconados debates se adoptó la resolución CXII. El título de la misma rezaba así: «Declaración de solidaridad para el mantenimiento de la integridad política de los Estados americanos contra la intervención del comunismo internacional», y en ella se afirmaba que «el dominio o control de las instituciones políticas de un Estado por parte del movimiento comunista internacional, movimiento que sirve para extender el sistema político de una potencia extracontinental, representaría una amenaza para la soberanía y la independencia política de todos los Estados americanos, pues pondría en peligro la paz de América». Si se produjese tal eventualidad se convocaría una reunión de carácter consultivo a fin de tomar las medidas oportunas (Schlesinger, págs. 260 y ss.).

El hecho de que dictadores como Trujillo (República Dominicana), Batista (Cuba), A. Somoza (Nicaragua) o Pérez Jiménez (Venezuela) se encontrasen en condiciones de aprobar tal resolución, personas todas ellas que se hallaban a la cabeza de gobiernos antidemocráticos que no manifestaban respeto alguno por los derechos humanos (gobiernos, por lo demás, a los que no se condenaba públicamente), pone en evidencia que la tan cacareada defensa de la «democracia representativa» no era más que una fórmula vacía, un instrumento ideológico al servicio de la defensa *exterior* de los Estados Unidos. El cambio, necesario por otra parte, de las estructuras *internas* de los Estados iberoamericanos y el establecimiento de democracias que sustituyesen a las dictaduras existentes, no era el objetivo prioritario.

En la época que siguió a la aprobación de las resoluciones tomadas durante los años 1947 y 1948 y en el año 1954, el intento de un gobierno o de un movimiento de oposición o liberación iberoamericano de poner fin a las injusticias políticas o económicas mediante una revolución o a través de la adopción de reformas sociales, suscitaba, de forma inmediata, las advertencias de los políticos acerca del peligro «comunista». Temerosos de que los comunistas se hiciesen con el control de los cambios estructurales o de las reformas sociales, creían que cualquier revolución, automáticamente, pondría en peligro los intereses de los Estados Unidos. Y, tachando a los cambios sociales, aun en aquellos casos en que parecían justos y moderados, de estar inspirados en el comunismo, se arrogaban de nuevo el derecho a recurrir a toda la panoplia intervencionista (intervención militar, económica, etc...). Después de 1945, al quedar unidos los intereses de los Estados Unidos en Iberoamérica, en los sectores de la exportación, de las materias primas y de las inversiones, a los intereses de tipo estratégico, cualquier reforma social, por moderada que fuese, que afectase de forma automática a los intereses económicos de las empresas o de los inversores estadounidenses como consecuencia de la puesta en práctica de nacionalizaciones o de la adopción de medidas de reforma agraria, era susceptible de ser considerada, invocando el fantasma del «comunismo internacional», como un peligro para la seguridad de los Estados Unidos y de los países iberoamericanos. Tanto las disposiciones contenidas en el Tratado de Río relativas a las prestaciones de ayuda mutua como las propias resoluciones de la OEA, ofrecieron a los Estados Unidos la posibilidad de servirse de esta institución para el logro de sus fines en los campos político y económico y para legitimar sus intervenciones de carácter unilateral. Y todo ello con el beneplácito —un beneplácito, ciertamente, cada vez más difícil de obtener— de sus aliados iberoamericanos.

Si, por una parte, la OEA fue la plataforma organizativa y también, en razón de los principios de dicha institución, la plataforma ideológica sobre la que los Estados Unidos habrían de fundamentar sus intervenciones, la Alianza para el Progreso fue el mecanismo del que se sirvió ese país para intervenir política y económicamente, a fin de contrarrestar la inquietud social presente en los países iberoamericanos y de estabilizar los regímenes políticos de éstos frente a la amenaza del comunismo internacional. De los múltiples aspectos de la Alianza para el Progreso, en este trabajo sólo nos referiremos al expuesto en el párrafo anterior.

Esta iniciativa, acometida con gran ahínco por el presidente Kennedy en 1961, inspirada en el Plan Marshall que se había puesto en práctica en Europa y auspiciada por el estallido de la Revolución Cubana, fue un plan económico y financiero con el que se esperaba, mediante un reparto más justo de la renta nacional, la ejecución de reformas agrarias y fiscales, la mejora de la situación educativa y sanitaria, y la construcción de viviendas, subsanar el subdesarrollo de Iberoamérica y, de esta forma, eliminar también el malestar social que se vivía en todo el subcontinente. Con este fin se anunció la puesta en práctica de una serie de reformas sociales conducentes al logro de un cambio social controlado. En definitiva: una suerte de «revolución desde arriba» con el propósito de abortar las «revoluciones desde abajo». Kennedy, al poner en marcha dicho plan alarmado ante la Revolución Cubana, retomó las propuestas del presidente Eisenhower contenidas en el programa de desarrollo conocido con el nombre de «Operación Panamérica». En dichas propuestas se hacía referencia de nuevo a una política de colaboración y buena vecindad.

Para llevar a cabo las reformas citadas se necesitaba ante todo medios materiales. En mayo de 1961, Kennedy firmó una ley de ayuda a Iberoamérica, en la que se preveía la entrega de 600 millones a los países iberoamericanos. En junio de ese mismo año suscribió un acuerdo con el Banco Interamericano de Desarrollo (BID) (el cual había sido fundado, tras muchos intentos, en mayo de 1959) con el fin de que, en nombre de la Alianza, se hiciera cargo de la administración de la mayor parte del dinero (en un primer momento, de unos 394 millones de dólares). En agosto, durante la Conferencia Social y Económica Interamericana celebrada en Punta del Este (Uruguay), todos los miembros de la OEA, a excepción de Cuba, se adhirieron al programa instituido por Kennedy, mediante la firma de la «Declaración de los Pueblos de América» (en la que se fijaban los objetivos de la Alianza y entre los cuales se encontraba la democratización de los países iberoamericanos) y de la «Carta de Punta de Este» (en la que se contenían los métodos por los que se habría de regir dicho programa).

Se asignaron 100.000 millones de dólares para la ejecución, a lo largo de diez años, de un primer plan de reformas. Se pensaba que con este dinero, del que los Estados Unidos aportarían la quinta parte y cuya entrega se repetiría cada diez años, se podrían hacer realidad los objetivos propuestos. De esta forma, el gobierno norteamericano se comprometía a entregar cuatro veces más (esto es, unos 2.000 millones de dólares) de lo que había dado hasta entonces a los países iberoamericanos en concepto de ayuda económica (pues entre los años 1946 y 1961, ésta había ascendido tan sólo a 335 millones anuales).

La Alianza para el Progreso se perfilaba como el mayor programa de ayuda al extranjero que hubiese existido nunca y, por este motivo, parecía infundado el temor de los países iberoamericanos a que dicho programa no fuese más que la continuación de la política hegemónica de los Estados Unidos por otros medios y de que este país pudiera socavar, valiéndose del instrumento de la ayuda económica, una parte de su soberanía y de su autonomía nacionales. Durante el primer año de aplicación del mismo, el dinero afluyó, más o menos, como estaba previsto. Los países iberoamericanos recibieron 8.000 millones de dólares, de ellos 1.000 millones procedentes de los Estados Unidos y 700 millones procedentes de Europa y de diversas instituciones de carácter internacional. Pero después la ayuda económica de los Estados Unidos decreció, debido, entre otras cosas, a los gastos de la guerra del Vietnam. Entre los años 1961 y 1971, los Estados Unidos entregaron a Iberoamérica tan sólo 9.400 millones de los 20.000 millones de dólares previstos inicialmente.

A pesar de todo, esta suma de dinero hubiera podido resultar una ayuda valiosa para lograr el deseado desarrollo, si los países iberoamericanos hubiesen podido utilizarla con entera libertad. Ya en 1964, el flujo de dinero llegado a dichos países —que, por lo demás seguían desempeñando el papel de simples proveedores de materias primas— no bastó para equilibrar sus pérdidas nacidas del deterioro de las condiciones de intercambio comercial. Los Estados Unidos, por su parte, no hicieron nada por remediar esta situación. A pesar de sus repetidas afirmaciones de que deseaban el progreso de Iberoamérica, continuaron alzando barreras a la entrada de productos iberoamericanos en el país, lo cual no sólo dificultaba el acceso de los mismos al mercado norteamericano, sino que amenazaba también con fortalecer aún más la vieja estructura comercial (materias primas frente a productos manufaturados).

Además, el significado de la ayuda económica proporcionada por los Estados Unidos se veía mermado por sus condiciones de entrega. A modo de ejemplo, podemos decir que la mayor parte del dinero entregado tenía que ser utilizado obligatoriamente en la compra de productos norteamericanos. El 80 por 100 de la ayuda estadounidense sirvió para la financiación de tales compras. Este requisito no fue abolido hasta 1969, a instancias del presidente Nixon. Dado que los precios de los productos americanos podían ser, en ocasiones, superiores en un 50 por 100 a los del mercado internacional, un dólar de la Alianza valía en realidad 50 céntimos. A esto se añadía el hecho de que los Estados Unidos vendían a Iberoamérica aquellos artículos que por haberse quedado obsoletos apenas tenían salida en el mercado norteamericano. Los países iberoamericanos, si querían seguir recibiendo créditos del Exim Bank o del BID, se veían obligados, la mayoría de las veces, a transportar las mercancías compradas en los Estados Unidos en barcos norteamericanos y asegurarlas en compañías de seguros de la misma nacionalidad. De esta forma se ponía de manifiesto de nuevo el viejo modelo de relaciones comerciales; Iberoamérica no era más que un mercado donde los norteamericanos podían colocar sus productos. A la postre, la Alianza para el Progreso, concebida y dirigida por los Estados Unidos, favoreció más el desarrollo de este país que el de los Estados iberoamericanos y, al mismo tiempo, representó una forma indirecta de intervención en los asuntos internos de éstos en los campos social y económico.

A los mecanismos de intervención de carácter financiero y económico, ya de por sí negativos para los países iberoamericanos, se les unió otro de carácter político que desvirtuó aún más la ayuda norteamericana concedida dentro del marco de la Alianza. Nos estamos refiriendo a la enmienda Hickenlooper del año 1962 relativa a la ley de ayuda a países extranjeros, en la que se afirmaba que se debía suspender la ayuda económica a aquellos gobiernos que atacasen —ya fuese mediante nacionalizaciones o expropiaciones— las propiedades de los ciudadanos norteamericanos. De esta manera, dicha ayuda se convertía en un instrumento mediante el cual se podía influir de forma indirecta sobre los Estados iberoamericanos e inmiscuirse en sus asuntos internos. Aquellos gobiernos que se preocupaban por crear un clima favorable a las inversiones —que solían ser gobiernos militares o dictaduras que podían ofrecer países en paz y en orden— tenían la seguridad de recibir créditos y prebendas. A aquellos otros que se identificaban en menor grado con los intereses norteamericanos y que defendían con más ahínco los intereses de sus propios países se les retiraba, temporalmente o para siempre, la ayuda económica, ya que, a pesar del carácter multilateral de la Alianza, los Estados Unidos disponían de medios suficientes para influir sobre los demás países y, de esa forma, imponer unilateralmente sus puntos de vista. Entre dichos medios se encontraba, por ejemplo, el derecho al voto con el que contaban en el Banco de Desarrollo Interamericano. Además, la Agencia para el Desarrollo Internacional (AID), organismo que se hallaba bajo el control de los Estados Unidos y que se encargaba de distribuir la mayor parte del dinero de la Alianza, se encontraba en condiciones de limitar la soberanía de los países receptores, condicionando la entrega del mismo a la aceptación por parte de éstos de unas determinadas condiciones (compromiso de comprar productos americanos, garantía de defender los intereses americanos frente a posibles tumultos de carácter social, etc...).

En tales circunstancias era imposible que se consumara el ansiado cambio social y político y que se realizara la tan cacareada democratización. Resultaba imposible armonizar los intereses de los Estados Unidos con los de Iberoamérica. Los mecanismos de intervención siguieron en pie, aun después de la desaparición de la Alianza (1970/1974). A partir de ese momento, los Estados Unidos sólo se preocuparon de defender sus inversiones, de asegurarse el envío de materias primas, de afianzar su posición en el mercado iberoamericano y —con el fin de poner coto a la expansión del comunismo— de mantener, en el seno de los países iberoamericanos, una situación política estable que favoreciera la salvaguardia de sus intereses. Dentro del marco de una organización internacional como la OEA, formas más sutiles de intervención directa continuaron garantizando la existencia de una *pax americana* en el Hemisferio Occidental.

2. Intervenciones militares

El hecho más notable de la política anticomunista de los Estados Unidos tuvo lugar en el año 1954, merced a la intervención de ese país, o mejor dicho, a la participación del mismo en la intervención en Guatemala aprobada por la OEA. Los Estados Unidos tratarían de repetir el éxito de la misma con la invasión de Cuba. ¿Cuáles fueron las causas de dicha intervención? ¿Cómo se llevó a cabo la misma?

De 1931 a 1944, Guatemala había vivido bajo la dictadura del general Jorge Ubico. Durante este periodo, la United Fruit Company de Boston, compañía que se encontraba presente en el país desde hacía décadas, había logrado apoderarse —gracias a los acuerdos firmados en 1936 entre los Estados Unidos y Guatemala, acuerdos, por lo demás, elaborados por John F. Dulles, abogado de dicha compañía y más tarde secretario de Estado— no sólo de un gran número de tierras para sus plantaciones de plátanos, sino también del control de una gran parte de la infraestructura del país. La compañía recibió las tierras libres de impuestos y no tuvo que pagar indemnizaciones por el disfrute de las mismas. La United Fruit Company construyó ferrocarriles, carreteras, centrales eléctricas y puertos con el fin de poder desarrollar cómodamente su negocio de plantación y exportación de plátanos.

En diciembre de 1944, tras una huelga de grandes proporciones y el paso del país por un periodo de transición caracterizado por la aparición de brotes revolucionarios, se celebraron, por vez primera en la historia de Guatemala, unas elecciones relativamente libres. De las mismas salió elegido presidente Juan José Arévalo, que trató de cambiar aquello que era posible en un país dominado por la United Fruit Company. Como consecuencia de la subida constante del precio del café, inició su tarea distribuyendo de una forma más justa la riqueza del país. Promovió la creación de sindicatos, promulgó leyes de carácter social favorables a los trabajadores y comenzó la reforma del sistema educativo. Al mismo tiempo trató de diversificar la agricultura y de recuperar el tiempo perdido en el camino de una industrialización inexistente hasta entonces. Su objetivo político era claramente el de establecer y fortalecer unas instituciones democráticas, cuya aparición se había demorado durante muchos años en un país que hasta el momento sólo había conocido dictaduras. No obstante, estos tímidos intentos de reforma chocaron con la desconfianza de los Estados Unidos y, casi de forma inmediata, las relaciones entre los dos países empeoraron. Esto se debió, por una parte, a que la aparición de los sindicatos y la promulgación de leyes de carácter social ocasionaron conflictos laborales en la United Fruit Company y en otras empresas norteamericanas y, por otra, a que Arévalo no supo contrarrestar a tiempo la naciente influencia de los grupos comunistas en dichos sindicatos.

En 1951 el gobierno de Guatemala pasó a manos del coronel Jacobo Arbenz Guzmán, hombre, sin duda alguna, más vinculado que Arévalo a los grupos de izquierda agrupados en torno del recién creado Partido Comunista. No obstante, su programa de gobierno y las medidas que tomó de carácter económico no se pueden calificar de «comunistas». Su objetivo principal consistía en que el desarrollo de Guatemala fuese más rápido y, sobre todo, más independiente desde un punto de vista económico. Sin embargo, el gobierno de los Estados Unidos y la United Fruit Company, al ver afectados sus intereses por dichas medidas, las tacharon de «comunistas». En concreto, Arbenz quería construir una carretera desde el interior del país hasta la costa atlántica con el fin de eliminar el monopolio del transporte por esta ruta, detentado por el ferrocarril propiedad de dicha compañía. Posteriormente planeó la construcción de un puerto que hiciera la competencia a Puerto Barrios, instalación portuaria perteneciente, asimismo, a la United Fruit Company. Proyectó también la construcción de una central eléctrica de carácter estatal con el fin de quitarle a la compañía norteamericana el monopolio en dicho sector.

No obstante, la medida que el gobierno estadounidense y la United Fruit Company consideraron como más peligrosa para sus propiedades y su seguridad y la que decidió, en gran medida, la intervención, fue la reforma agraria iniciada por Arbenz en 1952. En la misma se preveía la expropiación de las tierras no cultivadas y de los latifundios cuya extensión fuera superior a las 90 hectáreas, a cambio de indemnizar a sus antiguos propietarios con la entrega de obligaciones del Estado amortizables en veinte años. Desde 1952 hasta 1954 se expropiaron un total de un millón y medio de hectáreas, de las que 169.000, aproximadamente, eran tierras no cultivadas propiedad de la United Fruit Company. En el conjunto de las tierras expropiadas y de aquellas otras propiedad del gobierno puestas por éste a disposición de los campesinos, se asentaron unas 100.000 familias.

Las reformas sociales emprendidas por Arbenz, tanto el proyecto de infraestructura como la reforma agraria —medidas que el gobierno guatemalteco tomó, haciendo uso de su soberanía y con el fin de eliminar el poder económico extranjero en beneficio de los campesinos y agricultores— iban en contra de los intereses de la United Fruit Company. En consecuencia, la CIA, con el fin de contrarrestar la «amenaza comunista», intervino, colaborando, en 1954, en el derrocamiento del gobierno de Arbenz.

La acción estuvo bien preparada, tanto desde un punto de vista diplomático como político. En la Décima Conferencia Interamericana celebrada en Caracas en marzo de 1954, el secretario de Estado norteamericano, John F. Dulles, consiguió la aprobación de una resolución, la CXII concretamente, en la que se otorgaba a los Estados Unidos el derecho a intervenir en los asuntos internos de otros países con el fin de conjurar la amenaza del «comunismo internacional» en el continente americano. De forma simultánea, su hermano Allan Dulles, a la sazón director de la CIA, preparaba la intervención militar con el conocimiento del gobierno norteamericano. En Nicaragua y Honduras se procedió al entrenamiento de tropas de mercenarios pagadas y equipadas por la CIA. La intervención militar se inició en mayo de 1954, cuando, con motivo de la entrega de armas al gobierno guatemalteco por parte de Checoslovaquia, parecía más evidente la penetración comunista. Partiendo de Honduras, el coronel Carlos Castillo Armas invadió Guatemala con doscientos mercenarios y con el apoyo de la aviación norteamericana. Después de una breve lucha y tras ser abandonado por sus tropas, el presidente Arbenz renunció a su cargo el 27 de junio. Armas, tras convertirse en presidente de Guatemala, siguió una política grata al gobierno de los Estados Unidos, a la CIA y a la United Fruit Company. Se persiguió de forma sistemática a las personas de ideología izquierdista y la reforma agraria fue anulada. Los intereses extranjeros vencieron en toda la línea. Así fue como fracasó el intento, rechazado por «comunista», de poner en marcha, mediante la realización de reformas sociales y económicas, un desarrollo autóctono no mediatizado desde el exterior.

En Cuba, los Estados Unidos utilizaron también, al igual que en Guatemala, una forma solapada de intervención militar, complementada con una serie de medidas de boicot y bloqueo económico. El caso de Cuba, por lo tanto, constituye un ejemplo de intervención militar y económica al mismo tiempo. Su finalidad consistió en eliminar el foco revolucionario surgido en Cuba, en el centro mismo de la esfera de influencia de los Estados Unidos o, por mejor decir, en castigar a ese país por la radicalización de una revolución que había sido algo más que un simple cambio violento de gobierno.

En enero de 1959 las relaciones entre Cuba y los Estados Unidos entraron en un periodo de inestabilidad, después de que Fidel Castro hubiese logrado llevar a buen término su segundo intento por derribar el régimen de Batista —hecho este que no vamos a tratar aquí de forma pormenorizada— y de que él mismo, junto a sus camaradas del Movimiento 26 de julio (llamado así porque el primer levantamiento contra Batista, el que habría de dar inicio a la revolución, había tenido lugar el 26 de julio de 1953), procediese a hacer realidad los objetivos de la Revolución en toda su amplitud. No obstante, a pesar del deterioro de las relaciones entre ambos países, Fidel Castro emprendió la tarea de liberar a la isla de la dependencia de los Estados Unidos o, dicho de otra forma, de eliminar, mediante reformas de tipo social y económico, el estatuto colonial (existente, de forma más o menos solapada, desde 1898) que hacía del país una colonia de los norteamericanos. De esa forma, Fidel Castro trataba también de iniciar un proceso de desarrollo de carácter autóctono. El detonante del conflicto, de la guerra económica y cuasi militar, fue la primera ley de reforma agraria, promulgada el 17 de mayo de 1959. Aunque en la ley sólo se

Entrada de Fidel Castro en el palacio presidencial de La Habana

preveía la expropiación de los latifundios que tuviesen más de 400 hectáreas, la misma reducía las posesiones de las compañías norteamericanas, sobre todo las de aquellas que poseían latifundios y las que se dedicaban a la producción de azúcar. Tras un conflicto debido a la importación por parte de Cuba de petróleo soviético, Fidel Castro se atrevió, en junio de 1960, a nacionalizar las compañías petrolíferas norteamericanas Shell, Texaco y Esso, provocando así una serie de acciones y reacciones de carácter económico.

Un mes más tarde, los Estados Unidos suspendieron sus importaciones de azúcar, producto de importancia vital para Cuba; de esta forma el gobierno norteamericano atacaba a Cuba sirviéndose del bien exportable más importante de la isla. En aquella época, las exportaciones de azúcar de Cuba a los Estados Unidos representaban el 80 por 100 de todas las exportaciones de la isla hacia dicho país y el 62 por 100 de sus exportaciones totales. En julio de 1960, el presidente Eisenhower disminuyó la cuota de importación de azúcar en 700.000 toneladas. En diciembre de 1960, se redujo a cero, durante el primer trimestre de 1961. Fidel Castro por su parte, entre agosto y octubre de 1960, había replicado a dicha disminución expropiando y nacionalizando el resto de las empresas norteamericanas presentes en el país, una vez que la Unión Soviética se hubo mostrado dispuesta a adquirir todos los años las 700.000 toneladas de azúcar que se habían negado a adquirir los Estados Unidos. En contrapartida, el gobierno estadounidense prohibió la exportación a Cuba de cualquier producto norteamericano, a excepción de los artículos alimenticios no subvencionados y de los medicamentos, comenzando de esta forma un bloqueo económico que había de durar hasta 1975 y al que se adhirieron la mayoría de los países miembros de la OEA.

Por el momento, no obstante, los Estados Unidos continuaron en solitario la adopción de medidas de castigo de tipo económico. En febrero, el presidente John F. Kennedy intensificó el embargo comercial contra la isla. En virtud de otro decreto, el embargo se amplió a todas las mercancías cubanas, incluidas materias primas tales como el níquel. En octubre de 1962, el embargo se amplió también al transporte marítimo: los barcos que tocaban puertos cubanos eran excluidos del comercio con los Estados Unidos. Este país retiró su ayuda económica a los que no prohibían a sus barcos el transporte de mercancías a Cuba.

Una vez agotadas las sanciones de tipo económico, los Estados Unidos tomaron en consideración la posibilidad de llevar a cabo una intervención militar con el fin de evitar que otros países pusiesen en práctica el principio de autodeterminación y con el propósito, también, de castigar a Cuba, «ese, según ellos, Estado dominado por los comunistas», ese «satélite de Moscú», esa «punta de lanza del comunismo internacional». En agosto de 1960, durante la reunión consultiva celebrada en San José de Puerto Rico por los ministros de Asuntos Exteriores de los países pertenecientes a la OEA, los Estados Unidos se habían mostrado favorables a la adopción de medidas enérgicas contra el comunismo y habían conseguido que se aprobase una declaración en la que se afirmaba que una eventual intervención de una potencia extranjera en el continente americano amenazaría la seguridad de éste (quedando la OEA comprometida a defenderlo), que dicha organización era incompatible con cualquier tipo de totalitarismo y, por último, que todos los miembros de ésta se sometían a los principios de la misma. Los Estados Unidos, más tarde, habrían de participar de forma indirecta en los preparativos militares para la invasión de la isla, proporcionando entrenamiento a los exiliados cubanos y a los mercenarios que se disponían a llevarla a cabo. El 16 de abril de 1961 tuvo lugar la tristemente famosa invasión de Bahía Cochinos, mediante la cual 1.500 «patriotas» intentaron liberar Cuba. La invasión fracasó debido a que los Estados Unidos no les proporcionaron el apoyo aéreo y marítimo necesario, después de que, el día antes, varios aparatos B26 de nacionalidad norteamericana habían bombardeado varias ciudades cubanas sin advertencia previa y se había hecho demasiado evidente el apoyo de ese país a la misma. Los Estados Unidos, tras un intento inicial de negar su participación en la invasión, se vieron obligados a reconocer que habían ayudado a los agresores económica y militarmente. No obstante, Kennedy declaró que el principio de no injerencia no habría de ser nunca un pretexto para cruzarse de brazos en el caso de que los otros Estados no cumpliesen con su obligación de contrarrestar la penetración comunista. Según el presidente, los Estados Unidos cumplirían el compromiso que habían asumido de defender su propia seguridad. Hacia este fin apuntaba también la decisión tomada por el Congreso en septiembre de 1962, por la que se otorgaba al presidente el derecho a intervenir en Cuba en el caso de que desde ésta se amenazase la seguridad de los Estados Unidos. Esta decisión fue un espaldarazo a la Doctrina Kennedy (doctrina que, a su vez, era un complemento de la Doctrina Monroe), según la cual la penetración en Cuba de una potencia extranjera con intenciones bélicas habría de considerarse como una amenaza para la seguridad de los Estados Unidos y de América y, en consecuencia, debía ser evitada. A este respecto, no se puede negar que el motivo concreto de la decisión del Congreso norteamericano, esto es, la creciente vinculación de Cuba con los países comunistas, en especial tras el fracaso de la invasión, afectaba a la seguridad de los Estados Unidos. En octubre de 1962, la instalación en Cuba de misiles soviéticos de alcance medio agudizó aún más la situación. Este hecho provocó el que los Estados Unidos impusiesen un bloqueo naval alrededor de toda la isla, lo que condujo al mundo al borde de la Tercera Guerra Mundial. La crisis planteada sólo se solucionó con el desmantelamiento de los misiles. Después, no obstante, la política de los Estados Unidos hacia Cuba continuó siendo la misma de antes, una política, en definitiva, no consistente tan sólo en medidas y acciones de carácter unilateral, sino dirigida, asimismo, a recabar cada vez más el apoyo de los Estados miembros de la OEA.

Con la Declaración de San José en agosto de 1960, ya se había dado un apoyo ideológico a la misma. En enero de 1962, durante la reunión consultiva que celebraron los ministros de Asuntos Exteriores de la OEA en Punta del Este, Cuba fue expulsada de dicha organización, a instancias de los Estados Unidos, aduciéndose que un régimen marxista-leninista era incompatible con ésta. Hay que decir, sin embargo, que la propuesta apenas consiguió la necesaria mayoría de los dos tercios de los votos. Al parecer, catorce de éstos, entre ellos el de Haití, fueron obtenidos a cambio de concesiones de tipo económico. Cuba votó en contra de la resolución, en tanto que Argentina, Brasil, Bolivia, Chile y Ecuador se abstuvieron. Dos años después, los Estados Unidos volvieron a presionar para que se tomaran medidas contra Cuba y, en concreto, para que los miembros de la OEA se incorporasen al bloqueo económico que ellos mismos habían decretado contra dicho país. Durante la novena reunión consultiva celebrada en Washington en julio de 1964, los ministros de Asuntos Exteriores de los países pertenecientes a la OEA tomaron la decisión de recomendar a los Estados signatarios del Tratado de Río la aplicación de las siguientes sanciones:

ruptura de relaciones diplomáticas o consulares, ruptura de las relaciones comerciales, ya fuesen directas o indirectas (a excepción hecha del suministro de productos alimenticios y de medicinas) y prohibición a los barcos de cada país de tocar puertos cubanos. Cuatro países se negaron a dar su beneplácito a dicha recomendación. Entre éstos se encontraba México, país que ya había resistido con anterioridad las presiones de los Estados Unidos para que rompiese sus relaciones diplomáticas y económicas con Cuba. Sólo en mayo de 1975, con ocasión de la reunión plenaria de la organización celebrada en Washington, los Estados Unidos cambiaron de postura en relación al problema de Cuba, toda vez que, desde 1970, el aislamiento de dicho país era cada vez menor debido a las iniciativas del gobierno de Allende. A partir de ese momento los miembros de la OEA eran libres de reanudar o no sus relaciones comerciales con dicho país. En julio de 1975, en San José de Costa Rica, la OEA decretó de forma oficial el levantamiento del bloqueo.

Mientras que los países iberoamericanos han empezado a reestablecer sus relaciones con Cuba, los Estados Unidos han seguido empeñados en llevar a cabo una política de confrontación, en ocasiones más moderada, como en el caso de Carter, y en otras más dura, como en el caso de Reagan, cuando los norteamericanos, debido a la ayuda militar que Cuba suministró a los sandinistas, creyeron que este país apoyaba las agresiones comunistas en Centroamérica.

El aislamiento iniciado por los Estados Unidos y, posteriormente, apoyado por la OEA, ha dañado mucho a Cuba, dado que ha perjudicado enormemente los éxitos iniciales conseguidos por la Revolución en el campo económico. Sin embargo, por otra parte, la invasión militar apoyada por los Estados Unidos ha tenido un efecto contrario al esperado por este país. El foco comunista no sólo no fue eliminado, sino que, por el contrario, la amenaza venida desde el exterior hizo que la población se identificara con los objetivos de la Revolución.

Mientras que en el caso de Cuba existió más bien una amenaza de invasión por parte de los Estados Unidos que una invasión real, la República Dominicana hubo de sufrir, en 1965, una intervención directa seguida de una intensa ocupación militar. La dimensión alcanzada por dicha intervención sólo se puede explicar por el trauma sufrido por los Estados Unidos con motivo del establecimiento en Cuba de un régimen comunista, por el anticomunismo exacerbado de este país y por el deseo de los norteamericanos de prevenir la penetración en el Hemisferio Occidental de una potencia extracontinental. Al igual que en ocasiones anteriores, la intervención en la República Dominicana se vio precedida de unas tímidas y cautas reformas sociales, las cuales, no obstante, parecieron poner en peligro el *status quo* existente en el país.

En 1961, por primera vez en su historia, la República Dominicana parecía estar en condiciones de emprender reformas de carácter social y político. En ese año había fallecido Rafael Leónidas Trujillo, comandante en jefe de la guardia nacional adiestrada por los Estados Unidos durante la época en que habían ejercido su protectorado sobre el país y hombre que, desde 1930, tras haber alcanzado la presidencia por medios ilegales, había regido, durante 31 años, los destinos de éste mediante una dictadura férrea, convirtiendo al mismo en una propiedad familiar y enriqueciéndose, sobre todo, a costa de las ganancias obtenidas con las exportaciones de azúcar. En diciembre de 1962, Juan Bosch resultó elegido presidente de la República Dominicana, al obtener más del 60 por 100 de los votos en las primeras elecciones libres vividas por el país. Su partido, el Partido Revolucionario Dominicano (del que se conocían sus afinidades con los partidos populistas de Iberoamérica), pareció ser el instrumento adecuado para acometer las reformas que el país necesitaba. La Constitución liberal promulgada por Bosch —constitución en la que Lyndon B. Johnson, a la sazón vicepresidente de los Estados Unidos, intentó que se incluyeran una serie de garantías para las inversiones norteamericanas— y la legalización de los partidos políticos, incluidos los de ideología comunista, suscitaron, no obstante, las críticas de los Estados Unidos y del, hasta ese momento, influyente ejército dominicano. La adopción de estas medidas provocó el que el presidente adquiriera la reputación de ser comunista, e incluso, de ser un segundo Castro.

En septiembre de 1963, después de haber ejercido su cargo durante tan sólo siete meses, el presidente Bosch fue derrocado y los militares se hicieron con el poder. Sin embargo, este hecho no produjo la estabilización del país. Se abolió la Constitución de Bosch, se inició un periodo de violentas represiones y la economía empeoró debido a que los Estados Unidos suspendieron de forma transitoria la ayuda económica de la Alianza. La consecuencia de todo esto fue el estallido de desórdenes de carácter social. En estas circunstancias se formó un movimiento —presente también en algunos sectores del ejército— para la vuelta del país a una situación constitucional o, por mejor decir, para la vuelta al país del presidente Bosch, quien, desde el exilio, había estado trabajando en la formación de una alianza de todos aquellos sectores con cuyo apoyo esperaba restablecer la democracia, un objetivo, por lo demás, que era una de las razones de la existencia de la OEA y de la Alianza para el Progreso. El 24 de abril estallaron una serie de motines que condujeron al derrocamiento de la junta gobernante. El 25 de abril, los grupos políticos que apoyaban la Constitución se hicieron con el poder, apoyados por una gran parte de la población de Santo Domingo. Se restableció la Constitución de 1963 y Rafael Molina asumió la presidencia interinamente hasta la vuelta del presidente Bosch. Sin embargo, a los constitucionalistas les faltaba todavía asegurar militarmente el poder recién obtenido.

En ese momento fue cuando intervinieron los Estados Unidos en los asuntos internos de la República Dominicana. En primer lugar, para proteger, como de costumbre, las vidas y las posesiones de los extranjeros presentes en la isla, entre los que se encontraban unos 2.300 norteamericanos, pero también para evitar la vuelta del presidente constitucional Bosch y para oponerse a «la infiltración comunista». El 28 de abril de 1965, el presidente Lyndon B. Johnson ordenó el envío de marines con el fin de que participaran en las luchas que vivía el país. En un principio, el contingente militar fue tan sólo de unos 400 hombres, pero paulatinamente el número de éstos fue aumentando hasta el punto de que la fuerza de la invasión —a la que Johnson se esforzaba por llamar «fuerza de paz»— alcanzó, a principios de mayo, una cifra de unos 30.000 soldados.

Esta invasión iba en contra del principio de no intervención y de la tantas veces citada democratización de los países iberoamericanos. Para justificar su acción, los Estados Unidos formularon una nueva doctrina, en virtud de la cual, al igual de lo que había sucedido décadas antes, ese país se otorgaba el derecho a actuar, al menos en su esfera de influencia, como un gendarme. Una vez más, dicho derecho se basaba en la necesidad de defenderse frente a una amenaza exterior, en este caso el comunismo. El hecho de que los Estados Unidos viesen detrás de las reformas políticas y sociales planeadas en la República Dominicana la mano del comunismo y de que, en consecuencia, las considerase como una amenaza para su seguridad, llevó al presidente Johnson a afirmar, en mayo de 1965, que los Estados del continente americano no permitirían el establecimiento de otro régimen comunista en el Hemisferio Occidental. Según él, una revolución era ciertamente algo que competía exclusivamente al Estado afectado por la misma, pero se convertía en un asunto en el que se podía intervenir, si su objetivo consistía en el establecimiento de una dictadura comunista. En virtud de la llamada Doctrina Johnson, los Estados Unidos se arrogaban el derecho a intervenir en un momento dado —empleando incluso la fuerza militar— allí donde, en su opinión, existiera el peligro de que surgiera un régimen comunista. De esta forma, se limitaba una vez más la soberanía de los Estados iberoamericanos a la hora de tomar decisiones de carácter político o económico. Todas aquellas reformas dirigidas al logro de cambios estructurales de naturaleza política o económica iban en contra de los intereses de los Estados Unidos. La intervención en la República Dominicana puso en evidencia que dicho país confiaba más en las dictaduras militares que garantizaban la paz y el orden que en los gobiernos elegidos democráticamente.

Como la intervención contravenía el artículo 15 de la Carta de la OEA, los Estados Unidos, con el fin de eliminar la impresión de que se había producido una violación de la ley, intentaron legitimar la misma mediante la formación de una fuerza de invasión interamericana, lo que sólo consiguió de forma parcial. En la Décima Reunión Consultiva de la OEA, celebrada en Washington en mayo de 1965, algunos países iberoamericanos, en especial Chile, México y Venezuela, protestaron contra la forma de proceder norteamericana. En consecuencia, a los Estados Unidos no les fue posible reunir una fuerza interamericana en la que estuviesen representados todos los Estados de la OEA. A lo largo de todo el tiempo que duró la invasión, concluida el 28 de mayo, Nicaragua, Honduras, Costa Rica y Brasil fueron los únicos países que enviaron contingentes de tropas a la República Dominicana. De esta forma la OEA perdió una gran parte de su credibilidad.

Tras las elecciones celebradas después de la invasión, en las que salió «elegido» presidente Joaquín Balaguer (el candidato favorito de los Estados Unidos), la República Dominicana se convirtió de nuevo en un «protectorado» norteamericano. Los Estados Unidos, al contar con la presencia de numerosos consejeros en todos los sectores de la vida política y económica (consejeros que formaban una suerte de gobierno paralelo), asumieron el control del desarrollo del país. La promulgación de unas generosas leyes fiscales creó un clima propicio para las inversiones estadounidenses. Los Estados Unidos habían logrado el objetivo de salvaguardar sus intereses económicos y políticos.

Por el momento, la última intervención directa de carácter militar llevada a cabo por los Estados Unidos —si exceptuamos la ayuda proporcionada, de forma más o menos encubierta, a los «contras» nicaragüenses o a los grupos derechistas presentes en Centroamérica— fue la invasión, ocurrida el 25 de octubre de 1983, de Granada, una pequeña isla del Caribe. En esta ocasión, los Estados Unidos abusaron una vez más de las medidas previstas en el Tratado de Río de 1947 (tratado cuya finalidad era la defensa del continente americano frente a agresiones venidas desde el *exterior)* con el propósito de justificar una intervención llevada a cabo desde el *interior* de éste. Los Estados Unidos vieron en Granada, antigua colonia británica que había obtenido la independencia en 1974, un peligro para su «seguridad nacional». En este caso

El ejército sandinista en combate

el peligro no procedía tanto del gobierno socialista de Maurice Bishop como de la construcción de un nuevo aeropuerto realizada con ayuda de técnicos cubanos. Su finalidad era la de incorporar a la isla a las corrientes del turismo internacional. Los norteamericanos se sintieron amenazados debido a que desde ese aeropuerto se podían controlar las rutas marítimas por las que le llegaba a los Estados Unidos la mayor parte del petróleo importado por ese país, por lo que pusieron el grito en el cielo, pues el aeropuerto podía ser controlado por los comunistas. El estallido, en octubre de 1983, de una serie de conflictos en la isla, en los que los Estados Unidos vieron la mano de la Unión Soviética y de Cuba, le dieron el pretexto (consistente, una vez más, en la protección de los ciudadanos norteamericanos) para invadir Granada. Sin que existiera una amenaza exterior, los norteamericanos, una vez más, intervinieron en los asuntos internos de un Estado del Hemisferio Occidental con el propósito de salvaguardar sus intereses estratégicos y económicos.

3. LAS SANCIONES ECONÓMICAS COMO FORMA DE INTERVENCIÓN

La manera como los Estados Unidos administraban y destinaban la ayuda económica concedida dentro del marco de la Alianza para el Progreso y, más en concreto, el boicot impuesto a Cuba, habían puesto de manifiesto hasta qué punto ese país estaba dispuesto a utilizar su supremacía económica frente a los Estados iberoamericanos como un medio de controlar, desde el exterior, su desarrollo político y social. En el caso de Cuba, ni el intervencionismo económico ni el intervencionismo militar habían logrado el éxito esperado. Sin embargo, no ocurrió lo mismo con Bolivia

468

y Chile, países donde los Estados Unidos, merced al establecimiento de sanciones económicas o de boicots, consiguieron abortar, en un caso, una revolución y, en otro, derribar un gobierno socialista.

En Bolivia, en abril de 1952, el MNR (Movimiento Nacionalista Revolucionario) llevó a cabo una revolución que no se limitó a ser un simple golpe de estado. La misma, con la colaboración de los campesinos indios y de los sindicatos, puso en marcha una transformación en profundidad de la estructura social del país. Sus características hacen de ella una de las revoluciones más atípicas de todas las vividas por Iberoamérica. Entre los puntos más importantes de la política revolucionaria del MNR se encontraban los siguientes: la incorporación de los indios a la sociedad, merced al reconocimiento de sus derechos civiles; el desarrollo de una reforma agraria que había de servir de instrumento para el reparto de las grandes propiedades rurales; la nacionalización de las compañías que se dedicaban a la explotación de las minas de cinc, pertenecientes en su mayor parte a tres consorcios en los que existía una mayoría de capital norteamericano (Patiño, Aramayo y Hochschild) y la reunión de las mismas en una sociedad minera estatal, la COMIBOL (Corporación Minera de Bolivia), en la que los trabajadores y los sindicatos podrían dejar oír su voz; y, finalmente, la supresión del ejército y su sustitución por milicias.

De 1952 a 1964, los sucesivos gobiernos del MNR no supieron llevar a la práctica del modo adecuado las reformas que habrían de impulsar el proceso de transformación de la sociedad boliviana. Las dificultades económicas con las que se tuvo que enfrentar la minería del cinc, sector del que se esperaba obtener los beneficios necesarios para llevar a cabo las inversiones exigidas por las reformas, condujeron a un estrangulamiento de la economía del país. Esta circunstancia obligó al gobierno a pedir ayuda del exterior, dado que, como consecuencia de la revolución, se había producido una enorme evasión de capitales y un rápido deterioro de la situación monetaria. Aunque no se puede negar la incompetencia y las debilidades de los líderes de la revolución, tampoco se puede pasar por alto que la presión ejercida por Estados Unidos, país que en junio de 1952 había reconocido al gobierno revolucionario debido al carácter no comunista del mismo, contribuyó al fracaso de la revolución.

Ya en 1953, los Estados Unidos habían entregado a Bolivia una ayuda económica de 11 millones de dólares (ayuda que, durante cada uno de los dos años siguientes, habría de alcanzar los 20 millones) con el fin, entre otras cosas, de capacitar a dicho país para enfrentarse al comunismo. Bolivia recibió, por lo tanto, ayuda financiera de los Estados Unidos, pero su estrecha vinculación con este país —la ayuda se extendió a todos los sectores de la economía— limitó al mismo tiempo su libertad de acción. De esta forma se perdió la posibilidad de lograr un desarrollo autóctono. Así, en 1955, por ejemplo, se emprendió un plan de estabilización, elaborado por el enviado especial del gobierno de los Estados Unidos, George Jackson Eder, que iba en contra de los objetivos sociales perseguidos por la revolución, pues en el mismo se preveía la congelación o la disminución de los salarios y la retirada de las subvenciones a los productos alimenticios. Asimismo, en dicho plan la inflación era considerada como un problema exclusivamente monetario. En octubre de 1955 se promulgó una ley sobre el petróleo redactada por expertos estadounidenses, en virtud de la cual se suprimía el monopolio estatal existente desde 1937 y se favorecía a las inversiones extranjeras, en especial a las norteamericanas. La compañía Gulf Oil de

Pittsburg recibió una serie de concesiones para la explotación de los yacimientos petrolíferos de Los Monos y de Agua Salada.

A finales del año 1960, el presidente Paz Estensoro recibió una oferta de la Unión Soviética relativa a la concesión de unos créditos por valor de 150 millones de dólares con el fin de modernizar la minería del cinc, de crear una compañía petrolífera de propiedad estatal y de llevar a cabo reformas en la infraestructura del país. Sin embargo, los Estados Unidos y los bancos internacionales presionaron sobre Paz Estensoro —quien se encontraba interesado en el saneamiento de la COMIBOL, debido a que era la fuente más importante de divisas con la que contaba el país— para que rechazara la oferta. Ellos, por su parte, presentaron en 1961 un plan de financiación, el llamado plan triangular, como respuesta a la oferta soviética. Merced a este plan, llevado a cabo por el gobierno norteamericano, por el Banco Interamericano de Desarrollo y por la República Federal de Alemania, Bolivia recibió más de 37 millones de dólares en concepto de ayuda económica, pero, a cambio, el país se vio vinculado económicamente de una forma más estrecha a los Estados Unidos, pasó a depender de la buena voluntad de esa nación y, por añadidura, hubo de sufrir tensiones de carácter político.

El influjo creciente de los Estados Unidos y de la Alianza para el Progreso, cuya forma de actuar se pretendía que fuese seguida por Bolivia, y los planes de estabilización que iban en contra del conjunto de la población, ocasionaron disensiones entre los diversos sectores del movimiento revolucionario y, finalmente, condujeron a la ruptura entre el ala derecha del MNR y el movimiento obrero liderado por los sindicatos. De esta forma el MNR perdió la base social sobre la que se había sustentado la revolución de 1952. El gobierno se vio obligado, para seguir en el poder, a recurrir al ejército, que había sido reconstruido con ayuda de los norteamericanos —la ayuda militar aumentó de 1 millón de dólares en 1958 a 3,2 millones en 1964. En 1964, un golpe de estado llevado a cabo por el ejército puso punto final a la revolución.

La renuncia por parte de algunos sectores bolivianos a seguir poniendo en práctica iniciativas de carácter revolucionario y el creciente influjo económico y político de los Estados Unidos y de los bancos internacionales, merced a la concesión de ayudas económicas, condujeron a una involución de la revolución.

El alzamiento militar que tuvo lugar en Chile el 11 de septiembre de 1973, que costó la vida al presidente Allende y dio origen a una dictadura militar, ha puesto de manifiesto lo difícil que resulta realizar en Iberoamérica las necesarias reformas estructurales por métodos democráticos. No se puede ocultar la fragilidad del experimento de Allende de alcanzar el socialismo por una vía pacífica. Un ejemplo de lo dicho puede ser el de la política económica, cuando se creyó que la imprescindible transformación social y económica habría de conducir de forma automática al desarrollo del país, y lo que se produjo en realidad fue una crisis general de la economía. No obstante, es fácil darse cuenta de que los enemigos, tanto de afuera como de dentro, del experimento del presidente Allende pusieron todos los medios para hacerlo fracasar.

Entre estos enemigos se encontraba también los Estados Unidos, quienes estaban interesados en Chile no sólo por el valor estratégico de este país como avanzadilla del Hemisferio Occidental, sino también desde un punto de vista económico. Las cuantiosas inversiones norteamericanas, sobre todo en la minería del cobre, que en 1907 habían alcanzado la cifra de unos 1.100 millones de dólares, son una prueba de

Mina de cobre de Chuquicamata, Chile

lo dicho anteriormente. Dos compañías estadounidenses, la Braden / Kennecott y la Anaconda, habían obtenido en 1905 los derechos de explotación de varios yacimientos de cobre. Las minas en poder de los norteamericanos, la llamada «Gran Minería», tenían un peso cada vez mayor en la producción de cobre, sobre todo en comparación de la «Pequeña Minería» que se encontraba en manos chilenas. La minería en general, y en particular la del cobre, tenía una gran importancia en el conjunto del comercio exterior chileno. En 1944 había representado el 76,2 por 100 de todas las exportaciones y en 1969 había significado el 88 por 100. De forma paralela, en el mismo periodo de tiempo, el porcentaje del cobre respecto al total de las exportaciones de productos mineros había pasado de un 54,4 por 100 a un 79,1 por 100 y la dependencia de Chile de un único bien exportable, cuyos precios se encontraban sometidos a continuas oscilaciones en el mercado mundial, se había agudizado. La dependencia era mayor aún, si se tiene en cuenta que la experiencia y los conocimientos relativos a la minería del cobre se encontraban en posesión de las compañías norteamericanas y que las decisiones acerca del volumen de producción de cobre, de la prospección de nuevos yacimientos cupríferos, de las inversiones y de la comercialización se tomaban en el extranjero. Las compañías citadas obtenían en Chile pingües ganancias. En 1969, la Anaconda, que tenía invertido en ese país sólo el 16 por 100 de todo su capital, obtuvo en el mismo más del 80 por 100 de todos sus beneficios en el extranjero.

Cuando Allende emprendió la tarea de nacionalizar todo el sector minero —después de que, bajo el gobierno anterior del presidente Frei, se hubiesen dado ya algunos tímidos pasos en el sentido de una nacionalización negociada, merced a la cual Chile había obtenido el control del 51 por 100 de las acciones de las compañías que operaban en dicho sector— la reacción de los Estados Unidos no se hizo esperar. En cierta manera, la intervención de los Estados Unidos se había iniciado ya durante la campaña electoral del año 1964, cuando apoyó de forma masiva al cristianodemócrata Eduardo Frei en detrimento del socialista Salvador Allende. Frei recibió unos

471

20 millones de dólares procedentes de fuentes norteamericanas. En conjunto, los Estados Unidos, durante el periodo comprendido entre los años 1961 y 1979, entregaron a Chile 1.300 millones de dólares en concepto de ayuda económica. A partir de 1964, dicha ayuda sirvió para apoyar las reformas de carácter moderado emprendidas por Frei. Chile fue uno de los principales receptores de los fondos procedentes de la Alianza para el Progreso. No obstante, esta ayuda significó un enorme endeudamiento exterior, el cual habría de pesar como una losa sobre el gobierno de Allende al alcanzar éste el poder en 1970.

Cuando el gobierno de Allende llegó al poder en octubre de 1970, los créditos y la ayuda proporcionada por los Estados Unidos —que continuaban siendo muy importantes para la economía chilena— dejaron de fluir hacia el país, debido a que éstos veían como un peligro para el mundo libre y para la economía de mercado el programa de reformas preconizado por Allende y, asimismo, veían amenazada su seguridad por el posible efecto que el experimento socialista chileno podía tener sobre los países vecinos —la llamada teoría del dominó. De hecho, dicho programa contenía algunos puntos que iban en contra de los intereses de los Estados Unidos: conclusión de la reforma agraria iniciada en tiempos de Frei; nacionalización total de las compañías mineras norteamericanas, de los bancos, de la industria textil, química y del cemento, de la energía y de los transportes; y establecimiento de relaciones diplomáticas con la República Popular de China, con Corea, con Vietnam, con la República Democrática Alemana y con Cuba —país que, como se recordará, había sido expulsado de la OEA.

La sensación de que las propiedades norteamericanas estaban en peligro llevó a unirse al gobierno norteamericano, a la CIA y a la compañía multinacional ITT (International Telephone and Telegraph Corporation) en una «coalición» de intereses. Su plan consistía en plantear dificultades económicas al impopular gobierno socialista con el fin de que se produjeran tensiones sociales derivadas de un aumento del paro y, al mismo tiempo, apoyar económicamente a los grupos de oposición hasta que un nuevo gabinete, o los militares, se encontrase en condiciones de sustituir al arruinado gobierno de Allende.

El gobierno de los Estados Unidos suspendió la entrega de créditos a Chile. Durante el gobierno de Allende, el Exim-Bank, que en el año 1967 había puesto a disposición del país andino 238 millones de dólares, redujo el volumen de sus créditos a una cantidad insignificante. El Banco Mundial interrumpió la concesión de créditos y el Banco Interamericano de Desarrollo redujo también su ayuda financiera de forma drástica (véase el cuadro adjunto).

Además, los Estados Unidos se negaron a iniciar conversaciones para negociar la enorme deuda exterior acumulada por Chile, que, por lo demás, ya existía en los tiempos de Frei. Esto provocó el que Chile tuviese grandes dificultades para conseguir nuevos créditos. El boicot financiero impuesto por los Estados Unidos a raíz de la nacionalización de las minas de cobre —boicot que dificultó de manera directa o indirecta la entrega de empréstitos por parte de las instituciones internacionales— dañó la imagen de Chile en el mundo de las finanzas y ocasionó dificultades cada vez mayores a la balanza de pagos del país. Los modestos créditos procedentes de los países socialistas no bastaban para equilibrar las pérdidas. Con el boicot financiero, la población empezó a sufrir de forma creciente la escasez de diferentes productos, debido a que el gobierno de Allende tenía mermada su capacidad de realizar com-

AYUDA FINANCIERA NORTEAMERICANA E INTERNACIONAL A CHILE
(en millones de dólares y por años presupuestarios)

	1964	1965	1966	1967	1969
a) Ayuda norteamericana al conjunto de la economía	127,1	130,4	111,4	238,1	8,6
b) Al ejército	9,0	9,9	10,2	4,2	11,7
Banco Mundial	22,6	4,4	2,7	60,0	11,6
BID	16,6	4,9	62,2	31,0	31,9

	1970	1971	1972	1973
a) Ayuda norteamericana al conjunto de la economía	26,3	8,6	9,0	3,8
b) Al ejército	0,8	5,7	12,3	15,0
Banco Mundial	19,3	—	—	—
BID	45,6	12,0	2,4	5,2

Fuente: Cole Blasier, *The Hovering Giant. U.S. Response to Revolutionary Change in Latin America,* Londres, 1976, pág. 264.

pras en el extranjero. ¡Entretanto, los créditos norteamericanos al ejército chileno aumentaron de 0,8 millones de dólares en el año 1970 a 15 millones de dólares en el año 1974!

En el año 1972, al bloqueo económico se unió el intento de la compañía Kennecott por conseguir el embargo de la producción de cobre de la mina *El Teniente,* que había sido de su propiedad en otro tiempo, con el fin de obligar al gobierno de Allende a pagar las indemnizaciones prometidas. Lo que pretendía la compañía norteamericana era que se confiscase todo el cobre de dicha mina para de esa forma no tener que pagar por él a la compañía del cobre chilena. La bajada del precio del cobre en el mercado mundial supuso para el país una pérdida de 500 millones de dólares.

Las sanciones financieras y económicas tuvieron efectos contundentes sobre la situación política y social de Chile, dieron lugar a disturbios y huelgas —como, por ejemplo, la protagonizada por los empresarios del sector de los transportes en octubre de 1972— y, en último término, condujeron al golpe militar del 11 de septiembre de 1973. Un experimento socialista que, al parecer, no se amoldaba al «sistema» preconizado por los Estados Unidos para el Hemisferio Occidental, que había tratado de conseguir cambios políticos y sociales merced a un programa de gobierno antiimperialista y antioligárquico, fracasó gracias a las maniobras de desestabilización de ese país. El desenlace de todo este proceso fue la implantación de una dictadura militar.

V. RESUMEN

En las ocho décadas transcurridas del siglo xx, los Estados Unidos han seguido frente a los países iberoamericanos una política intervencionista que se ha basado, y aún se sigue basando, de forma más o menos intensa, dependiendo de las diferentes épocas, en el convencimiento de que están obligados a desempeñar un papel civilizador (tal como preconizaba la ideología del Destino Manifiesto), en la aspiración a lograr el predominio económico sobre todo el continente (cosa que ocurrió de manera especial a principios de siglo y después de la Primera Guerra Mundial) y, por último, en un fuerte deseo de seguridad que les ha llevado a rechazar, tal como se preveía en la Doctrina Monroe, las injerencias, reales o imaginarias, venidas desde el exterior.

Además de los casos descritos en el presente trabajo, se puede decir que casi todos los Estados iberoamericanos han sufrido de una manera u otra las intervenciones de los Estados Unidos, que han consistido, dependiendo de la situación, en invasiones militares, en injerencias de carácter diplomático, en el control de importantes sectores de la economía (en ocasiones, dicho control se ha extendido a Estados enteros bajo la forma de protectorado) y, por último, en el ejercicio de políticas desestabilizadoras de carácter financiero o económico.

Hasta el momento presente, los Estados Unidos han venido practicando este tipo de política con los países iberoamericanos y la mayoría de las veces para su propio provecho. Queda aún por ver si los Estados Unidos, con sus intentos de desestabilización, podrán contener los cambios políticos y sociales que están teniendo lugar en Nicaragua desde el año 1979. Pero el hecho de que a estas alturas del siglo xx, los Estados Unidos traten de castigar al gobierno sandinista suspendiendo la concesión de créditos y apoyando económicamente a los «contras», y todo ello porque, en su opinión, el continente se encuentra amenazado por el comunismo, pone de manifiesto que dicha nación no ha aprendido nada respecto a la forma como debe comportarse frente a sus vecinos.

En la actualidad, al igual que antes, la «seguridad nacional» es el criterio rector de los Estados Unidos, tanto en sus relaciones con Iberoamérica, como a la hora de ejercer el pretendido «derecho» de intervención. En las intervenciones descritas en este trabajo, los Estados Unidos, al tiempo que perseguían el logro de sus objetivos políticos y económicos, nunca perdieron de vista el ejercicio de ese papel civilizador que ellos mismos se habían asignado. Junto a ello, han tratado de evitar, siempre con la colaboración de ciertos sectores sociales de los países iberoamericanos, aquellos intentos de llevar a cabo en éstos cambios sociales de carácter autóctono, por considerarlos incompatibles con el «sistema» americano, y han llegado a aceptar dictaduras siempre y cuando estuviese fuera de toda duda su anticomunismo y su proamericanismo. Los Estados iberoamericanos sólo se han visto honrados con un trato de igualdad en aquellas épocas en las que ha existido una grave amenaza exterior.

¿Existe alguna fórmula para evitar el intervencionismo o para luchar contra él? La única, al parecer, es la de que los Estados Unidos respeten, e incluso apoyen, los procesos de desarrollo propiamente iberoamericanos, aun en aquellos casos en que los mismos vayan en contra de los dogmas tradicionales de ese país. La necesidad de intervenir sólo podrá ser superada, si la potencia hegemónica trata en pie de igualdad a todos los demás Estados del continente.

ORIENTACIÓN BIBLIOGRÁFICA

Obras bibliográficas y Repertorios de fuentes

BURNS, Richard Dean, *Guide to American Foreign Relations since 1700*, Santa Bárbara, Cal., 1983.

DOMÍNGUEZ, Jorge I., «Consensus and Divergence. The State of Literature on Inter-American Relations in the 1970s», en *Latin American Research Review*, 13 (1978), páginas 87-126.

TRASK, David F., Michael C. MEYER, Roger R. TRASK, *A Bibliography of United States-Latin American Relations since 1810*, 1.2, 1969-1979.

COMMAGER, Henry Steele (ed.), *Documents of American History*, Nueva York, 1943.

GANTENBEIN, Kames W., *The Evolution of Our Latin American Policy. A Documentary Record*, Nueva York, 1971.

INMAN, Samuel Guy, *Interamerican Conferences, 1826-1954. History and Problems*, Washington, 1965.

SCHLESINGER, Arthur M. jr. (ed.), *The Dynamic of World Power. A Documentary History of United States Foreign Policy 1945-1973*, vol. III, *Latin America*, Nueva York, 1973.

En las revistas que se citan a continuación se pueden encontrar numerosos datos bibliográficos y artículos del mayor interés: *American Historical Review, Foreign Affairs, Hispanic American Historical Review, Journal of Inter-American Studies and World Affairs,* e *Inter-American Economic Affairs.*

Obras de carácter general sobre las relaciones entre los Estados Unidos e Iberoamérica

AGUILAR, Alonso, *El Panamericanismo de la Doctrina Monroe a la Doctrina Johnson,* 1965. Edición inglesa: *Pan-Americanism. From Monroe to the Present,* Rev. Engl., edición Nueva York-Londres, 1968.

BAILEY, Norman A., *Latin America in World Affairs*, Nueva York, 1967.

BEMIS, Samuel Flagg, *The Latin American Policy of the United States, An Historical Interpretation*, Nueva York, 1943.

CONNEL-SMITH, Gordon, *The Inter-American System*, Londres, Nueva York, Toronto, 1966.

COTLER, Julio y RICHARD R. Fagen (eds.), *Latin America and the United States. The Changing Political Realities,* Stanford, 1974.

FENWICK, Charles G., *The Organization of American States: The Inter-American Regional System,* Washington, 1963.

GASPAR, Edmund, *United States-Latin America. A Special Relationship?,* Stanford, 1978.

GUERRA, Sergio, y Alberto PRIETO, *Estados Unidos contra América Latina. Dos siglos de agresiones,* La Habana, 1978.

MATTHEWS, Herbert L., *The United Stated and Latin America,* Sec. Edit. Englewood Cliffs, 1963.

MECHAM, J. Lloyd, *The United States and Inter-American Security, 1889-1960,* Austin, 1967.

Organization of American States, Department of Public Information, General Secretariat (ed.), *The OAS and the Evolution of the Inter-American System,* s. 1 s. y.

RONNING, C. Neals (ed.), *Intervention in Latin America,* Nueva York, 1970.

WILLIAMS, Williams Appleman, *The Shaping of American Diplomacy,* vols. 1 y 2. Chicago, 1956.

WYTHE, George, *The United States and Inter-American Relations. A Contemporary Appraisal,* Gainesville, 1964.

Obras de carácter general sobre las relaciones económicas entre los Estados Unidos e Iberoamérica

BEHRENDT, Richard F., *Inter American Economic Relations. Problems and Prospects,* Nueva York, 1948.

BERNSTEIN, Marvin (ed.), *Foreign Investment in Latin America. Cases and Attitudes,* Nueva York, 1963.

ECLA, *El financiamiento externo de América Latina,* Nueva York, 1964.

GRUNWALD, Joseph (ed.), *Latin America and World Economy,* Beverly Hills, 1978. *Historical Statistics of the United States. Colonial Times to 1970,* Bicentennial Edition, Washington, 1975.

KARNES, Thomas C., *Tropical Enterprise: The Standard Fruit and Stemaship Company in Latin America,* Baton Rouge, 1978.

MAY, STACY, y Galo PLAZA, *The United Fruit Company in Latin America,* Washington, 1958.

N. CANN, Thomas P., *An American Company,* Nueva York, 1976 (United Fruit).

SCROGGS, William O., «The American Investment in Latin America», en *Foreign Affairs X* (1932), págs. 502-504.

SWANSBROUGH, Robert H., *The Embattled Colossus. Economic Nationalism and United States Investors in Latin America,* Gainesville, 1976.

WILLIAMSON, Robert B. *et al.* (ed.), *Latin American-Us. Economic Interactions,* Washington, 1974.

WINKLER, Max, *Investments of United States Capital in Latin America,* Port Washington, N. Y., 1971.

Obras sobre la Doctrina Monroe y el concepto de Hemisferio Occidental

BEMIS, Samuel Flagg, *John Quincy Adams and the Foundation of American Foreign Policy,* Nueva York, 1949.

MAY, Ernest R., *The Making of the Monroe Doctrine,* Cambridge, Mass. 1975.

PERKINS, Dexter, *Hands Off. A History of the Monroe Doctrine,* Boston, 1941.

— *A History of the Monroe Doctrine,* Boston, 1957.

WHITAKER, Arthur P., *The Western Hemisphere Idea. Its Rise and Decline,* Ithaca y Londres, 1954.

Obras sobre la conciencia de misión histórica de los Estados Unidos

ANDERSON, P. S., *Westward is the Course of Empires. A Study in the Shaping of an American Idea. F. J. Turner's Frontier,* Oslo, 1956.

COMMAGER, Henry Steel, *The American Mind,* New Haven, 1962.

CURTI, Merle, *The Growth of American Thought*, Nueva York, 1943.

FISKE, J. A., *The Destiny of Man*, Boston, 1884.

MERK, Frederick, *Manifest Destiny and Mission in America History*, Nueva York, 1963.

— *The Monroe Doctrine and American Expansionism 1843-1849*, Nueva York, 1966.

STRONG, Joshua, *Our Country*, Nueva York, 1885; Cambridge, Mass., 1963.

WEINBERG, Albert K., *Manifest Destiny: A Study of National Expansion in American History*, Baltimore, 1935.

Obras en las que se trata la relación existente entre las intervenciones norteamericanas y el establecimiento de un imperio comercial por parte de los Estados Unidos

BEALE, H. K., *Theodore Roosevelt and the Rise of America to World Power*, Baltimore, 1962.

CARRISON, D. J., *The Navy from Wood to Steal, 1860-1890*, Nueva York, 1965.

CHALLANGER, Richard D., *Admirals, Generals, and American Foreign Policy. 1898-1973*, Princeton, 1973.

DE CONDE, Alexander, *Herbert Hoover's Latin America Policy*, Stanford, 1951.

GRENVILLE, John A. S., y George BERKELEY YOUNG, *Politics, Strategy, and American Diplomacy. Studies in Foreign Policy, 1873-1917*, New Haven y Londres, 1966.

HAGAN, Kenneth, *American Gun-Boat Diplomacy, 1889-1977*, Westport, 1973.

IRIYE, Akira, *From Nationalism to Internationalism. US Foreign Policy to 1914*, Londres, 1977.

LAFEBER, Walter, *The New Empire. An Interpretation of American Expansion, 1860-1898*, Ithaca, N.Y., 1963.

— *The Panama Canal. The Crisis in Historical Perspective*, Nueva York, 1978.

LANGER, William L., *The Diplomacy of Imperialism 1890-1902*, Nueva York, 1960.

MUNRO, Dana G., *Intervention and Dollar Diplomacy in the Caribbean, 1900-1921*, Princeton, 1964.

— *The United States and the Caribbean Republics 1921-1933*, Princeton, 1974.

PAOLINO, Ernest N., *The Foundations of the American Empire. William Henry Seward and US. Foreign Policy*, Ithaca, Londres, 1973.

TULCHIN, Joseph S., *The Aftermath of War. World War I and US. Policy toward Latin America*, Nueva York, 1971.

WEHLER, Hans-Ulrich, *Der Aufstieg des amerikanischen Imperialismus. Studien zur Entwicklung des Imperium Americanum*, Gotinga, 1974.

Obras sobre la política de buena vecindad

BOLTON, Herbert Eugene, *Wider Horizons of American History*, Nueva York, 1939.

GELLMAN, Irwin F., *Good Neighbor Diplomacy 1933-1945*, Baltimore, 1979.

GREEN, David, *The Containment of Latin America. A History of the Myths and Realities of the Good Neighbor Policy*, Chicago, 1971.

GUERRANT, Edward O., *Roosevelt's Good Neighbor Policy*, Albuquerque, 1950.

HUGUES, Charles Evans, *Our Relations to the Nations of the Western Hemisphere*, Princeton, 1928.

HULL, Cordell, *Memoires of Cordell Hull*, 2 vols., Nueva York, 1948.

RIPPY, J. Fred, *Latin America in World Politics*, Nueva York, 1938.

WELLES, Sumner, *Naboth's Vineyard. The Dominican Republic, 1944-1924*, Nueva York, 1928.

WHITAKER, Arthur P., «From Dollar Diplomacy to the Good Neighbor Policy», en *Inter-American Economic Affairs*, 4 (1951), pág. 12-19.

WOODS, Bryce, *The Making of the Good Neighbor-Policy*, Nueva York, 1961.

BARBER, Willard F., y C. Neale RONNING, *Internal Security and Military Power*, Columbus, 1966.

BARRY, Tom *et al.*, *Dollard and Dictators: A Guide to Central America*, Albuquerque, 1982.

BENDER, Lynn Darrell, *Cuba vs. the United States. The Politics of Hostility*, San Juan (Puerto Rico), 1981.

BERLE, Adolf A., *Latin America. Diplomacy and Reality*, Nueva York, 1962.

BLASIER, Cole, *The Hovering Giant. US. Responses to Revolutionary Change in Latin America*, Pittsburg, 1976.

DIEDERICHS, Bernard, *Somoza and the Legacy of US. Involvement in Nicaragua*, Nueva York, 1981.

DOZER, Donal, *Are we Good Neighbors? 1930-1960*, Gainesville, 1959.

DREIER, John C., *The Organization of American States and the Hemisphere Crisis*, Nueva York, 1962.

DUGGAN, Laurence, *The Americas. The Search for Hemispheric Security*, Nueva York, 1949.

HAYES, Margaret Daly, *Latin America and the U.S. National interest: A Basis for U.S. Foreign Policy*, Boulder y Londres, 1984.

ERISMAN, H. Michael (ed.), *The Caribbean Challenge: U.S. Policy in a Volatile Region*, Bouler, Col., 1984.

ETCHISON, Don L., *The United States and Militarism in Central America*, Nueva York, 1975.

FERGUSON, Yale H. (ed.), *Contemporary Inter-American Relations*, Englewodd Cliffs, 1972.

GADDIS, John Lewis, *Strategies of Containment. A Critical Appraisal of Postwar American National Security Policy*, Nueva York, 1982.

LAFEBER, Walter, *Inevitable Revolutions. The United States in Central America*, Nueva York, Londres, 1983.

LEVINSON, Jerome, y Juan DE ONÍS, *The Alliance that lost its Way*, Chicago, Newfarmer, Richard (Ed.), *From Gunboats to Diplomacy. New U.S. Policies for Latin America*, Baltimore, Londres, 1984.

PETRAS, James, y MORRIS MORLEY, *The United States and Chile. Imperialism and the Overtrow of the Allende Government*, Nueva York, Londres, 1975.

ROGERS, William D., *The Twilight Struggle. The Alliance for the Progress and the Politics of Development in Latin America*, Nueva York, 1967.

SCHELESINGER, Stephen y Stephan KINZER, *Bitter Fruit. The Untold Story of the American Coup in Guatemala*, Garden City, N. Y., 1982.

SCHOULTZ, Lars, *Human Rigths and U.S. Policy towards Latin America*, Princeton, 1981.

STEEL, Ronald, *Pax Americana*, Nueva York, 1970.

WAGNER, R. Harrison, *U.S. Policy Toward Latin America. A Study in Domestic and International Politics*, Stanford, 1970.

WILLIAMS, Edward J., *The Political Themes of Inter-American Relations*, Belmont, 1971.

HANS-JOACHIM KÖNING

CAPÍTULO VI

Los radicalismos

I. SITUACIÓN SOCIAL, ECONÓMICA Y POLÍTICA DE IBEROAMÉRICA A COMIENZOS DEL SIGLO XX

1. Transformaciones demográficas

El ingreso en el siglo XX es contemplado con optimismo por las burguesías iberoamericanas. Región privilegiada en el intercambio con Europa tras su acceso al mercado mundial en la segunda mitad del XIX, Iberoamérica se adapta a la división internacional del trabajo por la conformación de las estructuras productivas a las exigencias del «crecimiento hacia afuera». La ilusión de un progreso indefinido alentaba en muchos espíritus, confiados en el dinamismo proporcionado a las economías de cada país por la demanda externa. No obstante, estos signos que parecían exhibir una creciente modernización, eran resultado de una serie de fenómenos originados en transformaciones no demasiado profundas, que pronto se demostrarían insuficientes para estimular un crecimiento económico sostenido. Se producen, sin embargo, innovaciones de magnitud, y éstas provocan un fuerte ascenso de las exportaciones, y cierta diversificación de los productos demandados por los países compradores. La modernización de los transportes por la expansión de los ferrocarriles, una mayor eficiencia en los sistemas de comercialización, sustentados ahora en el desarrollo de las redes bancarias, el incremento de la población trabajadora como resultado de las políticas inmigratorias, eran factores que confluían para alimentar los engranajes de esa estructura de crecimiento dependiente.

La demografía, de impresionantes ritmos de progresión para unas regiones, de más lento ascenso en otras, pero sin duda exhibiendo una expansión continuada en el conjunto de Iberoamérica, es uno de los fenómenos a tener en cuenta para evaluar las mutaciones económicas y sociales del continente. Sin duda, la inmigración europea tuvo gran influencia en la elevación de las cifras de población en ciertas áreas; especialmente en la fachada atlántica iberoamericana, y de ésta, en una extensa región que se extiende desde Río de Janeiro hasta la ciudad de Bahía Blanca en Argentina, un amplio territorio donde se dirigía, con oleadas de distinta intensidad, la mayoría de los hombres que se desplazaron desde el viejo continente. Debe subrayarse, asimismo, que las corrientes de emigrantes no se mantuvieron constantes, sobre todo durante el siglo XIX. Sus pulsaciones responden a instancias de crisis en distintas áreas europeas, antes que a las demandas de inmigración procedentes de las políticas colonizadoras de los países iberoamericanos. Esto implica un cierto tipo de inmigración, predominando los habitantes de las zonas rurales en periodos de hambrunas, seguidos por un número menor de trabajadores urbanos, o procedentes de pequeñas poblaciones, escapando de las crisis continuadas en países europeos de escaso nivel industrial y, finalmente, de personas que huyen de conflictos políticos amenazantes para su vida y la de sus familias. En consecuencia, los guarismos más altos de la inmigración llegada a Iberoamérica, hasta los primeros años del siglo XX, están proporcionados por Italia, España, Portugal, y en cifras menores por Francia, Gran Bretaña y Alemania, aunque no debe desdeñarse la importancia de los emigrantes chinos en Perú, o los japoneses en Brasil, durante ciertos periodos.

Es cierto que esta inmigración, cuyo ritmo es rápido en las últimas décadas del siglo XIX, tiende a exhibir una desaceleración en las dos primeras décadas de la actual centuria. Como afirma Pierre Léon, la corriente migratoria se hace más densa en los años de la depresión que corre entre 1873 y 1896, en tanto que se enlentece en los años prósperos entre fin de siglo y el comienzo de la Primera Guerra Mundial. La elevación de las cifras demográficas que registra Iberoamérica, desde los 60 millones de habitantes de 1900, pasando por los casi 82 de 1914 hasta alcanzar los 111 millones de 1930, obedece, por lo tanto, a causas más complejas que el estímulo de las oleadas migratorias, si bien es cierto que éstas demostraron su fuerte incidencia en algunos países durante el pasado siglo, sobre todo en Argentina, Uruguay, Brasil y Chile. Los avances científicos en atención sanitaria, el mejor nivel de dieta para los estratos más pobres de la población debido al crecimiento económico, obraron sobre el descenso de la mortalidad, y esto unido a unas tasas de natalidad infantil que en algunas regiones no han experimentado declive alguno, proveen de una explicación algo más convincente para la expansión demográfica.

Sin embargo, estas explicaciones no son válidas para todos los países. Si atendemos a las cifras para el conjunto percibimos que, hacia el último tercio del siglo XIX las estimaciones sitúan el crecimiento anual en un ritmo del 1,2 por 100; entre fin de siglo y 1914 éste asciende a 2,4 por 100, y ese porcentaje se mantiene estable hasta 1930. Entre los aproximadamente 41 millones de habitantes de 1870 y los 60 que existen en Iberoamérica al llegar 1900, el vigor del crecimiento se sitúa en un 46 por 100 en treinta años; pero desde la última fecha hasta 1930, la población alcanza los 111 millones de seres, revelando, en el mismo número de años, un salto del 85 por 100. El continente iberoamericano representa en 1900 el 3,7 por 100 del total de la demografía mundial; para 1930 el peso de esa población ha sido estimado en el 5,4 por 100. También las diferencias en el volumen de las pulsaciones demográficas nos ilustran sobre las áreas de preferencia inmigratoria. Cualquier estimación de las cifras de personas llegadas en la etapa más alta de la inmigración resulta siempre aleatoria. Pierre Chaunu propone 6 ó 7 millones de personas, una vez reducidas del total los retornos; Pierre Léon y otros autores creen que se ha producido el ingreso de unos 10 millones de europeos entre 1870 y 1914.

Los países de la fachada atlántica sudamericana denominados por algunos autores «la América blanca», y por otros, «la América nueva»; grupo configurado por Argentina, Brasil y Uruguay, demuestran el peso de la inmigración en sus territorios cuando su porcentaje en la demografía total de Iberoamérica asciende desde aproximadamente un 31 por 100 en 1870 al 37,7 por 100 de 1900, al 46 por 100 de 1914 y llega al 48 por 100 en 1930. En efecto, de los 82 millones de habitantes que suma Iberoamérica en 1914 se concentran en esa zona 37.600.000, y 53.300.000 en 1930.

Claro que el 36 por 100 de la población iberoamericana habita en Brasil. Este país constituye, junto a México, una impresionante aportación demográfica para el continente. En conjunto suman en 1900 el 51 por 100 del total, en 1914 el 53 por 100, y en 1930 el 51 por 100; y debe advertirse que la emigración, si tiene cierta importancia para Brasil, no se mostró demasiado atraída por el país azteca. Sin duda la población indígena en México y la población negra en Brasil, superados los traumas de la etapa colonial y de la esclavitud, suman ahora su renacer demográfico al de unas capas mestizas que se han mostrado en ascenso desde el periodo hispánico. El crecimiento natural, apoyado por los progresos sanitarios, hacen sentir sus efectos, y explican en buena medida el crecimiento humano de Brasil y México.

La Europa mediterránea es el principal protagonista de esa etapa que algunos autores han denominado de «emigración masiva». Los italianos son mayoritarios, pues si en Brasil son superados en la inmigración por los portugueses, su peso en el cono sur del continente es decisivo. Entre 1880 y 1910 ingresan en ese país un millón de italianos; son más de dos millones y medio los que entran en Argentina entre 1860 y 1924; en Uruguay, con cifras inmigratorias menores, también los italianos son el grupo más numeroso. En los tres países la nacionalidad que sigue a la italiana en el número de inmigrantes es la española, de fuerte incidencia también, sobre todo en Argentina y Uruguay. Chile se constituye asimismo en país receptor, aunque con cifras sensiblemente más débiles ya que escasamente supera los 500.000 emigrantes entre 1880 y 1914. En el cono sur, sobre todo, si los alemanes, franceses, británicos o centroeuropeos son muy reducidos en número, conforman en cambio una inmigración más cualificada y muy activa. Algunos de los fenómenos más importantes de este rápido incremento demográfico impulsado, como se ha visto, en parte por el flujo inmigratorio, y en parte por el crecimiento natural de las poblaciones, serán la fuerte concentración en algunas zonas de cada uno de los países receptores, y el extraordinario desarrollo urbano.

Brasil se presenta ya como un gigante demográfico desde comienzos de siglo, puesto que ha pasado de poseer el 28 por 100 de la población iberoamericana en 1900 al 36 por 100 representado por sus 40.300.000 habitantes de 1930. Un sitial que ya no abandonará, demostrando el ímpetu de un país que Roger Bastide ha definido como *tierra de contrastes,* con su componente indígena en la Amazonia, el Mato Grosso y Goiás, un nordeste de predominio negro, que en algunos estados, como Bahía, llega al 71 por 100, y que no es inferior al 45 por 100 en los demás del área, y el Brasil blanco en el sur que se extiende desde São Paulo hasta Río Grande do Sul. Mientras que Río de Janeiro tiene, en las primera décadas del siglo, una densidad de 40 habitantes por kilómetro cuadrado, cifra que tan sólo será superada por São Paulo más tarde, respondiendo a la expansión de la economía del café, la Amazonia exhibe 0,7 habitantes por kilómetro cuadrado. En 1914 la población alcanza en este país, según estimaciones, 28.400.000 habitantes. La presión inmigratoria, con ser importante, no es el factor decisivo en este crecimiento demográfico. En el incremento del caudal inmigratorio tuvo importancia, señalan Merrick y Graham, el impacto de la recesión económica del último tercio del siglo XIX sobre Italia, la crisis de 1890 en Argentina, y el recorte a los cupos de inmigración en Estados Unidos. Todo ello unido a un auge de la economía brasileña, impulsado por el sector del café. Porque los italianos constituyen el colectivo más numeroso desde finales del siglo, seguidos de portugueses y españoles.

En Argentina el cuadro es similar: los polos más densificados son: Buenos Aires y la cerealera provincia de Santa Fe, en tanto que la región pampeana que se extiende hacia el sur, hasta la Patagonia, debilita su densidad demográfica hasta menos de un habitante por kilómetro cuadrado. Cuatro millones de habitantes en 1900, 8.000.000 en 1914 y 11.200.000 en 1930 es su progresión demográfica. Los ocho millones de habitantes de 1914, cuadruplicando los existentes en 1870, demuestran una pujanza inmigratoria representada por los cuatro millones de europeos ingresados al país entre esas dos fechas. Italia contribuye en un alto porcentaje, un 45 por 100 en el cómputo global, seguida por España, un 35 por 100, sobre todo en las oleadas de inmigración masiva. Al igual que en Brasil existe una aportación, con cifras mucho menores, de alemanes, británicos, franceses, centroeuropeos, de importancia por su cualificación técnica en las áreas industriales o agrícolas.

Uruguay, país pequeño en superficie, recibe también un fuerte impulso inmigratorio y crece demográficamente a buen ritmo hasta 1914. En 1900 se calculó la población total en 915.000 habitantes, el censo de 1908 arrojó la cifra de 1.042.686, y para 1914 la población se situaba en 1.315.714; en 1930 alcanza 1.800.000. Asimismo, el ritmo inmigratorio es más elevado en las dos últimas décadas del siglo XIX para decaer entre 1900 y 1914. La estimación de ingresos por nacionalidad sigue, con cifras menores, la misma clasificación que Argentina: la encabezan los italianos, seguidos por los españoles y luego franceses, británicos, alemanes y centroeuropeos. El caso de Chile, que revela en 1914 una duplicación de la cifra de sus habitantes si se toma como base 1860, no supone, en cambio, un papel importante de la inmigración, cuyas cifras son reducidas. Tampoco es muy fuerte el ritmo de crecimiento: 2.700.000 en 1900, 3.000.000 en 1914 y revela una cifra de 4.300.000 en 1930.

Otros países andinos, como Bolivia, Perú y Ecuador, exhiben un crecimiento demográfico mucho más lento. Tan sólo Colombia alcanza, en 1914, un total de 5.700.000 habitantes, duplicando casi la población existente en 1870. Venezuela avanza con mayor lentitud, y en 1914 su población es de 2.600.000. El ritmo de ascenso demográfico en Centroamérica y el Caribe se presenta, asimismo, lento, pero su densidad por kilómetro cuadrado es más elevada que en América del Sur. En El Salvador y Guatemala, esta mayor densidad es perceptible en el área de plantaciones, donde la región presenta una estructura economicosocial que contrasta con los países del sur del continente. Por fin, México, que ha pasado de los 13.600.000 habitantes de 1900 a los 15.500.000 de 1914, apenas ha superado los dieciséis millones en 1930. Un fenómeno que se debe no sólo a las exiguas cifras inmigratorias, sino también a la coyuntura revolucionaria de 1910-1920.

La configuración del mapa demográfico del futuro está ya presente en las primeras décadas del siglo. En Brasil, un triángulo geográfico que, acogiendo a la mayoría de la población, tendrá como vértices a Río de Janeiro-Belo Horizonte-São Paulo; en Argentina, e incluso en Uruguay, una fuerte concentración de las poblaciones en las regiones del litoral fluvial del Río de la Plata, confluencia de los ríos mayores como el Paraná y el Uruguay, o sobre las márgenes de estos últimos. Es allí donde se asentará la mayoría de los habitantes de esos dos países. La concentración urbana es muy fuerte desde comienzos de siglo, pero no responde a los mismos patrones de atracción sobre el sector rural que determinan en Europa el éxodo hacia la ciudad. La demanda industrial en Iberoamérica no constituye, en los primeros decenios del siglo, un fenómeno capaz de proveer los puestos de trabajo que exigiría la migración desde los sectores campesinos.

La población urbana de Argentina es de 1.065.088 personas en 1895, 2.543.586 en 1914 y 3.572.495 en 1930; en Brasil, las ciudades reúnen un total de 1.363.573 habitantes en 1890, 2.957.000 en 1913 y 5.287.493 en 1940; en Colombia el auge urbano es muy fuerte: 391.000 en 1905 y 1.089.549 en 1928; en el Caribe nuevamente es Cuba el país de máximo desarrollo urbano: La Habana tiene 235.981 habitantes en 1899 y 543.600 en 1893; México, a su vez, muestra 1.224.303 en 1895 y en 1921 asciende a 1.709.413. Las disparidades regionales que exhibe este crecimiento urbano están en concordancia con las de la economía en Iberoamérica. Mientras los países del Plata revelan un fuerte ritmo de ascenso, el de la América andina es más atenuado y la región de América Central permanece estancada. Pero estas disparidades regionales en el crecimiento existen también en el interior de cada país, consolidados por la mayor o menor demanda de productos exportables que proviene del exterior.

Los estímulos externos sobre la economía prolongan y aún incrementan los polos ya existentes de desarrollo regional. En cierto modo, no se trata de una novedad; las poblaciones siguen en esas regiones el ritmo histórico impuesto por la conquista. Al fin, la colonización española se caracterizó por una fisonomía esencialmente urbana; los recién llegados de la península se concentraron en las ciudades, ámbito del poder y centro comercial, antes que volcarse a los campos para desplegar los conocimientos del labriego. Luego de la independencia el modelo de urbanización colonial se mantuvo estable por largo tiempo y las transformaciones posteriores, si en parte fueron concebidas para mejorar las conexiones regionales, no alteraron sensiblemente el esquema de «ciudad-puerto», como lo demuestran con claridad los casos de Argentina, Uruguay, Perú, Chile y Brasil.

2. La economía

La idea dominante en las oligarquías iberoamericanas de comienzos de siglo parecía ser la modernización. Las innovaciones introducidas durante el último tercio del siglo XIX depararon, salvo crisis coyunturales no demasiado prolongadas, altos beneficios a los grupos dominantes. Como se ha señalado con frecuencia, si bien la ofensiva del capital externo desalojó a los nativos de los circuitos de comercialización de productos, y de la estructura financiera, los núcleos oligárquicos se concentraron en el sector productivo. De tal modo, las inversiones británicas en la infraestructura ferroviaria consolidaron cierta división de funciones entre los sectores terratenientes locales y el capital extranjero. Los ferrocarriles acercaron nuevas tierras a los puertos exportadores, y facilitaron la salida de la producción ganadera y agrícola para una oligarquía terrateniente que ahora contaba con la aportación de mano de obra abundante generada por las oleadas inmigratorias. Por su parte, la inversión británica controló las redes bancarias, y a través de ellas un sector del capital nacional, el transporte, la comercialización de los productos locales, y la navegación ultramarina.

La modernización, no obstante, no pasará de algunos enclaves regionales; un fenómeno inducido por el incremento de la exportaciones que, si produjo cierta diversificación de la demanda en algunos periodos, fue insuficiente para estimular el crecimiento económico. Sobre todo porque no se trataba en definitiva de una ruptura con las formas tradicionales de producción, no se ensayaron cambios de estructuras; tan sólo se recurrió a nuevas técnicas destinadas a dinamizar la capacidad exportadora, a una mayor adaptación de los productos a las exigencias de la demanda externa. Por consiguiente, el gran latifundio confirmó su predominio en la geografía económica de Iberoamérica. Base de la expansión de las haciendas en el siglo XVIII, se mantiene al comenzar el siglo XX, adaptándose con mínimas reformas al proceso de modernización.

Jacques Lambert ha subrayado que el latifundio es un fenómeno que perpetúa el aislamiento y la permanencia de formas de vida señoriales correspondientes al pasado, al tiempo que impone la desvinculación con las pautas del desarrollo y la modernización. También responde en el aspecto formal a la vida histórica de cada región iberoamericana. Así, la tipología es muy variada; la *estancia* ganadera en Argentina, Uruguay, o Río Grande do Sul en Brasil; la *fazenda* paulista del café, el sistema de plantación en el nordeste del mismo país, en Perú, Ecuador, Colombia, Venezuela, Centroamérica y el Caribe; la *hacienda* ganadera en México, o la explotación azucarera en el estado de Morelos. Hasta la crisis de 1929 los dos tercios de la producción iberoamericana provienen de las áreas rurales, y el núcleo donde se alberga esta capacidad productiva es el gran latifundio. Por mucho tiempo configuró, en consecuencia, no sólo un sistema cerrado de dominación social, donde se impusieron los valores de la ideología señorial, tales como considerar la propiedad de la tierra y su extensión un rasgo de prestigio, sino que estableció una relación paternalista entre la gran hacienda y el personal dependiente, e incluso con las «poblaciones de frontera» de ese mismo latifundio. Su poder se amplió considerablemente porque de la gran propiedad dependían el minifundio, los poblados marginales, y con bastante frecuencia la comunidad indígena.

Definir el latifundio no es fácil. Si bien puede afirmarse que su característica más difundida es que ocupa extensas superficies de tierra útiles y explota sólo una parte de ellas, no se trata tan sólo de un problema de tamaño. Las tierras útiles no son similares en toda Iberoamérica, y tampoco lo son en un mismo país, donde pueden, como en el caso de Brasil, Chile o Colombia, por ejemplo, encontrarse terrenos de distinta calidad productiva según las regiones. La respuesta a las exigencias de un aumento en la producción estuvo, por lo general, apoyada en la expansión de la frontera interna, en la apertura de nuevas tierras. Sobre la base de la ganadería o el cultivo extensivo, la mano de obra barata y el mínimo de inversión, se garantizaron rendimientos a bajo costo que permitían mantener precios competitivos ante una creciente demanda internacional. Y esta misma demanda impuso la persistencia de amplias regiones geográficas destinadas al monocultivo, o la especialización en determinados productos mineros.

Pero esta presión que produciría el corrimiento de la frontera interna, incorporando amplios territorios a la economía nacional, fue, en ocasiones, originada por las preferencias del mercado mundial. Así, los avances de la frontera productiva en territorio iberoamericano tuvieron, desde el segundo tercio del siglo pasado, tres grandes protagonistas: el ganado, que decide la «campaña del desierto» en Argentina, e incorpora enormes extensiones de territorio, arrebatado a los indios, a la producción para el mercado mundial; el café, con cuyo avance se escribe la historia del desplazamiento de la frontera agrícola en Brasil hacia las *tierras rosas* de São Paulo, e incluso hasta los lindes del Mato Grosso, y también nos diseña la historia social de la poderosa aristocracia paulista. El mismo producto protagoniza en Colombia la expansión hacia el sur, en el valle de Antioquia, que se muestra en toda su fuerza hacia los años 20 del siglo actual. Finalmente, la frontera del caucho es un ejemplo de la irrupción vigorosa, incontenible, pero brutalmente breve, de un producto de fuerte demanda mundial. La segunda revolución industrial, el auge del automóvil y el motor a explosión, del instrumental de laboratorio, de la electricidad, inyectó dinamismo al lento avance en la búsqueda de las *seringueiras* en la selva amazónica.

La inserción en el mercado mundial determina entonces la especialización productiva de las distintas regiones de Iberoamérica. Ganadería, agricultura y minería serán, en definitiva, los límites de una oferta muy dependiente de las oscilaciones de la demanda y los precios internacionales. Cacao, caña de azúcar y algodón son otros cultivos incrementados en las zonas de enclave de las antiguas plantaciones tropicales. Y en éstas, por lo general, se organizó con eficacia la explotación masiva antes que la implantación de modernos establecimientos. En consecuencia, la instalación de refinerías modernas se produce por la inversión de capital extranjero en el sistema productivo, o como en el caso de Cuba, debido a la fuerte competencia que éste hace a las oligarquías azucareras. El cacao es un componente de importancia en la balanza exportadora de Brasil y Ecuador, por ejemplo, al comenzar el siglo actual. Las plantaciones extendidas sobre la región costera en Ecuador, y en Brasil localizadas al sur de Bahía, mantienen una producción importante hasta la década de los años 20, cuando la competencia de otras áreas mundiales, especialmente de los países africanos, se hace sentir.

El azúcar escala posiciones hacia finales de siglo y las mantiene. En Cuba, las grandes refinerías de capital norteamericano exigen la incorporación de nuevas áreas de cultivo; en Brasil y en la costa peruana la producción se ve favorecida por la concentración de la propiedad del suelo y por la vinculación de los pequeños propietarios al abastecimiento de las grandes centrales azucareras. El valle de Chicana en Perú, donde se asientan grandes empresas de origen tradicional y también de capital extranjero, y el litoral nordeste de Brasil, enclave de numerosas compañías británicas, así como la región de Río de Janeiro, resisten bastante bien la competencia de la producción azucarera centroamericana protegida por Estados Unidos. Pero en los últimos años del siglo pasado se expande otro producto, dominado por el capital norteamericano establecido en verdaderos enclaves de total dominio económico de las empresas. Este producto es el plátano, controlado desde las primeras décadas del siglo xx por la United Fruit Company, en los diversos países de la región. El «Imperio del banano», como ha sido denominado por algunos autores, extendía sus plantaciones por Colombia, Panamá, Costa Rica, Honduras, Nicaragua, Guatemala, y mantuvo subsidiarias en México. Precisamente, una de las características de la explotación del producto es la integración vertical de las empresas, un hecho que permite a la United Fruit mantener un sólido control sobre unos enclaves donde ha modernizado los transportes —vías férreas, puertos de carga y descarga, transporte marítimo—, convirtiendo extensas regiones en un verdadero dominio colonial, donde operan unas decisiones tomadas desde los Estados Unidos.

La explotación del subsuelo ha rendido beneficios a las compañías inversoras y para algunos países, como Bolivia, se ha convertido en el sector más importante de su economía. El cambio de siglo muestra la decadencia de un tipo de explotación, como el nitrato chileno, que al reducir sus exportaciones en la segunda década del siglo actual implica la declinación de ciudades como Iquique y Antofagasta, enclavadas en la costa desértica de Atacama, y que habían conocido un esplendor similar al de Manaos en Brasil. Pero surge un nuevo producto, el petróleo, que impulsará la prosperidad de algunas regiones en México y Venezuela al comenzar el siglo xx, y también se convertirá en generador de conflictos. La plata, el cobre y el estaño son minerales explotados tradicionalmente cuyo ritmo de producción se incrementa por la demanda mundial. No obstante, este crecimiento apoyado en técnicas más modernas ha exigido fuertes inversiones de las empresas británicas y norteamericanas; las compañías extranjeras monopolizan la minería del cobre en Colombia, Perú, Chile y México, donde también controlan la extracción de plomo.

El *minifundio*, si bien por lo general señala la existencia de un pequeño propietario independiente, excede pocas veces la parcela de tierra que cubre la subsistencia de una familia. En definitiva, es complementario del latifundio en la estructura economicosocial de las áreas rurales iberoamericanas. Puede tratarse de la exigua propiedad que cultiva café o tabaco en Colombia, que planta caña de azúcar en Tucumán, o la destinada a reducidos cultivos de horticultura para abastecer la cercana hacienda o los poblados. El gran latifundio representa el poderoso núcleo productivo en una región determinada, y el minifundio, como forma satélite, aporta una serie de servicios y provee de mano de obra. El conjunto de relaciones que pueden establecerse a partir del minifundio va desde figuras como el *colonato*, la *aparcería*, o el *yanaconaje*, cuando parte de una gran hacienda, o una vasta extensión de tierra es dividida en pequeñas parcelas para ser entregadas en arrendamiento. Es el caso, por ejemplo, de formas de explotación utilizadas en la pampa seca argentina, en algunas regiones de América Central, la cordillera andina, o el nordeste de Brasil, o en los llanos de Venezuela. El lote de tierra es cedido por el propietario del latifundio a cambio de una relación laboral, con frecuencia, al servicio de la misma hacienda. Esta relación distingue al trabajador con distintas denominaciones: *pisatorio* en Venezuela, *huasipunguero* o *arrimado* en Ecuador, *colonato* o *yanaconaje* en Perú, *colono* en las áreas de plantación de café en Brasil, y también en las zonas agrícolas de Argentina y Uruguay, e *inquilinos* en Chile. Cualquier estudio sobre la propiedad rural en Iberoamérica revela que el latifundio se encuentra instalado en la mayor parte de las tierras útiles, en tanto que el minifundio, que representa siempre alrededor del 90 por 100 del total de los predios, cuenta aproximadamente el 15 por 100 de la tierra laborable. Y se trata de una situación agravada en el siglo actual por la inversión de capital extranjero en la gran propiedad.

3. LA INVERSIÓN EXTRANJERA

El modelo de crecimiento hacia afuera se desarrolla en Iberoamérica con fuerte participación del capital extranjero. Los centros de interés fluctuaron según la demanda europea en cada periodo. En el siglo xix, la minería, el guano de Perú, el salitre chileno después de la Guerra del Pacífico, los ciclos del azúcar, el caucho y el café en Brasil, la ganadería y los cereales de la cuenca del Plata, protagonizan la dinámica inversionista y determinan polos de desarrollo que, por lo general, no ponen en movimiento la completa economía de un país, sino tan sólo regiones privilegiadas.

Si la posición británica se mostró sólida durante casi todo el siglo XIX, el asalto de las nuevas potencias industriales desde las dos últimas décadas de la misma centuria, apoyadas en una tecnología más avanzada para su tiempo, demostró que unas presiones al principio poco perceptibles en procura de esferas de influencia se hacían más firmes, y Alemania y Estados Unidos comenzaban a ocupar un sitial importante en el comercio y las finanzas de Iberoamérica. El capital alemán desplegó sus redes bancarias en Brasil, Chile, Argentina y Venezuela. El Deutsche Bank instala filiales en los tres primeros países, en tanto el Dresdner Bank se hace presente al comenzar el siglo a través del Südamerikanische Bank.

La guerra hispano-norteamericana había demostrado el propósito de los Estados Unidos de extender su influencia sobre el área del Caribe, pero la intervención en el acto de creación del nuevo Estado de Panamá no dejaba ya lugar a dudas. La «nueva frontera», anunciada por Blaine años antes, había sido fijada en Centroamérica y el Caribe. En 1906, un órgano de los inversores británicos reproducía, no sin alarma, las declaraciones de Theodore Roosevelt aludiendo a los problemas del Caribe y a las intervenciones propiciadas por la doctrina Monroe: «Está fuera de toda cuestión reclamar un derecho y luego eludir la responsabilidad de ejercitarlo. Cuando anunciamos la Doctrina Monroe, nos comprometimos con ello a aceptar las consecuencias de esa política, y esas consecuencias cambian con los tiempos.» Estados Unidos había demostrado su interés financiero en el área iberoamericana desde la década de los 80, pero en 1897 sus inversiones totales tan sólo alcanzaban los 308 millones de dólares, aunque en 1914 se habían quintuplicado y llegaban a los 1.649 millones. Su participación en la balanza comercial de los países de la región crecía constantemente, sobre todo en México y Centroamérica. Después de la guerra contra España de 1898, las inversiones privadas norteamericanas se volcaron en la agricultura. Las colocaciones en la minería, casi reducidas entonces a México, derivaron más tarde hacia Chile, a las explotaciones cupríferas. El petróleo y sus derivados atrajeron también capital de Estados Unidos, así como el desarrollo ferroviario. La inversión directa representa, al comenzar el siglo XX, un 80 por 100 del capital norteamericano en Iberoamérica.

CAPITAL BRITÁNICO POR SECTORES DE INVERSIÓN EN IBEROAMÉRICA
1890-1930

(en millones de libras)

	1890	1915	1925	1930
Préstamos al gobierno	194.439	321.769	326.591	336.966
Ferrocarriles	166.303	477.084	483.376	508.997
Otras empresas	56.102	202.422	288.435	315.845
Bancos y navegación	8.883	37.955	41.257	43.497
Total Iberoamérica	425.727	1.039.229	1.139.659	1.205.306

Fuentes: J. Fred Rippy, *British Investments in Latin America; The South American Journal, 1891, 1916, 1931.*

La posición británica era, pese a todo, bastante sólida. Sus colocaciones de capital controlaban amplios sectores de la minería, el petróleo, las áreas de cultivos tropicales, la transformación de materia prima, los servicios públicos, el comercio y la banca. Tan sólo después de la guerra de 1914-1918, y el advenimiento de una fuerte crisis económica en 1929, Gran Bretaña cederá posiciones. Las colocaciones del capital del Reino Unido ascendían, en 1890, a 426 millones de libras esterlinas para el conjunto de Iberoamérica; en 1914 llegaban a los 1.000 millones; en 1925 superaban los 1.100 millones, y en 1930 sobrepasan los 1.200.

Luego de la Primera Guerra Mundial, las inversiones alemanas redujeron su presencia en Iberoamérica, y Francia no pudo sostener sus posiciones. Si Gran Bretaña continuaba manteniendo su papel de potencia inversora en América del Sur, Estados Unidos acrecentó sus colocaciones de capital en Centroamérica, y la balanza de intercambio demostraba su claro predominio en el área. Pronto, sin embargo, la confrontación se produjo en aquellos sectores de materias primas solicitadas por el nuevo empuje industrial. La minería fue uno de esos terrenos. En México, Estados Unidos controla la Cananea Consolidated Copper, en Perú, la Cerro de Pasco Copper Corporation, en Chile, hacia la década de los años 20, el capital norteamericano domina la Kennecott Copper Corporation, y también la Anaconda Copper Minning, con inversiones que superan los 400 millones de dólares.

En el cono sur iberoamericano las compañías británicas dominaron el sector de procesamiento y exportación de carnes desde la década de los 80 del siglo pasado, por la instalación de plantas frigoríficas, como el Liebig's, el Swift, o el Westley, al tiempo que proveían de las bodegas necesarias para el transporte de la carne enfriada. Pero los norteamericanos irrumpen en el mercado con grandes compañías como la National Packers Co., y la Armour. La competencia se hará visible en el sector cerealero, donde las empresas de Estados Unidos intentan arrebatar la comercialización a las británicas.

INVERSIÓN DIRECTA, POR SECTORES, DE ESTADOS UNIDOS EN IBEROAMÉRICA
(en porcentajes)

	1897	1908	1914	1919	1929
Agricultura	18,8	21,5	18,9	25,5	23,9
Minería	25,6	40,0	42,8	33,3	21,6
Petróleo	1,7	7,6	8,6	14,6	19,0
Ferrocarriles y servicios públicos	45,8	21,6	21,4	15,7	21,8
Industria	1,0	4,0	2,9	4,2	6,3
Comercio	6,5	4,9	4,5	5,6	5,3
Varios	0,6	0,4	0,9	1,1	2,1
Total en millones de dólares:	308	754	1.281	1.988	3.705

Fuentes: ONU, *Las inversiones extranjeras en América Latina, 1955;* CEPAL, *El financiamiento externo de América Latina, 1964.*

A comienzos del siglo actual, la confrontación por la extracción de petróleo estaba casi exclusivamente reducida al territorio mexicano. El grupo Rockefeller estaba instalado allí con la Standar Oil, así como las compañías anglo-holandesas con la Royal Dutch-Shell. Otro país donde se enfrentarán los consorcios británicos y norteamericanos es Venezuela. Si los anglo-holandeses habían obtenido prioridad en las concesiones, la Standard Oil logró a partir de los años 20 importantes permisos para cateos y explotaciones. Desde allí la pugna por el control de las reservas petrolíferas se desplazó hacia los yacimientos de Perú y Colombia. Las inversiones en el sector que realiza Estados Unidos entre 1924 y 1929 se dirigen a estos países.

La expansión de los Estados Unidos en la economía mundial fue, por otra parte, rápida en la década de los años 20, y aproximadamente un 35 por 100 de la masa de capital invertido en el exterior se dirige, entre 1919 y 1929, hacia los países iberoamericanos. Asimismo, del total de las inversiones en la región, entre el 70 y el 80 por ciento de las colocaciones estuvieron dirigidas a la inversión directa, realizadas por empresas norteamericanas o en compañías controladas por capital del mismo origen. Este importante incremento de las inversiones de Estados Unidos tuvo un fuerte impulso durante la Primera Guerra Mundial, y encontró un incentivo adicional en la industrialización «inducida», desarrollada por algunos países iberoamericanos al socaire de la etapa de prosperidad, y ante la reducción de la capacidad europea para abastecer sus mercados. El intento de consolidar una industria nacional estaba fundado en un ingreso de divisas por exportaciones que, entre 1914 y 1928, experimenta un incremento del 75 por 100 para el conjunto de la región. Entre 1922 y 1928 la balanza comercial arroja saldos positivos, demostrando las posibilidades para absorber nuevas inversiones y hacer frente sin dificultad a los servicios de la deuda. Pero a la vez todo avance en el sentido de modernizar un sector industrial, todavía modesto, pues no exigía una tecnología avanzada —se trataba por lo general de textiles, alimentos, materiales para la construcción—, implicaba la compra de maquinaria e insumos en el exterior.

El capital colocado en Iberoamérica por Estados Unidos aumenta un 125 por 100 entre 1919 y 1929 y una parte sustancial de este incremento ha sido destinado a empréstitos a los gobiernos en Argentina, Brasil, Chile, Colombia y Cuba. Las inversiones en el periodo siguen mostrando una preferencia por el área del Caribe, donde Cuba atrae el 26 por 100 y el conjunto de Centroamérica y el Caribe es destinatario del 35 por 100 de las colocaciones, aunque los cinco países de la América Central no reciben en total más de un 6 por 100 entre 1914 y 1929. México atrae un 16 por 100, y un 45 por 100 encuentra receptores en América del Sur, donde la banca norteamericana ha instalado filiales en varios países. La penetración iniciada con la «política de las cañoneras» encuentra ahora su continuidad en la denominada «diplomacia del dólar», favorecida por unas políticas económicas que realizaron escaso control sobre el capital extranjero, al que eximían de restricciones, beneficio que se extendía a las empresas. Por lo demás, economías que fundaban su desarrollo en el «crecimiento hacia afuera», base de la fortuna de oligarquías burguesas todavía en el poder, poco harían para producir las necesarias transformaciones y utilizar en beneficio de la región las posibilidades que la coyuntura mundial parecía proporcionar. Si la expansión de las exportaciones era un síntoma del dinamismo de la actividad económica en cada país, también reflejaba la capacidad de adaptación a la demanda externa que consolidaba una estructura dependiente.

Las inversiones desempeñaron un papel similar. Si por un lado inyectaron capital en la economía, también controlaron y orientaron la demanda y el crecimiento productivo de ciertas materias primas, determinando los sectores favorecidos por la modernización. Así, entre 1914 y 1929 la inversión norteamericana estuvo dirigida a la agricultura y la minería, que atrajeron entre el 40 y el 50 por 100 del capital. Las zonas de agricultura tropical fueron privilegiadas entonces, en tanto que la inversión en los yacimientos petrolíferos creció constantemente hasta alcanzar un 20 por 100 del total. La industria manufacturera no atrajo sumas importantes en esta etapa (no superó aún el 6 por 100 en 1929), y las inversiones norteamericanas en el sector se concentraron en pocos países: Cuba, Argentina, Brasil y Uruguay. En cierto modo, el capital norteamericano prosiguió la experiencia británica en ferrocarriles y servicios públicos, donde la inversión fue fuerte desde 1897 (un 45 por 100), y conservaron un 21 por 100 en 1929. La tendencia, con todo, se modificará a partir de los años treinta, cuando la industria y el petróleo ocupen un lugar de privilegio en las inversiones extranjeras. Las necesidades de la industria de Estados Unidos y otras potencias en la búsqueda de mercados para sus productos, y la exigencia de materias primas de explotación inmediata para no agotar los recursos en su propio país, harán de Iberoamérica «un terreno para la empresa y la inversión», tal como anunciaba un manual publicado en Londres para los inversores británicos en el siglo XIX, y que mereció, por su éxito, varias ediciones.

Al igual que lo señalado en su momento sobre el mapa demográfico, podemos anotar que desde comienzos del siglo XX hasta 1930 se implanta, en Iberoamérica, una estructura del comercio exterior que todavía hoy tiene vigencia, unos países productores de materias primas y dependientes de la inversión extranjera. Pero aun es-

Inauguración de la línea del correo postal aéreo entre Francia y Sudamérica. 1929

tas transformaciones, que no aseguran de ningún modo el crecimiento, puesto que la modernización se cumple en función del sector exportador, y cualquier retoque a estos propósitos se estrella contra la resistencia de las estructuras agrarias, no deja de tener importantes consecuencias sobre la sociedad. Las viejas oligarquías dominantes deben modificar sus actitudes desde las primeras décadas del siglo actual, para enfrentar la acción de una diferenciación social de mayor complejidad, producida por la modernización económica y las aportaciones inmigratorias.

4. La nueva sociedad

La presencia de grupos cuyo perfil se ha definido lentamente, como son las clases medias, o una clase obrera que emerge en la escena política con mayor vigor debido a su crecimiento numérico, producirá cambios en el seno de una estructura social hasta entonces demasiado inmóvil y bipolarizada. Se trata, por supuesto, de capas sociales ya existentes en el siglo XIX, pero con escasa capacidad de acción ante el frente consolidado por las oligarquías dominantes y que extendían su influencia desde el señorío rural, centro de su poder económico, hasta unos ámbitos urbanos muy dependientes de la capacidad productiva de la gran hacienda ganadera o de plantación. Pero las modificaciones ya señaladas en el sector financiero y comercial, las inversiones modernizadoras en el medio agropecuario, con su inevitable resultado de establecer una división entre los terratenientes, que ahora serán clasificados como *tradicionalistas*, o *modernizadores*, produce una erosión en el conglomerado de la vieja oligarquía, presentada hasta entonces como un sólido bloque.

Son tiempos de cambio, de ruptura, y algunos miembros de los sectores oligárquicos así lo advierten, como lo demuestra la obra de un Carlos Reyles en Uruguay, de un Cambaceres en Argentina que prefiere refugiarse en la tradición, o las respuestas a los nuevos tiempos elaboradas por las oligarquías ganaderas en el Río de la Plata, transformando las aristocráticas *Asociaciones Rurales* en unas *Federaciones Rurales*, algo más abiertas, para ampliar su ejército de resistencia. También, pese a las coaliciones que realizan en Brasil los barones del café, a los efectos de no perder terreno ante las inevitables transformaciones impuestas por el siglo XX, se elevan voces como la de Oliveira Vianna, abanderado de los valores de la tradición señorial. En México, un partidario del pasado, consejero de Porfirio Díaz como integrante del grupo de los *científicos*, fue Francisco Bulnes, quien veía la revolución de 1910, sobre todo el sector zapatista, que ponía en movimiento al campesinado indígena, como un hecho devastador.

Pero esas mismas transformaciones han convertido a la ciudad en un centro que no sólo es el símbolo del poder, sino que pretende ejercer una influencia hegemónica sobre la vida nacional. La tranquila ciudad burguesa decimonónica se transformará, a partir de las primera décadas del siglo, en un mundo que reclamará, a veces de manera violenta, mutaciones trascendentales para todo el país. La consecuencia es una reducción del papel protagónico de la oligarquía tradicional, a cargo de sectores sociales urbanos, como los nuevos empresarios vinculados a la expansión industrial, las clases medias, un movimiento obrero que se transforma pasando de su periodo anarquista a los sindicatos organizados, e incluso unas clases medias rurales nacidas de la difusión de la pequeña propiedad en algunos países, como Argentina. El proceso político tejerá, al comienzo coyunturalmente, más tarde como proyecto de acción política conjunta, alianzas entre los distintos grupos sociales que disputan el poder a la oligarquía tradicional. En cierto modo, esta alianza de las clases medias con el proletariado urbano y las masas rurales intenta representar de manera más amplia los intereses de la comunidad. La pugna por arrebatar el poder a la vieja oligarquía será desarrollada, en las calles y en el Parlamento, en las primeras décadas del siglo actual.

El movimiento obrero ha dejado ya constancia de su presencia en las últimas décadas del siglo XIX, si bien no alcanzó similar importancia en todos los países de Iberoamérica. Por otra parte, la mano de obra para la manufactura, la construcción y los servicios, estuvo proporcionada por una población urbana acrecida por la inmigración masiva, en tanto los enclaves mineros, las actividades agropecuarias o las plantaciones recibían el aporte de las zonas rurales. Si bien la clasificación del proletariado decimonónico en urbano, minero y agrícola tiene cierta eficacia a los efectos clasificatorios, no es válida sin matizaciones. En el medio urbano el empleo estable no era demasiado frecuente para el obrero, y muchas veces debía recurrir a tareas zafrales en la zona rural para superar largos periodos de paro. Además, no en todos los países pudo cristalizar un movimiento obrero organizado, en general por su escaso número. En consecuencia, los núcleos de mayor combatividad surgieron en la fachada atlántica de América del Sur, donde la experiencia de los emigrados, y la introducción de ideas anarquistas y socialistas, produjo el surgimiento de centrales de trabajadores en Argentina, Uruguay, Brasil y Chile, así como en México, aunque en este país fue más intensa la influencia del sindicalismo norteamericano.

En Argentina y en Uruguay los sectores obreros crecieron en número como consecuencia de un importante desarrollo urbano estimulado por el auge de la actividad agro-exportadora. Nacen así, al comenzar el siglo actual, la Federación Obrera Argentina (FORA) y la Federación Obrera Regional Uruguaya (FORU); en Brasil, ciudades como Río de Janeiro y São Paulo, cuyas dimensiones y población aumentan por el estímulo de las exportaciones de café y la llegada de inmigrantes, también dan nacimiento a organizaciones como la Confederaçao Operaria do Brasil en 1906. En Chile los obreros del salitre, enclave productor controlado por compañías británicas en el Norte Grande, los mineros del cobre y los del carbón en el centro del país, dieron nacimiento a importantes organizaciones sindicales, en tanto que en el sur del territorio los trabajadores de la lana y los frigoríficos creaban sus propias organizaciones. En consecuencia, nace en 1909 la Federación Obrera de Chile (FOCh), cuya combatividad en defensa de los asalariados se pondrá de manifiesto en los años siguientes. Bolivia, donde la concentración de obreros en la minería es muy alta, conoce también su tránsito del mutualismo al gremialismo, con la fundación en 1908 de la Federación Obrera de la Paz. México, a su vez, reúne el enclave minero en las minas de cobre del norte del país; la explotación maderera, en manos de empresas extranjeras entre las que sobresale la norteamericana Cananea Company; el peón rural que trabaja las haciendas o las plantaciones y refinerías de azúcar, como en Morelos; y el proletariado urbano en ciudades como Monterrey, Puebla o Veracruz, con predominio de los trabajadores textiles. No obstante, la Casa del Obrero Mundial será fundada en 1912, en plena revolución mexicana.

La unidad de lucha, una de las premisas del movimiento obrero, no siempre fue fácil de plasmar en una coyuntura histórica donde predominaba aún el pequeño taller, un factor que facilitaba la dispersión antes que la concentración y el desarrollo de la conciencia de clases. Era por supuesto más fácil lograr la cohesión entre los trabajadores urbanos, e incluso alianzas tácticas con otros sectores sociales, con las clases medias, en los países donde la modernización y, por consiguiente, el grado de industrialización era mayor. Es el caso de México, Argentina, Brasil o Uruguay, donde las centrales obreras funcionaron con eficacia. Sin duda, la solidaridad entre los trabajadores de la minería era más sólida, y desarrollaron con mayor rapidez una fuerte conciencia social. Pero el carácter de economía de enclave de la minería, instalada por lo general en zonas muy alejadas del mundo urbano, terminaba por aislar a estos trabajadores del resto del país, sobre todo en un periodo de organización incipiente del sindicalismo.

Los núcleos dirigentes, no obstante, pronto expresaron su alarma ante el ascenso de la protesta obrera, poniendo énfasis en la peligrosidad social de las manifestaciones gremiales, y en la virulencia de las ideologías que estimulaban la lucha sindical. Se acudió entonces a medidas legales, como la Ley de residencia, aprobada en Argentina al finalizar el año 1902, o la Ley de Defensa Social, sancionada en Brasil en 1917. Simultáneamente, el uso de la fuerza contra las protestas de los trabajadores puso de manifiesto que las oligarquías liberales no estaban dispuestas a ceder posiciones, y la historia del movimiento obrero iberoamericano entre 1900 y 1930 está jalonada por una serie de masacres ocasionadas por la policía o el ejército para acallar la protesta social.

Las clases medias desempeñan un importante papel en los planteamientos teóricos acerca del desarrollo de las sociedades iberoamericanas. Las posiciones, con todo, son discordes, y una de las razones de esta pluralidad de enfoques reside en la escasa consistencia de los estudios históricos acerca de este sector social en Iberoamérica. Las posiciones, a veces enfrentadas, demuestran la complejidad del problema y las dificultades que surgen de la aplicación de modelos de análisis útiles en la sociedad norteamericana, o en los países europeos, pero cuya aplicación al mundo iberoamericano debe ser matizada. El crecimiento numérico de las clases medias no se debe tanto a la expansión industrial, como en las sociedades europeas, sino que sus integrantes proceden de la burocracia, la enseñanza, el pequeño comercio y las profesiones liberales. Si en el siglo pasado su número pesaba poco en las decisiones políticas, una serie de fenómenos, como la inmigración masiva, la modernización del sector agroexportador, la instalación de empresas extranjeras, un incipiente desarrollo industrial, y la urbanización acelerada, con el consiguiente desarrollo del sector de servicios, acrecientan las filas de los sectores medios y también su diversificación. Su presencia se hace mayor en los grandes centros urbanos, como Buenos Aires, Santiago de Chile, São Paulo, Montevideo, México o Caracas, y esto mismo decide su intervención en la vida política. Pero su definición como grupo social sigue siendo imprecisa, como lo demuestra la caracterización ensayada por Jacques Lambert: «individuos de muy diversa condición que no pertenecen ni al proletariado ni a la clase dirigente».

Ambiguo será, asimismo, su comportamiento frente a las distintas coyunturas históricas. En principio, porque se trata de unas capas sociales en cuyo seno existen debilidades. No ignoran que la heterogeneidad de sus filas, el distinto nivel social de sus integrantes, la disparidad de las situaciones económicas, e incluso una desigual formación intelectual, les veda toda experiencia común y, por consiguiente, la formación de una conciencia social será un proceso lento y que afectará de manera desigual las filas de las clases medias. Es cierto que poseían plena conciencia de vivir un periodo de importantes mutaciones, pero al mismo tiempo percibían la fragilidad de unos cambios fundados en mínimas transformaciones estructurales. Si no era uniforme la composición de las clases medias, su comportamiento respondió a esas características y mientras desde las capas más altas se buscó una integración con la burguesía, desde los niveles más bajos, donde sus integrantes se sentían relegados en sus aspiraciones, surgieron alianzas circunstanciales con el proletariado para potenciar nuevas conquistas sociales.

En cierto modo, la visión de Johnson que estima las clases medias como portadoras del cambio, tiene su justificación histórica si nos remitimos a las primeras décadas del siglo actual, cuando éstas protagonizan el asalto contra una oligarquía que les veda el acceso al poder político. Una batalla que no se librará en todos los países, ni cosechará el mismo éxito en todos lados. Los resultados fueron positivos en Argentina, donde las clases medias constituyen el sustento político de Hipólito Yrigoyen; en Uruguay, con su adhesión al movimiento político liderado por José Batlle y Ordóñez; en Chile, ofreciendo el respaldo a la campaña de las primeras propuestas de Arturo Alessandri, y en México, donde unas capas medias que veían cerrado su camino en los últimos años de la dictadura de Porfirio Díaz, ofrecieron su apoyo a Francisco Madero. Un signo de que los integrantes jóvenes de las capas medias estaban dispuestos a desarrollar un papel protagónico en los cambios que sobrevenían con el nuevo siglo es el *Manifiesto de Córdoba,* lanzado por los estudiantes argentinos en 1918, que encontraría eco continental. La consigna de los nuevos tiempos no se reducía a ubicar a los estudiantes en los sectores de decisión de las universidades, o la mejora de la calidad docente. Se hablaba en nombre del desarrollo nacional, era necesario romper la alianza entre oligarquía o imperialismo, reconquistar los sectores productivos, e impulsar la industrialización. La universidad, centro de formación de las nuevas clases medias, no debía permanecer ajena a los problemas del país.

II. EL MODELO DEL RADICALISMO EN LOS PAÍSES DEL CONO SUR

Pese a las características ya señaladas, que diferencian esta región del resto de Iberoamérica —reducida presencia indígena, fuerte peso de la inmigración en la demografía, rápida europeización de las formas de vida—, uno de los fenómenos más llamativos de la historia del Cono Sur fue, tal vez, la persistencia hasta el cambio de siglo de una serie de alzamientos armados que pretendían alcanzar, por esta vía, cambios políticos. Cierto es que en la última década de la pasada centuria emergen partidos que aspiran a implantar la democracia política y ampliar su base social, en abierta lucha con la estructura de dominación oligárquica. Surgen entonces el Partido Radical en Chile, que derivó hacia posiciones más progresistas como consecuencia del apoyo de las clases medias; la Unión Cívica Radical en Argentina, inicialmente bajo la jefatura de Leandro N. Alem y luego de Hipólito Yrigoyen, y finalmente, el sector del Partido Colorado presidido por José Batlle y Ordóñez, en Uruguay. Todo ellos animados de un profundo contenido reformista, radical por cuanto aspiraban a desalojar del poder a la vieja oligarquía, cuyo dominio sobre el sector productivo, las finanzas y la estructura legal, había sufrido alguna disminución como consecuencia de las transformaciones experimentadas en la economía y la sociedad, pero no había perdido aún toda su fuerza.

Con todo, estas mutaciones al compás de la revolución urbana, o de las clases medias, como afirma Johnson, no consiguen erradicar las manifestaciones caudillescas, impulsadas por las fuerzas políticas más variadas. De ahí que los embates contra el férreo dominio que ejerce la oligarquía desemboquen, con frecuencia, en guerras civiles, pero otras veces será esa misma oligarquía la que desencadene la revuelta armada contra el gobierno. Este es precisamente el caso de la revolución orquestada en 1890 contra el presidente chileno José Manuel Balmaceda, por una coalición de intereses de la oligarquía terrateniente, los exportadores y las compañías británicas del nitrato. Pero la revolución que tiene lugar el mismo año en la República Argentina obedece a otras fuerzas. La Unión Cívica se lanzó a una lucha armada que, pese a su brevedad, pues fue aplastada en tan sólo tres días, demostró la existencia de fuerzas que combatían por espacios políticos más abiertos. En Uruguay, la revolución de 1897 es aún expresión del choque entre dos grupos oligárquicos —blancos y colorados—, a quienes no separan profundos desacuerdos y encuentran, en el último tercio del siglo, una fórmula para mantener cierto equilibrio, dado que la paridad de fuerzas no permite a un sector político imponerse al otro. Esta solución fue, durante un largo periodo, el reparto de esferas de influencia en el territorio nacional.

Tal vez el Cono Sur es una de las primeras regiones iberoamericanas donde se produce la ruptura con el concepto de *unidad nacional* tal como era entendido por la oligarquía, es decir: la conciliación de los distintos intereses oligárquicos en pugna en un periodo histórico determinado. El elemento mediador para hacer viable este cambio en el concepto de unidad nacional fue, sin duda, la emergencia de las clases medias. Debe aclararse, no obstante, que si bien se convertirán en protagonistas de primera fila en la demanda de modificaciones institucionales de los primeros decenios del siglo actual, no son el único fenómeno que interviene en la conformación de la nueva sociedad. Cierto es que el proyecto unificador de Balmaceda en Chile fracasa, entre otros factores, por la ausencia casi total de clases medias que lo apoyen; los programas políticos de un Hipólito Yrigoyen en Argentina, o de José Batlle y Ordóñez en Uruguay, en cambio, encuentran un sólido respaldo en los sectores medios. En cierto modo, la desestructuración del dominio oligárquico es, en definitiva, una revolución urbana. El peso de las grandes ciudades en el Cono Sur es un factor que determina, finalmente, el desgaste del poder político de las viejas clases dominantes. Una erosión en las bases de su predominio que no implica el cese de su influencia en las decisiones políticas de importancia, y no podía ser de otro modo, por cuanto su fuente de poder continúa intacta. El sistema productivo permanece en manos de los integrantes de la oligarquía; compartir el poder político no implica, por consiguiente, renunciar a la influencia sobre los gobiernos.

1. El Uruguay batllista

La primera presidencia de José Batlle y Ordóñez debe hacer frente a una serie de problemas que, si bien compartidos por muchos países en Iberoamérica, no dejan de presentar peculiaridades definitorias de la situación uruguaya. En primer término, una economía beneficiada por la coyuntura en alza de los precios internacionales e incluso en la demanda, pues la etapa señalada por la depresión 1873-1895 había finalizado. En consecuencia, la decadencia del mercado del tasajo podía ser mitigada por un mayor volumen de la venta de otros productos, tal es el caso de la lana, situada en el primer lugar en la exportación, seguida por los cueros y, finalmente, por el tasajo. Es indudable que la carencia de infraestructura frigorífica —si en Argentina ésta se instala en la década de los años 80 del siglo XIX, en Uruguay el primer establecimiento frigorífico comenzará a faenar en 1904—, se hace sentir, por cuanto constituye un freno al impulso económico. En 1902 la superpoblación ganadera llevó el tema de la industria frigorífica a discusión en las Cámaras legislativas. Es que pese a unos censos de dudosa exactitud, el número de vacunos se estimaba hacia 1900 en una cifra superior a los siete millones de cabezas y el ovino en unos 18 millones. El mismo censo demostró la existencia de una superficie de 14.515.104 hectáreas destinadas a la ganadería, y de 14.124 propietarios que con sus 22.674 *estancias* poseían el 62,3 por 100 de la tierra útil. El censo rural de 1908 reveló que los predios de menos de 100 hectáreas ocupaban 1.267.523 del total de la superficie agropecuaria, en tanto que los mayores de 100 hectáreas se extendían sobre 15.689.700 hectáreas. También divide los predios en 3.781 grandes (de más de mil hectáreas); 15.375 medianos (entre las 100 y las 1.000 hectáreas), y 24.433 pequeños (menos de 99 hectáreas). Pero entre los establecimientos clasificados como grandes existían 21 que superaban las 20.000 hectáreas, algunos de ellos dominando totalmente una región del país. En verdad, entre las 10.000 y las 65.000 hectáreas existían tan sólo 15 propietarios, y de éstos, 15 excedían las 20.000 hectáreas de superficie, 5 estaban entre las 30.500 y las 41.000 y uno superaba esta extensión.

Si el tasajo, cuya producción mantenía la existencia del *saladero*, estaba condenado a la extinción por el fuerte impulso de la industria frigorífica, durante el periodo 1895-1900 experimentó un ascenso como consecuencia de la menor participación de los países vecinos —Argentina y Brasil— ensu exportación, porque la industria frigorífica atrajo los esfuerzos de los ganaderos. Uruguay, en cambio, mantuvo un cierto retraso en la modernización y las nuevas técnicas de congelamiento para la exportación de carne serían introducidas en 1904, al ser instalado el primer frigorífico en el país. En tanto, la extensión destinada a la agricultura totalizaba escasamente unas 470.000 hectáreas en los momentos de mayor intensidad del cultivo, pero en cualquier caso no superó el 2,5 por 100 en relación con la superficie productiva del país. Este sector, además, no introdujo cambios cualitativos, un factor que contribuyó a mantenerlo en estado marginal, de reducida contribución al crecimiento. La extensión de la superficie cultivada se destinó, fundamentalmente, a la siembra de trigo y maíz para abastecer el mercado local, y si en los años finales del siglo XIX y el primer decenio del XX las cosechas llegaron a volúmenes importantes —el trigo, por ejemplo, superó nueve veces las cantidades anteriores a 1900 en su recolección anual—, los productos agrícolas tenían precios fijados por los mercados internacionales y su exportación no compensaba los gastos del productor, atenazado por los elevados costos del arrendamiento del suelo y la explotación de los intermediarios que compraban la cosecha.

Desde el punto de vista de la oferta de empleo, ganadería y agricultura totalizaban 270.000 personas. El fenómeno de la modernización, con el cercado de las haciendas mediante el alambrado de acero, el mestizaje del ganado para obtener mejores rendimientos, redujo la mano de obra en la estancia, terminó con la figura del *agregado*, típica de la hacienda patriarcal, y dio origen a un numeroso proletariado rural que debía recluirse en poblados marginales, viviendo una penosa miseria hasta que llegaba la época de la zafra, oportunidad de encontrar un trabajo ocasional. La emigración a la ciudad, la leva del ejército, o la incorporación en las rebeliones desencadenadas por los caudillos constituían las vías de salida para esta masa. El excedente de fuerza de trabajo en las áreas rurales mantuvo los salarios para las haciendas en niveles muy bajos en comparación con los percibidos en el medio urbano. Con todo, las oportunidades en la ciudad no eran muy diversificadas: la pequeña empresa era predominante, constituía un 95 por 100 del total de los establecimientos y se desenvolvía produciendo bienes de consumo al amparo de la protección aduanera. Los establecimientos de mayor dimensión y capaces de concentrar mano de obra numerosa eran los saladeros y los mataderos para el abastecimiento de carne a la población, hasta que la industria frigorífica quedó instalada, así como las empresas de ferrocarriles, tranviarias, y la construcción, donde, pese a la dispersión geográfica de los trabajadores, éstos quedaban sometidos a idénticas condiciones laborales. Finalmente, otras ofertas de empleo provenían de la hostelería y el servicio doméstico.

El relevamiento censal de 1908 arrojó la cifra de 1.042.686 habitantes para el territorio uruguayo, con 309.000 para su capital, la ciudad de Montevideo; aproximadamente el 50 por 100 de la población vivía en centros urbanos, y Montevideo albergaba un 30 por 100 del total. Según el mismo censo, el porcentaje de población extranjera en la capital del país era del 30,4 por 100; una demostración de las preferencias del inmigrante por las zonas urbanas, donde pueden aspirar a una ubicación en el comercio, la industria o los servicios. A su vez, el censo industrial del mismo año da la cifra de 1.356 establecimientos para Montevideo, y 949 considerados mixtos, puesto que su actividad era industrial-mercantil. Fábricas textiles, destilerías de alcoholes, talleres de calzado y vestimenta, fábricas de productos alimenticios, de muebles, de artículos para la construcción, conformaban el abanico de empresas. Según el *Anuario Estadístico*, en los años iniciales del siglo actual el pequeño comerciante predominaba en Montevideo, con 11.687 establecimientos; los empleados del sector ascendían en 1908 a la cifra de 9.187 personas.

Las estimaciones para la misma época hablan de 73.208 obreros para todo el país. Las clases trabajadoras estuvieron sometidas a condiciones laborales que incluían largas jornadas de 11 ó 12 horas diarias. Se trata de una coyuntura explotada por los empresarios debido a la gran afluencia de mano de obra que volcó a la ciudad una masa rural empobrecida, a la vez que llegaban miles de inmigrantes españoles e italianos. La amplia oferta trabajadora hacía casi estériles los esfuerzos de las Sociedades de Resistencia y la acción gremial impulsada por anarquistas y socialistas. No se trataba tan sólo de la cohesión de unos empresarios poco decididos a realizar concesiones, sino también de la intervención de los gobiernos para desarticular las huelgas de los gremios más combativos y encarcelar a sus líderes sindicales. No obstante, algunos sectores obreros habían logrado reducir la jornada a ocho horas, como era el caso de las mueblerías, carpinterías, los obreros gráficos, o los metalúrgicos. Una regionalización de los núcleos de menores niveles de ingresos fue pronto visible en la periferia de la ciudad, por lo general zonas que estaban enclavadas en áreas casi rurales, y donde con frecuencia habían sido instalados grandes establecimientos que ofrecían empleo a numerosos trabajadores.

Desde el punto de vista político el Estado uruguayo funcionaba como una democracia limitada, siguiendo el modelo institucional de la Europa de su tiempo. En efecto, del sufragio y, por consiguiente, de toda participación política en el sistema, se excluía un sector de la población: sirvientes a sueldo, peones jornaleros, soldados de línea, analfabetos y gente dedicada a la vagancia. Finalmente, los ciudadanos estaban clasificados en electores y elegibles, de acuerdo a un criterio censitario que los ubicaba según su fortuna. No eran tampoco muy elevadas las cifras de votantes en las elecciones, y la escasa participación en los comicios era otro de los problemas a enfrentar durante los primeros años del siglo xx. Además, el sistema de la mayoría absoluta, vigente entonces, adjudicaba el número más elevado y, en ocasiones, la totalidad de los cargos representativos a la lista que obtenía los votos de más de la mitad de los electores. La propuesta política de Batlle y Ordóñez será, entonces, ampliar la base social de los partidos políticos por medio del sufragio universal, algo que pasaba por la igualdad de derechos políticos para todos los ciudadanos y la participación de las capas populares, eliminando la diferencia entre electores y elegibles que respondía a disposiciones de la Constitución de 1830, todavía vigente.

Dos problemas serán abordados por las reformas que planteará José Batlle y Ordóñez. Uno de ellos en el seno de su propio partido político: la denominada *influencia directriz;* el otro, un sistema de distribución del dominio político entre los dos partidos tradicionales enfrentados en las elecciones —los blancos y los colorados—, denominado de *coparticipación,* y que en los hechos anulaba la voluntad electoral para atender a un equilibrio de fuerzas planteado entre los bandos en pugna. Si bien ambos partidos se presentaron como pluriclasistas, lo cierto es que la dirección de los mismos quedaba en manos de los *doctores,* como se denominó a los sectores urbanos ilustrados que integraban sus directorios, y los dos bandos tenían ascendencia, a su vez, contingentes de *gauchos* en el medio rural que, dirigidos por caudillos, actuaban como verdaderos ejércitos durante las revoluciones. Y el país conocerá todavía un ciclo de levantamientos armados, antes de llegar al proceso de transformación de los partidos y de ampliación de la democracia política.

El hombre que intentaría desde su presidencia consolidar el Uruguay moderno descendía de una familia patricia. Nieto de un comerciante catalán instalado en Montevideo desde la época colonial, es hijo de un militar que desempeñó la presidencia del país entre 1868 y 1872. José Batlle y Ordóñez nace en Montevideo el año 1856, cursa estudios de abogacía, viaja a Europa en 1880, y regresa un año más tarde. Desde entonces, su vida está dedicada a la actividad política y la función pública. Primero como periodista contra el dictador Máximo Santos, luego por su intervención en la revolución que en 1886 intenta derrocar al dictador y es derrotada. Coincidiendo con la retirada de Santos y la llegada al poder del general Máximo Tajes, Batlle fundará el periódico *El Día,* que se caracterizará por convertirse en la voz de la oposición que reclamaba el retorno al gobierno civil, y desde el cual apoyó la candidatura de Julio Herrera y Obes para las elecciones de 1890. Este hombre, que impulsó la denominada *influencia directriz* dentro del Partido Colorado, pronto encontró la oposición de José Batlle, que comenzaba a advertir la necesidad de alejar al partido de la influencia del gobierno y dotarlo de bases democráticas. Dos sucesos violentos señalaron el fin del siglo xix. Uno fue la revolución de 1897, protagonizada por el Partido Blanco —conocido como Partido Nacional— acaudillado por Aparicio Saravia. Atento a la nueva conformación político-administrativa de la república —se había pasado a una división territorial en 19 departamentos—, reclamaba la jefatura política de seis departamentos, en lugar de los cuatro que tenía asignados desde la llamada «Paz de Abril» de 1872. Otro fue el asesinato del presidente Idiarte Borda por un joven, cuando aquél se dirigía a la catedral.

Este último abrió un nuevo periodo electoral que llevó a la presidencia a Juan Lindolfo Cuestas. Luego de un enfrentamiento con los colectivistas de su propio partido durante la etapa interina que le tocó ejercer, Cuestas disolvió las Cámaras, negoció con el Partido Nacional su elección, y accedió a la jefatura del Estado desde 1898 hasta 1903. Continuaba rigiendo, ahora con más fuerza, la política de coparticipación, que Batlle no dejaba de observar como un escollo para la unidad nacional; un factor que lo alejaba de Cuestas. Es el momento que entiende imprescindible la reorganización de los partidos políticos para hacer viable unas elecciones democráticas. En los hechos, ambos partidos respondían a una oligarquía dirigente que, con distintos mecanismos, decidían el otorgamiento de las bancas en las cámaras y la presidencia de la república. Carente de estatutos, el Partido Colorado no funcionaba con Convención, o Asamblea partidaria; en una palabra, el presidente era, en definitiva, el jefe del Partido y *ejercía la influencia directriz*. Si el Partido Nacional tenía directorio, éste respondía a cierta necesidad de actuar en consulta con Aparicio Saravia, lo que suponía, en definitiva, poner de acuerdo la dirigencia urbana con el caudillo rural; pero también carecía de Convención partidaria, o estatutos. Tenía, en cambio, una organización militar permanente, que constituía su resplado en las reclamaciones ante el gobierno.

Las elecciones para suceder a Cuestas contaron con tres participantes. Uno de ellos, Juan Carlos Blanco, se retiró, y quedaron enfrentados Eduardo McEachen, un hombre de ascendencia británica y respaldado por el presidente saliente, y José Batlle y Ordóñez, cuya victoria parecía difícil. Finalmente, luego de una serie de movimientos políticos, Batlle fue electo por la mayoría del Partido Colorado, con la oposición de los colectivistas del mismo sector político, y contó asimismo con los votos del grupo del Partido Nacionalista liderado por el escritor Eduardo Acevedo Díaz. Este núcleo, integrado por hombres civilistas, pretendía que su partido político participara en la campaña electoral, eliminando así la práctica de las armas para obtener concesiones políticas. Las ideas de Batlle acerca del Estado, y la concepción del viejo caudillo Aparicio Saravia sobre la coparticipación del poder en territorio uruguayo pronto se verían confrontadas. La ocasión estuvo proporcionada, en primer término como consecuencia del nombramiento para cargos públicos de algunos miembros del núcleo que rodeaba a Acevedo Díaz; en segundo lugar, por un incidente fronterizo. Tropas brasileñas se internaron en el departamento de Rivera, uno de los controlados por jefatura política del Partido Nacional, y se hizo necesario solicitar al gobierno el envío de tropas para desalojar a los invasores. Una vez retirados éstos, el cuerpo de ejército permaneció en el lugar, provocando una airada reclamación del mítico caudillo blanco, que entendía violado el pacto de coparticipación. Pero Batlle consideraba que correspondía al gobierno determinar la ubicación de sus tropas, y Aparicio Saravia respondió con la sublevación armada. La revolución de 1904 estuvo revestida de varios episodios, y el enfrentamiento de miles de uruguayos en los campos con su saldo cobrado en vidas humanas, hasta que en la batalla de Masoller una bala segó la vida del caudillo Aparicio Saravia. El gobierno controlaba la situación y, firmada la Paz de Aceguá, fue decretada una amnistía para todos los revolucionarios. Pero sus privilegios para designar jefaturas políticas habían cesado. El gobierno mantenía el control sobre el territorio nacional y, por consiguiente, la unidad del Estado.

Comenzaba ahora el periodo de reformas que el presidente aspiraba a concretar para modernizar el país. En principio, si hasta entonces los gobiernos habían buscado su apoyo en la oligarquía ganadera, Batlle procuró obtener la adhesión del naciente proletariado, de las nuevas clases medias, que serán parcialmente integradas en los organismos estatales creados durante el periodo, así como de la incipiente burguesía industrial surgida en esta nueva etapa. La tarea política de Batlle había sido lenta y de largo alcance. Desde colocar su periódico, *El Día*, a un precio reducido, para que llegara a todas las capas sociales —un hecho importante, ya que la prensa de la oligarquía se vendía por suscripción—, hasta la creación de los clubs de barrio, que acercaba a todos la prédica del Partido Colorado, había realizado un paciente trabajo de conexión con las nuevas fuerzas que emergían en la sociedad.

En 1905, el batllismo reconoce a los trabajadores el derecho a organizar sus sindicatos y a la huelga en defensa de sus reivindicaciones y así lo hace saber desde *El Día*. Un año más tarde, el presidente dirá:

> Nuestra condición de pueblo nuevo nos permite realizar ideales de gobierno y organización social, que en otros países de vieja organización no podrían hacerse efectivos sin vencer enormes y tenaces resistencias. [...] Para nosotros no se ha creado todavía esa situación, debido a que nuestro país no ha entrado aún de lleno en el régimen industrial y debemos apresurarnos a reglamentar el trabajo, ajustándose a elevados principios de justicia, antes que la complicación y magnitud de los intereses afectados haga más dificultosa esa tarea.

Palabras que revelan una fuerte influencia del krausismo, señalada por Arturo Ardao, en el pensamiento político y social de la acción reformista impulsada por Batlle. Estimular a los trabajadores a luchar por sus derechos era una novedad, sobre todo si esto partía de la jefatura del Estado; pero se trataba, asimismo, de educar a la sociedad en la confrontación de intereses sin llegar a la dura lucha de clases que Batlle había contemplado en Europa. La legislación que promueve desde el gobierno tiende a beneficiar las capas más débiles de la sociedad, colocando al Estado como árbitro en los antagonismos que el desarrollo económico haría inevitable. Fundamental era, para Batlle, alcanzar la justicia social sin desatar la violenta lucha de clases existente en las grandes potencias industriales. El Estado tutelar vigila por la libertad de todos, y Butlle confiaba en la fuerza del voto para efectuar las mutaciones necesarias.

La presidencia de Claudio Williman fue un intermedio caracterizado por su dureza hacia el movimiento obrero, con el que Batlle no se comprometió, pues permaneció los cuatro años del mandato en un nuevo viaje a Europa. Pero en su segunda presidencia (1911-1915), Batlle hará aprobar la jornada laboral de ocho horas, y la Ley de accidentes del trabajo, una serie de medidas de protección al trabajador. De esta manera, decía en 1911, se atendían las reclamaciones de la clase obrera: «[...] el derecho a la vida, a la salud, a la libertad, con frecuencia destruidos y lesionados por el régimen de producción y que tienen que constituir los derechos elementales de una sociedad civilizada».

La estapa de Williman, con todo, no careció de realizaciones según el modelo batllista. La creación de la Alta Corte de Justicia, una importante reorganización ministerial y la austeridad en las finanzas, que habían ya caracterizado la primera presidencia de Batlle, así como la secularización del matrimonio, la aprobación de la Ley de divorcio en 1907 y la supresión de la enseñanza religiosa en las escuelas públicas son algunas de sus realizaciones. Continuó, asimismo, el rescate de la deuda contraída con los financistas británicos, iniciada por Batlle. Es que uno de los proyectos de éste era la lucha por reducir los lazos de dependencia externa, sobre todo aquellos que habían colocado los servicios esenciales del país —ferrocarriles, telégrafos, teléfonos, tranvías, aguas corrientes, producción de gas, seguros—, en manos de compañías británicas. Comenzó entonces una batalla contra lo que denominó «empresismo inglés», procurando el retorno a la comunidad nacional de importantes sectores de la economía monopolizados por el capital extranjero. La etapa de nacionalizaciones se alternó con la creación de instituciones de importancia para el desarrollo de la economía nacional. Entre su primera y segunda presidencias las facetas proteccionista y estatista del batllismo se hicieron más perceptibles, en una acción que los inversores británicos tildarán, desde sus órganos de opinión, como «socialista». En 1911 se nacionalizó el Banco de la República, seguido del Banco Hipotecario el año siguiente; se creó el Banco de Seguros del Estado; la Usina Eléctrica del Estado; la Administración de Tranvías y Ferrocarriles del Estado, en competencia con el dominio británico de las líneas férreas, y el Instituto de Pesca. En algunos casos, existió monopolio estatal, en otros, la actividad de los nuevos organismos fue puramente competitiva con las empresas extranjeras puesto que las concesiones estaban aún vigentes. Con el tiempo, el batllismo conseguirá revertir algunos servicios públicos al Estado, pero la lucha contra la dependencia debía enfrentar las transformaciones de los intercambios internacionales.

En el frente interno debía librar también una lucha contra la oligarquía terrateniente. En el plano político lo hizo transformando la composición del equipo de gobierno. En su primera presidencia los hombres que representaban a las clases altas eran mayoría en las filas de sus diputados y ministerios, pero en la segunda presidencia ya se había producido un considerable relevo generacional y social. Hombres pertenecientes a una clase media emergente en el Uruguay de comienzos de siglo accedieron a las Cámaras y a los cargos de Estado, representando la nueva sociedad. Pero las transformaciones exigían una participación más activa de los votantes potenciales. El sufragio universal era una de sus propuestas políticas y para ello se hizo necesaria la extensión del voto a la mujer, a los inmigrantes ya residentes, y la instauración del plebiscito, que ampliaría la consulta popular en cuestiones de importancia. Otra reforma fue planificada en la estructura del Estado, por la concepción del Ejecutivo Colegiado. Era una fórmula para erradicar el fuerte presidencialismo instaurado en la Constitución de 1830, y alejar así las posibilidades dictatoriales; preveía la existencia de un Poder Ejecutivo mixto, integrado por una rama unipersonal, el presidente de la República, elegido directamente por el pueblo; tres ministros: Interior, Guerra, y Relaciones Exteriores; y un Consejo Nacional de Administración, también de elección directa. La democratización del partido político fue otro paso decisivo, con la red formada por los clubes seccionales, comités departamentales y la Convención, algo que garantizaba una amplia participación de la base en las decisiones.

Pero uno de los problemas de mayor importancia radicaba en la existencia del latifundio. No era Batlle el único en percibir los efectos de su gravitación sobre la economía y la sociedad, y desde las Cámaras legislativas y algunas publicaciones el tema estuvo presente en el debate contemporáneo. Para Batlle la solución debía provenir, una vez más, del Estado, sin llegar a soluciones de fuerza ni demasiado compulsivas. En cierto modo, las soluciones que propuso el batllismo entonces tenían su origen en las ideas del norteamericano Henry George: incitar a la mayor productividad de las tierras o a su fraccionamiento recurriendo a un importante incremento de la contribución inmobiliaria, casi inexistente entonces, imposición que sería duplicada para aquellos propietarios que residieran fuera del país. El otro incentivo a la modernización del medio rural será la creación de estaciones agronómicas, la creación de las facultades de Agronomía y Veterinaria, y la formación de personal especializado en el tema. No obstante, las propuestas de Batlle no serían bien recibidas por los grupos oligárquicos de su propio partido político, y el coloradismo se escindió en colegialistas (conducidos por Batlle) y riveristas (dirigidos por Feliciano Viera), aunque el fraccionamiento no pudo impedir que el plebiscito de 1917 consagrara la Constitución que promovía el Ejecutivo Colegiado, cuyo funcionamiento estaba previsto a partir de 1919.

La reacción de las clases conservadoras, encabezada por Feliciano Viera desde la presidencia en 1916 estuvo, en definitiva, orquestada desde la Federación Rural, agremiación de hacendados fundada en 1915 y que cubría el territorio nacional con sus filiales en defensa de sus intereses. Esto implicaba la parálisis de algunas propuestas de Batlle. En principio, fueron congeladas las nacionalizaciones; la discusión del impuesto sobre la tierra, frenada por largas deliberaciones parlamentarias durante la segunda presidencia de Batlle, fue definitivamente aplazada. El movimiento obrero, encrespado por el encarecimiento de la vida, se lanzó a la calle en movilizaciones, en parte inspiradas en la revolución rusa de 1917, pero sufrió represiones en las que se acudió, incluso, a la intervención del ejército.

Entre 1919 y 1930 el nuevo gobierno colegiado hizo más complejos los enfrentamientos electorales. La participación del Partido Nacionalista y el fraccionamiento del Partido Colorado en tres corrientes dará lugar a diversas coaliciones. La presidencia del primer gobierno colegiado será ejercida por Baltasar Brum, un hombre del batllismo, en tanto el Consejo Nacional de Administración era integrado por nueve miembros electos por consulta popular, representantes de los dos partidos políticos mayoritarios. Se suceden a partir de entonces un ingeniero, José Serrato, luego el doctor Juan Campisteguy, y, finalmente, el doctor Gabriel Terra, quien protagonizará el golpe de Estado de marzo de 1933, poniendo término al experimento batllista de Ejecutivo Colegiado. El 20 de octubre de 1929 fallecía José Batlle y Ordóñez, personalidad fundadora de un nuevo estilo político y, sin duda alguna, el hombre que dio impulso a la conciencia democrática en el Uruguay moderno. Dejaba atrás una obra destinada a conformar un modelo de Estado progresista para su tiempo, aunque ineludiblemente tutelar, e incluso pedagógico, para con los grupos sociales en pugna. Un Estado centralizador, dirigido a controlar al máximo unos servicios públicos esenciales hasta entonces en poder británico, y un ensayo de reducir el monopolio de la tierra por un grupo reducido de familias. Era demasiada obra para el corto espacio cronológico de dos presidencias. Por otra parte, muchos de los integrantes de su sector político bloquearon unas reformas que se pretendía materializar sin llegar a la aplicación de medidas drásticas. Los grupos de «notables» que habían apoyado a Lindolfo Cuesas, tan apreciado por los intereses británicos, arrinconados las clases medias en el partido conducido por Batlle, se reagruparon en la Federación Rural. Si durante cierto tiempo la prosperidad económica vivida por el país hizo posible la aplicación, sin demasiada resistencia, de una legislación social progresista en el espacio urbano, invadir el tema de la tierra encontró previsibles resistencias cuya derrota reclamaba una base político-social todavía escasa en el batllismo de las primeras décadas del siglo. La crisis de 1929 introdujo, a su vez, nuevas variables en la coyuntura histórica.

2. LA ÉPOCA DE YRIGOYEN

En Argentina, con mayor intensidad y extensión que en Uruguay, se produce una remodelación ganadera. La diferenciación de las haciendas en criadores e invernadores es uno de los fenómenos que estaba indicando la mayor incidencia del mercado mundial en la reconversión interna, al incentivar el cuidado de las cabañas y una mejora de las razas por el mestizaje del ganado. La presión de la demanda externa había producido, asimismo, el avance de las fronteras ganaderas y esta etapa se cumplió desplazando a los indios de sus territorios tradicionales hasta arrinconarlos contra las menos fértiles tierras de las estribaciones andinas en el sur, o exterminándolos en la dilatada «Campaña del desierto» protagonizada por las tropas al mando del general Julio Argentino Roca, en las pampas meridionales y la Patagonia. Las nuevas praderas abiertas a la explotación de criollos e inmigrantes incrementaron la reserva ganadera, culminando una faceta de la incorporación de Argentina como país agroexportador al mercado mundial. El crecimiento de los stocks vacuno y ovino apuntaba a la selección de haciendas siguiendo las preferencias del consumidor británico, principal comprador, y para la exportación de carnes en función de la industria frigorífica, según la modalidad del *enfriado*, o el *congelado*. Una demostración del rápido incremento de esta fuente de exportación, luego de la ampliación de los territorios ganaderos, fue que la existencia de ganado bovino se duplicó, entre 1875 y 1890, pasando de 12.5 millones de cabezas a 24 millones, en tanto el lanar experimentaba un incremento de 20 millones de animales. El valor de la exportación en pesos oro fue, en el quinquenio 1890-1894, de 3.600.000 pesos oro, pero en 1910-1914 ascendía a 62.900.000 pesos oro.

En un importante trabajo, James R. Scobie ha señalado que la «revolución en las pampas», que tuvo lugar a finales del siglo XIX en Argentina, fue una metamorfosis producida por intereses pastoriles antes que por la inmigración y la agricultura, tal como habían planificado muchos estadistas argentinos:

> La revolución en la pampa se produjo, no por las colonias, sino a consecuencia de las necesidades de la actividad pastoril: precisamente los intereses que al comienzo rechazaron el concepto de inmigración. Tres factores modelaron estas necesidades. La conquista del desierto, completada por el general Julio A. Roca en 1880, llevó la tranquilidad a la pampa y eliminó al indio como amenaza para las fronteras. La amplia construcción de ferrocarriles en las décadas siguientes, en especial el Ferrocarril del Oeste y el del Sur, permitió trasladar lanas, cueros, animales y cereales a la costa, con rapidez y a bajo costo. Por último, todo el énfasis puesto en la economía pastoril comenzó a desplazarse, en especial en la década del 90, del interés principal por la lana, los cueros y la carne salada, hacia una preocupación cada vez mayor por la producción de animales, que pudiese proporcionar también carnes escogidas.

Al mismo tiempo, la superficie cultivada se expande, sobre todo en zonas donde la explotación vacuna y ovina era secundaria. La producción de trigo creció vigorosamente, y si en 1890 registraba un total de 815.000 toneladas, en 1914 ya sumaba 6.602.000 toneladas. El gran impulso procedía de Santa Fe, donde estaban instalados en colonias los agricultores italianos, y también de Rosario. El maíz fue otro producto que ascendía, entre las mismas fechas, desde las aproximadamente 800.000 toneladas a las 3.963.000 toneladas. Sin duda los casi 22 millones de hectáreas que se incorporaron al cultivo entre 1895 y 1914 convertían al cereal en protagonista de la apertura de vastas posibilidades que transforman Argentina en el *granero del mundo* y fuerte competidor para los exportadores norteamericanos. También aquí las líneas férreas hicieron posible el traslado del cereal, no sólo hasta puertos como Rosario, o Buenos Aires, sino también hacia el sur, en Bahía Blanca. Precisamente, la región de Buenos Aires, que tuvo un desarrollo agrícola algo más tardío, completará esta amplitud del cereal en la economía. Pero allí el inmigrante encontró dificultades que hicieron más dura su implantación definitiva en el agro, dado que la valorización de la tierra por el auge ganadero permitió imponer al colono, desde el comienzo, un régimen de medianería y aparcería que lo convertía en mano de obra barata. Finalmente, el desplazamiento del cereal hacia el sur, hacia la zona de tierras vírgenes, convirtieron a Bahía Blanca y su puerto en el emporio cerealero de la región, y modificó la fisonomía de la pampa.

La tierra, factor fundamental en el sistema productivo —pese a algunas inversiones extranjeras, principalmente británicas, en compañías ganaderas o de compra de haciendas—, permanece bajo el control de los estancieros nativos. Es algo señalado por el historiador H. S. Ferns, puesto que el capital extranjero penetró en los sectores de desarrollo de la infraestructura, como los ferrocarriles, servicios de abastecimientos urbanos, puertos, el comercio y las finanzas; pero la tierra constituía un baluarte de la clase dominante argentina. Se trata de un hecho que permitió a la oligarquía obtener excedentes que se volcaron en el medio urbano en la forma de elegantes edificios, y una expansión de las actividades que reflejaba el crecimiento económico del sector agropecuario. Por lo demás, el flujo de mano de obra que garantizaba la continuidad del ciclo expansivo estaba sustentado en una incesante inmigración. Al mismo tiempo, el crecimiento del mercado interno, sobre todo en las áreas urbanas —aunque no debe desdeñarse la importancia de la población en las zonas cerealeras, que también contribuyen a la expansión del consumo—, estimuló el desarrollo de una industria local «inducida», en cierta forma complementaria de los bienes importados, pero que luego de algún tiempo demostró capacidad para desplazar artículos comprados en el exterior.

De los ocho millones de habitantes que tenía Argentina en 1914, el 57 por 100 vivía concentrado en áreas urbanas. Buenos Aires crecía sensiblemente: en 1900 se estimaba que residían en la ciudad 1.270.000 personas; en 1914 eran ya 1.570.000. Si los inmigrantes de la primera época, sobre todo los italianos, concebían la ciudad de Buenos Aires como residencia transitoria antes de dirigirse a la tierra, poco a poco el porcentaje de población extranjera acreció hasta alcanzar el 49 por 100 en 1914. La afluencia inmigratoria no cesó hacia comienzos de siglo, aunque mostró oscilaciones en las cifras. Desde 1870 hasta 1914 ingresaron a Argentina, procedentes de Italia y España en su mayoría, un total de 5.877.292 inmigrantes. El ritmo de entradas entre 1870 y 1891 fue de 75.417 por año, atraídos por una economía en expansión; entre 1892 y 1904, el promedio anual fue de 96.663, exhibiendo un ligero ascenso. Pero entre 1905 y 1910 el ritmo se incrementó, y la llamada «inmigración golondrina» proveyó de unos 273.000 trabajadores anuales. Si muchos de los recién llegados retornaban a sus lugares de origen después de algún tiempo —en especial los integrantes de la inmigración zafral o «golondrina»—, la mayoría se instalaba definitivamente en el país. De tal modo, en 1914 alrededor del 30 por 100 de la población argentina era de origen extranjero, y en el Distrito Federal la proporción exhibía, como hemos visto, cifras mucho más altas. En los primeros años del siglo actual la preferencia por las ciudades en pleno crecimiento se acentuó, puesto que ofrecían un mayor abanico de oportunidades, no sólo por la demanda de mano de obra para la construcción, sino también por la ampliación de la actividad industrial y una extensa gama de profesiones exigidas por la impresionante expansión de las áreas urbanas. En Buenos Aires la industria aumentó el empleo en 90.000 personas durante el periodo 1904-1910.

Instalados los recién llegados en las zonas urbanas, las diversas nacionalidades diseñaron la fisonomía de barrios típicos, como la Boca en Buenos Aires, y dotaron a la ciudad de características desconocidas. Un fenómeno que no será ignorado por los intelectuales, testigos de las mutaciones producidas en ese cambio de siglo; una ciudad donde se alzaban elegantes palacetes, lujosos hoteles, teatros y clubes, pero también casonas de «conventillos» en cuyas habitaciones deterioradas e insalubres se hacinaban los trabajadores. La gran inmigración es el tema del Cambaceres de los ensayos y Francisco Sicardi, en *Libro extraño*, revela toda la amplitud de ese crecimiento donde se mezclan el inmigrante y el proletario, o las nuevas clases medias. El peso del inmigrante no sólo era visible, como se ha señalado, sino que por su importancia en número y actividad en el seno de la sociedad argentina fue factor decisivo para la formación del país.

En un periodo de «crecimiento hacia afuera», la economía estaba caracterizada por la expansión exportadora-importadora. En tanto Argentina proveía de carne y granos al mercado europeo, éste, en especial Gran Bretaña, enviaba sus artículos manufacturados, ya que si la industria local crecía, la producción agropecuaria continuó hasta la Segunda Guerra Mundial a la cabeza del Producto Bruto Interno. Pero los sectores obreros incrementaban sus filas, las capas medias urbanas también se hacían más numerosas, y comenzaba a emerger una clase media rural cuya base era el pequeño propietario agricultor. El comercio se benefició de la expansión económica del periodo junto al pequeño empresario. Pero la crisis producida por la coyuntura económica a partir de 1913 hizo saltar la desocupación desde el 5 por 100 en 1912 hasta el 19 por 100 de 1917, agravada por un descenso de la construcción urbana, la manufactura y la producción agrícola. Se trata de una coyuntura corta, pero que tuvo sus repercusiones políticas y, desde el largo plazo, puede apuntarse que preludió acontecimientos más severos, por cuanto las oscilaciones en la demanda producidas por la Primera Guerra Mundial dejaron al descubierto la debilidad estructural de la economía. Con todo, el país registró, hasta 1929, una prosperidad creciente. En este marco coyuntural se inscribe el acceso al poder del radicalismo argentino y explica, en buena medida, el surgimiento de graves sacudidas sociales en el periodo, pero también la posibilidad de resolver los conflictos sin acudir a transformaciones en el interior del sistema.

Leandro N. Alem es considerado el creador de la Unión Cívica Radical, que surge como fuerza política en 1889. La propuesta inicial de este partido, que sería recogida y llevada hasta sus últimas consecuencias en los programas elaborados por Yrigoyen en años posteriores, eran de reforma moral de Argentina, la defensa del federalismo y la libertad personal. A las filas de Alem se integra su sobrino, Hipólito Yrigoyen, nacido en 1852 en Buenos Aires y que luego de algunas experiencias en la política, siempre junto a su tío, se convirtió en uno de los fundadores de la Unión Cívica. Para algunos autores, Alem e Yrigoyen enarbolan el radicalismo como reacción contra el modelo implantado por la denominada «generación del 80», cuyas figuras señeras fueron Julio Argentino Roca, Carlos Pellegrini, Miguel Juárez Celman y Roque Sáenz Peña. Una constelación de nombres pertenecientes a la oligarquía, pero que por su situación cronológica como generación, tuvieron a su cuidado materializar todos aquellos factores —apertura de nuevas tierras, expansión de los ferrocarriles, atracción del inmigrante, tecnificación de las haciendas, federalización de Buenos Aires— imprescindibles para modernizar e incorporar la nación Argentina a la gran expansión de la demanda en el mercado mundial. Esta inserción en la división internacional del trabajo se logró no sin limitaciones, que se tradujeron en desequilibrios, como el visible retraso del sector manufacturero, o el incentivo de la producción sobre la base de la ganadería extensiva, consolidando las disparidades regionales, y una mayor dependencia de las finanzas británicas, en posición dominante en la economía argentina, pese a la presencia de otros actores al comenzar el siglo actual, como Francia, Alemania y Estados Unidos.

La modernización, tal como la concebían los sectores oligárquicos, estaba en marcha, pero al escoger la vía del «crecimiento hacia afuera» el país dependía estrechamente de las oscilaciones del mercado mundial. La crisis de 1890, que arrastró a la casa Baring Brothers, fue un primer aviso. Pero aún era posible, para las clases dominantes, mantener el control de la situación gracias a un sistema electoral que limitaba la participación popular. La modificación de este sistema sería la bandera de la Unión Cívica Radical, y el principio reivindicado en los combates políticos de Hipólito Yrigoyen. La soberanía popular, sostenía, es la fuente del poder legítimo; debía, por consiguiente, arrancarse a los sectores dominantes un sistema electoral de libertad absoluta. En 1890 la Unión Cívica emprendía acciones revolucionarias en varias provincias, como Catamarca, San Luis, Corrientes, Santa Fe y Buenos Aires, donde los rebeldes tomaron la ciudad de La Plata, pero el movimiento armado quedó rápidamente bajo el control de las tropas federales. En 1893 Leandro N. Alem estaba pronto para otra revolución que, sin embargo, no contó con el apoyo de Yrigoyen. El nuevo fracaso parece haber abatido el ánimo de Alem, quien finalmente optó por el suicidio en 1896.

En la Unión Cívica se congregaban diversos grupos sociales que servían de soporte a su andadura política. Se trataba de un electorado que incluía la naciente burguesía urbana, pequeños y medianos hacendados de la Provincia de Buenos Aires, clases medias urbanas, comerciantes de las ciudades del litoral, chacareros y arrendatarios de las áreas cerealeras, algunos profesionales universitarios, y un escaso núcleo obrero. Era una aparente falta de coherencia y unidad, puesto que los alineaba frente a la oligarquía su aspiración a superar la marginalidad política, la decidida actitud de participar en los mecanismos de decisión en una época de expansión económica, y también en las etapas de crisis. Cuando Bartolomé Mitre regresó de Europa, luego de la revolución de 1890, su intento de coordinar la dirección del Partido Autonomista Nacional (PAN), creado en 1880, con la Unión Cívica, produjo una división de la última en dos grupos: una facción liderada por Mitre y que se denominaría Unión Cívica Nacional (UCN), y otra que, bajo el nombre de Unión Cívica Radical (UCR), denunciaría el acuerdo, designando a Bernardo de Yrigoyen como candidato electoral, e integrado por Leandro N. Alem e Hipólito Yrigoyen.

En 1897, luego de la muerte de Alem, Hipólito Yrigoyen continuaba oponiéndose a cualquier tipo de alianza, y ese año Lisandro de la Torre se alejó del radicalismo, para fundar el Partido Demócrata Progresista. Era una postura de clara oposición a Yrigoyen, y daba nacimiento al *antipersonalismo*. Reconstrucción del partido y preparativos revolucionarios eran los objetivos de Hipólito Yrigoyen hacia 1905, y para la acción armada buscó acuerdos con algunos militares. En febrero de ese año el estallido se produjo en Buenos Aires, centro de operaciones de Yrigoyen, en Bahía Blanca, Mendoza, Córdoba y Santa Fe. Se trató de otro intento fallido, pero dejaba en claro que el radicalismo no estaba dispuesto a compartir el gobierno y sí, en cambio, a tomarlo por asalto si ello fuera necesario. El programa político no había cambiado sustancialmente desde el Manifiesto de 1891, y seguía proclamado la destrucción del sistema oficial que consideraba funesto, la libertad del sufragio y el respeto a las autonomías de los municipios y provincias. En cierto modo, y de ahí la respuesta que el radicalismo encontró en las provincias, su tesis política reclamaba un control del proceso económico nacional por parte de éstas. Aunque en los hechos, el tema de las cuestiones económicas y sociales fue eludido por cualquier programa de la UCR durante largo tiempo, privilegiando en su lugar la moralidad pública y la reclamación del sufragio universal. De ahí que Hipólito Yrigoyen proclamara que: «La U. C. R. no es un partido en el concepto militante. Es una conjunción de fuerzas emergentes de la opinión nacional.» La reivindicación moral constituye, entonces, en cuanto pretensión regeneradora de la sociedad, la veta krausista del pensamiento de Yrigoyen.

Tal vez por ello, el líder del radicalismo presentó su lucha política como *la causa* contra *el régimen;* considerando la primera como las reivindicaciones de su propia corriente, y el segundo el gobierno de la oligarquía. La etapa iniciada en 1904 estaría señalada por una táctica de intransigencia frente al gobierno de la oligarquía, en tanto que se decretaba la abstención ante el llamado a elecciones. En los hechos con tal actitud todo quedaba librado a la suerte de las armas; los intentos revolucionarios fallidos de 1890, 1893 y 1905 no desalentaron a la dirigencia radical. Era una forma de debilitar la imagen del poder oligárquico, y mantener latente la atención de los sectores sociales que apoyaban a Yrigoyen a la espera de obtener un mayor espacio político por la democratización del Estado. Pronto los sectores dominantes advirtieron que la pugna estaba centrada, ante todo, en una participación en el poder para ciertos sectores sociales en cuyo programa no existían propuestas de reforma de la estructura economicosocial. El factor que nucleaba los sectores radicales era su marginación política, los llamados se hacían a la «reparación nacional», la «moralidad», y no se alejaban demasiado de las banderas levantadas por los grupos tradicionales. Por otra parte, la élite de la dirigencia radical pertenecía, en su mayor parte, a núcleos enclavados en la economía agropecuaria o comercial, como lo han demostrado Ezequiel Gallo y Silvia Sigal. Los representantes radicales no eran, en consecuencia, hombres de clase media —éstos serían los representados—, sino personajes de posición económica elevada, como los conservadores. En muchos casos se trataba, no obstante, de hombres de una «nueva oligarquía», ascendidos por la movilidad social existente, pero a los que tan sólo una apertura política podía permitir el acceso a las regiones controladas por la oligarquía tradicional. Se trataba de sectores urbanos, que constituían la base electoral del partido, muy vinculados al núcleo importador-exportador en auge durante el periodo.

El radicalismo ha nacido durante un proceso de modernización de la sociedad argentina. No obstante, como apuntan los autores mencionados:

> Ese proceso de modernización adscribe, miméticamente, formas políticas pertinentes al grado de evolución de los países centrales; pero justamente la falta de crecimiento industrial equilibrado impide la aparición de núcleos de influencia autónomos respecto a la estructura económica tradicional, que proyecten sus aspiraciones de cambio en el plano político.

Una circunstancia que condujo a la elaboración de programas centrados en la demanda de reformas institucionales, silenciando los problemas económicos y las reivindicaciones populares. Luego de la huelga promovida en las zonas rurales en 1912, y que involucró a los grupos sociales que tenían su fuente de ingreso en la producción de los colonos de Santa Fe, la conflictividad amenazaba acrecentarse por la existencia de la Federación Agraria. Era un motivo más de inquietud para las clases dominantes, que ya habían contemplado con temor creciente las movilizaciones de obreros urbanos. Entre Roque Sáenz Peña y Carlos Pellegrini sentarían las bases de un movimiento táctico cuya concreción permitiría a los conservadores abandonar el ejercicio del poder que, en definitiva, les resultaba difícil controlar, y plantearse la coexistencia con un radicalismo que no presentaba aristas peligrosas. Como ha escrito Rodolfo Puiggrós:

> Roque Sáenz Peña confiaba que los radicales detuvieran el avance del sindicalismo y del anarquismo o cargaran con las responsabilidades del fracaso. La idea de los dos partidos turnándose en el gobierno, había ganado a los inversores extranjeros y al sector más lúcido de la oligarquía.

Al permitir que las clases medias ejercieran, como Yrigoyen, su predominio numérico, no estaban renunciando a las fuentes del poder, en tanto que las reclamaciones del radicalismo eran meramente redistributivas y no planteaban mutaciones en la base de la organización economicosocial que servía de sustento a la oligarquía: después de todo, Yrigoyen era ganadero y miembro de la Sociedad Rural Argentina, como sus antecesores Sáenz Peña y De la Plaza, y su sucesor e integrante del radicalismo, Marcelo T. de Alvear. El radicalismo tenía en las clases medias urbanas un poderoso respaldo electoral, pero escasa representación efectiva en la dirección del partido.

En los hechos, cuando el radicalismo accedió al poder tras la modificación de las leyes electorales, se encontró en la onda cíclica de una coyuntura económica desfavorable, y de tremenda conflictividad social. Los graves problemas rurales planteados por el Grito de Alcorta en 1912, el comienzo de la Primera Guerra Mundial en 1914, precedieron el ascenso de Yrigoyen a la primera presidencia. En 1918 estalló la huelga de los frigoríficos, que comprometió los embarques de carne hacia Gran Bretaña; en 1919 tendrán lugar la huelga rural convocada en las áreas de explotación del maíz y los estallidos obreros de la Semana Trágica en Buenos Aires, y en 1921 la huelga de peones en las haciendas ganaderas de la Patagonia. Todos ellos reprimidos con dureza por el gobierno, con intervención de la policía y el ejército, pese a las declaraciones de Yrigoyen sobre su respeto al derecho de huelga. El reformismo de Yirigoyen cedía ante las presiones de las clases altas, atemorizadas por las tensiones que generaba una sociedad en transformación, y por unas protestas de los trabajadores que rehusaban pagar enteramente las consecuencias de las oscilaciones cíclicas.

En otros planos, sin embargo, las dos presidencias de Yrigoyen: 1916-1922 y 1928-1930, así como el mandato de Marcelo T. de Alvear, cumplido entre ambas, evidenciaron una tendencia a la estatización de ciertos sectores de la economía nacional, una característica perceptible en varios Estados latinoamericanos del periodo. A la vez, se proyectaron leyes sociales con el propósito de atenuar los problemas de grupos hasta entonces desprovistos de toda protección. No todas las propuestas plasmaron en leyes, puesto que el Congreso, especialmente la Cámara Alta, mantenían en su composición un predominio de la oligarquía. Con todo, el periodo radical consagró significativos avances en ambas direcciones. Defensa de los agricultores, recuperación parcial de tierras públicas, fomento de las iniciativas colonizadoras, constituyeron una serie de medidas que, si pretendían proteger una clase media rural electora del radicalismo, no vulneraron sensiblemente los intereses de la clase alta rural, ni modificaron la estructura de tenencia de la tierra.

Asimismo, la política desarrollada frente al monopolio británico de las redes ferroviarias comenzó por denegar la renovación de concesiones ferroviarias, al tiempo que se incentivó la extensión de ferrocarriles del Estado. Unas medidas que no dejaron de encontrar oposición, al igual que el fracasado intento de una ley de protección a la industria nacional. La decisión de llevar a la práctica una estatización del sector petrolero, en cambio, tuvo mayor fortuna. La creación de Yacimientos Petrolíferos Fiscales (YPF), durante la primera presidencia, encontró continuidad durante el periodo de Alvear, y durante el segundo mandato de Yrigoyen, consagrado en la jefatura de gobierno por amplia mayoría, se propuso la nacionalización de los recursos en hidrocarburos. Era una medida que afectaba la posición adquirida por la Standard Oil en el mercado argentino, y nuevamente el Senado se convirtió en el escollo donde se demoraría esta iniciativa. La crisis de 1929 y el abuso y monopolio de los reductos del poder, ejercido por núcleos de partidarios, unido al envejecimiento del líder radical, un hecho que le incapacitaba para mantener el control sobre sus filas, precipitaron el fin de su gobierno. La oposición arreció sus ataques, y el ejército conspiraba desde tiempo atrás. Yrigoyen no pudo, o eludió, enfrentarse a una realidad que presentaba oscuras perspectivas. En septiembre de 1930 el general José Félix Uriburu encabezó una rebelión militar que, finalmente, obtuvo la renuncia del anciano presidente.

3. EL CHILE DE ALESSANDRI

La crisis que precipita la sublevación contra Balmaceda y el retorno al poder del sector oligárquico integrado por terratenientes, mineros, comerciantes y grupos financieros, que actuará desde entonces parapetado en su dominio parlamentario, se produce en el periodo subrayado por el auge del nitrato en la economía chilena, que sucede a la victoria en la Guerra del Pacífico. Como ya se ha señalado, Chile no recibe el aporte de una importante inmigración, pero no dejará por ello de experimentar cambios sustanciales en la estructura de su población. Un hecho que tuvo lugar en parte por las inversiones de los beneficios del nitrato en gastos públicos, y en el incentivo de la construcción urbana, y también en que la culminación del avance de la frontera agrícola a expensas de los araucanos, desde 1883, si produce la apertura de ricas tierras para el desarrollo en el sur de Chile, no mejora las condiciones de vida del campesinado. En tanto, las exportaciones del nitrato chileno ascienden, antes de sufrir la caída definitiva con la finalización de la Primera Guerra Mundial.

La población chilena es de 2.688.000 habitantes en 1895, y 36 ciudades superan las 5.000 personas, en tanto que aquellas cuya población sobrepasa las 20.000 son tan sólo seis. En 1920, las cifras revelan 3.730.000 habitantes, las ciudades de más de 5.000 son ya 46, y las de más de 20.000 se han duplicado: son doce, y albergan 1.043.000 personas. En 1895 estas ciudades representan el 18,9 por 100 de la población total, en tanto que en 1920 alcanzan el 27,8 por 100. De ellas, Santiago, cuya concentración urbana era de 300.000 habitantes en 1895, salta a los 547.000 de 1920, mientras que Valparaíso asciende en las mismas fechas desde los 173.000 a los 266.000; entre ambas suman el 21,8 por 100 del total demográfico de Chile. El porcentaje de la población urbana en el país crece desde el 42 por 100 registrado en la década de los años 90 del siglo XIX hasta un 43,2 por 100 en 1907 y luego un 49,4 por 100 en 1930. El mayor incremento es perceptible desde comienzos del siglo XX. No obstante, como ha señalado James Petras:

> Según parece, el movimiento hacia las ciudades responde a factores «de rechazo» —que obligan a la gente a abandonar las zonas rurales— más que a factores de «atracción», como las posibilidades de obtener ocupaciones interesantes y bien remuneradas en las ciudades.

La fisonomía urbana, como en los demás países del Cono Sur durante la época, se caracteriza por la rápida expansión y los fuertes contrastes: residencias que compiten en elegancia y lujo interior con las edificadas en París o en Londres, y zonas de vivienda obreras donde la pobreza hacina a toda una familia en una sola habitación.

Pero este crecimiento de las zonas urbanas era paralelo al auge del nitrato en la economía chilena, y produjo también otras transformaciones en la distribución de la población, como el desplazamiento de trabajadores, procedentes de las zonas rurales del centro y del sur, hacia el Norte Grande, la región de explotación salitrera. En el país, la incidencia de la aportación inmigratoria era numéricamente poco importante, y en el primer decenio del siglo XX apenas superaba el 4 por 100. El alfabetismo, estimado en un 29 por 100 hacia 1885, pese a la existencia de varios partidos políticos y la consiguiente demanda de electores, así como los anunciados propósitos del Partido Radical de universalizar la educación, tan sólo llegaba al 50 por 100 en 1920. Con todo, suponía un sensible aumento del electorado y estaba anunciando la emergencia de las clases medias.

La explotación del nitrato y la expansión ferroviaria sostenida durante el periodo subrayan el dominio del capital británico en la economía chilena, simbolizado por otra parte en los señoriales edificios que ostentaba Valparaíso, muchos de ellos propiedad de firmas inglesas. Si en los primeros años del siglo actual comenzó lentamente a tener presencia la minería del cobre y, junto a ella, el capital procedente de Estados Unidos, todavía el enclave minero era fundamentalmente británico, y se había convertido en clave de la expansión económica chilena. Las exportaciones de salitre ascienden desde los 39.212.000 pesos en 1893 hasta los 262.649.000 de 1911 y constituían aproximadamente el 80 por 100 del total de las exportaciones. Pero las consecuencias de una dependencia de su exportación se hicieron palpables cuando las oscilaciones del mercado mundial afectaron al producto. Una corta pero severa declinación de las exportaciones se produjo al comenzar la Primera Guerra Mundial; a partir de 1917 ya la recuperación se había producido a causa de las necesidades bélicas. En la posguerra, no obstante, el declive fue ya definitivo, ante la declinación de la demanda y la fuerte competencia del nitrato sintético. Desde 1919 el cese de las hostilidades dio comienzo a la crisis de los yacimientos y provocó el cierre de numerosas *oficinas* y el inevitable desempleo de los obreros del salitre. No se trataba ahora de una clausura temporal de actividades, como la registrada en 1915, también con cierre de *oficinas*, pero seguida de una rápida expansión del trabajo en los yacimientos dos años más tarde; las clausuras de posguerra eran definitivas, y los obreros se veían obligados a emigrar hacia el sur en busca de trabajo. En la producción de carbón Chile ocupaba asimismo un importante lugar en Iberoamérica: en 1920 alcanzaba 1.300.000 toneladas, y en 1929 1.500.000, superando a México y Brasil.

La producción de cobre sustituyó al nitrato en el primer lugar de las exportaciones, como consecuencia del espectacular crecimiento de la producción incentivada por las inversiones norteamericanas. En la primera década del siglo actual todavía el 80 por 100 de la explotación del mineral estaba en poder de empresarios nacionales, aunque la extracción había decaído por carencia de tecnología avanzada. Hacia comienzos de la Primera Guerra Mundial las compañías de Estados Unidos eran propietarias, a través de la Braden Copper Company, de la mina El Teniente, que pronto sería vendida a la Kennecot; a su vez, la Anaconda controlaba, mediante diversas filiales, los yacimientos de Calama, de Chuquicamata —la mayor mina de cobre a «cielo abierto» del mundo—, y de Potrerillos desde 1916. En 1920 Chile extraía 250.000 toneladas del mineral, y en 1929 alcanzaba el 18 por 100 de la producción mundial.

El cultivo y exportación de trigo chileno habían ocupado un significativo lugar durante varias décadas del siglo XIX, pero no pudieron recuperar esos niveles en la balanza de intercambio de la actual centuria. Sin embargo, la expansión de la frontera agropecuaria y el incentivo del mercado interno incrementaron las cosechas. Las tierras de Bío Bío, Malleco y Cautín, una región que conformaba la antigua Araucania, se convierten en grandes productoras del cereal, en tanto que el centro de Chile es zona de extensos viñedos, y la cría de ovejas predomina en el sur magallánico. Si bien algunos autores señalan una declinación de las regiones agrícolas, estas conclusiones se apoyan exclusivamente en el descenso del porcentaje de los cereales en la exportación, pero los volúmenes de las cosechas no parecen mostrarse de acuerdo con estas afirmaciones. Existe una duplicación de los quintales de trigo producidos en las primeras décadas del siglo XX, si se toma como punto de referencia el periodo de auge de la pasada centuria. Según Carmagnani, la superficie destinada al cultivo de trigo y cebada es de 450.000 hectáreas en 1910 y llega a las 690.000 en 1930. Otros datos revelan el ascenso en volumen de las cosechas de trigo hasta la década de los años 20. En 1908 el promedio era estimado en 5.000.000 de quintales, en 1913 son 6.453.000 y en 1923 suman los 7.058.000.

Una relativa expansión de la industria manufacturera tiene lugar en este mismo periodo. Los 2.500 establecimientos instalados en 1895, que emplean 42.447 trabajadores, en 1911 se multiplican por casi 2.5 y el censo de ese año demuestra la existencia de 5.722 talleres, con un total de 74.618 empleados, en tanto que en 1920 se contabilizan 8.000, con 80.549 asalariados. Las cifras incluyen pequeños talleres que emplean una o dos personas, junto a otros de mayores dimensiones y que contratan un personal de más de 25 trabajadores. En líneas generales se trata de industrias que apenas superan el nivel artesanal, pero practican ya una cierta sustitución de importaciones, inducida sobre todo por las dificultades de abastecimiento que produjo la Primera Guerra Mundial. Las ramas de mayor desarrollo fueron los productos alimenticios, bebidas, textiles, y en menor volumen industrias del metal y productos químicos. Muchas de estas industrias requerían importación de maquinarias, materia prima y combustibles; en consecuencia, no dejaron de experimentar la crisis en las exportaciones del nitrato al comenzar la Primera Guerra Mundial, un hecho que se manifestó en el cierre de muchos establecimientos fabriles. No obstante, desde 1917 se produjo una recuperación del sector manufacturero, una vez que las exportaciones de salitre revitalizaron la economía. Cuando la demanda del nitrato comenzó a declinar, la industria reclamó la protección del Estado, y obtuvo algunas medidas en tal sentido, sobre todo durante la jefatura de gobierno de Carlos Ibáñez del Campo.

El auge del nitrato no sólo permitió financiar buena parte de las importaciones destinadas a la industria, sino que hizo posible la ejecución de numerosas obras públicas, completar líneas ferroviarias para unir el norte y el sur del país con las grandes ciudades, como Valparaíso y Santiago, al tiempo que alcanzaban zonas productoras de escaso interés para las compañías británicas, pero que valorizaban las regiones de predominio oligárquico y de la nueva burguesía agraria. Entre 1913 y 1915, Puerto Montt en el sur y la provincia de Tarapacá en el norte quedaban comunicadas por ferrocarril, y al comenzar la Primera Guerra Mundial existían más de 8.600 kilómetros de línea ferroviaria, con 5.500 kilómetros propiedad del Estado.

Durante el periodo conocido como «República Parlamentaria», Chile experimentó una serie de mutaciones en su estructura social que, en definitiva, desempeñaron un importante papel en los acontecimientos políticos de las primeras décadas del siglo XX. Durante una primera etapa, no obstante, la oligarquía pudo mantener el control del poder a través del Parlamento. Los ingresos fiscales procedentes de la creciente explotación de los yacimientos de nitrato en el norte del país coadyuvaron, ante todo, a que el gobierno pudiera disponer de recursos suficientes para impulsar los gastos públicos, haciendo que las grandes ciudades ostentaran cierto aire de prosperidad. Por otra parte, como apunta James Petras: «El carácter relativamente "abierto" de la élite terrateniente, así como la disposición de la burguesía a integrarse en la aristocracia, explican en gran parte la prolongación del predominio político de la clase alta.» En efecto, la integración en la franja oligárquica, junto a los terratenientes tradicionales, de una burguesía surgida de las nuevas formas de explotación de la tierra, la minería, el comercio, y la banca, mantuvo ese predominio que, pese a todo, se debilitará a partir de la década de los años 20, cuando las viejas familias de propietarios de la tierra comiencen a ser desplazadas en su papel político por las nuevas fuerzas sociales en escena. El sector minero, a su vez, pierde posiciones ante la fuerte inversión de las empresas británicas y, sobre todo, de las norteamericanas, que obligan a los nativos a ceder su predominio y desplazar sus capitales hacia la industria, el comercio o la tierra. El fortalecimiento del sector industrial, el crecimiento en número de las clases medias urbanas y de los obreros en los enclaves mineros y las ciudades ofrecen nuevas oportunidades de reclutamiento electoral para los partidos.

Desde la instalación de la denominada República Parlamentaria en 1891, y hasta 1924, las diferencias ideológicas entre los diversos bandos políticos chilenos eran casi inexistentes, si exceptuamos las propuestas en cuanto al papel de la Iglesia en la sociedad que oponían a conservadores y radicales. Precisamente, alrededor de estos dos partidos se gestarán las diversas coaliciones plasmadas en el periodo; clara demostración de que las divisiones entre los grupos oligárquicos operaban, sobre todo, en torno a la conquista del poder por unos u otros sectores, y asimismo de que ninguno de los bandos en pugna podía reunir por sí solo suficientes votos para controlar la mayoría en el Congreso. En el periodo que analizamos la oligarquía estuvo representada por diversas fuerzas políticas. Una de ellas era el Partido Conservador, en torno al cual se situaban los intereses de los grandes fondos agrícolas, las finanzas y la Iglesia católica; era sin duda el más unido y la influencia de los terratenientes y la Iglesia le otorgaba un fuerte caudal de votos. El Partido Nacional nucleaba las altas jerarquías de la burocracia, parte del comercio y la banca, y siempre constituyó una minoría parlamentaria; el Partido Liberal, a su vez, no se caracterizaba por su cohesión interna, atento a su división en doctrinarios y coalicionistas. Congregaba propietarios de minas, industriales y grandes terratenientes. Finalmente, el Partido Demócrata-Liberal se consideraba continuador del ideario de Balmaceda y defendía el presidencialismo frente a las fórmulas parlamentarias de gobierno. Frente a ellos, el Partido Demócrata, fundado durante la presidencia de Balmaceda por un grupo de disidentes del Partido Radical, fue el primer grupo político identificado con los sectores medios y los trabajadores urbanos, aunque también representaba a la pequeña burguesía industrial. El Partido Radical, cuyos componentes más destacados eran los mineros del norte, sectores de industriales, y profesionales de la clase media. Ambos núcleos políticos se convirtieron en abanderados de los grupos sociales que surgían con la modernización y el cambio de siglo.

La República Parlamentaria inició el siglo xx con la presidencia de Germán Riesco (1901-1906), apoyado por una coalición de radicales, nacionales y liberales doctrinarios, que se oponía a las aspiraciones de Pedro Montt; no obstante, esa misma coalición coadyuvó a la elección de Montt para el periodo (1906-1910). Las presidencias de Ramón Barros Luco (1910-1915) y de Luis Sanfuentes (1915-1920), completan una etapa de predominio oligárquico no exenta, pese a todo, de choques entre los integrantes de las clases altas y a la vez conmovida por los estallidos sociales originados en una sociedad que se transformaba. El parlamentarismo había sido impuesto por los núcleos oligárquicos en su propio beneficio; ahora controlaban el poder desde el Congreso, renunciando al ejecutivo fuerte del que se habían servido durante el siglo xix hasta la presidencia de Balmaceda. Era una forma de precaverse contra nuevos personajes reformadores, y también respondía al necesario equilibrio reclamado por la multiplicidad de intereses integrados ahora en las clases altas. Pero este excesivo control hacía del presidente un personaje decorativo, y la frecuente rotación ministerial impuesta por el Congreso era expresión de los desacuerdos interoligárquicos, al tiempo que imponían la discontinuidad en las propuestas de gobierno. Ante todo, los grupos dominantes se protegieron de las iniciativas que alteraran sus privilegios. Por un lado, la rápida expansión de la ganadería en el sur, centrada en la cría del ovino, propició la concentración de tierras, aunque de ello también resultaron beneficiadas algunas compañías británicas; por otro, la oligarquía logró postergar la introducción de los impuestos directos, un hecho que obligaba al Estado a hacerse cargo de los gastos apelando tan sólo a los recursos de la explotación minera.

Las clases medias decimonónicas se incorporaron a los distintos partidos políticos existentes, pero las nuevas clases medias urbanas, cuyo número se incrementó en las primeras décadas de la actual centuria, mostrarán su preferencia por los partidos Radical y Demócrata. Se trataba de capas sociales cuyo origen era el empleo privado, que se expandía con el dinamismo de la industria y el comercio, el afluir más numeroso de profesionales desde la Universidad, y la multiplicación de empleos en una administración estatal en continuo crecimiento. También el avance de la agricultura en el sur creó núcleos de pequeños propietarios que aspiraban a sostener frente al latifundio su economía independiente, y conformaron una clase media rural. Sus protestas en favor de las reformas sociales y económicas respondieron a una aspiración de movilidad ascendente que orientaría sus decisiones, y para materializar sus objetivos buscaron la alianza con los sectores obreros e incrementaron las filas de aquellos partidos políticos dispuestos a llevar adelante sus proyectos.

Como consecuencia de estas mutaciones, en las primeras décadas del siglo xx la vieja cuestión clerical, que había alimentado las luchas interoligárquicas, quedará relegada por la irrupción virulenta de la «cuestión social», a la que no era ajena una política de gobierno que postergaba sistemáticamente a las clases trabajadoras. La depauperación de los núcleos obreros y el efecto de las oscilaciones del mercado mundial del salitre en el nivel de vida de las clases medias gestaron manifestaciones de descontento. Las reclamaciones de mejora en su situación laboral que llevaron a la huelga a los obreros portuarios de Valparaíso en 1903; las violentas protestas populares en Santiago en 1905; la huelga de los obreros del salitre en Iquique, en 1907, culminada con una masacre a cargo del ejército, eran hitos de la inquietud social. Bajo la dirección de Luis Emilio Recabarren, un modesto trabajador nacido en Valparaíso, se organizan los obreros del salitre y nacen los periódicos de apoyo al proletariado. En 1909 se crea la Federación Obrera Chilena (FOCH), y en 1912 Recabarren funda, junto a otros líderes políticos y sindicales, el Partido Obrero Socialista.

Durante el siglo xix la participación electoral en Chile se mantuvo en niveles muy bajos, pese a que desde 1874 los mayores de veinticinco años que sabían leer y escribir podía participar en los comicios. Hacia 1920 el número de electores se había duplicado, pero la exclusión de la mujer y los analfabetos negaban el voto a un elevado porcentaje de la población. A ello se unía que las clases altas podían manipular las elecciones con impunidad, sobre todo en las zonas rurales donde la estructura tradicional permanecía intacta. Eran factores que permitieron la pervivencia de la República Parlamentaria y su dominio por la oligarquía, pese a sus continuos cambios de ministro, y la inoperancia de sus proyectos de gobierno. No obstante, al finalizar la guerra mundial, la crisis estaba cercana. En 1915, Arturo Alessandri, un hijo de próspera familia campesina de clase media, luego de una campaña electoral en favor de los trabajadores mineros, accede al Senado por la norteña provincia de Tarapacá. Era una época de agitación en demanda de reformas sociales, y la Alianza Liberal, gestada para las elecciones de 1920 entre el Partido Demócrata, el ala progresista del Partido Radical, y del Liberal, obtuvieron un resonante triunfo sobre la Unión Nacional, integrada por el Partido Conservador y las derechas del Partido Radical y Liberal, que postularon un hombre de las finanzas: Luis Ramos Borgoño. Las propuestas de la campaña lanzada por Alessandri hablaron de una legislación del trabajo progresista, la creación de un ministerio de Asistencia Social, la nacionalización de servicios en poder de empresas extranjeras, control de los bancos por el Estado, y la reforma impositiva, afectando sobre todo a las clases altas y las herencias, así como una distribución más justa del ingreso.

Las clases medias otorgaron sus votos a una propuesta que recogía sus demandas, y los obreros aceptaron un programa reformista que significaba un avance en sus reclamaciones de justicia social. El colapso del mercado mundial del nitrato y la incapacidad y poca disposición de la clase gobernante para atenuar las consecuencias de la depresión en las clases bajas, agravaron el desempleo, la caída del nivel de vida, y las protestas de los sectores urbanos y mineros, favoreciendo la campaña de Alessandri. Estos problemas, sin embargo gravitarían sobre su periodo presidencial, agravados por el dominio de los conservadores en el Senado. Las reformas aguardadas por los sectores populares quedaron postergadas y el presidente se vio obligado a gobernar compartiendo el poder con las fuerzas políticas tradicionales y la burguesía. Incluso durante su mandato se reiteraron las represiones sangrientas a los mineros, como sucedió en 1921 con los trabajadores del salitre en San Gregorio, y pronto las huelgas comenzaron a sucederse, ahora dirigidas por la FOCH, mientras que nacían en la región central del país las organizaciones campesinas. El surgimiento de los partidos obreros, como el socialista, se completó con el comunista, en tanto que la influencia del anarquismo iniciaba su eclipse. La agitación de los problemas sociales maduró la conciencia política de las clases medias y de los obreros de la industria y la minería, con amplia gravitación en los acontecimientos posteriores.

El periodo iniciaba, asimismo, la declinación de la hegemonía británica en la economía chilena, y el ingreso cada vez más perceptible del capital norteamericano; era un hecho que acentuaba la pérdida de influencia de la clase terrateniente tradicional. Pese a los ensayos de estimular el empresariado nacional, el primer gobierno de Alessandri naufragó en la inoperancia. Si utilizó el recurso de agitar obreros y clases medias contra la oligarquía, lo cierto es que la tierra continuó sin reformas estructurales y los privilegios de la clase dominante no fueron alterados. El Parlamento frenó, por otra parte, las propuestas de leyes sociales e impidió los programas de desarrollo industrial que alentaban radicales y demócratas. Si bien el presidente llevó a sus ministerios algunos integrantes de las clases medias, se mostró impotente para solucionar los urgentes problemas de las masas trabajadoras. En 1924 el desempleo, la ineficacia del Congreso para paliar los problemas nacionales, el desastre financiero, llevaron a un descrédito generalizado del gobierno. En las elecciones parlamentarias de 1924 todavía pudo triunfar la Alianza Liberal, pero la impopular medida de proponer un sueldo a los legisladores en un país en plena crisis precipitó la intervención del ejército. En septiembre de 1924 el presidente fue obligado a renunciar por los oficiales en favor del general Luis Altamirano.

A fines de marzo, otro golpe militar había restituido a Arturo Alessandri en la jefatura del Estado. Éste convocó una Convención Constituyente, que redactaría la Constitución de 1925. Era, en definitiva, la ruptura con el pasado. Establecía la elección directa, creaba un Tribunal Electoral, establecía la libertad de conciencia y separaba la Iglesia del Estado. Implantaba un ejecutivo fuerte al tiempo que debilitaba el poder legislativo. En definitiva, el Estado adquiría poderes para intervenir en lo económico y social. Pero la restauración de Alessandri en la presidencia sería breve. Siete meses más tarde, un nuevo conflicto con el ejército, a través de su ministro de Guerra, el general Carlos Ibáñez del Campo, lo forzó a un nuevo abandono del cargo. También fue corto el periodo del electo presidente Emiliano Figueroa Larraín, y los comicios realizados a continuación elevaron a la jefatura del Estado a Ibáñez del Campo.

Su periodo de gobierno (1927-1931), se caracterizó por la exclusión de los partidos políticos del escenario nacional, y la persecución de sus personalidades más relevantes. Si bien los sindicatos no fueron prohibidos, persiguió aquellos vinculados a los partidos obreros, al tiempo que eran estimuladas agremiaciones apolíticas pero que respondían a las iniciativas del gobierno. La prensa también experimentó la dureza del régimen y fue implantada una asfixiante censura. Al mismo tiempo, la administración Ibáñez desarrollaba un programa de obras públicas: construcción de carreteras, de edificios públicos, y extensión de los servicios de alumbrado y aguas potables. Para ello recurrió al crédito externo con cierta frecuencia, un hecho que unido a las inversiones extranjeras en la economía chilena —sobre todo de origen norteamericano—, dirigidas al cobre, la energía y los transportes, crearon condiciones para alentar los proyectos de industrialización. Desde 1928 una serie de leyes se orientó en ese sentido: subsidios a las industrias consideradas de interés nacional y protección arancelaria incentivaron su desarrollo. No obstante, el país seguía dependiendo de la exportación de materias primas, ahora sobre todo de la minería del cobre, y la crisis de 1929 dejó al descubierto la precariedad del resurgir económico del periodo Ibáñez. En 1930, el sector industrial aún mantenía una importante actividad, amparada en el proteccionismo, pero el mercado interno colapsaba alcanzado por la depresión mundial, al tiempo que cesaba la corriente de préstamos e inversiones. Al promediar el año 1931, el descontento general y un panorama de incertidumbre económica y social ante la coyuntura, obligaron a Ibáñez a resignar la presidencia.

4. PARAGUAY

En lenta recuperación de las secuelas de la dramática Guerra de la Triple Alianza (1864-1870), que había destrozado la estructura económica y social del país, Paraguay accedió al siglo xx bajo el gobierno de los hombres de la Asociación Nacional Republicana, o Partido Colorado. Pese a la continuidad en el poder de un único bando político —los *colorados* gobernaron durante casi un cuarto de siglo, desde 1880 hasta 1904—, la inestabilidad, los levantamientos armados, y una débil economía, presidieron el periodo. Con todo, el país se había dado una Constitución, la de 1870, que se mantuvo en vigor, y habían nacido dos partidos políticos: el ya mencionado y el Partido Liberal. En 1904, una revolución de los liberales puso fin al gobierno del *colorado* Juan A. Ezcurra, que había sido precedido a su vez por un golpe militar. Los años siguientes subrayaron la pugna por la presidencia entre los hombres del núcleo político vencedor. La brevedad del mandato de Bautista Gaona, y del interinato de Cecilio Báez —ambos entre 1904 y 1906—, e incluso el del general vencedor, Benigno Ferreira (1906-1908), y la posterior revuelta militar del coronel

Albino Jara así lo demostraron. Este último no sólo precipitó la caída de Ferreira, sino que, electo en 1910 Manuel Gondra, un intelectual liberal de prestigio y con sentido de la conciliación nacional, fue derribado a su vez por Jara un año más tarde. La dictadura de Jara, violenta y breve, fue cancelada por otro levantamiento que instaló en el poder a Liberato Rojas. Los desacuerdos en el seno del Partido Liberal, y la decisión de los *colorados,* rechazando presentarse a las elecciones, hacían conflictivo este primer decenio del siglo. En 1912 los sufragios otorgaron la presidencia a Eduardo Schaerer, un hombre pragmático, y que utilizará las posibilidades que otorgó la Primera Guerra Mundial a la economía paraguaya para ensayar la recuperación del país. En los hechos, pese a que no faltó un intento armado para derribarlo durante su mandato, este presidente liberal pudo llevar adelante un programa de gobierno.

Desde la guerra finalizada en 1870, Paraguay había recuperado lentamente sus cifras de población; hacia 1914 éstas se estimaban en unos 800.000 habitantes, que apenas llegaban a 900.000 en 1930. La concentración urbana era muy baja, y Asunción, la ciudad más extensa, no alcanzaba los 100.000 habitantes al iniciarse la década del 20. El país rural predominaba, y la población indígena, mayoritaria, era bilingüe, ya que hablaba en español y guaraní. La población blanca se concentraba en la zona urbana, donde una inmigración no demasiado numerosa, procedente de países europeos, había establecido comercios, industrias, o dirigía empresas extranjeras. La economía de Paraguay era, ante todo, agrícola, ganadera y de explotación de reservas forestales. Las plantaciones de algodón, la *yerba mate,* muy extendida en las cercanías del río Paraná y en la sierra Amambay; el cultivo de productos para el mercado interno, así como una ganadería en su mayor parte complementaria de las grandes haciendas argentinas, constituían las actividades agropecuarias. Los bosques del país eran ricos en árboles de quebracho, del cual se extraía el tanino, de gran demanda en el mercado exterior. La etapa subsiguiente a la Guerra de la Triple Alianza se caracterizó por el retorno a la propiedad privada y la libre empresa, propiciando el resurgimiento del latifundio, en manos de la oligarquía nativa y de las compañías británicas, francesas o argentinas.

Las estimaciones elevan a unos 18.000 los paraguayos empleados por establecimientos argentinos, británicos, norteamericanos o de otras nacionalidades; el resto se distribuía en las haciendas de la oligarquía nativa. La explotación de los trabajadores rurales en los yerbatales, las haciendas ganaderas, o la agricultura, revestía formas semifeudales, y provocó algunos conflictos laborales, siempre reprimidos con violencia. Esta situación laboral fue denunciada por el escritor y periodista español Rafael Barret, que estuvo radicado en Paraguay a comienzos del siglo actual, en una serie de artículos reunidos luego de su muerte en *Lo que son los yerbatales paraguayos.* Por otra parte, las posibilidades en el medio urbano eran escasas, ofertadas por la construcción, una débil industria artesanal, las tareas portuarias y los servicios. Durante largos años la clase obrera no había superado las sociedades de resistencia, debido a su exiguo número, pero su lenta organización culminó en 1906 con la fundación de la Federación Obrera Regional Paraguaya, de ideología anarquista; en 1926, surge la Unión Obrera Paraguaya, y dos años más tarde el Partido Comunista Paraguayo, creado por grupos de intelectuales y estudiantes universitarios.

La dependencia de la economía argentina fue considerable. No sólo porque el comercio con el país vecino dinamizaba el puerto fluvial de Asunción, sino porque muchos de los productos que Paraguay consumía llegaban a través de la intermediación de sus importadores. Paraguay, que forma parte de la cuenca del Plata, padecía al igual que Bolivia una situación de mediterraneidad, agravada por su endeblez económica. También grandes extensiones del territorio paraguayo fueron enajenados a empresas argentinas, y en los hechos el país se integró al mercado mundial a través de las compañías extranjeras, que se apoderaron de las riquezas producidas por las praderas y los bosques nativos. Al nombre de Carlos Casado Limitada, propietario de decenas de miles de hectáreas al norte del río Paraguay, así como de dilatadas concesiones en el Chaco, el de la familia Sastre, con la empresa Campos y Quebrachales de Puerto Sastre, se agregaban otras compañías, como la Forestal Puerto Guaraní. El transporte fluvial por el río Paraguay fue realizado en carácter de semimonopolio por una compañía argentina: Mihanovich Limitada, y también inversores argentinos controlaron parcialmente las acciones del Ferrocarril Central de Paraguay. Los británicos poseían, a través de The Anglo Paraguayan Land, enormes praderas de tierra fértil; la South American Cattle Farms, una filial del establecimiento de extracto de carnes Liebig's, instalado en Uruguay, poseía tierras y ganados. La International Products, de capitales norteamericanos, era propietaria de estancias ganaderas y una planta procesadora de carnes.

La administración Schaerer tomaba en sus manos un país empobrecido, donde el malestar de los campesinos y la incipiente protesta urbana exigían decisiones modernizadoras desde el gobierno. Fue una tarea que asumió el presidente, favorecido por una mayor demanda de productos paraguayos debido a la Primera Guerra Mundial. El algodón, el tanino, e incluso la yerba mate, conocieron un auge exportador que permitió el intento de promover cierto desarrollo industrial, y extender las vías férreas hasta Puerto Encarnación, sobre el Paraná. El periodo no permitió avanzar más, y de su mandato quedaron algunas instituciones básicas, entre ellas el Banco Agrícola y la Oficina de Comercio Exterior, además de un Banco de la República, instalado con capital francés. La transición presidencial fue realizada pacíficamente, y la etapa de Manuel Franco estuvo presidida por un correcto administrador, que continuó la tarea modernizadora, dotando al país de un Registro Electoral y estableciendo el secreto del voto en las elecciones. Fallecido poco antes de completar su mandato, dejó abierta una nueva etapa inestable. Se sucedieron José P. Montero, Manuel Gondra, Eusebio Ayala, abatidos por los sucesivos golpes militares y por el marasmo económico posterior a la Primera Guerra Mundial.

Un gobernante que continuará con el esfuerzo restaurador ascendió a la presidencia en 1923: Eligio Ayala. El proceso político se había dividido en «shaeristas» y «gondristas», y el nuevo gobernante se inscribía entre los últimos. Era un hombre que reunía cualidades intelectuales —escribió un libro, publicado póstumamente con el título de *Migraciones,* sobre los problemas del subdesarrollo paraguayo— con una austeridad administrativa que se puso de relieve en la recuperación financiera de su periodo. Abordó el problema de la pacificación del país con medidas que garantizaban la pureza de las elecciones, la representación de las minorías, y consiguió que los colorados depusieran su actitud abstencionista y retornaran en 1927 a la contienda electoral. El problema de la tierra fue objeto de una legislación especial, con el propósito de distribuir parcelas entre los núcleos campesinos marginados, e impulsar la colonización. El proyecto preveía expropiaciones con indemnización a los dueños de latifundios, e intentaba consolidar una franja de pequeños propietarios, dando origen a la clase media rural.

Ayala llevó adelante un proyecto de colonización del Chaco, tímidamente intentado por gobiernos anteriores, pero que pudo culminar con éxito estimulando la inmigración de comunidades mennonitas, para lo cual entró en negociaciones con Carlos Casado, ya que la mayor parte de las tierras utilizables en la región estaban en poder de esa firma. Al iniciarse la población desde el lado paraguayo, el territorio del Chaco, amenazado por el avance de los fortines bolivianos, se encontraba en mejores condiciones para una defensa de la soberanía. El litigio con Bolivia se arrastraba desde finales del siglo XIX, pero hasta la segunda década del siglo actual no había producido tensiones alarmantes entre ambos países. En los años 20, la línea de fortines bolivianos se hizo más extensa y profunda, y Ayala respondió de la misma forma. En 1927, ya los primeros incidentes, originados en los puestos fortificados que las dos naciones mantenían en el Chaco, produjeron reclamaciones diplomáticas por ambas partes.

Cuando José P. Guggiari llegó a la presidencia, la opinión pública estaba radicalizada, y la oposición aprovechó la coyuntura para ascender al tren del nacionalismo. Guggiari acudió al mismo expediente que el gobierno boliviano: comenzó a adquirir armamento, lo que agravó las perspectivas financieras. En tanto, los obreros, estudiantes y clases medias urbanas mantenían movilizaciones en demanda de soluciones a una economía en deterioro. Al finalizar el año 1928, el mayor Rafael Franco asaltó el Fortín Vanguardia, guarnecido por bolivianos, y se apoderó de la posición; días más tarde, los soldados del altiplano tomaban el Fortín Boquerón, en la zona paraguaya. La guerra era un hecho. La Conferencia Internacional de Estados Americanos de Conciliación y Arbitraje, reunida en Washington, intentó mediar en el conflicto, pero tan sólo aplazó el choque. En 1932, después de la gran crisis mundial, se iniciaba la Guerra del Chaco.

III. LA REVOLUCIÓN MEXICANA

1. POLÍTICA ECONÓMICA DE PORFIRIO DÍAZ

La trayectoria política de Porfirio Díaz se inscribe en una línea ya tradicional en la Iberoamérica decimonónica. Caudillo militar, héroe de la guerra contra el emperador Maximiliano, su ascenso al poder comienzó en 1876 y logró perpetuarse en la presidencia luego de las reformas constitucionales propiciadas en 1887 por sus partidarios en el gobierno, que redujeron al olvido las proclamas de no reelección del Plan de Tuxtepec, utilizadas para derribar a Lerdo de Tejada. Se inició entonces un periodo de dictadura que, si en lo político parece hacer suyas las propuestas liberales de la Reforma, en el plano real y con el respaldo de un grupo intelectual alistado en lo que ellos mismos denominarían el *Partido Científico*, gobernará ceñido a las pautas de mantener a toda costa el orden público y propiciar el desarrollo económico. El lema «orden y progreso» pretendía dotar de justificación intelectual los actos de un Estado que sumía en la opresión y la miseria a la mayoría del pueblo mexicano. Por cierto que una estabilidad interna colocada en primer plano —un orden sangriento pero necesario a los ojos de las clases dominantes— propició las inversiones extranjeras y el impulso a la economía nacional. Para ello se contaba con el apoyo que ofrecían al gobierno los grandes terratenientes, comerciantes, financieros y poderosos

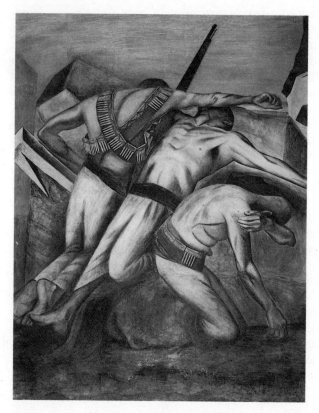

Orozco, *La trinchera*

industriales. La historiografía subraya, con algunos matices, que en términos de expansión económica la dictadura de Díaz introdujo un modelo capaz de encauzar el desarrollo capitalista, y a ese proyecto estuvo subordinada la vida del país. El progreso económico, que se aducía como mérito exculpatorio del prolongado gobierno de Díaz, tuvo un excesivo costo social para los peones rurales y las masas indígenas, colocados en el límite de la subsistencia. Es que la concentración de la propiedad, secuela inevitable de los planteos programáticos del régimen, benefició a los grandes latifundios, que a la acumulación de tierras expropiadas a la Iglesia adicionaron ahora el despojo de las pertenecientes a las comunidades indígenas y las arrebatadas a los indios yaquis, víctimas del exterminio en Sonora por la intervención del ejército.

La proximidad geográfica de los Estados Unidos convirtió a México en un centro natural para las colocaciones de capital norteamericano durante su primera etapa de expansión, y el porfirismo se apresuró a ofrecer todas las facilidades exigidas por los inversionistas. Pronto, por consiguiente, se hizo visible la presencia de la empresa extranjera en las comunicaciones, la tierra, la extracción de materias primas y la industria. Un fenómeno que produjo cambios en la estructura social, con fuerte incidencia en las áreas campesinas, al tiempo que afectaba una parte de la burguesía mexicana, sobre todo en el norte del país, alimentando un sentimiento plasmado en el antiimperialismo de amplios sectores de la revolución mexicana.

La demografía, estimada en unos 9.5 millones de habitantes hacia 1876, llega a los 15.160.345 en 1910. Pese a los esfuerzos del gobierno para atraer a la inmigración, los europeos que se trasladaron hacia Iberoamérica en el último tercio del siglo XIX no se sintieron atraídos en número apreciable por esa región. México era todavía un país rural, de salarios exiguos, donde la población urbana, unas 3.500.000 personas, no excedía del 20 por 100 del total, en tanto que el mundo campesino estaba habitado por unos doce millones de personas. También es en las zonas rurales donde se encontraba la mayoría de la población económicamente activa, que en 1910 se dedicaba en un escaso 4 por 100 a la agricultura, en tanto que un 60 por 100 eran peones. Por otra parte, no todas las regiones crecían al mismo ritmo en población y posibilidades económicas. Los estados del norte lo hicieron con más intensidad que otros, tal es el caso de Chihuahua, Nuevo León, Sonora y Tamaulipas; ciudades como Guadalajara o Monterrey en el norte, y Veracruz en el sur también incrementaban sus cifras de habitantes, mientras que México, en el centro, se acercaba, en 1910, a los 800.000.

Anota Silva Herzog que «según el Censo de Población de 1910, había en el país 840 hacendados, 411.096 personas clasificadas como agricultores y 3.096.827 jornaleros del campo». La exactitud de este relevamiento ha sido cuestionada por diversos autores, pero otros datos indican una alta concentración de la propiedad que dejaba sin tierras al 95 por 100 de la población agrícola. Unos 78 millones de hectáreas estaban en posesión del 4 por 100 de los propietarios. Mientras que el 1 por 100 de los terratenientes concentraba el 97 por 100 de la superficie cultivable, la pequeña propiedad era apenas un 2 por 100, y las tierras comunitarias el 1 por 100. Un reducido número de familias era el núcleo favorecido, y cálculos de la época señalaban que tan sólo quince haciendas reunían aproximadamente 1.500.000 hectáreas, un promedio de 100.000 por propietario. La política agraria del gobierno Díaz ignoró las características de un país con demografía mayoritariamente agraria, y no estimuló la tecnificación en las zonas rurales, quedando ésta en manos de las inversiones extranjeras y la escasa iniciativa nacional. Esta carencia de una política agraria acentuó las disparidades regionales. En la meseta central, las haciendas destinaban las tierras irrigadas o más fértiles a cereales y cultivos de subsistencia; el resto de la propiedad era trabajada por los campesinos en arrendamiento. No obstante, en el estado de Morelos se desarrolló una industria azucarera con técnicas capitalistas, cuyo destino era la exportación. En las tierras del norte del país, la ganadería ocupó una amplia superficie, y fue el enclave de numerosas haciendas de propiedad norteamericana. Otro tanto ocurría en el sur, donde la empresa extranjera dominaba vastas extensiones; en ambas regiones se cultivaban, asimismo, productos exportables como el azúcar, algodón, o café. Algunos de éstos, como el henequén, revelaron un impresionante progreso entre 1890 y 1910, en la meseta central y Yucatán, cuando alcanzó un promedio de 129.000 toneladas. Pero uno de los problemas importantes para el desarrollo de la tecnificación rural que intentó un sector de los hacendados nativos fue la inexistencia de crédito agrícola. Es que el país careció de un sistema monetario estable hasta la reforma de 1905, donde se adoptó el patrón oro y se introdujo el peso mexicano como unidad. Por ello, frente a los privilegios que recibía el inversor extranjero, los hacendados dispuestos a participar en la modernización capitalista poco podían esperar del gobierno, y esto se convirtió en un factor que enajenó a Porfirio Díaz muchas voluntades, sobre todo en los estados del norte. Pese a todo, la mayoría de los terratenientes conservó una mentalidad feudal, y continuó explotando sus tierras según métodos tradicionales.

Eran otros los resultados en los sectores de la economía destinados a la exportación, como la minería, que registró un fuerte crecimiento. La producción de cobre, plata y plomo atrajo la inversión extranjera, y en 1910 existían 150 centros mineros y metalúrgicos, uno de ellos la Compañía Fundidora de Fierro y Acero instalada en Monterrey. Entre las compañías mineras estaban la británica Real del Monte, y la norteamericana Cananea Consolidated Copper Company, además de otras que se entrelazaban con la American Smelting and Refining Co., integrando el complejo Guggenheim. En el cuadro de las exportaciones la minería representó, entre 1900 y 1910, un promedio del 63 por 100. La explotación del petróleo fue otro de los terrenos reservados a la inversión extranjera. A partir de las concesiones al norteamericano Edward L. Doheny, y al inglés Weetman Pearson, penetrarían en México la Standard Oil, a través de la General Petroleum Corporation of California, y la Royal-Dutch Shell, con La Corona, y la Cía Mexicana de Petróleo El Águila. Hacia 1920 otras compañías norteamericanas se habían instalado en México, controlando un producto casi exclusivamente destinado a la exportación, ya que en el primer decenio del siglo y antes de la apertura de los pozos venezolanos, a los que se agregarían los de Perú y Colombia, el país estaba considerado como uno de los depósitos mundiales de mayor riqueza en hidrocarburos. La incidencia de la extracción de petróleo en México era escasa, excepto en el pago de las tasas impositivas, dado el reducido consumo del producto en una economía subdesarrollada. Otro sector de inversión preferente para las empresas extranjeras fueron los transportes. Las primeras líneas de ferrocarriles fueron tendidas por empresas británicas, pero a partir de la década de los 80 los norteamericanos unieron México y Ciudad Juárez, así como México y Laredo. Hacia finales del siglo xix el gobierno participó, por razones estratégicas, en la fusión de empresas que creó los Ferrocarriles Mexicanos y adquirió una importante extensión de la red. Durante el periodo de Porfirio Díaz, la inversión extranjera produjo una rápida expansión de las líneas, adicionando 24.000 kilómetros a los ya existentes.

La inversión extranjera controló el sector moderno de la economía, en tanto que los grupos dominantes nativos se concentraron, como en el resto de Iberoamérica, en el sector agropecuario, y algunos de sus integrantes participaron en la minería. La inversión directa de Estados Unidos se situaba, en 1911, en los 794 millones de dólares; la del capital inglés en préstamos no gubernamentales era estimada en los 130 millones de libras; la de los franceses y alemanes en cifras mucho menores. Por sectores, un 80 por 100 del capital norteamericano se dirigía a ferrocarriles y minería, el 2,5 por 100 al petróleo; la inversión británica escogía las mismas áreas productivas: un 88 por 100 con destino a minas y vías férreas y los hidrocarburos recibían aproximadamente el 2,5 por 100. No obstante, en 1910, del total de los capitales vertidos en la industria petrolera, el 61,5 por 100 era británico y el 38,5 por 100 norteamericano. El resto de la inversión se volcaba en la industria siderúrgica, el tabaco, los textiles y la tierra. La industria dinamizó la economía en los estados de Nuevo León, Puebla, Guanajuato, Veracruz y México, dando impulso a un proletariado que se manifestó al comenzar el siglo xx.

2. El conflicto político-social

Si la política económica de la dictadura de Porfirio Díaz fue negativa para el ámbito rural, tuvo en cambio resultados importantes en otros sectores como consecuencia de apertura a las empresas extranjeras. Esta dicotomía hizo aflorar las fuertes contradicciones existentes en una sociedad con enorme peso de la población rural. Ha sido subrayado por Lorenzo Meyer:

> La contradicción entre un sector moderno, que impulsaba la movilidad de los salarios y la mano de obra, y un sector agrícola basado en la inmovilidad de una gran masa de peones con un salario mínimo al servicio de las haciendas, suscitó un cierto enfrentamiento entre el grupo hegemónico nacional, por un lado, y el gobierno de Díaz y el sector extranjero, por el otro.

Este descontento se acentuaba por el despojo de tierras a las comunidades, acelerado por las compañías delimitadoras de territorio creadas por las leyes de colonización; por la persistencia del sistema de *tiendas de raya,* generalizadas en el medio rural como sistema de pago a los peones y que engendraba una semiesclavitud; y por la insatisfacción de las clases medias, que emergen en la época de la Reforma y durante el proceso de modernización del gobierno de Díaz no sólo se expanden, sino que muy pronto conforman un sector mayoritariamente opuesto al inmovilismo político de la dictadura. La incertidumbre y la frustración hostilizaban a los universitarios, maestros, empleados, pequeños comerciantes e industriales, sobre todo en la coyuntura de crisis económica entre 1907 y 1911.

Al igual que las capas medias, crece el número de obreros, e incluso de aquellos que trabajan en industrias más tecnificadas y perciben salarios relativamente elevados. También, pese a las persecuciones, superan la etapa de las asociaciones mutuales, formando primero los Círculos Obreros, en cuya difusión participan activamente los hermanos Flores Magón, para crear más tarde sindicatos internacionalistas bajo la influencia de la *International Worker's of the World,* norteamericana, y de anarquistas españoles. La introducción de las ideas socialistas completará la formación de los diferentes gremios de trabajadores. La huelga de 1906 contra la poderosa *Cananea Consolidated Copper Company,* de capital norteamericano, que culmina en sangrienta represión, y la que tiene lugar el año siguiente en Puebla, Veracruz y Tlaxcala, entre los obreros textiles, culminada con el exterminio de unos doscientos trabajadores en Río Blanco por las fuerzas gubernamentales y marcan el enfrentamiento definitivo entre la clase obrera, la política de Díaz y las empresas extranjeras. Incluso la burguesía, demasiado atraída al comienzo por las compañías británicas o norteamericanas, no dejó de experimentar fuertes reveses económicos, aunque algunos de sus integrantes obtuvieron sólidos beneficios fruto de la vinculación con esas mismas empresas. Al comenzar el nuevo siglo, entonces, la creciente oposición a la explotación extranjera, y el nacionalismo económico, unificaron diversas fuerzas sociales en el intento de derribar el porfiriato.

La ofensiva intelectual contra el régimen se acentúa en la primera década del siglo actual, en muchos casos, protagonizada por personajes que han retirado su apoyo

525

a la política seguida por Díaz. Primero, el positivismo de la filosofía de Auguste Comte, y luego el evolucionismo de Herbert Spencer, otorgan el sustrato ideológico a la dictadura desde la plataforma intelectual conformada por el grupo de los «científicos», doctrina que será atacada desde la crítica desarrollada por la denominada «generación del Ateneo». Hegel, Croce, Bergson y William James eran algunos de las propuestas innovadoras de este núcleo disidente. Desde otro ángulo, los hermanos Flores Magón cuestionaban la dictadura: primero, en el Partido Liberal; luego, adoptando una posición más influenciada por la ideología anarquista, utilizando como elemento de propaganda el periódico *Regeneración*. En 1906 fue conocido el *Programa* del Partido Liberal, conteniendo una serie de reivindicaciones sociales que se convertirían en antecedente ideológico de la Constitución de 1917, y en 1909 el magistrado rural Andrés Molina Enríquez publicó *Los grandes problemas nacionales*, un texto que realizaba una dura crítica al latifundio imperante en el México rural.

Una de las regiones que expresó con mayor virulencia su descontento ante la coyuntura económica fue San Luis de Potosí, y entre las familias afectadas por la política económica de Díaz se encuentra la de Francisco Indalecio Madero. Con extensos intereses en la región, era una de las diez grandes fortunas del México de su tiempo, con capital en haciendas e inversiones mineras. Si durante un cierto periodo Madero fue partidario de Díaz, pronto su concepción de la libre empresa, la modernización agrícola, y la exigencia de elecciones libres a la presidencia, lo enfrentaron al régimen. En 1908 publica su libro *La sucesión presidencial de 1910*, donde expone sus ideas reclamando las libertades políticas, y oponiéndose a la reelección del jefe de Estado. Se trata de una obra sumada a los embates intelectuales ya dirigidos contra el régimen, y que encuentra eco en las clases medias urbanas, las profesiones liberales, los hacendados progresistas y la pequeña burguesía nacional. Convertido en amenaza electoral para Díaz con la fundación de un «Partido antireeleccionista», Madero fue encarcelado acusado de incitar a la rebelión, y en junio de 1910, el dictador era reelegido. Liberado bajo fianza, Madero huye a San Antonio en Texas. La prisión otorgó mayor relieve a la imagen política de Madero, y sus partidarios se volvieron más numerosos cuando dio a conocer el *Plan de San Luis de Potosí*, fechado el 5 de octubre de 1910.

Cronológicamente, será el primer manifiesto del proceso insurreccional. No obstante, el programa maderista revela que los propósitos de los sectores sociales que participarían en la revolución no estaban totalmente contemplados en el documento. Mientras que para el autor del *Plan*, los problemas a resolver eran ante todo políticos, algunos de los seguidores de Madero reclamaban cambios en la estructura económicosocial. Se estimó necesario contrarrestar la propaganda radical del Partido Liberal Mexicano, que levantaba la bandera «Tierra y Libertad», más tarde adoptada por Zapata y sus fuerzas campesinas; de ahí que el *Plan de San Luis*, amplía su fórmula de democracia formal, e incluye algunas promesas de justicia social para los campesinos expoliados. Fuera de esto, el documento no contenía propuestas de transformación estructural. Sobre este problema Cockcroft ha sido explícito, al apuntar que los maderistas no podían llevar adelante una revolución radical, puesto que formaban parte de una burguesía nacional temerosa de la toma del poder por campesinos y obreros.

En su crítica del monopolio económico, especialmente de los extranjeros, los maderistas, por supuesto, podían intentar, hasta cierto punto, objetivos revolucionarios, nacionalistas y burgueses. Sin embargo, como Madero explicó a su familia y como su corta vida presidencial (1911-1913) sugiere, la revolución maderista fue, en gran parte, un movimiento reformista que intentaba preservar y reforzar el sistema de «libre empresa» ya existente.

3. Revolución y contrarrevolución

El 20 de noviembre de 1910, Madero llamaba a la revolución desde San Antonio, Texas, donde se encontraba instalado; el lema fue: «sufragio efectivo, no reelección». En verdad, el movimiento maderista no parecía destinado al éxito, dada la oleada de encarcelamientos de sus simpatizantes que tuvo lugar en esos días, y la muerte de Aquiles Serdán, uno de sus dirigentes, a manos de la policía del régimen. Por otra parte, la decisión del líder, que había llevado una política moderada, tomó casi desprevenidos a sus partidarios, aunque el aprovisionamiento de armas había ya comenzado. Pero en el norte, en Chihuahua, Pascual Orozco y Pancho Villa lanzaron a las masas serranas contra las tropas del gobierno; los integrantes del Partido Liberal Mexicano se unieron a Madero, y en febrero de 1911 Emiliano Zapata se plegó con su ejército campesino desde Morelos. Los revolucionarios vencieron en Chihuahua, Baja California y Veracruz, y en marzo los jefes del norte se apoderaron de Ciudad Juárez. El 21 de mayo, en la misma ciudad, se firmó un acuerdo entre los maderistas y representantes de Díaz, poniendo fin al conflicto. Pocos días más tarde el dictador dimitió y embarcó rumbo a Europa, en tanto quedaba instalado un gobierno provisional que convocó elecciones generales.

Madero resultó electo a la presidencia de la república el 1 de septiembre de 1911. Este acto parecía poner fin a la revolución, pero la inestabilidad y el descontento entre los propios maderistas creará un estado de crisis permanente. En primer término, en el equipo de gobierno fueron incorporados porfiristas, algunos liberales, y tan sólo dos revolucionarios; en segundo lugar, Madero disolvió al «Partido Antireeleccionista» y creó el «Partido Constitucional Progresista». Dos medidas que le enajenó el apoyo de muchos militantes. Por último, en tanto el ejército federal permanecía intacto, con los mismos mandos que en la época de Díaz, decretó la desmovilización de las tropas revolucionarias. El descontento entre los maderistas tuvo su punto más alto en la actitud de Zapata, que se negó a desarmar a sus campesinos. El nuevo gobierno encontró serias dificultades para dominar esa instancia crítica. La revolución política subrayaba los límites ideológicos de Madero, y la implantación de la democracia burguesa postergaba una cuestión candente de la revolución. La respuesta social revolucionaria había sido, ante todo, rural, y esperaba soluciones prioritarias para un problema que afectaba a la mayoría. El gobierno, dada su extracción social, postergaba la cuestión agraria proponiendo interpretaciones más laxas sobre el problema de la tierra, pese a que el *Plan de San Luis* se refería a las tierras que habían sido arrebatadas a sus legítimos propietarios —entre los que se contaban las comunidades indígenas— haciendo uso de una aplicación abusiva de la ley de tierras baldías, y declaraba sujetos a revisión los fallos emitidos al respecto.

En los hechos, Madero eludía un pronunciamiento explícito contra la gran propiedad. Utilizó tres procedimientos para llevar adelante su reforma: *a*) deslinde y fraccionamiento de los ejidos; *b*) deslinde de los terrenos propiedad de la nación con el propósito de fraccionarlos para su venta, estimulando el desarrollo de la pequeña propiedad; y *c*) compra, con los mismos propósitos, de fincas rurales a los hacendados por parte del gobierno. Procedimientos demasiado cautelosos en tiempos revolucionarios y, además, frenados por la existencia en sus ministerios de hombres cuyos beneficios en la época de Porfirio Díaz habían sido muy elevados. Envuelto el problema de la tierra en dilatadas gestiones, importantes jefes revolucionarios comenzaron a alejarse de su lado, preparando futuros enfrentamientos en el seno de la revolución. El movimiento obrero organizó algunos gremios al amparo de la apertura política liberal de Madero, y a la vez ponía de manifiesto, por su parte, la crisis social existente convocando numerosas huelgas reivindicativas. Anarquistas y socialistas dominaron la actividad sindical, pero serán los primeros, bajo la influencia de algunos libertarios españoles, quienes fundarán la Casa del Obrero Mundial en 1912.

El presidente de la revolución pronto se encontró paralizado en una inercia política peligrosa para su gestión de gobierno. Al enfrentamiento con Zapata, que atacado por las fuerzas federales recomenzó su lucha guerrillera y reclamaba el cumplimiento de las promesas esbozadas en el Plan de San Luis, se sumó el levantamiento de Pascual Orozco en Chihuahua. Zapata hizo conocer el Plan de Ayala, recogiendo las reivindicaciones sociales de sus campesinos, y reconoció a Orozco en el papel de jefe de la revolución. Había comenzado un conflicto en el seno del movimiento maderista, entre el agrarismo de los campesinos, anclado en su visión regional, y la burguesía industrial y las clases medias, nacidas en el régimen que entre todos terminaban de derribar. Desacuerdos que se prolongaron hasta los años 20, sobre todo porque ninguno de los bandos que se disputaban el poder podía prescindir de las masas rurales en su ejército. De ahí que Orozco, al romper con Madero, inspirara su manifiesto revolucionario en el programa liberal de 1906, y a la vez recogiera propuestas del Plan de San Luis y el Plan de Ayala.

Pero la caída de Madero fue precipitada por los intereses petroleros. El incremento de los gravámenes a la extracción del crudo en 1912 y el decreto que permitía fiscalizar las empresas alarmó a las compañías. Pronto una coalición entre el sector oligárquico porfirista respaldado por el entonces embajador de los Estados Unidos, Henry Lane Wilson, alentó la contrarrevolución. En febrero de 1913 un levantamiento armado puso sitio al palacio presidencial y fue desbaratado por Victoriano Huerta, al mando de las fuerzas gubernamentales. Mientras el jefe de Estado se debatía en el marasmo de la situación económica y social, la crisis en sus propias filas lo dejó huérfano de apoyos. Durante el periodo que transcurrió entre el 8 y el 18 de febrero, se desarrollaron los acontecimientos que permitieron instrumentar el golpe de estado. El 22 del mismo mes, Madero y su vicepresidente, Pino Suárez, fueron asesinados por orden de Huerta, quien seguidamente ocupó la presidencia. Con la caída de Madero, el sector oligárquico del porfirismo intentaba regresar al antiguo estado de cosas. En los hechos, radicalizaron aún más las posiciones y precipitaron la revolución social.

Huerta había sido reconocido por las potencias europeas, pero los Estados Unidos se mostraron renuentes a manifestarse en tal sentido. Woodrow Wilson propugnaba una nueva política con los países iberoamericanos, y al tiempo que retiraba al embajador Henry Lane Wilson, anunció que no reconocería gobiernos surgidos de un golpe de estado. Detrás de las reticencias del presidente norteamericano estaba la

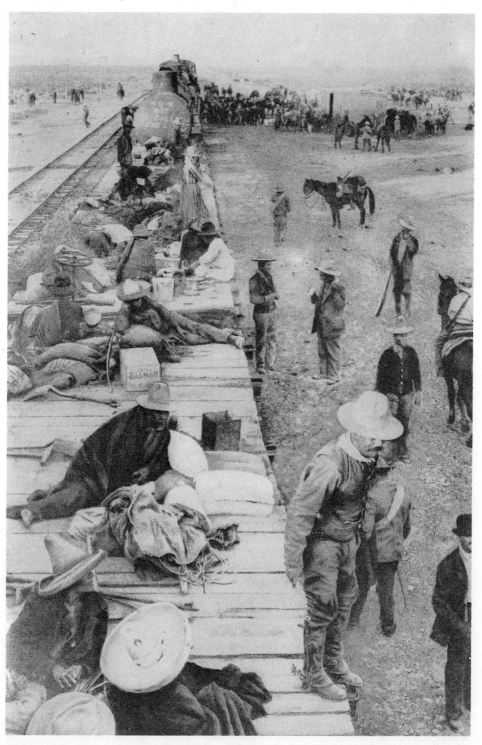

Revolución mexicana. Convoy de revolucionarios heridos en la batalla de Ciudad Juárez contra el general Huertas. En primer término Pancho Villa. 1913

cuestión del petróleo; no obstante, pese a las presiones de las empresas, Wilson tenía proyectos a largo plazo y entendía que Huerta no era el personaje para amortiguar el ímpetu de la revolución. Un acuerdo con Gran Bretaña y el estallido de la Primera Guerra Mundial dejaron el camino libre a Estados Unidos. Un incidente fortuito en Tampico alentó la intervención de los marines que ocuparon el puerto de Veracruz en abril de 1914, como medida para precipitar la caída de Huerta. Sin embargo la reacción de los jefes de la oposición fue negativa. El espíritu nacional rechazó la presencia de tropas extranjeras; Venustiano Carranza, que había hecho progresos militares al frente de las tropas llamadas constitucionalistas, se manifestó contra la intervención norteamericana en los problemas internos. La impopularidad cosechada por la noticia de la ocupación en la comunidad iberoamericana y la formación, con propósitos mediadores, del grupo conocido por ABC (Argentina, Brasil y Chile), hicieron desistir a la Casa Blanca y retiró sus tropas. No obstante, se ejerció un bloqueo económico contra Huerta y los ejércitos constitucionalistas adquirieron armas en Estados Unidos. En torno al Plan de Guadalupe de Venustiano Carranza, que llamó a la lucha a todos los mexicanos contra el dictador, se congregaron los principales jefes de las masas populares: en el sur, Emiliano Zapata y otros jefes de sus fuerzas campesinas; en el norte, Francisco Villa y sus huestes serranas, junto con Álvaro Obregón. Los sucesivos éxitos militares de los constitucionalistas obligaron a Huerta a dimitir el 15 de julio de 1914.

4. Carranza y la Constitución de 1917

La derrota del ejército federal fue seguida de su disolución por orden de Carranza, que eliminaba así una de las bases de la oligarquía porfirista. El nuevo conductor de la revolución poseía características muy diferentes de los jefes rurales. Era un terrateniente, admirador de los «científicos», anticlerical, y se presentaba como continuador de las ideas de Madero; esto le atrajo la adhesión de las clases medias urbanas y de sectores burgueses. Los hombres que seguían procedían de Coahuila y Sonora, donde predominaba la economía de mercado, en contraste con las regiones de los partidarios de Zapata y de Villa. Por otra parte, Carranza había conseguido articular una milicia con fuerzas estatales, más disciplinada que las masas rurales integrantes de los ejércitos populares. Como indica Alan Knight, «el caudillaje carrancista rompió el molde individualista en el que se había formado el movimiento popular, y creó un atractivo nacional, en términos de una política concreta, clara, para amplias colectividades dentro de la sociedad mexicana, en especial para los trabajadores urbanos». Y la política de los núcleos carrancistas estaría enfocada a debilitar en unos casos y a controlar por el Estado, en otros, a los hacendados tradicionales, la Iglesia y la presencia extranjera en la economía. La reacción de los porfiristas, culminada en el asesinato de Madero, modificó la actitud de las clases medias, que se decidieron a destruir los fundamentos de la dictadura, única vía para instalar un gobierno de nuevo signo. Esto les llevó a incorporar en sus proclamas, con menos vacilaciones que Madero, las demandas de las masas rurales, e intentar atraer a su causa las fuerzas de Villa en el norte, y el Ejército Libertador del Sur, conducido por Zapata.

Los desacuerdos entre Carranza y los jefes de las divisiones del norte y del sur, Villa y Zapata, no estaban pese a todo zanjados. El Plan de Guadalupe no había reconocido el Plan de Ayala en su totalidad, tal como los zapatistas exigían, y Villa, a su vez, acusaba a los carrancistas de haber quebrantado el Pacto del Torreón, concertado en la lucha contra Huerta. En los hechos, Villa deseaba mantener su independencia ante el propósito manifestado por Carranza de formar un solo ejército, y colocar sus divisiones bajo el mando de Obregón. El enfrentamiento armado entre carrancistas y villistas era inminente en esa coyuntura, y la situación se agravó por la desconfianza de los hombres de Morelos a toda centralización del poder. La Convención de generales constitucionalistas, preparada por Carranza, debía realizarse en territorio fronterizo entre los bandos en litigio, ante la oposición de los jefes rurales a reunirse en México capital. La escisión de los grupos revolucionarios en tres grandes facciones sentenciaba negativamente la reunión. Iniciada el 10 de octubre de 1914, sumaba a las reformas políticas el contenido social del Plan de Ayala. La restitución de las tierras de los *ejidos* a las aldeas campesinas era una exigencia de las masas rurales del sur, a la vez que la expropiación de la gran propiedad. Cuando la Convención abordó el tema de la presidencia provisoria, ésta recayó en Eulalio Gutiérrez, jefe revolucionario de San Luis Potosí. La hostilidad hacia Carranza hacía imposible su nombramiento, por lo que retiró sus delegados y en este paso le acompañó el general Álvaro Obregón. La confrontación de fuerzas era ya inevitable, y la revolución presentaba ahora una nueva ruptura, entre «constitucionalistas» y «convencionalistas». La entrada de Villa y Zapata en México, luego del Pacto de Xochimilco, no constituyó una victoria definitiva de los caudillos rurales, puesto que los desa-

Pancho Villa y Emiliano Zapata. 1914

cuerdos con Eulalio Gutiérrez pronto dejarían solo al presidente. En el seno de las divisiones villistas anidaban las ambiciones y las intrigas; Zapata, inestable lejos de su región, abandonó México y retornó a Morelos.

Finalmente Estados Unidos decidió apoyar a Carranza, atrincherado en su cuartel general de Veracruz, en quien veía condiciones para concentrar la unificación del país. En verdad, éste reunía en sus filas intereses que representaban mejor el ámbito nacional, en tanto que los jefes de las divisiones del norte y del sur, si defendían proyectos de mayor contenido social, estaban condicionados por el regionalismo. Durante la lucha contra Villa y Zapata, los ideólogos carrancistas de las clases medias se dispusieron a arrebatar la bandera social de manos de los líderes campesinos. Al comenzar el año 1915 había sido redactado un proyecto de reforma agraria que anulaba el despojo de las tierras comunales, restituía los *ejidos*, y, en definitiva, intentaba favorecer el surgimiento de una clase de pequeños propietarios. En tanto, en el medio urbano pactaban con los dirigentes de la Casa del Obrero Mundial, cuyos «Batallones Rojos» aportaron una importante contribución a las victorias constitucionalistas. Ese mismo año vencían en Celaya y Aguas Calientes, obligando a Villa a refugiarse en el norte, y poco después la derrota de Agua Prieta señaló el repliegue definitivo de los carismáticos jefes rurales, pronto reducidos a la lucha de guerrillas.

La Constitución de 1917 sentaría las bases institucionales del régimen surgido de la revolución. Pese a que los partidarios de Villa y Zapata no participaron en el congreso convocado al efecto, la composición del grupo constitucionalista garantizaba la representación de los intereses más diversos en la redacción del documento definitivo, y de tal manera, aunque inspirada en la aprobada por los liberales de 1857, la nueva Constitución mexicana introducía sustanciales modificaciones. La concepción de la propiedad privada permanecía, pero supeditada a su función social; se planteaba el tema agrario restituyendo los *ejidos* y las tierras ilegalmente expropiadas a los campesinos, continuando la política ya iniciada por Carranza; la protección al obrero planteaba la reducción de la jornada laboral a ocho horas, y el derecho a la agremiación y a la huelga; se reducía el poder eclesiástico, y se disponía, por el artículo 27, de los instrumentos legales para que el país recuperara sus dominios sobre los sectores productivos de la minería y el petróleo. En líneas generales, si la Constitución de 1917 era reformista en muchos aspectos, reflejaba las ideas de unas clases medias que predominaban en filas carrancistas, e incorporaba ideas avanzadas para su época. En tal sentido, excedía los propósitos perseguidos por Carranza, sin contentar a los núcleos radicales de sus filas, pero se convertía en un eficaz instrumento para acceder a la presidencia.

El gobierno de Carranza, iniciado en mayo de 1917, se caracterizó por un nacionalismo testimoniado en sus esfuerzos para recuperar el control de la economía, y pese a que no pretendió aplicar las disposiciones con retroactividad, se vio enfrentado a las empresas petroleras y la política de Washington y Gran Bretaña. No obstante, la actitud conciliatoria de la Casa Blanca, obligada por la guerra mundial, así como la moderación de Carranza, evitaron un choque frontal. La etapa constitucional implicó la reaparición de los partidos políticos en la vida mexicana, a la vez que el sindicalismo se fortalecía. El surgimiento de la Confederación Regional Obrera Mexicana (CROM), en 1918, y la proclama de neutralidad, que mantuvo a México al margen de la Primera Guerra Mundial, parecieron normalizar la política interior. Pero no resultaba fácil mantener la estabilidad con una serie de caudillos revolucio-

Pancho Villa

narios decididos a desarrollar su propia política. De tal modo, Félix Díaz y Manuel Peláez lanzaron sus fuerzas contra el gobierno financiados por las compañías petroleras; Villa continuó sus operaciones guerrilleras; Zapata, en el sur, no cejaba en sus propósitos de hacer realidad las demandas de los campesinos de Morelos. El asesinato de Emiliano Zapata por un oficial de las tropas de Carranza en 1919, abrió una larga lista de atentados contra generales de la revolución, pero no finalizó la resistencia del mundo rural ante unas reformas demasiado lentas. En un clima de violencia se llegó a las elecciones presidenciales de 1920, donde se enfrentaban las candidaturas de Álvaro Obregón, desde el estado de Sonora, con la de Ignacio Bonillas, propuesto por Carranza.

Dispuesto a imponer la continuidad de su política, el presidente desató una campaña contra Obregón y los integrantes del movimiento de Sonora. Obregón y Plutarco Elías Calles eran las figuras destacadas de este grupo, y el primero obtuvo el apoyo de la CROM, un importante sector de las clases medias, las fuerzas de Sonora, y el Partido Liberal Constitucionalista. La intervención federal decretada por Carranza en marzo de 1920 fracasó y en tanto el Plan de Agua Prieta dado a conocer por Calles recibía múltiples adhesiones, parte del ejército se sublevaba contra el presidente, que se encuentra cercado en la ciudad de México. A comienzos de mayo Venustiano Carranza se alejó de la capital, pero el 20 de ese mismo mes, en el pueblo de Tlaxcalatongo, un general felicista le dio muerte. Los viejos caudillos, intérpretes de las masas populares, eran desplazados por sectores sociales más vinculados a los medios urbanos, consolidando los cambios producidos durante el proceso revolucionario.

5. LA RECONSTRUCCIÓN

Con el breve interinato de Adolfo de la Huerta se inicia el periodo que otorga el poder a la dinastía sonoroense, en el que se intenta la reconciliación de constitucionalistas y agraristas, y a la vez colocar los fundamentos de un sistema político estable, capaz de transmitir el poder sin presiones de los caudillos regionales. En los hechos, el de Agua Prieta contra Carranza sería el último movimiento militar cristalizado con éxito, pero no el último de los levantamientos y rebeliones que conocería el país. Incluso en el periodo de provisionalidad De la Huerta se enfrentó a la oposición de algunos estados, aunque entre sus éxitos puede anotarse el acuerdo con Pancho Villa y el retiro de éste a la hacienda *Canutillo*. En julio de 1923, el jefe de la División del Norte caería víctima de un atentado en las cercanías de su hacienda.

Electo Obregón a la presidencia por amplia mayoría, desempeñará el cargo entre 1920 y 1924, con el respaldo del Partido Liberal Constitucionalista, los agraristas dirigidos por Gildardo Magaña, continuador de la tendencia zapatista, la CROM, dirigida por Luis Morones, algunos intelectuales, como José de Vasconcelos, regresado del exilio, las clases medias urbanas y sectores del ejército. Con una base social de tal amplitud, y la moderación demostrada por el nuevo presidente al abordar problemas como la Iglesia o los monopolios extranjeros, su mandato pudo discurrir sin demasiados contratiempos. Pese a todo, las reformas fueron tangibles. Decidió enfrentar la cuestión agraria, comenzando la institucionalización de las reformas, que permitiría integrar a los campesinos en el sistema, y atraerse al movimiento obrero.

Las reformas de Álvaro Obregón comenzaron a cristalizar en leyes de reforma agraria que distribuyeron 1.558.000 hectáreas de tierra, en contraste con las 173.000 de Carranza. La Ley de Ejidos, y el Reglamento Agrario, contemplaban la gran variedad de situaciones que presentaban los pueblos, rancherías, comunidades e incluso núcleos de población existentes en las haciendas, a las que proporcionaban mano de obra barata. La reacción de los grandes terratenientes fue violenta, y más aún cuando la legislación fue completada con la ley que amenazaba la intervención del gobierno en las propiedades con tierras no cultivadas, y su cesión en arrendamiento a los campesinos. Si por un lado fue necesario recurrir al ejército federal para controlar las bandas armadas de los hacendados, que se oponían al cumplimiento del proyecto agrario, por otro éste benefició a un número muy reducido de campesinos, y en cambio los generales revolucionarios, especialmente el núcleo de Agua Prieta, pronto acumuló una fortuna en tierras.

Entretanto, la educación recuperaba el fuerte apoyo oficial que había recibido en la época de la Reforma, ahora por inspiración del ministro José Vasconcelos, y se extendía a las comunidades indígenas. Pero en otros planos el gobierno se mostró menos decidido, y la coyuntura económica moderó el nacionalismo del presidente frente a las compañías norteamericanas y británicas.

En las exportaciones, el petróleo sustituía con creces la decadencia experimentada por otros productos, y Obregón se encontró obligado a otorgar ciertas seguridades a las compañías extranjeras, al menos sobre aquellas explotaciones concedidas antes de las leyes constitucionales de 1917. México producía entonces el 22,7 por 100 del petróleo mundial, y el interés por atraer nuevas inversiones externas en la tarea de reconstrucción exigía prudencia. Atendiendo a las cifras de producción se advierte que esta cautela se impuso durante el periodo revolucionario, inclusive en sus etapas más radicalizadas. Por lo menos, la revolución mexicana se había desarrollado sin efectos demasiado negativos para las grandes empresas norteamericanas y británicas, que no cesaron de incrementar la explotación de sus yacimientos. Un análisis de las cifras que proporciona Lorenzo Meyer nos lo demuestra. En 1910, cuando se desencadena la lucha contra Porfirio Díaz, se extrajeron 3.932.900 barriles de petróleo; en 1915, periodo de violentos conflictos entre carrancistas y líderes rurales, la producción llegaba a los 32.910.508; en 1920, al ascender Obregón a la presidencia, se había elevado a 157.068.678. Pese a las posturas radicales de la revolución, una serie de factores protegió a las compañías y aun aumentó sus posibilidades de beneficio: el deseo de todos los bandos en pugna de evitar un choque con Estados Unidos, e inclinar su diplomacia en favor del adversario; el imperativo de adquirir armamento en ese país, sentido por todos los ejércitos revolucionarios; y finalmente, la necesidad de recurrir a los ingresos fiscales procedentes del petróleo, padecida por los distintos gobiernos.

Un nuevo conflicto armado surgió cuando se planteó la sucesión presidencial de Obregón. Plutarco Elías Calles se enfrentó en las elecciones a Adolfo de la Huerta, y el triunfo del primero desencadenó la guerra civil. De la Huerta y sus partidarios rechazaron el continuismo del grupo de Agua Prieta, y desde Veracruz movilizaron al agrarismo y algunos núcleos obreros. El triunfo de Obregón sobre el levantamiento permitió a Calles, que regresaba de Europa, acceder a la presidencia, para proseguir el proceso centralizador iniciado por su antecesor. La incorporación al gobierno de integrantes de las clases medias junto a capas burguesas, y el apoyo a sectores obreros, sobre todo a la CROM, así como a organizaciones campesinas procurando supeditarlas a la política de Calles, formó parte del proyecto para afirmar las bases de su poder. Desde la Secretaría de Industria, Comercio y Trabajo, Luis Morones, uno de los artífices de la CROM, buscó imponer el punto de vista del Estado sobre los patronos, y en especial sobre los obreros y la actividad sindical. Por otra parte, la minería mexicana, favorecida por un auge en la demanda mundial, contribuyó al florecimiento de cierta prosperidad.

Comenzaba una etapa en la cual Calles parecía confirmarse como el hombre de izquierda en el grupo de Agua Prieta. La fundación del Banco de México y del Banco Nacional de Crédito Agrícola, dotaron al Estado de instrumentos para promover las inversiones, las obras públicas imprescindibles, y asistir a los productores del agro en la adquisición de maquinaria y otros bienes de producción. Medidas completas con la negociación de préstamos en Estados Unidos, que le permitieron extender la red vial y hacer más positivos los pasos que se darían en favor de la reforma agraria. Precisamente, hasta 1926 Calles encauzó sus esfuerzos en pro de objetivos defendidos por distintos sectores sociales de la revolución: distribuir tierras a los campesinos, incrementar la presencia nacional en el sector productivo, disminuir el predominio extranjero en la economía y relegar el poder de la Iglesia a un segundo plano, confirmando la primacía estatal. Eran medidas modernizadoras y de alcance social, pero conducían, asimismo, a institucionalizar la revolución. La Ley de Repartición de Tierras Ejidales y Constitución del Patrimonio Parcelario Ejidal, de diciembre de 1925, ensayó extender en número la pequeña propiedad y conformar una clase media rural. En los hechos, el sistema de explotación colectiva de la tierra estaba destinado a extinguirse lentamente, y si el *ejido* continuó manteniendo su carácter comunitario, el cultivo de la parcela individual se convirtió en norma. Durante su mandato, Calles logró distribuir un total de 3.045.802 hectáreas, una cifra que duplicaba los repartos de tierra de Obregón. Los predios asignados no eran de buena calidad, pero el peón rural, o el campesino despojado y sometido al poderoso terrateniente se convertía en propietario de su tierra; era un acto que lo liberaba.

Desde la Reforma se pretendió instaurar una modernización capitalista y los maderistas iniciaron su lucha en 1910 animados de ese propósito. La errónea evaluación del vigor de las reclamaciones del México rural precipitó su fracaso y el de otros gobiernos. Calles se proponía el reconocimiento de esa realidad y contentar a los agraristas en el marco de pautas modernizadoras. En verdad, la obra de Lázaro Cárdenas daría su verdadera proyección a la reforma agraria, pero en los años 20 ésta se puso en marcha, aun con limitaciones. Las expropiaciones afectaron a poderosos terratenientes, y cuando el gobierno aplicó el artículo 27 de la Constitución, también a extensas propiedades de extranjeros en las cercanías de la frontera. Las leyes que se pusieron en vigor encontraron resistencia de los particulares, en algunas regiones por la vía armada, pero los campesinos beneficiarios de la reforma se colocaron del lado del gobierno, apoyando la intervención de las tropas federales.

El nacionalismo de Calles recogía, a su vez, otra de las facetas de la revolución, y la tendencia a un desarrollo independiente para el país era estimulada por las clases medias y los grupos económicos surgidos en México entre 1910 y 1920. De tal modo, los dos primeros años de la presidencia trajeron tropiezos con el capital extranjero, sobre todo en el sector empresas petroleras y ferrocarriles. En los hechos, los propósitos del gobierno entraban en colisión con los acuerdos firmados por Obregón en 1923, pero se trataba de conseguir que los inversores acataran las leyes y la soberanía mexicanas. La presión de las compañías sobre Washington colocó el país al borde de la intervención norteamericana, pero no impidieron que se promulgaran las leyes que instrumentaban el artículo 27 de la Constitución. En los hechos, tan sólo se trataba de modificar las relaciones de dependencia establecidas en la época de Porfirio Díaz, en otras menos lesivas para México sin obstaculizar por ello nuevas inversiones. La crisis pudo ser resuelta en 1927, cuando Calles, al entrar en el segundo periodo de su mandato, presentó signos de estar virando a la derecha, y los yacimientos petrolíferos de Venezuela durante el periodo de Juan Vicente Gómez concentraban el interés de británicos y norteamericanos. La llegada del nuevo embajador, Dwight Morrow, en actitud conciliadora, puso un tono más moderado al entredicho.

La Constitución de 1917 ya había originado algunas fricciones con la Iglesia católica; el modelo de institucionalización impuesto por Calles precipitaría el conflicto definitivo. La voluntad de disminuir la influencia del clero en la vida política y en la educación formaba parte del proyecto de establecer la primacía del Estado sobre cualquier otra organización. Cierto es que el gobierno aplicó las normas legales que le otorgaban el derecho al control sobre la actividad del clero sin demasiada prudencia, algo que revelaba el sentir anticlerical del presidente. La ruptura total fue inmediata, pues la Iglesia suspendió el culto público en julio de 1926, y cuando comenzó el inventario de los bienes del clero, estallaron sublevaciones en varias regiones de México. Una población rural mayoritaria, donde la influencia de la figura del sacerdote era tradicional, desencadenó una insurrección agitando las consignas de *Viva*

Cristo Rey y la Virgen de Guadalupe, conocida como los *Cristeros,* que demostró capacidad para mantener en jaque a las tropas federales. La revuelta sólo pudo ser apaciguada en 1929, luego de largas negociaciones con la Iglesia, que no salió derrotada del conflicto porque se postergó la aplicación de algunas disposiciones, pero debió asumir la existencia de un Estado que limitaba el fuero eclesiástico.

El nuevo periodo electoral tampoco transcurrió sin incidentes armados. Obregón, que no renunciaba a retornar al poder, forzó las necesarias reformas constitucionales, y provocó entonces la revuelta de los caudillos Serrano y Gómez, pronto derrotados. Ganador de las elecciones, Obregón fue asesinado por un fanático religioso en julio de 1928, antes de hacerse cargo de la presidencia. Su desaparición abrió una nueva etapa electoral bajo el gobierno provisional de Emilio Portes Gil, durante la cual Calles creó el Partido Nacional Revolucionario (PNR), desde el cual controlaría la vida política. Poco antes había anunciado el fin de la era de los caudillos —que impusieron su predominio durante un largo periodo—, para dar paso a las transferencias del poder sin rebeliones regionales. No obstante, aunque sin éxito final, un grupo de generales se levantó en armas conducidos por José Gonzalo Escobar, dando a conocer el Plan de Hermosilla.

El PNR logró aglutinar diversas organizaciones y grupos sociales surgidos de la revolución; proclamó su indigenismo y se convirtió en un poderoso mecanismo electoral. La elección de Pascual Ortiz Rubio, favorito de Calles, frente a la candidatura de Vasconcelos, demostró su eficacia. Entretanto, Plutarco Elías Calles consolidaba la centralización y pasaba a ser denominado «jefe máximo» del movimiento revolucionario; comenzaba la época del *Maximato,* con la tutela del ex presidente sobre las figuras del gobierno. A la solución del conflicto con la Iglesia y la concesión de la autonomía para la Universidad de México, seguiría un periodo de cuestionamiento a la hegemonía de Calles, y de luchas por la dirección del PNR, alimentadas por el acceso de nuevas generaciones a la arena política.

IV. RADICALISMOS ATEMPERADOS

1. AMÉRICA CENTRAL Y EL CARIBE

El territorio que enlaza México con la América del Sur, dividido en cinco países —a los que se incorpora Panamá, al comenzar el siglo actual—, si también fue recorrido por el ideario liberal, estuvo regido por gobiernos dictatoriales en unos casos, y por repúblicas oligárquicas en otros, siempre en función de una realidad política y social heterogénea, pero en beneficio de economías señoriales. En el marco regional de Centroamérica, la hegemonía de la vieja clase tradicional, en estrecha alianza con las nuevas oligarquías del café, perpetúa unas formas de producción cuyas correlaciones sociales no facilitan la emergencia de radicalismos progresistas, al estilo de los ya examinados en el sur de Iberoamérica. Además, en el contexto de la región, la oligarquía y el caudillismo detentan el poder controlando las elecciones y reduciendo al mínimo la participación popular.

Pese a la existencia de una variedad de productos comercializables en el área, las demandas del mercado mundial habían dado prioridad en las exportaciones al café y plátano, seguidos de la minería. Cultivo dominante hacia el final del siglo pasado, el café se convirtió en base de la economía para Costa Rica, Guatemala y El Salvador, y también cobró gran significación en los ingresos por ventas al exterior de Honduras y Nicaragua. La extensión de las zonas cafeteras se hizo posible a expensas de las tierras públicas y de aquellas pertenecientes a las parcialidades indígenas; en Guatemala, pese a todo, algunos territorios de las comunidades indias pudieron salvarse del despojo consumado por las reformas liberales. La expansión del café en el comercio exterior demandaba financiación para modernizar un sector que se mantuvo muy aferrado a las formas de cultivo tradicional, y sobre la base de mano de obra barata. Fue necesario desarrollar el transporte por medio del ferrocarril para acercar el producto a los puertos de embarque, y también obtener recursos financieros. Luego de algunos ensayos fracasados, las oligarquías locales, ante la imposibilidad de una protección del Estado, por sus débiles recursos, acudieron a la banca extranjera. Los británicos instalaron filiales en Costa Rica, El Salvador, y Nicaragua, pero en Guatemala, donde la implantación de los alemanes en el cultivo del café era muy importante, éstos poseían sus propios bancos; por otra parte, en pocos años los establecimientos financieros norteamericanos dominaban en Centroamérica. A su vez, la red ferroviaria, que comenzó a extenderse en la segunda mitad del siglo XIX, fue desarrollada por los británicos en conexión con las zonas productoras de café, mientras que en la actual centuria predominaba la inversión norteamericana en el sector, vinculada al transporte del plátano desde las plantaciones hasta el puerto exportador.

La explotación bananera desarrolló una economía de enclave, y si al comenzar el siglo todavía las plantaciones eran propiedad de varias compañías, al llegar la década de los años treinta la United Fruit Company había absorbido a casi todas ellas y se mostró hegemónica en el cinturón costero del Caribe. Si no amenazaba el poder de las oligarquías dominantes, controlaba en cambio una parte considerable de la producción y el comercio exterior, sin apreciables contrapartidas para el desarrollo económico del área, excepto los ingresos fiscales. El auge del café facilitó un fuerte ensamble entre las economías centroamericanas y el mercado mundial, que fue consolidado por la producción bananera. Hacia 1914 el café y los plátanos eran dominantes en las cifras exportadoras de la región: el 90,5 por 100 en Guatemala, el 53,5 por 100 en Honduras, el 70,5 por 100 en Nicaragua, el 79,6 por 100 en El Salvador y el 85,2 por 100 en Costa Rica. Con la excepción de Guatemala, en todos los países la minería ocupaba el tercer lugar. Y esta dependencia, que impulsó las políticas modernizadoras en beneficio de reducidos grupos económicos, tuvo, en cambio, repercusiones sobre toda la población cuando se produjeron severas oscilaciones a la baja en la demanda externa. Este fenómeno fue más sensible en periodos de fuerte crisis, como 1929, que redujo la demanda mundial del café para todos los países de la región, pero castigó con mayor violencia las economías de Guatemala y El Salvador, con una dependencia más fuerte de las exportaciones del producto. La expansión de las zonas cafeteras gravitó sobre las capas bajas de la población por sus efectos sobre los cultivos de subsistencia. Cereales y ganado fueron desplazados desde las tierras húmedas hacia otras menos fértiles, originando crisis internas de abastecimiento y carestía de los productos básicos. Otro de los impactos del monocultivo quedaba de manifiesto en las inmigraciones de trabajadores, atraídos sobre todo por la economía de plantación, especialmente la platanera. La presencia de inmigrantes chinos, o del sudeste asiático, así como la emigración fronteriza, especialmente desde El Salvador a Honduras, o desde islas como Jamaica, promovieron un amplio trasiego demográfico.

538

La población total de las cinco repúblicas de América Central se aproximaba en 1900 a los 3.600.000 habitantes; en 1914, incluyendo a Panamá, se elevaba a 4.700.000; en 1930 las cifras demográficas de la región llegaban a los 6.000.000. Las más pobladas son: Guatemala con 1.400.000 habitantes en 1900 y 2.200.000 en 1930; El Salvador tenía 1.000.000 en 1900 y subió a 1.440.000 en 1930, seguidas por Honduras y Nicaragua con 500.000 al filo del siglo y 900.000 y 700.000 respectivamente en 1930; finalmente, Costa Rica pasó de 200.000 en 1900 a los 500.000 de 1930, en tanto que Panamá, con unos 300.000 habitantes en la fecha de su separación de Colombia, no superaba los 400.000 al llegar los años 30. Globalmente, la región no sobrepasaba el 6 por 100 de la población de Iberoamérica, pero mantenía las densidades más altas del continente hacia 1915, posición compartida con las islas del Caribe; El Salvador ocupaba el primer lugar con 57 habitantes por kilómetro cuadrado en 1915, seguido de Guatemala con 16. El predominio de la agricultura exportadora otorgaba a la estructura social una fisonomía necesariamente rural, donde la población urbana era muy exigua y las oportunidades de trabajo producían un éxodo hacia las zonas de agricultura o minería. También la heterogeneidad imperaba en su demografía: en Guatemala predominaba el indígena, en tanto el mestizo era mayoritario en Honduras, Nicaragua, El Salvador y Panamá, mientras en Costa Rica prevalecía el componente blanco.

Guatemala accedía al siglo xx con la presidencia de Manuel Estrada Cabrera (1898-1920), que pronto impondrá su dictadura, adoptando un modelo inspirado en algunos aspectos del régimen de Porfirio Díaz en México. Con el apoyo del ejército y el algo menos ostensible del clero, sus planes de desarrollo consistieron en dar impulso a la instrucción pública por un lado, y por otro, ceder amplios espacios económicos al capital extranjero, sobre todo norteamericano y alemán. Asegurada la estabilidad en un país de oposición silenciada, las ventajas obtenidas por la United Fruit en los extensos territorios plataneros garantizaban al dictador el sostén político de Estados Unidos. Pero el gobierno de Estrada Cabrera provocó fricciones con sus vecinos, y los conflictos con El Salvador y Honduras, que exigieron la intervención conciliadora de México y Estados Unidos, gravitaron en una situación interna ya excesivamente opresiva. Los enemigos de la dictadura se hicieron demasiado numerosos, inclusive en el ejército. En 1920 el Congreso se pronunciaba contra Estrada Cabrera y una rebelión, que se extendió rápidamente, lo desalojó del poder. Cambió el jefe de Estado, sin menguar el estilo caudillesco. Como tal destacará el gobierno del general José María Orellana desde 1921, que se encauzó en una onda de prosperidad, y permitió algunas realizaciones, como la creación del Banco Central de Guatemala. Fallecido Orellana en 1926, resultó electo Lázaro Chacón que también murió antes de finalizar su mandato, en 1930. Durante su periodo tuvo lugar un nuevo ensayo de federación centroamericana, con la firma de un tratado entre Guatemala, Honduras y El Salvador. Pero la dictadura fue la respuesta a las protestas sociales que generaba el descontento popular.

Honduras exhibía una inestabilidad política más acusada, y desde 1900 hasta 1929 se sucedieron en el gobierno caudillos militares o representantes de la oligarquía, y fueron destituidos tres gobernantes por sublevaciones militares, en 1911, 1919 y 1924. La economía de Honduras tenía rasgos de subdesarrollo más acentuados que los demás países del área, y la instalación de la United Fruit en las tierras costeras, si abrió posibilidades de trabajo, no favoreció la economía global. Las luchas interoligárquicas por el poder tampoco permitieron programas estables de crecimiento. El siglo se inició con la presidencia de Terencio Sierra y la oposición de grupos que lo depusieron en 1903, en favor del general Manuel Bonilla, que gobernó hasta 1907. Las confrontaciones involucraron a los países limítrofes, El Salvador y Nicaragua, donde los núcleos oligárquicos hondureños buscaban apoyo a sus pretensiones. El presidente Miguel Dávila firmó el tratado que aseguraba la paz con sus vecinos, pero si sobrevivió a una revolución en 1908, no lograba contener el levantamiento militar protagonizado en 1911 por el ex presidente general Bonilla, que contaba con respaldo norteamericano. Bonilla falleció un año después de llegar al poder, y le sucedió Francisco Bertrand, que pasó de la popularidad a la dictadura, para ser depuesto en 1919 por el general Rafael López Gutiérrez, cuyo periodo coincidió con la firma del tratado de unidad centroamericana. De ideología liberal conservadora, planteó un programa moderado, pero no vaciló en escoger la dictadura para mantener el poder al finalizar su mandato, y fue derribado por el general Vicente Tosta que, no obstante, presidirá breve tiempo. En 1925 accedió a la presidencia Miguel Paz Baharona, que mantuvo la estabilidad institucional hasta la transmisión del gobierno en 1929. Pero su periodo estuvo precedido por un desembarco de los marines en 1925, para proteger los intereses norteamericanos, amenazados por la guerra civil que enfrentaba nuevamente a liberales y conservadores.

La situación en El Salvador no era políticamente mejor, ya que las sucesiones en el gobierno fueron demasiado frecuentes en las tres primeras décadas del siglo xx. De las once presidencias que conoció la nación entre 1898 y 1931, cinco de ellas se distribuyeron entre dos personajes desde 1913 hasta 1927: Carlos Meléndez, dos veces, y Alfonso Quiñones, tres veces. La pugna política entre liberales y conservadores constituyó tan sólo una serie de episodios en que las facciones de una reducida oligarquía se arrebataban el poder, generalmente acudiendo al levantamiento armado o al golpe de estado. Contribuyeron a la inestabilidad interna los continuos enfrentamientos con Guatemala y Nicaragua, en ocasiones en apoyo a las revueltas antigubernamentales. En 1927 será elegido presidente Pío Romero Bosque, también surgido de las clases dominantes, que se caracterizó por eludir toda reforma social, pese a la presión de las capas populares. El Partido Laborista, presentado bajo un signo progresista, no hizo demasiado por obtener cambios positivos para los trabajadores, en parte por temor al surgimiento de expresiones políticas más radicales. En 1931, en plena depresión económica, los militares designaron a Maximiliano Hernández Martínez, que permanecerá en el poder hasta 1944.

En Nicaragua el nuevo siglo parecía llegar bajo perspectivas políticas no menos desalentadoras. José Santos Zelaya, un caudillo liberal, gobernaba desde 1893 y pronto implantó una dictadura que, pese a todo, dió comienzo a un periodo innovador. Promovió un cierto desarrollo económico que le atrajo la adhesión de algunos sectores urbanos, y de los productores de café y tabaco. Las reformas aplicadas intentaban fortalecer el aparato del Estado frente a otras instituciones, como la Iglesia. Mientras rescataba el dominio efectivo sobre la Mosquitia, hasta entonces en manos británicas, ofrecía ventajas a las inversiones norteamericanas, que se volcaron en ferrocarriles, minería y las plantaciones plataneras. Eran opciones modernizadoras, pero nada radicales; pese a ello no dejaron de enfrentar a Zelaya con los núcleos conservadores y los intentos para derribarlo de la presidencia, procedentes de la ciudad de León. Los conflictos con las naciones vecinas, debido a su respaldo a los grupos en rebeldía contra aquellos gobiernos, hicieron necesaria la Conferencia de 1907, propuesta por Estados Unidos para sellar la paz.

La defensa de la integridad del territorio producirá un choque entre Zelaya y la administración norteamericana. La propuesta de Washington para obtener la cesión de construir un canal interoceánico alternativo a través de Nicaragua, así como el control de las aduanas del país, a cambio de un préstamo de 15 millones de dólares, recibió el rechazo del presidente. En 1909 la revuelta encabezada por Adolfo Díaz solicitó el auxilio de Estados Unidos; la intervención de los marines, enviada por la administración Taft con el pretexto de proteger los intereses norteamericanos, culminó en la caída del presidente de Nicaragua. Los marines permanecerían en el país hasta 1933, y el Tratado Bryan-Chamorro, de 1914, otorgó a Estados Unidos los derechos sobre el posible canal, como sobre las Islas del Maíz, y la utilización del Golfo de Fonseca. Los gobiernos sucesivos obtuvieron la aprobación norteamericana, cuyo soporte garantizaba la estabilidad interna. Pero la precariedad de la solución política quedó de manifiesto, en el interregno 1923-1925, cuando el retiro de los marines desencadenó una guerra civil entre conservadores y liberales. El triunfo de Adolfo Díaz estuvo sustentado nuevamente en el retorno de las fuerzas navales de Estados Unidos, y la nueva etapa de ocupación será resistida, a partir de 1927, por la guerrilla de Augusto César Sandino. En 1929 la administración Coolidge creyó necesario restablecer un gobierno liberal para moderar la crispación interna y propició la elección de José María Moncada.

Costa Rica ofrece una historia menos conflictiva, sustentada en la transmisión sin sobresaltos de los mandatos presidenciales, salvo el golpe de estado de Federico Tinoco Granados, que tuvo una duración de dos años. Anulado el intento de reelección del presidente Rafael Iglesias, Costa Rica gozó de tranquilidad y prosperidad. El ingreso de capital norteamericano y la expansión de las plantaciones plataneras hicieron posible el desarrollo de obras públicas y facilitó el crecimiento económico de la oligarquía. Por otra parte, se acentuó el progreso educativo y en materia electoral se decidió el sufragio directo. El choque entre los viejos Partidos Liberal y Conservador se atenuó en un escenario de partidos organizados, tan sólo perturbado por el lapso dictatorial de 1917-1919, luego del cual continuará sin dificultades la alternancia en el poder.

Un Panamá que nació a la vida independiente bajo la tutela de Estados Unidos, y gobernado por una oligarquía cuyas grandes familias perpetuaron sus nombres en la presidencia, se mantuvo estable ante la amenaza de una intervención de los marines para impedir cualquier alteración del orden, autorizada por la Constitución de 1904. Desde ese año hasta 1930, la familia Arosemena gobernó dos veces, y Belisario Porras accedió a la presidencia en tres ocasiones. La suma de 10 millones de dólares y una subvención anual de 250.000 constituyeron el pago por las concesiones sobre la zona del canal. Los considerables ingresos que produjo el tráfico, una vez construido y habilitado en 1914, fueron motivo de frecuentes negociaciones para obtener mejores beneficios por parte del Estado panameño. Ese enclave norteamericano atravesando un país de población criolla, negra y mestiza, dotó a la región de una fisonomía demográfica peculiar, y produjo una situación social no exenta de fricciones. Durante la presidencia de Rafael Chiari (1924-1928), la rebelión india en San Blas adquirió proporciones y fue sofocada por la fuerza.

Pero el gobierno enfrentó aún problemas adicionales: la revisión del tratado que pretendía Estados Unidos, para ampliar sus derechos comerciales en la zona, la instalación de un aeropuerto y sistemas de comunicaciones. Rechazadas las exigencias por el Congreso, las presiones norteamericanas limitaron, pese a todo, la soberanía panameña sobre la zona del canal. La supervisión de Washington en los relevos presidenciales del país no siempre fue aceptada, como ocurrió durante el gobierno del liberal Besilario Porras en 1916. La situación colonial vivida por Panamá no lo excluía de las oscilaciones cíclicas, y la crisis de 1929 dejó sus huellas en el país. En 1931, el descontento popular, agudizado por el deterioro económico, facilitó las actividades del núcleo de Acción Popular, de Harmodio Arias, y una junta militar destituyó a Florencio Harmodio Arosemena.

País de reciente independencia, Cuba ingresó al siglo xx con una Constitución, redactada en 1900, que adoptaba el sufragio universal para elegir al presidente de la joven república. Pero no pudo sustraerse a la tutela del vencedor en la guerra hispanonorteamericana, y debió aceptar la inclusión de la enmienda Platt, en su carta constitucional, que otorgaba a Estados Unidos el derecho a intervenir en la isla para mantener el orden, la propiedad y la libertad individual. Por otra parte, también debió firmar un convenio para instalar una base naval norteamericana en Guantánamo; hechos todos que recortaron drásticamente la soberanía del nuevo Estado, en tanto las administraciones McKinley primero y Roosevelt después, aseguraban el control de una isla que, con el Istmo de Panamá, consolidaban la hegemonía estadounidense sobre el Caribe.

Las propuestas para las elecciones de 1902 se redujeron a Bartolomé Masó y Tomás Estrada Palma, puesto que Máximo Gómez, el general de la independencia que había luchado junto a José Martí, rehusó ser candidato. Estrada Palma se constituyó en el primer presidente de Cuba, gozando de la aprobación norteamericana, y si su administración se demostró eficiente, también inclinó sus decisiones en favor de los sectores más conservadores. En consecuencia, sus propósitos de ser reelecto en 1906, siguiendo el modelo de Theodore Roosevelt, provocaron una revuelta en la isla y para sofocarla llamó en su ayuda a los marines. La intervención norteamericana implantó un segundo gobierno militar extranjero en Cuba entre 1906 y 1909, durante la cual se formó un ejército profesional con cierta capacidad para sustituir las fuerzas de ocupación ante posibles insurrecciones. Con la presencia de los marines, los sectores antianexionistas y el sentimiento antinorteamericano se hicieron más fuertes, hasta que nuevas elecciones dieron el triunfo a José Miguel Gómez en 1909, un hombre que se oponía a la intervención de Washington en los problemas internos.

La dominación extranjera en la economía, sobre todo de capital norteamericano, era muy fuerte en el sector azucarero, aunque esta situación derribó los aranceles aduaneros en Estados Unidos para los productores cubanos, y estimulaba los ingresos por exportación para los grandes plantadores de la isla. Por lo demás, los conflictos sociales ponían de relieve la marginación de los grupos negros, el descontento de los trabajadores y el de aquellos que habían luchado por una independencia total de la isla. La elección de Mario García Menocal en 1913 no mejoró las cosas, pese a la aprobación de algunas leyes sociales, y sus pretensiones de reelección debieron de contar, asimismo, con el apoyo de los marines. En 1921 asume el poder Alfredo Zayas, también respaldado por Washington, pero debe afrontar una oposición interna a la que se han sumado los intelectuales, al tiempo que sobreviene una etapa de crisis económica, originada en la caída de los precios del azúcar. También en esta coyuntura los propósitos reeleccionistas provocaron el estallido de la insurrección; pero la administración Coolidge se mostró esta vez cautelosa y no intervino. El general Gerardo Machado, candidato por el Partido Liberal, accedió en esta ocasión a la presidencia. Después de un primer periodo de entusiasmo popular por el cambio, comenzaron sus fricciones con los sectores progresistas. El tejido político y el sistema represivo que le rodeaban, así como la aprobación de las sucesivas administraciones norteamericanas, hicieron posible la continuidad de su dictadura hasta 1933.

La república Dominicana, gobernada por una oligarquía conservadora hasta finales del siglo pasado, luego del asesinato del general Ulises Heureaux entró en una sucesión de breves gobiernos de militares que se derrocaban unos a otros. Esta serie de caudillos menores, no sólo culminaron la destrucción de una economía ya deteriorada, sino que hicieron imposible toda recuperación y obligaron a suspender el pago de la deuda externa. La protesta de los gobiernos europeos provocó la aplicación en ese país del *corolario Roosevelt*, enunciado en 1904 como complementto de la Doctrina Monroe. Constituido en policía regional, Estados Unidos después de otorgar su apoyo a los personajes complacientes, defendiendo los intereses de sus inversores en empresas, comercio y finanzas dominicanas, decidieron la intervención armada cuando el general Arias se levantó contra el presidente Juan Isidro Jiménez. Reemplazado Jiménez por Francisco Henríquez Carbajal en 1916, éste rechazó firmar un tratado que colocaba el control de las finanzas en manos norteamericanas. La reacción del gobierno de Woodrow Wilson fue instalar un gobernador militar en la isla, el almirante Thomas Snowden, situación que se mantuvo hasta 1922. Mientras los ocupantes recurrían a la preparación de una guardia nacional similar a la nicaragüense, el pueblo manifestaba su repudio a los marines y se desarrollaba la resistencia guerrillera. En 1924, la presidencia quedó en manos del general Horacio Vázquez, y cuando éste intentó preparar su reelección en 1930, el comandante de la guardia nacional, Rafael Leónidas Trujillo, lo desplazó, e inició un periodo dictatorial, prolongado hasta 1961.

La turbulenta historia política del Haití decimonónico persistió, con escasas variantes, en la actual centuria. No obstante, la calma presidió la administración de Simón Sam hasta 1902 y continuó inalterada con la presidencia de Nord Alexis, hasta

1908. El acercamiento a Estados Unidos, favoreciendo sus inversiones, intentaba desplazar el peso del capital francés, a la vez que ensayaba nuevas alianzas para el crecimiento económico. Pero la sucesión de Alexis desencadenó las ambiciones de los caudillos militares, que se sucedieron en el gobierno entre 1908 y 1915. La conflictividad demostraba que ninguna fuerza podía hacerse con el poder y garantizar el orden que exigía el capital extranjero. Una vez más, bajo la administración Wilson, los marines desembarcaron en un país iberoamericano. En 1915 la revuelta popular contra el dictador Guillaume Sam ofreció el pretexto para ocupar Haití, imponiendo la presidencia de Philippe Dartiguenave. En el caso de este país, Estados Unidos estableció un virtual protectorado, reteniendo el control de las finanzas, y la vigilancia del comercio exterior del país. En 1922, Louis Borno sucedía al complaciente Dartiguenave sin demasiados cambios, puesto que en breve firmó un tratado que confirmaba el protectorado de la nación ocupante. La resistencia contra la presencia extranjera se manifestó en los grupos guerrilleros comandados por Charlemagne Peralt en las montañas, y en la rebelión popular aplastada por los marines en 1929, pero las fuerzas norteamericanas permanecieron en Haití hasta 1934.

2. VENEZUELA Y COLOMBIA

Las primeras tres décadas del siglo xx transcurrieron para Venezuela bajo el signo de la dictadura. Dos hombres fuertes surgidos del arco andino presidieron entonces el país: Cipriano Castro (1899-1908), y Juan Vicente Gómez (1908-1935). Durante la segunda mitad del siglo xix el escenario político venezolano estuvo dominado por un grupo de caudillos que caracterizaron lo que se denominó movimiento liberal amarillo, cuyo último episodio consistió en la insurrección conducida por el general Juan Manuel Hernández (*El Mocho* Hernández), contra el presidente surgido de su propio partido, Ignacio Andrade. Si su intento culminó en fracaso, el éxito acompañó a la revolución iniciada desde la cordillera por el general Cipriano Castro, Juan Vicente Gómez y Eleazar López Contreras que, casi sin oposición a causa de las divisiones entre los sectores políticos que debían enfrentarlo, entró en Caracas bajo el lema de la *Restauración* y se apoderó de la presidencia. Con Castro llegaban al poder los andinos, los hombres de las zonas productoras de café, y también ganado. Los cambios, sin embargo, no fueron percibidos por el pueblo, ya que los grupos económicos que representaba el nuevo gobernante pronto se fusionaron con los intereses de los grandes terratenientes de los Llanos y la burguesía exportadora. La clase dominante tradicional no perdía posiciones decisivas, aunque cediera espacio político.

El ritmo de crecimiento demográfico de Venezuela fue, en ese periodo, sensiblemente más reducido que el de Colombia. En 1900 se estimaba su población total en 2.400.000 habitantes; el censo de 1926 arroja una cifra de 3.026.878; el de 1936, asciende a 3.491.159. Si en el último periodo intercensal se había incrementado la inmigración atraída por el auge del petróleo, también la dictadura de Gómez obligó a exiliarse a miles de personas. Hasta la década de los años 30 Venezuela fue un país agrario; la población rural representaba el 85 por 100 en 1926 y todavía un 78 por 100 diez años más tarde. Ninguna de las ciudades superaba las 100.000 personas en 1920: Caracas tenía 92.212 habitantes y Maracaibo 46.706; Valencia y Barquisimeto oscilaban entre los 20.000 y 30.000. La distribución regional otorgaba a la zona costera y los Andes el 78 por 100 de la población del país y a los Llanos el 20,4 por 100 en el mismo periodo, y una situación similar persistía en 1936. Hasta 1920 el café y el cacao subrayaban la característica agro-productora del país, pues conformaban el 92 por 100 de las exportaciones, pero en 1930 el petróleo había cancelado la primacía de estos productos y representaban el 83 por 100 del movimiento exportador, en tanto que el café y el cacao habían caído al 15 por 100.

No obstante, el gobierno Castro no llegó a conocer el auge del petróleo, pese a que las concesiones habían comenzado desde el siglo anterior y continuaron durante su mandato. Por el contrario, las dificultades económicas provocadas por el descenso de los precios del café en el mercado mundial, y la mala administración de las finanzas condujeron a una crisis con las potencias europeas. Por otra parte, la marginación de los caudillos durante su periodo propició un levantamiento armado, la llamada «revolución libertadora», del general Matos, un banquero que obtuvo cierto respaldo norteamericano. Pero el bloqueo de los puertos venezolanos, efectuado por una escuadra integrada con navíos alemanes, ingleses e italianos, reclamando el pago de la deuda exterior, e indemnizaciones por daños a propiedades de sus compatriotas durante los conflictos internos, fue enfrentada por Castro con una decisión que concitó en su favor la opinión nacional. La agresión a Venezuela produjo un repudio generalizado de los gobiernos iberoamericanos, y fue condenada como medio para cobrar las deudas entre Estados por el canciller argentino Luis María Drago, en un documento que sentaría doctrina internacional. Los problemas con la compañía norteamericana New York and Bermúdez Co., que intentaba ampliar su explotación del lago de asfalto, culminaron en la ruptura de relaciones diplomáticas con Estados Unidos, que insinuó la posibilidad de invadir Venezuela. La inestabilidad del gobierno Castro era manifiesta, y cuando una enfermedad lo obligó en 1908 a trasladarse a Europa para una intervención quirúrgica, Juan Vicente Gómez se apoderó del gobierno.

El dictador-caudillo, a quien sus enemigos llamaron el *Tirano de los Andes,* y sus partidarios *Caudillo de la Paz,* pese a rodearse en sus primeros años de gobierno con algunos liberales, no demoró en revelar su talante autoritario extinguiendo las escasas libertades públicas vigentes en Venezuela. Durante su periodo se produjeron dos fenómenos de gran trascendencia: desplazó totalmente de la política a los caudillos, e ingresó el país en la era del petróleo, transformando la Venezuela agrícola, exportadora de cacao y de café, en un país dependiente de la demanda mundial de hidrocarburos. Personaje singular, desdeñó residir en Caracas y se trasladó a Maracay, donde instaló su sede de gobierno. Al igual que algunos dictadores del Caribe, no pudo sustraerse a la tentación de presidir el país como si se tratara de una gran hacienda; un sentido patrimonial que le permitía acumular fortuna y beneficios en la forma de empresas, tierras y ganado. No dejó de contentar a la burguesía exportadora, a la oligarquía terrateniente adicta al régimen, al ejército, a los grupos más conservadores de la Iglesia y, por supuesto, al capital extranjero. En este Plano Juan Vicente Gómez demostró gran habilidad política, y supo utilizar las coyunturas de confrontación entre las grandes compañías por el dominio de las reservas mundiales de petróleo. Gómez distribuyó las concesiones de hidrocarburos venezolanos entre las empresas británicas y norteamericanas: la Royal-Dutch Shell, la Standard de Indiana y la Gulf recibieron valiosos yacimientos.

Mientras el país agrario desaparecía de las exportaciones, aunque no por ello se erradicaba el latifundio, la «pax gomecista» y los ingresos por la extracción de hidrocarburos permitieron la realización de numerosas obras públicas, y estimularon el capital financiero. La sociedad presentaba algunas transformaciones, con la emergencia de un proletariado que trabajaba para las empresas petroleras, unas clases medias que se incrementaban con el ritmo de los negocios, y nuevas capas burguesas vinculadas al comercio y el sector importador. En el medio rural, los cambios eran casi imperceptibles y los campesinos vivían en el nivel mínimo de subsistencia. No faltó, pese a todo, un núcleo intelectual que descubría en la gestión de Gómez la erradicación de la anarquía y un elemento modernizador. Los más destacados fueron Gil Fortou y Laureano Vallenilla Lanz, autor de *Cesarismo democrático*, una obra que exalta la figura del dictador como necesidad histórica. Pero no era esa la actitud de todos los intelectuales. Rómulo Gallegos fue un decidido opositor, y debió exiliarse; algunos políticos como Rómulo Bentancourt procuraban formar oposición y los estudiantes comenzaban su protesta contra el régimen, desafiando la dureza de la represión. Sin embargo, Juan Vicente Gómez continuó gobernando, hasta su fallecimiento en 1935, pese a la existencia de algunos intentos revolucionarios para derribarlo.

Cuando se inició el siglo XX Colombia se encontraba inmersa en una sangrienta guerra civil, durante la cual se gestará la escisión de Panamá; de esta coyuntura saldrá consolidada la república conservadora, que regirá hasta 1930. En el plano económico, los fenómenos que se originaron constituyeron, por el contrario, un aspecto positivo del periodo: el vertiginoso ascenso del café y la demanda mundial del caucho mejoraron las exportaciones. La instancia que define, sin embargo, una más amplia inserción de los sectores productivos colombianos en el mercado mundial se desarrolló en los años 20, y generó a su vez transformaciones sociales y políticas. La demografía tuvo, en el país, un ritmo de crecimiento más rápido que en otras regiones iberoamericanas. La población, 4.200.000 en los comienzos del siglo actual, ascendió en 1928 a 5.855.000, y en 1930 era de 7.430.000; la concentración urbana fue, asimismo, rápida, pues algunas ciudades, como Medellín, Cali y Barranquilla superaron los 100.000 habitantes en 1928, y Bogotá, la única que en el primer decenio del siglo llegaba a esas cifras de población, sobrepasó los 230.000 en el mismo año. También surgió una serie de pequeñas ciudades en las rutas de producción cafetera y en los Andes.

Hacia finales del siglo XIX la estructura social colombiana se hacía más compleja, pese a lo cual era todavía marcadamente rural. Los terratenientes habían ampliado sus filas con miembros de la burguesía comercial que adquiría propiedades rurales, pero el latifundio en sus formas más arcaicas permanecía inalterado en el Cauca, Tolima, Cundinamarca, los Andes occidentales y otras regiones. La declinación de otros productos exportables, como el azúcar, el tabaco, o la quina, difundió el pesimismo en los cultivadores de café cuando éste sufrió las consecuencias de la «guerra de los mil días». Pero la recuperación se reinició desde 1905 y con ella se consolidaba una clase media rural y otra crecida en la dinámica urbana en los primeros decenios del siglo XX, junto a la burguesía financiera y un sector industrial que daría impulso a la clase obrera, en tanto que de los enclaves minero y platanera emergía el proletariado rural. La economía del café estimuló, a su vez, una emigración estacional de mano de obra, por lo general desde las zonas serranas hacia las tierras de cultivo.

El proceso de expansión del café escribe un interesante capítulo en la ampliación de la frontera agrícola colombiana, descrito con nitidez por Marco Palacios. Asimismo, fueron diversas las formas de explotación. Desde el sistema de aparcería en Santander, al arrendamiento, mayoritario en Cundinamarca donde la gran propiedad era más frecuente, se agregó el cultivo a cargo de pequeños y medianos propietarios, muy extendido en Antioquia. La exportación, que en 1900 era de 270.000 sacos de 60 kilogramos, no llega aún a los 500.000 en 1905, pero en 1916 la cifra era de 1.616.000, en 1925 se aproximaba a los dos millones de sacos y en 1930 era ya de 3.173.000. La estructura productiva del café estuvo controlada por colombianos, y durante un buen periodo la comercialización, pero el ingreso del capital norteamericano en el país pronto desplazó a los nativos del negocio exportador. Era un proceso vinculado a la creciente importancia que adquiría Estados Unidos como mercado: del 44 por 100 en el quinquenio 1893-1897, saltó al 91 por 100 en 1915-1919, y en ese porcentaje se mantuvo hasta 1929.

Pese a que no puede afirmarse que las diferencias ideológicas entre liberales y conservadores fueran tajantes, la confrontación entre ambas facciones culminó en múltiples choques armados. Uno de ellos fue el conflicto que se inició en agosto de 1899. En el curso de la Guerra de los Mil Días, la invasión de Panamá por el general Benjamín Herrera conducirá finalmente a la independencia de ese territorio, con la oportuna intervención de Estados Unidos, que obtuvo a cambio una faja de tierra de diez millas de ancho atravesando el Istmo, con destino al canal interoceánico. En 1904 llegaba a la presidencia Rafael Reyes, inaugurando una etapa de cambios. El nombramiento de dos ministros del Partido Liberal, y el proyecto de ceder un espacio político a las minorías, procuraban restañar heridas que desangraban el país. Las reformas de Reyes pueden considerarse radicales para su época, y fueron moderadas por la resistencia conservadora en el Parlamento, hasta que el presidente, un admirador de Porfirio Díaz, clausuró el Congreso e instauró la dictadura. Con todo, el gobierno de Reyes obtuvo la adhesión del general Rafael Uribe Uribe, un liberal que defendía el proteccionismo económico, y exponía audaces ideas sociales. El «país nacional», que Uribe identificaba con los productores de café y los industriales, se oponía —subraya Marcos Palacios— al país de los núcleos señoriales confederados. La protección a la industria y la asistencia financiera a los empresarios, el fomento de la instrucción pública, la extensión de las vías ferroviarias fueron algunas de sus realizaciones. Una política que algunos definen como positivista y otros como «socialismo». No obstante, la economía se recuperaba lentamente después de la guerra, y las inversiones extranjeras no ingresaban aún al país con el ritmo que lo harían en la siguiente década. La crisis financiera irresuelta, las intenciones de ser reelecto, y las negociaciones con Estados Unidos por el problema de Panamá, que la opinión pública veía con recelo, dejaron a Reyes sin base política, y se vio forzado a abandonar el poder en 1909.

Será, no obstante, en la década de los años 20, inaugurada bajo la presidencia de Marco Fidel Suárez, cuando el sector exportador colombiano experimente un fuerte impulso, no sólo por el auge en la demanda del café, sino por la irrupción de dos nuevos productos: el plátano y el petróleo. Ambos contribuyeron a consolidar nuevas relaciones de dependencia y mientras el enclave platanero era controlado por la United Fruit Co., la extracción de petróleo quedó en poder de la Standard Oil y la Royal-Dutch Shell. Las inversiones acrecieron a partir de la radicalización de la revolución mexicana, y en 1930, durante el gobierno de Miguel Abadía Méndez, se aproximaban a los 300 millones de dólares. Al amparo de este crecimiento económico y del proteccionismo establecido en la primera década del siglo, la industria manufacturera, en especial la textil, y otros productos para el consumo interno, se desarrolló en Antioquia y demás ciudades importantes. Era una época en que se consolidaron los sistemas de comunicación por ferrocarril y carretera, sobre la base de la entrada de inversiones extranjeras, y con ello no sólo pudieron cubrirse las necesidades de las regiones productoras, sino que se logró conectar la Colombia del Atlántico y la del Pacífico.

3. ECUADOR, PERÚ Y BOLIVIA

Hacia finales del siglo XIX, Ecuador era todavía un país que giraba en torno al mundo señorial que representa la hacienda. Terratenientes e Iglesia, ésta consolidada como en ningún otro lugar de Iberoamérica por el periodo de García Moreno, se apoyaron mutuamente, dado que al fin el clero constituía un poderoso sector latifundista. La revolución liberal que en 1895 elevó al gobierno al caudillo Eloy Alfaro, demostró que el antagonismo entre los intereses del latifundio serrano y el comerciante costeño se habían agudizado. Con el sostén de los plantadores de cacao de la costa y del núcleo comercial y financiero de Guayaquil, el caudillo liberal gobernó desde 1895 hasta 1901. Si es cierto que las facciones conservadora y liberal dirimían diferencias ideológicas, defendiendo la primera la vigencia del estado confesional, el predominio del presidente, y unas libertades restringidas, en tanto que la segunda pretendía instaurar el Estado laico, un mayor peso del poder legislativo y el desarrollo de las libertades fundamentales, también debe anotarse que Alfaro, pese a su radicalismo, no afectará la estructura económica del latifundio. El orden liberal oligárquico hará realidad una serie de propuestas electorales, pero representaba a la oligarquía de plantadores de la costa, y eludirá toda medida social no consentida por este núcleo.

Un examen de los gobiernos de Alfaro (1895-1901 y 1906-1911), y de los ejercicios por el general Leónidas Plaza (1901-1905 y 1911-1916), revelan sin embargo una política liberal avanzada, que impone su programa pese a la inevitable resistencia conservadora. En este periodo se anula la censura sobre la prensa, se seculariza la educación, se instituye el matrimonio civil y el divorcio, así como el registro civil de nacimientos y defunciones. La implantación del estado laico sella la ruptura con el Ecuador de García Moreno en la Constitución de 1906, donde la Iglesia ha perdido su hegemonía. La vigorización del Parlamento, la promoción de la industria y la agricultura, así como los esfuerzos para unificar la sierra y la costa por la construcción de la línea férrea Quito-Guayaquil, intentan socavar el poder de los caudillos regionales. En 1911 el ejército se levanta en Quito y derriba a Eloy Alfaro. Exiliado en Europa, retorna en 1912 a su país, para morir asesinado en las calles de Quito durante una asonada.

Ecuador no superaba en 1905 la cifra de 1.150.000 habitantes, según estimaciones poco fiables, y en 1930 el total se calculaba en torno a los 2.000.000. Entre las ciudades, Quito tenía en la primera fecha 50.000 y Guayaquil frisaba los 70.000; hacia 1930 ambas albergaban más de 100.000 personas. Los datos revelan un país de reducida población urbana, y esta característica persistió hasta los años 70 del siglo actual. La economía, girando en torno al cacao como producto de mayor demanda en la exportación hasta la década del 20, concentró a los trabajadores en las plantaciones de la costa y en las haciendas ganaderas de la sierra, en tanto un reducido número de obreros era empleado por la naciente industria, el puerto, o el ferrocarril. La prosperidad generada por los precios internacionales comenzó a declinar durante la Primera Guerra Mundial, y aunque durante algunos años la cotización del cacao se mantuvo en alza, e incluso llegó a moderar la caída del volumen exportado, la crisis del sector llegó inevitablemente cuando se intensificó la competencia de las plantaciones del continente africano. El desarrollo hacia afuera generaba ciclos de marasmo económico, y como en otras coyunturas, en ésta las consecuencias recaían sobre las clases populares. La economía de plantación estaba en poder de terratenientes nativos, que superaban las crisis del producto sobre la base de relaciones de trabajo fundadas en el *peonaje*, o el *concertaje* con los indios, que permitían el máximo de explotación. Pero en los años 20 crecerán las demandas sociales del sector obrero y el trabajador rural, y las huelgas serán más frecuentes. Ante la intensidad de las protestas de Guayaquil, en noviembre de 1922 el ejército fue lanzado a una sangrienta represión, una acción que se repetirá un año después contra el campesinado indígena en varias regiones.

La oligarquía liberal sufrió un duro revés en julio de 1925, con el derrocamiento del presidente Gonzalo Córdoba por un grupo de jóvenes militares. La «revolución juliana», como se denominó al movimiento, se presentaba en nombre de las nacientes clases medias, las reivindicaciones obreras y los trabajadores indios. Pero si albergaba un contenido antioligárquico, pronto las clases altas demostraron su habilidad para limar las facetas más radicales. Por lo demás, los *julianos* adelantaron propuestas reformistas y modernizadoras, en una alianza de militares, sectores medios y hacendados serranos, dirigida contra la oligarquía financiera y comercial, pero también terrateniente, de Guayaquil. En definitiva, la clase alta tradicional y la burguesía financiera no sufrirían demasiados quebrantos por el proceso, puesto que no serían modificadas las bases de su poder económico. Los decretos de mayor importancia fueron la creación del Banco Central del Ecuador, y un progreso en la legislación social, por la creación del Ministerio de Previsión Social y Trabajo, las leyes sobre jubilación, duración de la jornada laboral, accidentes del trabajo, el empleo de mujeres y menores, y la función social de la propiedad. El mandato presidencial fue confiado por los militares a un civil, Isidro Ayora, en 1926. En definitiva, la «revolución juliana», que daría en 1929 una nueva Constitución a Ecuador, consagrando en ella sus reformas, había transcurrido en una época de relativa bonanza económica, que concluiría en 1930.

Un sector de la oligarquía, cuyos integrantes eran conocidos como *civilistas,* se distribuye los periodos presidenciales en Perú entre el fin de siglo y 1919. Los peligros de la guerra civil y las tentaciones del caudillismo militar no habían quedado, pese a todo, definitivamente erradicados, como lo demuestra la historia política de la época. Sin embaro, durante algunos años, la fuente de riqueza que aportaban los ár-

El presidente de la república, M. Pardo y Barreda, acompañado de su ministro de la Guerra, desciende del Morro Solar después de una misa. Perú, 1908

boles del caucho en la selva amazónica —y que decayó durante la segunda década del siglo ante el dominio del mercado por las plantaciones británicas del sudeste asiático—, la explotación minera, y el comienzo de la inversión norteamericana, estimulaban una economía deteriorada por los años de inestabilidad política. Se abría una etapa de bienestar que permitió el progreso de las reformas educativas, el saneamiento de las finanzas y la aprobación de algunas leyes laborales. Pero la crisis militar reapareció durante la presidencia de Augusto B. Leguía, y su sucesor, Guillermo Billinghurst, fue depuesto en 1914, dando paso a un nuevo ciclo de confusión política. Un año más tarde, la convocatoria de elecciones consagró la candidatura de José Pardo Barrera, que asumió su segunda presidencia.

La Primera Guerra Mundial, iniciada entonces, significó años de altos beneficios para la industria azucarera, volviendo menos severo el declinar del caucho. El crecimiento del volumen de exportación fue lento, pero la elevación del precio internacional del azúcar propició la modernización del sector, a la vez que instauró la hegemonía de la gran hacienda y la paulatina desaparición del pequeño productor. El algodón cobró un fuerte auge en la demanda externa y, como afirma Klarén, entre 1915 y 1919 sus plantaciones aumentaron aproximadamente el 60 por 100. El correlato de esta expansión exportadora fue un desarrollo de la industria ligera, atendiendo la demanda interna ante la reducción de importaciones desde Europa debido a la guerra. El aumento del volumen de empleo dio nuevos impulsos a las clases medias y al proletariado urbano. Pese a todo, la llegada de las elecciones de 1919 marcará, en definitiva, el ajuste de cuentas con una administración que se había hecho impopular. Si permitió la libertad de prensa, no supo resolver los conflictos por reclamaciones de mejora social, ni mitigar una inflación creciente, con duras consecuencias para obreros y clases medias. La agitación estudiantil, el surgimiento del indigenismo, y la participación de los intelectuales en el proceso político —fue la época de aparición de Víctor Raúl Haya de la Torre y José Carlos Mariátegui— completaban el cuadro social revelador de una voluntad de cambio. Los problemas que cerraban el capítulo del civilismo se originaban en el desarrollo capitalista desigual de Perú, entre 1900 y 1930, con rápido crecimiento para algunas regiones y aislamiento y atraso para otras.

En 1919 la candidatura de Antero Aspíllaga enfrentó una dura campaña de Augusto B. Leguía contra Pardo, el presidente saliente. Leguía, que supo obtener el apoyo militar, se hizo con el poder, rodeado de enorme expectativa debido a su prédica populista, e inició el periodo que se conocerá como el *oncenio*, etapa política que evolucionará desde sus propuestas progresistas iniciales hacia la dictadura, y finalizará en 1930 sin poder resistir los embates de la crisis, derribado por otro golpe militar: el conducido por el teniente Luis Sánchez Cerro. Leguía le dio a su gobierno una denominación «*La Patria Nueva*», que pretendía señalar un distanciamiento de la república oligárquica. En los hechos, durante su mandato se consolidaron los rasgos del Perú moderno, introduciendo al país en la nueva dependencia sobre la base de la inversión norteamericana. Impulsó la Constitución de 1920, y propició una legislación destinada a atraerse a las clases medias y obreras, que abarcó la reforma universitaria, libertades individuales, jornada laboral, educación pública, y control de precios.

Pero si atacó al sector civilista, e incorporó en su gobierno representantes de los grupos económicos en ascenso, como la burguesía agroexportadora y la financiera, no afectó la estructura economicosocial que lo sustentaba. La persistencia de la hacienda serrana tradicional, el gamonalismo, las haciendas azucareras, ahora más poderosas por la concentración de tierras, demostraron la imposibilidad de vulnerar un núcleo exportador —sobre todo el del norte—, vital para el comercio exterior peruano. Por ello, pese al indigenismo oficial, creador de la Dirección de Asuntos Indígenas, e incluso del Día del Indio, el populismo de Leguía no eliminó los rasgos precapitalistas que regían el trabajo de la tierra: *colonato* y *yanaconaje* continuaron vigentes en el sistema de la gran hacienda. En todo caso, facilitó la integración de los indios, desplazados de las comunidades expropiadas, en un mercado laboral más amplio, por la emigración hacia los yacimientos mineros, o a las zonas petroleras.

Las inversiones de Estados Unidos en el cobre de Cerro de Pasco y Quirivilca, o el petróleo de Piura, ahora en poder de la Standard Oil, subrayaron el declive de la hegemonía británica. Los porcentajes de la exportación de estos productos superaron, en 1930, las del azúcar y el algodón, hasta entonces predominantes. Era un fenómeno relacionado con la entrada del capital norteamericano, y la misión Kemmerer, asesora del gobierno Leguía, acentuó este proceso. La inversión externa pronto dominó gran parte del sistema productivo peruano, la comercialización, las finanzas y los transportes. Al mismo tiempo crecía la deuda externa, por el continuo recurso del gobierno a los empréstitos. El final de la guerra mundial trajo una caída de los precios del azúcar, y con ello el descenso de la producción. Todo esto, sumado al comienzo de una etapa claramente dictatorial, los conflictos sociales que estaban ocasionando la inflación, la carestía y el desempleo, así como la intervención del ejército para reprimir las huelgas en las haciendas azucareras, hicieron estériles los esfuerzos de Leguía para hacerse con una base popular.

Se vivía, por otra parte, un clima cultural renovador y polémico. La universidad y los intelectuales se interrogaban sobre una realidad peruana cuyos rasgos oligárquicos y de feudalismo colonial habían sido ya apuntados por Manuel González Prada; un análisis continuado por dos de sus discípulos, que al tiempo de combatir la dictadura de Leguía se alejaban en sus propuestas ideológicas. Haya de la Torre en 1924 fundó en México la Alianza Popular Revolucionaria Americana (APRA), un partido de clases medias, y daba a conocer sus fundamentos en un escrito de 1928: *El Antiimperialismo y el APRA*. Según Peter Klarén, el APRA es en su origen una propuesta política destinada a los pequeños y medianos hacendados del norte del país, perjudicados por los cambios originados en la concentración de haciendas por el capital extranjero. José Carlos Mariátegui, a su vez, fundó un partido obrero y marxista, el Partido Socialista, en 1928, y desarrolló su análisis de los problemas de Perú en *Siete ensayos de interpretación de la realidad peruana*. Las dos obras desarrollan en profundidad los lineamientos de un debate abierto en la sociedad peruana de su tiempo, que encontraría un prolongado eco entre los políticos e intelectuales iberoamericanos.

Bolivia salió de la Guerra del Pacífico debiendo ceder su litoral, y con él la salida al mar; pero en 1903 sufrirá aún otra amputación territorial cuando el conflicto con Brasil en las zonas caucheras culminó en el Tratado de Petrópolis, por el que perderá 191.000 kilómetros cuadrados en la región del Acre. Era un comienzo desafortunado para los liberales, que iniciaron con José Manuel Pando (1899-1904) un periodo que se prolongó hasta 1920, para ser relevados hasta 1930 por los republicanos. Pese a su proclamado federalismo, los presidentes liberales se esforzaron por unificar el país, y aunque trasladaron la capital administrativa a La Paz, dando origen a un conflicto de intereses con Sucre, capital jurídica, la política posterior estuvo destinada a culminar esa unidad. La construcción de los ferrocarriles recibió un sustancial aporte en los tratados de límites definitivos con Chile, que comprometía la construcción de la línea La Paz-Arica; y con Brasil, que entregó dos millones de libras esterlinas para un trazado desde el río Mamoré hasta el Madeira. El proyecto ofrecía a Bolivia esperanzas de acceder al Atlántico por el río Amazonas. El proceso modernizador planificó la expansión de la enseñanza pública, y enfrentó en 1906 a la Iglesia con el presidente Ismael Montes (1904-1909), aunque el clero no opuso demasiada resistencia a esta medida, ni a la que implantaba el matrimonio civil.

Con la etapa liberal se operó una transformación en los sectores productivos de Bolivia, especialmente en la minería. El ciclo de la plata, al que se encontraban vinculadas las familias tradicionales, sustrato político del Partido Conservador, había iniciado su declive, y el estaño sustituyó su papel en las exportaciones, dando origen a un nuevo empresariado minero. La concentración caracterizará a este grupo dominante, y la explotación del estaño gira en torno a tres nombres: Simón I. Patiño controlaba el 50 por 100 de la producción con las minas *Catavi, Uncía, Huanuni, Llallagua, Japo* y *Kami;* Félix A. Aramayo, que no sólo exportaba estaño sino también wolframio desde sus minas del sur, y la Compañía Minera Unificada, de Mauricio Hochschild, se distribuían el resto de la extracción después de desplazar del sector a los pequeños propietarios de yacimientos. El auge del estaño y los cambios producidos en la sociedad no modificaron la estructura agraria tradicional, y el sistema semifeudal de la hacienda pervivió en la agricultura del altiplano, y en la continuidad del *pongaje.* Por lo demás, la política de tierras de los gobiernos liberales continuaba el despojo de las comunidades indígenas, en beneficio del libre mercado.

Las estimaciones de la época otorgaban a Bolivia, en 1900, la cifra de 1.767.000 habitantes, y unos 2.200.000 en 1930. Más del 70 por 100 era población indígena, con predominio de la lengua aymara en el norte y quechua en el sur, y al comenzar el siglo la población blanca no superaba el 13 por 100 del total. En 1900 La Paz era la ciudad más grande, con unos 53.000 habitantes, en tanto que Sucre, Potosí y Cochabamba no superaban los 21.000. Sin embargo, la minería del estaño hará surgir numerosos centros poblados, como consecuencia de la concentración obrera en la zona. Tal es el caso del Catavi, Uncía, o Llallagua, que se aproximan a los 12.000 habitantes. La mano de obra indígena proveía de fuerza de trabajo a las haciendas, regiones caucheras y empresas mineras, por lo cual no fue necesaria una política de estímulo a la inmigración extranjera. La industria, alentada por el auge de la exportación minera durante la Primera Guerra Mundial, comenzó su desarrollo en los textiles, la construcción, bebidas y alimentos, así como otros productos para el mercado interno. También era visible un crecimiento de las clases medias urbanas, que prestarán su apoyo a la segunda presidencia de Montes (1913-1917), y más tarde a los gobiernos republicanos. Pero sobre todo comenzó la organización de la clase obrera, primero con los gráficos y ferroviarios, hasta que los anarquistas fundaron, en 1912, la Federación Obrera Internacional. Asimismo, durante el segundo mandato de Ismael Montes se consumó una escisión en el Partido Liberal, que dio nacimiento en 1914 al Partido Republicano, presidido por Daniel Salamanca.

En 1920, los republicanos llegaban a la presidencia sustentados en un electorado semejante al de sus rivales del Partido Liberal: las clases medias urbanas y las capas dominantes de la sociedad. Pese a las propuestas progresistas de su programa electoral, Juan Bautista Saavedra pronto demostró que no vacilaría en recurrir al ejército para acallar las protestas en las minas, como sucedió en 1923, cuando los obreros fueron literalmente masacrados por la tropa durante la huelga convocada por la Federación Central de Mineros de Uncía. Los republicanos apelaron a la reivindicación del indigenismo, al igual que en Perú, para popularizar la gestión de gobierno de Hernán Siles Reyes. En esa etapa se creó la Cruzada Nacional Pro Indio, y surgieron otras iniciativas, que en conjunto no superaron la declaración de buenas intenciones.

Además, la década del 20 completaba la extranjerización de la economía boliviana. El gobierno recibió un préstamo norteamericano en 1922, y otros en 1927 y 1928. El petróleo será controlado por la Standard Oil de New Jersey, beneficiaria de importantes concesiones en 1921, que totalizaron 3.708.295 hectáreas de tierras ricas en yacimientos. Las mayores minas de estaño tendrán su sede en Delaware, Estados Unidos, donde Patiño concentró sus empresas en la Patiño Mines & Enterprises Consolidated, quedando la fundición del metal a cargo de la Consolidated Tin Smelters, que también controlaba. En 1928 la misión Kemmerer visitó Bolivia, y ofreció sus recomendaciones al gobierno, que tuvieron su aspecto más visible en la creación del Banco Central. Entretanto, el país se encaminaba hacia la crisis y ya experimentaba el descenso de los precios del estaño en la demanda internacional.

La necesidad de encontrar una puerta al Atlántico, intentando consolidar un acceso al río Paraguay, y ciertas expectativas sobre la existencia de petróleo, encaminaron a la Guerra del Chaco. En todo caso, no debe olvidarse el importante papel desempeñado por las frustraciones experimentadas por Bolivia en sus discusiones fronterizas, que inclinaron a sus políticos a la búsqueda de compensaciones en ese territorio, en litigio con Paraguay. La decisión de instalar fortines en las profundidades del Chaco provocó una respuesta similar de la otra parte. Los choques se sucedieron a partir de 1926, y estimularon las protestas nacionalistas, mientras ambos países comenzaban a comprar armamento. La guerra, iniciada el año 1932, mientras el país sufría las secuelas de la crisis mundial, dejó sus huellas sobre una generación de bolivianos.

4. BRASIL

Al comenzar el siglo XX, los mandatos presidenciales de Brasil eran ejercidos por candidatos de la región paulista. A través de sus miembros, la oligarquía del café, en cuyas manos se encontraba el sector agroexportador, controlaba las decisiones de la Primera República, y lograba mantener ese predominio hasta 1930. La expansión del café se había operado junto a las grandes transformaciones demográficas y sociales producidas en el último cuarto del siglo pasado, pero los terratenientes mantenían su influencia sobre el gobierno central, con la creación de la república federal, y por consiguiente, la primacía de los intereses del gran latifundio en sus decisiones. La realidad política se mostró excluyente con grupos sociales como las nacientes clases medias, los obreros, y más aún con el campesino, tradicionalmente marginado. Es que el control de los resultados electorales estaba apoyado en el poder de los gobiernos federales, que aseguraban la coalición de las oligarquías regionales, sobre todo en los estados más importantes, como São Paulo, Minas Gerais y Río de Janeiro. Estos mecanismos tenían un eficaz instrumento en la actuación de los *coroneles*. Su influencia sobre el voto rural era indispensable para el éxito de las elecciones en cada estado y, en consecuencia, para el triunfo de los «barones del café» en las nominaciones para la presidencia del país. Era un sistema que establecía relaciones de dependencia, acompañadas de una secuela de favoritismo y corrupción a todos los niveles sociales. Pero se demostró eficaz para unas clases dominantes regionales que, si no siempre pudieron evitar tensiones con el Estado central, o las luchas interoligárquicas, lograron en cambio controlar las presiones políticas de los grupos sociales emergentes.

La historia de la economía de Brasil está pautada por grandes ciclos productivos, desde el *palo brasil* hasta el café, incluyendo la apertura de fronteras internas para el cultivo, y la saga de las grandes familias pioneras. Al comenzar el siglo XX la estructura económica de la plantación giraba en torno al café, en alza en los mercados internacionales, y hacia el incremento de su producción se dirigían todos los esfuerzos modernizadores. No se trataba del único producto exportable, pero sí de la fuente principal de acumulación capitalista, aunque en este periodo se había valorizado además el caucho. La exportación de azúcar había declinado hasta las escasas 60.000 toneladas anuales de los primeros decenios del siglo; el algodón también había decaído y apenas llegaba a vender al exterior unas 30.000 toneladas al comienzo de la Primera Guerra Mundial. Tan sólo el cacao encontró creciente demanda y sus exportaciones pasarán de 21.000 toneladas en 1905 a 64.526 en 1925. La producción de caucho, si no llegó a desplazar al café en importancia económica, se constituyó en fuente de elevados ingresos para Brasil, cuando la segunda revolución industrial aceleró la extracción de *látex,* e hizo ascender a las empresas caucheras por el curso de los ríos Purus y Jurúa, hasta internarse en territorio del Acre, donde provocarán finalmente un conflicto entre Brasil y Bolivia, culminado en el Tratado de Petrópolis en 1903.

El rápido esplendor de la producción cauchera es una página más en la historia de la expansión de la frontera productiva, y sus cifras de exportación subrayan el febril desarrollo de las fortunas de los empresarios del sector, y también el legendario ascenso de Manaos, enclavada en el corazón de la selva amazónica, sobre la Barra del Río Negro. La rivalidad entre Belén y Manaos, ambas exportadoras de caucho, se acentuó por el fuerte crecimiento demográfico de la segunda y de su esplendor urbano que, en muchos aspectos, rivalizaba con algunas ciudades europeas de su tiempo. En 1897 se exportaban 21.000 toneladas del producto, en 1910 llegaba a 38.547 y en 1912 alcanzaba su punto máximo con 43.370; pero en 1921 había comenzado su declive con 17.439 toneladas. La competencia de las plantaciones británicas en el sudeste asiático provocaba el eclipse de la riqueza cauchera. En 1909, cuando Brasil producía 42.800 toneladas, aquéllas no alcanzaban las 4.000; pero en 1919, la extracción brasileña era de 34.825 y la asiática superaba las 380.000.

El café, en cambio conservó su lugar de privilegio en las exportaciones, y su porcentaje en la producción mundial continuó en ascenso; en el quinquenio 1890-1895 representaba el 59 por 100, y entre 1900-1905 se ubicaba en el 75 por 100. Pero no dejará sufrir las oscilaciones coyunturales, pese a lo cual la oligarquía terrateniente logró solventar sus efectos por el ascendiente que ejerce sobre los gobiernos. Uno de estos periodos de dificultad sobrevino al comenzar el siglo, con la presencia de una crisis de superproducción y el descenso de los precios. El país debió recurrir entonces a un empréstito externo, al que seguirán otros en años posteriores, por lo que grupos bancarios alemanes, franceses e ingleses penetraron en el comercio y la financiación del café. La crisis se repetirá durante la guerra mundial, pero a partir de 1922 la recuperación fue firme y en 1929 el café representaba el 71 por 100 de los ingresos por exportación. La demanda de la posguerra estimuló la producción, y en 1929 se contaba, tan sólo en el estado de São Paulo, con más de 1.100 millones de cafetos. Pese al panorama promisorio, el producto entraba en una nueva crisis de superproducción; entre 1927 y 1929, Brasil sólo exportaba 14 millones de sacos de una cosecha que registraba un total de 29 millones.

Las primeras industrias producían para el mercado interno textiles, calzado, alimentación y otros artículos que cumplían un papel de complemento a las importaciones. También este sector se expandió, alentado por el ritmo de las transformaciones económicas y sociales que acaecieron desde el cambio de siglo, especialmente en las regiones cafetaleras. En 1907 existían 3.258 establecimientos industriales, que empleaban 150.000 trabajadores; en 1920 eran 13.336, con 275.512 obreros. El surgimiento y el origen del empresariado industrial se han indagado en la inmigración europea, y las investigaciones revelan que el 84 por 100 de los talleres manufactureros de São Paulo eran, en esa época, propiedad de extranjeros o de sus descendientes. Sin embargo, sus integrantes tenían una procedencia más variada. El proceso de modernización en las áreas del café había originado una diferenciación en el seno de los grupos oligárquicos, con la aparición de una burguesía vinculada a la compra de producción por las casas exportadoras, y también con intereses en la banca y el capital financiero. Algunos miembros de esta nueva burguesía invertían en la financiación industrial, según datos de 1910, y contribuyeron a dinamizar el sector.

Por otra parte, la Primera Guerra Mundial ofreció un periodo de estímulo a la industria, ya que era necesario satisfacer una demanda interna que acusaba el descenso en la importación de manufacturas, y atrajo inversiones al sector.

Otro de los aspectos destacables de la etapa 1900-1930 es el aumento del volumen demográfico y el crecimiento urbano. La progresión es acelerada: 14.000.000 de habitantes en 1890; 17.980.000 en 1900; y 27.400.000 en 1920. La inmigración europea afluye con intensidad entre 1880 y 1930, y se calcula en 4.000.000 la cifra de los ingresados al país en el periodo. De ese número, cerca de un 57 por 100 se radica en el estado de São Paulo, en tanto que Río de Janeiro y Río Grande do Sul ocupan alternativamente el segundo puesto como receptores. Se ha señalado ya en otro lugar que la mayoría de los recién llegados son italianos, seguidos por españoles y portugueses; entre ellos configuran el 75 por 100 de la inmigración, mientras que un número sensiblemente menor de alemanes se instala en Río Grande do Sul, y entre 1924 y 1929 arriban algunos miles de japoneses. El crecimiento urbano fue muy alto en São Paulo, donde los inmigrantes contribuyeron al ascenso demográfico, y también crecieron otros centros urbanos. Pero si en 1900 las ciudades con más de 20.000 habitantes eran el 10 por 100 de la población total, en 1920 no superaban el 13 por 100; en definitiva, la demografía urbana de Brasil no excedía del 17 por 100 en la última fecha, poniendo de manifiesto un país de predominio rural.

La alianza concertada entre los grupos oligárquicos de São Paulo, el estado de mayor población, y Minas Gerais, un estado de economía diversificada —minería, ganado y café—, permitió la elección de dos presidentes paulistas desde comienzos de siglo, y otro minero, Alfonso Pena, en 1906. La relativa tranquilidad de la etapa estuvo sustentada por la expansión económica, y el jefe de Estado pudo desarrollar un plan ferroviario que enlazaba regiones productivas, dotar a las grandes ciudades de mejoras en sus servicios, y lanzar un nuevo proyecto de colonización. En el periodo, pese a que asomó una cierta oposición, las clases dominantes paulistas lograron imponer al mariscal Hermes Rodríguez de Fonseca en 1910, haciendo peligrar la alianza oligárquica con Minas Gerais y Río Grande do Sul, que planteaban otra candidatura. Cuestionado por importantes núcleos de poder, su gobierno se mostró demasiado irresoluto, mientras que la revuelta desencadenada por la marina, así como los conflictos rurales en el estado de Bahía, revelaban la presencia de cambios en la estructura social cuya materialización política será aplazada hasta la década de los años 20.

Celso Furtado señala que, junto al ascenso de la nueva clase militar donde surge una oficialidad técnicamente cualificada, aflora un conflicto entre la oligarquía y unas clases medias urbanas con aspiraciones de acceso al poder político. Ante la resistencia de las clases dominantes a realizar concesiones, las clases medias intentaron una alianza con núcleos de oficiales de las fuerzas armadas que también pretendían la modernización. El periodo que transcurre desde la presidencia de Delfín Moreira, que asume en 1919, presenta estas características, a las que se agrega la agitación de una clase obrera organizada, lanzada a la lucha reivindicativa desde 1917, bajo la ideología anarquista y acentuando la presión «desde abajo» de las masas urbanas. En 1921 se crea el Partido Comunista Brasileño, casi de inmediato ilegalizado. La oposición, vedada la posibilidad de una salida política, recurre a opciones alternativas y la conflictividad envuelve la presidencia de Silva Bernárdes. Estallidos campesinos, huelgas, la rebelión militar en São Paulo, y la «columna Prestes» en 1924, revelan una máxima inquietud social y explican la emergencia del *tenentismo,* un movimiento de oficiales que, en su mayoría, proceden de las clases medias.

La exigencia de un sistema electoral con base democrática, y una reforma social progresista, permitía unificar clases medias, obreros y campesinos, en los embates contra la vieja clase latifundista, que no representaba los intereses de una sociedad en transformación. En torno a la Alianza Liberal, la oposición se preparó para las elecciones de 1929, en una coalición entre grupos urbanos y sectores agrarios disidentes. En tanto, Prestes y sus tenientes insurrectos recorrían 20.000 kilómetros en su marcha a través de Brasil, reclamando libertad política y justicia social, y estimulando la organización campesina, hasta su entrada en Bolivia, donde obtuvieron asilo. Finalmente, la crisis de 1929 provocó un grave deterioro de la economía agroexportadora, y enfrentó a los productores de café con un panorama preocupante, donde se acumulaban los efectos internos del colapso mundial y las tensiones latentes en la sociedad. Cuando culminó el mandato de Washington Luis, el intento de manipular el resultado de las elecciones fue el detonante para la rebelión que condujo al poder a Getulio Vargas.

ORIENTACIÓN BIBLIOGRÁFICA

BARRÁN, José P., y Benjamín NAHUM, *Batlle, los estacieros y el Imperio Británico,* Montevideo, Banda Oriental, 1979-1985 (6 vols.).

BRADING, D. A. (Comp.), *Caudillos y campesinos en la Revolución Mexicana,* México, Fondo de Cultura Económica, 1985.

Brasil Hoy (varios autores), México, Siglo XXI, 1975.

BRITO FIGUEROA, Federico, *Historia económica y social de Venezuela,* Caracas, Universidad Central de Venezuela, 1981, tomo II.

CARMAGNANI, Marcello, *Estado y sociedad en América Latina, 1850-1930,* Barcelona, Crítica, 1984.

— *Formación y crisis de un sistema feudal,* México, Siglo XXI, 1975.

COCKCROFT, James D., *Precursores intelectuales de la revolución mexicana,* México, Siglo XXI, 1979.

Colombia Hoy (varios autores), Bogotá, Siglo XXI, 1980.

CÓRDOBA, Arnaldo, *La ideología de la Revolución Mexicana,* México, Ediciones Era, 1973.

DONOSO, Ricardo, *Alessandri: agitador y demoledor,* México, Fondo de Cultura Económica, 1952 (2 vols.).

Ecuador Hoy, Bogotá, Siglo XXI, 1981.

FELLMAN VELARDE, José, *Historia de Bolivia,* tomo III, La Paz, Ed. Amigos del Libro, 1970.

FERNS, H. S., *Gran Bretaña y Argentina en el siglo XIX,* Buenos Aires, Hachette, 1968.

FURTADO, Celso, *Formación económica del Brasil,* México, Fondo de Cultura Económica, 1974.

GALLO, Ezequiel, y Silvia SEGAL, «La formación de los partidos políticos contemporáneos: la UCR (1890-1916)», en Torcuato S. Di Tella, *Argentina, sociedad de masas,* Buenos Aires, Eudeba, 1965.

GUERRA, Margarita, *Historia general del Perú,* Lima, Milla Batres, 1984.

HALPERÍN DONGHI, Tulio, *Historia contemporánea de América Latina,* Madrid, Alianza Editorial, 1975.

JONHSON, John J., *La transformación política de América Latina. Surgimiento de los sectores medios,* Buenos Aires, Hachette, 1961.

KLARÉN, Peter F., *Formación de las haciendas azucareras y orígenes del Apra*, Lima, Instituto de Estudios Peruanos, 1976.

LAMBERT, Jacques, *América Latina. Estructuras sociales e instituciones políticas*, Barcelona, Ariel, 1978.

LÉON, Pierre, *Economies et sociétés de l'Amerique Latine*, París, SEDES, 1969.

MARTÍNEZ DÍAZ, Nelson, *América Latina en el siglo XX*, Barcelona, Orbis, 1986.

MERRICK, W. Thomas, y Douglas H. GRAHAM, *Populaçao e desenvolvimento econômico no Brasil*, Río de Janeiro, Zahar Editores, 1981.

MEYER, Lorenzo, *México y los Estados Unidos en el conflicto petrolero, 1917-1942*, México, El Colegio de México, 1981.

NAHUM, Benjamín, *La época batllista*, Montevideo, Banda Oriental, 1975.

PALACIOS, Marco, *El café en Colombia, 1850-1970. Una historia económica, social y política*, México, El Colegio de México, 1983.

PÉREZ BRIGNOLI, Héctor, *Breve historia de Centroamérica*, Madrid, Alianza Editorial, 1985.

PETRAS, James, *Política y fuerzas sociales en el desarrollo chileno*, Buenos Aires, Amorrortu, 1971.

PUIGGROSS, Rodolfo, *El Yrigoyenismo*, Editorial Jorge Álvarez, 1969.

REMMER, Karen L., *Party Competition in Argentina and Chile. Political Recruitment and Public Policy, 1890-1930*, University of Nebraska Press, 1984.

RIPPY, J. Fred, *British Investments in Latin America, 1822-1949*, Connecticut, Archon Books, 1966.

SCOBIE, James R., *Revolución en las pampas. Historia social del trigo argentino, 1860-1910*, Buenos Aires, Hachette, 1968.

SILVA HERZOG, Jesús, *Breve historia de la Revolución Mexicana*, México, Fondo de Cultura Económica, 1960 (2 vols.).

TORRES RIVAS, Edelberto, *Interpretación del desarrollo social centroamericano*, Costa Rica, EDUCA, 1981.

WERNECK SODRÉ, Nelson, *História da burguesia brasileira*, Río de Janeiro, Editorial Civilização Brasileira, 1976.

NELSON MARTÍNEZ DÍAZ

Capítulo VII

El populismo (1929-1948)

Al llegar el siglo xx, Iberoamérica se abrió a todas las influencias políticas, sociales, económicas y culturales, creyendo que así lograría un mejor desarrollo de todos sus campos. Décadas después pudo exhibir con orgullo su papel de crisol de las corrientes foráneas y ofrecer su universalidad como exponente de lo iberoamericano. Fue a partir de mediados de la centuria cuando esta situación comenzó a cambiar buscando su propia identidad sin dependencias. Ya era tarde. Estaba en el punto de mira de los conflictos entre Estados Unidos y la Unión Soviética, apresada por una cultura pseudoeuropeizante y con una sociedad de grupos marginados bajo sus pies que reclamaba con urgencia salud, educación y alimentación. Emprendió, no obstante, el difícil camino de su encuentro consigo misma sorteando los obstáculos del capitalismo norteamericano, los populismos de corte europeo, el nacionalismo de aire marcial, la presión de la trilateral, la crisis energética y el monstruo descabezado de las multinacionales. Lentamente, en medio de mil dificultades, ha ido configurando su propio modo de ser que se perfila ya con nitidez al término del siglo xx. Si el anterior terminó bajo el signo del progreso, éste que ahora concluye viene marcado por el de la identidad.

I. LAS PARTICULARIDADES DEL DESARROLLO ECONÓMICO

En el curso de la crisis económica mundial de 1929-1933, América Latina ofrecía la posibilidad de constituir un mundo nuevo. Numerosos ideólogos sacaban la conclusión de que había llegado «el fin». No cabe duda de que la profundidad y los efectos de la crisis económica la habían convertido en la zona más tempestuosa de la economía mundial. Los precios de los productos de exportación latinoamericanos bajaron bruscamente: entre 1929-1933, el valor total de la exportación de veinte Estados descendió en un 64,3 por 100; dentro de este volumen la exportación de Cuba disminuyó en un 70 por 100, la de Bolivia y de Chile en un 80 por 100. En 1931 el precio del trigo fue inferior al nivel anterior a la crisis en un 52 por 100, el del algodón en un 50 por 100, el de la lana en un 70 por 100, el del caucho en un 72 por 100, el del café en un 60 por 100, el del estaño en un 49 por 100, el del plomo en un 43 por 100 y el del cobre en un 60 por 100. El desempleo adquirió unas proporciones enormes. A finales de 1929 en México 700.000, en Cuba y en Colombia 300.000 —cada uno— en Guatemala 60.000 y en Costa Rica 40.000 obreros y empleados fueron puestos en la calle. En el punto álgido el desempleo afectó al 50,75 por 100 de los trabajadores del subcontinente.

La crisis significó a la vez el fracaso de la política económica fundamentada en la exportación de los productos de plantación y de los recursos mineros. Todos los países latinoamericanos, excepto Argentina, declararon su insolvencia y devaluaron su moneda. Los ejemplos más marcados de la crisis mundial de la sobreproducción fueron casos lationamericanos: hasta septiembre de 1933, Brasil eliminó 20 millones de sacos de café, y tenía previsto hacerlo con otros 20 millones de sacos; en Chile mataron a 225.000 ovejas, y en Argentina a centenares de miles.   .

La gran crisis económica mundial afectó a los sectores pequeñoburgueses que prosperaron en los años 20, así como a vastos sectores de profesionales y de empleados urbanos; además, cuestionó, desde varios puntos de vista, la concepción dominante de la política económica. El desarrollo industrial ascendente gracias a la penetración del capital dependía decisivamente de la expansión de los sectores de la exportación, y al contraerse éste sobrevino la crisis. De esta manera, en América Latina la crisis de la economía mundial ha sido, en primer lugar, la crisis del sector de la exportación que demostró la dependencia emanada del mismo, así como la vulnerabilidad de la economía debido a su propia deformación.

El proceso de salida de la crisis, ocurrido en medio de fuertes luchas políticas, tuvo consecuencias considerables. Por una parte fortaleció la rivalidad de las potencias imperialistas en la región. Creció la penetración del capital europeo, entre el que estaba el de las potencias fascistas europeas, y creció asimismo el papel de Europa en el comercio exterior latinoamericano. Una característica importante de los años 30 ha sido el aumento de los arrendatarios en el sector agropecuario. En muchas partes esto condujo a la disminución del proletariado agrícola. En este periodo amplios sectores del campesinado perdió sus parcelas. Este fenómeno originó nuevas concentraciones de tierra, latifundios de grandes extensiones, así como la inmigración de los habitantes de las zonas agropecuarias hacia la ciudad. Después de 1933 esta inmigración fue acompañada ya por la explosión demográfica, acusada en las ciudades. Antes de 1933, el grupo principal de los nuevos vecinos de las ciudades estaba constituido por los que llegaban desde Europa y Asia. Después de 1933 los nuevos residentes eran ya los nativos. A partir de los años 30 la política de los gobiernos latinoamericanos fue por ello limitar rigurosamente el número de los emigrantes extranjeros y las nuevas leyes estimulaban el empleo de la mano de obra nacional (Perú, Cuba, Brasil).

Todo ello significó que el nuevo periodo de desarrollo industrial iniciado después de 1933 —calificado como industria destinada a sustituir la importación— reclutó a sus obreros entre los emigrados del campo.

Enormes sectores marginados de la sociedad y de las ciudades se establecieron sin tener acceso al trabajo permanente, lo que permitió disponer de enormes reservas permanentes de mano de obra.

En el periodo de la crisis mundial, la salida del capital extranjero y el alza de los precios de los productos de importación favorecieron el desarrollo de la industria nacional. Los conflictos bélicos del continente (Perú-Colombia; Bolivia-Paraguay; Perú-Ecuador) desempeñaron un papel semejante. Sin embargo, en los años 30 la salida de la crisis mundial no significó el ascenso económico de la agricultura ni de la industria; sólo un lento crecimiento anual del 2,3 por 100 como resultado de la creciente intervención económica del Estado.

La industrialización tendente a sustituir la importación se desenvolvió en el pe-

Industria vinícola. Argentina

riodo de la segunda guerra mundial y duró hasta principios de los años 50, pese a las reiteradas crisis. Esto no significó la eliminación de la dependencia del capital extranjero ni una corrección de la estructura económica. El fenómeno se acusó más en los países ya industrializados, ya que en América Central y el Caribe apenas tuvo repercusión, pues seguían dominados por Estados Unidos. Tal política económica caracterizó menos a Ecuador, Bolivia y Paraguay.

En la primera etapa de esta fase, entre 1929-1938, asistimos al fortalecimiento de las posiciones del capital alemán e inglés. En 1938, Inglaterra participó con unos 3.000 millones de dólares, Estados Unidos con 2,8 y Alemania con 1,7, de los 6,8 mil millones, que constituyeron unas dos terceras partes de las inversiones del capital privado (8,5 mil millones). Hasta el estallido de la guerra, Japón, Alemania e Italia invirtieron en total 1,7 mil millones de dólares. Esta tendencia se notaba aún con mayor fuerza en el comercio exterior.

En 1938, el 19,1 por 100 de la exportación brasileña, el 10 por 100 de la exportación chilena, el 23,5 por 100 de la uruguaya y el 14 por 100 de la exportación paraguaya fue destinada a Alemania; las posiciones alemanas se fortalecieron asimismo con la importación latinoamericana: el 25 por 100 de la importación brasileña, el 25,8 por 100 de la chilena, el 14,9 por 100 de la paraguaya y el 12 por 100 de la importación venezolana procedía de ese país europeo. Japón se presentó como rival en los países costeros del océano Pacífico.

Durante la segunda guerra mundial se produjo el cese de las relaciones económico-comerciales de las potencias fascistas y la disminución de las inversiones del capital norteamericano e inglés, así como la caída de las importaciones desde estos países. En 1942-1943, la reducción fue del 30 por 100 en comparación con el nivel de 1938; en algunos países aún más (por ejemplo, Argentina, México, Brasil). Al mismo tiempo, una parte creciente de la exportación latinoamericana pasó a Estados Unidos, lo que llevó a este país al prolongado déficit de su balanza de pagos.

El déficit fue consecuencia del alza de los precios —y no de la cantidad— de los productos de exportación. La exportación argentina de 10,5 millones de toneladas de cereales, de carne y de maíz en 1938 bajó en 1941 a 4 millones de toneladas. La importación decreció aún más; la de máquinas y medios de transporte disminuyó en una quinta parte, la de los comestibles y textiles en la mitad. A consecuencia de la reducción del tráfico comercial exterior se fortaleció el capital nacional. Así ocurrió en Brasil, donde se logró aumentar la exportación a Latinoamérica, aunque la producción de los artículos agrícolas disminuyó bruscamente (por ejemplo, el café). Fue una crisis agraria aislada. La producción agrícola de Argentina entre 1945-1950 no alcanzó el 77 por 100 de la de la guerra. En Brasil, ni el 88 por 100. En Chile crecieron los ingresos procedentes de la exportación minera. En Cuba se alcanzó un récord en la producción azucarera (7 millones de toneladas).

Los efectos de la economía mundial resultaron así beneficiosos para la industria nacional y se produjo una rápida concentración y reducción del empleo en los sectores agrarios. Los productores no modernizaron la producción. Al contrario, en muchas partes se observó el retorno a las formas antiguas. Por entonces adquirió su aspecto definitivo la polarización exagerada de la estructura agropecuaria latinoamericana.

Las dificultades de importación contribuyeron a acelerar el desarrollo industrial interno. Algunas ramas de la industria pesada —en primer lugar en Brasil, Argentina y en parte en Chile y México— comenzaron a desarrollarse, pero el crecimiento de la industria procesadora siguió siendo característico. Predominaban la pequeña industria y la artesanía, incluso la concentración industrial disminuyó algo. Para el año 1950 creció el número de los obreros de la industria fabril. El número de los proletarios en 1935 era de 1,8 millones, en cambio en 1950 eran ya 3,7 millones; al mismo tiempo, en 1950 —según Boyko—, el número de los empleados en la pequeña industria y en la artesanía era de unos 4 millones.

Nuestros datos referentes al proletariado agrario —aunque son inciertos— dan la impresión de que después de 1929 se estancó el número de asalariados. En los latifundios volvieron a ganar terreno las diferentes formas de explotación de los campesinos.

Antes del estallido de la segunda guerra mundial el número de los empleados agropecuarios se estimaba entre 9 y 12 millones. Excepto unas docenas de miles de veterinarios, ingenieros agrarios y técnicos, eran asalariados y pequeños campesinos, cuya parcela no les permitía poder subsistir en ella, viéndose obligados al trabajo asalariado. En 1950 su número alcanzó a los 10,2 millones. Examinando, en cambio, la estructura social, salta a la vista el crecimiento de los sectores medios urbanos (empleados privados y estatales, pequeños propietarios del sector de servicios).

Después de la segunda guerra mundial creció la importancia económica de los países latinoamericanos. A partir de 1938 hasta 1948 su participación en el comercio mundial creció del 7,9 por 100 al 12 por 100, de 1,7 millones a 6,5 mil millones de dólares. Ascendieron en primer lugar el cobre chileno, peruano y mexicano; el petróleo venezolano, el azúcar cubano, el algodón peruano, brasileño, y mexicano; el café brasileño y colombiano; la lana argentina y uruguaya y el plátano. La cantidad de la exportación de alimentos y de carne no creció, pero su precio sí. El 75 por 100 de la exportación latinoamericana la controlaban los cinco países de Argentina, Brasil, Cuba, México y Venezuela.

Después de la guerra —especialmente a partir de 1948— hubo varias crisis originadas por la limitación del mercado norteamericano y por la sobreproducción. Se había decidido la rivalidad que venía durando desde el principio del siglo xx. Estados Unidos ocupó las posiciones de la Gran Bretaña debilitada y de la Alemania nazi derrotada en la guerra y conquistó la hegemonía en la región. En 1947-1948, Estados Unidos no sólo alcanzó, sino que rebasó el nivel de sus inversiones de capital de

1929, que crecieron de los 2,271 mil millones de 1943, a 7,459 mil millones para 1956, mientras las inversiones del capital privado procedente de Gran Bretaña bajaron de los 571,9 millones de libras esterlinas de 1940 a 117,8 millones de libras esterlinas para 1957.

Se produjeron también cambios de otro tipo. En 1943, el capital de mayor volumen, 526 millones de dólares, estaba invertido en Cuba; en 1950, las inversiones petroleras en Venezuela arrojaban un saldo de 933 millones; en 1953, Venezuela y Brasil eran los principales terrenos de las inversiones con 1,3 y 1,003 mil millones de dólares. Tal expansión se vinculó con el surgimiento de las dictaduras militares después de 1945; en Venezuela llegó al poder Pérez Jiménez; en el Perú, Odría; en Colombia, Rojas Pinilla; en Cuba, F. Batista; en Guatemala, Castillo Armas. La expansión norteamericana estuvo acompañada en Chile por la derrota de González Videla, en Argentina de Perón y en Brasil de G. Vargas.

El hecho de que gran parte de las inversiones de la postguerra se hayan realizado en la industria indica una nueva orientación.

En diez años consecutivos las inversiones del capital norteamericano privado se dividieron de la siguiente forma:

Rama	1946-1950 (millones de dólares)
Industria petrolera	711
Minería	122
Industria fabril	381
Comercio	476

La nueva expansión capitalista tendía a conquistar la industria fabril nacional surgida en el periodo de la «industrialización para sustituir la importación». En este proceso figuraban varios factores. Por una parte, a partir de los años 50 se cambiaron los precios de exportación del decenio anterior que eran favorables para América Latina, y sus relaciones de intercambio se deterioraron continuamente en relación con los productos industriales. Las reiteradas recesiones afectaron a la industria nacional procesadora, que se vio amenazada.

II. LAS TRANSFORMACIONES DE LA ESTRUCTURA SOCIAL Y EL SURGIMIENTO DE LOS MOVIMIENTOS POPULISTAS

A partir de 1930 se produjo en Latinoamérica una gran transformación social que incidió en el desarrollo político. Un factor determinante fue el crecimiento de los sectores medios —pequeña burguesía urbana, empleados, intelectuales, funcionarios— y el surgimiento de sus organizaciones políticas. El nacimiento de los movimientos y partidos nacionales y reformistas, llamados «populistas» —aunque no sea exacto—, es típico de esta etapa. Comenzó el APRA en Perú, pero también se puede mencionar el movimiento trabalhista de Vargas, el Partido Revolucionario Cubano-

Auténtico, el peronismo, el MNR de Bolivia, el febrerismo paraguayo, el Partido Revolucionario de Guatemala, la Acción Democrática de Venezuela, etc. Estos partidos, en cuanto a su organización, han sido «verticales». En representación de los intereses de los grupos de la burguesía nacional y de los latifundistas medios no vinculados con el capital extranjero, expresaron la exigencia de desarrollo capitalista nacional para el cual necesitaban aprovechar los medios del Estado. Su ideología se fundamentaba en el nacionalismo y se inspiraba en ideales socialistas europeos, así como en el fascismo. Con una demagogia espectacular hicieron uso de los sentimientos democráticos, antiimperialistas y nacionales.

En los partidos «populistas» se integraban masas que inmigraban a las grandes ciudades. Pese a ser partes «integrantes» de diferentes clases y capas, se incorporaban a las luchas políticas y sociales —en cuanto a su modo de vivir, su nivel de vida, su pasado y sus aspiraciones— con los viejos modelos, valores y conciencias del pequeñoburgués o campesino llegado desde el campo a la ciudad y no como «miembros» de su nueva clase. Las expresiones del «sector popular inferior» o «populista» demuestran que en ese periodo las fronteras entre las clases y las capas sociales no estaban marcadas (por lo menos en la conciencia de los interesados).

Este aspecto nos explica el por qué estos partidos reformistas-nacionales lograron ganar a las nuevas capas obreras. La gente recién convertida en obreros llevaba consigo las impresiones del campo, el modelo y los reflejos de las relaciones sociales rurales. En las relaciones políticas renacieron también los vínculos de carácter paternalista mediante el contacto personal con el dirigente «predestinado», pues los explotados esperaban mejorar su situación con este contacto.

Desde el punto de vista político sonaba mejor la consigna de la armonía y de la paz entre las clases que la de lucha de clases, ya que los nuevos obreros en vez de luchar querían integrarse a la sociedad urbana. Los movimientos reformistas-nacionales populistas aprovecharon esta circunstancia, ya que la vinculación con el movimiento-partido daba la impresión a las nuevas capas urbanas de una especie de integración, incluso la ilusión de la fuerza, de poder y de participación en la política.

La primera fase de la adaptación de las masas provenientes del campo fue parecida a la de los antiguos emigrantes procedentes de Europa y Asia. Se establecieron en las ciudades según sus provincias (a veces según la «raza») y constituyeron sus propios organismos. Las cofradías desempeñaron un papel importante.

Los movimientos y partidos reformistas-nacionales que reconocieron la fuerza de dichas masas urbanas trataron de acercarse a ellas con una demagogia especial y vincularlas, según la profesiones, a sus partidos respectivos. Cada partido populista tenía su central sindical.

Las masas trasladadas a las ciudades eran de origen campesino y pertenecían a diferentes etnias: mestizos y mulatos, con un fuerte prejuicio racial. En los años 30, el crecimiento de estas capas urbanas iba acompañado por el incremento de las aversiones frente los ajenos; en parte ésta es la explicación de las disposiciones que proscribían la emigración. Creció el odio especialmente hacia los asiáticos, alimentado por los grupos oligárquicos y las compañías de Estados Unidos, manifestándose contra la política expansionista del Japón fascista. De esta manera es comprensible por qué utilizaban ciertos partidos populistas la argumentación «indígena» o «mestiza». Las actividades de los partidos reformistas-nacionales tendieron a subordinar las nuevas organizaciones obreras a sus intereses. De acuerdo a esta política, se trató de mantener a los sindicatos limitados a los marcos de objetivos económicos diarios. A cambio de sus servicios políticos (elecciones) se adquirieron ayudas materiales para los integrantes de estos sindicatos. Las actividades de los partidos populistas habían conducido al fortalecimiento de las ideas de carácter economicista.

En el éxito de los partidos populistas se conjugaban varios factores. En primer lugar la consigna del frente único constituido por «todas las clases trabajadoras» y la proclamación de las reformas sonaban mejor a los nuevos obreros. Otro factor importante fue que en este periodo había grandes reservas de mano de obra que constituyó la base objetiva de los intentos corporativos (en Brasil, Perú, Colombia, Chile, Cuba y Argentina). La situación de los trabajadores industriales fue inestable por el hecho de que en su mayoría eran obreros adiestrados o sin cualificación, por lo que se les sustituía fácilmente.

III. LUCHAS POLÍTICAS EN EL CURSO DE LA CRISIS MUNDIAL

La crisis política surgida como consecuencia de la crisis económica resultó casi un terremoto en la sociedad latinoamericana. En casi todos los países empezaron movimientos masivos: los mineros, el proletariado de las ciudades y de las plantaciones se lanzaron a la lucha contra el desempleo, por la defensa de los salarios. El campesinado vinculado con los latifundios pidió mejores condiciones de trabajo. Las actividades de la pequeña burguesía urbana y de las capas medias fueron enormes, especialmente las políticas del estudiantado y de los intelectuales. Estas capas se presentaban con demandas nacionales, democráticas y antiimperialistas: estimaban que la tarea principal del Estado consistía en defender al país frente al imperialismo. Estos movimientos descompusieron las fuerzas armadas y agudizaron los conflictos internos de la clase dominante. Cobraron mayor fuerza las ideas anticapitalistas conservadoras, que frente al capitalismo «liberal» vieron la solución en el fascismo.

Se reanudaron las viejas discusiones sobre el regionalismo y el centralismo; en ellas chocaban los intereses discrepantes de los capitalistas y de los propietarios de las plantaciones y se reflejaban a la vez los conflictos entre las potencias imperialistas. Pero los años tempestuosos de la crisis mundial habían aclarado ciertos problemas, como que la vida política latinoamericana, el poder, no podían seguir ejerciéndolo las estrechas oligarquías de antes. Las masas que se presentaban a principios de los años 20 al margen de la política como una fuerza inquietante, durante la crisis irrumpieron en el escenario de esta política y actuaron como protagonistas. La oligarquía rechazó estos movimientos de masas, sin embargo tenía que contar con la fuerza de las mismas.

1. ESTRATEGIAS POLÍTICAS

El desempleo adquirió proporciones gigantescas. En Brasil, al culminarse la crisis, se estimaba el número de los desempleados urbanos en un millón y medio. De los 140.000 trabajadores de las fábricas textiles, 30.000 se quedaron sin trabajo y 60.000 trabajaban en una jornada reducida. En la ciudad de São Paulo el número de los desempleados alcanzó a 70.000. En Río de Janeiro esta cifra alcanzó a los

60.000. Se luchaba en primer lugar por los puestos de trabajo, por el subsidio de desempleo, por una legislación social y contra el aumento de los precios. En São Paulo comenzaron las huelgas de los tipógrafos; en Río de Janeiro y Río Grande do Sul, los trabajadores de textil; en Bolivia fueron los del transporte urbano. Los ferroviarios se incorporaban en Ceará, São Paulo y Minas Gerais a la huelga. En 1930, las huelgas tenían ya un contenido político, ya que entre las reivindicaciones combativas se presentaron cada vez más las ideas de democratizar el Estado. En Argentina, en 1931-1932, los estudiantes se incorporaban a las huelgas de los trabajadores de los frigoríficos, de la industria de calzado y de madera, de las empresas petroleras y de la construcción, así como de los ferroviarios. En 1933, según los cálculos oficiales, el número de los desempleados fue de 334.000. En Uruguay, en 1930, hubo 30.000, creciendo además los que trabajaban dos-tres días a la semana y los que lo hacían a cambio de un salario reducido. La situación se agravó después de abril de 1932, cuando el gobierno suspendió el pago de las jubilaciones, lo que afectó a 35.000 personas. En Uruguay, igual que en los demás países, la ola de huelgas abarcó a todas las ramas. En 1930, comenzaron los trabajadores de los frigoríficos, luego se incorporaron los de la construcción y de la industria de materiales de construcción; luego, en 1931, los trabajadores de los puertos. En Chile, en 1931, las huelgas obreras se vincularon con movimientos campesinos y manifestaciones estudiantiles y con la sublevación de la marina. En 1931, en México, hubo casi 300.000 desempleados; en 1932, cerca de un millón. En 1929 comenzaron una huelga los ferroviarios; en 1929-1930, los telefonistas; en 1931, los de servicios públicos, y su movimiento abarcó todo el país.

En Cuba, en 1933, hubo más de 500.000 desempleados, el 40 por 100 de los empleados en las ramas industriales. La crisis del monocultivo azucarero iba acompañada de una brusca caída de la producción. La cantidad de azúcar producido bajó de 5,6 millones de toneladas en 1929 a 1,7 millones en 1933. Sus efectos catastróficos afectaron a todos los sectores populares cubanos. Las huelgas locales culminaron en marzo de 1930 con la huelga general organizada por la CNOC. La buena organización de los movimientos huelguísticos cubanos fue una excepción, pues en América Latina las huelgas se llevaron a cabo generalmente de forma espontánea, aisladas entre sí, ya que faltaba fuerza organizativa. Tales fueron las huelgas de las zonas mineras peruanas en 1929-1930, las huelgas de los trabajadores de la industria textil y cervecera, y las de los telefonistas y chóferes de Lima, a las cuales, más tarde, se incorporaron los ferroviarios, los estudiantes de Lima, Cuzco y Arequipa, y a partir de finales de 1931 los obreros petroleros del norte. Siguieron luego, entre 1931-1933, los azucareros de Chicama y los productores de algodón y los agrarios de Ica. Desde mediados de 1932, en el Perú el número de los desempleados fue de 100.000 en las grandes ciudades y en las zonas mineras; grupos de intelectuales y empleados fueron puestos en la calle, incluso oficiales. En Bolivia, las sublevaciones campesinas indígenas, la lucha de los mineros del estaño, las huelgas de los obreros industriales y los empleados de las grandes ciudades se sucedieron aisladas. En Colombia, los enfrentamientos sangrientos ocurridos en las plantaciones en 1928-1929 fueron seguidos por la ola de los movimientos campesinos que ocupaban las tierras.

Factor importante de la crisis política fue que los gobiernos, insolventes por la caída catastrófica de los ingresos de exportación, no podían pagar el salario a los empleados públicos. El deterioro general de la situación afectó a la pequeña industria y al pequeño comercio de la ciudad y del campo, incluso a los sectores medios de latifundistas. La crisis de la minería afectó a la minería pequeña y mediana. Los movimientos de los sectores pequeñoburgueses hicieron su aparición en la región del Caribe y en América Central. En Cuba surgieron grupos armados de acción; en Nicaragua, el general Sandino reorganizó la lucha; en el Salvador hubo sublevaciones campesinas.

En plena crisis de sobreproducción los pobres de las urbes de América Latina pasaban hambre. Detrás de las luchas espontáneas provocadas por la ira estaban el hambre y la falta de perspectivas. Estalló el sentimiento antiimperialista y el odio contra la oligarquía dominante. La miseria diezmó a la población; por ejemplo, en 1934 en Chile, 262 de cada 1.000 recién nacidos murieron. La tuberculosis se consideraba como una enfermedad popular.

Durante los años de la crisis mundial se constituyeron centros políticos de orientación: el movimiento comunista, los movimientos, organizaciones y partidos burgueses y los grupos de la oligarquía conservadora vinculados con la Iglesia y el ejército.

1. Los comunistas consideraban que el capitalismo estaba mortalmente herido y que «América Latina marchaba hacia la revolución», que establecería la «alianza de las repúblicas obrero-campesinas de América Latina». Sobreestimaban su propia fuerza. La toma de poder la interpretaban en una forma anarcosindicalista. Estallaría la sublevación armada en una forma espontánea y llevaría a cabo la revolución proletaria. Naturalmente, despreciaron las acciones parlamentarias.

La política de «clase contra clase» enfrentó a los comunistas con los burgueses y pequeñoburgueses del movimiento antiimperialista y democrático. Tal sectarismo salta a la vista especialmente en la cuestión indígena y en la de los negros. Durante la crisis mundial se quiso resolver estos problemas exclusivamente en el marco de la «autodeterminación nacional». La concepción de los comunistas peruanos sobre «la república kechua y aymara» se ajustó en la idea de la «federación socialista obrero-campesina latinoamericana»; los comunistas brasileños pensaban resolver el problema indígena y de los negros sobre la base de su autodeterminación. Los comunistas cubanos tenían la intención de establecer «la República Negra Oriental». Se trató poco de los conceptos sociales, incluida la reforma agraria. Así estas consignas no tenían fuerza atractiva para las masas indígenas y negras y tampoco servían para fortalecer la alianza obrero-campesina entre de la población indígena, negra y mulata.

2. Durante la crisis mundial se fortalecieron extraordinariamente las tendencias burguesas-pequeñoburguesas democráticas y antiimperialistas y comenzó su *conversión en partidos popularistas*. En el periodo de 1930-1933 los movimientos burgueses-pequeñoburgueses democráticos se consideraban como «apristas» desde Argentina y Chile hasta México. El movimiento del APRA seguía ampliándose, y en esos años se centró en las cuestiones del Estado y del poder. Desplegó una inmensa propaganda de envergadura continental, mientras en el Perú se convirtió en un partido. La tesis del «Estado antiimperialista» que rechaza el liberalismo y el individualismo se convirtuó con el tiempo en una «democracia funcional» en la cual participan los «sindicatos que aglutinan a todas las fuerzas creadoras del país». Según los conceptos apristas de 1930, «el Estado antimperialista formado por una alianza de clases oprimidas por el imperialismo, controlaría la producción y la distribución de la riqueza realizando la nacionalización progresiva de las fuentes de producción y condicionan-

do la inversión de capitales y el comercio. Sería órgano de relación entre la nación e imperialismo, mientras éste existe». Este Estado —aunque el APRA habló sobre «todas las clases productivas»— hubiera representado en la realidad sólo los intereses de la burguesía nacional, de los latifundios medianos y de los sectores medios. «Las clases medias, amenazadas de muerte por el imperialismo, buscarán su defensa en el Estado antiimperialista, el que se orientará definitivamente hacia el capitalismo de Estado.» En ese entonces surgió el esquema básico de la ideología de los partidos populistas como obra del APRA.

El APRA en su propaganda continental atacó enérgicamente el imperialismo de Estados Unidos y la oligarquía. Divulgaba la idea de la unión continental, resaltando el papel revolucionario de la juventud. Utilizó una fraseología levemente laborista hacia la clase obrera que le ayudó en establecer buenos contactos con los movimientos socialistas reformistas de la región. El APRA se deslindó del comunismo y prometió a América Latina crear armonía entre las fuerzas sociales antagónicas. Su anticomunismo se fortaleció aún más al considerar a los comunistas como sus rivales en la lucha por el poder.

A la izquierda de estos movimientos burgueses-pequeñoburgueses se colocaban otras fuerzas revolucionarias combativas: la de A. C. Sandino en Nicaragua; en Cuba los estudiantes de la izquierda y el grupo de Guiteras; en Uruguay, Perú y Chile una parte del estudiantado; en Colombia, Gaitán.

3. Las oligarquías dominantes se pusieron a la defensiva. Esto se reflejó en la toma de poder militar en 1930 en Haití, en la República Dominicana, en el Perú, en Bolivia, en Argentina y en Brasil, así como en el terror ejercido en Chile, Cuba, Venezuela y México. Naturalmente, los métodos utilizados en cada país fueron diferentes, pero el objetivo era similar. Con ellos, además, lograron prolongar su dominación hasta 1939-1945.

2. Las luchas políticas

2.1. *Los partidos radicales burgueses: Argentina y Uruguay*

En Argentina, en septiembre de 1930, se llevó a cabo una «contrarrevolucionaria preventiva» encabezada por los generales José Uriburu y Agustín P. Justo y apoyada por todas las agrupaciones políticas conservadoras y por los «socialistas independientes». Se estableció una dictadura derechista «dura». En el gobierno de ocho miembros de Uriburu tres ministros estaban relacionados con las compañías petroleras extranjeras, y los demás también representaban compañías europeas y norteamericanas. Uriburu, admirador de las ideas de Mussolini y Primo de Rivera, reprimió al Partido Radical y proscribió al Partido Comunista. En el primer periodo (1930-1932) las actividades reaccionarias fueron complementadas con la introducción del nuevo Código Penal y el reconocimiento legal de la organización paramilitar Legión Civil de carácter fascista.

Se logró dar una cobertura constitucional a la dictadura militar. En las elecciones de 1931, además de la coalición conservadora triunfante, obtuvo muchos votos el Partido Socialista Argentino, que se encontraba al servicio de la dictadura. De esta manera pudo tener 43 diputados. Justo se apoyó en una amplia base latifundista

—en esos años creciente— y en ciertos sectores medios urbanos. Su atención la concentró en buscar las posibilidades de salir de la crisis. Comenzó la intervención del Estado en la economía. Se iniciaron negociaciones con Gran Bretaña y sus dominios por la exportación de alimentos. El acuerdo concluido en 1933 fortaleció las posiciones inglesas en el comercio argentino de alimentos. Las facilidades brindadas a las compañías petroleras (Royal Dutsch Shell, Standard Oil) y a las ferroviarias siguieron una política parecida.

El movimiento obrero influyó poco en los acontecimientos. Además de perseguido, afrontaba la división interna del movimiento sindical y la política sectaria del Partido Comunista Argentino. También contribuyó a su decaimiento el decreto núm. 4144 de Justo, en cuya virtud muchos revolucionarios europeos fueron devueltos a los países fascistas (Alemania, Italia, Polonia), lo que afectó sensiblemente a las fuerzas de la izquierda. No obstante, los dirigentes reformistas de la CGT se manifestaron abiertamente por la dictadura de Uriburu.

En el seno de los partidos radicales burgueses-pequeñoburgueses cobró mayor fuerza el golpismo, que rechazó la lucha electoral. Las fuerzas antidictatoriales combatían aisladas entre sí.

En 1930, en Uruguay se reanimaron las fuerzas conservadoras. En la zona del norte del país estalló una sublevación militar bajo la dirección de Nepomuco Savaria; la oligarquía organizó destacamentos terroristas bajo el nombre de Vanguardias de la Patria, especializadas en reprimir las huelgas. En el país reinó un ambiente golpista y la existencia de cinco candidatos a la presidencia en las elecciones de 1931 indicó la división de la clase dominante. Debido a la crisis económica y el protagonismo de las masas cobró fuerza la idea de que el nuevo presidente Gabriel Terra omitiera la Constitución y se autodeclarase «dictador económico». Se lanzó una ofensiva reaccionaria para eliminar los logros sociales conquistados con anterioridad y contra los emigrantes, a los que se aplicó una ley sobre la deportación.

Mientras en Argentina y Uruguay las dictaduras no tuvieron el respaldo popular, en Brasil y en el Perú los nuevos grupos de la oligarquía llegados al poder en 1930 durante el transcurso del golpe preventivo obtuvieron un considerable apoyo del pueblo.

2.2. *Prestes, Vargas y los tenentistas*

La «revolución» de Getulio Vargas en 1930 logró unir a las masas descontentas con las elecciones realizadas. Colaboraban con él los combatientes prestigiosos de la «Columna Invencible», que entre 1924-1927 ganó su fama. Su movimiento de carácter pequeñoburgués, el *tenentismo*, participó en la constitución de la Alianza Liberal promovida por la oligarquía del Estado de Minas Gerais y Río Grande do Sul. Vargas fue el jefe de esta alianza. Trató de canalizar diferentes descontentos. El Club del 3 de Octubre de los tenentistas —que era elitista y apolítico, por lo menos de palabra, y asqueado de la política corrupta del periodo anterior— luchaba por una «nueva estructura social». Los sectores medios y grupos considerables de la pequeña burguesía deseaban limitar el poder de la oligarquía. Altos oficiales descontentos se incorporaron asimismo a la Alianza Liberal, que prometió a los trabajadores la solución de «la cuestión social».

En noviembre de 1930, con el apoyo de esta amplia coalición, Getulio Vargas llevó a efecto un golpe militar. Aunque en la «revolución constitucional» de 1932 la oligarquía cafetera paulista trató de recuperar su control sobre el poder estatal central, la dictadura de Vargas resultó ser duradera. En ella desempeñaron un papel destacado los jóvenes oficiales del tenentismo. Pero Vargas no alcanzó a establecer la tranquilidad en el país. La crisis política se reflejó en las permanentes huelgas obreras y en los enfrentamientos armados. Entre enero de 1931 y junio de 1932, en Brasil, según los datos estadísticos oficiales, hubo 124 grandes huelgas. La «armonía de clases» prometida quedó en un anhelo en medio de la miseria provocada por la crisis mundial.

2.3. *Enfrentamientos de clase en los Andes*

En el Perú, las primeras protestas obreras surgieron en Lima, y el gobierno de Leguía trató de reprimirlas brutalmente. Las libertades democráticas fueron suspendidas, los sindicados proscritos y varios dirigentes obreros fueron encarcelados. En la zona minera central se desarrollaron luchas obreras y se constituyeron comisiones para dirigir protestas contra la reducción salarial y el aumento de la jornada laboral. Tales protestas desempeñaron un gran papel en el derrocamiento de la dictadura de Leguía. Algunos sectores dominantes se opusieron a Leguía, por los acuerdos firmados bajo la presión norteamericana con Chile y Colombia sobre las fronteras. La falta de organización en la oposición derechista motivó que el ejército fuera el foco de descontento; en agosto de 1930 la guarnición de Arequipa se rebeló bajo el mando del mayor Sánchez Cerro, y en cooperación con otras unidades derrocó la administración del «oncenio» dictador Leguía. El poder no pudo consolidarse hasta noviembre de 1931. En las ciudades apareció el estudiantado al lado del movimiento obrero, y se presentó en el escenario político el APRA.

El nuevo gobierno reprimió los movimientos masivos con mano dura. Fueron disueltos los sindicatos recién constituidos de los mineros, y en las zonas de la sierra hubo una enorme ola de detenciones. En los años de la crisis mundial no se logró reorganizar el movimiento sindical en las montañas.

A partir de diciembre de 1930 el Partido Comunista Peruano abrió fuego contra el APRA en vez de hacerlo contra la dictadura. La causa fue que el APRA, con un trabajo «silencioso», había captado a los sindicatos y al movimiento estudiantil, convirtiéndose por ello en el movimiento obrero rival del Partido Comunista.

Las elecciones de 1931 constituyeron ya una manifestación de esta rivalidad. El Partido Comunista Peruano, después de cierta vacilación, llamó a las masas al boicot. En cambio, el APRA, que prometía una alternativa democrática y de la izquierda, pidió el voto de las masas que anhelaban el cambio.

La lucha electoral se llevó a cabo entre el candidato del APRA, Haya de la Torre, y el candidato de la derecha, Sánchez Cerro. Ganó este último, aunque se habló de fraude electoral. Las circunstancias de su victoria son interesantes: Sánchez Cerro y sus partidarios nacionalistas y simpatizantes fascistas, con las consignas de «patria», «nación», «orden» y «religión», lograron conquistar considerables masas. Hay que anotar que en las elecciones sólo votaron los alfabetos, y así la mayoría analfabeta de los peruanos quedó ausente de las elecciones.

Después de las elecciones de 1931 la lucha antigubernamental fue encabezaba ya por el APRA, que incitó a los movimientos masivos a la par que entabló contactos con los oficiales de la oligarquía y del ejército.

Los acontecimientos culminaron con la sublevación aprista de Trujillo, el 7 de julio 1932, que finalizó con una derrota. Fue una manifestación espontánea, falta de organización y con una fuerte influencia anarcosindicalista. Demostró que los dirigentes del APRA, mientras trataban de robustecer las ideas del «economicismo» en el movimiento obrero, aprovechaban las organizaciones obreras como ariete en su política.

La crisis mundial afectó poco al Perú, lo que contribuyó a consolidar el poder de la oligarquía peruana, que además trató de desviar la atención de los problemas hacia una aventura bélica. Tratando de aprovechar el nacionalismo del APRA, la oligarquía comenzó una guerra contra Colombia en 1932 (conflicto Leticia). El asesinato del presidente Sánchez Cerro en 1933 dio paso a la dictadura del general Benavides, que siguió el viejo modelo militar.

En los otros dos países de los Andes, Colombia y Bolivia, hubo situaciones ligeramente parecidas, si bien en Colombia el Partido Liberal, que disfrutó de un considerable apoyo masivo, significó cierto proceso democrático en la primera mitad de los años 30. En cambio, la oligarquía de Bolivia —en forma parecida a la de Perú— trató de forjar la «unión nacional» y consolidar el poder de las clases dominantes con el enmascaramiento de una guerra. El conflicto contra Paraguay por el Gran Chaco (1932-1934) fracasó y originó una profunda crisis política.

En Colombia, las elecciones de 1930 constituyeron una prueba dura para el Partido Conservador en el poder durante gran parte del siglo xx. Tuvo que enfrentarse al desempleo masivo, al enorme déficit fiscal y a los incipientes movimientos de masas en las plantaciones. Sus posiciones se debilitaban aún más por haber tenido dos canditatos, lo que demostró la división de la oligarquía conservadora. El Partido Liberal, antes pasivo, participó en las elecciones. Su candidato Olaya Herrera (antes embajador en Washington) era del gusto de Estados Unidos, ganó el apoyo de los conservadores moderados y triunfó en las elecciones. Su victoria fortaleció la derecha del Partido Liberal. El nuevo gobierno se esforzó por mantener alejadas a las masas de la política. El cumplimiento de las demandas de los sindicatos (se adoptó una ley sobre la jornada laboral de ocho horas y las vacaciones anuales) iban acompañadas de restricciones políticas.

Un alto número de desempleados se trasladó al campo convirtiéndose en promotores de la lucha campesina. Constituyeron las ligas campesinas contra los latifundistas y las compañías imperialistas. Las autoridades reprimieron sus movimientos, pero con poco éxito. Comenzó un movimiento de ocupación de las tierras, a consecuencia del cual surgió la «violencia» que pronto adquirió formas organizadas. Su ejemplo más famoso está en Viotá, donde los campesinos sin tierra ocuparon los latifundios. En un territorio de 50 kilómetros cuadrados se estableció la «república comunista independiente» y se dio inicio a la reforma agraria. En las montañas se constituyó una organización de autodefensa. Ante su actitud, el gobierno se vio obligado a indemnizar a los latifundistas y entregar la tierra a los campesinos. Este proceso fortaleció la izquierda del Partido Liberal. Se veía la necesidad de las reformas, así como la impotencia de los gobiernos frente al movimiento campesino. Comenzó a obrar la izquierda liberal con el fin de limitar, canalizar y satisfacer las justas inquie-

Mina nacional en el cerro Potosí. Bolivia

tudes campesinas, por medio de reformas democráticas. El Partido Liberal comenzó a convertirse en un partido populista. En las elecciones de 1934 esta alternativa democrática estuvo representada por el liberal Alfonso López, y su triunfo demostró el camino de la salida democrática a la crisis mundial.

En Bolivia, la crisis política comenzó con la caída de los precios del estaño y con el aumento de las reservas invendibles. En 1930 comenzó una intensa actividad revolucionaria. En el movimiento sindical se divulgaban los ideales comunista y anarquista y entraron en contacto los obreros y los intelectuales radicales de las grandes ciudades.

En las elecciones de 1930, la oligarquía boliviana llevó a la presidencia a un «hombre fuerte», en la persona de Daniel Salamanca. Éste calificó la crisis política como el trabajo de zapa de la «propaganda comunista extranjera» y puso en acción el mecanismo represivo contra dicha «amenaza comunista». Declaró ilegales las huelgas, las organizaciones mutualistas y todas las organizaciones obreras. «La ley de la defensa social» funcionó contra todas las fuerzas opositoras. Además autorizó la organización de la fuerza conservadora, Liga de la Defensa Social, movilizada en las ciudades contra los obreros.

El 1 de mayo de 1932, el Grupo Túpac Amarú dio a conocer una declaración, indicando que el único camino válido era el de la lucha contra los latifundistas y otros explotadores, añadiendo que una vanguardia ideológica «debería surgir en el seno del proletariado y no podría ser otra cosa que la vanguardia comunista boliviana». Su programa resaltó la importancia de la educación de los indígenas para el socialismo y formuló asimismo la necesidad de nacionalización de las minas. En Bolivia surgió un programa revolucionario que aprovechó los resultados de las discusiones latinoamericanas de los años 20. Mientras tanto, la situación económica seguía empeorándose y creció el descontento de los empleados oficiales. Salamanca no pudo reprimir la intranquilidad política, y trató de canalizar el descontento con el problema del Chaco. Esperaba el fortalecimiento del nacionalismo y el amplio respaldo pequeñoburgués a la acción bélica como consecuencia de la guerra contra Paraguay. Pero los obreros, los mineros y los intelectuales radicales se opusieron a la guerra. En La Paz, en abril de 1932, 5.000 personas se manifestaban contra la guerra y a favor de «pan y trabajo o muerte».

La guerra, en la cual el ejército sufrió grandes pérdidas, perdió popularidad rápidamente. Bolivia perdió 62.000 hombres (14.000 murieron, 10.000 cayeron presos, 6.000 desertaron y 32.000 sufrieron enfermedades y heridas.) La organización de otro ejército, de 55.000 hombres, chocó con una amplia resistencia. La guerra reveló la corrupción reinante en la república y la impotencia de las clases dominantes.

Tristán Marof y otros constituyeron las comisiones de los desertores que prestaron ayuda en la fuga de cerca de 10.000 soldados. El libro de Marof *La tragedia del Altiplano* se convirtió en una acusación científico-política de enormes efectos contra la oligarquía boliviana. Al lado del Grupo de Túpac Amarú surgieron nuevas organizaciones radicales: la izquierda boliviana, Kollasuyo y Exilados.

El Grupo Túpac Amarú, en su declaración antibélica, llamó a los soldados de los frentes a fraternizar y a luchar en la nueva Bolivia por la «Republica Obrera Socialista». Prospuso la constitución del frente unido de la izquierda. La derrota sufrida en el frente, las pérdidas territoriales y los sacrificios humanos (60.000 muertos) constituyeron un enorme choque para la sociedad boliviana. El reformismo no tenía base después de la guerra del Chaco. El país avanzaba hacia la revolución en medio de una permanente crisis política.

En Chile, en los años de la crisis mundial expiró la dictadura de Ibáñez. La exportación disminuyó en la mitad y la importación bajó en un 80 por 100. En julio de 1931 la fuerza unificada de los partidos burgueses y del ejército barrió la dictadura. Surgieron entonces una serie de partidos de nuevo tipo, cuya mayoría incluyó la denominación «socialistas». El propio Partido Radical reorganizado aplicó en su nuevo programa una fraseología socialista. Eran partidos de carácter reformista que prestaban gran atención a las cuestiones sociales y políticas.

De entre los partido nuevos, cabe destacar el Partido Socialista de Chile, constituido en 1933. Su fundador era el mayor Marmaduke Grove. En los años 20, Grove, junto a Ibáñez, figuró entre los dirigentes de la conspiración militar. Para 1931-1932 se convirtió en una figura destacada de la vida política chilena. Participó en el derrocamiento de Ibáñez, y en 1932, como comandante de las fuerzas aéreas, organizó un golpe militar y proclamó la «república socialista». Un contragolpe barrió su gobierno; sin embargo, algunas de sus leyes resultaron ser duraderas. Se estableció el Banco Nacional, se elaboró un proyecto de ley para nacionalizar las minas y se autorizó las actividades sindicalistas proscritas por Ibáñez. Pero la burguesía chilena era suficientemente fuerte como para consolidar su poder por medio de las elecciones parlamentarias.

En las elecciones de 1932, el Partido Conservador y el Partido Liberal, representantes de la oligarquía, obtuvieron la mayoría. De entre los partidos de la burguesía media, el Partido Radical y el Partido Demócrata obtuvieron una representación importante en el Parlamento. Era evidente la fuerza considerable de los pequeños partidos reformistas en su conjunto. Frente al gobierno liberal de Arturo Alessandri, que representó a la oligarquía, Grove trató de establecer la unidad de los partidos reformistas-socialistas. El Partido Socialista de Chile, al constituirse, no proclamaba ideas marxistas. Marmaduke Grove, influido por las ideas fabianas inglesas, urgió la comprensión entre el capital y el trabajo y consideró que las contradicciones sociales se resolvían con simples reformas sociales.

Después de la derrota de Ibáñez se reorganizó rápidamente el movimiento obrero. La nueva central sindical, la Confederación de Trabajadores de Chile, tuvo cerca de 300.000 miembros. El Partido Comunista de Chile, durante la crisis mundial, tuvo un conflicto interno, y se dividió en dos fracciones que participaron independientemente en las acciones políticas.

2.4. *El intento revolucionario de 1933 en Cuba*

A principios de los años 30 la situación socioeconómica de Cuba había originado el comienzo del sindicato CNOC. En 1933 el CNOC lanzó un movimiento huelguístico durante el cual en el Oriente se llegó a la ocupación de los latifundios y de los ingenios azucareros. El movimiento contó con el respaldo de grupos revolucionarios pequeñoburgueses (por ejemplo, los grupos de acción encabezados por Guiteras), así como de suboficiales y grupos marxistas de estudiantes y de intelectuales. Fue importante no sólo en las ciudades, sino en las zonas azucareras del sur también. En septiembre de 1933 el número de los participantes alcanzó a las 200.000 personas. En los últimos meses del año los trabajadores azucareros ocuparon 36 centrales. Su fuerza barrió finalmente la dictadura de Machado.

El movimiento huelguístico no cesó después de la derrota del dictador Machado, ya que también actuó contra los gobiernos establecidos después de la odiada dictadura, sostenidos por la colaboración del nuevo embajador de Estados Unidos, Sumner Welles. Llegó al poder el gobierno Grau-San Martín-Guiteras, que aglutinó a grupos de la burguesía nacional y a representantes de la pequeña burguesía.

Los obreros ocupaban cada vez más ingenios, proclamaban «los soviets», organizando guardias armadas. En Oriente, Camaguey, tomaron bajo su control los ferrocarriles. En el país se constituyeron comités de subsidios para apoyar a los huelguistas. En muchas partes estos comités declararon el reparto de la tierra. En Pinar del Río se rebelaron los obreros de las plantaciones de café y en varias ciudades se izó la bandera roja y se exigió la renuncia de los dirigentes municipales.

En este movimiento participaron blancos y negros, obreros, empleados, así como campesinos y pequeñoburgueses. La fuerza decisiva del movimiento fue el CNOC. En su IV Congreso, efectuado en 1934, representó a 431.000 obreros. Además de los 120.000 trabajadores azucareros, tenía en sus filas a los obreros de la industria de tabaco-textil-transporte, de la minería, de la industria fabril urbana y de los puertos. El Partido Comunista respaldaba el sindicato.

Al llegar al poder Grau San Martín-Guiteras fue atacado no sólo por la derecha, sino por los comunistas y el CNOC. Guiteras buscaba el apoyo del movimiento obrero, motivo por el cual propuso leyes y disposiciones favorables a los trabajadores, y comenzó a la vez a organizar la infantería de la marina para contarrestar a las fuerzas armadas pronorteamericanas. El gobierno de Grau fracasó ante el ataque de las derechas y las izquierdas. En 1934, el ejército controlado por Fulgencio Batista y un grupo de 600 suboficiales le obligó a renunciar. Se entregó el gobierno a Gerónimo de Mendieta, quien apoyado por los viejos partidos y la oligarquía dominante cubana serviría incondicionalmente los intereses de Estados Unidos.

2.5. *La descomposición del CROM en México*

Mariátegui, al observar los acontecimientos mexicanos, subrayaba que «bajo este régimen no sólo se habían desarrollado las fuerzas obreras, canalizadas en dirección reformista, sino también las fuerzas del capital y la burguesía. Pero al mismo tiempo que la clase obrera se solidificaba dentro del régimen creado por la revolución, la clase capitalista». Esto se reflejó en el hecho de que en 1929 la burguesía mexicana en el poder constituyó su propio partido, el Partido Nacional Revolucionario. En el periodo de la crisis mundial se descompuso la central derechista, CROM, se fortalecieron los sindicatos independientes, cuyo símbolo era Lombardo Toledano, y el Partido Comunista Mexicano realizó una política sectaria. En 1929 se hizo una campaña represiva contra los comunistas relacionados con las acciones armadas antigubernamentales. El Partido Comunista de México fue proscrito y México rompió relaciones diplomáticas con la Unión Soviética.

Pero la política antiobrera y campesina de los gobiernos burgueses mexicanos originó el incremento de las dificultades políticas en vez de su consolidación. Se reanimaron entonces las fuerzas izquierdistas del partido gubernamental. En las elecciones de 1934, en la persona de Lázaro Cárdenas, tuvieron un candidato que prometía mejorar la situación económica de las masas trabajadoras y ganó las elecciones con una gran mayoría.

Podemos resumir así que, entre 1929-1934, tuvo lugar en América Latina una guerra de clase, similar a las luchas de clase ocurridas en ese entonces en el resto del mundo. Su balance no fue positivo, pues no disminuyó el número de dictaduras y de gobiernos conservadores, pero comenzaron sucesos de gran importancia: las raíces de las revoluciones guatemalteca, boliviana, incluso cubana se remontan a este periodo. Además, la política dejó de ser privilegio de un estrecho grupo oligárquico, y los grupos populares se presentaron con gran dinamismo en el escenario político. Los partidos populistas —que en ese entonces se estaban organizando— trataron de aprovechar estas energías en pro de las reformas burguesas.

IV. AMÉRICA LATINA EN LOS AÑOS 30

1. El fascismo en América Latina y la «buena vecindad»

Muchos historiadores estiman que hablar sobre el peligro fascista en la América Latina durante los años 30 es una exageración de los historiadores europeos, pero es un hecho que apareció entonces y ganó terreno después de la gran crisis económica mundial.

La penetración de las potencias fascistas comenzó con la expansión económica.

El avance comercial alemán fue considerable en Brasil, Chile, Colombia, Argentina y Uruguay; Japón trató de ganar influencia en Paraguay y Perú, mientras Italia tuvo una posición importante en Perú.

Durante la ulterior expansión político-ideológica fascista se multiplicaron las relaciones militares y culturales. En ello desempeñaron un papel considerable los inmigrantes alemanes, japoneses e italianos llegados anteriormente. Especialmente importante fue la propaganda alemana en prensa, radio, cines y en edición de libros. Gran parte de las asociaciones sociales y políticas de los inmigrantes italianos y alemanes se convirtieron en las divulgadoras de las ideas fascistas; en varios países funcionaban filiales del Partido Socialista Nacional Alemán, NSDAP. En Brasil, una parte de las más de 1.400 escuelas alemanas divulgaba las ideas nazis. La propaganda influyó fuertemente en los jóvenes oficiales. Los dictadores conservadores latinoamericanos (Ubico, Batista, Uriburu y Benavides) trataron de utilizar, para consolidar su poder, los institutos y métodos establecidos en los estados fascistas.

Las potencias fascistas querían tener acceso a las materias primas de América Latina, y utilizaban —con éxito— a los grupos antinorteamericanos de la oligarquía conservadora. Trataron además de crear un fascismo «propio», el fascismo criollo. Su representante más destacado fue el peruano José de la Riva Agüero, quien ejerció como primer ministro durante la dictadura de Benavides. Su anticomunismo iba acompañado por un anticapitalismo y por la nostalgia del pasado colonial. En el imperio de los incas admiró el orden riguroso organizado por la élite. El fascismo era el único remedio contra el caos y la decadencia, estimaba Riva Agüero. Sus consignas: Orden, Disciplina, Trabajo, Familia. Temía a las masas, así como a los partidos, y trató de desplazarlos de la política. Su apoyo fue el ejército y la policía. En los países de la costa pacífica tal ideología caló en parte considerable de los viejos latifundistas y en la jerarquía católica eclesiástica. Este «fascismo criollo» se vinculaba con la ideología fascista española, con la hispanidad que en los años 40 reivindicó la unidad del «mundo hispano» sobre una base fascista.

En la propaganda tuvieron gran peso el pasado histórico, el idioma, las tradiciones y los vínculos comunes. Se trataba de organizar un imperio mundial teocrático, corporativo y reaccionario. Mientras en la propaganda hacia España se subrayaba la hegemonía de ésta, en la de América Latina se divulgaba la idea de la «unión hispana» contra Estados Unidos. En los años 30 surgieron los movimientos fascistas de masas: Ação Integralista Brasileira, Unión Nacional Sinarquista de México, Partido Nazi de Chile o Movimiento Nacional Socialista de Chile, la Falange Socialista Boliviana y la Unión Revolucionaria del Perú. En Cuba, durante la crisis mundial, desempeñó un papel importante la organización terrorista fascista secreta, ABC. Además, actuaban otros varios grupos. En Chile, en 1932 se constituyeron tres partidos fascistas: en 1935 se constituyó la Acción Nacional, en 1937 la Acción Republicana, y en 1938, cuando el Partido Nazi Chileno dejó de funcionar, su lugar lo ocupó la Vanguardia Socialista Popular.

En el Perú, al lado de la Unión Revolucionaria, funcionó el Partido Nazi, constituido por los inmigrantes alemanes. En Mexico, bandas armadas fascistas, como grupos de acción de los latifundistas, apoyadas por el clero católico, trataron de impedir el avance de la reforma agraria. En Uruguay funcionó la Vanguardia de la Patria; en Argentina el Frente Cívico; en Colombia existieron bandas armadas de los camisas negras.

Estos movimientos fascistas latinoamericanos tuvieron varios rasgos comunes importantes. Ante todo, en el aspecto exterior, los integralistas brasileños, los camisas verdes del ABC cubano, los camisas dorados de los sinarquistas mexicanos y los camisas negras de la UR peruana utilizaron los símbolos europeos. En lo que se refiere a su actuación, se centraba en mantener el terror en las calles e impedir las manifestaciones de la izquierda. Se autodenominaban fascistas, y tenían conceptos corporativos alemanes, pero sobre todo italianos, portugueses y españoles. Estos movimientos estuvieron vinculados a la religión católica y propugnaron una criollización del fascismo, especialmente en los casos mexicano, peruano y brasileño. Plinio Salgado, líder de la Acción Integralista Brasileña, trató de «catolizar» y «brasilizar» el fascismo italiano: «Me levanté por Cristo, por Cristo quiero la grandeza de Brasil. Por Cristo enseño la doctrina de la solidaridad humana y de la armonía social.» El teórico del partido, Gustavo Barroso, escribió así: «Frente al mito falso de la democracia y del comunismo, el integralismo ofrece el mito real de las Grandes Ideas Morales, que siempre guiaba al hombre civilizado.»

Estos movimientos tenían más misterio que programa concreto. La UR peruana se encargó de «conservar» la moral; la Falange Boliviana de la defensa de la «familia» y «la moral pública». No hubo en ellos antisemitismo, aunque sí concepción racista. En el caso de la UR peruana contra los pueblos «amarillos» y en favor de «la raza mestiza»; en algunos partidos apareció cierto antisajonismo hispano.

Sus integrantes eran miembros de la pequeña burguesía urbana y de las capas medias, desclasados durante la crisis mundial, así como grupos archiconservadores de la oligarquía y latifundistas.

No se debe subestimar la fuerza de tales movimientos fascistas en América Latina. La UR peruana contó en 1936 con un grupo de acción armado de 5.000 miembros, mientras los efectivos del ejército peruano no superaron los 10.000. En «la marcha triunfal» de los integralistas brasileños de mediados de 1935 huvo 100.000 participantes. En septiembre de 1938, en Chile, 12.000 activistas de los nazis desfilaban en apoyo de la candidatura presidencial del otrora dictador Carlos Ibáñez. En las elecciones parlamentarias de 1937 consiguieron dos escaños. Cada movimiento se esforzó por tomar el poder de forma violenta. En 1938-1939, realizaron varios intentos Perú, Chile y Bolivia.

Los círculos dominantes de Estados Unidos miraron con gran preocupación la conquista de terreno de las potencias fascistas europeas y de Japón en América Latina, que ponía en peligro las ambiciones de Washington por conseguir la hegemonía continental. Era palpante ya el fracaso de la política yanqui del «gran garrote» aplicada en América Central y de la «diplomacia de dólar». La administración norteamericana, ante la amenaza de las potencias fascistas, se vio obligada a reajustar su política continental. Durante la administración del presidente Hoover se notaron ciertos cambios, pero la nueva política fue obra del presidente F. D. Roosevelt. En 1933 declaró: «Deseo que esta nación [Estados Unidos – A. A.] en la política mundial siga la política de la buena vecindad... Del buen vecino, quien respetándose a sí mismo respetaría los derechos de los demás también.»

La política de «buena vecindad» tuvo dos objetivos: establecer un ambiente tranquilo para la ulterior expansión económica y establecer una especie de unión continental contra las potencias fascistas. Entre 1933-1936 se acentuó el primer objetivo, después de 1936 el segundo.

Rafael Leónidas Trujillo

La política de «la buena vecindad» parecía poner fin a la agresividad de Washington. En Montevideo, durante la VII Conferencia Panamericana, Estados Unidos reconoció el principio de la igualdad de los pueblos, de la no intervención en los asuntos internos, de la inviolabilidad territorial, y rechazó la aplicación de la violencia en las relaciones internacionales. El mismo año deliberó con Panamá y prometió modificar el tratado del canal de 1903. En 1934 negoció con Cuba la eliminación de la Enmienda Platt; retiró definitivamente sus tropas de Haití; renunció a mantener tropas en México. Prometió a los países de América Latina acuerdos mutuamente ventajosos; la reducción de las tarifas aduaneras; créditos, apoyo cultural, social y técnico. En 1935, el secretario de Estado, Sumner Welles, reconoció que el capital norteamericano debía someterse a las leyes de los países receptores.

El estilo se estaba cambiando, pero la actitud básica seguía invariable. Estados Unidos continuó apoyando a dictadores como Ubico, Somoza, Trujillo, Hernández Martínez, pero no reconoció al gobierno Grau San Martín-Guiteras de Cuba, ya que éste «pareció incapaz de mantener el orden, careciendo del apoyo de la opinión pública». En la realidad, porque sus disposiciones tendían a limitar los monopolios norteamericanos.

A partir de 1936 la política de «buena vecindad» se centró en la consigna de la unión continental contra el fascismo en «la defensa común». Para Estados Unidos era decisivo saber de qué lado se pondría América Latina en la lucha mundial. En 1936, Roosevelt, en la conferencia de paz de Buenos Aires propuesta por él, habló sobre la necesidad de la defensa del «continente de la paz»; América es el «bastión de la libertad»; sus pueblos deben actuar conjuntamente contra el peligro proveniente del exterior. En la conferencia, refiriéndose al aislacionismo, se recalcó que el continente debía mantenerse alejado de los conflictos internacionales.

La política de la «buena vecindad» fue la nueva forma del panamericanismo que tendió a estrechar las relaciones económicas, políticas, militares y culturales. Con razón escribió unos años más tarde el mexicano Jesús Silva Herzog: «El garrote fue sustituido por los guantes blancos, pero comparando la política del otro Roosevelt

(Theodor A. A.) con la "buena vecindad" se cambió la forma en vez del contenido.» «Lo que ocurrió ahora no es un cambio de la política, sino un cambio de matices» —escribió Sumner Welles.

Pero el avance de los fascistas hizo necesaria la unidad de las fuerzas antifascistas, y la política exterior de Estados Unidos se orientó a este objetivo: «la excepcionalidad» y «la misión» de América fue proclamada con vigor para todo el continente. El 14 de abril de 1938, el presidente Roosevelt, en su discurso pronunciado en el Día Panamericano, expresó: «Nuestro ideal es la libertad democrática; nuestro método es la comprensión y nuestra base es la confianza.» El mismo año, al convocar la VIII Conferencia Panamericana, Cordell Hull escribió: «La conferencia de Lima constituirá otro paso hacia el ideal americano de la sociedad, fundamentado en la fraternidad y la comprensión recíproca.» En su carta dirigida al ministro del exterior peruano hizo referencia a «sucesos acaecidos en otras partes del mundo», y a los mismos enfrentó las repúblicas americanas, «el continente de la libertad»; los pueblos americanos conservan su fe en América; es necesario conservar invariablemente el «sistema americano», escribió.

La Declaración de Lima subrayó «la unidad espiritual» del continente, la soberanía de los Estados americanos y el principio de la no intervención. Se tomaron decisiones sobre el levantamiento de las restricciones comerciales, y sobre la intensificación de las comunicaciones y de las relaciones culturales. En 1939, en la conferencia panameña de los ministros del Exterior americanos, se comenzó a concretar el concepto de la solidaridad y defensa continentales en el marco de una cooperación más intensa económica, financiera y militar.

Los cambios internacionales ocurridos en los años 1930-1940 dificultaron grandemente las posibilidades de acción para las fuerzas progresistas de América Latina. Las luchas antiimperialistas y antifascistas no coincidieron por completo. En lo que se refiere al *antiimperialismo,* se actuó contra la expansión de las compañías capitalistas norteamericanas e inglesas y contra las dictaduras vinculadas a ellas. El campo de batalla fue el económico y sólo en parte el político. La lucha *antifascista* significó la unidad contra la amenaza exterior, la limitación de la expansión alemana, italiana y japonesa y produjo la democratización interna. Las fuerzas progresistas y revolucionarias de América Latina tuvieron que unir sus fuerzas con Estados Unidos, pero a la vez tenían que combatir contra la expansión política y la hegemonía de Estados Unidos, contra el dominio económico de los monopolios y sus efectos que distorsionaban las economías nacionales, así como contra la política antidemocrática de los gobiernos latinoamericanos.

No hubo contradicción de principio entre las dos tareas. De todas maneras, resultó difícil coordinarlas en la práctica, especialmente después del estallido de la segunda guerra mundial, cuando Estados Unidos reforzó su apoyo a las fuerzas democráticas y las potencias fascistas no encontraron respaldo en América Latina.

La política de «buena vecindad» de Washington creó mejores condiciones para las actividades de las fuerzas democráticas del continente, pero las condiciones de lucha no eran más fáciles. A partir de 1939, en la política de «buena vecindad» se palpaban ya algunos rasgos del «interamericanismo». Estados Unidos, refiriéndose a la lucha antifascista, trató de desarmar la resistencia democrática antiimperialista; en cambio, Alemania, Italia y Japón, apelando a los sentimientos antiyanquis de los pueblos de América Latina, ganaron posiciones.

581

2. La política de frente popular y los partidos populistas

En 1928 había 12 países latinoamericanos donde funcionaban partidos comunistas; a principios de 1935 eran ya 19 países. En dos de ellos —Bolivia y la República Dominicana— obraban grupos comunistas. *The Communist International,* en un artículo de mayo de 1935, criticaba la anterior línea política: los comunistas, en forma errónea, calificaron a los partidos burgueses y pequeñoburgueses como conservadores y subestimaron la importancia de estas fuerzas en la lucha antiimperialista. El artículo expresó la nueva orientación, iniciada a partir de 1934, en el movimiento comunista internacional. Sobre la base del análisis crítico del periodo anterior y de la nueva que surgía con el avance del fascismo, comenzó una transformación de actividades de los partidos comunistas. La actitud hacia la democracia, la unidad obrera, la posible cooperación con la socialdemocracia, con las fuerzas y los partidos de la pequeña burguesía y de la burguesía nacional se convertían en objetivos de enérgicas discusiones en sus políticas internas. De ello cristalizó la nueva política del frente popular en los países coloniales, semicolonizados y dependientes. En octubre de 1934, los comunistas de América Latina, en su conferencia de Montevideo, llegaron a la conclusión de que era necesario establecer un amplio frente popular antiimperialista para llevar a cabo la revolución agraria. Todavía tenían fuertes recelos hacia los partidos burgueses-pequeñoburgueses, pero reconocieron la necesidad de cooperar con ellos. Las formas de actuación fueron diferentes. La política sectaria anterior no se cambió de la misma forma en los diferentes partidos, pero en todas partes surgió una enérgica lucha política dentro del partido.

El VII Congreso del Komintern, que propuso el establecimiento del frente único antiimperialista en los países coloniales y dependientes, aceleró los cambios en la política de los partidos comunistas latinoamericanos. En vez de las equivocadas consignas de la «revolución obrero-campesina» y «el gobierno de los soviets», se consideraron prioritarias las revoluciones populares, cuya primera fase sería inevitablemente una lucha de liberación nacional antiimperialista y democrática.

La particularidad de las tareas del movimiento comunista latinoamericano consistía en el hecho de que en las actividades antiimperialistas cabían ya las tareas antifascistas.

La política del frente popular en América Latina tuvo gran repercusión. Los partidos socialistas argentino, brasileño, mexicano, peruano y chileno ofrecieron cooperar con los comunistas. Los movimientos fascistas identificaron la represión. El APRA peruano y los demás partidos populistas, el PRC-Auténtico Cubano, los apristas argentinos y cubanos reaccionaron negativamente y los trotskistas latinoamericanos atacaron bruscamente la idea del frente popular.

Los partidos populistas rechazaron la política de frente popular. Es peculiar la posición del APRA. El peligro fascista —según el APRA— no es actual en América Latina porque éste «se vincula con la fase tardía del capitalismo imperialista». Para el nacimiento del fascismo son necesarias las mismas condiciones objetivas que para la aparición del movimiento socialista y comunista: un alto número de obreros de la industria fabril, profunda crisis (económica y de postguerra), descontento de la pequeña burguesía, etc. Sobre esta base, Haya de la Torre equiparó el fascismo y comunismo, calificándolos de «importación autocrática dictatorial». «No se precisa del frente popular», proclamaban los apristas. El APRA es un frente, «frente popular», de allí la denominación «populista», por esta razón hay que entrar en la Alianza Popular Revolucionaria Americana. La prensa aprista exprimió tópicos como: «las directivas de Moscú»; «made in URSS». Surgió la fórmula «científica» aprista: el comunismo es la tesis, el fascismo la antítesis, el aprismo la síntesis; es decir el APRA, «la democracia funcional», es la única solución para América Latina.

Al anunciar la política de frente popular hubo que contar con que la política sectaria desarrollada entre 1929-1933, que despertó desconfianza en muchos sectores y partidos antiimperialistas incluso después de 1935, significó una gran carga de desprestigio para los partidos comunistas. Las fuerzas anticomunistas trataban de aprovecharlo, al publicar artículos en la prensa del continente sobre «la trampa de Moscú». Las fuerzas sectarias disponían aún de posiciones fuertes en el seno de los partidos comunistas y dificultaban el establecimiento del ambiente de la confianza. Significó un serio problema que el VII Congreso del Kominetern considerase que en América Latina, en 1935, había una situación revolucionaria, pues determinó la política de frente popular como una táctica revolucionaria directa. Esta situación aumentó los recelos frente los partidos comunistas.

3. LAS ALTERNATIVAS DE LA DEMOCRACIA

Se distinguen tres tipos diferentes de luchas políticas latinoamericanas. Brasil, con su enorme extensión en el continente, es una región especial, y la vía armada escogida por su frente popular lo convirtió en un caso especial. En México, Cuba, Perú y Colombia la política de los partidos populistas nacionales dio un carácter especial a las luchas políticas. En el caso de Chile, Uruguay y Argentina, las luchas políticas adquirieron un carácter similar a las desarrolladas en Europa, sin que, naturalmente, los resultados políticos fueran semejantes, todo ello por el desarrollo de las relaciones de clases y de la estructura reformista; la falta de partidos radicales interclasistas de tipo populista, y la existencia de partidos radicales de la burguesía nacional relativamente fuerte y de partidos socialistas asimismo considerables.

3.1. *Sublevación contra Vargas*

A finales de 1934, en la reunión de la Komintern y de los partidos latinoamericanos, se aprobó la posición de L. C. Prestes, según la cual había que derrocar el sistema de Vargas mediante una sublevación apoyada por amplios sectores populares.

A principios de 1935 comenzó a actuar el frente popular. A finales de marzo se constituyó en Río de Janeiro la Alianza Nacional Libertadora —ANL—, que fue desde sus comienzos una amplia coalición democrática. En dicho frente participaron organizaciones socialistas democráticas, partidos pequeñoburgueses, varios grandes sindicatos (marineros, federación ferroviaria), integrantes de la izquierda del movimiento tenentista, los otrora compañeros de lucha de Prestes, muchos representantes de grupos democráticos de la burguesía nacional, senadores y diputados. Las ideas de ANL ganaron terreno en el ejército y en las urbes y el campo. El frente popular no era una coalición de partidos, sino un movimiento de obreros y burgueses que superaron discrepancias ideológicas para derrocar al régimen de Vargas. La proclamación de Prestes de 1935 tuvo repercusión en todo el continente, pues había llamado a las masas a lucha. El llamamiento fue el programa concreto de la alianza: hay que eliminar los acuerdos antinacionales contraídos con el imperialismo, hay que nacionalizar los monopolios que no respetan las leyes de la nación, introducir la jornada laboral de ocho horas, el seguro social, elevar los sueldos, expropiar los latifundios, restablecer las libertades cívicas y luchar contra toda guerra imperialista. «En menos de cuatro meses en Brasil se constituyeron 1.500 núcleos de la Alianza. Sólo en Río de Janeiro, en unos días, 50.000 personas solicitaban el ingreso», escribió Jorge Amado sobre los primeros pasos del movimiento.

La convención de las organizaciones obreras brasileñas reunidas en mayo de 1935 por iniciativa de la ANL que representó 500.000 obreros organizados significó el éxito de la política de unidad sindical. En la reunión se constituyó la federación Sindical Única de Brasil.

El movimiento de la ALN frenó la influencia del Partido Integralista Fascista entre los obreros y la pequeña burguesía. Para presidente de la Federación se eligió a Luis Carlos Prestes. En julio hubo cerca de 1,5 millones de miembros, y en octubre unos 5 millones.

El movimiento siguió adelante pese a la ley de «seguridad nacional» de Vargas, dictada en abril de 1935, y al decreto del 11 de julio que proscribió la ALN. La policía, allanó sus locales e inició la represión contra los integrantes del movimiento.

Después del decreto de julio se cerró toda posibilidad de convivencia. Los dirigentes de la ALN —en su mayoría comunistas y tenentistas— se decidieron por la sublevación armada. La cuestión clave era si la alianza alcanzaba a garantizar un respaldo popular fuerte y organizado frente a los preparativos militares. No lo logró. No sólo por el concepto estrechamente militar que dominó en la alianza, sino también porque el gobierno de Vargas tuvo la intención de provocar la sublevación prematura para aplastarlo con mayor facilidad. La Alianza de Liberación Nacional no pudo penetrar en las masas campesinas; sus bases se encontraban principalmente en las grandes ciudades.

Antes de llegar el apoyo popular, se movilizaron algunas unidades de las guarniciones militares pertenecientes a la Alianza, así como de la flota de guerra. El 23 de noviembre de 1935, en la ciudad de Natal, en el estado de Río Grande do Norte, estalló la sublevación. Las buenas relaciones entre los sindicatos de la ciudad, las comisiones de la ALN y las unidades militares posibilitaron la ocupación de la ciudad. Se constituyó el gobierno popular-revolucionario, compuesto en gran parte por obreros, que proclamó a Prestes el 5 de julio.

Pero los alrededores no se incorporaron a la ciudad de Natal, y el frente popular fue derrotado fácilmente. Después de Natal, seguían las sublevaciones de Recife y Río de Janeiro (25 y 27 de noviembre), que no lograron ganar el apoyo de las organizaciones obreras urbanas.

El gobierno reprimió las sublevaciones fácilmente. Prestes y toda la dirección del PC Brasileño fueron detenidos. La ALN se desangró.

São Paulo (Brasil)

3.2. *Populistas y comunistas*

Las elecciones mexicanas de 1934 supusieron el crecimiento de las tendencias democráticas dentro de la joven burguesía nacional y su partido, el Partido Nacional Revolucionario, frente al ala reaccionaria encabezada por Calles. Se fortaleció así la posición de los que pedían el avance de la revolución mexicana, el cumplimiento de la reforma agraria y la limitación de las grandes empresas extranjeras. Lázaro Cárdenas, el nuevo presidente, tenía las esperanzas de las fuerzas democráticas.

El PC mexicano vio con recelo a Cárdenas y calificó su gobierno como «fuente principal del peligro fascista». Condenó su plan de seis años de gobierno, que fijó como su programa la continuación de la reforma agraria, la garantía de la independencia de la economía nacional y el fortalecimiento de los derechos de la clase obrera. Las fuerzas derechistas del partido gubernamental, encabezadas por Calles, utilizando su poder en los estados federales, lanzaron un ataque contra la política de Cárdenas. «Sus guardias blancas» trataron de frenar la reforma agraria y reprimir duramente los movimientos huelguísticos. En junio de 1935, Calles y sus seguidores tomaron la decisión de derrocar al presidente Cárdenas.

El movimiento sindical reaccionó rápidamente. Se estableció, por iniciativa de la CGOMC encabezada por Lombardo Toledano, la Comisión Nacional de Defensa Obrera Intersindical, que se puso al lado de Cárdenas y subrayó que los planes de Calles conllevaban el peligro de un eventual viraje fascista. Cárdenas, aprovechando este apoyo, reorganizó su gobierno y expulsó del país a Calles y a sus adictos.

El centro sindical dirigido por Lombardo Toledano apoyó la política de frente popular anunciada por el VII Congreso de la Internacional Comunista. A principios de 1936, Toledano propuso la constitución de un movimiento sindical nacional para unir a todos los obreros, independientemente de sus conceptos ideológicos y religiosos. La Confederación de los Trabajadores de México constituida a finales de febrero de 1936 ocupó una posición clara y clasista. Se pronunció por la independencia nacional y por el objetivo del proletariado de creación de una sociedad sin clases.

El número de los miembros de la CTM superó el millón de personas. Lombardo Toledano, secretario general de la CTM, fijó tres tareas para la central nacional: la unidad de los obreros, la unión de la clase obrera y campesina con otras fuerzas progresistas, y la unión internacional con las fuerzas antifascistas y antiimperialistas.

La CTM iba a ser una fuerza independiente del gobierno. En la segunda mitad de los años 30 desempeñó un papel destacado en la organización del proletariado agrícola y en el apoyo de las huelgas obreras. Gracias a estas luchas, entre 1934 y 1938 la clase obrera mexicana logró una importante alza salarial. Al mismo tiempo, la CTM fue una base fuerte y combativa del gobierno de Cárdenas, tanto para el cumplimiento de la reforma agraria como en la nacionalización de los ferrocarriles (1937) y de la industria petrolera (1938).

La unidad de frente popular urgida por la CTM y el PC no se cumplió en la forma propuesta por el PC en 1935 ni por la CTM después de 1936. A pesar de ello, no se puede decir que la política de frente popular no tuviera éxitos.

Cárdenas, para debilitar el aparato del PNR que se opuso a sus medidas, reorganizó el partido gubernamental en 1938. Su nuevo nombre fue Partido de la Revolución Mexicana. Estaba compuesto por cuatro secciones: la obrera, a la cual se incorporaban individuos y organizaciones; la campesina, cuya fuerza principal consistió en la Federación Nacional Campesina reorganizada que aglutinaba las organizaciones campesinas; la sección popular que agrupó a los sectores y organizaciones de los intelectuales, la pequeña burguesía y la burguesía nacional; y la sección militar. La Iglesia no estaba representada en el partido.

El Partido Comunista quiso ingresar en el PRM por estar de acuerdo con la política de Cárdenas. La dirección del PRM no aceptó tal propuesta, pero el PC mexicano continuó apoyando al gobierno de Cárdenas; indirectamente, a través de la sección obrera, estaba presente en el PRM. La CTM, junto a varios sindicatos independientes, fue miembro colectivo de la sección obrera del PRM.

EL PRM nació bajo la influencia de la política de frente popular y obró como un «partido de frente», partido interclasista, pero no era un frente popular. Aglutinó a las masas obreras y campesinas y a sus organizaciones, sin que la burguesía nacional hubiera brindado posibilidad para estas capas y organizaciones de participar en la dirección del partido (y del gobierno). El partido funcionó como mecanismo político de la clase burguesa nacional, pero dentro de un espíritu antiimperialista y democrático.

En 1936 el dictador peruano Benavides decidió convocar unas elecciones presidenciales y parlamentarias en la convicción de que serían ganadas por la derecha. El Partido Comunista Peruano había intentado inútilmente establecer un Frente Popular con el APRA en 1935, pero había fracasado. Los apristas concurrían a las urnas con su candidato tradicional, Haya de la Torre. La derecha no vio por ello ningún peligro y concurrió a los comicios con tres candidaturas: L. Flores, candidato de la fascista UR; L. Villarán, de la oligarquía conservadora, del clero y del ejército; y José Prado, representante de la oligarquía «democrática» pronorteamericana. La oligarquía peruana cortó los cálculos del APRA, pues calificó al APRA como partido «internacional», ya que se había declarado movimiento latinoamericano. De esta manera, con la Constitución en la mano, el tribunal electoral rechazó la candidatura presidencial de Haya de la Torre.

En esta situación se estableció —con una rapidez vertiginosa— un bloque electoral democrático con el candidato L. A. Eguiguren, aceptado por el PC, el Partido Socialista, el APRA y varios grupos de la izquierda. Pese a todo tipo de maniobras triunfó en las elecciones, pero el presidente Benavides anuló los resultados electorales e introdujo un gobierno militar. Como respuesta a la unidad *ad hoc* de la izquierda se estableció la unidad *ad hoc* de la derecha, que desfilaba detrás del dictador. Los partidos de la izquierda pasaron a la clandestinidad, y creció el terror, especialmente después del intento de golpe fascista de la UR en noviembre de 1936.

El Partido Comunista propuso a los partidos en la clandestinidad un frente popular combativo para conseguir la investidura de Eguiguren, pero los dirigentes del APRA no aceptaron la propuesta. Al contrario, se dirigían hacia el UR, pensando en una toma del poder común. Esta fue la razón por la cual el APRA habló sólo de un peligro fascista externo y no de los fascistas nacionales. Los dirigentes del APRA trataban de obtener el apoyo de ciertos círculos de la oligarquía y desarrollaban una propaganda anticomunista

La conspiración del APRA y de la UR culminó en el golpe militar de febrero de 1939. La dirección del APRA no confió en sus masas y no trató de movilizarlas para apoyar la rebelión. El golpe fracasó y el dictador Benavides anunció próximas elecciones. Lo hizo influido por Estados Unidos, que le obligaron a «democratizar» la política interna. Las elecciones fueron ganadas por el centro electoral de Prado.

En Colombia, la unidad surgió en el movimiento sindical. A mediados de 1936 se estableció la central sindical única, la Confederación de Trabajadores de Colombia, que aglutinó a 80.000 trabajadores. En el Comité Ejecutivo de la CTC estuvieron presentes ocho dirigentes obreros liberales, cuatro comunistas, tres socialistas y un anarcosindicalista. El PC apoyó el sindicato y las reformas sociales del presidente López: el impuesto progresivo, las mejoras de las condiciones sociales de los obreros, el apoyo a los obreros en los movimientos huelguísticos, y los esfuerzos tendentes a limitar las fuerzas políticas reaccionarias. Su aliado era la izquierda liberal, que en 1934 llegó al poder con el apoyo de las masas democráticas y fue derrotada en las elecciones presidenciales de 1938. La situación fue parecida a la de México.

En ambos países los partidos comunistas y los movimientos obreros apoyaron al gobierno democrático de la burguesía nacional. En ambos países los partidos comunistas orientaron su política hacia la unidad del movimiento sindical. En México, el centro sindical único apoyó firmemente a Cárdenas, y el presidente pudo contar con una sólida base en la lucha contra la derecha. En Colombia, en cambio, la izquierda del Partido Liberal se quedó sin apoyo.

El caso de Cuba es parecido al de Perú. Hubo también una dictadura militar, y las relaciones entre los dos partidos clandestinos más fuertes, el PC cubano y el PRC-Auténtico de Grau San Martín, no lograron coordinarse. La semejanza es aún mayor debido a que el PRC-Auténtico, igual que el APRA peruano, rechazó las iniciativas de los comunistas. Curiosamente, el partido aprista cubano se fusionó con el PRC-Auténtico en 1937.

La integración de los partidos cubanos surgió como una necesidad para luchar contra la dictadura de Batista, y la iniciaron la Joven Cuba y el PRC-Auténtivo a principios de 1936 con el llamado Pacto de México.

Entre 1935 y 1938 Cuba incrementó la actividad política. Algunos grupos se acercaron al PC, otros al partido populista de Grau San Martín. El Partido Comunista seguía desplegando esfuerzos por establecer un bloque popular y democrático, pero no abandonó la idea de cooperar con el PRC-Auténtico.

Después del golpe «constitucional» de Batista de dicienbre de 1936, facilitado por la falta de la unidad de las fuerzas progresistas, se formó una oposición burguesa considerable hasta dentro del Parlamento. Los intentos corporativos de Batista, su «plan trienal» y su intento de construir un partido le enfrentaron a varios grupos de las clases dominantes. En 1937 los partidos de la oposición constituyeron el Frente Democrático Parlamentario.

Los comunistas, reducidos a la ilegalidad, organizaron un partido revolucionario legal bajo el nombre de Partido Unión Revolucionaria bajo la dirección de Juan Marinello en 1938. Junto a la organización separada del PRC-Auténtico, el Partido Nacional Agrario, constituyeron el Bloque Revolucionario Nacional, tratando de coordinar sus acciones con el Frente Democrático Parlamentario. El PRC-Auténtico no se incorporó al Bloque Revolucionario Popular.

En 1938 se produjo un viraje en la política de Batista. La posición antifascista de Estados Unidos se fortaleció, especialmente después de la conferencia panamericana de Lima, e impuso a los dictadores de América Latina un giro cauteloso. El caso del general Benavides del Perú podía repetirse con Batista, y éste cambió: se pronunció contra las potencias fascistas, aflojó sus vínculos con las fuerzas fascistas de ABC y de la oligarquía conservadora. Trató de acercarse al Frente Democrático Parlamentario y hacer olvidar el terror de los años anteriores por medio de varios decretos democráticos. El PC recuperó su legalidad.

La situación se complicó por el hecho de que Grau San Martín —como el APRA del Perú— se acercaba entonces a la extrema derecha por razones tácticas.

Así, entre 1938 y 1940 surgieron en Cuba tres bloques principales: el campo de la derecha heterogénea, constituido por los partidos de la oligarquía conservadora, el PRC-Auténtico, que no se aliaba con nadie, y el bloque democrático. Entre estas tres fuerzas se constituyó un importante bloque de centro. Las masas populares se colocaban entre la izquierda y el centro; Batista maniobraba desde la derecha hacia el centro democrático.

3.3. *El Frente Popular chileno*

En el caso del Cono Sur, la política del Frente Popular tuvo suerte diversa. Triunfó en Chile, pero no en Argentina y Uruguay. En este último país, las dos tendencias existentes dentro del Partido Comunista obstaculizaron el desarrollo político. En Argentina, en la tercera conferencia nacional de octubre de 1934, el PC afirmó que había que superar el sectarismo y establecer el frente popular con los radicales, socialistas, demócratas y la CGT, pero la falta de unidad interna impidió también luchar eficazmente por dicho objetivo.

A la debilidad interna de los partidos comunistas se unió la rivalidad entre comunistas y socialistas. En Argentina, la izquierda se separó del Partido Socialista Argentino reformista y constituyó el Partido Socialista Obrero, que apoyó al frente popular. Por otra parte, los partidos radicales burgueses de la oposición argentina y uruguaya no contaban en su lucha contra la dictadura con el apoyo del movimiento obrero. Las fuerzas de la izquierda democrática quedaron así desmoronadas. La cooperación antifascista única se manifestó en Argentina y Uruguay en acciones de solidaridad con el frente popular español y en las demostraciones contra el fascismo internacional entre 1936 y 1938.

La fuerte orientación fascista de la oligarquía y del gobierno Alessandri, su simpatía con los nazis de la colonia alemana, los escándalos de los partidos fascistas y de sus destacamentos armados fascistas y los planes de Alemania con Chile tuvieron unos efectos alarmantes. Los partidos democráticos reconocieron al fin la importancia de la colaboración, a pesar de que tanto en el Partido Radical de Chile como en el Partido Socialista deseaban la exclusión de los comunistas. En el Bloque de la Izquierda constituido por los socialistas en 1935 no fueron invitados ni los comunistas ni los radicales. La Confederación de Trabajadores de Chile constituida en 1936 fue otro paso importante para la unidad de la izquierda.

Frente al gobierno de Alessandri se estableció en 1939 el frente popular chileno: la Confederación de los Trabajadores de Chile, los Partidos Socialista, Socialista Radical, Radical, Demócrata y Comunista. La coalición actuó por primera vez en las elecciones parlamentarias de 1937, donde el 19 por 100 de los votos lo obtuvo el Partido Radical; el 11 por 100 el Partido Socialista y el 4 por 100 el Partido Comunista. De esta manera, el frente popular obtuvo diez escaños en el senado, de los 25 existentes, y en la cámara de diputados de 125 mandatos obtuvo 66. En las elecciones municipales de marzo de 1938 el frente popular avanzó aún más: obtuvo la mayoría en todos los centros provinciales y locales, así como los de las grandes ciudades.

En Chile la lucha política se agudizó durante los preparativos para las elecciones presidenciales de 1938. La coalición de Frente Popular presentó la candidatura del moderadamente radical Pedro Aguirre Cerdá. Su programa electoral comprendía la limitación y el control estatal de los monopolios norteamericanos; el restablecimiento de las libertades democráticas suspendidas por Alessandri, la defensa del orden democrático, la planificación económica, el desarrollo industrial, el desarrollo de las regiones atrasadas, la expansión de la legislación social y sanitaria y el respeto a la paz del continente americano y a la soberanía de los países latinoamericanos.

La derecha se dividió. Una parte de ella, apoyada por el gobierno Alessandri, propuso la candidatura de Gustavo Ross. En cambio, otra, en su ala totalitaria, tuvo a su candidato en la persona del ex dictador Carlos Ibáñez.

El 5 de septiembre de 1938, la extrema derecha, apoyándose en los destacamentos armados del Partido Nazi chileno, trató de obtener el poder por medio de un golpe militar. Su intento fracasó y empeoró las probabilidades del candidato conservador, Ross, ya que muchos electores vacilantes apoyaron al frente popular. El

25 de octubre de 1938, con una pequeña mayoría (50,3 por 100) ganó el candidato del Frente Popular.

El nuevo gobierno se constituyó con cinco ministros radicales, tres socialistas, dos demócratas y uno independiente. Su primera medida fue la puesta en libertad de los presos políticos y el restablecimiento de los derechos democráticos. Se bajó el precio de los comestibles básicos y un grupo de los oficiales reaccionarios fue retirado.

El programa gubernamental chocó con una gran resistencia. Los Partidos Conservador y Liberal, que eran la mayoría en la legislación, y la derecha del Partido Radical, lo dificultaban. Su logro fue la política de industrialización realizada bajo orientación estatal que alivió el desempleo. Además, comenzó el programa de reforma de la enseñanza.

Dentro de la coalición del frente popular surgieron grandes discrepancias. Los socialistas se salieron del gobierno en 1940. Luego sobrevino la muerte de Aguirre Cerdá en 1941. El Frente Popular llegaba a su fin.

4. LA IDEA DE LA DEFENSA CONTINENTAL

La política de «buena vecindad» de Estados Unidos fue aprovechada durante los años de la guerra para ejercer una influencia sobre América Latina. Washington, apelando al espíritu democrático latinoamericano y a los sentimientos antifascistas, llevó a cabo una expansión económico-político-militar. Se estableció el Comité Interamericano de Asesoría Financiera y Económica, el Consejo Continental de Defensa, etc., cuyos objetivos y tareas directas fueron luchar contra el fascismo y la organización bélica de los recursos económicos norteamericanos. Comenzaron los acuerdos militares y bilaterales y el establecimiento de bases militares de América. Entre 1941 y 1945 los ejércitos del sur obtuvieron materiales bélicos por un valor de 262.760.000 dólares.

En los años de la segunda guerra mundial la cooperación económica del continente fue muy estrecha. América Latina fue primordial para la gran potencia del norte. De los 4.387.000 millones de dólares invertidos por Estados Unidos en las materias primas bélicas, 2.360 correspondían a América Latina (el cobre, salitre, estaño, caucho y diferentes metales).

Estados Unidos aprovechó la ocasión para imponer su hegemonía. Su política de la «buena vecindad» ganó terreno entre los intelectuales y la pequeña burguesía y lograron sin resistencia el viejo ideal de la doctrina Monroe: hegemonía total en América. El panamericanismo ganó fácilmente terreno en sectores sociales antes inaccesibles.

La ofensiva ideológica de Estados Unidos encontró respuesta en Latinoamérica. Partidos que habían acogido con recelo la política de «buena vecindad», como el aprista, viraron ahora hacia el entendimiento con Estados Unidos ante la amenaza fascista europea. Latinoamérica vio con enorme preocupación el tratado soviético-alemán de no agresión, que produjo un acercamiento de las fuerzas reformistas-nacionales a Estados Unidos.

En 1941 elaboraron los dirigentes apristas la teoría del «interamericanismo democrático sin imperio». Según ésta, la alternativa era la democracia o el «totalitarismo» (en este último incluían igualmente el fascismo y el comunismo). Las «Américas» escogen «la patria y la democracia» y ésta era la esencia del interamericanismo. Haya de la Torre se imaginaba el sistema interamericano como un organismo permanente, que tendría funciones de árbitro en los conflictos interamericanos, sobre la base de la plena soberanía de todos los Estados, bajo el signo de la democracia y sin la hegemonía de algún Estado. Así, el APRA ofreció apoyo a Estados Unidos «desde dentro», desde América Latina. Estaba divulgando la ilusión de que un sistema interamericano *multilateral* eliminaría con éxito la dependencia existente entre Estados Unidos y los países latinoamericanos en las relaciones bilaterales. No es casual que en los años 40 los embajadores norteamericanos en el Perú y la prensa norteamericana vieran con creciente simpatía al APRA. A la vez, la política cautelosa y «comprensiva» de Estados Unidos durante la guerra mundial dio esperanzas a quienes esperaban la neutralización del exceso de Estados Unidos mediante un sistema interamericano.

Es de anotar que la idea del interamericanismo tuvo también defensores de una política de recelo. Por ejemplo, Manuel Seoane no rechazó la unión interamericana, pero no deseaba seguirla según los conceptos de Haya de la Torre y de Estados Unidos. La América Latina unida debe unir con Estados Unidos como «elefante con el elefante, porque en caso contrario los Estados del sur se pondrían en dependencia del coloso del norte», expresó Seoane. En los años de la guerra mundial tales conceptos antiyankis se desplazaron a segundo plano, pero después de la segunda guerra mundial cobraron gran fuerza.

Esta tendencia política fue muy generalizada en Latinoamérica, aunque los diversos partidos la siguieron con alternativas. Tuvo cierta similitud en el PRC-Auténtico encabezado por Grau San Martín.

5. LA ALTERNATIVA OBRERA DE LA UNIÓN CONTINENTAL: CTAL

Durante la segunda mitad de los años 30 la aparición de las dictaduras y el avance internacional y latinoamericano del fascismo fortaleció la fuerza atractiva de la unidad obrera en algunos medios sindicales.

Lombardo Toledano, dirigente de la mayor central sindical de América Latina, CTM, fue el promotor del frente único proletario. En febrero de 1936 resaltó la necesidad de la unidad sindical en un nivel continental: «frente al fascismo nacional e internacional nuestra fuerza estriba en la unidad. El único medio seguro capaz de conservar las libertades sindicales de la clase obrera es la unidad de los explotados. Sólo la unidad del proletariado puede mantener las libertades democráticas que la burguesía pudiere destruir. Unidad, unidad, esto debe ser nuestra consigna en México, América y en todo el mundo. Jamás los intereses económicos de los obreros y la libertad del pueblo han sido más amenazados que ahora», escribió Lombardo Toledano.

La CTM mexicana propuso constituir el centro sindical continental. El 8 de septiembre de 1938 se constituyó en la ciudad de México la segunda central sindical de los sindicatos latinoamericanos —según orden cronológico—, la Confederación de Trabajadores de América Latina, que existió hasta 1963. Aglutinó todos los organismos con bases clasistas: a los de orientación comunista, socialista y anarcosindicalista.

El congreso se dirigió con una declaración a los obreros de América Latina determinando que el objetivo final de la clase obrera era el establecimiento de la sociedad sin clases. Para ello era imprescindible la unidad de la clase obrera. Como tarea inmediata fijó el establecimiento de la autonomía económica y política de los países latinoamericanos: declaró la guerra no sólo a la penetración fascista, sino también a las potencias imperialistas «democráticas», como Estados Unidos e Inglaterra. Incluyó en su programa la elevación del nivel de vida de las masas, el respeto a sus derechos políticos y el restablecimiento de las libertades democráticas. Apoyó además a los pueblos latinoamericanos en la conquista de su soberanía. El congreso aprobó una resolución especial de respaldo a la lucha de independencia de Cuba y Puerto Rico. La CTAL declaró su solidaridad con la República Española y propugnó la puesta en libertad de los presos políticos.

Después del estallido de la segunda guerra mundial, señaló la CTAL que la lucha antifascista no significaba el restablecimiento del imperialismo inglés; y que los Estados Unidos, aprovechando la situación europea, querían intensificar su influencia en América Latina. Había que estimular la constitución de gobiernos democráticos de «nuevo sistema» que contribuyeran a la autonomía y al desarrollo económico de los países de América Latina. Llamó la atención asimismo sobre los intereses y derechos de la clase obrera; el derecho a la huelga, el alivio del desempleo, la libertad de la prensa, el mínimo salarial, el desarrollo de la cultura popular y los derechos de la mujer.

La CTAL reunió pronto numerosos afiliados. En 1944, el número de sus miembros alcanzó los 6 millones. En 1948 tenía ya 6 millones de obreros organizados de 18 países.

En 1944 la CTAL denunció la infiltración del socialismo cristiano, rechazó la posición de los trotskistas y advirtió el peligro de la pequeña burguesía en la democracia económica.

En el segundo congreso de la CTAL celebrado en 1944, se contempló la limitación de los monopolios imperialistas, el apoyo al capital nacional, la liquidación de los latifundios, la necesidad de la distribución de tierras, y la defensa de la pequeña industria. También se prestó atención a los problemas especiales de los indígenas, y a la nacionalización de las ramas industriales más importantes.

V. VARIACIONES DE LA «UNIDAD NACIONAL» DURANTE LA SEGUNDA GUERRA MUNDIAL

La opinión pública progresista latinoamericana acogió con satisfacción la VIII Conferencia Panamericana de Lima de 1938. Se estimaba que Lima era la respuesta de Munich y que los principios antifascistas aprobados podían desempeñar un papel importante en la soberanía de los pueblos del hemisferio y en promover las libertades individuales. Muchos estimaron que el panamericanismo tenía nuevas bases, ya que la renuncia a la violencia y la declaración de los principios de la no intervención reflejaban una actitud de cambio en Estados Unidos. Al mismo tiempo quedó claro que no se puede seguir una política exterior democrática consecuente con las dictaduras.

En marzo de 1939 se reunieron en Montevideo los representantes de los partidos y movimientos democráticos del continente para constituir un movimiento popular amplio. Su deseo general era el establecimiento de la «Alianza de las Democracias de las Américas», contando con el apoyo de la política de «buena vecindad».

La política democrática mexicana y chilena había conseguido los mayores logros. El presidente Cárdenas dio pasos decisivos para resolver las tareas pendientes de la revolución mexicana (reforma agraria, la nacionalización del petróleo) y fue apoyada por el pueblo. La burguesía mexicana se fortaleció, creció su poder e influencia políticos. El partido de gobierno, el PRM, actuó como una especie de unión de frente popular, desempeñando un papel progresista. El gobierno desarrolló una política democrática, y brindó asilo a muchos perseguidos europeos y particularmente a los españoles.

El nuevo presidente de la república Ávila Camacho tuvo una actitud más reservada hacia el movimiento obrero, aunque en el terreno internacional siguió sosteniendo una posición antifascista. Aunque el gobierno mexicano con sus medidas sociales actuó en favor de la clase obrera, la rápida alza de precios motivó un gran descontento (entre 1939-1945 los precios aumentaron en un 200 por 100), que produjo luchas internas en los sindicatos.

En Chile, tras la descomposición del frente popular, se trató de organizar una coalición de centro. El Partido Socialista Chileno rechazó la cooperación con todos los partidos y participó solo en las elecciones de 1942. Los comunistas, bajo el nombre de Partido Proletario, respaldaron al Partido Radical Chileno. El fracaso de la unión de la izquierda y del centro condujo al triunfo del candidato presidencial radical, J. A. Ríos, que pertenecía a la derecha del Partido Radical. Su gobierno estuvo presionado por la diplomacia alemana, apoyado por el Partido Nazi chileno y por los oficiales de la derecha de las fuerzas armadas. Estados Unidos le exigió romper con los estados fascistas, lo que hizo en 1944.

Merecen una atención especial los países donde los grandes partidos populistas influyeron en las luchas políticas, como son Perú, Cuba y Colombia.

En el Perú, en 1939, la izquierda apoyó la coalición surgida alrededor del candidato presidencial, Manuel Prado, por representar la oligarquía peruana —considerada en ese entonces como «democrática»— frente a los candidatos con aspiraciones abiertamente fascistas. El APRA se quedó en la oposición y calificó —erróneamente— al gobierno de Prado como fascista, a pesar del apoyo de la coalición antifascista. Pero el APRA estaba dividido como consecuencia de diversas ideologías internas.

En Cuba el problema central fue el establecimiento de la nueva constitución, que motivó una gran polémica entre los partidos. Para las elecciones de la Asamblea Constituyente se establecieron dos grandes coaliciones. La primera era el Bloque de la Oposición con el PRC-Auténtico al frente y los partidos reaccionarios detrás. La otra fue la Coalición Socialista Democrática, una organización de centro de la izquierda. En ella participaron comunistas, la burguesía media y el general F. Batista, que entonces figuraba como un demócrata. En las elecciones (1939) triunfó el Bloque de la Oposición.

La Constitución de 1940 fue obra de varios partidos y reflejó las aspiraciones de las luchas políticas que se venían librando desde 1930. Se fundamentó en la soberanía nacional, la igualdad de los ciudadanos y la defensa de la economía nacional. Estipuló el derecho al trabajo, el principio de por igual trabajo, igual salario, la semana laboral de 44 horas, los derechos de jubilación, las vacaciones pagadas, la protección de los jóvenes y de las obreras, reconoció la huelga y los convenios colectivos.

La nueva Constitución fue la victoria de la coalición democrático-socialista. Las fuerzas reaccionarias lanzaron una contraofensiva justo antes de las elecciones parlamentarias y presidenciales de 1940. Dos partidos bajo la dirección del general Menocal se pusieron al lado de Batista para aislar a éste de la influencia de los partidos progresistas.

El apoyo a la ley del servicio militar obligatorio, rechazada aún en 1940, en un país que directamente no era beligerante, fue una concesión a las fuerzas reaccionarias y militaristas. El PRC-Auténtico —especialmente a partir de 1943— conquistó posiciones importantes, mientras que la incorporación de los comunistas al gobierno de Batista en marzo de 1943 fue un fracaso. El gobierno representaba los intereses de la burguesía y de los latifundistas y no resolvió los problemas populares.

En Colombia, en 1939-1940, el gobierno liberal de Santos trató de colocar a los sindicatos bajo la influencia del Partido Liberal. En las elecciones presidenciales efectuadas durante la guerra, el candidato liberal López consiguió el apoyo de todas las fuerzas democráticas y triunfó fácilmente. Su gobierno urgió la necesidad del desarrollo de la industria nacional.

En Brasil, a partir de 1937, el *Estado Novo* de Getulio Vargas significó la constitución de una superestructura de carácter corporativo, si bien muy peculiar. Los conceptos del desarrollo económico brasileño influyeron en su política particular, que tuvo un tono tanto antianglosajón como anticomunista, y mantuvo un comercio intenso con las potencias fascistas. Disolvió los partidos políticos y los sindicatos. La mayor parte de la población la integró en corporaciones organizadas por el Estado. Vargas estimuló el desarrollo de la industria y la agricultura, así como la reducción de la monocultura cafetalera.

Durante su presidencia se fortaleció considerablemente el capital nacional. Desde finales de 1944, bajo la presión de Estados Unidos, Brasil se vio obligado a reajustar su política exterior. Participó con vigor en la guerra antifascista. Sus materias primas estratégicas (bauxita, mangano, caucho, etc.) y sus fábricas de aviones ayudaron a los Estados Unidos. La fuerza aérea de Estados Unidos utilizó 600 aeropuertos brasileños en las operaciones en África. El gobierno brasileño paralizó las maniobras del gobierno de Vichy en las colonias francesas del Caribe. También se mejoraron sus relaciones con la Unión Soviética. Mientras tanto seguían vigentes las leyes represivas que proscribían los partidos y organizaciones políticas, y las fuerzas profascistas tenían una influencia considerable en el aparato estatal. El gobierno de Vargas necesitaba una base interna para su nueva política exterior, lo que posibilitó el reinicio de los movimientos democráticos.

En Argentina y Uruguay surgieron también movimientos de solidaridad en la guerra contra el Eje, aunque internamente afrontaban el problema de la existencia de grupos que simpatizaban con alemanes e italianos. En Argentina, las luchas políticas finalizaron con el golpe militar de 1943, que supuso el ascenso de Perón.

VI. AMÉRICA LATINA DESPUÉS DE LA SEGUNDA GUERRA MUNDIAL

1. EL ASCENSO DE LOS PARTIDOS POPULISTAS

Las palabras de Simón Bolívar escritas en 1829 jamás tuvieron mayor actualidad en América Latina que después de 1945: «Estados Unidos está destinado por la providencia a traer la miseria a América en nombre de la libertad.» La política de «buena vecindad» tuvo su ocaso. Estados Unidos, consciente de su fuerza, trató de conseguir la hegemonía mundial. «Hoy Estados Unidos es una nación fuerte, no hay mas fuerza que ella», escribió en ese entonces Truman. «No es jactancia, es un hecho: esto significa que gracias a nuestra fuerza tenemos que tomar la dirección y encargarnos de la responsabilidad.»

América Latina, como base de materias primas, mercado para los artículos industriales y fuerza militar adicional, era imprescindible para la nueva estrategia norteamericana. El papel estratégico de América Latina aumentó además como consecuencia del proceso revolucionario que se desenvolvía en Europa central y oriental y en Asia.

La hegemonía norteamericana se manifestó en el esfera de la economía (plan Clayton), en el terreno militar (la Conferencia de Río de Janeiro del 2 de septiembre de 1947), y en el terreno político (la OEA, constituida en la conferencia panamericana de Bogotá en 1948). La idea de la «defensa continental» era claramente anticomu-

Matadero. Argentina

nista y se dirigió contra los movimientos revolucionarios del continente americano. La estrategia global de Estados Unidos demandaba una América Latina obediente y «tranquila».

Después de la segunda guerra mundial los movimientos revolucionarios hicieron ver la posibilidad de otro tipo de solución, similar a la de Europa oriental. Pero el movimiento comunista en su etapa del browderismo (1944-1946) no se puso al frente de los movimientos radicales de masas y tampoco aprovechó, después de 1946, por su política sectaria, la posibilidad de la alianza con otras fuerzas políticas. Crecieron entonces las posibilidades de los partidos populistas, por medio de consignas nacionales y democráticas. Una particularidad de la situación creada después de 1945 consistió en que en el seno de los partidos populistas (por ejemplo, en el colombiano, peruano y mexicano) las fuerzas de la izquierda se separaron de la dirección reformista. Así, las masas radicalizadas fueron controladas por los partidos populistas reformistas y nacionales. Los dirigentes de estos partidos populistas creyeron que la alianza con Estados Unidos podía permitir un desarrollo nacional independiente. En cierto modo, los partidos populistas reformistas latinoamericanos desempeñaron un papel similar al de los partidos socialistas en Europa occidental en estos años.

Después de 1945 las dictaduras militares pronorteamericanas barrieron estos partidos y sus gobiernos. Algunos dirigentes populistas no tuvieron inconveniente en ponerse al servicio de los intereses de Estados Unidos ante el temor del avance comunista. Fueron los años de la histeria anticomunista.

Durante la postguerra abundaron, sin embargo, situaciones revolucionarias, demostrando que la agitación política de la región latinoamericana no seguía el modelo previsto.

1.1. *La crisis del movimiento aprista en el Perú*

En el Perú el APRA, que durante la guerra actuó como Partido Popular Peruano, apoyó la constitución del Frente Nacional Democrático, ganando el apoyo de la pequeña burguesía urbana, de los empleados e intelectuales, cada vez más descontentos por la carestía, y de los grupos obreros. El surgimiento del Frente Nacional Democrático en Arequipa demostró la participación de todas las fuerzas antigubernamentales; uno de sus vicepresidentes era un representante destacado de la UR fascista; y el otro, de la oligarquía peruana pronorteamericana. Se incorporaron también importantes sectores conservadores. En cambio, el frente de la Unidad Nacional, que respaldaba al presidente Prado, lo constituyeron los sectores capitalistas industriales.

En las elecciones de 1945 ganó el candidato del frente, Bustamante y Rivero, y el APRA obtuvo tres carteras ministeriales. La política del congreso con mayoría aprista y del gobierno de los ministros del APRA no resolvió, sin embargo ninguna de las reformas prometidas.

Las dificultades económicas de la postguerra, el servilismo pronorteamericano y prooligárquico de la dirección del APRA le provocó una crisis interna. La burocracia, el nepotismo y la corrupción contribuyeron más a ésta. Los conflictos se agudizaron aún más por el hecho de que el APRA trató de construirse como un partido en el poder, y se enfrentó al propio presidente de la república. Bustamente y Rivero se acercó a Perón con el apoyo de los miembros y dirigentes de nivel medio de la dirección del APRA. Los «califas» de este partido, el grupo establecido alrededor de Haya de la Torre, se pusieron al lado de la política de Estados Unidos dirigida contra Perón y se enfrentaron a Bustamante.

El APRA logró desplazar a los comunistas del movimiento sindical, cuyas actividades se vieron paralizadas por el browderismo, pero no logró influir en los sindicatos. En la CTP logró colocar un secretario general aprista y la central salió de la CTAL, pero los sindicatos se alejaban rápidamente de la dirección del partido por su traición a las grandes consignas democráticas que había dado durante quince años.

Punto clave del desprestigio de los dirigentes apristas fue su «actitud hacia el capitalismo». Las masas apristas esperaban el inicio de la nacionalización y la reforma agraria prometidas reiteradamente desde 1930, pero no llegaron jamás.

En 1947, en las filas de la oposición aprista —especialmente en los grupos de acción del APRA (grupos armados) y las unidades del ejército simpatizantes con el APRA— comenzó una conspiración, que independientemente de la alta dirección del partido fijó como su objetivo la «obtención del poder». Esta organización contó con el apoyo del movimiento sindical.

Estados Unidos estimaron que la dirección del APRA era incapaz de detener a sus masas. Elaboraron su alternativa aprovechando la oportunidad que se brindó en octubre de 1948, un intento de sublevación organizada por el centro militar aprista sin la autorización de la dirección del partido. Los generales reaccionarios comenzaron a actuar y reprimieron rápida y sangrientamente a los sublevados. El general Odría derrocó al presidente Bustamante y cerró los institutos democráticos y los partidos políticos.

1.2. *Viraje derechista en Cuba*

En las elecciones cubanas de 1944 ganó la Alianza de la Oposición que luchaba por la candidatura presidencial de Grau San Martín, quien prometió grandes cambios. Después de una resistencia política de un decenio, los comunistas se mostraban dispuestos a colaborar con el nuevo partido de gobierno, el PRC-Auténtico, que prometía el desarrollo de la economía nacional y que defendía el «cubanismo». Este «cambio» se produjo tarde y desde una posición ya desfavorable. De todas maneras encontró apoyo en el movimiento obrero, cuyas fuerzas principales eran los comunistas y los auténticos. Este viraje se justificaba desde el punto de vista histórico también, ya que pareció que por fin se posibilitaría la cooperación tantas veces impulsada entre 1934-1938 con el Partido Nacional Reformista que influía sobre grandes masas, y cuyos dirigentes acentuaron su papel en la revolución del 33. Prometían la continuación de este periodo revolucionario y subrayaban la necesidad de la defensa de la independencia nacional y del cumplimiento de las reformas.

Pero después de la llegada al poder de los auténticos, se desarrolló un ataque contra la unidad de los comunistas y la CTC. Como primer paso estableció en el seno del PRC-Auténtico un llamado Comité Obrero bajo la dirección de Eusebio Mujal, que llevó al efecto la política sindical del partido gubernamental. El Comité, con el apoyo del presidente de la república, logró que en la CTC se concediesen más cargos a los dirigentes de la derecha. Pero en la V Conferencia Sindical Nacional volvió a triunfar Lázaro Peña como secretario general. En respuesta el gobierno desconoció los resultados y convocó un nuevo congreso. En el «nuevo» V Congreso, organizado por medio de presión, promesas, dinero y otros métodos de gangsterismo, la CTC pasó a manos de los sindicalistas de la derecha.

En las elecciones de 1948, el candidato de los auténticos, Prío Socarrás, ganó con gran ventaja. Prío Socarrás trató de destruir los sindicatos con métodos sin precedentes en América Latina. Pagó a bandas de criminales y organizó una serie de asesinatos contra dirigentes sindicales. Aplicó, además, los métodos de la corrupción y del terror policiaco-militar.

La constitución del Partido Ortodoxo, encabezado por Chibas (1947), indicó la descomposición del PRC-Auténtico. Se puso entonces en funcionamiento el mecanismo ya conocido en Perú; después de cumplir el «trabajo sucio», ni Estados Unidos ni la oligarquía cubana necesitaban los partidos populistas. Aquí también la solución era el golpe militar. Detrás del golpe de F. Batista de 1952 estaba la operación de neutralizar a los grupos de trabajadores.

1.3. *Gaitán en Colombia y el bogotazo*

Después de la segunda guerra mundial se incrementó el descontento popular en Colombia por el desempleo y la carestía de la vida. Sólo en 1946 se registraron más de 500 manifestaciones. Ospina Pérez, perteneciente a la derecha conservadora, triunfó en las elecciones de 1946. Las luchas se hicieron aún más desesperadas ante el despido masivo de los huelguistas, y cuando el presidente proscribió las huelgas, los policías y los militares abrieron fuego contra los manifestantes. En estos años la expresión «violencia» se convirtió en un adjetivo permanente de la vida política. Al lado del terror gubernamental se multiplicaron las acciones de las bandas armadas organizadas por los latifundistas y propietarios de fábricas, reclutadas de los lumpen. En respuesta a la violencia de la derecha aparecieron en Colombia los grupos armados de la izquierda liberal y los destacamentos guerrilleros campesinos. Estas acciones masivas lograron interrelacionarse bajo el nombre de Gaitán, quien para 1947 se convirtió en el dirigente del movimiento revolucionario.

Jorge E. Gaitán perteneció a la izquierda del Partido Liberal. En las elecciones de 1946 fracasó frente a Ospina. El político, educado en las ideas del positivismo, elaboró una alternativa democrática, revolucionaria y popular para 1947. Los comunistas le acusaron de dictatorial, aunque en realidad era un demócrata y revolucionario. En 1947, Gaitán exigió la reforma agraria, una política económica de carácter nacional y de fomento industrial, una reforma bancaria, y la eliminación de la corrupción estatal. En Colombia se planteó la posibilidad de la conformación del movimiento populista revolucionario.

Gaitán tuvo fuerza atractiva para el movimiento sindical. Los sindicatos clasistas se convirtieron en «gaitanistas». El 9 de abril de 1948 Gaitán fue misteriosamente asesinado en una calle principal de Bogotá y estalló una sublevación. Las masas indignadas sembraron el terror en la capital, que mantuvieron bajo su control durante varios días. La IX Conferencia Panamericana que sesionaba allí tuvo que suspenderse. La sublevación espontánea fue derrotada. La historia conoce estos sucesos bajo el nombre del «bogotazo».

El movimiento gaitanista se descompuso rápidamente, pues no estaba organizado, sino que fue fruto de la espontaneidad. En Colombia comenzó una ofensiva que en noviembre de 1949 se convirtió en una dictadura encubierta. El presidente Ospina Pérez introdujo el estado de emergencia, disolvió el Parlamento y suspendió las libertades democráticas.

1.4. *Chile: el fin de la cooperación democrática*

En 1945-1946 se constituyó en Chile una agrupación de la izquierda con la participación de algunos partidos democráticos menores y del OC, que presentó como candidato a las elecciones presidenciales al radical González Videla, quien aceptó seguir la política de Aguirre Cerdá. Los socialistas participaron independientemente con otro candidato, B. Ibáñez, perteneciente al ala derechista.

La división de la derecha se reflejó en el hecho de tener dos candidatos. Los círculos conservadores (liberales y conservadores) tuvieron como candidato a F. Alessandri. La clase dominante chilena presentó otro de tendencia socialcristiana, apoyado por los socialistas «auténticos» de Grove, E. Cruz Coke.

En septiembre de 1946 ganó González Videla, respaldado por los comunistas, que obtuvieron en el Congreso cinco escaños de senadores y 15 de diputados.

González Videla triunfó, pero no con una mayoría absoluta. El Congreso tenía que tomar la decisión. Los conservadores ofrecieron apoyarle si rompía con los comunistas, lo que González Videla no aceptó, ya que el respaldo del PC de Chile contribuyó a su elección. Finalmente, tras muchas deliberaciones parlamentarias, ganando el apoyo de una parte del centro reformista y de la derecha (los falangistas y los liberales), obtuvo la presidencia. En el nuevo gobierno de once miembros hubo cuatro ministro radicales, tres comunistas y tres liberales.

Los radicales esperaban que la participación de los comunistas en el gobierno posibilitara el control de los movimientos huelguísticos. Pero no ocurrió así. Los comunistas, dentro del gobierno, seguían luchando por el cumplimiento de su programa. Se expropiaron algunos latifundios, se nacionalizaron dos líneas ferroviarias y se respaldó el movimiento de los obreros del cobre frente a los empresarios norteamericanos. Se establecieron las relaciones diplomáticas con Checoslovaquia y Yugoslavia.

En las elecciones municipales de 1947 los partidos gubernamentales, radicales y liberales perdieron muchos votos. Gran parte de los electores liberales, descontentos con su partido por la cooperación con los comunistas, votó por los conservadores. En cambio, muchos electores radicales de los sectores inferiores votaron por los comunistas.

Se habló entonces de «peligro comunista» y González Videla se encontró bajo una fuerte presión diplomática para romper las relaciones con la Unión Soviética, con los países socialistas y excluir a los comunistas de su gobierno. La presión iba acompañada por diversas maniobras: se ofreció apoyo militar al ejército; a partir de 1947 se concedieron facilidades aduaneras al cobre chileno, y Estados Unidos ofreció un apoyo de 25 millones de dólares al gobierno para cumplir su plan prometido de industrialización.

González Videla empezó a inclinarse hacia la derecha. El 16 de abril de 1947 los ministros liberales salieron de su gobierno a causa del fracaso en las elecciones municipales. El presidente pudo constituir un nuevo gobierno, esta vez sin los comunistas, sólo con los radicales. Solicitó al Congreso un poder plenipotenciario por seis meses y comenzó a reprimir las manifestaciones obreras. Luego, bajo el signo de la «defensa de la democracia», hizo aprobar una ley anticomunista. El Partido Comunista de Chile (26.348 personas) se vio obligado a pasar a la clandestinidad. El grupo socialista encabezado por Raúl Ampurero y Salvador Allende condenó la campaña anticomunista del gobierno, en cambio la otra parte del mismo partido estuvo de acuerdo con él. Por tal razón, el grupo de Allende salió del partido y constituyó un nuevo partido socialista.

Los resultados electorales para el senado de 1949 reflejaron ya el nuevo ambiente político. Surgió una mayoría conservadora-liberal y avanzó el movimiento nacionalista del ex dictador Ibáñez. En las elecciones participaron tres partidos socialistas; el encabezado por Allende recibió gran número de los votos.

1.5. *Intento democrático en Venezuela*

Entre 1945 y 1948, en Venezuela las luchas políticas se fundamentaban en la rivalidad entre el Partido Comunista y la populista Acción Democrática.

En Venezuela el periodo posterior a la muerte del dictador Gómez, en 1935, fue el de constitución de los partidos políticos. Los comunistas colaboraron por un tiempo con el Partido Democrático Nacional, pero debido a las discrepancias se separaron. Un grupo del PN actuó después de 1941 bajo el nombre de Acción Democrática.

Los comunistas apoyaron entre 1941-1945 al gobierno del presidente general L. Medina Angarita, lo que produjo disensiones internas. El promotor y orientador del ascenso democrático experimentado a finales de la guerra fue la AD, que en 1945, bajo la dirección de jóvenes oficiales, derrocó al gobierno de Medina.

Inicialmente la Acción Democrática gobernó a través de una junta cívico-militar; luego, entre 1946 y 1948, a través de instituciones constitucionales. En 1946 introdujo una amplia reforma democrática electoral. La Constitución de 1947 fue democrática y progresista. Garantizó el derecho a la organización, a la huelga, a la jubilación, al trabajo, a las vacaciones pagadas; ofreció subsidio por enfermedad a los trabajadores; hizo tarea del Estado garantizar a los trabajadores vivienda, enseñanza y salud pública. El Estado tuvo un papel clave en la planificación económica y en el desarrollo, pero la Constitución reconoció a la vez la importancia de la propiedad privada.

En el programa de la AD ocupó un lugar primordial la revisión de la política petrolera. Se entregó al Estado el 50 por 100 de las ganancias petroleras, comenzó la formación del sector petrolero estatal y no se dieron nuevas concesiones a los extranjeros. Se atendió también la economía, la salud pública, la educación y la política social. Comenzaron los preparativos —aunque en forma cautelosa— para la reforma agraria.

El programa revolucionario nacional de la AD fue muy popular. En el campo, se logró el apoyo de los campesinos y en las ciudades el de los obreros. La CTV, que se constituyó en 1947, aglutinó a cerca de 300.000 trabajadores y contó con el partido gubernamental.

Durante el gobierno de la AD, la parte liberal de la burguesía pequeña y mediana se aglutinó en la Unión Republicana Democrática, constituida, igual que COPEI, en 1946. El COPEI (Comité Organizador de la Política Electoral Independiente) aglutinó a los campesinos medianos y pequeños, los propietarios de tierra, los intelectuales y ciertos sectores de la burguesía, bajo la dirección de Rafael Caldera. Tuvo también respaldo del clero.

El gobierno garantizó las actividades políticas de todos los partidos. En las elecciones de 1946-1948 competían los cuatro mayores partidos (AD, COPET, PC y URD) bajo el peso indiscutible de la AD y el avance lento de COPEI.

No podía durar mucho la apertura. En noviembre de 1948 la alianza reaccionaria del ejército, de los latifundistas que se sentían amenazados y de Estados Unidos condujo a un golpe de Estado que derrocó al gobierno de la AD e instaló una dictadura militar. Para principios de los años 50 los gobiernos populistas habían sido barridos por las dictaduras militares.

1.6. *La cuestión racial y el populismo: el caso de Haití*

El ascenso democrático y revolucionario de América Latina durante y después de la segunda guerra mundial apareció también en América Central y el Caribe. El ejemplo de Cuba ya lo mencionamos. En el próximo capítulo nos referiremos a la revolución guatemalteca. De Haití vale la pena hablar con detalle por sus conflictos de carácter «racial».

A finales de los años 30 los negros cubanos comenzaron a constituir organizaciones políticas independientes. En el Perú, la ideología del APRA impulsaba al grupo mestizo (la abrumadora mayoría de la pequeña burguesía era mestiza) y los sentimientos contra los «amarillos». En Bolivia hubo posiciones proindigenistas. En Haití hubo tendencias antimulatas, porque ser «mulato» equivalía a pertenecer a la clase dominante; mientras que ser «negro» era el sinónimo de explotado. Intervenía así un «aspecto racial» en las luchas de clase.

Los movimientos políticos haitianos surgieron bajo el signo de la protesta contra la ocupación militar norteamericana (1915-1934). La lucha nacionalista fue abanderada por el llamado movimiento etnológico, que reivindicó la herencia africana y sus valores. Fue un populismo mulato que, además de interesarse por la vida del campesino haitiano, estaba orgulloso de las relaciones históricas con Francia y se vinculaba a la revolución haitiana del siglo XVIII. En realidad era la alternativa mulata del proceso de la conversión de Haití en nación. «No existen ni negros, ni mulatos, ni ricos, ni pobres, ni urbanos, ni del pueblo, existen sólo haitianos, oprimidos por los sirvientes de los norteamericanos», decían.

Las organizaciones del movimiento nacionalista antiyanki (por ejemplo, la Confederación Patriótica) lucharon abnegadamente contra los norteamericanos y tuvieron un gran papel el día en que finalmente Estados Unidos retiró sus tropas del país. Para los círculos dominantes (mulatos) finalizó la lucha, en cambio para los sectores negros, no. Esta resistencia se reflejó en la oposición «noirista», iniciada a principios de los años 30 por un grupo de intelectuales de color negro (L. Diagonoi, F. Duvalier, L. Denis). Los noiristas exaltaron el elemento africano en las tradiciones haitianas y rechazaron todo efecto europeo.

Este movimiento pretendía quitar el poder a la élite (mulata) y entregarlo a la clase media (negra) y a las masas (negras). Atacaron el liberalismo y la democracia. Hablaron de la necesidad de la «dictadura negra» que obraría en pro del pueblo. Insistieron en la supresión de la Iglesia católica (europea) y en apoyar a la religión vudú de los negros. El movimiento noirista impulsó la alianza de la clase media negra, del campesinado y proletariado frente al imperialismo «blanco».

La reacción de la clase dominante mulata no se hizo esperar. En 1941-1942 la Iglesia católica, el gobierno y la clase dominante lanzaron una campaña coordinada, llamada antisupersticiosa, contra el movimiento negro. Se prohibió practicar la religión vudú en el país.

Durante la segunda guerra mundial los sectores medios negros cobraron mayor fuerza y el gobierno mulato —que se convirtió en asunto familiar— tuvo que convivir con la resistencia negra. Después del golpe que derrocó al presidente Lescot, la junta constituida en 1946 estableció un estado provisional, con siete miembros negros y cuatro mulatos.

Las organizaciones de los populistas negros, y de los marxistas y radicales socialistas constituyeron el Frente Revolucionario de Haití. Se incorporaron al mismo, además de las organizaciones de Duvalier y Fignole, el PC de Haití y algunos grupos independientes. Este frente, aunque dirigido contra la oligarquía mulata, se descompuso durante las elecciones presidenciales. Los radicales noiristas querían para presidente a D. P. Calixte, mientras el PC apoyaba a D. Estimé, moderado y de color negro. Los sectores medios negros moderados del campo apoyaron al último. El Partido Socialista Popular, que aglutinó a los intelectuales mulatos, tuvo su candidato en la persona de un senador negro.

El triunfo de Estimé (agosto de 1946) significó el del ala moderada del noirismo y del movimiento populista negro. Garantizó a la vez el control duradero de los sectores medios negros y de la naciente burguesía sobre los sectores campesinos y proletarios (negros). El color de la piel encubrió las diferencias entre la gente perteneciente a diferentes clases.

Durante la presidencia de Estimé (1946-1950) el movimiento populista negro adquirió diferentes formas. Reinó una libertad política y terminó el proceso de la construcción de los partidos.

Bajo la dirección de Fignolé se constituyó el Movimiento Obrero-Campesino y se estableció el Partido Popular Socialcristiano. El MOP se convirtió en un típico partido populista en la oposición de Estimé. Durante la dictadura de Magliore funcionó como el único partido legal.

Estimé elaboró un amplio programa para introducir reformas en la economía y en la educación. A partir de 1949 los preparativos para nuevas elecciones presidenciales reanimó la vida política. Estimé proscribió todos los partidos políticos y los periódicos. La clase dominante no tenía confianza en él. A principios de 1950 el general Paul Magliori dio un golpe y tomó el poder. El breve periodo democrático de Haití había finalizado.

1.7. *Vargas y el trabalhismo*

A mediados de 1944 Vargas empezó a montar el regreso a las formas constitucionales. Prometió elecciones y una nueva constitución. Trató de aprovechar su popularidad sobre las masas y su poder sobre los sindicatos y comenzó a organizar un partido político. El Partido Trabalhista Brasileiro se componía de obreros aglutinados en marcos corporativos bajo el control de Vargas. El Partido Socialdemócrata, surgido también en 1945, se nutrió con los sectores medios urbanos y la pequeña burguesía. Aunque fue organizado por políticos cercanos a Vargas, no estaba estrechamente vinculado con el presidente. La oligarquía de las plantaciones, los jefes del ejército, y los grandes capitalistas y comerciantes constituyeron la Unión Democrática Nacional. Mientras los partidos de Vargas en las elecciones presidenciales apoyaron oficialmente la candidatura del general Dutra, la UDN lanzó como candidato al otrora soldado tenentista, general Gómez. El Partido Trabalhista Brasileiro comenzó una campaña conocida como el «movimiento queremista» bajo la consigna de «Queremos Getulio». Vargas, aunque abiertamente no apoyó este movimiento, aceptó su deseo. Los comunistas, recién salidos de la clandestinidad, se pusieron al lado del movimiento queremista y apoyaron sus aspiraciones democráticas. Este movimiento fue dirigido por los sectores democráticos de la burguesía nacional, y Vargas se encontró bajo su influencia. La oligarquía brasileña vio la situación en peligro y, en octubre de 1945, respaldó un golpe militar que derrocó a Vargas. El gobierno militar se mantuvo en el poder hasta las elecciones, que ganó el general Dutra con 1,87 millones de votos. Durante su mandato se produjo el decaimiento de los Partidos Socialdemócrata y Trabalhista, que se encontraba en el medio del espectro político, mientras se fortaleció la UDN y se reorganizó el movimiento fascista integralista (Partido Revolucionario Popular). Bajo la influencia de Estados Unidos, Dutra suprimió la central sindical común de los comunistas y los trabalhistas y rompió con la Unión Soviética.

1.8. *El peronismo*

En Argentina, el populismo latinoamericano, el peronismo, penetró en la clase obrera, que fue puesta bajo el control y la orientación estatales. Este proceso no tiene semejanza con los ejemplos latinoamericanos ya conocidos.

El movimiento peronista se fortaleció mediante la absorción de miembros de los sindicatos reformistas y del movimiento socialista, así como con la rápida conquista de las nuevas capas obreras todavía no organizadas.

Entre 1942-1945 se aumentó el número de los trabajadores en las grandes ciudades de 927.000 a 1.238.000, en su mayoría analfabetos que se trasladaban del campo a la ciudad, influidos por la fascinación de Perón, conquistados por sus medidas sociales e integrados a la sociedad urbana por su movimiento.

Apoyó también al peronismo —además de las masas— el ejército, que creció con una rápidez increíble. El número de los empleados del aparato estatal en 1942 era de 172.000; en 1945 eran 250.000, en 1947, 400.000; los efectivos de la policía

603

aumentaron en 35.000 en ese año. Los efectivos del ejército en 1942 eran de 17.000, en 1947 eran ya 200.000.

Entre 1943-1946 los generales que se turnaron en la junta militar llevaron una política de represión contra las fuerzas democráticas. Proscribieron la central sindical, la CGT-2. La CGT-1 reformista-derechista permaneció en la legalidad, si bien fueron encarcelados los jefes de sus combativos sindicatos ferroviarios (los más fuertes). Los nuevos dirigentes de las organizaciones —auspiciados por el comisario militar— eran oportunistas. El apoyo principal de Perón —en ese entonces ministro de trabajo— eran los burócratas sindicales de la derecha de la CGT-1. Los demás centros sindicales habían sido destruidos.

Comenzaron las grandes huelgas, movimientos estudiantiles y un movimiento nacional por la liberación de los presos políticos, coincidiendo con la etapa final de la Segunda Guerra Mundial. A principios de 1945 las fuerzas democráticas argentinas salieron de la clandestinidad. Se vio claramente la imposibilidad de seguir gobernando con terror militar. El primero en reconocerlo fue Perón, miembro omnipotente del gobierno, vicepresidente de la República y ministro del Interior y de Trabajo, quien para entonces contaba ya con apoyo sindical. Había luchas en favor de las demandas económicas de los obreros. Entre 1943 y 1945 emitió 29 disposiciones, autorizó 319 contratos colectivos, en 174 litigios laborales obró como árbitro y en la mayoría de los casos dictó sentencia en favor de los obreros. Por entonces surgió el mito sobre el patrono de los obreros, sobre el «obrero número uno».

La Junta, al ver que Perón se desplazaba hacia el centro, le relevó y encarceló a finales de 1945, pero la protesta espontánea de las masas obligó a ponerle en libertad. Esto contribuyó grandemente a su exaltación, que se convirtió en una figura importante en las elecciones previstas para febrero de 1946. Los partidos políticos apoyaron entonces a Perón. El Partido Laboral, la burocracia sindical y un grupo disidente del Partido Radical cerraron filas en torno suyo. Le respaldaban, además, el aparato estatal, el ejército y la Iglesia. La coalición Unión Democrática organizada por los partidos «clásicos» de la izquierda burguesa, por los socialistas y el PC fracasó frente a él.

El programa de Perón terminó con la política terrorista profascista del Grupo de Oficiales Unidos que llevó a cabo el golpe de 1943. La ruptura se caracterizaba en consignas espectaculares: «Nueva Argentina», «justicia», etc. Prometió independencia económica y política, el desarrollo de la economía, la limitación del capital imperialista, leyes sociales. Proclamaba la «justicia social» y su partido se denominó Justicialista. Propuso la «tercera vía» como tantos otros movimientos populistas latinoamericanos; rechazó lo negativo del capitalismo y del comunismo. Propuso un movimiento obrero en vez de la lucha de clases, la cooperación y la armonía; urgió la humanización del capital y el cumplimiento de los derechos de los obreros estipulados en las leyes. Curiosamente, la Declaración de los Derechos de los trabajadores no contemplaba el derecho de huelga.

Perón proyectó crear un Estado corporativo al sindicalizar prácticamente a todos los trabajadores. En 1943, el número de los obreros organizados era de 300.000, en 1944 creció a 2 millones, en 1954 a 6 millones. Muchos de éstos eran propietarios agrarios y empleados. Además, los viejos dirigentes de los sindicatos fueron cambiados, sustituidos frecuentemente por funcionarios designados por el gobierno. Simultáneamente a este proceso, el Partido Laboral se fusionó con el Par-

Juan Domingo Perón

tido Peronista Unificado, integrándose así un conjunto heterogéneo de sindicatos y de fuerzas burguesas-pequeñoburguesas en constantes discrepancias. Cesó así la independencia —lo que se conservaba aún— del movimiento sindical.

Perón ganó a las masas obreras con sus medidas sociales: la reducción del desempleo, seguro social, semana laboral de 48 horas y las vacaciones anuales. Raúl Prebisch demostró que entre 1945-1955 los ingresos per cápita en Argentina aumentaron sólo en un 3,5 por 100, mientras que el sueldo de los obreros industriales creció un 47 por 100.

A partir de 1950-1951 se fortalecieron gradualmente los rasgos personalistas del gobierno peronista, que ya no se apoyó tanto en el movimiento obrero como en el ejército y en la burocracia. Los medios de su política fueron administrativos y represivos. Un historiador calificó esta etapa como un «bonapartismo populista». Se olvidó además de las antiguas promesas que se quedaron sin cumplir. No se llevó a cabo la reforma agraria, ni se expropiaron las compañías extranjeras; en cambio, el gran capital nacional se fortaleció económica y políticamente y aumentó el coste de vida. «La democracia organizada» de Perón se convirtió en corporativismo, y en el terreno internacional la posición de la «tercera vía» no contribuyó a limitar el imperialismo yanki.

2. La revolución guatemalteca

La revolución guatemalteca de 1944 constituyó la culminación del ascenso revolucionario de los últimos años de la segunda guerra mundial y de la postguerra. Entre las dos guerras mundiales, Guatemala se encontró bajo la influencia económica y política del capital norteamericano. El poder auténtico lo detentó la United Fruit Company (UFCO), imperio bananero que abarcó los cinco países centroamericanos. El UFCO cultivaba café, plátano y azúcar; disponía de una flota mercante, de varios puertos, de una red ferroviaria y de comunicaciones, así como de una radioemisora. Con otros dos monopolios estadounidenses, una compañía ferroviaria y otra de energía eléctrica, dominaban la economía y la vida política de Guatemala. El «orden, la eficacia y el progreso» —como lo escribió un historiador norteamericano— estaban garantizados desde 1931 por la oscura dictadura de Ubico.

Unos 120 latifundistas alemanes, que habían realizado una labor de influencia nazi en Guatemala, constituyeron el apoyo incondicional a Ubico. Las ideas fascistas se divulgaron no sólo a través de los emigrantes alemanes, sino también mediante el partido fascista guatemalteco, la Falange, cuyos representantes estuvieron presentes en el gobierno. Ubico ejerció su poder gracias a un buen aparato policiaco y de espionaje. Dio Ley Vial, la ley del trabajo forzado, la eliminación de la autonomía de las ciudades y de las universidades. Persiguió a las organizaciones obreras, suspendió los derechos cívicos y controló la vida de los guatemaltecos por medio del ejército.

La sociedad de Guatemala tenía enormes desigualdades. La grave crisis del café de los años 40 las agudizó aún más. El 75 por 100 de sus tres millones de habitantes eran campesinos: el 80 por 100 eran indígenas que hablaban 19 idiomas diferentes. Su mayoría era analfabeta (el promedio nacional era del 71,8 por 100; en las regiones indígenas, subía al 90 por 100).

La tierra estaba en manos del UFCO y de una pequeña oligarquía nacional. El 88,4 por 100 de los propietarios disponía del 14,3 por 100 de las tierras. Una gran parte de la población campesina carecía de tierras y trabajaba en las plantaciones. En 1948 la industria, el comercio, el transporte y los servicios daban trabajo a cerca de 40.000 personas; la administración estatal y municipal tenían cerca de 25.000 empleados. Las líneas ferroviarias, las cuatro quintas partes de la energía eléctrica y los puertos se encontraban en manos de las compañías norteamericanas.

A partir de 1943, debido al crecimiento de la influencia de Estados Unidos, Ubico, bajo la presión de Washington, expropió los latifundios alemanes, pero fue perdiendo fuerza cuando cayeron las dictaduras. Su régimen se convirtió en un anacronismo en medio de las victorias de las fuerzas democráticas y no pudieron mantenerle ni los grupos monopolistas norteamericanos.

La reacción antidictatorial se inició cuando 45 juristas pidieron la renuncia de Ubico; luego, 20 maestros exigieron el alza salarial; los estudiantes exigieron restablecer la autonomía universitaria. En junio hubo desórdenes estudiantiles y manifestaciones obreras que el gobierno trató de reprimir abriendo fuego contra ellas. El 22 de junio se desarrolló una huelga de los juristas, los médicos y los comerciantes.

Estados Unidos y la oligarquía nacional trataron de mantener el orden, alejando a Ubico. Federico Ponce y otros dos generales pidieron la renuncia del dictador. El

29 de junio constituyeron una junta, reconocida por Estados Unidos el mismo día. Ponce no dominó la situación. Las organizaciones obreras, los partidos políticos, los estudiantes, los artesanos, los intelectuales y otros sectores medios demandaban la democratización del país y el anuncio de las elecciones. Incluso se constituyó una organización coordinadora de los diferentes grupos políticos pequeñoburgueses que comenzó a proponer como su candidato presidencial la persona del profesor universitario Juan Arévalo, quien vivía exilado en Argentina.

El presidente Ponce trató de desarticular los movimientos políticos, utilizando a los indígenas. Desde las montañas fueron trasladados a la capital 5.000 campesinos indígenas y colocados en campamentos ubicados en los parques de la ciudad. Con su participación se organizaron manifestaciones de respaldo al presidente; lo que trajo a la capital el fantasma de «la guerra racial». Todo arreglo político fue imposible. Las fuerzas democráticas optaron entonces por la toma del poder. El centro de la conspiración fue la Academia Militar. El capitán Jacobo Arbenz, profesor de la Academia, el comerciante Torriello, representante de las fuerzas civiles, pequeñoburguesas y estudiantiles, y el mayor Francisco Arana, comandante de las unidades de élite de la capital, se pusieron al frente de la sublevación. El 20 de octubre obtuvieron el poder y constituyeron la Junta Revolucionaria.

El Congreso y la policía fueron disueltos. Se rompieron relaciones diplomáticas con el gobierno español de Franco y se entablaron con los republicanos de la emigración. Se anunciaron las elecciones parlamentarias y presidenciales para noviembre y diciembre, en las que se aseguró que no participaría ningún miembro de la Junta.

En diciembre, el 85 por 100 de los votos fueron favorables a Juan Arévalo, candidato de los partidos revolucionarios burgueses y pequeñoburgueses. Arbenz sería el ministro de defensa. La presidencia de Arévalo significó el triunfo de la burguesía democrática, de los pequeñoburgueses y de otros sectores medios, apoyados por amplias masas obreras y campesinas.

Los años de Arévalo (1945-1950) significaron el periodo moderado de la revolución. Se aprobó una nueva constitución y una ley electoral, que posibilitó a las mujeres y a los analfabetos incorporarse a la vida política. Los derechos de los trabajadores se ampliaron con la edición del Nuevo Código Laboral y con el establecimiento del Instituto de Seguro Social. Se introdujo la semana laboral de 48 horas. Se constituyó el Banco Nacional y el Instituto Nacional de Créditos. Comenzaron a construirse escuelas y hospitales y se inició una gran campaña contra el analfabetismo. Se construyeron viviendas para los obreros y campesinos.

Arévalo respetó los latifundios nacionales. Convirtió los antiguos latifundios alemanes en granjas estatales modelo, incentivó el cultivo de las tierras antes no aprovechadas, así como la constitución de cooperativas para los pequeños campesinos.

Arévalo había proclamado el socialismo «humanista» frente al socialismo «materialista», pero, tras llegar al poder, trató de implantar la «democracia funcional» en vez del socialismo «humanista». Lo tomó del APRA peruano, instando a la coordinación recíproca de los intereses de clase. Los problemas debían ser resueltos conjuntamente en conferencias locales, regionales y nacionales constituidas por los representantes de las diferentes profesiones y clases. La primera conferencia regional «funcional» (1945) no fue seguida por otra, ya que los conflictos de clases eran cada vez más agudos.

Se organizaban partidos políticos, sindicatos obreros y uniones campesinas. En 1944-1945, los dos grandes partidos, constituidos a su vez por dos decenas de partidos, formaron la gran coalición que apoyaba a Arévalo: el Frente Popular de Liberación y el Partido del Establecimiento Nacional. A finales de 1945 ambos partidos se unieron y constituyeron el Partido de Acción Revolucionaria (PAR). En 1947, su secretario general fue el marxista José Manuel Fortuny. Dentro del partido surgió el mismo año un grupo marxista-leninista, bajo el nombre de Vanguardia Democrática de Guatemala. Más tarde figuró bajo el nombre Comunista de Octubre, y aglutinó a los comunistas que regresaban del exilio (principalmente de México). En 1949 los comunistas salieron del PAR y el 29 de septiembre constituyeron el PC Guatemalteco, que no reconoció el gobierno. El partido tuvo sólo 500 miembros, pero ejerció una gran influencia en la central sindical nacional, CGTG, que en 1952 agrupó a 75.000 personas.

Los grupos derechistas conspiraron contra el gobierno. Durante la presidencia de Arévalo hubo 30 sublevaciones y complots. Tras su fracaso depositó la confianza en Arana, jefe del Estado Mayor del ejército, que se presentaría como candidato para las próximas elecciones. Luego Arana trató de obtener el poder por medio de un golpe militar. El complot fue descubierto y Arana cayó en un tiroteo. Se facilitó así el camino para la candidatura del prestigioso Arbenz, quien prometió llevar adelante la revolución. En torno a su figura se unieron partidos democráticos burgueses y pequeñoburgueses, la CGTG y los comunistas. Arbenz anunció la consigna de «tierras para el indígena», que atrajo a las dinámicas federaciones campesinas. Arbenz obtuvo la mayoría, 258.987 votos, frente a los candidatos de la derecha.

Después, en 1951, durante la presidencia de Arbenz, se aceleró el proceso revolucionario. La cuestión central fue la reforma agraria, que afectó a los monopolios de Estados Unidos.

La reforma agraria, fundamentada en los artículo 91-92 de la Constitución, trató de ser «moderada». No afectó a las parcelas menores de 90 hectáreas, ni a las posesiones de entre 90-300 hectáreas, donde al menos dos terceras partes de la tierra fueran cultivadas; tampoco afectó a aquellas fincas que, independientemente de su extensión, estuvieran cultivadas. La reforma se dirigió en realidad contra los latifundios improductivos. Se prometió además indemnizar en un plazo máximo de veinticinco años a los propietarios de los latifundios expropiados y nacionalizados.

Las tierras fueron dadas a los campesinos para uso individual y cooperativo, y con la obligación de pagar al Estado anualmente el 3 por 100 de sus productos. Cien mil familias campesinas obtuvieron la tierra.

En 1952 el presidente Arbenz propuso la fusión de los partidos burgueses y pequeñoburgueses que le apoyaban en el llamado Partido de la Revolución Guatemalteca, que tuvo una vida efímera. En su lugar se consolidó la alianza de los partidos independientes.

En las elecciones de 1953 los partidos que apoyaban al gobierno ganaron 51 escaños parlamentarios de los 56 que integraban la institución. Fueron ocupados por 16 profesores, 8 juristas, 7 intelectuales, 5 artesanos, 4 obreros, un latifundista, etc.

Después del fracaso electoral, la derecha empezó a hablar del «peligro comunista» que amenazaba a Guatemala. Más peligroso era, en opinión del secretario de Estado norteamericano, que el ejemplo guatemalteco cundiera en Centroamérica.

En 1954, el gobierno de Estados Unidos trató de aprovechar la X Conferencia

Panamericana de Caracas para lanzar a Latinoamérica contra Guatemala. No consiguió su propósito, pero la declaración aprobada en la conferencia consagró la ulterior agresión. En junio de ese mismo año se realizó el ataque bajo la dirección del coronel guatemalteco C. Castillo Armas, que vivía en Honduras, con el respaldo de Washington y las dictaduras centroamericanas. Los jefes del ejército guatemalteco se negaron a combatir contra los invasores. El presidente Arbenz autorizó la formación de una milicia de maestros, profesores, obreros del transporte y de la construcción y de campesinos contra los contrarrevolucionarios, pero los milicianos no recibieron armas. El ejército exigió entonces la renuncia al presidente y el general C. E. Díaz tomó el poder y lo entregó a la junta encabezada por Castillo Armas. La revolución se rindió sin armas, iniciándose a continuación la destrucción de las fuerzas políticas revolucionarias.

ORIENTACIÓN BIBLIOGRÁFICA

ALEXANDER, Robert, *Latin-América Political Parties,* Nueva York, Washington-Londres, 1973.

ANDERLE, Adam, *Movimientos Políticos en el Perú entre las dos guerras mundiales,* La Habana, Casa de las Américas, 1985.

BOYKO, B., *América Latina: expansión del imperialismo y crisis de la vía capitalista del desarrollo,* Moscú, 1977.

AGUILAR, Luis E., *Cuba. Prologue to the Revolution,* Ithaca-Londres 1972.

KAPLAN, Marcos, «La naturaleza del gobierno Peronista. 1945-1955», *Revista Latinoamericana,* Bielefeld, núm. 31-32, 1973.

LITTLE, Walter, «Party and State in Peronist Argentina», *HAHR,* núm. 4, 1973.

MATSUSHITA, Hiroschi, *Movimiento Obrero Argentino. 1930-1945. Sus proyecciones en los orígenes del peronismo,* Buenos Aires, 1983.

KLEIN, Herbert S., *Parties and Political Change in Bolivia,* Cambridge, 1969.

SKIDMORE, Thomas, *Politics in Brasil. 1930-1964,* Londres-Oxford-Nueva York, 1969.

ROBINSON, Cordell, J., *El movimiento gaitanista en Colombia. 1930-1948,* Bogotá, 1976.

KOVAL, Boris, *Movimiento obrero en América Latina. 1917-1959,* Moscú, 1985.

HERNÁNDEZ ARREGUI, Juan José, *Peronismo y socialismo,* 3.ª ed., Buenos Aires, 1973.

Historia del movimiento obrero cubano. 1865-1958, t. I-II, La Habana, 1986.

El populismo en América Latina, México, UNAM, col. Nuestra América, núm. 7, 1983.

MOMMER, Dorothea, *Venezuela, 1936-1948,* Tübingen, 1977.

CONNIFF, Michael, J., *Latin American Populism in Comparative Perspective,* Albuquerque, 1982.

TABARES DEL REAL, José. A., *Guiteras,* La Habana, 1973.

GILL, Mario, *La década bárbara,* México, 1970.

ADAM ANDERLE

Capítulo VIII

El nacionalismo

I. NACIONALISMO, TRANSFORMACIÓN Y PROYECTOS POLÍTICOS

Es posiblemente arbitrario definir el periodo comprendido entre 1948 y 1975 como la época del nacionalismo. Se trata, en efecto, de una definición que por ser demasiado omnicomprensiva requiere de algunas precauciones y de no pocas especificaciones. Éstas son especialmente importantes para no imponer al contexto latinoamericano una caracterización tomada mecánicamente en préstamo de la evolución histórica europea.

En la acepción dada en la historia europea, el nacionalismo es esencialmente la imposición general de una cultura superior a una sociedad en la cual precedentemente una pluralidad de culturas dominaban la casi totalidad de la población. El nacionalismo se explicitaba en la difusión generalizada de un idioma, a través de la escuela como institución pública controlada académicamente, con el fin de servir de medio de comunicación tecnológica y burocrática a una sociedad de tipo impersonal, constituida por individuos libres con iguales derechos y deberes. Dicho con otras palabras, en la experiencia histórica europea el nacionalismo es una ideología dominante que en el curso del proceso histórico específico de cada país asume numerosas valencias y formas.

Dadas estas características, el nacionalismo se presenta esencialmente asociado al proceso de formación del Estado liberal moderno, al proceso de transición a una sociedad industrial moderna e, incluso, al proceso de expansión colonial y al imperialismo moderno. Temporalmente abarca un periodo muy vasto, que se extiende desde la segunda mitad del siglo XIX hasta muy entrado nuestro siglo.

En América Latina el nacionalismo es, en cambio, un fenómeno histórico rico que comienza a delinearse sólo en el curso de este siglo, no obstante la existencia de precedentes intelectuales de derivación europea en el siglo XIX. Esta diferencia en el tiempo da al nacionalismo latinoamericano un cierto número de connotaciones específicas que pueden ser comprendidas distinguiendo sus diferentes formas históricas.

Nosotros examinaremos la segunda, la que emerge a finales de la segunda guerra mundial. Esta segunda forma histórica del nacionalismo presenta numerosos elementos comunes con la precedente y, en especial, la de ser la estructura de referencia de los intereses, considerados superiores, de la nación. Así como acontece en la experiencia histórica europea, la nación es una entidad superior a los intereses de grupo y de clase, capaz de organizarlos y defenderlos. Sin embargo, a diferencia de cuanto acontece en el contexto europeo, el nacionalismo latinoamericano de ayer e, incluso, de hoy, no debe asignar, inventándola, a una de las culturas existentes el papel de cultura superior. Por el contrario, la cultura superior le es en buena medida propuesta a nivel tecnológico e incluso burocrático por el contexto internacional, con el resultado de que, en la forma que nosotros analizaremos, ella es esencialmente de matriz norteamericana mientras en la primera forma tenía una matriz mayormente europea.

La novedad del nacionalismo latinoamericano no radica entonces en la creación de una cultura superior, sino más bien en la capacidad de adecuar la cultura superior propuesta por el contexto internacional a las necesidades específicas latinoamericanas. De allí que el proceso de adecuación debe, por una parte, articular la cultura superior con una existente a su interior —la lengua castellana o portuguesa— y, por otra parte, oponerla a todas las otras, incluso a la cultura superior de proveniencia. El resultado final es la «nacionalización» de una cultura superior que si bien será muy diferente de país a país encuentra, por lo menos, como común denominador el rechazo a la influencia extranjera. A diferencia entonces del nacionalismo europeo, el latinoamericano se caracteriza por su marcado carácter defensivo, «antiimperialista».

Si hemos insistido en las diferencias temporales y de contenido del nacionalismo latinoamericano respecto al europeo es para poner en luz que el latinoamericano se configura, independientemente de sus fundamentos ideológicos, como una realidad susceptible de ayudarnos a plantear las problemáticas que deben presentarse en una síntesis histórica del periodo 1948-1975. En efecto, la síntesis histórica debe mostrar la capacidad del nacionalismo de elaborar y traducir en la realidad proyectos económicos, sociales y políticos que transformen, modernizándolas, las sociedades latinoamericanas.

La comprensión de la capacidad creativa del nacionalismo nos ha conducido a estructurar nuestra síntesis preguntándonos, en primer lugar, por el papel que tienen la economía y la sociedad. Estos aspectos nos parecen esencialmente reconducibles a la gran transformación que acontece entre 1945 y 1975, caracterizada por la formación y expansión de una estructura industrial que, no obstante sus numerosas limitaciones, permite a las sociedades latinoamericanas evolucionar hacia sociedades urbanas.

Esta gran transformación no es comprensible si no se pone en constante interacción y expansión de una estructura industrial que, no obstante sus numerosas limitaciones, permite a las sociedades latinoamericanas evolucionar hacia sociedades urbanas. ver, son esencialmente dos: la neopopulista y la neoconservadora. Ambas tendencias emergen como consecuencia de la crisis del populismo, el proyecto dominante durante la primera forma histórica del nacionalismo.

Partiendo de estas dos tendencias de fondo, hemos organizado la exposición de las soluciones políticas siguiendo un orden lógico, inspirado en las aproximaciones reales de cada país. De allí que hemos examinado en primer lugar el caso de Cuba y en la parte final Argentina y Brasil, pues tanto Cuba como Argentina y Brasil representan soluciones antitéticas a la crisis del populismo. En el primer caso, la ruptura del orden populista se traducirá en un proyecto político revolucionario y socialista, mientras en el segundo caso, en Argentina y Brasil, se traducirá en la instauración de un nuevo orden de tipo autoritario.

Los países centroamericanos, con excepción de Costa Rica, presentan situaciones políticas que no son susceptibles de ser rígidamente encuadradas. En estos países pueden darse todas las soluciones, desde la más progresista, reformista o neopopulista, hasta las más conservadoras, autoritarias o dictatoriales.

En el centro de nuestra exposición política hemos colocado un primer grupo de países, Venezuela, Colombia y México, que más allá de las numerosas diferencias, constituyen buenos ejemplos de una cierta continuidad entre la precedente forma populista y la nueva forma que asumen los sistemas políticos después de 1948.

Hay, en fin, otro grupo de países, Bolivia, Perú y Chile, que nos permiten evaluar los posibles desarrollos de las experiencias neopopulistas, independientemente de la especificidad nacional representada por una revolución, en el caso de Bolivia, los militares en el poder, en el caso de Perú, y la democracia cristiana y Unidad Popular, en el caso de Chile.

II. EL TRÁNSITO A LA SOCIEDAD DE PREDOMINIO URBANO

1. LA EXPLOSIÓN DEMOGRÁFICA

Uno de los rasgos más característicos de América Latina a partir de 1945 es, sin lugar a dudas, el rápido crecimiento de su población. De un subcontinente relativamente despoblado, América Latina pasa a ser, a mediados de los años 1970, un subcontinente con una riqueza demográfica exhuberante.

A partir de los años 1940, las informaciones demográficas son relativamente abundantes, no sólo por los progresos innegables que hacen las estadísticas nacionales, sino también porque el crecimiento demográfico es visto, en el nivel internacional y por las clases dominantes latinoamericanas, como un elemento tendencialmente desestructurante del orden internacional y del orden social interno. En efecto, no logrando asegurarse una tasa de crecimiento económico aceptable, los diferentes gobiernos latinoamericanos tratan de frenar, sin conseguirlo, el crecimiento demográfico y el éxodo hacia los centros urbanos.

La tasa de crecimiento demográfica pasa del 2,3 por 100 anual del periodo 1940-1950, al 2,7 por 100 anual en el periodo 1950-1960 y alcanza el 2,9 anual en el decenio 1960-1970. Durante los años de 1970, el crecimiento demográfico conoce una ligera disminución, pasando al 2,6 por 100 anual en el periodo 1970-1975. Todos los estudios demográficos concuerdan en señalar que el crecimiento continuará, hasta alcanzar en el año 2000 538 millones de habitantes, es decir el doble de la población total latinoamericana de 1970 (275 millones).

El problema demográfico, que constituye para el periodo entero analizado el elemento más dinámico, seguirá siendo incluso en el próximo futuro un elemento de gran importancia para comprender cabalmente las tensiones sociales latinoamericanas.

El crecimiento de la población latinoamericana ha sido el siguiente: 159 millones de habitantes en 1950, 209 millones en 1960, 275 millones en 1970 y 352 millones en 1980. Este crecimiento debe ser desagregado tomando en cuenta las diferentes áreas latinoamericanas. A partir de 1945-1950 las áreas que conocen la tasa de crecimiento más baja son los países del Caribe (Cuba, Puerto Rico, Santo Domingo, Haití) y los países del cono sur templados (Argentina, Chile, Uruguay y Paraguay). Para los primeros la población total aumenta de 13 a 20 millones de habitantes y, por lo tanto, la tasa de crecimiento demográfica aumenta apenas desde el 1,9 por 100 al 2,3 por 100 entre 1950 y 1970. Para los segundos, el crecimiento demográfico es aún más lento: desde 26 a 39 millones de habitantes, con una tasa demográfica del 1,8 por 100 anual entre 1950 y 1970.

Son las otras dos áreas, México-América Central y América meriodional tropical, las que registran un fuertísimo crecimiento demográfico, continuando en esta forma la tendencia que se había delineado entre 1920 y 1940. México y Centroamérica ven casi doblar su propia población entre 1950 y 1970 (desde 35 hasta 68 millones de habitantes) y aumentar, por lo tanto, la tasa de crecimiento demográfico (desde 2,8 por 100 hasta 3,3 por 100 anual). En esta área es sobre todo México el país que conoce el mayor incremento, pues su población pasa desde 26 hasta 51 millones de habitantes y, por lo tanto, su tasa de crecimiento demográfico es una de las más altas de América Latina (3,1 por 100 en el periodo 1950-1960, 3,2 por 100 en el periodo 1960-1970 y 3,1 por 100 en el periodo 1970-1980).

En el área meridional tropical (Brasil, Colombia, Perú, Venezuela, Ecuador y Bolivia) la población crece desde 83 hasta 150 millones de habitantes en el periodo

São Paulo (Brasil)

comprendido entre 1950 y 1970, es decir con una tasa anual de 2,8 por 100 en el decenio 1950-1960 y del 2,9 por 100 en el decenio 1960-1970. Más de la mitad de la población de esta vasta área se encuentra en Brasil (52.000.000 de habitantes en 1950, 93.000.000 de habitantes en 1970 y 121.000.000 de habitantes en 1980), pero son especialmente Colombia, Perú y Venezuela los países con las mayores tasas de crecimiento. Venezuela es sin lugar a dudas el país latinoamericano con tasas de crecimiento récord: 4 por 100 anual en el decenio 1950-1960 y 3,8 en el decenio 1960-1970.

Los elementos capaces de explicar esta aceleración del crecimiento demográfico son esencialmente dos: la caída de la mortalidad y el incremento de la fecundidad. Por lo que hace referencia al primer elemento, su disminución empieza a verse ya a partir de los años 1930, pero es después de 1945 cuando se acelera y se expande al conjunto de los países latinoamericanos. Un ejemplo significativo: Guatemala, que en el periodo 1930-1934 conoce una de las más altas tasas de mortalidad, 31,7 por 100, logra reducirla a un 23,4 por 100 en el periodo 1950-1954 y a un 15,1 en el periodo 1965-1970.

La generalización de la disminución de la tasa de mortalidad es atribuible a la drástica reducción de la mortalidad infantil, especialmente de la de los recién nacidos (entre 0 y 12 meses de vida). En algunos países a esta caída de la mortalidad infantil corresponde una reducción de la tasa de natalidad (Argentina y Uruguay), pero en la mayoría de los países, especialmente en aquellos donde la reducción de la mortalidad es más reciente, la tasa de natalidad no conoce una disminución substancial. En algunos países, México, Colombia y Venezuela, la tasa de natalidad conoce incluso una expansión. Se asiste así a una evolución de la tasa de mortalidad similar a la de los países de Europa occidental, mientras la tasa de natalidad es esencialmente idéntica a la de los países demográficamente retrasados.

Esta evolución demográfica ha provocado un aumento notable de la esperanza de vida del recién nacido que entre 1940 y 1970 ha aumentado desde 38 hasta 60 años, indicando así el notable cambio demográfico de América Latina en los últimos treinta años.

No es posible dar a esta notable transformación una explicación de tipo puramente económico, pues ella no es atribuible tanto a la expansión de las estructuras de salud pública, sino más bien a pequeñas modificaciones inducidas de los programas de expansión de las infraestructuras (agua potable, por ejemplo). En efecto, si se compara la esperanza de vida del recién nacido latinoamericano con la de su similar europeo, notamos que en 1960 mientras el primero tiene una esperanza de vida de 58 años el segundo la tiene de 71 años. Decir, además, que la esperanza de vida del recién nacido latinoamericano aumenta de 38 a 58 años en el arco de treinta años no tiene mucho sentido, pues se trata de un valor medio que no toma en consideración las notables diferencias existentes entre las áreas rurales y las urbanas e incluso no da ninguna importancia a las grandes diversidades existentes tanto al interior de las áreas urbanas como al interior de las áreas rurales.

Algunos indicadores pueden ayudarnos a comprender mejor los límites del crecimiento demográfico. En 1961, el 38 por 100 de las familias latinoamericanas carecen de verdaderas habitaciones; en 1964 las camas de hospital por cada 1.000 habitantes son apenas 3,3 en toda América Latina, pero mientras en las áreas urbanas representan 6,6 en las rurales son apenas 2,9; el número de médicos en 1964 por cada 1.000 habitantes es 14,8 en las áreas urbanas y apenas 3 en las áreas rurales.

Estos someros indicadores nos dicen una cosa bastante obvia, es decir que el crecimiento demográfico tiende a concentrarse esencialmente en las áreas urbanas, las únicas que poseen las infraestructuras necesarias y asistenciales, mientras en las áreas rurales, justamente porque carecen de dichas estructuras, la tasa de natalidad y la esperanza de vida del recién nacido no son muy diferentes de las existentes en el decenio de 1930.

La fuerte diferenciación que caracteriza el crecimiento demográfico al interior de los países latinoamericanos puede ayudarnos a comprender mejor el papel social de dicho crecimiento.

El principal resultado de la explosión demográfica es el fuerte contingente de población joven. La masa de jóvenes comprendidos entre 0 y 19 años aumenta de un 0,5 por 100 anual en el decenio 1960-1970 para América Latina entera y es particularmente fuerte en países como Colombia, Ecuador, México y Venezuela, para recordar solamente algunos donde el incremento es superior al 1 por 100 anual. En 1970 esta población joven representa el 52,9 por 100 de la población total, el 42,3 por 100 si se toma en cuenta solamente la población comprendida entre 0 y 14 años de edad. De este enorme contingente de población, alrededor de las dos terceras partes no están todavía en condición de conseguir por su cuenta los medios de subsistencia (los comprendidos entre 0 y 14 años), mientras el otro tercio (aquél comprendido entre 15 y 19 años) enfrenta el mercado en busca de una ocupación.

El crecimiento demográfico nos dice entonces que cada año se presentan en el mercado de trabajo alrededor de 2.000.000 de nuevas personas y es en este momento cuando se manifiesta concretamente la contradicción existente entre retraso económico y crecimiento demográfico, pues la estructura económica no es capaz de convertir a todos los jóvenes en población activa ocupada. La masa de jóvenes excluidos del trabajo tienden a aumentar con un ritmo mucho más rápido que el ritmo del crecimiento económico, con el resultado de que gran parte de ellos son cesantes o, en la mejor de las hipótesis, están subocupados.

Las tasas de desempleo a nivel nacional son raramente disponibles, pero es interesante notar que aquél calculado, por ejemplo, para el área urbana de Buenos Aires establece una distinción interesante, pues distingue entre las personas empleadas en una sola ocupación y las empleadas en dos o más ocupaciones. La tasa de desempleo del área urbana de Santiago de Chile no registra en los años 1950 y 1960 a los jóvenes que buscan su primera ocupación. La Comisión Económica para América Latina estimó en 1958 que el porcentaje de la población activa desempleada y subocupada era del 30,4 por 100 y que los porcentajes más altos se presentaban en el sector agrícola (32,6 por 100) y en el sector de los servicios (35,7 por 100) mientras los más bajos eran en los servicios calificados (2 por 100) y en la construcción (6,4 por 100).

La incapacidad de la estructura económica de incorporar el crecimiento demográfico constituye así una de las principales tensiones presentes en América Latina entre 1948 y 1975. En efecto, la presión de los jóvenes se traduce en la tendencia de expulsar demasiado pronto de la población activa a las personas todavía relativamente jóvenes y en la fuerte competencia de las personas pertenecientes a la misma faja de edad con implicaciones que, como veremos, no son sólo económicas y sociales, sino también políticas y culturales.

2. LA TENSIÓN CIUDAD-CAMPO

El gráfico que presentamos nos muestra la gran transformación acontecida entre 1950 y 1970 en América Latina, que puede sintéticamente caracterizarse como la transición desde una situación de equilibrio entre la ciudad y el campo hacia otra de predominio no sólo urbano, sino más bien de las grandes metrópolis.

Para comprender cabalmente esta gran transformación estructural es necesario no sólo tomar en cuenta el hecho, ilustrado en el parágrafo precedente, de la fuerte presencia de contingentes demográficos jóvenes dotados de gran movilidad espacial, sino también la existencia de una fuerte diferenciación entre el crecimiento demográfico rural y el crecimiento demográfico urbano, con el resultado de que mientras la población urbana aumenta desde 61 hasta 146 millones (desde un 39 por 100 hasta un 54 por 100 de la población total) entre 1950 y 1970, decrece notablemente el porcentaje de la población rural, desde un 61 por 100 hasta un 46 por 100 de la población total.

Si, como hemos tratado de mostrar, es posible afirmar que a partir de 1960 el continente latinoamericano se caracteriza por una población prevalentemente urbana, ello es esencialmente debido a la crisis que atraviesa el sector agrario, la cual, si bien se había iniciado antes de 1945, conoce después de esta fecha una mayor profundización. Pero a diferencia de cuanto aconteció antes de 1945, el éxodo rural no golpea ahora solamente las áreas rurales retrasadas, sino también las interesadas por el proceso de reforma agraria o por el rápido proceso de modernización productiva.

Más allá de las motivaciones que están en la base de esta rápida expansión de la población urbana, la tendencia de fondo es el despoblamiento del agro latinoamericano: la tasa de crecimiento de la población rural (1,3 por 100 anual entre 1960 y 1970) logra sólo parcialmente compensar las pérdidas provocadas por la mortalidad, mas no llega a compensar los contingentes migratorios. Más de la mitad de América Latina tiene una densidad de población rural inferior a un habitante por kilómetro cuadrado y son muy pocas las áreas rurales que poseen una densidad de 50 habitantes por kilómetro cuadrado. Tampoco la colonización agrícola (en el área amazónica del Brasil, en la región de Guayana en Venezuela, en el área de la selva en Perú, etc.) logra contrastar esta tendencia hacia el general despoblamiento de las áreas rurales tradicionales.

Hemos dado precedentemente algunas cifras sobre la expansión de la población urbana. Estas cifras tienen, sin embargo, un significado sólo si se leen juntas con las de la población rural. En las áreas definidas genéricamente como urbanas, más del 40 por 100 de la misma se encuentra concentrada en ciudades con más de 20.000 habitantes. Si consideramos los centros urbanos con más de 100.000 habitantes, se observa que solamente dos países pueden caracterizarse como fuertemente urbanizados (Argentina y Uruguay), porque viven en dichos centros urbanos más del 40 por 100 de la población total, mientras los otros países pueden definirse como urbanizados, porque tienen un porcentaje de población urbana superior al 20 por 100 que vive en centros con más de 100.000 habitantes (Brasil, Colombia, Costa Rica, Cuba, Chile, Ecuador, México, Nicaragua, Panamá, Paraguay, Perú, Puerto Rico y Venezuela).

Buenos Aires (Argentina)

A partir de 1945-1950 se acentúa la tendencia hacia la expansión urbana de una o al máximo de dos ciudades por cada país (la capital y/o el puerto de exportación), característica que ya encontramos en el periodo 1900-1940. Esta tendencia parece más débil después de 1960: en el área México-América Central notamos, por ejemplo, que son las ciudades con menos de un millón de habitantes las que conocen la mayor tasa de crecimiento. Este mismo fenómeno, si bien no así claramente definido, lo volvemos a encontrar en el área meridional tropical, mientras está casi completamente ausente en el cono sur (Argentina, Uruguay y Chile).

Esta diversificación a nivel de la estructura urbana, es decir, la existencia de centros urbanos que crecen rápidamente a pesar de no ser ni la capital ni el puerto de exportación, nos indica que la tensión ciudad-campo tiende a evolucionar, favoreciendo ulteriormente el predominio de las áreas urbanas. Hasta el momento en que las únicas áreas urbanas en rápido crecimiento eran la capital y el puerto de exportación, existía siempre la posibilidad por parte de la estructura agraria de reabsorber o cuanto menos de neutralizar los efectos desestructurantes de la estructura urbana. El hecho de que a partir de 1960 tiende a robustecerse la tendencia hacia el crecimiento de las áreas urbanas colocadas en las regiones internas, o, en todo caso, diferentes de la capital y del puerto de exportación, parece ser un efecto inducido del desarrollo del mercado interno, que comienza en los años 1940 y que se estanca en los años 1950. En esta perspectiva adquieren así una mayor importancia las ciudades con más de medio millón de habitantes, precisamente porque son éstas las que conocen una mayor diversificación productiva y social después de 1950.

La tensión ciudad-campo es fácilmente observable cuando de la relación demográfica ciudad-campo se pasa al análisis de la evolución de la población activa. Entre 1950 y 1970 la población activa total aumenta desde 50.500 hasta 86.100 millones de

ASENTAMIENTOS JERÁRQUICOS EN LATINOAMÉRICA

1950 1960 1970

Promedio latinoamericano: 0-2

Promedio latinoamericano: 0-4

Promedio latinoamericano: 0-4

CLASIFICACIÓN
DE ASENTAMIENTOS

0-1 Disperso - Pueblo
1-0 Pueblo - Disperso
0-2 Dispersa - Población urbana simple

1-2 Pueblo - Población urbana simple
2-0 Población urbana simple - Dispersa
2-1 Población urbana simple - Pueblo

0-3 Disperso - Población urbana compleja

3-0 Población urbana compleja - Dispersa
1-3 Pueblo - Población urbana compleja
3-1 Población urbana compleja - Pueblo
3-2 Población urbana compleja - Población urbana simple

0-4 Dispersión metropolitana
1-4 Pueblos metropolitanos

4-0 Metropolitanos - Dispersos
4-1 Metropolitano - Pueblo
4-2 Metropolitano - Población urbana simple

3-4 Población urbana compleja - Metropolitana
4-3 Metropolitana - Población urbana compleja

Fuentes: Datos calculados por R. Wilkie, de varios censos nacionales.

Fuente: Wilkie, Richard W., *Latin America Population and Urbanization Analysis*, Los Angeles, Latin America Center, 1984, pág. 17.

habitantes. En 1950, el 53,4 por 100 (26.900 millones) se encuentra en el campo, mientras el restante 46,6 por 100 (23.600 millones) se encuentra en la ciudad. En 1970, si bien la población activa en el campo ha aumentado en valor absoluto (desde 26.900 hasta 35.800 millones), ha disminuido en valor relativo (desde 53,4 por 100 hasta 41,6 por 100 de la población total).

Si se compara el crecimiento de la población activa en el sector agrario con el crecimiento de la producción agrícola entre 1950 y 1960, notamos que mientras la primera aumenta 10 por 100, la segunda lo hace 20 por 100. De esta simple comparación se puede deducir que, debido a la crisis agraria, no resuelta ni siquiera en las áreas donde se actuaron reformas agrarias, el despoblamiento del campo continúa a lo largo del periodo entero considerado. El desequilibrio ciudad-campo tiende así a resolverse a través de la dominación de la ciudad sobre el campo, a través del predominio de la industria sobre la agricultura y, a nivel social, de las capas urbanas sobre las capas rurales. La definitiva victoria de la ciudad sobre el campo conducirá en los años de 1980 a la progresiva reestructuración de las áreas rurales.

La victoria de la ciudad sobre el campo no conduce, pues, a resolver las enormes tensiones existentes al interior de las áreas urbanas. En efecto, si se analiza la evolución de la población urbana activa en el sector productivo y en el sector de los servicios, notamos que mientras la primera crece lentamente entre 1950 y 1970 (desde un 23,5 por 100 hasta un 24,9 por 100 de la población activa total), la segunda lo hace mucho más rápidamente (desde un 20,7 por 100 hasta un 27,8 por 100 de la población activa total). La consecuencia es la terciarización del sector urbano, que termina con producir una fuerte tensión. Aumentando el crecimiento demográfico y creciendo muy lentamente el producto nacional, aumenta la tendencia hacia la terciarización de la estructura urbana y, por lo tanto, su tendencia parasitaria, las zonas de miseria, la difusión en amplios segmentos de niveles de pobreza absoluta y relativa.

Las clases sociales no escapan a esta grave situación e influyen sobre la misma acentuándola. El fuerte desnivel en la distribución de los ingresos, que ilustraremos en el paráfrago 3, es un elemento que muestra adecuadamente hasta qué punto se han potenciado y expandido las contradicciones al interior de las áreas urbanas, dando origen así a nuevos elementos de conflicto social y político.

Hemos ya dicho que el porcentaje de desempleo y de subempleo, del cual disponemos de una estimación para 1968, es muy elevado (30,4 por 100 de la población activa). Lo que más nos sorprende de esta estimación es que la tasa de desempleo y de subempleo atribuido a la fuerza de trabajo industrial es 16,7 por 100, porcentaje que traducido en valores absolutos significa casi dos millones de personas. Esta tasa de desempleo constituye un desmentido a las genéricas afirmaciones de que el problema central del subdesarrollo latinoamericano es la falta de instrucción de la mano de obra necesaria para el sector industrial.

Es, sin embargo, sobre todo en las áreas rurales donde el fenómeno de la no absorción de los jóvenes en la estructura productiva que por primera vez se presentan en el mercado de trabajo se da en forma muy marcada. Estos contingentes terminan entonces por expandir la emigración hacia la ciudad y por incrementar después el desempleo y el subempleo urbano. Las viviendas provisorias constituyen el hábitat urbano de esta nueva población y su expansión constante, especialmente a partir de los años 1960, testimonia la aumentada conflictividad en las áreas urbanas y las dificultades de reabsorber a breve y a medio plazo estas vistosas contradicciones.

Las tensiones, viejas y nuevas, que se polarizan en las áreas urbanas terminan por transformarse en conflicto social y por interesar al Estado. Es el Estado, en efecto, el que debe financiar la expansión de los servicios urbanos, mientras es esencialmente la clase dominante quien a través del texto de las propiedades agrícolas cercanas a los centros urbanos en expansión obtiene los beneficios sin incurrir en ningún gasto. Es esta constante expansión de la frontera urbana la que da a las ciudades latinoamericanas una fisonomía especial: engloban dos o más municipios y se caracterizan por funcionar con dos o más centros con escasa comunicación entre ellos. Las ciudades terminan entonces por ejemplificar el fenómeno social más general latinoamericano: la extrema desarticulación social.

3. Pauperismo y proletarización

Así como el despoblamiento de las áreas rurales constituye una de las tendencias de fondo de la sociedad latinoamericana, la otra tendencia, estrechamente vinculada a la precedente, es la que lleva al empobrecimiento relativo de las diferentes clases sociales. Esta última tendencia incide especialmente sobre las clases populares y, al interior de estas últimas, especialmente sobre los grupos étnicos menos vinculados socialmente. Hay, no obstante, que agregar que esta tendencia al empobrecimiento, *conditio sine qua non* de la transformación de las clases populares en proletariado, interesa también otras clases sociales, incluida la misma clase dominante.

Es particularmente difícil lograr escindir al interior de las clases populares aquellas que evolucionanan hacia el proletariado y aquellas que no evolucionan o lo hacen, en cambio, hacia el subproletariado. La dificultad nace del hecho de que no disponemos de precisas indicaciones. Es posible, por pura comodidad, establecer una cierta distinción a partir de las estimaciones relativas a la ocupación y a la subocupación en 1945. De esta estimación resulta que por cada proletario existe un proletario en transición y tres subproletarios o emarginados, lo cual significa que en 1945 el proletariado latinoamericano, es decir aquella parte de la población que vive en centros urbanos y obtiene su subsistencia del sector industrial, tiene un peso social y político muy reducido.

De los estudios existentes, relativos a la desigual distribución de los ingresos en América Latina, se obtiene que las clases populares, que representan más de la mitad de la población total, pueden ser subdivididas en grupos: el grupo de los pobres absolutos, que representan el 20 por 100 de la población activa total y disponen apenas del 3,1 por 100 de los ingresos totales y, por consiguiente, tienen un ingreso per cápita inferior al ingreso per cápita nacional; y el grupo de los pobres relativos, que representan alrededor del 30 por 100 de la población latinoamericana que dispone del 10, 3 por 100 de los ingresos totales, con un ingreso per cápita que es también inferior al ingreso medio per cápita nacional. A estos grupos puede agregarse un tercero que, con 10 por 100 de la población total, dispone de un 6 por 100 de los ingresos totales y tiene un ingreso per cápita igual o ligeramente inferior al ingreso per cápita nacional.

Si partimos de estos datos, tenemos que por un pobre (el 10 por 100 de la población que tiene un ingreso per cápita igual o ligeramente superior al ingreso per cápita nacional) existen tres muy pobres y dos pobrísimos.

Utilizando el ingreso per cápita como indicador, es difícil distinguir al interior de las clases populares al proletariado, al proletariado en transición y a los marginados. En este punto es entonces más conveniente pensar que el número de obreros presentes en el sector industrial representa, *grosso modo*, al proletariado. Ahora bien, la ocupación total en el sector industrial y artesanal es de 7.200 millones de personas en 1950 y de 11.800 millones en 1970 (14,4 y 13,8 por 100 de la población total), pero mientras la ocupación total en el sector industrial aumenta de 3.500 a 6.700 millones de personas entre 1950 y 1870 (6,9 y 7,8 por 100 de la población total), la ocupación en el sector artesanal aumenta de 3.700 a 5.100 millones de personas (7,4 por 100 y 5,9 por 100 de la población activa). Si pensamos que el primero representa al conjunto del proletariado y el segundo al proletariado en transición, podemos entonces decir que hacia 1950 la relación numérica entre proletariado y proletariado en transición es favorable al segundo, mientras en 1970 es favorable al primero.

Esta estimación indirecta nos autoriza a pensar que entre 1948 y 1973 el proletariado conoce, por vez primera en la historia de América Latina, un notable crecimiento que es empero inferior al que conoce el subproletariado, los marginados, pues el número de desempleados y subempleados (25 millones en 1968) es cuatro veces mayor que el número de obreros, de proletarios.

Estos cálculos y estimaciones nos dicen que la relación cuantitativa entre proletariado, proletariado en transición y marginados permanece prácticamente idéntica entre 1948 y 1973, lo cual nos permite concluir que existe una relación entre empobrecimiento y expansión en números absolutos del proletariado y entre empobrecimiento y expansión absoluta y relativa de los marginados.

De estos datos no es posible obtener una idea de las modificaciones de orden cualitativo que acontecen tanto al inferior del proletariado como al interior de los marginados. A lo más, emerge que la marginación, como lo han mostrado un cierto número de estudiosos, no es tanto una colocación transicional, sino más bien una situación de tipo permanente, definitiva. De allí entonces que al interior de las clases populares emerja una tensión conflictiva entre proletariado y marginados que nace del hecho de que mientras el primero logra colocar en el mercado su fuerza de trabajo los segundos no lo logran.

La extensión de las barriadas, villas miserias, favelas en las áreas urbanas nos puede dar una idea, si bien indirecta, de la progresiva transformación acontecida en el seno de las clases populares latinoamericanas. Antes de 1950 las barriadas nacen alrededor de las metrópolis y con el pasar del tiempo se extienden hacia los centros urbanos menores. La evolución más significativa se registra en el caso de las barriadas existentes hacia 1950, que de hábitat transitorio de los marginados se transforman hacia 1970 en un hábitat permanente. Otra modificación se observa en el hecho de que los que emigran hacia las ciudades en los años de 1960 y 1970 encuentran en las barriadas las estructuras de asentamiento que los que se inurban en los años de 1940 y de 1950 no habían encontrado.

Esta nueva situación que se viene a crear en el seno de los marginados tiene implicaciones en las relaciones que se establecen entre los marginados y los otros grupos sociales. Lo que de característico existía antes de 1950 —la relación mediada de los marginados con los otros forma una estructura de tipo clientelar— si bien no desaparece totalmente, entra en una fase de profunda transformación.

La larga permanencia en las áreas urbanas termina con el descubrimiento por parte de los marginados de los sindicatos, de los partidos políticos y de la posibilidad de organizarse con el apoyo, incluso, de la Iglesia. Los sindicatos y los partidos políticos, que precedentemente ignoraban o daban de los marginados una definición esencialmente negativa, empiezan a darse cuenta de la necesidad de revisar sus posiciones y sus estructuras. Se asiste así a un doble movimiento: uno que parte de los marginados y el otro que parte de las organizaciones sindicales y de partido, y a veces del Estado, que contribuyen a hacer evolucionar a los marginados de modo que terminan por ser muy similares al proletariado.

Para comprender mejor la progresiva evolución que conocen los marginados es necesario observar la que acontece en el proletariado. Es indudable que a partir de los años 1950 y 1960 el proletariado sufre los efectos del progresivo estancamiento del sector industrial con efectos negativos sobre el salario real, provocando la pauperización creciente de este sector popular. El deterioro de sus condiciones ha hecho evolucionar al proletariado que progresivamente rompe su aislamiento, tratando, a través de las organizaciones sindicales y de los partidos, de lograr una convergencia con los sectores marginados urbanos. De hecho, en los años 1970 el proletariado es exteriormente muy similar a los marginados.

Esta progresiva convergencia entre marginados y proletariado representa, pues, un hecho nuevo en la evolución social de los diferentes países latinoamericanos, con repercusiones notables a nivel económico y político. En efecto, sin garantizar al proletariado y a los marginados urbanos un mejoramiento de sus niveles de vida, cualquier proyecto político es irrealizable.

Es indudable que tanto el proletariado como los marginados, para alcanzar esta meta, que en los años 1970 se extiende incluso a los sectores populares rurales, han debido recurrir a los tradicionales mecanismos de la clase obrera, como los sindicatos, pero también a nuevos mecanismos agregativos de tipo diferente, independientes del lugar de trabajo y del empleo en general, como son los comités de barrios, de base, etc. Es posiblemente a través de este nuevo canal de agregación como el proletariado y los marginados han empezado a descubrir nuevas formas de actuación.

Un fenómeno similar se presencia en las áreas rurales donde la reforma agraria o los procesos de modernización tienden a trasformar a los colonos y a los medieros en jornaleros, y a separarlos, por lo tanto, de los medios de producción. La transformación de los jornaleros en proletariado puede ser medida cuantitativamente, teniendo en consideración que en los años 1950 y 1960 el porcentaje de los campesinos sin tierra fluctúa entre un 23,2 por 100 de la población rural en Colombia y un 59,8 por 100 en Brasil. Este potencial proletariado rural, si bien se estanca por efecto del despoblamiento de las áreas rurales, representa, no obstante, todo un porcentaje notable de la población total.

Las reivindicaciones de los jornaleros que no necesariamente tienen como objetivo el reparto agrario, sino más bien obtener mejores salarios y la liquidación de las prácticas vejatorias y semifeudales de los grandes propietarios, se acrecientan especialmente en los años 1960 por efecto de la crisis agraria. Los mecanismos de agregación de las reivindicaciones rurales son las ligas campesinas, que se desarrollan en las áreas agrícolas más pobres, como en el nordeste de Brasil, donde nacen a finales de los años de 1940, y los movimientos campesinos, que se desarrollan en los años 1950 en Colombia. En el primer caso se trata de asociaciones integradas esencialmente por jornaleros y por campesinos sin tierras, mientras en el segundo caso se trata de movimientos integrados especialmente por pequeños propietarios.

Hemos hecho referencia al nordeste del Brasil y Colombia para poner en debida evidencia que, mucho antes que cualquier reforma agraria sea llevada a cabo, se asiste a la progresiva transformación de las viejas formas de rebelión y de insurrección campesina en movimientos con una cierta estructura permanente. En este sentido el naciente proletariado rural recuerda al proletariado urbano y minero de comienzos de siglo, con la diferencia de que mientras el proletariado de comienzos de siglo carecía de conexiones sociales y políticas, el proletariado rural puede conectarse con el proletariado de las áreas urbanas.

La transformación del jornalero en proletario conoce en los años 1960 una aceleración, la cual es un resultado inducido de las reformas agrarias. En efecto, todas las reformas agrarias buscaron, con el fin de reducir las inversiones, dar nacimiento a movimientos cooperativos, los cuales terminaron por ayudar a los involucrados en estas formas asociativas a desarrollar formas sindicales en el agro.

Además de estos fenómenos, que podemos por comodidad definir como consecuencias de un proceso de maduración interna de los estratos rurales, no se puede olvidar el papel de apoyo ofrecido a estos movimientos por parte de los partidos de la clase obrera, los cuales empiezan a abandonar después de 1960, pero sobre todo después de la Revolución cubana, la tradicional óptica obrerista que había permitido su emergencia en el curso de los decenios de 1930 y 1940.

Sobre la base de lo que hemos dicho, se puede entonces concluir que después de 1950 se registran grandes novedades a nivel de las clases populares. Estas novedades están en relación al progresivo, pero no concluido, proceso de articulación entre proletariado y marginados, tanto que en el futuro será imposible distinguir el uno del otro, como en cambio se podía hacer en los años 1940, en relación a la progresiva transformación del jornalero agrícola en proletario, y a la articulación, no completamente alcanzada, entre proletariado rural y urbano.

El crecimiento del proletariado es un proceso ascendente que constituye, por sus consecuencias a nivel político, una gran incógnita. En efecto, siendo el proletariado un conjunto poco homogéneo, existe la posibilidad, por ejemplo, de que se creen tensiones entre el proletariado rural y los beneficiados por los procesos de reforma agraria o de colonización y entre proletariado y los pequeños propietarios que han visto potenciar sus posibilidades por efecto de la expansión del mercado interno.

4. LA REORIENTACIÓN DE LAS CLASES MEDIAS

Mientras las clases populares se diversifican y refuerzan después de 1948, las clases medias se enfeblecen. Este enfeblecimiento a nivel social es la consecuencia del proceso que había visto en el curso de los decenios de 1930 y 1940 las clases medias vincularse a las clases dominantes, gracias a la promesa de ver incrementados sus ingresos y a la posibilidad de obtener una parte del poder político. Estas condiciones fueron respetadas por la clase dominante e incluso cuando a finales de los años de 1950 el estancamiento del crecimiento económico impedía objetivamente incrementar los ingresos de las clases medias, el Estado desarrolló una serie de políticas inflacionísticas con el fin de asegurar a las capas medias un pleno empleo, a través de la expansión del empleo público, y retrasando, a través de la expansión de la instrucción pública, el ingreso de los jóvenes de clase media en el mercado de trabajo.

Esta política estatal orientada a defender los ingresos de las clases medias contribuyó a acelerar el proceso de diversificación de las mismas. Una indicación indirecta de este proceso de diversificación lo proporciona la evolución de la educación pública. Todavía en los años 1940 el *curriculum studiorum* del joven de clase media es esencialmente la escuela primaria, el liceo —esencialmente humanístico— y, en fin, el ingreso en la universidad, en la facultad de leyes, letras, medicina o ingeniería. Más de los dos tercios de la clase media han terminado sus estudios secundarios, mientras en las escuelas técnicas y en las escuelas normales los estudiantes provienen en su gran mayoría de las clases populares.

En los años 1970, las posibilidades educativas de las clases medias han aumentado notablemente: liceos, institutos comerciales y técnicos; la universidad ofrece ahora una serie de nuevas posibilidades, representadas por cursos universitarios breves y cualificados en el mercado del trabajo (personal paramédico, técnicos, etc.) y por nuevas facultades como ciencias políticas, sociología, economía, ciencias, politécnicos, etc.

Esta diversificación educacional, que no se comprende si no es vista en conexión con el grado de diversificación y de desarrollo de las economías nacionales, termina muchas veces por trasformarse en la preparación de técnicos y graduados que al no encontrar trabajo en sus propios países terminan por emigrar hacia otros países latinoamericanos e, incluso, hacia Estados Unidos. En esta forma el crecimiento de la educación superior constituye una válvula de escape para retardar el ingreso de jóvenes en el mercado de trabajo y, sólo parcialmente, para obtener personal cualificado para las actividades económicas.

Esta lucha trabajosa por parte del joven de clase media por un título universitario ilustra, en forma indirecta, cómo en este periodo la política estatal de defensa y promoción de las clases medias se ha orientado esencialmente hacia un segmento de las mismas, la involucrada en el sector de servicios. No hay, en cambio, una política de promoción para las clases medias productivas (pequeños empresarios urbanos y rurales). Si se compara el grado de diversificación alcanzado por la educación pública en los años 1970 con la política seguida por el Estado a favor de los pequeños y medios empresarios, notamos que estos últimos tienen escaso acceso a créditos especiales a medio y largo plazo, que no existen mecanismos de defensa de los pequeños y medianos empresarios de las grandes empresas nacionales y extranjeras que controlan monopolísticamente determinados sectores productivos.

Los estudios relativos a la distribución de los ingresos, especialmente los de la Comisión Económica para América Latina, muestran cómo a partir de los años 1960 se asiste a una progresiva disminución de la cuota del ingreso nacional que termina en las manos de la clase media productiva, es decir, de aquel segmento que por sus características podría evolucionar hacia la burguesía. Es difícil decir hasta qué punto se ha empobrecido en este periodo 1948-1973 la clase media productiva y sobre todo conocer las implicaciones reales de este proceso social en la evolución política.

Se pueden, sin embargo, hacer hipótesis de que sobre todo a partir de finales de los años 1950 la tensión entre clase media productiva y clase media de los servicios se ahonda, con el resultado de que la clase media no presenta como en el periodo precedente una actitud unívoca. En efecto, en el curso de los años de 1950 y 1960 la clase media pierde progresivamente la característica de clase favorable a las reformas sociales y políticas que había asumido en el periodo 1920-1940. El resultado es la fracturación de la clase media en un sector tendencialmente conservador, que posiblemente es el mayoritario, y en un sector, posiblemente minoritario, que se radicaliza y desea asumir la *leadership* del frente progresista basado en las clases populares. Este último segmento, que encuentra en las universidades el centro aglutinante y no está necesariamente vinculado a los partidos políticos, empieza a hablar de «proletarización de las clases medias». Esta proletarización, si bien objetivamente es mayor en la clase media productiva, moviliza políticamente sobre todo la clase media improductiva, con el resultado final de que la fragmentación de la clase media se traduce en una disminución de su papel político y social.

Lo que puede parecer hasta cierto punto incomprensible es la motivación de por qué las clases medias, a pesar de tener un mayor peso cuantitativo y conocer un proceso de diversificación, terminan por tener un menor peso cualitativo en la sociedad entera. Esta disminuida importancia depende parcialmente de la expansión, analizada en el parágrafo precedente, del proletariado y de los marginados, que gracias a su mayor peso empiezan a darse cuenta de que para alcanzar determinados objetivos no necesitan, como en el periodo precedente, establecer alianzas con las clases medias.

La progresiva separación que se observa a partir de los años de 1950 entre el proletariado y la clase media tiene también que ver con la evolución social y política de la segunda. En efecto, durante el decenio de 1940 la clase media había aceptado la alianza ofrecida por la clase dominante, alianza que sirvió para rearticular en algún modo el eje de dominación interno y dar vida a una alianza con los intereses americanos. La clase media se convirtió así en una clase funcional y subordinada al predominio de la oligarquía y de los intereses americanos, sin recibir de esta asociación más que ventajas relativas. La consecuencia a nivel social fue que la clase media terminó por perder progresivamente su autonomía, transformándose, con excepción de algunos segmentos, en una clase tendencialmente moderada por temor de sufrir un retroceso económico y social.

El temor de la clase media tiene un fundamento real. Siendo una clase esencialmente no productiva y estrechamente asociada a la clase dominante y a los intereses extranjeros en la gestión del Estado, se da cuenta de que la porción del ingreso nacional que logra apropiarse no depende tanto de una ecuánime distribución del mismo, sino más bien de la posibilidad de absorber una cuota que pertenece a los sectores populares. El resultado es la difusión de la idea de que una política de equidad redistributiva terminaría por reducirla como clase y por frenar la expansión del sector de los servicios que, como se ha dicho, constituye el principal mecanismo de expansión de la clase media a partir de los años 1960.

Las consecuencias de la disminuida importancia de la clase media a nivel social son especialmente evidentes a nivel político. En efecto, si se observa lo que acontece en Cuba después de la revolución de 1959, se nota que entre los que abandonaron la isla un fuerte porcentaje es de clase media. Este descontento de la clase media, que en Cuba fue tan fuerte para dejar el país sin el personal necesario, es la confirmación del miedo de la clase media en relación a la realización de profundos cambios a nivel económico y político.

Podemos entonces concluir que durante el periodo de 1948-1973 se asiste a la

Modelitos Otoñales

Indicado para viaje y todo andar es esta creación realizada en franela gris. Luce hábiles recortes señalados por pespuntes al tono y grandes bolsillos con tapas.

De línea muy moderna es este vestido de lana verde oliva. Se caracteriza por el cuello con detalles asimétricos de gro blanco que se repiten en el bolsillo.

Gabardina en dos tonos de azul violáceo se empleó para este conjunto con chaqueta de espalda muy suelta y cinturón que, pasando por ella ajusta los delanteros. *Botones del material.*

Moda de otoño. Argentina, 1950

progresiva reducción de importancia de la clase media, con el resultado de hacerla evolucionar gradualmente desde posiciones reformistas hacia posiciones moderadas.

5. La progresiva transformación de las oligarquías

Después de la crisis de 1929, las oligarquías latinoamericanas responden al desafío del contexto internacional a través de un proceso de diversificación de sus actividades económicas. Esta diversificación, desde un grupo fundado sobre el control de la tierra hasta un grupo presente también en las actividades económicas urbanas —industria, finanzas, comercio, etc.— y aliado a los intereses económicos extranjeros, en especial norteamericanos, le habían permitido no perder su precedente control social y político.

La diversificación de la clase dominante no significó, sin embargo, una profunda transformación, porque para la mayoría de ellas, con excepción de México, no significó abandonar el control sobre la tierra. Se tiene casi la impresión de que la oligarquía se hubiera dado cuenta de que, para conservar el control sobre la estructura económica urbana, tenía necesidad de desarrollar un rápido proceso de acumulación de capital, no susceptible de ser asegurado a través de la simple reinversión de los beneficios conseguidos en las actividades urbanas, realizable a través de la utilización de los ingresos de origen agrario. Es este proceso acelerado de extracción de capital agrario el que explica, en buena medida, la crisis del sector agrario a partir de los años de 1950.

Después de 1945, esta acumulación de capital, basada en el empobrecimiento del sector agrario, empezó a estancarse, mientras las inversiones norteamericanas comenzaron a expandirse. Es este desequilibrio el que termina por transformar la alianza informal entre capital americano y oligarquía en una subordinación de la oligarquía al capital americano, determinando la progresiva desnacionalización de importantes sectores productivos.

El hecho de que la alianza informal haya evolucionado desde una alianza entre iguales a una alianza asimétrica, nos puede ayudar a comprender el interés de los grupos norteamericanos por convertir la oligarquía en burguesía por medio de la eliminación de su control sobre la estructura agraria.

Antes de analizar este proyecto, conviene aclarar que la evolución que hemos descrito interesa al sector más importante de la oligarquía, junto al cual existe también otro que, a pesar de tener una relación de interdependencia con el precedente, muestra en cambio una evolución diferente. Se trata, esencialmente, del sector de la oligarquía que permanece anclado al simple control de la tierra y que, no obstante este interés prioritario, nada hace para transformar radicalmente las estructuras productivas existentes. Es difícil comprender por qué este sector de la oligarquía no ha logrado modificar el tipo de gestión y de utilización de la estructura agraria. Una posible explicación es que un proceso de transformación habría eliminado aquellas tradicionales prerrogativas sociales y políticas que tiene la oligarquía por el simple hecho de ser hacendados y que le permite ejercer un efectivo control social y político sobre la mano de obra existente en el latifundio. En última instancia se podría decir que el latifundista prefiere un menor ingreso monetario para conservar un «ingreso» social y político. Indudablemente, esta explicación contiene solamente una parte de la verdad. A ella hay que agregar que la política económica orientada a satisfacer a las clases urbanas termina por imponer precios políticos a una serie de productos agrícolas (maíz, trigo, leche, carne, etc.), determinando, por tanto, un estancamiento de la rentabilidad agraria. Si se analizan los índices de producción agrícola existentes, se puede observar que los únicos bienes agrícolas que se expanden son aquellos cuyos precios no son establecidos por el gobierno. A estos factores conviene añadir además que el proceso que ve la progresiva transformación del jornalero en proletario rural constituye un elemento que empuja al latifundista a reformar, por medio de prácticas represivas, su dominación sobre la mano de obra.

La oligarquía latifundista y la oligarquía diversificada, no obstante la aparente modernización de la segunda, tienen un elemento en común, el de concordar por lo menos sobre un punto: no están dispuestos a favorecer transformaciones en el sector agrario que terminarían, directa o indirectamente, por afectar su dominio social. Esto no significa que ellas sean, por definición, contrarias a un proceso de reforma agraria como las que se dan en América Latina en el decenio de 1960, reformas que, con excepción de Cuba, Perú y Chile, inciden solamente sobre áreas precedentemente no ocupadas, valorizando indirectamente sus propiedades.

Lo que hasta ahora ha impedido, a nuestro juicio, una adecuada comprensión del papel y de la evolución de la clase dominante en América Latina durante las décadas de 1950, 1960 y 1970, es el hecho de que se han dado de ella definiciones moralísticas y que se ha querido, por comodidad analítica, distinguir entre empresario y rentista, atribuyendo el primer papel a la burguesía y el segundo papel a la oligarquía, sin tomar en cuenta que estos dos papeles pueden muy bien convivir en una misma persona, en una misma clase.

Por extraño que pueda parecer, la evolución de la clase dominante en el periodo 1950-1970 parece haber sido más negativa para el sector que había conocido una diversificación que para aquel que no la había conocido. La evolución económica determinó, desde mediados de los años de 1940, un rápido proceso de concentración del capital presente en las áreas urbanas. Los estudios existentes concuerdan en mostrar que el proceso de concentración industrial conoce un ritmo muy rápido a partir de los años de 1950. Este proceso de concentración de capital, inducido del crecimiento de las inversiones norteamericanas, determinó una cierta reducción de la clase dominante diversificada que, a pesar de no tener mucha importancia a nivel económico, la tiene en cambio a nivel social. En efecto, los oligarcas liquidados por el proceso de concentración económica no son por ello excluidos de la oligarquía, porque, si bien fracasados en las actividades urbanas, pueden siempre replegarse al sector agrario que no han abandonado.

Es, quizás, colocándose en el caso límite de la oligarquía liquidada por el proceso de concentración de capital, como logramos comprender aunque sea sólo aparente el irracional apego de la oligarquía a la tierra. Ella constituye, en efecto, la base de maniobra de la oligarquía y, al mismo tiempo, ofrece también las posibilidades de una retirada estratégica. Logramos así, indirectamente, comprender el aparente contrasentido de los industriales que, como grupo, se oponen a una reforma agraria radical, no obstante que todos los análisis económicos muestran que a través de una reforma agraria se crean las condiciones para una notable expansión del mercado interno y, en primer lugar, del mercado interno de bienes industriales. No se trata entonces de una lógica económica que choca violentamente con una lógica no económica, sino más bien de dos lógicas económicas complementarias.

A pesar de todo, la oligarquía diversificada no logró, como se ha dicho, impedir su progresiva subordinación a los intereses económicos norteamericanos. Esta subordinación, que se acrecienta notablemente en los años de 1960, no nos parece un hecho exclusivamente espontáneo, es decir determinado por la mayor tasa de crecimiento de las inversiones norteamericanas respecto a las de la oligarquía, sino de la creciente imposibilidad del capital norteamericano para elaborar una estrategia económica única, valedera para él y para la oligarquía. Ante esta situación, los intereses económicos americanos deciden operar por su cuenta y apoyar las reformas agrarias, esperando que, una vez liquidado el poder agrario de la oligarquía, ella se conformaría a patrones burgueses.

No es extraño entonces que a finales de la década de 1960 y comienzos de los años 1970 la oligarquía redescubriera una vocación nacionalista y favorable a cualquier proyecto que limitara el poder económico y social de los intereses extranjeros. De allí entonces que la insatisfacción de la oligarquía termina por conjugarse con la de la clase media, facilitando el acceso al poder de los militares portadores de un proyecto racionalizador autoritario.

La base de maniobra de la progresiva transformación de la oligarquía se la proporcionó el Estado que en los años 1960, frente a la constante reducción de las inversiones privadas nacionales, expande sus inversiones en una infinidad de sectores económicos, especialmente en la industria de base, en la industria extractiva, en el sector financiero, en los transportes. Esta expansión del papel económico del Estado permitió a la oligarquía, y en menor medida, a la clase media, controlar las industrias estatales y establecer una articulación con las actividades industriales controladas directamente por la oligarquía. Siguiendo este camino, el segmento más importante de la oligarquía progresivamente se transforma en algo diferente, más parecido a la burguesía.

La lucha por la conservación del poder económico termina por enfeblecer su poder social y político. En efecto, debiendo la oligarquía apoyarse en el Estado, termina por perder parcialmente el control que todavía ejercía en los años 1940 sobre la estructura productiva urbana entera no logrando ahora, a través de la contraposición entre proletariado y marginados, controlar la mano de obra. Apoyándose en el Estado, la oligarquía no consigue además subordinar, como antes, a la clase media, imponiéndole elegir un segmento de la misma, la vinculada a los servicios.

A lo largo del periodo 1948-1973, la oligarquía se transforma progresivamente asumiendo la connotación de clase económica y abandonando gradualmente las viejas formas de dominación para presentarse, a comienzos de los años 1970, como una clase capaz de establecer, en asociación con el segmento cuantitativamente más fuerte de la clase media, de los servicios, una nueva hegemonía sobre la sociedad. Con otras palabras, la pérdida de poder social y político de la oligarquía elimina progresivamente las posibilidades de persistencia del interclasismo, fundamento de todos los proyectos nacionalistas de este periodo.

III. LA OBSESIÓN POR EL DESARROLLO INDUSTRIAL

1. LAS TENDENCIAS DE LA ECONOMÍA

En el decenio de 1940 se asiste a la consolidación de la reactivación económica iniciada en 1938 y atribuible esencialmente a la expansión de las exportaciones. La expansión de las exportaciones, que influyó favorablemente en la producción industrial y en general en los sectores económicos no agrarios, continuará hasta 1950-1955, comenzando después un periodo de estancamiento económico que fue particularmente fuerte a partir de 1964-1965. La crisis económica mundial de los años 1970 contribuye a dramatizar el estancamiento económico de la mayoría de los países latinoamericanos.

Durante el periodo 1945-1955 la tasa de crecimiento anual del producto bruto nacional fue de 4,7 por 100, pero debido a que la población creció con una tasa anual del 2,7 por 100, el producto per cápita terminó por aumentar solamente del 2 por 100 anual. Este moderado crecimiento económico no fue uniforme para todo el periodo, pues mientras entre 1945 y 1950 la tasa de crecimiento fue del 5,7 por 100 anual, entre 1950 y 1955 disminuyó al 4,2 por 100 anual.

El crecimiento económico que se registra entre 1945 y 1950 es esencialmente determinado por dos factores: el alto nivel de las exportaciones, resultado de la reactivación económica mundial, y la disponibilidad de recursos. El alto nivel de las exportaciones es el resultado del incremento de las cantidades exportadas y del incremento de los precios de los bienes exportados. La disponibilidad de recursos es el resultado de la segunda guerra mundial, que hizo estancar las importaciones.

Hacia 1950, las economías exportadoras de bienes de la agricultura templada (Argentina y Uruguay, principalmente) empezaron a sentir los efectos de la recuperación postbélica europea, que hizo disminuir las exportaciones agrícolas desde América Latina. En otras economías, especialmente aquellas exportadoras de bienes de la agricultura tropical (Cuba, por ejemplo), de bienes mineros (Chile y Perú, por ejemplo) y de petróleo (Venezuela, por ejemplo), la tendencia expansiva continúa hasta 1953-1955. Después de esta fecha, también estas economías empiezan a sufrir los efectos negativos del estancamiento de los precios de los bienes exportados.

Para darnos realmente cuenta de las características y de los límites del crecimiento económico acontecido en el periodo 1945-1955, se puede hacer referencia a las informaciones disponibles relativas a la estructura productiva. Se ha dicho ya que por término medio el producto bruto se expande 4,7 por 100 anual, pero si se observan las informaciones por separado nos damos cuenta de que mientras el sector productivo agrícola se expande con una tasa que es apenas de 3,5 por 100 anual, el minero lo hace con una tasa de 6,9 por 100 anual y el industrial con una tasa de 5,9 por 100 anual. Los otros sectores económicos, es decir, construcción, transportes, comercio y finanzas, crecen con una tasa similar a la media.

De estas informaciones se puede obtener una primera aproximación para el conjunto de América Latina: el sector productivo que no participa en el crecimiento es el agrícola, porque su tasa de crecimiento es casi igual a la del crecimiento demográfico. Los sectores dinámicos por excelencia son, en cambio, el minero, estrechamen-

Extracciones de petróleo en el lago Maracaibo, Venezuela

te vinculado al mercado internacional, y el industrial, vinculado especialmente al mercado interno.

Para ilustrar mejor el desnivel entre los diferentes sectores productivos, se puede recurrir al aumento de su producción entre 1945 y 1955. En estos diez años, mientras la producción total aumentó 26 por 100, la agrícola aumentó apenas 17 por 100, la minera 38 por 100 y la industrial 30 por 100.

En el interior de esta tendencia que cubre el conjunto de los países latinoamericanos se registra, sin embargo, una notable diferencia entre las economías exportadoras de bienes de la agricultura templada y las otras. Para poner en evidencia estas diferencias, hemos escogido como ejemplo algunas economías. Tomemos una economía exportadora de bienes de la agricultura templada que ya ha alcanzado un cierto nivel de industrialización —Argentina—; dos economías exportadoras de bienes de la agricultura tropical, una con un cierto grado de industrialización —Brasil— y la otra con un grado de industrialización menor —Ecuador—; dos economías exportadoras de bienes mineros, la una con un cierto grado de industrialización —México— y la otra con un grado menor de industrialización —Perú.

Entre los ejemplos escogidos, se nota que la economía exportadora de bienes de la agricultura templada —Argentina— es la que registra la menor tasa de crecimiento (2,1 por 100 anual). Esta tasa de crecimiento se explica más por el aumento de la producción industrial (2 por 100 anual) que por la expansión de la producción agrícola (1 por 100 anual).

Una situación diferente se registra para las economías exportadoras de bienes de la agricultura tropical que se caracterizan por una tasa de crecimiento superior a la media latinoamericana. La brasileña es del 5,7 por 100 anual y la de Ecuador es del 5,6 por 100 anual. En el interior de este tipo de economía exportadora observamos, sin embargo, que mientras en el Ecuador el sector productivo más dinámico es el agrícola (6,7 por 100 anual), en Brasil el más dinámico es el industrial (9,4 por 100 anual). A pesar de esta profunda diferencia, la tasa de crecimiento del sector agrícola es tanto para el Brasil cuanto para el Ecuador superior a la media latinoamericana.

Para las economías exportadoras de bienes mineros, los ejemplos que hemos escogido proporcionan indicaciones divergentes, porque mientras la tasa de crecimiento peruana es idéntica a la media latinoamericana (4,8 por 100 anual), la mexicana es notablemente superior (6,1 por 100 anual). Esta diversidad depende del hecho de que mientras en México se asiste a un crecimiento relativamente equilibrado —el sector agrícola crece con una tasa casi idéntica a la industrial y a la minera—, en Perú se asiste a un fuerte crecimiento del sector minero y a un estancamiento del agrícola.

Sobre la base de estos ejemplos, se puede entonces decir que todas las economías latinoamericanas dependen para su crecimiento de la expansión de la demanda internacional. Por el hecho de que la demanda internacional se hace sentir en sectores productivos diferentes, según el tipo de exportaciones dominantes, ella determinará el estancamiento o el crecimiento del sector agrícolo o minero. La diversidad en el crecimiento económico está fuertemente condicionada, además, por el mayor o menor peso que asume en el interior de estas economías el sector industrial que, como en el periodo 1920-1940, produce esencialmente bienes destinados al mercado interior, que substituyen bienes precedentemente importados.

No nos deben, empero, impresionar las altas tasas de crecimiento que registra —con excepción de Argentina— la producción industrial en América Latina. El producto industrial, en efecto, no obstante su crecimiento, tiene un peso idéntico al sector comercial y financiero (17 por 100) e inferior al del sector agrícola (25 por 100) en la formación del producto nacional.

Sobre la base de cuanto hemos dicho hasta ahora, se puede entonces sostener que las economías latinoamericanas siguen siendo, no obstante el crecimiento industrial, dependientes de la cantidad de bienes importados que pueden ser substituidos. Esto significa que el crecimiento industrial, desarrollado como alternativa al declive de las exportaciones, termina en este periodo por subordinarse al crecimiento de las exportaciones: cuando éstas, después de 1950-1955, empiezan a estancarse, también el crecimiento industrial lo hará. Esta progresiva subordinación de la industrialización es un indicador indirecto del progresivo declive del proyecto industrialista fundado sobre el desarrollo de una estructura industrial de bienes de consumo e intermedios que crece gracias al proteccionismo.

A pesar del desarrollo industrial acontecido en este periodo, las características esenciales del proceso económico no conocieron una evolución significativa. Si observamos la relación capital-producto (la cantidad de capital necesario para obtener una unidad de producto) y el porcentaje de ahorro sobre el producto nacional bruto, tenemos que el primer indicador, la relación capital-producto, permanece constante entre 1945 y 1950 para luego declinar en los años de 1960, mientras el segundo indicador, el porcentaje de ahorro sobre el producto bruto nacional, es del 23 por 100 en el periodo 1946-1949 y de apenas el 19,2 por 100 en el periodo 1950-1954.

Estos dos indicadores nos muestran toda la debilidad y los límites del crecimiento económico del periodo 1945-1955. Particularmente importante es el hecho de que la cantidad de ahorro generado por el crecimiento económico tienda a disminuir en vez de aumentar, porque se logra así comprender cómo el financiamiento externo —préstamos e inversiones— en lenta expansión después de 1946 conoce, a partir de 1955, una fuerte aceleración.

La evolución económica después de 1955 ya ha sido caracterizada como tendencialmente estancante para toda América Latina. En efecto, la tasa de crecimiento para el subcontinente entero fue del 4,3 por 100 anual entre 1955 y 1960, del 4,7 por 100 anual entre 1960 y 1965, del 5,7 por 100 anual entre 1965 y 1970 y del 6 por 100 anual entre 1970 y 1973. Estas tasas de crecimiento disminuyen sensiblemente si se toma en consideración la tasa de crecimiento demográfico, que fue del 2,5 por 100 anual entre 1940 y 1950 y del 3 por 100 anual entre 1950 y 1970. El resultado es que el producto per cápita anual en el último decenio logra aumentar apenas el 2 por 100 anual.

Para lograr comprender por qué las economías latinoamericanas no lograron después de 1955 mantener el crecimiento registrado en el periodo precedente, es necesario examinar la evolución que se registra a nivel de los sectores económicos. Si se observa la situación en el lustro 1965-1970, nos podemos dar cuenta de que si bien el sector industrial mantiene las características de un sector dinámico (tasa de crecimiento del 7,3 por 100 anual), el sector de los servicios es el que, respecto al decenio 1945-1955, ve casi duplicar su tasa de crecimiento (desde un 4,8 por 100 hasta un 7,3 por 100 anual). Si a esto se agrega que el sector agrario, en vez de aumentar su reducida tasa de crecimiento, lo ve ulteriormente disminuir (desde un 3,5 por 100 hasta un 2,7 por 100 anual) mientras el minero se estanca (4 por 100 anual), se logra entonces comprender cómo el crecimiento económico no depende ya del incremento de los sectores productivos, sino más bien del crecimiento de un sector no productivo, el sector de servicios.

Esta tendencia a la expansión del sector de servicios se presenta tanto en aquellas economías que tienen un débil crecimiento productivo como en aquéllas que tienen un crecimiento productivo más fuerte. Argentina y Chile, por ejemplo, tienen un crecimiento productivo inferior al de la media latinoamericana, mientras Brasil y México tienen un crecimiento superior a la media latinoamericana. En todas estas cuatro economías el crecimiento de los servicios es, sin embargo, igual o superior a la media latinoamericana.

Si bien es imposible establecer con precisión las motivaciones que explican esta progresiva «terciarización» de las economías latinoamericanas, es indudable que se provocan en el proceso de transformación que conocen las economías latinoamericanas. En efecto, si observamos las informaciones disponibles, notamos que el crecimiento del sector de los servicios no se vincula a un crecimiento del sector financiero o comercial, sino más bien a un crecimiento de los servicios públicos (luz, gas, transporte). Entre 1965 y 1970, estos servicios crecen con una tasa anual del 7,4 por 100, mientras los financieros y comerciales lo hacen con una tasa anual del 5,5 por 100. Una vez más esta característica es común tanto para las economías de débil crecimiento (Argentina, Chile, Uruguay) como para las economías con un mayor crecimiento (Brasil y México).

Una prueba adicional de la precaria evolución económica la obtenemos observando los índices relativos a la productividad. Si se exceptúa el sector industrial, que en casi todos los países latinoamericanos tiene una productividad superior a la media, solamente el sector de los servicios posee una característica similar. En Argentina, por ejemplo, el crecimiento de la productividad total fue del 2,7 por 100 anual entre 1960 y 1970, la del sector industrial del 4,9 por 100 anual y la de los servicios esenciales del 3,9 por 100 anual. Brasil es el único país en el cual mientras la productividad industrial fue inferior a la media (3,1 por 100 anual para la productividad total, 2,1 por 100 anual para la productividad industrial, 2,5 por 100 anual para la productividad de los servicios), el de la agricultura fue superior (3,5 por 100 anual).

El hecho de que los índices de la productividad correspondan *grosso modo* a los de la producción nos ayuda a comprender que para el conjunto de los países latinoamericanos la producción depende más de la mano de obra incorporada que de la utilización de una tecnología superior. No obstante, toda la producción latinoamericana para la exportación tiende entre 1960 y 1970 a ser poco competitiva a nivel internacional, como lo demuestra el hecho de que la cuota de las exportaciones latinoamericanas en las exportaciones mundiales disminuye desde 6,7 por 100 hasta 4,9 por 100 entre 1960 y 1970.

A pesar del crecimiento de las inversiones extranjeras en este periodo, que se duplican pasando de 6,1 a 12,9 mil millones de dólares, y a pesar del hecho de que las inversiones totales (extranjeras y nacionales) aumenten 70 por 100, la evolución estructuralmente negativa que empieza a delinearse a partir de 1955 no cambia substancialmente.

2. El retraso del sector agrícola

En el parágrafo precedente hemos visto cómo el sector económico menos dinámico es el agrícola. Sobre él repercuten, con mayor fuerza, los efectos de la progresiva desinversión iniciada en el decenio de 1920, desinversión que sirvió esencialmente para financiar al sector industrial e iniciar el proceso de diversificación económica por parte de la oligarquía. Se trató, en fin de cuentas, de un proceso de reestructuración no capitalista del sector agrario con el resultado, observable en el periodo 1950-1970, de que la producción agrícola terminó por estancarse. A esta crisis se escaparon solamente aquellas producciones orientadas hacia la exportación que lograron, en cambio, modernizarse.

En términos muy generales, se puede decir que también en este periodo el paisaje rural latinoamericano se caracteriza por la presencia de la gran propiedad, la cual controla la mayor parte de la tierra disponible mientras la mayor parte de la población rural sobrevive en el interior del latifundio o en pequeñas propiedades, integrando en sus ingresos el trabajo estacional.

La información de tipo cuantitativo disponible nos permite relativizar hasta cierto punto esta imagen del agro latinoamericano. En los años 1960 la gran propiedad cubre el 37 por 100 de la superficie agrícola en Argentina, el 60 por 100 en Brasil, el 82 por 100 en Chile, el 50 por 100 en Colombia, el 45 por 100 en Ecuador, el 80 por 100 en Perú. Esta inmensa superficie de tierra está dominada por alrededor de 700 familias en Argentina, por 20.000 personas en Brasil, por 15.000 en Chile, por 13.000 en Colombia y por 2.000 en Ecuador.

En el polo opuesto encontramos, en cambio, pequeños productores y campesinos sin tierra que representan el 60 por 100 de la población rural en Argentina, el 65 por 100 en Brasil, el 52 por 100 en Chile, el 70 por 100 en Colombia y el 86 por 100 en Ecuador. En estos cinco países los pequeños productores y los campesinos sin tierras suman veinte millones de personas, de las cuales más de la mitad constituyen la mano de obra de las grandes propiedades.

Estos desequilibrios tan vistosos de la estructura rural es una de las causas, como se ha visto en el parágrafo II.3, de las nuevas tensiones sociales que se desarrollan en este periodo, las que son esencialmente imputables a la forma de gestión de la agricultura y en especial del latifundio. Los economistas agrarios han evidenciado cómo solamente un reducido porcentaje de la tierra cultivable es efectivamente utilizada en las grandes propiedades (desde un mínimo de un 2 por 100 en Argentina hasta un máximo del 15 por 100 en Guatemala). Este desequilibrio entre tierra cultivable disponible y tierra efectivamente cultivada, lo encontramos también en las áreas de *agrobusiness* más modernas. El resultado es que la modernización de la agricultura no conlleva, como en otras áreas del mundo, una utilización intensiva de la tierra. Esta escasa utilización del factor natural tierra constituye entonces el elemento básico de las tensiones que se manifiestan en los países latinoamericanos, porque la subutilización de la tierra se traduce en una menor disponibilidad de alimentos, no sólo para las áreas rurales, sino también para las áreas urbanas.

Solamente tomando en cuenta la persistencia de una lógica agrícola precapitalista es posible comprender la subutilización del factor productivo tierra, subutilización que no es característica solamente del latifundio traidicional, sino también de la gran propiedad moderna. El consumo de fertilizantes es un buen ejemplo. Su consumo en el decenio de 1960 es apenas el 10 por 100 de lo consumido en Europa occidental, y Chile, el principal productor mundial de nitratos naturales, consume apenas un 7 por 100 de lo consumido por Japón, que tiene una superficie agrícola similar a la chilena.

Otra prueba de la persistencia de una agricultura no capitalista en América Latina la proporcionan los préstamos dados por la agencia gubernamental brasileña a un cierto número de grandes propietarios de plantaciones de cacao. Entre 1957 y 1962 fueron concedidos a los productores de cacao más de 1.000 millones de cruceiros, que fueron utilizados por los favorecidos para mejorar las instalaciones, mientras nada fue invertido en el mejoramiento del cultivo.

En América Latina sobrevive entonces un tipo de agricultura que, a través de una utilización extensiva del suelo y de una explotación de la mano de obra existente, logra dar al latifundista un ingreso muy elevado en relación a las inversiones efectivamente hechas. En este sentido entonces el latifundio de los años 1960 es estructuralmente muy similar al del decenio de 1920: la única diferencia radica en el hecho de que, mientras los otros sectores productivos han conocido una transformación cualitativa por efecto de la expansión de la demanda nacional e internacional, el sector agrario no la conoce. El resultado final es que, comparado con los otros sectores económicos, el agrario termina por parecer muy ineficiente a pesar de ser todavía eficiente para el gran propietario que logra obtener un ingreso real, igual o superior, al que obtenía en los años 1940.

La raíz del problema agrario latinoamericano está contenida en esta contradicción. Por la forma como está estructurada, la propiedad rural permite al latifundista obtener un ingreso no indiferente, sin que se establezca una nueva articulación entre agricultura e industria, entre sector rural y sector urbano.

Los únicos estudios sobre el ingreso de los latifundistas tienen que ver con la situación en Chile. La agricultura chilena, considerada una de las más ineficientes de América Latina, se caracteriza por el hecho de que el 82 por 100 de la tierra cultivable está entre las manos de apenas 15.000 personas. Uno de estos estudios analiza el ingreso de 20 grandes propietarios, que es en 1960 de 45.000 dólares anuales, de los cuales, una vez pagados los impuestos, quedan de libre disposición 42.000 dólares, de los cuales 35.000 son consumidos y 7.000 ahorrados. Otro estudio, siempre relativo a Chile, nos muestra que el ingreso medio de los latifundistas es en los años 1960 de 16.500 dólares anuales, es decir 30 veces superior al de los pequeños propietarios y 40 veces superior al ingreso medio per cápita nacional.

A partir de estas informaciones se puede decir entonces que en la contradicción entre la escasa eficiencia del sector agrario respecto a la mayor eficiencia de los otros sectores económicos, y en el alto ingreso del latifundista, encuentra su origen la hostilidad de los latifundistas a un reequilibrio, incluso parcial, de la estructura agraria.

Solamente en los años 1960 los diversos gobiernos latinoamericanos aprueban una serie de medidas modernizadoras para el sector agrario. Todavía a finales del decenio de 1950 se puede decir que el planteamiento corriente era esencialmente similar al del decenio de 1930, según el cual la modernización, iniciada en el sector urbano en general y en el industrial en particular, habría terminado por liquidar las viejas estructuras agrarias y transformado los viejos latifundistas en empresarios agrícolas eficientes. Si bien esta formulación fue elaborada por las clases medias reformistas, las oligarquías latinoamericanas terminaron por hacerla propia en los años de 1940, eximiendo así a los gobiernos de elaborar una política agraria. En efecto, entre 1940 y 1960, la única novedad que conoció el sector agrario fue un proceso de colonización, apoyado por el Estado, que debía servir para reducir las tensiones sociales acumuladas en las áreas rurales y para incorporar nuevas áreas productivas. En Guatemala, por ejemplo, entre 1954 y 1962, 6.000 familias recibieron tierras en una restringida área. En Argentina, la política de colonización implementada por el gobierno de Perón se concretó en la creación de apenas 5.731 nuevos propietarios.

Entre los elementos que muestran hasta qué punto los gobiernos latinoamericanos se han desinteresado de las contradicciones económicas y sociales que se acumulaban en las estructuras agrarias, se puede citar la aplicación de las leyes sociales. Estas leyes interesaban especialmente a las áreas urbanas, y las pocas leyes aprobadas para la mano de obra rural no fueron nunca respetadas. En Brasil, por ejemplo, los salarios pagados en las grandes propiedades eran en 1957 inferiores a los salarios mínimos agrarios establecidos por el gobierno en un porcentaje oscilante entre el 3,6 por 100 y el 51 por 100. La inicial debilidad de los sindicatos campesinos, la feroz represión de los latifundistas hacia éstos y la total indiferencia de los gobiernos impidieron el respeto de la legislación social en las áreas rurales.

Es solamente en el decenio de 1960 cuando la contradicción entre la eficiencia de la economía entera e interés privado de los latifundistas se convierte en un nudo central del debate político. Se empieza así a hablar de la necesidad de una reforma agraria radical, capaz de ampliar el mercado para los bienes industriales y romper el creciente desnivel entre ciudad y campo.

Entre 1960 y 1964 once países latinoamericanos (Brasil, Chile, Colombia, Costa Rica, Santo Domingo, Ecuador, Guatemala, Nicaragua, Panamá, Perú y Venezuela) aprueban con urgencia leyes de reforma agraria. Se diría que el ejemplo boliviano antes (1952) y el cubano (1959) repercuten en toda la América Latina.

Las reformas agrarias del decenio de 1960, más que un efecto imitativo o una aceptación espontánea por parte de los latifundistas de un reequilibrio global de la estructura agraria, son el resultado de la *Alianza para el Progreso* implementada por el gobierno norteamericano en 1962 con el fin de evitar que otros países latinoamericanos siguieran el ejemplo cubano. La ayuda económica concedida por la Alianza para el Progreso obligaba al país latinoamericano que la obtenía a reformar, entre otras cosas, la decrépita estructura agraria. En el documento de la Alianza para el Progreso se lee que la reforma agraria debe «reemplazar el latifundio para dar vida a un sistema de propiedad más equilibrado, en modo tal que la tierra sea para el hombre que la trabaja la base de su estabilidad económica, el elemento básico para un progresivo bienestar y la garantía de su libertad y dignidad».

Con el fin, por tanto, de obtener la ayuda económica norteamericana, la clase dominante debió aprobar leyes de reforma agraria que contenían una serie de disposiciones para eliminar y prevenir una desigual concentración y la excesiva fragmentación de la tierra, para aumentar la producción y para dar mejores condiciones de vida a los trabajadores rurales. A pesar de las apariencias, las leyes de reforma agraria del periodo 1960-1964 no constituyen un instrumento legal capaz de incidir profundamente sobre la ineficiente estructura rural porque la expropiación de los latifundios termina por ser una excepción, mientras se orienta a expandir la colonización agraria de las tierras en manos del Estado. El resultado fue que las leyes de reforma agraria se explicitaron en limitados proyectos en áreas rurales reducidas, incapaces de alterar substancialmente las viejas estructuras.

La evolución de la reforma agraria en Colombia ilustra muy bien los límites de estas reformas. Entre 1962 y 1971, la superficie agraria interesada por la reforma agraria fue de 351.000 hectáreas, de las cuales sólo 44.000 fueron expropiadas a los latifundistas, mientras las otras fueron compradas o pertenecían al Estado. La reforma agraria benefició solamente a 19.414 familias. Los mayores beneficiados por la reforma agraria en Colombia parecen haber sido los mismos latifundistas, porque, a través de la venta de tierras que no poseían ningún interés, lograron obtener en tres años, entre 1962 y 1965, más de 10 millones de dólares.

Las diferentes reformas agrarias aprobadas entre 1960 y 1965 no resolvieron entonces mínimamente las fuertes contradicciones presentes en el sector agrario. Sirvieron especialmente a la clase dominante para acelerar el proceso de transferencia de capital hacia el sector económico urbano, para reforzar la tendencia, descrita en el parágrafo II.5, hacia la progresiva diversificación de la base económica de la oligarquía.

Después de 1965, las reformas agrarias adquieren en Perú y Chile un carácter más radical y empiezan a golpear directamente a todos los latifundistas, tratando de obligar a una reconversión de tipo social y económica.

En general, con excepción de México, Cuba y Perú, se puede decir que todavía a comienzos del decenio de 1970 permanece, no obstante las reformas agrarias, la contradicción fundamental entre la ineficiencia del sector agrario respecto a los otros sectores y el alto ingreso de los latifundistas. La tensión ciudad-campo no ha sido aún resuelta, sino que se ha expandido, por el simple hecho de que la ineficiencia productiva del sector agrario se ha incrementado.

3. El desarrollo industrial: la realidad de un mito colectivo

El sector industrial se desarrolla en el curso de los decenios de 1930 y 1940 como un sector productivo alternativo al tradicional sector productivo para la exportación. El ritmo y las modalidades de crecimiento del sector industrial son, empero, notablemente condicionados por la evolución de las exportaciones que proporcionan las divisas necesarias para obtener los bienes de capital y las materias primas, sin las cuales no era posible substituir los bienes precedentemente importados.

Expansión de las exportaciones y proteccionismo estatal constituyen, pues, los dos principales mecanismos que garantizaron antes y después de 1948-1950 el crecimiento de la producción industrial. Durante el periodo 1945-1955 el producto industrial latinoamericano se multiplica por dos. Algunas economías registran, como puede verse en el gráfico 2, un crecimiento industrial superior a la media del conjunto de los países latinoamericanos, aumentando por consecuencia la participación del sector industrial en el producto total. Esta evolución contrasta con la del decenio siguiente, 1955-1965, durante el cual el producto industrial crece muy lentamente y no se registra, por tanto, una nueva duplicación de la producción industrial. Entre 1955 y 1965 se asiste, además, a una progresiva diversificación entre las diferentes economías latinoamericanas, porque, mientras algunas ven casi doblar su producto industrial (Brasil, México, Perú, Ecuador y Venezuela), otras lo ven estancarse (Argentina, Chile y Uruguay).

Industria automovilística, Brasil

La impresión que se obtiene del análisis de la evolución del producto industrial es indudablemente positiva, en el sentido en que crece también después de 1955, pero si este crecimiento viene relacionado con el crecimiento global del producto nacional, se obtiene una impresión diferente. En efecto, si observamos cuánto crece la participación del producto industrial sobre el producto nacional, nos damos cuenta de que el crecimiento de la industria es más aparente que real. Entre 1945 y 1955, el porcentaje del producto industrial sobre el producto bruto nacional aumenta apenas un punto en Chile y México (de 18 por 100 a 19 por 100 en Chile y de 20 por 100 a 21 por 100 en México), dos puntos en Argentina (de 28 por 100 a 30 por 100), tres puntos en Perú (de 14 por 100 a 17 por 100), cuatro puntos en Colombia (de 11 por 100 a 15 por 100), cinco puntos en Uruguay (de 15 por 100 a 20 por 100) y seis puntos en Brasil (de 16 por 100 a 22 por 100). Para las otras economías se observa incluso la reducción de la participación del sector industrial sobre el producto bruto, como en el caso de Venezuela y Ecuador, en los cuales el peso del producto industrial se reduce casi dos puntos (de 12 por 100 a 10 por 100 en Venezuela y de 17 por 100 a 15 por 100 en Ecuador).

La evolución del producto industrial, medido a través de su peso en el producto bruto nacional, es todavía menos favorable en el decenio 1955-1965: aumenta el número de economías en las cuales la participación del producto industrial sobre el producto nacional disminuye. A Venezuela y Ecuador se agregan ahora Chile, que conoce una disminución de dos puntos (de 19 por 100 a 17 por 100), y Uruguay, en el cual el peso del sector industrial se estanca (20 por 100). Las únicas dos economías que ven aumentar el peso del sector industrial son la brasileña (de 22 por 100 a 29 por 100) y la mexicana (de 21 por 100 a 23 por 100).

A finales de los años 1960, se puede entonces decir que el sector industrial tiene una cierta consistencia, un peso superior al 20 por 100 del producto bruto nacional, solamente en tres países: Argentina, Brasil y México. En las otras economías el peso del sector industrial se puede definir no determinante en la formación del producto nacional bruto.

La desaceleración antes y el estancamiento después del papel del sector industrial en la economía global es el resultado del fin progresivo de la característica básica del crecimiento económico: la substitución de las importaciones. A finales de los años de 1960, todos los bienes de consumo e intermedios que las economías latinoamericanas importaban fueron casi totalmente substituidos sin determinar, sin embargo, incluso en los países con una estructura industrial más fuerte como Argentina, Brasil y México, un crecimiento de la industria de bienes de capital y una producción industrial concurrencial en el mercado internacional.

Para comprender el porqué de esta incapacidad de las estructuras industriales latinoamericanas, se pueden observar algunas características de las mismas. En 1960, el producto industrial de los principales países latinoamericanos fue de 47.000 millones de dólares, de los cuales el 55 por 100 (25.000 millones) fue producido por industrias de tipo tradicional (alimentarias, muebles, tabaco, bebidas, etc.) y solamente el 45 por 100 (21.000 millones) por industrias dinámicas (química, metalúrgica, etc.). Vemos, además, que solamente el 6,5 por 100 de la producción industrial total (3.000 millones de dólares) está integrado por bienes de capital, mientras el 53 por 100 de la misma (24.000 millones de dólares) son bienes de consumo no durables.

Sobre la base de estos datos, se puede decir que el sector industrial latinoameri-

AMÉRICA LATINA: PARTICIPACIÓN DEL SECTOR MANUFACTURERO
EN EL PRODUCTO TOTAL, 1899-63
(Porcientos)
ESCALA NATURAL

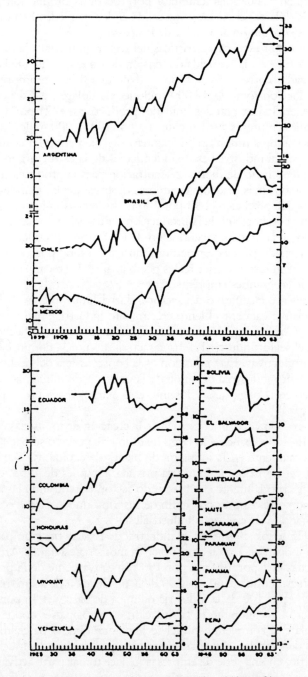

Fuente: CEPAL, *El proceso de industrialización*, Nueva York, Naciones Unidas, 1964, pág. 21.

cano es un sector productivo escasamente cualificado, que utiliza una tecnología muy elemental y que puede prosperar solamente gracias a la política proteccionista y a los incentivos directos e indirectos del Estado. Una confirmación nos viene del hecho de que, siempre en 1960, solamente el 7 por 100 de la producción industrial total (3,3 millones de dólares) encuentra una salida en los mercados extranjeros, mientras el 93 por 100 es consumido al interior de los países.

Se pueden atribuir estas características del sector industrial a la fuerte fragmentación de su estructura y a la reducida dimensión de las empresas. De las encuestas industriales realizadas entre 1955 y 1965 se tiene una diferente impresión: en 1960, sobre una producción total de 47.000 millones de dólares, el 76 por 100 (36.000 millones) es generado por grandes unidades productivas, el 21 por 100 (10.000 millones) por medias empresas y solamente el 3 por 100 (1.000 millones) por pequeñas industrias. Los estudios muestran suficientemente bien cómo el coeficiente de concentración del capital industrial es casi idéntico al de la estructura industrial norteamericana. Este fenómeno de fuerte concentración para la producción industrial más cualificada es todavía más evidente cuando se observa que las grandes unidades productivas son las que producen el 90 por 100 de los bienes industriales más cualificados y controlan el 66 por 100 de la producción industrial exportada.

El resultado de la fuerte concentración de los factores productivos se traduce en una acción de frenado para la estructura industrial entera, porque impide a las medianas y pequeñas industrias tener reales posibilidades de crecimiento por la posición monopsónica de las grandes empresas.

El estancamiento cualitativo del sector industrial, que interesa la mayor parte de los países latinoamericanos, y el lento crecimiento industrial, que interesa solamente tres economías (Argentina, México y Brasil), se explican por el hecho de que desde su nacimiento el sector industrial se ha caracterizado por la dominación de las grandes unidades productivas. Esta situación es la consecuencia del hecho de que el proceso de crecimiento industrial depende de la creación de industrias de Estado y del control que ejercen la oligarquía y los intereses extranjeros sobre el proceso de acumulación de capital.

Por lo que respecta al primer elemento, la creación de industrias estatales, hemos visto cómo el Estado expande a lo largo de todo este periodo su papel de empresario industrial, especialmente en la industria de bienes de capital, y en el apoyo a través del crédito subvencionado a la industria privada. Después de 1955, el papel del Estado se expande especialmente en el segundo sector, potenciando las agencias gubernativas y creando otras nuevas con el fin de suscribir nuevo capital o conceder créditos subvencionados a las empresas industriales.

Hacia finales de los años 1960, la industria de Estado tiene un papel decisivo en el crecimiento industrial. En efecto, si bien la industria estatal en Argentina y Brasil representa apenas el 1 por 100 y 6 por 100 respectivamente de la producción total, ella controla en Argentina el 60 por 100 de la producción de acero, mientras en Brasil controla el 85 por 100 de la industria química de base y el 45 por 100 de la producción de acero. No diferente es la situación en otros países donde la industria de Estado controla casi completamente el sector siderúrgico y parcialmente las industrias derivadas del petróleo. Además, la participación del Estado, muchas veces como socio minoritario, en una serie de empresas lo hace tomar parte activamente en el desarrollo de la petroquímica en Argentina, de la petroquímica y de la goma en Brasil, de la producción de bebidas alcohólicas, fertilizantes y textiles en Colombia, del sector textil, azucarero y del cemento en Chile, de la producción de cemento, bebidas alcohólicas y quesos en Ecuador, de cemento, azúcar, petroquímica y fertilizantes en México, y del tabaco, cemento y fertilizantes en Perú.

Del conjunto de estas informaciones se puede deducir que las industrias de Estado se han orientado hacia algunas actividades industriales fundamentales, la siderurgia por ejemplo, que necesitan de fuertes inversiones de capital y tienen un riesgo demasiado alto que desincentiva las inversiones privadas. En este sentido, entonces, la industria de Estado no nace y no crece en modo concurrencial al sector industrial privado, sino que sirve para facilitar las exigencias de crecimiento del sector industrial que la iniciativa privada no desea asumir.

La mayor participación del Estado en el desarrollo de nuevas actividades industriales, además de reforzar el poder de la clase dominante que había dado inicio al proceso de crecimiento industrial, implicó utilizar en modo creciente las entradas fiscales. Hasta 1950 gran parte del financiamiento de las industras estatales se obtuvo a través de los recursos ordinarios del Estado y haciendo uso del mercado de capitales interno. Después de 1950, es decir cuando el porcentaje de ahorro sobre el producto bruto nacional tiende a disminuir, los gobiernos recurren al crédito externo de largo plazo, concedido por los organismos internacionales, y al crédito externo de breve y medio plazo, concedido por los bancos extranjeros, principalmente norteamericanos. Entre 1950 y 1965, más de 1.500 millones de dólares fueron obtenidos en el extranjero para financiar las industrias de Estado y subvencionar las industrias privadas nacionales y extranjeras.

Es interesante notar que este recurso al crédito exterior para el desarrollo industrial era muy reducido antes de 1950 (entre 1940 y 1949 el financiamiento exterior fue apenas de 6.500 millones de dólares anuales), crece entre 1950 y 1960 (el flujo anual fue de 60 millones de dólares), y se expande en forma muy rápida entre 1960 y 1970 (el flujo anual fue de 200 millones de dólares).

El recurso al financiamiento externo debe ser visto no solamente como un indicador de la incapacidad de las entradas estatales y del mercado monetario interno de asegurar el crecimiento de la industria de Estado, sino también como índice de la necesidad de obtener en el extranjero las tecnologías que las economías latinoamericanas no lograban desarrollar. Este hecho lleva necesariamente a las industrias de Estado, y en modo especial a aquellas que necesitan tecnologías avanzadas, a depender siempre más de la tecnología extranjera.

El resultado de este mayor recurso al financiamiento externo para las industrias de Estado después de 1950 fue la progresiva subordinación a la tecnología de los países concesionarios de crédito, pues especialmente los créditos norteamericanos son de tipo vinculado a la compra de bienes y servicios en Estados Unidos, con el resultado que si antes de 1950 la industria estatal tiene el papel de apoyar a la industria privada, después de esta fecha ella termina por ser dominada también desde el exterior.

La evolución de la industria estatal no es muy diferente de aquella de la industria privada que, como hemos dicho, dependía para su crecimiento de la posibilidad de la oligarquía de invertir, directamente o indirectamente, una parte de la renta agraria. Hacia 1940, el sector industrial en manos privadas es controlado en un 80 por 100 por el capital perteneciente a la oligarquía. Después de esta fecha se asiste a un rápido crecimiento de las inversiones norteamericanas en este sector productivo, que continúa prácticamente hasta 1955. En 1940, los capitales norteamericanos presentes en la estructura industrial latinoamericana montan a 221 millones de dólares, son ya 390 millones en 1946, 800 millones en 1950 y 1.500 millones en 1955. La tasa de crecimiento de las inversiones americanas en este sector es dos veces superior a la tasa de crecimiento del producto industrial en el periodo 1946-1955.

Estos datos nos ilustran un hecho bastante evidente: la rapidez con la cual se expanden las inversiones norteamericanas en el sector industrial llevará a la progresiva desnacionalización de una parte del sector industrial, de aquél más avanzado tecnológicamente o más presente en el mercado. Es en este periodo cuando se asiste al progresivo entrelazamiento en el sector industrial entre capital norteamericano y capital nacional, que algunos estudios han definido como la compra por parte del capital norteamericano de cuotas de mayoría o de minoría de sociedades industriales controladas inicialmente en modo exclusivo por el capital nacional y la opción por parte del capital nacional de comprar cuotas de minoría en sociedades industriales dirigidas por el capital norteamericano.

Este entrelazamiento entre capital extranjero y capital nacional en el sector industrial continúa también después de 1955, aunque con un ritmo más lento, porque las inversiones norteamericanas continúan su expansión en este sector productivo. Entre 1965 y 1970 las inversiones norteamericanas acumuladas en el sector industrial aumentan de 1.400 millones a 3.800 millones de dólares, es decir con una tasa similar a la del producto industrial (7,5 por 100 anual).

El resultado final de la rápida penetración del capital extranjero y principalmente norteamericano en el sector industrial es que en 1966 el 30 por 100 de la producción industrial es controlada por el capital norteamericano. Dado que la producción industrial representa un cuarto de la producción total latinoamericana, el capital norteamericano presente en la industria controla entonces el 7,5 por 100 de la producción total.

Un cierto número de estudios ha puesto, además, en evidencia que existen formas de control indirecto por parte del capital extranjero sobre la estructura industrial latinoamericana: las sociedades norteamericanas pueden controlar las sociedades industriales nacionales sin invertir un solo dólar por medio de la concesión de la licencia industrial.

El sector industrial en los años 1970 termina así por perder las dos características que poseía en los años 1940: una mayor dinamicidad respecto a los otros sectores económicos y una relativa autonomía del capital norteamericano.

4. Los elementos condicionantes del desarrollo industrial

En los parágrafos precedentes hemos descrito los sectores productivos que estaban principalmente orientados a satisfacer las necesidades del mercado interior.

Junto a estos sectores productivos existen otros, orientados a satisfacer la demanda internacional. Los sectores interesados son esencialmente dos: la agricultura de exportación y la minería. La evolución de estos dos sectores nos ilustra la continuidad de las estructuras económicas latinoamericanas, pues también después de 1948 el sector productivo para la exportación es el que, junto con el sector industrial, tiene la mayor tasa de crecimiento y el que proporciona a las economías latinoamericanas las divisas necesarias para la expansión de los sectores productivos orientados hacia el mercado interior.

La evolución de estos dos sectores productivos para la exportación no es, empero, idéntica. La evolución del sector agrícola, por lo que respecta a los bienes mayormente demandados por el mercado internacional (carne bovina, algodón, lana, azúcar y tabaco), producidos esencialmente por Argentina, Uruguay, Brasil, Perú y México, muestran un lento crecimiento: entre 1945 y 1955 la producción de estos bienes aumentó 25 por 100 y entre 1955 y 1965 alrededor de 20 por 100. En el interior de este grupo de productos agrícolas para la exportación, el que crece más lentamente es el tabaco, mientras la carne bovina crece más rápidamente.

Un crecimiento más rápido conocen los productos agrícolas exportados desde las áreas tropicales (café, azúcar, tabaco, bovinos, cacao y plátanos), que interesan esencialmente la economía brasileña, colombiana, ecuatoriana, de América central y de las Antillas. El volumen de producción de estos bienes aumentó alrededor de 50

Industria cárnica, Argentina

por 100 entre 1945 y 1955, y alrededor de 40 por 100 entre 1955 y 1965. También para este grupo de bienes el crecimiento favoreció algunos productos (como los plátanos y el azúcar) más que a otros (como el cacao).

No obstante el crecimiento productivo, el sector agrícola para la exportación muestra, en relación al periodo 1929-1945, una desaceleración que nos parece la consecuencia no tanto del incremento de la producción agrícola en otras áreas del mundo (Estados Unidos, Canadá y Europa Occidental, para los productos de la agricultura templada, y África para los productos de la agricultura tropical), cuando el resultado de la decadencia generalizada del sector agrícola entero.

Una situación aparentemente diferente la encontramos en la producción de bienes mineros. Las principales exportaciones mineras son el cobre (Chile, México, Perú), el plomo (México y Perú), el estaño (Bolivia), el zinc (México y Perú) y el petróleo (México y Venezuela). El incremento de la producción de cobre en Chile y en el Perú, o la del petróleo en Venezuela, corresponde a un substancial estancamiento de la producción de estaño en Bolivia o de la del plomo en México y Perú. Si se suman todos los productos mineros para la exportación, se asiste a un crecimiento, que es, sin embargo, inferior al de la demanda internacional de estos productos para el periodo 1945-1965.

Observando la evolución de los productos mineros y agrícolas destinados a la exportación, se tiene entonces la impresión de que su papel en el crecimiento económico general ha disminuido después de 1945. Nos podemos preguntar en qué medida este fenómeno sea dependiente, por una parte, de la atención preferencial acordada al desarrollo industrial y al casi absoluto desinterés por el sector agrícola y, por otra parte, a la situación de relación asimétrica que caracteriza al comercio internacional en este periodo y que privilegiaba a los países industrializados.

Hemos ya evidenciado en el parágrafo precedente que la industria, a pesar de tener la tasa de crecimiento más dinámica, no fue capaz de transformarse en un sector productivo alternativo o complementario del sector agrícola o minero a nivel del comercio exterior. De todos los países latinoamericanos, el Brasil es el único, pero solamente después de 1968-1970, en convertirse en un país capaz de exportar cantidades limitadas de productos industriales, mientras otras economías, como la argentina y la mexicana, no lograron transformar, sobre todo la primera, su estructura del comercio exterior.

Es entonces el modelo de desarrollo industrial efectuado por las economías latinoamericanas el que explica hasta cierto punto la desaceleración de la producción agrícola y minera para la exportación. Si se observan las informaciones disponibles, se nota que la cuota de productos latinoamericanos en el comercio internacional tiende a reducirse: en 1948 las exportaciones latinoamericanas representan el 12 por 100 de las exportaciones mundiales, en 1958 el 7,6 por 100, y en 1970, el 4,9 por 100. Entre 1948 y 1965, mientras las exportaciones mundiales aumentaron 150 por 100 las latinoamericanas lo hacen apenas 30 por 100.

Estas cifras globales, que ilustran la progresiva desarticulación de las economías latinoamericanas de la economía internacional, no nos permiten comprender cabalmente cómo las diferentes economías fueron afectadas. Limitémonos, por comodidad, a ver la evolución del volumen de las exportaciones entre 1955 y 1960, periodo durante el cual para el conjunto de América Latina aumentó 29 por 100. Para dos de las diez economías latinoamericanas para las cuales poseemos informaciones, el volumen de las exportaciones disminuyó (30 por 100 para Bolivia y 22 por 100 para Uruguay); para cuatro, el volumen de las exportaciones aumentó menos de la media latinoamericana (Brasil 19 por 100, Chile 15 por 100, Colombia 9 por 100 y Paraguay 24 por 100), para una economía el crecimiento fue casi igual al de la media latinoamericana (Argentina 31 por 100), y para tres economías el crecimiento fue superior a la media latinoamericana (Ecuador 50 por 100, Perú 90 por 100 y Venezuela 40 por 100).

Aparece así evidente que, no obstante la diferencia entre economías exportadoras de productos agrícolas y economías exportadoras de productos mineros, el fenómeno del estancamiento de las exportaciones golpea tanto a las unas como a las otras, y lo mismo sucede en aquellas economías donde se dio una clara preferencia al desarrollo industrial (Argentina, Brasil, Chile, por ejemplo).

Esta evolución negativa de las exportaciones no es solamente la consecuencia parcial de una política orientada a promover el desarrollo industrial, sino que encuentra su fundamento en la asimetría existente en el comercio internacional. En efecto, mientras hasta 1955 al incremento del volumen de las exportaciones corresponde un incremento inferior de su valor unitario, después de esta fecha y hasta comienzos de 1970, la evolución se bifurca, es decir mientras aumenta la cantidad exportada disminuye el valor de cada unidad exportada. Esto significa que los precios internacionales de las materias primas y de los productos agrícolas después de 1955 son poco remunerativos para las economías latinoamericanas.

Los precios de los productos agrícolas exportados desde América Latina son decrecientes después de 1955 para el azúcar, plátanos, café, cacao, algodón y lana, y estables para carne, trigo y cueros. Una evolución similar se observa en el caso de los productos mineros, porque los precios del cobre, del zinc y del plomo disminuyen, mientras los del estaño y del petróleo no aumentan.

Comparando la evolución volumen exportado-precio por unidad exportada, se logra comprender cómo el crecimiento de las cantidades ha servido solamente para compensar la caída del poder de compra de las exportaciones. Con otras palabras, el aumento del valor de las mercancías exportadas no logra compensar el mayor crecimiento que conoce el valor de las mercancías importadas de origen industrial.

Un estudio de la Comisión Económica para América Latina muestra cómo entre 1945 y 1960 se nota una estrecha correlación entre crecimiento económico y crecimiento de las exportaciones. Las economías que han visto aumentar la tasa de crecimiento de las exportaciones (México y Venezuela, por ejemplo) han visto también aumentar la tasa de crecimiento del producto nacional. Esta correlación indica que, a pesar del crecimiento de los sectores productivos vinculados casi exclusivamente con el mercado interno, el vínculo entre las economías latinoamericanas con la economía internacional constituye un elemento fundamental para su crecimiento.

Para comprender este fenómeno de interdependencia entre la economía latinoamericana y la economía internacional es necesario entonces ver las consecuencias que derivan al comercio de importación de la evolución negativa de las exportaciones. Después de 1948 se asiste a la progresiva reducción de la participación de América Latina en las importaciones mundiales: en 1948, América Latina absorbía el 10,6 por 100 de las importaciones mundiales, en 1960 el 6,1 por 100, y en 1970 el 5 por 100. Registramos así una estrecha relación entre la disminuida participación en el comercio de importación.

Esta progresiva reducción en la participación en el comercio mundial de importación está en relación con el hecho de que la evolución de los precios de los productos industriales es inversamente proporcional a la disminución de los precios de los productos agrícolas y mineros exportados: mientras el índice de la unidad de valor de las exportaciones disminuye 14 por 100 entre 1955 y 1960, el índice de la unidad de valor de las importaciones latinoamericanas aumenta 2 por 100 en el mismo periodo. Esto significa que mientras una unidad de mercancías latinoamericanas se ha depreciado, una unidad de mercancías importada desde Europa o desde Estados Unidos ha aumentado.

Este fenómeno, conocido como deterioro de los términos del intercambio, termina por reducir, en forma variable según las economías latinoamericanas, la posibilidad de comprar las mercancías europeas norteamericanas necesarias para realizar un salto cualitativo en el desarrollo industrial. Argentina, por ejemplo, ve disminuir su capacidad de importación 5,5 por 100 entre 1948 y 1963, Brasil 2,4 por 100, México 3,6 por 100, mientras el conjunto de las economías latinoamericanas ve disminuir dicha capacidad de importación 2 por 100.

De estos datos se logra entrever que las economías mayormente afectadas por la reducción de la capacidad de importación después de 1955 fueron aquellas que habían alcanzado un mayor grado de industrialización, con el resultado de que el lento crecimiento de las exportaciones y el deterioro de los términos de intercambio terminaron por bloquear el desarrollo industrial en general y los bienes de capital en particular.

Una situación muy similar encontramos en aquellas economías que todavía en 1955 no habían agotado el fenómeno de la substitución de los bienes importados. Para estas economías, como Ecuador y Perú, los recursos generados por la rápida expansión de las exportaciones fueron parcialmente absorbidos por el aumento de los precios industriales, desacelerando no solamente las importaciones de bienes de capital, sino también los de consumo e intermedios no producidos por la industria nacional.

Resulta entonces bastante evidente que las contradicciones desarrolladas durante todo el periodo de 1948-1970 terminaron por afectar no sólo cuantitativamente, sino también cualitativamente, al sector productivo caracterizado por una alta rentabilidad, es decir el comercio exterior de exportación que debía proporcionar los medios necesarios para la transformación cualitativa de las estructuras económicas después de 1955. Al no lograr el comercio de exportación sostener el crecimiento industrial, terminará por condenar a la industria al estancamiento y tendrá, por la mayor asimetría del comercio internacional, una progresiva disminución de su rentabilidad.

Bajo los efectos de este doble fenómeno, en los años 1960, los diferentes gobiernos latinoamericanos se plantearon el problema de cómo evitar la caída de la producción industrial y la reducción de las exportaciones. La respuesta fue la integración económica de América Latina, que debía conducir a la creación de mercados comunes. Nacen así la Asociación de Libre Cambio (ALALC) en 1961, el Mercado Común Centroamericano en 1960, y el Pacto Andino en 1964.

Estos diferentes y poco estudiados procesos de integración trataron, con distintos instrumentos, de aumentar el comercio entre los diferentes países latinoamericanos con el fin de contrastar la tendencia recesiva precedentemente analizada y de

650

crear mercados suficientemente amplios en modo tal que se produjeran las condiciones de una economía de escala y se redujeran los costos de la producción industrial.

La integración económica es, por tanto, esencialmente una integración comercial que refleja la situación decisivamente negativa que conocen los países latinoamericanos en el decenio de 1960 y comienzos del siguiente.

Esta evolución negativa del comercio exterior latinoamericano tiene también otra dimensión, sobre la cual no nos hemos detenido todavía. Entre 1945 y 1960 el valor de las exportaciones latinoamericanas pasa de 7.000 a 10.900 millones de dólares, mientras el valor de las importaciones latinoamericanas pasa de 5.100 a 8.500 millones de dólares. En este periodo 1945-1960, el deterioro de los términos de intercambio determinó una depreciación de las exportaciones estimada en 2.600 millones de dólares, con el resultado de que las importaciones empiezan a ser influidas poderosamente por las líneas de crédito concedidas por Europa y Estados Unidos. Si se observa la proveniencia de las mercancías importadas por América Latina, se nota que el porcentaje de proveniencia norteamericana oscila entre el 45 por 100 y el 50 por 100, mientras las mercancías importadas de otros países latinoamericanos no supera nunca el 10 por 100 de las importaciones totales.

Esta dependencia del comercio exterior latinoamericano del norteamericano nos está diciendo que es la economía norteamericana la que obtiene los mayores beneficios de la relación asimétrica que se establece entre la economía latinoamericana y la economía internacional, y nos ayuda a comprender el fenómeno de la desnacionalización de la industria analizado en el parágrafo precedente. En efecto, se trata de limitar los efectos negativos derivados del comercio exterior recurriendo a créditos externos y autorizando a las sociedades extranjeras a establecer sucursales o a asociarse con empresas nacionales.

El desequilibrio de orden comercial se traduce, especialmente después de 1945, en un progresivo deterioro de la balanza de pagos. Entre 1945 y 1960 la balanza comercial conoce una notable deterioración: entre 1946-1950 y 1956-1960, mientras las exportaciones de bienes y servicios aumentan de 6.500 a 10.200 millones de dólares anuales, las importaciones aumentan de 5.900 a 10.1 000 millones de dólares anuales. Ello nos indica que el crecimiento de las importaciones latinoamericanas tiende cada vez más a depender de los créditos obtenidos en el extranjero. El valor de las exportaciones no logra de por sí, como en el pasado, cubrir tanto el valor de las mercancías importadas como los intereses de la deuda exterior y los beneficios exportados por las empresas extranjeras. En efecto, entre 1946-1950 y 1956-1960 los rubros de la balanza de pagos que crecen más rápidamente son aquellos relativos a la remuneración del capital extranjero (que pasa de 700.000 a 1.200 millones de dólares). El déficit de la balanza de pagos aumenta: 129 millones de dólares anuales en el periodo 1946-1950, 665 millones de dólares anuales en el periodo 1951-1955, 1.148 millones de dólares anuales en el periodo 1956-1960 y 2.034 millones de dólares anuales en el periodo 1961-1965.

Este creciente déficit de la balanza de pagos, que interesa en mayor o menor medida a todos los países latinoamericanos, tiene un papel extremadamente importante especialmente después de 1955, es decir cuando prácticamente todos los sectores económicos comienzan a conocer un estancamiento. Para superar esta dificultad, las diferentes economías tuvieron que recurrir a préstamos exteriores e incentivar, con todos los medios fiscales a su disposición, las inversiones directas extranjeras.

Por lo que hace referencia a la deuda externa, vemos que el flujo anual de la de medio y largo plazo aumenta de 15 a 158 millones de dólares entre 1946-1950 y 1956-1960, mientras que la de breve plazo, destinada especialmente a suplir la falta de divisas para los pagos al extranjero del sector comercial, fue en término medio de 150 millones de dólares anuales entre 1951 y 1956. Este enorme incremento de la deuda externa de los países latinoamericanos terminó por acentuar la dependencia de América Latina a nivel financiero. Entre 1950 y 1967 entraron en las economías latinoamericanas por préstamos a breve, medio y largo plazo 31.700 millones de dólares y, en el mismo periodo, fueron amortizados 21.800 millones de dólares y pagados 5.700 millones de dólares por concepto de intereses. Por cada dólar obtenido en préstamos eran regresados 80 centavos de dólar para cubrir los préstamos precedentes, y solamente 20 centavos de dólar se incorporaban a las economías latinoamericanas bajo forma de mercancías y servicios.

Si se excluyen los préstamos a breve, medio y largo plazo, que sirvieron esencialmente para colmar el déficit de la balanza de pagos, los nuevos capitales que se agregan a los ya existentes en los países latinoamericanos, son esencialmente las inversiones directas de las empresas extranjeras, principalmente norteamericanas, sin las cuales seguramente se habrían paralizado las economías latinoamericanas. Entre 1946-1950 y 1956-1960 las inversiones directas aumentan, pasando de 84 a 1.352 millones de dólares anuales, incrementando la presencia del capital extranjero en los diferentes sectores económicos.

La evolución de la balanza de pagos, además de mostrar la grave situación que atraviesa América Latina a partir de 1955, nos ayuda a comprender, careciendo de informaciones directas, las transformaciones que acontecen en el sector financiero y comercial.

A partir de 1955 los dos sectores no productivos en los cuales las inversiones extranjeras se expanden fuertemente son la distribución comercial y el sector financiero. Por lo que concierne al primero —la distribución comercial—, su peso en las inversiones directas totales aumenta desde el 7,1 por 100 hasta 11,6 por 100, pasando de 431 a 1.438 millones de dólares. Una expansión todavía más fuerte conocen las inversiones norteamericanas en el sector financiero, que pasan de 244 a 1.290 millones de dólares. Este incremento de la presencia del capital norteamericano en el sector comercial y financiero nos muestra hasta qué punto se ha generalizado en todos los sectores económicos latinoamericanos después de 1955 y nos ayuda a comprender las circunstancias que empujaron al capital industrial nacional a asociarse con el capital extranjero.

IV. LAS POLÍTICAS DEL NACIONALISMO

1. LAS TENDENCIAS DE LA EVOLUCIÓN POLÍTICA

En los parágrafos precedentes, dedicados al examen de los problemas económicos y sociales de América Latina, hemos subrayado la importancia que tuvo, a partir de los años sucesivos a la segunda guerra mundial y por lo menos hasta los años 1970, la que se suele definir como «desarrollismo», una forma especial de la ideología del desarrollo.

El desarrollismo encuentra sus orígenes en las transformaciones concretas que acontecen en la economía latinoamericana después de 1945, que se manifiestan especialmente en la creciente industrialización y urbanización, presentes en casi todos los países del continente, y que imponen un proyecto político de renovación. En este contexto era necesario e improrrogable la superación de todos los obstáculos, no solamente de orden estructural, que frenaban la emergencia de una sociedad moderna, capaz de garantizar el crecimiento económico y reequilibrar la desigualdad social. Así la ideología desarrollista se convertirá en el elemento central de la mayor parte de los proyectos políticos a partir de 1945, independientemente de las diferentes, y a veces antitéticas, soluciones propugnadas. Esta será la ideología dominante, por lo menos hasta que la crisis energética y el enorme problema de la deuda exterior mostraran los límites del mito de un desarrollo sostenido, capaz de transformar radicalmente los sectores atrasados y tradicionales de los países latinoamericanos.

No obstante que la reciente historia de América Latina nos diga que hasta ahora no ha sido posible superar el drama del subdesarrollo, hacia finales del decenio de 1940 era, sin embargo, dominante la convicción de que era posible superar todos los principales problemas económicos de América Latina. También unánime era la idea de la existencia de una dicotomía fundamental entre un sector moderno, prevalentemente urbano, y un sector esencialmente tradicional, arcaico, prevalentemente rural, y de la necesidad de superarla. Indudablemente, sobre esta dicotomía fundamental existían diferentes evaluaciones que daban la preeminencia a uno u otro polo de la tensión entre modernidad y tradicionalismo. Además, pero no secundariamente, existía la convicción de poder superar el problema histórico de la dominación económica y política desde el exterior, por medio de la reapropiación de los recursos naturales que constituirían el fundamento de un desarrollo sostenido e independiente.

En el periodo 1930-1945 se trató de resolver todos estos problemas con la forma política del populismo, que se afianzó en gran parte de los países latinoamericanos a través de una connotación substancialmente nacionalista. En realidad, detrás de la forma populista-reformista se escondía un proyecto político tendencialmente conservador y autoritario, fuertemente condicionado por la crisis económica internacional y, sucesivamente, por la emergencia de los regímenes totalitarios europeos.

La dimensión nacionalista de esta tendencia, que producirá importantes efectos en los sistemas políticos sucesivos, depende especialmente del nuevo papel que progresivamente asume el Estado. En efecto, la orientación adoptada por las políticas económicas con el fin de substituir importaciones favorecerá una progresiva ampliación de las estructuras estatales, dañando las formas asociativas de la sociedad civil, a nivel de la organización de la producción y de los servicios, sobre todo en las infraestructuras, del sistema escolar y asistencial. Desde un punto de vista estrictamente político, todo esto determinará el progresivo desarrollo de un sistema corporativo y clientelar dotado de una gran capacidad de manipulación de las masas. Con otras palabras, significará la capacidad del Estado de controlar directamente y de absorber las formas organizativas populares que constituían la única vía para integrar las clases populares en un sistema capaz de garantizar su voluntad política autónoma.

Se puede entonces decir que la afirmación del sistema nacional-populista determinará la derrota del otro sistema político posible, el democrático y progresista, que, fundado en la alianza entre proletariado y clase media, representaba la posible solución para las transformaciones estructurales de la economía y de la sociedad latinoamericana.

A partir de 1945, y a lo largo de todo el decenio de 1950, la ideología desarrollista continúa, como se ha dicho, siendo dominante. Son los años durante los cuales la derrota del nazi-fascismo genera nuevas espectativas democráticas y se buscan las condiciones para favorecer un desarrollo económico administrado directamente por las burguesías nacionales.

Este nuevo entusiasmo, que encuentra su manifestación más significativa en la interpretación de la Comisión Económica para América Latina (CEPAL), era estimulado por una situación de efectivo crecimiento de las potencialidades económicas capaz de hacer posible una política de redistribución de los recursos sin alterar los equilibrios de poder. La nueva euforia desarrollista se prolongará hasta la crisis estructural de los años 1960.

Progresivamente, viene a menos el mito de un desarrollo independiente latinoamericano. En efecto, desde los años de la guerra fría, América Latina era vista por los Estados Unidos como una parte del bloque de países democráticos en oposición a los sistemas socialistas. Para los Estados Unidos era, por tanto, necesaria la afirmación de sus estructuras de dominación por medio de la creación de mecanismos económicos y financieros internacionales capaces de garantizar la política de la ayuda económica y militar. En 1948, con la transformación de la Unión Panamericana en la Organización de los Estados Americanos (OEA), se puede considerar conformada la fase de dominación que caracterizará a los decenios siguientes.

En este periodo se asiste a importantes transformaciones en la composición de las inversiones extranjeras, que determinará importantes efectos políticos en el decenio de 1960. La transformación más importante consiste en la reorientación de las inversiones extranjeras desde los sectores agrícola, minero y extractivo, y de la infraestructura —sectores cada vez más controlados por la progresiva expansión del control estatal sobre los recursos nacionales básicos— hacia el sector industrial en un primer momento, y sucesivamente hacia la industria manufacturera dinámica y a alta intensidad de capital.

Los efectos de conjunto de esta transformación de las inversiones serán traumáticos. La imposibilidad de continuar, o de replantear una política redistributiva de los recursos, deriva precisamente de estos efectos: la lenta expansión de un mercado interno, la ausencia de una articulada clase proletaria, la escasa movilidad y la limitada rotación de la mano de obra, la urbanización acelerada e incontrolada, el crecimiento irracional del sector terciario, la expansión del desempleo y la formación de un estrato de marginados. Esta situación termina por alimentar una de las más graves contradicciones de fondo: junto a dos sectores substancialmente antitéticos, el tradicional y el moderno (si bien el primero, por lo menos parcialmente, resulta ser funcional a la reproducción del segundo), se reconfirma la existencia de dos mercados, de los cuales uno está orientado esencialmente hacia la subsistencia, mientras que el otro exprime la capacidad de generar la reproducción ampliada del capital.

Esta situación, que se definirá en el decenio de 1950, determinará el agotamiento definitivo del precedente populismo que se había desarrollado en los años de 1930 y 1940. Lo substituirá otra forma de populismo, representado típicamente por la experiencia boliviana de 1952, más adecuada a la nueva realidad económica (crisis económica estructural), social (incremento de la conflictividad social y nacimiento de

nuevas expresiones de marginalidad urbana y rural), e internacional (reestructuración de la relación con los países desarrollados y, en especial, con los Estados Unidos). En esta nueva forma política, de la cual en los parágrafos siguientes examinaremos todas las variantes nacionales, se inscriben algunos importantes fenómenos
políticos: la revolución boliviana, el populismo democrático chileno, la Acción
Democrática y el Copei en Venezuela, el nacional-populismo de los militares peruanos.

Es necesario notar que, con excepción de algún apreciable resultado conseguido
en ciertas experiencias políticas específicas, en general el creciente papel de dirección
del Estado no ha determinado importantes transformaciones estructurales, por lo
menos no aquéllas necesarias para reducir las contradicciones económicas y sociales.
Tampoco han sido alteradas las relaciones internas de poder, ni las relaciones internacionales, caracterizadas también en este periodo por el papel predominante de los
Estados Unidos, cuyos intereses en cambio se han vinculado mayormente con los de
las clases nacionales que controlan los sectores estratégicos de la economía.

El neopopulismo que se definirá en los años 1960 está fuertemente influido por
la revolución cubana. Con la revolución cubana y la definición marxista del movimiento castrista, se delinea, por vez primera en América Latina, la posibilidad de
asumir el socialismo como directa alternativa a la vieja idea —dominante incluso en
los mismos partidos de la clase obrera y de la izquierda progresista— que para
superar los problemas históricos de los países latinoamericanos era necesario completar y realizar antes una revolución burguesa.

A partir de la idea de la revolución socialista como única alternativa viable a la
crisis estructural, se desarrollaron en el decenio de 1960 numerosos movimientos de
guerrilla, que examinaremos en el parágrafo siguiente, que constituyen una sintomá-
tica proyección del nivel de conflictividad social presente en el continente.

En 1962 comienza el más importante proyecto reformista planeado por los
Estados Unidos para América Latina, la Alianza para el Progreso, propugnada por
J. F. Kennedy. Esta iniciativa debe ser vista como la tentativa más completa y articulada para frenar las tendencias de transformación radical y revolucionaria que la experiencia cubana había difundido en toda América Latina. Detrás de la Alianza para
el Progreso había entonces la voluntad de impedir cualquier iniciativa política autónoma de los países latinoamericanos para exorcizar el riesgo, notado por los Estados
Unidos, de perder el control político y económico de América Latina. La Alianza
para el Progreso terminó entonces por reforzar la relación de subordinación, por
medio de los tradicionales mecanismos de la ayuda económica-financiera, cuales la
AID (Agency for International Development), el CIAP (Comité Interamericano de
la Alianza para el Progreso), el FMI (Fondo Monetario Internacional), el BID (Banco Interamericano de Desarrollo) y el Banco Mundial.

Se hace evidente así que los Estados Unidos desempeñaron un papel significativo en la disolución de las experiencias neopopulistas en el decenio de 1960. En efecto, el gobierno norteamericano, como las clases dominantes y todos los sectores más
tradicionales que detentaban el poder político y económico, comprendieron que el
nuevo sistema político ponía en movimiento gran parte de las fuerzas sociales, las
cuales pedían una mayor participación política. Particularmente peligrosas resultaban las organizaciones del proletariado, partidos y sindicatos, que al interior del neopopulismo podían tener la posibilidad de redefinirse ideológicamente, de readquirir

una conciencia definitiva de su papel en el interior de los sistemas políticos, y, por tanto, de exprimir una potencialidad subversiva.

Por estos motivos sobre el neopopulismo caerá una fuerte reacción, que determinará el surgimiento de algunos regímenes autoritarios, como acontecerá en Brasil, y sucesivamente en Bolivia y Uruguay. La tendencia más difundida será, empero, la de controlar los gobiernos civiles a partir de la institución militar.

No en todos los países, sin embargo, este neopopulismo tendrá soluciones y consecuencias iguales. En Chile, por ejemplo, el neopopulismo dará origen a la coalición popular y progresista de Unidad Popular, configurándose como un episodio único en la historia de América Latina de transición al socialismo, que durará hasta el golpe militar de 1973, origen de la decenal dictadura de Pinochet.

La extinción del neopopulismo en Chile, como había acontecido precedentemente en Brasil, muestra la dificultad de sobrevivencia de esta solución en los países en los cuales es más grave el estancamiento económico en los años 1960. El neopopulismo, en cambio, resistirá más sólidamente en áreas como México y Venezuela, en virtud del pasable nivel de desarrollo económico de estos países. No logrará reconstruirse sobre bases nuevas en Argentina, a pesar de la presencia en este país de una estructura social avanzada. Un caso aparte lo constituye el Perú, donde el neopopulismo sobrevivirá en virtud del reformismo modernizador de la dirigencia militar.

Es, sin embargo, evidente que hacia la primera mitad de los años 1970 el modelo nacional-populista no tiene más vigencia. Las soluciones que proponía no lograron impedir que el conflicto de clase alcanzara niveles de tensión sin precedentes, que los Estados no podían ya englobar y reabsorber con los mecanismos previstos por las políticas nacional-populistas. La solución autoritaria termina así por imponerse a los otros modelos políticos, con el resultado de que en esta nueva fase se registran pocos gobiernos civiles.

También en el desarrollo de esta nueva fase autoritaria el papel de los Estados Unidos será importante. En efecto, temiendo los Estados Unidos que la afirmación de regímenes reformistas pudiera determinar una movilización incontrolable en sentido revolucionario, prefirieron apoyar a los regímenes militares por el hecho de que podían dar una cierta garantía de estabilidad política y, por tanto, de continuidad económica.

2. Los partidos y los movimientos políticos

Las principales tendencias de la evolución política, tal como se manifestaron en América Latina entre 1948 y 1975, nos indican que el cuadro político global se caracteriza por la tensión entre dos proyectos nacionalistas: uno de tipo neoconservador, y el otro de tipo neopopulista.

La primera tendencia concede particular importancia a la eficiencia económica, a la modernización de la sociedad a cualquier costo y a la vasta participación del capital extranjero en el desarrollo. Para este proyecto los resultados del crecimiento debían confluir especialmente hacia las clases que disponían de poder político y económico, la burguesía industrial y los latifundistas. Los resultados de la modernización terminarían por interesar sólo marginalmente las clases populares y parcialmente las clases medias.

El segundo proyecto, el neopopulista, se orienta, en cambio, hacia una profundización del proceso redistributivo de los recursos, por medio de un progresivo crecimiento del control estatal sobre las actividades económicas. Esta tendencia trata de excluir los intereses extranjeros mediante la nacionalización de los principales sectores económicos, especialmente de los recursos naturales. Los resultados del proceso deberían estimular un mejoramiento de las condiciones de vida de las clases populares y, al mismo tiempo, deberían garantizar la promoción social de la clase media, especialmente de la vinculada con los servicios.

En el ámbito de estas dos tendencias de máxima de los sistemas políticos que se manifiestan en América Latina, es necesario ilustrar las fuerzas políticas, las que serán examinadas sintéticamente siguiendo la tripartición tradicional de fuerzas de derecha, de centro y de izquierda. Es necesario explicitar que la complejidad de la situación económica y social latinoamericana y el substancial atraso de la dimensión política, agravada mayormente por las prácticas clientelares y paternalistas de los populismos, impiden a veces la utilización de esta subdivisión tipológica. En efecto, en el interior de cada grupo pueden darse diferentes matices e, incluso, posiciones contradictorias, que dificultan la individuación de líneas políticas coherentes.

La complejidad de la dimensión política se agrava ulteriormente por el hecho de que, además de las fuerzas políticas tradicionales que, por otra parte, no siempre tienen una directa relación con las clases sociales correspondientes—, el cuadro político latinoamericano engloba también otros elementos, que pueden asumir una importancia determinante en la definición de los diferentes equilibrios políticos e ideológicos. Este es el caso, por ejemplo, del movimiento sindical, que frecuentemente asume un papel de substitución o alternativo a los partidos tradicionales. Una función similar tiene la guerrilla, por la capacidad de liberar las potencialidades revolucionarias presentes en algunos sectores sociales, a la cual corresponde, recíprocamente, la reacción y la represión por parte del gobierno y de algunos sectores sociales. Una importancia determinante tiene también la Iglesia católica, sea en su papel de fuerza conservadora, sea en su papel de fuerza reformadora, desempeñando así una función de estímulo para los sectores sociales conservadores y para los sectores populares y los partidos de izquierda. En cuanto al papel de las fuerzas armadas, que analizaremos en los parágrafos siguientes, en necesario mencionar que en algunos países, como por ejemplo en Perú, constituyen la componente propulsiva del sistema nacional-populista, mientras en otros países, como en Chile, tienen el papel de garantizar una legalidad estatal, funcional a los intereses oligárquicos y extranjeros.

Los partidos políticos de derecha, en cuanto representantes de los intereses económicos de la clase dominante —de la burguesía modernizadora como de la oligarquía latifundista— ven comprometido su papel de poder tanto por parte del populismo reformista como por parte de cualquier otro proyecto político progresista. También estos partidos —el Partido Liberal y el Partido Conservador— conoce los efectos de la modernización, de la cual, en gran medida, han sido sus promotores. De estos dos partidos es el Liberal el que, en virtud de su conformación histórica e ideológica, se presenta como el partido de derecha más cercano a la burguesía y mayormente favorable a las transformaciones, y es, por tanto, capaz de desarrollar una mayor flexibilidad en relación con las tendencias de fondo de los sistemas políticos neoconservador y neopopulista.

El Partido Conservador, que representa un sector de la burguesía y especialmente

657

las oligarquías latifundistas, conoce, en cambio, un progresivo repliegue. Este repliegue acontece por efecto de la progresiva tendencia de la Iglesia católica, su aliada natural, a apoyar mayormente a los partidos demócratas-cristianos, que constituyen la fuerza propulsora del populismo reformista. En muchos casos, sin embargo, el Partido conservador evolucionará hacia partidos que exprimen la visión del catolicismo más tradicional que, hasta los años 1960, vemos presente en las altas jerarquías eclesiásticas y en los sectores más tradicionales de las clases dirigentes, en especial las de extracción latifundista.

Una de las características comunes de los partidos de derecha es su tendencia a replantear la ideología del nacionalismo, especialmente en los momentos en que se asiste a una convergencia entre capital extranjero y clases medias. La derecha, en efecto, no renuncia a plantear instancias modernizadoras, a condición de que tengan las garantías suficientes de controlarlas y de organizarlas para obtener los máximos beneficios. Estas instancias modernizadoras de la derecha tienden a converger en un modelo estatal de tipo corporativo y clientelar cuya ideología son los valores tradicionales de patria, familia, religión y propiedad privada.

En general, podemos decir que la derecha opta por una solución política neoconservadora en el ámbito de una tendencia global proyectada hacia un modelo populista. Los partidos de derecha sufren entonces los efectos del populismo al cual dan una interpretación restrictiva, limitando la modernización a la eficiencia técnica y económica. Con otras palabras, serán mayormente favorables a las transformaciones en sentido corporativo de la sociedad —promoviendo a tal fin las asociaciones profesionales y las formas clientelares—, es decir, a las transformaciones que no expanden las oportunidades organizativas y la voluntad política de las clases populares. En esta forma los partidos de derecha logran incluso incorporar a su línea política algunos importantes sectores de la clase media.

En los momentos en que no es posible controlar completamente la situación política a través de los mecanismos del Estado nacionalista y clientelar, o más sencillamente mediante el fraude electoral, la derecha recurrirá a formas extraconstitucionales, de tipo autoritario, con función anticomunista y antiinsurreccionista. Nacen así estructuras y organizaciones paramilitares, utilizadas también con función antirreformista. Entre estos movimientos creados con función anticomunista se distinguen la tristemente célebre Alianza Argentina Anti-comunista, los *esquadrones* de la muerte brasileños, Patria y Libertad en Chile, etc.

La derecha, naturalmente, tratará siempre de obtener el apoyo de las fuerzas armadas, como demuestran los más significativos ejemplos de regímenes autoritarios de los años 1970. Sin embargo, por el hecho de que los militares desempeñan un papel equilibrador en los sistemas políticos a partir de los años 1940, su apoyo será también buscado por el populismo reformista e, incluso, por el progresismo de izquierda.

Por lo que concierne a las organizaciones y los partidos políticos vinculados a la clase media, es necesario decir que su evolución es muy compleja. Ella se presenta condicionada por factores internos (situación política específica, proceso de modernización, expansión del terciario y urbanización) y por factores externos (las estrategias del capital norteamericano).

Desde un punto de vista esencialmente político, los partidos que representan las clases medias tienden a perder eficacia con la expansión de los sistemas neopopulistas. Estos últimos, en efecto, por su interclasismo provocan una parcial pérdida de identidad y una desarticulación de los tradicionales partidos de la clase media, es decir, de los partidos radicales, Acción Democrática, APRA. En términos generales se puede decir que donde la experiencia del populismo fue muy fuerte, los partidos de clase media —como el Partido Radical en Argentina— se colocan en la oposición. En otros países, donde el populismo no logró afianzarse en modo hegemónico, o donde representó solamente una alianza táctica entre las fuerzas de derecha y de centro, los partidos de clase media no consiguieron afianzar ni su identidad ni desarrollar una incisiva acción política. Solamente el APRA en Perú logrará ejercitar una cierta influencia política gracias a su papel de partido de oposición.

Es también posible individualizar dos características de fondo de la clase media, no obstante que su incidencia varíe sensiblemente según la realidad política de cada país. La primera es la tendencia de la clase media a subordinarse a los proyectos políticos de las clases dominantes en el interior de la fórmula de proyecto neoconservador. Al contrario, la segunda es la tendencia de los partidos demócrata-cristianos, en el interior del proyecto neopopulista, de confiar a la clase media una función hegemónica. La colocación política de la clase media presenta así una dinámica extremadamente variable, fluctuante entre el proyecto neoconservador y el proyecto neopopulista, que se exprime con una vasta gama de articulaciones más o menos progresistas o conservadoras.

En el contexto general de la opción reformista de los años 1960, las clases medias tienden a apoyarse en la clase dominante empresarial —la derecha modernizadora—, en el subproletariado y en el neoproletariado urbano y campesino. Esta solución debía garantizar a las clases medias su autonomía política, para contrastar el poder oligárquico y para transformarse en los aliados naturales del capital norteamericano. Esta compleja estrategia será maniobrada por el neopopulismo demócrata-cristiano, que confiará al Estado el papel de instrumento privilegiado para organizar el cambio: las reformas estructurales (especialmente a través de la reforma agraria y la ampliación de las industrias estatales) y el crecimiento económico (a través de instituciones especializadas y las iniciativas de promoción popular). El fin último de este proyecto neopopulista, que lo diferencia del precedente populismo no obstante la común matriz interclasista y el papel asignado al Estado en el crecimiento económico, es verdaderamente ambicioso y original. Sus objetivos eran transformar la oligarquía tradicional en una burguesía activa y empresarial y mejorar el nivel de vida de las clases populares para reducir en breve tiempo la conflictividad social.

El populismo reformista y nacionalista, además de representar la mejor carta para asignar la centralidad a la clase media en el contexto de las transformaciones, representa también una concreta alternativa política tanto a la revolución popular como al golpe de estado por parte de la derecha o de las fuerzas armadas.

Por lo que hace referencia a las fuerzas de izquierda, se debe tener presente que la fuerte expansión de las ideologías revolucionarias —en buena medida estimuladas por la revolución cubana—, combinada con el efectivo incremento del proletariado durante los años 1950 y 1960, no ha determinado una expansión similar de los partidos tradicionales de la clase obrera, los partidos comunistas y socialistas.

Las motivaciones que están a la base de esta situación son muy complejas. Hay que mencionar una substancial incapacidad de los partidos de izquierda tradicionales de elaborar estrategias autónomas basadas en las efectivas realidades nacionales, de emanciparse de los residuos estalinistas (muy enraizados en América Latina) y, finalmente, de englobar a los sectores campesinos y a las nuevas formas de marginalidad, representadas especialmente por los sectores subproletarios. Por otra parte, la política interclasista del neopopulismo y del neoconservadurismo limitan la posibilidad de acción de los partidos de izquierda. En Argentina, por ejemplo, el fuerte avance de la izquierda se tradujo no tanto en un crecimiento del Partido Comunista y Socialista, sino más bien en una expansión del movimiento peronista, de matriz populista. En Uruguay, los efectos del crecimiento del proletariado son reorientados por el movimiento de guerrilla Tupamaro. En Chile, en cambio, el avance de la izquierda favorecerá sólo parcialmente al Partido Comunista mientras ayudará al crecimiento del Partido Socialista.

Durante la revolución cubana se asiste a una anticipación de la tendencia que se generalizará más tarde en toda la América Latina: el avance revolucionario no será hegemonizado por los partidos tradicionales de la clase obrera. En efecto, la hegemonía revolucionaria será la del Movimiento 26 de Julio, guiado por Fidel Castro, obligando así al Partido Comunista a disolverse y a recomponerse con el Movimiento 26 de Julio en el actual Partido Comunista.

En general, es también posible sostener que los partidos de izquierda fueron en cierta medida desequilibrados por la contraposición entre el proletariado urbano, por una parte, y el subproletariado y los campesinos, por otra parte. Prisioneros de esta contradicción, los partidos de izquierda terminaron por privilegiar el sector de las clases populares que históricamente representaban, el proletariado. Tanto en el esquema neopopulista como en el esquema neoconservador, los partidos obreros sufrieron una especie de atrofia política e ideológica. Con otras palabras, al no comprender que el subproletariado no debía ser considerado como un estrato social nuevo sino como una forma transitoria del proletariado, los partidos de izquierda terminaron por no considerarlo en sus proyectos políticos. En efecto, entre los años 1950 y 1960, cuando los efectos de la crisis estructural a nivel económico comenzaron a reducir las distancias de *status* entre el proletariado y el subproletariado, los partidos de izquierda no lograrán interpretar y hegemonizar los sectores del subproletariado. En cambio, los nuevos partidos y movimientos políticos de izquierda, asumiendo una función de competencia con los tradicionales partidos de la clase obrera, lograrán conformar un vasto frente político de izquierda escasamente estructurado. Esta escasa estructuración del nuevo frente de izquierda generará gravísimos problemas en el sistema político, como lo demuestra el caso de la coalición de Unidad Popular en Chile. En este país, dada la existencia de un gran número de partidos y de movimientos políticos progresistas, el gobierno popular se encontrará obligado a desarrollar una constante acción de mediación, obstaculizando así su capacidad de acción y de sobrevivencia política.

A diferencia de cuanto acontece con los partidos políticos de izquierda, el crecimiento del proletariado y su progresiva unificación con algunos sectores del subproletariado darán origen a nuevas formas asociativas, de base, sin que este proceso determine un substancial estancamiento del movimiento sindical. Estas asociaciones espontáneas constituirán una base concreta de apoyo del populismo reformista, que las utilizará en contraposición, en caso de necesidad, al preexistente movimiento sindical, por lo menos en los países donde estaba ya enteramente institucionalizado por los mecanismos del estado corporativo.

El movimiento sindical tradicional representa siempre y en todo caso una amenaza concreta para el proyecto neopopulista y también para el neoconservador y para los intereses económicos extranjeros. No hay duda de que todas las alternativas no revolucionarias no son disponibles a dar al movimiento obrero organizado un papel autónomo. La opción de perpetuar la subordinación de las clases trabajadoras en el sistema político constituye la condición indispensable que permite al capital nacional e internacional, público o privado, garantizar una alta tasa de acumulación capitalista.

Un importante fenómeno político es la difusión de los movimientos guerrilleros en los años 1960, inspirados en las teorizaciones de Ernesto Guevara y de Régis Debray, que se desarrollan por efecto de la victoria guerrillera en Cuba. Originariamente, los movimientos de guerrilla de matriz castrista nacen por la separación de algunos sectores de jóvenes de algunos partidos populistas (APRA peruana, Acción Democrática venezolana) o de los partidos comunistas tradicionales. En una primera fase, entre 1960 y 1968, a imitación del Movimiento 26 de Julio cubano, la guerrilla se desarrolla principalmente en las áreas rurales de países como Venezuela, Guatemala, Perú y Colombia.

Se puede tener una idea de la dimensión política continental de estos movimientos pensando que al Congreso de la Organización Latinoamericana de Solidaridad, desarrollado en 1967 en La Habana, uno de los temas a debatirse era la coordinación continental del proceso revolucionario.

Después de 1968 empieza la fase regresiva de los movimientos guerrilleros. Algunos, sin embargo, se desarrollaron especialmente en las áreas urbanas, como acontecerá en Uruguay, Argentina, Brasil y Chile. En esta segunda fase, especialmente, participan la guerrilla esencialmente estudiantes e intelectuales, además de algunos sectores de la clase obrera.

A comienzos de 1970, la guerrilla ha sido en casi todos los países derrotada, con excepción de Argentina y Uruguay, que lo será algunos años más tarde. En Perú y Bolivia la guerrilla será reprimida por los militares, y en Venezuela y Colombia porque será aislada y marginada políticamente. El único movimiento que sobrevivirá a la represión durante el decenio entero de 1970, desarrollando incluso una cierta presencia política y organizativa, será el Frente Sandinista de Liberación Nacional en Nicaragua.

Muchas son las causas que pueden explicar el fracaso de la guerrilla. Entre las muchas, mencionamos su orientación militarista y voluntarista, el cambio de política en Cuba después de la muerte de Guevara, las presiones de la Unión Soviética, un mejoramiento organizativo de las estructuras represivas de los gobiernos latinoamericanos. Sin embargo, la base de su fracaso, que se traduce en la no extensión de la lucha armada, está en la incapacidad de la guerrilla para promover movimientos de masa a nivel nacional y en la no difusión de la conciencia revolucionaria, especialmente después de 1968, en las áreas rurales.

En el periodo comprendido entre 1950 y 1970, la Iglesia tiende a constituirse como una nueva fuerza política gracias a su progresiva autonomía de las instituciones estatales. La nueva tendencia se traduce en un progresivo desplazamiento de la Iglesia hacia la izquierda no obstante la persistencia en ciertos países, como Argentina y Colombia, de las viejas posturas. No obstante, incluso las Iglesias que son mayormente disponibles a desarrollar un nuevo papel, como acontece en Chile, advierten la necesidad de hacerlo en función alternativa al crecimiento del movimiento comunista.

3. LA MODALIDAD REVOLUCIONARIA CUBANA

La revolución cubana constituye un fenómeno de gran originalidad no sólo por su dinámica, que no tiene precedentes en la historia de las revoluciones socialistas, sino también por la estructura de poder particular sobre la cual se injerta el proceso revolucionario y por la composición social de las fuerzas que garantizarán el suceso final.

La característica más interesante que vale la pena subrayar es la comprobación de que esta revolución no nace como consecuencia de una crisis de un modelo populista. La revolución, en cambio, se definirá como solución de una crisis económica, sobre todo del sector agrario, en un contexto político autoritario y represivo, sensiblemente condicionado por la presencia norteamericana.

En Cuba, el proceso de subordinación de la clase dominante a los intereses norteamericanos se perfecciona desde los años de la dictadura de Machado, es decir, mucho antes que en los otros países latinoamericanos. Por este motivo en la isla no será posible llevar a cabo una experiencia populista, que habría podido realizarse durante el gobierno provisional de Grau San Martín, porque su realización requería de una clase dominante dotada de una cierta autonomía de los intereses norteamericanos. De allí que el proyecto de Grau San Martín pudo ser fácilmente interrumpido por las fuerzas armadas que contaron con el apoyo norteamericano.

Todos los gobiernos que preceden al proceso revolucionario —el de Fulgencio Batista (1940-1944), Ramón Grau San Martín (1944-1948) y Carlos Prío Socarrás (1948-1952)— lograron mantener una cierta apariencia de democracia, porque, a través de los mecanismos clientelares y de la corrupción, lograron sin grandes costos políticos reabsorber la nueva demanda política de los sindicatos y de las clases medias.

El tipo de economía que se consolida en los años de 1950, condicionada por la fuerte presencia norteamericana, se distinguía especialmente por el carácter ampliamente capitalista de la agricultura, particularmente difundido en las áreas azucareras y en las actividades complementarias, de la cual derivaba una maciza presencia del proletariado rural. En las áreas urbanas, especialmente de La Habana, la fuerte incidencia del turismo norteamericano dará origen a un fenómeno de especulación edilicia.

Gracias a estas particularidades de la economía, Cuba tiene en los años 1950 el ingreso per cápita más alto de toda América Latina. Al mismo tiempo tiene una altísima tasa de desempleo y de subempleo, con alrededor de 650.000 trabajadores estacionales y alrededor de medio millón de cesantes sobre una población activa de 2.000.000 de individuos.

A comienzos de los años 1950, el sistema de corrupción generalizado entre las clases medias y el proletariado sindicalizado empezó a demostrarse insuficiente para contener las demandas de cambio social, que emergen especialmente del proletariado rural y de las clases medias. La crisis se convertirá muy pronto en incontrolable, determinando en 1952 un golpe de estado guiado por Batista. Dos años después, Batista podrá legitimar su propio poder, y será elegido a la presidencia de la república, con el apoyo de la clase dominante, del ejército y del gobierno norteamericano. Cuando no será más posible reequilibrar el sistema político legalmente, a causa de la oposición radical de una parte de la clase media (intelectuales y estudiantes universitarios) y del partido de mayoría, el Partido Ortodoxo, Batista terminará por imponer un sistema de tipo autocrático y dictatorial.

La oposición violenta al régimen de Batista comienza el 26 de julio de 1953, con la insurrección guiada por Fidel Castro que tratará de asaltar el cuartel de Moncada. Después de la derrota de esta primera insurrección, seguirá, en 1956, una expedición armada de los castristas en la provincia de Oriente, en la Sierra Maestra. El desembarque de Fidel Castro en Cuba, después de su exilio en México, marca el inicio del proceso revolucionario.

La revolución castrista inicialmente no obtendrá el apoyo de los comunistas que, incluso, condenarán como jacobino el proyecto insurreccional de 1953, y tampoco de la clase obrera, todavía dirigida por líderes prisioneros del mecanismo de la corrupción. En cambio, será la colaboración al castrismo del proletariado rural no sindicalizado la que estimulará al Movimiento 26 de Julio a desarrollar un proceso de crecimiento político e ideológico. Gracias a este primer apoyo, el movimiento castrista logrará obtener un fuerte apoyo del proletariado organizado, campesino y urbano. Sin embargo, la completa adhesión de las clases trabajadoras al castrismo —que inicialmente se configuraba como un movimiento interclasista dirigido por representantes de las clases medias— fue, en gran medida, condicionado por la forma represiva adoptada por Batista para frenar la revolución. Los incendios y las destrucciones de las plantaciones, con los cuales los militares de Batista trataron de impedir a

Fidel Castro en la toma de posesión de Daniel Ortega como presidente de Nicaragua, 1985

Castro cualquier posibilidad de sobrevivencia material y política en las áreas que controlaba, tendrá el efecto de multiplicar el paro para el proletariado rural e, indirectamente, un efecto multiplicador que agravará la crisis del proletariado urbano, por efecto de la inflación y del incremento del desempleo.

La adhesión del proletariado rural y urbano al Movimiento 26 de Julio será el elemento determinante para permitir la revolución, que culminará el 1.º de enero de 1959, cuando los castristas ocupan La Habana y se apoderan del poder.

En Cuba, la situación revolucionaria presenta algunas características similares a la boliviana que en 1952 había llevado al poder al Movimiento Nacionalista Revolucionario. Sin embargo, la revolución cubana tendrá una evolución diferente por la presencia de dos condiciones singulares: la fuerte incidencia del capital norteamericano en su economía, que impide la autonomía relativa de la clase dominante a nivel político, y la fuerte consistencia del proletariado agrícola, que representa más del 35 por 100 de la población rural.

A partir de la toma del poder, con los procesos contra los colaboracionistas de Batista y con la destitución del presidente provisional Manuel Urrutia Leo, empieza a delinearse el proyecto revolucionario, caracterizado por la determinación de no regresar a la precedente legalidad constitucional y de implantar, en cambio, un nuevo sistema político y social. En efecto, fueron inmediatamente anunciadas algunas importantes reformas económicas y sociales (febrero de 1959), se decretó la reducción de los alquileres, la promulgación de la reforma agraria y la ocupación de los latifundios (mayo de 1959). Estas medidas provocaron una inmediata reacción por parte del gobierno norteamericano, que tratará, con todos los medios a su disposición, de favorecer la oposición moderada y reaccionaria al gobierno castrista. La actitud norteamericana terminó por estimular un resultado opuesto al esperado: se ampliaron las medidas radicales de cambio social, que expandieron el apoyo popular a la revolución.

La definitiva oposición de los norteamericanos a las medidas revolucionarias se manifestó con mayor fuerza una vez decretada la nacionalización de las inversiones extranjeras y la expropiación de las propiedades privadas nacionales. Ella se tradujo en la suspensión de las importaciones de azúcar cubano en Estados Unidos y, finalmente, en la organización de una invasión a Cuba que acontecerá en el mes de abril de 1961. El fracaso del desembarque norteamericano en la isla y la definitiva apropiación por parte del Estado de los principales factores productivos marcan el fin de la primera fase de la revolución cubana y el inicio del apoyo brindado por la Unión Soviética a Cuba para contrarrestar los efectos negativos del bloqueo económico americano a la isla.

La fase sucesiva se caracteriza por la consolidación de la evolución socialista y marxista del grupo dirigente, que dará un nuevo carácter al proceso revolucionario entero. La lucha antiimperialista había creado una suficiente cohesión de los diferentes estratos sociales, con excepción de la vieja clase dominante y de la parte menos progresista de la clase media, dando así al castrismo el apoyo necesario de la mayoría de la población al proceso de transformación radical del país, la transición al socialismo.

Esta segunda fase se caracteriza por la voluntad del castrismo de solucionar los diferentes problemas —económicos, políticos y sociales— para garantizar la sobrevivencia del nuevo orden, en momentos en que la estabilidad revolucionaria, y la mis-

Ernesto Che Guevara, ministro de Industria, con el presidente de la República, Osvaldo Dorticos Torrado

ma colaboración con la Unión Soviética, aparecían seriamente dañados por la gravísima crisis de los misiles. Para afrontar esta aguda crisis, el gobierno revolucionario recurrirá a una rígida reglamentación económica, que preveía el racionamiento de los productos básicos, superando así las dificultades planteadas por el crecimiento generalizado de los consumos, derivados del incremento de los salarios.

Desde un punto de vista estrictamente político, en el curso de esta fase se verifica un interesante proceso de cambio que culmina en la definitiva caracterización socialista de la revolución. La dirección de la revolución, representada por el Movimiento 26 de Julio, estimuló a las fuerzas organizadas de la izquierda hacia una redefinición, favoreciendo así una tendencia espontánea de base favorable a una nueva agregación. La fundación de un nuevo Partido Comunista será precisamente el elemento que permitirá la creación de las estructuras políticas y de las instituciones representativas populares indispensables para fundar el Estado socialista. Esta evolución política encuentra su necesaria complementación en la reanimación del crecimiento económico, gracias a la expansión de la producción agrícola y en especial de la producción de bienes esenciales.

En 1965, con la definición marxista del castrismo, se concluye la segunda fase de la revolución. En el decenio siguiente se perfeccionarán las instituciones del Estado socialista y se asistirá a un notable desarrollo de la sociedad y de la política.

El principal logro de la revolución cubana ha sido el de haber creado una alter-

665

nativa a los otros proyectos reformistas latinoamericanos, progresistas o neopopulistas. La revolución cubana rompió la ilusión presente en el nacional-populismo de que a través de la política de masas se lograría conjugar el desarrollo económico con un desarrollo político de tipo democrático.

4. El estancamiento de América Central

La situación política de los países de América Central, en el periodo comprendido entre la segunda guerra mundial y los años de 1970, se caracteriza por la presencia de una primera fase reformista, de una segunda fase de reestructuración de los sistemas políticos, y de una tercera fase de choque entre dos posibles alternativas, la una, reformista y progresista, y la otra, neoconservadora o reaccionaria.

A comienzos de los años 1950, parecía que los países centroamericanos iniciaban una nueva era de progreso y de reequilibrio social. A esta euforia generalizada, condicionada en gran medida por la evolución positiva de los precios internacionales de los productos de exportación (especialmente café y frutas tropicales), se agregaban una serie de elementos que concretamente favorecían una redefinición en términos reformistas de los sistema políticos. En primer lugar, habían desaparecido dos de las más tenaces y consolidadas dictaduras del subcontinente entero, la de Jorge Ubico en Guatemala y la de Maximiliano Hernández Martínez en El Salvador. En segundo lugar, se estaba consolidando una actitud diferente, a nivel de las clases populares y de la clase media, relativa a sus papeles en relación a la necesidad de modernizar sus países a nivel económico, por medio del control estatal sobre las economías, la reforma agraria y la diversificación económica; a nivel social, a través de nuevas formas de seguridad social y ampliación de los derechos sindicales; y, finalmente, a nivel político, a través de la legalidad constitucional y la implantación del sufragio universal.

La ilusión reformista de las clases medias y populares chocó muy pronto con los intereses de las clases dominantes tradicionales. Los sistemas políticos centroamericanos, con excepción del de Costa Rica, se desenvuelven en situaciones que, de hecho, por motivos internos y externos, niegan la posibilidad de dar vida a un desarrollo progresista, democrático y nacional de la gestión del poder.

En Guatemala, por ejemplo, la política nacionalista y reformista efectuada por el gobierno de Juan José Arévalo y continuada por el de Jacobo Arbenz encontró la decidida oposición de la United Fruit Company. En 1954, por tanto, esta tendencia terminará por ser sofocada por las fuerzas reaccionarias que, apoyadas por la CIA, impusieron al país la rígida dictadura de Castillo Armas.

También en El Salvador, con el gobierno de Óscar Osorio y, hasta un cierto punto, durante la presidencia de J. M. Lemus, la buena coyuntura económica —determinada por los precios internacionales remunerativos del café— permitirá la adopción de algunas medidas reformistas (diversificación de la economía y un primer proceso de desarrollo industrial) e, incluso, la promulgación de una nueva constitución fuertemente inspirada en los principios del intervencionismo estatal. La depresión económica, influida por la contracción de los precios internacionales del café, dio origen a una fuerte movilización popular que terminará por dar al gobierno de Lemus un carácter represivo y autoritario. Solamente después de 1960, el Frente

Nacional de Orientación Cívica, una vasta coalición de fuerzas de izquierda y de centro-izquierda, logra deponer a Lemus y reorientar, gracias a la nueva política norteamericana de la Alianza para el Progreso, al país hacia una política de corte reformista.

En Honduras, después de la derrota del régimen autocrático de Tiburcio Carias, el gobierno liberal de J. M. Gálvez comenzará una política de modernización moderada. Esta línea continuará con el gobierno de R. Villeda Morales, que intensificará la construcción de obras públicas y desarrollará una política de atracción de las inversiones extranjeras en la producción. En 1962 fue aprobada una reforma agraria que provocará en 1963 un golpe de estado, bloqueando así el proceso de modernización económica y política.

Los dos países que presentan una tendencia diametralmente opuesta son Nicaragua y Costa Rica. En el primero, se consolidará el poder de Anastasio Somoza que continuará gozando, hasta su muerte en 1956, del pleno apoyo norteamericano, no obstante su régimen tiránico y represivo. En cambio, Costa Rica será el único país centroamericano que logrará consolidar el programa reformista. En efecto, durante el gobierno de José Figueres, de inspiración socialdemócrata, se logrará institucionalizar un sistema democrático-representativo que ampliará la participación política de la clase media y de los sectores populares.

En el decenio de 1960 la modernización tecnológica y organizativa de las producciones de América Central (plátanos, algodón, azúcar y ganado) lograrán en buena medida nivelar la caída del precio del café en el mercado internacional. La estabilidad económica contribuirá a dar origen a un proceso de industrialización, favorecido por la creación del Mercado Común Centroamericano, por la fundación del Banco Centroamericano de integración económica y por la aprobación de un tratado que liberalizó el intercambio entre los países de América Central. Este proceso económico, con el fin de expandir la industrialización, acentuó los preexistentes desequilibrios entre los países con el resultado de que, a finales de los años 1960, las industrias se concentran casi exclusivamente en Guatemala y El Salvador, es decir en los países con una mayor densidad de población y con un menor costo de mano de obra.

En general, a comienzos del decenio de 1970 empieza a notarse la insuficiencia del Mercado Común, de la política de industrialización a cualquier costo, de la substitución de importaciones que desarrolló las importaciones de materias primas y de bienes intermedios. En síntesis, como se mostrará todavía en modo más evidente a partir de la crisis de los años 1970, la industrialización favoreció substancialmente a los sectores altos de la sociedad y el capital norteamericano. En cambio, las clases populares no obtuvieron ningún provecho de las políticas de modernización económica: la tasa de empleo no aumentó y las estructuras productivas, especialmente en las áreas rurales, no se transformaron. Además, se intensificó el proceso de urbanización y, con él, se expandió la marginación urbana, especialmente la del subproletariado.

Todas estas contradicciones favorecieron la formación de movimientos guerrilleros cada vez más fuertes, especialmente en Guatemala y Nicaragua. Después de los años 1960 el ejército, empleado regularmente en las acciones contrarrevolucionarias, asumirá progresivamente el papel de brazo armado de los intereses tradicionales, de las oligarquías latifundistas y de sus aliados norteamericanos. A lo largo del decenio de 1970 se acentuó la convicción de que la política desarrollista, propugnada por la CEPAL y por la Alianza para el Progreso, utilizaba la modernización y la democracia como instrumentos para frenar una posible opción revolucionaria. Sin embargo, y es esta la principal contradicción de la reciente historia centroamericana, las clases dominantes escogieron la solución de sabotear la política reformista y de vincularse más sólidamente con los intereses del capital norteamericano.

También el papel de la Iglesia en los países centroamericanos presenta ambigüedades mayores de las que encontramos en otros países latinoamericanos. En América Central, en efecto, los diferentes regímenes toleran la politización informal de los católicos (cooperativas, comunidades, asociaciones populares, etc.) con el fin de explotarlos en función anticomunista y antirrevolucionaria.

Las fuerzas armadas, por su parte, no presentan una función rígidamente coherente en los diversos sistemas políticos, pues no siempre tienen un papel de tipo contrarrevolucionario. En El Salvador, por ejemplo, el ejército se hará promotor, en 1970, de una junta cívico-militar reformista, mientras en 1972 una facción nacionalista y constitucionalista del ejército guiará la sublevación contra la corrupción del régimen. En Guatemala, en cambio, una parte del ejército se integrará, incluso, en la guerrilla.

A principios de 1970, la situación política general de los países centroamericanos se caracteriza por una tendencia escasamente democrática, en la cual la sustitución de los gobiernos, con excepción de Costa Rica, no acontece generalmente a través de procesos electorales que expresen la voluntad popular. Prevalecen, en cambio, los golpes preventivos, el fraude electoral, la censura de la prensa, etc., que de-

Patrullas del ejército en la zona de El Barrillo, El Salvador

terminan una substancial ineficacia de las oposiciones garantizadas por las constituciones políticas, no obstante que algunos partidos democráticos (democratacristiano, socialdemócrata) tiendan a concentrar una creciente representatividad popular.

La única oposición radical continuará expresándose a través de la guerrilla en sus más variadas formas, que logrará agrupar a considerables sectores de las clases populares. Así acontecerá en El Salvador a partir de 1971 y, después de 1975, en Nicaragua y Guatemala.

Hacia mediados de los años 1970, la situación política centroamericana presenta una configuración muy especial sin una salida aparente ni de tipo neoconservadora ni de tipo neopopulista. Esta tendencia se presenta incluso en los países donde, como en Guatemala, la participación popular en la guerrilla determinará la caída de la dinastía de los Somoza en 1979. También es este el caso de El Salvador, donde, en 1979, con un nuevo golpe, se trató de frenar la sangrienta conflictividad social que amenazaba la ya escasa estabilidad institucional. Esta tendencia se hace incluso sentir en Costa Rica, haciendo entrar en crisis el más avanzado experimento reformista centroamericano.

El fracaso del reformismo, neopopulista o progresista, al cual sigue, por una parte, la intensificación de la guerrilla y, por otra, el reforzamiento autoritario de las clases dominantes y del ejército, constituye el hecho que imposibilita la institucionalización de la conflictividad. En este sentido, a partir de los años 1970, será extremadamente difícil cualquiera definición política. Todas las alternativas serán posibles, independientemente de las orientaciones reaccionarias y de las progresistas.

5. HACIA LA ESTABILIZACIÓN POLÍTICA: VENEZUELA Y COLOMBIA

Venezuela y Colombia son dos países que presentan, no obstante las numerosas diferencias, un proceso político substancialmente similar, caracterizado por una lenta transformación de tipo neopopulista. Esta solución, que se da con una progresión no exenta de fenómenos potencialmente capaces de desarticular su evolución, favorecerá la afirmación de una estabilización política, democrática y constitucional.

En Venezuela, después de 1945, se expandirá el papel del partido de Acción Democrática, una formación política laica y progresista, con una línea política de tipo neopopulista, que goza de un fuerte apoyo de las clases populares urbanas y rurales.

El gobierno de Rómulo Betancourt (1945-1947), líder de Acción Democrática, tratará de desarrollar el proyecto político reformista por medio de una modernización económica del país que no contraste ni con los intereses económicos norteamericanos, que dominan el principal recurso del país —el petróleo— ni con los intereses de la clase dominante cuya fortuna política está estrechamente vinculada a la producción petrolera. Sin embargo, el proceso de modernización propugnado por Betancourt y, sucesivamente, por Rómulo Gallegos (1947-1948) encontrará la decidida oposición de la clase dominante y de los militares.

Por algunos años el poder estará en las manos de una junta militar, que en 1952, una vez declarados ilegales el Partido Comunista y Acción Democrática, designará como presidente al general Marcos Pérez Jiménez. El gobierno de Pérez Jiménez (1952-1958) asumirá progresivamente las características de un régimen de tipo dictatorial en momentos que, gracias al petróleo, el país conocía una excepcional prosperidad económica. El régimen, en vez de utilizar los nuevos recursos para diversificar la economía, prefirió utilizarlos para favorecer al conjunto de intereses nacionales y norteamericanos vinculados con el petróleo.

A partir de 1955 se desacelera el crecimiento económico como consecuencia de la sobreproducción de petróleo respecto a la demanda internacional, reduciendo, en consecuencia, los ingresos estatales y la posibilidad de sostener los intereses petroleros a través de inversiones constantes en la infraestructura. En paralelo, se asiste a la constante desafección de las clases medias, que empiezan a coagularse alrededor de Acción Democrática y de Copei, un partido este último de tendencia socialista cristiana, y alrededor del sector de los militares. Serán estos últimos quienes, bajo la guía del almirante Wolfang Larrazábal destituirán a Pérez Jiménez.

El regreso a la constitucionalidad restituirá el poder a Acción Democrática en la persona del viejo líder Rómulo Betancourt, quien será elegido presidente. El gobierno de Betancourt (1958-1963) hará frente a graves problemas políticos, económicos y sociales. A nivel político, el nuevo gobierno, que había superado la contienda electoral con una mayoría reducida, encuentra la hostilidad de la clase dominante y, sobre todo de los militares, que habían apoyado la candidatura del almirante Larrazábal. A nivel económico, el gobierno Betancourt debe hacer frente al efecto coyuntural de sobreproducción petrolera. A nivel social, debe hacer frente a la expansión demográfica y a la aceleración del crecimiento de los centros urbanos y, en especial, de Caracas.

El conjunto de estos factores comenzó a minar la estabilidad misma del gobierno. Por este motivo, Betancourt promovió una alianza de su partido con el Copei, un partido cristiano-social con una vasta base popular y vinculado a los militares. Esta línea política determinó una ruptura de Acción Democrática y la progresiva radicalización del sector disidente que, junto con el Partido Comunista, darán origen a una intensa actividad de guerrilla. La insurgencia guerrillera favorecerá la progresiva convergencia de Acción Democrática, Copei y los militares, coagulados alrededor de la lucha contra la guerrilla y la defensa de la legalidad constitucional.

En este contexto, en las elecciones presidenciales de 1963, Raúl Leoni, de Acción Democrática, es elegido presidente. Por el hecho de ser elegido con una mayoría muy reducida, su gobierno se caracterizará por una constante negociación con los militares, empeñados en eliminar los focos de guerrilla, y con el Copei. Es este último partido el que capitalizará el descontento popular y no el frente de la izquierda revolucionaria —Acción Popular—, favoreciendo así la elección de Jóvito Villalba como presidente de la república.

La victoria de Villalba y de Copei marca el inicio de una nueva fase, caracterizada por la progresiva consolidación del sistema político democrático-constitucional. En efecto, a partir de mediados de los años 1960 el sistema político se orientará hacia la minimización de la conflictividad política y social por medio de una estrategia institucionalizada capaz de englobar y reintegrar en la normalidad constitucional los diferentes sectores de la oposición de derecha, izquierda e, incluso, los militares. Gracias a esta estrategia, el gobierno atenuó el avance de los grupos de izquierda, en primer término en la guerrilla, y reorientó los intereses económicos tradicionales hacia nuevos sectores productivos. El resultado fue la creación de un sistema político estable fundado sobre la alternancia en el poder de Copei y de Acción Democrática.

Mayores obstáculos encuentra, en cambio, el afianzamiento de la estabilidad constitucional en Colombia. En 1948, cuando parecía que una tendencia política más progresista lograba imponerse sobre los intereses tradicionales, con el asesinato del líder de la izquierda liberal, Jorge Eliecer Gaitán, el país regresó a las manos de la derecha conservadora.

Bajo la presidencia de Laureano Gómez, un conservador católico integralista, con quien la clase dominante trataba de contener las demandas de cambio expresadas por la izquierda liberal, se difundió la violencia guerrillera en todas las áreas rurales del país. La incapacidad del gobierno favoreció la intervención de los militares, quienes, una vez destituido Gómez en 1953, impusieron al geneneral Gustavo Rojas Pinilla (1954-1958). Tampoco Rojas Pinilla logrará, no obstante el vasto apoyo que obtuvo entre las clases medias y los obreros urbanos, destruir la violencia reinante en las áreas rurales.

En previsión de la elección presidencial de 1958, los liberales y los conservadores establecieron un pacto de alternancia en el poder que obtuvo no sólo el apoyo de la Iglesia, sino también el de las fuerzas armadas. El primer resultado será la eliminación de Rojas Pinilla y el comienzo de un largo periodo de estabilidad política. A través de este pacto, formalmente democrático-constitucional, los conservadores y los liberales terminan por reconocerse en un proyecto político de tipo neoconservador, capaz, sin embargo, de contener la avanzada de las clases populares y de limitar el proceso de democratización del país.

Después de 1958 el país será, por tanto, gobernado por la fórmula política derivada del pacto, el llamado Frente Nacional, que no sólo preveía la alternancia de los conservadores y de los liberales en la presidencia de la república, sino también la colaboración de los dos partidos a nivel del poder legislativo. Se sucedieron así cuatro gobiernos: Alberto Lleras Camargo (1958-1962), liberal; Guillermo León Valencia (1962-1966), conservador; Carlos Lleras Restrepo (1966-1970), liberal; Misael Pastrana Borrero (1970-1974), conservador.

La alternancia liberal-conservadora no logró imponer grandes cambios en la vida social y política del país. No lo conseguirán sobre todo los dos primeros presidentes, cuya rígida política económica aumentará el descontento de las clases populares. Incluso la moderada apertura del presidente León Valencia fue duramente hostilizada por el Frente Nacional.

El inmovilismo político del Frente Nacional, que garantizaba la estabilidad constitucional al régimen liberal-conservador, durará ininterrumpidamente quince años, hasta la elección del liberal Alfonso López Michelsen (1974-1978), quien será elegido con el 56 por 100 de los sufragios, sin acuerdos preventivos de tipo político-institucional. A lo largo de quince años, el Frente Nacional resistió a las embestidas de la guerrilla y también a las tendencias autoritarias presentes en las fuerzas armadas. Tampoco cedió a la crítica parlamentaria de los liberales disidentes que el sistema en algún modo favorecía.

6. EL NACIONALISMO ECONÓMICO MEXICANO

México es seguramente el país latinoamericano que presenta el proceso político más lineal. Fuertemente estructurado por las instituciones surgidas de la Revolución, asegurará la continuidad a la cohesión estatal y a la unidad nacional.

671

Durante la formación del nuevo Estado, el nacionalismo se define progresivamente alrededor de dos instituciones fundamentales para el sistema político: el presidente de la república y el Partido Revolucionario. El presidente se convertirá en el elemento central para consolidar el Estado y, de hecho, la continua expansión de su poder se explica por las colosales transformaciones que deberán ser realizadas por los gobiernos postrevolucionarios y, especialmente, la actuación de la reforma agraria y la industrialización del país. El Partido Revolucionario será el instrumento básico para reorganizar a las masas y la sociedad entera en función de los objetivos a realizarse, garantizando la fuerza y la legitimación del poder revolucionario. En efecto, las sucesivas reestructuraciones del partido (Partido Nacional Revolucionario, 1929; Partido de la Revolución Mexicana, 1938; Partido Revolucionario Institucional, 1946) corresponden precisamente a las fases directrices de la política mexicana y, más precisamente, a la definición y centralización de las fuerzas revolucionarias, a la búsqueda del consenso de las masas, y a la organización general de las instituciones nacionales en función del proceso de industrialización.

Durante la presidencia de Lázaro Cárdenas el Estado se convierte en la fuerza de control de la sociedad, el factor organizativo y propulsivo del cual dependerá el funcionamiento y el desarrollo del país. El gobierno cardenista había replanteado la subordinación del movimiento obrero al gobierno, mediante la adopción de un tipo de control burocrático-corporativo. Paralelamente había logrado vincular orgánicamente a los campesinos al proyecto del nacionalismo revolucionario, imprimiendo nuevos ritmos al reparto agrario a través de la realización de las leyes de reforma agraria. Finalmente, por medio de la expropiación de las sociedades petroleras norteamericanas y su substitución con la empresa estatal —Petróleos de México, PEMEX— y la creación de numerosas sociedades estatales, en especial, de la Financiera Mexicana, el cardenismo había creado las bases para promover el proceso de industrialización nacional, que dará al Estado una capacidad de control del desarrollo industrial sin paralelo en la historia de los países latinoamericanos.

En el interior de esta excepcional función dirigista del Estado, implantada por Cárdenas, se articulan los principales momentos del desarrollo mexicano: la fase de industrialización (1940-1958), la fase de desarrollo estabilizador (1958-1971) y, en fin, la fase del desarrollo compartido (1971-1981).

Durante la presidencia de Manuel Ávila Camacho (1940-1946), la nueva dirección impuesta a la economía, que tendía a un proceso de industrialización controlado y a una profundización de la reforma agraria, determinará una grave contracción de la productividad agrícola, agravada por la expansión demográfica, mientras se desarrollan los consumos, tanto en la ciudad como en el campo, por efecto de la política redistribucionista iniciada en la presidencia precedente. En este periodo, con la creación de numerosas empresas estatales, se intensificará el proceso de industrialización dirigido y organizado por el Estado. La capacidad de control del Estado se explica especialmente a través de su papel de mediador en los pactos de empresa entre los trabajadores y las asociaciones empresariales.

Sucesivamente, con la presidencia de Miguel Alemán (1946-1952), una conspicua parte de las inversiones públicas se orientarán hacia el sector agrícola, especialmente en obras de canalización y regadío, que favorecerán especialmente la agricultura más comercializada y, en el interior de ésta, al sector de la propiedad privada. El resultado fue un rápido mejoramiento de la productividad agrícola.

Ingenio azucarero de San Cristóbal, México

En esta fase de la política mexicana proyectada hacia la industrialización, que reforzará la tendencia a englobar en el Estado a nuevos sectores económicos, se empieza a delinear una nueva tendencia política. Con otras palabras, se consolida una orientación hacia el autoritarismo, que se expresa en una forma de control más vertical en relación a las organizaciones obreras. Alemán logrará incluso promover una rígida depuración en el interior de la Confederación de Trabajadores Mexicanos, mediante la expulsión de los comunistas y del mismo Vicente Lombardo Toledano, líder histórico de los sindicatos. La misma estrategia gubernamental de control de los vértices será adoptada incluso en el interior del partido nacional y del equipo gubernamental. Si la suprema magistratura desempeñaba anteriormente el papel de árbitro en relación a los componentes sociales, en esta nueva fase el presidente consolida su función de jefe del ejecutivo, ampliando, por tanto, su poder legal y real. En esta forma, consolidando una tendencia política iniciada con anterioridad, el sistema político mexicano asumía connotaciones de derecha, para favorecer la afirmación de la nueva burguesía resultado del proceso de industrialización.

Una substancial reorientación interviene durante la presidencia de Adolfo Ruiz Cortínez (1952-1958), que desarrollará una política de conciliación con el movimiento obrero, especialmente después de la devaluación monetaria de 1954, demostrando un concreto interés por los graves problemas de los sectores populares. Entre las medidas más importantes adoptadas por el gobierno, para reequilibrar las tensiones y rearticular el sistema político, debe recordarse la implantación de un programa económico de tipo redistributivo, encaminado a aumentar el poder de adquisición de las clases populares urbanas y campesinas, de los empleados públicos y del

673

ejército. La actuación de este programa hará necesaria la reestructuración de las organizaciones de los trabajadores, con el fin de perfeccionar los mecanismos de control estatal sobre las formas asociativas sindicales. Así, en 1955 el gobierno promoverá la constitución del Bloque de Unidad Obrera, con el fin de redefinir el papel hegemónico de la Confederación de Trabajadores Mexicanos en relación con las otras dos organizaciones obreras, la Confederación General del Trabajo y la CROM. Este nuevo control sobre las clases trabajadoras se hace necesario por la reestructuración intervenida en las empresas estatales que participan directamente en el proceso de industrialización, en especial en el petróleo, la electricidad, los ferrocarriles y la universidad.

El crecimiento acelerado de la economía, producto de la industrialización, determinará una rápida polarización de los ingresos. La modernización industrial no había logrado distribuirse a nivel de todas las capas sociales, obligando al gobierno, en especial el de Adolfo López Mateos (1958-1964), a desarrollar una nueva estrategia económica, social y administrativa, con el fin de reducir los desequilibrios derivados por la industrialización.

La nueva estrategia estará condicionada por la importante movilización de las clases trabajadoras que fue iniciada en 1958 por los sindicatos para reivindicar una diferente política salarial y, especialmente, para dar vida a una organización sindical más democrática e independiente del Estado. El movimiento obrero, que recibirá el apoyo de los estudiantes, será duramente reprimido en 1959 a través del encarcelamiento de los líderes sindicales, especialmente los ferrocarrileros, y el recurso al ejército.

Las medidas adoptadas por López Mateos para contener la conflictividad social implicaban una seria revisión de la acción hasta entonces desarrollada por el Estado en el crecimiento económico del país. Se dará así vida a una política salarial diferente, mediante la institución de una Comisión nacional del salario mínimo, y se trató de unificar los diferentes criterios de negociación entre los trabajadores y las empresas. En paralelo, con una serie de nuevas normas y la creación de organismos de control, se reorganizó la administración pública, con el fin de planificar el desarrollo.

A través de la planificación económica, el gobierno se proponía mejorar sensiblemente los servicios públicos de asistencia y los servicios educativos y, a la vez, reactivar la agricultura e intensificar el proceso de substitución de las importaciones. En esta forma, incrementando capilarmente el control, la coordenación y la programación de las empresas públicas, se reforzaba la naturaleza de la política estatal que, a partir de 1934, había dado vida a un sistema político fuertemente estatalista, populista y nacionalista. No obstante todo, también el gobierno de López Mateos recurrirá, como los precedentes, a las inversiones privadas y públicas extranjeras, en estrecha asociación con las inversiones estatales mexicanas.

La política económica inaugurada por López Mateos se prolongará durante el gobierno posterior de Gustavo Díaz Ordaz (1964-1970). También Díaz Ordaz propondrá un programa general de desarrollo, análogo al de su predecesor, denominado *Plan de desarrollo económico y social, 1966-1970,* cuya realización encontrará una fuerte oposición por parte de las clases medias, estudiantes, profesionales e intelectuales.

Después de una importante huelga médica y en respuesta a la general radicalización de la conflictividad social en las ciudades y en el campo, el gobierno, tomando

674

como pretexto la movilización de los estudiantes, reaccionará acentuando los caracteres autoritarios y represivos del sistema político. La reacción gubernativa está también en relación con los síntomas de erosión que se dan en el interior del Partido Revolucionario Institucional. Esta erosión en el interior del partido hegemónico nacía de la progresiva transformación de la figura presidencial en «máximo representante del orden». De esta forma el sistema político tendía a desequilibrarse favoreciendo el polo burgués, preocupado de consolidar sus posiciones frente a las nuevas demandas de participación política de las clases populares, y de la componente tecnocrática estatal, que exigía un reforzamiento de las funciones centrales de control.

El autoritarismo de Díaz Ordaz no era, sin embargo, suficiente para reequilibrar las tendencias centrífugas presentes en el sistema político, y tuvo entonces que desarrollar una nueva línea política fundada substancialmente en una acentuación de la subordinación al Estado tanto de los componentes populares como de los componentes burgueses. De esta forma, a través de una revitalización del populismo, el gobierno de Díaz Ordaz logrará acentuar la subordinación del movimiento obrero y campesino que apoyará la represión gubernamental al movimiento estudiantil, y reducir la presión empresarial, a través de la continuación de la política redistributiva a favor de las clases medias.

En el sistema político mexicano, como se puede resumir de las políticas estatales a lo largo del periodo 1945-1975, coexisten dos tendencias, una de continuidad y otra de discontinuidad. La primera tendencia se observa en la presencia de una real estabilidad de todo el equilibrio constitucional y de las instituciones, que constituye la base esencial del sistema. Esta estabilidad se ha mantenido substancialmente a lo largo del periodo 1930-1960 como para permitir al gobierno de Díaz Ordaz superar la crisis adoptando soluciones populistas similares a las de Cárdenas. La segunda tendencia se observa en las posibilidades que el sistema político ofrece a los diferentes gobiernos de llevar a efecto, sin alteraciones estructurales o institucionales, una política de tipo neopopulista (Ávila Camacho, Ruiz Cortínez) o una política de tipo neoconservadora (Alemán, López Mateos, Díaz Ordaz), según las necesidades presentes en el proceso de transformación económica y social.

7. El nacionalismo revolucionario boliviano

La revolución boliviana de 1952 es, después de la revolución mexicana, el primer intento importante de transformación de una sociedad experimentado en el área sudamericana. Contemporáneamente, constituye un ejemplo altamente significativo de la progresiva transformación del populismo tradicional hacia un nuevo populismo reformador.

Los problemas económicos y sociales de Bolivia, que dieron origen a este particular experimento revolucionario, encuentran su origen en la Guerra del Chaco contra Paraguay en los años 1932-1935. La derrota militar impide a la clase dominante boliviana de grandes mineros y hacendados continuar monopolizando el poder en una situación de gran movilización política de las clases medias y de las clases populares. Las mismas fuerzas armadas tienden, por efecto de la derrota militar, a emanciparse de la tutela de la oligarquía. En esta situación, entre 1936 y 1940, los militares tratarán de implantar un programa reformista que será duramente atacado por las tres principales sociedades mineras productoras de estaño, la Patiño, la Aramayo y la Hoschchild.

Después de elegido a la presidencia de la república el general Enrique Peñaranda del Castillo, parecía que la oposición de la clase dominante a las reformas se hubiera moderado. Sin embargo, a comienzos de los años 1940 la no nacionalización del estaño acentuó la movilización política popular, que alcanzará su punto máximo en 1942, y a la cual el gobierno respondió con una violenta represión. Entre las fuerzas de oposición, que comprendía el Partido de la Izquierda Revolucionaria (comunista) y los grupos troskistas, empieza a expandirse el Movimiento Nacionalista Revolucionario (MNR), que, si bien influido por la ideología fascista, se configura como un movimiento interclasista, guiado por la clase media, dotado de un proyecto de revolución nacional.

En 1944 un nuevo golpe de estado depone a Peñaranda e instaura en el poder un gobierno guiado por el coronel Gilberto López Villarroel, que contará inicialmente con el apoyo del Partido Obrero Revolucionario, de tendencia troskista. Tampoco este nuevo gobierno logrará realizar las reformas, por la fuerte oposición de la clase dominante. La movilización popular se expande, influida ahora por la inflación, la carencia de productos básicos y el deterioro de las condiciones de vida, favoreciendo un nuevo golpe, en 1946, que depone a Villarroel y marca el comienzo de un ulterior crecimiento del MNR y del POR. La crisis desemboca en un gobierno constituido por los grupos políticos tradicionalmente vinculados con la vieja clase dominante.

La actitud política de los militares bolivianos desde la Guerra del Chaco hasta 1946 nos muestra que, a diferencia de lo que acontece en otros países latinoamericanos, no logran desarrollar un papel de mediación entre las instancias populistas y las neoconservadoras. Con todo, a lo largo de este periodo los militares descubren la dramaticidad de las condiciones de vida de las clases populares, especialmente de los indios y de los mineros, y la decidida oposición de la clase dominante —la «rosca»— a cualquier programa reformista. En esta situación de relativo aislamiento de los militares, tanto en relación con la derecha como con la izquierda, la que explica la posibilidad de los grupos tradicionales de regresar al poder. En efecto, el nuevo presidente Enrique Hertzog proviene de la Unión Republicana Socialista, una formación católica y conservadora.

En las elecciones presidenciales de 1951, el líder del MNR, Víctor Paz Estenssoro, logra obtener el mayor número de sufragios. La derecha tratará de organizar un golpe para invalidar las elecciones, pero una parte de los militares apoyarán al presidente electo, que logrará así llegar al poder.

Las primeras medidas importantes del gobierno revolucionario están encaminadas a suprimir el viejo orden oligárquico, incluso a través de una profunda reorganización del ejército y la formación de milicias obreras y campesinas. La nacionalización del estaño y la constitución de una empresa estatal, la Comibol, la reforma agraria y la cogestión de las empresas estatales nos proporcionan una idea clara del contenido renovador del gobierno del MNR.

Estas medidas revolucionarias que permiten a las clases populares y a las clases medias asumir un papel de protagonistas en la vida nacional, expresan un contenido político que diferencia profundamente la experiencia revolucionaria boliviana del populismo argentino y brasileño, acercándola a la otra gran revolución latinoamericana, la mexicana. Sin embargo, también la revolución boliviana presentará una configuración neopopulista, identificable en el hecho de que promueve una transformación del país en función de los intereses de las clases medias.

Muy pronto será evidente que las reformas no darán origen a las transformaciones necesarias para mejorar el nivel de vida de las clases populares. En efecto, la nacionalización de las minas preveía fuertes indemnizaciones para los viejos propietarios y la misma reforma agraria pudo realizarse sólo parcialmente, no logrando, por tanto, resolver el viejo problema de la liberación total de la población india campesina de la servidumbre. Por el contrario, las reformas sociales que se realizaron directamente (incremento de los salarios) e indirectamente (reducción de los ritmos de extracción minera), conjuntamente con la caída del precio del estaño en el mercado internacional, terminaron por dar vida a un gravísimo proceso de hiperinflación.

Paralelamente a estos graves problemas económicos y sociales, se verificaba también una progresiva quiebra política del frente revolucionario entre las clases medias y las clases populares. El MNR, que ya a finales de 1953 había renunciado a uno de los principios revolucionarios decidiendo pagar indemnizaciones por las nacionalizaciones, para resolver la gravísima crisis económica y política terminará por optar por una política más moderada. Ésta es concreta en la aceptación de la ayuda financiera norteamericana, necesaria para cubrir el déficit estatal y el pasivo de la balanza de pagos, que se traducirá en una política de reducción de los gastos públicos y en una política deflactiva que perjudicará a las clases medias y populares sin un substancial mejoramiento económico.

En 1956, gracias a la progresiva subordinación de la revolución a los intereses norteamericanos, el MNR podrá todavía hacer elegir a su candidato, Hernán Siles Suazo, como presidente de la república. Durante su mandato presidencial, Siles Suazo (1956-1960) desarrollará una política de progresivo acercamiento del MNR a los grupos tradicionales, dando vida a una tendencia encaminada a restablecer el pluripartidismo y a potenciar los mecanismos de la economía de mercado. Esta tendencia provocará, por una parte, la disgregación del MNR, con la búsqueda de una mayor autonomía de cada componente social, y, por otra, determinará la expansión de la derecha, especialmente en las áreas urbanas, favoreciendo el crecimiento de la Falange Socialista Boliviana.

Bajo la presidencia de Paz Estenssoro, elegido en 1960 y reelegido en 1964, el frente revolucionario está prácticamente disuelto y el mismo MNR pierde todo poder de representación. En un clima de continuas tensiones, violentamente reprimidas por el gobierno, el MNR terminará por ser eliminado del poder a través del golpe del general René Barrientos Ortuño.

Entre las medidas adoptadas por la dictadura militar de Barrientos, la más significativa es seguramente la eliminación de la organización sindical de los trabajadores del estaño, guiada por Juan Lechín, mientras se acentuaba la sumisión del país a los intereses económicos norteamericanos a través de la concesión integral de las áreas petroleras bolivianas a la Gulf Oil Company.

El gobierno de Barrientos logrará superar los escollos de la impopularidad general, especialmente la de los obreros y de las clases medias, mediante el recurso combinado de políticas de terror y de procedimientos paternalistas-clientelares. La misma resistencia de las formaciones guerrilleras —guiadas por el Ejército de Liberación Nacional— que operan en áreas marginales, donde encontrará la muerte Ernesto Guevara, no logrará alterar el poder de Barrientos. La dictadura contaba con dos armas formidables: la adhesión de los campesinos y el apoyo del ejército. Sólo cuando este último viene a menos, en 1971, el régimen sucumbirá dando paso a uno nuevo, el del general Bánzer, con características fuertemente autoritarias y sostenido por los nuevos intereses económicos del área oriental del país.

La experiencia neopopulista boliviana muestra toda la insuficiencia y las limitaciones de un proyecto político y social que tenía como fin último el de redistribuir el poder político y económico y no el de introducir radicales transformaciones en el país.

8. EL NACIONALISMO MILITAR PERUANO

Tal como aconteció en Bolivia, también en Perú tiende a desarrollarse un sistema nacionalista y populista, después de una serie de alternancias en el poder de proyectos conservadores y reformistas. Estas alternancias presentan la característica de no haber producido ninguna substancial alteración económica y social capaz de definir el sistema de poder. La radical transformación acontecerá solamente después del golpe de estado militar de 1968, que determinará la formación de nuevos equilibrios y el quiebre definitivo de la estructura de poder tradicional.

Las fases del proceso político peruano, así como se delinean a partir de 1945, son fuertemente condicionadas por la presencia de dos elementos importantes, uno de naturaleza estructural y económica y el otro de naturaleza política.

El primer elemento está constituido por la peculiaridad de la economía peruana, caracterizada por una típica conformación dualista. Ésta se manifiesta por el desarrollo de una economía moderna en la región costera, de tipo capitalista, a la cual continúa contraponiéndose una economía tradicional, de tipo feudal o semifeudal, en la región andina, la sierra. Los efectos de esta estructura dualista de la economía y de la sociedad peruana no sufrirán sensibles transformaciones respecto a la situación individualizada por José Carlos Mariátegui en los años 1920. El principal efecto está representado por la continuidad de un sistema político maniobrado por una potente oligarquía, que en el Perú, a diferencia de cuanto acontece en otras áreas latinoamericanas, por lo menos hasta 1968 no presenta una significativa tendencia hasta la desarticulación, ni una substancial pérdida de poder político y económico.

El otro elemento, muy significativo en la composición de los sistemas políticos peruanos, está constituido por la presencia del APRA. Nacida bajo los efectos de la desarticulación de la economía en los años de 1920-1930, el APRA tiende progresivamente a caracterizarse como un movimiento de tipo populista dirigido por las clases medias. Después de un largo periodo de semiclandestinidad (1932-1945), el APRA logrará adquirir una notable importancia en la definición del sistema político peruano, no obstante el interés de la clase dominante de impedir su plena integración en la vida política.

Con las elecciones de 1945 el APRA accede a la política institucional apoyando la candidatura de José Luis Bustamante. Durante la presidencia de Bustamante (1945-1948), la lucha política de los apristas se concentró sobre las reformas, encontrando la decidida oposición de los conservadores y de los intereses oligárquicos más vinculados con el capital extranjero. La crisis favorecerá un golpe que, eliminando del juego político al APRA, da comienzo a la llamada Revolución Restauradora, la dictadura del general Manuel Odría (1948-1956).

La dictadura de Odría asume el carácter de una auténtica restauración, que se expresa, especialmente, en la acción de freno de las demandas políticas y sociales de las clases trabajadoras, que había en cambio recibido un cierto reconocimiento durante el gobierno de Bustamante. La política de Odría era perfectamente adecuada a la estrategia de las oligarquías, orientada a impedir que el APRA se convirtiera en el partido guía de una alianza entre las clases medias y las clases populares. Esta estrategia oligárquica era funcional a la necesidad de restablecer un nuevo equilibrio entre la costa y la sierra, pues el viejo se había desgastado por efecto del rápido empobrecimiento de la sierra.

Durante la presidencia de Odría se producen importantes mutaciones en la sociedad peruana, resultado de la movilización popular y del rápido crecimiento urbano. Estas transformaciones se tradujeron en un crecimiento del subproletariado y en el reforzamiento de la clase media urbana. Son estos nuevos estratos los que costituirán la base de un nuevo partido, el Partido de Acción Popular, fundado por Fernando Belaúnde Terry en 1956. También el proletariado urbano y minero refuerza sus posiciones partiendo de la base sindical en la Confederación de Trabajadores del Perú.

En 1955, cuando la dictadura se demostró incapaz de afrontar una nueva crisis económica, es la misma derecha la que solicita la convocatoria de elecciones generales. Es así como las elecciones de 1956 llevaron a la presidencia al candidato de la derecha, Manuel Prado, gracias al apoyo dado por el APRA, superando así al candidato odriísta, Hernando de Lavalle.

A finales del decenio de 1950 también las fuerzas armadas comienzan un proceso de transformación, caracterizado por una redefinición de la profesionalidad de los militares de carrera y por una orientación de tipo tecnocrática. El resultado será la progresiva politización de los militares y su participación en el sistema político como fuerza autónoma, disociada de la oligarquía latifundista y en oposición al aprismo. El nuevo papel de los militares se explicitará en 1962, cuando intervendrán directamente en la gestión del poder político.

En efecto, en 1962, los militares impusieron la anulación de las elecciones presidenciales que habían dado el triunfo a Haya de la Torre —el líder del APRA, que había recibido el apoyo de la clase dominante. En esta circunstancia los militares impusieron al país una junta de gobierno provisoria presidida por el general Ricardo Pérez y después por el general Nicolás Lindley.

Como estaba previsto, en 1963 se convocaron nuevas elecciones que dieron esta vez el triunfo al candidato perdedor en las precedentes, Belaúnde Terry, líder del Partido de Acción Popular. Entre las motivaciones del triunfo de Belaúnde Terry hay que mencionar el apoyo obtenido por parte de la jerarquía eclesiástica que en los años 1950 empieza a disociarse de los conservadores. De allí que su programa de gobierno contemple la formación de una serie de reformas capaces de atraer a los militares, las clases medias y los sectores de la burguesía empresarial.

Durante su mandato presidencial, Belaúnde Terry (1963-1968) no logrará por una parte aunar a los militares, los empresarios industriales y las clases medias, y por otra parte obtener el apoyo de las clases populares. Por el contrario, su gobierno se caracterizará por una fuerte conflictividad social, cuyo resultado será el nacimiento de la guerrilla y las nuevas formas de lucha de los comuneros indios en la sierra, y la dura oposición parlamentaria por parte de los apristas, odriístas y conservadores. Progresivamente la alianza reformista de Belaúnde Terry empieza a disolverse, culminando en una crisis política en 1968, cuando el gobierno decidió devaluar la moneda y firmar un acuerdo con la International Petroleum Company para la explotación del petróleo peruano.

El golpe militar del 3 de octubre de 1968 marca el fin de esta caótica fase de la vida política peruana. Se inaugura así una nueva forma, parcialmente inédita en el contexto latinoamericano, de neopopulismo reformador y nacionalista, cuyos objetivos inmediatos eran los de introducir las transformaciones estructurales que el precedente sistema político no había logrado imponer: la reforma agraria y la nacionalización de los recursos naturales.

Bajo la presidencia del general Juan Velasco Alvarado (1968-1975), los militares peruanos emprendieron el camino de las reformas, que debían ser la fuerza de su proyecto político: una tercera vía entre comunismo y capitalismo. Rápidamente fue decretada la reforma agraria en la costa, que restituía al Estado los principales factores productivos, y en la sierra, orientada a reconstituir las comunidades campesinas. Igualmente importantes fueron la reforma bancaria, que estatalizó el crédito y controló el flujo de las inversiones extranjeras, y la nacionalización de los recursos naturales: cobre y petróleo.

Las reformas de los militares nacen de la necesidad de modernizar el país a través de un sistema mixto, capaz de tutelar los valores, el estatus y el ingreso de las clases medias. El planteo que guía las reformas responde a la necesidad de organizar la economía en tres sectores, entregando al Estado la gestión de la industria de base, al capital privado la industria de bienes intermedios y finales, y a reservar la participación del capital extranjero en algunos sectores mineros. La conexión entre reformas y apoyo popular fue organizada a través de SINAMOS (Sistema Nacional de Apoyo a la Movilización Social), creado en 1972, que institucionaliza «la colaboración civil-militar en el proceso revolucionario» con el fin de estimular la participación de las masas en la política económica, promover la descentralización burocrática y coordinar el desarrollo económico y social.

Por medio de las reformas, y es esta la característica básica del neopopulismo peruano, los militares se proponen articular tres elementos: la productividad, la expansión del mercado interno y la reorientación de la vieja oligarquía. Sin embargo, el voluntarismo de los militares tropieza contra la persistencia de las organizaciones partidistas, en especial del APRA, y las tensiones en el seno de la institución militar. Con la substitución de Velasco Alvarado por el general Francisco Morales Bermúdez (1975-1980) empiezan a emerger los límites del proyecto, que es esencialmente el límite de los otros neopopulismos, la necesidad de una constante redistribución de los ingresos.

9. El nacionalismo progresista y la reacción en Chile

La evolución política chilena se caracteriza, hasta el golpe de 1973, por una trayectoria neopopulista progresista, única en América Latina, cuyos orígenes hay que buscarlos en el decenio de 1930.

La experiencia del Frente Popular en 1938 había mostrado que el proyecto reformista de las clases medias y de las clases populares no había logrado afianzarse por la oposición demostrada por los grupos y los partidos oligárquicos. Sin embargo, el Frente Popular indicó a la clase dominante los límites objetivos de su proyecto neoconservador.

En Chile el neopopulismo emerge con fuerza después de 1948, aunque todavía parcialmente encubierto por los partidos que tratan de frenar la expansión electoral de la izquierda, a través de la ilegalización del Partido Comunista y de la parcial cooptación de las centrales sindicales en la política estatal.

Solamente después de 1955, por efecto de la recesión económica, se observa una reactivación de las actividades políticas y sindicales que favorecerán las fuerzas de izquierda. La ampliación del cuerpo electoral en 1958 y 1962 favoreció sólo relativamente a los Partidos Socialista y Comunista, mientras amplió las posibilidades políticas del Partido Democrático-cristiano que rápidamente asume el papel de principal fuerza política del país. Este partido logrará aprovechar las estructuras organizativas de la Iglesia (diarios y parroquias) y tratará de hegemonizar la derecha en el parlamento, representada por los liberales y conservadores, aprovechando el rápido declive del Partido Radical. De esta forma, y sin grandes transformaciones en el sistema de los partidos, el Democrático-cristiano asume la dirección de las clases medias y populares favorables a un proyecto reformador de tipo democrático.

Durante la presidencia de Jorge Alessandri (1958-1964) emerge con evidencia la incapacidad de los partidos de derecha y de centro (Liberal, Conservador y Radical) para garantizar la estabilidad política por medio de un proyecto neoconservador. En esta situación, por el reforzamiento de los partidos de izquierda y el notable desarrollo del Partido Democrático-cristiano, se presentan dos posibles alternativas: la primera es la neopopulista reformista, proyectada por la democracia cristiana, y la segunda es la progresista, sostenida por la alianza entre socialistas y comunistas. Entre estas dos posibilidades, la derecha escoge el mal menor, apoyando la solución de la democracia cristiana, representada por el candidato a la presidencia Eduardo Frei.

El triunfo electoral de Frei, que gana las elecciones con el 43,6 por 100 de los sufragios, determinará una fuerte contracción política de los liberales y de los conservadores que lograrán un repunte una vez unificados en el Partido Nacional. Con todo, la decisión de la derecha de apoyar el candidato democrático-cristiano muestra que ella tiene una fuerte presencia política que no se explica exclusivamente por el apoyo de los tradicionales sectores con fuertes interes económicos (latifundistas, industriales, comerciantes), sino también por la capacidad de desarrollar en los años 1950 una máquina política que captura un cierto consenso entre el subproletariado urbano.

El programa democrático de la presidencia de Frei (1964-1970) presentaba algunos aspectos de gran innovación, capaz de estimular una profunda reorganización de la sociedad, de la política y de la economía del país. Entre los aspectos más avanzados del programa, que resultaron determinantes para conseguir el apoyo de la Iglesia y de un consistente sector de la clase media, figuraba la mayor participación política de las clases populares en el proceso de modernización del país por medio de una reforma agraria. En efecto, todavía en 1965 el 1,5 por 100 de los propietarios agrícolas poseían el 70 por 100 de la superficie cultivable, mientras el 36,7 por 100 de los ingresos agrícolas eran apropiados por apenas un 3 por 100 de los propietarios. El programa de Frei contemplaba, además, una diferente gestión más nacional de los recursos mineros y una diferente gestión del Estado por parte de las clases medias. La realización de estas transformaciones estructurales implicaban una reducción del papel de las clases dominantes y una redefinición de la relación preexistente con los Estados Unidos, porque el capital norteamericano debía aceptar compartir con el Estado la producción y la comercialización de las materias primas.

Para realizar la transición desde la precedente estructura de dependencia, costruida a partir de una relación privilegiada entre la clase oligárquica y el capital norteamericano, a una nueva organización fundada sobre la alianza del capital norteamericano con las clases medias, era necesario que el Partido Democrático-cristiano pudiese contar con una mayoría absoluta en el Parlamento. El proyecto de Frei, en cambio, encontró la oposición no sólo de la derecha y de los radicales, sino también de la alianza socialista-comunista, que intuyó la naturaleza del populismo reformista democrático-cristiano.

El resultado fue que las reformas de Frei se mostraron insuficientes respecto a las expectativas populares y eran consideradas demasiado peligrosas y limitativas por parte de la clase dominante. Las reformas alarmaron también al gobierno norteamericano y preocuparon al capital extranjero, por el control que el Estado deseaba imponer a su presencia en el sector minero que constituía el sector dinámico de la economía chilena.

No obstante los progresos sociales conseguidos durante el gobierno democráticocristiano, la situación económica se presentaba fuertemente deteriorada a finales del gobierno de Frei. El estancamiento económico había incluso afectado la producción industrial, la exportación de bienes mineros, los niveles ocupacionales, mientras la inflación se convertía en hiperinflación.

En vísperas de la nueva elección presidencial, las demandas insatisfechas de las clases populares fueron recogidas por la coalición progresista. Durante la presidencia de Frei, la coalición socialista-comunista de Unidad Popular se había ampliado recibiendo nuevas adhesiones por parte de los sectores obreros y campesinos y de movimientos y partidos progresistas de la clase media.

La competición electoral de 1970 dio la victoria a Salvador Allende, candidato de Unidad Popular, que será elegido a la presidencia de la República (1970-1973). A estos resultados reaccionaron inmediatamente las clases dominantes y los grupos vinculados a los intereses norteamericanos, tratando de impedir infructuosamente que el Parlamento ratificase la elección de Allende.

El gobierno de Unidad Popular comenzó la actuación del programa electoral que preveía la nacionalización de la minería, la profundización de la reforma agraria, la creación de un sector económico industrial controlado por el Estado y el mejoramiento de las condiciones de vida de las clases trabajadoras a través del incremento del salario real y el mejoramiento de los servicios sociales. La realización de este vasto conjunto de reformas iba acompañado por una amplia movilización política de todos los sectores sociales progresistas con el fin de marginar las tendencias frenantes de la administración pública, del Parlamento y de los grupos de derecha.

La primera reforma efectuada fue la redistribución de la tierra, realizada llevando a cabo las precedentes leyes de reforma agraria aprobadas durante el gobierno democrático-cristiano de Frei y dando vida a agencias de desarrollo y crédito rural. La clase dominante respondió inmediatamente a estas incisivas reformas en el agro promoviendo la formación de milicias contrarrevolucionarias.

Menos rápidas serán las iniciativas de Allende para nacionalizar la minería del cobre, estatalizar los bancos y el crédito. Esta lentitud permitirá al capital norteamericano y nacional desarrollar una maniobra para contrarrestarlas. Fue así promovida la formación de grupos armados y, a la vez, fueron desarrolladas campañas de prensa y políticas antigubernativas. Con estas maniobras, y aprovechando la escasez de bienes básicos que se vino a crear a partir de 1971, la derecha logró desarticular de Unidad Popular un consistente segmento de las clases medias gracias también a la oposición, cada vez más dura, de la democracia cristiana a la política de Unidad Popular.

En la dinámica del experimento de Unidad Popular, la oposición del capital norteamericano desempeñó un papel esencial. Hasta la mitad de su mandato, Allende logrará mantener elevados los salarios gracias a la expansión de la demanda interna. Sin embargo, sucesivamente, por el boicot hábilmente arquitectado por el capital norteamericano en estrecha unión con los intereses económicos privados nacionales de las exportaciones, el crecimiento económico se paralizó, el desempleo se generalizó y nuevamente los salarios reales empezaron a deteriorarse.

La fuerte oposición del capital norteamericano al experimento de Unidad Popular dependía esencialmente del hecho de que el capital norteamericano controlaba más del 50 por 100 del capital de más de 28 empresas mayores industriales y la casi totalidad del capital presente en la producción de cobre.

En la primera mitad de 1973 se delinea así una fuerte crisis interna, que es, al mismo tiempo, económica y política, que permite a los militares entrar con un papel importante en el juego político. Progresivamente los militares se vinculan con la democracia cristiana y sobre todo con los movimientos de derecha y extrema derecha y paralelamente empiezan a controlar los puntos estratégicos de todo el país. El resultado final será el golpe militar del 11 de septiembre de 1973, que cerrará, brutalmente, la experiencia progresista que habría podido significar una transición hacia el socialismo.

Después del golpe de estado, los militares tratarán de realizar un proyecto político totalmente diferente caracterizado por la casi total privatización de la economía y la exclusión del proceso político de los sectores populares y medios de tendencias izquierdistas.

El proceso político chileno a partir de 1964 presenta, pues, todas las posibilidades existentes en el contexto latinoamericano: populismo reformista, nacionalismo progresista y autoritarismo. Esta evolución nos permite pensar que la crisis del neopopulismo podría también dar nacimiento a un proceso de transición hacia el socialismo. En Chile, este proceso será interrumpido por una contrarrevolución. Sin embargo, la contrarrevolución, que dará vida a un régimen autoritario, fue posible por la incapacidad del gobierno de Unidad Popular de formular una política alternativa a la de tipo redistributivo que tendía, por las características de la coalición de gobierno, a posponer las espectativas de las clases medias que se convertirán así en la base social del nuevo régimen autoritario.

10. LA CRISIS DEL NACIONALISMO POPULISTA EN ARGENTINA

En Argentina, como en Brasil, el populismo tuvo una gran importancia en la historia del país. El declive de este sistema de poder permitirá el nacimiento de una de las alternativas en el sistema político latinoamericano, el autoritarismo.

El poder político de Juan Domingo Perón, líder de la coalición populista, se afianzará con su victoria electoral en 1946 y durará ininterrumpidamente hasta 1955, cuando será depuesto por un golpe de estado.

Perón heredó del precedente régimen una situación económica floreciente, determinada por la favorable coyuntura de la segunda guerra mundial, que durará hasta 1948. La guerra había permitido la acumulación de conspicuas reservas que podían ser utilizadas para expandir el control estatal sobre la economía y dar vida a nuevos sectores productivos. En efecto, se reequilibró la deuda externa, se potenció al sector industrial con el desarrollo de los sectores de bienes intermedios y de capital y fue activada una política de nacionalización de los ferrocarriles, transportes urbanos, gas y teléfono. En este contexto de crecimiento económico se expandió la ocupación y hubo un crecimiento constante de los ingresos en los sectores bajos y medios. El crecimiento económico era así una de las condiciones esenciales para la política interclasista del peronismo, la cual había garantizado a Perón el 65 por 100 del electorado. El crecimiento permitía también a la economía argentina desarrollarse con una mayor independencia del capital extranjero, permitiendo una política redistribucionista sin fuertes vínculos externos.

Estas importantes transformaciones planteadas por el peronismo debían culminar en un reequilibrio entre las regiones, especialmente entre la región más desarrollada de Buenos Aires y las regiones del interior, con el resultado de consolidar y reforzar el apoyo popular al régimen peronista.

Para alcanzar estos objetivos, el peronismo siguió una política de rigidez, caracterizada por la limitación de la libertad política a la oposición, la organización de un partido oficial estructurado verticalmente y la construcción de una estructura asistencial-clientelar. De esta forma se lograba articular el bloque interclasista y expandir el consenso electoral popular al régimen.

Las dificultades económicas después de 1950 obligarán al peronismo, para contener los efectos de la contracción económica, a desarrollar una línea tendencialmente neoconservadora, favoreciendo los intereses agroexportadores tradicionales y solicitando la colaboración del capital norteamericano, considerado anteriormente el principal enemigo de la independencia económica del país. El capital norteamericano empezará a afluir en el sector industrial y en el sector petrolero.

La nueva política del peronismo que beneficiaba a los tradicionales adversarios del populismo favoreció la reorganización política de la clase dominante que, con el apoyo de las fuerzas armadas y de la Iglesia, promoverán la organización de un golpe que en el mes de septiembre de 1955 destituirá a Perón.

La caída de Perón podía representar para los grupos políticos dominantes liberal-conservadores una expansión de su influencia política en las áreas urbanas y rurales, pues habían reorganizado su base económica con vistas a una nueva expansión de la demanda internacional de bienes agrícolas argentinos. Sin embargo, este proyecto neoconservador chocará violentamente con la realidad económica y política impidiendo su actuación.

En el nivel económico, dos circunstancias intervienen negativamente: la no revitalización de la demanda internacional y el enfrentamiento entre el sector dominante favorable a la industrialización y el sector favorable al desarrollo agroexportador. En un nivel político, la clase dominante deberá enfrentarse con una realidad condicionada por los militares y el movimiento peronista. Este último se había reorganizado después de la caída de Perón y controlaba la casi totalidad de la clase obrera.

Durante la presidencia de Frondizi (1958-1962), que conquistará el alto mando gracias al apoyo de los peronistas, se intenta revitalizar el proyecto de construcción de una moderna nación industrial, tratando, esta vez, de dar vida a una alianza entre el proletariado peronista y el empresariado industrial. La fuerte oposición a este proyecto nace, una vez más, de los intereses agroexportadores que comprende no sólo a los latifundistas, sino también a una buena parte de la clase media rural. El agudizamiento de la crisis económica, que obligará a Frondizi a dar vida a una política económica liberalista, rompe la alianza táctica entre el movimiento peronista e industriales, permitiendo una intervención política de los militares, que acontece en 1962, después del triunfo electoral peronista.

Los militares imponen la presidencia de José María Guido, quien gobernará bajo la presión continua de la crisis económica, las demandas sindicales y peronistas y la amenaza de los militares. No diferente será la evolución política posterior, caracterizada esencialmente por la ausencia de cualquier proyecto innovativo a nivel político y el deterioro constante de la economía y de los niveles de vida que desencadenarán una fuerte conflictividad social.

En la campaña electoral que preparaba las elecciones de 1967 reemerge con toda su fuerza el movimiento peronista, y es esta expansión del peronismo la que empujará a los militares a intervenir (junio de 1966) para conjurar el riesgo peronista. El golpe, a diferencia del precedente, no tiene como fin entregar el poder a un civil no peronista, sino mantener a los militares en el poder para activar un proyecto político diferente, el autoritario.

11. NACIONALISMO Y AUTORITARISMO EN BRASIL

El Brasil constituye el ejemplo más típico de cómo la crisis del populismo da origen a una solución autoritaria. Este pasaje desde el populismo al autoritarismo tendrá una articulación bastante similar a la Argentina, no conociendo, por tanto, la fase intermedia de tipo neopopulista y reformista.

El golpe de estado que hace caer al régimen populista de Getulio Vargas (1934-1945) marca el regreso a una vida política constitucional que se refuerza con la elección a la presidencia de la república del candidato socialdemocrático, general Enrico Gaspar Dutra (1946-1950). Fue elaborada una nueva constitución federal que preveía la restitución a las regiones de gran parte del poder que se había apoderado el gobierno central durante el populismo, y que, en la práctica, significó la restitución del poder a la clase dominante.

A diferencia de lo que acontecerá diez años más tarde en Argentina, la clase dominante brasileña se sentía tan segura de su poder que no obstaculizará la actividad política de Vargas, quien, bajo una nueva fachada democrática y constitucionalista, organizará un nuevo partido, el Laborista, que en poco tiempo logra expandirse permitiéndole ser elegido a la presidencia (1950-1954). El triunfo electoral de Vargas se debe también, en parte, al hecho de que su candidatura fue sostenida por el Partido Comunista, declarado ilegal en 1948.

La nueva presidencia de Vargas se caracteriza por el lento crecimiento económico que el gobierno trató de contrastar promoviendo algunas transformaciones para reequilibrar la distribución del ingreso nacional en modo tal de no dañar el apoyo de las clases populares. Preocupada por la movilización social, la oposición, en especial el Partido Socialdemócrata, se opondrá en el Parlamento a las transformaciones planteadas por Vargas. La tensión social y política harán intervenir nuevamente a los militares.

La oposición socialdemócrata y la intervención militar en 1954 llevaron a Vargas al suicidio, después de una violenta campaña de prensa. Durante esta crisis, el papel de los militares será determinante a tres niveles: para favorecer la inestabilidad y la caída del gobierno de Vargas, para impedir la sucesión al poder de los varguistas y, en fin, para confiar el poder al siguiente presidente, Juscelino Kubitschek. De esta forma el proyecto populista y reformador de Vargas teminará por ser derrotado por las fuerzas vinculadas al capital extranjero y a la vieja oligarquía. En su testamento político, Vargas indicaba precisamente a estas fuerzas como las causas que obstaculizaban el bienestar popular y la independencia nacional.

El gobierno del socialdemócrata de Kubitschek (1955-1960), que será elegido con el apoyo de los laboristas y de los comunistas todavía ilegales, trató de llevar a cabo un programa similar al de Vargas, sin realizar ninguna transformación estructural. Kubistchek sostenía que los efectos de una rápida expansión industrial y de una vigorosa dinamicidad del sector urbano acelerarían la unificación económica del país y el aprovechamiento total de los recursos nacionales. La misma fundación de una nueva capital en el interior, Brasilia, fue concebida para dinamizar las áreas internas, escasamente ocupadas.

En estos años se verificó una fuerte expansión económica, con tasas de crecimiento altísimas. Sin embargo, las condiciones reales de vida en el país no sufrieron sensibles transformaciones, porque la alta tasa de inflación destruía los aumentos salariales, limitando el poder adquisitivo de los sectores populares. Una vez más el esquema populista demostraba su incapacidad de conjugar el crecimiento económico con el progreso social.

En la sucesión presidencial de 1960, utilizando hábilmente el fuerte descontento popular, será elegido Janio Quadros. El programa de Quadros, si bien puede caracterizarse como populista, presentaba también fuertes connotaciones reformistas. De allí la decidida oposición tanto de la clase dominante como de los populistas varguistas a los puntos más caracterizantes de su programa: la lucha contra la corrupción de la clase política y de la burocracia sindical, la nueva política de corte librecambista y la línea neutralista en política internacional.

Es este último punto del programa, el neutralismo, el que desencadenará la lucha de los grupos de intereses nacionales y norteamericanos contra Quadros. En efecto, el neutralismo minaba la base de la alianza renovada que se había construido a partir de 1955 entre el capital norteamericano y el capital nacional en el sector industrial.

Las dificultades que se oponían a la progresiva creación de un sistema político neopopulista son también de naturaleza interna. En efecto, a partir de 1960 el crecimiento económico se frena, determinando la imposibilidad de realizar una política redistributiva, condición esencial para el afianzamiento del proyecto.

La complejidad de la situación provoca la dimisión de Quadros y la llegada al poder de João Goulart, formado en la escuela política de Vargas, quien tratará, con el apoyo de una facción militar, de superar la grave crisis política a través de mayores poderes a la presidencia y el restablecimiento del sistema presidencial. En cierta medida, el proyecto de Goulart trataba de hacer compatibles algunas opciones reformistas de Quadros con el esquema populista y con la necesidad de reactivar el crecimiento del sector industrial.

La oposición a Goulart provino de los sectores de izquierda que veían en el sector rural atrasado el elemento capaz de desarrollar un proceso revolucionario. La insurgencia campesina era especialmente fuerte en el nordeste del país, donde las ligas campesinas de Francisco Julião se declararon marxistas en 1962. Goulart tratará de frenar la insurgencia rural por medio de la creación de una corporación para el desarrollo del nordeste y confiará la dirección del programa al economista Celso Furtado, quien, siguiendo la orientación de la Comisión Económica para América Latina (CEPAL), sostenía la posibilidad de superar la conflictividad rural a través de una modernización estructural no revolucionaria centrada en la reforma agraria.

La insurgencia campesina no era, sin embargo, la única, pues paralelamente también el neoproletariado urbano se había movilizado con el fin de obtener una mayor participación política. Para satisfacer estas demandas, Goulart promovió la actuación de algunas importantes reformas: el derecho de sufragio a los analfabetos, la legalización de las asociaciones espontáneas y el otorgamiento de plenos derechos políticos a los soldados y suboficiales.

Bajo la presión popular, el gobierno de Goulart proponía una renovación global del sistema político, que asumía así las características de un sistema de tipo neopopulista reformador que no satisfacía ni a la clase dominante ni a la tradicional base del sistema político brasileño, las clases medias. La evolución no complacía tampoco a los intereses norteamericanos, preocupados por las tendencias estatalistas y el neutralismo en política exterior, ni tampoco a la oficialidad de las fuerzas armadas, preocupada en contener las tendencias golpistas que emergían a nivel de la tropa y de los suboficiales.

La reacción no se hizo esperar. En 1964, un golpe de estado organizado y dirigido por los altos mandos de las tres armas, deponen a Goulart y confían la presidencia al militar de mayor graduación, el mariscal Humberto Castelo Branco. Inicialmente los militares se proponían moderar las reformas y restablecer la precedente legalidad, pero cuando en 1965 la oposición obtuvo la mayoría en las elecciones regionales, los militares invalidaron la consulta electoral, suprimieron las libertades políticas y dieron inicio a una feroz represión contra la oposición de izquierda y de centro.

También en Brasil, como acontecerá después en Argentina, la disolución del populismo no se tradujo en la afirmación de un sistema político neopopulista reformista. Posiblemente en Brasil la transición al autoritarismo fue facilitada por la menor organización de las clases populares y por la mayor preocupación que demostraron las clases medias por las reformas de Goulart.

V. LA CRISIS ECONÓMICA Y EL AUTORITARISMO

A comienzos de 1970, los elementos constitutivos del nacionalismo que a lo largo del periodo 1948-1970 habían permitido la evolución económica, social y política de América Latina conocen un progresivo declive. Si bien los primeros signos de la crisis del nacionalismo se notan ya en los últimos años del decenio de 1960, es en el curso del decenio siguiente donde empieza a ser sometido a un serio proceso de revisión crítica no sólo por la élite intelectual, sino también por la clase política, con el resultado de que su crisis termina por ser percibida por todas las fuerzas sociales.

Es difícil establecer si es el progresivo estancamiento de la economía lo que provoca un aumento de las tensiones sociales o si son las repercusiones políticas de estas tensiones sociales las que provocan el progresivo desmoronamiento de las estructuras básicas del funcionamiento del nacionalismo. A nuestro juicio, se trata más bien de una crisis caracterizada por una fuerte interacción entre economía, sociedad y política, con el resultado de expandirse constantemente.

A lo largo de esta crisis que, como hemos dicho, se desarrolla en el decenio de 1970, decaen progresivamente los principios básicos que habían dado fuerza al nacionalismo, es decir, la redistribución de los recursos y el interclasismo. Estos dos principios fundamentales del nacionalismo, que habían dado un cierto equilibrio estructural a los vaivenes de la vida latinoamericana, garantizaban, a través de la redistribución de los recursos, los diferentes sectores de la sociedad en función a su importancia política y, a través del interclasismo, permitían a todos los sectores sociales participar en la vida política en función a su importancia económica. El nacionalismo pudo funcionar en los años de 1950 y 1960 gracias a que el Estado actuaba como árbitro, regulando, por una parte, el proceso redistributivo con los recursos de que dispone y regulando, por otra parte, el proceso político en cuanto entidad superior a las partes y representante, por tanto, de la nación.

El Estado fue entonces el elemento capaz de catalizar todas las fuerzas sociales y políticas y de orientarlas hacia una cooperación que limita las tensiones y las contraposiciones. Para desarrollar su acción, que se potencia constantemente a lo largo del periodo 1948-1970, el Estado recurrió a todos los medios a su disposición: cuando sus recursos empezaron a ser insuficientes, recurrió al endeudamiento externo; y cuando los sectores populares empezaron a movilizarse políticamente, abrió nuevos canales institucionales para darles un mínimo de representación política. Se logra así comprender por qué el nacionalismo no puede entenderse sin su estrecha asociación con el desarrollalismo y con el Estado.

La crisis del nacionalismo interclasista redistribucionista reconoce dos fases: la primera, entre los años de 1964 y 1973, y la segunda, después de 1973. Durante la primera fase, que es esencialmente interna, latinoamericana, los mecanismos estructurales del nacionalismo entran en crisis en los países que habían conocido un proceso de modernización y de industrialización más rápido, es decir, en Argentina y en Brasil. Durante la segunda fase, que está fuertemente influida por la crisis económica internacional, se extiende a todos los países latinoamericanos, asumiendo, como veremos más adelante, connotaciones específicamente nacionales.

Los dos países que conocen tempranamente la quiebra del nacionalismo redistributivo interclasista son el Brasil, donde acontece en 1964, y la Argentina, donde acontece en 1966. La toma del poder por parte de los militares en estos dos países inaugura una nueva forma política, caracterizada por la interrupción de las libertades democráticas, el desquiciamiento de los sindicatos y de los partidos políticos y el fin de las políticas de conciliación.

La llegada al poder de los militares en Brasil y en Argentina es el resultado final de la crisis del nacionalismo y el comienzo de un nuevo modelo de desarrollo político, social y económico que los politólogos han caracterizado como autoritario o burocrático-corporativo. Con esta caracterización, los politólogos han querido llamar la atención sobre el hecho de que estos regímenes no son una reedición de las viejas dictaduras ni tampoco la forma latinoamericana del fascismo, sino más bien una forma estatal que desea afianzar la autonomía del Estado de las componentes sociales con el fin de desarrollar una intervención autónoma del Estado en todos los sectores, desde el económico hasta el social, para acelerar la modernización del país.

Las principales características de este Estado autoritario pueden así sintetizarse tanto para Argentina como para Brasil: 1.º, el Estado autoritario logra garantizar y organizar una estructura de dominación funcional a la alianza entre la burguesía más moderna y el capital multinacional. De allí que la base social del nuevo Estado está esencialmente constituida por la burguesía, es decir, el sector de la oligarquía que ha logrado diversificarse en el curso de los años de 1950 y 1960; 2.º, el Estado autoritario genera una nueva *leadership* constituida por militares organizados profesionalmente según las funciones que esta forma estatal exige, es decir, por una parte, la represión especializada, selectiva e institucionalizada y, por otra parte, la racionalización de la estructura económica con el fin de substituir, siguiendo una estricta política neoliberal, el tradicional sector de exportación primaria con otro, el industrial; y, 3.º, la desactivación política de las clases populares —proletariado y marginados— a través de la represión y de la instauración de estructuras corporativas que excluyan políticamente a los sectores populares y los movimientos políticos progresistas.

A nuestro juicio, el hecho fundamental de la nueva realidad autoritaria argentina y brasileña lo constituye la ruptura de la interacción entre crecimiento económico y participación política gracias a la supresión de todos los mecanismos preexistentes, típicos del nacionalismo interclasista, de mediación política e institucional. Las clases sociales deben ahora presentarse libremente en el mercado y en la palestra política con el resultado de que serán la burguesía y las clases medias las que dispondrán de mayores posibilidades de ver reconocidas sus exigencias y reivindicaciones corporativas mientras los sectores sociales más débiles, los populares, son en cambio condenados a una creciente marginalización. La liquidación de los mecanismos interclasistas favorecerá especialmente a los sectores burgueses, que podrán ahora, sin condicionamiento alguno, establecer las alianzas que consideren oportunas, sea con el capital extranjero, sea con el nuevo personal político-militar que controla los aparatos de gobierno.

Pero, ¿hasta qué punto el autoritarismo argentino y brasileño constituye una verdadera liquidación del nacionalismo? Sin lugar a dudas, el nuevo Estado autoritario representa el fin del interclasismo, de las políticas de compromiso, de la redistribución indiferenciada de los recursos a fin social, del nacionalismo de tipo incluyente, según el cual el ciudadano por el sólo hecho de serlo tiene, no sólo derechos políticos, sino también derecho a un mejor nivel de vida. Esto no significa que el autoritarismo no constituya a su vez una nueva forma de nacionalismo, pues se funda sobre el principio de que sólo pertenecen a la comunidad nacional los ciudadanos que no atentan contra la seguridad de la nación, a través del desconocimiento de las autoridades militares o a través de la difusión de ideas basadas en la lucha de clases. A todos los ciudadanos que no atentan contra la seguridad nacional se les reconocen derechos exclusivamente políticos. De allí entonces que el nacionalismo autoritario sea de tipo excluyente y esencialmente político mientras el nacionalismo interclasista era de tipo incluyente y político-social.

Si bien el autoritarismo brasileño y argentino presentan estas características comunes, la evolución que conocen estos dos países bajo régimen autoritario es, en cambio, muy diferente.

En Brasil, la llegada al poder de los militares determinó, por una parte, una violenta represión en un nivel político, pues todos los partidos y todos los sindicatos fueron disueltos y reprimidos y, por otra parte, se internacionaliza la economía a través de la realización de una política neoliberal. Esta situación excepcional durará hasta 1967 y facilitará la reorganización total y en pocos años del sistema de poder. Éste se estructurará ahora a partir de un poder ejecutivo fuerte, sobre el cual los altos mandos de las fuerzas armadas ejercen un control limitado a las grandes decisiones, mientras el poder ejecutivo ejerce la función de llevar a cabo las grandes decisiones y de centralizar las decisiones relativas a la política, la economía y la sociedad. En el desarrollo de esta segunda función, el poder ejecutivo da vida a una burocracia estatal nueva, de corte tecnocrático, capaz de aplicar y de formular las diferentes políticas a nivel industrial, agrícola y financiero.

La centralización del poder en manos del ejecutivo obliga a las fuerzas civiles, y en especial a la burguesía industrial, a autonomizarse rápidamente del Estado, o sea a desarrollar la capacidad de formular, elaborar y difundir sus puntos de vista y a

Brasilia (Brasil)

formar y sostener financieramente sus cuadros dirigentes con el fin de influir con su solo peso económico y social las decisiones del ejecutivo.

La autonomía del Estado y de la burguesía permite la rápida reestructuración de la economía, conseguida gracias a la apertura del país a la iniciativa extranjera y a la abolición de todas las normas proteccionistas. El capital privado nacional fue así obligado a elaborar nuevas formas de asociación con el capital extranjero y a desarrollar su capacidad empresarial.

La nueva orientación autoritaria provocó una rápida aceleración del proceso de proletarización y una fuerte desnacionalización de los sectores productivos, especialmente de la industria. Sin embargo, gracias a estos nuevos mecanismos la economía brasileña, a diferencia de las otras latinoamericanas, empieza a registrar tasas de crecimiento altísimas. Entre 1964 y 1973 la economía brasileña crece con una tasa media anual del 10 por 100 y las exportaciones de bienes industriales aumentan 6 por 100 cada año.

La llamada «revolución argentina», realizada por los militares en 1966, representa una tentativa de dar centralidad al ejecutivo y de autonomizarlo de las fuerzas sociales. También en este caso el resultado fue un rápido crecimiento económico en el ámbito de una expansión económica internacional y una desaceleración del proceso redistributivo. Es este segundo aspecto el que diferencia la experiencia autoritaria argentina de la brasileña, pues mientras en Argentina la mayor fuerza de los sindicatos obligó al ejecutivo a dejar en pie algunos mecanismos redistributivos, en Brasil la eliminación fue total.

A pesar de buenos resultados económicos, el autoritarismo argentino no logra afianzarse por la enorme reacción popular. Contrariamente a cuanto acontece en estos mismos años en Brasil, donde la reacción popular fue aniquilada por el gobierno, las insurrecciones populares de 1969 en Córdoba y Rosario, dirigidas por los obreros de los sectores más dinámicos y mejor retribuidos de la industria, paralizaron la prosecución de la experiencia autoritaria.

La reacción popular sirvió además para catalizar una serie de elementos subterráneos, tales como la guerrilla urbana, la radicalización ideológica de una parte de la clase obrera, la creciente politización de algunos segmentos de la clase media (estudiantes, profesionales, etc.), que se unifican alrededor de la opción neoperonista. En efecto, son los mismos militares, bajo la dirección del general Lanusse, quienes organizan su retirada del gobierno convocando elecciones en 1973. Los resultados electorales, con un 50 por 100 de votos para el peronismo y apenas el 20 por 100 para los militares, marcan el fin de la primera experiencia autoritaria argentina.

Si bien, hacia 1973, se ha consolidado un solo régimen autoritario, el brasileño, no por ello las tendencias autoritarias manifiestan signos de regresión; por el contrario, conocen precisamente después de 1973 una fuerte expansión.

Uno de los elementos capaces de explicarnos la rápida expansión de regímenes y tendencias autoritarias en América Latina después de 1973 es, sin lugar a dudas, el fuerte impacto de la crisis internacional que se conjuga así con la crisis del nacionalismo interclasista. Si bien la crisis económica se manifiesta dramáticamente a partir de 1973, por efecto del aumento del precio del petróleo, es especialmente a partir de 1976-1977 cuando hará sentir todo su peso en las diferentes economías latinoamericanas, sobre todo en aquellas que no son exportadoras o autosuficientes. Entre 1970-1975 y 1975-1980, la tasa de crecimiento del producto bruto nacional disminuye para el conjunto de América Latina desde un 3,8 por 100 hasta un 3 por 100 anual y empiezan a registrarse incluso tasas de crecimiento negativo en algunos países. En 1982, todas las economías latinoamericanas conocen un decrecimiento, que va desde un mínimo del 0,8 por 100 para Santo Domingo hasta un máximo del 15,8 por 100 para Chile.

Esta constante reducción de las tasas de crecimiento es el resultado de una reducción de los consumos totales (desde el 7,5 por 100 anual hasta el 4,1 por 100 anual entre 1970-1974 y 1975-1978) y de la contracción de la demanda interna (desde un 7,9 por 100 anual hasta el 3,8 por 100 anual entre 1970-1974 y 1975-1978). La crisis económica se comprende mejor observando las inversiones totales que se estancan a un nivel similar al de los últimos años del decenio de 1960 (20,5 por 100 del producto bruto nacional en el periodo 1970-1974/1975-1978) y que este estancamiento es logrado esencialmente gracias a los créditos externos al sector público, que pasan de 24.400 a 37.000 millones de dólares entre 1970 y 1973 y de 37 a 145.500 millones de dólares entre 1973 y 1979, y a las inversiones extranjeras, que pasan de 4.800 a 11.800 millones de dólares anuales entre 1973 y 1979.

Detrás de los datos económicos se esconde, sin embargo, una de las grandes transformaciones en acto en América Latina, la rápida internacionalización o, mejor dicho, la reinternacionalización de las economías latinoamericanas tanto a nivel de los capitales como a nivel de mercado. Este fenómeno es visible no sólo en países como Argentina, Brasil y México, cuyas exportaciones industriales crecen, pasando desde un 13,8 por 100 hasta un 31,9 por 100 de las exportaciones totales entre 1965 y 1975, sino también en otros países que ven una transformación cualitativa de sus exportaciones agrícolas y mineras.

La crisis internacional y la crisis específicamente latinoamericana favorecen la progresiva afirmación de los principios neoliberales de la economía de mercado. Estos principios desgastan el nacionalismo interclasista y redistributivo aun en países donde éste se mantiene en pie.

La crisis del nacionalismo es en algunos países traumática. Así acontece en Chile y en Uruguay, mientras en otros lo es menos, como en México y Venezuela gracias especialmente a los ingresos derivados del petróleo que permiten revitalizar parcialmente el viejo nacionalismo.

Chile llega a un régimen autoritario en 1973 cuando se agotan las posibilidades de transición bajo la presidencia de Allende, que gobierna con una heterogénea coalición de partidos de izquierda, desde un nacionalismo interclasista hasta un nacionalismo progresista, basado en la creciente movilización de los sectores populares.

También en Chile, como en Brasil, los militares en el poder ponen drásticamente fin al viejo orden y dan comienzo a la estructuración de un nuevo orden institucional a partir de un poder ejecutivo altamente concentrado en las manos del general Pinochet y con el fin de realizar un proceso de reorganización en términos capitalistas de la economía y de la vida social. Sin embargo, a diferencia de Brasil, se institucionaliza un régimen que confía todo el poder a una sola persona, que conjuga así el poder militar con el civil.

Es posiblemente esta excesiva concentración de poder la que explica el hecho de que incluso los grupos empresariales no logren desarrollar la autonomía que supieron desarrollar en Brasil, con el resultado de que si bien la economía chilena se internacionaliza lo hace a expensas de los intereses económicos de la burguesía. Siempre a diferencia de Brasil, las inversiones extranjeras tienden a ser, en su mayor parte, inversiones a corto y medio plazo.

También en Uruguay vemos que el proyecto autoritario encuentra serios obstáculos a pesar de la modalidad que asume. En 1972 llega a la presidencia Juan María Bordaberry en una situación de gran tensión por la lucha violenta entre la guerrilla de izquierda y los grupos de derecha con el apoyo de algunos sectores militares. El restablecimiento del orden se logra a través de la aprobación por parte del Parlamento del estado de sitio que atribuye poderes de represión a las fuerzas armadas, con el resultado de que en poco tiempo el presidente Bordaberry se convierte en un rehén de los militares. En 1973 los militares imponen la creación de un organismo superior nacional que amplía sus poderes civiles, pues en él participan, además del presidente y del ministro de Defensa, los tres jefes de las fuerzas armadas.

Tal como sucedió en Chile, el autoritarismo se manifiesta en Uruguay por efecto de la imposibilidad tanto de renovar el viejo nacionalismo cuanto de regresar lisa y llanamente al nacionalismo interclasista redistributivo. La solución autoritaria pareció la única salida, la cual encontró, como en Argentina, notables dificultades de afirmación no sólo por la falta de interés del capital extranjero en aumentar su presencia en los sectores productivos, sino también por la resistencia demostrada por las clases populares a la solución autoritaria.

El *impasse* del autoritarismo en Uruguay recuerda mucho lo que acontece en estos años en Argentina. Se ha dicho que en 1973 los militares procedieron a convocar elecciones que abrieron la puerta al regreso de Juan Domingo Perón a la presidencia, quien la asume en un contexto caracterizado por la violencia armada entre la guerrilla y los grupos vinculados directamente e indirectamente a la policía o a las fuerzas armadas, que condujo al país entre 1972 y 1976 a una verdadera guerra civil.

Es en este contexto de guerra civil donde se explica el apoyo dado por importantes sectores de la sociedad argentina a una nueva intervención militar, sabiendo anticipadamente que el nuevo golpe sería muy diferente de los anteriores. Las fuerzas armadas, en cuanto institución y bajo la dirección del general Videla, destituyen a la viuda de Perón, la presidenta legal del país, y restablecen un régimen autoritario decididos ahora a implantar el proyecto político y económico que no habían logrado concretar entre 1966 y 1973. La dura represión, con sus millares de desaparecidos, desmantela los partidos políticos, aniquila en buena medida al movimiento sindical y obrero, en especial aquél vinculado con el peronismo, extendiéndose incluso hacia aquellos sectores de la sociedad cuyas actividades son consideradas disolventes de la nación (actores, profesores, psicoanalistas, etc.). Es indicativo el hecho de que la represión, seguramente la más violenta de todos los regímenes autoritarios en extensión temporal, provocó una suerte de terror tan generalizado que durante la primera encuesta de opinión pública realizada en 1978 por la agencia americana Gallup, más de los dos tercios de los entrevistados se abstuvieron de emitir su opinión sobre temas políticos.

Sin embargo, no es sólo la represión, por brutal que haya sido, la que provoca un amplio efecto de despolitización, que es, por otra parte, reconducible a la política seguida por el régimen autoritario para internacionalizar y liberalizar la economía. Esta política se realiza concretamente en el sector agroexportador, la industria y el mercado interno.

Un análisis desapasionado de los resultados en el sector agrícola muestra que entre 1976 y 1981 la agricultura de la región pampeana, que produce el 80 por 100 de los bienes exportables, ha recobrado su vitalidad gracias a los nuevos mercados externos, en especial el soviético, garantizando a los productores un precio estable y conveniente. Es esta nueva vitalidad de la agricultura la que permite, sin contragolpes apreciables en la balanza de pagos, dar comienzo a una reestructuración del sector industrial fundada sobre principios rigurosamente neoliberales que provocó el progresivo desmantelamiento de una parte importante de la base industrial y una constante disminución de las exportaciones industriales sobre las exportaciones totales. La desindustrialización argentina después de 1976 no es, sin embargo, el resultado del neoliberalismo, sino más bien de la política monetaria seguida, caracterizada por la constante sobrevaluación de la moneda nacional, que redujo progresivamente la competitividad de los bienes industriales tanto en el mercado interno como en el mercado internacional y favoreció la importación de bienes industriales extranjeros.

Las políticas económicas seguidas por el autoritarismo argentino nos muestran indirectamente que el objetivo central fue el de autonomizar esencialmente el sector agroexportador en detrimento del sector industrial. A diferencia de Brasil, la alianza fundamental es entre militares y terratenientes de la región pampeana, mientras los industriales son parcialmente marginados de la nueva internacionalización de la economía argentina y los obreros reducidos drásticamente, por efecto del proceso de desindustrialización. Gracias a esta nueva autonomía, los grandes propietarios exportadores establecerán nuevas relaciones con el capital internacional que comercializa al exterior la producción agrícola y ganadera argentina.

La contracción de la base industrial del país y la paralela baja del salario real tuvieron consecuencias extremadamente negativas a nivel económico, pues redujo constantemente la demanda interna y el nivel de vida de las clases populares y medias. Para estas últimas, que si bien no habían apoyado con entusiasmo el restablecimiento del autoritarismo lo habían, no obstante, aceptado como el mal menor, el deterioro de sus condiciones de vida es el resultado de la progresiva reducción del mercado interior. Entre 1976 y 1980 la economía creció en apenas un 2,1 por 100 anual, y este crecimiento depende sobre todo de la expansión del comercio exterior y no tanto de la ampliación de la demanda interna.

A diferencia del régimen autoritario brasileño, el argentino no logró (sea por la crisis económica internacional, sea por la política económica realizada, favorable exclusivamente a la agricultura de exportación) conseguir tasas de crecimiento económico altas con el resultado de que su consenso disminuyó en vez de aumentar, obligando al régimen autoritario a emprender una acción temeraria, la guerra de las Malvinas, que marcará su fin.

La evolución del régimen autoritario en Brasil después de 1975 se caracteriza, en cambio, por una progresiva liberalización que culmina en 1985 con la restitución del poder a los civiles y la restauración de la democracia. Esta evolución no es susceptible de ser comprendida si no se toma en cuenta que el régimen autoritario se implanta, como se ha dicho, antes de la crisis internacional, y que se beneficia hasta 1975 del mayor crecimiento económico del último medio siglo. Es esta situación la que puede explicarnos por qué el régimen autoritario, una vez cerrada la fase violenta de la represión a finales de los años 1960, conoce, a diferencia de todos los otros regímenes autoritarios, una progresiva expansión de consenso tanto en los sectores burgueses como en la clase media, e incluso en el sector obrero.

Raúl Alfonsín

El régimen autoritario brasileño se esforzó a lo largo de los años 1970 en auto-nomizar al Estado de las diferentes clases y en no obstaculizar la creación de organizaciones de las diferentes componentes sociales con el fin de que actuaran autónomamente tanto respecto al Estado como respecto a los otros sectores sociales. El poder ejecutivo, a su vez, en el ejercicio de su función centralizadora, trata de vincular en comisiones, comités y consejos tanto a las organizaciones empresariales como a las de la clase media y de los obreros, que ven así reconocida una representación limitada, pero efectiva, en la gestión de las empresas estatales y en la definición de la política económica.

El régimen autoritario brasileño es entonces el único que logra institucionalizarse y organizar en modo radicalmente nuevo los intereses económicos y sociales, asignándoles una representación proporcional a su importancia política. Progresivamente toma forma una representación de tipo corporativo que, si bien encuentra su fundamento en la tensión permanente entre sectores altos de la sociedad —los grupos empresariales— y sectores bajos de la sociedad —las clases populares—, asigna a cada uno de ellos, en función a su colocación en el Estado autoritario, una representación que tiene también una función política. Esta representación no se agota, empero, en las formas corporativas porque el régimen autoritario conservó las instituciones liberales (Parlamento, partidos y elecciones), favoreciendo así, a partir de 1975, la progresiva transformación de las formas corporativas en una nueva forma de tipo corporativo-liberal.

Indudablemente, y a pesar de su progresiva liberalización, definida como «dictablanda» en la prensa brasileña, el régimen autoritario no pierde su naturaleza de tipo autoritario porque el ejecutivo privilegia las relaciones con el polo burgués. De allí que su política económica industrializadora sea de más en más favorable a los intereses económicos nacionales y parcialmente discriminante para los intereses económicos extranjeros y, en el interior de los primeros, ampliamente favorable a aquellos que logran competir en el contexto internacional. La política crediticia, y en especial el crédito de impuestos para los bienes industriales exportados, fue diseñada para premiar exclusivamente a los empresarios que habían sabido modernizarse y transformarse en exportadores.

El gran dinamismo que caracteriza la industria, incluso durante el periodo más álgido de la crisis internacional 1978-1981, explica una de las grandes transformaciones que acontecen en el seno de la burguesía: la progresiva evolución de sus asociaciones regionales y sectoriales en organizaciones nacionales capaces de agregar diferentes intereses y capacidades, excluyendo progresivamente los intereses de las empresas multinacionales. A finales del decenio de 1970, los intereses burgueses se han constituido como un polo autónomo, capaz, incluso, por primera vez en la historia de Brasil, de subordinar los intereses agrarios.

El papel del ejecutivo autoritario brasileño ha sido entonces altamente significativo, pues ha dado vida a una nueva relación entre Estado y sociedad, que autonomiza por vez primera en América Latina el primero del segundo. Es gracias a esta autonomía del Estado frente a la sociedad como se logra comprender cómo el estado brasileño se ha diferenciado progresivamente de las fuerzas que le han dado nacimiento —militares, burguesía, clase media, multinacionales, etc.— y desarrollado un papel autónomo del polo burgués, apoyando esencialmente los sectores más modernos, independientemente de su extracción social, y a contener sin necesidad de reprimir los sectores populares.

La progresiva liberalización del régimen autoritario brasileño a partir de 1975 no depende de la actividad opositora desarrollada por los sectores populares excluidos por el autoritarismo, sino más bien de la voluntad del régimen de abrirse hacia los sectores populares en modo tal de transformar progresivamente el régimen en una realidad verdaderamente estatal y duradera.

Si, como se ha dicho, el autoritarismo se expande en el decenio de 1970 en toda América Latina, no logrará implantarse en algunos países como régimen. En fin de cuentas, y las experiencias de los regímenes autoritarios que hemos analizado son bastante indicativas, el nudo central que plantea los años de 1970 para el conjunto de los países latinoamericanos es esencialmente el de desactivar la estrecha correlación que había establecido el nacionalismo interclasista de los años 1950 y 1960 entre crecimiento económico y crecimiento político. El autoritarismo es el mecanismo a través del cual se trata de operar este cambio, favoreciendo el nacimiento de una nueva forma de nacionalismo, tendencialmente clasista.

En esta evolución hacia el nacionalismo autoritario dos países parecen, en alguna forma, substraerse en los años 1970: México y Venezuela. Se podría pensar que el viejo nacionalismo subsiste en aquellos países donde la crisis económica es menos traumática porque son o potencian sus exportaciones petroleras, con el resultado de aplazar la crisis del nacionalismo interclasista.

Un razonamiento de este tipo es, sin embargo, demasiado simplista. Lo es, en especial, para México, pues no da la debida importancia al hecho de que es el único país que ha conocido una revolución burguesa, la de 1910-1917, con el resultado de que el orden institucional tiene la fuerza política, y no la puramente represiva, de frenar y confinar las tendencias autoritarias. Lo es también para Venezuela, que regresa a un régimen constitucional en 1958 que tuvo que ser defendido en el primer lustro de los años de 1960 de las amenazas de la guerrilla y de las tendencias de derecha que se anidaban entre los militares. Esta contención de los opuestos extremistas se logró gracias a la progresiva convergencia de los dos partidos interclasistas hasta entonces acérrimos enemigos, el COPEI, de inspiración socialcristiana, y Acción Democrática, de inspiración socialdemócrata, que dieron vida a un bipartidismo fundado sobre la alternancia en el poder.

En México, es indudable que en el decenio de 1960 emerjen en el interior del partido-estado, el Partido Revolucionario Institucional, tendencias autoritarias que se manifiestan en la política realizada por el presidente Díaz Ordaz, que provocó una fuerte rebelión estudiantil en 1968, obligando al partido del gobierno a corregir su política y a desarrollar, bajo la presidencia de Luis Echeverría (1970-1976), una serie de reformas en el campo económico con el fin de reactivar el proceso redistributivo. Indudablemente, estas reformas fueron posibles por los nuevos ingresos del Estado obtenidos por incremento del precio del petróleo después de 1973. Es solamente a partir de 1976 cuando se observa, durante la presidencia de José López Portillo (1976-1982), los primeros signos de la depresión económica, favoreciendo así la aprobación de una reforma política en 1977 que reconoce legalmente los partidos políticos que participan en las elecciones como asociaciones de interés público y modifica el sistema electoral con el fin de facilitar la representación en el Parlamento de los partidos de oposición.

La dimensión que seguramente más se ha resentido del autoritarismo en México es la económica, pues gracias a la difusión del neoliberalismo, especialmente después de 1976, se ha acelerado el proceso de integración económica de las regiones fronterizas del norte con Estados Unidos y se ha frenado la expansión de las empresas estatales y de las subvenciones estatales a las empresas privadas.

También en Venezuela se asiste, a partir de 1973, a la reactivación del nacionalismo interclasista redistributivo, bajo la presidencia de Carlos Andrés Pérez, gracias a la nacionalización de las empresas petroleras en 1975, que dieron así al Estado una parte consistente de los cuantiosos recursos derivados del aumento del precio del petróleo. La ampliación de la esfera estatal en el campo económico a través de la nacionalización del petróleo, del hierro y de la electricidad y la creación de agencias estatales de promoción económica (Fonde de Inversiones Industriales, Fondo Nacional de Inversiones, Fondo de Inversiones Agrícolas) o la reorganización de las preexistentes (Corporación Venezolana de Fomento), favorecieron la expansión de la ocupación y un consistente mejoramiento de los niveles de vida, especialmente de las clases medias. Este proceso empieza a frenarse especialmente a partir de 1978, favoreciendo la elaboración de nuevas políticas económicas de corte neoliberal que bloquearán el desarrollo de las empresas estatales después de 1981.

ORIENTACIÓN BIBLIOGRÁFICA

Hemos seleccionado un reducido número de textos generales, de economía, de sociología y de política que pueden ayudar al lector a profundizar el conocimiento del periodo 1948-1975 y a sugerirle nuevas lecturas.

1. *General*

GONZÁLEZ CASANOVA, Pablo (coord.), *América Latina: Historia de medio siglo*, 2 vols., México, D. F., Siglo XXI, 1981.
PÉREZ BRIGNOLI, Héctor, *Breve historia de Centroamérica*, Madrid, Alianza, 1985.

2. *Economía*

BUTTARI, Juan J., *Employment and Labor Force in Latin America*, Washington, D. C., Eciel-OEA, 1979.
CEPAL, *El proceso de industrialización en América Latina*, Nueva York, Naciones Unidas, 1964.
CEPAL, *The Economic Development in the post-war period*, Nueva York, Naciones Unidas, 1964.
CEPAL, *Problemas y perspectivas de la agricultura latinoamericana*, Buenos Aires, Solar-Hachette, 1965.
FEDER, Ernest, *The Rape of peasantry. Latin America landholding system*, Nueva York, Anchor Books, 1971.
FURTADO, Celso, *La economía latinoamericana desde la conquista ibérica hasta la Revolución Cubana* México D. F., Siglo XXI, 1970.
MEDINA ECHAVARRÍA, José, *Consideraciones sociológicas sobre el desarrollo económico en América Latina.*, Montevideo, Ed. de la Banda Oriental, 1964.
SINGER, Paul, *Economia política de urbanização*, São Paulo, Editorial Brasiliense, 1975.
SUNKEL, Osvaldo y Pedro PAZ, *El subdesarrollo latinoamericano y la teoría del desarrollo*, México, Siglo XXI, 1970.

3. *Sociedad*

BASTIDE, Roger, *Les Amériques noires*, París, Payot, 1967.
BONFIL BATALLA, Guillermo, *Utopía y revolución. El pensamiento político contemporáneo de los indios en América Latina*, México, D. F., Nueva Imagen, 1981.
CEPAL, *El desarrollo social de América Latina en la postguerra*, Buenos Aires, Solar-Hachette, 1963.
GERMANI, Gino, *Sociologia della modernizzazione. L'esperienza dell'America Latina*, Bari, Laterza, 1971.
HARDOY, Jorge E. (coord.), *La urbanización en América Latina*, Buenos Aires, Instituto T. Di Tella, 1969.

698

Hausser, Philip M. (coord.), *L'urbanisation en Amérique Latine*, París, Unesco, 1962.

Marroquín, Alejandro D., *Balance del indigenismo*, México, D. F., Instituto Indigenista Interamericano, 1972.

Rama, Carlos M., *Sociología de América Latina*, Barcelona, Ed. Península, 1977.

Solano, Francisco de (coord.), *Historia y futuro de la ciudad ibero-americana*, Madrid, CSIC, 1986.

3. *Política*

Gott, Richard, *Las guerrillas en América Latina*, Santiago de Chile, Ed. Universitaria, 1971.

Ianni, Octavio, *La formación del estado populista en América Latina*, México D. F., Era, 1975.

Lambert, Jacques, *Amérique Latine*, París, PUF, 1963.

Linz, J. J, y A. Stephan (coord.), *The breakdown of democratic regimes; Latin America*, Baltimore, John Hopkins University Press, 1978.

Loveman, Brian, y Thomas M. Davies (coord.), *The politics of antipolitics: the military in Latin America*, Lincoln, University of Nebraska Press, 1978.

Martz, John D. (coord.), *The dynamics of change in Latin American politics*, Englewood Cliffs, N. J., Prentice-Hall, 1965.

Mercier Vega, Louis, *La Révolution par l'état. Une nouvelle classe dirigeante en Amérique Latine*, París, Payot, 1978.

O'Donnell, Guillermo, *Modernización y autoritarismo*, Buenos Aires, Paidos, 1972.

Pasquino, Gianfranco, *Militari e potere in America Latina*, Bolonia, Il Mulino, 1974.

Petras, James, y Robert La Porte, *Cultivating Revolutions*, Nueva York, Vintage Books, 1973.

Ribeiro, Darcy, *El dilema de América Latina*, México, D. F., Siglo XXI, 1971.

Romero, José Luis, *Latinoamérica: las ciudades y las ideas*, México, D. F., Siglo XXI, 1976.

Marcello Carmagnani